Head First
HTML ^{and} CSS

Head First HTML and CSS: HTML5를 적용한 웹 제작 지침서

초판발행 2013년 5월 1일
4쇄발행 2018년 5월 1일

지은이 엘리자베스 롭슨, 에릭 프리먼 / **옮긴이** 홍형경, 우재남 / **펴낸이** 김태헌
펴낸곳 한빛미디어(주) / **주소** 서울시 서대문구 연희로2길 62 한빛미디어(주) 3층 IT출판부
전화 02-325-5544 / **팩스** 02-336-7124
등록 1999년 6월 24일 제10-1779호 / **ISBN** 978-89-6848-012-6   13000

총괄 전태호 / **책임편집** 송성근 / **기획** 조희진 / **편집** 박은지
디자인 표지 손경선, 조판 박진희
영업 김형진, 김진불, 조유미 / **마케팅** 박상용, 송경석, 변지영 / **제작** 박성우, 김정우

이 책에 대한 의견이나 오탈자 및 잘못된 내용에 대한 수정 정보는 한빛미디어(주)의 홈페이지나 아래 이메일로 알려주십시오.
잘못된 책은 구입하신 서점에서 교환해 드립니다. 책값은 뒤표지에 표시되어 있습니다.

한빛미디어 홈페이지 www.hanbit.co.kr / 이메일 ask@hanbit.co.kr
예제소스 http://www.hanbit.co.kr/exam/2012

지금 하지 않으면 할 수 없는 일이 있습니다.
책으로 펴내고 싶은 아이디어나 원고를 메일(writer@hanbit.co.kr)로 보내주세요.
한빛미디어(주)는 여러분의 소중한 경험과 지식을 기다리고 있습니다.

Head First
HTML and CSS

엘리먼트, 속성, 유효성 검증, 선택자, 가상 클래스가 무엇인지 모른다고 가정하고 이 모든 것을 HTML 책의 3페이지 만에 다 설명한다면 정말 꿈만 같지 않겠어요? 정말 환상적일 텐데…

엘리자베스 롭슨, 에릭 프리먼 지음
홍형경, 우재남 옮김

O'REILLY®

Beijing • Cambridge • Farnham • Köln • Sebastopol • Tokyo

한빛미디어
Hanbit Media, Inc.

헤드 퍼스트 HTML and CSS 저자

에릭 프리먼

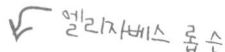
엘리자베스 롭슨

헤드 퍼스트 시리즈의 공동 창시자인 케이시 시에라는 **에릭**을 '뛰어난 해커, 엔지니어, 싱크탱크 등 다양한 분야에서 두각을 나타내는, 언어 감각이 탁월한 인재'로 묘사했습니다.

에릭은 최근 10여 년간 몸담아왔던 Disney Online & Disney.com의 CTO 자리를 그만두고, 엘리자베스와 함께 창업한 WickedlySmart에 전력투구하고 있습니다.

에릭은 컴퓨터 과학자로 예일 대학교의 데이빗 겔런터 교수 밑에서 박사 학위를 받았으며, 겔런터 교수와 함께 첫 번째로 연구한 활동 스트림(activity stream) 논문은 데스크톱 메터포어에서 중요한 수작으로 인정받고 있습니다.

여가 시간에 에릭은 음악 활동에 시간을 보냅니다. 환경 음악(ambient music)의 선구자인 스티브 로차와 함께 작업한 음반은 아이폰 앱스토어에서 Immersion Station이란 이름으로 찾을 수 있습니다.

에릭은 브레인브리지 섬에서 아내와 어린 딸과 함께 살고 있습니다. 딸은 에릭의 스튜디오를 자주 방문하는데, 스튜디오에서 에릭의 신디사이저와 오디오를 갖고 노는 것을 좋아합니다.

에릭을 만나 보고 싶다면 eric@wickedlysmart.com으로 연락하거나 http://ericfreeman.com을 방문해 보세요.

엘리자베스는 소프트웨어 엔지니어이자 작가, 교육자입니다. 예일대학교에서 컴퓨터공학 석사를 마친 그녀는 대학생 시절부터 기술에 관심이 많았고, 비주얼 프로그래밍 언어, 소프트웨어 아키텍처를 설계했습니다.

엘리자베스는 사회생활 초반부터 인터넷 분야에 몸담았는데, 컴퓨터공학 분야에서 여성들이 직업과 멘토 정보를 온라인상에서 찾을 수 있도록 도움을 주기 위해 설계된 웹사이트 중 하나인 Ada 프로젝트의 공동 창시자입니다.

그녀는 현재 웹 기술을 중심으로 하는 온라인 교육 사이트인 WickedlySmart의 공동 창업자로, 이곳에서 책, 잡지, 비디오 등을 만들고 있습니다. 오라일리 미디어에서 특수 프로젝트 감독을 했던 경험을 기반으로, 다양한 기술에 관한 온라인 과정과 워크숍을 열고 있으며, 사람들이 기술을 이해하는 데 도움을 주는 학습 경험을 창조하기 위한 자신의 열정을 발전시키고 있습니다. 오라일리에서 일하기 전에는 월트디즈니에서 디지털 미디어에 관한 연구 개발팀을 이끌었습니다.

컴퓨터 앞에 있지 않을 때는 카메라를 들고 다니며 하이킹을 하거나 카약을 즐깁니다. 요리 솜씨도 좋습니다.

엘리자베스에게 연락하려면 beth@wickedlysmart.com으로 메일을 보내거나 http://elisabethrobson.com을 방문하세요.

W3C 여, 브라우저 전쟁으로부터 우리를 구원해 주옵시고, 구조(HTML)와 프레젠테이션(CSS)을 분리하는 데 명석함을 주옵시고,

HTML과 CSS를 만드는 것을 많이 복잡하게 하여 사람들이 이를 배우기 위해 책이 필요하게 하옵소서.

옮긴이의 글

웹의 역사가 시작된 이후로 이에 발맞춰 같이 발전해 온 언어가 바로 HTML입니다. 초기에는 단순한 웹 페이지를 만드는 역할에 불과했지만, 웹에 대한 다양한 요구와 점점 복잡해지는 여러 기능을 구현하기 위해 꾸준히 발전해 온 것이 바로 HTML입니다. 하지만 이런 발전 과정이 순탄치만은 않았던 것이 사실입니다. 소위 말하는 브라우저 전쟁 등, 기타 여러 가지 이유로 여러 버전의 출시와 몰락, CSS와 XHTML, HTML5와 CSS3의 출현! 참으로 다사다난하다고 표현할 수밖에 없는 역사를 가지고 있는 장본인이 바로 HTML입니다.

HTML은 다른 프로그래밍 언어에 비하면 배우기 쉬운 언어입니다. 그래서 프로그래밍을 배우지 않은 사람도 조금만 시간을 투자하면 간단한 웹 페이지 정도는 쉽게 만들 수 있죠. 저 역시도 대학 시절에 웹이란 걸 처음 접했을 때는, 소위 말하는 날코딩으로 HTML을 작성하고 곧바로 브라우저에서 페이지를 띄워보고 신기해했던 기억이 있습니다. 오늘날 전 세계적으로 막강한 영향력을 미치고 있는 웹의 이면에는 HTML의 이런 장점이 큰 역할을 한 게 아닌가 합니다. 배우고 활용하기 쉬워야 더 많은 사람들이 사용하게 되고, 이런 사람들의 노력을 통해 더 많은 웹 페이지가 만들어지게 되었으니까요.

HTML이 아무리 쉽다 한들, 이 역시 컴퓨터 언어의 일종입니다. 즉, 다른 컴퓨터 언어에 비해 배우기 쉬운 것이란 말이죠. 평범한 가십 기사를 술술 읽어가듯이 HTML을 배울 수 있는 것은 아닙니다. 이런 차원에서 『Head First HTML with CSS & XHTML: 웹 2.0 시대의 웹 표준 학습법』과 그 개정판인 『Head First HTML and CSS: HTML5를 적용한 웹 제작 지침서』는 정말 탁월한 책입니다. 어느 고전에서 읽었던 구절인데, '산은 높지 않으나 수려하고, 물은 깊지 않으나 맑다'라는 말이 있습니다. 다른 헤드 퍼스트 시리즈도 마찬가지겠지만, 이 책이야 말로 '방대하지는 않으나 꼭 필요한 내용을 담고 있고, 페이지 수는 많지만 질리지 않아 술술 읽어갈 수 있으며, 글자수는 적지만 내용이 정말 알찬 책'이라 할 수 있습니다. 특히 이번 개정판에는 과거의 유물 신세가 된 XHTML 대신 몇 년 전부터 각광을 받고 있는 HTML5의 내용이 있어 독자 여러분의 목마름을 해소할 수 있는 오아시스 같은 존재가 되리라 생각합니다.

『Head First HTML with CSS & XHTML: 웹 2.0 시대의 웹 표준 학습법』이 출간된 지도 벌써 6년이 흘렀습니다. 2006년초 이 책을 받아 첫 번역을 시작했을 때만 해도 2013년에 개정판 옮긴이의 글을 쓰게 되리라고는 전혀 상상조차 하지 못했습니다. 2006년 당시 첫 번역이어서 오타나 실수도 많았던 기억이 있는데, 워낙 책 자체의 내용이 훌륭하고 구성이 탁월해 많은 사랑을 받은 것 같습니다. 이 모두 많은 독자 여러분 덕분입니다.

이 책이 나오기까지 수고해주신 한빛미디어 여러분께 깊은 감사 드리고, 특히 항상 가족같이 친근하게 대해주신 전문서팀 모든 분들께 감사드립니다. 몇 개월간 내내 같이 작업했던 박은지 편집자님께 깊이 감사드립니다. 한빛을 떠나게 되어 못내 아쉬운 마음을 금할 길이 없네요. 하지만 좋은 일로 떠나게 되니 제 마음도 한결 좋습니다. 행복하세요, 은지 씨! 그리고 마지막 검토와 편집 작업을 맡아주신 조희진 편집자님께도 감사드립니다. 또한 맨 처음 한빛과 인연을 맺게 된 계기를 마련해주셨던 서형철 과장님께도 감사드립니다. 마지막으로, 번역 작업한다고 많은 시간을 내지 못해 항상 미안했던 사랑하는 아내에게도 감사드립니다.

홍형경

홍형경

치열한 회사 생활에서 빠져 나와 현재 프리랜서 프로그래머로 일하고 있습니다. 아직은 IT분야에서 프리랜서란 직업이 외국에서의 그것처럼 인식되지는 않지만, 나름대로 나아가야 할 올바른 방향을 찾고 있는 중입니다.

HTML은 단순히 웹 페이지를 만드는 태그 언어로 취급되어 왔으나, HTML5의 보급화와 함께 이제는 '웹 애플리케이션'을 작성하는 언어로 한 단계 업그레이드된 모습이 되었습니다. 저는 이 HTML5를 주제로 하여 대학 강의와 기업체 강의를 하고 있습니다. 수강생들에게 HTML5로 할 수 있는 많은 웹 애플리케이션을 보여주면 그 변화에 놀라며 주목을 하게 됩니다. 특히, HTML5와 JavaScript를 이용하여 그 유명한 앵그리버드나 팩맨과 비슷한 게임을 스스로 제작하는 실습을 하면 감동(?)까지 하는 수강생도 나옵니다. 어떤 수강생은 한 학기 HTML 수업의 결과물로 너구리 게임과 거의 동일한 프로그램을 만들어 제출해서 A+ 학점을 맞기도 했습니다.

이제는 HTML5 표준도 거의 완성되어 가고 대부분의 최신 웹 브라우저도 HTML5 표준을 잘 지원하면서 웹 디자이너, 웹 프로그래머, 응용프로그래머 등 대부분의 IT 관련 종사자들에게 HTML은 다시 관심을 갖는 주제가 되었습니다. 또한, CSS를 잘 활용하게 되면 HTML과 JavaScript로 할 수 있는 많은 일을 대신할 수 있어서 HTML과 함께 관심이 집중되는 주제로 떠올랐습니다.

더 나아가 HTML은 이젠 PC용 브라우저 뿐 아니라 스마트폰, 태블릿, 스마트TV 등 다양한 환경에서 구동되는 웹 애플리케이션을 작성하는 표준이 되었습니다. HTML과 CSS로 잘 구성해 놓는다면 하나의 HTML 소스로 다양한 플랫폼에서 원하는 내용이 각각의 환경에 적합하게 출력되도록 구성할 수 있습니다. 그러므로, 지금 당장 웹 개발자 및 일반 애플리케이션 개발자 모두 새로운 HTML을 적극적으로 익히고 활용할 필요가 있습니다. 지금 독자가 보고 계시는 『Head First HTML and CSS: HTML5를 적용한 웹 제작 지침서』는 이러한 시점에서 지루하지 않고 간결하게 핵심을 익힐 수 있는 가장 좋은 방법 중 하나입니다.

책을 번역하면서 원 저자의 의도를 최대한 손상시키지 않으려고 노력하였습니다만, 많이 부족한 부분이 있을 것으로 생각됩니다. 다행히도 함께 작업한 홍형경 옮긴이의 뛰어난 능력 덕분에 무사히 최종 번역물이 나오게 된 것 같습니다. 마음이 맞는 사람과 일을 함께 하면 일도 놀이처럼 즐거울 수 있다는 경험을 다시 했습니다. 이 책을 포함해서 제가 집필/번역하는 대부분 책들의 완성도를 한층 높여주는 한빛미디어 전문서팀 모든 분들의 노고에 다시 한번 감사의 말씀을 전합니다.

우재남

우재남

서강대학교에서 정보시스템 전공으로 석사 과정을 마친 후부터, 출판 나양한 IT 관련 분야에서 실전 업무와 더불어 대학과 기업에서 웹 프로그래밍, 데이터베이스, 운영체제 등의 과목을 강의해왔으며 공간정보와 IT의 융합 학문인 유시티 IT 분야의 공학박사 학위를 취득했다. 현재는 디티솔루션의 공간데이터베이스 연구소장으로 재직 중에 있으며, 유시티 IT 분야에 관심이 많다. 한빛미디어에서 『IT CookBook for Beginner, C 언어 기초』(2008), 『뇌를 자극하는 Redhat Fedora: 리눅스 서버 & 네트워크, 개정판』(2010), 『뇌를 자극하는 Windows Server 2008』(2011), 『IT CookBook 안드로이드 프로그래밍』(2012), 『뇌를 자극하는 SQL Server 2012 : 1권 기본편』(2013) 등 여러 권의 책을 집필했다.

Head First HTML and CSS에 쏟아진 찬사

"『Head First HTML and CSS』는 웹 페이지 마크업과 프레젠테이션을 앞서가는 방법으로 학습할 수 있는 현대적인 개론서입니다. 이 책은 독자가 겪을 당혹스러움을 예상해서 적시에 문제를 처리합니다. 화려한 그래픽과 단계별로 주제를 설명하는 구성 방식은 이 책을 학습하기 위한 가장 좋은 특징입니다. 아주 작은 변화를 만들어 각 새로운 항목이 의미하는 것을 브라우저에서 곧바로 확인할 수 있도록 합니다."

— 대니 굿맨, 『Dynamic HTML: The Definitive Guide』의 저자

"에릭 프리먼과 엘리자베스 롭슨은 자신들의 저작물에 대해 명확하게 알고 있습니다. 인터넷이 점점 더 복잡해질수록 웹 페이지 제작은 더욱더 중요해지고 있습니다. 고상한 디자인은 이 책의 모든 장에서 핵심이 되었고, 각 장의 컨셉은 실용주의와 재미가 있게 하였습니다."

— 켄 골드스테인, 디즈니 온라인의 부사장, 관리 감독

"모든 HTML 제작자들이 이 책을 읽기 시작함으로써 웹은 훨씬 더 나은 위치에 서게 될 것입니다."

— L. 데이빗 배런, 모질라 Corporation의 기술 리더, http://dbaron.org/

"저는 지금까지 10년 동안 HTML과 CSS를 작성해 왔는데, 매력적인 이 책으로 테스트 기간과 에러 해결 과정이 깔끔하게 줄어들고 있습니다. HTML은 화면상에서 제대로 보일 때까지 수많은 시행착오를 거쳐야 하지만, 웹 표준과 접근성에 대한 움직임의 등장으로 조잡한 코딩 실습은 비즈니스 관점이나 사회적 책임의 관점에서 더 이상 받아들여지지 않습니다. 『Head First HTML and CSS』는 전체 내용에 압도당하지 않고 처음부터 단계별로 학습할 수 있도록 합니다. 비유해서 설명하자면 HTML은 더 이상 평이한 영어보다 더 복잡하지 않으며, 프리먼은 모든 컨셉을 눈높이로 유지하는 훌륭한 작업을 해냈습니다."

— 마이크 데이비슨, Newsvine, Inc의 CEO

"이 책에서 다룬 정보는 다른 책에 있는 것과 비슷하지만, 교육적이고 유머스러운 학습 방법은 여러분이 학습하는 것이 불가능하다고 생각되는 것을 가능하게 하고 있습니다."

— 크리스토퍼 슈미트, 『The CSS Cookbook』, 『Professional CSS』의 저자
schmitt@christopher.org

"오! 대단합니다. 회사의 CEO가 이해할 수 있을 정도로 간단하게 HTML 책을 만들었군요. 다음에는 무엇을 할 건가요? 우리 회사의 개발자들도 이해할 수 있을 정도로 간단한가요? 다음번에 알게 되는 것은 팀으로서 협업해서 일을 하는 것입니다."

— 제니스 프레이저, Adaptive Path의 CEO

Head First HTML and CSS에 쏟아진 찬사

"모든 것에 재미를 곁들여서 가르치고 있는 책입니다."

- 샐리 애플린, UI 디지이너이자 아티스트, http://sally.com

"이 책에는 유머와 매력 그리고 가장 중요한 열정이 있습니다. 기술적인 책에 대해 이러한 평가를 한다는 것이 우습게 들릴지 모르겠지만 진심으로 그렇게 생각하며, 이 책은(적어도 저자들은) 정말로 독자들이 배워야 할 것만 다루고 있습니다. 이러한 것에는 스타일, 언어, 기술적인 모든 요소에 스며들어 있습니다. 한 명의 독자로서 이 책을 학습하는 것은 마치 프리먼의 마음속 가장 높은 곳에 있는 것 같습니다. 표준에 대한 옹호와 이 책의 강력함에 대해 감사해 마지 않습니다. 광범위하게 읽히고 학습될 초급 수준의 책으로, 웹 페이지의 코드에서 표준 순응성의 의미를 나타내면서도 설득적이고 감동적이기까지 합니다. 표준을 다루는 것과 왜 표준을 고려해야 하는지 등 제가 미처 생각지 못한 몇 가지 훌륭한 논쟁도 발견했습니다. 이제 저는 더 많은 무기를 갖게 될 것입니다! 또한 이 책이 FTP, 웹 서버에 대한 기초, 파일 구조 등 실제로 웹 페이지에서 살아 움직이는 것에 대한 메커니즘의 기초를 뿌려주는 것에도 만족하고 있습니다."

- 로버트 니어, Movies.com의 제품 개발 본부장

"프리먼의 『Head First HTML and CSS』는 훌륭한 웹 페이지를 만드는 방법을 학습하는 데 가장 재미있는 책입니다. HTML, CSS에 관해 알아야 할 필요가 있는 모든 것을 다룰 뿐만 아니라, 아주 풍부한 예제와 평이한 용어로 모든 것을 설명하고 있습니다. 이 책은 정말 읽기 즐겁고 뭔가 새로운 것을 배울 수 있다는 것을 알려주더군요."

- 뉴튼 리, ACM Computers in Entertainment(acm.org)의 창립자 및 편집장

"제 아내가 이 책을 빼앗아 갔습니다. 그녀는 웹 디자인을 제대로 끝낸 적이 없기 때문에, 처음부터 끝까지 그녀를 안내할 수 있는 『Head First HTML and CSS』 같은 책이 필요했습니다. 그녀는 이제 만들고자 하는 웹사이트의 리스트를 갖게 되었습니다. 만약 내가 운이 좋다면 그녀가 일을 마쳤을 때 이 책을 돌려받게 될 것 같군요."

- 데이빗 커민스키, IBM의 책임 개발자

"조심하세요. 만약 당신이 밤에 잠들기 전에 책을 읽기 좋아하는 사람이라면 『Head First HTML and CSS』는 낮에 읽어야 할 것입니다. 이 책은 여러분의 뇌를 일깨우는 책입니다."

- 폴린 맥나마라, 스위스 Fribourg 대학 신기술 및 교육 연구소

엘리자베스 롭슨, 에릭 프리먼이 집필한 다른 헤드퍼스트 책에 대한 찬사

『Head First HTML with CSS & XHTML: 웹 2.0 시대의 웹 표준 학습법』,
『Head First Design Patterns: 스토리가 있는 패턴 학습법』

"이 책은 이해하고 기억하는 것을 돕기 위해 생각할 수 있는 모든 방법을 사용하고 있습니다. 단지 다른 사람들과 대화하는 그림이 많아서가 아닙니다. 사람들이 좋아하는 대화체를 이용하여 이야기 하듯 구성된(피자나 초콜릿 같은 이야기. 더 얘기할 필요도 없겠지요?) 이 책은 모든 곳에서 놀라 움을 금치 못하게 합니다. 덧붙여, 꽤 재미있습니다."

– 빌 카마다

"이 책은 놀라울 정도로 내용을 명료하고 재미있게 전달해 줍니다. 심지어 프로그래머가 아닌 사람 도 이 책으로 문제 해결 방법을 배울 수 있을 것입니다."

– 코리 닥터로우, BoingBoing의 편집자, 『Down and Out in the Magic Kingdom』, 『Someone Comes to Town, Someone Leaves Town』의 저자

"머릿속에 들어있던 몇 톤가량 되는 분량의 책을 다 들어내고, 이 책만 집어넣어도 될 것 같군요."

– 워드 커닝햄, 위키의 창시자, 힐사이드 그룹의 창시자

"전문성을 갖추고 있으면서도 재미있게 읽을 수 있는, 완벽에 가까운 책입니다. 정확한 내용을 아름 답게 풀어 놓고 있습니다. 제가 지금까지 읽어 본 소프트웨어 서적 가운데 몇 안 되는 필수 서적이 라고 할 수 있습니다(제가 읽어본 모든 책 가운데 열 손가락 안에 드는 책입니다)."

– 데이빗 겔런터, 예일대학교 전산학과 교수, 『Mirror Worlds』, 『Machine Beauty』의 저자

"복잡한 것이 간단해질 수 있고, 간단한 것이 복잡해질 수도 있는 패턴의 세계에 빠져 봅시다. 이 책 의 저자들은 정말 최고입니다."

– 미코 마츠무라, The Middleware Company 인더스트리 애널리스트, 전직 썬 마이크로시스템즈의 수석 자바 에반젤리스트

"웃음과 눈물을 선사해 주는 감동적인 대작"

– 다니엘 스타인버그, java.net의 수석 편집인

"우리 안에 숨어 있는 끼와 재능을 일깨워주기에 딱 적당한 책입니다. 실용적인 개발 전략을 위한 레퍼런스로도 좋습니다. 이제 따분한 강의 때문에 꾸벅꾸벅 졸 필요가 없습니다. 재미있게 공부합 시다."

– 트레비스 캘러닉, Scour and Red Swoosh의 창립자, MIT TR100의 멤버

"이 책을 정말 사랑해요. 실제로 아내 앞에서 이 책에 키스했습니다."

– 사티쉬 쿠마

목차(요약)

목차(진짜 목차)

서문

HTML과 CSS에 빠져봅시다. 여러분은 뭔가를 배우기 위해 이 책을 보고 있을 거예요. 하지만 여러분의 머리에서는 배운 내용을 잘 받아들이려고 하지 않습니다. 아마 '어떤 야생동물을 주의해야 할까? 왜 안전장비를 잘 갖추고 스노우보드를 타야 하는 걸까?'와 같은 더 중요한 내용을 기억해야 하니까 두뇌의 자리를 좀 남겨 둬야 돼'라고 생각하고 있을지도 모르죠. 이제 여러분의 두뇌를 교란시켜서 HTML과 CSS가 목숨이 달린 중요한 사안이라고 생각하게끔 만들어 봅시다.

HTML 알아보기

1 웹 언어

여러분의 웹 진출을 막고 있는 유일한 방해물은 바로 전문 용어를 배우는 것입니다. 자, 언어 수업 시간이 되었군요, 바로 HTML(HyperText Markup Language, 하이퍼텍스트 마크업 언어)을 배울 준비를 합시다. 이 장을 끝내면 여러분은 몇 가지 기초적인 HTML 요소를 이해할 수 있을 뿐 아니라, 간단한 스타일을 갖춘 HTML을 작성할 수 있을 거예요. 그리고 이 책이 끝날 때 쯤이면 여러분은 웹 마을에서 자란 사람처럼 HTML을 말할 수 있을 거예요.

부담을 주려는 건 아닙니다만,
당신이 작업을 끝내면 수천 명의
사람들이 스타버즈 웹 페이지를 방문할 거예요.
따라서 우리의 웹 페이지는 정확히
완성되야 하고 아주 근사하게
보여야 합니다.

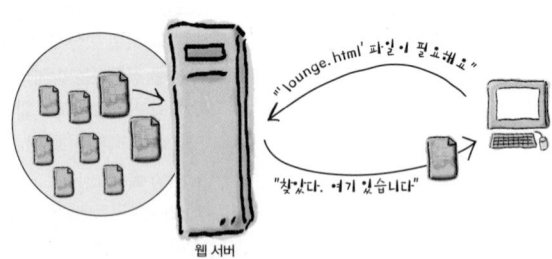

"lounge.html' 파일이 필요해요"

"찾았다. 여기 있습니다"

웹 서버

하이퍼텍스트와 함께 하는 심층학습

2 HTML의 'HT' 알아보기

하이퍼텍스트(HyperText)라고 들어봤나요? 그게 대체 무엇일까요? 하이퍼텍스트는 유일하게 웹 전체의 기초가 되는 것입니다. 우리는 1장에서 HTML을 사전 점검해서 마크업 언어(HTML에서 'ML')가 웹 페이지의 구조를 설명한다는 사실을 알아보았습니다. 이제부터는 단일 페이지에서 벗어나 다른 페이지들과 연결(link)할 수 있게 해주는 HTML의 'HT'인 하이퍼텍스트(HyperText)를 살펴보겠습니다. 더불어 아주 강력한 새로운 요소인 〈a〉를 만나보고, '상대적인(relative)' 존재가 된다는 것이 얼마나 매력적인지 배울 것입니다. 자, 안전벨트를 단단히 매시고 이제 하이퍼텍스트를 배우러 떠나겠습니다.

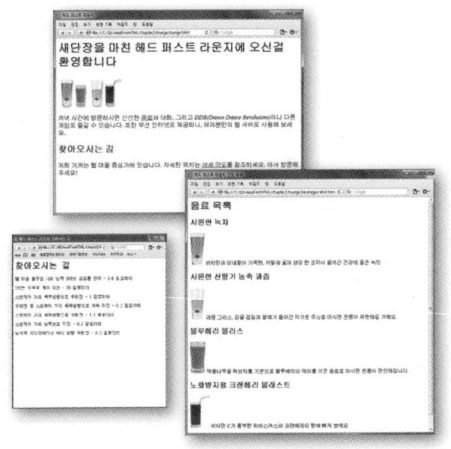

13

블록 만들기

3 웹 페이지 만들기

이 책에서 실제로 웹 페이지를 만든다고 들었는데요? 태그, 요소, 링크, 경로 등등… 여러분은 이미 많은 것을 배웠습니다. 하지만 실제로 멋진 웹 페이지를 만들지 않는다면 아무런 소용이 없을 거예요. 이번 장에서는 웹 페이지를 만드는 데 뛰어들어 볼 것입니다. 웹 페이지를 가지고 개념을 잡으며 설계를 하고, 기초를 다지며, 웹 페이지를 건설하고 마무리 손질까지 할 것입니다. 단단한 모자와 도구 상자만 있으면 됩니다. 새로운 도구들을 추가하고 웹 페이지에 숨겨진 지식을 알게 되면서 '툴 맨(The Toolman)'의 팀 테일러가 된다는 자부심도 느껴볼 수 있을 거예요.

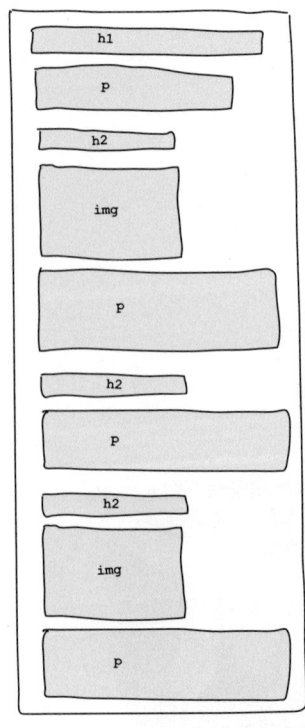

4 웹 마을로의 여행

웹 페이지들은 인터넷에서 제공되는 최상의 요리입니다. 지금까지는 여러분의 컴퓨터에 HTML 페이지를 만들었습니다. 그런데 여러분 컴퓨터에 있는 페이지들과만 링크를 만들었지요? 이제 이 모든 것을 바꾸려고 합니다. 이번 장에서는 여러분의 친구들, 팬, 고객들이 실제로 볼 수 있도록 웹 페이지를 인터넷에 올려볼 거예요. 또한 h,t,t,p,:,/,/,w,w,w,란 코드를 해킹하여 다른 페이지와 어떤 식으로 연결되는지 그 미스테리를 밝힐 것입니다. 자, 짐을 챙기세요. 우리의 다음 종착역은 웹 마을입니다. 경고: 일단 웹 마을에 들어서면 절대 돌아올 수 없으니, 도착하면 엽서라도 한 장 보내주세요.

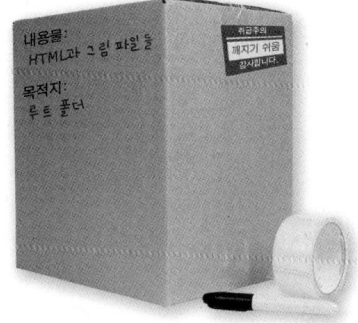

웹 페이지에 이미지 추가하기

5 미디어와의 만남

활짝 웃으며 '김치'라고 해 보세요. 실제로 웃으면서 'gif', 'jpg' 혹은 'png'라고 해 보세요. 위에서 말한 것은 웹에서 '사진 현상'을 할 때 선택할 수 있는 것입니다. 이번 장에서는 웹 페이지에 여러분의 첫 번째 미디어, 바로 이미지를 추가하는 것에 관한 모든 것을 배울 것입니다. 온라인에 올리는 데 필요한 디지털 카메라 사진을 가지고 있나요? 문제 없습니다. 여러분의 페이지에 올릴 로고가 있나요? 그것도 처리할 수 있습니다. 하지만 이 모든 것을 하기 전에, 아직 〈img〉 요소를 정식으로 소개받지 못했나요? 정말 미안합니다. 무례하게 대하려고 했던 것은 아닙니다. 다만 '정식 소개'란 것을 경험해 보지 못했을 뿐이죠. 저희 잘못에 대한 보상으로, 이 장 모두를 〈img〉 요소에 헌납하겠습니다. 이 장이 끝날 때쯤에는 〈img〉 요소와 속성을 어떻게 사용하는지에 대한 모든 내용을 알게 될 것입니다. 또한 브라우저가 이미지를 회수하고 보여주기 위해 이 작은 요소가 추가적인 작업을 어떤 식으로 하는지에 대해서도 정확히 알게 될 거예요.

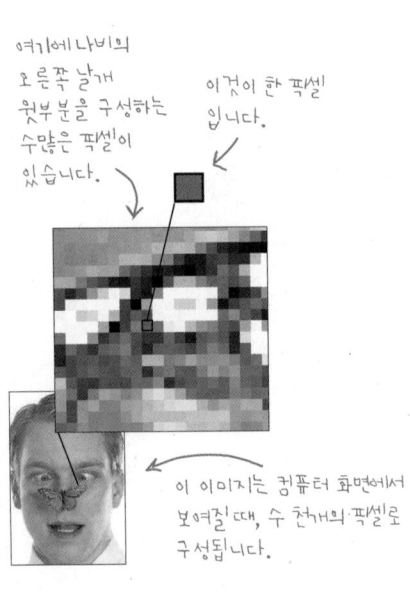

여기에 나비의 오른쪽 날개 윗부분을 구성하는 수많은 픽셀이 있습니다.

이것이 한 픽셀입니다.

이 이미지는 컴퓨터 화면에서 보여질 때, 수 천개의 픽셀로 구성됩니다.

표준, 신뢰성, 기타 등등

진지해진 HTML

HTML에 관하여 더 알아야 할 것이 있나요? 지금까지 HTML 마스터 과정을 잘 마쳤습니다. 이제 CSS로 옮겨가서 이 재미없는 마크업을 멋지게 보이도록 만드는 방법을 배워야 할 때가 되지 않았을까요? 그러기 전에 먼저 여러분이 작성한 HTML이 세상에 나가도 손색이 없는지 확실히 점검할 필요가 있습니다. 그렇다고 오해는 하지 마세요. 지금까지 여러분은 최고급 HTML을 작성해왔습니다. 하지만 소위 '산업 표준'에 맞게 단장하려면 몇 가지 더 필요합니다. 그리고 최신의, 가장 훌륭한 HTML 표준, 소위 HTML5를 사용하고 있는지도 확인해 볼 필요가 있죠. 이렇게 하면 여러 종류의 브라우저에서 좀 더 일관성 있게 보이는지는 말할 것도 없고, 최신 모바일 기기에서 제대로 동작하는지 확인할 수 있습니다. 또한 페이지가 더 빠른 속도로 열리며 CSS와 궁합이 잘 맞는다는 보장을 받고, 표준의 변화에 따라 미래에도 같이 발맞춰 나가는 페이지를 만들 수 있을 것입니다. 준비하세요. 이번 장에서 여러분은 웹 떠돌이에서 웹 전문가로 발돋움할 수 있을 것입니다.

7 스타일 추가하기

이 책에 CSS가 있다고 들었습니다. 지금까지 웹 페이지의 구조를 생성하기 위해 HTML을 배우는 데 집중했습니다만, 여러분도 알다시피 브라우저 스타일에 대해서는 유감스러운 점이 좀 많습니다. 물론, 복장 단속 경찰관을 부를 수도 있겠지만 그렇게까지 할 필요는 없습니다. CSS를 사용하면 HTML을 변경하지 않고도 웹 페이지의 프레젠테이션을 완벽하게 제어할 수 있습니다. 정말 그렇게 쉽게 할 수 있을까요? 이제 여러분은 새로운 언어를 배워야만 할 것입니다. 결국 웹 마을은 2개 국어를 사용하는 마을이 되겠죠. CSS를 배우기 위해 이 장의 지침을 읽고 나면, 여러분은 CSS에 대해 전문가와 대화를 할 수 있을 정도의 실력을 갖추게 될 것입니다.

두분
미스터리

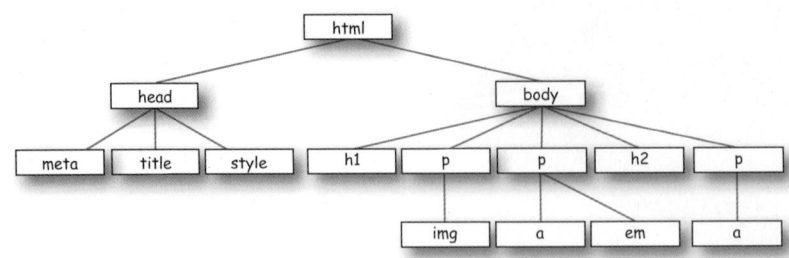

폰트와 색으로 장식하기

8 어휘력 향상시키기

여러분은 CSS 수업을 훌륭히 잘 받고 있습니다. 여러분은 이미 CSS에 대한 기본기를 다졌고, CSS 규칙을 만들어 요소의 스타일을 명시하고 선택하는 방법도 알고 있습니다. 이제 어휘력을 향상시킬 때가 되었습니다. 즉, 몇 가지 새로운 속성을 골라 어떤 동작을 하는지 알아본다는 의미입니다. 이번 장에서는 텍스트를 표현하는 데 영향을 미치는 가장 일반적인 속성 중 일부를 알아볼 것입니다. 이를 위해 여러분은 폰트와 색에 관한 몇 가지를 배워야 합니다. 다른 사람들이 사용하는 폰트, 혹은 문단과 제목에 대해 브라우저가 기본값으로 사용하는 스타일과 투박한 크기에 얽매일 필요가 없다는 것을 알게 될 것입니다. 또한 눈을 만족시키는 것 이상으로 색에 대해 많은 것을 배울 거예요.

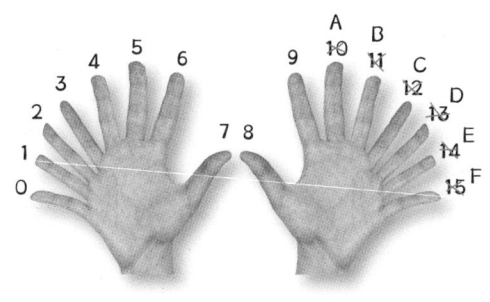

박스 모델

9

요소와 친숙해지기

더 향상된 웹을 건축하려면 건축 자재에 대해 알아야 할 필요가 있습니다. 이번 장에서는 건축 자재인 HTML 요소에 대해 좀 더 자세히 살펴볼 것입니다. 블록과 인라인 요소를 현미경에 가져다 놓고 이것들이 무엇으로 이루어졌는지 자세히 조사할 것입니다. 또한 CSS로 요소를 만드는 방법에 대한 모든 측면을 어떻게 제어할 수 있는지 알게 될 것입니다. 하지만 여기서 멈추지는 않을 거예요. 여러분은 또한 요소에 유일한 식별자를 주는 방법도 배울 것이며, 스타일시트 여러 개를 언제, 왜 사용하는지도 배울 것입니다. 자, 이제 페이지를 넘겨 요소와 친해져 봅시다.

div와 span 요소

10

진보된 웹 페이지 만들기

큰 공사를 준비할 시간이 되었습니다. 이번 장에서는 〈div〉와 〈span〉이라는 두 가지 새로운 HTML 요소를 공개하겠습니다. 이들은 단순한 2×4인치짜리 나무라기보다는 완전히 달궈진 강철 기둥이라 할 수 있죠. 〈div〉와 〈span〉을 이용해 몇 가지 중요한 구조물을 제작할 것입니다. 일단 이 구조물이 자리를 잡으면 여러분은 이 구조물을 새롭고 강력한 방법으로 꾸밀 수 있을 거예요. 이제 여러분의 CSS 도구상자가 채워지기 시작할 테니 모든 속성을 훨씬 쉽게 명시할 수 있는 몇 가지 지름길을 선보일 때가 되었습니다. 또한 이 장에서 의사클래스(pseudo-classes)라는 특별 손님을 초대했습니다. 의사클래스를 이용해 여러분은 아주 흥미로운 선택자를 생성할 수 있을 거예요(만약 '의사클래스'를 여러분의 다음 밴드 이름으로 쓰려고 생각하고 있다면, 너무 늦었군요. 우리가 좀 더 빨랐습니다).

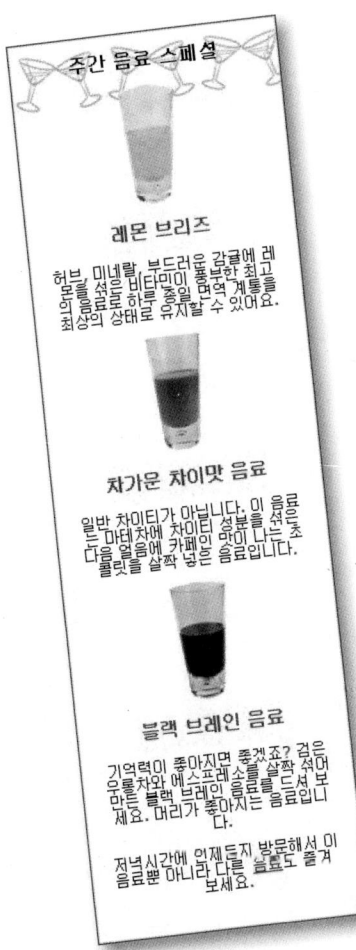

레이아웃과 포지셔닝

11
요소 정렬하기

새로운 기법으로 HTML 요소를 가르칠 시간이 되었습니다. 이젠 HTML 요소를 가만히 쉬고 있도록 내버려 두지 않을 것입니다. 이제 일어나서 실제 레이아웃이 있는 페이지를 생성하는 것을 도와야 할 때가 되었습니다. 어떻게 도울까요? 여러분은 〈div〉와 〈span〉의 구조적인 요소에 대한 직관력이 좋아졌으며, 박스 모델이 어떻게 동작하는지 모든 것을 알고 있습니다. 그렇죠? 그럼, 이제 실질적으로 정교한 디자인을 하기 위해 이 모든 지식을 활용할 때가 되었습니다. 지금 단지 배경과 폰트 색깔에 관해 더 얘기하려는 것이 아니라 여러 개의 칸(컬럼)으로 구성된 레이아웃을 사용하는 완전히 전문적인 디자인에 관해 얘기하고 있는 것입니다. 이 장에서 지금까지 여러분이 배웠던 내용을 모두 활용할 수 있을 거예요.

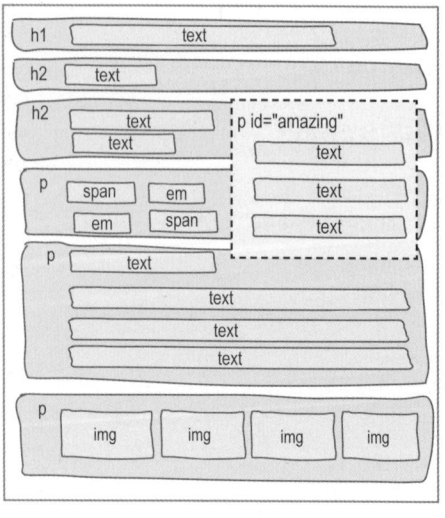

html5 마크업

12 현대적인 HTML

여러분도 HTML5에 대한 소문을 들어봤을 거예요. 지금까지 이 책과 함께 기나긴 시간을 보내면서, 정말 이 책을 잘 산 것인지 의문이 들었을 거예요. 한 가지 확실한 점은, 여러분이 이 책에서 배운 모든 내용은 HTML이고, 좀 더 명확하게는 HTML5 표준도 만났습니다. 하지만 아직 이 책에서 다루지 않은 HTML5 표준에 추가된 HTML 마크업의 새로운 측면이 몇 가지 있습니다. 그래서 이 장에서 그 내용을 다루어보려 합니다. 새로 추가된 기능 대부분은 지금도 진화하고 있고, 여러분이 이 책에서 했던 모든 어려운 작업을 새 기능을 이용하면 쉽게 처리할 수 있을 거예요. 혁명적인 기능(video 같은)도 일부 있는데, 이 역시 이 장에서 다룰 것입니다. 그럼 새로 추가된 내용을 살펴보도록 하죠!

테이블과 더 많은 리스트

13

표 만들기

테이블처럼 걷고 테이블처럼 말한다면... 살다보면 한 번쯤은 테이블 데이터를 다뤄야 할 때가 옵니다. 회사의 지난해 재고나 바이늘메이션 카탈로그(걱정 마세요, 인형을 모으고 있다고 말하지 않을게요)를 보여주는 페이지를 생성해야 한다면, HTML로 이를 보여줘야 할 것입니다. 그런데 어떻게 해야 할까요? 마침 좋은 물건이 나왔습니다. 지금 주문하세요. 이 장에서 HTML 테이블 안으로 여러분의 데이터를 어떻게 넣는지 그 비밀을 밝혀 드리죠. 이것만이 아닙니다. HTML 테이블을 꾸밀 수 있는 귀중한 팁도 드리겠습니다. 지금 주문하시면, 특별 보너스로 HTML 리스트를 꾸미는 지침서도 얹혀 드리죠. 주저하지 마시고 지금 전화하세요.

도시	일자	온도	고도	인구	석담 등급		
왈라 왈라, 워싱턴주	6월 15일	75	1,204 ft	29,686	4/5		
매직 시티, 아이다호주	6월 25일	74	5,312 ft	50	3/5		
풍부한 옥토, 유타주	7월 10일	91	4,226 ft	41,173	4/5		
마지막 기회의 땅, 콜로라도주	7월 23일	102	4,780 ft	265	3/5		
진실 혹은 결과, 뉴멕시코주	8월 9일	93	4,242 ft	7,289	5/5		
	8월 27일	98				테스 5/5	토니 4/5
향상 왜(Why), 아리조나주	8월 18일	104	860 ft	480	3/5		

html 폼

14

대화식 페이지 만들기

지금까지 여러분의 모든 웹 통신은 페이지에서 방문자로 향하는 단방향 통신이 었습니다. 어머나, 여러분이 만든 사이트를 방문하는 방문자의 피드백을 받을 수 있다면 근사하지 않겠어 요? 그래서 바로 HTML 폼(form)이 등장하게 되었습니다. 일단 폼이 있는 페이지가 활성화되면(웹 서버의 도움 을 약간 받아), 여러분의 페이지는 고객들의 피드백을 수집해서 온라인 주문을 받고, 다음 단계로 온라인 게임 으로 이동하거나 'hot or not'(역주, 미국에서 얼굴을 평가해 주는 사이트) 콘테스트에서 투표 결과를 수집할 수 있습니다. 이 장에서 여러분은 웹 폼을 생성하기 위해 협력하고 있는 HTML 요소로 이루어진 전체 팀을 만나게 될 것입니다. 또한 폼을 지원하기 위해 서버의 무대 뒤에서 무슨 일이 일어나고 있는지도 배우고, 이 폼을 멋지 게 유지하는 법도 다루도록 하죠.

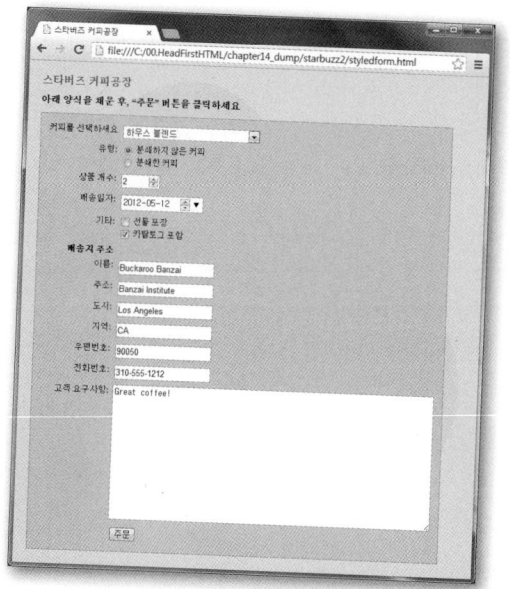

부록: 못다한 이야기들

15 10가지 중요한 이야기(지금까지 설명하지 않은)

지금까지 많은 내용을 다루었고, 이 책도 거의 막바지에 이르렀군요. 아, 여러분이 그리울 거예요. 하지만 여러분을 떠나보내기 전에, 좀 더 여러분을 준비시키고 세상 밖으로 내보내야 할 것 같습니다. 부록 분량이 많지 않아 여러분이 필요한 모든 것을 다 맞춰드릴 수는 없을 거예요. 애초에는 폰트 크기를 0.00004까지 줄여 HTML과 CSS에 관해 알아야 할 모든 것(앞에서 다루지 않은 것)을 준비해 놨습니다. 모든 내용이 들어가긴 했지만, 글자가 너무 작아서 도저히 읽을 수가 없더군요. 그래서 많은 내용을 버리고 딱 10가지 주제만 담았습니다.

이 책의 활용 방법
서문

세상에 이런 HTML 책이 있다니 믿을 수가 없군요!

이번 장에서는 'HTML 책을 왜 이런 식으로 만들었을까?' 하는 독자들의 궁금증을 해소해 보도록 하겠습니다.

누구를 위한 책일까요?

다음 질문 모두에 '예'라고 대답할 수 있다면...

(1) 웹 브라우저와 텍스트 에디터를 사용해 보았습니까?

← 지난 10년 동안 생산된 컴퓨터를 사용한다면, 답은 '예'입니다.

(2) 최고의 기술과 가장 최신의 표준을 사용하여 웹 페이지를 만드는 방법을 배우고 이해하고, 기억하기를 원하십니까?

(3) 지루하고 학구적인 강의보다는 파티에서의 즐거운 대화를 선호하십니까?

그렇다면 이 책은 바로 당신을 위한 책입니다.

그러면 어떤 독자들에게 이 책이 맞지 않을까요?

다음 질문 중 하나라도 '예'라고 대답할 수 있다면...

(1) 당신은 컴맹입니까?
(미리 앞서갈 필요는 없지만 적어도 폴더와 파일, 간단한 텍스트 편집용 애플리케이션과 웹 브라우저를 사용하는 방법 정도는 이해해야 합니다)

(2) 레퍼런스 책을 찾는 전문적인 웹 개발자입니까?

(3) 뭔가 색다른 것을 시도하는 것이 두렵습니까? 톡톡 튀는 옷을 입느니 차라리 누더기 옷을 걸치고 다니는 편이 낫다고 생각하십니까? HTML을 의인화시켜 놓은 책은 제대로 된 기술서가 될 수 없다고 생각하십니까?

그렇다면 이 책은 당신에게는 적합하지 않습니다.

[마케팅 팀의 한마디: 사실 신용카드만 있으면 누구든지 구입하셔도 됩니다.]

지금쯤 여러분은 이런 생각을 하고 있겠죠?

"어떻게 이런 걸 제대로 된 책이라 할 수 있지?"

"이런 그림은 왜 집어넣었을까?"

"정말 이런 식으로 뭔가를 배울 수 있을까?"

여러분의 두뇌는 이런 식으로 동작합니다.

여러분의 머리는 항상 새로운 것을 갈망합니다. 항상 뭔가 특이한 것을 기다리고 찾고 있지요. 원래 두뇌란 그런 것이랍니다. 그리고 이런 특징은 생존을 위해 반드시 필요합니다.

물론 여러분이 지금 당장 호랑이 밥이 될 것 같지는 않습니다. 하지만 두뇌 입장에서는 여전히 주의를 기울여야 합니다. 언제 어떤 일이 일어날지 알 수 없으니까요.

그렇다면 일상적이고 흔하디 흔한, 너무나도 평범한 것을 접할 때는 어떤 일이 일어날까요? 두뇌에서는 정말 해야 하는 일(즉 정말 중요한 것을 기억하는 일)을 방해하는 것을 모두 거부하려고 합니다. 지루한 것을 굳이 기억하려고 하지 않지요. 결국 흔해빠진, 별로 중요할 것 같지 않은 내용은 '중요하지 않은 것을 차단해버리는' 필터에서 걸러지고 맙니다.

그러면 두뇌는 무엇이 중요한지 어떻게 판단할까요? 어느 날 등산을 갔는데 호랑이가 앞에 나타났다고 가정해 봅시다. 여러분의 머릿속에서는 무슨 일이 일어날까요?

뉴런이 갑자기 폭발하면서 감정이 북받치게 됩니다. 화학물질이 쭉쭉 솟아나지요.

그래서 여러분의 두뇌에서는 다음과 같은 것을 깨닫게 됩니다.

이건 정말 중요한 거야! 잊어버리면 안 돼!

하지만 집이나 도서관에 있다고 상상해 봅시다. 안전하고 따뜻하며 호랑이가 나타날 리가 없습니다. 도서관에서 공부하고 시험을 준비하거나, 직장상사가 일주일 혹은 길어도 열흘 안에 모두 마스터하라고 하는 기술적인 문제를 공부하는 경우를 생각해 보세요.

한 가지 문제가 있습니다. 여러분의 두뇌는 명백히 중요하지 않은 내용을 저장하느라 중요한 내용을 저장할 자리가 모자라게 되는 것을 싫어합니다. 호랑이나 화재의 위험, 반바지만 입고 스노우보드를 타면 안 되는 이유 같이 중요한 것을 저장하려면 쓸 데 없는 내용은 무시하는 것이 낫지요.

그리고 두뇌에 "여보세, 정말 고맙긴 한데 이 책이 아무리 지루하고 재미 없어도, 아무리 별 감흥이 느껴지지 않아도 이 내용은 정말 기억해야 한단 말이야"라고 말하는 것이 결코 쉽지는 않습니다.

여러분의 두뇌는 이런 것을 중요하다고 여긴답니다.

휴, 이 지루하고 따분한 책도 735페이지만 더 보면 되겠군.

여러분의 두뇌는 이런 것을 기억할 가치가 없다고 여긴답니다.

우리는 헤드 퍼스트 독자들을 학생이라고 간주하겠습니다.

뭔가를 배우려면 어떻게 해야 할까요? 첫째로 어떤 것을 이해하고 잊어버리지 말아야 되겠죠. 여러분의 머리에 지식을 밀어 넣자는 이야기는 아닙니다. 인지 과학, 신경 생물학, 학습 심리학 분야의 최근 연구결과에 의하면 종이 위에 적혀 있는 텍스트만으로는 기억하기 부족하다고 합니다. 머리가 쌩쌩하게 돌아가도록 하려면 다음과 같이 하는 것이 좋습니다.

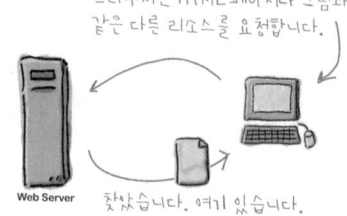

브라우저는 HTML 페이지나 그림과 같은 다른 리소스를 요청합니다.

Web Server

찾았습니다. 여기 있습니다.

헤드 퍼스트 학습 원리

시각화하자. 단어만 있는 것보다는 그림을 사용하는 것이 훨씬 더 기억하기도 좋고 학습 효과를 향상시킬 수 있습니다(기억 및 전이분야 연구에 의하면 최대 89%까지 향상된다고 합니다). 또한 그림을 사용하는 것이 이해하는 데도 더 좋습니다. 그림 안 혹은 근처에 단어를 집어 넣으면 그림 아래, 또는 그림과 동떨어진 위치에 집어넣는 경우에 비해 그 내용과 관련된 문제를 성공적으로 해결할 가능성이 두 배 이상 올라간다고 합니다.

좀 더 개인적이고 대화 형식의 문체를 사용하자. 최근의 연구에 의하면 딱딱하고 형식적인 말투로 내용을 설명하는 경우에 비해 개인적인 대화를 나누는 듯한 문체로 설명하면 학습 후 테스트에서 40% 정도까지 더 나은 점수를 받을 수 있다고 합니다. 강의를 하려 하지 말고 이야기를 들려주는 식으로 평이한 용어를 사용해 보세요. 너무 심각한 말투는 별로 좋지 않습니다. 재미있는 디너 파티와 강의 중에서 어떤 것에 관심이 더 쏠릴까요?

〈body〉 요소를 잊어버린다는 것은 정말 짜증나는 일이야.

더 깊이 생각할 수 있도록 만들자. 즉 뉴런을 활발하게 사용하지 않으면 머릿속에서 그리 특별한 일이 일어나지 않습니다. 항상 독자에게 문제를 풀고 결과를 유추하고 새로운 지식을 만들어 낼 수 있는 동기, 흥미, 호기심, 사기를 불어넣을 수 있어야 합니다. 그리고 그렇게 하려면 뭔가 도전 의식을 고취시킬 수 있을 만한 연습문제, 질문, 양쪽 두뇌를 모두 써야 하는 활동, 여러 감각을 활용할 수 있는 일을 제공해야 합니다.

내 스타일이나 전체 욕실의 스타일을 위한 욕조 클래스를 생성하는 것을 이해할 수 있나요?

〈head〉 요소에는 웹 페이지에 대한 정보를 넣어야 하는 곳입니다.

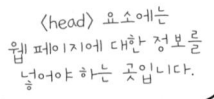

독자가 계속해서 주의를 기울일 수 있도록 하자. 아마도 거의 모든 사람들이 "아, 이거 꼭 봐야 하는데 한 페이지만 봐도 졸려 죽겠네"라고 생각해 본 경험이 있을 것입니다. 사람의 두뇌는 언제나 일상적이지 않은 것, 재미있고 특이한 것, 눈길을 끄는 것, 예상치 못한 것에 주의를 기울이게 됩니다. 새롭고 기술적인 내용을 배우는 것이 반드시 지루해야 되는 것은 아닙니다. 지루하지만 않다면 여러분의 두뇌는 훨씬 더 빠르게 받아들일 수 있을 것입니다.

독자들의 감성을 자극하라. 뭔가를 기억하는 능력은 그 내용이 얼마나 감성을 자극하는지에 따라 크게 달라집니다. 자신이 좋아하는 것, 많은 관심을 가지고 있는 것은 매우 쉽게 기억할 수 있습니다. 뭔가를 느낄 수 있으면 수월하게 기억할 수 있습니다. 뭐 그렇다고 해서 한 소년과 강아지 사이의 가슴 뭉클한 사연 같은 것을 알아보려는 것은 아닙니다. 퍼즐을 풀어내거나 남들이 모두 어렵다고 생각하는 것을 알았을 때, 다른 친구는 모르는 것을 더 정확하게 알게 되었을 때 느끼게 되는 놀라움, 호기심, 재미, "오, 이럴 수가!", 아니면 "내가 해 냈어!"와 같은 감정을 느낄 수 있다면 배우는 과정에 크게 도움이 된다고 합니다.

초인지: 생각하는 것에 대해 생각하는 것

정말 배우고 싶다면, 더 빨리 그리고 자세하게 배우고 싶다면 자신이 어떤 식으로 주의를 기울이는지에 대해 주의를 기울일 필요가 있습니다. 생각하는 방법에 대해 생각해 보고, 학습하는 방법에 대해 배워야 합니다.

대부분의 사람들은 학창시절에 초인지(metacognition) 또는 학습 이론 등에 대해 배운적이 없을 것입니다. 그냥 배워야 했을 뿐, 배우는 방법은 배우지 못했을 것입니다.

일단 이 책을 읽고 있는 독자라면 웹 페이지를 만드는 방법을 배우고 싶어서 읽고 있는 것이겠죠? 그리고 가능하면 빠른 시간 안에 배우고 싶을 것입니다. 이 책을 볼 때, 어떤 형태로든지 공부를 할 때 최대한 많은 것을 얻어내려면 두뇌를 자유자재로 쓸 수 있어야 합니다. 자신의 두뇌를 그 내용에만 집중을 해야 합니다.

그렇게 하려면 여러분의 두뇌에서 새로 배우는 내용을 아주 중요한 것, 생존에 필수적인 것이라고 느끼게 만들어야 합니다. 즉, 호랑이만큼이나 중요하다고 느끼게 만들어야 합니다. 그렇지 않으면 새로운 내용을 받아들이지 않으려고 하는 두뇌와 끊임없이 씨름할 수밖에 없습니다.

어떻게 하면 두뇌에서 이 내용이 중요하다고 생각하게 만들 수 있을까?

느리고 지루한 방법도 있고 바르고 효율적인 방법도 있습니다. 느린 방법은 반복에 의지하는 것입니다. 같은 내용을 계속 반복해서 주입하면 아무리 재미없는 내용이라도 배우고 기억할 수 있습니다. 충분히 여러 번 반복하다 보면 '사실 별로 중요한 것 같진 않지만 똑같은 걸 계속해서 반복해서 보고 있으니 일단 기억은 해 주자'라는 생각이 들겠죠.

빠른 방법은 두뇌 활동, 그 중에서도 서로 다른 유형의 두뇌 활동을 증가시킬 수 있는 방법을 활용하는 것입니다. 앞 페이지에 있는 내용은 모두 이렇게 두뇌 활동을 증가시키기 위한 것이며, 학습 과정에 도움이 된다고 밝혀진 방법입니다. 예를 들어 어떤 단어를 설명하는 그림 안에 그 단어를 넣어두면 (그림 밑에 있는 그림 설명 부분 또는 본문에서 설명하는 경우에 비해) 그 단어와 그림 사이의 관계를 이해하기 위해 두뇌가 활발하게 움직이면서 더 많은 뉴런이 활성화됩니다. 더 많은 뉴런이 활성화되면 뇌에서 그 내용을 집중해서 살펴볼 가치가 있는 것이라고 인식할 가능성이 높아지고, 결과적으로 기억할 수 있는 확률도 높아지겠죠.

대화하는 듯한 문체가 더 나은 이유는 보통 대화를 할 때 상대방이 하는 말을 들으면서 그것을 이해하고 내용을 따라잡기 위해 노력하기 때문입니다. 그리고 더 중요한 것은 그런 대화가 책과 독자 사이의 대화인 경우에도 우리의 뇌에서는 별로 다르게 느끼지 않는다는 점입니다. 하지만 문체가 딱딱하고 재미없으면 수백 명의 학생이 대형 강의실에 앉아서 건성으로 수업을 들을 때와 마찬가지로 학습 효과가 떨어진다고 합니다.

하지만 그림과 대화형 문체가 전부는 아닙니다.

이 책에서는 이렇게 했습니다

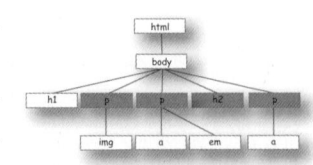

이 책에는 **그림**이 많습니다. 여러분의 두뇌는 문자 위주의 텍스트보다는 시각적인 쪽에 더 민감하게 반응하기 때문이지요. 두뇌에서 받아들이는 정도를 생각해 보면 그림 한 장이 1024개의 단어보다 낫습니다. 백문이 불여일견이라는 말이 정말 딱 맞습니다. 그리고 텍스트와 그림을 함께 사용할 때 텍스트를 그림에 포함시켰습니다. 텍스트를 그림 밑에 설명하는 식으로 적어놓거나 다른 곳에 있는 텍스트에 적어놓기보다는 그림 안에 넣었을 때 더 교육 효과가 좋기 때문이죠.

이 책에서는 같은 내용을 서로 다른 방법으로, 서로 다른 매체를 통해서 여러 감각을 거쳐서 전달하여 설명한 내용이 머리에 더 쏙쏙 잘 들어갈 수 있도록 했습니다. 여러 번 **반복**하면 그만큼 효과가 좋아지니까요.

개념과 그림을 **예상하기 힘든 방식**으로 활용했습니다. 여러분의 두뇌는 새로운 것을 더 잘 받아들이기 때문입니다. 그리고 그림과 개념을 통해 **감성**을 자극할 수 있도록 했습니다. 두뇌에서 어떤 감흥을 불러일으킬 만한 것을 더 빠르게 받아들이기 때문이지요. 독자가 뭔가를 느낄 수 있다면 그만큼 머릿속에 오래 남습니다. 그 감정이 사소한 **유머, 놀라움** 같은 것에 불과할지라도 말이죠.

브라우저가 되어 봅시다

이 책에서는 **개인적인 대화**를 하는 듯한 문체를 사용했습니다. 여러분의 두뇌는 앉아서 강의를 듣는다고 느낄 때보다는 상대방과 대화를 한다고 느낄 때 더 집중을 잘 하기 때문이지요. 책을 읽을 때도 마찬가지입니다.

연습문제가 100개 이상 있습니다. 어떤 것에 대한 내용을 읽을 때보다 실제로 어떤 일을 할 때 더 잘 배울 수 있고 기억할 수 있기 때문입니다. 난이도는 조금 어려운 느낌이 들 수도 있지만, 어느 정도 노력하면 풀 수 있을 겁니다. 독자들이 좋아할 만한 정도의 난이도로 맞추었으니 꼭 **풀어보세요**.

핵심 정리

그리고 **여러 가지 학습 유형**을 섞어서 사용했습니다. 단계별로 공부하는 쪽을 선호하는 독자들도 있지만 큰 그림을 먼저 파악하는 것을 좋아하는 독자들도 있고, 코드 예제만 보면 된다고 생각하는 독자들도 있기 때문입니다. 하지만 어느 것을 더 좋아하든 같은 내용을 여러 방법으로 표현하는 방식은 모든 독자들에게 도움이 될 것입니다.

독자들의 **양쪽 두뇌**를 모두 사용할 수 있는 내용을 포함시켰습니다. 두뇌의 더 많은 부분을 사용할수록 더 많은 것을 배우고 기억할 수 있으며, 더 오랫동안 집중할 수 있기 때문이지요. 한 쪽 두뇌를 사용하고 있을 때는 나머지 한 쪽 두뇌는 쉴 수 있기 때문에 더 오랜 시간 동안 공부할 때도 높은 효율을 유지할 수 있습니다.

퍼 즐

두 가지 이상의 관점을 보여주는 **이야기**와 연습문제를 포함시켰습니다. 자신이 직접 어떤 것을 평가하거나 판단을 하면 더 깊이 이해할 수 있기 때문이지요.

독자 여러분의 **도전 의식**을 고취시킬 수 있을 만한 연습문제와 뚜렷한 정답이 없는 **질문**을 포함시켰습니다. 여러분의 두뇌는 실제로 뭔가를 할 때 더 많은 것을 배우고 더 잘 기억할 수 있기 때문이지요(체육관에서 운동하는 사람들을 쳐다보기만 하는 것으로는 운동이 될 턱이 없죠? 공부하는 것도 똑같습니다). 하지만 항상 열심히 할 가치가 잇는 것만 열심히 할 수 있도록 노력했습니다. 너무 이해하기 힘든 예제를 붙잡고 낑낑대거나 어려운 전문용어만 잔뜩 들어있는 짧막한 문장을 해석하느라 머리가 아픈 일은 없도록 했습니다.

이 책에서는 여러 명의 **사람들**이 등장합니다. 이야기나 예제, 그림 등에 말이지요. 사람은 사물보다는 사람에게 더 많은 관심을 가지게 된다고 합니다.

80/20 법칙을 사용하였습니다. 웹 개발 전문가가 될 생각이라면 이 책만 가지고는 안 되겠죠. 이 책에서 모든 것을 설명하지는 않습니다. 오직 여러분이 실질적으로 사용할 필요가 있는 내용만 설명합니다.

잘라서 냉장고 문에
붙여 놓으세요.

두뇌를 정복하는 방법

이제 남은 것은 여러분들의 몫입니다. 여기에 나와 있는 팁부터 시작해 보세요.
자신의 두뇌에서 어떤 반응을 보이는지 살펴보고 어떤 것이 적절하고 어떤 것이
부적절한지 알아봅시다. 항상 새로운 것을 시도해 보세요.

**① 천천히 하세요. 더 많이 이해할수록 외울 내용은
줄어들게 마련입니다.**

그냥 무작정 읽지 맙시다. 잠깐씩 쉬면서 생각을 해봅시
다. 책에 있는 질문을 보고 바로 정답으로 넘어가면 안됩
니다. 누군가 다른 사람이 정말로 질문하고 있다고 생각
해 보세요. 더 깊이, 신중하게 생각할수록 더 잘 배우고
기억할 수 있습니다.

**② 연습문제를 꼭 풀어봅시다. 간단하게 메모를 하는 것도
좋습니다.**

연습문제는 독자들을 위해 수록한 것입니다. 그냥 답만
보고 넘어가면 다른 사람이 대신 운동을 해 주는 것을 구
경하는 것과 마찬가지입니다. 반드시 직접 필기도구를 들
고 문제를 해결해 봅시다. 실제로 배우는 과정에서 몸을
움직이는 것이 배우는 데 도움이 된다고 합니다.

③ '바보 같은 질문이란 없습니다' 부분을 반드시 읽으세요.

반드시 모두 읽어 보세요. 그냥 참고자료로 수록한 것이
아니라 이 책의 핵심 내용의 일부분입니다.

④ 잠자리에 들기 직전에 마지막으로 이 책을 읽어 보세요.

학습 과정의 일부(특히 장기 기억으로의 전이 과정)는 책
을 놓은 후에 일어납니다. 여러분의 두뇌에서 어떤 처리
과정을 처리하는 데에는 시간이 필요하기 때문이죠. 그
런 처리 작업 중간에 다른 것이 끼어들면 새로 배운 것을
잊어버릴 가능성이 높아집니다.

⑤ 물을 마십시다. 될 수 있으면 많이 마시는 것이 좋습니다.

머리가 잘 돌아가려면 물이 많이 필요합니다 수분이 부
족하면(목이 마르다는 느낌이 들면 수분이 부족한 것입
니다) 인지 기능이 저하됩니다.

⑥ 새로 배운 것을 소리 내어 말해 봅시다.

소리 내어 읽을 때는 두뇌에서 눈으로 읽기만 할 때와는
다른 부분이 활성화됩니다. 뭔가를 이해하려고 하거나
나중에 더 잘 기억하고 싶다면 크게 소리를 내어 말해보
세요. 다른 사람한테 설명하면 더 좋습니다. 더 빠르게 배
울 수 있는 데다가 책을 읽는 동안에는 몰랐던 것도 새삼
알게 될 수 있기 때문입니다.

⑦ 자신의 뇌의 반응에 귀를 기울여 봅시다.

여러분의 두뇌가 너무 힘들어하고 있지는 않은지 관심을
가져봅시다. 대강 훑어보고 있거나 방금 읽은 것을 바로
잊어버린다는 느낌이 들면 잠시 쉬는 것이 좋습니다. 일
단 어느 정도 공부를 하고 나면 무조건 파고든다고 해서
더 빨리 배울 수 있는 것이 아닙니다. 오히려 공부하는 데
방해가 될 수도 있습니다.

⑧ 뭔가를 느껴봅시다.

여러분의 두뇌에서 지금 공부하고 있는 것이 중요하다고
느낄 수 있어야 합니다. 책 속에 나와 있는 이야기에 몰입
해 보세요. 그리고 책에 있는 사진에 직접 제목을 붙여 보
세요. 아무것도 느끼지 않는 것보다는 썰렁한 농담을 보
고 비웃기라도 하는 쪽이 낫습니다.

⑨ 직접 만들어 봅시다.

여러분이 디자인하고 있는 것에 새로운 것을 적용해 보거
나 기존 프로젝트를 재작업해 봅시다. 이 책에 나와 있는
연습문제 같은 것 외에 뭔가 경험이 될 수 있는 것이라면
뭐든지 좋습니다. 여러분에게 필요한 것은 연필과 해결
해야 할 문제뿐입니다. 물론 HTML과 CSS를 사용해서
해결하기 좋은 문제여야 되겠죠.

마지막으로 알아둬야 할 몇 가지

이 책은 레퍼런스용 책이 아니라 학습서입니다. 그래서 내용 설명에 방해될 만한 부분은 최대한 생략했습니다. 그리고 이 책은 앞에서 배운 내용을 알아야만 뒷부분의 내용을 이해할 수 있는 형태로 만들었기 때문에, 적어도 처음 읽을 때는 맨 앞부터 순서대로 읽어야 합니다.

기본적인 HTML부터 시작해서, 표준 기반의 HTML5를 학습하도록 구성했습니다.

표준 기반의 HTML을 작성하려면 여러분들이 이해해야 하는 많은 기술적 세부사항이 있습니다. 하지만 기본적인 HTML을 배우려 한다면 이런 것들이 그리 크게 도움이 되지는 않을 것입니다. 따라서 이 책은 HTML의 기본적인 개념(세부적인 사항들은 제외했습니다)부터 시작해서 여러분이 어느 정도 HTML에 대해 확고히 이해하게 되면, 표준을 따르는 HTML(가장 최신 버전의 HTML5)을 작성할 수 있도록 가르칠 것입니다. 기술적인 세부사항은 기초를 먼저 학습한 뒤에 더욱 의미가 있기 때문에 이러한 학습 방식은 아주 유용합니다.

여러분이 CSS를 학습하기 시작할 때쯤에는 HTML을 작성할 수 있어야 됩니다. 따라서 이 책에서는 CSS를 사용하여 작업을 시작하기 전에 표준 기반의 HTML을 학습하는 데 중점을 두었습니다.

이 세상의 모든 HTML 요소와 속성 혹은 CSS 속성을 다루고 있진 않습니다.

HTML의 요소와 속성, CSS 속성은 매우 많습니다. 이러한 내용은 흥미롭긴 하지만 그 모든 내용을 다루지는 않습니다. 이 책에서는 핵심적인 HTML 요소와 CSS 속성 위주로 공부해 보겠습니다. 이러한 것들을 언제, 어떻게 사용해야 하는지 진짜 확실히 이해할 수 있도록 하는 데 주안점을 두었습니다. 어떤 경우에서라도 여러분이 이 책을 마치기만 하며, 우리가 다루지 않았던 다른 모든 요소와 속성에 대해서도 빠르고 쉽게 다른 레퍼런스 책을 참고하여 스스로 학습할 수 있을 것입니다.

웹 페이지의 프레젠테이션과 구조를 분리해서 다룹니다.

오늘 날, 많은 웹 페이지들은 콘텐츠를 구조화하는 데 HTML을 사용하고, 프레젠테이션과 스타일을 표현하는 데 CSS를 사용합니다. 1990년대 만들어진 웹 페이지들은 구조와 스타일을 표현하는 데 HTML만을 사용해 왔습니다만, 이 책에서는 웹 페이지의 구조는 HTML, 스타일 표현에는 CSS를 사용하였습니다. 오랜 나쁜 습관을 여러분이 알 필요는 없으니까요.

이 책을 학습하면서 여러 종류의 브라우저를 사용하기 권장합니다.

표준 기반의 HTML과 CSS 작성법을 학습하면서, 웹 브라우저가 웹 페이지들을 보여주는 방식에 약간씩 차이가 있다는 점을 발견할 것입니다. 그래서 적어도 2개 이상의 최신의 웹 브라우저를 사용하여 여러분이 만들고 있는 웹 페이지를 열어보기 바랍니다. 이렇게 하면 브라우저의 종류에 따른 차이점을 발견할 수 있으며, 각 브라우저에서 잘 작동되는 웹 페이지를 만들 수 있을 것입니다.

가끔씩 요소 이름으로 태그 이름을 사용합니다.

'바로 그 요소', '어느 요소'라기보다는 태그를 사용하여 '⟨a⟩ 요소'라는 표현을 사용합니다. 이러한 표현이 기술적으로 정확하지 않을진 모르겠지만, 더 읽기 쉬우며 혼란스럽지 않습니다.

연습문제는 꼭 풀어봐야 합니다.

연습문제나, 여러분이 직접 풀어 보라고 해 놓은 부분은 그냥 장식품이 아닙니다. 엄연히 이 책의 핵심 요소입니다. 암기하는 데 도움을 주기 위한 것도 있고, 이해하는 데 도움을 주기 위한 것도 있고, 배운 내용을 응용하는 데 도움을 주기 위한 것도 있습니다. 연습문제는 절대로 건너 뛰지 맙시다. 십자 퍼즐은 꼭 풀어 볼 필요는 없지만 용어나 단어를 다른 관점에서 생각해 볼 만한 좋은 기회라고 생각하고 풀어 보세요.

중복되어 있는 내용은 중요하기 때문에 일부러 그렇게 한 것입니다.

헤드 퍼스트 시리즈가 다른 책과 가장 크게 다른 점은, 여러분이 제대로 알고 넘어가도록 만들었다는 데 있습니다. 이 책을 다 읽었을 때 배운 것을 최대한 많이 기억할 수 있어야 합니다. 레퍼런스 서적들은 독자들이 확실히 기억하는 것을 주된 목표로 만들어진 책이 아닙니다. 하지만 헤드 퍼스트 시리즈는 학습을 위한 책이기 때문에 같은 개념이 여러 번 반복적으로 등장하는 것을 볼 수 있을 것입니다.

코드 예제는 최대한 간단하게 만들었습니다.

코드가 200줄이 넘는데 그 중에서 꼭 읽어봐야 하는 내용은 단지 2줄 밖에 안 된다면 정말 황당하겠지요? 이 책에 있는 대부분의 예제는 최소한의 분량만 수록했습니다. 그래야 그때 그때 배우고 있는 내용만 확실하게 이해할 수 있으니까요. 그러다 보니 이 책에 나와 있는 코드는 자세하다거나 완벽하다고 할 수 없으며, 주로 배우기 위한 용도로 만든 것이므로 완벽한 기능을 갖추고 있는 것도 아닙니다.

이 책의 코드 예제는 다음 웹사이트에서 내려받을 수 있습니다.

웹사이트 주소는 http://www.hanb.co.kr/exam/2012입니다. 또는 http://wickedlysmart.com/hfhtmlcss/에서 받으세요.

'브레인 파워' 연습문제에는 정답이 없습니다.

어떤 문제에는 아예 정답이라는 게 있을 수 없고, 어떤 문제에서는 문제 자체에서 독자들이 내린 결론이 과연 맞을지, 어떤 상황에서 맞는지를 결정해야 할 수도 있습니다. 브레인 파워 연습문제 중에는 올바른 방향을 알려줄 만한 힌트가 들어있는 것도 있습니다.

테크니컬 리뷰팀(초판)

코리 맥글론

조 코니어

발렌틴 크레타즈

바니 마리스피니

루이지바

어펠탑

겁 없는 익스트림 리뷰 팀의 리더

마르쿠스 그린

아이크 반 아타

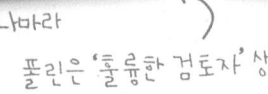

폴린 맥나마라

요하네스 드 종

폴린은 '훌륭한 검토자' 상을 받았습니다.

더이빗 오이마라

이 책을 검토하신 분들

테크니컬 리뷰팀에 정말 감사드립니다. 아낌없는 노력을 했으며, 모든 작업을 원활히 할 수 있게 도와 준 요하네스 드 종에게 감사를 드립니다. 공동 매니저이자 연습문제를 좀 더 베이비 붐 세대에 맞게 피드백해 주신 폴린 맥나마라에게도 감사드립니다. 우리가 필요로 했던 모든 기술적 지원과 섬세한 검토에 대해 모든 팀에 대해 감사드립니다. 발렌틴 크레타즈, 바니 마리스피니, 마르쿠스 그린, 아이크 반 아타, 데이빗 오이마라, 조 코니어, 코리 맥글론은 이 책에 대한 검토와 더 나은 책이 될 수 있게 도움을 주었습니다. 책의 내용을 좀 더 평이하게 만드는 데 도움을 준 코리와 폴린은 더 고맙군요.

HTML과 CSS 사용에 대해 도움을 준 우리의 웹 디자이너인 루이지 바에게 큰 감사드립니다.

감사의 글(초판)*

또 다른 고마운 분들

기술적 검토를 해주신 존경하는 데이빗 파워스에게 큰 감사드립니다. 사실 데이빗은 힘든 일을 시켜서 좋은 감정과 나쁜 감정 모두가 있습니다. 하지만 결과적으로 보면 그럴 가치가 있는 일이었더군요. 데이빗의 논평에 따르면 진실은 말해져야만 하며, 이것은 우리 책에 아주 중요한 변화를 일으켰고, 기술적으로 두 번씩 검토하게 했습니다. 고마워요, 데이빗.

존경하는 리뷰어,
데이빗 파워스

이 사람은 핵심인물입니다
(기술적으로도 그렇습니다).

오라일리에게

우리의 편집자이자 이 책을 완성하는 데 많은 장애물을 없애주기 위해 가족들과의 시간을 희생했던 브렛 맥러플린에게 가장 큰 감사를 드립니다. 브렛은 이 책을 편집하는 데 큰 노력을 기울였습니다. 고마워요, 브렛. 당신이 없었으면 이 책은 나올 수 없었을 거예요.

브렛 맥러플린

오라일리 팀에게 감사드립니다. 마케팅을 이끌어 주고, 발군의 접근법을 해 준 그레그 코린, 글렌 비시냐노, 토니 알투소, 카일 하트에게 진심으로 감사드립니다. 책 표지를 디자인해준 엘리 포크하우젠과 이 책의 표지를 생동감 있게 해준 카렌 몽고메리에게 감사드립니다. 일목요연한 정리와 이 책을 재미있게 만드는 데 보탬이 된 콜린 골먼에게 항상 고마움을 느낍니다. 그리고 슈 윌링과 클레어 클루티에가 없었다면 컬러판으로 책을 낼 수 없었을 것입니다.

마이크 루키즈가 없었다면 헤드 퍼스트 감사의 글이 완성되지 못했을 겁니다. 그는 시리즈로 헤드 퍼스트 컨셉을 정리했고, 항상 끊임없는 지원을 아껴준 팀 오라일리에게도 감사드립니다. 마지막으로 우리를 헤드 퍼스트 가족으로 합류하게끔 해준 마이크 핸드릭슨에게 감사드립니다.

케이시 시에라와 버트 베이츠에게

케이시 시에라와 버트 베이츠는 절친한 동료이자 이 시리즈를 만들었던 핵심 인물인데, 우리에게 아낌없는 신뢰를 준 점에 대해 감사드립니다. 3일 동안의 세션은 이 책을 쓰는 데 있어 가장 중요한 부분이었고, 또 하고 싶군요. 그리고 다음에는 LTJ를 불러 시애틀로 같이 여행 가자고 전해줄 수 있나요?

버트 베이츠

케이시 시에라

헤드 퍼스트 파러리(Parelli)
연구에 열중하고 있네요.

카라

*이렇게 감사의 글에 등장한 사람 수가 많지 않은 이유는 책의 감사의 글에 이름이 실린 사람은 적어도 한 권 이상 (친척이나 친구들한테도 주니까요) 산다는 이론을 검증해 보기 위함입니다. 우리가 만들 다음 책에서 감사의 글에 등장하고 싶은 분 가운데 친척들이 많이 있으신 분은 저희한테 연락주세요.

테크니컬 리뷰어(개정판)

이 책의 내용을 면밀히 검토해 준 HTML과 CSS 전문가인 데이빗 파워스가 없었다면 편안한 마음으로 잠자리에 들 수 없었을 거예요. 사실 이 책의 초판이 나온 이후로 수년 간 우리는 사설 탐정을 고용해 데이빗을 찾아 헤맸습니다(얘기하자면 긴데, 결국 지하의 HTML & CSS 은신처에서 찾아냈죠). 여하간, 이 책에 남아있던 모든 기술적 결함을 데이빗이 꼼꼼이 검토해 주었습니다. 데이빗은 정말 이 책이 나오는 데 중요한 역할을 수행했죠.

테크니컬 리뷰팀에게도 정말 감사드립니다. 돈 그리피스(헤드 퍼스트 C의 공동 저자), 셜리 파워스(수년 간 웹 관련 저술 작업을 하고 있는 HTML과 CSS의 전문가)와 함께 이번 개정판 작업을 함께 해준 조 코니어에게 감사드립니다. 그리고 다시 한번 강조하지만 독자 여러분의 피드백이 정말 큰 도움이 됐습니다. 감사합니다.

데이빗 파워스

HTML과 CSS 능력을 향상시키세요!

돈 그리피스

조 코니어

감사의 글(개정판)

모든 면에서(실제로 저술하는 만큼의 노력을 기울인) 이 책의 출간에 도움을 주었고, 편집자가 할 수 있는 최상의 노력을 해준 수석 편집자인 마이크 핸드릭슨에게 큰 감사를 드립니다! 고마워요. 마이크. 당신이 없었다면 한 권도 펴내지 못했을 거예요. 당신은 우리의 챔피언입니다.

물론 이 책이 인쇄되어 나오기까지는 무대 뒤에서 노력을 해준 오라일리사와 능력 있고 친절한 임직원 여러분 덕분에 가능했죠. 오라일리 팀 여러분께 진정으로 감사드립니다. 크리스틴 보그(제작 편집자), 뛰어난 인재인 레이첼 모나한(교정자), 꼼꼼하게 찾아보기 작업을 해준 론 스트라우스, 그림과 삽화를 담당한 레베카 드마레스트, 표지 디자인을 해준 카렌 몽고메리, 그리고 마지막으로 특히, 각 페이지를 돋보이게 하는 데 도움을 준 루이지 바에게 감사드립니다.

마이크 핸드릭슨

루이지 바

1 HTML 알아보기

웹 언어

> 그렇게 덤비지 마,
> 나에 대해 알고 싶다면
> 세계 공통어를 말할 수 있어야만 해.
> 너도 알다시피,
> 바로 HTML과 CSS 말이야.

**여러분의 웹 진출을 막고 있는 유일한 방해물은
바로 전문 용어를 배우는 것입니다.**

자, 언어 수업 시간이 되었군요, 바로 HTML(HyperText Markup Language, 하이퍼텍스트 마크업 언어)을 배울 준비를 합시다. 이 장을 끝내면 여러분은 몇 가지 기초적인 HTML 요소를 이해할 수 있을 뿐 아니라, 간단한 스타일을 갖춘 HTML을 작성할 수 있을 거예요. 그리고 이 책이 끝날 때 쯤이면 여러분은 웹 마을에서 자란 사람처럼 HTML을 말할 수 있을 거예요.

웹이 ~~바보로켜~~ 라디오를 삼켰습니다

아이디어를 얻고 싶으세요? 무엇인가를 팔고 싶으십니까? 독창적인 판매점이 필요하십니까? 웹으로 오세요. 웹이 일반적이고 보편적인 커뮤니케이션의 형태가 되었다는 건 설명할 필요도 없겠지요. 웹이 더 매력적인 것은 여러분 스스로가 참여할 수 있는 커뮤니케이션의 형태라는 것입니다.

하지만 여러분이 정말로 웹을 효과적으로 사용하기 원한다면 HTML에 대해 몇 가지 정도는 알아야만 합니다. 물론 웹이 어떻게 동작하는지는 말할 필요도 없고요. 자, 아주 먼 발치에서 웹이 무엇을 하는지 볼까요?

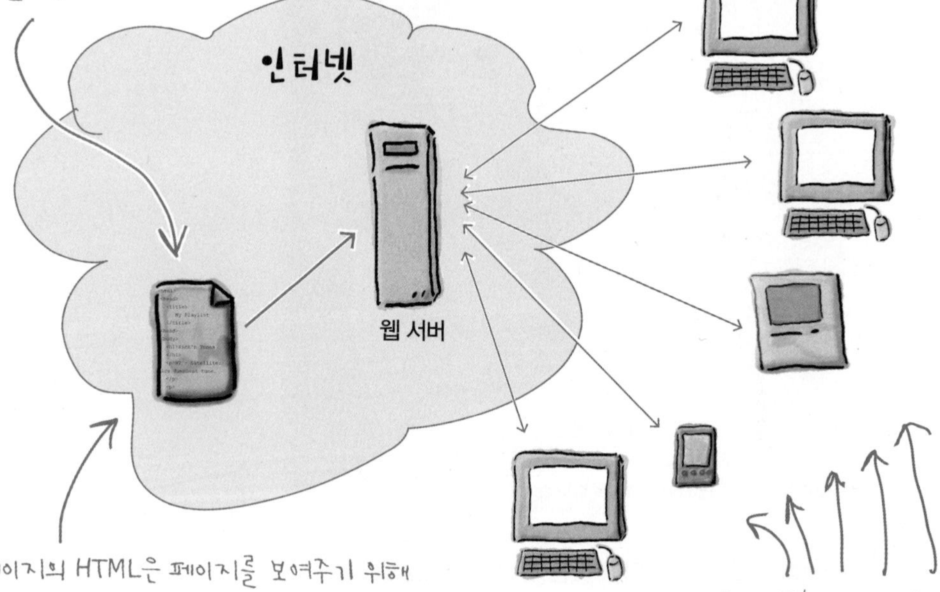

일단 웹 서버에 파일을 올려놓았다면, 인터넷을 경유해서 브라우저로 여러분이 만든 웹페이지를 볼 수 있습니다.

웹페이지를 만들려면 여러분은 HTML을 사용하여 파일을 생성하고, 웹 서버에 그 파일을 올려놓아야 합니다 (이 책의 후반부에서 웹 서버에 파일을 올려놓는 방법을 배울 것입니다).

인터넷

웹 서버

웹페이지의 HTML은 페이지를 보여주기 위해 알아야 할 필요가 있는 것을 브라우저에 알려줍니다. 그리고 만약 여러분이 웹페이지를 제대로 만들었다면, 핸드폰이나 모바일 기기를 통해서도 볼 수 있습니다. 또한 시각장애인을 위한 음성 브라우저(speech browser)나 돋보기(screen magnifier)를 이용해서도 볼 수 있습니다.

인터넷에 연결되어 브라우저를 작동시키는 수많은 개인용 컴퓨터와 기기들이 있습니다. 하지만 이보다 더 중요한 것은 여러분들의 친구, 가족, 팬, 그리고 잠재적인 고객들이 바로 이처럼 다양한 방법으로 웹에 접속한다는 사실입니다.

웹 서버는 무슨 일을 할까요?

웹 서버는 인터넷에서 웹 브라우저의 요청을 기다리며 24시간 내내 쉬지 않고 작동합니다. 그렇다면 어떤 종류의 요청을 기다릴까요? 그러한 요청에는 웹 페이지, 그림, 음악 심지어는 영화도 될 수 있습니다. 웹 서버가 이러한 요청을 접수하면, 요청에 해당되는 리소스를 찾고 브라우저에 적절한 응답을 보냅니다.

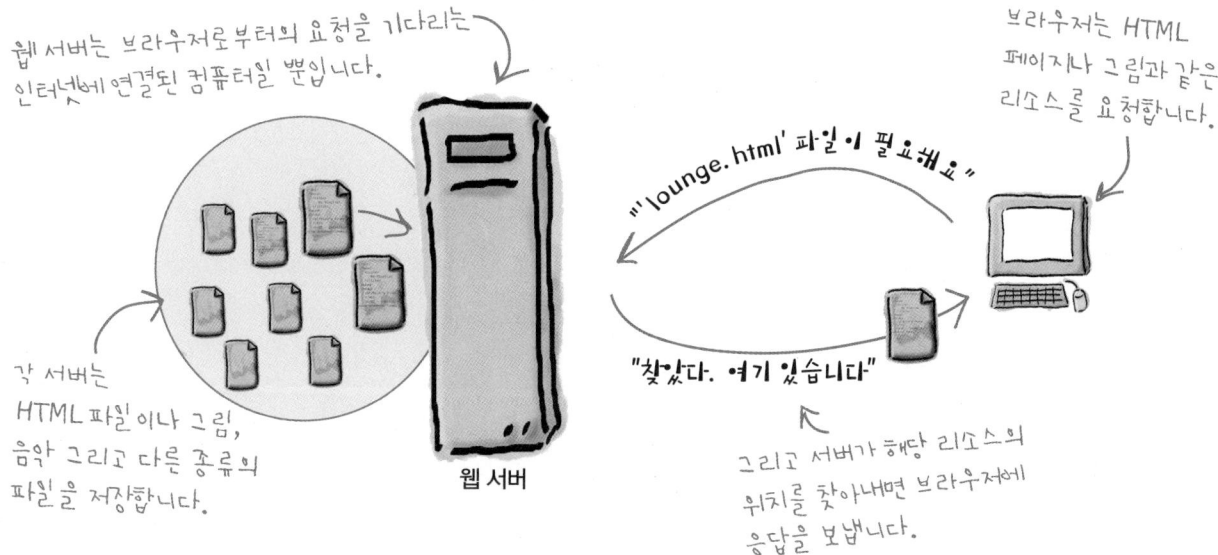

웹 서버는 브라우저로부터의 요청을 기다리는 인터넷에 연결된 컴퓨터일 뿐입니다.

각 서버는 HTML 파일이나 그림, 음악 그리고 다른 종류의 파일을 저장합니다.

웹 서버

브라우저는 HTML 페이지나 그림과 같은 리소스를 요청합니다.

"'lounge.html' 파일이 필요해요"

"찾았다. 여기 있습니다"

그리고 서버가 해당 리소스의 위치를 찾아내면 브라우저에 응답을 보냅니다.

웹 브라우저는 무슨 일을 할까요?

여러분은 이미 웹 브라우저가 어떻게 작동하는지 알고 있습니다. 웹 서핑을 하면서 특정 페이지를 클릭해서 방문합니다. 여러분이 클릭을 하면 브라우저는 웹 서버에 해당 HTML 페이지를 요청하고, 요청에 대한 응답을 받아 브라우저 화면에 페이지를 보여줍니다.

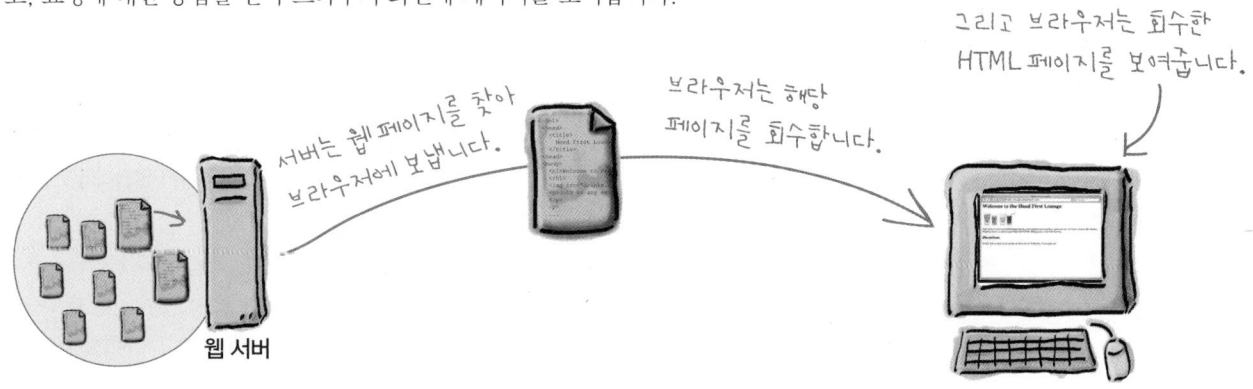

서버는 웹 페이지를 찾아 브라우저에 보냅니다.

브라우저는 해당 페이지를 회수합니다.

그리고 브라우저는 회수한 HTML 페이지를 보여줍니다.

웹 서버

하지만 브라우저가 웹 페이지를 보여주는 방법을 어떻게 일 수 있을까요? 비로 그 해답은 HTML에 있습니다. HTML은 웹 페이지의 구조와 내용을 브라우저에 알려줍니다. 어떻게 알려주는지 이제부터 살펴보기로 하죠.

HTML 작성하기

브라우저가 웹 페이지를 보여주는 데 HTML이 핵심이라는 사실은 알고 있겠지만, 정확히 HTML이 무엇을 할 것 같나요? 그리고 어떤 역할을 수행할까요?

간단한 HTML을 하나 살펴봅시다. 여러분은 지금 좋은 음악과 신선한 음료, 무선 인터넷이 제공되는 헤드 퍼스트 라운지를 광고하는 웹 페이지를 작성한다고 가정해 봅시다. 여기에 여러분이 작성한 HTML이 있습니다.

```html
<html>
  <head>
    <title>헤드 퍼스트 라운지</title>   (A)
  </head>
  <body>
    <h1>헤드 퍼스트 라운지에 오신걸 환영합니다</h1>   (B)
    <img src="drinks.gif">   (C)
    <p>
(D)    저녁 시간에 방문하시면 신선한 음료와 대화,
       그리고 <em>DDR(Dance Dance Revolution)</em>   (E)
       이나 다른 게임도 즐길 수 있습니다.
       또한 무선 인터넷도 제공되니,
       여러분만의 웹 서버도 사용해 보세요.
    </p>
    <h2>찾아오시는 길</h2>   (F)
    <p>
(G)    저희 가게는 웹 마을 중심가에 있습니다. 어서 방문해 주세요!
    </p>
  </body>
</html>
```

아직까지는 여러분이 HTML을 안다고 생각하지 않습니다.

지금부터 여러분은 HTML이 무엇인지 감을 잡아가야 합니다. 앞으로 HTML에 대한 모든 것을 세밀히 다룰 예정이니, 지금은 HTML을 공부하고 다음 페이지에서 HTML이 브라우저에서 어떻게 표현되는지 보세요. 각 알파벳 문자로 표시된 부분이 브라우저의 어느 곳에 어떤 형태로 보이는지 주의 깊게 살펴보도록 하세요.

브라우저가 만드는 것

브라우저는 여러분이 작성한 HTML을 읽으면서 텍스트 주위에 있는 모든 태그들을 해석합니다. 태그란 < > 사이에 오는 단어나 문자를 말합니다. 예를 들면 <head>, <p>, <h1> 등이 있습니다. 태그는 브라우저에 여러분이 작성한 텍스트의 구조와 의미에 관해 알려줍니다. 따라서 텍스트 덩어리를 브라우저에 그냥 던져주기보다는, 태그를 사용할 수 있는 HTML을 이용해서 텍스트의 어느 부분이 제목(heading)이며, 어느 부분이 문단(paragraph)인지, 강조해야 할 텍스트는 어느 것인지, 심지어는 그림이 들어갈 자리가 어느 곳인지 브라우저에 알려줍니다.

헤드 퍼스트 라운지 HTML에 있는 태그를 브라우저가 어떻게 해석하는지 확인해 봅시다.

HTML에 있는 각 태그에 따라 브라우저가 무엇을 보여주는지 주목하세요.

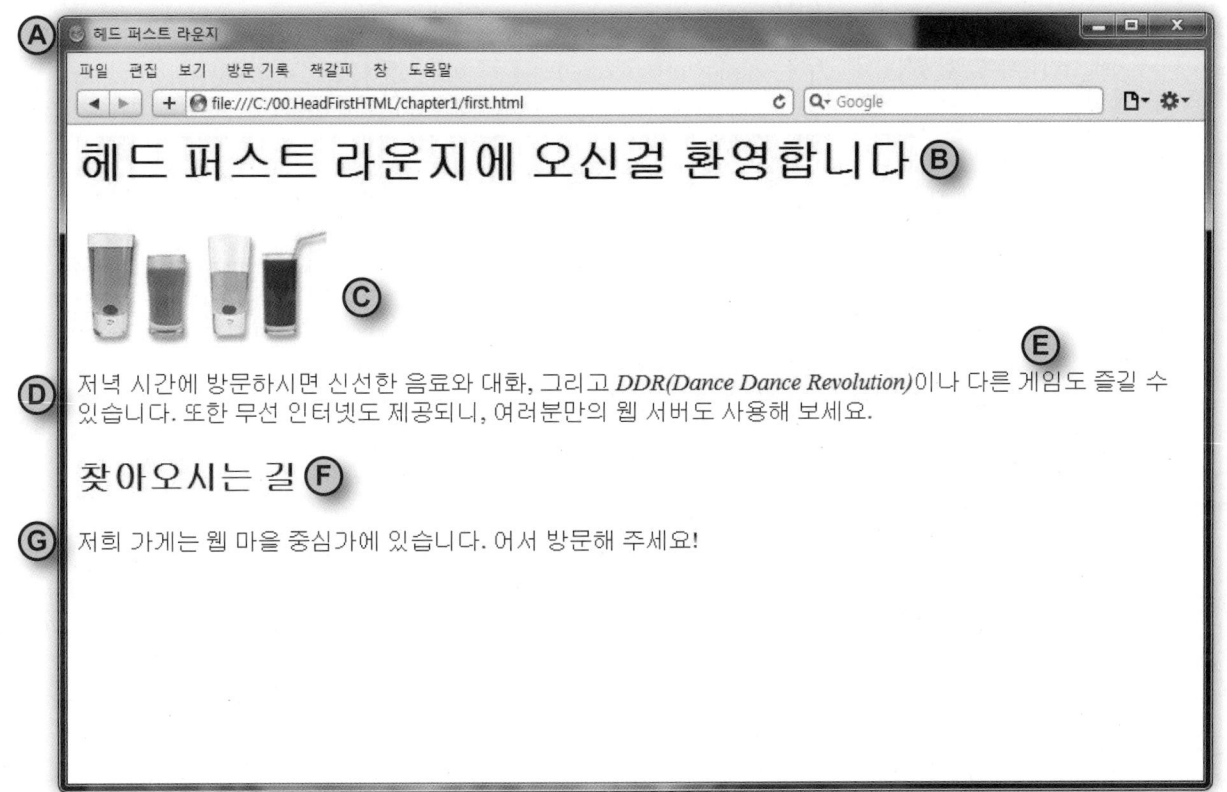

바보 같은 질문이란 없습니다

Q: HTML은 텍스트 주위에 있는 태그 덩어리에 불과한가요?

A: 이제 HTML을 시작하는 분들께는 그렇게 보일 수도 있습니다. HTML이 하이퍼텍스트 마크업 언어(HyperText Markup Language)의 약어임을 감안해 보면, HTML의 '마크업(Mark up)'적인 측면에서 HTML은 브라우저에 여러분이 작성한 텍스트가 어떻게 구조화되는지 태그를 사용해서 알려줍니다. 하지만 HTML에는 하이퍼텍스트(HyperText)의 측면도 있는데 이 부분은 이 책의 뒷부분에서 다루겠습니다.

Q: HTML을 보여주는 방법을 어떻게 브라우저는 결정하나요?

A: HTML은 여러분이 작성한 문서의 구조를 브라우저에 알려줍니다. 즉 제목이나 문단을 어디에 위치시키고, 강조해야 할 부분은 어디인지 등에 관한 정보를 알려주죠. 이렇게 주어진 정보를 바탕으로 브라우저는 각 요소를 보여주는 방법에 대한 기본 규칙을 만들게 됩니다.

하지만 브라우저의 기본 규칙에만 의존하지 않아도 됩니다. 여러분이 만든 스타일을 추가하거나 글자의 폰트, 색, 크기, 기타 여러 가지 독특한 요소를 결정할 수 있는 CSS를 사용할 수 있습니다. CSS에 관해서는 이 장의 뒷부분에서 다루겠습니다.

Q: 헤드 퍼스트 라운지의 HTML에는 여러 가지 종류의 들여쓰기나 공백이 있는데, 브라우저에서 보면 이러한 것을 볼 수가 없습니다. 어떻게 된 거죠?

A: 맞습니다. 좋은 지적이네요. 브라우저는 HTML 문서에 있는 탭, 줄바꾸기, 공백을 대부분 무시합니다. 대신, 문단이나 줄(line)이 어디에서 끝나는지 결정하는 마크업에 의존합니다.

그러면 브라우저가 그런 것을 무시하는데도 HTML을 작성하면서 공백이나 들여쓰기를 하는 이유는 무엇일까요? 그 이유는 여러분이 HTML을 작성할 때 좀 더 읽기 쉽게 하기 위함입니다. HTML 문서가 복잡해 질수록 탭이나 공백, 줄바꾸기는 HTML 문서의 가독성을 향상시킵니다.

Q: 제목에는 〈h1〉과 그 하위 제목인 〈h2〉, 두 가지 레벨만 존재하나요?

A: 아니요. 〈h1〉부터 〈h6〉까지 6단계 레벨이 있으며, 브라우저는 연속적으로 좀 더 작은 글자 크기로 그들을 보여줍니다. 만약 여러분이 복잡하고 텍스트가 많은 문서를 만들지 않는다면, 대체로 〈h3〉 이상은 사용할 일이 없을 것입니다.

Q: 〈html〉 태그를 꼭 써야 하나요?

A: 〈html〉 태그는 브라우저에 이 문서가 정말로 HTML이라는 것을 말해줍니다. 어떤 브라우저는 〈html〉 태그를 생략하더라도 이를 허용하지만, 허용하지 않는 브라우저도 있습니다. 이 책의 후반부로 가면서 '고성능 HTML'을 지향함에 따라 〈html〉 태그를 포함시키는 것이 정말 중요하다는 것을 알게 될 것입니다.

Q: HTML 파일은 어떻게 만드나요?

A: 기본적으로 HTML 파일은 간단한 텍스트 파일입니다. 워드프로세스 파일과는 달리 특별히 임베디드되는 형식이 있지는 않습니다. 편의상 파일 이름의 끝에 '.html' 혹은 '.htm'(파일의 확장자를 3문자만 지원하는 시스템일 경우)을 붙입니다. 하지만 여러분이 본 것처럼 정말 문제가 되는 것은 파일의 이름이 아니라 파일 안의 내용이겠죠.

Q: 모든 사람들이 HTML5에 관해 얘기하고 있더군요. 저희도 이것을 사용하나요? 그렇다면 'HTML' 대신 'HTML5'라고 말해야 하는 것 아닌가요?

A: 여러분은 HTML과 HTML의 최신 버전인 HTML5를 배우게 될 것입니다. 최근 HTML5가 많은 주목을 받는 이유는 HTML을 작성하는 방식을 많은 부분에서 간소화했고, 몇 가지 새로운 기능을 도입했기 때문이죠. 이 책에서 이런 내용을 배울 거예요. 또한 자바스크립트 애플리케이션 프로그래밍 인터페이스(API)를 통해 일부 향상된 기능을 제공하고 있는데, 이에 대해서는 『Head First HTML5 Programming: 웹 표준으로 만드는 생동감 있는 웹 애플리케이션』(한빛미디어, 2012)을 참조하세요.

Q: 마크업은 바보 같아요. 1970년대 후반부터 위지윅(WYSWYG) 애플리케이션이 있었습니다. 왜 웹은 마이크로소프트 워드나 이와 비슷한 다른 애플리케이션처럼 일정한 형식에 기준을 두지 않나요?

A: 웹은 특별한 형식의 문자 없이 텍스트 파일로 만들어졌습니다. 때문에 전 세계 어디에 있는 브라우저로도 웹 페이지를 읽고 내용을 이해할 수 있죠. 드림위버 같은 위지윅 애플리케이션의 기능은 훌륭하지만, 이 책에서는 아무것도 없는 초기 상태에서 텍스트를 직접 편집할 것입니다. 이런 과정을 거치면 여러분의 내공이 쌓여, 드림위버 애플리케이션이 무대 뒤에서 무슨 일을 하는지 이해할 수 있을 거예요.

Q: HTML 문서 안에 주석을 붙이는 방법이 있나요?

A: 예. 있습니다. 〈!— 와 —〉 사이에 주석의 내용을 넣으면, 브라우저는 그 부분 전체를 무시합니다. 예를 들어 '여기서부터 라운지의 내용이 시작됩니다'라는 주석을 넣고 싶으면 다음처럼 하면 됩니다.

```
<!-- 여기서부터 라운지의 내용이
시작됩니다 -->
```

여러 줄에 걸쳐 주석처리를 할 수 있다는 점에 주목하세요. 〈!— 와 —〉 사이에 어떠한 내용을 넣든지 브라우저는 그 내용을 무시한다는 사실을 명심하세요.

 연필을깎으며

여러분이 생각하는 것보다 HTML을 배우는 데 더 다가서고 있습니다.

아래에 헤드 퍼스트 라운지를 위한 HTML이 있습니다. 태그를 한 번 훑어보고, 여러분이 직접 브라우저에 HTML의 내용에 대해 무엇을 알려줄 수 있는지 추측해 봅시다. 오른쪽 빈칸에 답을 적어 보세요. 예제로 처음 두 개는 답을 적어 놓았습니다.

```
<html>

  <head>

    <title>헤드 퍼스트 라운지</title>

  </head>

  <body>

    <h1>헤드 퍼스트 라운지에 오신걸 환영합니다</h1>

    <img src="drinks.gif">

    <p>

        저녁 시간에 방문하시면 신선한 음료와 대화,

        그리고 <em>DDR(Dance Dance Revolution)</em>

        이나 다른 게임도 즐길 수 있습니다.

        또한 무선 인터넷도 제공되니,

        여러분만의 웹 서버도 사용해 보세요.

    </p>

    <h2>찾아오시는 길</h2>

    <p>

        저희 가게는 웹 마을 중심가에 있습니다. 어서 방문해 주세요!

    </p>

  </body>

</html>
```

HTML이 시작됨을 알립니다.

페이지의 '제목(head)' 부분이 시작됩니다 (이 부분은 나중에 더 자세히 알아볼 거예요).

연필을 깎으며
정답

```
<html>
```
HTML이 시작됨을 알립니다.

```
  <head>
```
페이지의 '제목(head)' 부분이 시작됩니다.

```
    <title>헤드 퍼스트 라운지</title>
```
페이지의 타이틀입니다.

```
  </head>
```
제목의 끝입니다.

```
  <body>
```
페이지의 본문(body)의 시작입니다.

```
    <h1>헤드 퍼스트 라운지에 오신걸 환영합니다</h1>
```
'헤드 퍼스트 라운지에 오신걸 환영합니다'
부분이 제목이라고 브라우저에 알려줍니다.

```
    <img src="drinks.gif">
```
'drinks.gif'라는 그림을 여기에 위치시킵니다.

```
    <p>
```
문단(paragraph)의 시작 부분입니다.

```
      저녁 시간에 방문하시면 신선한 음료와 대화,

      그리고 <em>DDR(Dance Dance Revolution)</em>.
```
DDR(Dance Dance Revolution) 텍스트를
강조합니다.
```
      이나 다른 게임도 즐길 수 있습니다.

      또한 무선 인터넷도 제공되니,

      여러분만의 웹 서버도 사용해 보세요.

    </p>
```
문단의 끝입니다.

```
    <h2>찾아오시는 길</h2>
```
'찾아오시는 길'이 하위 제목임을 브라우저에
알려줍니다.

```
    <p>
```
또 다른 문단의 시작입니다.

```
      저희 가게는 웹 마을 중심가에 있습니다. 어서 방문해 주세요!

    </p>
```
문단의 끝입니다.

```
  </body>
```
본문(body)의 끝입니다.

```
</html>
```
HTML의 끝이라고 브라우저에 알려줍니다.

스타버즈 전성시대

스타버즈 커피는 엄청나게 빠른 속도로 성장한 초대형 커피 전문점으로 유명합니다. 심지어 어떤 동네에는 스타버즈가 두세 개씩 있기도 합니다.

하지만 스타버즈 커피는 매우 빠르게 성장했기 때문에 아직까지 웹 페이지를 만들지 못했습니다. 그런데 당신에게 기회가 생겼습니다. 당신이 스타버즈 커피에서 차이티를 사는 동안 스타버즈 CEO를 우연히 만나게 된 거죠.

당신이 HTML에 대해 좀 안다고 하더군요. 우리는 스타버즈가 판매하는 음료의 특징을 알릴 수 있는 웹 페이지가 정말 필요해요.

스타버즈 CEO

 브레인 파워

결정사항.
아래 항목 중에서 가장 우선시 되는 것을 하나만 고르세요.

☐ A. 강아지를 목욕시킨다. ☐ C. 스타버즈 건을 낚이 최고의 웹 경력을 쌓는나.

☐ B. 계좌의 잔고를 확인한다. ☐ D. 치과 진료 예약을 한다.

스타버즈 CEO가 냅킨에 뭔가를 써서 준 것

연필을 깎으며

냅킨을 한번 봅시다. 냅킨에 적힌 내용을 구조화할 수 있습니까? 다시 말해서, 그 내용에서 제목이나 문단을 정확히 찾을 수 있습니까? 타이틀이 빠지지는 않았나요?

연필로 냅킨에 적힌 내용을 좀 더 구조적으로 표시하고, 빠진 내용은 추가해 보세요.

1장의 끝에 정답이 나와 있습니다.

✱ 만약 여러분이 앞 페이지에서 A, B, D중 하나를 선택했다면, 이 책을 도서관에 기증하거나 추운 겨울철에 장작더미로 쓰거나 아마존에 팔기를 정중히 제안합니다.

스타버즈 웹 페이지 만들기

이 모든 것에 대한 유일한 문제는 여러분이 아직 실제로 웹 페이지를 만들어
보지 않았다는 점입니다. 하지만 그렇기 때문에 HTML을 배우려고 하는 것
아닌가요?

걱정할 것 없습니다. 여러분이 하게 될 일이 다음 몇 페이지에 걸쳐 소개되어
있습니다.

① 가장 익숙한 텍스트 에디터를 사용해서 HTML 파일을 생성합니다.

② 스타버즈 CEO가 냅킨에 쓴 메뉴를 입력합니다.

③ 'index.html'이라는 이름으로 파일을 저장합니다.

④ 브라우저에서 'index.html' 파일을 열고, 한 걸음 물러서서 마술 같은 일이
벌어지는 것을 지켜보세요.

> 부담을 주려는 건 아닙니다만, 당신이 작업을
> 끝내면 수천 명의 사람들이 스타버즈
> 웹 페이지를 방문할 거예요. 따라서 우리의
> 웹 페이지는 정확히 완성되야 하고 아주
> 근사하게 보여야 합니다.

매킨토시에서 HTML 파일 만들기

모든 HTML 파일은 텍스트 파일입니다. 텍스트 파일을 만들려면 적당한 애플리케이션이 필요합니다. 환상적인 서식과 특수문자를 지원하는 애플리케이션보다는 그냥 평이한 텍스트를 작성할 수 있는 애플리케이션을 사용하세요.

이 책에서는 매킨토시에 있는 텍스트에디트(TextEdit)를 사용하겠습니다. 다른 텍스트 에디터를 사용해도 됩니다. 만약 여러분이 윈도우를 사용한다면 2페이지 뒤에 나오는 윈도우에서 HTML 파일을 만드는 내용을 읽어보세요.

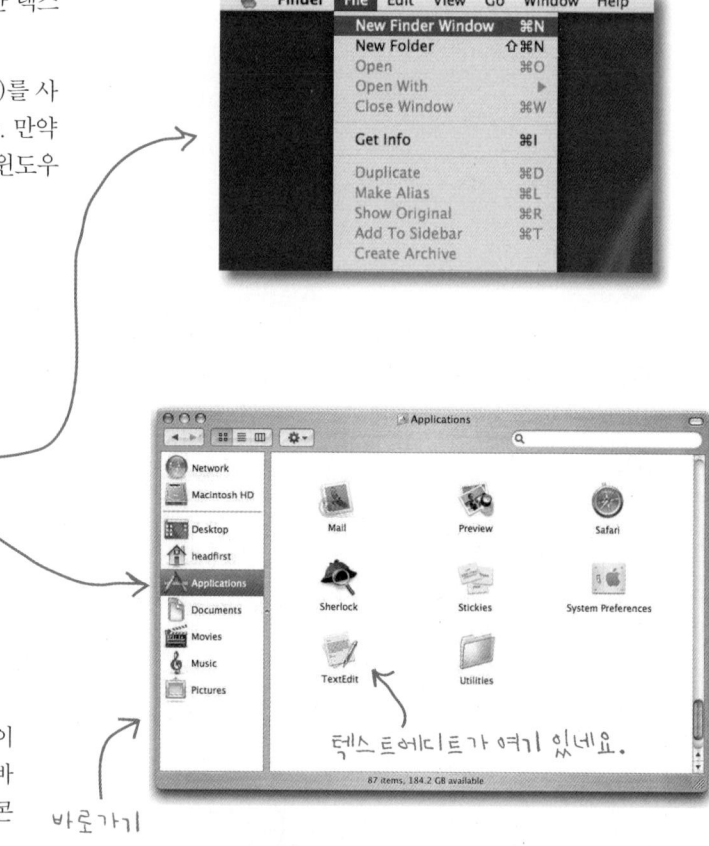

1단계:

애플리케이션 폴더를 엽니다.

텍스트에디트를 가장 쉽게 찾는 방법은 파인더(Finder)의 파일 메뉴에서 'New Finder Window' 항목을 선택한 후 애플리케이션 창이 열리면 바로가기(shortcut) 항목에서 애플리케이션을 찾는 것입니다. 찾았으면 애플리케이션을 클릭합니다.

2단계:

텍스트에디트를 찾아 실행하세요.

애플리케이션 폴더에는 여러 가지 애플리케이션이 있습니다. 텍스트에디트를 찾을 때까지 스크롤바를 이동시키세요. 찾았으면 텍스트에디트 아이콘을 더블클릭해서 실행시킵니다.

3단계(선택사항):

텍스트에디트를 Dock에 위치시킵니다.

가급적이면 인생을 더 편하게 사는 것이 삶의 철학인 분들은, 텍스트에디트 아이콘을 클릭해서 Dock에 올려 놓습니다(이 아이콘은 프로그램이 실행될 때 한 번 나타납니다). 팝업 메뉴에서 'Keep in Dock'을 선택합니다. 이렇게 하면 텍스트에디트 아이콘은 항상 Dock 위에 보이므로 텍스트에디트 프로그램을 사용할 때마다 일일이 애플리케이션 폴더를 뒤질 필요가 없습니다.

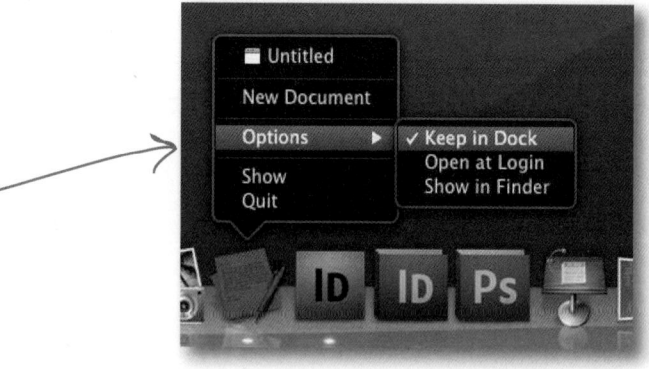

4단계:

텍스트에디트의 설정(Preferences)을 변경합니다.

기본적으로 텍스트에디트는 파일을 저장할 때 특수문자나 내부 서식을 추가하는 '리치 텍스트(rich text)' 모드입니다. 이것이 여러분이 원하는 바는 아니겠죠? 따라서 평문 (plain text) 파일로 작업해서 저장하도록 텍스트에디트의 설정을 변경할 필요가 있습니다. 이렇게 하기 위해 먼저 텍스트에디트의 메뉴에서 '설정(Preferences)'을 선택합니다.

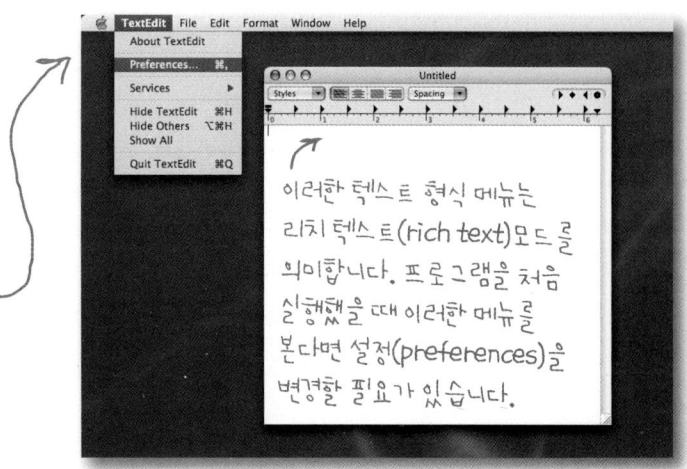

이러한 텍스트 형식 메뉴는 리치 텍스트(rich text)모드를 의미합니다. 프로그램을 처음 실행했을 때 이러한 메뉴를 본다면 설정(preferences)을 변경할 필요가 있습니다.

5단계:

평문(plain text)으로 설정합니다.

설정(Preferences) 대화상자를 보면, 여러분이 작업해야 하는 세 가지 사항이 있습니다.

먼저, 새 문서(New Document) 탭에서 디폴트로 '평문(Plain text)' 모드를 선택합니다.

둘째로, 열기 및 저장(Open and Save) 탭에서 'Ignore rich text commands in HTML files'를 체크합니다.

마지막으로 'Add ".text" extension to plain text files'를 체크하지 않습니다.

다 됐습니다. 이제 왼쪽 맨 위의 빨간색 버튼을 클릭하여 대화상자를 닫으면 됩니다.

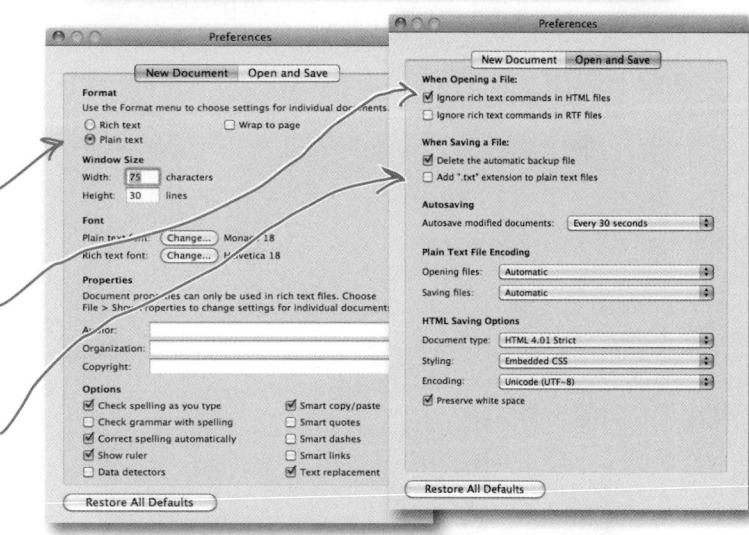

6단계:

작업을 종료하고 다시 실행합니다.

텍스트에디트의 메뉴에서 종료(Quit) 메뉴를 선택해서 종료하고 다시 실행시킵니다. 이번에는 윈도우 상단에 텍스트 형식이 있는 메뉴가 없을 것입니다. 이제 HTML 파일을 만들 준비가 되었습니다.

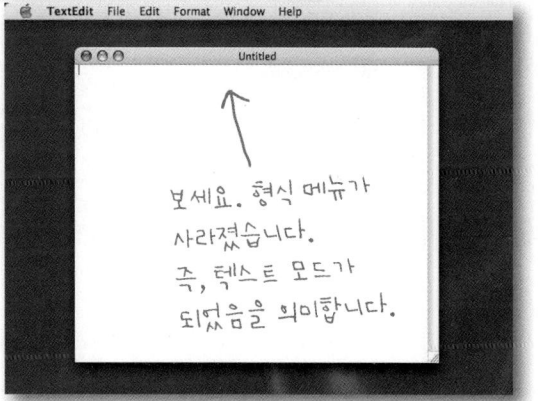

보세요. 형식 메뉴가 사라졌습니다. 즉, 텍스트 모드가 되었음을 의미합니다.

윈도우에서 HTML 파일 만들기

만약 여러분이 이 페이지를 읽고 있다면 여러분은 윈도우 7 사용자일 것입니다. 그렇지 않다면 아마도 다음 두 페이지 정도 건너뛰어도 좋습니다. 혹은 맨 뒤로 가서 아무 질문도 하지 않고 있기를 바랄지도 모르겠네요. 뭐 괜찮습니다.

윈도우 7에서 메모장을 사용하여 HTML 파일을 만들겠습니다. 메모장은 모든 윈도우에 포함된 프로그램으로 가격도 적당하고 사용하기도 매우 쉽습니다. 윈도우 7에서 실행되는 다른 선호하는 텍스트 편집 프로그램이 있다면 그것을 사용해도 무방합니다. 다만 확장자가 '.html'인 텍스트 파일을 만들 수 있는지만 확인해 보세요.

여러분이 메모장을 사용한다고 가정하고 HTML 파일을 만드는 방법을 알아보겠습니다.

윈도우 버전이 달라도 상관없습니다.

다른 윈도우 버전에도 메모장 프로그램은 있어요.

1단계:

시작 메뉴를 열고 메모장을 찾습니다.

보조 프로그램 항목에서 메모장을 찾을 수 있습니다. 메모장을 찾는 가장 쉬운 방법은 '시작–모든 프로그램–보조 프로그램–메모장' 순서대로 클릭하는 것입니다.

2단계:

메모장을 엽니다.

보조프로그램 폴더에서 메모장을 찾았으면
클릭해서 프로그램을 실행시킵니다. 빈 윈
도우 창이 하나 나타나면 HTML을 작성할
준비가 끝났습니다.

선택이라 했지만 추천사항입니다.

3단계(선택사항):

잘 알려진 파일 형식의 경우, 확장자를 숨기지 않도록 합니다.

기본적으로 윈도우 탐색기는 잘 알려진 파일 형
식은 확장자를 보여주지 않습니다. 예를 들어
'Irule.html' 파일이 있다고 한다면 윈도우 탐
색기에는 '.html'이 빠진 'Irule'만 보일 것입
니다.

탐색기에서 파일 확장자를 보여주면 덜 혼란스
럽겠죠? 따라서 파일 확장자를 볼 수 있도록 폴
더 옵션을 바꿔 봅시다.

먼저 시작에서 제어판을 클릭한 후 모양 및 개인
설정 클릭, 폴더 옵션을 클릭해서 폴더 옵션을 여
세요.

그다음에 '보기' 탭의 고급 설정 항목으로 가서 '
알려진 파일 형식의 파일 확장명 숨기기'를 찾아
체크를 해제하세요.

다 됐습니다. 확인 버튼을 클릭하면 탐색기에서
파일 확장자를 볼 수 있을 거예요.

바보 같은 질문이란 없습니다

Q : 왜 간단한 텍스트 에디터를 사용해야 하나요? 웹 페이지를 만들 수 있는 드림위버(Dreamweaver), 익스프레션 웹(Expression Web)과 같은 강력한 툴이 있지 않나요?

A : 여러분은 웹 페이지에 사용되는 진정한 기술을 이해하기 위해 이 책을 읽고 있습니다. 맞죠? 여러 가지 훌륭한 툴들이 많고 그러한 툴들이 여러분을 위해 많은 작업을 해줄 수 있습니다만, 여러분은 HTML과 CSS를 마스터하기 전까지는 그러한 툴의 방해 없이 웹 기술을 배우기를 원할 것입니다.

일단 HTML과 CSS를 마스터했다고 합시다. 그렇다고 해도 이러한 툴들은 문법 검사나 미리보기와 같은 좋은 기능을 제공합니다. 그러한 점에서 여러분이 윈도우에서 '코드'를 볼 때 그 안에 담긴 의미를 모두 이해할 수 있으며, HTML과 CSS가 종종 사용자 인터페이스를 겪는 것보다 훨씬 빠르게 변화한다는 사실을 알게 될 것입니다. 또한 표준이 변함에 따라 이러한 툴들은 항상 곧바로 갱신되지 않으며, 다음번 배포판이 나올 때까지는 최신 표준을 지원하지 않을 것입니다. 이러한 툴 없이 HTML과 CSS가 어떻게 변화하는가를 알게 될 것이기 때문에 여러분은 가장 최신 상태의 HTML과 CSS를 따라갈 수 있을 것입니다.

클립(자주 사용하는 HTML 일부를 자동으로 삽입하는 기능), 미리보기(브라우저에서 띄우기 전 편집기에서 직접 미리보는 기능), 구문 강조(태그를 다른 색으로 표시) 등과 같은 많은 뛰어난 기능을 갖춘 에디터가 많습니다. 일단 간단한 에디터에서 HTML과 CSS의 기초를 익히고 코다(Coda), 텍스트메이트(TextMate), 커피컵(CoffeeCup), 앱타나 스튜디오(Aptana Studio) 같은 근사한 에디터 중 하나를 선택해 보세요. 선택의 폭은 넓습니다(무료도 있고 유료도 있습니다).

Q : 브라우저에는 인터넷 익스플로러, 파이어폭스, 오페라, 사파리 등 여러 종류가 있습니다. 어떤 종류의 브라우저를 사용해야 하나요?

A : 간단히 답변을 드리면 여러분이 좋아하는 브라우저를 사용하세요. HTML과 CSS는 산업표준이라 모든 브라우저가 같은 방식으로 HTML과 CSS를 지원하고 있습니다 (최대한 지원을 받기 위해 최신 버전의 브라우저를 사용하는지만 확인해 보세요).

좀 더 자세하게 설명하면 실제로 브라우저들이 웹 페이지를 취급하는 방식에는 약간씩 차이가 있습니다. 여러분이 만든 웹 페이지를 사람들이 각기 다른 브라우저에서 볼 수 있으므로 항상 여러 종류의 브라우저에서 웹 페이지를 테스트해 보기 바랍니다. 어떤 페이지들은 정확히 똑같이 보일 것이고, 어떤 페이지들은 약간씩 다르게 보일 것입니다. HTML과 CSS에 대해 좀 더 심층적으로 알아 갈수록, 이렇게 조금씩 발생하는 차이는 여러분에게 더욱 중요하게 될 것입니다. 앞으로 이 책을 통해서 이러한 미묘한 차이를 다룰 것입니다.

주요 브라우저(인터넷 익스플로러, 크롬, 파이어폭스, 오페라, 사파리)를 사용하면 이 책의 예제 대부분을 제대로 볼 수 있을 것입니다(예외 사항은 별도로 표시해 두었습니다). 현재의 모든 브라우저는 HTML과 CSS를 훌륭히 지원하고 있습니다. 그리고 웹 개발자 한 사람으로서 여러분이 작성한 코드를 하나 이상의 브라우저에서 띄워 보세요. 최소한 두 개 브라우저를 설치해 테스트하는 것을 권고합니다.

Q : 제 컴퓨터에서 파일을 만들었습니다. 어떻게 하면 웹과 인터넷을 통해 이것을 볼 수 있나요?

A : 파일을 생성하고 여러분의 컴퓨터에서 직접 테스트해 본 뒤, 나중에 웹에 게시할 수 있다는 점은 HTML의 큰 장점입니다. 지금 당장은 HTML 파일을 생성하는 방법과 내용에 대해서만 집중하겠습니다. 웹에 게시하는 부분은 나중에 다시 다룰 예정입니다.

한편 스타버스 커피에서는

평문 텍스트 파일을 만드는 기초 원리를 알았으니, 이제는 텍스트 에디터에 내용을 추가해서 저장하고 브라우저에서 띄워 봅시다.

스타버스 CEO가 냅킨에 쓴 내용을 타이핑하면서 시작하겠습니다. 음료에 대한 내용으로 웹 페이지의 콘텐츠를 작성하는 것이죠. 여러분은 콘텐츠를 구조적으로 표현하기 위해 HTML 마크업 몇 가지를 추가할 수 있습니다만, 지금 당장은 내용만 추가하는 것이 좋을 것 같군요. 파일 제일 위쪽에 '스타버스 커피 음료'를 추가하고 나머지 내용을 입력하세요.

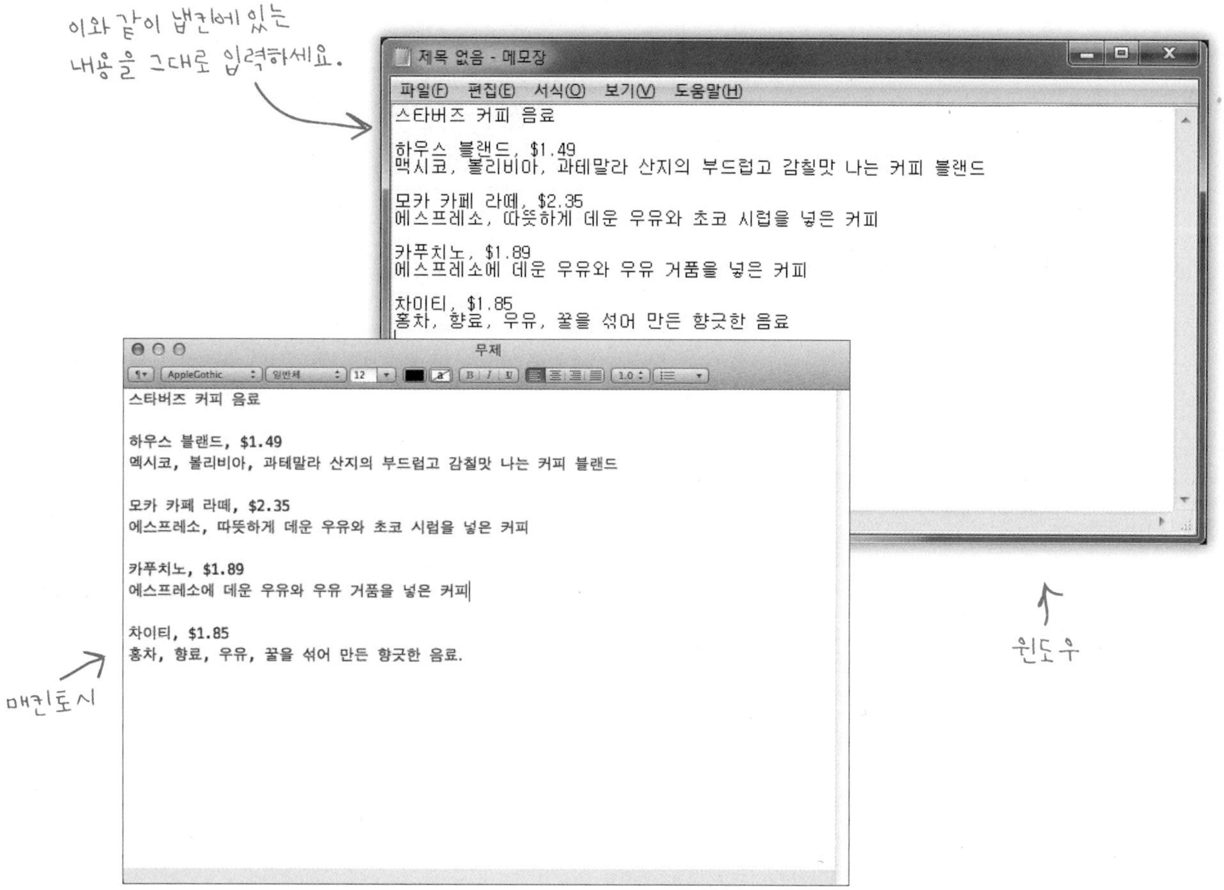

이와 같이 냅킨에 있는 내용을 그대로 입력하세요.

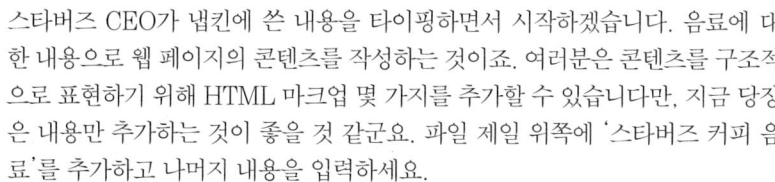

매킨토시

윈도우

작업한 내용을 저장합니다

일단 CEO가 준 냅킨에 있는 커피와 음료에 대한 내용을 작성한 뒤에, 'index.html'이란 이름으로 파일을 저장합니다. 저장하기 전에 'starbuzz'라는 이름의 폴더를 만들어 파일들을 보관하면 좋을 것 같군요.

파일 메뉴에서 '저장'을 선택하면, '다른 이름으로 저장(Save As)'이란 대화상자가 나타나는데 여기에 여러분이 해야 할 일이 있습니다.

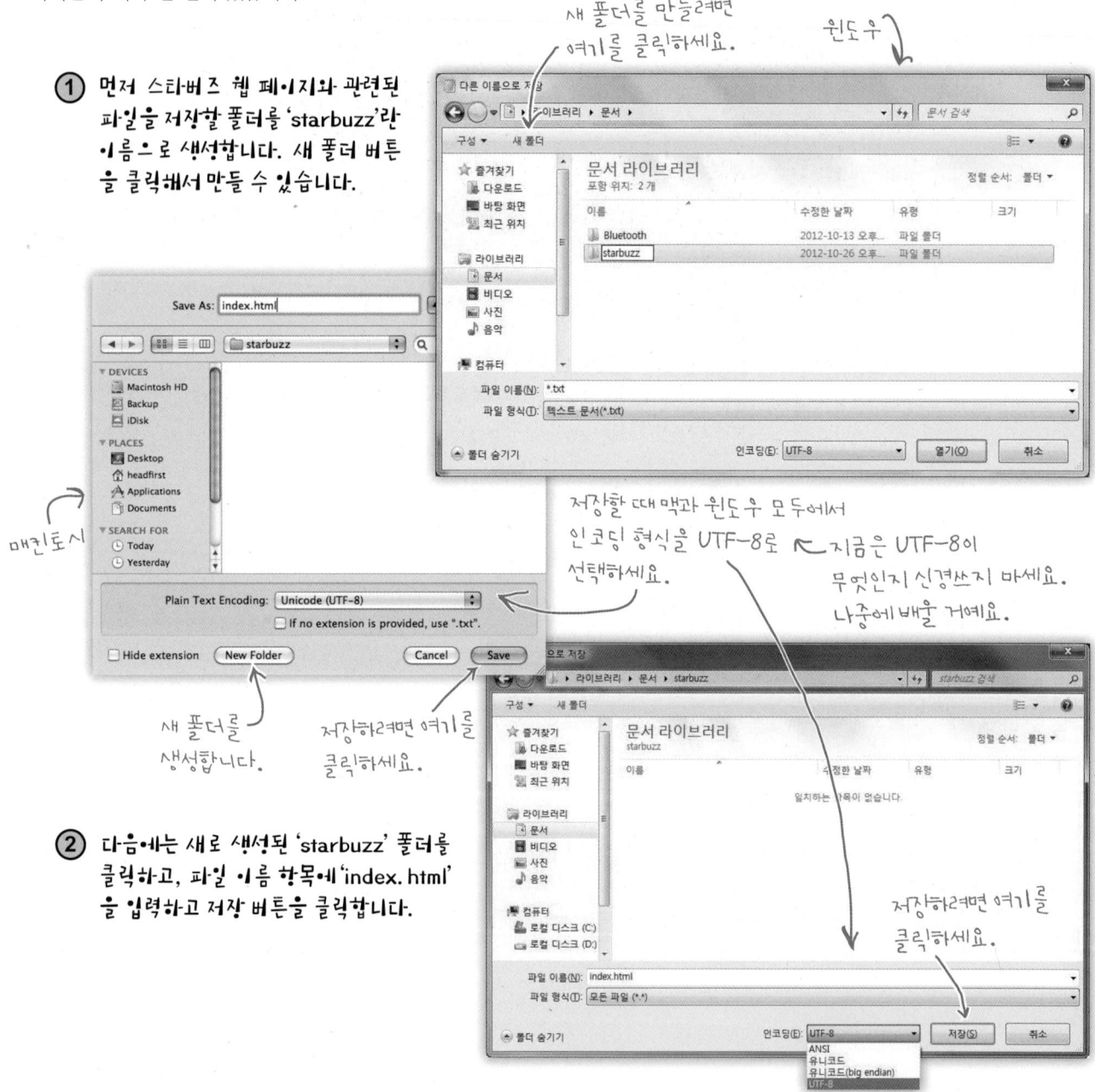

새 폴더를 만들려면 여기를 클릭하세요.

윈도우

① 먼저 스타버즈 웹 페이지와 관련된 파일을 저장할 폴더를 'starbuzz'란 이름으로 생성합니다. 새 폴더 버튼을 클릭해서 만들 수 있습니다.

매킨토시

저장할 때 맥과 윈도우 모두에서 인코딩 형식을 UTF-8로 선택하세요.

지금은 UTF-8이 무엇인지 신경쓰지 마세요. 나중에 배울 거예요.

새 폴더를 생성합니다.

저장하려면 여기를 클릭하세요.

② 다음에는 새로 생성된 'starbuzz' 폴더를 클릭하고, 파일 이름 항목에 'index.html'을 입력하고 저장 버튼을 클릭합니다.

저장하려면 여기를 클릭하세요.

브라우저에서 웹 페이지를 열어봅시다

여러분이 작성한 첫 번째 웹 페이지를 볼 준비가 되었나요? 가장 좋아하는 브라우저를 사용해서 파일 메뉴의 '파일 열기'(혹은 윈도우 7이나 인터넷 익스플로러에서는 '열기')를 선택하고, 'index.html' 파일을 찾습니다. 찾은 후에는 해당 파일을 선택하고 열기(Open) 버튼을 클릭합니다.

매킨토시

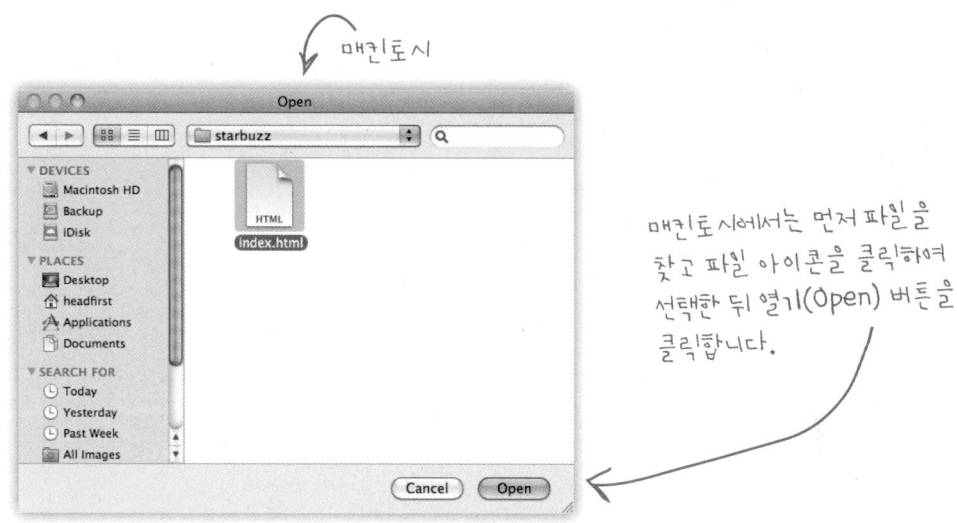

매킨토시에서는 먼저 파일을 찾고 파일 아이콘을 클릭하여 선택한 뒤 열기(Open) 버튼을 클릭합니다.

윈도우

윈도우의 인터넷 익스플로러에서는 두 단계과정을 거칩니다. 먼저 파일 열기를 열어보세요.

그런 다음 찾아보기 버튼을 클릭하여 파일 검색 대화상자를 열어 여러분이 저장한 파일을 찾습니다.

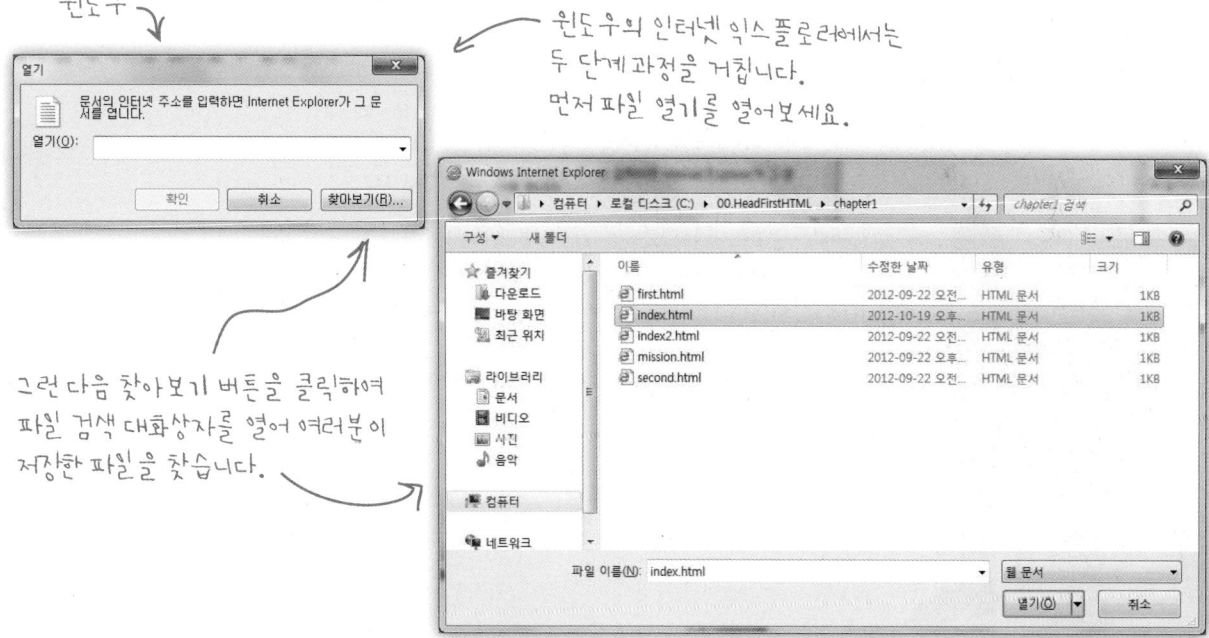

작성한 웹 페이지 시운전

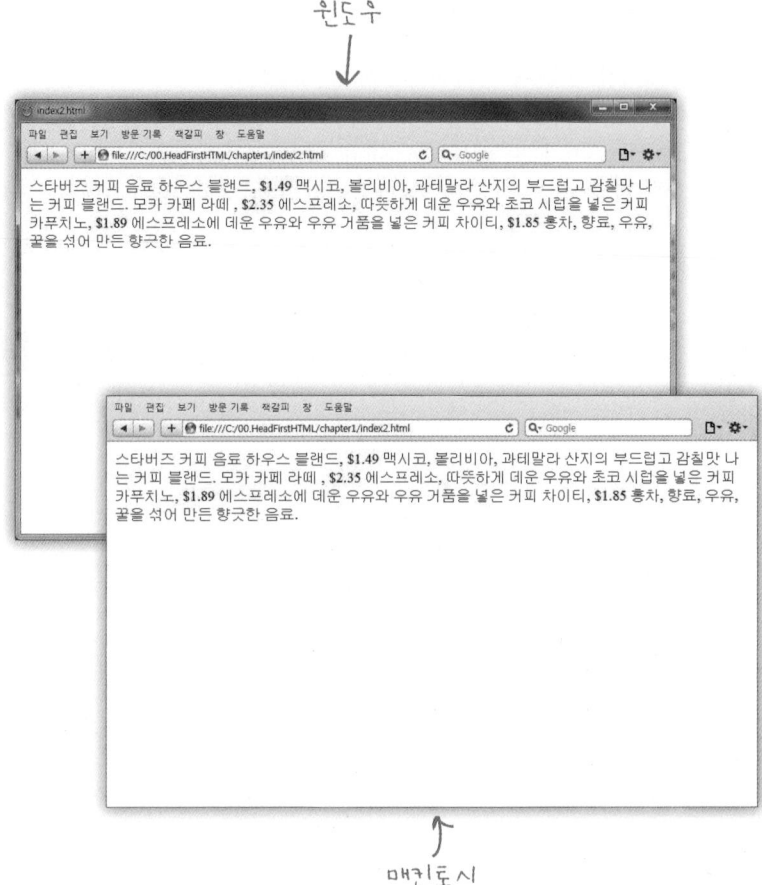

원도우

매킨토시

성공했습니다! 결과가 약간은 덜 만족스럽지만 마침내 브라우저에서 웹 페이지를 보게 되었습니다. 여러분이 지금까지 한 작업은 단지 웹 페이지의 내용을 타이핑해서 파일을 만들어 브라우저에 띄운 것뿐입니다. HTML은 웹 페이지 구조를 브라우저에 알려줍니다. 그렇다면 구조란 무엇일까요? 이미 보았듯이 여러분이 작성한 텍스트를 마크업하는 방법을 말합니다. 따라서 브라우저는 제목이 무엇인지, 문단이 무엇인지, 어떤 텍스트가 부제목인지 등을 알게 됩니다. 일단 브라우저가 문서의 구조에 대해 조금이라도 알게 되면 여러분이 만든 웹 페이지를 좀 더 의미 있고 읽기 쉬운 방법으로 보여줄 수 있습니다.

운영체제와 브라우저의 종류에 따라서 단순히 HTML 파일을 더블클릭하거나 브라우저로 드래그하기만 해도 파일을 열 수 있군. 훨씬 간단하네요.

마크업 자석

그럼 이제 구조를 추가해 봅시다.

여러분의 임무는 스타버즈 냅킨에 써 있는 텍스트에 구조를 추가하는 것입니다. 이 페이지 밑에 있는 냉장고에 붙이는 자석을 텍스트에 붙여 보세요. 어느 부분이 제목, 부제목, 문단인지 표시해 보세요. 이미 시작하면서 몇 개는 표시했습니다. 여러분의 임무를 완수하는 데 밑에 있는 모든 자석을 사용할 필요는 없습니다. 몇 개는 남을 거예요.

`<h1>` 스타버즈 커피 음료 `</h1>`

하우스 블랜드, $1.49
멕시코, 볼리비아, 과테말라 산지의 부드럽고 감칠맛 나는 커피 블랜드

`<h2>` 모카 카페 라떼, $2.35 `</h2>`
`<p>` 에스프레소, 따뜻하게 데운 우유와 초코 시럽을 넣은 커피 `</p>`

카푸치노, $1.89
에스프레소에 데운 우유와 우유 거품을 넣은 커피

차이티, $1.85
홍차, 향료, 우유, 꿀을 섞어 만든 향긋한 음료

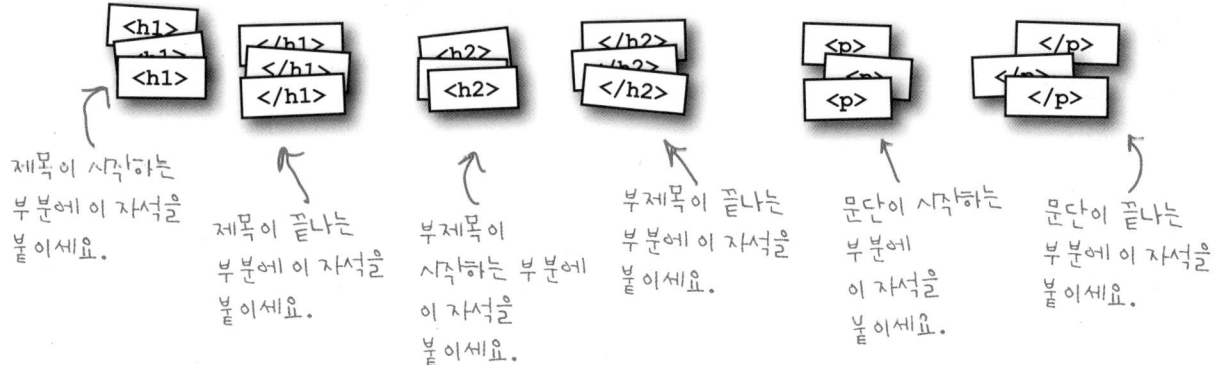

제목이 시작하는 부분에 이 자석을 붙이세요.

제목이 끝나는 부분에 이 자석을 붙이세요.

부제목이 시작하는 부분에 이 자석을 붙이세요.

부제목이 끝나는 부분에 이 자석을 붙이세요.

문단이 시작하는 부분에 이 자석을 붙이세요.

문단이 끝나는 부분에 이 자석을 붙이세요.

축하합니다. 마침내 첫 번째 HTML을 완성했군요!

냉장고에 붙이는 자석처럼 보이겠지만 실제로 여러분은 HTML에 있는 텍스트에 마크업을 추가했습니다. 아시다시피 우리가 한 유일한 작업은 태그처럼 자석을 사용한 것입니다. 아래에 있는 마크업과 이전 페이지에서 여러분이 붙인 자석을 비교해 보세요.

⟨h1⟩과 ⟨/h1⟩ 태그를 사용해서 제목을 표시하세요. 이 태그 사이에 있는 모든 텍스트는 실제로 제목의 내용이 되는 부분입니다.

<h1> 스타벅스 커피 음료 **</h1>**

<h2> 하우스 블랜드, $1.49 **</h2>**
<p> 맥시코, 볼리비아, 과테말라 산지의 부드럽고 감칠맛 나는 커피 블랜드 **</p>**

⟨h2⟩와 ⟨/h2⟩태그는 부제목 주위에 위치합니다. ⟨h2⟩는 ⟨h1⟩의 부제목이라고 생각하면 됩니다.

<h2> 모카 카페 라떼, $2.35 **</h2>**
<p> 에스프레소, 따뜻하게 데운 우유와 초코 시럽을 넣은 커피 **</p>**

<h2> 카푸치노, $1.89 **</h2>**
<p> 에스프레소에 데운 우유와 우유 거품을 넣은 커피 **</p>**

텍스트 블록 주위에 있는 ⟨p⟩와 ⟨/p⟩ 태그는 문단을 표시합니다. 문단은 문장 한 개 이상으로 구성될 수 있습니다.

<h2> 차이티, $1.85 **</h2>**
<p> 홍차, 향료, 우유, 꿀을 섞어 만든 향긋한 음료 **</p>**

꼭 같은 줄에 태그를 넣을 필요는 없습니다. 여러분이 원하는 만큼의 내용 사이에 태그를 넣을 수 있습니다.

아직 멀었나요?

여러분은 마크업으로 구성된 HTML 파일을 가지고 있습니다만, 이렇게 했다고 해서 진정한 웹 페이지를 만들었다고 할 수 있을까요? 거의 그렇다고 볼 수 있습니다. 여러분은 이미 `<html>`, `<head>`, `<title>`, `<body>` 태그를 본 적이 있습니다. 이제 일등급 HTML 페이지를 만들기 위해 이러한 태그를 추가할 필요가 있겠군요.

먼저 HTML 주위를 〈html〉과 〈/html〉 태그로 둘러 쌉니다. 이렇게 하면 브라우저는 이 파일을 HTML 파일 이라고 인식하게 됩니다.

그 다음에 〈head〉와 〈/head〉 태그를 추가합니다. 제목은 타이틀과 같은 웹 페이지에 관한 정보를 포함하고 있죠. 지금 당장 제목은 웹 페이지에 관한 정보를 브라우저에 알려준다고만 이해해 보죠.

계속해서 타이틀을 집어 넣습니다. 타이틀은 보통 브라우저 화면의 맨 위에 표시됩니다.

```
<html>

    <head>

        <title>스타버즈 커피</title>
    </head>
```

제목은 〈head〉와 〈/head〉 태그로 구성되며, 이 태그 사이에 내용을 적습니다.

```
    <body>

        <h1>스타버즈 커피 음료</h1>
        <h2>하우스 블랜드, $1.49</h2>
        <p>맥시코, 볼리비아, 과테말라 산지의 부드럽고 감칠맛 나는 커피 블랜드</p>

        <h2>모카 카페 라떼, $2.35</h2>
        <p>에스프레소, 따뜻하게 데운 우유와 초코 시럽을 넣은 커피</p>

        <h2>카푸치노, $1.89</h2>
        <p>에스프레소에 데운 우유와 우유 거품을 넣은 커피</p>

        <h2>차이티, $1.85</h2>
        <p>홍차, 향료, 우유, 꿀을 섞어 만든 향긋한 음료</p>
    </body>
</html>
```

본문은 〈body〉와 〈/body〉 태그로 구성되며, 이 태그 사이에 내용을 적습니다.

본문은 웹 페이지의 모든 내용과 구조를 포함하고 있습니다. 여러분이 브라우저에서 보게 되는 웹 페이지의 주 내용에 해당되죠.

HTML을 작성할 때는 제목과 본문을 분리해야겠군.

또 다른 시운전

계속해서 <head>, </head>, <title>, </title>, <body>, </body> 태그
를 추가하여 'index.html' 파일을 수정하세요. 이 작업을 마치고 나서, 파일을 저장
하고 다시 브라우저에서 띄워 보세요.

타이틀에 주목해 보세요.
<hedd> 요소에 있던 내용이
여기에 보이는군요.

파일 열기(Open File) 메뉴를 선택해서
index.html 파일을 다시 열거나
브라우저의 새로고침 버튼을 클릭합니다.

이제 훨씬 근사해 보이는군요.
브라우저는 각 태그를 해석해서
좀 더 구조적이고 읽기 쉬운
형태로 페이지를 보여줍니다.

스타버즈 커피 음료

하우스 블랜드, $1.49

맥시코, 볼리비아, 과테말라 산지의 부드럽고 감칠맛 나는 커피 블랜드

모카 카페 라떼, $2.35

에스프레소, 따뜻하게 데운 우유와 초코 시럽을 넣은 커피

카푸치노, $1.89

에스프레소에 데운 우유와 우유 거품을 넣은 커피

차이티, $1.85

홍차, 향료, 우유, 꿀을 섞어 만든 향긋한 음료

좋았어!

태그 해부

지금까지 몇 가지 마크업에 대해 알아보았습니다. 이제는 태그가 실제로
어떻게 동작하는지 살펴보겠습니다.

일반적으로 페이지의 콘텐츠 주변에 태그를 추가합니다.
여기서 우리는 태그를 사용하여 '스타버즈 커피 음료'란
내용이 가장 상위 제목이 되도록 하겠습니다(즉, 첫 번째
레벨의 제목이 되겠군요).

이 부분이 제목이 끝나는
종료태그입니다. 이 경우에
\</h1\> 태그는 \<h1\> 태그가
종료됨을 의미합니다.
콘텐츠(contents)
뒷부분에 위치하고, 'h1'
앞에 '/'이 붙기 때문에
종료태그라 할 수 있습니다.
모든 종료태그 앞에는 '/'이
붙습니다.

제목이 시작되는
시작태그입니다.

\<h1\> 스타버즈 커피 음료 \</h1\>

태그는 각괄호로 둘러싸인
태그명으로 구성됩니다. 즉,
\< 와 \> 사이에 문자가 오겠죠.

이 전체를 요소(element)라 칭합니다.
이 경우에는 \<h1\> 요소라고 부를 수 있습니다.
요소는 닫혀진 태그와 그 사이에 있는
콘텐츠로 구성됩니다.

시작태그와 종료태그를
매칭 태그라 부릅니다.

웹 페이지의 구조를 브라우저가 알 수 있도록 하려면,
콘텐츠를 둘러 싼 태그를 쌍으로 사용하세요.

다음을 기억하세요.
요소 = 시작 태그 + 콘텐츠(내용) + 종료 태그

바보 같은 질문이란 없습니다

Q : 매칭 태그는 같은 줄에 올 필요는 없나요?

A : 예. 탭이나 리턴키, 대부분의 공백 문자를 브라우저가 무시한다는 것을 상기해 보세요. 따라서 시작태그 및 종료태그는 같은 줄에 있을 수도 있고, 다른 줄에 있을 수도 있습니다. 〈h2〉 같은 시작태그를 썼으면 〈/h2〉와 같은 종료태그가 있는지만 확인하세요.

Q : 왜 종료태그에는 '/'가 붙나요?

A : 종료태그에 있는 '/'는 브라우저와 여러분에게 구조화된 특정 내용의 일부분이 어디서 끝나는지 알려줍니다. 다른 측면에서 본다면, 종료태그가 시작태그와 똑같이 생기면 좀 헷갈리지 않겠어요?

Q : 어떤 페이지에 있는 HTML 중에 시작 태그와 종료태그가 항상 일치하지 않는 것을 본 것 같은데요?

A : 태그들은 일치해야 된다고 가정합시다. 일반적으로 브라우저는 여러분이 부정확한 HTML을 작성하더라도 그것을 이해하려고 많은 노력을 기울입니다. 하지만 앞으로 보게 되겠지만, 요즘에는 완벽하게 정확한 HTML을 작성하는 것이 큰 이점이 있다는 것을 알게 될 것입니다. 여러분이 완벽한 HTML을 정말 작성할 수 없을 것 같으면, 그런 걱정은 멀리 날려버리세요. 웹 페이지를 웹 서버에 올려놓기 전에 여러분이 작성한 코드를 검증하는 툴이 많이 있습니다. 지금 당장은 항상 시작태그와 종료태그를 일치하는 습관을 들이기 바랍니다.

Q : 헤드 퍼스트 라운지 예제에서〈img src ="drink.gif"〉 태그는 무엇을 의미하나요? 혹시 종료태그를 빼먹은 것 아닌가요?

A : 와, 매우 예리하군요. 오직 태그 하나만 가지고 단축 표현을 사용하는 몇몇 요소도 있습니다. 지금 당장은 이런 것이 있다는 것만 기억해 두세요. 이 내용은 뒷 장에서 다룰 것입니다.

Q : 요소는 시작태그＋콘텐츠 (내용)＋종료태그로 구성된다고 했는데, 〈html〉 태그 안에 〈head〉나 〈body〉 태그가 온 것처럼 어떤 태그 안에 다른 태그가 올 수 없나요?

A : 예. HTML 태그들은 종종 '중첩(nested)' 관계를 가집니다. HTML 페이지에는 본문이 있고, 본문에는 문단이 있습니다. 많은 HTML 요소는 태그 사이에 다른 요소를 가지고 있습니다. 나중에 이 부분에 대해 자세히 살펴볼테니 지금은 페이지 내부에 있는 요소들 사이의 관계가 어떻게 이루어지는지에 주목하세요.

 브레인 파워

태그는 지금까지 여러분이 봤던 것보다 훨씬 더 흥미롭습니다.
아래에 약간 변형된 문단 태그가 있는데, 무슨 역할을 하는 것일까요?

```
<p id="houseblend">맥시코, 볼리비아, 과테말라
산지의 부드럽고 감칠맛 나는 커피 블랜드</p>
```

연습문제

오, 깜박하고 말씀 드리지 못한 게 있군요. 우리 회사의 사명(mission)을 보여줄 페이지가 필요해요. 우리 회사의 사명은 커피 잔에 적혀 있으니 거기에 쓰여있는 내용으로 다른 페이지를 만들어 주시면 좋겠군요.

스타버즈 커피의 사명

여러분의 삶에 활력을 불어넣는 데 필요한 모든 종류의 카페인을 제공하는 것.

일단 마셔 보세요.

mission.html

❶ 'mission.html'이란 이름으로 새로운 페이지를 만듭니다.

❷ 텍스트 에디터를 사용해서 HTML을 작성하고 파일 이름은 'mission.html'으로 저장합니다. 이미 작성한 'index.html' 파일과 동일한 폴더에 저장하세요.

❸ 저장이 끝나면 브라우저로 'mission.html' 파일을 열어보세요.

❹ 다음 장으로 가기 전에 이 장의 끝부분에서 작업한 내용을 확인해 보세요.

좋아요. 지금까지는 잘 한 것 같군요. 메인 페이지도 만들었고 회사의 사명(mission) 페이지도 다 작성했어요. 하지만 사이트가 아주 근사해 보여야 한다고 CEO가 말한 것을 잊었나요? 좀 더 예쁘게 만들어야 하지 않을까요?

좋은 지적입니다.
페이지의 구조 부분은 다 처리했으니
이제부터는 <u>프레젠테이션</u>에 신경을
쓰도록 하겠습니다.

여러분은 이미 작성한 파일에 있는 콘텐츠의 구조를 설명하는 방법을 알고 있습니다. 브라우저가 웹 페이지를 보여줄 때, 브라우저는 자체에 내장된 기본 스타일을 적용해서 웹 페이지를 나타내 보여줍니다. 하지만 브라우저의 기본 스타일에 의존한다는 것은 명백히 비전문가적인 처신입니다. 이렇게 한다면 '이 달의 디자인상'을 수상하는 것은 꿈도 못 꿀 일이죠.

따라서 CSS를 도입해야 합니다. CSS는 여러분이 작성한 페이지의 내용이 어떻게 표현되었는지 서술하는 방법을 알려주죠. 이제 스타버스 페이지를 좀 더 멋지게 만들 수 있도록 CSS를 만드는 데 박차를 가해 봅시다(여러분의 웹 경력을 한층 더 향상시킬 수 있을 거예요).

CSS는 Cascading Style Sheets의 약어입니다. 나중에 더 자세히 알아보겠지만 당장은 CSS는 웹 페이지에 있는 요소가 어떻게 보여져야 하는지 브라우저에 알려주는 역할을 수행한다는 정도로만 알아둡시다.

스타일 요소와의 만남

스타일을 추가하기 위해서 새로운 요소인 <style> 요소를
추가하겠습니다. 스타버즈 메인 페이지로 돌아가서 스타일을
추가해 봅시다.

<style> 요소는 HTML의 제목 안에 위치합니다.

다른 요소들과 마찬가지로 <style> 요소는
시작태그인 <style>과 종료태그인 </style>로
구성되죠.

```
<html>
        <head>
                <title>스타버즈 커피</title>
                <style type="text/css">

                </style>
        </head>
        <body>
                <h1>스타버즈 커피 음료</h1>

                <h2>하우스 블랜드, $1.49</h2>
                <p>멕시코, 볼리비아, 과테말라 산지의 부드럽고 감칠맛 나는 커피 블랜드</p>

                <h2>모카 카페 라떼, $2.35</h2>
                <p>에스프레소, 따뜻하게 데운 우유와 초코 시럽을 넣은 커피</p>

                <h2>카푸치노, $1.89</h2>
                <p>에스프레소에 데운 우유와 우유 거품을 넣은 커피</p>

                <h2>차이티, $1.85</h2>
                <p>홍차, 향료, 우유, 꿀을 섞어 만든 향긋한 음료</p>
        </body>
</html>
```

하지만 <style> 태그는 타입(type)이라
불리는 속성(attribute)을 필요로 합니다.
이것은 여러분이 사용하는 스타일 종류를
브라우저에 알려주는 역할을 합니다.
CSS를 사용할 것이기 때문에 타입(type)을
'text/css'라고 명시할 필요가 있습니다.

그리고 이 부분에서
페이지의 스타일을
정의합니다.

바보 같은 질문이란 없습니다

Q: 요소도 '속성'을 가질 수 있나요? 속성의 정체는 뭐죠?

A: 속성(attribute)은 요소에 대한 추가적인 정보를 제공해 줍니다. 하나의 스타일 요소가 있다면, 속성은 그 스타일이 어떤 종류인지 알려주는 역할을 합니다. 여러분은 앞으로 여러 종류의 요소에 대한 속성을 보게 될 것입니다. 일단 속성이란 요소에 관한 추가적인 정보를 알려주는 것이라고 기억해 둡시다.

Q: 스타일의 한 속성으로 스타일의 유형("text/css")을 명시해야 하죠? 또 다른 종류의 스타일도 있나요?

A: HTML 디자이너들이 다른 스타일이 나올 것이라고 바랐던 적은 있었습니다만, 결국 그 이후로 우리 모두 정신을 차렸고 이제 여러분은 속성 없이 <style>만 사용할 수 있습니다(모든 브라우저가 여러분이 CSS를 사용한다는 점을 알고 있습니다). <style type="50sKitsch">라는 스타일이 나오길 기다렸는데 실망했죠(역주, 50sKitsch는 50년대 문화를 뜻함).

스타버즈에 스타일 추가하기

HTML 헤드 부분에 `<style>` 요소를 추가했으니, 여러분이 해야 할 일은 바로 웹 페이지에 CSS를 제공하여 활력을 불어넣는 것뿐입니다. 여러분을 위해 미리 따끈하게 '구워진' CSS가 아래 있습니다. 구울 준비가 된 CSS 로고를 볼 때마다, 여러분은 입력해야 하는 HTML과 CSS를 보게 될 것입니다. 우리를 믿으세요. 나중에 마크업이 할 수 있는 것이 무엇인지 살펴 본 후 마크업이 작동하는 방법을 배울 것입니다.

아래에 있는 CSS를 한번 살펴보고 'index.html' 파일에 이 내용을 추가합니다. 다 추가했으면 파일을 저장하세요.

구울 준비가 된 CSS

```html
<html>
    <head>
        <title>스타버즈 커피</title>
        <style type="text/css">
            body {
                background-color: #d2b48c;
                margin-left: 20%;
                margin-right: 20%;
                border: 2px dotted black;
                padding: 10px 10px 10px 10px;
                font-family: sans-serif;
            }
        </style>
    </head>

    <body>
        <h1>스타버즈 커피 음료</h1>

        <h2>하우스 블랜드, $1.49</h2>
        <p>맥시코, 볼리비아, 과테말라 산지의 부드럽고 감칠맛 나는 커피 블랜드</p>

        <h2>모카 카페 라떼, $2.35</h2>
        <p>에스프레소, 따뜻하게 데운 우유와 초코 시럽을 넣은 커피</p>

        <h2>카푸치노, $1.89</h2>
        <p>에스프레소에 데운 우유와 우유 거품을 넣은 커피</p>

        <h2>차이티, $1.85</h2>
        <p>홍차, 향료, 우유, 꿀을 섞어 만든 향긋한 음료</p>
    </body>
</html>
```

CSS 구문은 HTML과는 완전히 다릅니다.

스타일 탐험하기

또 다른 시운전을 할 시간이 왔습니다. 브라우저로 'index.html' 파일
을 다시 열어보세요. 이번에는 완전히 다른 스타일의 스타버즈 웹 페이
지가 보일 거예요.

바탕색은 황갈색이 되었습니다.

내용 부분에 바깥 여백
(margin)을 주었군요.

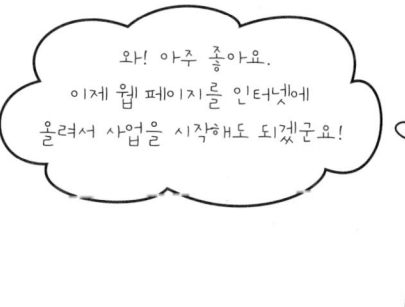

바깥 여백

역시 내용 부분에 회색 경계선을
넣었습니다.

내용 부분과 경계선
사이에 안쪽 여백
(padding)이 있습니다.

좀 더 깨끗하게
보이기 위해 다른
폰트를 사용했습니다.

**인터넷 익스플로러를 사용하면 회색
경계선이 보이지 않을 겁니다!**

인터넷 익스플로러는 내용 부분의 경
계선(border)을 제대로 표시하지 못합
니다. 경계선은 파이어폭스나 크롬, 사파리 등으로
확인하세요.

조심하세요

와! 아주 좋아요.
이제 웹 페이지를 인터넷에
올려서 사업을 시작해도 되겠군요!

누가 무엇을 하는가?

CSS를 살펴본 지 얼마 안됐지만, 여러분은 이미 CSS가 무엇을 할 수 있는지 이해하기 시작했습니다. 아래에 있는 각 스타일과 스타일에 대한 정의를 연결해 보세요.

`background-color: #d2b48c;`

`margin-left: 20%;`
`margin-right: 20%;`

`border: 2px dotted black;`

`padding: 10px 10px 10px 10px;`

`font-family: sans-serif;`

텍스트를 사용하기 위해 폰트를 정의한다.

본문 주위에 점선 형태의 회색 경계선을 정의한다.

페이지마다 왼쪽과 오른쪽 바깥 여백(margin)을 20%로 설정한다.

바탕색을 황갈색으로 설정한다.

페이지의 본문 주위에 안쪽 여백(padding)을 생성한다.

바보 같은 질문이란 없습니다

Q: CSS는 HTML과 완전히 다른 언어 같군요. 왜 두 언어를 사용해야 하나요?

A: 맞습니다. HTML과 CSS는 완전히 다른 언어이며, 다른 기능을 수행합니다. 여러분이 수표장의 대차를 맞추면서 숫자 대신 영어를 쓰고, 시를 쓰면서 수학을 사용하면 이상하겠죠? 마찬가지로 CSS는 스타일을, HTML은 구조를 표현하는 데 사용됩니다. 이 둘은 서로 다른 목적으로 만들어졌죠. 따라서 두 언어 모두를 배워야 할 필요가 있죠. 배우다 보면 각 언어가 언어 자체로서 매우 훌륭하다는 사실을 알게 될 것입니다. 실제로 언어 하나를 사용하여 두 가지 작업을 하는 것보다는 두 언어를 사용하는 것이 훨씬 쉽습니다.

Q: #d2b48c은 색깔 같이 보이지 않는데 어떻게 이게 황갈색이 되죠?

A: CSS로 색을 표현하는 방법은 몇 가지 있습니다. 가장 많이 사용되는 방법은 이른바 hex 코드라 불리는 방법인데, #d2b48c은 hex 코드로 황갈색을 나타냅니다. 지금 당장은 그냥 따라와 주시기 바랍니다. 조금 후에 #d2b48c이 어떻게 색을 표현하는지 배우게 될 거예요.

Q: 왜 CSS 규칙(rule) 앞에 'body'가 있나요? 이게 의미하는 것이 무엇이죠?

A: CSS 안에 있는 'body'는 '{'와 '}' 사이에 있는 모든 CSS 규칙을 HTML의 〈body〉 요소 안에 있는 콘텐츠에 적용한다는 의미입니다. 따라서 폰트를 산세리프 폰트(sans- serif)로 설정하면, 페이지의 body 요소에 있는 모든 콘텐츠의 글자 폰트가 산세리프체가 됩니다.

CSS가 어떻게 작동하는지에 관해 자세히 다룰 예정이니, 이 책을 계속 읽으세요. 머지 않아 여러분은 CSS 규칙을 적용하는 방법에 관해 더 세부적으로 알게 될 것이며, 꽤 멋진 디자인을 만들 수 있게 될 거예요.

지금까지 스타버즈의 'index.html' 파일에 스타일을 약간 추가했으니, 계속해서 'mission.html' 페이지에도 같은 종류의 스타일을 추가해 봅시다.

1 아래에 있는 'mission.html' 파일에 HTML을 작성하고 새로운 CSS를 추가해 보세요.

2 새로운 CSS를 포함시켜 'mission.html' 파일을 갱신해 보세요.

3 작업을 마쳤으면 'mission.html' 파일을 브라우저에서 다시 띄워 보세요.

4 이 장의 뒷부분에 있는 내용과 비교해서 맞는지 확인해 보세요.

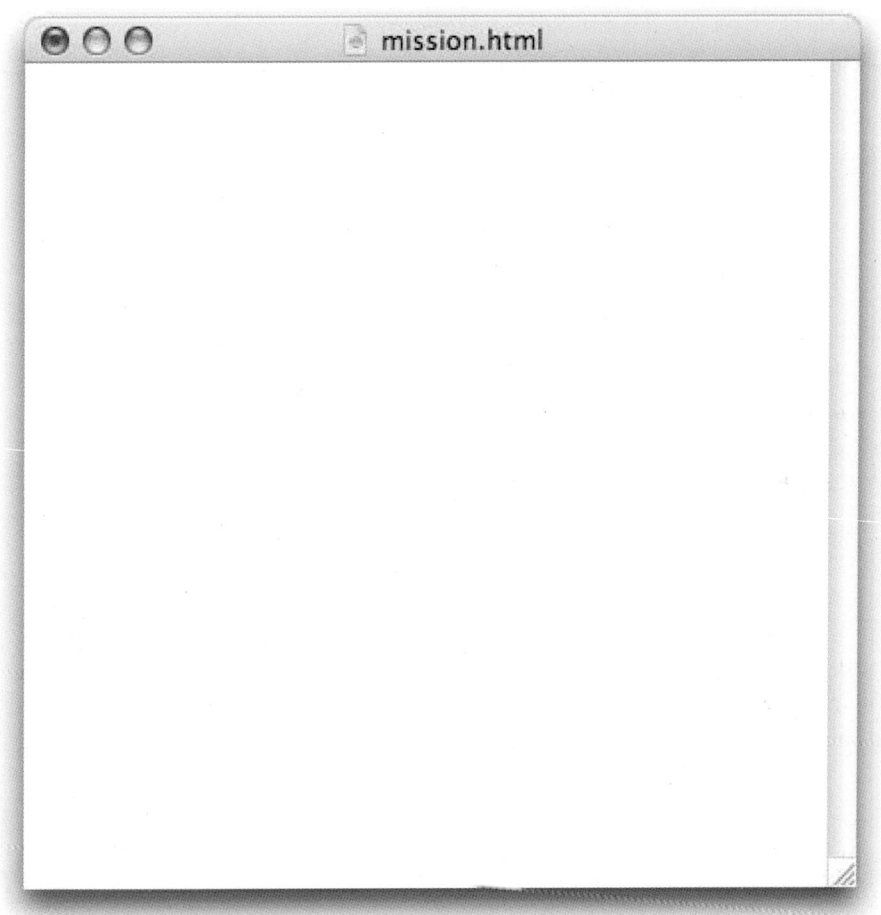

난롯가 담소

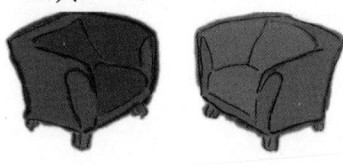

오늘밤의 주제: 콘텐츠와 스타일에 있어서 HTML과 CSS

HTML

안녕하세요. CSS 씨. 정말 만나서 반갑군요. 우리 둘 사이에서 발생한 몇 가지 혼란을 없애기 위해 기다리고 있었습니다.

많은 사람들이 내가 가진 태그가 콘텐츠를 보여주는 방법을 브라우저에 알려준다고 생각하고 있습니다. 사실은 그렇지 않는데 말이죠! 나는 구조에만 관여하지 프레젠테이션에는 관심이 없습니다.

당신도 아마 사람들이 어떻게 혼동하는지 알 수 있을 겁니다. 결국 CSS 없이 HTML만 사용해도, 아주 고상하게 보이는 페이지를 만들 수 있습니다.

이보세요, 나도 꽤 강력합니다. 콘텐츠의 구조화가 예쁘게 보이는 것보다 더 중요합니다. 스타일이란 것은 매우 피상적입니다. 중요한 것은 콘텐츠의 구조입니다.

CSS

정말입니까? 어떤 종류의 혼란을 말씀하시는 건가요?

흠, 나 역시도 사람들이 내가 한 일에 대해서 당신한테 공을 돌리는 것이 싫습니다.

'고상함'이란 단어를 과장하시는군요. 그렇게 생각하지 않습니까? 대부분의 브라우저들이 HTML을 곧바로 보여주는 방법은 엉터리입니다. 사람들은 CSS가 얼마나 강력한지, 얼마나 쉽게 웹페이지에 훌륭한 스타일을 줄 수 있는지를 배울 필요가 있습니다.

현실을 직시하세요! 내가 없다면 웹 페이지는 지루해 보일 거예요. 그뿐만 아니라 페이지를 꾸미는 능력을 버린다면, 당신의 페이지를 진지하게 볼 사람은 아무도 없을 것입니다. 모든 페이지들이 매우 서툴고 비전문가가 만든 것처럼 보일 거예요.

HTML

와, 정말이지 당신한테는 아무것도 기대할 수가 없군요. 당신은 오직 스타일을 가지고 최신 유행을 만들려고만 하는군요.

맞습니다. 사실 우리는 완전히 다른 언어입니다. 각자 나름대로는 훌륭한 언어입니다. 하지만 나는 당신의 스타일 디자이너들이 나의 구성 요소를 망쳐놓기를 원하지 않아요.

맞습니다. 그러한 점은 내가 CSS를 볼 때마다 나에게 분명한 사실입니다. 마치 외계인의 언어를 얘기하는 것 같군요.

수백만의 웹 작가들은 당신의 의견에 동의하지 않을 것입니다. 나는 콘텐츠와 정말 딱 들어맞는 아주 깔끔한 문법을 가지고 있습니다.

이봐요 바보 양반, 종료태그란 것을 들어보지 못했나 보죠? 당신이 어디를 가든지 조심하세요. 나는 〈style〉 태그를 이용해서 당신을 포위하고 있습니다. 탈출하는 데 행운을 빕니다!

CSS

최신 유행이라고요? 좋은 디자인과 레이아웃은 얼마나 읽기 쉽고, 유용한 페이지를 만드는가에 큰 영향을 줄 수 있습니다. 그리고 나의 유연성 있는 스타일 규칙은 디자이너들이 당신의 구조를 흔들지 않으면서 요소를 가지고 모든 종류의 흥미로운 작업을 할 수 있도록 한다는 점에서 당신은 감사해야 할 것입니다.

걱정하지 마세요. 우리는 완전히 분리된 우주에서 살고 있거든요.

HTML도 언어라고 불릴 수 있기를 바랍니까? 어느 누가 그런 거추장스러운 태그들을 본 적이 있을까요?

CSS를 한번 보시기 바랍니다. 매우 품위있고 간단합니다. 〈모든〉 〈주위에〉 바보 같은 각진 괄호를 사용하지 않습니다. 〈보세요〉 〈나도〉 〈HTML〉 〈씨처럼〉 〈말할 수〉 〈있습니다〉 〈.〉 〈나를〉 〈보세요〉 〈!〉

하! 당신에게 뭔가 보여드리죠. 맞춰보실래요? 나는 당신의 태그로부터 탈출할 수 있습니다.

↑ 채널 고정!

이 하우스 블랜드 한 잔뿐만 아니라, 이제 고객들에게 우리 회사의 모든 커피를 알릴 수 있는 웹 페이지를 갖게 되었군요. 정말 잘했어요. 미래를 위한 몇 가지 더 좋은 아이디어가 있습니다. 그 사이에 다른 사람들도 우리의 웹 페이지를 볼 수 있게 인터넷에 올리는 방법에 대해 고민을 시작해 주실래요?

핵심정리

- HTML과 CSS는 웹 페이지를 만드는 데 사용하는 언어입니다.

- 웹 서버는 HTML과 CSS를 사용하여 만들어진 웹 페이지를 저장하고 서비스를 제공합니다. 브라우저들은 페이지를 회수하고 HTML과 CSS를 기초로 하여 콘텐츠를 표현합니다.

- HTML은 HyperText Markup Language의 약어로 웹 페이지를 구조화하는 데 사용됩니다.

- CSS는 Cascading Style Sheets의 약어로 HTML의 프레젠테이션을 제어하는 데 사용됩니다.

- HTML을 사용할 때 태그를 사용하여 콘텐츠를 구조화합니다. 태그에 둘러 쌓인 콘텐츠를 합쳐 요소라 합니다.

- 요소는 다음 세 가지 부분으로 구성됩니다. 시작태그, 콘텐츠, 종료태그. 이러한 규칙을 벗어난 〈img〉 같은 몇 가지 태그도 존재합니다.

- 시작태그는 속성을 가질 수 있으며, 앞에서 type 속성을 보았습니다.

- 종료태그는 왼쪽 각진 괄호와 태그 이름 사이에 '/'가 붙습니다.

- 웹 페이지는 항상 〈head〉와 〈body〉 요소를 포함한 〈html〉 요소가 있어야 합니다.

- 웹 페이지에 관한 정보는 〈head〉 요소 속에 있습니다.

- 〈body〉 요소 안에 넣는 내용은 브라우저에서 볼 수 있습니다.

- 대부분의 여백(탭, 줄바꾸기, 공백)들은 브라우저에 의해 무시되지만, 여백을 사용하여 HTML을 더 읽기 쉽게 만들 수 있습니다.

- 〈style〉 요소 내부에 CSS 규칙을 추가함으로써 HTML 웹 페이지에 CSS를 추가할 수 있습니다. 〈style〉 요소는 항상 〈head〉 내에 위치해야 합니다.

- CSS를 사용하여 HTML에 있는 요소의 스타일적인 특징을 명시합니다.

HTML 십자 퍼즐

긴장을 풀고 의자에 편히 앉아서 여러분의 왼쪽 두뇌를 사용하여 뭔가를 할 때가 되었군요.
아래 문제에 대한 모든 정답은 이 장에서 배운 내용입니다.

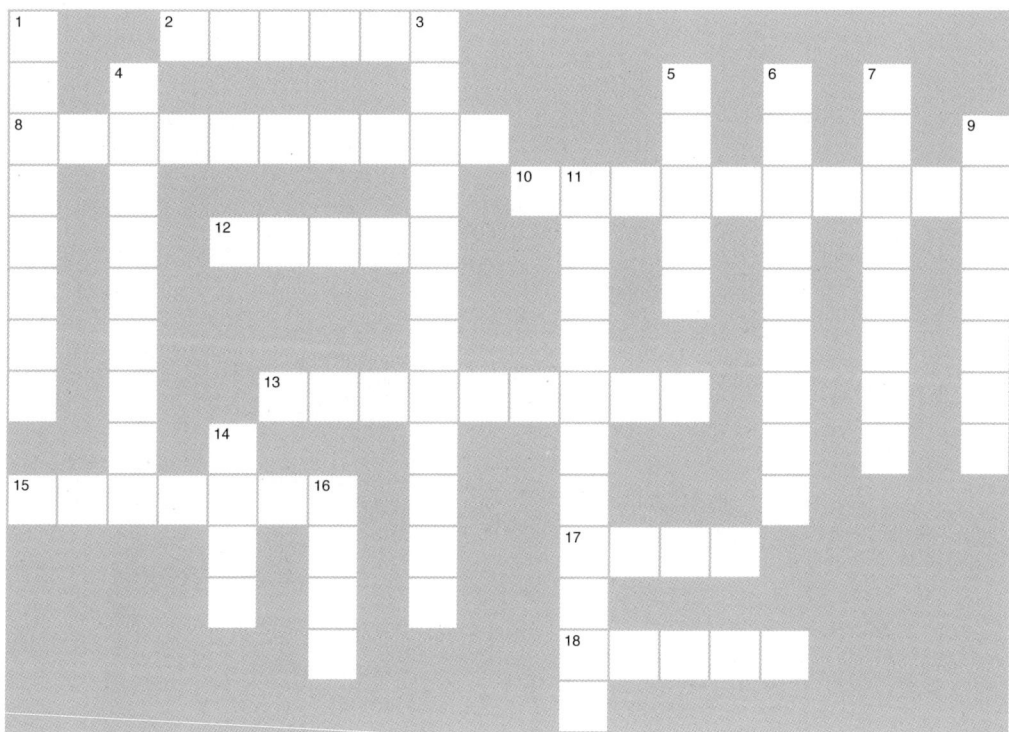

body(본문)
ddr
markup(마크업)
whitespace(공백)
headandbody
presentation(프레젠테이션)
50skitch
head(제목)
text/css
headings(제목)
starbuzz(스타버즈)
attributes(속성)
style(스타일)
sturcture(구조)
tags(태그)
paragraph(문단)

가로

2. HTML에서 M
8. 태그들은 추가적인 정보를 제공하기 위해 이것을 갖고 있죠.
10. 브라우저는 이것을 무시하죠.
12. 이 요소를 통해 프레젠테이션을 정의합니다.
13. ⟨p⟩ 요소의 목적
15. 두 개의 태그와 콘텐츠
17. 페이지에서 보이는 것
18. Dance ____ Rovolution이란 문구를 강조했죠.

세로

1. 여섯 가지 종류가 있습니다.
3. 이것을 제어하기 위해 필요할 때 CSS를 사용하죠.
4. 이것을 제공하기 위해 콘텐츠를 마크업합니다.
5. 가 페이지에서 브라우저 맨 윗부분에 보이는 것
6. 우리가 가졌으면 했었던 스타일
7. 여러분의 웹 경력을 향상시킨 회사
9. 사용 가능한 유일한 스타일 유형
11. HTML에서는 항상 이것을 분리하세요.
14. 웹 페이지에 관한 정보
16. 시작 및 종료

연필을 깎으며 정답

계속해서 여러분들이 본 구조를 연필로 냅킨에 표시하고 빠진 것은 추가하세요.

이 부분은 웹페이지의 일부분이 될 수 없습니다.

페이지 제목을 추가합니다.

도움을 주신다니 정말 고맙습니다. 우리는 음료 이름과 가격, 그리고 설명 정도만 들어가는 간단한(아래를 보시면 알겠지만) 웹페이지가 필요합니다.

스타버즈 커피 음료

부제목

하우스 블랜드, $1.49
멕시코, 볼리비아, 과테말라 산지의 부드럽고 감칠맛 나는 커피 블랜드

또 다른 부제목

모카 카페 라떼, $2.35
에스프레소, 따뜻하게 데운 우유와 초코 시럽을 넣은 커피

다른 부제목

카푸치노, $1.89
에스프레소에 데운 우유와 우유 거품을 넣은 커피

차이티, $1.85
홍차, 향료, 우유, 꿀을 섞어 만든 향긋한 음료

문단

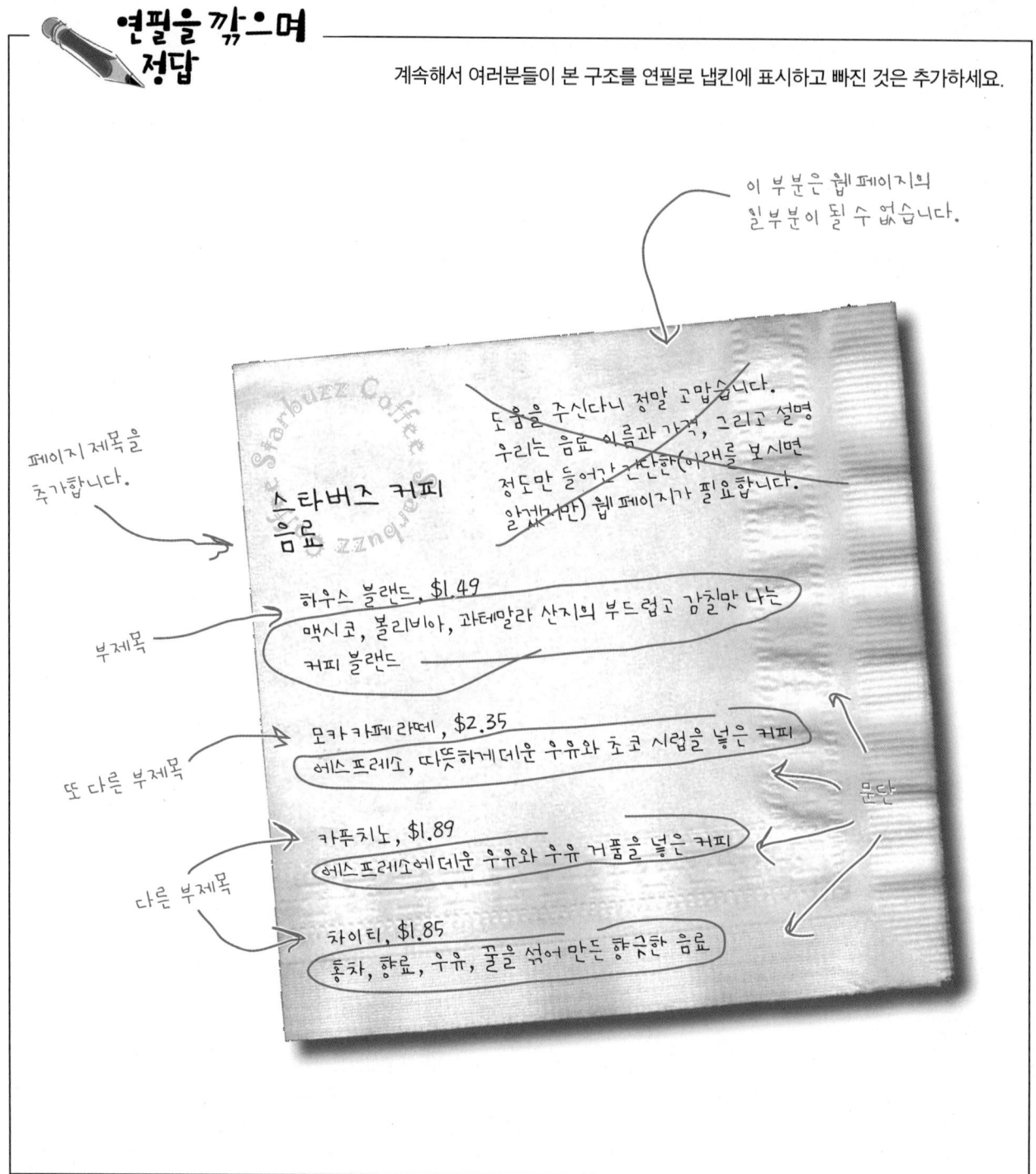

마크업 자석 정답

여러분의 임무는 스타버즈 냅킨에 써 있는 텍스트에 구조를 추가하는 것입니다. 이 페이지 밑에 있는 냉장고에 붙이는 자석을 텍스트에 붙여 보세요. 어느부분이 제목, 부제목, 문단인지 표시해 보세요. 이미 시작하면서 몇 개는 표시했습니다. 여러분의 임무를 완수하는 데 밑에 있는 모든 자석을 사용할 필요는없습니다. 몇 개는 남을 거예요. 아래에 정답이 있군요.

`<h1>` 스타버즈 커피 음료 `</h1>`

`<h2>` 하우스 블랜드, $1.49 `</h2>`
`<p>` 멕시코, 볼리비아, 과테말라 산지의 부드럽고 감칠맛 나는 커피 블랜드 `</p>`

`<h2>` 모카 카페 라떼, $2.35 `</h2>`
`<p>` 에스프레소, 따뜻하게 데운 우유와 초코 시럽을 넣은 커피 `</p>`

`<h2>` 카푸치노, $1.89 `</h2>`
`<p>` 에스프레소에 데운 우유와 우유 거품을 넣은 커피 `</p>`

`<h2>` 차이티, $1.85 `</h2>`
`<p>` 홍차, 향료, 우유, 꿀을 섞어 만든 향긋한 음료 `</p>`

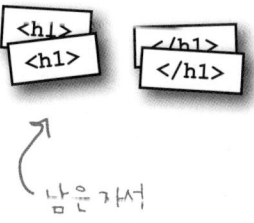

`<h1>` `<h1>` `</h1>` `</h1>`

남은 자석

연습문제 정답

mission.html

```html
<html>
    <head>
        <title>스타버즈 커피의 사명</title>
    </head>
    <body>
        <h1>스타버즈 커피의 사명</h1>
        <p>여러분의 삶에 활력을 불어넣는 데 필요한 모든 종류의 카페인을
            제공하는 것</p>
        <p>일단 마셔 보세요.</p>
    </body>
</html>
```

여기에 HTML이
있습니다.

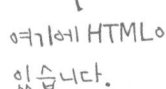

브라우저에서 HTML을
본 화면

연습문제
정답

```
mission.html

<html>
  <head>
    <title>스타버즈 커피의 사명</title>
    <style type="text/css">
      body {
        background-color: #d2b48c;
        margin-left: 20%;
        margin-right: 20%;
        border: 2px dotted black;
        padding: 10px 10px 10px 10px;
        font-family: sans-serif;
      }
    </style>
  </head>
  <body>
    <h1>스타버즈 커피의 사명</h1>
    <p>여러분의 삶에 활력을 불어넣는 데 필요한 모든 종류의 카페인을
       제공하는 것</p>
    <p>일단 마셔 보세요.</p>
  </body>
</html>
```

사명 페이지의 CSS가
여기 있군요.

이제 스타버즈 페이지와
스타일을 맞췄네요.

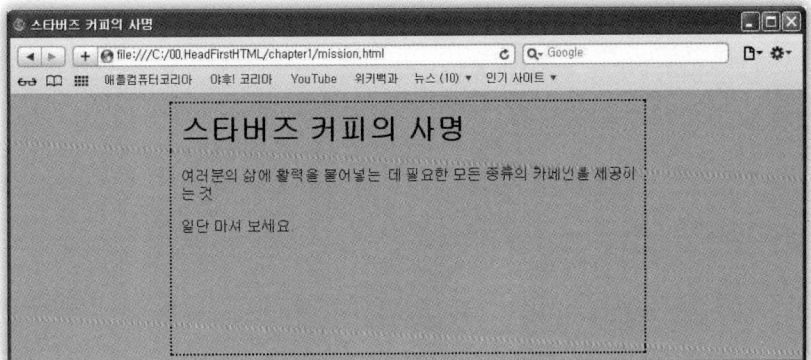

연습문제 정답

누가 무엇을 하는가?

CSS를 살펴본 지 얼마 안됐지만, 여러분은 이미 CSS가 무엇을 할 수 있는지 이해하기 시작했습니다. 아래에 있는 각각의 스타일과 스타일에 대한 정의를 연결해 보세요.

```
background-color: #d2b48c;
```
텍스트를 사용하기 위해 폰트를 정의한다.

```
margin-left: 20%;
margin-right: 20%;
```
본문 주위에 점선 형태의 회색 경계선을 정의한다.

```
border: 2px dotted black;
```
페이지마다 왼쪽과 오른쪽 바깥 여백(margin)을 20%로 설정한다.

```
padding: 10px 10px 10px 10px;
```
바탕색을 황갈색으로 설정한다.

```
font-family: sans-serif;
```
페이지의 본문 주위에 안쪽 여백(padding)을 생성한다.

¹H		²M	A	R	K	U	³P						
E		⁴S				R			⁵T		⁶5		⁷S
⁸A	T	T	R	I	B	U	T	E	S		I		T
D		R				S		¹⁰W	¹¹H	I	T	E	S
I		U		¹²S	T	Y	L	E		L	E		R
N		C				N		A		E		I	B
G		T				T		D			T	U	Z

2 하이퍼텍스트와 함께 하는 심층학습
HTML의 'HT' 알아보기

맞아요, 바로 나예요. 사람들이 나를 하이퍼 테드라고 부르죠.

내 말을 듣지 않고 있군요. 나는 하이퍼텍스트를 만나러 왔다구요!

하이퍼텍스트(HyperText)라고 들어봤나요?

그게 대체 무엇일까요? 하이퍼텍스트는 유일하게 웹 전체의 기초가 되는 것입니다. 우리는 1장에서 HTML을 사전 점검해서 마크업 인어(HTML에서 'ML')가 웹 페이지의 구조를 설명한다는 사실을 알아보았습니다. 이제부터는 단일 페이지에서 벗어나 다른 페이지들과 연결(link)할 수 있게 해주는 HTML의 'HT'인 하이퍼텍스트(HyperText)를 살펴보겠습니다. 더불어 아주 강력한 새로운 요소인 〈a〉를 만나보고, '상대적인 (relative)' 존재가 된다는 것이 얼마나 매력적인지 배울 것입니다. 자, 안전벨트를 단단히 매시고 이제 하이퍼텍스트를 배우러 떠나겠습니다.

새롭게 향상된 헤드 퍼스트 라운지

헤드 퍼스트 라운지를 기억하세요? 아주 멋진 사이트입니다. 하지만 고객들이 우리가 제공하는 신선한 음료 목록을 볼 수 있다면 더 멋지지 않을까요? 또 고객들에게 우리 회사를 찾아올 수 있도록 길을 안내하면 훨씬 더 낫지 않겠어요?

여기에 새롭게 향상된 페이지가 있습니다.

하나는 음료를 위해, 나머지 하나는 길 안내를 위한 새로운 페이지 링크 두 개를 추가했습니다.

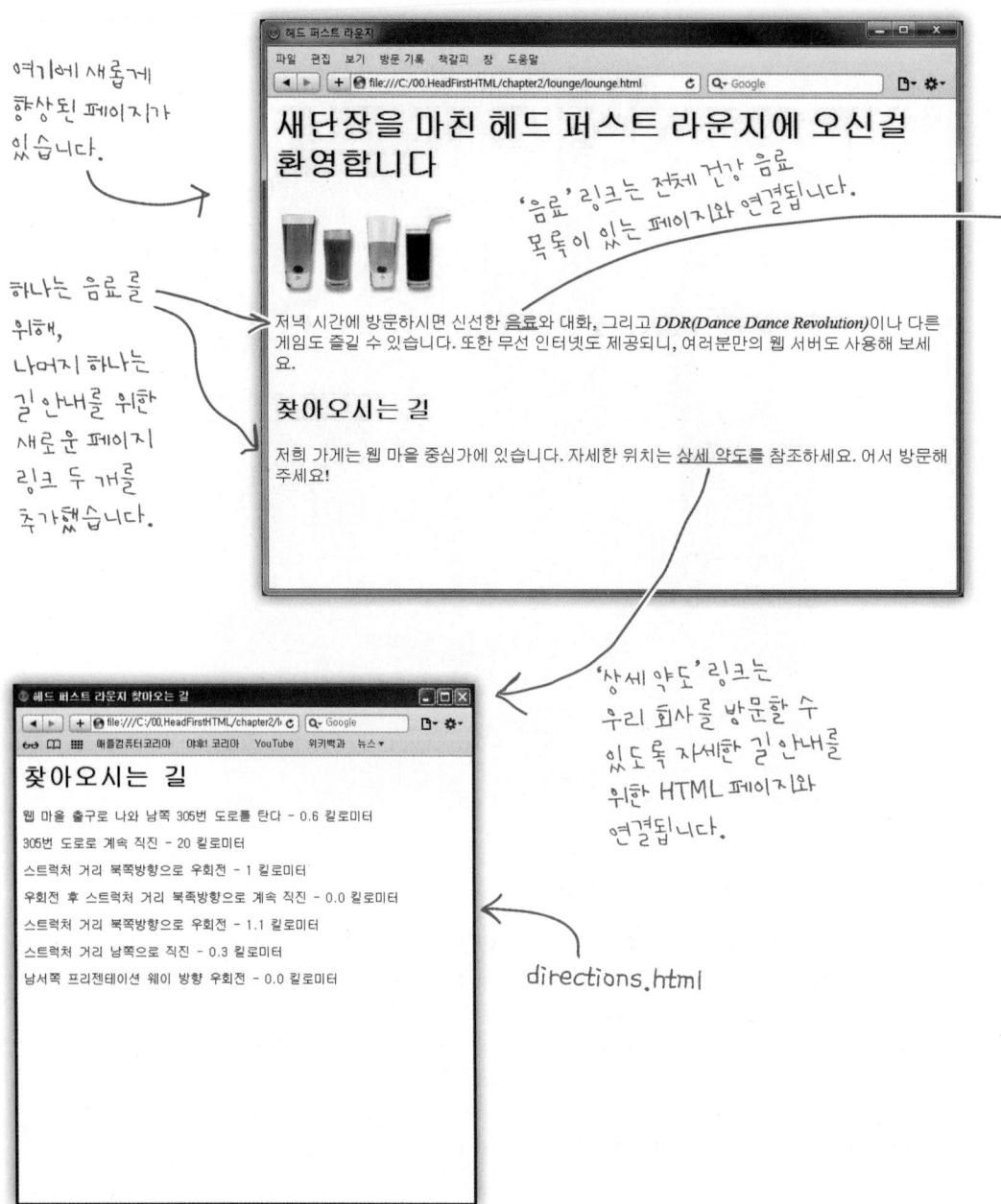

'음료' 링크는 전체 건강 음료 목록이 있는 페이지와 연결됩니다.

'상세 약도' 링크는 우리 회사를 방문할 수 있도록 자세한 길 안내를 위한 HTML 페이지와 연결됩니다.

directions.html

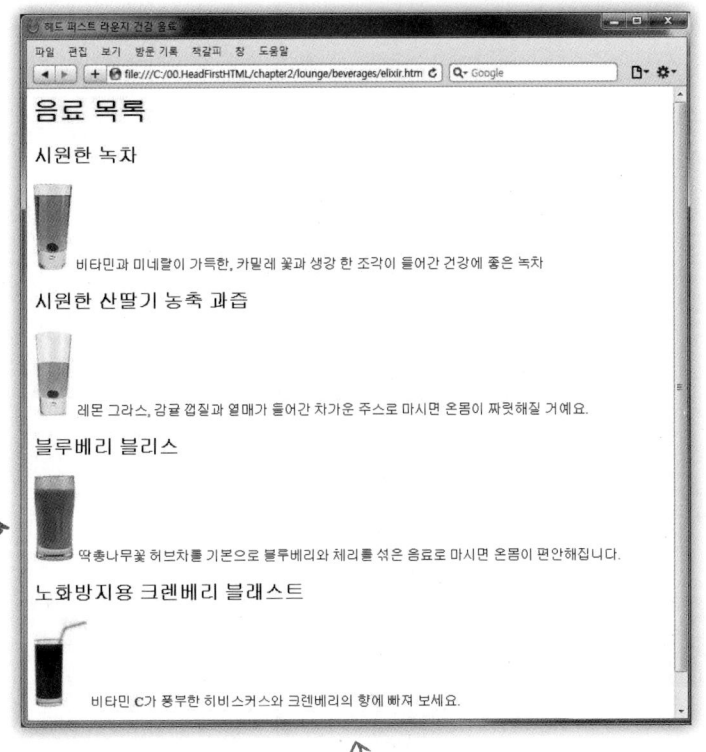

elixir.html

이 페이지는 신선한 음료의 목록을 보여줍니다. 계속 진행하기 전에 가벼운 마음으로 하나 골라보세요.

새롭게 향상된 라운지를 만들기 위한 세 단계

원본 헤드 퍼스트 라운지 페이지를 다시 작업하여 새로운 다른 두 페이지와 연결해 봅시다.

1 첫 번째 단계는 아주 쉽습니다. 왜냐하면 여러분들을 위해 이미 'directions.html' 파일과 'elixir.html' 파일을 만들었기 때문이죠. 이 파일들 은 이 책의 소스 파일에 있으 며, http://wickedlysmart.com/hfhtmlcss 에서도 내려받을 수 있습니다.

구울 준비가 된 오븐

2 'lounge.html' 파일을 수정하여 'directions.html' 과 'elixir.html' 파일과 연결할 수 있도록 HTML 을 추가합니다.

3 마지막으로 여러분이 작성한 페이지에 있는 새로운 링크를 시험해 볼 것입니다. 어떻게 동작하는지 지 켜보도록 해요.

페이지를 넘겨서 시작해 볼까요?

새로운 라운지 만들기

① 소스 파일들을 낚아챕니다.

계속해서 http://www.hanb.co.kr/exam/2012에서 소스 파일을 내려받으세요(또는 http://wickedlysmart.com/hfhtmlcss). 일단 내려받고 압축을 푼 뒤 'chapter2/lounge' 폴더를 보면 'lounge.html', 'directions.html', 'elixir.html' 파일을 찾을 수 있을 겁니다(이미지 파일 몇 개도 있습니다).

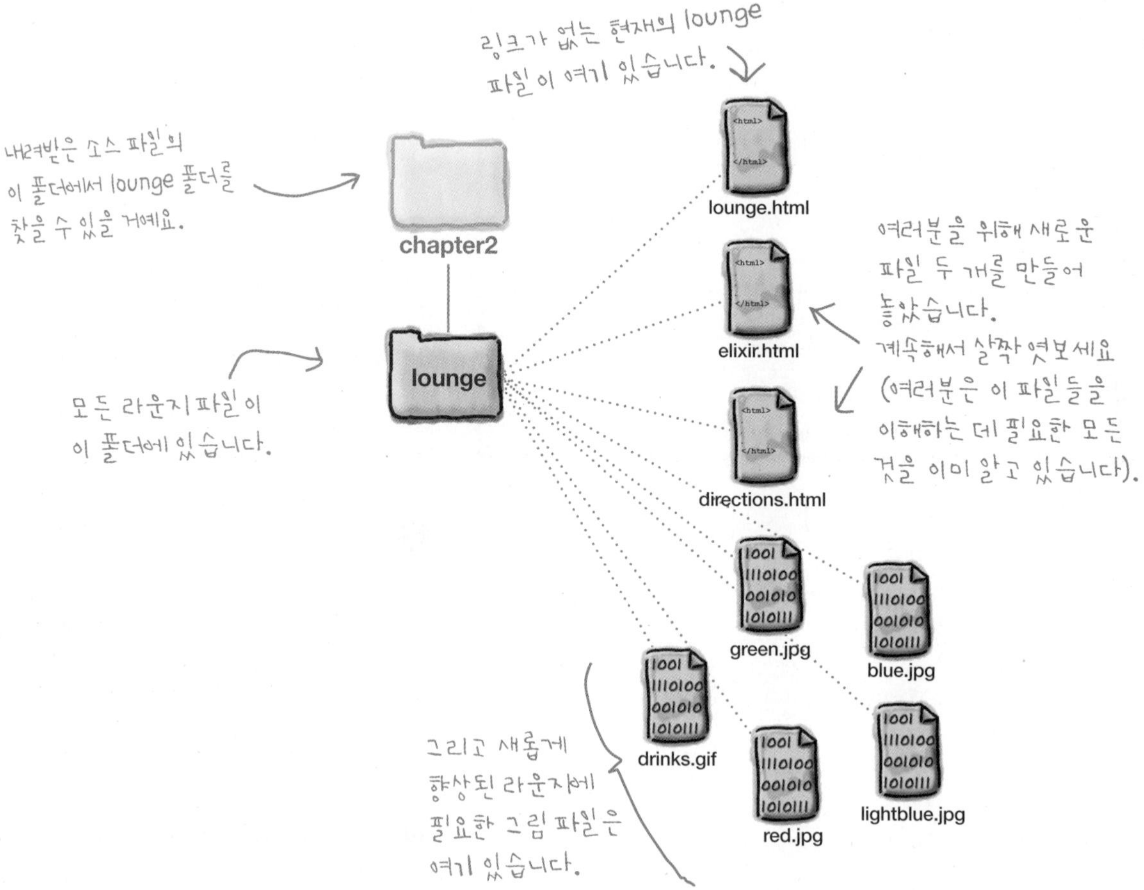

링크가 없는 현재의 lounge 파일이 여기 있습니다.

내려받은 소스 파일의 이 폴더에서 lounge 폴더를 찾을 수 있을 거예요.

chapter2

lounge

모든 라운지 파일이 이 폴더에 있습니다.

lounge.html

여러분을 위해 새로운 파일 두 개를 만들어 놓았습니다. 계속해서 살짝 엿보세요 (여러분은 이 파일들을 이해하는 데 필요한 모든 것을 이미 알고 있습니다).

elixir.html

directions.html

green.jpg

blue.jpg

drinks.gif

그리고 새롭게 향상된 라운지에 필요한 그림 파일은 여기 있습니다.

red.jpg

lightblue.jpg

 브레인 파워

헤드 퍼스트 라운지의 규모가 이미 커지고 있습니다. 모든 사이트를 구성하는 파일을 디렉터리 하나에 보관하는 것이 사이트를 구성하는 좋은 방법이라고 생각하세요? 그게 아니라면 무엇이 좋은 방법이라고 생각하세요?

❷ lounge.html 파일 수정합니다.

여러분이 가진 에디터로 'lounge.html' 파일을 열고 아래의 밝게 표시된 부분의 html과 텍스트를 추가합니다.
다음 페이지에서 작업한 내용이 어떻게 동작하는지 보도록 하죠.

```html
<html>
  <head>
    <title>헤드 퍼스트 라운지</title>
  </head>
  <body>
    <h1>새단장을 마친 헤드 퍼스트 라운지에 오신걸 환영합니다</h1>
    <img src="drinks.gif">
    <p>
      저녁 시간에 방문하시면 신선한 <a href="elixir.html">음료</a>와 대화,
      그리고 <em>DDR(Dance Dance Revolution)</em>이나
      다른 게임도 즐길 수 있습니다. 또한 무선 인터넷도 제공되니,
      여러분만의 웹 서버도 사용해 보세요.
    </p>
    <h2>찾아오시는 길</h2>
    <p>
      저희 가게는 웹 마을 중심가에 있습니다. 자세한 위치는
      <a href="directions.html"> 상세 약도</a>를 참조하세요.
      어서 방문해 주세요!
    </p>
  </body>
<html>
```

제목에 '새단장을 마친'을 추가하세요.

음료와 링크하기 위한 HTML이 여기 있군요.

링크를 만들기 위해 <a> 요소를 사용했습니다. 이 요소가 어떻게 동작하는지 곧 알아보겠습니다.

고객들이 새로운 길을 찾을 수 있도록 돕기 위해 텍스트 약간 추가할 필요가 있겠군요.

그리고 다시 <a> 요소를 사용해서 길 안내를 위한 링크를 여기에 추가 했습니다.

❸ lounge.html 파일을 저장하고 시험운행해 보세요.

몇 가지 변경 사항 수정 작업이 끝나면 'lounge.html' 파일을 저장하고 브라우저에서 다시 열어
아래 내용을 확인해 보세요.

❶ 음료 링크를 클릭하여 새로운 건강 음료 목록 페이지가 나오는지 확인해 봅시다.

❷ 브라우저의 '뒤로' 버튼을 클릭하여 다시 'lounge.html' 파일이 나오는지 보세요.

❸ 찾아오시는 길 링크를 클릭해서 새로운 길 안내 페이지기 나오는지 확인해 보세요.

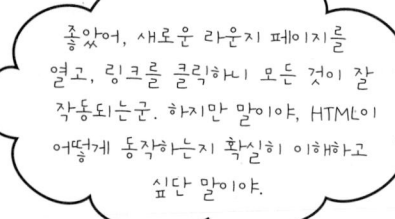

좋았어, 새로운 라운지 페이지를 열고, 링크를 클릭하니 모든 것이 잘 작동되는군. 하지만 말이야, HTML이 어떻게 동작하는지 확실히 이해하고 싶단 말이야.

무대 뒤에서는

방금 무엇을 했을까요?

(1) HTML 링크를 생성하는 과정을 되짚어 봅시다. 먼저 우리는 〈a〉 요소에 있는 링크를 위해 다음과 같이 텍스트를 넣었습니다.

<a>음료</a>   **<a>상세 약도</a>**

〈a〉 요소는 다른 페이지와 연결되는 링크를 생성하는 데 사용됩니다.

〈a〉 요소의 콘텐츠는 링크를 위한 라벨의 역할을 수행합니다. 라벨은 브라우저에서 클릭할 수 있다는 것을 나타내기 위해 밑줄 쳐진 상태로 보입니다.

(2) 각 링크에 라벨을 붙였으니 링크가 어디를 가리키는지 브라우저에 말해주기 위해 몇 가지 HTML을 추가했습니다.

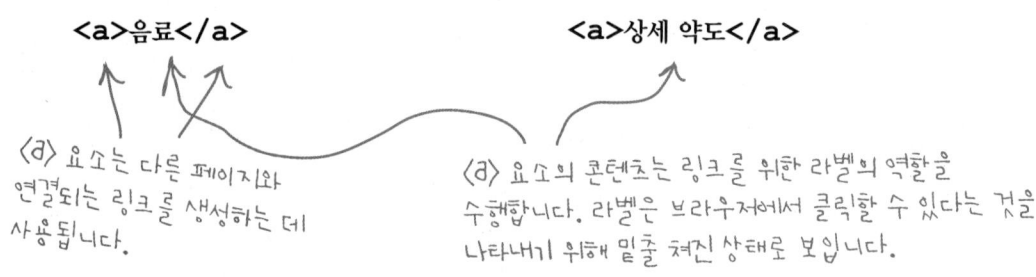

<a href="elixir.html">음료</a>

이 링크의 경우, 브라우저에서 '음료' 라벨로 표시될 것이며, 클릭하면 'elixir.html' 페이지로 이동합니다.

href 속성은 링크에서 목적지를 명시하는 데 사용됩니다.

그리고 이 링크는 브라우저의 '상세 약도' 링크를 보여주고 클릭하면 'directions.html' 페이지로 이동합니다.

<a href="directions.html">상세 약도</a>

브라우저는 무슨 일을 할까요?

무대
뒤에서는

① 첫째로, 브라우저는 페이지를 표현하는 것처럼 ⟨a⟩ 요소를 만나면 요소의 콘텐츠를
가져가 링크를 클릭할 수 있도록 나타내줍니다.

`<a href="elixir.html">음료</a>`

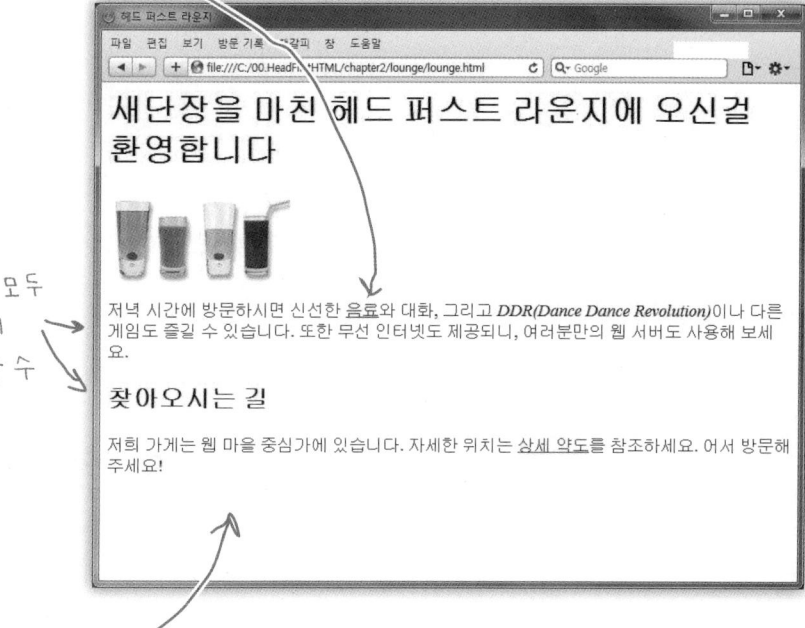

'음료'와 '상세 약도' 텍스트는 모두
시작 및 종료 ⟨a⟩ 태그 사이에
있으며, 웹 페이지에서 클릭할 수
있는 상태의 라벨이 됩니다.

`<a href="directions.html">상세 약도</a>`

> ⟨a⟩ 요소를 사용해서 다른 페이지로 갈 수 있는 하이퍼텍스트 링크를
> 생성한다. ⟨a⟩ 요소의 콘텐츠는 웹 페이지에서 클릭할 수 있다.
> href 속성은 브라우저에 링크의 목적지를 알려 준다.

② 다음으로, 사용자가 링크를 클릭하면 브라우저는 'href' 속성을 사용하여 링크가
가리키는 페이지를 결정합니다.

무대
뒤에서는

음료 링크를 클릭하거나

상세 약도 링크를
클릭합니다.

'상세 약도' 부분이 클릭되면
브라우저는 href 속성값을
낡아 챕니다. 이 경우에는
'directions.html'이 되겠죠.

`<a href="directions.html">`상세 약도`</a>`

그리고 'directions.html'
파일을 여는군요.

음료 부분이 클릭되면,
브라우저는 href 속성값을
낡아 챕니다. 이 경우에는
'elixirs.html'이 되겠죠.

`<a href="elixir.html">`음료`</a>`

그리고 'elixirs.html' 페이지를
여는군요.

속성 이해하기

속성은 요소에 관한 추가적인 정보를 명시합니다. 여기에서 속성에 대해 아주 자세히 살펴 보지 않는다 하더라도, 여러분은 이미 속성에 대한 몇 가지 예를 보았습니다.

```
<style type="text/css">
<a href="irule.html">
<img src="sweetphoto.gif">
```

타입(type) 속성은 사용하고자 하는 스타일 언어가 무엇인지 명시합니다. 이 경우에는 CSS가 되겠죠?

src 속성은 img 태그가 보여주는 그림 파일 이름을 명시하는군요.

href 속성은 하이퍼링크(hyperlink)의 목적지를 말해 줍니다.

속성이 어떻게 동작하는지에 대한 감각을 더 느낄 수 있도록 한 가지 예제를 요리해 봅시다.

\<car\> 요소가 있다면 어떠했을까요?

\<car\> 요소가 있다면 아주 자연스럽게 여러분은 다음과 같은 몇 가지 마크업을 사용하 고 싶을 거예요.

```
<car>내 빨간 미니밴</car>
```

속성 없이 제공할 수 있는 정보는 자동차에 대한 서술적 이름뿐이군요.

하지만 이 \<car\> 요소는 오직 자동차에 대한 서술적인 이름을 제공할 뿐입니다(우리가 알고 싶은 그 차의 제조사, 세부적인 모델, 컨버터블인지 아닌지 혹은 기타 무수한 사항에 대해서는 알려주지 않습니다). 그래서 만약 \<car\>가 실제로 요소였다면, 우리는 아마도 다음과 같이 속성을 사용했을 겁니다.

하지만 속성과 함께라면 자동차에 대한 모든 종류의 정보로 요소를 입맛에 맞게 처리할 수 있습니다.

```
<car make="Mini" model="Cooper" convertible="no">내 빨간 미니밴</car>
```

훨씬 낫지요? 이제 이 마크업은 작성하기 쉽고, 편리한 형태로 좀 더 많은 정보를 알려주고 있습니다.

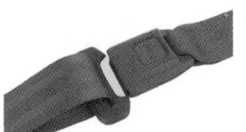

안전 제일

속성은 항상 같은 방식으로 표현됩니다. 맨 앞에 속성명이 오며 바로 뒤에 등호(equal sign)가 따라오고 속성값은 큰 따옴표로 둘러쌉니다.

아마도 웹에서 큰 따옴표를 빼먹은 뜬구름 같은 HTML을 보았겠지만, 여러분도 그와 같이 게을러지면 안되겠죠? 뜬구름처럼 된다는 것은 러시아워 때 도심 한복판에서 오도가도 못하게 할 정도로 큰 문제를 일으킬 수 있습니다(이 부분에 대해서는 이 책의 후반부에서 살펴보겠습니다).

이렇게 하세요(정확한 형식).

```
<a href="top10.html">Great Movies</a>
```

속성 이름 / 등호 / 큰 따옴표 / 큰 따옴표 / 속성값 / 큰 따옴표

이렇게 하면 안됩니다(부정확한 형식).

```
<a href=top10.html>Great Movies</a>
```

잘못되었군요. 속성값 주위에 큰 따옴표가 없네요.

바보 같은 질문이란 없습니다

Q: HTML 요소를 위한 새로운 속성을 만들 수 있나요?

A: 웹 브라우저는 오직 각 요소에 대해 미리 정의된 속성만 알고 있습니다. 여러분이 무심코 속성을 만들어 버린다면 웹 브라우저는 그것을 가지고 무엇을 해야 할지 알지 못합니다. 이 책의 뒷부분에 가서 알게 되겠지만 이런 식으로 처리하면 많은 문제가 발생됩니다. 브라우저가 하나의 요소나 속성을 인식할 때, 우리는 브라우저가 그 요소나 속성을 '지원한다'라고 표현합니다. 따라서 지원되는 속성만 사용해야 합니다.

그렇긴 하지만 웹 애플리케이션 프로그래밍을 위해(『Head First HTML5 Programming: 웹 표준으로 만드는 생동감 있는 웹 애플리케이션』의 주제), HTML5는 현재 새로운 속성을 위한 사용자 정의 이름을 구성할 수 있도록 하는 사용자 정의 데이터 속성을 지원하고 있습니다.

Q: 그런 '지원되는' 속성은 누가 결정하나요?

A: HTML의 속성과 요소에 관해 고민하는 표준 위원회들이 있습니다. 이러한 위원회들은 공통의 HTML을 만들기 위해 기꺼이 자신들의 시간과 노력을 기울이는 사람들로 구성됩니다. 그리고 모든 브라우저 제작사들은 이런 공통의 HTML 로드맵(roadmap)에 따라 자신들의 브라우저를 구현할 수 있죠.

Q: 어떤 요소나 속성이 지원되는지 어떻게 알 수 있나요? 모든 속성이 임의의 요소에 적용될 수 있나요?

A: 오직 특정한 속성만이 주어진 요소에 사용될 수 있습니다. 이런 식으로 생각해 봅시다. 〈토스터〉라는 요소는 '컨버터블'이란 속성을 사용할 수 없습니다. 그렇겠죠? 이렇게, 오직 뜻이 통하며 요소에 의해 지원되는 속성만 사용할 수 있습니다.

이 책을 읽으면서 여러분은 어떤 속성들이 어떤 요소에 지원되는지 배우게 될 것입니다. 이 책의 학습을 마친 후에도, 여러분의 기억을 되살리기 위해 사용할 수 있는 많은 훌륭한 레퍼런스 『HTML & XHTML: The Definitive Guide』(O'Reilly, 2006)들이 많이 있으니 이를 참고하시기 바랍니다.

'href' 속성은 'h-ref'라 발음되는군요.

'우주선 주방장(space chef)'과 운이 맞는데?!

드러난 속성들

금주의 인터뷰 :
href 속성의 고백

헤드 퍼스트: 환영합니다 href 씨. 당신 같은 큰 비중이 있는 속성을 인터뷰해서 영광입니다.

href: 감사합니다. 링크로부터 벗어나 여기에 와서 기쁘군요(링크는 속성을 벗어버릴 수 있습니다). 사람들이 링크를 클릭할 때마다 그들이 어디로 이동하게 되는지를 알려주는 게 누구라고 생각하세요? 바로 접니다.

헤드 퍼스트: 바쁘신 와중에도 이렇게 인터뷰에 응해 주셔서 다시 한번 감사드립니다. 다시 처음으로 되돌아가서... 속성은 어떤 의미를 지닌다고 생각하세요?

href: 확실히 속성은 요소를 커스터마이즈 하는 데 사용됩니다. '지금 싸인하세요!'와 같은 콘텐츠의 일부를 〈a〉와 같은 태그로 감싸는 것(〈a〉지금 사인하세요!〈/a〉)은 쉽습니다. 하지만 저(href 속성) 없이는 〈a〉 요소에게 링크의 목적지가 어디인지 알려줄 수 없습니다.

헤드 퍼스트: 지금까지 알려진 바로는...

href: 하지만 속성을 가지고 요소에 관하여 추가적인 정보를 제공할 수 있습니다. 제 경우에는 링크가 어디를 가리키는지 알려주겠죠. 이것을 보세요. 〈a href="signup.html"〉지금 싸인하세요!〈/a〉 이것은 '지금 싸인하세요!'라는 라벨이 있는 〈a〉 요소가 'signup.html' 페이지와 연결된다는 뜻입니다. 오늘날 전 세계에 수많은 속성이 있습니다만 〈a〉 요소와 함께 사용되어 링크가 어디를 가리키는지 알려줄 수 있는 속성은 오직 저 하나뿐입니다.

헤드 퍼스트: 좋습니다. 하나 물어볼 게 있는데 당신을 불쾌하게 하려는 것은 아닙니다만, 이름을 가지고 무엇을 한다고요? href 씨? 도대체 당신 이름의 뜻은 무엇인가요?

href: 제 이름은 오래전에 사용된 인터넷의 가족 이름입니다. 'hypertext reference'라는 의미입니다만, 친구들은 그냥 줄여서 'href'라고 부릅니다.

헤드 퍼스트: 뭐라고요?

href: 하이퍼텍스트 레퍼런스(hypertext reference)는 인터넷이나 당신의 컴퓨터에 있는 자원(resource)의 다른 이름입니다. 보통 자원(resource)이라고 하면 웹 페이지를 말하지만, 오디오나 비디오 등 모든 종류가 자원이 될 수 있다고 생각합니다.

헤드 퍼스트: 흥미롭군요. 우리 독지들은 지금까지 그들 자신의 페이지로 링크되는 것들만 봐왔습니다. 어떻게 하면 웹에 있는 다른 페이지나 자원과 연결할 수 있나요?

href: 아이고, 다시 일하러 가야 할 것 같군요. 제가 없으면 웹 전체가 꽉 막히거든요. 게다가 속성에 대해 가르치는 것은 당신이 해야 할 일이 아닌가요?

헤드 퍼스트: 예. 예. 알겠습니다. 소금만 녀 하면 끝나는데... 여하간 참석해 주셔서 고맙습니다. href 씨.

연습문제

여러분은 'lounge.html'에서 'elixir.html'과 'directions.html'로 가는 링크를 만들었습니다. 이제 다른 길을 거쳐 메인 페이지('lounge.html')로 되돌아 가고자 합니다. 아래에 'elixir.html' 페이지의 HTML이 있습니다. 음료 페이지의 맨 하단에 'lounge.html' 페이지로 되돌아 갈 수 있도록 '라운지로 되돌아가기' 라벨과 링크를 추가하세요.

```html
<html>
  <head>
    <title>헤드 퍼스트 라운지 건강 음료</title>
  </head>
  <body>
    <h1>음료 목록</h1>

    <h2>시원한 녹차</h2>
    <p>
        <img src="green.jpg">
        비타민과 미네랄이 가득한, 카밀레 꽃과 생강 한 조각이 들어간 건강에 좋은 녹차
    </p>
    <h2>차가운 산딸기 농축 과즙</h2>
    <p>
        <img src="lightblue.jpg">
        레몬 그라스, 감귤 껍질과 열매가 들어간 차가운 산딸기 주스로
        온몸이 짜릿해질 거예요.
    </p>
    <h2>블루베리 블리스</h2>
    <p>
        <img src="blue.jpg">
        딱총나무꽃 허브차를 기본으로 블루베리와 체리를 섞은 음료로
        온몸이 편안해집니다.
    </p>
    <h2>노화방지용 크렌베리 블래스트</h2>
    <p>
        <img src="red.jpg">
        비타민 C가 풍부한 히비스커스와 크렌베리의 향에 빠져 보세요.
    </p>



  </body>
</html>
```

새로운 HTML이 들어갈 자리 ⟶

작업을 끝냈으면 계속해서 동일한 방법으로 'directions.html' 파일에도 링크를 추가하세요.

공사
지역

시작지점

〈a〉 요소를 건설하고 해체하는 데 몇 가지 도움이 필요합니다. 지금까지 학습한 〈a〉 요소에 대한 여러분의 새로운 지식으로, 우리를 도와주기를 바랍니다. 아래에 있는 각 행에 라벨, 목적지, 완성된 〈a〉 요소의 조합이 있습니다. 빠진 부분을 채워 보세요. 첫 번째 행은 여러분을 위해 이미 채워 놓았습니다.

라벨	목적지	HTML안에 여러분이 써 넣을 내용
Hot or Not?	hot.html	`<a href="hot.html">Hot or Not?</a>`
Resume	cv.html	
	candy.html	`<a href="`................`">Eye Candy</a>`
See my mini	mini-cooper.html	
let's play		`<a href="millionaire.html">`................`</a>`

바보 같은 질문이란 없습니다

Q: 텍스트보다 그림을 클릭하여 연결되는 페이지를 많이 봤습니다. 〈a〉 요소를 사용해서 이렇게 할 수 있나요?

A: 예. 가능합니다. 〈a〉 태그 사이에 〈img〉 요소를 넣으면 해당 그림을 텍스트처럼 클릭할 수 있습니다. 이 책에서는 그림 파일에 대해 깊이 있게 배우지 않겠지만, 여하간 그림을 사용한 링크도 잘 작동됩니다.

Q: 그런 식으로 〈a〉 태그 사이에 아무것이나 넣고 클릭할 수 있게 할 수 있나요? 예를 들어 한 문단을 넣어도 가능한가요?

A: 한 문단 전체로 이어지는 링크를 위해 〈a〉 요소 내부에 〈p〉 요소를 넣을 수 있습니다. 〈a〉 요소 내에 텍스트나 이미지(혹은 둘 모두)를 사용하는 경우가 대부분이겠지만, 〈p〉나 〈h1〉이 필요한 경우에는 이를 사용할 수 있습니다. 다른 태그 안에 들어가는 태그들이 무엇인지는 완전히 다른 주제입니다만, 걱정하지는 마세요. 곧 배우게 될 거예요.

당신의 헤드 퍼스트 라운지 작업에 대한 급여를 모두 지급하였습니다. 매혹적인 음료와 찾아오는 길 안내문 덕분에 많은 사람들이 우리 회사와 웹사이트를 자주 방문하고 있습니다. 이제 우리는 라운지의 콘텐츠를 전방위로 확장할 계획입니다.

조직화하기

HTML 페이지를 더 만들기 전에 몇 가지 정리를 할 때가 됐습니다. 지금까지 우리는 모든 파일과 그림 파일들을 한 폴더에 넣었습니다. 적당한 크기의 웹사이트라 해도 한 세트로 구성된 폴더에 웹 페이지와 그림, 다른 자원을 넣는다면 모든 것이 훨씬 더 의미 있게 된다는 사실을 알게 될 것입니다. 아래에 우리가 지금까지 한 내용이 있습니다.

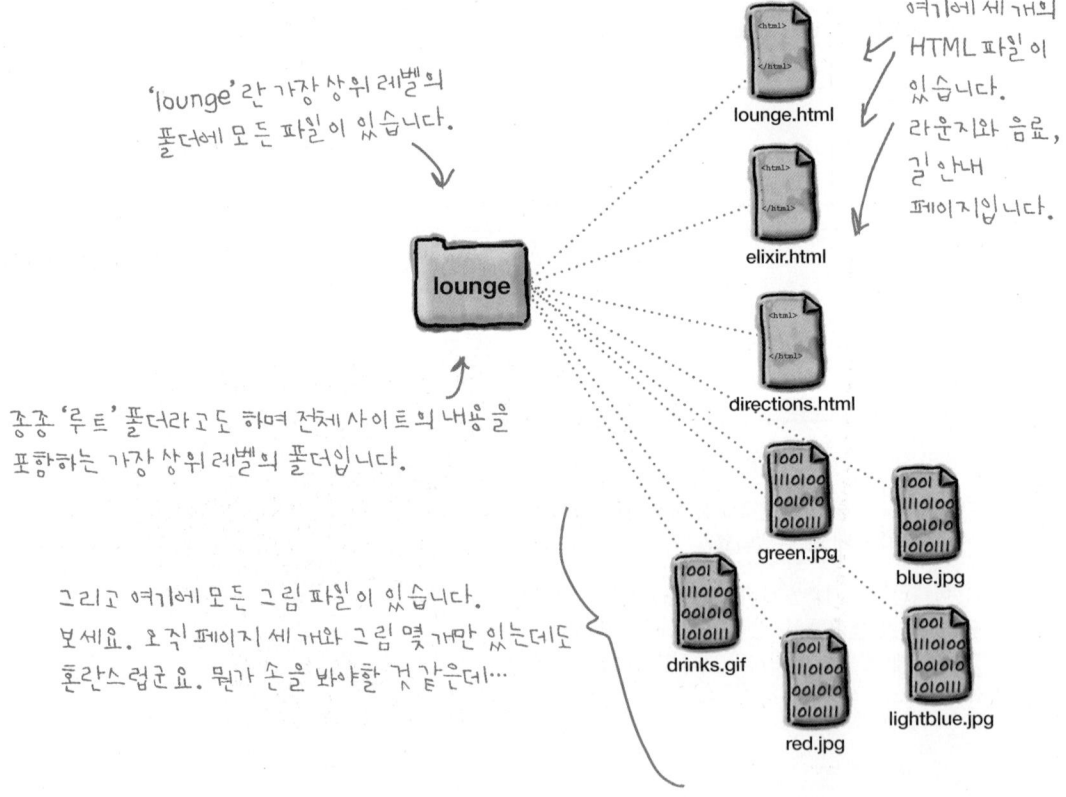

'lounge'란 가장 상위 레벨의 폴더에 모든 파일이 있습니다.

종종 '루트' 폴더라고도 하며 전체 사이트의 내용을 포함하는 가장 상위 레벨의 폴더입니다.

그리고 여기에 모든 그림 파일이 있습니다. 보세요. 오직 페이지 세 개와 그림 몇 개만 있는데도 혼란스럽군요. 뭔가 손을 봐야할 것 같은데…

여기에 세 개의 HTML 파일이 있습니다. 라운지와 음료, 길 안내 페이지입니다.

lounge.html

elixir.html

directions.html

green.jpg

blue.jpg

drinks.gif

red.jpg

lightblue.jpg

라운지 체계화하기

이제 라운지 사이트를 의미 있게 체계적으로 만들어 봅시다. 사이트를 체계화하는 데는 여러 가지 방법이 있다는 사실을 알아 두세요. 일단은 간단하게 시작해 보죠. 우선 라운지 웹 페이지들을 저장할 폴더 몇 개를 생성할 것입니다. 또한 모든 그림 파일들은 한 폴더에 넣을 예정이고요.

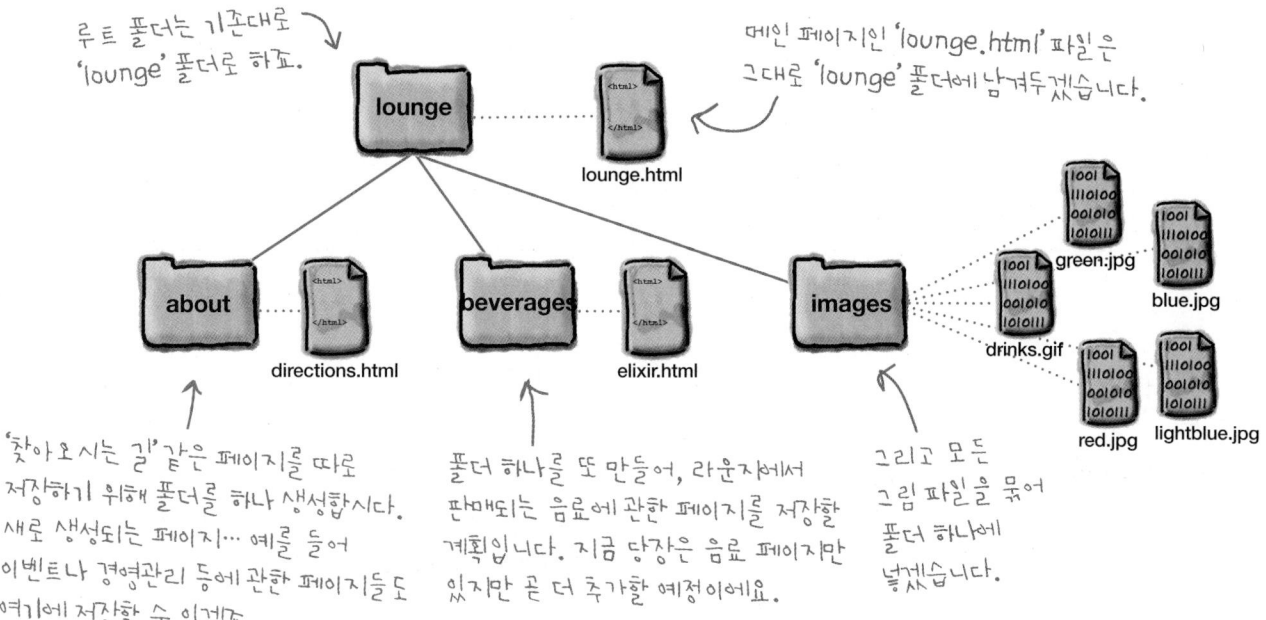

루트 폴더는 기존대로 'lounge' 폴더로 하죠.

메인 페이지인 'lounge.html' 파일은 그대로 'lounge' 폴더에 남겨두겠습니다.

lounge

lounge.html

about

directions.html

beverages

elixir.html

images

green.jpg
blue.jpg
drinks.gif
red.jpg
lightblue.jpg

'찾아오시는 길' 같은 페이지를 따로 저장하기 위해 폴더를 하나 생성합시다. 새로 생성되는 페이지… 예를 들어 이벤트나 경영관리 등에 관한 페이지들도 여기에 저장할 수 있겠죠.

폴더 하나를 또 만들어, 라운지에서 판매되는 음료에 관한 페이지를 저장할 계획입니다. 지금 당장은 음료 페이지만 있지만 곧 더 추가할 예정이에요.

그리고 모든 그림 파일을 묶어 폴더 하나에 넣겠습니다.

바보 같은 질문이란 없습니다

Q: 그림 파일을 위한 폴더를 'images'란 이름으로 생성했으니, 'html'이란 이름으로 폴더를 하나 더 만들어 모든 HTML 파일을 넣으면 어떨까요?

A: 그렇게 할 수 있습니다. 사실 파일들을 체계화하는 데 '정확한' 방식이 있는 것은 아닙니다. 그보다는 여러분이나 여러분의 웹 페이지에 방문하는 사용자들을 위해 가장 최선의 방법으로 체계화하기를 원할 것입니다. 최근의 가장 좋은 디자인 원칙을 따른다면, 관리 및 유지 보수하기 간단하면서도 웹사이트가 점점 커지는 것을 고려해서 아주 유동적으로 체계화된 설계를 하는 것이 좋습니다.

Q: 아니면 'about'이나 'beverages' 폴더처럼 그림 파일도 각 폴더를 만들어 넣는 것은 어떨까요?

A: 다시 한 번 얘기하자면 그렇게 할 수 있습니다. 하지만 그림 파일 중 일부는 여러 페이지에서 공통적으로 사용될 수 있기 때문에 모든 그림 파일을 한군데로 모아서 루트 폴더(최상위 레벨에 있는 폴더)에 보관하는 것입니다. 만약 여러분이 서로 다른 부분에 있는 많은 그림 파일들이 필요한 사이트를 관리한다면, 각각의 가지(branch)에 고유의 이미지 폴더를 만들 수도 있을 것 같군요.

Q: '각각의 가지(branch)' 라구요?

A: 나무를 뒤집어 놓고 위쪽에서 밑으로 내려다보는 것처럼 폴더를 설명하면 이해할 수 있을 것 같군요. 가장 꼭대기가 루트가 되며 각 경로를 따라 밑으로 내려오면 파일이나 폴더가 있습니다. 이를 가지(branch)라 표현한 것입니다.

지금까지 스타버즈의 'index.html' 파일에 스타일을 약간 추가했으니, 계속해서 'mission.html' 페이지에도 같은 종류의 스타일을 추가해 봅시다.

1 'lounge' 폴더로 가서 새로운 하위 폴더 3개를 만듭니다. 폴더 이름은 'about', 'beverages', 'images' 입니다.

2 'directions.html' 파일을 'about' 폴더로 옮깁니다.

3 'elixir.html' 파일을 'beverages' 폴더로 옮깁니다.

4 모든 그림 파일들을 'images' 폴더로 옮깁니다.

5 마지막으로 브라우저에서 다시 'lounge.html' 파일을 열고 링크 부분을 클릭해 보세요. 어떻게 동작하는지 아래 결과와 비교해 보세요.

기술적 난관

파일 몇 개를 이동시켰더니 라운지 페이지에 몇 가지 문제가 발생한 것 같습니다.

그림들이 보이지 않는군요. 이런 현상을 보통 깨진 이미지 (broken image)라 부릅니다.

그리고 음료 혹은 상세 약도 링크를 클릭하면 상황은 훨씬 나빠지는군요. 페이지를 찾을 수 없다는 에러 메시지가 나타나는군요.

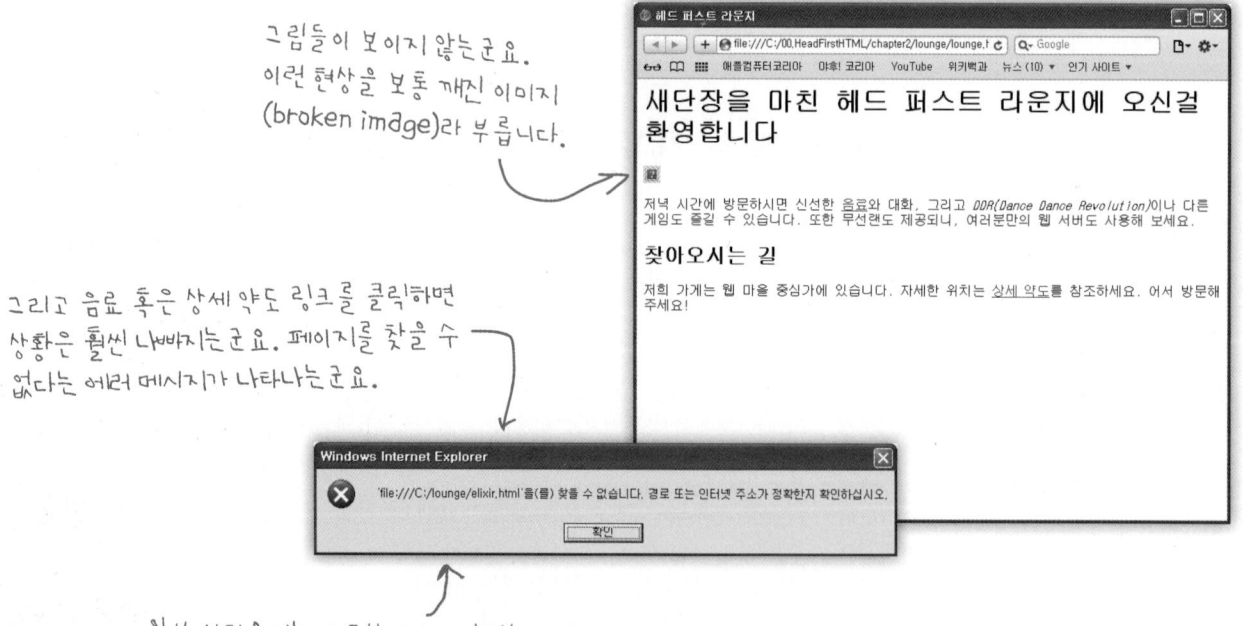

일부 브라우저는 대화상자가 아닌 별도의 웹 페이지로 에러 메시지를 보여주기도 합니다.

내 생각엔 파일이 아직도 'lounge.html' 파일이 있는 폴더에 있다고 브라우저가 생각하는 것 같군. 링크를 변경해서 새로운 폴더를 가리키도록 할 필요가 있겠어.

맞습니다. 브라우저에 페이지의 새로운 위치를 말해줘야 합니다.

지금까지 href 속성값을 사용하여 페이지들이 같은 폴더에 있다는 것을 가리켰습니다. 일반적으로 웹사이트들은 점점 복잡해지고 있으므로 페이지들이 다른 폴더에도 있다는 사실을 브라우저에 알려줄 필요가 있습니다.

그렇게 하려면 링크가 걸린 페이지에서 목적지 페이지로의 이동 경로를 추적해야 합니다. 이는 하나 혹은 두 개의 폴더를 위나 아래로 탐색해야 한다는 것을 의미합니다. 두 가지 방식 모두 결국은 href를 넣을 수 있는 상대경로(relative path)를 사용헤아 할 거예요.

경로 탐색 계획

가족과 함께 떠나는 휴가 계획을 세울 때 가장 먼저 무엇을 하나요? 아마도 지도를 꺼내서 현재 위치를 체크하고 목적지까지의 경로를 파악할 것입니다. 목적지 자체는 현재 위치에서 상대적(relative)이라고 할 수 있습니다. 만약 여러분이 다른 도시에 산다면 같은 목적지라도 가는 길이 다르겠죠?

좋아요. 실제로는 구글 맵스(Google map)를 사용하겠지만 여기서는 우리와 같이 작업하도록 하죠!

웹 페이지에 있는 링크의 상대경로를 이해하기 위해 같은 방법을 사용해 보겠습니다. 링크가 있는 페이지에서 출발해서 목적지 페이지가 있는 파일을 찾을 때까지 폴더 전체의 경로를 추적해 봅시다.

두 개의 상대경로를 검토해 보도록 하죠(동시에 라운지 파일 내용도 수정해 봅시다).

다른 종류의 경로도 물론 있습니다. 이 부분은 나중에 다루겠습니다.

하위 폴더로 링크 연결하기

① **'lounge.html' 파일에서 'elixir.html' 파일로 링크를 만듭니다.**
'lounge.html' 페이지에 있는 음료 링크를 고정시킬 필요가 있습니다. 아래에 이렇게 처리한 ⟨a⟩ 요소가 나와 있군요.

```
<a href="elixir.html">음료</a>
```

지금 당장은 'elixir.html' 파일명을 사용하세요. 이렇게 하면 브라우저가 'lounge.html' 과 같은 동일한 폴더를 들여다 보게 됩니다.

② **기준점과 목적지 식별하기**
라운지를 재조직할 때 'lounge' 폴더에 'lounge.html' 파일을 남겨두었고, 'lounge' 폴더의 하위 폴더인 'beverages' 폴더로 'elixirs.html' 파일을 옮겼습니다.

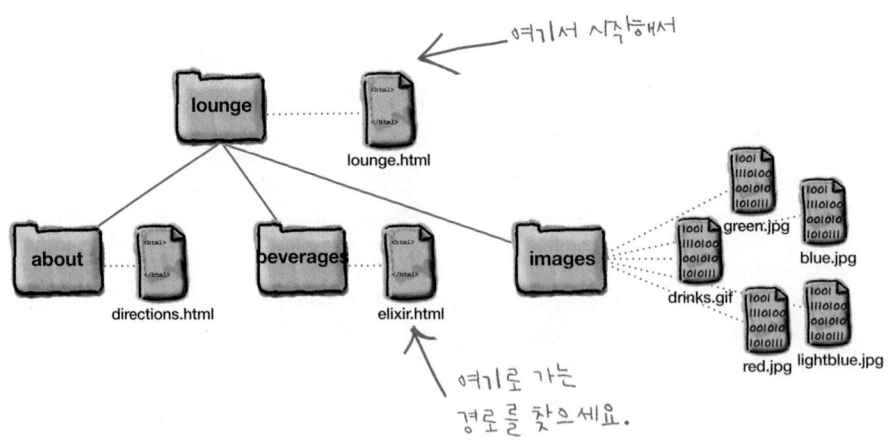

여기서 시작해서

여기로 가는 경로를 찾으세요.

③ 기준점에서 목적지까지 경로 추적

경로를 추적합시다. 'lounge.html' 파일에서부터 'elixirs.html' 파일까지 경로를 얻기 위해
먼저 'beverages' 폴더로 들어가서 'elixir.html' 파일을 찾습니다.

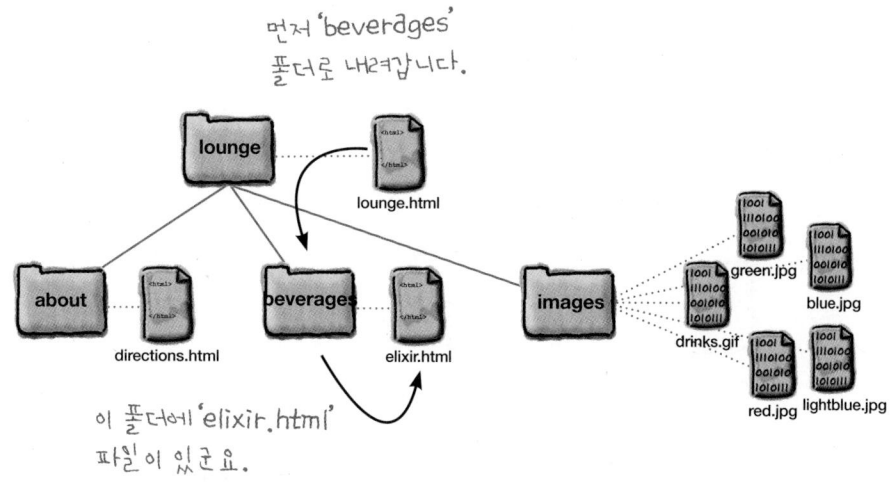

먼저 'beverages'
폴더로 내려갑니다.

이 폴더에 'elixir.html'
파일이 있군요.

④ 우리가 추적한 경로를 나타내기 위해 href를 생성합니다.

이제 경로를 파악했으니 브라우저가 이해할 수 있는 형태로 만들어야 합니다.
여기에 경로를 나타내는 방법이 나와 있습니다.

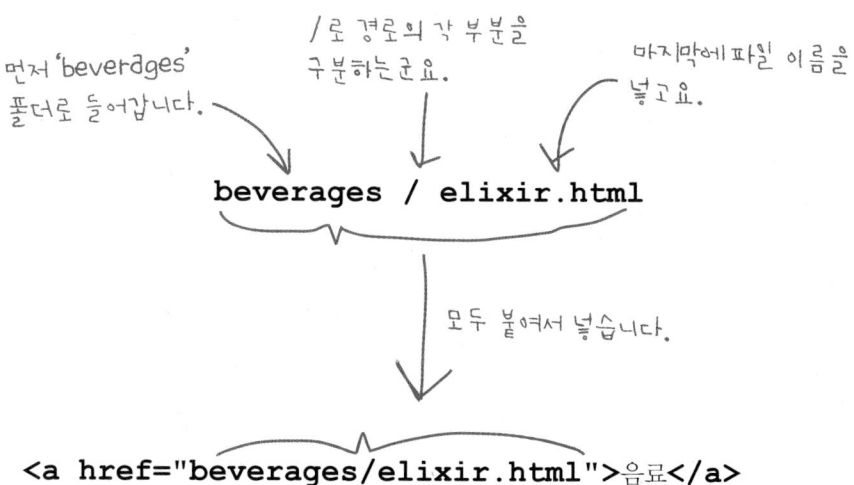

먼저 'beverages'
폴더로 들어갑니다.

/로 경로의 각 부분을
구분하는군요.

마지막에 파일 이름을
넣고요.

beverages / elixir.html

모두 붙여서 넣습니다.

<a href="beverages/elixir.html">음료</a>

href 속성값에 상대경로를 넣었습니다. 이제 링크를 클릭하면 브라우저는
'beverages' 폴더에서 'elixir.html' 파일을 찾을 거예요.

 연필을깎으며

이제 여러분 차례군요. 'lounge.html'에서 'directions.html'까지의 상대경로를 추적하세요. 경로를 찾으면 아래에 있는 <a> 요소를 완성하시기 바랍니다. 여러분이 적은 답을 이 장의 뒷부분에서 체크해 보세요. 그리고 계속해서 'lounge.html'에 있는 다른 <a> 요소도 변경해 보세요.

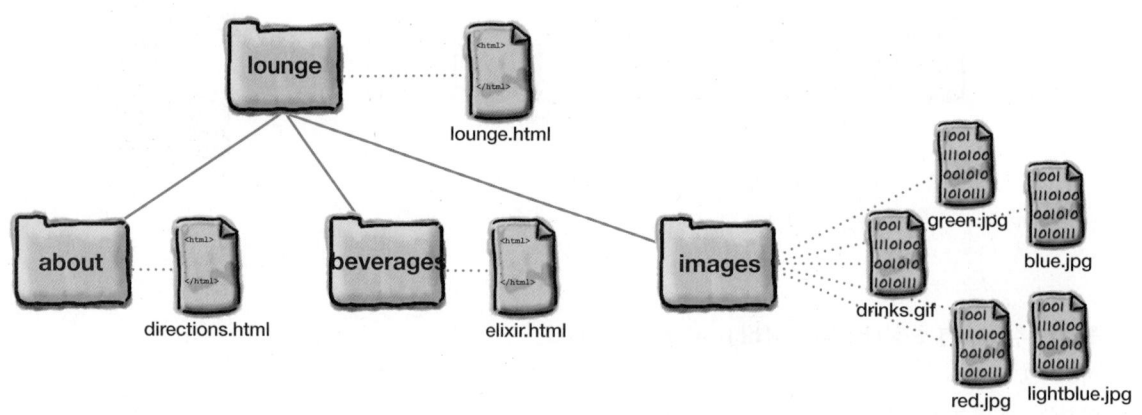

```
<a href=".........................................">상세 약도</a>
```
여기에 답을 적으세요.

다른 길로 갑시다. 부모(parent) 폴더로 거꾸로 링크 걸기

① **'directions.html'에서 'lounge.html'로 링크를 겁니다.**

이제 라운지로 되돌아가기 링크를 고정해야 합니다. 여기에 'directions.html' 파일에 있는 <a> 요소가 있습니다.

```
<a href="lounge.html">라운지로 되돌아가기</a>
```

'lounge.html' 파일명을 사용하고 있네요. 이렇게 하면 브라우저가 'directions.html'와 같은 동일한 폴더를 들여다 보게 되는데, 제대로 동작하지 않겠죠?

② **기준점과 목적지를 식별합니다.**

기준점과 목적지를 살펴봅시다. 기준점은 밑에 위치한 'about' 폴더에 있는 'directions.html' 파일이며, 목적지는 'about' 폴더 위에 있는 'lounge.html' 파일입니다.

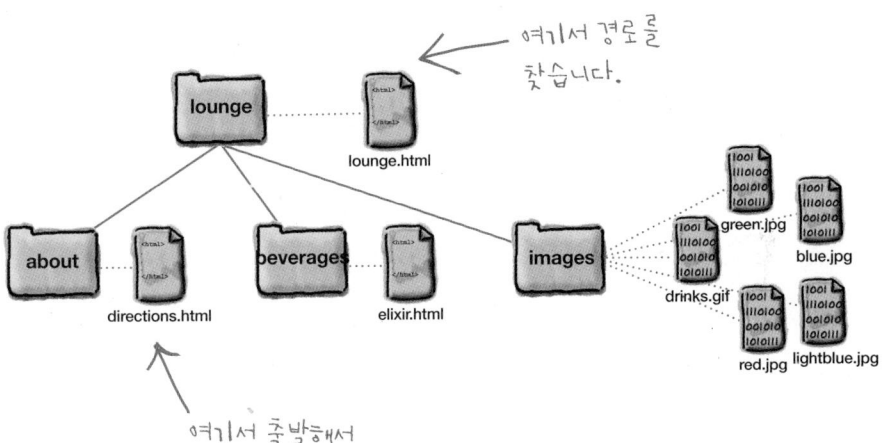

여기서 경로를 찾습니다.

여기서 출발해서

③ **기준점에서 목적지까지 경로를 추적합니다.**

경로를 추적합시다. 'directions.html' 파일에서 'lounge.html' 파일까지의 경로를 얻기 위해, 한 폴더 위로 가서 'lounge' 폴더를 찾고 그 안에 있는 'lounge.html' 파일을 찾으세요.

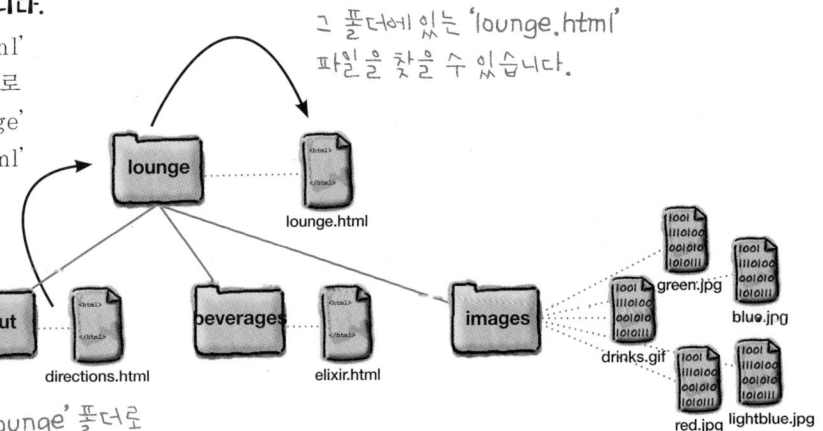

그 폴더에 있는 'lounge.html' 파일을 찾을 수 있습니다.

먼저 'lounge' 폴더로 올라가서

④ href를 생성하여 추적한 경로를 나타냅니다.

거의 다 왔습니다. 이제 경로를 아니까 브라우저가 이해할 수 있는 형태로
표현해야겠군요. 다음과 같이 경로를 표현하세요.

먼저 한 폴더 위로 올라가야
합니다. 어떻게 하냐고요?
..을 찍으면 됩니다.
이에 대해서는 조금 후에
설명하도록 하죠.

/로 경로의 각 부분을
분리하는군요.

마지막에 파일
이름을 넣습니다.

.. / lounge.html

..을 닷닷(dot dot)
혹은 점점이라고
발음하세요.

모두 붙여서 넣습니다.

<a href="../lounge.html">라운지로 되돌아가기</a>

이제 링크를 클릭하면 브라우저는
상위에 있는 폴더에서 'lounge.html'
파일을 찾을 겁니다.

닷닷
위로, 아래로,
주방용품,
란제리?

바보 같은 질문이란 없습니다

Q : 부모 폴더란 무엇입니까? 만약 '과일'이란 폴더 안에 '사과'란 폴더가 있다면, '사과' 폴더의 부모가 '과일'인가요?

A : 정확히 맞습니다. 폴더(디렉터리라고 부르기도 합니다)들은 종종 가족 관계를 나타내는 용어를 사용하여 표현됩니다. 예를 들어 위의 예처럼 과일은 사과의 부모가 되며, 사과는 과일의 자식이 됩니다. 만약 또 다른 배란 폴더가 과일 폴더의 자식이라면, 사과와는 형제 관계가 되겠죠. 가족 계보처럼 생각해 보세요.

Q : 좋아요. 부모는 이해가 가는데 ..은 대체 뭔가요?

A : 링크에 연결된 파일이 부모 폴더에 있다는 것을 브라우저에 알려줄 필요가 있을 때 ..을 사용하여 '부모 폴더로 이동해'라는 의미를 부여할 수 있습니다. 다시 말해서 브라우저 세계에서 ..은 부모라는 의미입니다.

앞에 예제에서 보면 'about' 폴더에 있는 'directions.html' 파일로부터 'lounge' 폴더에 있는 'lounge.html' 파일로 링크를 걸었으며, 이는 'lounge' 폴더는 'about' 폴더의 부모 폴더라는 것을 의미합니다. 따라서 브라우저에게 상위에 있는 폴더를 찾아보라고 할 수 있습니다. ..은 브라우저에 상위 폴더를 찾아보라는 의사소통 수단이 되는 거죠.

Q : 한 단계 대신 두 단계 상위 폴더를 찾아가야 할 때는 어떻게 하죠?

A : 올라가기 원하는 각 부모 폴더에 대해 ..을 붙이면 됩니다. ..을 붙일 때마다 한 단계씩 부모 폴더로 올라갈 수 있습니다. 따라서 두 단계 폴더 위로 가고자 한다면, ../..을 붙이면 됩니다. 여전히 각 부분을 구분할 때는 / 를 붙여야 한다는 사실을 잊지 마세요(브라우저에 ....이라고 말하면 무슨 말인지 알아듣지 못해요!).

Q : 일단 두 단계 폴더 위로 이동한 뒤, 브라우저에게 파일을 어떻게 찾으라고 알려줘야 하나요?

A : 파일명 앞에 '../../'를 붙이세요. 두 단계 상위에 있는 'fruit.html' 파일과 링크를 걸려면 '../../fruit.html'이라고 쓰면 됩니다. 아마도 '../../'을 조부모 폴더라고 부를 것 같지만, 그런 식으로 부르지는 않고 대신 부모의 부모 폴더 혹은 '../../'라고 부릅니다.

Q : 어느 단계까지 위로 이동할 수 있습니까?

A : 웹사이트의 루트 폴더가 있는 단계까지 이동할 수 있습니다. 앞의 예제의 경우 루트 폴더는 'lounge' 폴더가 되겠죠. 따라서 'lounge' 폴더까지만 이동할 수 있습니다.

Q : 다른 방향으로 즉, 어느 단계까지 밑으로 내려갈 수 있습니까?

A : 폴더를 생성한 만큼 단계까지 내려갈 수 있습니다. 여러분이 만약 10단계 깊이까지 폴더를 생성했다면, 10단계 밑으로까지 경로를 지정할 수 있습니다. 하지만 이런 방식은 추천하고 싶지 않군요. 폴더의 레벨이 깊으면 웹사이트의 체계화 관점에서 너무 복잡하거든요!

추가적으로 더 설명하자면 경로를 만들 수 있는 문자의 수는 255개로 제한되어 있습니다. 255개라면 매우 충분하긴 하지만 그렇게 많은 문자를 모두 사용할 필요는 없을 것 같군요. 하지만 사이트가 아주 크다면 고려해 볼 수는 있을 것 같군요.

Q : 제가 사용하는 운영체제는 \을 사용합니다. / 대신 사용해도 될까요?

A : 안됩니다. 웹 페이지에서는 항상 /를 사용해야 합니다. \은 절대 사용하지 마세요. 여러 종류의 운영체제는 서로 다른 유형의 분리자(separator)를 사용합니다(예를 들어 윈도우는 / 대신 \를 사용합니다). 하지만 우리는 웹을 사용하기 때문에 일반적인 분리자를 사용해야죠. 그러므로 여러분이 매킨토시, 윈도우, 리눅스 혹은 다른 종류의 운영체제를 사용하더라도, HTML에서는 경로를 표시할 때 항상 /를 사용하세요.

 **브레인 파워**

여러분 차례가 되었습니다. 'elixir.html' 파일에서 '라운지로 되돌아가기' 링크를 사용해서 'lounge.html' 파일로 가는 상대경로를 추적하세요. 'directions.html' 파일에 있는 동일한 링크와 무엇이 다를까요?

정답 : 디렉터리 상향이 필요하지 않다. 링크한 상향을 목표로 한다.

깨진 이미지 파일 복구하기

라운지를 정상적인 상태로 돌려 놨으니, 이제 이미지가 제대로 보이지 않는 문제를 고쳐보도록 하죠.

아직까지 <img> 요소에 대해 자세히 살펴보지 않았지만(앞으로 여러 장에서 다룰 것입니다), 지금 당장은 href 속성처럼 <img> 요소의 src 속성이 상대경로를 가진다는 사실만 알면 됩니다.

여기에 'lounge.html' 파일에 있는 <img> 요소가 나와 있군요.

`<img src="drinks.gif">`

여기에 있는 상대경로는 그림 파일이 어디에 있는지 브라우저에 말해 주는군요. <a> 요소에서 href 속성을 사용한 것처럼 표현하네요.

여보세요, 끊어진 모든 링크를 복구하는 것도 좋지만 뭔가 빠뜨리지 않았나요? 모든 그림 파일이 깨졌다고요! 이런 상태로 방치하지 마세요. 우리는 장사를 해야 한다고요.

'lounge. html'에서 'dirnks. gif'로 가는 경로 찾기

이 경로를 찾기 위해 'lounge.html' 파일에서 그림 파일이 위치한 'images' 폴더로 가야 합니다.

목표: 지금 'lounge' 폴더에 있으니 'images' 폴더로 내려가야겠군.

여기서 출발해서

(1) 이미지 폴더로 내려갑니다.

lounge

lounge.html

about

directions.html

beverages

elixir.html

images

green.jpg

blue.jpg

drinks.gif

red.jpg lightblue.jpg

(2) 'drinks.gif' 파일이 있군요.

그리고 여기서 경로를 찾습니다.

이런 식으로 (1)과 (2)를 붙여 넣으면 경로는 'images/drinks.gif'나, 아래와 같이 쓸 수 있습니다.

`<img src="images/drinks.gif">`

'elixir.html'에서 'red.jpg'로 가는 경로 찾기

음료 페이지는 'red.jpg', 'green.jpg', 'blue.jpg' 등의 그림 파일을 포함합니다. 'red.jpg' 파일로 가는 경로를 찾아봅시다. 모든 그림 파일들이 같은 폴더에 있으므로 나머지 파일들의 경로도 비슷하겠지요?

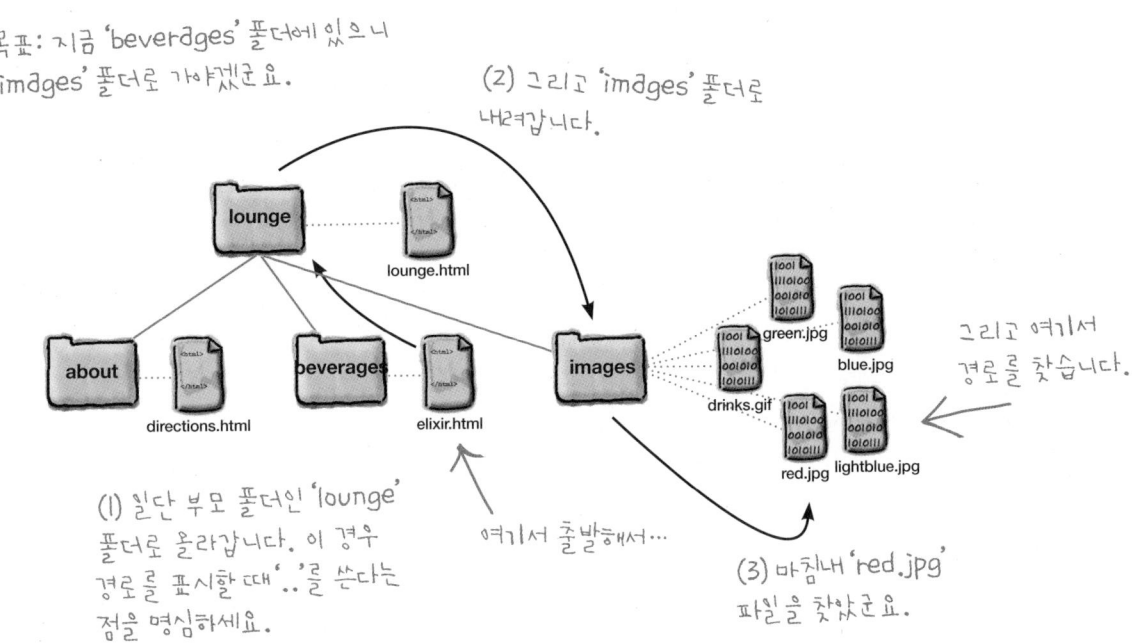

(1), (2), (3)을 붙여 쓰면

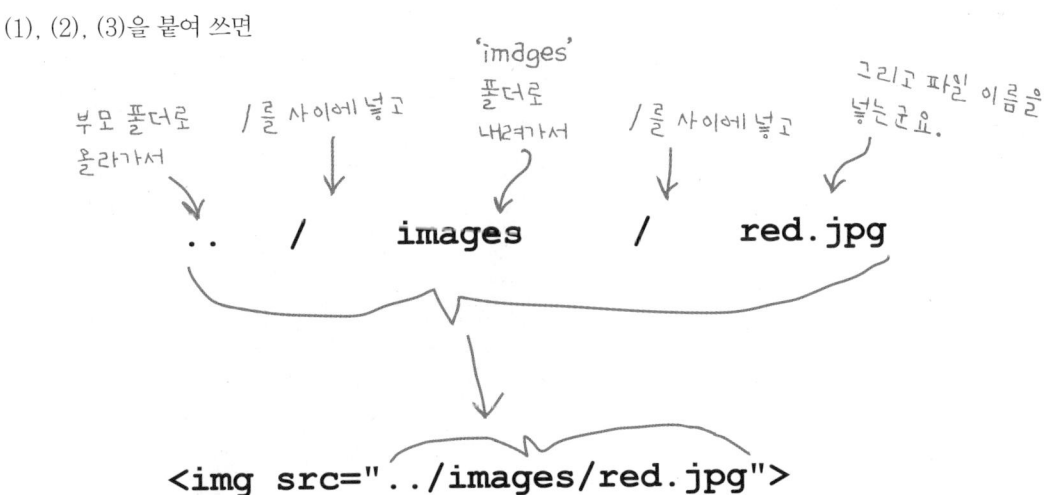

<img src="../images/red.jpg">

연습문제

라운지의 재조직화 작업 중에 깨진 'lounge.html'과 'elixir.html' 파일에 있는 그림 파일을 복구할 필요가 있군요. 여기 여러분이 해야 할 작업이 있습니다.

❶ 'lounge.html' 파일에서 〈img〉 속성의 src 속성값을 'images/drinks.gif' 파일로 갱신하세요.

❷ 'elixirs.html' 파일에서 각 그림 파일명 앞에 ../images/가 오도록 〈img〉 요소의 src 속성값을 갱신하세요.

❸ 두 파일을 저장하고 'lounge.html' 파일을 브라우저에서 다시 띄워봅니다. 이제 여러분은 모든 페이지를 이동하면서 그림 파일을 볼 수 있을 거예요.

추신. 문제가 생기면 내려받은 소스에서 'chapter2/completelounge'에 포함된 실제 버전의 라운지 파일과 여러분이 만든 파일을 비교해 보세요.

드디어 해냈군요! 이제 체계화도 했고 모든 링크가 제대로 작동됩니다. 축배를 들 때가 됐군요. 이리 와서 시원한 녹차 한 잔 어때요?

또한, 우리의 사이트를 다음 단계로 향상시킬 수 있겠군요!

 **핵심정리**

- 한 페이지에서 다른 페이지로 링크를 걸 때는 〈a〉 요소를 사용합니다.

- 〈a〉 요소의 href 속성은 링크의 목적지를 명시합니다.

- 〈a〉 요소의 콘텐츠는 링크를 위한 라벨입니다. 라벨은 웹 페이지에서 보여지는 내용입니다. 기본적으로 라벨에는 밑줄이 있어 클릭될 수 있음을 알려줍니다.

- 단어나 그림을 링크의 라벨로 사용할 수 있습니다.

- 링크를 클릭할 때 브라우저는 href 속성에 명시된 웹 페이지를 띄웁니다.

- 같은 폴더 혹은 다른 폴더의 파일과 링크를 걸 수 있습니다.

- 상대경로란 원점이 되는 파일과 상대적으로 같은 웹사이트에 있는 다른 파일을 가리키는 링크를 말합니다. 지도에서와 같이 목적지는 출발지에 따라 상대적입니다.

- 한 단계 상위의 폴더에 있는 파일에 링크를 걸 때는 ..을 사용합니다.

- ..은 부모 폴더를 의미합니다.

- 경로의 각 부분은 / 문자를 사용해서 분리한다는 점을 기억하세요.

- 경로에 있는 그림 파일이 부정확하면 그림 파일이 웹 페이지에서 깨져 보일 것입니다.

- 웹사이트에 있는 파일이나 폴더 이름에는 공백을 사용하면 안 됩니다.

- 웹사이트의 제작 초기부터 파일을 체계화하는 것은 좋은 아이디어입니다. 그렇게 하면 웹사이트가 점점 커져도 사용했던 모든 경로를 변경하지 않아도 됩니다.

- 웹사이트의 파일을 체계화하는 데는 여러 가지 방법이 있습니다. 어떤 방법을 사용하는지는 여러분에게 달려있습니다.

상대성 대(大) 도전

여러분의 상대성 능력을 테스트할 기회가 있습니다. 'music'이란 폴더에 1위부터 100위까지의 앨범이 있는 웹사이트를 만들어야 합니다. 이 폴더에는 HTML 파일이 있고 다른 폴더에는 그림 파일이 있습니다. 여러분이 할 도전은 우리 웹 페이지에서 다른 웹 페이지로 가는 링크에 필요한 상대경로와 파일을 찾는 것입니다.

아래에는 웹사이트의 구조가 나와 있고, 다음 페이지에는 여러분의 상대성 능력을 테스트할 수 있는 과제가 있습니다. 각 기준이 되는 파일과 목적지 파일에 정확한 상대경로를 만드는 것이 여러분이 해야 할 일입니다. 만약 성공한다면 여러분은 진정한 상대경로의 챔피언이 될 것입니다.

행운을 빕니다!

이 웹사이트 그림에 직접 선을 그리면서 경로를 파악해 보세요.

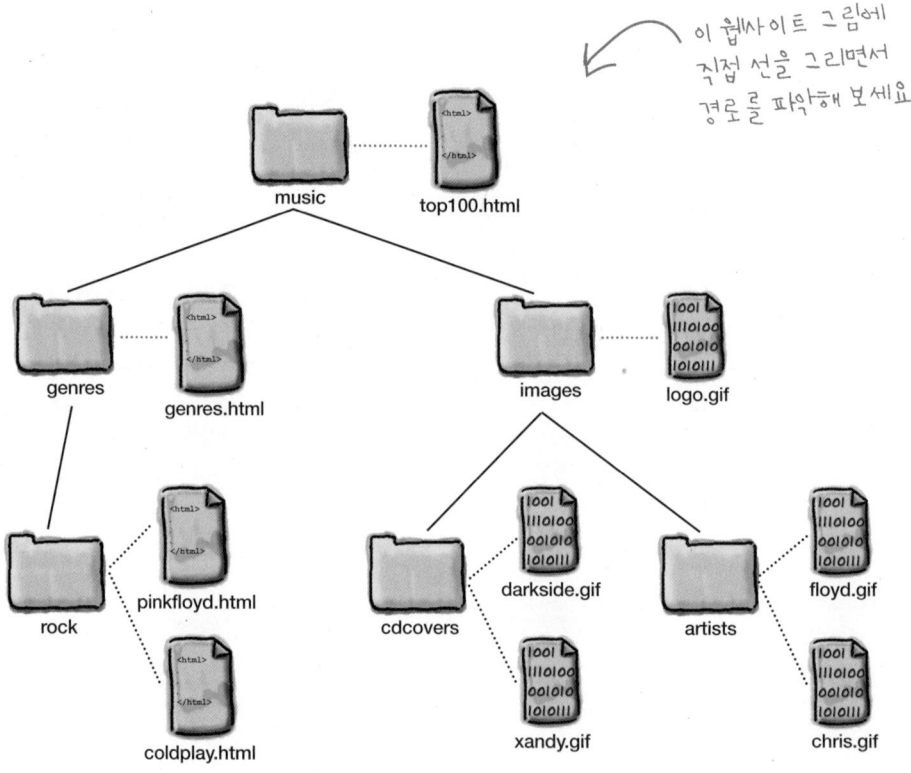

경합을 시작할 때가 되었습니다.
준비하시고, 쓰세요.

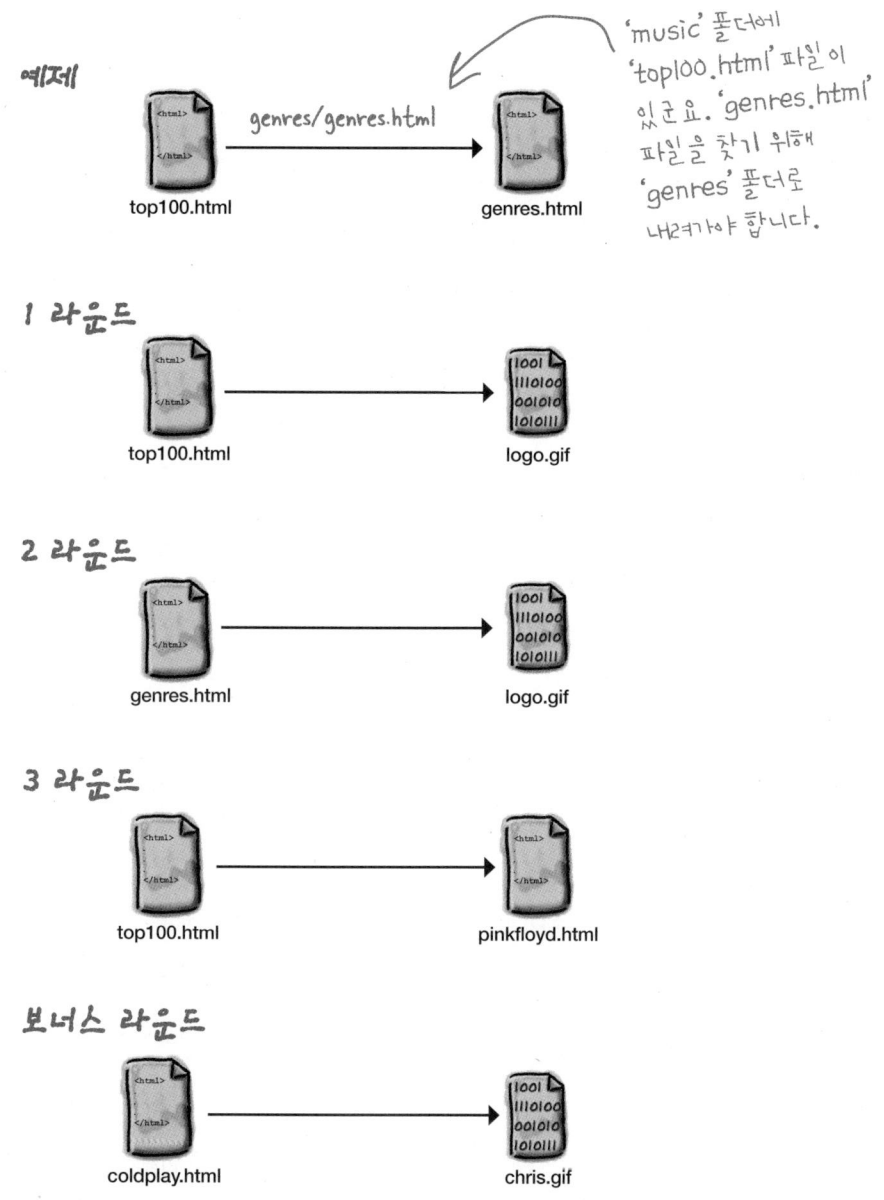

예제

top100.html → genres/genres.html → genres.html

'music' 폴더에 'top100.html' 파일이 있군요. 'genres.html' 파일을 찾기 위해 'genres' 폴더로 내려가야 합니다.

1 라운드

top100.html → logo.gif

2 라운드

genres.html → logo.gif

3 라운드

top100.html → pinkfloyd.html

보너스 라운드

coldplay.html → chris.gif

HTML 십자 퍼즐

십자 퍼즐이 HTML을 배우는 데 도움이 될까요? HTML과 관련된 모든 단어들이 이 장에 나와 있습니다. 게다가 HTML이 여러분의 두뇌로 직행하는 대체도로를 없애는 데 도움이 되는, 정신적인 혼란을 줄 문제도 포함되어 있습니다.

relative(상대적인)
attributes(속성)
directory(디렉터리)
href
root(루트)
hypertextreference(하이퍼레퍼런스)
spacechef(우주선주방장)
elixir(음료)
sibling(형제)
image(이미지)
clickable(클릭할 수 있는)
parent(부모)
child(자식)
dotdot(닷닷)
label(라벨)
raspberry(산딸기)
hypertext(하이퍼텍스트)

가로

1. ../myfiles/index.html은 링크의 이러한 종류입니다.
3. 폴더의 또 다른 이름
6. 딸기 맛
9. href가 의미하는 것
13. ⟨a⟩와 ⟨/a⟩ 사이에 있는 모든 것
16. 텍스트처럼 ⟨a⟩ 요소 안에 들어갈 수 있는 것
17. '..'로 발음되는 것

세로

2. href와 src는 이러한 두 종류입니다.
4. 웹에서 가장 일하기 힘든 속성
5. href와 운(음조)이 같은 것
7. 웹사이트의 가장 상위 폴더
8. HTML에서 'HT'
10. 건강 음료
11. 같은 레벨에 있는 폴더
12. 이러한 종류의 디렉터리에 닿기 위해 ..를 사용하죠.
14. ⟨a⟩ 태그 사이의 텍스트는 이것처럼 행동합니다.
15. 하위 폴더는 이것이라고도 불리죠.

연습문제
정답

'lounge.html'을 가리키도록 음료 페이지의 하단에 '라운지로 되돌아가기'란 링크를
추가해야 했었죠.

```html
<html>
  <head>
    <title>헤드 퍼스트 라운지 건강 음료</title>
  </head>
  <body>
    <h1>음료 목록</h1>

    <h2>시원한 녹차</h2>
    <p>
            <img src="green.jpg">
            비타민과 미네랄이 가득한,
            카밀레 꽃과 생강 한 조각이
            들어간 건강에 좋은 녹차
    </p>
    <h2>차가운 산딸기 농축 과즙</h2>
    <p>
            <img src="lightblue.jpg">
            레몬 그라스, 감귤 껍질과
            열매가 들어간 차가운 산딸기 주스로 마시면
            온몸이 짜릿해질 거예요.
    </p>
    <h2>블루베리 블리스</h2>
    <p>
            <img src="blue.jpg">
            딱총나무꽃 허브차를 기본으로 블루베리와 체리를 섞은 음료로
            온몸이 편안해집니다.
    </p>
    <h2>노화방지용 크렌베리 블래스트</h2>
    <p>
            <img src="red.jpg">
            비타민 C가 풍부한 히비스커스와 크렌베리의 향에 빠져 보세요.
    </p>
    <p>
        <a href="lounge.html">라운지로 되돌아가기</a>
    </p>
  </body>
</html>
```

> 라운지로 되돌아가는 길을 안내하는
> 새로운 〈a〉 요소가 여기에 있군요.

> 자신의 문단 내부에 링크를 걸어
> 깔끔하게 처리하였습니다.
> 이 부분에 대해서는 다음 장에서
> 더 다루겠습니다.

음료 목록

시원한 녹차

비타민과 미네랄이 가득한, 카밀레 꽃과 생강 한 조각이 들어간 건강에 좋은 녹차

시원한 산딸기 농축 과즙

레몬 그라스, 감귤 껍질과 열매가 들어간 차가운 주스로 마시면 온몸이 짜릿해질 거예요.

블루베리 블리스

딱총나무꽃 허브차를 기본으로 블루베리와 체리를 섞은 음료로 마시면 온몸이 편안해집니다.

노화방지용 크렌베리 블래스트

비타민 C가 풍부한 히비스커스와 크렌베리의 향에 빠져 보세요.

라운지로 되돌아가기

연습문제
정답

공사
지역

시작지점

라벨	목적지	요소
Hot or Not?	hot.html	`<a href="hot.html">Hot or Not?</a>`
Resume	cv.html	`<a href="cv.html">Resume</a>`
Eye Candy	candy.html	`<a href=" candy.html ">Eye Candy</a>`
See my mini	mini-cooper.html	`<a href="mini-cooper.html">See my mini</a>`
let's play	milliondire.html	`<a href="millionaire.html"> let's play </a>`

```
  1R E L 2A T I V E
          T
3D I R E C T O R Y
          R
  4H     I           5S
  6R A S P B E 7R R Y   P           8H
  E       U   O       A           Y
  F       T   O       C           P
          9H Y P E R T E X T R E F 10E R E N C E
          S           C   L       R
  11S         12P     H   I       T
      13C L I 14C K A B L E   X       E
  I   A       H   R   E   I       X
  B   B       I   E       R       T
  11I M A G E 15L   N
  N           L   17D O T D O T
  G
```

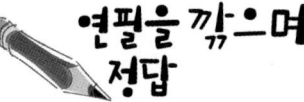

연필을 깎으며
정답

'lounge.html'에서 'directions.html'로의 상대경로를 추적하세요. 경로를 발견하면 아래에 있는 〈a〉 요소를 완성하시기 바랍니다.

여기 정답이 있습니다. 'lounge.html'에 있는 두 개의 〈a〉 요소를 모두 다 변경했나요?

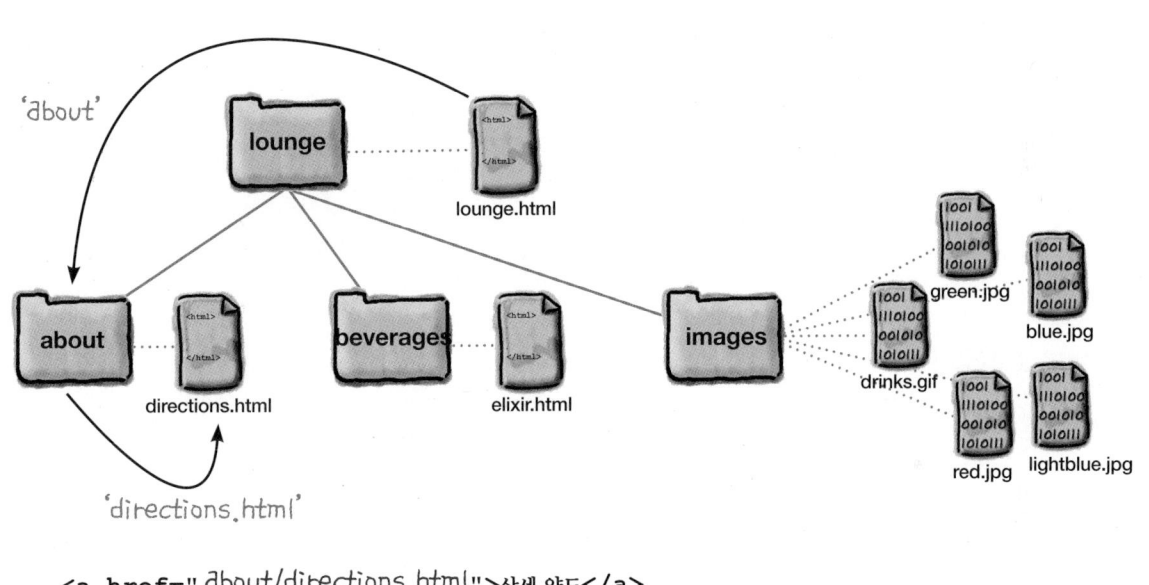

'about'

lounge
lounge.html

green.jpg

blue.jpg

about
directions.html

beverages
elixir.html

images

drinks.gif

red.jpg

lightblue.jpg

'directions.html'

```
<a href=" about/directions.html">상세 약도</a>
```

여기 정답이 있습니다.

 # 상대성 대(大) 도전 정답

1 라운드

top100.html → `images/logo.gif` → logo.gif

'top100.html'은 'music' 폴더에 있군요. 'logo.gif' 파일을 찾기 위해 'image' 폴더로 내려가야 합니다.

2 라운드

genres.html → `../images/logo.gif` → logo.gif

'genres.html' 파일은 'geners' 폴더 밑에 있군요. 'logo.gif' 파일을 찾으려면, 먼저 위에 있는 'music' 폴더로 간 뒤, 다시 밑에 있는 'image' 폴더로 내려갑니다.

3 라운드

top100.html → `genres/rock/pinkfloyd.html` → pinkfloyd.html

'top100.html' 파일에서 'genres' 폴더로 내려간 뒤, 다시 'rock' 폴더로 내려가서 'pinkfloyd.html' 파일을 찾습니다.

보너스 라운드

coldplay.html → `../../images/artists/chris.gif` → chris.gif

이것은 좀처럼 종잡을 수 없군요. 'coldplay.html' 파일에서 'rock' 폴더로 간 뒤, 다시 2개의 폴더를 올라가서 'music' 폴더로 갑니다. 그러고 나서 'images' 폴더로 내려가면 마침내 artists 폴더에 있는 'chris.gif' 파일을 찾을 수 있군요. 와우, 정말 복잡하군요!

3 블록 만들기

웹 페이지 만들기

좀 더 단단한 모자를 써야 할 것 같아,
베티, 여긴 공사지역이고, 웹 페이지들이
너무 빨리 만들어진단 말야!

이 책에서 실제로 웹 페이지를 만든다고 들었는데요?

태그, 요소, 링크, 경로 등등… 여러분은 이미 많은 것을 배웠습니다. 하지만 실제로 멋진 웹 페이지를 만들지 않는다면 아무런 소용이 없을 거예요. 이번 장에서는 웹 페이지를 만드는 네 뛰어들어 볼 것입니다. 웹 페이지를 가지고 개념을 잡으며 설계를 하고, 기초를 다지며, 웹 페이지를 건설하고 마무리 손질까지 할 것입니다. 단단한 모자와 도구 상자만 있으면 됩니다. 새로운 도구들을 추가하고 웹 페이지에 숨겨진 지식을 알게 되면서 '툴 맨(The Toolman)'의 팀 테일러가 된다는 자부심도 느껴볼 수 있을 거예요.

토니 →

토니의 세그웨이

탁 트인 도로를 여행하는 것보다 세그웨이를 즐길 수 있는 더 나은 방법이 있을까요? 저는 지금 세그웨이를 타고 미국 전역을 여행하며 일기를 쓰고 있어요. 저에게 정말 필요한 것은 내 친구들과 가족들이 볼 수 있는 웹 페이지를 만드는 거예요.

토니의 일기 →

세그웨이와 함께 하는 미국여행

세그웨이를 타고 미국 전역을 돌며 기록한 여행담!

2012년 6월 2일

여행 첫 날이다! 짐을 꾸리고 드디어 여행을 하게 되다니 믿기지 않는다. 세그웨이를 타고 있기 때문에 짐을 많이 가지고 갈 수 없다. 휴대전화, 아이팟(iPod), 디지털 카메라, 프로틴 바(Protein Bar) 등 꼭 필요한 물품만 챙겼다. 노자가 말했던가? "천리길도 한 세그웨이부터 시작한다고"

2012년 7월 14일

오늘 도로 한 편에 있는, 다음과 같은 버마 셰이브 스타일의 광고판을 보았다. "그냥 보내세요. 차를 볼 수 없을 때, 보게 된다 해도, 어렴풋이, 영원히. 난 절대로 차를 그냥 지나차에 두지 않을 것이다. ☺"

2012년 8월 20일

벌써 1,200마일을 여행했다. 그동안 몇몇 흥미로운 곳을 지나쳤다. 왈라 왈라(Walla Walla) 워싱턴주, 매직 시티인 아이다호주, 풍부한 옥토 유타주, 마지막 기회의 땅 콜로라도주, 항상 왜(Why)인 아리조나주, 진실 혹은 결과뿐인 뉴멕시코주 등을 방문했다.

토니의 모험담을 끝까지 다 읽어보세요.
이번 장 전체에 걸쳐 계속 나오게 될 내용입니다.

시속 12마일 속도로 일기를 웹사이트로 변환하기 ← 세그웨이 최고 속도 (관장)

토니는 세그웨이를 타고 미국 전역을 여행하느라 매우 바쁩니다. 토니의 일손을
덜어줄 겸 그를 위해 웹 페이지를 만드는 건 어떨까요?

여기 여러분이 해야 할 일이 있습니다.

① 먼저 웹 페이지의 기초를 다지기 위해 토니의 일기를 개략적으로 설계합니다.

② 다음으로 HTML의 건설 자재인 <h1>, <h2>, <h3>, <p> 등의 요소를 사용할 것입니다.

③ 일단 개략적인 설계를 하고 난 뒤 실제 HTML로 바꿉니다.

④ 마지막으로 기본 페이지가 완성되면 새로운 HTML 요소를 추가하는 방식으로 페이지를
개선시킬 것입니다.

연필을 깎으며

잠깐! 페이지를 넘기기 전에 이 연습문제를 풀어 보세요.

토니의 일기를 유심히 살펴보고 웹 페이지에서
동일한 정보를 어떻게 보여줄지 생각해 봅시다.

여기에
스케치하세요. →

오른쪽에 페이지에 대한 그림을 그리세요. 너무
화려하게 그릴 필요는 없습니다. 그냥 대략적인
스케치만 하세요. 토니의 모든 일기를 한 페이지에
넣는다고 가정하세요.

고려해야 할 사항

■ 제목, 문단, 그림 등 큰 구조적 요소 관점에서
페이지를 만들 수 있도록 고려해 보세요.

■ 토니의 일기를 좀 더 웹에 적합하도록 변경시킬
만한 방법이 있을까요?

개략적인 디자인 스케치

토니의 일기는 많은 부분에서 웹 페이지와 닮았습니다. 따라서
우리는 토니의 일기를 한 페이지에 넣을 수 있도록 디자인한 뒤
에, 일반적인 파일 체계화 작업을 해야 합니다. 매일매일 작성
하는 토니의 일기에는 맨 윗부분에 날짜가 있고, 그 뒤에 사진,
마지막 부분에 그 날 일어난 일에 대한 설명으로 구성되어 있습
니다. 자, 스케치 한 것을 봅시다.

'세그웨이와 함께 하는 미국여행'이라고
일기 타이틀을 달았군요.
이 부분은 제목으로 딱 맞겠는데요.

또한 일기에 대한 설명도 있네요.
웹 페이지 윗 부분에 작은 문단으로
처리하겠습니다.

토니는 매일 날짜와 사진, 그 날 하루의
모험담을 담은 일기를 적었습니다.
따라서 이것들은 제목, 그림,
또 다른 문단이 되겠군요.

사진을 넣지 않은 일기도 있군요.
이 일기에는 제목(날짜)과 하루 일과에
대한 설명만 있네요.

세 번째 일기는 첫 번째 일기와 비슷합니다.
이것도 역시 제목과 그림, 문단으로 구성되어 있군요.

토니가 종이에 쓴 일기와는 달리, 웹 페이지의 길이에는
제한이 없습니다. 따라서 한 웹 페이지에 많은 일기를
넣을 수 있습니다. 토니의 친구들과 가족들은 스크롤바를
사용해서 일기 전체를 볼 수 있겠네요.

최근 일기가 앞으로 오게 순서를 바꾸었다는 것을
주목하세요. 이렇게 하면 사용자들이 스크롤하지
않아도 가장 최근 일기를 볼 수 있습니다.

세그웨이와 함께 하는 미국여행

세그웨이를 타고 미국 전역을 돌며 기록한 여행담!

2012년 8월 20일

벌써 1,200마일을 여행했다. 그 동안 몇몇 흥미로운
곳을 지나쳤다. 왈라 왈라(Walla Walla) 워싱턴주,
매진 시티인 아이다호주, 풍부한 옥토 유타주, 마지막
기회의 땅 콜로라도주, 항상 왜(Why)인 아리조나주,
진실 혹은 결과뿐인 뉴멕시코주 등을 방문했다.

2012년 7월 14일

오늘 도로 한 편에 있는, 다음과 같은 버마 셰이브
스타일의 광고판을 보았다. "그냥 보내세요. 차를
볼 수 없을 때, 보게 된다 해도, 어렴풋이, 영원히."
난 절대로 차를 그냥 지나치게 두지 않을 것이다.

2012년 6월 2일

여행 첫 날이다! 짐을 꾸리고 드디어 여행을 하게
되다니 믿기지 않는다. 세그웨이를 타고 있기
때문에 짐을 많이 가지고 갈 수 없다. 휴대전화,
아이팟(iPod), 디지털 카메라, 프로틴 바(Protein
Bar) 등 꼭 필요한 물품만 챙겼다.
노자가 말했던가? "천리길도 한 세그웨이부터
시작한다고"

스케치로 개요 잡기

페이지에 대한 스케치를 끝냈으므로, 이젠 각 부분을 좀 더
HTML 페이지를 위한 밑그림 혹은 청사진처럼 보이도록
무엇인가를 그릴 수 있습니다.

여기에 스케치한 각 영역에 대응되는
블록이 있군요.

지금 여러분이 할 일은 어떠한 HTML 요소를 각 콘텐츠 영
역과 연결해야 하는지 이해하는 것입니다. 그리고 난 후에는
HTML 작성을 시작할 수 있을 거예요.

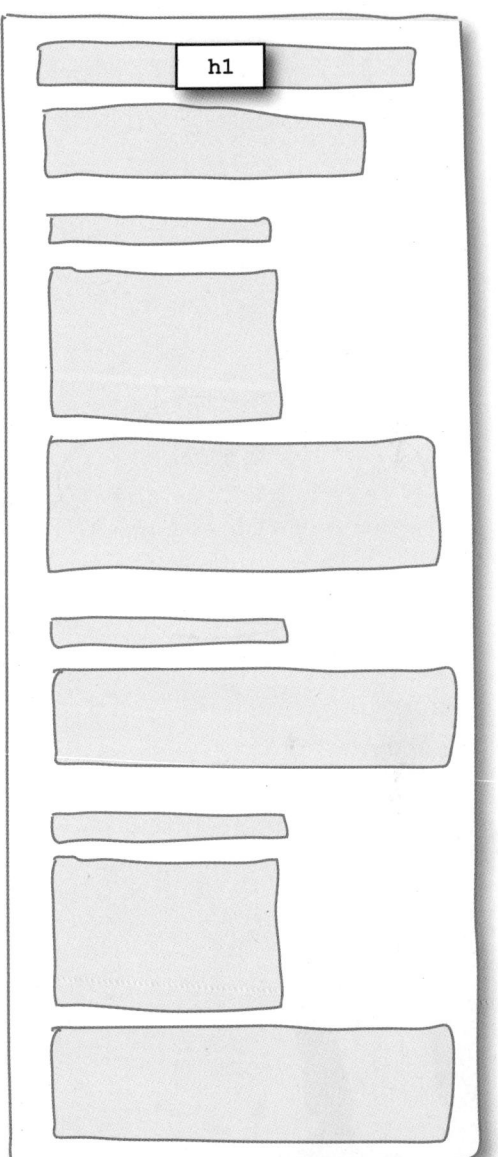

연습문제: 웹 건축

여러분은 이미 페이지의 주요한 건축적인 영역을 이해
했습니다. 이제는 못을 박으며 무엇인가를 만들 필요
가 있습니다. 아래에 있는 요소를 오른쪽의 각 영역에
붙여 라벨 표시를 하세요. 요소를 모두 다 사용하지 않
아도 되니까, 자재를 남겼다고 걱정하지 마세요. 그리
고 단단한 안전모를 쓰는 것도 잊지 마시길 바랍니다.

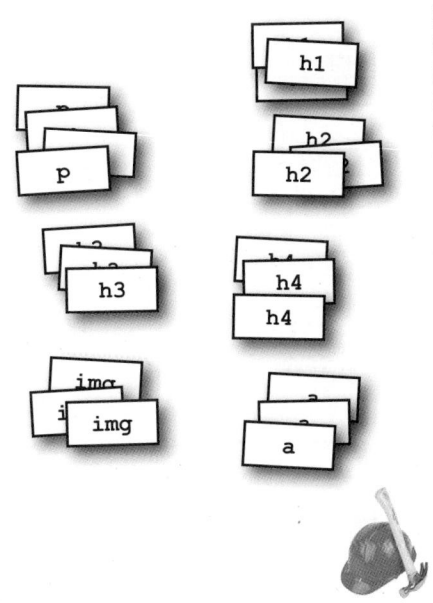

개요를 웹 페이지로 변환

이제 거의 다 왔습니다. 여러분은 토니의 웹 페이지의 설계도를 방금 만들었습니다. 이제 여러분이 할 일은 페이지를 보여주기 위해 해당 HTML을 생성하고 토니의 일기에 있는 텍스트로 내용을 채우는 것입니다.

시작하기 전에 모든 웹 페이지는 `<head>`와 `<body>`를 포함한 `<html>` 요소로 시작된다는 점을 기억하세요.

> 페이지의 각 영역을 구성하는 '블록 만드는 방법'을 알았으니, 이 설계도를 곧바로 HTML로 변환할 수 있을 거예요.

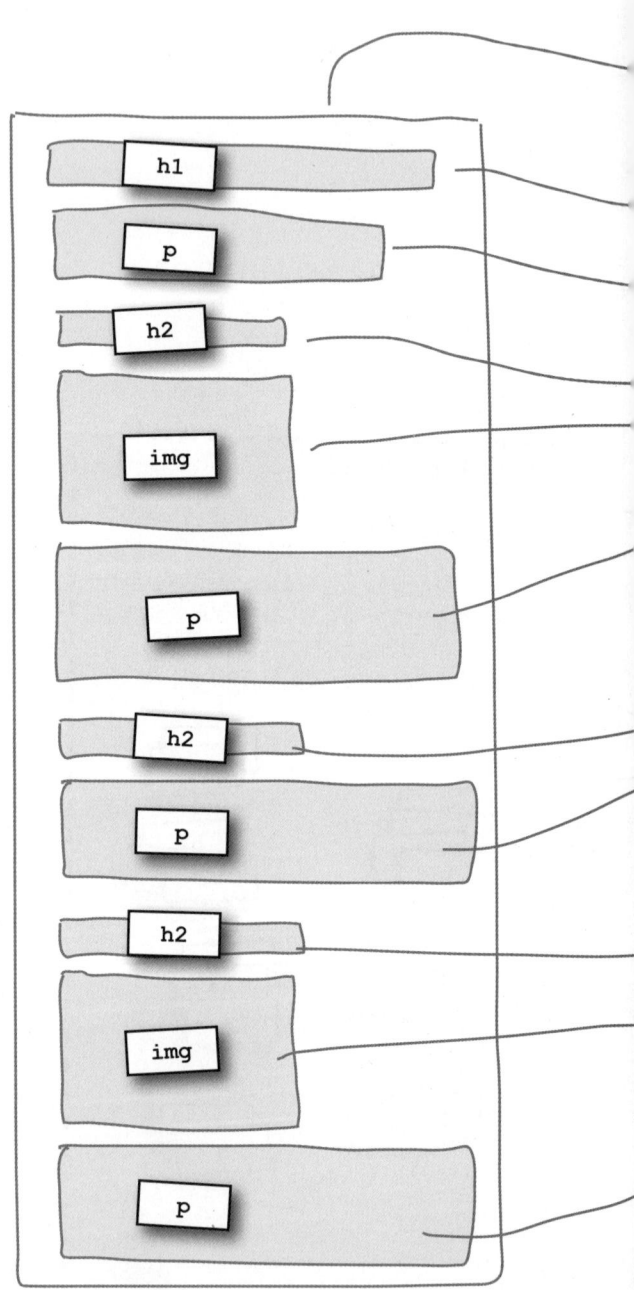

〈html〉,〈head〉,〈title〉,〈body〉 요소는
항상 필요하다는 사실을 잊지 마세요.

웹페이지의 타이틀로 일기의 타이틀을
그대로 사용합니다.

```html
<html>
  <head>
    <title>세그웨이를 타고 미국일주</title>
  </head>
  <body>

    <h1>세그웨이와 함께 하는 미국여행</h1>
    <p>
        세그웨이를 타고 미국 전역을 돌며 기록한 여행담!
    </p>
```

여기에 토니의 일기의 제목과
설명이 있군요.

```html
    <h2>2012년 8월 20일</h2>
    <img src="images/segway2.jpg">
    <p>
      벌써 1,200마일을 여행했다. 그동안 몇몇 흥미로운 곳을 지나쳤다.
      왈라 왈라(Walla Walla) 워싱턴주, 매직 시티인 아이다호주, 풍부한 옥토 유타주,
      마지막 기회의 땅 콜로라도주, 항상 왜(Why)인 아리조나주, 진실 혹은 결과뿐인
      뉴멕시코주 등을 방문했다.
    </p>
```

제목
그림
설명

여기에 토니의 가장
최근 일기가 있네요.

```html
    <h2>2012년 7월 14일</h2>
    <p>
      오늘 도로 한 편에 있는, 다음과 같은 버마 셰이브 스타일의 광고판을 보았다.
      "그냥 보내세요. 차를 볼 수 없을 때, 보게 된다 해도, 어렴풋이, 영원히."
      난 절대로 차를 그냥 지나치게 두지 않을 것이다.
    </p>
```

이 부분은 두 번째
일기인데 그림이
없습니다.

```html
    <h2>2012년 6월 2일</h2>
    <img src="images/segway1.jpg">
    <p>
      여행 첫 날이다! 짐을 꾸리고 드디어 여행을 하게 되다니 믿기지 않는다.
      세그웨이를 타고 있기 때문에 짐을 많이 가지고 갈 수 없다. 휴대전화, 아이팟(iPod),
      디지털 카메라, 프로틴 바(Protein Bar) 등 꼭 필요한 물품만 챙겼다.
      노자가 말했던가? "천리실도 한 세그웨이부터 시작한다고"
    </p>
```

맨 아래에
'segway1.jpg'
그림이 있는 토니의
첫 번째 일기가
있습니다.

```html
  </body>
</html>
```

마지막으로 〈body〉와 〈html〉 요소를 닫는 것을 잊지 마세요.

계속해서 이 내용을 입력하고 'chapter3/journal' 폴더에 'journal.html'이란 이름으로 파일을 저장하세요.
'segway1.jpg'와 'segway2.jpg' 파일은 'images' 폴더에서 찾을 수 있습니다. 작업을 마쳤으면 이 페이지를
테스트해 보세요.

토니의 웹 페이지 시운전

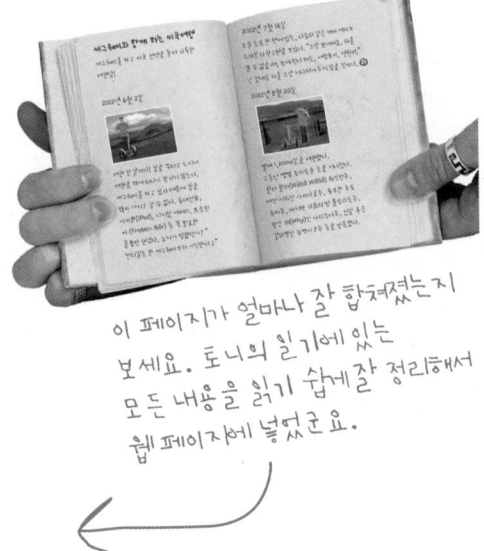

이 페이지가 얼마나 잘 합쳐졌는지 보세요. 토니의 일기에 있는 모든 내용을 읽기 쉽게 잘 정리해서 웹 페이지에 넣었군요.

환상적이군요! 정말 근사해요. 아무래도 일기 내용을 더 추가해야겠는데요..

여행 도중 길에서 걸려온 토니의 전화

새로운 요소 추가하기

여러분은 HTML의 기본적인 요소를 작성했습니다. 기본적인 HTML 요소인 <p>, <h1>, <h2>, <img>를 사용한 몇 단계 작업으로, 손으로 쓴 일기를 온라인 버전으로 바꾸었습니다.

이제 여러분의 두뇌를 조금 확장시켜 좀 더 일반적인 몇 가지 요소를 추가하 겠습니다. 토니의 일기에서 좀 더 말쑥하게 만들 부분이 있는지 한번 봅시다.

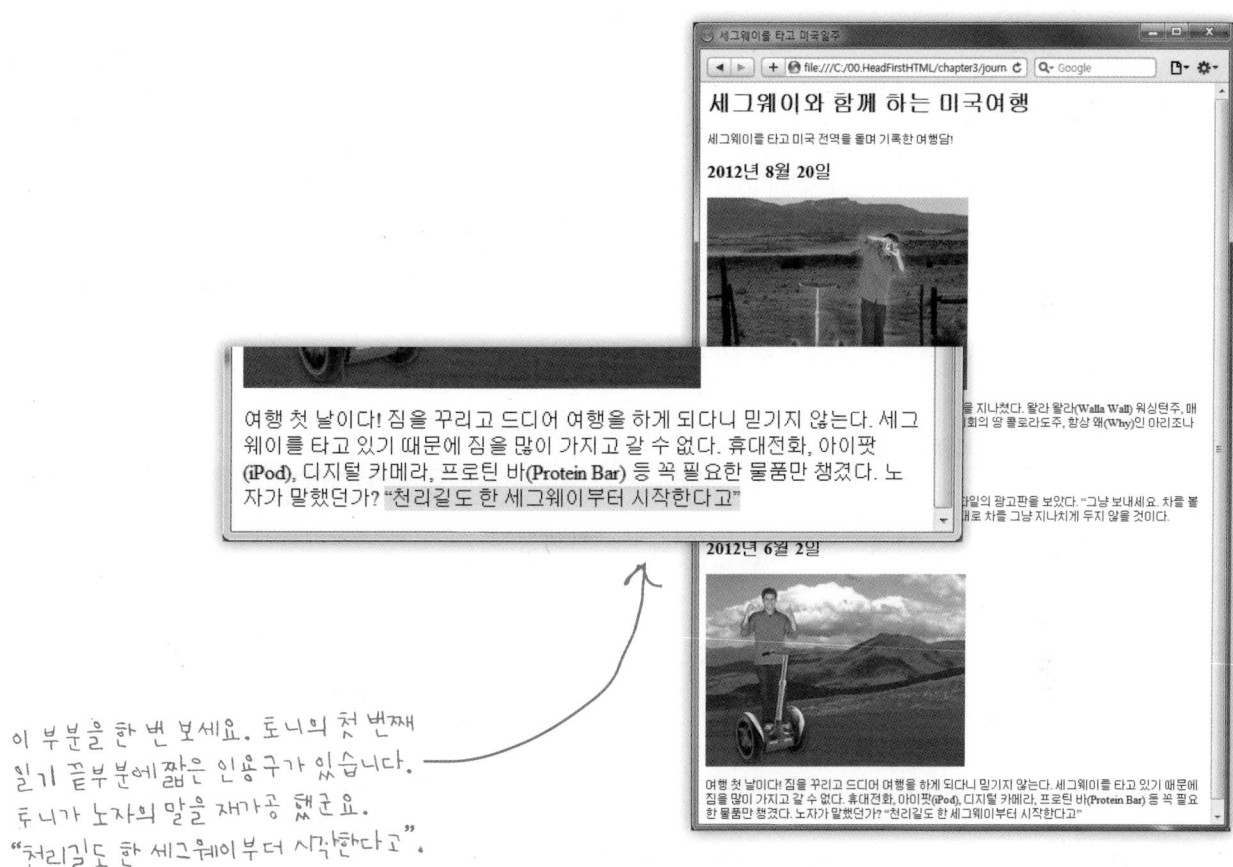

이 부분을 한 번 보세요. 토니의 첫 번째 일기 끝부분에 짧은 인용구가 있습니다. 토니가 노자의 말을 재가공 했군요. "천리길도 한 세그웨이부터 시작한다고".

HTML에는 오직 인용구를 위한 요소인 <q>가 있습니다. 다음 페이지에서 살펴 보겠습니다.

<q> 요소 알아보기

여러분의 HTML에 짧은 인용구가 있습니까? 이럴 때 <q> 요소가 필요합니다. 이 요소가 어떻게 작동하는지 보여주는 짧은 HTML이 있습니다.

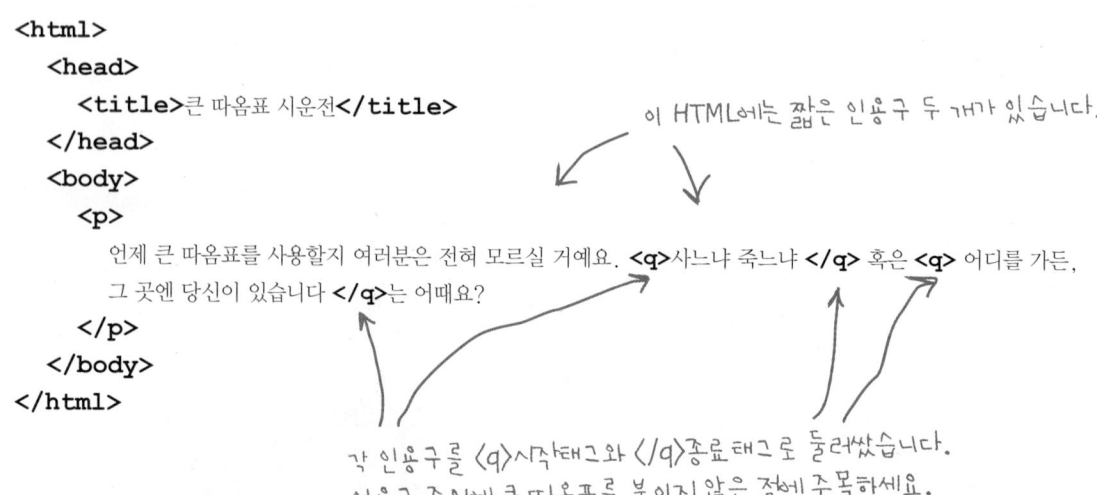

```
<html>
  <head>
    <title>큰 따옴표 시운전</title>
  </head>
  <body>
    <p>
      언제 큰 따옴표를 사용할지 여러분은 전혀 모르실 거예요. <q>사느냐 죽느냐 </q> 혹은 <q> 어디를 가든,
      그 곳엔 당신이 있습니다 </q>는 어때요?
    </p>
  </body>
</html>
```

이 HTML에는 짧은 인용구 두 개가 있습니다.

각 인용구를 <q>시작태그와 </q>종료태그로 둘러쌌습니다.
인용구 주위에 큰 따옴표를 붙이지 않은 점에 주목하세요.

그리고 시운전

브라우저에서 인용구가 어떻게
보이는지 나와 있군요. 수고스럽게도
브라우저가 큰 따옴표를 추가해
주었습니다.

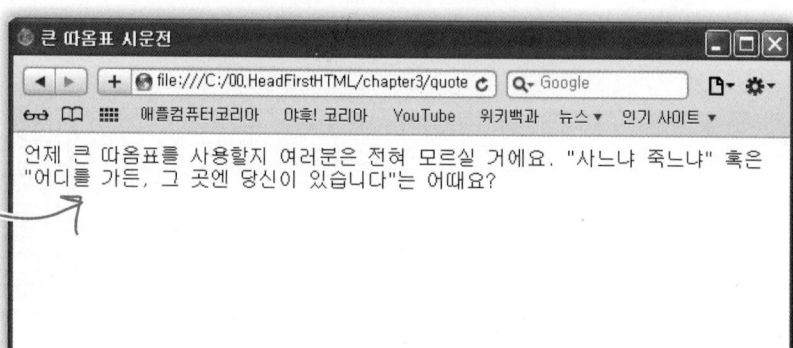

큰 따옴표 시운전

file:///C:/00.HeadFirstHTML/chapter3/quote   Q▾ Google

애플컴퓨터코리아   야후! 코리아   YouTube   위키백과   뉴스 ▾   인기 사이트 ▾

언제 큰 따옴표를 사용할지 여러분은 전혀 모르실 거예요. "사느냐 죽느냐" 혹은 "어디를 가든, 그 곳엔 당신이 있습니다"는 어때요?

모든 브라우저가 <q>요소를 큰 따옴표로 변환해 보여주지는 않습니다.

애석하게도 일부 브라우저는 큰 따옴표를 작은 따옴표 두 개를 연이어 붙여서 보여줄 거예요. <q>를 사용한 결과가 어떻게 보이는지 여러 종류의 브라우저에서 확인해 보세요.

조심하세요

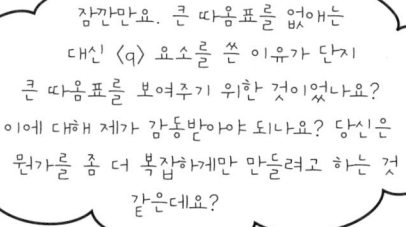

잠깐만요. 큰 따옴표를 없애는 대신 <q> 요소를 쓴 이유가 단지 큰 따옴표를 보여주기 위한 것이었나요? 이에 대해 제가 감동받아야 되나요? 당신은 뭔가를 좀 더 복잡하게만 만들려고 하는 것 같은데요?

아닙니다. 좀 더 <u>구조적이고</u> <u>의미 있게</u> 하려고 한 것입니다.

일반적으로 글을 쓰면서 큰 따옴표를 붙이는 데 많은 이유가 있습니다만, <q>요소를 사용하는 것은 뭔가 좀 특별하답니다. 이것을 사용하는 것은 실제 인용구(토니의 경우, '재가공'한 인용구)를 의미합니다.

보세요! 큰 따옴표를 사용하는 것은 무엇인가를 실질적인 인용구로는 만들지 않습니다.

다른 말로 표현하면 우리가 한 작업은 인용구에 뭔가를 표시함으로써 추가적인 의미를 약간 부여한 것입니다. <q> 요소를 추가하기 전에 브라우저는 단지 몇 개의 큰 따옴표가 붙은 텍스트로 인식했습니다. 지금은 <q> 요소를 사용하고 있기 때문에 브라우저는 텍스트의 일부분이 실제적인 인용구라는 것을 알게 됩니다.

그래서 어쨌다구요? 브라우저가 이것이 인용구임을 알기 때문에 이제는 가능한 한 최상의 방법으로 보여줄 것입니다. 어떤 브라우저들은 큰 따옴표를 붙여 텍스트를 보여줄 것이지만, 그렇지 않은 브라우저도 있을 겁니다. 그리고 브라우저가 영어가 아닌 다른 외국어를 표현한다면 또 다른 방법이 사용될 것입니다. 또한 휴대전화 같은 모바일 기기나, 시각장애인을 위한 음성 HTML 브라우저가 있다는 사실을 잊지 마세요. 인용구를 가진 웹 페이지를 찾으려고 웹을 철저히 조사하는 검색 엔진 같은 경우도 매우 유용합니다. 여러분의 웹 페이지가 의미 있고 구조적이게 되는 것은 매우 좋은 현상입니다.

<q> 요소를 사용하는 가장 중요한 이유는 여러분이 원하는 방식으로 웹 페이지가 보이도록 인용구에 스타일을 줄 수 있다는 점입니다(이 책의 뒷부분에서 CSS와 프레젠테이션을 하는 것을 보게 될 것입니다). 인용구를 글자색이 회색으로 된 이탤릭체로 보이게 해야 한다고 가정해 보세요. 웹 페이지의 인용구 부분을 구조화하기 위해 <q> 요소를 사용한다면, 이러한 것을 할 수 있습니다.

여기 토니의 일기가 있습니다. 토니의 노자 인용구 부분을 〈q〉 요소를 사용해서 다시 작성하세요.
일단 종이에 적고 난 뒤 'journal.html' 파일도 변경하여 테스트해 보세요. 이 장의 뒷부분에
정답이 있습니다.

```
<html>
  <head>
    <title>세그웨이를 타고 미국일주</title>
  </head>
  <body>

    <h1>세그웨이와 함께 하는 미국여행</h1>
    <p>
        세그웨이를 타고 미국 전역을 돌며 기록한 여행담!!
    </p>

    <h2>2012년 8월 20일</h2>
    <img src="images/segway2.jpg">
    <p>
        벌써 1,200마일을 여행했다. 그동안 몇몇 흥미로운 곳을 지나쳤다.
        왈라 왈라(Walla Walla) 워싱턴주, 매직 시티인 아이다호주, 풍부한 옥토 유타주,
        마지막 기회의 땅 콜로라도주, 항상 왜(Why)인 아리조나주, 진실 혹은 결과뿐인 뉴멕시코주
        등을 방문했다.
    </p>

    <h2>2012년 7월 14일</h2>
    <p>
        오늘 도로 한 편에 있는, 다음과 같은 버마 셰이브 스타일의 광고판을 보았다.
        "그냥 보내세요. 차를 볼 수 없을 때, 보게 된다 해도, 어렴풋이, 영원히."
        난 절대로 차를 그냥 지나치게 두지 않을 것이다.
    </p>

    <h2>2012년 6월 2일</h2>
    <img src="images/segway1.jpg">
    <p>
        여행 첫 날이다! 짐을 꾸리고 드디어 여행을 하게 되다니 믿기지 않는다.
        세그웨이를 타고 있기 때문에 짐을 많이 가지고 갈 수 없다.
        휴대전화, 아이팟(iPod), 디지털 카메라, 프로틴 바(Protein Bar)등
        꼭 필요한 물품만 챙겼다. 노자가 말했던가? "천리길도 한 세그웨이부터 시작한다고"
    </p>
  </body>
</html>
```

태어나면서 헤어진 요소에 관한 사건

몇 년 전 웹 마을에서 일란성 쌍둥이가 태어났습니다. 하지만 인터넷 라우터의 오작동 등 이상한 사건으로 쌍둥이들은 태어난 지 얼마 되지 않아 헤어지게 되었습니다. 쌍둥이들은 서로의 존재를 모른 채 성장했는데 우연히 나중에 만나게 되어, 서로가 쌍둥이라는 사실을 알게 되었습니다. 그리고 이 일에 관해서는 비밀로 하기로 했습니다.

**5분
미스터리**

사실을 알게 된 후로 그 둘은 서로가 놀랄 만큼 많은 부분에서 닮은 점이 있다는 것을 알게 되었습니다. 쌍둥이들은 인용(Citation)이란 이름을 가진 부인들과 결혼했습니다. 그들은 또한 둘 다 모두 인용(quotations)들을 사랑했습니다. 첫 번째 쌍둥이인 `<q>` 요소는 짧고 핵심적인 인용구를 사랑했고, 두 번째 쌍둥이인 `<blockquote>` 요소는 길고 종종 책이나 시처럼 완전한 문단을 기억하는 인용구를 사랑했습니다.

일란성 쌍둥이란 존재는 서로 많은 유사점을 갖고 태어났습니다. 따라서 그 둘은 서로의 역할을 바꿔보자는 조금은 사악한 계획을 세우게 되었습니다. 첫 번째로 그들은 부인들에게 시험을 해봤고(더 자세히는 들어가지 않겠습니다) 성공했습니다. 물론 그들의 부인들은 아무 것도 알지 못했습니다(혹은 모른 채 했겠지요).

다음으로 그들은 직장을 바꿔보기로 했습니다. 우연의 일치로 그들은 HTML 문서에 뭔가를 표시하는 같은 일을 하고 있었습니다. 계획을 실행하기로 한 날, 형제는 그들의 사악한 계획을 성공시키리라는 확신을 가지고 각자 서로의 직장에 출근했고(그들의 부인들은 말하지 못했지만, 그들의 상사는 어떠했을까요?), 곧 상황이 반전되었습니다. 일하기 시작한 지 10분만에 형제들은 모두 사기꾼으로 판명되었고, 표준 위원회에서 즉각적인 경고가 발령되었습니다.

**쌍둥이들이 어떻게 잡히게 되었을까요?
좀 더 실마리를 얻으려면 계속 읽어보세요.**

기다란 인용구

짧은 인용구를 만드는 방법을 알았으니, 이제 긴 인용구를 만들어 봅시다. 토니의 일기 중에서 버마 셰이브(Burma Shave) 광고 부분에 긴 인용구가 있습니다.

토니는 일기 중 한 단락 안에 버마 셰이브 인용구를 넣었습니다만, 이 인용구 부분을 다음과 같이 '블록(block)' 처리한다면 더 낫지 않겠어요?

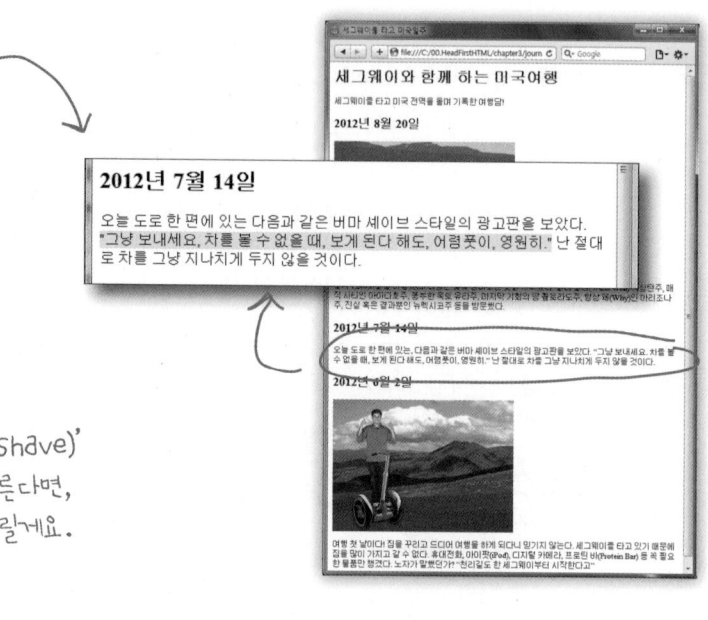

오늘 도로 한 편에 있는, 다음과 같은
버마 셰이브 스타일의 광고판을 보았다.

그냥 보내세요.
볼 수 없을 때,
보게 된다 해도,
어렴풋이,
영원히.

'버마 셰이브(Burma Shave)'
슬로건이 무엇인지 모른다면,
뒷 페이지에서 알려드릴게요.

난 절대로 차를 그냥 지나치게 두지
않을 것이다.

바로 위와 같은 경우에 `<blockquote>` 요소를 사용합니다. 즉, 기존 문단의 일부분으로 존재하며 짧은 인용구를 의미하는 `<q>` 요소와는 달리 `<blockquote>` 요소는 문단과는 별도로 스스로 보여질 필요가 있는 긴 인용구를 의미합니다.

작업할 때는
그 일에 맞는 적합한 도구를
사용하는 것이 중요하죠.
〈blockquote〉 요소는 이 작업을
하는 데 완벽한 도구랍니다.

⟨blockquote⟩ 추가하기

```
<blockquote>
```

① 'journal.html' 파일을 열고 7월 14일 일기 내용으로 가서
아래와 같이 다시 작업하세요.

```
<h2>2012년 6월 14일</h2>
<p>
    오늘 도로 한 편에 있는 다음과 같은 버마 셰이브 스타일의
    광고판을 보았다.
</p>
<blockquote>
    그냥 보내세요.
    볼 수 없을 때,
    보게 된다 해도,
    어렴풋이,
    영원히.
</blockquote>
<p>
    난 절대로 차를 그냥 지나치게 두지 않을 것이다.
</p>
```

⟨blockquote⟩ 요소를
추가하려면, 먼저 이 문단을
여기서 끝낼 필요가 있군요.

그 다음에 ⟨blockquote⟩ 요소 안에
버마 셰이브 슬로건을 넣습니다.

텍스트별로 라인을 분리하면 좀 더
버마 셰이브 슬로건같이 보이겠죠?

마지막으로 이 부분의 문단을 시작하기 위해
⟨blockquote⟩ 요소 다음에 ⟨p⟩ 태그를
추가할 필요가 있겠군요.

② 또 다른 시운전을 할 시간이 되었습니다. 'journal.html' 파일을 브라우저에서
열어, 위에서 한 작업의 결과를 보도록 하죠.

⟨blockquote⟩는 분리된 블록(⟨p⟩ 태그처럼)을 만들며, 추가적으로
텍스트를 약간 들어가게 만들기 때문에 좀 더 인용구 같아 보이게 합니다.
우리가 원하던 것은 단지…

하지만 모든 라인이 합쳐졌기
때문에 우리가 원하던
모습대로 인용구가 보이지
않습니다. 정말 원하는 것은
여러 줄로 보이는 것입니다.
흠, 다시 돌아가서 약간 …

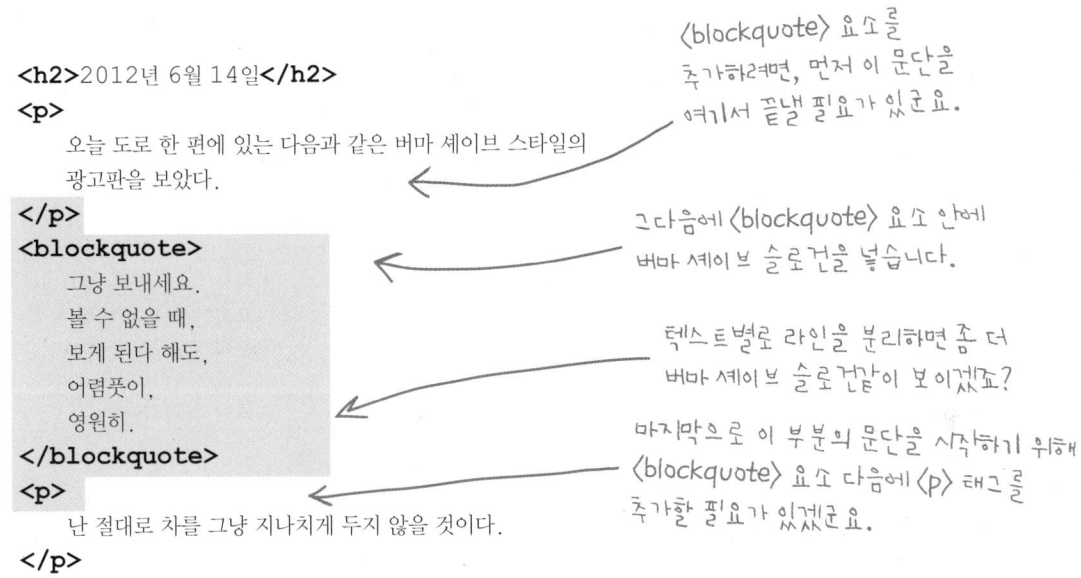

2012년 7월 14일

오늘 도로 한 편에 있는, 다음과 같은 버마 셰이브 스타일의 광고판을 보았다.

그냥 보내세요, 차를 볼 수 없을 때, 보게 된다 해도, 어렴풋이, 영원히.

난 절대로 차를 그냥 지나치게 두지 않을 것이다.

2012년 6월 2일

바보 같은 질문이란 없습니다

Q : 그러면 제가 말하는 것이 맞는지 한번 보세요. 문단에서 부분적으로 간단하게 인용하고 싶으면 〈q〉 요소를 사용하고, 웹 페이지에서 그 자체적으로 두드러져 보이고 싶은 인용구에는 〈blockquote〉를 사용하나요?

A : 뭔가를 아는 것 같군요. 일반적으로 한 문단 이상의 텍스트를 인용하고자 할 때는 〈blockquote〉를 사용합니다. 반면 이미 존재하는 텍스트의 일부분을 인용하고 싶으면 〈q〉를 사용할 수 있습니다.

Q : 여러 개의 문단을 하나의 블록 인용구로 만들 수 있나요? 어떻게 하면 되죠?

A : 쉽습니다. 그냥 각 문단을 위해 하나씩 〈blockquote〉 요소 안에 문단 요소(〈p〉 요소)를 넣기만 하면 됩니다. 나중에 집에서 혼자 해 보세요.

Q : 인용구나 블록 인용구가 다른 브라우저에서는 어떤 식으로 보일지 알 수 있는 방법이 있나요? 브라우저의 종류에 따라 처리하는 방식이 다르다고 들었는데요.

A : 예. 월드 와이드 웹에 오신 것을 환영합니다. 직접 시험해 보지 않는다면 여러분은 서로 다른 브라우저에서 인용구가 어떻게 보일지 실제로 알 수가 없습니다. 어떤 브라우저들은 큰 따옴표를 사용하고, 또 어떤 것들은 이탤릭체로 표현하며, 전혀 아무것도 사용하지 않는 브라우저도 있습니다. 실제로 어떻게 보일지를 결정하는 유일한 방법은 여러분 자신이 어떻게 꾸미느냐에 달려 있으며, 이 부분은 나중에 다루겠습니다.

Q : 〈blockquote〉 요소는 텍스트를 잘라서 자신의 작은 블록으로 만들며 들여쓰기까지 하는데, 왜 〈q〉 요소처럼 문단 내부에 위치하지 않나요?

A : 〈blockquote〉 요소는 실제로 하나의 새로운 문단이기 때문입니다. 워드프로세스를 사용해서 이 부분을 타이핑한다고 생각해 보죠. 한 문단을 끝낼 때 여러분은 엔터 키를 두 번 치고 새로운 문단을 시작합니다. 블록 인용구를 타이핑하는 것도 같은 방식으로 들여쓰기를 합니다. 잠깐 동안 이 내용을 기억해 놓으세요. 중요한 부분이며 몇 초 후에 다시 얘기할 겁니다.

그리고 들여쓰기는 몇몇 브라우저에서 〈blockquote〉를 표현하는 방법이라는 것을 기억하세요. 모든 브라우저가 〈blockquote〉를 위해 들여쓰기를 하는 것은 아니며, 새로운 버전에서는 들여쓰기해서 보여주지 않을 수도 있습니다. 따라서 〈blockquote〉가 모든 브라우저에서 같은 결과를 보여줄 것이라고 확신하지 마세요.

Q : 인용 요소를 결합할 수 있나요? 예를 들어 〈blockquote〉 요소 안에 〈q〉 요소를 사용할 수 있나요?

A : 물론입니다. 〈p〉 요소 안에 〈q〉 요소를 사용하는 것처럼 〈blockquote〉 요소 안에도 〈q〉 요소를 넣을 수 있습니다. 아마도 다른 사람이 인용했던 말을 다시 인용할 때 사용하겠죠. 하지만 만약 〈q〉 안에 〈blockquote〉가 있다면 정말 이해가 가지 않을 겁니다. 그렇죠?

Q : CSS를 사용하여 이러한 요소를 꾸밀 수 있다고 말했는데, 만약 〈q〉 요소 안에 있는 텍스트를 회색의 이탤릭체로 만들기 원한다면 CSS를 사용해서 그렇게 할 수 있겠군요. 하지만 〈em〉 요소만 사용해서 이탤릭체로 만들 수 없나요?

A : 가능합니다. 하지만 올바른 방법은 아니군요. 왜냐하면 여러분은 실제로 텍스트를 강조하기보다는 단지 보여주는 효과를 줄 때 〈em〉 요소를 사용하기 때문입니다. 단어를 강조하거나 인용구 안에 확실한 강조를 넣고 싶다면 〈em〉 요소를 사용해야 합니다. 단순히 이탤릭체만을 위해서 사용하는 것은 올바른 방법이 아닙니다. 여러분이 원하는 대로 보여줄 수 있는 더욱 쉽고 향상된 방법은 CSS와 함께 요소를 사용하는 것입니다.

해결됨: 태어나면서 헤어진 요소에 관한 사건

일란성 인용구 쌍둥이가 어떻게 그렇게 빨리 사기꾼으로 판명되었을까요?

<q>와 <blockquote>는 직장에 가서 텍스트를 마크업 하자마자 발견되었습니다. <q>의 일반적으로 눈에 띄지 않던 간단한 인용구들은 자신만의 블록을 만들어 돌출되었고, <blockquote>의 인용구들은 갑자기 텍스트의 단락 안으로 잃어버린 존재가 되었습니다. 이어지는 두 괴짜들의 희생자와의 인터뷰에서 한 편집자는 이렇게 불만을 털어놓았더군요. "그 괴짜들 덕분에 인용구의 전체 페이지를 잃어버렸습니다." 징계를 받은 후 다시 원래 직장으로 돌려보내진 <blockquote>와 <q>는 부인들에게 이 사실을 털어 놓았고, 두 명의 부인은 즉시 T-Bird 컨버터블을 함께 타고 마을을 떠났습니다. 이것은 또 다른 이야기가 되겠군요(해피 엔딩이라는 결론은 아닙니다).

5분
미스터리
정답

<q>와 <blockquote> 미스터리 뒤에 감춰진 진실

좋습니다. 빤히 들여다 보이는 일은 그만둘 때가 됐군요. <blockquote>와 <q>는 실제로 종류가 다른 요소입니다. <blockquote> 요소는 블록(block) 요소이며, <q> 요소는 인라인(inline) 요소입니다. 무슨 차이가 있을까요? 블록 요소는 항상 앞과 뒤에 라인브레이크를 가진 것처럼 표시되며, 인라인 요소는 웹 페이지에 있는 텍스트의 흐름 내부에 있는 '라인 위에(in line)' 나타납니다.

블록: 스스로 자립할 수 있습니다.

<h1>,<h2>, …,<h6>, <p>, <blockqoute>는 모두 블록 요소입니다.

인라인: 시대의 흐름에 따라갑니다.

<q>,<a>, <em>은 인라인 요소죠.

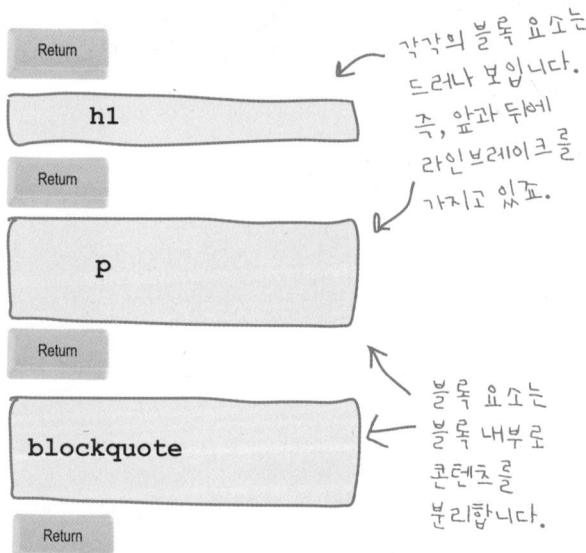

각각의 블록 요소는 드러나 보입니다. 즉, 앞과 뒤에 라인브레이크를 가지고 있죠.

블록 요소는 블록 내부로 콘텐츠를 분리합니다.

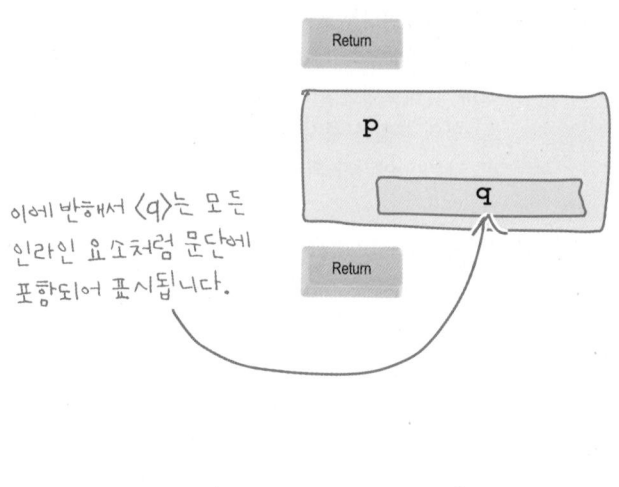

이에 반해서 <q>는 모든 인라인 요소처럼 문단에 포함되어 표시됩니다.

다음을 기억하세요. 블록 요소는 자립할 수 있습니다. 인라인 요소는 시대의 흐름에 따라갑니다.

바보 같은 질문이란 없습니다

Q: 라인브레이크에 대해 조금 압니다. 타자기에서 캐리지 리턴키를 치는 것이나 컴퓨터 키보드에서 리턴키를 치는 것과 비슷한 것 같은데, 맞나요?

A: 거의 비슷합니다. 라인브레이크는 말 그대로 '라인(줄)을 끊는 것'입니다. 마치 ↲ 와 같이요.

라인브레이크는 리턴키(매킨토시) 혹은 엔터키(윈도우)를 쳤을 때 발생합니다. 여러분은 이미 HTML 파일에 있는 라인브레이크는 브라우저가 페이지를 보여줄 때는 보이지 않는다는 것을 알고 있습니다. 맞죠? 하지만 지금, 블록 요소를 사용할 때 브라우저는 '블록'을 분리하기 위해 라인브레이크를 이용한다는 것을 보았습니다.

> 다시 한 번, 이 모든 것이 정말 근사하게 들리는군요. 하지만 라인브레이크, 블록, 인라인 요소에 관한 모든 논의를 할 필요가 있나요? 웹 페이지로 다시 돌아갈 수는 있는 건가요?

HTML의 동작 원리를 알고 있는 힘을 과소 평가하지 마세요. 여러분은 조만간 웹 페이지에서 요소를 결합할 때 요소가 블록인지 인라인인지에 따라 많은 관련이 있다는 것을 알게 될 것이며, 이제 이러한 모든 내용을 다룰 것입니다.

그 사이에 여러분은 다음과 같은 방식으로 블록 대 인라인에 관해 생각해 볼 수 있습니다. 블록 요소는 웹 페이지를 만드는 데 주요 건축 자재로 사용되는 반면, 인라인 요소는 콘텐츠의 작은 부분을 표시할 뿐입니다. 페이지를 디자인할 때 일반적으로 큰 덩어리(블록 요소)들 갖고 시작히고, 인라인 요소를 추가해 페이지를 세련되게 다듬도록 합니다.

실질적인 성과는 CSS와 함께 HTML의 프레젠테이션을 제어할 때 생깁니다. 만약 인라인과 블록 요소의 차이점을 알고있다면, 다른 모든 사람들이 자신들의 웹 페이지의 레이아웃을 올바르게 고치려고 애쓰는 동안 여러분은 편한 자세로 마티니를 마시며 쉴 수 있을 것입니다.

> 버마 셰이브 라인에 대해 생각해 봤어요. 그것들이 분리되지 않았다는데 별로 놀랍지는 않군요. 왜냐하면 초반부에서 공백이나 라인브레이크들은 브라우저에 의해 표시되지 않는다고 얘기했었잖아요.

> 하지만 생각해 보니 이 문제를 해결할 수 있는 유일한 방법은 블록 요소 내부에 각각의 라인을 넣는 것이라고 생각해요. 문단처럼 말이죠. 만약 그렇지 않으면 어떻게 라인브레이크를 추가하라고 브라우저에 할 수 있겠어요?

만약, 필요할 때 라인브레이크를 주는 일만 하는 요소가 있다면 어떻겠어요?

정말 근사하지 않을까요? 그렇게 하면 여러분은 실제로 브라우저가 주의를 집중하고, 몇 개의 캐리지 리턴을 추가하게 만들 수 있을 거예요.

그러한 요소가 있습니다. 바로
 요소입니다. 이 요소의 목적은 오직 라인브레이크를 넣는 것입니다. 아래에 사용하는 방법이 나와 있습니다.

```
<h2>2012년 6월 14일</h2>
<p>
    오늘 도로 한 편에 있는, 다음과 같은 버마 셰이브 스타일의
    광고판을 보았다.
</p>
<blockquote>
    그냥 보내세요.    <br>
    볼 수 없을 때,    <br>
    보게 된다 해도,   <br>
    어렴풋이,        <br>
    영원히.         <br>
</blockquote>
<p>
    난 절대로 차를 그냥 지나치게 두지 않을 것이다.
</p>
```

여기에 토니의 7월 14일 일기 중 자투리 부분이 있군요.

문장의 흐름을 끊어 '라인브레이크'를 넣고자 하는 줄에 ⟨br⟩ 요소를 추가하세요.

연습문제

계속해서 토니의 일기에 〈br〉 요소를 추가합니다. 작업한 후에 파일을 저장하고
테스트해 보세요.

작업하여 수정한 부분이 어떻게
보여야 하는지 여기에 나와 있군요.
이제야 버마 셰이브 슬로건처럼
보이는군요!

이제 각 라인에
라인브레이크가
붙었군요.

2012년 7월 14일

오늘 도로 한 편에 있는 다음과 같은 버마 셰이브 스타일의 광고판을 보았다.

> 그냥 보내세요,
> 차를 볼 수 없을 때,
> 보게 된다 해도,
> 어렴풋이,
> 영원히.

난 절대로 차를 그냥 지나치게 두지 않을 것이다.

2012년 6월 2일

빈 요소는 종료태그가 없습니다

> 1장에서 요소는 '시작태그 + 콘텐츠(내용) + 종료태그'로
> 구성된다고 들었는데 〈br〉 요소는 어떻게 된 거죠?
> 콘텐츠도 없고 종료태그도 없잖아요.

정확한 지적입니다. 〈br〉 요소는 콘텐츠를 가지고 있지 않습니다.

 요소는 아무런 콘텐츠도 가지고 있지 않은 요소입니다. 왜 그럴까요? 왜냐하면 단지 라인브레이크 의미일 뿐, 그 외의 아무런 의미도 없기 때문입니다. 따라서 한 요소가 디자인에 의해 실질적인 콘텐츠를 가지고 있지 않을 때,
 같은 속기를 사용하여 요소를 표현합니다. 결국 이러한 속기적 표현법을 가지고 있지 않다면, 라인브레이크가 필요할 때마다
</br>을 써야 할 텐데, 좀 말이 안되겠죠?

이 이러한 종류의 유일한 요소는 아닙니다. 같은 종류의 또 다른 많은 요소들이 있는데, 이들을 빈 요소(empty element)라고 부릅니다. 사실 여러분은 이미 이런 종류의 다른 요소를 보았습니다. 바로 <img> 요소죠. 앞으로 뒤에서 <img> 요소에 대해 자세히 살펴볼 것입니다.

> 한 때는
> '텅 빈' 요소라고
> 불렸는데,
> 이해하기가
> 좀 어려워서
> 빈 요소라고
> 됐죠.
> 개인적으로는
> 텅 빈이라는
> 표현이 더
> 좋더군요.

속기를 사용하는 이유가 게을러서 그런 것이 아니라 효율성 때문이란 점을 명심하세요. 이러한 방식으로 빈 요소를 표현하는 것이 좀 더 효율적입니다(타이핑하는 데도 효율적이며, 페이지에서 끝을 내는 문자의 숫자면에서도 효율적이죠). 실제로 잠시 동안 HTML을 읽고 난 후에 여러분들의 눈을 위해서도 더 편하다는 사실을 알게 될 것입니다.

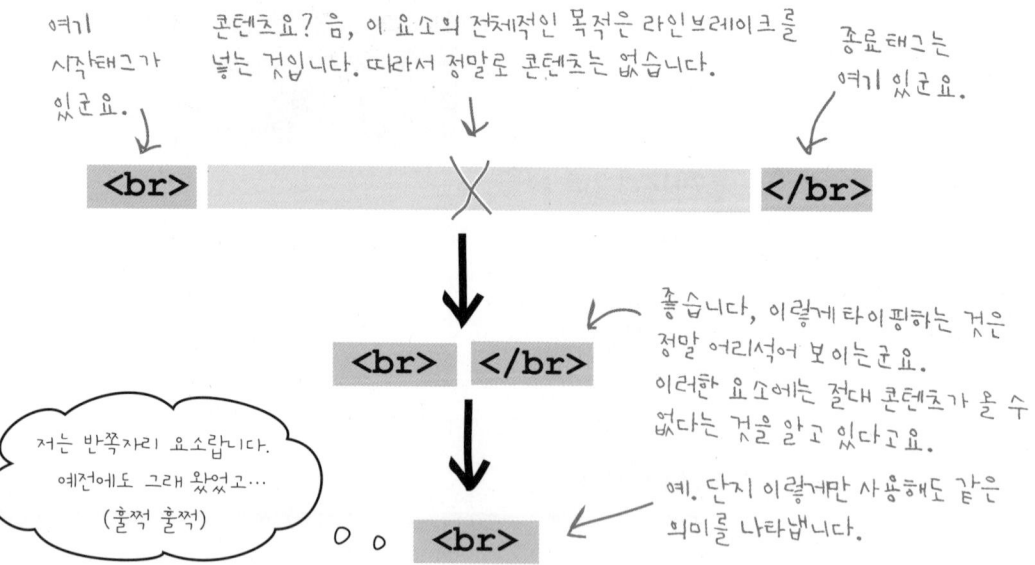

> 여기
> 시작태그가
> 있군요.

> 콘텐츠요? 음, 이 요소의 전체적인 목적은 라인브레이크를 넣는 것입니다. 따라서 정말로 콘텐츠는 없습니다.

> 종료태그는
> 여기 있군요.

```
<br>        X        </br>
```

```
<br> </br>
```

> 좋습니다, 이렇게 타이핑하는 것은 정말 어리석어 보이는군요.
> 이러한 요소에는 절대 콘텐츠가 올 수 없다는 것을 알고 있다고요.

> 저는 반쪽자리 요소랍니다.
> 예전에도 그래 왔었고…
> (훌쩍 훌쩍)

```
<br>
```

> 예. 단지 이렇게만 사용해도 같은 의미를 나타냅니다.

바보 같은 질문이란 없습니다

Q : 그렇다면 〈br〉의 유일한 목적은 라인브레이크를 삽입하는 건가요?

A : 맞습니다. 일반적으로 브라우저가 콘텐츠에 라인브레이크를 삽입하는 유일한 장소는 새로운 블록 요소(〈p〉, 〈h1〉 등등)를 시작할 때입니다. 텍스트에 라인브레이크를 삽입하고 싶으면 〈br〉 요소를 사용하세요.

Q : 왜 〈br〉을 '빈(empty)' 요소라 부르죠?

A : 왜냐하면 콘텐츠를 가지고 있지 않기 때문입니다. '요소 = 시작태그 + 콘텐츠(내용) + 종료태그'인데, 콘텐츠도 없고 종료태그도 없기 때문이죠. '빈 공간'을 생각해 보세요. 텅 비어있죠.

Q : 여전히 잘 모르겠는데요. 왜 〈br〉 요소가 '비어(empty)' 있는지 설명해 주시겠어요?

A : 〈h1〉(혹은 〈p〉나 〈a〉) 요소에 관해 생각해 봅시다. 이 요소의 핵심은 다음과 같이 콘텐츠에 태그를 붙이는 것입니다.

<h1>기다리지 말고, 바로 주문하세요</h1>

〈br〉 요소의 핵심은 HTML 안에 라인브레이크를 삽입하는 것으로, 콘텐츠는 필요 없습니다. 추가적인 마크업이나 각괄호([])도 필요 없으므로, 좀 더 편리한 형태로 줄여서 사용할 수 있죠. '비어 있다'라는 점이 좀 이상할 수도 있지만, 이 개념 역시 컴퓨터 과학에서 비롯된 것이며 '값이 없다'라는 뜻입니다.

Q : 또 다른 빈 요소가 있나요? 제가 보기엔 〈img〉도 빈 요소인 것 같은데 맞나요?

A : 예. 빈 요소는 몇 가지 더 있습니다. 여러분은 이미 〈img〉 요소를 사용해 보았으며, 곧 더 자세히 살펴볼 것입니다.

Q : 어떤 요소를 비어있게 만들 수 있나요? 예를 들어 콘텐츠를 가지고 있지 않은 링크가 있다면, 〈a href="mypage.html"〉와 같이 쓸 수 있나요?

A : 안됩니다. 세상에는 두 가지 유형의 요소가 있습니다. 〈p〉, 〈h1〉, 〈a〉와 같은 일반적인 요소가 있고, 〈br〉과 〈img〉 같은 빈 요소가 있습니다. 이 두 가지 유형의 요소를 앞뒤로 이리저리 바꿔서 사용할 수는 없습니다. 예를 들어 〈a href="mypage.html"〉이라고 쓸 경우, 이는 콘텐츠나 종료태그가 없고 시작태그일 뿐입니다. 〈a href="mypage.html"〉〈/a〉라고 쓸 경우, 이는 흠잡을데 없는 빈 요소지만, 페이지에서는 그리 유용하지 않을 거예요!

Q : 〈br〉이 아니라 〈br /〉이 쓰인 페이지를 본 적이 있는데요. 이 태그는 무슨 의미로 쓰인거죠?

A : 정확히 같은 의미를 지니고 있습니다. 〈br /〉은 좀 더 엄격한 구문으로 XHTML과 호환되죠. 〈br /〉을 보게되면 그냥 〈br〉로 여기세요. XHTML과 호환되는 페이지를 작성할 계획이 아니라면(부록에 XHTML에 관한 더 많은 정보가 있습니다), 그냥 〈br〉을 사용하세요.

디자인에 의해
어떤 HTML 콘텐츠도
가지고 있지 않은 요소를
빈 요소라고 부릅니다.
〈br〉이나 〈img〉 같은
빈 요소를 사용할 필요가 있을 때,
여러분은 시작 태그만
사용하면 됩니다.
이는 여러분의 HTML에서
마크업의 양을 줄일 수 있는
편리한 속기법입니다.

한편, 토니의 사이트로 돌아가서

여러분은 이미 이번 장에서 많은 공부를 하였습니다. 토니의 사이트를 디자인하여 만들고, 새로운 요소도 만났습니다. 웹 페이지를 만들면서도 많은 사람들이 알지 못했던 요소에 관해 서도 배웠습니다(블록과 인라인 요소는 실제로 후반부의 장에서 여러모로 편리하게 사용될 것입니다).

하지만 아직 다 끝낸 것은 아닙니다. 우리는 몇 가지 마크업을 추가하여 토니의 사이트를 좋은 사이트에서 훌륭한 사이트로 만들 수 있습니다.

이를테면? 리스트는 어떨까요? 이 부분을 한번 보겠습니다.

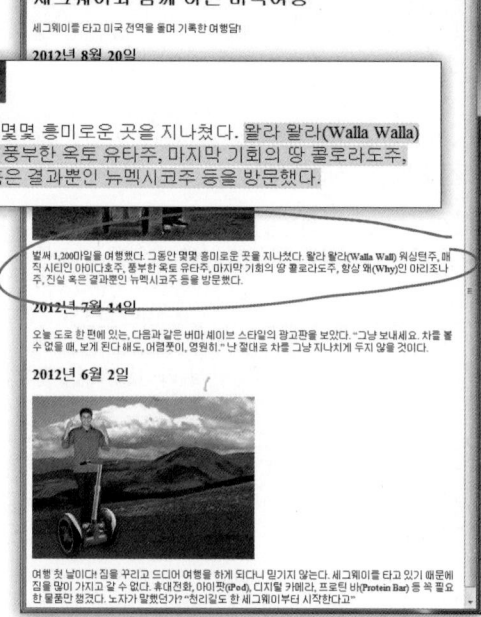

리스트가 있군요. 토니는 8월의 일기에서 그가 방문했던 도시들의 리스트를 적어놨군요.

브라우저가 이 텍스트 부분을 리스트라고 알 수 있게 한다면 멋지지 않겠어요? 그렇게 하면 브라우저는 리스트 항목을 좀 더 유용한 방식으로 보여줄 것입니다. 여기 나와 있는 것처 럼 말이죠.

벌써 1,200마일을 여행했다. 그 동안 몇몇 흥미로운 곳을 지나쳤다.

목록으로 만들면서 walla walla는 뺐다.

1. 왈라 왈라 워싱턴주
2. 매직 시티 아이다호주
3. 풍부한 옥토 유타주
4. 마지막 기회의 땅 콜로라도주
5. 항상 왜(Why)인 아리조나주
6. 진실 혹은 결과뿐인 뉴멕시코주

이 부분은 리스트일 뿐만 아니라, 정렬된 리스트란 점을 주목 하세요. 토니는 특정한 순서로 이 도시들을 방문했습니다.

물론, `<p>` 요소를 사용하여 리스트를 만들 수 있습니다

`<p>` 요소를 사용하여 리스트를 만드는 것은 그리 어렵지 않습니다. 여기에 나와 있는 것처럼 사용하면 됩니다.

```
<p>
1. 파란 세그웨이
</p>
<p>
2. 빨간 세그웨이
</p>
```

 세그웨이에 가장 알맞은 두 가지 색상

하지만 사용하지 말아야 할 여러 가지 이유가 있습니다.

지금쯤이면 무슨 얘기를 할지 여러분도 감을 잡았을 것입니다. 여러분은 항상 콘텐츠의 구조에 가장 가까운 의미를 갖는 HTML 요소를 선택하기 원할 거예요. 목록을 사용하고 싶으면 리스트 요소를 사용하세요. 이렇게 하면 브라우저는 유용한 방법으로 가장 강력한 힘과 유연성을 가미해 콘텐츠를 보여줄 것입니다(이 책 후반부에 가면 알 수 있을 거예요).

 일을 하는 데 적합한 도구를 사용하는 게 중요하다는 사실을 기억하도록 하세요. `<p>` 요소는 이 작업에 있어선 적당한 도구가 아니군요.

⚛ 브레인 파워

리스트를 만드는 데 왜 `<p>` 요소를 사용하지 않을까요?
(정답을 모두 고르세요.)

☐ A. HTML은 리스트를 위한 요소를 가지고 있습니다. 만약 이를 사용한다면 브라우저는 해당 텍스트가 리스트라는 것을 알게 되며 가능한 한 가장 효과적인 방법으로 그것을 보여줄 것입니다.

☐ B. 문단 요소는 실제로 리스트가 아닌 텍스트 문단을 의미합니다.

☐ C. 리스트처럼 보이지 않고 단지 숫자를 매긴 문단에 불과합니다.

☐ D. 리스트의 순서를 변경하거나 새로운 항목을 삽입하길 원한다면 다시 모든 것에 대해 순서를 다시 부여해야 합니다.

정답 : A, B, C, D

HTML 리스트를 만들기 위한 간단한 두 단계

HTML 리스트를 만드는 데는 요소 두 개가 필요합니다. 첫 번째 요소는 각 리스트 항목을 표시하는 데 사용됩니다. 두 번째 요소는 여러분이 만드는 리스트가 어떤 종류(순서화된(ordered) 혹은 순서화되지 않은(unordered))지를 결정하는 데 사용됩니다.

HTML에서 토니가 방문한 도시의 리스트를 만들어 봅시다.

1단계:

<li> 요소에 각 리스트 항목을 넣으세요.

리스트를 만들기 위해 각 리스트 항목에 <li> 요소를 넣습니다. 이것은 <li> 시작태그와 </li> 종료태그 사이에 내용을 넣는 것을 의미합니다. 다른 HTML 요소처럼 태그 사이에 있는 콘텐츠는 여러분이 원하는 만큼 넣을 수 있으며, 여러 줄로 분리할 수 있습니다.

토니의 일기에서 HTML의 일부분을 발췌해서 여기에 떼어 놓았습니다.

'journal.html' 파일에 이 HTML을 넣고, 앞으로 작업해서 변경되는 부분도 적용하세요.

```
<h2>2012년 8월 20일</h2>
    <img src="images/segway2.jpg">
<p>
벌써 1,200마일을 여행했다. 그동안 몇몇 흥미로운 곳을 지나쳤다.
</p>
```

먼저 리스트 항목들을 문단 밖으로 이동시킵니다. 리스트는 제 힘으로 꼿꼿이 설 수 있죠.

```
<li>왈라 왈라 워싱턴주</li>
<li>매직 시티 아이다호주</li>
<li>풍부한 옥토 유타주</li>
<li>마지막 기회의 땅 콜로라도주</li>
<li>항상 왜(Why)인 아리조나주</li>
<li>진실 혹은 결과뿐인 뉴멕시코주</li>
```

그리고 각 리스트 항목을 <li>와 </li> 태그로 둘러쌉니다.

이 <li> 요소 각각은 리스트에서 하나의 항목이 될 거예요.

```
<h2>2012년 7월 14일</h2>
<p>
오늘 도로 한 편에 있는, 다음과 같은 버마 셰이브 스타일의 광고판을 보았다.
</p>
```

2단계:

리스트 항목들 전체를 〈ol〉이나 〈ul〉 요소로 둘러쌉니다.

〈ol〉 요소를 사용하여 리스트 항목을 둘러싸면 항목은 정렬된 리스트처럼 보일 겁니다. 만약 〈ul〉 요소를 사용한다면 리스트는 정렬되지 않은 리스트처럼 보여질 것입니다. 아래에 〈ol〉 요소로 항목을 둘러싸는 방법이 나와 있습니다.

다시, 토니의 일기에서 HTML 일부분을
여기에 발췌했습니다.

```html
<h2>2012년 8월 20일</h2>
    <img src="images/segway2.jpg">
<p>
벌써 1,200마일을 여행했다. 그동안 몇몇 흥미로운 곳을 지나쳤다.
</p>
<ol>
    <li>왈라 왈라 워싱턴주</li>
    <li>매직 시티 아이다호주</li>
    <li>풍부한 옥토 유타주</li>
    <li>마지막 기회의 땅 콜로라도주</li>
    <li>항상 왜(Why)인 아리조나주</li>
    <li>진실 혹은 결과뿐인 뉴멕시코주</li>
</ol>
<h2>2012년 7월 14일</h2>
<p>
오늘 도로 한 편에 있는, 다음과 같은 버마 셰이브 스타일의 광고판을 보았다.
</p>
```

토니는 특별한 순서로 도시들을 방문했기 때문에, 이 리스트를 정렬된 리스트로 만들어야 겠죠? 그래서 〈ol〉 시작태그를 사용했습니다.

모든 리스트 항목들은 〈ol〉 요소의 중간에 위치해 리스트의 콘텐츠가 됩니다.

그리고 여기서 〈ol〉 요소가 끝나는군요.

브레인 파워

〈ol〉은 블록 요소일까요? 아니면 인라인 요소일까요?
〈li〉 요소는 어떨까요?

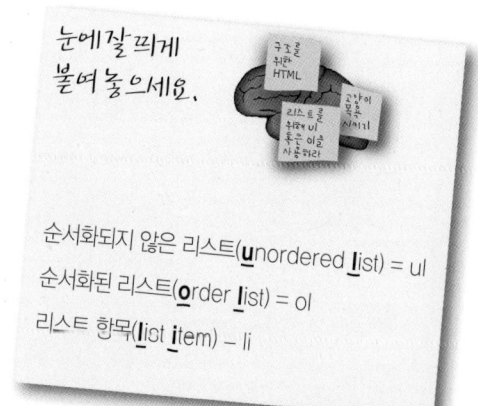

눈에 잘 띄게 붙여 놓으세요.

순서화되지 않은 리스트(**u**nordered **l**ist) = ul
순서화된 리스트(**o**rder **l**ist) = ol
리스트 항목(**l**ist **i**tem) – li

🚗 방문 도시 리스트 시운전

리스트에 대한 모든 HTML을 추가했는지 확인해 보고, 'journal.html' 파일을 다시 띄워 보면 아래와 같은 화면을 볼 수 있을 거예요.

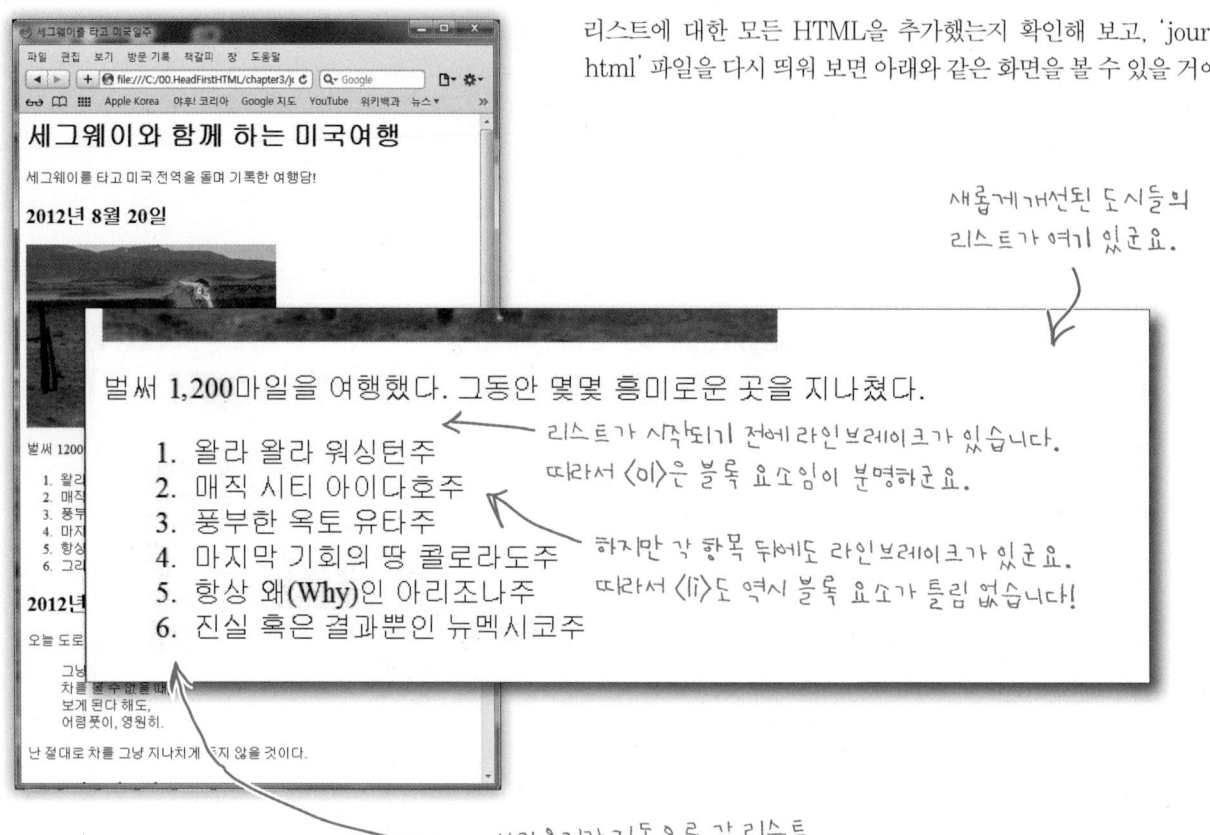

새롭게 개선된 도시들의 리스트가 여기 있군요.

리스트가 시작되기 전에 라인브레이크가 있습니다. 따라서 〈ol〉은 블록 요소임이 분명하군요.

하지만 각 항목 뒤에도 라인브레이크가 있군요. 따라서 〈li〉도 역시 블록 요소가 틀림 없습니다!

브라우저가 자동으로 각 리스트 항목에 순번을 부여한다는 점을 주목하세요(따라서 여러분은 순번을 부여하지 않아도 되는군요).

✏️ **연필을 깎으며**

토니는 뉴멕시코주 다음으로 아리조나주를 방문했습니다. 다시 작업해서 리스트의 순서를 올바르게 만들 수 있나요?

여기에 토니의 일기 중 또 다른 리스트가 있습니다. 휴대 전화, 아이팟(iPod), 디지털 카메라, 프로틴 바(Protein bar)가 있군요. 7월 2일 일기에 이 내용이 있는데, 이는 순서화되지 않은 리스트군요.

이 일기에 대한 HTML이 아래에 나와 있습니다. 계속해서 HTML을 추가해 정렬되지 않은 리스트로 항목을 변경하세요(정렬되지 않은 리스트를 만들려면 <ul> 요소를 사용해야 된다는 점을 기억하세요). 여러분을 위해 일부는 이미 변경했습니다.

작업을 끝내면 이 장의 뒷부분에 가서 정답과 비교해 보세요. 그리고 나서 여기서 한 수정 작업을 'journal.html' 파일에 적용하고 테스트해 보세요.

```
<h2>2012년 7월 2일</h2>
<img src="segway1.jpg">
<p>
    여행 첫 날이다! 짐을 꾸리고 드디어 여행을 하게 되다니 믿기지 않는다.
    세그웨이를 타고 있기 때문에 짐을 많이 가지고 갈 수가 없다.


        휴대전화
        아이팟
        디지털 카메라
        프로틴 바(Protein Bar)


    꼭 필요한 물품만 챙겼다. 노자가 말했던가?  <q>천리길도 한 세그웨이부터
    시작한다고.</q>
</p>
```

바보 같은 질문이란 없습니다

Q : 〈ol〉과 〈li〉 요소를 항상 같이 사용해야 하나요?

A : 예. 언제나 〈ol〉과 〈li〉는 같이 사용해야 합니다(혹은 〈ul〉과 〈li〉). 이 둘 중에 하나만 없어도 아무런 의미가 없습니다. 리스트란 항목들의 집합이라는 것을 기억하세요. 〈li〉 요소는 각 항목을 식별하는 데 사용되며, 〈ol〉 요소는 그 항목들을 묶는 데 사용됩니다.

Q : 〈ol〉 혹은 〈ul〉 요소 안으로 텍스트나 다른 요소를 넣을 수 있나요?

A : 안됩니다. 〈ol〉과 〈ul〉 요소는 오직 〈li〉 요소와 함께 동작하도록 설계되었습니다.

Q : 정렬되지 않은 리스트는 어떤가요? 각 리스트 항목 앞에 있는 점을 다르게 보이도록 할 수 있나요?

A : 예. CSS와 프레젠테이션에 관해 이야기를 하게 될 때 이 부분에 대해 다시 다루겠습니다.

Q : 리스트 안에 리스트를 넣는다면 어떨까요? 그렇게 할 수 있나요?

A : 물론 그렇게 할 수 있습니다. 〈li〉와 〈ol〉혹은 〈ul〉 중 아무 것에나 콘텐츠를 만들어 넣어, 리스트 안에 리스트를 만들 수 있습니다(이런 것을 중첩된(nested) 리스트라 부릅니다).

```
<ol>
    <li>세그웨이 타기</li>          중첩된 리스트
    <li>여행 짐 꾸리기
        <ul>
            <li>휴대전화</li>
            <li>아이팟</li>
            <li>디지털 카메라</li>
            <li>프로틴 바(Protein Bar)</li>
        </ul>                     여기 중첩된(nested)
    </li>                         리스트를 둘러싼
    <li>엄마한테 전화하기</li>        〈li〉가 있군요.
</ol>
```

Q : 블록과 인라인 요소의 기본적인 내용은 이해하겠는데, 다른 요소 안으로 들어갈 수 있는 요소가 있다니 정말 혼란스럽군요. '중첩(nested)' 될 수 있는 것에는 어떤 게 있나요?

A : HTML에 대해 이해하기 가장 어려운 내용 중 하나가 바로 이것이죠. 이에 대해서는 뒷부분에서 계속 배우게 될 것이며 여러분이 직관적으로 이해할 수 있도록 하기 위한 몇 가지 방법을 보여줄 것입니다.

Q : HTML에는 정렬된, 정렬되지 않은 리스트가 있습니다. 또 다른 유형의 리스트가 있나요?

A : 실제로 또 다른 유형이 있습니다. 바로 정의(definition) 리스트인데, 정의 리스트는 다음과 같습니다.

리스트의 각 항목에는 하나의 용어인 〈dt〉와 그 용어에 대한 설명인 〈dd〉가 있습니다.

```
<dl>
    <dt>버마 세이브 스타일의 광고판</dt>
    <dd>1920~1930년대 미국에서 흔히 볼 수 있는
        면도 제품을 광고하는 도로 광고판</dd>
    <dt>66번 도로</dt>
    <dd>미국 고속도로에서 가장 유명한 도로</dd>
</dl>
```

이렇게 작성한 뒤 한 번 시험해 보세요.

Q : 버마 세이브가 뭔가요?

A : 버마 세이브는 20세기 초반에 면도 크림을 만드는 회사였습니다. 1925년에 도로 표지판을 사용하여 상품을 광고하기 시작했는데, 이 광고는 매우 유명해졌죠.

이들의 광고는 한 줄짜리 카피 문구가 담긴 표지판 4~6개로 이루어져 있습니다. 한때는 미국 전역의 도로에 7,000개의 광고판이 설치된 적도 있습니다. 지금은 대부분 없어졌지만 아직도 몇 개는 여기저기에 남아있습니다.

다른 요소 안에 하나의 요소를 넣는 것을 '중첩(nesting)'이라고 합니다

다른 요소 안에 하나의 요소를 넣을 때, 우리는 그것을 중첩(nest-ing)이라고 부릅니다. "<p> 요소는 <body> 요소 내부에 중첩되어 있다"라고 말할 수 있죠. 이러한 관점에서 여러분은 이미 다른 요소 내부에 중첩 혹은 포함된 요소를 많이 보았습니다. <html> 요소 안에 <body> 요소를 넣었고, <body> 요소 안에 <p> 요소를 넣었고, <p> 요소 안에 <q> 요소를 넣었습니다. 또한 <html> 요소 안에 <head> 요소를, <head> 요소 안에 <title> 요소를 넣었습니다. 그러한 방식으로 HTML 페이지들은 만들어집니다.

여러분이 HTML에 관해 점점 더 많이 배울수록 여러분의 두뇌에서는 이러한 중첩 개념이 조금 더 중요한 의미를 가지게 됩니다. 하지만 걱정하지 마세요. 머지 않아 자연스럽게 이러한 방식으로 요소에 관해 생각하게 될 테니까요.

<p> 내부에 <q>가 중첩되어 있고, 이는 다시 <body> 내부에, 다시 <html> 내부에 중첩되어 있습니다.

중첩 관계를 이해하려면
그림을 그리세요

웹 페이지에서 요소의 중첩 관계를 그리는 것은 가족의 가계도를
그리는 것과 흡사합니다. 맨 위에는 증조부, 그 아래에는 자손들
과 손자들이 오는 것처럼요. 여기 한 가지 예가 있군요.

```html
<html>
  <head>
    <title>사색</title>
  </head>
  <body>
    <p>
        아인슈타인이 말하길
        <q>시간이 존재하는
        단 하나 이유는 모든 일이
        한꺼번에 벌어지지 않기
        위함이다.</q>
    </p>
  </body>
</html>
```

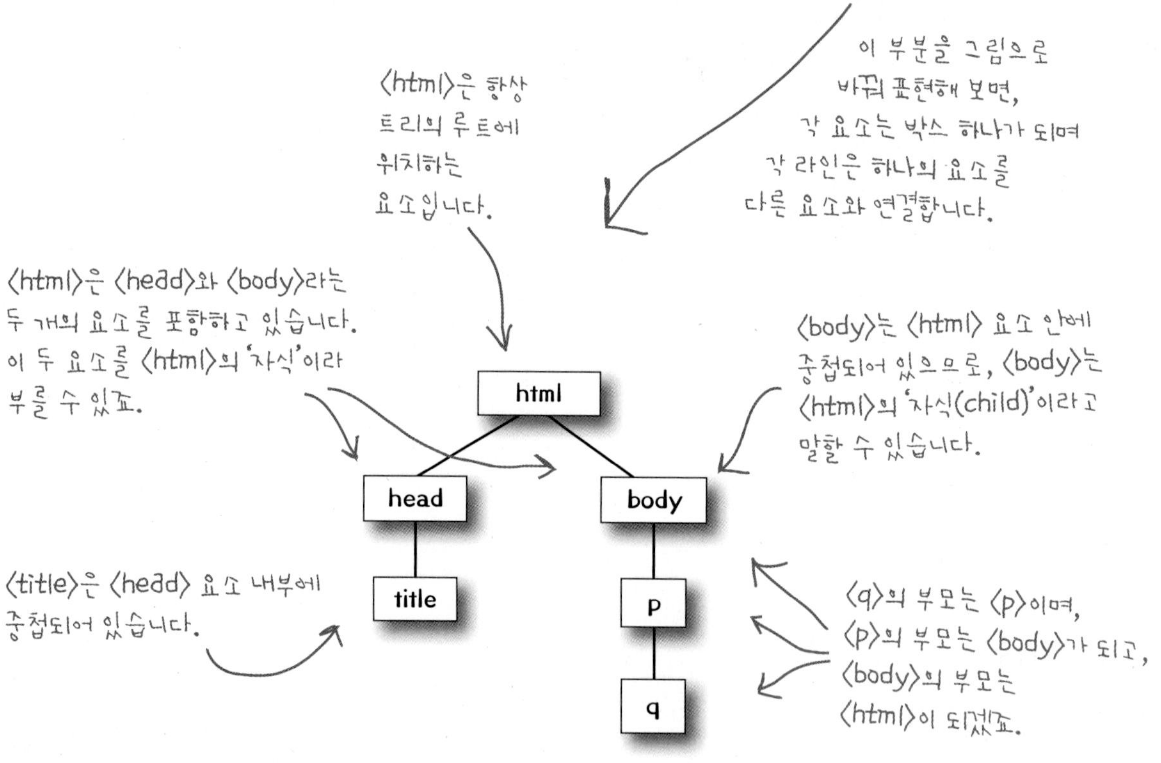

간단한 웹 페이지

이 부분을 그림으로
바꿔 표현해 보면,
각 요소는 박스 하나가 되며
각 라인은 하나의 요소를
다른 요소와 연결합니다.

〈html〉은 항상
트리의 루트에
위치하는
요소입니다.

〈html〉은 〈head〉와 〈body〉라는
두 개의 요소를 포함하고 있습니다.
이 두 요소를 〈html〉의 '자식'이라
부를 수 있죠.

〈body〉는 〈html〉 요소 안에
중첩되어 있으므로, 〈body〉는
〈html〉의 '자식(child)'이라고
말할 수 있습니다.

〈title〉은 〈head〉 요소 내부에
중첩되어 있습니다.

〈q〉의 부모는 〈p〉이며,
〈p〉의 부모는 〈body〉가 되고,
〈body〉의 부모는
〈html〉이 되겠죠.

```
      html
      /  \
   head  body
    |      |
  title    p
           |
           q
```

중첩을 사용하여 태그 일치시키기

요소들이 중첩되는 방법을 이해하면 태그들의 불일치를 피할 수 있습니다
(그리고 나중에 더 큰 보상을 받게 되니 조금만 기다리세요).

'태그 불일치'란 어떤 의미이며, 도대체 어떻게 그런 일이 가능한 것일까요?
다음 예제를 한번 보세요.

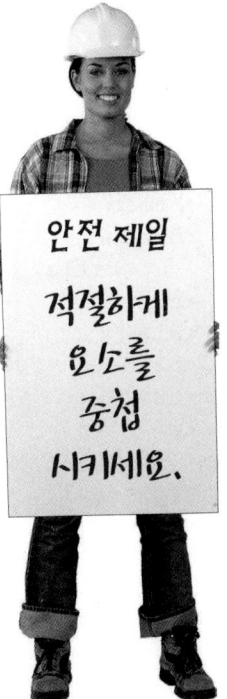

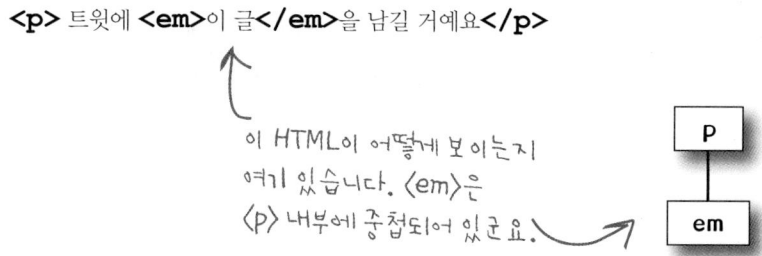

\<p\> 트윗에 **\<em\>**이 글**\</em\>**을 남길 거예요 **\</p\>**

이 HTML이 어떻게 보이는지
여기 있습니다. ⟨em⟩은
⟨p⟩ 내부에 중첩되어 있군요.

지금까지는 좋습니다만 조잡해지기 쉬운 것 같으니 다음과 같이 HTML을
작성해 봅시다.

\<p\> 트윗에 **\<em\>**이 글**\</p\>**을 남길 거예요 **\</em\>**

잘못됨: ⟨/em⟩은
P 요소 안으로
들어가야 될 것
같은데요.

지금 중첩에 관해 여러분이 알고 있는 사실은 ⟨em⟩은 ⟨p⟩ 요소에 포함되거
나 내부에 완전하게 중첩될 필요가 있다는 것입니다.

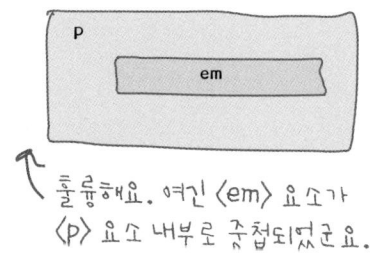

훌륭해요. 여기 ⟨em⟩ 요소가
⟨p⟩ 요소 내부로 중첩되었군요.

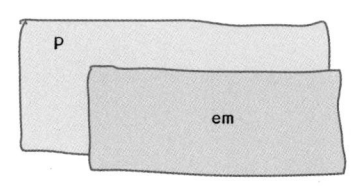

좋지 않군요. 여기서는 ⟨em⟩ 요소가 ⟨p⟩ 요소 밖으로
빠져나왔군요. 적절하게 중첩되지 못했어요.

그래서 어쨌다는 거죠?

여러분이 러시안 룰렛 게임을 즐긴다면 중첩에 대해 혼란스러워 해도 괜찮습니다. 만약 여러분
이 요소를 적절하게 중첩하지 못해도, 웹 페이지가 제대로 동작하는 브라우저도 있겠지만 그렇
지 않은 브라우저도 있을 수 있습니다. 중첩을 잘 기억하고 있으면 태그들이 불일치되는 것을 피
할 수 있으며 모든 브라우저에서 HTML이 잘 작동될 것입니다. 앞으로 배울 '고성능의 HTML'
로 들어가면서 중첩은 더욱 중요하게 될 것입니다.

브라우저가 되어 봅시다!

아래에 몇 가지 일치하지 않는 태그를 가진 HTML이 있습니다. 여러분의 임무는 여러분이 브라우저처럼 행동한다고 가정하고 모든 오류를 잡아내는 것입니다. 작업을 마치면 이 장의 뒤에 있는 답과 비교해서 모든 오류를 잡아냈는지 확인해 보세요.

```
<html>
<head>
    <title>탑 100</title>
<body>
<h1>탑 100
<h2>Dark Side of the Moon</h2>
<h3>핑크 플로이드</h3>
<p>
    달에는 어두운 면이 없다. 사실은 <q> 달 전체가 어둡다.
</p></q>
<ul>
    <li>Speak to Me / Breathe</li>
    <li>On The Run</li>
    <li>Time</li>
    <li>The Great Gig in The Sky</li>
    <li>Money</li>
    <li>Us And Them</em>
    <li>Any Colour You Like</li>
    <li>Brain Damage</li>
    <li>Eclipse</li>
</ul>
</p>
<h2>XandY</h3>
<h3>콜드플레이</h2>
<ol>
    <li>Square One
    <li>What If?
    <li>White Shadows
    <li>Fix You
    <li>Talk
    <li>XandY
    <li>Speed of Sound
    <li>A Message
    <li>Low
    <li>Hardest Part
    <li>Swallowed In The Sea
    <li>Twisted Logic
</ul>
</body>
</head>
```

나는 누구일까요?

완전한 무대 의상을 갖춘 요소 한 묶음이 '나는 누구일까요?'라는 파티 게임을 하고 있습니다. 그들은 여러분에게 한 가지 단서를 제공했군요. 그들이 말한 것을 기초로 해서 설명하는 게 무엇인지 맞춰보세요. 참석자들을 식별하기 위해 오른쪽 빈칸을 채우고 그 요소들이 인라인인지 블록인지도 적어 넣으세요.

오늘의 참석자:
여러분이 지금까지 봐왔던 아주 매혹적인 HTML 요소들이 등장합니다!

	이름	인라인 혹은 블록?
저는 첫 번째 제목입니다.	....	....
다른 페이지와 링크할 준비가 모두 됐어요.	....	....
저를 가지고 텍스트를 강조해요.	....	....
저는 리스트지만 순서대로 일하지는 않아요.	....	....
저는 진짜 라인브레이크이예요.	....	....
저는 리스트 안에 살고 있는 항목이예요.	....	....
저는 순서대로 리스트 항목을 유지한답니다.	....	....
저는 그림 그 자체랍니다.	....	....
저를 가지고 문단 내부에서 인용을 합니다.	....	....
저를 사용해서 독립적이며 자립하는 텍스트를 인용합니다.	....	....

> 방금 이 책에서 배운 모든 것을 설명하는
> 웹 페이지를 만들었는데, 페이지 안에 있는
> 〈html〉 요소를 언급하고 싶군요. 그런데 중첩이
> 정말 헷갈리지 않나요? 큰 따음표나 다른 어떤 것을
> 〈html〉 요소에 붙여야 되나요?

그렇군요. 문제가 발생할 소지가 있네요.

브라우저는 < 와 >를 사용해서 태그를 시작하고 종료하기 때문에 HTML의 콘텐츠 안에서 이를 직접 사용하면 문제가 될 수 있습니다. 그러나 HTML은 특수문자를 명시하는 쉬운 방법을 제공합니다. 바로 '문자 속성(character entity)'이라 불리는 간단한 약어를 사용하는 것입니다. 설명하자면 가령 '특수'하게 여겨지거나, 여러분의 웹 페이지에서 사용하고 싶은 문자가 있는데 여러분이 가진 에디터에서는 제공되지 않는다면(가령 저작권 문자(ⓒ) 같은), 약어를 찾아 HTML에 넣을 수 있습니다. 예를 들어 > 문자의 약어는 > 이며, <의 약어는 < 입니다.

자! 그러면 'The <html> element rocks'란 문장을 웹 페이지 안에 넣고 싶다고 해 봅시다. 문자 속성을 사용해서 다음과 같이 넣을 수 있습니다.

    The **<**html**>** element rocks.

여러분이 알아야 할 또 다른 중요한 특수문자는 & 문자입니다. 만약 HTML 콘텐츠에 &를 넣고 싶다면, & 대신 이에 대한 문자 속성인 &를 사용하세요.

그렇다면 저작권 문자는 어떨까요? 그리고 나머지 모든 심벌이나 외국 문자들은 어떻게 표현할까요? 이에 대한 정보는 다음 URL에서 찾을 수 있습니다.

    http://www.w3schools.com/tags/ref_entities.asp

리스트를 좀 더 찾고 싶다면 이 URL을 참조하세요.

    http://www.unicode.org/charts/

바보 같은 질문이란 없습니다

Q : 와! 브라우저가 그렇게 많은 서로 다른 문자들을 보여주는지 몰랐군요. www.unicode.org 사이트에는 엄청난 양의 서로 다른 문자와 언어가 있군요.

A : 주의하세요. 여러분의 브라우저는 오직 여러분의 컴퓨터나 기계에 적절한 폰트가 설치되어있을 경우에만 이러한 모든 문자들을 보여줄 것입니다. 따라서 www.w3schools.com 사이트에서 기본 문자 속성들이 어떤 임의의 브라우저에서든 사용할 수 있다고 할지 모르지만, 모든 속성들을 다 보여줄 수 있다고 보증할 수는 없습니다. 하지만 여러분의 웹사이트를 방문하는 사용자들에 대해 알고 있다고 가정한다면, 어떤 종류의 외국어를 사용해야 될 지는 알 수 있겠죠.

Q : &는 특수문자로 이 대신에 &amp를 사용해야 한다고 했는데, 그렇다면 〉속성을 &gt;라고 써야 하나요?

A : 절대 아닙니다. 면밀히 말해서 어떤 속성의 맨 앞에 올 경우에만 &가 특별합니다. 따라서 &는 그 자체로써가 아닌, 속성 이름에서 사용하는 것은 아주 좋습니다. 단지 이것만 기억하세요. 속성 내부에서는 &를 사용하고, 콘텐츠 내부에서는 대신 &를 사용하세요.

Q : www.w3csschools.com에 있는 속성을 보면 각 속성이 숫자를 가지고 있던데, 어떻게 하면 이 숫자를 사용할 수 있나요?

A : 여러분은 HTML에서 속성 이름이나 &#100과 같이 숫자도 사용할 수 있습니다 (둘은 똑같습니다). 하지만 모든 속성들이 이름을 가지고 있는 것은 아니므로, 그러한 경우 여러분의 유일한 선택은 숫자를 사용하는 것이죠.

위치 크랙 도전

세계 정복이 꿈인 이블 박사는 그의 사악한 심복들이 사용하는 개인적인 웹 페이지를 만들었습니다. 그런데 방금 그가 은닉한 장소에 대한 단서가 포함되어 있는 HTML 일부분을 가로채였고, 여러분은 HTML에 대한 전문 지식을 토대로, 그 코드를 해킹하고 그의 위치가 어디인지 알아내도록 요청을 받았습니다. 여기에 그의 홈 페이지에서 추출한 텍스트 일부가 있습니다.

다음 날에 지하 소굴에서 부하들의 모임이 있다.
Ðετröìτ.
참석 요망.

힌트: http://www.w3schools.com/tags/ref_entities.asp를 방문하거나 이 HTML을 입력해 브라우저가 무엇을 보여주는지 보세요.

요소 수프

\<em\>

약간 다른 목소리를 내고 싶은,
가령 강조하고자 하는 텍스트에
이 요소를 사용하세요.

\<strong\>

특별한 강조를 하려면
이 요소를 사용하세요.

\<pre\>

브라우저에서 타이핑한
형식 그대로 보이기 원한다면
이 요소를 사용하세요.

링크를 만들 때마다
\<a\> 요소가 필요할 거예요.

\<a\>

\<time\>

이 요소는 해당 콘텐츠가 날짜나 시간,
혹은 둘 모두에 해당된다고 브라우저에
알려줍니다.

라인브레이크를 만들기
위한 빈 요소입니다.

\<br\>

짧은 인용구에는 이 요소를 사용하세요.
이것처럼요. "사느냐 죽느냐" 혹은
"가는 곳에 길이 있다"

\<ul\>

요리 재료의 리스트나 해야 할
목록을 보여줘야 하나요?
\<ul\> 요소를 사용하세요.

이것은 사진같은
이미지를 포함하고
있는 요소입니다.

\<img\>

\<q\>

\<p\>

실례지만, 문단
하나만 주세요.

정렬된 리스트를 원한다면
\<ol\> 요소를 사용하세요.

\<ol\>

코드 요소는 컴퓨터 프로그램으로부터
코드를 보여주는 데 사용됩니다.

\<li\>는 초콜렛, 핫 초콜렛,
초코시럽 같은 리스트에 있는
목록을 위한 요소죠.

긴 인용구를 위해서 이 요소가 있습니다.
책에서 인용하고 싶은 긴 구절처럼
강조하고 싶은 부분에 사용됩니다.

\<code\>

\<li\>

\<blockquote\>

여기 여러분이 이미 알고 있는 혹은 아직 모르는
요소 몇 묶음이 있습니다.

기억하세요. HTML을 공부하는 즐거움의 절반은
시도해 보는 것입니다! 따라서 여러분이 파일을
만들어 보고 시험해 보세요.

훌륭해요. 정말 완벽한 여행이었고, 온라인
버전으로 일기를 만들기 잘했네요. HTML 역시
구조적으로 잘 만든 것 같아요. 이제부터는 저 혼자서
새로운 내용을 추가해야 할 것 같군요. 언제쯤 이것을
웹에 올려놓을 수 있나요?

 **핵심정리**

- 콘텐츠를 작성하기 전에 웹 페이지의 구조에 대한 계획을 세우세요. 스케치부터 시작해 개요를 작성하고 마지막으로 HTML을 작성합니다.

- 페이지를 작성할 때는 커다란 블록 요소로 시작해서 인라인 요소로 세련되게 마무리합니다.

- 기억하세요. 가급적이면 콘텐츠가 무엇을 의미하는지 요소를 사용해서 브라우저에 알려주세요.

- 항상 콘텐츠의 의미와 가장 근접한 요소를 사용하세요. 예를 들어 리스트가 필요한 때 절대로 문단을 사용하지 마세요.

- 〈p〉, 〈blockquote〉, 〈ol〉, 〈ul〉, 〈li〉는 모두 블록 요소입니다. 이들은 독립적이며 그 안에 콘텐츠를 가지고 있고 위, 아래에 공백이 있습니다.

- 〈q〉, 〈em〉, 〈a〉는 모두 인라인 요소입니다. 이러한 요소에 있는 콘텐츠는 요소를 포함하는 콘텐츠의 나머지 부분의 라인과 같이 움직입니다.

- 라인브레이크를 삽입할 필요가 있을 때는 〈br〉 요소를 사용하세요.

- 〈br〉 요소는 '빈' 요소입니다.

- 빈 요소는 콘텐츠를 가지고 있지 않습니다.

- 빈 요소는 오직 태그 하나로 구성됩니다.

- 빈 요소에는 콘텐츠가 없습니다만, 시작과 종료태그는 갖고 있습니다.

- 중첩 요소는 다른 요소 내부에 완전히 포함된 요소입니다. 만약 요소들이 적절하게 중첩되어 있다면 모든 태그들 역시 정확히 일치할 것입니다.

- 두 개의 요소를 사용해서 HTML 리스트를 만듭니다. 정렬된 리스트는 〈li〉와 〈ol〉을 사용하고, 정렬되지 않은 리스트는 〈li〉와 〈ul〉을 사용합니다.

- 브라우저가 정렬된 리스트를 보여줄 때는 브라우저가 순번을 부어하므로 따로 순번을 부여하지 않아도 됩니다

- 〈li〉 요소 내부에 〈ol〉이나 〈ul〉 요소를 넣음으로써 리스트 내부에 중첩된 리스트를 만들 수 있습니다.

- HTML 콘텐츠에 특수문자를 사용할 경우 문자 속성을 사용하세요.

HTML 십자 퍼즐

여러분의 오른쪽 두뇌를 쉬게 하고, 왼쪽 두뇌가 일할 때가 되었군요. 이 장에 나온 HTML과 관련된 단어만 넣었습니다.

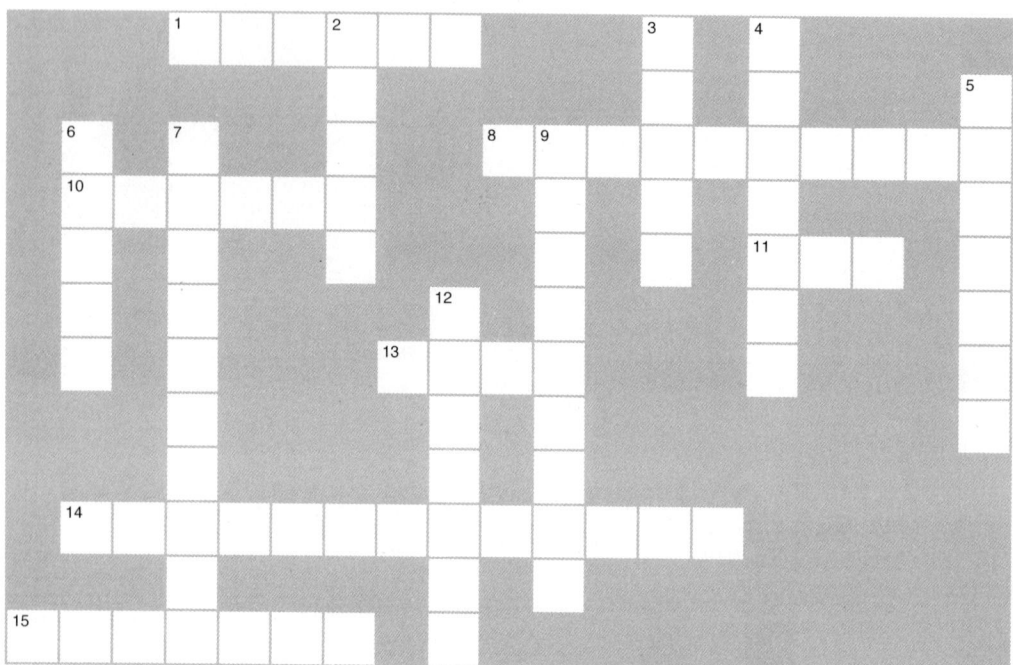

Lists(리스트)
blockelements
content(콘텐츠)
nesting(중첩)
inline(인라인)
ordered(정렬된)
blockquote
wives(부인들)
12mph(시속 12마일)
Void(빈)
burmashave(버마셰이브)
unordered(정렬되지 않은)
segway(세그웨이)
passing
img

가로

1. 토니의 교통수단
8. 재미있는 길 위의 유명한 표지판
10. 〈q〉는 이러한 유형의 요소입니다.
11. 또 다른 빈 요소
13. 콘텐츠 없는 요소
14. 페이지의 주요 건축 자재
15. 이러한 종류의 리스트의 경우 〈ol〉을 사용합니다.

세로

2. T-Bird를 타고 같이 떠났죠.
3. 세그웨이의 최고 속도
4. 토니는 이러한 종류의 것을 하지 않습니다.
5. 다른 요소 내부에 요소를 넣는 것을 이것이라 부릅니다.
6. 두 개의 요소가 필요하죠.
7. 인용을 위한 블록 요소
9. 이런 종류의 리스트를 위해 〈ul〉을 사용하죠.
12. 빈 요소는 아무것도 가지고 있지 않습니다.

여기에 〈q〉 요소를 사용하여 토니의 노자 인용구를 다시 작업한 내용이 있습니다. 여러분의 정답을 테스트해 보셨나요?

여기 변경된 일부분이 나와 있군요.

`<p>`

여행 첫 날이다! 짐을 꾸리고 드디어 여행을 하게 되다니 믿기지 않는다.
세그웨이를 타고 있기 때문에 짐을 많이 가지고 갈 수가 없다. 휴대전화,
아이팟(iPod), 디지털 카메라, 프로틴 바(Protein Bar)등
꼭 필요한 물품만 챙겼다. 노자가 말했던가? `<q>`천리길도
한 세그웨이부터 시작한다고.`</q>`

`</p>`

인용구가 시작되는 부분에 〈q〉 시작태그를
추가했고, 끝나는 부분에 〈/q〉 종료태그를
추가했습니다.

큰 따옴표를 제거한
부분에 주목하세요.

그리고 시운전하면

좋아요. 좀 더 다르게 보이는군요.
훨씬 좋아진 것 같지 않나요?

여행 첫 날이다! 짐을 꾸리고 드디어 여행을 하게 되다니 믿기지 않는다. 왜냐하면 세그웨이를 타고 있기 때문에 많은 짐을 가지고 갈 수가 없다. 휴대전화, 아이팟 (iPod), 디지털 카메라, 프로틴 바(Protein Bar)등 꼭 필요한 물품만 챙겼다. 노자가 말했던가? "천리길도 한 세그웨이부터 시작한다고"

토니의 일기에 있는 또 다른 리스트가 있습니다. 리스트에는 휴대전화, 아이팟, 디지털 카메라, 프로틴 바가 있군요. 7월 2일 일기에서 이 항목을 찾을 수 있는데, 이것들은 정렬되지 않은 리스트 입니다.

여기 나온 답과 같이 'journal.html' 파일에 변경 사항을 적용하세요. 여러분이 예상하던 것처럼 보이나요?

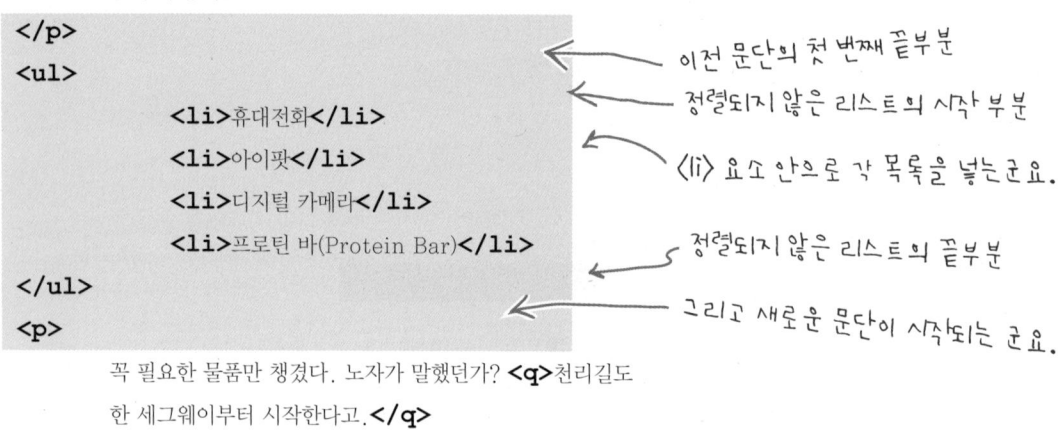

```html
<h2>2012년 7월 2일</h2>
<img src="segway1.jpg">
<p>
        여행 첫 날이다! 짐을 꾸리고 드디어 여행을 하게 되다니
        믿기지 않는다. 세그웨이를 타고 있기 때문에 짐을 많이 가지고
        갈 수가 없다.
</p>
<ul>
        <li>휴대전화</li>
        <li>아이팟</li>
        <li>디지털 카메라</li>
        <li>프로틴 바(Protein Bar)</li>
</ul>
<p>
        꼭 필요한 물품만 챙겼다. 노자가 말했던가? <q>천리길도
한 세그웨이부터 시작한다고.</q>
</p>
```

이전 문단의 첫 번째 끝부분

정렬되지 않은 리스트의 시작 부분

⟨li⟩ 요소 안으로 각 목록을 넣는군요.

정렬되지 않은 리스트의 끝부분

그리고 새로운 문단이 시작되는군요.

```
<html>
<head>
    <title>탑 100</title>          ← </head> 종료태그가 빠졌군요.
<body>
<h1>탑 100              ← </h1> 종료태그가 빠졌네요.
<h2>Dark Side of the Moon</h2>
<h3>핑크 플로이드</h3>
<p>
    달에는 어두운 면이 없다. 사실은 <q>달 전체가 어둡다.
</p></q>        ← <p>와 <q>는 제대로 중첩되지 않았군요.
                  </p> 태그는 </q> 태그 다음에 와야 합니다.
<ul>
    <li>Speak to Me / Breathe</li>
    <li>On The Run</li>
    <li>Time</li>
    <li>The Great Gig in The Sky</li>
    <li>Money</li>
    <li>Us And Them</em>     ← </li> 태그가 있어야 할 자리에
    <li>Any Colour You Like</li>     </em> 태그가 있군요.
    <li>Brain Damage</li>
    <li>Eclipse</li>
</ul>
</p>        ← 여기에 있는 </p> 종료태그는 어떤
                  <p> 시작태그와도 일치하지 않습니다.
<h2>XandY</h3>
<h3>콜드플레이</h2>     ← </h2>와 </h3> 종료태그를 혼동했군요.
<ol>                  ← <ol> 리스트로 시작했는데 </ul>로 끝냈군요.
    <li>Square One       일치하지 않습니다.
    <li>What If?
    <li>White Shadows
    <li>Fix You
    <li>Talk                 ← </li> 종료태그를
    <li>XandY                  다 빼먹었군요.
    <li>Speed of Sound
    <li>A Message
    <li>Low
    <li>Hardest Part
    <li>Swallowed In The Sea
    <li>Twisted Logic
</ul>        ← 위에 있는 리스트의 시작점인 <ol> 태그와 일치하지 않습니다.
</body>
</head>        ← 위에서 빼먹은 </head> 종료태그가 있군요. 하지만 </html> 종료태그도 빼먹었어요.
```

연습문제 정답

나는 누구일까요?

완전한 무대의상을 갖춘 한 묶음의 요소가 '나는 누구일까요?' 파티 게임을 하고 있습니다. 그들은 여러분에게 한 가지 단서를 제공했군요. 그들이 말한 것을 기초로 해서 설명하는 게 무엇인지 맞춰보세요.

오늘의 참석자:
여러분이 지금까지 봐왔던 아주 매혹적인 HTML 요소가 등장합니다!

이름	인라인 혹은 블록?

저는 첫 번째 제목입니다.
h1 — 블록

다른 페이지와 링크할 준비가 모두 됐어요.
a — 흠

> 흠.. 인라인처럼 보이지만 <a>는 요소만이 아닌 블록 요소도 감쌀 수 있습니다. 따라서 해당 구문에따라 <a>는 인라인이 될 수도 있고 블록이 될 수도 있죠.

저를 가지고 텍스트를 강조합니다.
em — 인라인

저는 리스트지만 순서대로 일하지는 않아요.
ul — 블록

저는 진짜 라인브레이크이예요.
br — 흠

> 당황했나요?
은 블록과 인라인 사이의 중간 세계라고 할 수 있습니다. 라인브레이크를 생성하지만 두 개의 <p> 요소를 사용한 것처럼, 텍스트를 두 블록으로 나누지는 않습니다.

저는 리스트 안에 살고 있는 항목이예요.
li — 블록

저는 순서대로 리스트 항목을 유지한답니다.
ol — 블록

저는 그림 그 자체입니다.
img — 인라인

> 아직까지 이에 대해 자세히 살펴보지 않았지만, <img>는 인라인이 맞습니다. 좀 더 생각해 보고 5장에서 이 부분에 대해 다시 다루도록 하겠습니다.

저를 가지고 문단 내부에서 인용을 합니다.
q — 인라인

저를 사용해서 자립하는 텍스트를 인용합니다.
blockquote — 블록

연습문제 정답

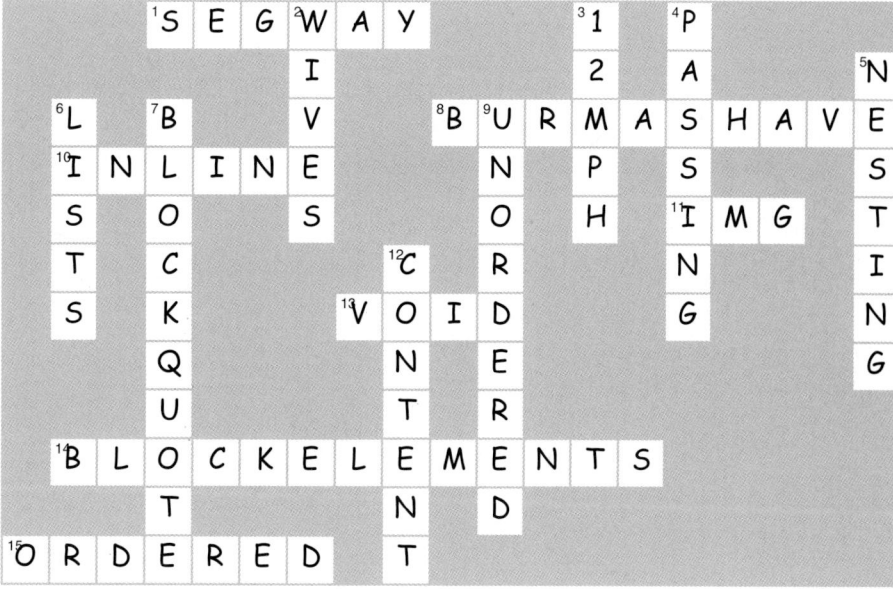

위치 크랙 도전

여러분은 찾아보거나 직접 입력했을 겁니다.
어떻게 했든 정답은 디트로이트(Detroit)처럼
보이는군요!

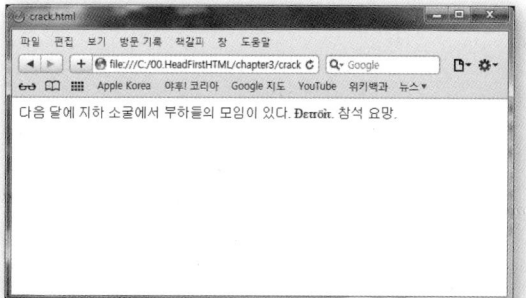

다음 달에 지하 소굴에서 부하들의 모임이 있다.
Ðετröì
τ. 참석 요망.

4 인터넷에 연결하기

웹 마을로의 여행

우리는 지금 웹 마을로 떠나요! 먼지투성이인 로컬 파일 시스템을 영원히 떠날 거예요.

웹 페이지들은 인터넷에서 제공되는 최상의 요리입니다.

지금까지는 여러분의 컴퓨터에 HTML 페이지를 만들었습니다. 그런데 여러분 컴퓨터에 있는 페이지들과만 링크를 만들었지요? 이제 이 모든 것을 바꾸려고 합니다. 이번 장에서는 여러분의 친구들, 팬, 고객들이 실제로 볼 수 있도록 웹 페이지를 인터넷에 올려볼 거예요. 또한 h,t,t,p,:,/,/,w,w,w.란 코드를 해킹하여 다른 페이지와 어떤 식으로 연결되는지 그 미스터리를 밝힐 것입니다. 자, 짐을 챙기세요. 우리의 다음 종착역은 웹 마을입니다.

경고. 일단 웹 마을에 들어서면 절대 돌아올 수 없으니, 도착하면 엽서라도 한 장 보내 주세요.

1장에서 봤었는데, 누군지 알아보겠어요? 스타버즈 웹사이트를 온라인으로 만들어 고객들이 실제로 볼 수 있게 해준다고 했었잖아요.

스타버즈(혹은 여러분 사이트)를 웹으로 가져가 봅시다

여러분이 생각하는 것보다는 더 빠르게 스타버즈 사이트(여러분 자신의 웹 사이트라면 더할 나위 없겠죠)를 웹으로 옮기고 있습니다. 여러분이 할 일은 '웹 호스팅 회사'(지금부터는 호스팅 회사라고 부르겠습니다)를 찾아 여러분의 컴퓨터에 있는 웹 페이지를 복사해서 그 회사의 서버에 올려놓는 것입니다.

물론 로컬 폴더와 서버의 폴더를 어떻게 '매핑'하며, 서버에 페이지를 올리면 페이지의 위치를 어떻게 브라우저에 알려주는지 등을 알면 도움이 될 것입니다. 앞으로 이러한 모든 것을 다룰 것입니다만 지금 당장은 여러분이 웹에 대해서 알아야 할 것만을 중심으로 얘기하겠습니다. 여기에 여러분이 해야 할 일이 나와 있습니다.

❶ 호스팅 회사를 찾습니다.

❷ 사이트의 이름을 선택합니다.
('www.starbuzzcoffee.com'처럼)

❸ 로컬 컴퓨터의 파일들을 호스팅 회사의 서버로 옮길 방법을 찾습니다(몇 가지 방법이 있습니다).

❹ 여러분의 친구나 가족, 팬들에게 새로운 사이트를 알려주고 신나게 즐기기 시작합니다.

지금 당장 웹사이트를 온라인으로 설정하지 않더라도 이러한 각 단계를 잘 따라 하면, 후반부에 알아야 할 중요한 내용을 알게 될 거예요. 그럼 이제 HTML을 우회할 준비를 하도록 하죠.

웹 우회도로

호스팅 회사 찾기

여러분이 만든 페이지를 웹으로 올리려면 실제로 24시간 내내 웹에 살고 있는 서버가 필요합니다. 여러분이 할 수 있는 최상의 방책은 서버를 계속 가동시키는 호스팅 회사를 찾아 자세한 사항까지 그냥 그들에게 맡겨 버리는 것입니다. 걱정하지는 마세요. 호스팅 회사를 찾는 것은 꽤 수월하며 비용도 적게 든답니다.

어떤 회사가 좋을까요? 글쎄요. 여러분들을 위해 헤드 퍼스트 웹 호스팅 주식회사에서 웹 호스팅을 하면 좋겠지만, 그런 회사는 실제로 존재하지 않습니다. 따라서 호스팅 회사를 찾는 것은 여러분이 직접 해야 할 숙제로 남겨두겠습니다. 여러분이 만든 페이지들을 호스트해주는 회사를 찾는 것은 어렵지 않지만, 케이블 TV 회사를 고르는 것과 비슷합니다. 즉, 많은 회사가 있으므로 적당한 가격에 최상의 서비스를 얻으려면 이곳 저곳 둘러봐야만 할 것입니다.

좋은 소식이 있습니다. 여러분의 지갑에서 한 푼도 꺼내지 않고도 시작할 수 있고, 추가적인 기능이 필요하면 나중에 언제나 업그레이드할 수 있는 방법이 있습니다. 여기서 특정 서비스 제공자를 제안할 수는 없지만, 서비스 제공자를 찾을 수 있도록 몇 가지 정도는 이야기 할 수 있습니다. 다음의 주소에서 좀 더 유명한 서비스 제공자의 목록을 찾을 수 있습니다.

http://wickedlysmart.com/hosting-providers/

마케팅 부서의 회신:
만약 호스팅 회사가 우리에게 충분히 큰 수표를 끊어 준다면 할 수도 있습니다.

■ 도메인 이름: 같은 가격에 도메인 이름도 포함되나요? 이 부분에 대해서는 다음 페이지에서 더 알아보겠습니다.

이 책을 학습하면서 작성하는 페이지를 모두 웹으로 옮길 필요는 없습니다.

여러분이 만든 페이지가 실제로 웹에 올라간다면 정말 재미있겠지만, 여러분 컴퓨터로 작업하더라도 이 책의 나머지 예제를 할 수 있습니다.

둘 중 어느 경우라노, 뒤에 나오는 페이지들을 따라 하다 보면 모든 것들이 어떤 식으로 맞물려서 돌아가는지 알게 될 것입니다.

 **1분 호스팅 가이드**

호스팅 회사를 찾을 때 여러분이 알아야 될 모든 것을 말해 줄 수는 없지만(어쨌든 이 책은 HTML과 CSS에 관한 책입니다), 올바른 방향으로 나갈 수 있도록 좋은 조언을 해주려고 합니다. 호스팅 회사를 찾는 동안 여러분이 고려해야 할 몇 가지 특징이 있습니다.

■ 기술 지원: 호스팅 회사가 여러분의 기술적 질문을 처리하는 데 좋은 시스템을 갖추고 있나요? 여러분의 질문에 대해 이메일이나 전화로 빠르게 응답한다면 가장 좋습니다.

■ 데이터 전송: 이는 주어진 기간 동안 여러분이 방문자들에게 보낼 수 있는 데이터와 페이지의 측정치를 말합니다. 대부분의 호스팅 회사들은 그들의 기본적인 계획에 따라 작은 사이트를 위하여 적당한 데이터 전송량을 제공합니다. 많은 사용자들이 방문하는 웹사이트를 만든다면 아마도 이 부분을 주의 깊게 살펴봐야 할 것입니다.

■ 백업: 여러분의 페이지들과 데이터를 주기적으로 백업하여 서버의 하드웨어 문제가 발생했을 때 복구할 수 있나요?

■ 도메인 이름: 같은 가격에 도메인 이름도 포함되나요? 이 부부에 대해서는 다음 페이지에서 더 알아보겠습니다.

■ 신뢰도: 대부분의 호스팅 회사들은 99% 이상의 신뢰도를 보이고 있습니다.

■ 매력적인 것: 여러분의 패키지가 이메일 주소, 포럼 혹은 스크립트 랭귀시 시원 등 다른 매력적인 것을 포함하나요?(이 중 어떤 것은 앞으로 중요하게 될 것입니다)

웹 우회도로

안녕하세요, 제 도메인 이름은 …

도메인 이름이란 용어를 한 번도 들어본 적이 없다 하더라도, google.com, facebook.com, amazon.com, disney.com이나 굳이 언급할 필요가 없는 이상한 사이트 이름도 많이 사용해 봤을 것입니다.

그러면 도메인 이름이란 무엇일까요? 바로 여러분의 사이트를 위치를 가리키기 위해 사용되는 유일한 이름입니다. 예제를 보세요.

이 부분이 도메인 이름입니다.

www.starbuzzcoffee.com

이 부분은 도메인 내부에 있는 특정 서버의 이름입니다.

목적에따라 도메인의 '끝' 부분이 다릅니다 (.com, .org, .gov, .edu). 그리고 국가에따라서도 다릅니다(.co.uk, .co.jp 등등). 도메인을 선택할 때 여러분에게 가장 적합한 것을 고르세요.

도메인 이름에 대해 주의를 기울여야 하는 이유가 있습니다. 여러분의 사이트를 위한 유일한 이름을 갖고 싶다면, 여러분만의 도메인 이름이 필요할 것입니다. 도메인 이름은 여러분의 웹사이트를 다른 웹사이트와 연결하는 데도 사용됩니다(이 내용은 앞으로 배울 페이지에서 다루겠습니다).

여러분이 알아야만 하는 몇 가지 다른 사항이 있습니다. 도메인 이름들은 국제인터넷주소관리기구(ICANN이라 불립니다)에 의해 조정되며, 오직 한 번에 한 사람만 하나의 도메인 이름을 사용할 수 있습니다. 또한 여러분의 도메인 이름을 계속 갖고 싶다면 일 년에 등록비를 어느 정도 지불해야 합니다.

몇 년간의 고생 끝에, 마침내 우리 고유의 도메인 이름을 가지게 됐어요.

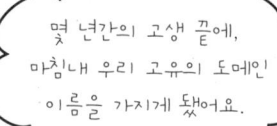

어떻게 하면 도메인 이름을 얻을 수 있을까요?

쉽게 설명하면 여러분의 호스팅 회사가 고민하도록 놔두세요. 호스팅 회사들은 종종 패키지 상품의 일부로 도메인 이름의 등록을 처리합니다. 어쨌거나, 여러분을 기꺼이 도울 회사는 수백 개나 있습니다. 다음 주소에서 회사의 목록을 찾을 수 있습니다.

http://www.internic.net/regist.html

호스팅 회사를 찾으면서 여러분 스스로 고유의 도메인 이름을 찾고 등록하도록 해야 할 것 같습니다. 여러분은 아마도 가장 쉬운 방법으로 도메인 이름에 대한 일 처리를 하는 호스팅 회사를 찾을 것 같군요.

바보 같은 질문이란 없습니다

Q: 왜 웹사이트 이름 대신 도메인 이름이라고 부르나요?

A: 왜냐하면 이 둘은 다른 의미이기 때문입니다. www.starbuzzcoffee.com은 웹사이트 이름이고, 이 중 starbuzzcoffee.com 부분만 도메인 이름입니다. 같은 도메인 이름을 사용하여 다른 웹사이트를 만들 수 있습니다. 예를 들어 corporate.starbuzzcoffee.com이나 employees.starbuzzcoffee.com처럼 말이죠. 따라서 도메인 이름은 여러 웹사이트들을 위해 사용할 수 있는 것이라 보면 됩니다.

Q: 스타버즈를 위한 도메인 이름을 얻으려면 www.starbuzzcoffee.com이란 이름을 사용해야 하나요? 사람들은 보통 웹사이트 앞에 www를 붙이는 것 같던데요.

A: 다시 한 번 말하지만 웹사이트 이름과 도메인 이름을 혼동하지 마세요. www.starbuzzcoffee.com은 웹사이트 이름이고, starbuzzcoffee.com은 도메인 이름입니다. 도메인을 구입하는 것은 땅을 구입하는 것과 비슷합니다. 가령 100mainstreet.com이 있다고 합시다. 그 땅에서 여러분은 원하는 만큼 많은 웹사이트를 만들 수 있습니다. 예를 들어 home.100mainstreet.com, toolshed.100mainstreet.com, outhouse.100mainstreet.com을 만들 수 있습니다. 이런 식으로 www.starbuzzcoffee.com은 단지 starbuzzcoffee.com 도메인에 있는 웹사이트 하나일 뿐입니다.

Q: 도메인 이름이 뭐 그리 대단한거죠? 정말 하나만 필요한가요? 호스팅 회사에서는 자신의 도메인 이름인 www.dirtcheaphosting.com을 사용할 수 있다고 하던데요?

여러분 스스로 직접 풀어볼 필요가 있는 연습문제가 여기 있군요. 개인적으로는 여러분을 돕고 싶지만, 이 책의 저자에게 질문할 것들이 너무 많을 것 같군요

A: 여러분의 요구를 만족시킨다면 그 이름을 사용하는 것에 대해 잘못된 것은 없습니다. 하지만 그렇게 하면 단점이 있습니다. 여러분이 다른 호스팅 회사로 옮겨야 한다거나 현재의 호스팅 회사가 문을 닫게 된다면, 여러분의 사이트는 더 이상 쉽게 찾을 수 없게 될 것입니다. 반면에 여러분 고유의 도메인 이름을 갖고 있다면, 새로운 호스팅 회사로 그 이름만을 그대로 갖고 가면 됩니다(그리고 여러분 사이트의 방문자들은 호스팅 회사를 옮겼는지 절대 알지 못하겠죠).

Q: 도메인 이름이 유일하다면, 어느 누군가가 이미 내가 사용할 도메인 이름을 갖고 있을 수도 있겠네요? 어떻게 하면 이를 알 수 있을까요?

A: 좋은 질문입니다. 도메인 이름 등록 서비스를 제공하는 대부분의 회사들은 필요한 도메인 이름이 이미 쓰였는지 찾아볼 수 있는 기능을 제공합니다(개인 자동차 번호판을 찾는 것과 비슷한 종류입니다). 이러한 회사들의 목록은 다음 사이트에서 찾을 수 있습니다. http://www.internic.net/regist.html

집에서 한번 해 보세요.

호스팅 회사를 찾아 여러분의 사이트를 위한 도메인 이름을 가질 때가 되었습니다. 몇 가지 제안 사항이나 리소스를 위해 헤드 퍼스트 연구소를 방문할 수 있다는 것을 기억하세요. 여러분이 실제로 해야만 되는 것입니다만, 이 부분을 건너뛰어도 이 책을 끝마칠 수 있나는 점을 기억하세요!

웹 호스팅 회사: ....

도메인 이름: ....

웹 우회도로

이사하기

축하합니다! 여러분은 호스팅 회사를 확보하고 도메인 이름을 얻었군요. 그리고 웹 페이지를 위한 모든 준비가 완료된 서버도 확보했습니다(이 부분을 건너뛰고 싶더라도 중요한 부분이니 그냥 따라오세요).

이제 무엇을 해야 할까요? 물론 이사를 해야겠죠. 따라서 '판매 중'이란 간판을 내리고, 모든 파일들을 모은 다음에 새로운 서버로 이동시킬 겁니다. 일반적인 이사처럼 우리의 목표는 짐을 꾸리는 것입니다. 말하자면 지금 살고 있는 집의 부엌을 이사할 집의 부엌으로 옮기는 것과 같습니다. 웹에서는 여러분 컴퓨터의 루트 폴더에 있는 파일들을 모아 웹 서버의 루트 폴더로 옮기는 것만 고려하면 됩니다. 다시 스타버즈로 돌아가서 이사가는 방법을 살펴봅시다. 지금 무엇을 해야 하는지 여기에 나와 있군요.

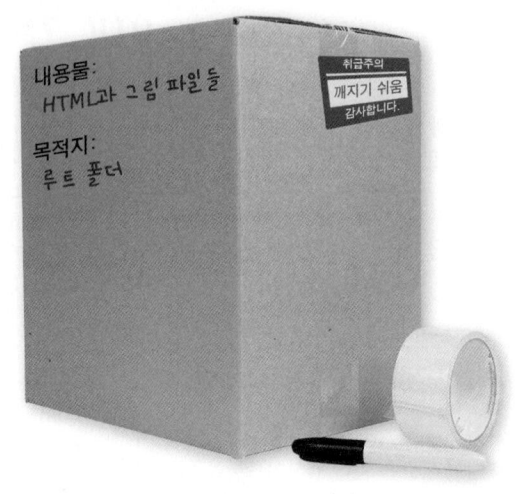

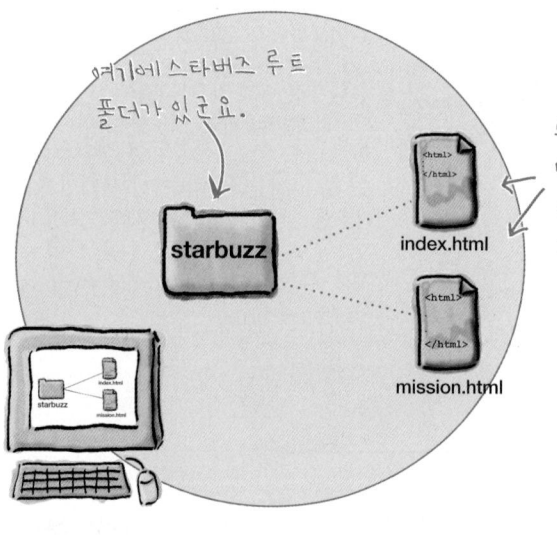

여기에 스타버즈 루트 폴더가 있군요.

스타버즈 페이지를 기억하나요? 메인 페이지(index.html)와 사명 페이지(mission.html) 페이지가 있었죠.

스타버즈 페이지가 현재 거주하고 있는 여러분의 컴퓨터

여기 새로운 웹 서버가 있군요. 호스팅 회사에서 여러분들을 위해 이미 루트 폴더를 만들어 놨습니다. 이곳으로 모든 파일들이 이사갈 예정이예요.

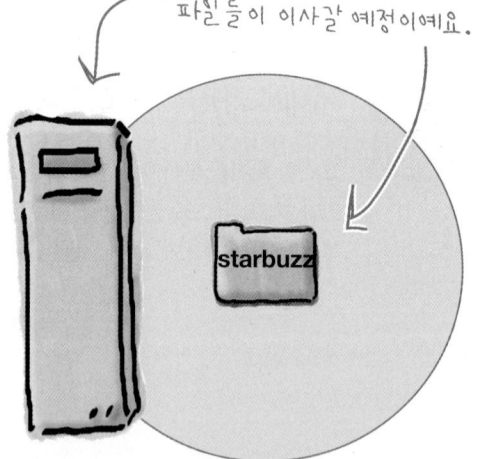

여기 새로운 웹사이트 이름이 있습니다. starbuzzcoffee.com이란 도메인을 다시 사용하고 있군요(여러분 자신의 도메인 이름을 사용할 수 있습니다).

www. starbuzzcoffee. com

바보 같은 질문이란 없습니다

Q: 잠깐만요, 다시 질문하는데 '루트 폴더'란 무엇인가요?

A: 지금까지 설명한 루트 폴더란 페이지들의 가장 상위에 있는 폴더였습니다. 웹 서버에서 루트 폴더는 훨씬 더 중요한 존재가 되었죠. 왜냐하면 루트 폴더 안에 있는 어떤 것이라도 웹에서 접근할 수 있기 때문이죠.

Q: 호스팅 회사에서 제 루트 폴더 이름을 'mydomain_com'이라고 하는데, 문제가 없을까요?

A: 전혀 문제되지 않습니다. 호스팅 회사에서는 루트 폴더를 여러 가지 이름으로 부른답니다. 중요한 것은 루트 폴더가 서버의 어느 곳에 있는지 파악하여, 여러분의 파일들을 그곳으로 복사하는 것입니다(복사하는데 몇 초 정도 걸릴 거예요).

Q: 좀 더 확실히 이해할 수 있게 알려주세요. 지금까지 루트 폴더라 불리는 한 폴더에 사이트의 모든 파일들을 놓았습니다. 이제부터는 서버의 루트 폴더로 모두 다 복사하는 건가요?

A: 정확히 맞습니다. 여러분 컴퓨터의 모든 웹 페이지를 호스팅 회사 서버의 루트 폴더 안으로 모두 복사하면 됩니다.

Q: 'images'같은 하위 폴더는 어떻게 하나요? 이것들도 복사해야 하나요?

A: 예. 기본적으로 여러분의 루트 폴더에 있는 모든 파일과 폴더들을 서버의 루트 폴더로 복사합니다. 따라서 컴퓨터에 'images' 폴더가 있으면, 이것도 복사하세요.

파일을 루트 폴더로

스타버즈 사이트를 웹에 올려놓는 첫 번째 단계를 마쳤습니다. 호스팅 회사의 서버에 있는 루트 폴더를 확인하였고, 이제 여러분은 페이지들을 복사해서 서버로 보내는 일을 해야 합니다. 하지만 어떻게 파일들을 웹 서버로 보낼까요? 여러 가지 방법이 있습니다만, 대부분의 호스팅 회사들은 FTP(파일 전송 프로토콜, File Transfer Protocol)라 불리는 파일 전송 방법을 제공 및 지원합니다. FTP를 경유해서 여러분의 파일들을 전송할 수 있는 프로그램들을 쉽게 찾을 수 있을 것입니다. 다음 페이지에서 FTP가 어떻게 동작하는지 알아보도록 하겠습니다.

여러분의 컴퓨터에 파일이 있습니다.

여기에 서버의 루트 폴더가 있군요.

서버로 파일을 전송하고 나면 파일은 웹에서 '살아 움직이게' 될 것입니다.

starbuzz
index.html
mission.html

www.starbuzzcoffee.com

두 페이지에 걸쳐 FTP 설정하기

진지한 이야기인데 이 책은 HTML과 CSS에 관한 책입니다만, 여러분을 곤경에 빠지게 놔두길 원하지는 않습니다. 따라서 여기에 FTP를 사용하여 파일들을 웹으로 전송할 수 있는 매우 간략한 내용을 실었습니다. 아마도 호스팅 회사들은 서버로 파일들을 전송하는 데 더 좋은 방법을 제공할 것이란 점을 기억해 두세요(여러분이 돈을 지불했으니, 마땅히 도움을 받아야겠죠). 앞으로 나오는 몇 페이지만 학습한 후에는, 우회도로를 벗어나 이 책이 끝날 때까지 HTML과 CSS에 관한 사항만 다룰 것을 약속 하겠습니다.

일단 여러분이 적당한 FTP 프로그램을 찾았다고 가정하겠습니다. 어떤 프로그램들은 명령줄 입력(커맨드 라인) 방식일 것이고, 어떤 것은 완전한 그래픽 인터페이스 환경을 제공할 것이며, 심지어 어떤 프로그램은 드림위버나 익스프레션 웹과 같은 프로그램 안에 내장되어 있을 것입니다. 이 프로그램들을 모두 같은 명령어를 사용합니다. 하지만 직접 명령어를 쳐야 하는 것도 있는 반면, 그래픽 인터페이스를 갖춘 프로그램들은 그럴 필요가 없습니다. 지금부터 FTP가 어떻게 작동하는지 보도록 하죠.

① 첫 번째로 FTP를 사용해서 서버와 연결합니다.

연결하기 위해 호스팅 회사로부터 사용자 아이디와 비밀번호를 받아야 합니다.

폴더와 디렉터리는 같은 말입니다. 대부분의 FTP 프로그램에서는 디렉터리라는 용어를 사용합니다.

② 'cd' 명령어를 입력해서 현재 디렉터리에서 전송할 파일들이 있는 디렉터리로 이동합니다.

다시 말하면 파일을 전송하기 전에, 서버의 'starbuzz'란 폴더로 들어가야 합니다.

starbuzz 디렉터리로 변경합니다.

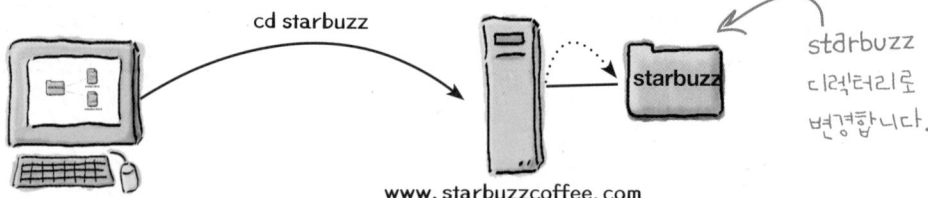

③ 'put' 명령어를 입력해서 파일들을 서버로 전송합니다.

'index.html' 파일을 복사해서 서버의 현재 디렉터리로 전송합니다.

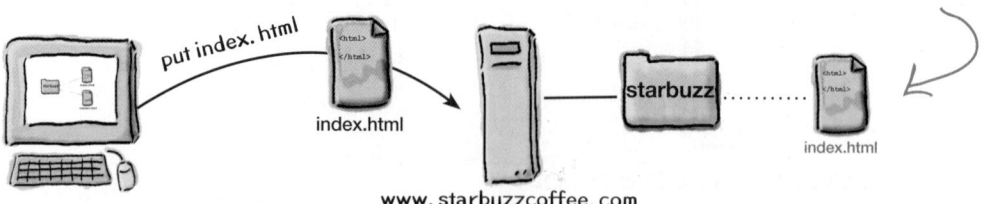

④ 'mkdir' 명령어를 입력해서 새로운 디렉터리를 생성할 수 있습니다.

이 방법은 새로운 폴더를 만드는 것과 같습니다. 다른 점이 있다면 여러분의 컴퓨터가 아니라 서버에서 작업한다는 것이죠.

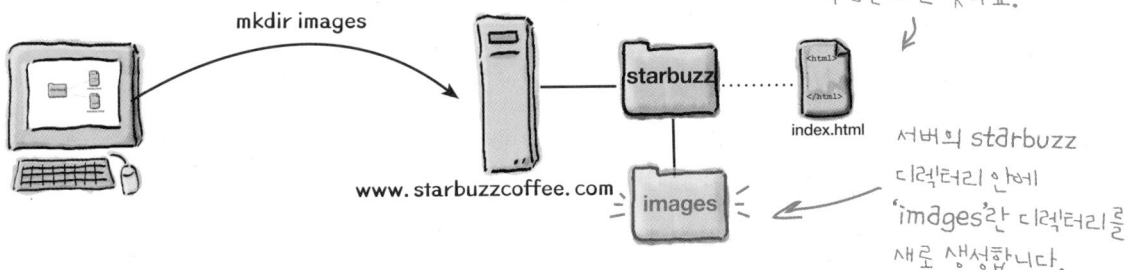

mkdir images

www. starbuzzcoffee. com

서버의 starbuzz 디렉터리 안에 'images'란 디렉터리를 새로 생성합니다.

⑤ 'get' 명령어를 사용해서 파일들을 다시 회수할 수 있습니다.

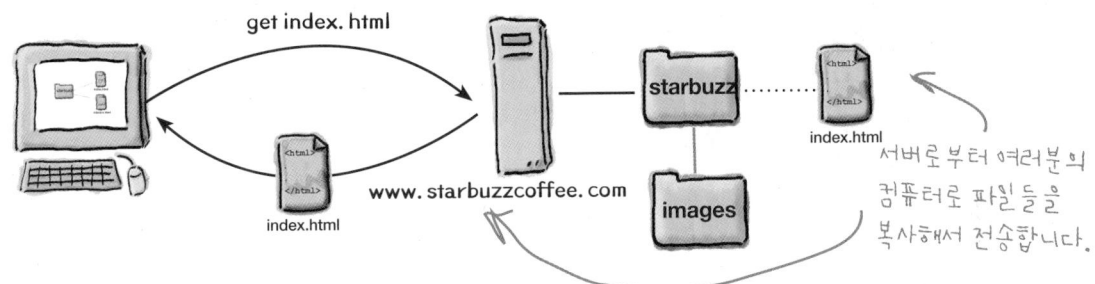

get index. html

www. starbuzzcoffee. com

index.html

서버로부터 여러분의 컴퓨터로 파일들을 복사해서 전송합니다.

모든 것을 합쳐볼까요? 여기에 커맨드-라인 방식을 사용하는 FTP 프로그램 예제가 있습니다.

대부분의 FTP 프로그램들은 풍부한 그래픽 사용자 인터페이스를 갖추고 있으므로, 이러한 프로그램들을 사용한다면 이 부분을 건너뛰세요.

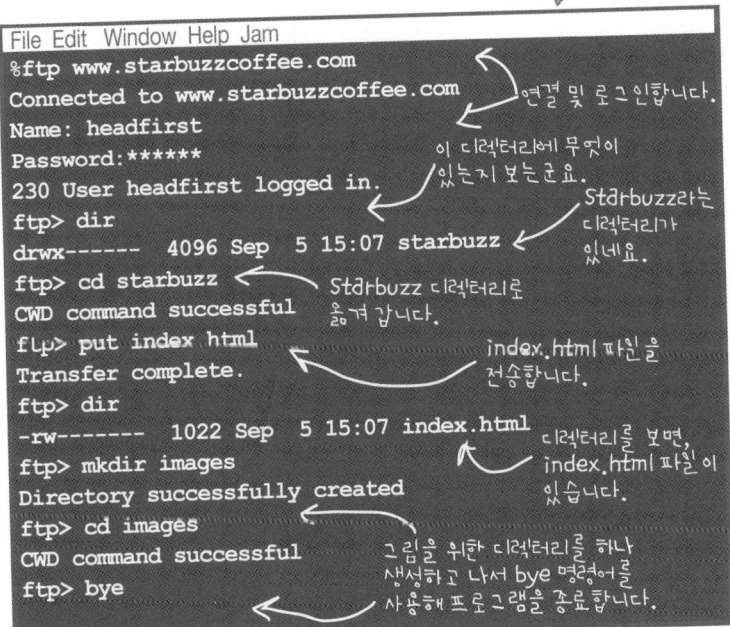

```
File Edit  Window Help Jam
%ftp www.starbuzzcoffee.com
Connected to www.starbuzzcoffee.com
Name: headfirst
Password:******
230 User headfirst logged in.
ftp> dir
drwx------   4096 Sep  5 15:07 starbuzz
ftp> cd starbuzz
CWD command successful
ftp> put index.html
Transfer complete.
ftp> dir
-rw-------   1022 Sep  5 15:07 index.html
ftp> mkdir images
Directory successfully created
ftp> cd images
CWD command successful
ftp> bye
```

연결 및 로그인합니다.

이 디렉터리에 무엇이 있는지 보는군요.

Starbuzz라는 디렉터리가 있네요.

Starbuzz 디렉터리로 옮겨 갑니다.

index.html 파일을 전송합니다.

디렉터리를 보면, index.html 파일이 있습니다.

그림을 위한 디렉터리를 하나 생성하고 나서 bye 명령어를 사용해 프로그램을 종료합니다.

— FTP 명령어 —

커맨드 라인에서 명령어를 직접 입력하거나, 그래픽 인터페이스를 갖춘 FTP 프로그램을 사용하는 것은 모두 같은 방식으로 작동됩니다.

■ dir: 현재 디렉터리의 파일 목록을 보여줍니다.
■ cd: 다른 디렉터리로 옮겨 갑니다. ...은 한 단계 위 디렉터리를 의미합니다.
■ pwd: 여러분이 위치한 현재 디렉터리를 나타내줍니다.
■ put 〈파일명〉: 해당 파일을 서버로 전송합니다.
■ get 〈파일명〉: 해당 파일을 서버에서 여러분의 컴퓨터로 다시 가져옵니다.

바보 같은 질문이란 없습니다

Q : 호스팅 회사에서 FTP가 아닌 SFTP를 사용하라고 하던데, 무슨 차이가 있나요?

A : SFTP(Secure File Transfer Protocol)는 FTP보다 더 안전한 버전입니다만, 거의 비슷합니다. FTP 프로그램을 구입하기 전에 해당 프로그램이 SFTP를 지원하는지 확인해 보세요.

Q : 제가 만든 사이트를 변경하고 싶을 때마다 컴퓨터에 있는 파일을 수정해서 다시 서버로 전송해야 하나요?

A : 예. 작은 사이트의 경우에는 일반적인 방법입니다. 서버로 전송하기 전에 변경한 내역을 여러분의 컴퓨터에서 테스트해 보고 원하는 대로 작동하는지 확인하세요. 큰 사이트의 경우에는 종종 테스트 사이트와 실제 사이트를 만들어, 변경 사항을 실제 사이트에 적용하기 전에 먼저 테스트 사이트에 적용하여 미리 볼 수 있습니다.

만약 드림위버나 코다(Coda)같은 프로그램을 사용한다면 여러분 컴퓨터에서 테스트할 수 있고, 저장하는 시점에 웹사이트로 파일을 자동으로 전송합니다.

Q : 웹 서버에서 직접 파일을 수정할 수 있나요?

A : 그리 좋은 방법은 아닙니다. 왜냐하면 모든 변경 사항과 에러를 여러분이 고치기 전에 사이트의 방문자들이 볼 수 있기 때문입니다.

호스팅 회사 중에는 여러분이 직접 서버로 로그인해서 파일을 수정하는 것을 허용하는 회사도 있습니다. 그렇게 하기 위해서는 서버의 운영체제에 따라 도스나 리눅스의 명령어를 알아야 할 필요가 있습니다.

유명한 FTP 프로그램들

아래에 윈도우나 매킨토시에서 사용할 수 있는 몇 가지 유명한 FTP 프로그램이 나와 있군요.

매킨토시용:

- 패치(http://fetchsoftworks.com/)는 매킨토시에서 사용할 수 있는 가장 유명한 프로그램입니다. 유료
- 트랜스미트(http://www.panic.com/transmit/), 유료
- 사이버덕(http://cyberduck.ch/), 무료

윈도우용:

- 스마트 FTP(http://www.smartftp.com/download/), 유료
- WS_FTP(http://www.ipswitch.com/products/file-transfer.asp), 기본버전은 무료, 프로버전은 유료
- 사이버덕(http://cyberduck.ch/), 무료

대부분의 FTP 프로그램은 구매하기 전에 시험해 볼 수 있는 평가판을 제공합니다.

집에서 한번 해 보세요.

여러분을 위한 또 다른 숙제(할 수 있는 만큼 체크해 보세요)

☐ 여러분의 호스팅 회사 서버의 루트 폴더가 어디 있는지 확인하세요.

☐ 서버로 파일을 전송하는 가장 좋은 방법 혹은 가장 좋은 툴이 무엇인지 알아보세요.

☐ 지금 스타버즈의 'index.html'과 'mission.html' 파일을 호스팅 회사의 서버로 전송해 보세요.

웹 우회도로 끝

본업으로 돌아와서

웹 우회도로가 끝나고 다시 웹 고속도로로 돌아왔습니다. 여기까지 따라 했다면 서버의 루트 폴더 밑에 'index.html'과 'mission.html'이 있어야 합니다(파일이 없다면 그냥 따라해 보세요).

브라우저가 인터넷을 경유해 페이지를 보여주는 게 만족스럽지 않나요? 브라우저의 주소창에 타이핑해 넣기 위해 올바른 주소를 알아봅시다.

starbuzz

index.html

mission.html

www.starbuzzcoffee.com

모든 웹페이지의 주소는 이렇게 시작합니다. 맞죠? http가 무엇을 의미하는지 조금 후에 알아보죠.

http:// www.starbuzzcoffee.com / index.html

여기에 웹사이트 이름이 있군요.

루트 폴더에 대해 /를 사용합니다.

그리고 여기 페이지의 파일명이 있군요.

지금 여기예요 ▶ **173**

~~USA~~ URL 중심가

여러분은 아마도 'h' 't' 't' 'p' '땡땡' '슬래시' '슬래시'를 수천 번 들어봐서 친숙할 것입니다. 하지만 도대체 이것이 무엇일까요? 우선, 브라우저에 타이핑해서 넣는 웹 주소를 URL(Uniform Resource Locators)이라 부릅니다.

만약 제가 이름을 지었다면 그냥 '웹 주소'라고 했겠지만, 제게 이 일을 요청한 사람은 아무도 없으므로, URL 이라고 계속 사용하도록 하죠. 여기에 URL을 판독하는 방법이 나와 있습니다.

http://www.starbuzzcoffee.com/index.html

URL의 첫 번째 부분은 자원(리소스)을 회수하기 위해 사용되는 데 필요한 프로토콜입니다.

두 번째 부분은 웹사이트 이름입니다. 이에 대해서는 잘 알고 있죠?

세 번째 부분은 루트 폴더로부터 자원을 지칭하는 절대경로입니다.

웹상의 무엇인가를 가리키려면, 그것을 호스트하는 서버와 해당 자원을 지칭하는 절대경로를 알기만 하면 됩니다. 그것으로 여러분은 URL을 만들 수 있고 프로토콜(보통 HTTP를 사용합니다)을 사용하여 적당한 웹 브라우저가 그것을 보여줄 수 있을 것입니다.

http://www.earlsautos.com 으로 오세요.

URL은 HTML 페이지, 오디오, 비디오, 다른 유형의 웹 콘텐츠를 포함해 웹에 있는 것을 자리잡게 하는 데 사용되는 전역적인 (글로벌적인) 주소입니다.

자원의 위치를 명시하는 것 외에 URL은 자원을 회수하기 위해 사용할 수 있는 프로토콜이라 칭할 수 있습니다.

HTTP란 무엇일까요?

HTTP는 하이퍼텍스트 전송 프로토콜(HyperText Transfer Protocol)이라고 알려져 있습니다. 정리하면 웹을 통해 하이퍼텍스트 문서를 전송하기 위한 합의된 방법(혹은 프로토콜)을 뜻한다고 할 수 있지요. '하이퍼텍스트 문서'가 단순히 HTML 페이지를 지칭하는 반면, 프로토콜은 웹 페이지에서 필요한 그림이나 혹은 다른 파일들을 전송하는 데 사용될 수 있습니다.

HTTP는 간단한 요청과 응답 프로토콜입니다. 어떻게 동작하는지 아래에 나와 있습니다.

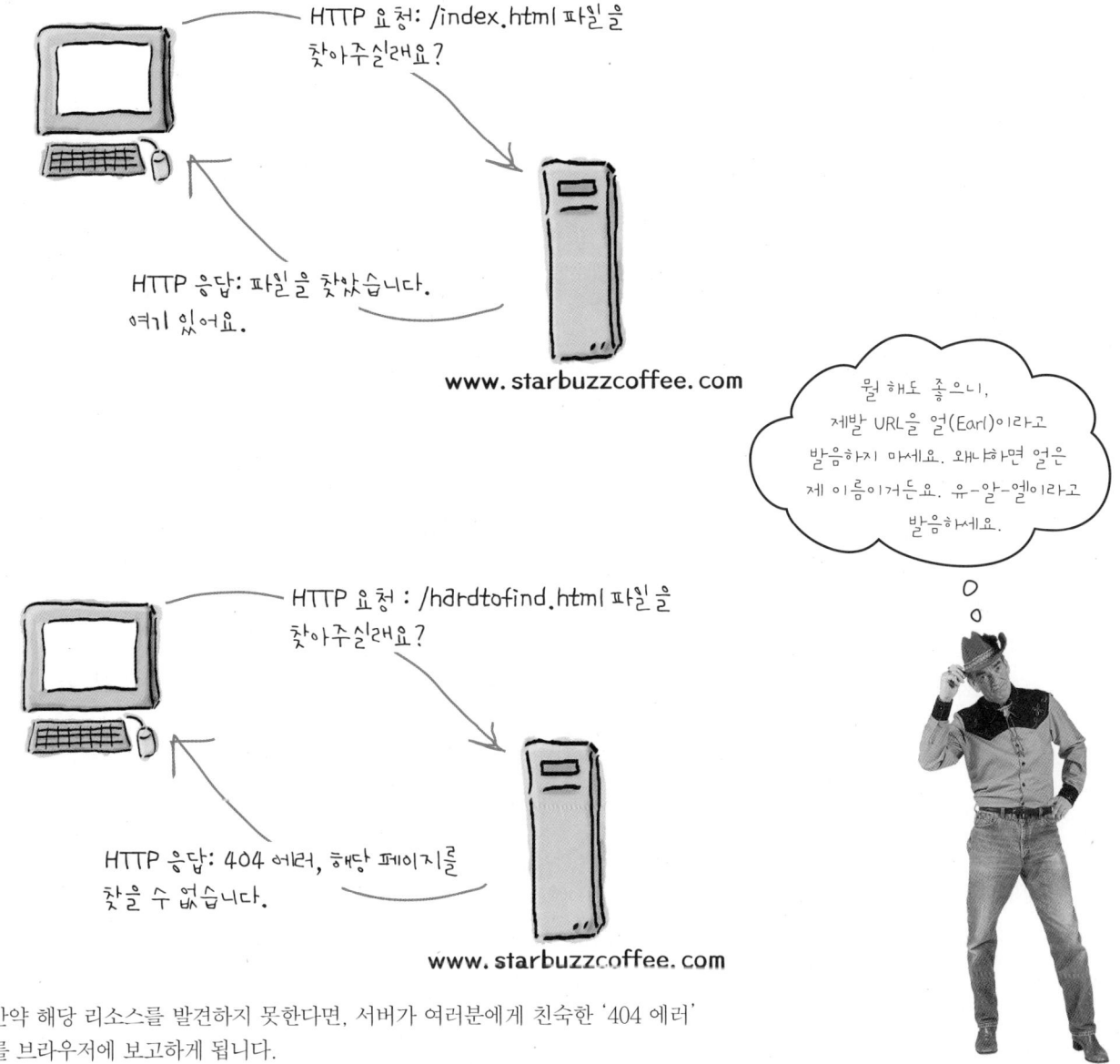

만약 해당 리소스를 발견하지 못한다면, 서버가 여러분에게 친숙한 '404 에러'를 브라우저에 보고하게 됩니다.

절대경로란 무엇일까요?

경로에 관해 마지막으로 얘기했던 내용이 <a> 요소를 가지고 링크를 만들기 위해 HTML 을 작성했던 것입니다. 지금 살펴볼 경로는 URL의 절대경로 부분으로, 프로토콜(http)과 웹사이트 이름(www.starbuzzcoffee.com) 다음에 오는 URL의 마지막 부분입니다.

절대경로는 루트 폴더에서 특정 파일이나 페이지를 찾아가는 방법을 알려줍니다. 얼의 자 동차 판매 사이트를 봅시다. 새로운 미니 쿠퍼가 들어왔는지 알아보기 위해 얼의 재고품 을 확인한다고 해봅시다. 이렇게 하려면 'new' 폴더 안에 있는 'inventory.html' 파일로 가는 절대경로를 알아야 합니다. 여러분이 해야 일은 루트에서 시작해 폴더들을 탐색하여 'inventory.html' 파일이 있는 'new' 폴더를 찾는 것입니다. 그 절대경로는 여러분이 해당 폴더에 도달하기 위해 거쳐가는 모든 경로로 구성됩니다.

따라서 절대경로는 루트(루트는 /로 표현합니다), 'cars', 'new', 'inventory.html' 파일이 될 것 같군요. 여기에 그 모든 것을 결합하는 방법이 나와 있습니다.

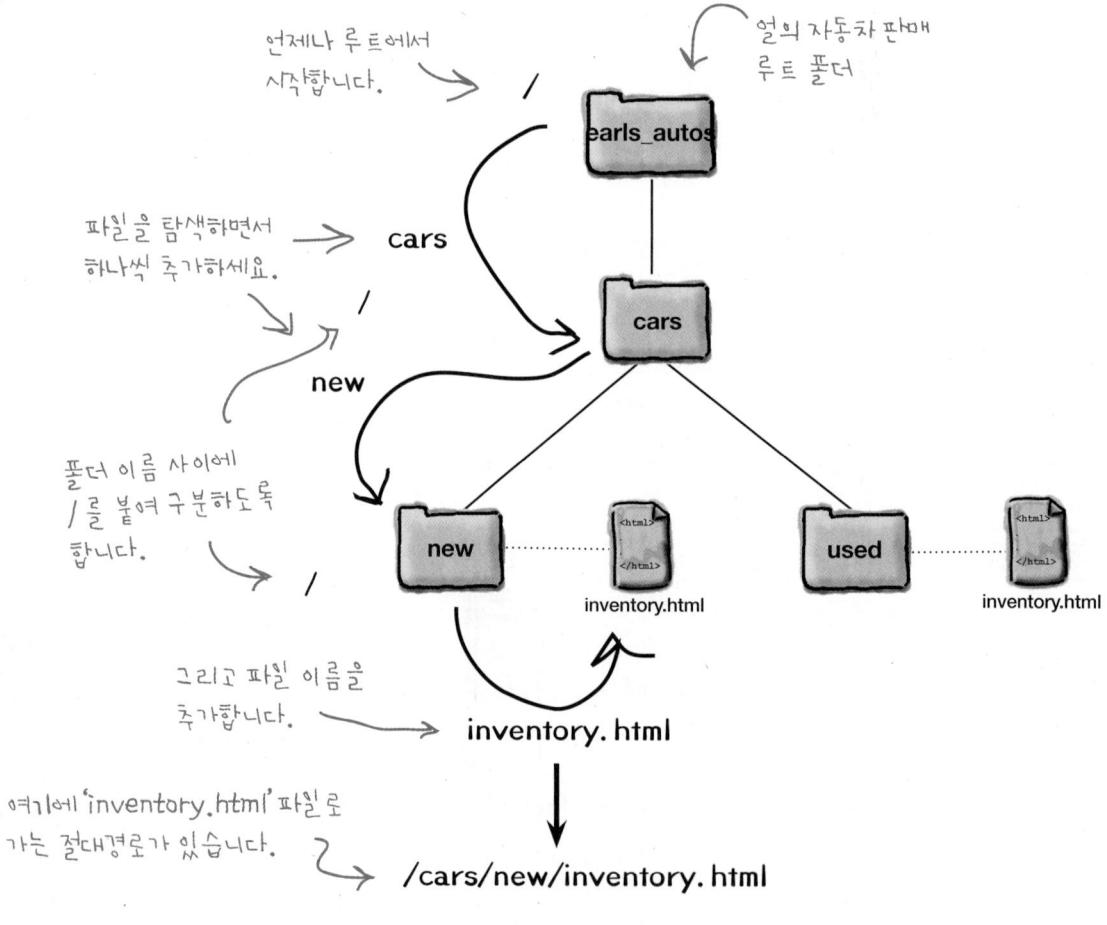

언제나 루트에서 시작합니다.

얼의 자동차 판매 루트 폴더

파일을 탐색하면서 하나씩 추가하세요.

폴더 이름 사이에 /를 붙여 구분하도록 합니다.

그리고 파일 이름을 추가합니다.

여기에 'inventory.html' 파일로 가는 절대경로가 있습니다.

/cars/new/inventory.html

바보 같은 질문이란 없습니다

Q: 절대경로에 관하여 중요한 점은 무엇인가요?

A: 절대경로는 여러분이 요청한 파일을 찾기 위해 서버에 필요한 것입니다. 만약 서버가 절대경로를 가지고 있지 않다면, 어디를 찾아야 할지 모르고 당황할 것입니다.

Q: 프로토콜, 서버, 웹사이트, 절대경로의 각 뜻은 이해했지만 이들과 접속하는 데 문제가 있어요.

A: 이러한 모든 것을 결합하면 URL이 되고, 이것을 가지고 브라우저에 웹에 있는 페이지(혹은 다른 종류의 자원들)를 보여달라고 요청할 수 있습니다. 어떻게 할까요? 프로토콜은 리소스를 회수하기 위해 사용해야 하는 방법을 브라우저에 알려줍니다(대부분의 경우 프로토콜은 HTTP입니다). 웹사이트 부분(서버 이름과 도메인 이름으로 구성되죠)은 자원을 가지고 있는 인터넷상의 컴퓨터가 어떤 것인지 브라우저에 알려줍니다. 그리고 절대경로는 여러분이 찾는 페이지가 무엇인지 서버에 알려준답니다.

Q: 〈a〉 요소의 href 속성을 사용하여 상대경로를 주는 방법을 배웠는데, 만약 절대경로가 없다면 서버는 어떻게 그러한 링크를 찾을 수 있나요?

A: 와, 그런 질문을 하다니 놀랍군요. 여러분이 상대경로로 만들어진 링크를 클릭할 때, 무대 뒤에서는 브라우저가 클릭한 페이지의 경로와 상대경로 밖에서 절대경로를 생성합니다. 따라서 브라우저 덕분에 지금까지 본 모든 웹 서버는 절대경로가 될 수 있습니다.

Q: HTML에 절대경로를 넣는다면 브라우저에게 도움이 될까요?

A: 역시 좋은 질문입니다. 하지만 그 생각은 잠시 접어두고 조금 후에 알아보도록 하죠.

연필을 깎으며

오래 기다렸습니다. 이제 여러분의 새로운 URL을 둘러볼 때가 되었습니다. 그렇게 하기 전에 아래의 빈칸을 채우고 URL을 적어 넣으세요(마치 여러분이 처음 하는 것처럼). 문제가 생기면 호스팅 회사와 같이 작업하여 문제를 해결할 때가 된 것입니다. 아직 호스팅 회사를 구하지 못했다면 www.starbuzzcoffee.com으로 밑의 빈칸을 채우고, 브라우저 주소창에 이 URL을 입력해 넣으세요.

```
_____ :// _____ _____
   프로토콜              웹사이트 이름                절대경로
```

제 사이트 방문자들이 'index.html'을 치지 않고 http://www.starbuzzcoffee.com만 칠 수 있으면 좋겠는데요. 그렇게 할 수 있는 방법이 있나요?

기억하세요. 웹 서버나 FTP에 관해 얘기할 때 '폴더'란 용어 대신 '디렉터리'란 용어를 사용합니다. 하지만 그 둘은 실제로 같은 것이랍니다.

예. 있습니다. 아직 얘기하지 않은 한 가지가 있는데, 브라우저가 웹 서버로부터 파일이 아닌 디렉터리를 요구할 경우 무슨 일이 발생할지에 대한 내용입니다. 예를 들어 브라우저가 다음처럼 요구할 수 있습니다.

`http://www.starbuzzcoffee.com/images/`

혹은

디렉터리는 루트 디렉터리 안에 있습니다.

`http://www.starbuzzcoffee.com/`

루트 디렉터리 그 자체를 의미하는 군요.

이와 같은 요청을 받았을 때, 웹 서버는 그 디렉터리에 있는 디폴트 파일을 찾으려고 합니다. 일반적으로 디폴트 파일은 'index.html'이나 'default.htm'이라 불리며, 서버가 이것 중 하나를 찾게 되면 브라우저에 그 파일을 되돌려주게 됩니다.

하지만 호스팅 회사가 여러분 사이트의 디폴트 파일 이름을 무엇으로 정했는지 알아낼 필요는 있습니다. 왜냐하면 서버의 유형에 따라 파일명이 달라질 수 있거든요.

따라서, 루트 디렉터리(혹은 다른 디렉터리)로부터 되돌아오는 파일의 이름은 기본적으로 'index.html' 혹은 'default.htm'이 됩니다.

하지만 내가 질문한 'http://www.starbuzzcoffee.com'과는 좀 다르게 보이는군요. 여기에는 '/'이 없단 말이예요.

아이고, 정말 그랬군요. 당신의 질문처럼 끝부분에 '/'가 없고 디렉터리 이름만 있는 요청을 받으면 웹 서버는 여러분을 위해 자동으로 슬래시를 붙여줄 것입니다. 따라서 서버가 다음과 같은 요청을 받았다면

`http://www.starbuzzcoffee.com`

이렇게 변경할 것입니다.

`http://www.starbuzzcoffee.com/`

이렇게 하면 서버는 디폴트 파일을 찾기 시작하고, 결국에 가서는 다음과 같이 파일 이름까지 타이핑한 것처럼 해당 파일을 되돌려 주게 됩니다.

`http://www.starbuzzcoffee.com/index.html`

디폴트 페이지가 작동하는 방법

무대
뒤에서는

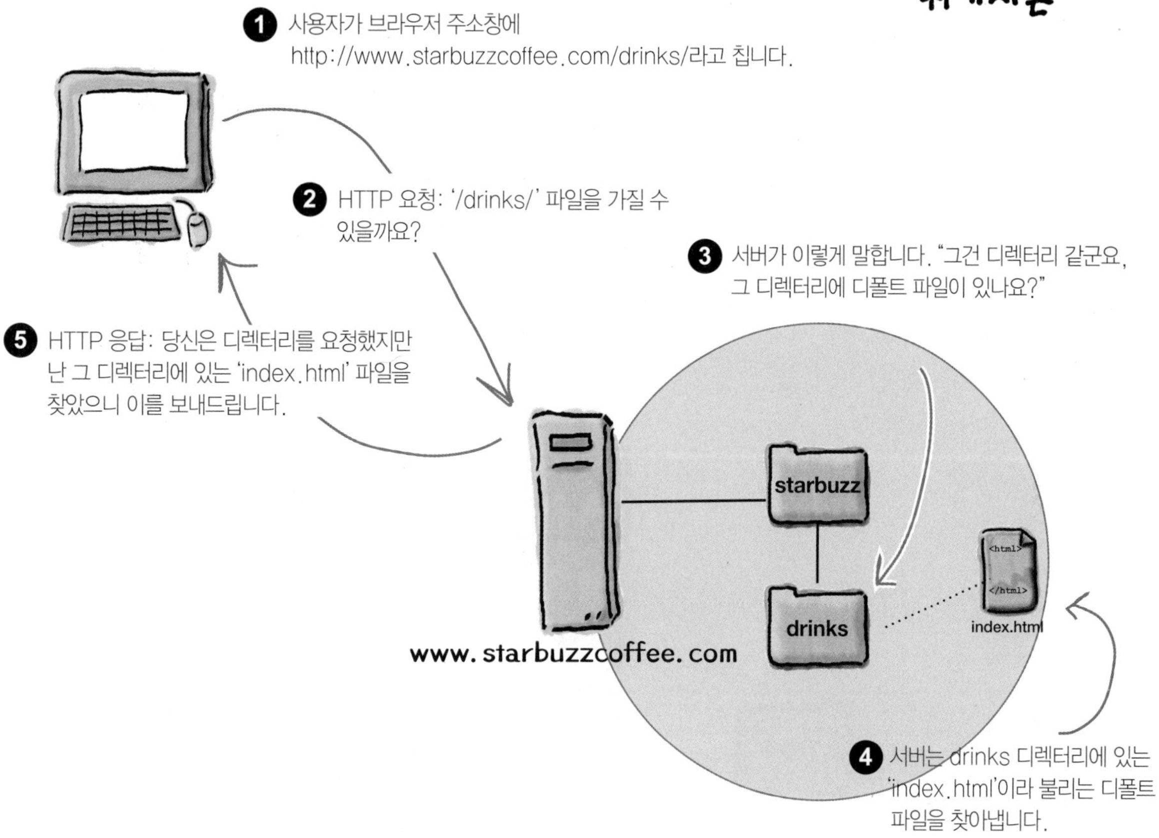

1 사용자가 브라우저 주소창에
http://www.starbuzzcoffee.com/drinks/라고 칩니다.

2 HTTP 요청: '/drinks/' 파일을 가질 수
있을까요?

3 서버가 이렇게 말합니다. "그건 디렉터리 같군요,
그 디렉터리에 디폴트 파일이 있나요?"

5 HTTP 응답: 당신은 디렉터리를 요청했지만
난 그 디렉터리에 있는 'index.html' 파일을
찾았으니 이를 보내드립니다.

starbuzz

drinks

index.html

www.starbuzzcoffee.com

4 서버는 drinks 디렉터리에 있는
'index.html'이라 불리는 디폴트
파일을 찾아냅니다.

바보 같은 질문이란 없습니다

Q: 그렇다면 http://www.mysite.com 이란 URL을 쳐서 늘어오는 누군가가 나의 'index.html' 파일을 본다는 건가요?

A: 맞습니다. 혹은 여러분의 호스팅 회사가 사용하는 서버의 종류에 따라 'default. htm' 파일이 될 수도 있습니다('default. htm'은 보통 끝에 'l'자가 붙지 않음을 주목하세요. 이는 마이크로소프트 웹 서버의 특징입니다). 그리고 'index.php' 같은 또 다

른 디폴트 파일 이름이 있습니다. 이는 페이지를 생성하기 위해 스크립트 언어를 사용했을 경우 등장합니다. 스크립트에 대한 내용은 이 책의 범위를 넘습니다만, 언젠가는 여러분도 사용할 수 있을 때가 오겠죠.

Q: 누군가에게 내 사이트의 URL을 알려줄 때 'index.html' 부분을 포함시키는 것이 낫나요, 아니면 빼는 게 나을까요?

A: 빼세요. 항상 빼는 것이 더 낫습니다. 미래의 어느 날 여러분이 다른 웹 서비로 변경하고 'default.htm'과 같은 다른 디폴트 파일을 사용한다면 어떻게 되겠어요? 혹은 스크립트 언어로 작성해서 'index.php'란 이름을 사용하면 어떻게 되겠어요? 그렇게 된다면 여러분이 처음에 알려준 URL은 더 이상 유효하지 않게 될 것입니다.

얼이 자신의 URL에 도움을 청하고 있군요.

얼은 자기 자신에 대해서는 잘 알지만 URL에 대해서는 잘 모릅니다. 얼은 아래의 A ,B, C, D, E라고 표시되어 있는 각 파일에 대한 URL을 이해하는 데 도움을 구하고 있군요. www.earlsautos.com 으로부터 대응되는 각 파일을 회수하는 데 필요한 URL을 오른쪽에 적어보세요.행운을 빕니다!

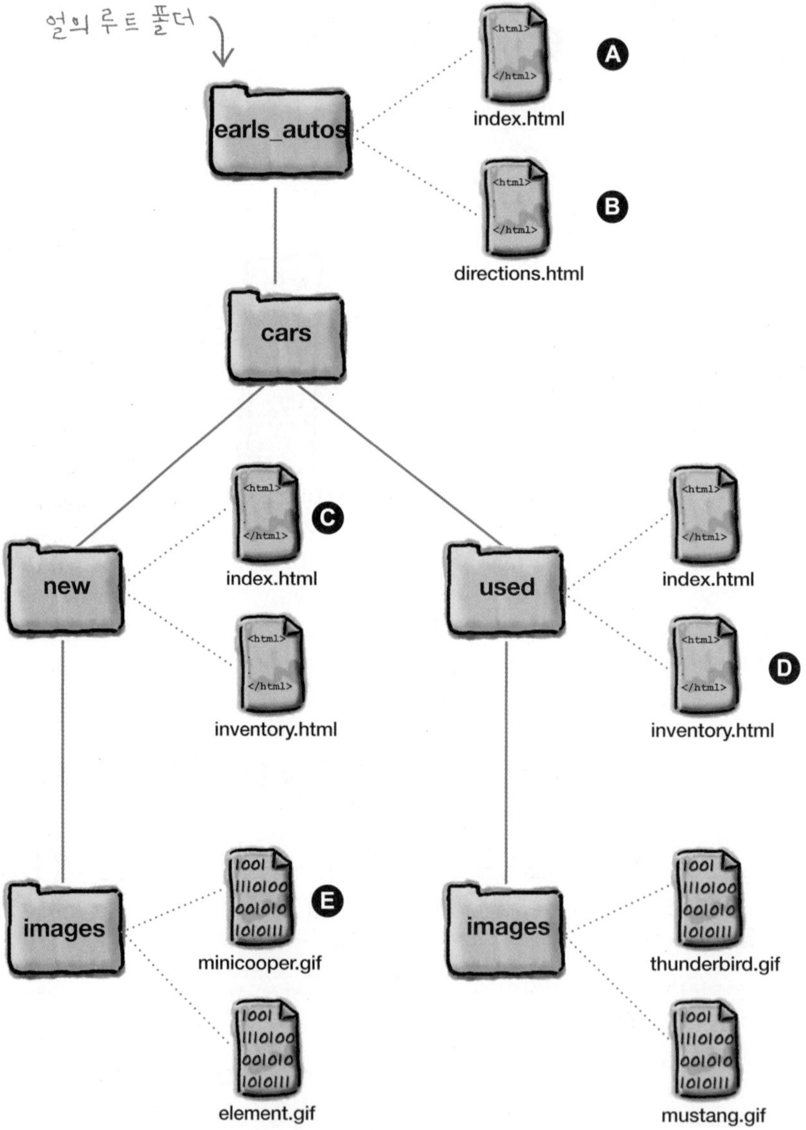

얼의 루트 폴더

earls_autos

index.html **A**

directions.html **B**

cars

new

index.html **C**

inventory.html

used

index.html

inventory.html **D**

images

minicooper.gif **E**

element.gif

images

thunderbird.gif

mustang.gif

여기에 URL을 적으세요.

A Earls Autos

B Earls Autos

C Earls Autos

D Earls Autos

E Earls Autos

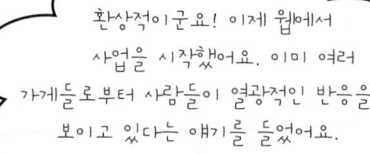

다른 웹사이트와 어떻게 연결할까요?

URL은 브라우저의 주소창에 타이핑해 넣기 위해 존재하는 것만은 아닙니다. HTML에서도 올바르게 사용할 수 있습니다. 그리고 물론 스타버즈 CEO는 새로운 일거리에 관해 여러분에게 흔쾌히 큐 사인을 보냈습니다. 바로 스타버즈 페이지에서 카페인 정보를 담은 http://wickedlysmart.com/buzz으로 링크를 만드는 일입니다. 여러분도 추측할 수 있듯이 〈a〉 요소안에 URL을 넣을 것입니다. 아래에 그 방법이 나와 있군요.

```
<a href="http://wickedlysmart.com/buzz">카페인 버즈</a>
```

매일 보는 흔하디 흔한
〈a〉 요소군요.

href에 URL을 넣었군요. '카페인 버즈'란 라벨을 클릭하면
http://wickedlysmart.com/buzz에서 페이지 하나를 가져올 것입니다.

이게 전부입니다. 간단하죠? 웹에 있는 특정 자원에 연결하고 싶다면 〈a〉 요소의 href 속성값에 해당 자원이 있는 URL을 넣으면 됩니다. 계속해서 스타버즈의 'index.html' 파일에 이를 추가해 보세요.

카페인 버즈에 연결하기

'chapter4/starbuzz' 폴더에 있는 스타버즈 'index.html'을 열고, 쭉 훑어보면서 맨 아래로 내려가 새로운 링크 두 개를 추가합시다. 하나는 'mission.html'에 있는 사명과 연결되는 상대적인 링크고, 다른 하나는 카페인 버즈와 연결되는 링크입니다. 아래에 있는 변경 사항을 적용한 뒤, 저장하고 브라우저에서 'index.html' 파일을 다시 로드합니다. 링크를 클릭하고 카페인 버즈 페이지를 보세요.

```html
<html>
    <head>
        <title>스타버즈 커피 음료</title>
        <style type="text/css">
                body {
                        background-color: #d2b48c;
                        margin-left: 20%;
                        margin-right: 20%;
                        border: 2px dotted black;
                        padding: 10px 10px 10px 10px;
                        font-family: sans-serif;
                }
        </style>
    </head>

    <body>
        <h1>스타버즈 커피  음료</h1>
        <h2>하우스 블랜드, $1.49</h2>
        <p>맥시코, 볼리비아, 과테말라 산지의 부드럽고 감칠맛 나는 커피 블랜드</p>

        <h2>모카 카페 라떼, $2.35</h2>
        <p>에스프레소, 따뜻하게 데운 우유와 초코 시럽을 넣은 커피</p>

        <h2>카푸치노, $1.89</h2>
        <p>에스프레소에 데운 우유와 우유 거품을 넣은 커피</p>

        <h2>차이티, $1.85</h2>
        <p>홍차, 향료, 우유, 꿀을 섞어 만든 향긋한 음료
        </p>
        <p>
            <a href="mission.html">우리의 사명</a>
            <br>
            <a href="http://wickedlysmart.com/buzz">카페인 버즈</a>를
            읽어 보세요.
        </p>
    </body>
</html>
```

여기 'mission.html' 파일에 대한 링크가 있군요. 이것은 'mission.html' 파일과 연결되는 상대경로입니다.

요소를 추가해서 링크를 두 줄로 분리했습니다.

여기서 wickedlysmart.com/buzz 페이지와 연결되는 링크를 추가했습니다.

그리고 문단 안에 링크와 텍스트를 묶어서 구조화 처리를 했습니다.

이제 시운전을 해 봅시다

예상됐던 대로 여기에 새로운 링크와 연결된 페이지가 있군요.

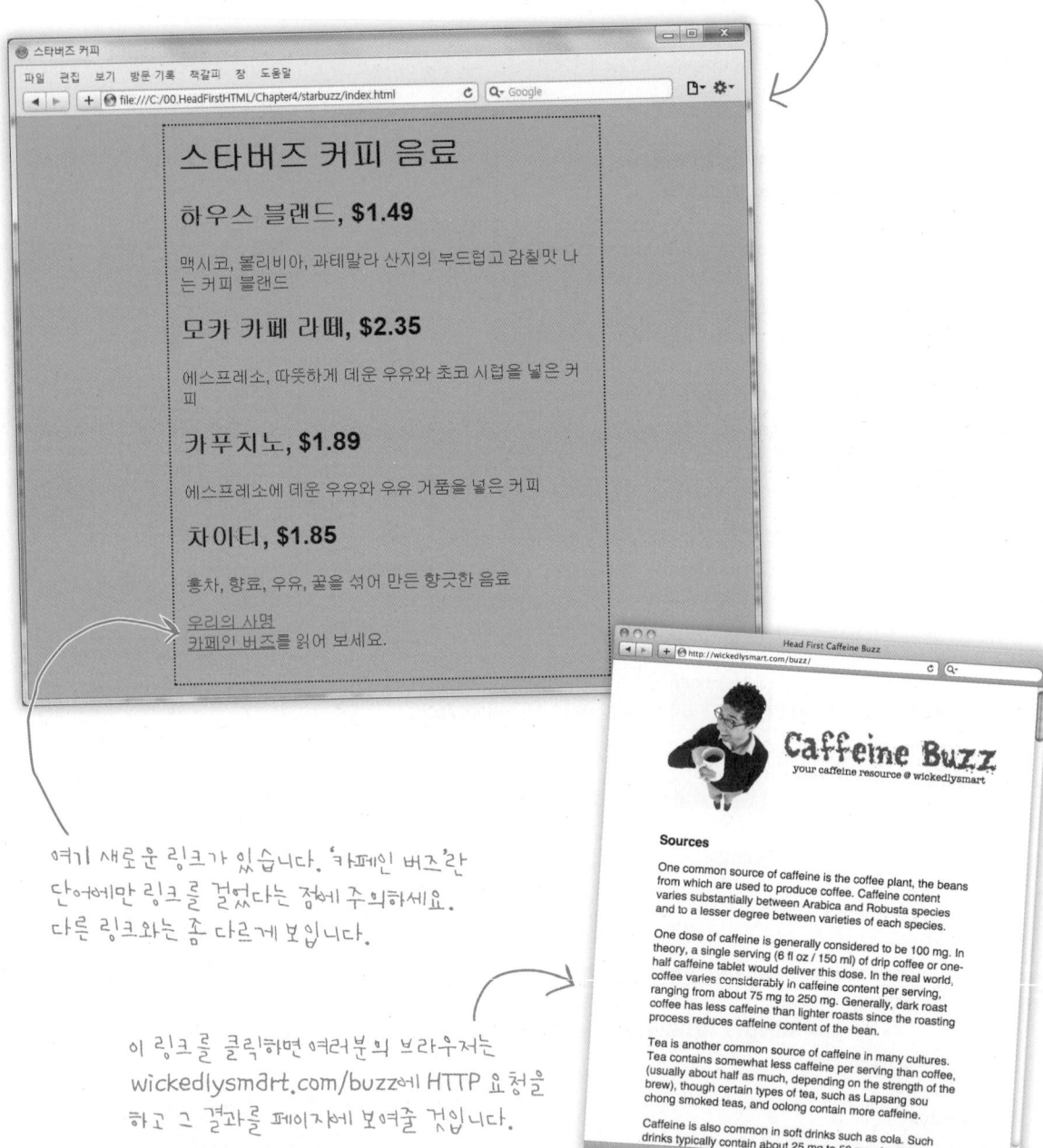

여기 새로운 링크가 있습니다. '카페인 버즈'란 단어에만 링크를 걸었다는 점에 주의하세요. 다른 링크와는 좀 다르게 보입니다.

이 링크를 클릭하면 여러분의 브라우저는 wickedlysmart.com/buzz에 HTTP 요청을 하고 그 결과를 페이지에 보여줄 겁니다.

바보 같은 질문이란 없습니다

카페 버즈에서는 상대경로를 사용하여 우리 사이트 내 페이지를 연결하였고, URL을 사용하여 www.caffeineanonymous.com과 같은 외부 사이트와 연결하였군요.

Q : 이제 보니 상대경로, URL이라는 두 가지 방법으로 페이지와 연결할 수 있군요.

A : 음, 상대경로는 오직 같은 웹사이트에 있는 페이지들과 연결할 때만 사용될 수 있지만 URL은 다른 웹사이트의 페이지와도 연결할 수 있습니다.

Q : 만약 제 페이지와 다른 페이지에 대한 링크에 URL을 고정시켜 사용하면 더 쉬워지지 않을까요? 그렇게 하면 동작하지 않나요?

A : 물론 동작합니다만, 그렇게 하지 말아야 할 몇 가지 이유가 있습니다. 웹 페이지에 너무 많은 URL이 있으면 관리하기가 어렵습니다. 길기도 하고 수정하기 어렵고, HTML의 가독성을 떨어뜨립니다(HTML 작성자한테 그렇다는 겁니다. 바로 여러분이 되겠죠).

또한 로컬 페이지와의 링크만 있는 URL을 가진 사이트가 다른 사이트로 옮기거나 URL이름을 바꾼다면 새로운 위치를 반영하기 위해 모든 URL을 변경해야만 합니다. 하지만 상대경로를 사용하고, 페이지들이 같은 구조의 폴더에만 있다면(링크는 상대적이기 때문에) 〈a〉 요소의 href 속성을 변경하지 않아도 됩니다.

따라서 같은 사이트의 페이지 간에는 상대경로를 사용하고, 다른 사이트의 페이지와는 URL을 사용하세요.

Q : 다른 프로토콜 하나도 본 적이 있는 것 같은데요? 웹 서버를 사용하기 전에 'file:///'을 본 것 같아요.

A : 예. 좋은 지적입니다. 파일 프로토콜은 브라우저가 여러분의 컴퓨터의 파일을 직접 읽을 때 사용됩니다. 예를 들어 file:///chapter4/starbuzz/index.html이란 파일 URL은 'chapter4/starbuzz'란 폴더에 있는 'index.html' 파일을 읽으라고 브라우저에 알려 줍니다. 이러한 경로는 여러분의 컴퓨터가 사용하는 운영체제에 따라 약간씩 다르게 보일 수 있습니다.

한 가지 중요한 것은 여러분이 파일 URL을 타이핑하면 파일 URL은 슬래시가 2개가 아닌 3개가 붙습니다. 이런 식으로 기억하세요. HTTP URL에서 웹사이트 이름 부분만 지운다면 결국 슬래시가 3개가 남게 될 것입니다.

Q : 또 다른 프로토콜이 있나요?

A : 예. 많은 브라우저들이 FTP 프로토콜을 가지고 페이지를 보여주는 기능을 지원하며, 메일을 사용해서 데이터를 보낼 수 있는 메일 프로토콜도 지원합니다. 일반적으로 HTTP는 여러분이 가장 많이 사용하는 프로토콜입니다.

Q : http://www.mydomain.com:8000/index.html이란 URL을 본 것 같은데 8000의 의미는 무엇인가요?

A : 8000은 HTTP URL에 선택적으로 넣을 수 있는 포트(port) 번호입니다. 다음과 같이 포트를 생각하면 이해하기 쉬울 거예요. 웹사이트 이름은 주소와 같고, 포트는 아파트의 편지함 번호 정도로 생각하면 무리가 없습니다. 일반적으로 모든 웹사이트는 기본 포트(80)를 사용하지만, 가끔씩 웹 서버는 다른 포트(8000번 같은)로 요청을 받도록 구성되는 서버도 있습니다. 아마도 테스트 서버 같은 곳에서 봤을 것 같군요. 일반적인 웹 서버는 80번 포트를 사용해 요청을 받습니다. 여러분이 포트를 명시하지 않으면 기본 포트는 80이 됩니다.

상대경로와 절대경로 사건

PlanetRobots 가정 사업부와 PlanetRobots 정원 사업부라는 두 사업부를 위한 웹사이트를 개발하라는 일을 떠 맡게 된 PlanetRobots 주식회사는 두 회사와 계약을 맺어 일을 끝내기로 결정했다. 아주 풍부한 경험을 자랑하는 '신속 웹디자인' 회사가 PlanetRobots 가정 사업부의 웹사이트를 맡아, 오직 URL만 사용해서 사이트의 내부 링크를 작성하여 일을 담당하였다(결국 그 사이트는 더 복잡해졌고 개선될 필요가 있었다). 경험은 별로 없지만, 교육을 잘 받은 '정확 웹디자인' 회사는 PlanetRobots 정원 사업부를 맡아 상대경로로 사이트 내부의 모든 페이지 간 링크 만드는 일을 진행하였다.

5분
미스터리

두 프로젝트가 거의 끝나갈 무렵 PlanetRobots 주식회사는 두 회사에게 긴급한 메시지를 보냈다. "상표권 침해로 소송을 당했습니다. 따라서 우리의 도메인 이름을 RobotsRUs로 변경하고 있습니다. 새로운 웹 서버는 www.robotsrus.com이 될 것 같군요." 그러자 '정확 웹디자인' 회사는 5분 동안 페이지만 약간 수정해서 RobotsRUs 이사회에 보여줄 사이트 시연회를 준비했다. 반면 '신속 웹디자인' 회사는 새벽 4시까지 페이지들을 수정하여 다행스럽게도 출시회 시간에 맞춰 작업을 끝냈다. 그러나 시연회를 하는 동안 아주 끔찍한 일이 발생했다. '신속 웹디자인' 회사의 팀장이 사이트를 시연하면서 링크 하나를 클릭하였는데, '404-페이지를 찾을 수 없습니다'라는 에러가 발생한 것이다. 화가 난 PlanetRobots 회사의 회장은 '신속 웹디자인'이란 이름을 '나쁜 웹디자인'이란 이름으로 바꾸라고 하였으며, 가정 사업부의 사이트 수정에 대한 컨설팅이 가능한 '정확 웹디자인' 회사에 업무를 요청했다.

무슨 일이 일어난 걸까요? 웹 서버의 이름만 변경된 건데 어쩌다가 '신속 웹디자인' 회사는 모든 것을 다 망쳤을까요?

꼼꼼하게 웹 페이지 마무리하기

여러분은 웹 경력이 있다고 말할 수 있나요? 여러분은 스타버즈 CEO가 요청한 모든 임무를 완수했으니 웹사이트 개발에 관한 많은 경력을 쌓았습니다.

하지만 여기서 멈추지 마세요. 여러분은 웹사이트를 전문가답게 '꼼꼼한 마무리'를 해서 훌륭한 웹사이트의 목록에 올리기를 원할 것입니다. 이 책의 나머지 부분에서 여러분의 웹사이트에 추가적으로 '끝 마무리'를 할 수 있는 여러 가지 방법을 보게 될 테지만, 링크를 향상시키는 방법은 여기에 나와 있습니다.

링크에 타이틀을 추가해서 접근성 향상시키기

방금 클릭한 링크에 대해 더 많은 정보를 얻을 수 있는 방법이 있다면 더 멋지지 않을까요? 이 부분은 스크린 리더기를 사용하는 시각장애인에게 특히 중요합니다. 왜냐하면 다음과 같이 URL 전체를 듣는 것을 원하지 않을 테니까요('h' 't' 't' 'p' '슬래시' '슬래시' 'w' 'w' 'w' '점'). 그리고 아직까지 링크의 라벨은 '카페인 버즈'처럼 길이가 제한되어 있습니다.

이러한 이유 때문에 `<a>` 요소에는 `title`이란 속성이 있습니다. 일부 사람들은 `<head>`에 들어가는 `<title>` 요소와 혼동하기도 합니다. 이 둘은 관련이 있기 때문에 이름이 같습니다. 종종 `title` 속성값을 연결하려는 웹 페이지의 `<title>` 요소의 값과 같게 하라고 제안되기도 합니다만 필수 사항은 아니며 여러분만의 고유의 이름을 사용하는 것이 `title` 속성에 더 알맞을 수 있습니다.

아래에 `<a>` 요소에 `title` 속성을 추가하는 방법이 나와 있습니다.

```
<a href="http://wickedlysmart.com/buzz"
   title="버즈에 있는 카페인에 관한 모든 내용을 읽어 보세요">카페인 버즈</a>를 읽어 보세요.
```

title 속성값에 연결하는
페이지 설명을 넣었군요.

연습문제

title 속성을 배웠으니까, 웹사이트 방문자들이 어떻게 이를 이용하는지 한번 봅시다. 종류가 다른 브라우저들은 타이틀을 사용하는 방법도 다릅니다만, 많은 브라우저가 툴팁(tool tip)을 보여줍니다. 'index.html' 파일을 위의 예와 동일하게 변경하고 브라우저에서 어떻게 동작하는지 페이지를 다시 띄워 보세요.

타이틀 시험 운행

대부분 브라우저에서 링크 위에 마우스를 올려놓았을 때 타이틀을 툴팁으로
보여줍니다. 시각장애인들을 위한 브라우저는 아마도 방문자를 위해 링크의
타이틀을 소리 내어 읽어줄 것입니다.

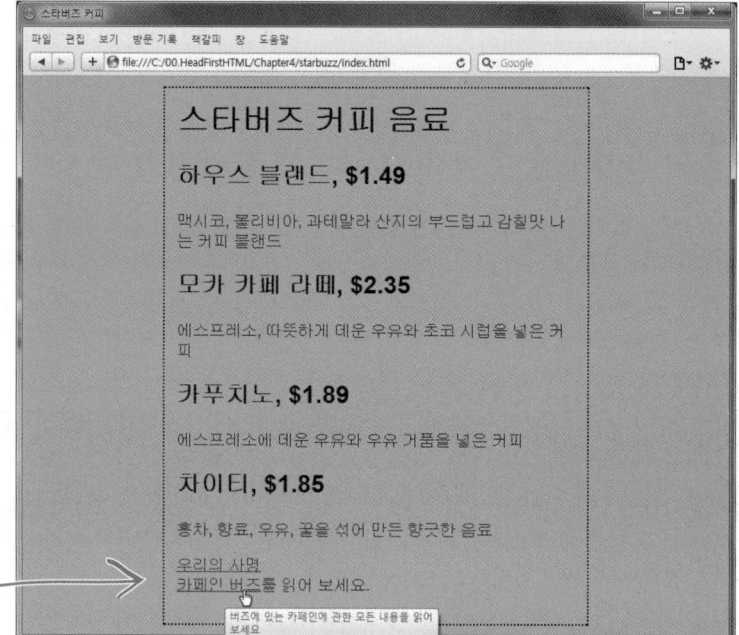

대부분의 브라우저에서 타이틀은 툴팁으로
보여지는군요. 링크에 마우스를 올려놓고 1초
정도만 기다리면 툴팁을 볼 수 있습니다.

링크를 개선하기 위한
헤드 퍼스트 지침서

여러분의 링크를 좀 더 개선하기 위해 기억해야 할 몇 가지 팁이 있군요.

◆ 링크 라벨은 간결하게 하세요. 링크에 들어갈 텍스트에 문장 전체 혹은 긴 문장을 사용하지 마세요. 일반적으로는 짧
은 문장을 사용한답니다. title 속성에 추가적인 정보를 제공하도록 하세요.

◆ 링크 라벨을 의미 있게 만드세요. '여기를 클릭하세요'나 '이 페이지' 같은 링크 라벨은 절대 사용하면 안됩니다. 사용
자들은 먼저 페이지를 훑어보고, 그다음에 페이지를 읽는 경향이 있습니다. 따라서 의미 있는 링크를 제공하는 것은
그 페이지의 유용성을 증가시킨답니다. 페이지에 있는 링크의 라벨만 읽어보세요. 이해가 가나요? 아니면 그 주위의
텍스트를 읽을 필요가 있나요?

◆ 링크들은 서로 떨어뜨려 놓으세요. 링크들을 가까이 붙여 놓으면 사용자들이 구분하는 데 문제가 생길 수 있답니다.

스타버즈의 'index.html' 파일을 열어 'mission.html' 파일로 가는 링크의 타이틀을 추가합니다. 타이틀은 '스타버즈 커피의 중요한 사명을 더 알아봅시다'로 변경하세요. 회사 사명에 대한 링크 라벨을 가능한 한 간결하게 하지 않은것을 염두하세요. 따라서 링크 라벨을 '우리의 사명'으로 짧게 줄입니다. 이 장의 뒷부분에 나와 있는 정답을 확인해 보고 테스트해 보세요.

정말 탁월한 링크군요. 사람들을 위해서 곧바로 버즈 사이트의 커피 섹션으로 가는 링크를 만들고 싶은데, 가능한가요?

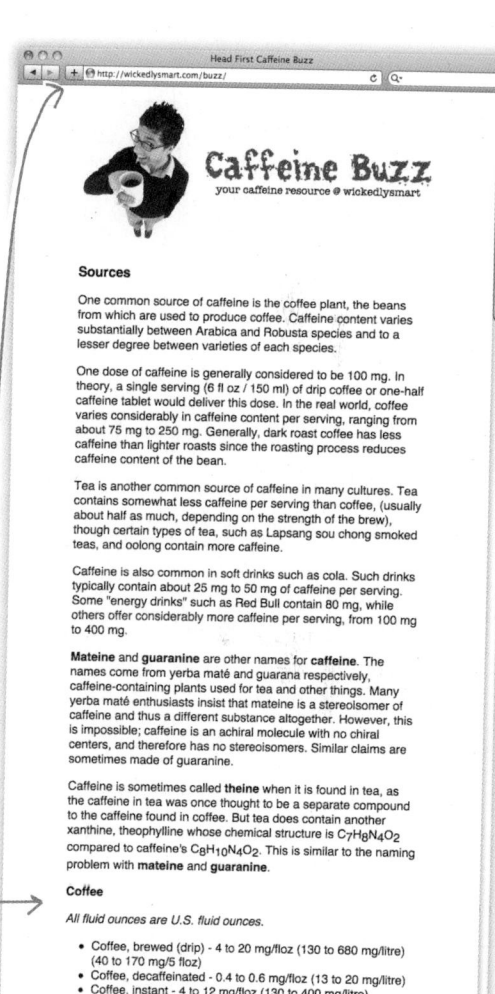

페이지로 링크 걸기

지금까지 다른 페이지와 연결될 때마다 페이지는 맨 윗부분부터 다시 로드 되었습니다.

하지만 스타버즈 CEO가 여러분께 요청한 것은 커피 섹션 같은 페이지의 특정한 지점으로 가는 링크입니다.

불가능할 것 같습니까? 이 책은 바로 헤드 퍼스트예요(우리의 기술력은 뛰어납니다). 그렇다면 어떻게 할까요? 아직까지 여러분께 <a> 요소에 관한 모든 것을 말하지 않았습니다. 밝혀진 바에 의하면 <a> 요소는 id 속성과 힘을 모아 페이지내의 특정 지점으로 곧바로 이동할 수 있다고 합니다.

id 속성으로 <a> 요소에 대한 목적지 생성하기

아직 여러분께 id 속성에 대해 소개하지 않았습니다. id 속성은 특별한 목적을 가진 중요한
속성으로, 책의 뒷부분에서 id의 다른 특성에 관해 좀 더 자세히 살펴보기로 하죠. 지금 당장
은 id란 요소 하나를 유일하게 식별하는 한 가지 방법이라고 생각하세요. id를 가진 요소의
특성 중 하나가 바로 링크를 걸 수 있다는 점입니다. <a>에 대한 페이지내의 목적지를 생성
하기 위해 id 속성을 어떻게 사용하는지 살펴보도록 하죠.

❶ 페이지에서 적당한 착륙 지점을 찾으세요. 페이지 내 어느 텍스트라도
상관 없지만, 보통은 제목이 됩니다.

❷ '커피'나 '요약' 혹은 '전기'와 같이 목적지에 대한 식별자 이름을 고르고
나서 해당 요소의 시작태그에 id 속성을 삽입하세요.

직접 한번 해 보세요. 스타버즈 페이지에 있는 차이티 부분으로 링크를
건다고 해 봅시다. 어떻게 하는지 여기 나와 있군요.

```
<h2>차이티, $1.85</h2>
<p>홍차, 시럽, 우유, 꿀을 섞어 만든 향긋한 음료</p>
```

*여기 차이티의 제목과 설명이 나와 있는
'index.html'의 일부분이 있군요.*

위의 두 단계를 따라하면 아래와 같이 될 거에요.

*id는 반드시 유일해야 합니다. 즉, 이 페이지 내에서
'chai'는 오직 하나만 있어야 합니다!*

*제목의 시작태그에
id 를 추가합니다.*

*그리고 이 목적지의
식별자를 'chai'라고
주겠습니다.*

```
<h2 id="chai">차이티, $1.85</h2>
<p>홍차, 시럽, 우유, 꿀을 섞어 만든 향긋한 음료</p>
```

*id를 줌으로써, 'index.html'
페이지의 차이티 제목에 목적지를
만들었습니다.*

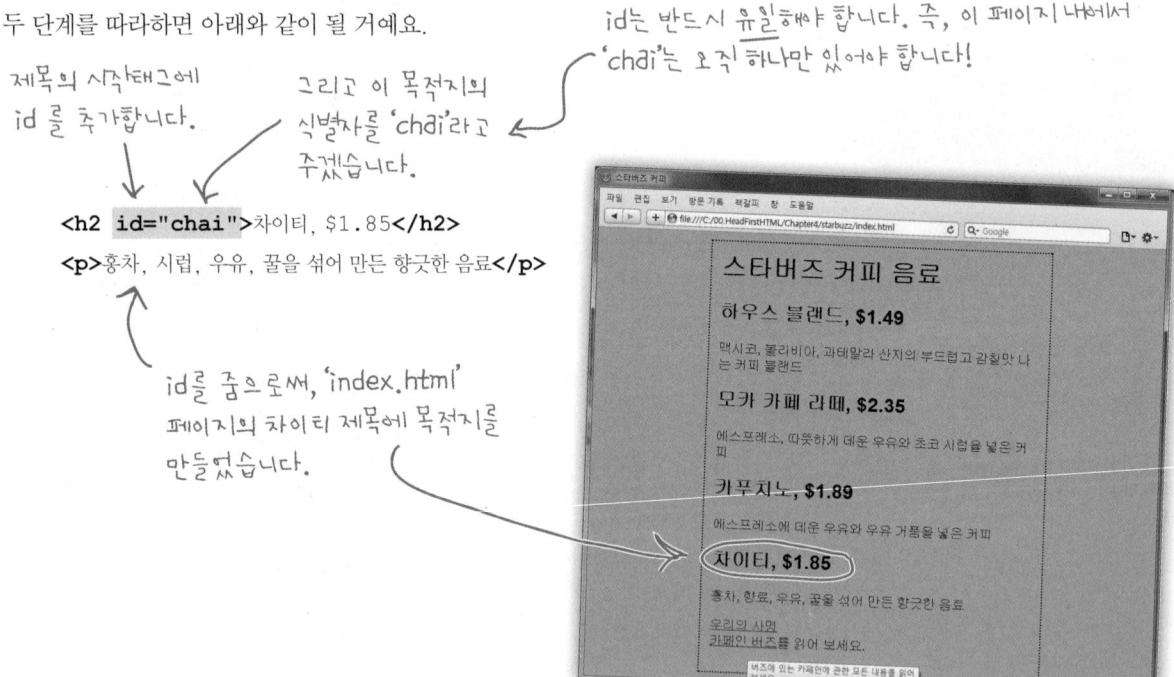

id를 가진 요소와 연결하는 방법

여러분은 이미 URL과 상대적 링크를 사용해서 페이지들과 연결하는 방법을 알고 있습니다. 어느 경우에서든, 좀 더 특별하게 한 페이지에 있는 목적지 앵커로 연결하려면 링크의 끝부분에 #을 추가하고 목적지 앵커의 식별자를 붙이기만 하면 됩니다. 따라서 만약 스타버즈 커피의 웹 페이지에서 'chai(차이티)' 목적지 앵커로 연결하기 원한다면, 다음과 같이 <a> 요소를 쓰도록 하세요.

```
<a href="index.html#chai">차이티</a>
```

불행히도 목적지 앵커가 있는 차이티와 링크를 거는 것은 매우 인상적이지는 않습니다. 왜냐하면 페이지 전체가 브라우저 화면에 다 나올 만큼 작기 때문입니다. 대신에 http://wickedlysmart.com/buzz의 커피 섹션에 링크를 걸어봅시다. 아래에 그 방법이 나와 있습니다.

> 특정 목적지를 주는 장점은
> 긴 파일에서 방문자들이
> 페이지에서 찾고자 하는 부분을
> 스크롤하지 않고 링크로 바로
> 연결한다는 점입니다.

① 커피 제목의 id를 찾아냅니다.

② 스타버즈 커피의 'index.html' 파일에 있는 <a> 요소를 목적지 제목을 가리키도록 변경합니다.

③ 'index.html' 페이지를 다시 띄워 링크를 테스트해 보세요.

목적지 제목 찾기

목적지 제목을 찾기 위해서는 wickedlysmart.com/buzz 페이지를 살펴보고 그 페이지의 HTML을 조사해 봐야 할 거예요. 어떤가요? 거의 모든 브라우저에는 '소스 보기'라는 옵션이 있습니다. 페이지가 다 열리면 '소스 보기' 옵션을 선택해 해당 페이지의 마크업을 살펴보세요.

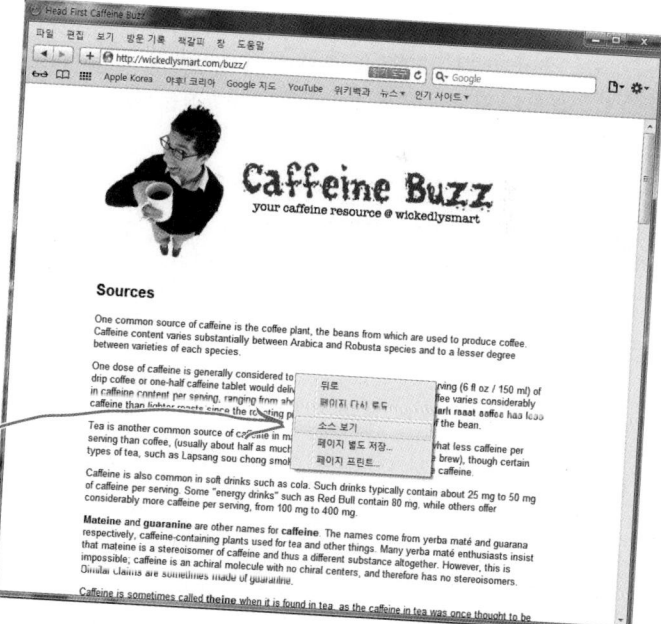

> 대부분의 브라우저에서 마우스
> 오른쪽 버튼을 클릭하면
> '소스 보기' 메뉴가 있습니다.

HTML을 손에 넣었으니 이젠…

커피 섹션을 찾을 때까지 아래로 스크롤하면 다음과 같은 내용이 있을 것입니다.

```
...
This is similar to the naming problem
with <b>mateine</b> and <b>guaranine</b>.
</p>


<h3 id="Coffee">Coffee</h3>
<p>
<i>All fluid ounces are U.S. fluid ounces.</i>
</p>
```

카페인 버즈 페이지의 일부분 입니다.

여기 커피 섹션이 있네요. 제목이 먼저 위치하고 아래에 문단이 있습니다.

하하, 그리고 여기에 목적지 제목이 있습니다. 이름이 'Coffee' 군요.

'index.html'의 링크 재작업

이제 카페인 버즈로 가는 링크로 가서 아래와 같은 목적지 앵커 이름을 추가하는 일만 남았습니다.

스타버즈의 'index.html' 페이지의 일부분 입니다.

wickedlysmart.com/buzz 사이트에 연결되는 기본 파일은 index.html 입니다. 따라서 URL에 이 파일명을 추가해 목적지 id와 함께 사용할 수 있습니다.

href 속성에 목적지 앵커 id와 함께 #을 붙였군요.

```
<a href="http://wickedlysmart.com/buzz/index.html#Coffee"
    title="버즈에 있는 카페인에 관한 모든 내용을 읽어 보세요">카페인 버즈</a>를 읽어 보세요.
```

연습문제

스타버즈의 'index.html' 파일을 위와 같이 변경하세요. 브라우저에서 다시 띄워 '카페인 버즈' 링크를 클릭합니다. 곧바로 카페인 버즈의 맨 앞부분에 있는 커피 세션으로 가야 합니다.

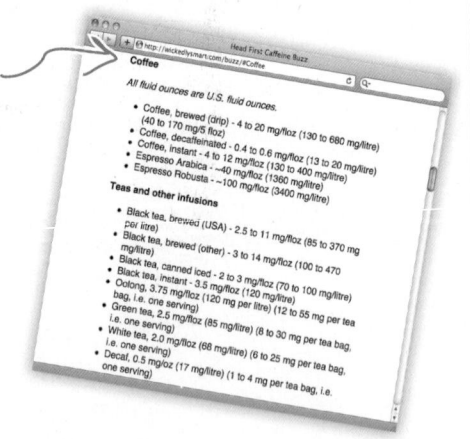

바보 같은 질문이란 없습니다

Q: 한 요소 안에 두 개 속성이 있을 때 그 순서가 중요한가요? 예를 들어 title 속성은 항상 href 속성 다음에 와야 하나요?

A: 속성의 순서는 어떤 요소에서도 중요하지 않습니다(중요하다면 하루 온종일, 일주일 내내 머리가 아플거예요). 따라서 원하는 대로 순서를 정하세요.

Q: ⟨a⟩가 아닌 요소의 경우 툴팁을 만들려면 어떻게 해야 하나요?

A: 어느 요소에라도 title 속성을 추가할 수 있으므로, 만약 제목에 툴팁을 추가하고 싶다면 ⟨a⟩로 작업했듯이 ⟨h1⟩ 시작태그에 title 속성을 추가할 수 있습니다. 몇 가지 요소는 툴팁 이외에도 다른 용도로 title 속성을 사용하고 있지만, 가장 흔히 사용하는 용도는 툴팁입니다.

Q: id 속성은 어떤 요소에도 추가할 수 있나요?

A: 예. 할 수 있습니다. 예를 들어 ⟨em⟩ 요소에 id를 추가하여 문단 중간에 링크를 걸 수 있죠. 이런 식으로 처리하는 경우는 그리 많지 않겠지만, 원한다면 언제든 처리할 수 있죠.

Q: 목적지에 있는 ⟨a⟩ 요소에 id 속성을 추가해서 링크에 링크를 걸 수 있나요?

A: 예!

Q: id 이름에 소문자로 이루어진 chai라고 사용한 것을 보았는데, 카페인 버즈에서는 대문자 C가 있는 Coffee를 사용했습니다. 이것이 문제가 될 소지가 있나요?

A: id 속성에 대문자 혹은 소문자를 섞어 쓸 수 있습니다. 단지 href 속성이나 목적지 id(매번 전체적으로 소문자를 사용하는 것이 왜 쉬울까요?)에서 항상 일관성을 가지고 같은 대문자나 소문자로 된 문자를 사용하는지만 확인하세요. 만약 일관성이 없다면 모든 브라우저에서 링크들이 정확하게 동작하리라고 기대하지 마세요. id 이름 선택에 관해 가장 중요한 점은 페이지에서 유일한 이름이어야 한다는 점입니다.

Q: 같은 문서 내부에서 목적지로 가는 링크를 넣을 수 있나요

A: 물론입니다. 사실 페이지의 윗부분에 '맨 위로(top)'라는 목적지 앵커를 정의하고, 페이지의 아랫부분에 '위로(Back to top)'라는 링크를 사용하는 것이 일반적입니다. 또한 길이가 긴 문서의 경우에는 전체 페이지를 위한 목차를 만들기도 합니다. 예를 들어 같은 페이지 내에서 '위로(top)'라는 목적지 앵커로 연결하기 위해서는 ⟨a href="#top"⟩위로⟨/a⟩라고 정의할 수 있습니다.

Q: 만약 한 웹 페이지가 목적지를 제공하지 않는데, 페이지의 특정한 부분으로 링크를 걸어야 할 필요가 있다면, 어떻게 해야 하나요?

A: 할 수 없습니다. 목적지 앵커가 없다면 브라우저는 웹 페이지의 특정 지점으로 갈 수 없습니다. 그런 경우에는 페이지의 제작지와 연락을 시도해서 목적지 태그를 추가해 달라고 요청할 수는 있을 겁니다(더 좋은 방법은 그 제작자한테 같은 질문을 하세요!).

Q: 목적지 앵커 id로 Jedai Mindtrick(제다이 마인드트릭)과 같은 것을 사용할 수 잇나요? 혹은 오직 한 단어만 사용해야 하나요?

A: 대부분의 브라우저에서 일관적으로 작업을 하려면 id는 항상 문자(A-Z, a-z)로 시작하고 그 뒤는 어떤 문자나, 하이픈, 밑줄, 콜론, 기간문자(..), 소수점 등이 와야 합니다. 이런 식으로 하면 공백은 사용할 수 없기 때문에 Jedai Mindtrick과 같은 이름도 사용할 수 없습니다. 하지만 제한사항이 많은 것은 아닙니다. Jedai-Mindtrick, Jedai_Mindtrick 혹은 JedaiMindtrick 등은 사용할 수 있습니다.

Q: 링크 가능한 목적지를 다른 사람들에게 알려주려면 어떻게 해야 하나요?

A: 정형화된 방법은 없습니다. 링크로 연결된 목적지를 발견할 수 있는 가장 오래되고도 최고의 방법은 바로 '소스 보기'입니다.

Q: ⟨a⟩ 요소의 콘텐츠로 단어만 사용해야 하는 거예요?

A: 아닙니다. ⟨a⟩ 요소는 단어부터 이미지(인라인 콘텐츠)까지 링크를 생성할 수 있습니다. 최근 갱신된 버전(HTML5)에서는 ⟨p⟩와 ⟨blockquote⟩ 같은 블록 요소에서도 링크를 생성할 수 있죠! 따라서 ⟨a⟩는 모든 종류의 링크를 생성하는 데 사용할 수 있습니다.

상대경로와 절대경로 사건

그러면, 어떻게 해서 '신속 웹디자인' 회사는 시연회를 망쳤을까요? 그들은 상대적 링크 대신 URL을 href로 사용했으며, 모든 http://www.planetfobots.com을 http://www.robotsrus.com으로 변경하고 수정했기 때문입니다. 에러가 발생하기 쉽다고 할 수 있지 않겠어요? 새벽 3시에, 누군가가 졸린 상태에서 실수로 http://www.robutsru.com이라고 수정한 것이죠(그리고 운명처럼 시연회에서 CEO가 바로 그 부분의 링크를 클릭했던 것입니다).

반면, '정확 웹디자인' 회사는 모든 내부적 링크로 상대경로를 사용했습니다. 예를 들어 회사의 사명 때문에 생산품 페이지로 가는 링크를 <a href="../products.html">이라고 만들었다면, 사이트가 PlanetRobots이든 RobotsRUs로 불리든 상관없이 잘 동작합니다. '정확 웹디자인' 회사는 단지 몇 개 페이지에서 이름을 갱신한 것 뿐입니다.

'신속 웹디자인' 회사는 당혹스런 표정으로 시연회를 떠난 반면, '정확 웹디자인' 회사는 더 많은 일거리를 위한 회의를 하러 떠났습니다. 하지만 이야기는 여기서 끝나지 않습니다. '신속 웹디자인' 회사는 시연회 후 뒤처지지 않기로 결심하고 커피숍과 서점을 같이 하는 북카페에 들러 HTML과 CSS에 관한 어떤 책을 집어 들었습니다. 무슨 일이 일어난 걸까요? '과격함 대 우아함의 사건'에 대한 에피소드를 뒤에서 살펴보겠습니다.

5분 미스터리 해결됨

아이고..
누군가 이름 끝에
's'자를 빼먹었군요.

버즈 사이트에 대한 링크는 정말 근사한 작업이었어요. 자꾸만 변경 사항을 요구하는 것을 저도 압니다만, 정말 이번이 마지막이예요. 링크를 클릭할 때 버즈 사이트가 새로운 윈도우에서 나타나게 할 수 있나요? 스타버즈 페이지가 사라지는 건 싫거든요.

새 창으로 링크 걸기

스타버즈 CEO로부터 또 다른 새로운 요구 사항을 받았습니다(웹사이트를 개발하다 보면 항상 이렇답니다). 그가 원하는 것은 다음과 같습니다. 스타버즈 커피 페이지에서 '카페인 버즈' 링크를 클릭하면 스타버즈 커피 페이지는 사라지지 않아야 됩니다. 대신 새로운 창에서 카페인 버즈 페이지가 다음과 같이 열려야 합니다.

여기 스타버즈 커피 페이지가 있습니다.

카페인 버즈 윈도우가 튀어나올 때, 스타버즈 페이지의 앞에 겹쳐서 나오게 되지만 스타버즈 페이지는 여전히 그 자리에 있군요.

CEO는 카페인 버즈를 클릭하면 새 창이 열리는 것을 원합니다.

스타버즈 커피 음료

하우스 블랜드, $1.49

맥시코, 볼리비아, 과테말라 산지의 부드럽고 감칠맛 나는 커피 블랜드

모카 카페 라떼, $2.35

에스프레소, 따뜻하게 데운 우유

카푸치노, $1.89

에스프레소에 데운 우유와 우유 거품

차이티, $1.85

홍차, 향료, 우유, 꿀을 섞어 만든

우리의 사명
카페인 버즈를 읽어 보세요.

Head First Caffeine Buzz

http://wickedlysmart.com/buzz/

Caffeine Buzz
your caffeine resource @ wickedlysmart

Sources

One common source of caffeine is the coffee plant, the beans from which are used to produce coffee. Caffeine content varies substantially between Arabica and Robusta species and to a lesser degree between varieties of each species.

One dose of caffeine is generally considered to be 100 mg. In theory, a single serving (6 fl oz / 150 ml) of drip coffee or one-half caffeine tablet would deliver this dose. In the real world, coffee varies considerably in caffeine content per serving, ranging from about 75 mg to 250 mg. Generally, dark roast coffee has less caffeine than lighter roasts since the roasting process reduces caffeine content of the bean.

Tea is another common source of caffeine in many cultures. Tea contains somewhat less caffeine per serving than coffee, (usually about half as much, depending on the strength of the brew), though certain types of

타겟을 사용한 새 창 열기

새 창에서 페이지를 열고 싶다면 열고자 하는 창의 이름을 브라우저에 알려줘야 합니다. 만약 사용하고자 하는 창을 브라우저에 명시해 주지 않는다면, 브라우저는 동일한 창에서 브라우저를 엽니다. 여러분은 `<a>` 요소의 `target` 속성을 추가하여 다른 창을 사용하라고 브라우저에 말해 줄 수 있습니다. `target` 속성의 값은 브라우저에 페이지를 위한 '목표 창(target window)'이 무엇인지 알려줍니다. 만약 `target` 속성값을 '_blank'라고 준다면, 브라우저는 항상 새 창을 열어 페이지를 보여줄 것입니다. 그럼 좀 더 자세히 살펴볼까요?

```
<a target="_blank" href="http://wickedlysmart.com/buzz"
   title="Read all about caffeine on the Buzz">카페인 버즈</a>
```

target 속성은 브라우저에 href 속성에 있는 링크의 웹페이지가 어디에 있는지 알려준답니다. 만약 target이 없다면 브라우저는 같은 창에서 링크를 열게 되죠. 만약 target이 '_blank'라면 브라우저는 새 창에서 링크를 열게 됩니다.

연습문제

스타버즈의 'index.html' 파일을 열어, 카페인 버즈 페이지로 가는 링크를 위해 `<a>` 태그의 `target` 속성을 추가합니다. 지금 한번 테스트해 보세요. 새로운 창이 열리나요?

브레인 파워

target 속성을 사용하여 새로운 창을 열때의 장단점을 적어보세요.

바보 같은 질문이란 없습니다

Q: 새 창 대신 새 탭이 열렸는데, 제가 뭔가 잘못한 건가요?

A: 아닙니다. 요즘에 나온 대부분의 브라우저는 새 창을 여는 대신 새 탭을 여는 것이 기본으로 설정되어 있습니다. 사용자들이 이를 더 선호하기 때문이죠. 새 탭과 새 창은 실제로 같은 것입니다. 탭이 동일한 창을 공유하고 있을 뿐이죠. 굳이 새 창을 열고 싶다면, 환경설정에서 새 창을 열 수 있도록 조정할 수 있습니다.

Q: target을 가진 `<a>` 요소를 한 개 이상 사용한다면 어떻게 되나요? 만약 이미 '_blank'를 사용해 새 창이 열렸다면, 이미 열린 창에서 열리나요? 아니면 또 다른 새로운 '_blank' 창에서 열리나요?

A: 만약 모든 `<a>` 요소에 target으로 '_blank'란 이름을 준다면, 각 링크는 새로운 빈(blank) 창에서 열릴 것입니다. 어쨌거나, 중요한 점을 시사한다는 측면에서 아주 좋은 질문이군요. 여러분은 실제로 target으로 '_blank'란 이름을 사용하면 안됩니다. 만약 'coffee' 같은 다른 이름을 준다면 'coffee'라는 target 이름을 가진 모든 링크는 같은 창에서 열릴 것입니다. 그 이유는 target에 'coffee' 같은 특정한 이름을 주었을 때 실제로 링크에서 페이지를 보여주는 데 사용되는 새 창의 명칭을 주는 것이기 때문입니다. '_blank'는 브라우저에 항상 새 창을 사용하라는 특별한 경우입니다.

드러난 Target 속성

금주의 인터뷰:
Target을 사용하는 것이 나쁜가요?

헤드 퍼스트: 안녕하세요 타겟 씨. 인터뷰에 응해 주셔서 감사드립니다.

타겟: 저 역시 이곳에 오게 되어 영광이군요. 저에 관한 소문에 흥미를 가지고 있다니 기분이 좋군요.

헤드 퍼스트: 그렇게 말하시는 이유라도..?

타겟: 예.. 솔직히 말하면 저는 예전처럼 그리 유명하지 않거든요.

헤드 퍼스트: 왜 그렇게 생각하시죠?

타겟: 제 생각으로는.. 사용자들은 윈도우가 열릴 때 창을 관리하고 싶어 하기 때문입니다. 갑작스럽게 튀어나오는 새로운 창을 사용자가 항상 좋아하는 것은 아닙니다.

헤드 퍼스트: 글쎄요, 좀 혼란스럽군요. 화면에 수많은 창이 떠서 원래의 페이지를 찾지 못하는 사람들로부터 불평을 많이 들었는데요.

타겟: 하지만 그 창들을 없애는 것이 그렇게 어려울 것 같지는 않은데요. 그냥 조그만 닫기 버튼을 클릭하기만 하면 되는데, 그렇게 하기 어렵나요?

헤드 퍼스트: 맞습니다만 사용자들이 새로운 창이 열렸다는 사실을 알지 못한다면 혼란스러울 겁니다. 이따금씩 새로운 창이 원래의 창 전체를 덮어서 도대체 무슨 일이 일어났는지 알 수 없을 때도 있습니다.

타겟: 이러한 기능이 브라우저에서 점차 개선되고 있습니다.

헤드 퍼스트: 브라우저들은 종종 완전히 새로운 창에서 페이지를 열기보다는 동일한 브라우저창 내에서 새로운 탭에 페이지를 열더군요.

타겟: 아, 맞습니다. 새 탭에서 창을 여는 것이 훨씬 널 혼란을 주기 때문에 그 편이 낫고, 사용자들은 자신들이 원할 때마다 페이지를 방문할 수 있죠. 새 창에서 페이지를 여는 것과는 달리, 탭에서 보는 것이 덜 혼란스럽습니다.

헤드 퍼스트: 이 점이 스크린 리더기를 사용하는 사람들에게 어떤 도움이 될까요?

타겟: 시각장애인들이 사용하는 브라우저를 말씀하시는 건가요?

헤드 퍼스트: 예. 맞습니다. 어떤 스크린 리더기는 새로운 창이 뜨면 음성으로 알려줍니다만, 새 창을 완전히 무시하거나 즉시 새 창을 읽는 것도 있습니다. 어느 방법이든지 시각장애인에게 혼란스러운 것은 마찬가지입니다. 상황이 이런데, 도대체 탭은 어떻게 처리하고 있는지 알 수 없군요.

타겟: [한숨을 쉬며] 예. 모든 사람들의 요구를 충족시키는 훌륭한 툴을 제공하기는 아직 준비가 되지 않았습니다. 특히 시각장애인의 경우는요. 그렇긴 하지만 사용자를 우리 사이트 밖에 있는 페이지로 데려갈 수 있는 능력이 필요할 것 같긴 하군요. 다른 많은 사이트에서도 다른 창(혹은 탭)을 열어 그렇게 하거든요.

헤드 퍼스트: 예. 우리도 당신이 필요합니다만, 사용자들에게 혼란을 주지 않도록 해야 합니다.

타겟: 웹 표준과 브라우저 팀들이 이 점을 개선시키길 바라고 있습니다.

헤드 퍼스트: 지금 당장은 적절한 상황에서만 당신을 사용하고, 시각장애인의 경우에는 당신을 과용해서는 안된다는 점을 기억해야 할 것 같군요.

타겟: 정확한 지적입니다. 제 짐을 좀 더는데 여기서 도움을 받았네요. 제가 할 말을 대신해 주시나니, 정말 감사합니다.

헤드 퍼스트: 별 말씀을, 타겟 씨!

HTML 십자 퍼즐

여러분의 왼쪽 두뇌를 깜짝 놀라게 할 내용이 아래에 나와 있습니다.

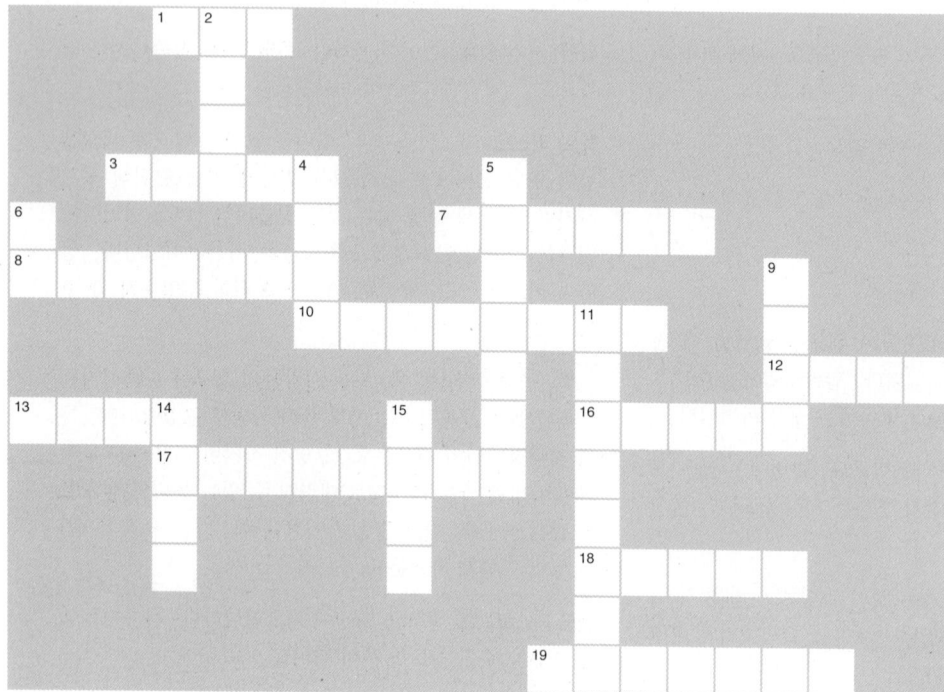

earl(얼)
buzz
http
absolute(절대)
url
root(루트)
relative(상대)
postcard(엽서)
concise(간결한)
cars(자동차)
links
id
file
icann
domain(도메인)
default
fetch(패치)
default(디폴트)

가로

1. 자원을 가리키는 웹 주소
3. 맥용 FTP 애플리케이션
7. 웹에서 유일한 이름
8. 디렉터리를 요청할 때 얻는 기본 파일
10. 웹 마을로 가서 무엇을 보내기로 했죠?
12. 웹사이트에서 최상의 디렉터리
13. 이 징까지 계속 사용해 왔던 프로토콜
16. 사람들은 텍스트를 읽기보다는 이것을 훑어볼 수 있죠.
17. 루트로부터의 경로
18. 도메인 명을 관리하는 기관이죠.
19. 디렉터리를 요청할 때 얻는 기본 파일

세로

2. 웹사이트에서 최상의 디렉터리
4. 요청/응답 프로토콜
5. 링크의 라벨은 이렇게 유지해야 합니다.
6. 목적지로 가는 요소를 만드는 데 사용되는 속성
9. 얼(Earl)은 이것을 팝니다.
11. 같은 서버에서 페이지를 링크할 때 항상 이런 종류의 링크를
    사용하죠.
14. URL을 잘못 발음하면 이렇게 되죠.
15. 카페인 정보 사이트

 **핵심정리**

- 일반적으로 웹에 연결하는 가장 좋은 방법은 웹 페이지를 호스트해 줄 호스팅 회사를 찾는 것입니다.

- 도메인 이름은 amazon.com이나 starbuzzcoffee.com처럼 유일하며, 이는 웹사이트를 식별하는 데 사용됩니다.

- 호스팅 회사는 여러분의 도메인을 위해 하나 이상의 웹 서버를 만들 수 있습니다. 웹 서버의 이름은 종종 'www'로 부릅니다.

- 파일 전송 프로토콜(FTP)은 여러분의 웹 페이지를 서버로 전송하는 데 사용되는 가장 일반적인 수단입니다.

- 매킨토시의 Fetch나 윈도우의 WS_FTP 같은 FTP 프로그램은 그래픽적인 사용자 인터페이스를 제공해 좀 더 쉽게 사용할 수 있도록 해줍니다.

- URL은 Uniform Resource Locator 약어로 웹 주소를 의미하며, 웹에 있는 자원을 식별하기 위해 사용됩니다.

- 일반적인 URL은 프로토콜과 웹사이트 이름 그리고 자원들과 연결하는 절대경로로 구성됩니다.

- HTTP는 웹 서버와 브라우저 간에 웹 페이지를 전송하는 데 사용되는 요청과 응답 프로토콜입니다.

- 파일 프로토콜은 브라우저가 여러분의 컴퓨터 내에 있는 페이지를 읽기 위해 사용됩니다.

- 절대경로는 파일의 루트 폴더로부터의 경로를 말합니다.

- 'index.html'과 'default.html'은 디폴트 페이지를 나타냅니다. 만약 파일 이름 없이 디렉터리만 명시할 경우, 웹 서버는 브라우저에 보내주기 위한 디폴트 페이지를 찾게 됩니다.

- 다른 웹 페이지와 연결하기 위해 〈a〉 요소의 href 속성에 상대경로 혹은 URL을 사용할 수 있습니다. 같은 사이트에 있는 다른 페이지들을 위해서는 상대경로를 사용하고, 외부의 링크를 위해서는 URL을 사용합니다.

- 페이지 내의 목적지 앵커를 만들기 위해서는 id 속성을 사용합니다. 목적지 앵커의 다음에 '#'을 붙여 같은 페이지내의 특정 위치와 링크를 걸 수 있습니다.

- 이해하기 쉽게 title 속성으로 〈a〉 요소에 있는 링크에 대한 설명을 제공할 수 있습니다.

- 또 다른 새로운 브라우저 윈도우에서 링크를 열기 위해 target 속성을 사용합니다. target 속성은 일반적인 브라우저를 대체한 다른 종류의 브라우저를 사용하는 사람에게는 문제가 될 소지가 있다는 점을 잊지 마세요.

여기, 잠깐만요! 가기 전에 웹 페이지에 로고가 필요한데요! 여보세요? 오 저런, 이미 5장으로 떠났군…

연필을 깎으며 정답

오래 기다렸습니다. 이제 여러분의 새로운 URL을 둘러볼 때가 되었습니다. 그렇게 하기 전에 아래의 빈칸을 채우고 URL을 적어 넣으세요(마치 여러분이 처음 하는 것처럼요). 문제가 생기면 호스팅 회사와 같이 작업하여 문제를 해결할 때가 된 것입니다. 아직 호스팅 회사를 구하지 못했다면 www.starbuzzcoffee.com으로 밑의 빈칸을 채우고, 브라우저 주소창에 이 URL을 입력해 넣으세요.

http   ://   www.starbuzzcoffee.com   /index.html

프로토콜   웹사이트 이름   절대경로

여기에 웹사이트 이름이 있군요.

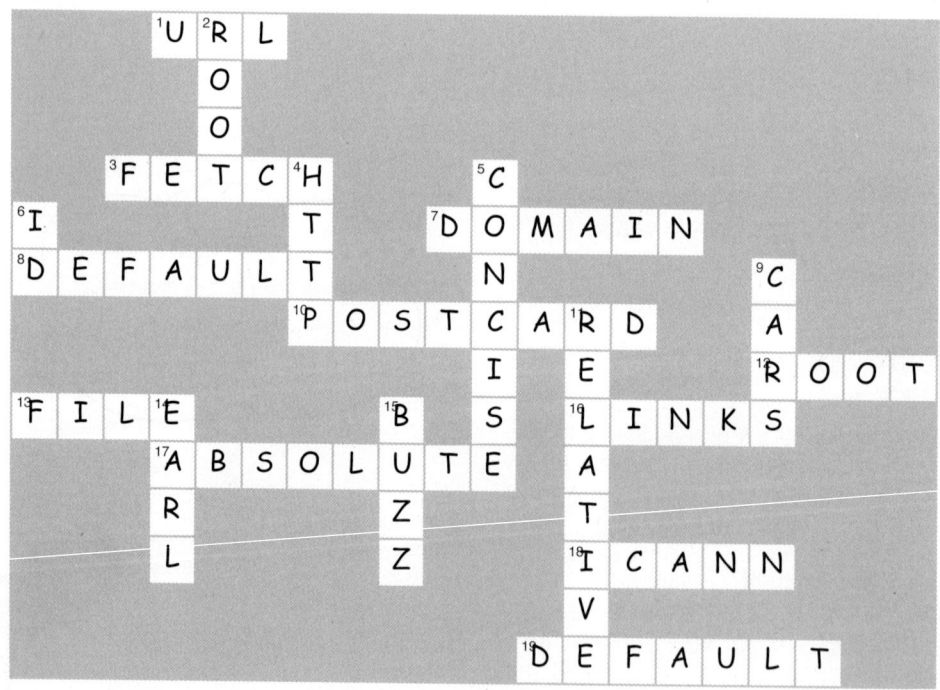

얼이 URL을 파악하는 데 도움을 필요로 하고 있군요.

정답

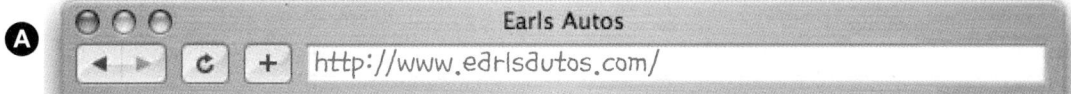

A Earls Autos
http://www.earlsautos.com/

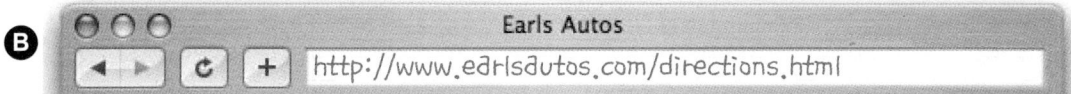

B Earls Autos
http://www.earlsautos.com/directions.html

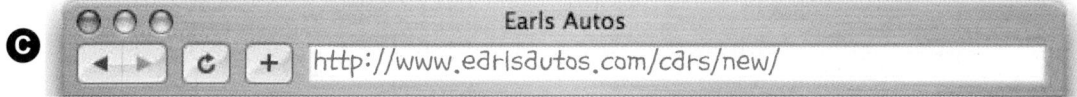

C Earls Autos
http://www.earlsautos.com/cars/new/

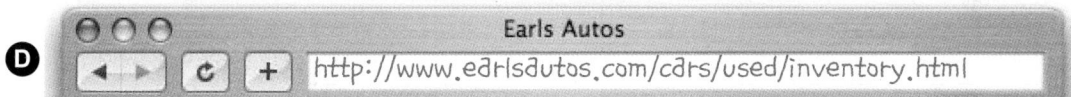

D Earls Autos
http://www.earlsautos.com/cars/used/inventory.html

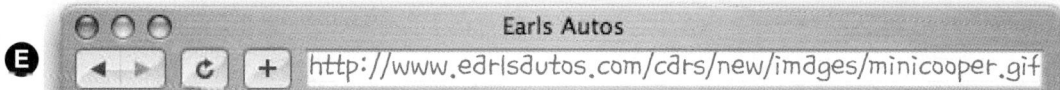

E Earls Autos
http://www.earlsautos.com/cars/new/images/minicooper.gif

'mission.html'로 가는 링크 title에 '스타버즈 커피의 중요한 사명에 관해 더 읽어 보세요.' 텍스트를 추가합니다. 회사의 사명 링크의 라벨을 간결하게 하지 않은 점에 주의하세요. 링크의 라벨을 '우리의 사명'으로 줄입니다. 여기 정답이 있습니다. 테스트해 보셨나요?

```html
<html>
    <head>
        <title>스타버즈 커피</title>
        <style type="text/css">
                body {
                        background-color: #d2b48c;
                        margin-left: 20%;
                        margin-right: 20%;
                        border: 1px dotted gray;
                        padding: 10px 10px 10px 10px;
                        font-family: sans-serif;
                }
        </style>
    </head>
    <body>
        <h1>스타버즈 커피 음료</h1>
        <h2>하우스 블랜드, $1.49</h2>
        <p>멕시코, 볼리비아, 과테말라 산지의 부드럽고 감칠맛 나는 커피 블랜드</p>

        <h2>모카 카페 라떼, $2.35</h2>
        <p>에스프레소, 따뜻하게 데운 우유와 초코 시럽을 넣은 커피</p>

        <h2>카푸치노, $1.89</h2>
        <p>에스프레소에 데운 우유와 우유 거품을 넣은 커피</p>

        <h2>차이티, $1.85</h2>
        <p>홍차, 향료, 우유, 꿀을 섞어 만든 향긋한 음료
        </p>
        <p>
            <a href="mission.html"
title="스타버즈 커피의 중요한 사명에 관해 더 읽어 보세요">우리의 사명</a>을 읽어 보세요.
            <br>
            <a href="http://wickedlysmart.com/buzz"
                title="버즈에 있는 카페인에 관한 모든 내용을 읽어 보세요">카페인 버즈</a>를 읽어 보세요.
        </p>
    </body>
</html>
```

회사명 링크에 title 속성을 추가하세요.

'읽어보세요'를 〈a〉 요소 밖으로 옮겼군요.

5 웹 페이지에 이미지 추가하기

미디어와의 만남

활짝 웃으며 '김치'라고 해 보세요. 실제로 웃으면서 'gif', 'jpg' 혹은 'png'라고 해 보세요.

위에서 말한 것은 웹에서 '사진 현상'을 할 때 선택할 수 있는 것입니다. 이번 장에서는 웹 페이지에 여러분의 첫 번째 미디어, 바로 이미지를 추가하는 것에 관한 모든 것을 배울 것입니다. 온라인에 올리는 데 필요한 디지털 카메라 사진을 가지고 있나요? 문제 없습니다. 여러분의 페이지에 올릴 로고가 있나요? 그것도 처리할 수 있습니다. 하지만 이 모든 것을 하기 전에, 아직 ⟨img⟩ 요소를 정식으로 소개받지 못했나요? 정말 미안합니다. 무례하게 대하려고 했던 것은 아닙니다. 다만 '정식 소개'란 것을 경험해 보지 못했을 뿐이죠. 저희 잘못에 대한 보상으로, 이 장 모두를 ⟨img⟩ 요소에 헌납하겠습니다. 이 장이 끝날 때쯤에는 ⟨img⟩ 요소의 속성을 어떻게 사용하는지에 대한 모든 내용을 알게 될 것입니다. 또한 브라우저가 이미지를 회수하고 보여주기 위해 이 작은 요소가 주가직인 작업을 어떤 식으로 하는지에 대해서도 정확히 알게 될 거예요.

브라우저가 이미지를 다루는 방법

브라우저는 다른 요소와는 좀 다르게 `<img>` 요소를 취급합니다. 가령 `<h1>`이나 `<p>` 같은 요소가 있다고 합시다. 브라우저가 페이지 안에서 이러한 태그를 보게 되면 해당 태그를 보여주기만 하면 됩니다. 꽤 간단하군요. 하지만 브라우저가 `<img>` 요소를 만나게 되면 뭔가 아주 다른 일이 일어납니다. 즉, 브라우저는 페이지 안에서 이미지를 보여줄 수 있도록 먼저 이미지를 회수해야만 합니다.

이러한 과정을 이해하는 가장 좋은 방법은 한 가지 예를 보는 것입니다. 헤드 퍼스트 라운지의 건강 음료 페이지로 돌아가서 페이지를 잠깐 살펴봅시다. 이 페이지에는 모두 `<img>` 요소 4개가 있습니다.

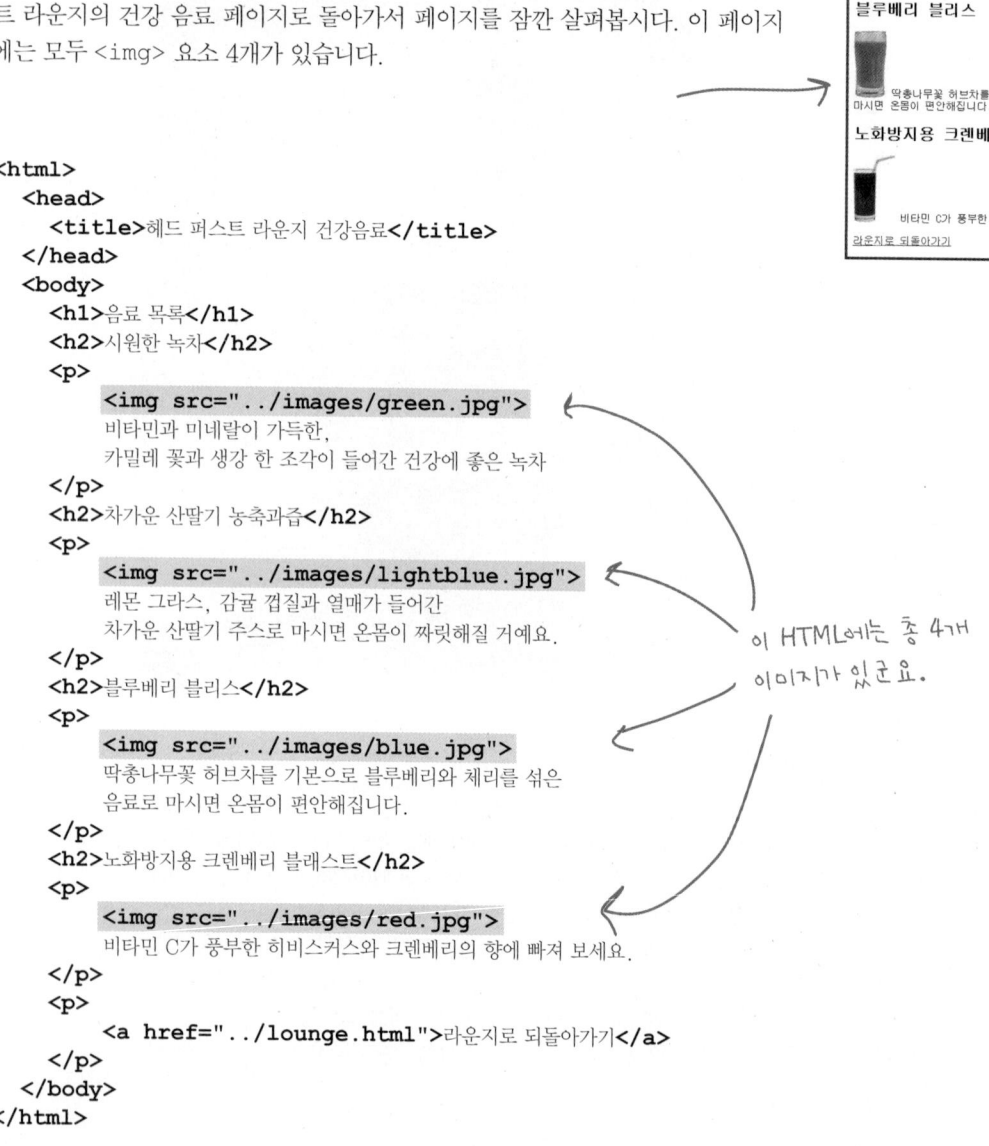

```html
<html>
  <head>
    <title>헤드 퍼스트 라운지 건강음료</title>
  </head>
  <body>
    <h1>음료 목록</h1>
    <h2>시원한 녹차</h2>
    <p>
        <img src="../images/green.jpg">
        비타민과 미네랄이 가득한,
        카밀레 꽃과 생강 한 조각이 들어간 건강에 좋은 녹차
    </p>
    <h2>차가운 산딸기 농축과즙</h2>
    <p>
        <img src="../images/lightblue.jpg">
        레몬 그라스, 감귤 껍질과 열매가 들어간
        차가운 산딸기 주스로 마시면 온몸이 짜릿해질 거예요.
    </p>
    <h2>블루베리 블리스</h2>
    <p>
        <img src="../images/blue.jpg">
        딱총나무꽃 허브차를 기본으로 블루베리와 체리를 섞은
        음료로 마시면 온몸이 편안해집니다.
    </p>
    <h2>노화방지용 크렌베리 블래스트</h2>
    <p>
        <img src="../images/red.jpg">
        비타민 C가 풍부한 히비스커스와 크렌베리의 향에 빠져 보세요.
    </p>
    <p>
        <a href="../lounge.html">라운지로 되돌아가기</a>
    </p>
  </body>
</html>
```

이 HTML에는 총 4개 이미지가 있군요.

이제 페이지가 http://lounge.headfirstlabs.com으로부터 요청
되었을 때 브라우저가 어떻게 이 페이지를 회수하고 보여주는지 단계별로 살
펴 보겠습니다.

무대
뒤에서는

① **먼저 브라우저는 서버로부터 'elixir.html' 파일을 회수합니다.**

아직 아무것도 회수하지 않은 빈 브라우저창이군요.

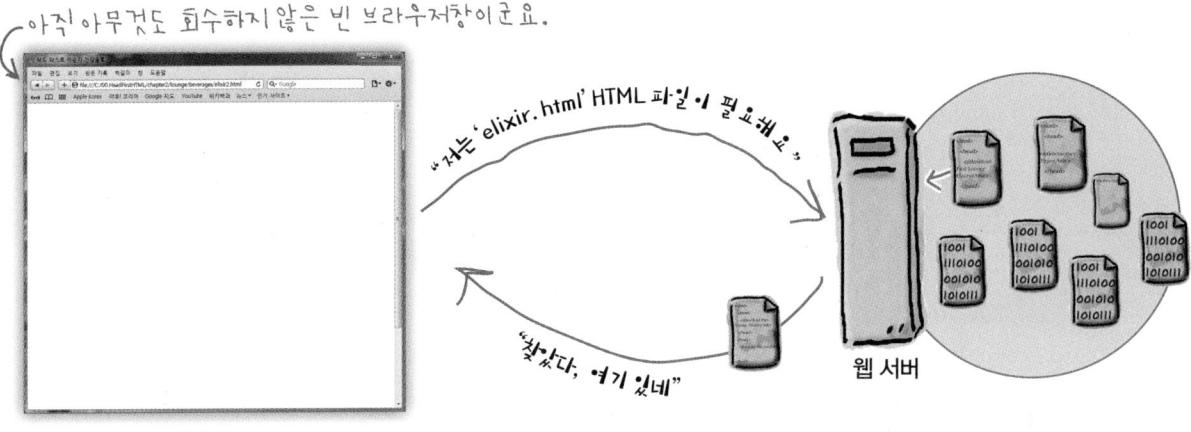

"저는 'elixir.html' HTML 파일이 필요해요"

"찾았다, 여기 있네"

웹 서버

브라우저

---

② **다음으로 브라우저는 'elixir.html' 파일을 읽고 보여줍니다. 그리고 파일을 회수하면서
4개 이미지가 있다는 것을 알게 됩니다. 따라서 웹 서버로부터 각 이미지를 가져오는데
먼저 'green.jpg'부터 가져오기 시작합니다.**

HTML 페이지가 회수되었지만, 브라우저는 여전히
이미지들을 가져와야 하군요.

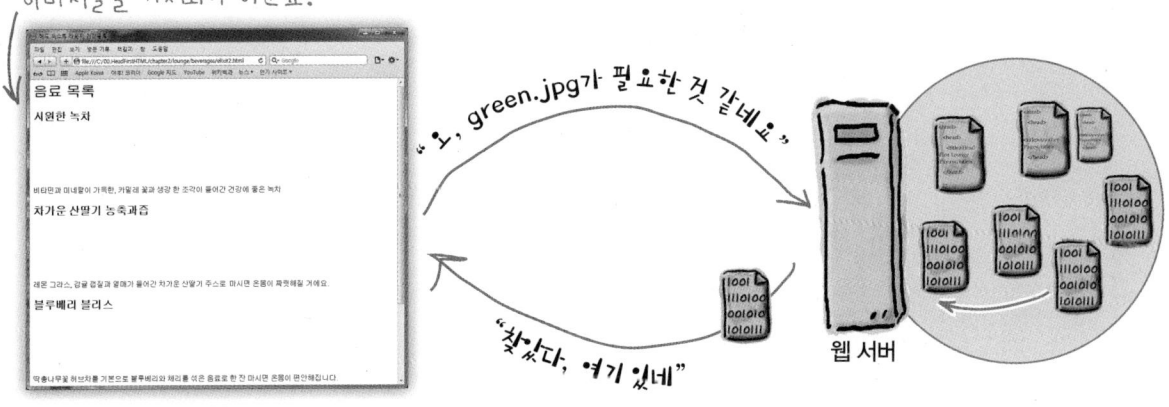

음료 목록

시원한 녹차

비타민과 미네랄이 가득한, 커피랑 꿀과 생강 한 조각이 들어간 건강에 좋은 녹차

차가운 산딸기 농축과즙

레몬 그라스, 감귤 껍질과 결매가 들어간 차가운 산딸기 주스로 마시면 혼몸이 짜릿해질 거에요.

블루베리 블리스

악충나무잎 허브차를 기본으로 블루베리와 체리를 섞은 음료로 한 잔 마시면 혼몸이 만족해집니다.

"오, green.jpg가 필요한 것 같네요"

"찾았다, 여기 있네"

웹 서버

브라우저

③ 'green.jpg'를 회수하면서 브라우저는 그 이미지를 보여주고 다음 이미지인 'lightblue.jpg'로 옮겨갑니다.

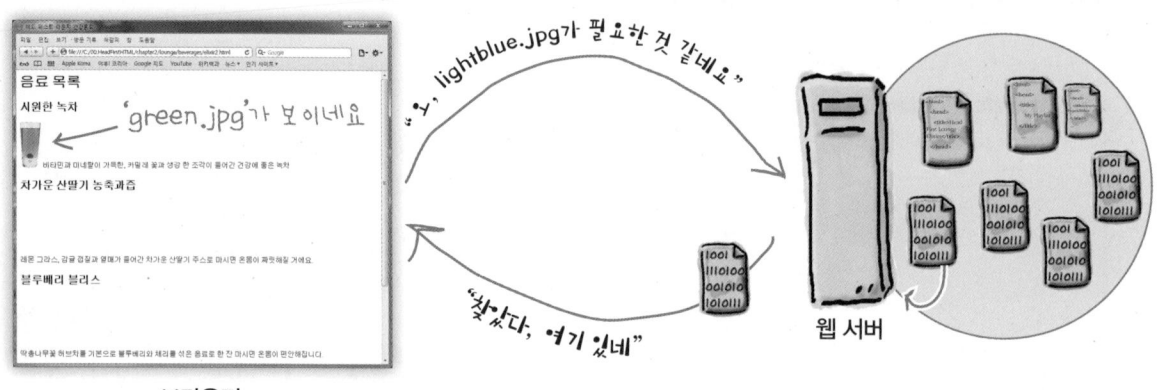

브라우저

---

④ 이제 브라우저가 'lightblue.jpg'를 회수했습니다. 따라서 그 이미지를 보여주고 다음 이미지인 'blue.jpg'로 옮겨 갑니다. 이러한 과정은 페이지에 있는 이미지마다 계속 진행됩니다.

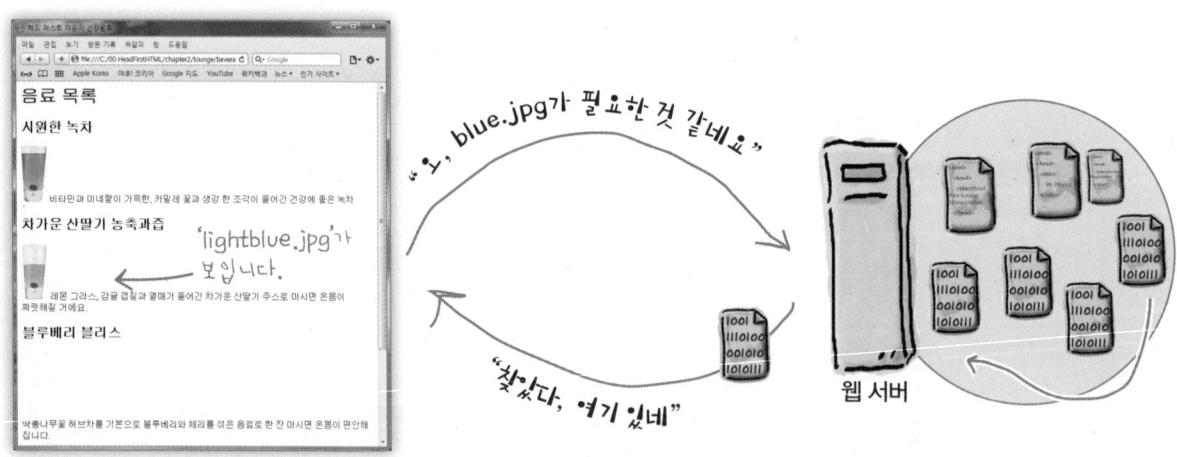

브라우저

이미지는 어떻게 보여질까요?

이미지는 이미지일 뿐입니다. 그렇죠? 실제로 세상에는 무수히 많은 이미지 형식이 존재하며, 각 형식에는 장단점이 있습니다. 하지만 다행히도 웹에서 사용되는 일반적인 형식은 오직 3가지 뿐입니다. 바로 JPEG, PNG, GIF입니다. 다만 언제, 어떤 형식을 사용해야 할지 고르는 게 어려운 문제죠.

JPEG, PNG, GIF의 차이점은 무엇일까요?

사진이나 복잡한 그래픽에는 JPEG를 사용하세요.

단색이나 로고, 기하학적 모양의 이미지에는 PNG나 GIF를 사용하세요.

사진 같은 연속적인 톤의 이미지에 가장 잘 맞습니다.

1,600만개의 서로 다른 색을 가진 이미지를 표현할 수 있습니다.

이미지 정보 일부가 손실되고 파일 크기가 감소되는 '손실이 많은' 형식입니다.

투명도는 지원하지 않습니다.

이 파일은 웹 페이지에 좀 더 효율적입니다.

애니메이션은 지원하지 않습니다.

PNG는 몇 가지 단색이나 로고, 클립아트 같은 선이 있는 이미지, 텍스트가 있는 이미지에 가장 잘 맞습니다.

PNG는 수백만 가지의 다른 색을 가진 이미지를 표현할 수 있습니다. PNG는 표현하고자 하는 색이 얼마나 많으냐에 따라 PNG-8, PNG-24, PNG-32 세 가지로 분류할 수 있습니다.

PNG는 파일을 압축해 크기를 줄이기는 하지만, 내용을 버리지는 않습니다. 즉, '무손실' 형식이죠.

'투명'모드 설정을 할 수 있어 이미지 밑으로 모든 것을 볼 수 있죠.

JPEG와 비교하면 파일 크기는 커지는 경향이 있지만, 사용된 색상의 수에 따라 GIF보다 작거나 커질 수 있습니다.

PNG와 마찬가지로 GIF는 몇 가지의 단색이나 로고, 클립아트 같은 선이 있는 이미지, 텍스트가 있는 이미지에 가장 잘 맞습니다.

GIF는 256가지 색상을 표현할 수 있습니다.

GIF 역시 '무손실' 형식입니다.

GIF는 투명도를 지원하긴 하지만, 오직 한 가지 색상만 '투명'하게 설정할 수 있습니다.

JPEG와 비교해 파일 크기가 큽니다.

애니메이션을 지원합니다.

진짜 이미지 형식이신 분 일어나 주시겠습니까?

금주의 인터뷰: 이미지 형식 간의 다툼

헤드 퍼스트: 여러분, 반갑습니다. 한 번에 세 분과 인터뷰하는 것은 이번이 처음인 것 같군요!

JPEG: 안녕하세요. GIF, PNG 씨도 반갑군요.

GIF: 멍청한 두 분과 이 자리에 있는 이유를 정말 모르겠습니다. GIF가 웹의 원본 이미지 형식이라는 사실을 모든 사람들이 알고 있다고요.

JPEG: 하! 당신이 사진 같은 복잡한 이미지를 표현하면, 사람은 심각하게 당신에 대한 생각을 다시 하게 될걸요? 256가지 색상만으로 어떻게 표현할 것인지 궁금하군요.

헤드 퍼스트: PNG 씨. 여기 와서 도와주실래요? 지금까지 조용히 계시는데..

PNG: 예. 당신도 일등이 되면 조용하게 지내기 쉬울 거예요. 저는 JPEG처럼 복잡한 이미지를 표현할 수 있고, GIF처럼 손실되는 것도 없답니다. 진정으로 두 세계에 걸쳐 최고라 할 수 있죠.

헤드 퍼스트: 손실이 없어요?

PNG: 예. 무손실 형식으로 이미지를 저장하면 정보 손실 없이 이미지를 저장할 수 있습니다.

GIF: 저도 그래요! 저 역시 손실을 일으키지 않습니다.

헤드 퍼스트: 음, 손실이 발생하는 형식을 원하는 사람도 있던데 그 이유가 뭐죠?

JPEG: 얻는 것이 있으면 잃는 것도 있죠. 가끔씩 빨리 내려받을 수 있도록, 작긴 하지만 품질도 좋은 형식을 원하는 경우가 있습니다. 항상 완벽한 품질이 필요한 것은 아닙니다. 사람들은 JPEG 이미지로 매우 만족해 합니다.

PNG: 물론 그렇긴 합니다만, 선이나 로고, 작은 텍스트, 단색 이미지를 본 적 있나요? JPEG로는 썩 좋아 보이지 않던데요.

헤드 퍼스트: 잠깐만요, JPEG 씨가 흥미로운 안건을 제기했습니다. GIF와 PNG 씨, 당신들의 파일 크기는 큰가요?

PNG: 가끔씩 파일 크기가 커질 수 있다는 점은 인정합니다만, 저는 PNG-8, PNG-24, PNG-32라는 세 가지 형식을 제공합니다. 따라서 이미지 크기 조정은 가능합니다.

GIF: 제가 듣기에도 아주 복잡한데, 사용자들이 당신을 기억하려면 꽤 힘들겠군요.

PNG: 음, GIF 씨. 모든 이미지를 256 색상으로 맞춘다면 세상이 더 좋아지지 않을까요? 하지만 그렇게 하는 것은 불가능합니다.

GIF: 이봐요, 윤곽을 그리거나 숫자 같은 것은 8비트로 맞추기 쉽습니다. 그래야 보기도 좋고요.

JPEG: 하! GIF로 저장된 사진을 마지막으로 본 것이 언제죠? 사람들은 당신의 약점을 이미 이해했습니다. GIF 씨.

GIF: 제가 투명해 질 수 있다고 얘기했었던가요? 제 일부를 가져갈 수도 있고, 제 밑에 무엇을 두든지 훤히 볼 수 있습니다.

PNG: GIF 씨. 그 문제에 관해서는 당신은 내 경쟁 상대가 되지 못합니다. 저는 어떤 색상도 투명하게 만들 수 있죠. 당신은 한 가지 색만 가능하잖아요?

GIF: 하나든 여러 개이든 누가 신경이나 쓰겠어요? 필요한 것은 하나뿐입니다.

PNG: 당신 이미지에서 투명한 영역을 안티얼라이스(anti-aliase) 처리하고 싶다면요?

GIF: 네?

PNG: 아, 당신도 알겠지만 저는 한 가지 이상의 색을 투명하게 할 수 있고, 투명한 영역의 외형을 부드럽게 처리할 수 있습니다.

헤드 퍼스트: 아주 좋은 기능 같은데, JPEG 씨도 처리할 수 있나요?

JPEG: 아니요. 하지만 그 부분은 별로 걱정되지 않는군요. 그러한 처리는 로고에나 적당하지 대부분의 사진 작업에는 필요 없거든요.

PNG: 흠, 웹 전체에서 제 투명도가 사용된 것을 목격하고 있습니다.

헤드 퍼스트: 세 분을 동시에 인터뷰하는 것은 재고해 봐야 할 것 같군요. 제가 보기엔 로고나 텍스트 이미지에는 GIF와 PNG가 적당하고, 사진에는 JPEG가 훌륭하군요. PNG 씨, 당신은 수많은 색상을 표현하는 뿐만 아니라 투명하게 만들 때 매우 유용하겠군요! 모두 반가웠습니다!

PNG, JPEG, GIF: 잠깐만요, 기다려요!!!

어떤 이미지 형식일까요?

축하합니다. 당신은 오늘의 '그랜드 이미지 형식 선거인'으로 선출되었습니다. 아래에 있는
이미지가 웹에서 가장 잘 표현되는 형식을 각각 골라보세요.

	JPEG 혹은	PNG 혹은	GIF
	☐	☐	☐
주의 뜨거운 초코렛을 조심하세요	☐	☐	☐
	☐	☐	☐
	☐	☐	☐
	☐	☐	☐

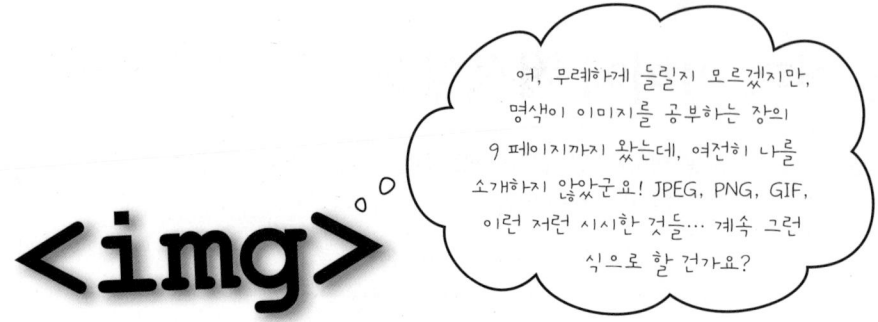

어, 무례하게 들릴지 모르겠지만, 명색이 이미지를 공부하는 장의 9 페이지까지 왔는데, 여전히 나를 소개하지 않았군요! JPEG, PNG, GIF, 이런 저런 시시한 것들... 계속 그런 식으로 할 건가요?

이제 정식으로 소개하겠습니다. ⟨img⟩ 요소를 만나봅시다.

충분히 긴 시간 동안 소개를 미루었습니다. 단지 HTML 마크업보다는 이미지를 더 다루었다는 사실은 알 수 있을 거예요. 어쨌든, 지금까지 한 것으로 충분하고 이제 <img> 요소를 만날 시간이 되었습니다.

이 요소를 좀 더 자세히 살펴보면서 시작해 볼까요?(<img>가 어떻게 동작하는지 여러분이 이미 많은 부분을 알고 있음에도 불구하고 말이죠)

⟨img⟩ 요소는 인라인 요소입니다. 이 요소는 앞, 뒤로 라인 브레이크를 삽입하지 않습니다.

여기 ⟨img⟩ 요소가 있습니다.

<img src="images/drinks.gif">

src 속성은 웹 페이지를 보여주는 데 포함되는 이미지 파일의 위치를 명시합니다.

여러분은 이미 ⟨img⟩가 빈 요소라는 것을 알고 있습니다.

그래서, 이게 다일까요? 좀 모자라는 것 같습니다. 여러분이 알고 싶어하는 속성이 몇 개 있습니다. 그리고 물론 여러분 자신의 사이트에 있지 않고 웹에 있는 이미지를 참조하기 위하여 <img> 요소를 사용하는 방법을 알고 싶어할 것입니다. 하지만 여러분은 이미 <img> 요소를 사용하는 기초를 알고 있습니다.

<img> 요소를 사용하는 세부적인 사항 중 몇 개를 훑어보고, 이에 대한 모든 지식을 가지고 작업을 시작해 봅시다.

⟨img⟩는 더 이상 상대적인 링크가 아닙니다

src 속성은 상대적인 링크 이상으로 사용될 수 있습니다. 즉, src 속성에 URL을 집어 넣을 수 있습니다. 이미지는 HTML 페이지와 함께 웹 서버에 나란히 저장되어 있으므로, 웹 서버에 있는 모든 이미지는 웹 페이지처럼 자신의 URL을 갖고 있습니다.

만약 다른 웹사이트에 있는 이미지를 가리킨다면 여러분은 아마도 이미지에 대해 URL을 사용하기를 원할 것입니다(같은 사이트에 있는 이미지나 링크에 대해서는 상대경로를 사용하는 것이 더 낫다는 것을 기억하세요).

아래에 URL을 사용하여 이미지를 링크하는 방법이 나와 있습니다.

```
<img src="http://www.starbuzzcoffee.com/images/corporate/ceo.jpg">
```

↑ URL을 사용하여 이미지를 포함하기 위해서는 src 속성에 이미지의 전체 URL을 넣기만 하면 되는군요.

URL은 이미지로 가는 경로입니다. 따라서 맨 끝에 있는 파일 이름은 항상 이미지파일명이 됩니다. 웹 페이지처럼 이미지에는 디폴트 이미지라는 것이 없습니다. ↑

 연필을 깎으며

아래에 실제로 연필과 관련된 '연필을 깎으며'가 있습니다(오, 그림도 있군요). 이번 연습문제는 세밀한 부분까지 많이 포함하고 있습니다. 만약 일반적인 새 연필이 모두 닳을 때까지 계속 선을 그으면, 그 선의 길이는 얼마나 될까요?

이것이 이미지와 무슨 관련이 있을까요? 여러분은 HTML을 작성해서 정답을 찾아야 할 거예요. 이 사소한 문제의 정답은 http://wickedlysmart.com/hfhtmlcss/trivia/pencil.png란 URL을 갖고 있는 이미지에 들어 있습니다. 여러분의 임무는 이 HTML에 이미지를 추가하고 답을 가져오는 것입니다.

```
<html>
    <head>
        <title>하찮은 연필을 깎으며</title>
    </head>
    <body>
        <p>일반적인 연필로 얼마나 길게 선을 그을 수 있을까요?</p>
        <p>

        </p>
    </body>
</html>
```

← 여기에 이미지 요소를 넣으세요.

바보 같은 질문이란 없습니다

Q: 만약 페이지에서 보여져야 할 이미지의 위치를 명시하는 방법이 있다면 〈img〉 요소는 정말 간단하지 않겠어요?

A: 예. 그에 대해 요약해 보죠. 우리는 여러분이 요소를 추가할 수 있는 몇 가지 속성에 관해 얘기할 것입니다. 나중에 여러분은 이미지의 비주얼한 스타일을 변경하기 위해 CSS를 사용하는 방법을 보게 될 것입니다.

하지만 이미지 자체에 대해서도 알아야 할 것이 많습니다. 다른 이미지 형식은 무엇을 위한 걸까요? 둘 중에 하나를 선택해야 할 때는 언제일까요? 얼마나 커야 할까요? 웹 페이지에서 사용하기 위해 이미지를 어떻게 준비해야 할까요?

Q: 빈 요소는 콘텐츠가 없는 요소라고 배웠는데요, 〈img〉 요소는 빈 요소라고 배웠습니다. 하지만 이미지 요소는 콘텐츠를 가지고 있지 않나요?(바로 이미지를 가지고 있잖아요)

A: 좀 더 자세히 말한다면, 빈 요소란 HTML 페이지에서 시작과 종료태그에 둘러싸인 콘텐츠를 갖고 있지 않은 요소입니다. 맞습니다. 이미지는 콘텐츠입니다. 하지만 〈img〉 요소는 이미지를 참조할 뿐입니다. 이미지는 HTML 페이지 자체의 일부분이 아닙니다. 대신 이미지는 브라우저가 페이지를 보여줄 때 〈img〉 요소를 대신합니다. 그리고 HTML 페이지는 순수한 텍스트라는 것을 기억하세요. 따라서 이미지는 절대 곧바로 페이지의 일부분이 될 수 없으며, 항상 분리되어 있는 것입니다.

Q: 이미지를 로딩하는 웹 페이지의 예제로 돌아가서, 웹 페이지를 불러올 때 순차적으로 로딩되는 이미지를 본 적이 없는 건 왜 그렇죠?

A: 브라우저들은 종종 이미지를 동시에 가져옵니다. 즉, 브라우저는 동시에 여러 개의 이미지를 요청하게 되는 것이죠. 컴퓨터와 네트워크의 속도에 따라 이러한 요청이 충분히 빠른 속도로 일어나면 여러분은 이미지가 정렬된 페이지를 볼 수 있습니다.

Q: 웹 페이지에서 어떤 이미지 하나를 보았는데, 어떻게 하면 그 이미지의 URL에 링크를 할 수 있을까요?

A: 대부분의 브라우저에서 이미지 위에 마우스를 올려 놓고 '오른쪽 버튼'을 클릭하면 바로 가기 메뉴가 나타납니다. 이 메뉴에서 '이미지 URL 복사(크롬)'나 '이미지 주소 복사하기(사파리)', 혹은 '바로 가기 복사(인터넷 익스플로러)'를 클릭하면 해당 URL이 복사됩니다.

URL을 찾는 또 다른 방법은 마우스 오른쪽 버튼을 클릭하고 '새 창에서 링크 열기'를 선택해서 새로운 브라우저 윈도우에서 이미지를 여는 것입니다. 그런 후에 새로 열린 브라우저의 주소창으로부터 이미지의 URL을 얻을 수 있습니다. 마지막 방법은 브라우저의 '소스 보기' 메뉴를 선택하여 HTML을 살펴보는 것입니다. 여러분이 이미지로 가는 상대적 링크를 발견했을지라도, 웹사이트의 도메인 이름과 이미지의 경로를 사용하여 해당 URL을 '재작성'해야만 할 것이라는 점을 기억하세요.

Q: GIF 사진보다 JPEG 사진이 더 좋거나 혹은 JPEG 로고보다 GIF 로고가 더 나은 이유는 무엇인가요?

A: '더 낫다'는 것은 통상 이미지의 품질과 파일 크기의 조합으로 정의됩니다. JPEG 사진은 이에 상응하는 품질의 GIF보다 크기가 훨씬 작고, 반면 GIF 로고는 일반적으로 JPEG 형식보다 더 보기 좋으며 파일 크기가 더 작습니다.

Q: 매우 비슷해 보이는데, GIF와 PNG 중 무엇을 선택해야 하나요?

A: PNG는 그래픽 형식 분야에서 최근 생겨난 형식으로, 사진 뿐만 아니라 로고도 지원할 수 있어 흥미로운 형식이라 할 수 있죠. 또한 GIF보다 개선된 투명도 특성을 갖고 있습니다. 몇 년 전만 해도 상황은 달랐지만, PNG는 요즘의 거의 모든 브라우저에서 지원하고 있습니다.

GIF와 PNG 사이의 선택의 갈림길에서, 몇 가지 고려해 볼 만한 것이 있습니다. 먼저 PNG는 GIF보다 압축 성능이 약간 더 뛰어납니다. 따라서 색상 수가 같은 이미지라고 해도(예를 들어 256 색상까지) PNG 파일 크기가 더 작습니다. GIF가 제공하는 것보다 많은 색상이 필요한 상황인데 JPEG는 선택할 수 없다면(투명도가 필요한) PNG를 선택하는 게 제일 좋습니다. 하지만 애니메이션이 필요하다면 GIF를 선택하세요. GIF만이 광범위하게 애니메이션을 지원합니다.

항상 대체 수단을 제공하세요

웹에서 확실히 말할 수 있는 한 가지는 사용자가 어떤 기기나 브라우저를 사용하여 페이지를 볼지 정확히 모른다는 사실입니다. 시각장애인의 경우엔 스크린 리더기, 일반적인 방문자들은 모바일 기기나 이미지는 커녕 텍스트만 보여질 정도로 매우 느린 인터넷 환경에서 실행 중인 브라우저, 스마트 폰, 인터넷이 가능한 티셔츠 등 여러 가지를 사용할 수 있습니다. 무엇을 사용할지 누가 알겠어요?

하지만 모든 이러한 불확실성의 가운데에서도 여러분이 준비할 수 있는 것이 있습니다. 심지어 브라우저가 페이지에 있는 이미지들을 보여주지 못한다 해도, 다른 차선책은 있습니다. <img>요소의 alt 속성을 사용해서 이미지에 있는 정보가 무엇인지 방문자들에게 알려주는 것이죠. 어떻게 동작하는지 아래에 나와 있군요.

```
<img src="http://wickedlysmart.com/hfhtmlcss/trivia/pencil.png"
     alt="일반적인 새로운 연필로 선을 35마일 그릴 수 있다.">
```

alt 속성은 단지 이미지를 설명하는 간단한 텍스트만 있으면 되는군요.

만약 이미지가 보이지 않는다면, 이 텍스트가 대신 사용됩니다. 마치 웹 페이지 내용을 전화로 누군가에게 알려주는 것처럼, alt 텍스트는 이미지를 대신합니다.

연습문제

이번 연습문제를 통해 여러분은 브라우저가 깨진 이미지를 보여주게 될 경우 alt 속성을 취급하는 방법을 알게 될 것입니다. 이미지를 발견하지 못하면 alt 속성이 대신 보이게 될 거예요. 하지만 모든 브라우저가 이 기능을 구현하고 있지는 않으므로, 결과는 각양각색이 될 수 있습니다. 아래에 여러분이 해야 할 일이 나와 있군요.

1 이전 연습문제에서 HTML을 가져오세요.

2 alt 속성에 '일반적인 새로운 연필로 선을 35마일 그릴 수 있다'를 포함시켜 이미지 요소를 변경합니다.

3 이미지 이름을 'pencil.png'에서 'broken.png'로 변경합니다. 이 이미지는 실제로는 존재하지 않습니다. 따라서 깨진 이미지가 보일 거예요.

4 브라우저에서 페이지를 다시 띄웁니다.

5 마지막으로 다른 종류의 브라우저를 사용해서 시험해 보세요. 결과가 다르게 보이나요?

이 장의 마지막 부분에서 결과를 볼 수 있습니다.

파이어폭스 (http://www.mozilla.org/)나 오페라(http://www.opera.com/)를 사용해서 시험해 보세요.

이미지 크기 조절하기

이제 ⟨img⟩ 요소에서 여러분이 알아야 할 마지막 속성이 남아 있습니다. 사실 이들은 쌍으로 존재합니다. 바로 width(너비 혹은 가로)와 height(높이 혹은 세로)입니다. 이 속성을 사용해 페이지에 있는 그림 크기를 브라우저에 솔직하게 말해 줄 수 있습니다.

아래에 width와 height를 어떻게 사용하는지 나와 있습니다.

```
<img src="images/drinks.gif" width="48" height="100">
```

width 속성은 그림이 페이지에서 얼마나 넓게 나타나야 하는지 말해줍니다.

height 속성은 그림이 페이지에서 얼마나 길게 나타나야 하는지 말해줍니다.

width와 height 둘 모두 픽셀의 수를 사용해 지정됩니다. 픽셀이 낯설다면 이 장의 뒷부분에서 조금 더 자세히 알아보도록 하겠습니다. 어떤 이미지라도 width와 height 속성을 추가할 수 있습니다. 추가하지 않으면 브라우저는 페이지에서 이미지를 보여주기 전에 자동으로 크기를 결정합니다.

바보 같은 질문이란 없습니다

Q : 어쨌거나 브라우저가 width와 height 속성을 이해하고 있다면 왜 이것들을 사용해야 하나요?

A : 만약 여러분이 HTML 안에 width와 height를 제공했다면, 대부분의 브라우저는 그것을 보여주기 전에 한 발 앞서서 페이지의 레이아웃을 만들 수 있습니다. 만약 제공하지 않았다면, 브라우저는 이미지의 크기를 파악한 다음에 페이지의 레이아웃을 다시 조정해야 합니다. 브라우저는 HTML을 내려받고 페이지를 보여주기 시작한 이후에 이미지들을 내려받는다는 점을 기억하세요. 브라우저는 여러분이 말해주지 않으면 내려받기 전에는 이미지의 크기를 알 수 없습니다.

또한 width와 height 값으로 이미지의 원래 크기보다 더 크게 혹은 작게 할 수 있으며 브라우저는 그 크기에 맞게 이미지를 조절하게 될 것입니다. 많은 사람들이 이미 있는 이미지를 원래의 크기보다 더 크거나 작게 보여줘야 할 때 이 요소를 사용합니다. 반면 나중에 보게 되겠지만 이러한 목적으로 width와 height를 사용하지 말아야 할 이유도 많습니다.

Q : 이 속성을 꼭 쌍으로 사용해야 하나요? width나 height 중 하나만 사용할 수 있나요?

A : 할 수 있습니다. 하지만 1차원(가로 혹은 세로)에 대해서만 브라우저에 말해주면 문제가 발생할 수 있으며, 2차원(가로와 세로 모두)을 제공하는 것과 똑같은 수고가 들어갑니다 (그리고 만약 특정한 너비나 높이로 이미지를 맞추는 것이 아니라면 단순히 너비나 높이를 제공함으로써 얻을 수 있는 것은 많지 않습니다).

Q : 프레젠테이션을 위한 것이 아닌 구조적인 HTML을 사용해야 된다고 여러 번 들었는데, width와 height는 프레젠테이션을 위한 속성같이 느껴지는군요. 제가 틀렸나요?

A : 요소를 어떻게 사용하느냐에 따라 다릅니다. 만약 정확한 크기로 이미지의 너비와 높이를 설정했다면 정말 도움이 될 겁니다. 그러나 만약 브라우저에서 이미지의 크기를 재조정하기 위해 width와 height를 사용했다면, 여러분은 프레젠테이션을 위해 사용한 것입니다. 이럴 때는 CSS를 사용하여 결과를 얻는 게 더 좋을 것 같군요.

팬 사이트 만들기: 마이팟(myPod)

아이팟(iPod) 사용자들은 사랑하는 그들의 아이팟을 어디든 지 가지고 다닙니다. 여러분의 친구들 사진이나 전 세계를 돌아다니며 멋진 장소를 아이팟으로 찍은 사진을 보여주는 '마이팟(myPod)'이라는 새로운 사이트를 만드는 것을 상상해 보세요.

아이폰도 괜찮아요!

그럼 시작하기 위해 무엇이 필요할까요? 단지 HTML에 대한 약간의 지식과, 사진 몇 장, 아이팟에 대한 애정만 있으면 됩니다.

이 사이트를 위해 이미 HTML 몇 개를 작성했습니다만, 이미지들은 아직 추가하지 않았습니다. 이미지를 추가하는 것은 여러분이 해야 할 일입니다. 하지만 이미지를 추가하기 전에 다음과 같이 설정을 먼저 하도록 하죠. 이 책의 예제 소스에서 'chapter5' 폴더를 찾아보세요. 그 안에 'mypod'라는 폴더가 있을 겁니다. 'mypod' 폴더를 열고 그 안에서 볼 수 있는 것들이 여기 나와 있군요.

시애틀에서 나의 아이팟을 찍은 사진입니다! 저 멀리에 비구름과 하늘을 향해 뻗어있는 뾰족한 탑이 보이는군요. 628번지 커피숍은 멀어서 안보일 거예요.

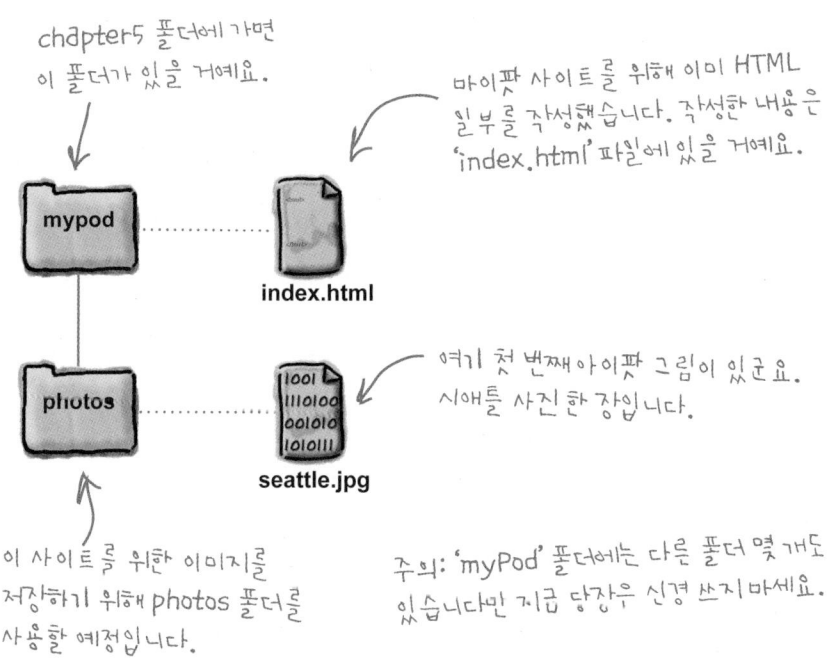

chapter5 폴더에 가면 이 폴더가 있을 거예요.

마이팟 사이트를 위해 이미 HTML 일부를 작성했습니다. 작성한 내용은 'index.html' 파일에 있을 거예요.

mypod

index.html

photos

seattle.jpg

여기 첫 번째 아이팟 그림이 있군요. 시애틀 사진 한 장입니다.

이 사이트를 위한 이미지를 저장하기 위해 photos 폴더를 사용할 예정입니다.

주의: 'myPod' 폴더에는 다른 폴더 몇 개도 있습니다만 지금 당장은 신경 쓰지 마세요.

마이팟의 'index.html' 파일 살펴보기

'index.html' 파일을 열면 이미 작업을 시작했다는 것을 알 수 있을 거예요. 지금까지 작성한 HTML이 여기 있습니다.

```html
<html>
  <head>
    <title>마이팟</title>
    <style type="text/css">
      body { background-color: #eaf3da;}
    </style>
  </head>
  <body>

    <h1>마이팟에 오신걸 환영합니다</h1>
    <p>
      여러분의 아이팟을 과시할 공간에 오신걸 환영합니다. 참여하고 싶나요?
      아이팟 1세대부터 최신 아이팟 나노, 아이팟 중 가장 작은 아이팟 셔플이나
      아이팟 중 가장 큰 아이팟 비디오 중에서 한 가지 모델이라도 있으면 됩니다. 디지털 카메라도 필요하고요.
      가장 좋아하는 장소에서 여러분의 아이팟을 사진에 담아, 마이팟으로 보내주세요.
      자, 무엇을 기다리고 있나요?
    </p>

    <h2>시애틀, 워싱턴</h2>
    <p>
      시애틀의 아이팟! 비구름과 스페이스 니들을 볼 수 있습니다.
      628번지 커피숍은 볼 수 없습니다.
    </p>

  </body>
</html>
```

여기에 **구울 준비가 된 CSS**가 있습니다. 지금은 아무 생각하지 말고 그대로 타이핑만 하세요. 이렇게 하면 페이지의 바탕색이 연한 녹색이 됩니다. 앞으로 남은 장에서 CSS를 알아본다고 꼭 약속 드리겠습니다!

이 HTML은 어디선가 본 것 같군요. 기본적인 블록을 만들 때 ⟨h1⟩, ⟨h2⟩, ⟨p⟩ 요소를 사용합니다.

그리고 브라우저에서 어떻게 보이는지 여기에 나와 있군요. 나쁘진 않네요. 하지만 이미지가 필요할 것 같군요.

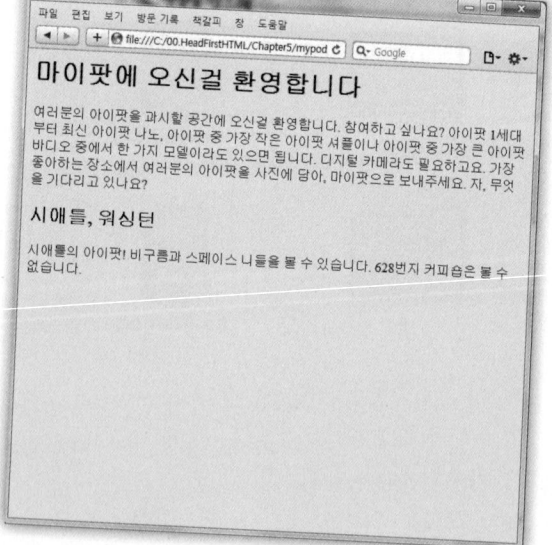

연필을깎으며

여러분이 보는 바와 같이 마이팟 사이트를 작동시키기 위해 이미 많은 분량의 HTML을 작성했습니다. 이제 넣고 싶은 각 사진을 〈img〉 요소를 사용해서 추가하기만 하면 됩니다. 내려받은 폴더에 'seattle_video.jpg'라는 파일이 있습니다. 따라서 계속해서 페이지 하단에 이 이미지를 놓기 위한 요소를 추가해 보세요. 작업을 마치고 브라우저에서 페이지를 열어 시애틀의 전경이 잘 보이는지 확인해 보세요.

```html
<html>
    <head>
        <title>마이팟</title>
        <style type="text/css">
            body { background-color: #eaf3da;}
        </style>
    </head>
    <body>

        <h1>마이팟에 오신걸 환영합니다</h1>
        <p>
            여러분의 아이팟을 과시할 공간에 오신걸 환영합니다. 참여하고 싶나요?
            아이팟 1세대부터 최신 아이팟 나노, 아이팟 중 가장 작은 아이팟 셔플이나
            아이팟 중 가장 큰 아이팟 비디오 중에서 한 가지 모델이라도 있으면 됩니다. 디지털 카메라도 필요하고요.
            가장 좋아하는 장소에서 여러분의 아이팟을 사진에 담아, 마이팟으로 보내주세요.
            자, 무엇을 기다리고 있나요?
        </p>

        <h2>시애틀, 워싱턴</h2>
        <p>
            시애틀의 아이팟! 비구름과 스페이스 니들을 볼 수 있습니다.
            628번지 커피숍은 볼 수 없습니다.
        </p>

        <p>


        </p>

    </body>
</html>
```

이곳이 첫 번째 사진이 위치해야 할 곳입니다.

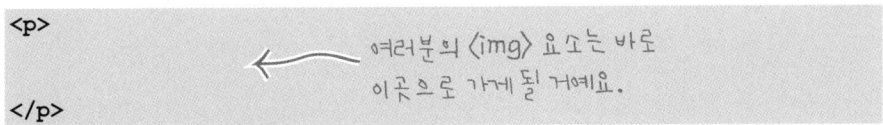

여러분의 〈img〉 요소는 바로 이곳으로 가게 될 거예요.

와! 이미지가 너무 크군요

자, 이미지가 있어야 할 곳에 있습니다만 너무 크군요. 요즘에 디지털 카메라로 찍은 사진들은 대부분 큽니다(혹은 거대하답니다). 이미지를 그 상태로 두어야 할까요? 방문자들이 굳이 스크롤바를 사용해서 보도록 내버려둬야 하나요? 이러한 생각이 왜 잘못됐는지 몇 가지 이유를 알아보겠습니다.

이미지와 브라우저를 살펴보고 이 상황이 얼마나 나쁜지 한번 보세요.

조심하세요

만약 이미지가 브라우저창에 근사할 정도로 딱 맞는다면, 여러분의 브라우저는 '자동 그림크기 조정(auto image resize)' 옵션이 활성화된 것입니다. 좀 더 자세한 사항은 잠시 후에...

여기 우리의 브라우저가 있습니다. 전형적인 창의 크기군요.

그리고 여기에 여러분이 'index.html' 파일에 추가한 'seattle_video.jpg' 이미지가 있군요.

여기에 있는 것은 전체 크기의 이미지입니다. 브라우저창의 크기보다 더 크군요. 꽤 큽니다.

스크롤바를 이용해서 이미지의 나머지 부분을 볼 수 있습니다만, 브라우저창에 이 이미지를 맞출 수 있다면 더 낫지 않겠어요?

브라우저창의 넓이는 대략 800픽셀 정도 됩니다.

이미지의 가로 길이는 1,200픽셀 이네요.

바보 같은 질문이란 없습니다

Q: 사용자들이 스크롤바를 사용하여 이미지를 보는 게 무엇이 잘못됐나요?

A: 일반적으로 큰 이미지가 있는 웹 페이지는 사용하기 어렵습니다. 방문자들이 한 번에 전체 이미지를 볼 수 없을 뿐만 아니라 스크롤바를 사용하는 것도 매우 불편합니다. 큰 이미지들은 서버에서 브라우저로 전송될 때 더 많은 데이터를 필요로 해서 시간도 더 많이 걸려 결국 페이지는 천천히 뜨게 됩니다. 특히 사용자들이 전화 모뎀을 사용하거나 네트워크 환경이 느리다면 더 심하겠죠.

Q: 왜 width와 height 속성을 사용하여 페이지 내 이미지 크기를 조정할 수 없는 거죠?

A: 왜냐하면 브라우저는 페이지에 그림을 맞추기 전에 큰 그림 전체를 내려받아야 하기 때문입니다.

Q: 브라우저창의 넓이가 800픽셀이라고 했는데, 그 의미가 정확히 뭐죠?

A: 여러분의 컴퓨터 화면은 픽셀이라 불리는 수백만 개의 점으로 구성되어 있습니다. 만약 여러분이 화면을 아주 가까이서 본다면 이 픽셀들을 볼 수 있을 겁니다. 그리고 화면 크기와 해상도는 자주 바뀌는 경향이 있는데(어떤 사람들은 더 작게, 또 어떤 사람들은 더 크게 보기도 합니다), 대부분의 사람들은 브라우저를 800픽

셀에서 1,200픽셀 사이로 설정하여 사용합니다. 경험에 따르면 어림잡아 800픽셀이 이미지의 최대 너비로 적당합니다(웹 페이지도 마찬가지입니다만, 이에 대해서는 나중에 다루도록 하죠).

Q: 어떻게 하면 화면에서 이미지의 크기와 픽셀의 수를 연관지을 수 있나요??

A: 최근 고해상도 모니터와 디스플레이가 연일 출시되고 있지만, 일반적 경험에 따르면 1인치당 96픽셀이 적당합니다. 1인치당 72픽셀이 표준이지만, 성능 좋은 디스플레이를 처리하기 위해 CSS 픽셀이라는 개념이 만들어졌죠. CSS 픽셀 크기는 1/96인치입니다. 따라서 이미지 크기가 3인치 너비×3인치 높이면 96(픽셀)×3(인치)=288×288픽셀이 됩니다.

Q: 그럼 얼마나 크게 이미지 파일을 만들어야 하나요?

A: 일반적으로 이미지의 가로 길이는 800픽셀 이하로 맞추세요. 물론 여러분이 사용하는 이미지가 어떤 목적으로 사용되느냐에 따라 아주 작게도 만들 수 있습니다. 페이지에 있는 이미지가 로고라면 작지만 읽을 수 있을 정도의 크기면 될 것입니다. 결국 웹 페이지의 전체 너비로 로고의 가로 길이를 맞출 필요는 없습니다. 로고의 크기는 통상 100에서 200픽셀입니다. 따라서 궁극적으로 여러분의 질문에 대한 답은 페이지 디자인에 달려있습니다. 사진의 경우(가능한 한 크게 보려고 하겠죠), 작은 엄지 손가락 정도 크기가 적당합니다. 그래야 빨리 로딩되며, 그 후에 사용자가 확대된 큰 이미지를 보기 위해 이미지를 클릭할 수 있으면 좋겠죠. 곧 이에 대해 알아 볼 것입니다.

Q: 제 생각으로는 윈도우에서 완벽하게 이미지 크기를 맞추기 때문에 제 브라우저에서는 자동으로 시애틀 사진 크기를 맞출 것 같은데요. 왜 브라우저가 이렇게 작동하죠?

A: 어떤 브라우저는 브라우저의 넓이에 맞지 않는 이미지들의 크기를 재조정하는 기능을 가지고 있습니다. 하지만 대다수의 브라우저에는 그런 기능이 없습니다. 따라서 이러한 기능에 의존해서는 안됩니다. 심지어는 모든 브라우저가 이런 기능을 갖는다 해도, 여전히 서버와 브라우저 간에 필요 이상의 많은 데이터를 전송하게 될 것이며 이는 여러분의 페이지를 느리게 만들며 효용성을 떨어뜨릴 것입니다. 그리고 점점 많은 사람들이 모바일 장치에서 웹 페이지를 본다는 점을 기억하세요. 모바일 기기에서 큰 이미지는 데이터 용량에 영향을 미칩니다.

여기에 나비의 오른쪽 날개 윗부분을 구성하는 수많은 픽셀이 있습니다.

이것이 한 픽셀입니다.

이 이미지는 컴퓨터 화면에서 보여질 때, 수천 개의 픽셀로 구성됩니다.

브라우저에 맞게 이미지 크기 조정하기

브라우저 페이지를 더 낫게 보이게 하기 위해 이미지를 조금 손질합시다. 지금 이 이미지는 가로 1,200픽셀, 세로 800픽셀로 맞춰져 있습니다(조금 후에 어떻게 맞추는지 보게 될 것입니다). 우리는 800픽셀 이하의 가로 길이를 원하기 때문에 마이팟 웹 페이지에 제대로 맞도록 이미지의 너비를 결정할 필요가 있습니다. 마이팟의 가장 큰 목적은 아이팟의 사진을 주변에 있는 것들과 같이 보이게 하는 것이기 때문에 상당히 큰 이미지가 필요할 것 같습니다. 만약 이미지 크기를 반으로 줄여 가로를 600픽셀, 세로는 400픽셀로 한다면 브라우저 너비의 대부분을 수용할 것이며, 여전히 옆 부분에는 공간이 조금만 남을 것입니다. 괜찮죠? 그럼 이미지 크기를 조정해 봅시다.

여전히 그림이 크기 때문에 재조정할 필요가 있습니다만 가로 길이를 800픽셀 이하로 해야 합니다. 600은 현재 크기의 반이므로 괜찮을 듯 합니다.

여기 여러분이 해야 할 것이 있습니다.

❶ 사진 편집 프로그램을 사용하여 이미지를 엽니다.

❷ 반으로 크기를 줄입니다(가로는 600픽셀, 세로는 400픽셀).

❸ 'seattle_video_med.jpg'란 이름으로 이미지를 저장합니다.

시작하기 전에,
이미지 크기를 조정하려면 어떤
사진 편집 프로그램을 사용해야 하나요?
포토샵 엘리먼트를 갖고 있는데,
작동 될까요?

좋은 질문입니다. 현재 많은 사진 편집 프로그램이 있는데(공짜도 있습니다), 대부분 비슷합니다. 우리는 어도비의 포토샵 엘리먼트를 사용하여 이미지를 조정할 것입니다. 왜냐하면 가장 유명한 사진 편집 프로그램으로 윈도우와 매킨토시 모두에서 사용할 수 있기 때문이죠. 만약 여러분이 다른 사진 편집 프로그램을 가지고 있다면, 각 편집 작업을 여러분이 갖고 있는 프로그램에 맞춰 따라 하면 문제는 없을 것입니다.

아직까지 사용하는 사진 편집 프로그램이 없다면 여러분의 운영체제에서 사용할 수 있는 프로그램을 먼저 체크해 보세요. 만약 매킨토시를 사용한다면 iPhoto를 사용할 수 있고, 윈도우 사용자라면 마이크로소프트 사의 디지털 이미지 슈트(Digital Image Suite)를 사용할 수 있습니다. 만약 사용 가능한 편집 프로그램을 아직 못 구했다면, 책을 따라 하면서 각 단계마다 HTML을 사용하고 그림들은 예제 폴더에 있는 것을 사용하세요.

만약 어도비 포토샵 엘리먼트가 없다면 이 장의 나머지 부분을 따라 하기 위해 30일 동안 무료로 사용할 수 있는 프로그램을 내려받아 사용하세요. 내려받을 수 있는 URL은 http://www.ddobe.com/go/tryphotoshop_elements 입니다.

이미지 열기

먼저, 사진 편집 프로그램을 시작하고 'seattle_video.jpg' 파일을 열어야 합니다. 포토샵
엘리먼트에서 파일(File)의 열기(Open) 메뉴를 선택하면 열기(Open) 대화상자가 나타
납니다. 대화상자를 이용해 'chapter5/mypod/photos' 폴더에서 'seattle_video.jpg' 파
일을 찾습니다.

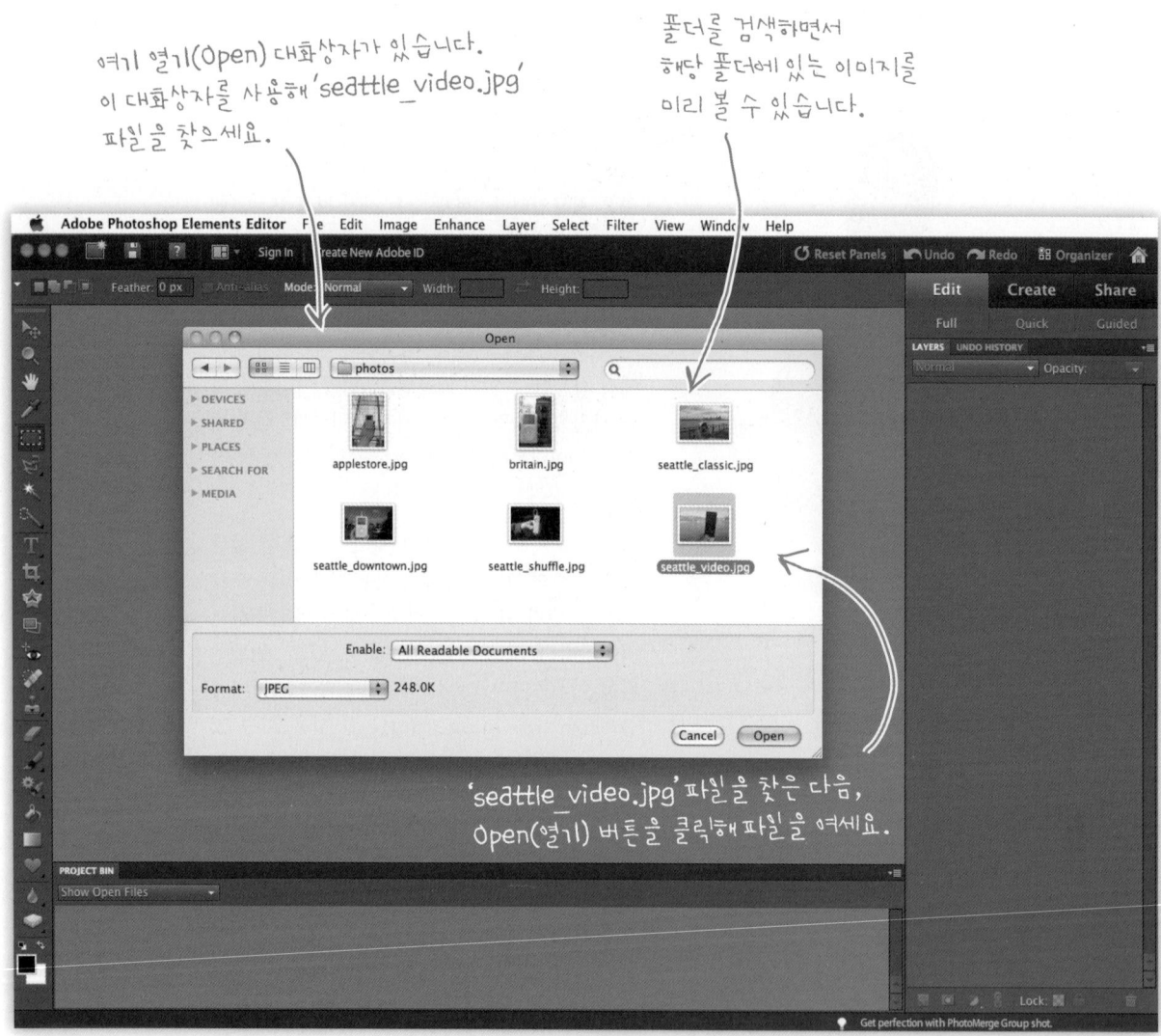

이미지 크기 조정

'seattle_video.jpg' 파일을 열었으니 웹으로 저장(Save for Web) 대화상자를 사용하여 이미지 크기를 조정하고 저장할 수 있습니다. 대화상자는 파일 메뉴의 웹으로 저장(Save for Web) 메뉴 옵션을 선택하면 열립니다.

여기 포토샵 엘리먼트에서 열린
'seattle_video.jpg'가 있습니다.

웹으로 저장(Save for Web)을
선택하여 이미지 크기를 조절하세요.

이미지 크기 재조정, 계속…

웹으로 저장(Save for Web)을 선택하면 아래와 같은 대화상자를 보게
될 것입니다. 사용하기 전에 한번 자세히 살펴보겠습니다.

여러분은 이 대화상자로 아주 흥미로운 것을 할 수 있습니다.
지금 당장은, 사용하는 방법과 웹페이지를 위해 JPEG 형식으로
이미지 크기를 조정하고 저장하는 방법에 초점을 맞추도록 하죠.

여기서 파일을 저장하기 위해
파일 형식을 선택합니다.
지금은 GIF 형식으로 저장하도록
설정되어 있군요. 앞으로 JPEG 형식으로
변경하는 방법도 알아보겠습니다.

여기에 이미지의
현재 크기가 있군요.
가로가 1,200픽셀이고
세로는 800픽셀
입니다.

왼쪽에는 원래의 이미지가 있고, 오른쪽에는 웹에서 사용하기 위해
저장될 형식의 이미지가 있습니다. 지금은 GIF 형식으로 보이는군요.
다음 단계에서 JPEG로 변경할 것입니다.

여러분이 보는 것처럼 이 대화상자에서 제공되는 기능이 매우 많습니다. 유용하게 사용해 봅시다. 이미지 크기를 조정하기 위해 가로를 600픽셀로, 세로를 400픽셀로 변경해야 합니다. 그러고 나서 이미지를 JPEG 형식으로 저장합니다. 변경 작업을 시작해 봅시다.

(1) 여기에서 가로를 600픽셀, 세로를 400픽셀로 변경하세요. Constrain Proportions가 체크되어 있으면, 새로운 가로 길이를 600으로 입력하기만 하면 됩니다. 그렇게 하면 포토샵 엘리먼트는 여러분을 위해 세로를 400픽셀로 변경해 줄 것입니다.

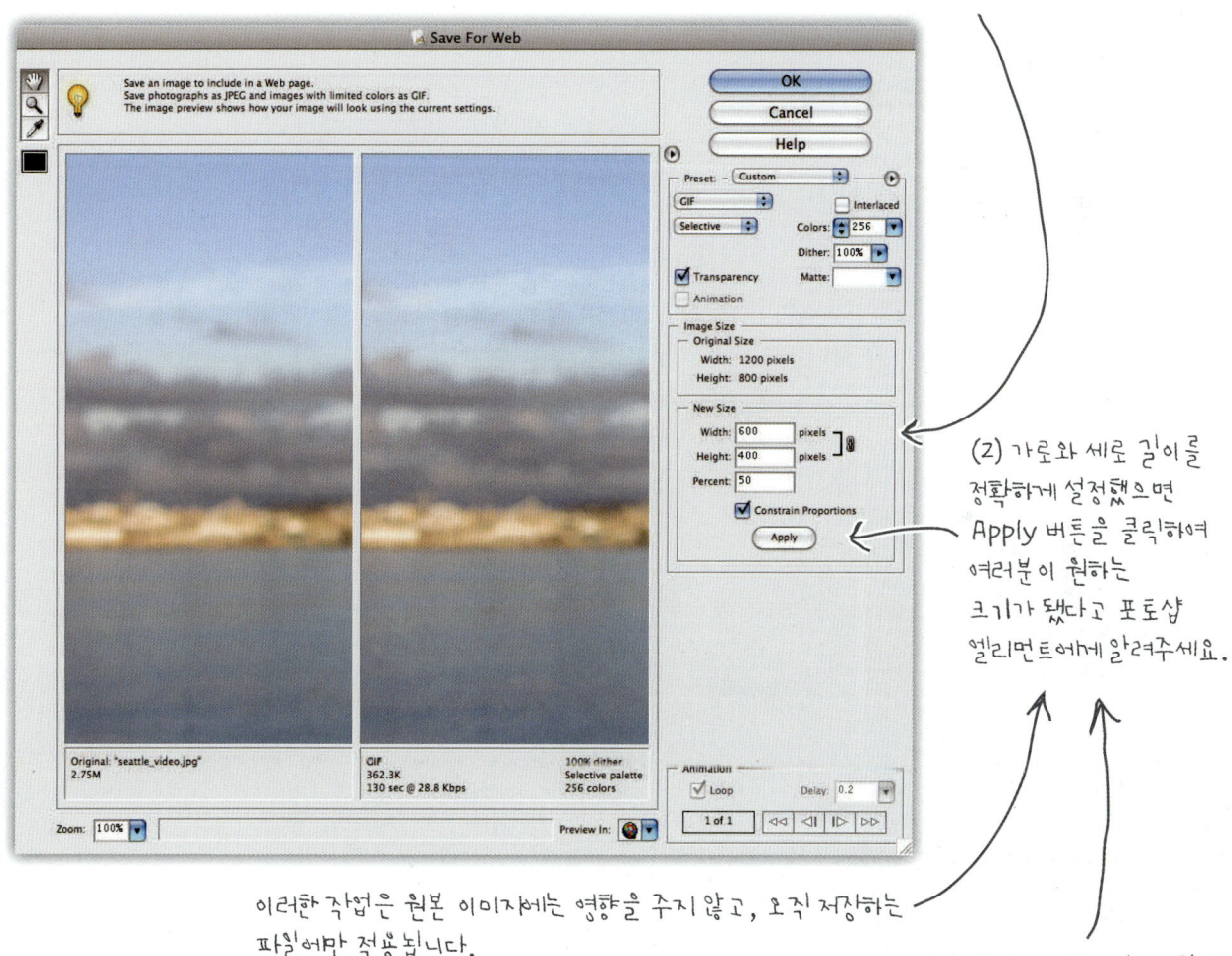

(2) 가로와 세로 길이를 정확하게 설정했으면 Apply 버튼을 클릭하여 여러분이 원하는 크기가 됐다고 포토샵 엘리먼트에게 알려주세요.

이러한 작업은 원본 이미지에는 영향을 주지 않고, 오직 저장하는 파일에만 적용됩니다.

이미지 크기를 줄이기 위해 Apply 버튼을 클릭해야 합니다. 그렇지 않으면 이미지는 원래의 가로와 세로 길이로 저장될 것입니다.

재조정 했으니 이제 저장하세요

이제 여러분은 정확한 형식(JPEG)으로 이미지를 저장하기만 하면
됩니다. 이 작업을 하기 위해 JPEG 형식을 선택하고 quality(품질)
는 Medium(중간)으로 설정합니다. quality(품질)에 대해서는 잠시
후에 더 알아보겠습니다.

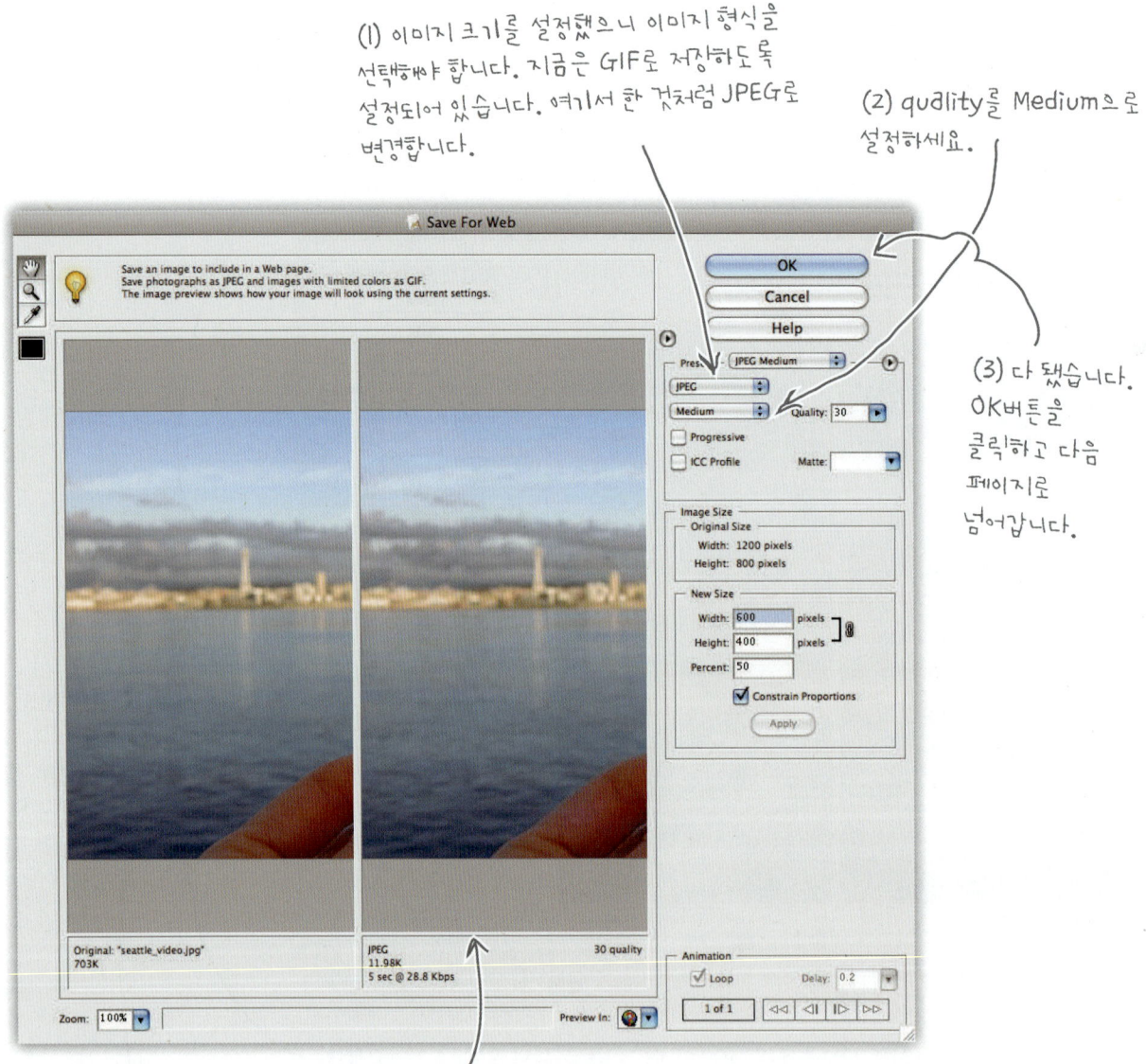

(1) 이미지 크기를 설정했으니 이미지 형식을
선택해야 합니다. 지금은 GIF로 저장하도록
설정되어 있습니다. 여기서 한 것처럼 JPEG로
변경합니다.

(2) quality를 Medium으로
설정하세요.

(3) 다 됐습니다.
OK버튼을
클릭하고 다음
페이지로
넘어갑니다.

이전 단계에서 Apply 버튼을 클릭했을 때
이미지의 크기가 조정되어 다시 보여진 점을
주목하세요.

이미지 저장하기

OK 버튼을 클릭하면 저장(Save) 대화상자가 나타납니다.
'seattle_video_med.jpg'라는 이름으로 저장하면 원래의 이
미지 파일과 겹치지 않겠죠.

'seattle_video_med.jpg'로 파일 이름을 변경합니다.

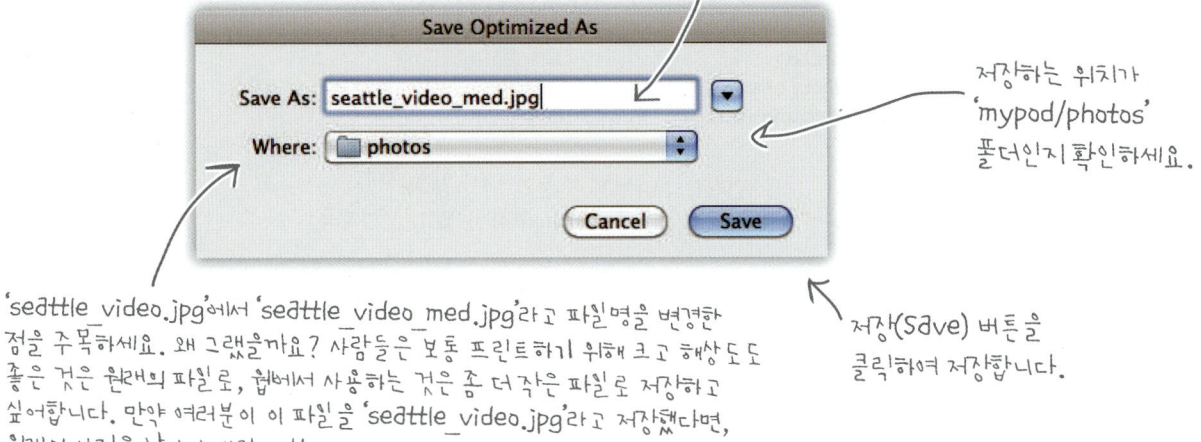

저장하는 위치가
'mypod/photos'
폴더인지 확인하세요.

'seattle_video.jpg'에서 'seattle_video_med.jpg'라고 파일명을 변경한
점을 주목하세요. 왜 그랬을까요? 사람들은 보통 프린트하기 위해 크고 해상도도
좋은 것은 원래의 파일로, 웹에서 사용하는 것은 좀 더 작은 파일로 저장하고
싶어합니다. 만약 여러분이 이 파일을 'seattle_video.jpg'라고 저장했다면,
원래의 사진은 날아가 버립니다!

저장(Save) 버튼을
클릭하여 저장합니다.

바보 같은 질문이란 없습니다

Q: 웹으로 저장(Save for Web)에서 품질 설정에 관해 더 알려주실래요?

A: JPEG 형식은 여러분이 원하는 품질의 수준으로 명시할 수 있게 합니다. 품질이 떨어질수록 파일의 크기는 작아집니다. 만약 웹으로 저장(Save for Web) 대화상자에서 미리보기 창을 본다면 여러분이 변경하는 품질의 설정값에 따라 변하는 파일의 크기와 품질 모두를 볼 수 있습니다.

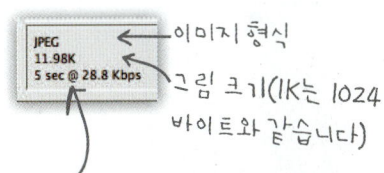

이미지 형식

그림 크기(1K는 1024
바이트와 같습니다)

포토샵 엘리먼트는 심지어 모뎀을
거쳐 브라우저로 전송되는 시간까지
알려줍니다.

품질 설정과 여러 종류의 이미지 형식에 대한 감을 느끼는 가장 좋은 방법은 여러분이 가지고 있는 이미지로 실험해 보는 것입니다. 그렇게 하면 이미지에 필요한 품질과 여러분이 만드는 웹 페이지의 유형이 어떻게 되어야 하는지 이해할 수 있습니다. 또한 다른 형식과 비교해 JPEG를 언제 사용해야 할지도 알게 될 것입니다.

Q: JPEG 옵션 대화상자에서 Quality 라벨 옆에 있는 30이란 숫자는 무엇인가요?

A: 30은 포토샵 엘리먼트가 Medium 품질이라고 여기는 숫자입니다. JPEG는 실제로 1~100%까지의 비율을 사용하는데 Low, Medium, High는 많은 사진 편집 프로그램들에서 사용되는 미리 설정된 값입니다.

Q: <img> 요소의 width와 height 속성을 사용하여 이미지의 크기를 조절할 수 없나요?

A: width와 height 속성을 사용하여 이미지의 크기를 조절 할 수 있습니다만 좋은 생각은 아닙니다. 왜 그럴까요? 그런 식으로 조절하게 되면, 일단 해당 이미지 전체를 내려받아 브라우저가 다시 내려받은 이미지 크기를 조정하게 되기 됩니다(브라우저에서 자동으로 크기를 조정하는 기능을 사용하는 것과 마찬가지입니다). Width와 height 속성은 실제로 브라우저가 이미지를 위해 어느 정도의 공간을 확보해야 하는지 이해하기 위해 도와주는 것 뿐입니다. 만약 이 속성을 사용한다면 속성값을 이미지이 실제 길이와 높이에 일치시켜야 합니다.

마이팟 HTML 수리하기

일단 이미지를 저장했으면 포토샵 엘리먼트를 종료해도 됩니다. 이제 마이팟의 index.html 페이지를 변경하여 새로 저장한 'seattle_video_med.jpg' 파일을 포함시키기만 하면 됩니다. 'index.html' 파일 에서 여러분이 수정할 부분이 여기 나와 있습니다.

```html
<html>
  <head>
    <title>마이팟</title>
    <style type="text/css">
        body { background-color: #eaf3da;}
    </style>
  </head>
  <body>
      .
      .
      .
    <h2>시애틀, 워싱턴</h2>
    <p>
        시애틀의 아이팟! 비구름과 스페이스 니들을 볼 수 있습니다.
        628번지 커피숍은 볼 수 없습니다.
    </p>

    <p>
        <img src="photos/seattle_video_med.jpg" alt="시애틀에서 나의 아이팟, WA">
    </p>

  </body>
</html>
```

HTML의 나머지 부분이 여기 있습니다.
'index.html' 파일에서 이미 보았던 거군요.

<img> 요소의 파일명 부분을 여러분이
만든 파일인 'seattle_video_med.jpg'로
변경하기만 하면 되겠군요.

그리고 이제 시운전을 위해…

계속해서 변경하고 저장한 뒤 브라우저에서 'index. html' 파일을 다시 로드합니다. 훨씬 보기 좋아졌군요. 이제 방문자들이 큰 사진에 압도당하지 않고 보기 좋게 이미지 크기가 조정되었습니다.

이제 이미지가 브라우저창에
딱 들어맞는군요.

어떤 이미지 형식일까요?

이번 시간 여러분의 임무: 포토샵 엘리먼트에서 'chapter5/testimage/eye.jpg' 파일을 여세요. 웹으로 저장(Save for web) 대화상자를 열고, JPEG 형식에 맞게 각 품질 설정값(low, medium, high 등)을 선택하여 아래의 빈칸을 채우세요. 이미지 밑에 있는 미리보기 창에서 필요한 정보를 찾을 수 있을 것입니다. 작업을 마친 뒤 어떤 설정값이 이 이미지를 가장 잘 보이게 하는지 결정해 보세요.

```
JPEG
11.98K
5 sec @ 28.8 Kbps
```
형식
이미지 크기
전화 모뎀을 통해 전송된 시간

형식	품질	크기	소요시간	최종선택
PNG-24	중간			☐
JPEG	매우 높음			☐
JPEG	높음			☐
JPEG	중간			☐
JPEG	낮음			☐
GIF	없음			☐

Try PNG-8 too!

마이팟 사이트에 넣을 더 많은 사진들

사진 한 묶음이 마이팟을 향해 출발했습니다. 추가로 시애틀에서 찍은 사진 두 장과 영국에 사는 친구에게 받은 사진 몇 장도 있군요. 이 사진들은 이미 가로 길이가 800픽셀 이하로 맞춰져 있습니다. 이 사진들을 위해 <img> 요소를 추가하세요(photos 폴더에서 이 사진들을 찾을 수 있습니다).

```html
<html>
    <head>
        <title>마이팟</title>
        <style type="text/css">
            body { background-color: #eaf3da;}
        </style>
    </head>
    <body>
        <h1>마이팟에 오신걸 환영합니다</h1>
        <p>
            여러분의 아이팟을 과시할 공간에 오신걸 환영합니다. 참여하고 싶나요?
            아이팟 1세대부터 최신 아이팟 나노, 아이팟 중 가장 작은 아이팟 셔플이나
            아이팟 중 가장 큰 아이팟 비디오 중에서 한 가지 모델이라도 있으면 됩니다. 디지털 카메라도 필요하고요.
            가장 좋아하는 장소에서 여러분의 아이팟을 사진에 담아, 마이팟으로 보내주세요.
            자, 무엇을 기다리고 있나요?
        </p>

        <h2>시애틀, 워싱턴</h2>
        <p>
            시애틀의 아이팟! 비구름과 스페이스 니들을 볼 수 있습니다.
            628번지 커피숍은 볼 수 없습니다.
        </p>

        <p>
            <img src="photos/seattle_video_med.jpg" alt="시애틀에서 아이팟 비디오, WA">
            <img src="photos/seattle_classic.jpg" alt="시애틀에서 아이팟 클래식, WA">
            <img src="photos/seattle_shuffle.jpg" alt="시애틀에서 아이팟 셔플, WA">
            <img src="photos/seattle_downtown.jpg" alt="시애틀 중심가에서 아이팟, WA">
        </p>

        <h2>버밍햄, 영국</h2>
        <p>
            버밍햄 근처의 아이팟 사진이 몇 장 있군요.
            이 곳에도 아이팟을 사랑하는 열정적인 사람들이 분명히 있을 거예요.
            전통적인 영국식 빨간 공중전화 박스를 확인해 보세요.
        </p>

        <p>
            <img src="photos/britain.jpg" alt="버밍햄의 공중전화 박스 옆에서 찍은 아이팟">
            <img src="photos/applestore.jpg" alt="버밍햄의 애플 스토어 옆에서 찍은 아이팟">
        </p>
    </body>
</html>
```

마음껏 여러분의 사진들을 추가하세요. 단, 추가하기 전에 크기를 바꾸는 것을 잊지마세요.

시애틀에서 찍은 모든 사진을 여기에 놓죠.

영국의 버밍햄에서 찍은 사진들도 마찬가지로 모아 놓도록 합니다.

마이팟으로 하는 또 다른 시운전

이 시점에서 여러분에게 브라우저에서 페이지를 다시 열라고 말할 필요가 없을 것 같군요. 여러분은 확실히 앞서 나가고 있습니다. 와우, 이미지 몇 개만 넣었는데도 정말 차이가 나는군요. 그렇게 생각하지 않아요? 이 페이지가 정말 흥미롭게 보이기 시작하는 군요.

하지만 아직 여러분이 다 온 것은 아닙니다. 페이지에 이미지가 많아지면 그 크기를 작게 조정했다 해도 이미지들은 여전히 꽤 큰 편입니다. 이미지를 추가하면 할수록 페이지가 로딩되는 속도는 더욱 느려질 뿐 아니라 사용자들은 그 이미지들을 보기 위해 더 많이 스크롤해야 합니다. 만약 사용자들이 각 사진을 작은 섬네일(thumbnail*) 이미지로 보고, 그 섬네일을 클릭하여 더 큰 크기로 사진을 볼 수 있다면 훨씬 더 낫지 않겠어요?

그리고 여기서는 페이지를 확대했군요.

여기 모든 이미지가 있는 페이지의 현재 모습이 있습니다.

*섬네일(thumbnail) : 엄지 손톱이란 뜻으로 컴퓨터에서는 프린트하기 전에 미리 보는 엄지 손톱만한 작은 이미지를 말합니다.

섬네일을 사용한 사이트 재구축하기

여러분은 이제 각 사진을 더 작은 이미지(이제부터 섬네일이라고 부르겠습니다)로 대체하고, 그 섬네일을 더 큰 사진과 연결하여 이 페이지를 좀 더 유용하게 만들 것입니다. 이 작업을 어떻게 해야 하는지 여기 나와 있습니다. 한 번에 한 단계씩 따라 하세요.

❶ 섬네일들을 저장할 새로운 디렉터리를 만듭니다.

❷ 각 사진의 크기를 150×100픽셀로 조정하고 'thumbnails' 폴더에 저장합니다.

❸ 'index.html'에 있는 각 <img> 요소의 src 속성을 사진들의 섬네일 버전으로 지정합니다.

❹ 각 섬네일로부터 큰 사진이 있는 새로운 페이지로 가는 링크를 추가합니다.

섬네일을 위한 새 디렉터리 만들기

파일 및 디렉터리 체계화를 위해 섬네일 이미지들을 위한 폴더를 생성합니다. 그렇지 않고 큰 사진들과 섬네일 이미지를 함께 모은 상태에서 사진이 많아지면 아주 혼란스러울 것입니다.

'mypod' 폴더 밑에 'thumbnails'란 이름으로 폴더를 생성합니다. 만약 예제 파일로 작업한다면 이미 이 폴더가 만들어져 있음을 알게 될 것입니다.

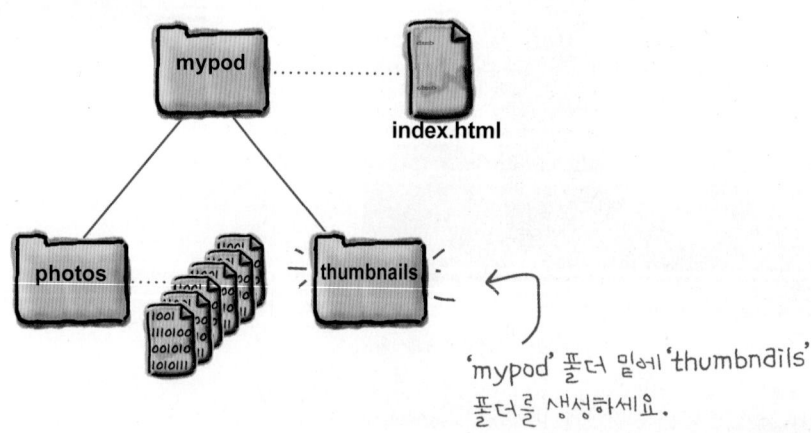

'mypod' 폴더 밑에 'thumbnails' 폴더를 생성하세요.

섬네일 만들기

섬네일 파일을 위치시킬 장소를 확보했으니, 섬네일 파일을 생성하도록 하죠. 사진 편집 프로그램을 사용해서 'seattle_video_med.jpg' 파일을 엽니다. 600×400 크기의 이미지를 생성한 방법으로 150×100 크기로 이미지의 크기를 조정합니다.

포토샵 엘리먼트에서 Save for Web 메뉴 옵션을 선택하세요.

가로를 150, 세로를 100픽셀로 변경하고 Apply 버튼을 클릭합니다.

파일 형식은 JPEG로, 품질은 Medium으로 변경하는 것을 잊지마세요.

마지막으로 OK 버튼을 클릭하세요.

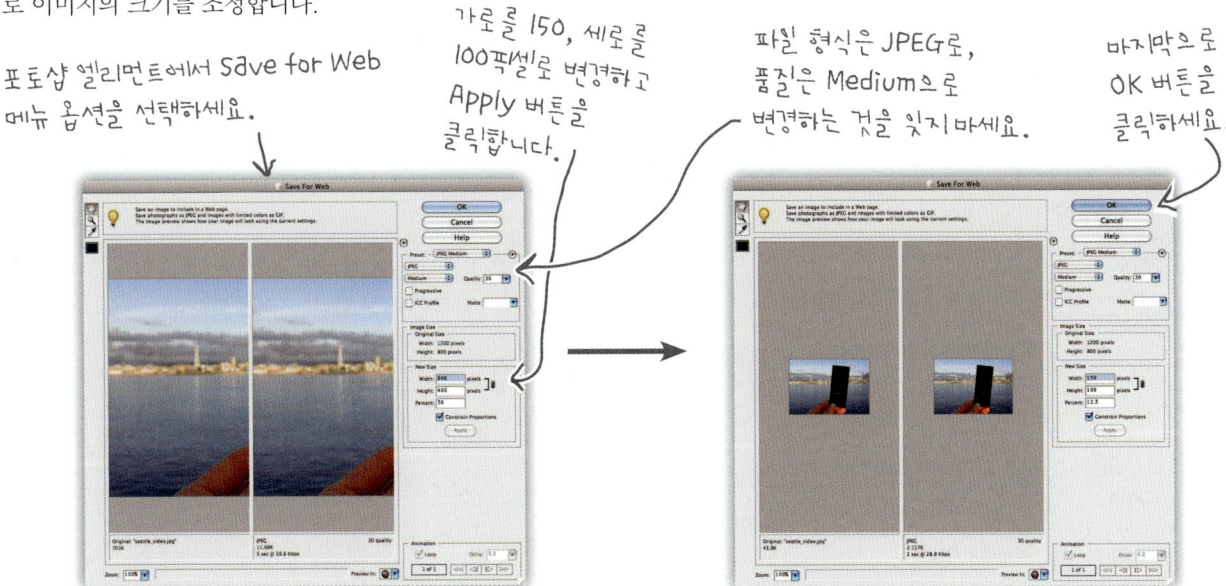

재조정된 이미지를 가지고 OK를 선택한 뒤 같은 이름으로 'thumbnails' 폴더에 저장합니다. 만약 'photos' 폴더에 저장한다면 큰 이미지 파일을 덮어쓰게 되니 주의하세요.

이제 'photos' 폴더에 있는 각 사진을 가지고 동일하게 작업합니다.

여러분이 예제 파일로 작업한다면 'thumbnails'란 이름의 폴더가 이미 존재한다는 것을 발견하게 될 것입니다. 따라서 모든 큰 이미지들에 대해 작업할 필요는 없습니다(여러분이 학습하고 있는 것은 HTML이지 그림 편집 작업이 아니랍니다).

버밍햄에서 찍은 사진들은 어떤가요? 그 사진들은 가로보다 세로가 길어서 길쭉하게 보이는데요. 150×100 크기로 하는 게 맞나요?

좋은 지저이군요. 이 사진들은 가로보다 세로가 너 실기 때문에, 두 가지 선택을 할 수 있습니다. 가로와 세로를 바꾸어 100×150으로 만드는 방법과, 불필요한 부분을 잘라내어 150×100으로 만드는 방법이 있습니다. 여기서는 100×150 크기로 만들겠습니다. 만약 사진 편집 프로그램의 사용법을 익히고 싶다면, 마음껏 필요 없는 부분을 잘라내어 150×100 픽셀의 이미지를 한번 만들어 보세요.

섬네일을 사용한 HTML 재작업

이제 HTML을 변경해야 하니, `<img>` 요소에 'photos' 폴더 대신 'thumbnails' 폴더에서 이미지를 가져와야 합니다. 현재 여러분은 'photos/seattle_video_med.jpg'와 같이 상대경로를 사용하기 때문에 재작업을 간단히 할 수 있을 것 같군요. 각 `<img>` 요소에서 'photos' 폴더를 'thumbnails'로 변경하기만 하면 됩니다.

```html
<html>
    <head>
        <title>마이팟</title>
        <style type="text/css">
            body { background-color: #eaf3da;}
        </style>
    </head>
    <body>
        <h1>마이팟에 오신걸 환영합니다</h1>
        <p>
            여러분의 아이팟을 과시할 공간에 오신걸 환영합니다. 참여하고 싶나요?
            아이팟 1세대부터 최신 아이팟 나노, 아이팟 중 가장 작은 아이팟 셔플이나
            아이팟 중 가장 큰 아이팟 비디오 중에서 한 가지 모델이라도 있으면 됩니다. 디지털 카메라도 필요하고요.
            가장 좋아하는 장소에서 여러분의 아이팟을 사진에 담아, 마이팟으로 보내주세요.
            자, 무엇을 기다리고 있나요?
        </p>

        <h2>시애틀, 워싱턴</h2>
        <p>
            시애틀의 아이팟! 비구름과 스페이스 니들을 볼 수 있습니다.
            628번지 커피숍은 볼 수 없습니다.
        </p>

        <p>
            <img src="thumbnails/seattle_video_med.jpg" alt="시애틀에서 아이팟 비디오, WA">
            <img src="thumbnails/seattle_classic.jpg" alt="시애틀에서 아이팟 클래식, WA">
            <img src="thumbnails/seattle_shuffle.jpg" alt="시애틀에서 아이팟 셔플, WA">
            <img src="thumbnails/seattle_downtown.jpg" alt="시애틀 중심가에서 아이팟, WA">
        </p>

        <h2>버밍햄, 영국</h2>
        <p>
            여기 버밍햄 근처의 아이팟 사진이 몇 장 있군요.
            이 곳에도 아이팟을 사랑하는 열정적인 사람들이 분명히 있을 거예요.
            전통적인 영국식 빨간 공중전화 박스를 확인해 보세요.
        </p>

        <p>
            <img src="thumbnails/britain.jpg" alt="버밍햄의 공중전화 박스 옆에서 찍은 아이팟">
            <img src="thumbnails/applestore.jpg" alt="버밍햄의 애플 스토어 옆에서 찍은 아이팟">
        </p>
    </body>
</html>
```

'photos'를 'thumbnails'로 바꾸기만 하면 되는 군요.

마이팟으로 하는 또 다른 시험운행

아아... 훨씬 낫군요. 사용자가 사용할 수 있는 이미지를 한눈에 볼수 있습니다. 방문자들이 첫눈에 사용 가능한 모든 이미지를 볼 수 있습니다. 또한 좀 더 쉽게 사진들과 어울리는 각 도시를 알려줄 수 있습니다. 이제 각 섬네일에서 이에 대응하는 큰 이미지로 연결되는 길을 찾을 필요가 있겠군요.

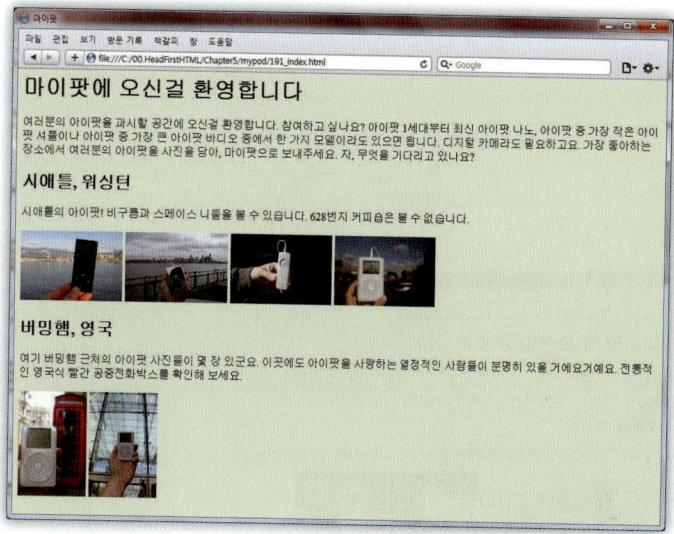

> 잠깐만요, 뭔가 속고 있는 것 같아요. 세로로 쌓였었던 이미지가 어느새 옆으로 나란히 있네요.

맞습니다만, <img> 요소는 <u>인라인</u> 요소라는 것을 기억하세요.

다시 말해서 우리는 뭔가를 밀어 넣지 않았습니다. 왜냐하면 <img>는 인라인 요소로 요소의 앞/뒤로 라인 브레이크가 삽입되지 않기 때문입니다. 따라서 HTML에 이미지 몇 개가 함께 있다면, 브라우저창의 넓이가 충분할 경우 브라우저는 이미지들을 나란히 맞춰 놓을 것입니다.

큰 사진들이 나란히 놓이지 않는 이유는 브라우저가 이미지들을 옆으로 보여줄 만한 충분한 공간이 없기 때문입니다. 브라우저는 항상 블록 요소의 앞과 뒤로 수직 공간을 보여줍니다. 스크린샷을 되돌아보면 그림들 사이에 공간이 없이 서로 층층이 쌓여있는 것을 보게 될 것입니다, 이것은 <img>가 인라인 요소라는 또 다른 증거입니다.

섬네일을 링크로 변환하기

이제 거의 다 왔습니다. 이제 여러분은 각 섬네일 이미지에서 큰 이미지로 가는 링크를 생성하기만 하면 됩니다. 여기에 그 방법이 나와 있습니다.

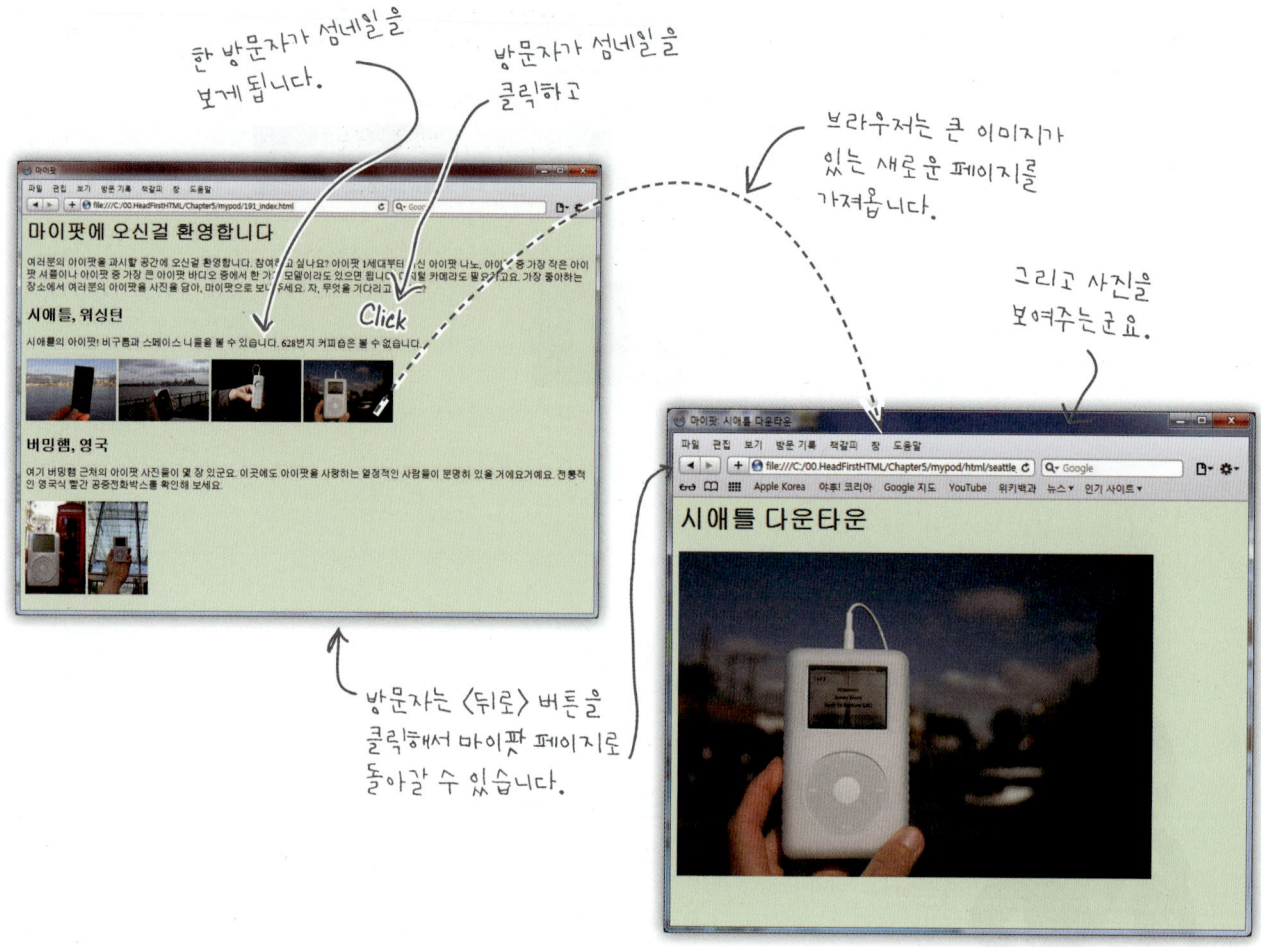

한 방문자가 섬네일을 보게 됩니다.

방문자가 섬네일을 클릭하고

브라우저는 큰 이미지가 있는 새로운 페이지를 가져옵니다.

그리고 사진을 보여주는군요.

방문자는 〈뒤로〉 버튼을 클릭해서 마이팟 페이지로 돌아갈 수 있습니다.

이 작업을 하려면 다음과 같은 두 가지가 필요합니다.

❶ 각 사진과 함께 내용을 설명하는 제목이 있는 페이지

❷ 'index.html' 에 있는 각 섬네일로부터 이에 대응하는 사진 페이지로 가는 링크

먼저 페이지를 생성하고 나서 다시 돌아와 링크 만드는 작업을 끝내도록 하죠.

사진별 페이지 만들기

먼저 이러한 개별적인 페이지를 저장할 'html'이란 이름의 새 폴더를 'mypod' 폴더 밑에 하나 생성합니다.

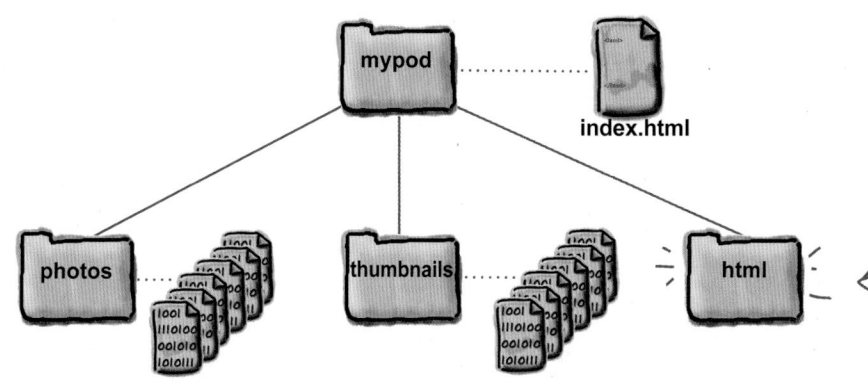

이제 사진별로 하나의 HTML 파일을 생성할 것입니다. 만약 'seattle_video_med.jpg'란 사진이 있다면 이와 일치시킬 수 있도록 HTML 파일을 'seattle_video_med.html'이라고 하죠. 각 HTML 파일에는 사진을 설명하는 제목을 넣을 것입니다. 여기 첫 번째 시애틀에서 찍은 사진을 위한 HTML이 있습니다. 다른 페이지들도 이와 동일한 형식으로 만들 거예요.

> 페이지의 타이틀입니다.
> 사진에 대해 설명하고 있군요.

> 여기 따끈하게 구울 준비가 된 CSS가 다시 나왔습니다. 일관된 색으로 페이지를 유지하고 있군요.

```html
<html>
    <head>
        <title>마이팟: 시애틀 페리</title>
        <style type="text/css"> body { background-color: #eaf3da; } </style>
    </head>
    <body>
        <h1>시애틀 페리</h1>
        <p>
            <img src="../photos/seattle_video_med.jpg" alt="페리 위에 있는 아이팟 비디오">
        </p>
    </body>
</html>
```

> 여기에 페이지 제목이 있군요.

> 여기 큰 'seattle_video_med.jpg' 이미지를 가리키는 〈img〉 요소가 있습니다. alt 속성을 사용해서 이미지에 설명을 달았습니다.

> 상대경로에서 ..를 사용한 점에 주목하세요. 'photos' 폴더와 'html' 폴더는 형제 관계이기 때문에, 상대경로를 사용할 때 한 폴더 위로 올라가서 다시 'photos' 폴더로 내려오게 됩니다.

이 장의 예제 파일에서 'html' 폴더 안을 보면 'seattle_downtown.jpg' 파일에 대한 페이지만 제외하고 모든 사진에 대한 페이지가 이미 만들어져 있습니다. 'html' 폴더에 'seattle_downtown.html'이란 이름으로 페이지를 하나 만들고, 테스트해 보시기 바랍니다. 다음 페이지로 넘어 가기 전에 테스트해 보고 어떤 문제가 발생하면 이 장의 뒷부분에 있는 정답을 참조하세요.

그러면, 이미지 밖으로 어떻게 링크를 만들까요?

방금 여러분은 큰 사진과 작은 섬네일 사진, 개별적인 사진들을 위한 HTML 페이지도 확보했습니다. 이제 이것들을 다 합쳐 'index.html'에 있는 섬네일 사진들과 'html' 폴더의 페이지를 연결해야 합니다. 하지만 어떻게 할까요?

이미지와 연결하기 위해, 다음과 같이 <a> 요소 안으로 <img> 요소를 집어 넣습니다.

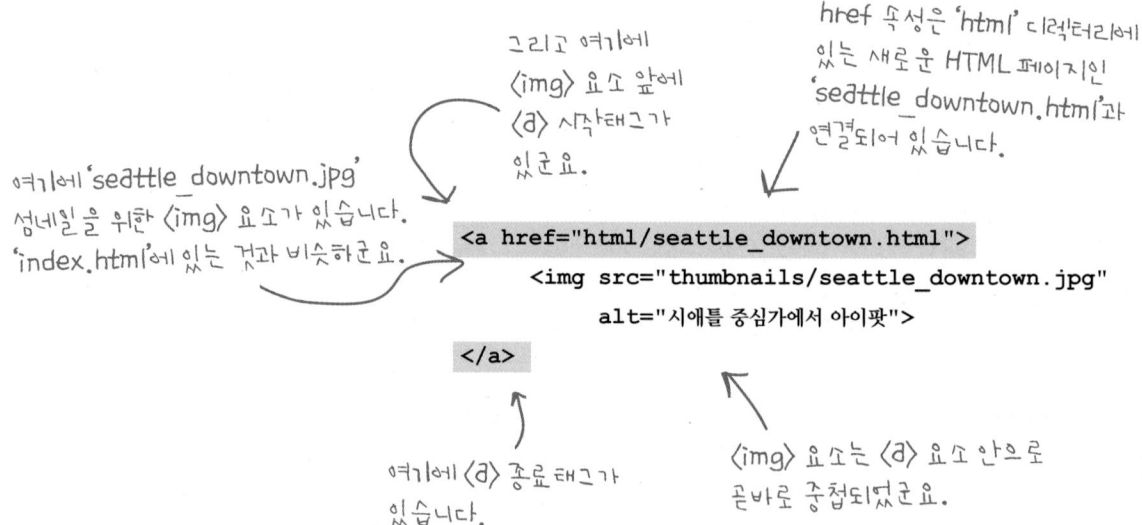

일단 <a> 요소 안으로 <img> 요소를 넣고, 브라우저에서 이미지를 클릭할 수 있도록 만듭니다. 이미지를 클릭하면 브라우저는 href에 연결된 페이지를 보여줄 것입니다.

'index.html'에 이미지 링크 추가하기

마지막 단계에 왔습니다. 이제 여러분은 'index.html' 파일에 있는 각 섬네일의 <img> 요소 주위를 <a> 요소로 묶어주기만 하면 됩니다. <a> 요소의 href 속성은 'html' 폴더에 있는, 큰 사진이 있는 각 페이지와 연결되어야 한다는 점을 기억하세요. 여러분이 만든 링크와 섬네일이 정확하게 일치하는지 확인하세요.

여기에 'index.html' 파일 전체가 있습니다. 회색으로 되어 있는 부분만 추가하면 됩니다.

```html
<html>
    <head>
        <title>마이팟</title>
        <style type="text/css">
            body { background-color: #eaf3da;}
        </style>
    </head>
    <body>

        <h1>마이팟에 오신걸 환영합니다</h1>
        <p>
            여러분의 아이팟을 과시할 공간에 오신걸 환영합니다. 참여하고 싶나요?
            아이팟 1세대부터 최신 아이팟 나노, 아이팟 중 가장 작은 아이팟 셔플이나
            아이팟 중 가장 큰 아이팟 비디오 중에서 한 가지 모델이라도 있으면 됩니다. 디지털 카메라도 필요하고요.
            가장 좋아하는 장소에서 여러분의 아이팟을 사진에 담아, 마이팟으로 보내주세요.
            자, 무엇을 기다리고 있나요?
        </p>

        <h2>시애틀, 워싱턴</h2>
        <p>
            시애틀의 아이팟! 비구름과 스페이스 니들을 볼 수 있습니다.
            628번지 커피숍은 볼 수 없습니다.
        </p>

        <p>
        <a href="html/seattle_video_med.html">
            <img src="thumbnails/seattle_video_mcd.jpg" alt="시애틀에서 아이팟 비디오, WA">
        </a>
        <a href="html/seattle_classic.html">
            <img src="thumbnails/seattle_classic.jpg" alt="시애틀에서 아이팟 클래식, WA">
        </a>
        <a href="html/seattle_shuffle.html">
            <img src="thumbnails/seattle_shuffle.jpg" alt="시애틀에서 아이팟 셔플, WA">
        </a>
```

```
<a href="html/seattle_downtown.html">
    <img src="thumbnails/seattle_downtown.jpg" alt="시애틀 중심가에서 아이팟">
</a>
</p>


<h2>버밍햄, 영국</h2>
<p>
    여기 버밍햄 근처의 아이팟 사진들이 몇 장 있군요. 이 곳에도 아이팟을 사랑하는
    열정적인 사람들이 분명히 있을 거예요. 전통적인 영국식 빨간 공중전화 박스를 확인해 보세요.
</p>


<p>
<a href="html/britain.html">
    <img src="thumbnails/britain.jpg" alt="버밍햄의 공중전화 박스 옆에서 찍은 아이팟">
</a>
<a href="html/applestore.html">
    <img src="thumbnails/applestore.jpg" alt="버밍햄의 애플 스토어 옆에서 찍은 아이팟">
</a>
    </p>
</body>
</html>
```

섬네일 이미지를 <a> 요소로 둘러쌌군요. 각 링크에 있는 href가 정확한지만 주의하세요!

'index.html' 파일에 <a> 요소를 추가합니다. 저장한 다음 브라우저에서 페이지를 다시 띄워 마이팟을 체크해 보세요!

바보 같은 질문이란 없습니다

Q: 텍스트 주위에 <a> 요소를 놓았을 때는 텍스트에 밑줄이 보였는데, 왜 이미지에는 그런 것이 없나요?

A: 사실 대부분의 브라우저들은 이미지 주위에 경계선을 넣어 이미지가 링크되어 있다는 것을 보여줍니다(이 책의 그림에 나와 있는 브라우저인 사파리의 경우에는 경계선을 보여주지 않습니다). 만약 여러분의 브라우저가 링크된 이미지 주위에 경계선을 넣었는데, 보기 싫다면 앞으로 배울 CSS를 사용하여 그 경계선을 없애는 방법을 배워 활용하세요. 또한 마우스를 그림 위로 통과시킬 때 링크된 이미지를 클릭할 수 있다는 것을 알려주기 위해 커서의 모양이 변한다는 사실에 주목하세요. 대부분의 경우 사용자들은 경계선이 없다 해도 마우스 커서의 모양이나 내용을 통해 그 이미지가 링크되어 있는지를 알 수 있을 것입니다.

Q: 각 이미지에 대한 HTML 페이지와 연결하지 않고 곧바로 JPEG 이미지로 연결할 수는 없나요? 제 생각으로는 이미지 자체만 보여줄 수 있을 정도로 브라우저는 똑똑할 것 같은데요.

A: 맞습니다. <a href="photos/seattle_downtown.jpg">처럼 곧바로 이미지와 연결할 수 있습니다. 만약 여러분이 그렇게 처리하고 링크를 클릭하면 브라우저는 빈 페이지에 이미지만 보여줄 것입니다. 일반적으로 사람들은 보여주고자 하는 이미지를 위한 설명이나 내용을 제공하길 원하기 때문에 이미지로만 직접 연결된 링크는 그리 좋은 형식으로 간주되지 않습니다.

마이팟 웹 페이지는 정말 근사해 보이는군요! 제 생각으로는 페이지에 로고도 추가해야 할 것 같네요. 그러면 아주 훌륭한 마무리가 될 거예요.

정말 좋은 생각이군요. 사실 마이팟 로고도 벌써 준비 했습니다.

'chapter5/mypod' 폴더를 보면 'logo'란 폴더도 있습니다. 그 폴더에서 'mypod.psd'라는 파일을 찾으세요. '.psd'는 포토샵 형식으로 저장된 파일을 의미하며, 이는 디지털 이미지를 위한 일반적인 파일 형태입니다. 하지만 포토샵 형식의 파일은 디지털 이미지 처리를 위한 것이지 웹 페이지를 위한 형식은 아닙니다. 따라서 이 이미지를 웹에서 사용할 수 있도록 '준비된 웹' 파일이 되기 위해 몇 가지 작업을 해야만 합니다.

많은 사진 편집 프로그램들은 .psd 파일을 이해할 수 있습니다. 만약 여러분이 포토샵 엘리먼트로 가지고 있지 않다면 다음에 나오는 몇 페이지는 그냥 따라 하기만 하세요. 만약 여러분이 가진 사진 편집 프로그램이 '.psd' 파일을 열지 못한다면, 'logo' 폴더에서 이미 만들어진 이미지를 찾으세요.

마이팟 로고를 열어 보세요

마이팟 로고를 체크해 봅시다. 'chapter5/mypod/logo' 폴더에
서 'mypod.psd' 파일을 포토샵 엘리먼트로 열어 보세요.

'chapter5/mypod'
폴더 안에 있는 'logo'
폴더에서 찾을 수
있습니다.

만약 사진 편집
프로그램이 이 파일을
열지 못한다면, 여기
나온 대로 따라 하세요.
다른 형식의 파일에도
이와 동일한 원칙을
적용하겠습니다.

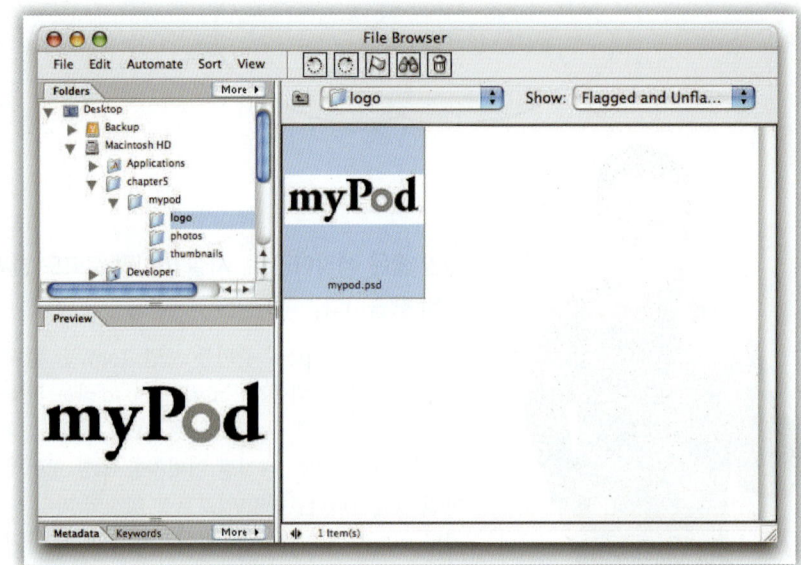

더 자세히 봅시다.

회색 원과 흰색 원이 결합되어 있는 멋진 로고군요.

그러나 배경에 체크무늬 패턴이 웬 말입니까? 대부분의 사진 편집 프로그램에서
투명한 영역을 이런 식으로 보여줍니다. 로고를 위해 그래픽 형식을 선택해야 한
다는 걸 꼭 명심하세요.

이러한 체크 무늬 패턴을
볼 때마다 이것이
이미지의 투명한 영역을
가린다는 사실을 아셔야
합니다.

어떤 형식을 사용해야 할까요?

여러분은 이미 이미지를 저장하는 방법에는 몇 가지 옵션이 있다는 것을 알고 있습니다. 바로 JPEG, PNG, GIF를 사용할 수 있죠. 마이팟 로고는 오직 세 가지 색과 텍스트, 약간 기하학적인 원만 사용합니다. 앞에서 여러 가지 이미지 형식에 관해 여러분이 배운 것을 활용한다면, 아무래도 PNG나 GIF를 선택하는 쪽으로 기울 것 같군요. 둘 중 어떤 것이든 좋습니다. 품질이 같을 경우 PNG는 파일 크기가 약간 작아지므로, PNG를 사용하도록 하죠. 여기서는 세 가지 색만 사용하고 있으므로, 256 색상만 허용하는 PNG-8을 사용하는 것이 안전할 것 같군요. 이 형식을 사용하면 파일 크기는 더 작아집니다.

계속해서 파일 메뉴에서 웹으로 저장 메뉴를 선택한 뒤, 드롭다운 메뉴에서 PNG-8을 선택하세요. 몇 가지 옵션이 더 있는데 이는 나중에 살펴보도록 하죠.

기억하세요. 이 드롭다운 메뉴로 이미지 형식을 설정하세요. 로고를 저장하기 위해 PNG-8로 설정할 겁니다.

여기에서 포토샵 엘리먼트가 PNG를 저장하기 위해 사용되는 컬러의 수를 보여주는군요. 이미 PNG-8의 최대값인 256으로 설정되어 있네요. 그냥 이대로 갑시다.

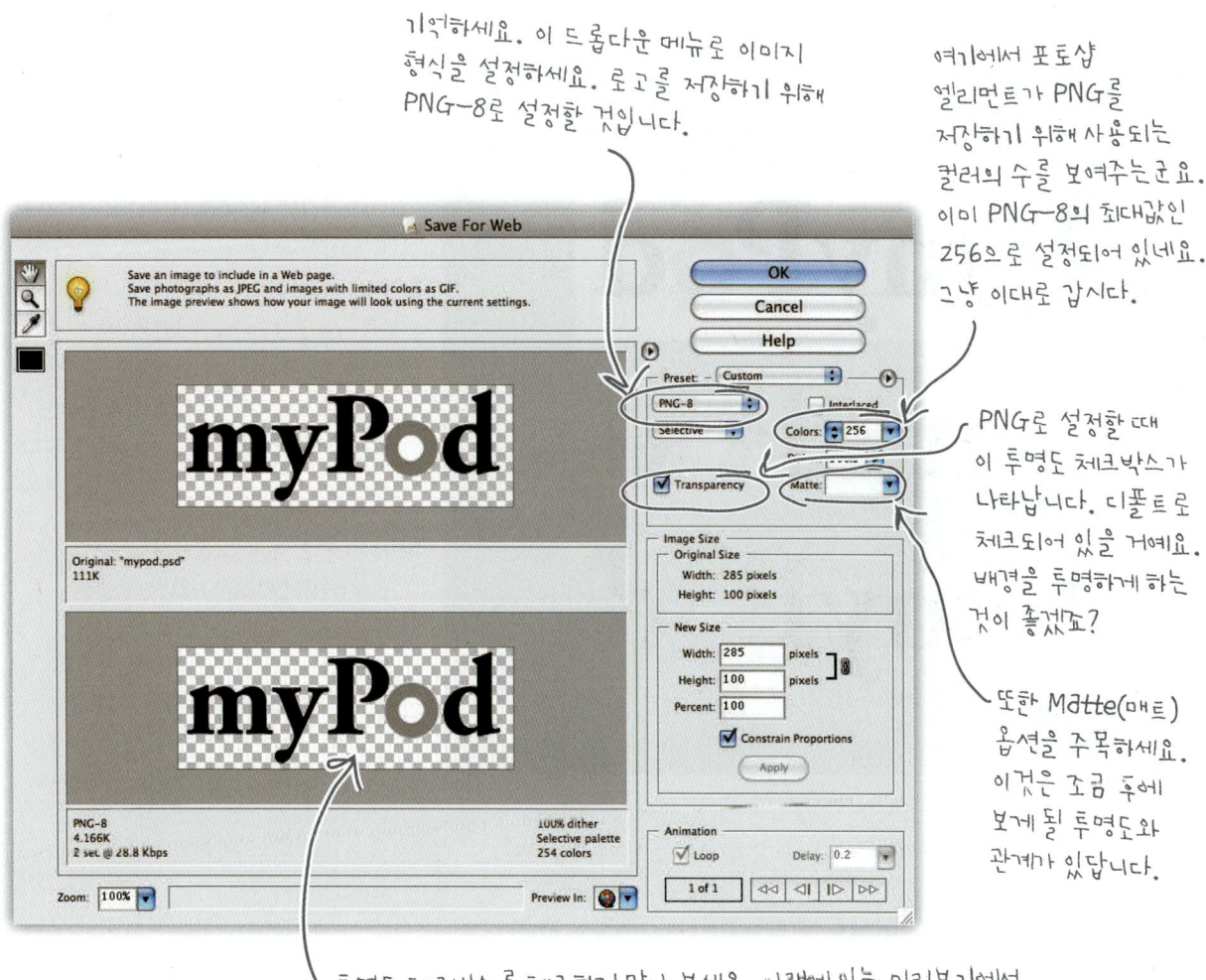

PNG로 설정할 때 이 투명도 체크박스가 나타납니다. 디폴트로 체크되어 있을 거예요. 배경을 투명하게 하는 것이 좋겠죠?

또한 Matte(매트) 옵션을 주목하세요. 이것은 조금 후에 보게 될 투명도와 관계가 있답니다.

투명도 체크박스를 체크하지 말아 보세요. 아래에 있는 미리보기에서 배경이 흰색으로 바뀌는 것을 볼 수 있을 거예요.

투명해 지느냐, 불투명해 지느냐? 이것이 문제로다

마이팟 로고를 밝은 녹색 배경 위에 놓을 것입니다. 따라서 여러분은 투명하게 하는 것이 좋은 선택이라고 생각할 것입니다. 맞죠? 웹으로 저장(Save for Web) 대화상자에서 몇 가지 옵션을 사용하여 로고가 어떻게 보이는지 비교해 봅시다.

각각 다른 방식으로 저장된 로고 3개가 녹색 배경 웹페이지 위에 있습니다.

투명하지 않으니 보기에 좋지 않군요. 확실히 흰색은 녹색 배경과 어울리지 않군요 (배경이 하얀 웹 페이지에서는 어울릴 것도 같군요).

투명도를 체크하고 저장하면 얻을 수 있는 이미지가 여기 있군요. 괜찮긴 하지만 로고에 있는 문자 주위에 하얀 후광(halo)은 도대체 뭐죠?

사진 편집 프로그램이 배경색에 대비하여 텍스트의 외곽 부분을 부드럽게 처리하는 Matte를 생성했기 때문에 후광이 발생합니다. 이렇게 처리할 때는 흰색 배경에 대비해 가장자리를 부드럽게 한다고 생각하세요.

아, 이제 됐습니다. 이것이 가장 근사해 보입니다. 포토샵 엘리먼트에서 녹색 배경을 사용하여 텍스트 주위에 Matte를 생성한 것입니다. 어떻게 됐을까요? 바로 다음 페이지에서 보여드리겠습니다.

투명한 PNG 저장하기

여러분은 투명한 PNG 버전으로 로고를 만들기 원할 거예요. 또한 텍스트 가장자리
에 후광을 방지하기 위해 Matte(뿌옇게 처리)를 사용할 필요가 있습니다. 웹으로 저
장(Save for Web) 대화상자에서 PNG 창을 한번 살펴봅시다.

PNG-8을
선택하세요.

그리고 Transparency
(투명도)를 체크하세요.

이제 Matte 옵션을 살펴봐야
하겠군요.

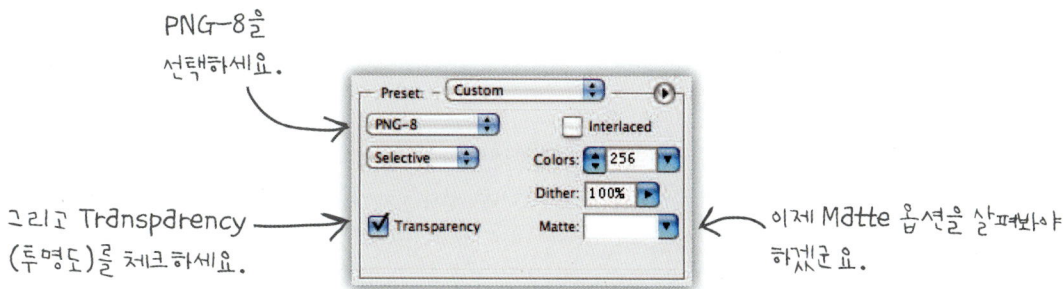

Matte 옵션은 텍스트 주위를 뿌옇게 효과를 주는 색을 선택하
는 데 사용됩니다. 여기서는 웹 페이지 배경색과 동일한 색을 선
택하고자 합니다.

Matte 옵션은 텍스트
가장자리를 부드럽게
처리하는 색을 제공합니다.
웹페이지가 밝은 녹색이므로
Matte 옵션에도 같은 색을
사용하고자 합니다.

원하는 색이 없으면
Other…를 선택합니다.

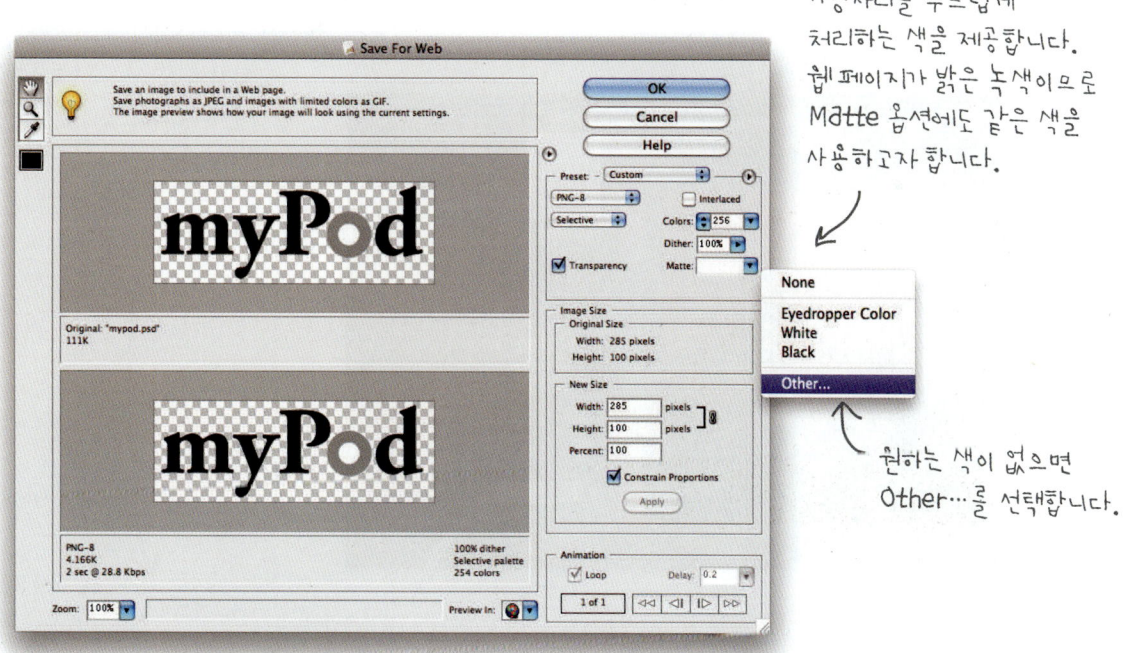

잠깐만, 웹 페이지 배경색은 무슨 색인가요?

마이팻의 'index.html' 파일에 있는 구울 준비가 된 CSS를 기억하나요?
바로 그 CSS가 페이지의 배경을 밝은 녹색으로 설정합니다.

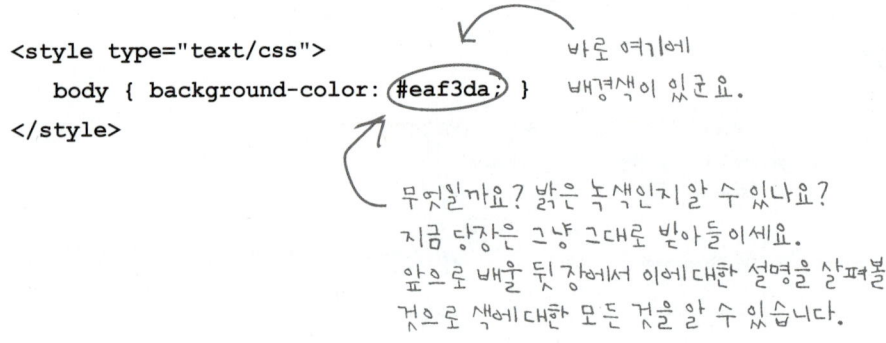

```
<style type="text/css">
    body { background-color: #eaf3da; }
</style>
```

바로 여기에 배경색이 있군요.

무엇일까요? 밝은 녹색인지 알 수 있나요?
지금 당장은 그냥 그대로 받아들이세요.
앞으로 배울 뒷장에서 이에 대한 설명을 살펴볼
것으로 색에 대한 모든 것을 알 수 있습니다.

matte 색 설정

Matte의 풀다운 메뉴를 클릭한 후 메뉴 옵션에서 Other...를 선택하면 포토샵 엘리먼트
는 색상 선택(Color Picker) 대화상자를 가져올 것입니다.

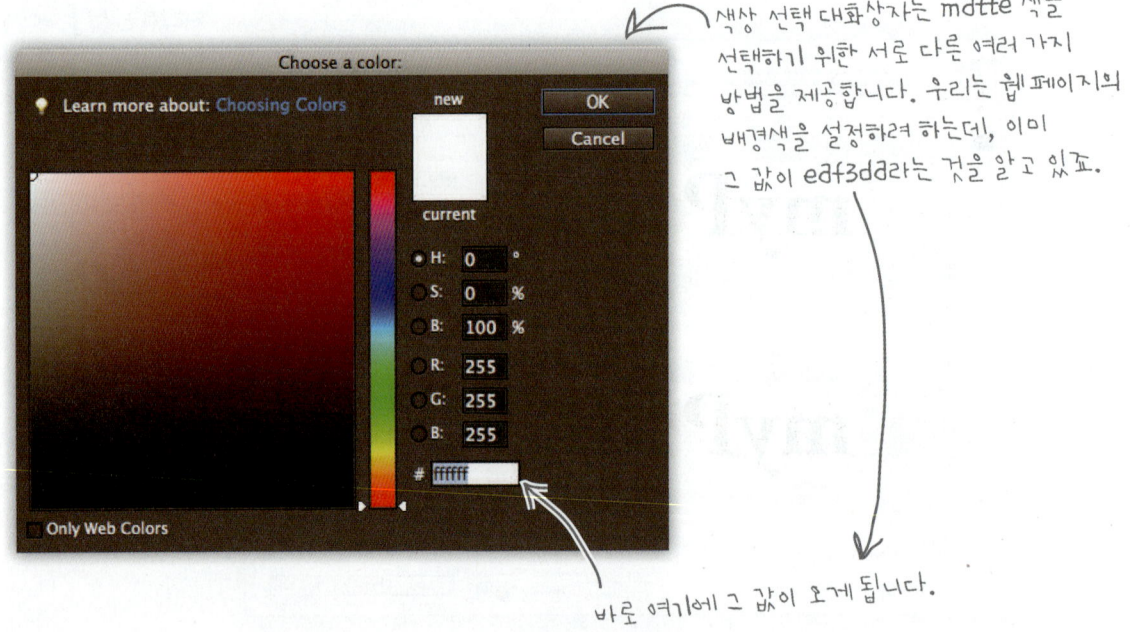

색상 선택 대화상자는 matte 색을
선택하기 위한 서로 다른 여러 가지
방법을 제공합니다. 우리는 웹페이지의
배경색을 설정하려 하는데, 이미
그 값이 eaf3da라는 것을 알고 있죠.

바로 여기에 그 값이 오게 됩니다.

matte 색 설정, 계속

계속해서 색상 선택(Color Picker) 대화상자에 eaf3da를 입력하고 ok를 눌러 봅시다. 마이팟 페이지의 배경색이 변하는 것을 보게 될 것입니다.

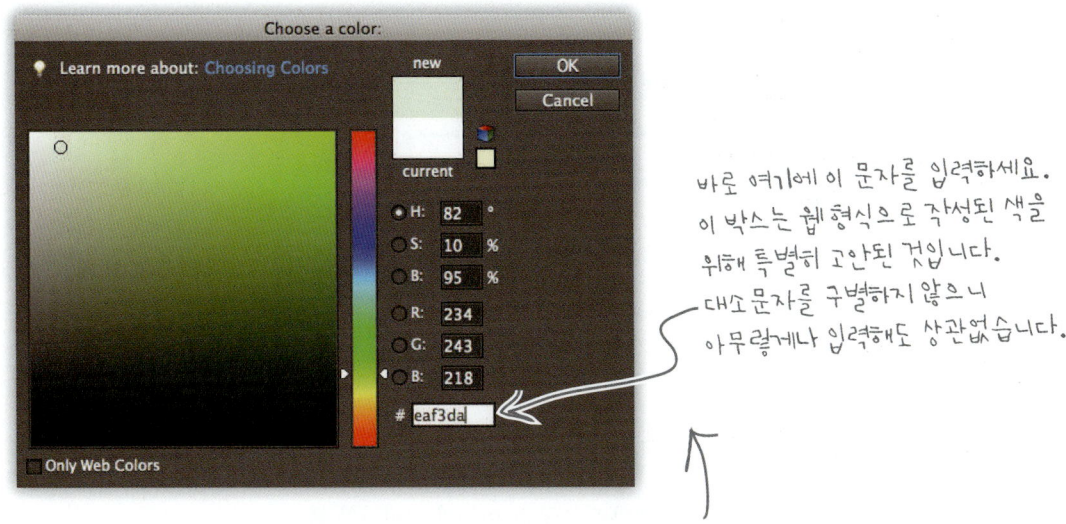

바로 여기에 이 문자를 입력하세요.
이 박스는 웹 형식으로 작성된 색을
위해 특별히 고안된 것입니다.
대소문자를 구별하지 않으니
아무렇게나 입력해도 상관없습니다.

일단 색을 입력하고 OK 버튼을
클릭하여 로고의 색을 변경합니다.

matte를 가진 로고 체크하기

이제 미리보기 창에서 로고를 더 가까이서 살펴봅시다. 여러분은 포토샵 엘리먼트가 텍스트의 딱딱한 가장자리 주위에 밝은 녹색의 matte를 추가하는 것을 보게 될 것입니다. 이것은 웹 페이지에서 마이팟 로고 텍스트를 좀 더 부드럽고 세련되게 보이게 합니다.

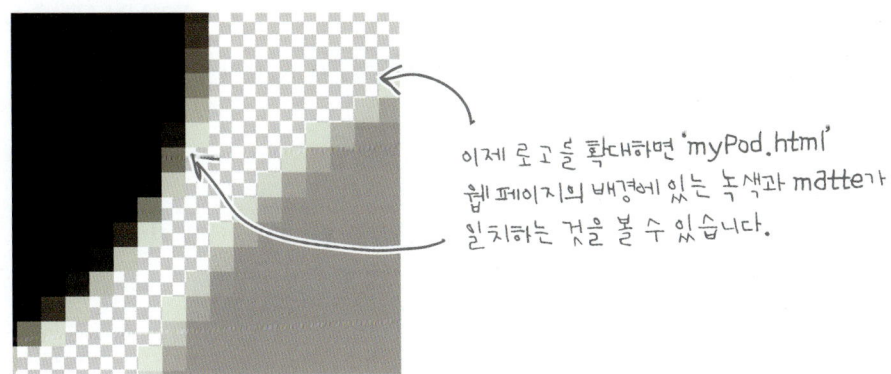

이제 로고를 확대하면 'myPod.html'
웹 페이지의 배경에 있는 녹색과 matte가
일치하는 것을 볼 수 있습니다.

로고 저장하기

지금까지의 모든 수정 사항을 웹으로 저장(Save for Web) 대화상자에 적용하고,
OK 버튼을 클릭하여 'mypod.png'란 이름으로 저장합니다.

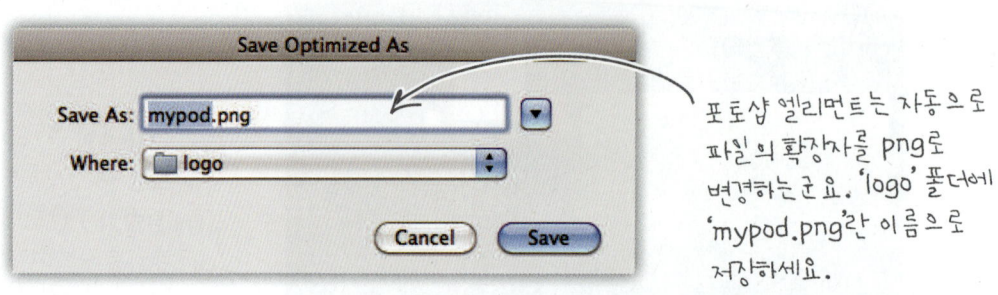

포토샵 엘리먼트는 자동으로
파일의 확장자를 png로
변경하는군요. 'logo' 폴더에
'mypod.png'란 이름으로
저장하세요.

마이팟 웹 페이지에 로고 추가하기

이제 마이팟 웹 페이지에 로고를 추가하기만 하면 되는군요. 아이팟 이미지와 웹
사이트 설명 위에 위치하도록 추가할 것입니다. 이렇게 하면 방문자들이 마이팟
페이지로 들어왔을 때 맨 처음에 로고를 볼 수 있습니다.

```html
<html>
  <head>
    <title>myPod</title>
    <style type="text/css">
      body { background-color: #eaf3da;}
    </style>
  </head>
  <body>
    <p>
      <img src="logo/mypod.png" alt="myPod Logo">
    </p>

    <h1>마이팟에 오신걸 환영합니다</h1>
    .
    .
    .
  </body>
</html>
```

myPod 웹 페이지의 맨 위에 로고 이미지를
추가하세요. 'logo' 폴더에 있는 로고를 위해
정확한 상대경로를 사용해야 한다는 점을
기억하세요. 그리고 alt 속성을 추가해
이미지의 설명을 넣는군요.

'index.html' 페이지의 HTML의
나머지 부분이 여기 있네요.

마지막 시운전 시간이 되었습니다

웹 페이지를 테스트해 봅시다! 브라우저에서 웹 페이지를 다시 띄우고 myPod의 투명한 PNG 로고가 어떻게 적용되는지 보세요.

잘 보이는군요. 힘들게 작업한 보람이 있어요. 여러분은 이제 멋진 로고가 있는 마이팟 웹페이지를 갖게 되었습니다.

myPod

마이팟에 오신걸 환영합니다

여러분의 아이팟을 과시할 공간에 오신걸 환영합니다. 참여하고 싶나요? 아이팟 1세대부터 최신 아이팟 나노, 아이팟 중 가장 작은 아이팟 셔플이나 아이팟 중 가장 큰 아이팟 바디오 중에서 한 가지 모델이라도 있으면 됩니다. 디지털 카메라도 필요하고요. 가장 좋아하는 장소에서 여러분의 아이팟을 사진에 담아, 마이팟으로 보내주세요. 자, 무엇을 기다리고 있나요?

시애틀, 워싱턴

시애틀의 아이팟! 비구름과 스페이스 니들을 볼 수 있습니다. 628번지 커피숍은 볼 수 없습니다.

버밍햄, 영국

여기 버밍햄 근처의 아이팟 사진들이 몇 장 있군요. 이곳에도 아이팟을 사랑하는 열정적인 사람들이 분명히 있을 거에요. 전통적인 영국식 빨간 공중전화박스를 확인해 보세요!

매우 훌륭하게 해냈군요. 정말 멋진 로고예요. 정말 기가 막히게 멋진 웹사이트를 갖게 됐군요.

바보 같은 질문이란 없습니다

Q: 좋은 웹 페이지를 만들기 위해 이미지 형식에 관한 모든 것을 정말 알아야 할 필요가 있나요?

A: 아닙니다. 여러분은 이미지 없이도 훌륭한 웹 페이지를 만들 수 있습니다. 하지만 이미지들은 웹의 큰 일부분입니다. 따라서 이미지들이 작동하는 방법을 알면 실제로 큰 도움이 됩니다. 가끔씩 한두 개 이미지만으로도 좋은 페이지와 훌륭한 웹 페이지 간의 차이점을 만들기도 합니다. 이미지에 대해 알아야 할 게 많긴 하지만 여러분이 한 것처럼 배우기 쉽습니다.

Q: 텍스트 가장자리를 부드럽게 해야 하는 이유가 뭐죠?

A: 아래에 있는 마이팟 로고 두 개를 살펴봅시다.

myPod
myPod

첫 번째 로고는 매우 딱딱한 느낌이 들고, 외곽 부분의 처리가 깔끔하지 않아 읽기에도 좋지 않습니다. 이것은 컴퓨터 화면에서 디폴트로 텍스트를 보여주는 방식입니다. 두 번째 로고는 안티엘리어싱(anti-aliasing)이라 불리는 기술을 사용하여 끝부분을 부드럽게 처리한 것입니다. 말 그대로 컴퓨터 화면에서 안티엘리어싱된 텍스트는 좀 더 읽기 쉽고 눈에 편합니다.

Q: 도대체 matte 기능의 정체는 뭐죠?

A: 안티엘리어싱 처리는 배경색에 대비해 상대적으로 외곽을 부드럽게 합니다. 만약 여러분이 아래에 있는 로고(바로 전의 질문에서 든 예)를 넣는다면 배경색에 반해 텍스트가 흰색의 가장자리를 갖게 됩니다. 포토샵 엘리먼트에서 matte 옵션은 텍스트가 위치하게 될 배경의 색을 지정하는 것을 허용하며 따라서 설정이 완료되면 텍스트가 부드럽게 보입니다.

Q: matte 기능을 텍스트에만 사용할 수 있나요?

A: 아닙니다. 톱날같이 들쭉날쭉한 그래픽의 외곽선을 처리하는 데도 사용됩니다. 마이팟 로고에 있는 원을 살펴보세요. 이것도 matte 처리된 것입니다.

Q: 로고의 배경색을 단색(엷은 녹색)으로 만들어 웹 페이지 배경색과 일치시키면 어떨까요?

A: 가능하지만 한 가지 단점이 있습니다. 만약 웹 페이지에 투명도 처리가 된 다른 콘텐츠가 있다면, 단색일 경우 이 콘텐츠는 가려져서 보이지 않습니다. 아직 이런 예는 소개하지 않았지만, CSS를 배울 때 보여드리겠습니다.

Q: matte 처리를 한 뒤 배경색을 변경하면 어떻게 되나요?

A: 배경색을 조금만 변경해도 식별하기 쉽지 않을 것입니다. 만약 많이 변경하게 되면 새롭게 matte 처리된 색으로 PNG를 다시 생성해야 할 것입니다.

웹 페이지 위에 투명한 이미지를 놓는다면 그 이미지의 matte 색상이 웹 페이지의 배경색과 일치하는지 확인하세요.

투명한 이미지에는 PNG나 GIF 형식을 사용할 수 있습니다.

핵심정리

- ⟨img⟩ 요소를 사용하여 웹 페이지에 이미지를 넣습니다.

- 브라우저는 다른 HTML 요소와는 조금 다른 식으로 ⟨img⟩ 요소를 처리합니다. 브라우저는 HTML 페이지를 읽고 난 후 웹 서버로부터 각 이미지를 회수한 뒤 보여줍니다.

- 만약 웹 페이지에 큰 이미지가 한 개 이상 있다면 섬네일(큰 이미지를 보기 위해 사용자들이 클릭할 수 있는 작은 이미지)을 생성하여 웹 페이지를 좀 더 유용하게 하고 내려받는 속도를 빠르게 할 수 있습니다.

- ⟨img⟩ 요소는 인라인 요소로, 이는 브라우저가 이미지의 앞 뒤로 라인브레이크를 넣을 수 없다는 것을 의미합니다.

- src 속성은 이미지 파일이 어디에 위치해있는지 명시합니다. src 속성에 상대경로를 사용하여 여러분의 사이트에서는 이미지를, URL을 사용해서 다른 사이트에 있는 이미지를 포함시킬 수 있습니다.

- ⟨img⟩ 요소의 alt 속성은 이미지에 대한 의미 있는 설명을 제공합니다. 만약 해당 이미지를 찾을 수 없을 때 일부 브라우저는 이 설명 내용을 보여줄 것입니다. 또한 시각장애인을 위해 이미지를 설명하는 스크린 리더기에서도 사용됩니다.

- 경험적으로 웹 페이지에 사용되는 사진 이미지의 크기는 800픽셀 이하가 적당합니다. 디지털 카메라에서 뽑아낸 대부분의 사진 이미지들은 웹 페이지에서 사용하기에는 너무 크므로, 크기를 조정할 필요가 있습니다.

- 포토샵 요소는 이미지의 크기를 조정하는 데 사용할 수 있는 많은 사진편집 프로그램 중 하나입니다. 또한 이미지 크기를 조절하는 많은 무료 툴을 온라인에서 구할 수 있습니다. 'free online image editor(무료 온라인 이미지 편집기)' 란 제목으로 검색해 보세요.

- 브라우저가 웹 페이지를 만드는 데 사용하는 이미지가 너무 크면 사용하기도 어렵고 내려받는 속도도 느려집니다.

- 웹 브라우저가 널리 지원하는 이미지의 형식으로는 JPEG, PNG, GIF가 있습니다.

- JPEG 형식은 사진이나 다른 복잡한 이미지에 적합합니다.

- GIF나 PNG 형식은 로고나 단색으로 구성된 간단한 그래픽과 선, 텍스트에 적합합니다.

- JPEG 이미지는 다양한 품질로 압축될 수 있습니다. 따라서 필요한 정도에 따라 파일 크기와 품질 사이에 최적의 균형을 맞추어서 사용하도록 합니다.

- GIF와 PNG 이미지 형식은 투명한 배경이 있는 이미지를 만들 수 있도록 합니다. 만약 웹 페이지에 투명한 배경을 가진 이미지를 넣는다면, 페이지의 배경색 같은 이미지 뒤에 있는 것은, 이미지의 투명한 일부분을 통과해 보여질 것입니다.

- GIF와 PNG는 무손실 형식으로, 이는 파일 크기가 JPEG보다 크다는 것을 의미합니다.

- PNG는 GIF보다 투명도를 처리하는 데 더 낫습니다. 또한 256으로 한정된 GIF보다 더 많은 색을 갖고 있습니다.

- PNG는 크기가 다른 세 가지 종류가 있습니다. PNG-24(수백만 가지 색상 지원), PNG-16(수천 가지 색상 지원), PNG-8(256가지 색상 지원)

- 포토샵 엘리먼트에서 웹으로 저장(Save for Web) 대화상자의 matte 색을 사용하여 투명한 PNG와 GIF 이미지의 가장자리를 부드럽게 하는 적합한 색을 선택하도록 합니다.

- 이미지는 다른 웹 페이지로 가는 링크로 사용될 수 있습니다. 이미지로 링크를 만들려면 ⟨a⟩ 요소의 콘텐츠로 ⟨img⟩ 요소를 사용하여 ⟨a⟩ 요소의 href 속성에 링크를 넣으세요.

HTML 십자 퍼즐

여러분의 오른쪽 두뇌를 쉬게 하고 왼쪽 두뇌를 사용할 때가 되었습니다. 여기에 나온 모든 단어는 이 장에서 배운 것으로 HTML과 연관된 단어입니다.

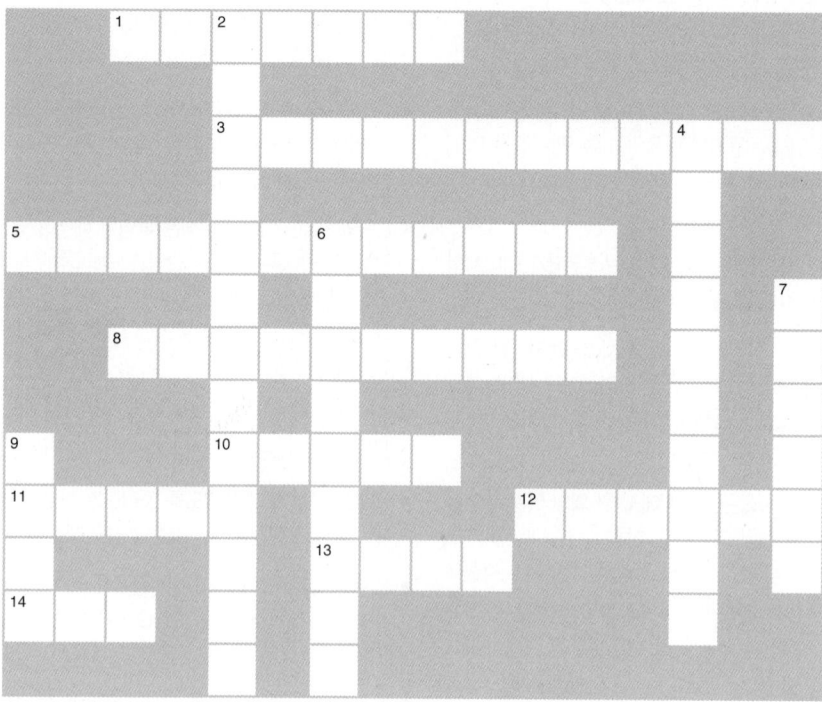

Ipod (아이팟)
concurrently(동시에)
thirtyfive (35)
thumbnails(섬네일)
longer (길어진다)
pixel (픽셀)
antialias (안티얼라이싱)
accessibility (접근성)
resize(크기 재조정)
jpeg
image (이미지)
quality(품질)
transparency(투명도)
GIF

가로

1. JPEG로 이것을 조절할 수 있죠.
3. 대부분의 브라우저는 이런 식으로 이미지를 가져옵니다.
5. PNG와 GIF는 있지만, JPEG에 없는 것은?
8. 연필로 그릴 수 있는 최대 마일 수
10. 웹 서버는 이것을 가져오기 위해 요청을 만들죠.
11. 화면상에서 가장 작은 요소
12. 포토샵 엘리먼트를 사용해 이미지를 이렇게 처리하죠.
13. 멋진 MP3 플레이어
14. 단색, 선, 작은 텍스트에 더 적합한 이미지 형식

세로

2. alt 속성은 이것을 개선하죠.
4. 페이지의 가장 작은 이미지
6. 텍스트 가장자리를 부드럽게 하는 기법
7. 이미지가 커질수록, 전송시간은 이렇게 되죠.
9. 연속적인 톤의 사진에 적당한 이미지 형식

어떤 이미지 형식일까요?
정답

축하합니다. 당신은 오늘의 '그랜드 이미지 형식 선거인'으로 선출되었습니다. 각 이미지 중 웹에서 가장 잘 표현되는 형식을 선택하세요.

	JPEG	혹은	PNG	혹은	GIF

전체적으로 회색 음영이 많은 사진이군요.
— JPEG ☑

주의
뜨거운 초코렛을 조심하세요

텍스트와 함께 두 가지 색이 있군요. 분명히 PNG나 GIF가 적당한데, 투명하지 않으니 PNG로 만들면 파일 크기가 더 작아지겠군요.
— PNG ☑, GIF ☑

색이 많이 있는 사진이네요. 분명히 JPEG나 PNG입니다. 투명한 배경을 원하면 PNG로 처리하세요.
— JPEG ☑, PNG ☑

간단하게 검정색과 흰색 아이콘만 있으니, PNG나 GIF군요. 투명하게 만들려면 가장자리에서 안티얼라이싱 처리를 할 수도 있습니다. PNG가 더 낫겠네요.
— PNG ☑, GIF ☑

이 이미지는 외곽선이 있네요. 연속적인 색(JPEG)이 많은 반면 또한 약간 기하학적(GIF)입니다. 그리고 투명한(PNG) 부분도 필요할 것 같네요.
— JPEG ☑, PNG ☑, GIF ☑

**연필을 깎으며
정답**

아래에 실제로 연필과 관련된 '연필을 깎으며'가 있습니다(오, 그림도 있군요). 이번 연습문제는 세밀한 부분까지 많이 포함하고 있습니다. 만약 일반적인 새 연필이 모두 닳을 때까지 계속 선을 그으면, 그 선의 길이는 얼마나 될까요?

이것이 이미지와 무슨 관련이 있을까요? 여러분은 HTML을 작성해서 정답을 찾아야 할 거예요. 이 사소한 문제의 정답은 http://wickedlysmart.com/hfhtmlcss/trivia/pencil.png란 URL 을 갖고 있는 이미지에 들어 있습니다. 여러분의 임무는 이 HTML에 이미지를 추가하고 답을 가져오는 것입니다. 여기 정답이 나와 있군요.

```html
<html>
    <head>
        <title>하찮은 연필을 깎으며</title>
    </head>
    <body>
        <p>일반적인 연필로 얼마나 길게 선을 그을 수 있을까요?</p>
        <p>
            <img src="http://wickedlysmart.com/hfhtmlcss/trivia/pencil.png">
        </p>
    </body>
</html>
```

이미지를 여기에 넣는다면, 페이지를 띄울 때 정답을 볼 수 있을 거예요.

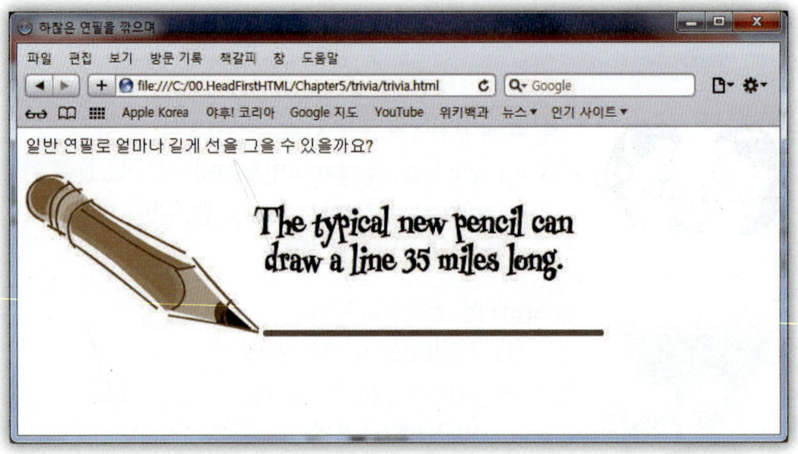

일반 연필로 얼마나 길게 선을 그을 수 있을까요?

The typical new pencil can draw a line 35 miles long.

소스: http://www.papermate.com

몇 가지 다른 종류의 브라우저에서 깨진 이미지가 있는 페이지를 보여준 결과가 있습니다. 대부분의 경우, 브라우저는 깨진 이미지에 대한 정보를 나타내기 위해 alt 속성을 사용할 수 있습니다. 그런데 왜 이런 부분을 주의해야 할까요? 결국 이러한 문제는 웹 페이지에서 발생하는 하나의 에러일 뿐으로, 이 부분을 수정하는 게 옳지 않나요? 맞습니다만, 현실 세계는 생각만큼 이상적이지 않습니다. 가끔씩 페이지를 띄우는 도중에 인터넷 연결 상태가 좋지 않아 이미지가 깨질 수도 있고, 혹은 시각장애인이라면 이미지를 볼 수 없기 때문에 어떤 이미지가 보여지는지 음성으로 들어야 할 필요가 있습니다.

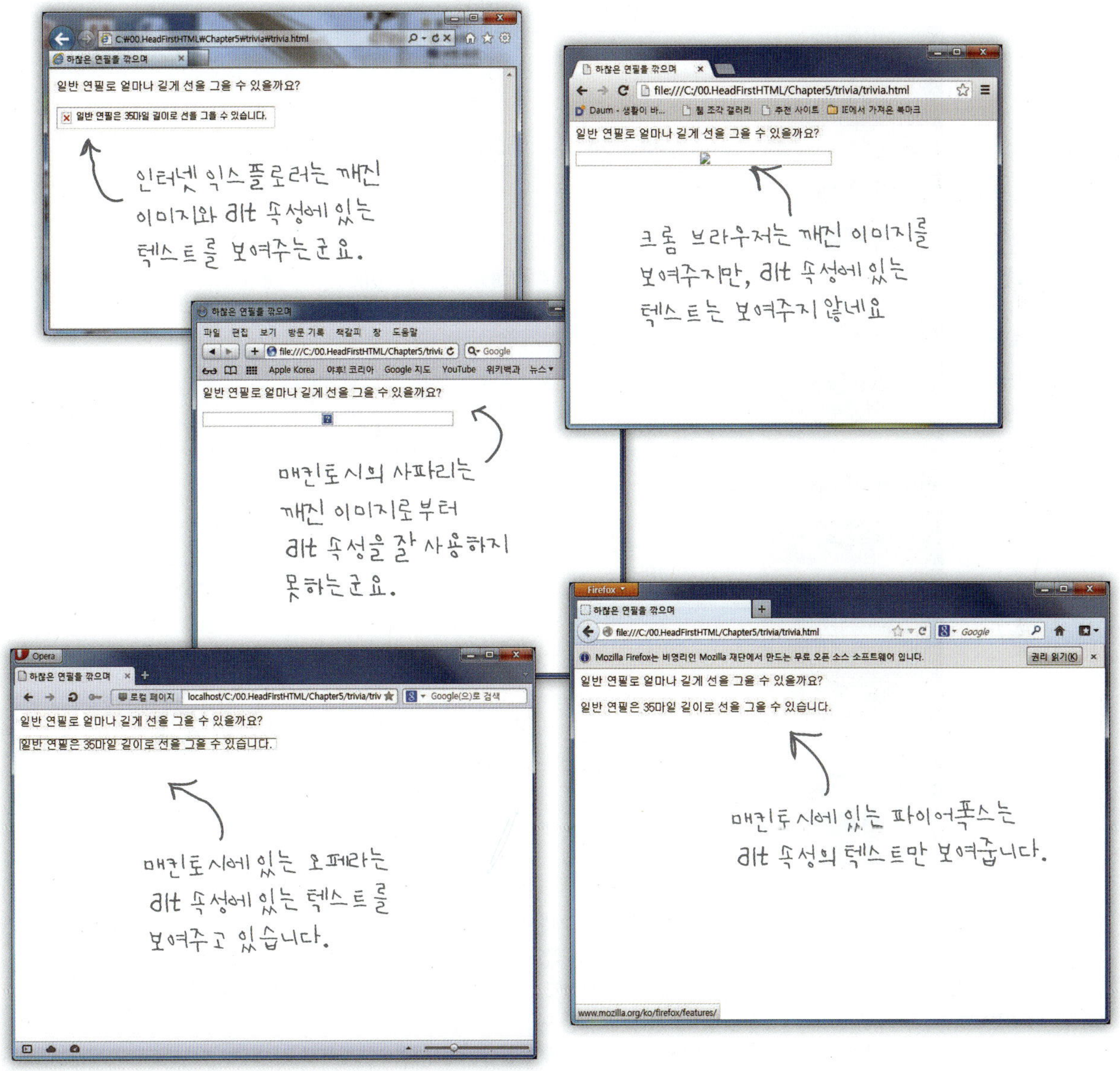

인터넷 익스플로러는 깨진 이미지와 alt 속성에 있는 텍스트를 보여주는군요.

크롬 브라우저는 깨진 이미지를 보여주지만, alt 속성에 있는 텍스트는 보여주지 않네요

매킨토시의 사파리는 깨진 이미지로부터 alt 속성을 잘 사용하지 못하는군요.

매킨토시에 있는 오페라는 alt 속성에 있는 텍스트를 보여주고 있습니다.

매킨토시에 있는 파이어폭스는 alt 속성의 텍스트만 보여줍니다.

어떤 이미지 형식일까요?
정답

이번 시간 여러분의 임무: 포토샵 엘리먼트에서 'chapter5/testimage/eye.jpg' 파일을 엽니다. 웹으로 저장(Save for web) 대화상자를 열고, JPEG 형식에 맞게 각 품질 설정 값(낮음, 중간, 높음 등)을 선택하여 아래의 빈칸을 채웁니다. 이미지 밑에 있는 미리보기 창에서 필요한 정보를 찾을 수 있을 것입니다. 작업을 마친 뒤 어떤 설정값이 이 이미지를 가장 잘 보이게 하는지 결정해 보세요.

여러분이 사용하는 소프트웨어의 버전에 따라 숫자들이 다르게 보일 수 있음을 주의하세요.

형식	품질	크기	소요시간	최종선택
PNG-24	없음(N/A)	32K	13 초	☐
JPEG	최대치	21K	8 초	☐
JPEG	높음	6K	3 초	☐
JPEG	중간	3K	2 초	☑
JPEG	낮음	2K	1 초	☐
GIF	없음(N/A)	22K	9 초	☐

JPEG 최대치에서 낮아짐에 따라 이미지의 품질이 어떻게 떨어지는지 확인했나요?

중간(Medium)이 결국 승리했을까요? 꼭 그렇지는 않습니다. 여러분이 필요로 하는 것이 무엇인지에 따라 다릅니다. 만약 여러분이 정말 고품질 이미지를 원한다면 고품질(Very High)을 사용했을 것입니다. 가능한 한 빠른 속도로 로딩되는 사이트를 원한다면 Low를 사용해 보세요. 여기서는 중간(Medium)을 선택했습니다. 왜냐하면 이 값이 이미지의 크기 대 품질 측면에서 적합하기 때문입니다. Low 정도면 충분하다고 생각하거나 품질을 높여야 한다고 생각할 수도 있을 것입니다. 따라서 이것은 매우 주관적인 문제입니다. 확실하게 말할 수 있는 것은, GIF는 이미지를 위해서는 아주 좋은 형식은 아니라는 점입니다(놀라지 않아도 됩니다).

이 장의 예제 파일에서 'html' 폴더를 보면 한 가지만 빼고, 한 장의 사진만 있는 모든 페이지가 이미 있다는 것을 알게 될 것입니다. 바로 'seattle_downtown.jpg' 파일에 대한 페이지만 없습니다. 'html' 폴더에서 'seattle_downtown.html'이란 이름으로 페이지를 하나 생성하고 테스트해 보세요. 다음 페이지로 넘어가기 전에 이 작업을 마치시기 바랍니다.

여기 정답이 있습니다.

여기 HTML이 있군요. 이 파일은 'seattle_downtown.html'이란 이름으로 만들어야 합니다.

```html
<html>
    <head>
        <title>마이팟: 시애틀 중심가</title>
        <style type="text/css"> body { background-color: #eaf3da; } </style>
    </head>
    <body>
        <h1>시애틀 중심가</h1>
        <p>
        <img src="../photos/seattle_downtown.jpg" alt="워싱턴주 시애틀 중심가의 아이팟, WA">
        </p>
    </body>
</html>
```

이 파일은 'mypod' 폴더 밑의 'html' 폴더 안에 있어야 하겠군요.

여기 테스트 결과가 나와 있네요.

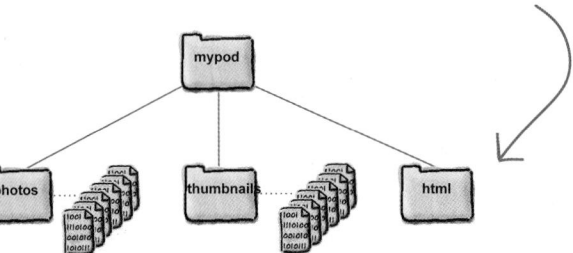

HTML 십자 퍼즐 정답

```
¹Q U ²A L I T Y
    C
    ³C O N C U R R E N ⁴T L Y
    E                   H
⁵T R A N S P ⁶A R E N C Y  U
    S       N             M   ⁷L
    ⁸T H I R T Y F I V E   B   O
    B       I             N   N
⁹J      ¹⁰I M A G E       A   G
¹¹P I X E L   L       ¹²R E S I Z E
E       I   ¹³I P O D     L   R
¹⁴G I F   T   A           S
    Y       S
```

연필을 깎으며 정답

여기 'seattle.jpg' 이미지를 'index.html' 파일에 추가하는 방법이 나와 있습니다.

```
<h2>시애틀, 워싱턴</h2>
<p>
    시애틀의 아이팟! 비구름과 스페이스 니들을 볼 수 있습니다.
    628번지 커피숍은 볼 수 없습니다.
</p>
<p>
    <img src="photos/seattle.jpg" alt="시애틀에서 나의 아이팟">
</p>
```

6 표준, 신뢰성, 기타 등등

진지해진 HTML

HTML에 관하여 더 알아야 할 것이 있나요?

지금까지 HTML 마스터 과정을 잘 마쳤습니다. 이제 CSS로 옮겨가서 이 재미없는 마크업을 멋지게 보이도록 만드는 방법을 배워야 할 때가 되지 않았을까요? 그러기 전에 먼저 여러분이 작성한 HTML이 세상에 나가도 손색이 없는지 확실히 점검할 필요가 있습니다. 그렇다고 오해는 하지 마세요. 지금까지 여러분은 최고급 HTML을 작성해왔습니다. 하지만 소위 '산업 표준'에 맞게 단장하려면 몇 가지 더 필요합니다. 그리고 최신의, 가장 훌륭한 HTML 표준, 소위 HTML5를 사용하고 있는지도 확인해 볼 필요가 있죠. 이렇게 하면 여러 종류의 브라우저에서 좀 더 일관성 있게 보이는지는 말할 것도 없고, 최신 모바일 기기에서 제대로 동작하는지 확인할 수 있습니다. 또한 페이지가 더 빠른 속도로 열리며 CSS와 궁합이 잘 맞는다는 보장을 받고, 표준의 변화에 따라 미래에도 같이 발맞춰 나가는 페이지를 만들 수 있을 것입니다. 준비하세요. 이번 장에서 여러분은 웹 떠돌이에서 웹 전문가로 발돋움할 수 있을 것입니다.

이봐 친구들, 사장이 방금 메일을 보내왔는데... 헤드 퍼스트 라운지를 CSS로 옮기기 전에 우리가 만든 HTML이 황금 시간대에 내보낼 준비가 됐는지 확인하라는군.

Jim

Frank

Joe

짐: 황금 시간대에 내보낼 준비를 하라고?

프랭크: 너도 알다시피 표준에 맞게 HTML이 작성됐는지, 그리고 HTML5로 나아갈 준비가 됐는지 확인하래.

짐: 우리가 작성한 HTML은 좋아 보이는데.. 여기 브라우저에서 띄운 화면을 한번 보라구. 정말 멋진데?

조: 응.. 내 생각도 그래.. 그저 사장은 우리에게 또 일거리를 던지려고 하는 거야.

프랭크: 사실, 인정하기는 싫지만 나는 사장 말이 맞는 것 같아.

짐, 조 : 뭐라고?!

프랭크: HTML 4.01과 HTML5처럼 HTML의 버전이 다른 것은 말할 것도 없고, 지금까지 우리는 표준이 있다는 사실을 무시하며 작업했어. 우리가 했던 모든 작업 내용이 HTML5에 적합한지 확인해보는 것은 어떨까?

조: 이봐, 이건 단지 우리가 해야 할 일이 늘었다는 의미일 뿐이야. 우린 이미 충분히 할 만큼 했는데 말이야. 실제로 페이지도 근사해 보여. 몇 가지 새 기기에서 시험해 봤단 말이야.

프랭크: 제대로 작동됐을 수도 있지만, 내 말대로 한다면 앞으로 우리가 할 일을 줄이는 데 도움이 될 것 같은데.

조: 오, 그래? 어떻게 그런 일이 가능하지?

프랭크: 음, 만약 최신 표준에 맞춰 HTML을 만들었다면 앞으로 변경할 내용이 그리 많지 않을 거야. 우리는 구문 등이 제대로 작성되었는지 확인해야 할 필요가 있어. 브라우저는 그 종류와 버전에 따라 종류가 매우 많아서 HTML을 작성하는 데 조금이라도 실수가 있다면, 브라우저 종류에 따라 페이지가 다르게 보일 수도 있어. CSS를 사용해 HTML에 프레젠테이션을 추가했으니 우리가 작성한 HTML이 기준에 미달하지만 않는다면 페이지는 훨씬 더 근사하게 보일 거야.

조: 그러니까 '표준'을 준수하는지 확인해서, 우리가 만든 페이지가 제대로 보이지 않을 수도 있는 가능성을 줄이자는 뜻이지?

프랭크: 맞았어.

짐: 페이지 수정해 달라고 새벽 3시에 전화 오는 것만 줄일 수 있다면, 정말 좋은 생각인 것 같아

조: 좋았어, 그럼 그 작업은 어떻게 시작하지? 우리가 지금 표준을 준수하지 않고 있는 건가? 우리가 작성한 HTML에서 잘못된 부분은 뭐지?

프랭크: 잘못된 부분은 없는 것 같지만 사장이 HTML5를 준수하라고 하니까, 우리가 사용하고 있는 HTML 버전부터 확인할 필요가 있어. 만약 HTML5를 사용하지 않았다면, 거기서부터 시작하면 될 것 같아. 이 작업을 마치고 나면 CSS를 사용할 때 일이 훨씬 수월해질 거야.

 **브레인 파워**

> 정확한 HTML을 작성하면 모든 브라우저는 페이지를 일관적으로 보여주는 작업을 꽤 훌륭히 수행합니다. 하지만 HTML에서 여러분이 실수를 하거나 비표준으로 작성한다면, 브라우저 종류에 따라 페이지가 종종 다르게 보일 것입니다. 왜 이러한 점이 문제가 된다고 생각하세요?

HTML의 간단한 역사

HTML 1.0-2.0

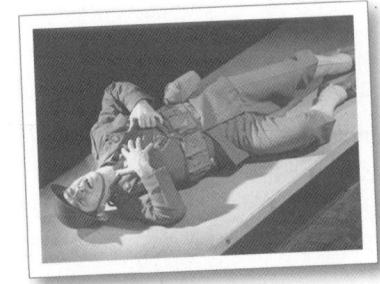

HTML 3

HTML 4

초창기에는 HTML에 관련해 알아야 할 모든 것을 머릿속에 집어넣고 있어야 했죠. 페이지들은 근사해 보이지 않았지만, 적어도 하이퍼텍스트는 사용 가능했습니다. 아무도 프레젠테이션에는 관심이 없었고 단지 모든 이들이 자신들의 '홈 페이지'를 가지는 것에만 심혈을 기울였습니다. 심지어 여러분의 책상 위에 있는 연필, 종이클립, 포스트잇조차도 '웹 콘텐츠'로 만들 수 있다고 생각할 때였습니다 (여러분이 생각해도 웃기죠).

'브라우저 전쟁'의 길고 암울한 시대였습니다. 넷스케이프와 마이크로소프트가 전 세계를 손아귀에 넣기 위해 치고 받으며 싸웠습니다. 브라우저를 정복하는 자가 전 우주를 정복하는 것이니까요, 그렇죠?

이 전쟁의 얘기치 않은 희생의 중심에는 웹 개발자가 있었습니다. 브라우저 전쟁 중에, 각 브라우저 회사들은 선두 자리를 지키기 위해 자신만의 독점적인 확장 모듈을 추가하는 군비 경쟁을 하게 되었습니다. 과연 누가 계속 선두자리를 유지했을까요? 비단 이 뿐만 아니라, 만약 여러분이 그 시대로 돌아간다 해도 웹 페이지 하나를 두 버전으로 작성해야 하는 일이 자주 있었을 거예요. 하나는 넷스케이프 브라우저용, 다른 하나는 인터넷 익스플로러용으로요. 영 좋지 않은 일이었죠.

아.. 브라우저 전쟁이 끝나고 우리의 구원자인 월드 와이드 웹 컨소시엄(W3C라고 부릅니다)이 출현했습니다. 그들의 계획은 다른 모든 것을 지배할 단 하나의 절대적 HTML '표준'을 생성해서 우주에 질서를 가져오려 했습니다.

계획의 핵심은 무엇이었을까요? HTML의 구조와 표현 부분을 언어 두 개(구조를 위한 언어는 HTML, 프레젠테이션을 위한 언어는 CSS)로 분리하고, 가장 관심이 가는 표준들을 채택하도록 브라우저 개발사를 설득시키는 것이었습니다.

그러나 과연 그들의 계획대로 되었을까요?

음, 거의 그렇게 되었지만 몇 가지 변화가 있었습니다(HTML 4.01을 보세요).

1989   1991   1995   1998

이 장을 시작하면서 우리의 목표는 HTML5를 충실히 작성하는 것입니다. 언제나처럼 세상은 잘 돌아가고 있으므로, 우리도 앞으로 어디로 향하게 될지 곧 얘기하도록 하죠.

HTML 4.01

XHTML 1.0

HTML5

아, 평온한 세상이 찾아왔습니다. 1999년에 HTML 4.01이 무대위로 등장 했고, 이후 10년간 HTML의 '필수' 버전이 됐죠.

4.01은 4.0 버전에 비해 큰 변화는 없었습니다. 여기저기 몇 가지 수정한 것이 전부였죠. 하지만 HTML의 초창기(온갖 고생을 해가며 모든 내용을 직접 입력해 작성하던 때)와 비교해 보면, HTML 4.01로 거의 모든 브라우저가 웹 페이지를 제대로 보여주기 시작하게 되어 밤에 편안히 잘 수 있도록 해줬죠.

우리 모두가 편안한 삶을 누리기 시작하자마자, 모든 이의 주위를 딴 곳으로 돌리게 한 빛나는 객체가 등장했죠. 이 빛나는 객체가 바로 XML입니다. 사실, 이 객체는 HTML의 시선을 끌었고, 이 두 객체가 결혼해서 탄생한 것이 XHTML 1.0입니다.

XHTML은 견고함에 대한 고수와 새로운 일 처리 방식으로 웹의 모든 고민거리를 없애겠다고 약속했습니다.

하지만 문제는 사람들이 XHTML을 싫어하게 됐다는 점이었죠. 사람들은 새로운 방식으로 웹 페이지를 작성하길 원치 않고, 이미 알고 있던 HTML 4.01을 좀 더 개선하기만을 바랬습니다. 웹 개발자들은 XHTML의 견고함보다는 HTML의 확장성에 훨씬 더 관심을 보였죠. 그리고, 점점 더 개발자들은 문서보다는 애플리케이션 같은 웹 페이지를 만드는 데 더 많은 시간을 할애하기를 원했습니다.

물론 지역사회로부터 어떤 지원도 없이 이 결혼 생활은 순탄치 않았고, HTML5라는 HTML의 새 버전으로 대체됐습니다. HTML 4.01 표준을 거의 대부분 지원함과 동시에, 웹이 성장해온 방식을 반영하는 새 기능으로 무장한 HTML5는 개발자들이 기다려왔던 존재였죠. 그리고 블로그 형태의 요소, 새로운 비디오와 그래픽 능력, 웹 애플리케이션을 개발할 목적으로 만들어진 일련의 완전히 새로운 기능을 지원하는 HTML5는 운명적으로 표준이 되었습니다.

솔직히 말해 HTML과 XML의 이혼은 많은 사람을 놀라게 했고, 한동안 HTML5에 관한 혼란을 부추겼습니다. 하지만 모든 상황은 정리되었으니 HTML5가 여러분에게 어떤 의미를 지니는지, 어떻게 하면 재미있게 작성할 수 있는지 지금부터 알아내 보세요.

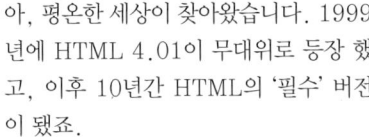

1999　　　　**2001**　　　　**2009**　　**2012**　　**????**

그리고 미래에는 무슨 일이 일어날까요? 우리 모두가 하늘을 나는 자동차를 타고 저녁식사로 알약을 먹게 될 까요? 계속 이 책을 읽으면서 이 질문에 대한 해답을 찾아보세요.

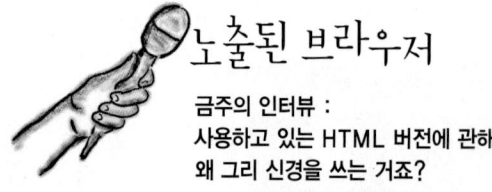

노출된 브라우저

금주의 인터뷰 :
사용하고 있는 HTML 버전에 관해
왜 그리 신경을 쓰는 거죠?

헤드 퍼스트: 만나 뵙게 되어 영광입니다, 브라우저 씨. 아시다시피 'HTML 버전'은 아주 유명한 이슈가 되었습니다. 도대체 이슈가 된 이유가 뭐죠? 당신은 결국 웹 브라우저일 뿐인데요. 나는 당신에게 HTML을 제공하고 당신은 할 수 있는 한 최선을 다해서 그것을 보여주고 있잖아요.

브라우저: 요즘 세상에서 브라우저가 된다는 것은 무척 힘듭니다. 웹 페이지들도 많고 많은 HTML이 예전 버전으로 작성된 것도 있고, 실수투성이로 작성된 마크업도 많죠.

여하간 당신 말처럼 이유를 막론하고 페이지 하나하나를 보여주기 위해 최선을 다하는 것이 제가 할 일입니다.

헤드 퍼스트: 그렇다면 뭐가 문제인가요? 지금도 그 일을 꽤 잘하고 있는 것 같은데요.

브라우저: 그렇기도 하지만 브라우저에 따라 페이지가 다르게 보이는 것을 본 적 있나요? 예전 버전 혹은 잘못된 마크업을 사용하면 어떤 브라우저에서는 페이지가 정상적으로 보일 수 있지만, 그렇지 않은 브라우저도 있어요.

헤드 퍼스트: 정말요? 왜 그렇죠? 같은 방식으로 처리하고 있는 것 아니에요?

브라우저: 올바르게 작성된 최신 페이지를 보여주는 일에 대해서는 훌륭히 처리하고 있습니다만, 전에 말했듯이 페이지를 제대로 작성하지 않으면 훨씬 더 위험한 상황이 발생합니다. 그 이유는 다음과 같습니다. 저희 모든 브라우저는 올바르게 작성된 HTML을 어떻게 보여주는지에 관한 HTML 명세를 갖고 있습니다만, 부정확한 HTML을 만났을 때는 그저 그 내용을 쓰기만 합니다. 따라서 브라우저 종류에 따라 페이지가 다른 동작을 할 수 있죠.

헤드 퍼스트: 그렇다면, 이런 혼란한 상황에 대한 해결책은 무엇인가요? 페이지가 정말 근사하게 보이면 좋겠는데요.

브라우저: 쉽습니다. 사용하고 있는 HTML이 어떤 버전을 사용하는지 저에게 솔직히 알려주기만 하면 됩니다. 얼마나 많은 페이지가 이렇게 하지 않고 있는지 알면 놀라실걸요? 그리고 짝이 맞지 않는 마크업 태그 같은 오류가 페이지에 포함되어 있지 않은지 확인해야 합니다.

헤드 퍼스트: 사용하고 있는 버전을 어떤 식으로 알려주나요? 특히 HTML5로 이전하고 있는 상황에서는요?

브라우저: 음, 사실 HTML5 덕분에 모든 것이 간단해 지고 있습니다.

헤드 퍼스트: 정말요? HTML의 새 버전이 어떻게 도움을 주고 있는데요? 지금까지는 또 다른 버전이 모든 것을 좀 더 복잡하게 만든다고 생각하고 있었는데요.

브라우저: 사실 많은 언어의 새 버전이 출시되면, 모두가 최신 표준을 습득하느라 큰 수고를 했죠. 하지만 HTML5는 현재 사용하고 있는 HTML의 종류를 통보하는 방식을 아주 간편하게 만들었습니다. HTML5 표준은 웹 페이지에서 발생 가능한 많은 오류를 문서화하고 있어, 모든 브라우저가 이러한 에러를 좀 더 일관적으로 처리할 수 있죠.

헤드 퍼스트: 오, 그 말은 HTML을 작성하면서 오류에 관해서는 더 이상 걱정할 필요가 없다는 의미인가요?

브라우저: 그렇지 않습니다! 저희가 에러 처리를 더 잘할 수 있다는 뜻이지 여러분이 대충 처리해도 된다는 뜻은 아닙니다. 여러분이 작성하는 페이지는 표준을 준수하고 오류가 없어야 합니다. 그렇지 않으면 브라우저에 따라 일관성 없는 결과를 보게 될 것이며, 모바일 장치에 있는 브라우저에서도 마찬가지 결과가 나올 것이라는 점을 잊지 마세요.

헤드 퍼스트: 현재 사용하고 있는 버전을 어떤 식으로 통보하는지에 대한 이야기로 다시 돌아갈까요?

브라우저: 예. 그 문제는 완전히 미친…

헤드 퍼스트: 오, 말 조심하세요. 청중에는 미성년자도 포함되어 있습니다. 그리고 시간이 다 됐으니 빨리 말씀해 주십시오!

브라우저: 알겠습니다. doctype을 사용해서 현재 사용하고 있는 HTML 버전을 제게 알려주시면 됩니다. HTML 파일 맨 상단에 표기하면 됩니다. 자, 시간이 다 됐군요. 다시 일하러 가야겠군요!

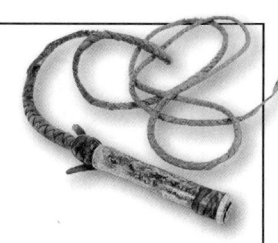

HTML 고고학

HTML 4.01과 XHTML 1.1 페이지 몇 개를 발견했습니다. 이 페이지들은 HTML 파일 맨 상단에 doctype을 사용해서, 사용하고 있는 HTML 버전을 브라우저에 알려주고 있습니다. 여러분이 살펴볼 몇 가지 doctype을 아래에 발췌해 놨으니, 한번 조사해 보세요.

문서 유형을 명시해서 이 페이지에 대해 브라우저에 알려주고 있군요.

이 부분은 〈html〉이 페이지의 첫 번째 요소라는 의미입니다.

HTML 4.01 표준이 공개적으로 사용 가능하다는 의미입니다.

이 부분은 HTML 4.01 버전을 사용하고 있고, 이 HTML 마크업은 영어로 쓰여졌다고 말하고 있군요.

이 내용을 한 줄에 모두 넣을 수도 있고, 이처럼 두 줄로 만들 수도 있습니다. 리턴키를 큰따옴표 사이에 넣는지만 확인하세요.

```
<!DOCTYPE html PUBLIC "-//W3C//DTD HTML 4.01//EN"
        "http://www.w3.org/TR/html4/strict.dtd">
```

이 부분은 HTML 요소가 아니라는 점에 주목하세요. 맨 앞에 〈 다음에 !이 오면 이 부분은 뭔가 다른 내용이라는 뜻입니다.

이 부분은 이 특별한 표준을 식별하는 파일을 가리키고 있습니다.

HTML DOCTYPE처럼 이 부분도 공용 문서 타입입니다.

여전히 HTML 버전이군요. XML 버전입니다.

XHTML의 XHTML 1.1 버전이군요.

```
<!DOCTYPE html
    PUBLIC "-//W3C//DTD XHTML 1.1//EN"
        "http://www.w3.org/TR/xhtml11/DTD/xhtml11.dtd">
```

XHTML 1.1 정의를 가리키는 URL을 갖고 있군요.

XHTML에 대해 더 자세한 내용은 부록에 나와 있습니다.

✏️ **연필을 깎으며**

HTML5의 doctype 정의를 여러분께 알려주는 대신, 여러분 스스로 이 방법을 알아낸다면 재미있겠죠?
아래에 있는 HTML 4.01 doctype을 자세히 살펴보세요.

이 부분은 html의
doctype이라는 점을
기억하세요.

그리고 이 부분은
이 표준이 공개적으로
사용 가능하다는
의미입니다.

이 부분은 우리가 HTML 4.01
버전을 사용하고 있고 영어로
작성되어 있다고 말하고 있군요.

```
<!DOCTYPE html PUBLIC "-//W3C//DTD HTML 4.01//EN"
          "http://www.w3.org/TR/html4/strict.dtd">
```

이 표준을 식별하는 파일을
가리키고 있습니다.

HTML 파일 맨 상단에 doctype 정의를 추가해 여러분의 문서 유형을 브라우저에 알려주세요. 이 경우에는
HTML 4.01 이겠죠. doctype을 사용함으로써, 브라우저는 좀 더 정확하게 페이지를 해석하고 처리할
수 있습니다.

자, 여러분의 연역적 사고력을 활용해서 HTML5의 doctype 정의는 어떤 형태가 될지 여기에 적어 보세요
(다음 페이지 내용으로 정답을 유추할 수 있겠지만, 정답을 훔쳐보지는 마세요!).

....
....
....
....
....

여기에 정답을 적으세요. ↗

새롭게 향상된 HTML5 doctype

자, 준비하세요. HTML5 doctype이 여기 나와 있군요.

`<!doctype html>`

정말 간단합니다!

단 한 줄 뿐이군요. 잊지 마세요.

연필을 깎으며 정답을 맞췄나요? 의외로 정답이 매우 간단하지 않나요? doctype을 사용해야 할 때마다 일일이 여기저기 뒤질 필요 없이 쉽게 기억할 수 있을 거예요.

안타깝게도 예전 doctype을 쓰던 사람들은 이를 기억하려고 손바닥에 문신까지 새겼다는군요.

> 잠깐만요, 브라우저에 버전을 알려줘야 하지 않나요? 버전 번호는 어디 있죠? 오타 아닌가요?

좋은 지적입니다. 하지만 오타는 아닙니다. 차근차근 그 이유를 살펴보도록 하죠. 기존 doctype은 버전 번호와 복잡한 구문으로 뒤엉킨 형태로 사용되었으나, HTML5의 등장과 함께 doctype은 간단하게 바뀌어 우리는 'html'을 사용하고 있다고 브라우저에 알려주기만 하면 됩니다. 더 이상 특수한 버전 번호나 언어, 표준을 가리키는 데 신경 쓰지 마세요.

어떻게 이런 일이 가능한 걸까요? 다른 부분 없이 단지 html만 명시하는 게 어떻게 가능한 걸까요? 브라우저는 다른 정보를 필요로 하지 않는 것일까요? 밝혀진 바에 따르면 브라우저가 아래 구문을 보게 되면

`<!doctype html>`

표준 HTML을 사용하고 있다고 여깁니다. 버전 번호라든지 어느 곳에 표준이 위치해 있는지에 대한 정보 따위는 필요 없습니다. 실제로 HTML 표준은 '살아있는 표준'이 되었는데, 이는 계속 발전하고 필요한 만큼 변하지만 고정된 버전 번호는 없다는 의미입니다. 지금쯤 여러분의 머릿속에는 이런 생각이 들 거예요. '살아있는 표준의 정확한 의미는 뭘까? 도대체 어떻게 동작하는 거지?' 다음 페이지로 넘어가 알아보도록 하죠.

HTML, 새로운 '살아있는 표준'

표준 제정가들은 HTML 6, 7, 8 버전을 계속 찍어내기보다는 기술이 진화하면서 표준 명세를 계속 기록하는, 이른바 살아있는 표준으로 변모시켰습니다. 따라서 더 이상 버전 번호는 없습니다. 지금 부터는 HTML5라고 부를 필요 없이 그냥 'HTML'이라고 부르세요.

지금쯤 여러분은 위 내용이 실제로 어떤 식으로 적용될지 궁금할 것입니다. 결국, 표준 명세가 계속 변한다면 예전 버전의 브라우저는 어떻게 될까요? 또한 여러분이나 웹 개발자들은 어떻게 해야 할까요? 해결책은 이전 버전 호환성입니다. 이전 버전 호환성이란 HTML에 새로운 내용이 추가되고 브라우저는 이 새로운 기능을 지원하는 한편, 예전 기능 지원도 계속한다는 뜻입니다. 따라서 여러분이 작성하고 있는 HTML 페이지는 나중에 새 기능이 추가되더라도 계속 작동될 것입니다.

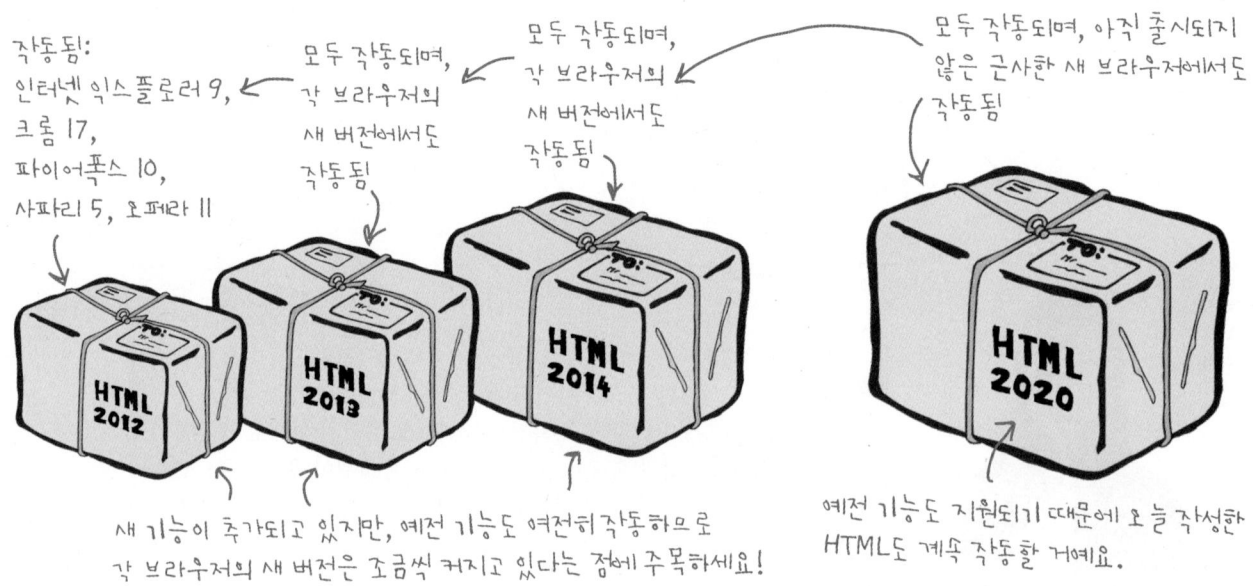

작동됨:
인터넷 익스플로러 9,
크롬 17,
파이어폭스 10,
사파리 5, 오페라 11

모두 작동되며,
각 브라우저의
새 버전에서도
작동됨

모두 작동되며,
각 브라우저의
새 버전에서도
작동됨

모두 작동되며, 아직 출시되지
않은 근사한 새 브라우저에서도
작동됨

새 기능이 추가되고 있지만, 예전 기능도 여전히 작동하므로
각 브라우저의 새 버전은 조금씩 커지고 있다는 점에 주목하세요!

예전 기능도 지원되기 때문에 오늘 작성한
HTML도 계속 작동할 거예요.

바보 같은 질문이란 없습니다

Q: 내일 표준 명세가 변하면 어떻게 되죠? 전 무엇을 해야 하나요?

**A: 오늘 HTML을 작성하고 있는데 내일 새 요소가 추가되어 표준 명세가 변한다 해도, 여러분이 하고 있는 일을 계속 할 수 있습니다. 새 요소를 사용할지는 전적으로 여러분의 선택입니다.

요소나 요소의 동작 방식 같은 표준 명세가 변한다면, 브라우저는 여러분이 작성하고 있는 예전 방식 뿐만 아니라 새 방식 모두 계속 지원할 것입니다. 바로 이것이 '하위 버전 호환성'입니다. 물론 가능한 한 기존 기능의 변화는 적은 것이 좋지만, 웹 개발자의 한 사람으로서 여러분도 표준 명세가 변함에 따라 여러분의 페이지도 바꾸고 최신 명세도 공부하는 것이 좋습니다. 표준 명세가 변함에 따라 여러분의 HTML도 계속 작동한다는 것이 바로 그 개념입니다.

Q: 표준 명세라는 것이 정확히 무엇을 말하는 거죠?

**A: 표준 명세는 HTML 표준이 무엇인지를 명시하는 문서입니다. 즉, 어떤 요소와 속성이 HTML에 있는지에 대한 문서를 말하죠. 이 문서는 월드 와이드 웹 컨소시엄(W3C)이 관리하고 있지만, 누구나 이를 수정할 수 있고 어떻게 개발되어야 하는지 의견을 피력할 수 있습니다.

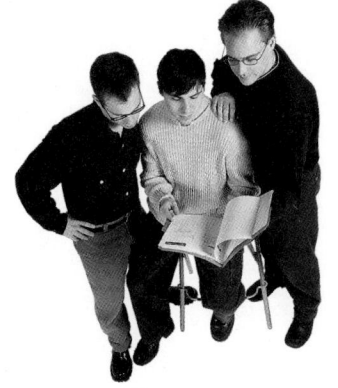

좋았어, 이제 알 것 같군.
라운지 파일의 doctype을
HTML5에 맞게 수정해 보자.

문서 타입 정의 추가하기

이야기는 충분히 했습니다. 이제 HTML에 있는 doctype을 살펴봅시다.

여기에 DOCTYPE이 있군요. 'lounge.html'
파일 맨 위에 추가하세요.

DOCTYPE 혹은 doctype,
모두 사용할 수 있습니다.

```html
<!doctype html>
<html>
  <head>
    <title>헤드 퍼스트 라운지</title>
  </head>
  <body>
    <h1>새단장을 마친 헤드 퍼스트 라운지에 오신걸 환영합니다</h1>
        <img src="drinks.gif">
    <p>
        저녁 시간에 방문하시면 신선한
        <a href="beverages/elixir.html">음료</a>와 대화, 그리고
        <em>DDR(Dance Dance Revolution)</em>이나 다른 게임도 즐길 수
        있습니다. 또한 무선랜도 제공되니, 여러분만의 웹 서버도 사용해 보세요.
    </p>
    <h2>찾아오시는 길</h2>
    <p>
        저희 가게는 웹 마을 중심가에 있습니다.
        자세한 위치는 <a href="about/directions.html">상세 약도</a>를
        참조하세요. 어서 방문해 주세요!
    </p>
  </body>
</html>
```

doctype 시운전

'chapter6/lounge' 폴더에 있는 'lounge.html' 파일을 변경
하고 브라우저에서 페이지를 다시 열어봅시다.

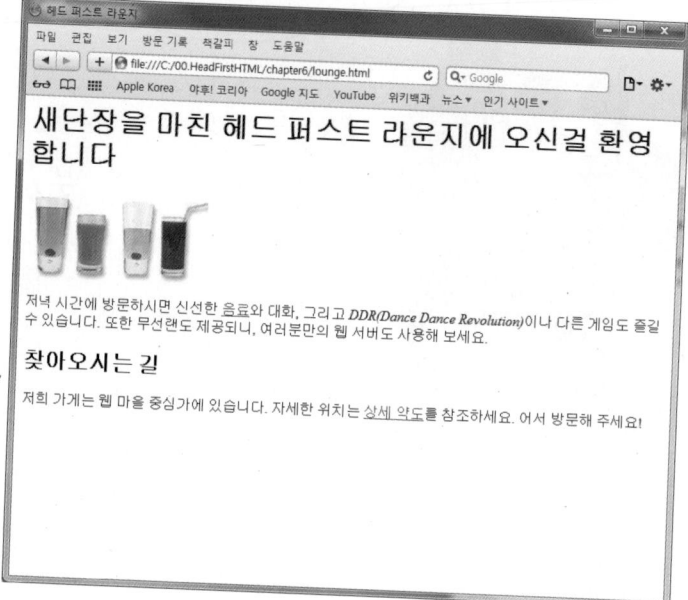

와, 아무런 차이가 없군요.
doctype은 여러분이 HTML5를
사용하고 있다고 브라우저에
알려주는 역할만 하므로
화면상의 변화는 없습니다.

'directions.html'과 'elixir.html' 파일에 doctype을 추가하고 시운전해 보세요. 'lounge.html' 파일처럼
깜짝 놀랄만한 일은 일어나지 않을 거예요(하지만 오늘 밤은 편히 잘 수 있겠네요).

노출된 HTML5

**금주의 인터뷰:
HTML5가 왜 그리 소란스러울까요?**

헤드 퍼스트: HTML5 씨. 모두의 입방아에 오르고 있는 HTML의 '최신이자 최고' 버전이 당신이군요. 우리 독자들이 당신에 대해 알고 싶어 합니다.

HTML5: 먼저, 저는 한 무더기의 새로운 요소와 속성을 갖고 있습니다.

헤드 퍼스트: 아직 사용된 것을 목격한 적이 없는데요?

HTML5: 당신이 사용하고 있는 모든 요소는 제 표준의 일부이므로, HTML5 요소를 사용하고 있다고 할 수 있죠. 하지만 아직은 새로운 것을 사용하지 않을 거예요.

헤드 퍼스트: 왜 그런 거죠? 가능한 한 빨리 새로운 요소를 사용해야 하는 것 아닌가요?

HTML5: 꼭 그럴 필요는 없습니다. 3장을 기억해 보세요. 언제나 적재적소에 올바른 요소를 사용하는 것이 중요합니다! 저의 새로운 요소는 특별한 역할이 있습니다. 요소 중 일부는 페이지의 구조와 의미를 개선시키는 역할을 하죠. 〈article〉 요소는 블로그 포스트나 신문 기사를 위해 특별히 제작된 것입니다.

헤드 퍼스트: 3장에 나온 토니의 일기에서 사용했다면 좋았을 것 같군요.

HTML5: 맞습니다. 나중에 추가하도록 하세요.

헤드 퍼스트: 이 책으로 HTML을 배우고 있긴 하지만 별도로 HTML5를 배워야 하는 것은 아닌지 독자들이 궁금해 하고 있습니다.

HTML5: 아뇨! HTML5는 차후 진화 단계일 뿐이며, 독자들이 배운 모든 것은 HTML5에서도 정확히 똑같습니다. HTML5는 단지 몇 가지 새 기능을 추가했을 뿐이죠. 사실 'HTML5'라고 부르지 말아야 합니다. 저는 HTML의 최신 버전일 뿐이므로 그냥 HTML이라고 부르세요. HTML5라고 부르는 것은 혼란만 줄 거예요.

헤드 퍼스트: 잠깐만요, 결국은 HTML5를 광고하고 있군요. 정말 당신의 이름을 사용하지 말라는 것인가요?

HTML5: 예. 당신도 알다시피 저는 살아있는 표준이며 버전 번호는 사라졌습니다. 저는 HTML의 살아있는 표준입니다. HTML5가 아니고요.

헤드 퍼스트: 알겠습니다. 독자들은 정말 HTML5, 아 저런! 죄송합니다. HTML 학습을 계속 해야 하고, 이들이 지금까지 배운 모든 내용은 관련이 있군요. 앞으로 배울 새로운 내용은 말할 필요도 없고, 독자들은 가장 최신이자 최고의 HTML 기술을 학습하고 있군요.

HTML5: 정확한 말씀입니다.

헤드 퍼스트: 그럼에도 불구하고 한 가지 질문을 꼭 해야겠어요. 당신의 새로운 기능 중 일부가 웹 애플리케이션 개발을 위한 것이라고 하던데, 어떤 연관성이 있는 거죠?

HTML5: 가장 큰 특징은 제가 더 이상 웹 페이지만 만들지 않는다는 것입니다. 저는 완전한 형태의 웹 애플리케이션을 위해 설계됐습니다.

헤드 퍼스트: 그 차이가 뭐죠?

HTML5: 대부분의 웹 페이지는 정적인 페이지입니다. 이미지 몇 장과 한 무더기의 링크가 있고, 메뉴처럼 여기저기에 깔끔한 효과를 주고 싶을 텐데, 대부분의 페이지들은 읽기용입니다. 반면 웹 애플리케이션은 상호작용을 위한 것입니다. 데스크톱 애플리케이션처럼 웹 애플리케이션을 통해서만 웹에서 뭔가를 수행할 수 있습니다.

헤드 퍼스트: 예를 들어 설명해 주시겠습니까?

HTML5: 소셜 미디어 앱, 지도 앱, 게임 등 셀 수 없이 많군요.

헤드 퍼스트: HTML5가 나오기 전에는 그런 기능을 수행할 수 없었나요?

HTML5: 음... 일부는 할 수 있었지만, 그런 종류의 애플리케이션을 구축하기 위해 필요한 수많은 기능이 저의 등장과 함께 최초로 표준화되었습니다. 전에는 존재하긴 했어도 다소 무계획적이었죠.

헤드 퍼스트: 이 책에서는 그 어떤 애플리케이션도 만들 것이라는 생각은 하지 않았는데요.

HTML5: 아니예요. 『Head First HTML5 Programming: 웹 표준으로 만드는 생동감 있는 웹 애플리케이션』을 참조하세요. 저와 함께 웹 애플리케이션을 개발하는 내용을 담은 책입니다.

헤드 퍼스트: 알겠습니다! 이 자리에 와주셔서 감사합니다. HTML5 씨.

좋았어, 나쁜진 않군. 이제 우리가 표준 HTML을 사용하고 있다고 브라우저에 알려주자.

짐: 음, 정말 쉽군. 하지만 역시 약간 허무한 것도 사실이야. 우리가 HTML을 사용하고 있다고 브라우저에 말해주려고 파일 맨 상단에 doctype을 넣었지만 뭐가 달라졌지? 변한 것은 아무것도 없어.

프랭크: 맞아. 무엇이 바뀌었는지 볼 수는 없지만 우리가 표준 HTML을 사용하고 있다는 사실을 브라우저에 알려주고 있잖아. 그리고 브라우저는 이 정보를 활용할 수 있어. 게다가 사장은 완전히 적법한 HTML을 사용하길 원하고 있으니까 doctype을 사용할 필요가 있어.

짐: 그런가? 우리가 지금 산업 표준 HTML을 사용하고 있는 거야?

프랭크: 내가 알기론 그래. 하지만 정말 흥미로운 것은 이제부터야. 최근까지 혼란스럽게 한 것 중 하나가 바로 우리가 페이지에 넣은 오류였어. 종료태그를 빠뜨리거나 태그명에 오타가 발생했다면 어떨 것 같아?

짐: 우리가 작성했으니 오류를 찾아내면 되지 않을까?

프랭크: 꼭 그럴 필요는 없어. 브라우저는 오류를 검출하는 일을 꽤 잘하거든.

짐: 사람들을 더 모아서 같이 페이지 전체를 검토하는 것은 어때?

프랭크: 그렇게까지 할 필요는 없어. 페이지의 유효성을 검증하는 도구들이 여기저기 많거든.

짐: 유효성 검증?

프랭크: 응. 페이지를 쑥 훑어보고 모든 마크업이 유효한지 확인하는 거야. 표준을 준수하고 있는지 확인하는 작업이지. HTML에 대한 맞춤법 검사라고나 할까?

짐: 그런 도구들은 어디서 구할 수 있는데?

프랭크: W3C의 표준 제정가들이 유효성 검증기를 갖고 있는데, 공짜로 사용할 수 있어.

짐: 좋았어, 한번 사용해 보자.

W3C 유효성 검사기를 만나봅시다

W3C의 유효성 검사기(validator)에 대해 알아보고, 라운지 파일들에 대해 유효성 검사를 해보도록 하죠. 이 부분을 따라 하려면 브라우저 주소창에 http://validator.w3.org라고 입력하기만 하면 됩니다.

W3C 유효성 검사기는 http://validator.w3.org 에 있습니다.

HTML을 검사하는 3가지 방법이 있군요.

(1) 여러분의 페이지가 웹상에 있다면, 여기에 해당 페이지의 URL을 입력하고 <Check> 버튼을 클릭합니다. 그러면 이 서비스가 그 HTML을 가져온 뒤, 검사할 겁니다.

(2) 두 번째 탭을 선택하면 여러분의 컴퓨터에 있는 파일은 올려 놓을 수 있습니다. 파일을 선택하고 <Check> 버튼을 클릭하면, 이 서비스를 통해 검사 받을 수 있도록 브라우저는 해당 페이지를 업로드 할 거예요.

(3) 세 번째 탭을 선택하면, 여러분이 작성한 HTML을 복사해 붙여넣을 수 있습니다. <Check> 버튼을 클릭하면 해당 HTML을 검사할 거예요.

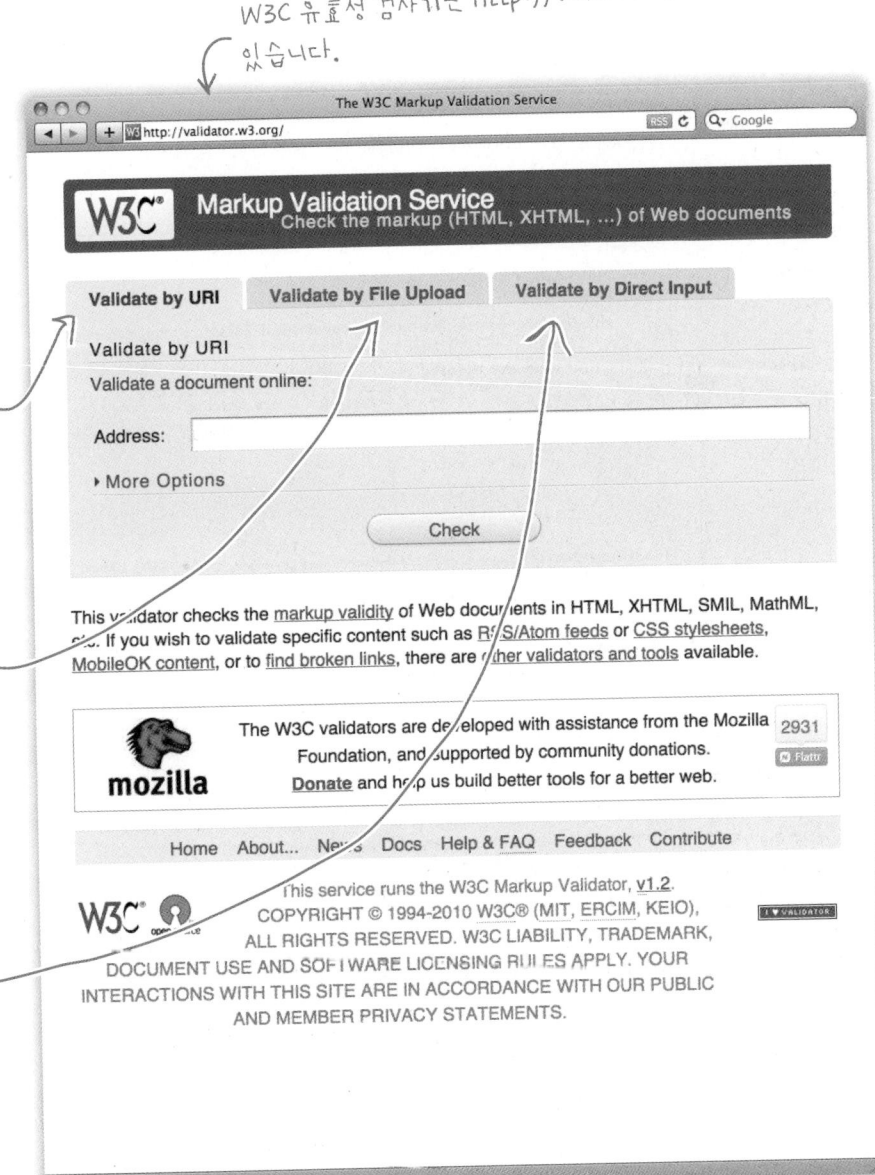

헤드 퍼스트 라운지 유효성 검사

'lounge.html' 파일을 검사하기 위해 앞 페이지의 세 번째 탭인 Validate by Direct Input(직접 검사)을 사용할 텐데, 이를 위해서는 'lounge.html' 파일에서 HTML을 복사해서 탭의 빈칸에 붙여 넣어야 합니다. 계속 따라해 보세요.

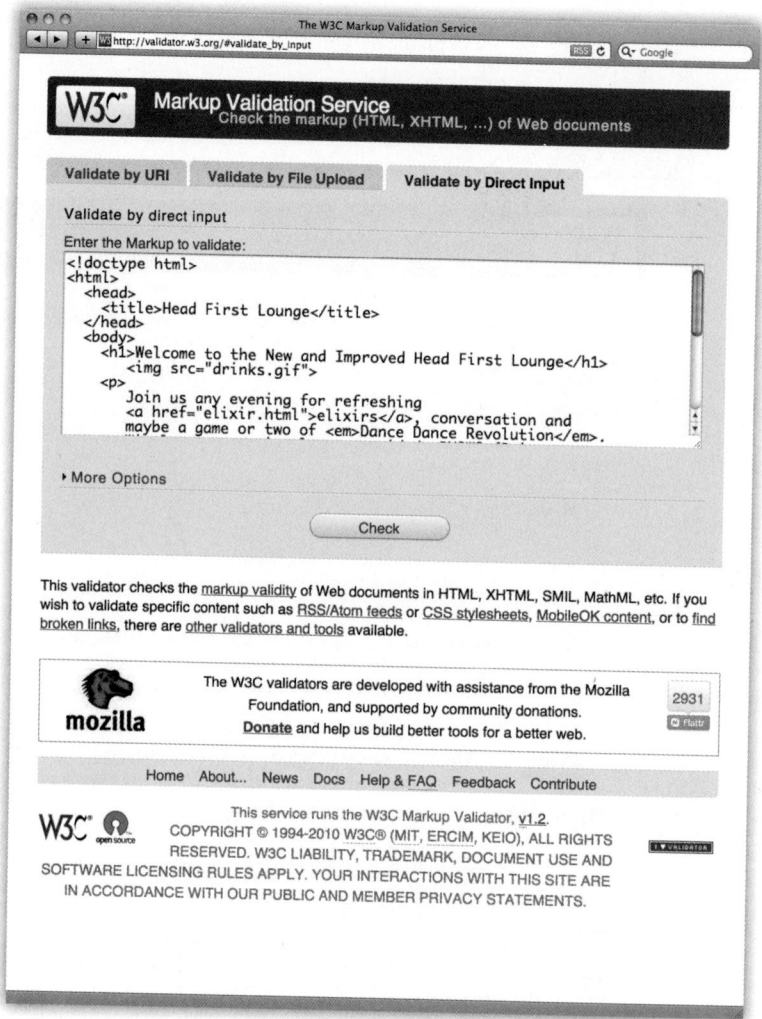

여기서는 방법(3)를 사용하고 있습니다. Validate by Direct Input(직접 검사) 탭을 클릭해서 'lounge.html' 코드를 복사해 붙여 넣는데, 맨 위에 HTML5를 위한 doctype이 있군요. 그리고 잠시 기다리면, 웹페이지의 유효성 검사가 수행될까요? 결과를 알고 싶다면 다음 페이지로 넘어가든지 〈Check〉버튼을 클릭해 보세요.

괜찮다면 방법 (1) 이나 방법(3)도 사용해 보세요.

휴스턴, 문제가 생겼다

페이지에 빨간색으로 표시되어 있으니 뭔가 문제가 생긴 것 같군요. 즉, 페이지가 유효성 검사를 통과하지 못했다는 의미로 볼 수 있습니다. 이유가 무엇인지 한번 살펴보도록 하죠.

유효성 검사에서
탈락했군요.
에러가 발생한 것
같네요.

확실히 에러가
틀림 없습니다.

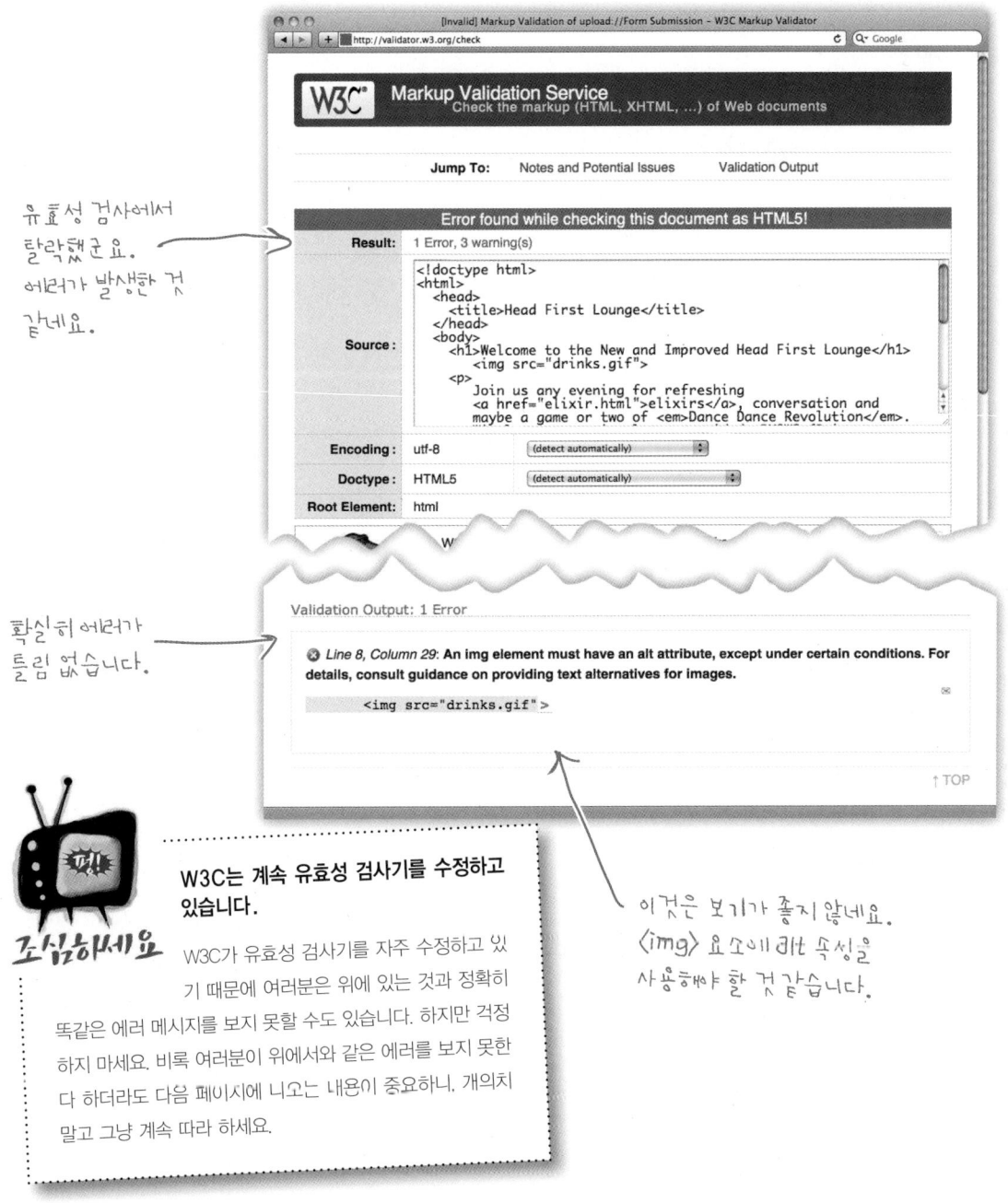

이것은 보기가 좋지 않네요.
〈img〉 요소에 리한 속성을
사용해야 할 것 같습니다.

W3C는 계속 유효성 검사기를 수정하고 있습니다.

조심하세요

W3C가 유효성 검사기를 자주 수정하고 있기 때문에 여러분은 위에 있는 것과 정확히 똑같은 에러 메시지를 보지 못할 수도 있습니다. 하지만 걱정하지 마세요. 비록 여러분이 위에서와 같은 에러를 보지 못한다 하더라도 다음 페이지에 니오는 내용이 중요하니, 개의치 말고 그냥 계속 따라 하세요.

에러 수정하기

자, 간단히 조금만 수정하면 될 것 같군요. HTML5에 있는 〈img〉 요소에 alt 속성을 추가하기만 하면 됩니다. 'lounge.html' 파일을 열고 수정한 후, 저장하고 다시 한 번 유효성 검사를 해 보세요.

```
<!doctype html>
<html>
  <head>
    <title>헤드 퍼스트 라운지</title>
  </head>
  <body>
    <h1>새단장을 마친 헤드 퍼스트 라운지에 오신걸 환영합니다</h1>
      <img src="drinks.gif" alt="Drinks">
    <p>
      저녁 시간에 방문하시면 신선한
      <a href="beverages/elixir.html">음료</a>와 대화,
      그리고 <em>DDR(Dance Dance Revolution)</em>이나
      다른 게임도 즐길 수 있습니다.
      또한 무선랜도 제공되니, 여러분만의 웹 서버도 사용해 보세요.
    </p>
    <h2>찾아오시는 길</h2>
    <p>
      저희 가게는 웹 마을 중심가에 있습니다.
      자세한 위치는 <a href="about/directions.html">상세 약도</a>를 참조하세요.
      어서 방문해 주세요!
    </p>
  </body>
</html>
```

여러분은 이미 alt 속성에 대해 알고 있습니다. 〈img〉 요소에 추가하세요.

 브레인 파워

HTML5에 alt 속성이 필요한 이유는 무엇일까요?

거의 목적지에 다다르고 있습니다

성공했습니다! 페이지가 녹색으로 바뀐걸 보니 제대로 한 것이 틀림없습니다. 하지만 아직도
경고가 몇 개 남아 있군요. 몇 가지 사항을 더 처리해야 할 것 같은데, 살펴보도록 하죠.

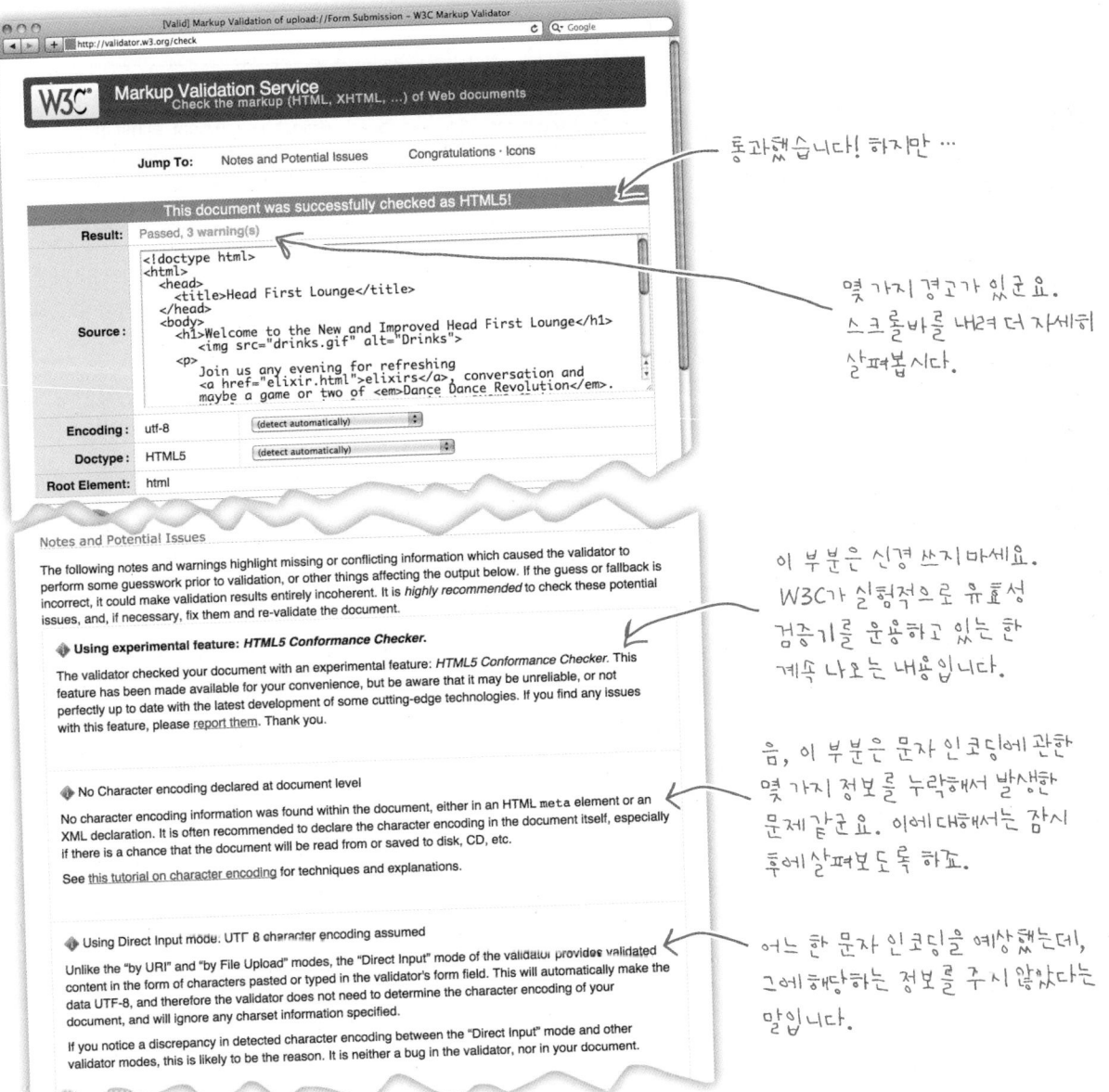

통과됐습니다! 하지만 …

몇 가지 경고가 있군요.
스크롤바를 내려 더 자세히
살펴봅시다.

이 부분은 신경 쓰지마세요.
W3C가 실험적으로 유효성
검증기를 운용하고 있는 한
계속 나오는 내용입니다.

음, 이 부분은 문자 인코딩에 관한
몇 가지 정보를 누락해서 발생한
문제같군요. 이에 대해서는 잠시
후에 살펴보도록 하죠.

어느 한 문자 인코딩을 예상했는데,
그에 해당하는 정보를 주시 않았다는
말입니다.

우리가 지금까지 작성했던 HTML 관점에서 보면 완벽하게 유효한 HTML 입니
다. 하지만 **문자 인코딩(Character Encoding)**에 관해 뭔가를 처리해야 할 것 같군요.
문자 인코딩이라는 것이 도대체 무슨 의미를 가지고 있는지 살펴봅시다.

이봐, 유효성 검사기가 문자 인코딩을 찾지 못한다는 경고 메시지가 나왔어.

> ⚠ **No Character encoding declared at document level**
>
> No character encoding information was found within the document, either in an HTML `meta` element or an XML declaration. It is often recommended to declare the character encoding in the document itself, especially if there is a chance that the document will be read from or saved to disk, CD, etc.

프랭크: 문자 인코딩은 페이지에서 사용되는 문자의 종류가 무엇인지 브라우저에 말해주는 역할을 하는군. 예를 들어 웹 페이지는 영어, 중국어, 아라비아어 그리고 수많은 다른 문자에 대한 인코딩을 사용하여 작성될 수 있지.

짐: 문자를 보여주는 방법을 알아내는 것이 뭐가 그리 어렵다는 거지? 만약 파일에 문자 'a'가 있으면, 브라우저는 'a'라고 보여주기만 하면 되는데, 안 그래?

프랭크: 음, 만약 중국어를 사용한다면 어떻게 할 거야? 중국어는 알파벳과는 전혀 다르고, A~Z까지 26개 문자보다 훨씬 많단 말이야.

짐: 오호, 좋은 지적이군. 하지만 브라우저가 그 정도 차이점은 알아야 되는 것 아니야? 중국어 같은 언어는 영어와 비슷한 점이 전혀 없잖아.

프랭크: 아니야, 브라우저는 단지 데이터를 읽기만 할 뿐이라고. 어떤 종류의 문자 인코딩을 사용하는지 추측은 할 수 있겠지만, 만약 엉뚱한 추측을 했다면? 그렇게 되면 페이지를 잘못 보여줄 뿐만 아니라 해커들의 잠재적 목표물이 되기 십상이지. 문자 인코딩은 그러한 불확실성을 제거해 준단 말이야.

짐: 아무래도 긴 시간 동안 사이트를 손 봐야 할 것 같군. 왜 이제서야 이것이 문제가 되는 거지?

프랭크: 왜냐하면 유효성 검사기가 "이봐, 당신이 만든 페이지를 검사할 테니까, 사용할 문자가 어떤 것인지 솔직하게 말하는 게 나을 거야!"라고 말했기 때문이야. 그리고 한번 생각해봐. 우리는 어쨌거나 브라우저를 위해 뭔가를 하려고 하잖아. <meta> 태그라고 불리는 것을 HTML에 몇 줄 추가하기만 하면 되니까 스트레스 받을 필요는 없어. 되도록이면 빨리 이에 대해 고려를 해보는 게 좋을 것 같군.

짐: 뭔가 또 다른 놀랄 만한 것이 있어? 난 정말 파일에 문서 타입 정의를 추가하기만 하면 웹 페이지가 유효할 거라고 생각했었어...

프랭크: 나 역시 더 이상 놀랄만한 것이 없기를 바라고 있어! <meta> 태그를 가져와서 도대체 그것이 무엇인지 알아보자고!

`<meta>` 태그 추가하여 문자 인코딩 명시하기

문자 인코딩은 컴퓨터상의 언어에 있는 모든 문자, 숫자, 기타 기호를 표현하는 수단을 제공합니다. 여러분도 ASCII나 모르스 부호 같은 일부 인코딩을 들어본 적이 있겠지만 이 밖에도 다른 많은 인코딩이 있습니다. 다행히도 현재는 유니코드 문자 인코딩으로 표준화되었습니다. 유니코드를 사용하면 모든 언어를 표현할 수 있습니다만 다른 인코딩 방식도 존재하므로, 우리가 유니코드(혹은 여러분이 선택한 다른 인코딩)를 사용하고 있다고 브라우저에 말해줄 필요가 있습니다. 웹 페이지에서 유니코드를 명시하려면 아래와 같이 HTML안에 `<meta>` 태그를 사용해야 합니다.

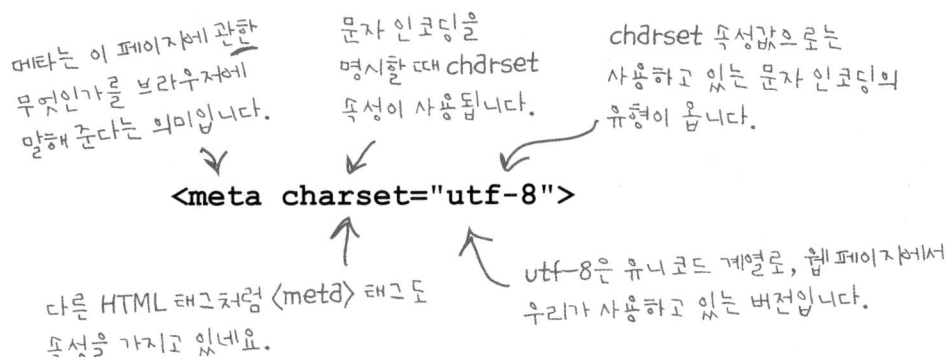

메타는 이 페이지에 관한 무엇인가를 브라우저에 말해 준다는 의미입니다.

문자 인코딩을 명시할 때 charset 속성이 사용됩니다.

charset 속성값으로는 사용하고 있는 문자 인코딩의 유형이 옵니다.

`<meta charset="utf-8">`

다른 HTML 태그처럼 `<meta>` 태그도 속성을 가지고 있네요.

utf-8은 유니코드 계열로, 웹 페이지에서 우리가 사용하고 있는 버전입니다.

바보 같은 질문이란 없습니다

Q: DOCTYPE과 `<meta>` 태그... 윽! 정말 웹 페이지를 작성하기 위해 이 모든 것을 기억하고 있어야 하나요?

A: doctype과 `<meta>`와 함께 문자 인코딩을 명시하는 것은 세금을 내는 것과 유사합니다. 세금을 낼 때는 거짓없이 신뢰성을 가지고 납부해야 합니다. 이런 식으로 생각해 보세요. 여러분은 이미 웹 페이지를 작성하는 인구의 98% 이상을 이해하고 있고, 이는 정말 대단한 것입니다. 하지만 결국 마지막 날에는 모든 사람들이 doctype과 `<meta>` 태그를 HTML 안에 넣고 다시 일상 생활로 돌아갑니다. 따라서 올바른 doctype과 `<meta>` 태그를 넣었는지 확실히 확인하고 훨씬 더 재미있는 있을 하러 가세요.

Q: utf-8이 뭐죠?

A: 지금부터 알아보도록 하죠. 이것은 WD-40과 흡사합니다. 즉, 왜 그런 명칭으로 불리는지 신경 쓸 필요 없이 그냥 사용하세요. utf-8(때론 UTF-8로 쓰기도 합니다)은 유니코드 인코딩 계열의 일부로, utf-8에서 u는 유니코드를 의미합니다. 유니코드는 소프트웨어 애플리케이션, 운영체제에서 흔히 사용되는 문자셋으로 웹에서도 이를 선택해 사용하고 있죠. 그 이유는 모든 언어와 다국

어 문서(하나 이상의 언어로 작성된 문서)를 지원하기 때문이죠. 또한 영어로만 작성된 문서의 인코딩인 ASCII와도 호환됩니다. 유니코드나 일반적인 문자 인코딩에 대해 더 알고 싶다면 http://www.w3.org/International/O-charset.html을 방문해 보세요.

Q: `<meta httpequiv="Content-Type" content="text/html; charset=utf-8">`과 같은 `<meta>` 태그를 본 적이 있는데요. 이런 식으로 사용해도 되나요?

A: 아닙니다. 그것은 HTML 4.01과 그 이전 버전의 `<meta>` 태그입니다. HTML5에서는 `<meta charset="utf-8">`이라고만 쓸 수 있습니다.

Q: 이런 이유 때문에 1장에서 페이지의 인코딩을 위해 utf-8로 파일을 저장하라고 한건가요?

A: 예. 여러분이 브라우저에 제공하는 파일의 인코딩과 `<meta>` 태그에 명시한 인코딩을 일치시키세요.

유효성 검사기(그리고 더 많은 종류의 브라우저)와 더불어 \<meta> 태그와 행복하게 살기

\<meta> 태그는 \<head> 요소(페이지에 대한 정보가 \<head>에 들어있다는 사실을 기억하세요)에 속해 있습니다. 계속해서 여러분의 HTML에 \<meta> 태그를 추가하세요. 먼저 'lounge.html' 파일에 추가해 봅시다.

```
<!doctype html>
<html>
  <head>
    <meta charset="utf-8">
    <title>헤드 퍼스트 라운지</title>
  </head>
  <body>
    <h1>새단장을 마친 헤드 퍼스트 라운지에 오신걸 환영합니다</h1>
      <img src="drinks.gif" alt="Drinks">
    <p>
       저녁 시간에 방문하시면 신선한
       <a href="beverages/elixir.html">음료</a>와 대화,
       그리고 <em>DDR(Dance Dance Revolution)</em>이나
       다른 게임도 즐길 수 있습니다. 또한 무선랜도 제공되니,
       여러분만의 웹 서버도 사용해 보세요.
    </p>
    <h2>찾아오시는 길</h2>
    <p>
       저희 가게는 웹 마을 중심가에 있습니다.
       자세한 위치는 <a href="about/directions.html">
       상세 약도</a>를 참조하세요.
       어서 방문해 주세요!
    </p>
  </body>
</html>
```

여기 〈meta〉 태그가 있네요. 〈head〉 요소 안에 있는 〈title〉 요소 위에 추가했습니다.

항상 〈head〉 요소 안의 다른 요소보다 위에 이 줄을 추가하세요.

위 내용이 유효한지, 또 내기를 해볼까요? 먼저 'lounge.html' 파일을 수정하고 저장한 뒤 브라우저에서 다시 열어봅시다. 여러분은 어떤 변화도 감지할 수 없겠지만 브라우저는 감지할 것입니다. 실제로 유효한지 살펴봅시다.

과연 세 번째에는 행운이 올까요?

이번에는 두 번째 탭(파일 업로드 방식)을 선택해 봅시다. 여러분에게 제일 잘 맞는 방법을 선택하세요. 파일 업로드 방식을 선택했다면 'lounge.html' HTML 파일을 W3C 유효성 검사기 웹 페이지인 http://validator.w3.org에 올려 보세요. 업로드가 완료된 후 Check 버튼을 클릭하면...

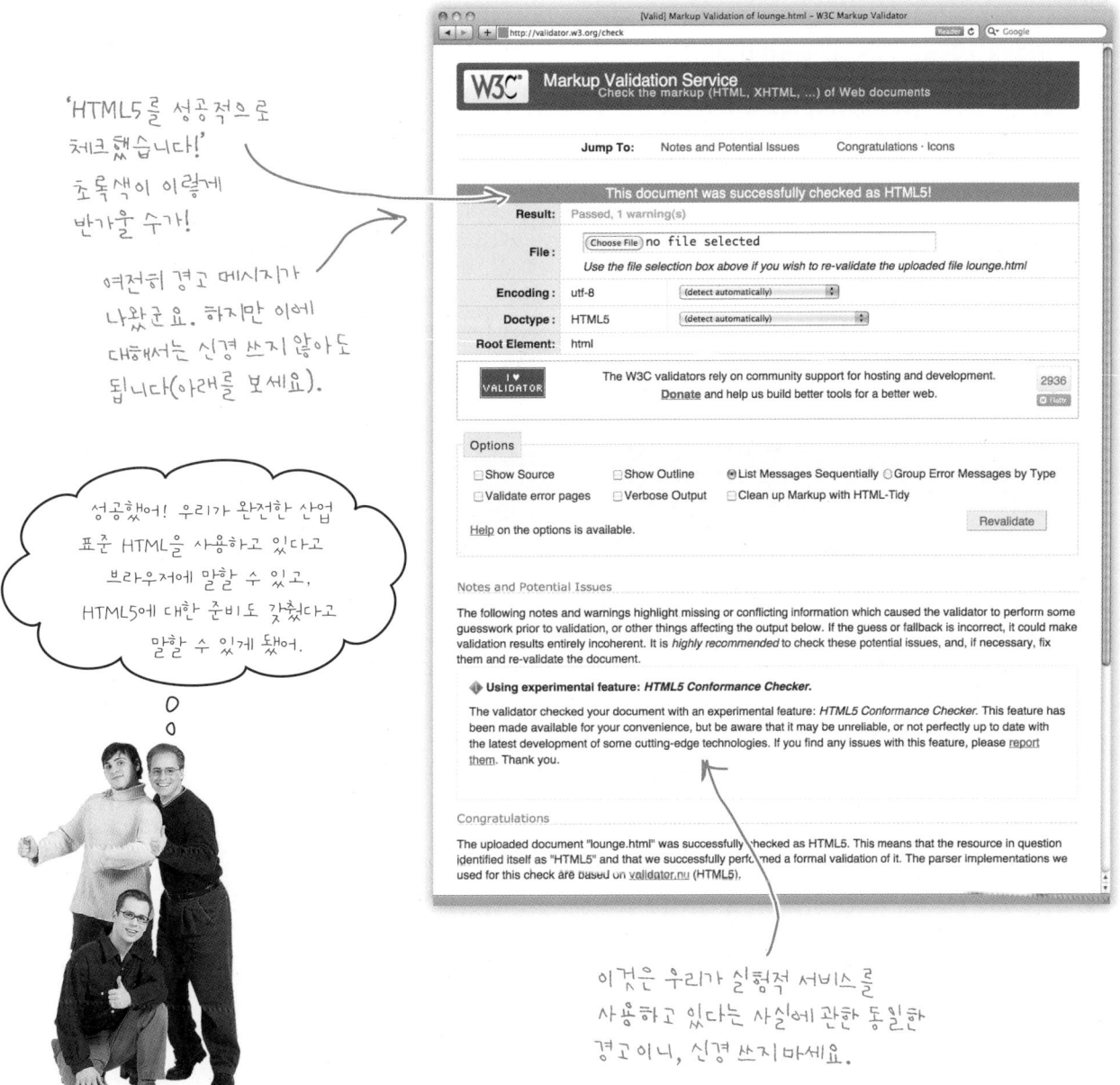

'HTML5를 성공적으로 체크했습니다!' 초록색이 이렇게 반가울 수가!

여전히 경고 메시지가 나왔군요. 하지만 이에 대해서는 신경 쓰지 않아도 됩니다(아래를 보세요).

성공했어! 우리가 완전한 산업 표준 HTML을 사용하고 있다고 브라우저에 말할 수 있고, HTML5에 대한 준비도 갖췄다고 말할 수 있게 됐어.

이것은 우리가 실험적 서비스를 사용하고 있다는 사실에 관한 동일한 경고이니, 신경 쓰지 마세요.

바보 같은 질문이란 없습니다

Q: 유효성 검사기에서는 HTML5가 실험적이라고 말하던데, 이게 무슨 뜻이죠?

A: 유효성 검증기에 나온 'Using experimental feature: HTML5 Conformance Checker(실험적 기능 사용: HTML5에 일치하는지 체크)'의 의미는 유효성 검증기가 HTML5 표준에 따라 HTML을 검사한다는 뜻입니다. 하지만 HTML5 표준이 최종적인 것은 아니므로(여전히 새로운 특성이 추가되고 있으므로) 유효성 검증기는 앞으로 변할 수도 있고, 때문에 여러분의 페이지 검사 결과는 달라질 수 있습니다. 다시 말해 성실한 한 명의 개발자로서 최신 HTML 표준에 관심을 기울이고 주기적으로 여러분이 작성한 페이지를 검사하세요.

Q: 우리가 실제로 이 장에서 했던 것은 뭐죠? 페이지는 여전이 이전과 달라 보이지 않아요.

A: 이 장에서는 HTML 명세에 일치하도록 여러분의 페이지에 손을 댔는데, 어떤 점이 좋아졌을까요? 명세에 일치할수록 여러분의 페이지는 세상 밖으로 나가 훌륭히 역할을 수행해 낼 것입니다. 전문적인 웹 페이지를 제작하고 있다면 산업 표준을 사용해서 페이지를 작성하길 원할 텐데, 이 장에서 doctype을 추가하고 문자 인코딩을 설정하며, HTML에 있는 실수를 말끔히 걷어내어(alt 속성) 그 목표를 달성했다고 할 수 있습니다.

Q: alt 속성이 필요한 이유가 뭐죠?

A: 두 가지 이유가 있습니다. 하나는, 여러 가지 이유로 이미지가 깨졌다면(말하자면 이미지 서버가 다운됐거나 인터넷 연결 속도가 너무 느리다거나) alt 속성은(대부분의 브라우저는) 여러분이 이미지에 명시했던 alt 텍스트를 보여주기 때문입니다. 둘째는 스크린 리더를 사용해 페이지를 읽는 시각장애인의 경우, 스크린 리더기가 alt 텍스트를 읽어줄 것이므로 페이지를 이해하는 데 더 도움이 되기 때문이죠.

Q: HTML5를 사용하고 있다고 브라우저에 말해주면 어떻게 되죠? 말해주지 않으면 또 어떻게 되나요?

A: 브라우저는 여러분이 실제로는 HTML5를 작성하지 않고 에러 처리 능력을 사용해 올바르게 처리하려고 한다는 사실을 알아낼 것입니다. 그렇게 되면 다시 여러 종류의 브라우저가 각기 서로 다른 방식으로 페이지를 처리하는 문제로 다시 되돌아가는 결과를 초래하게 되죠. 예상할 수 있는 결과를 얻을 수 있는 유일한 방법은 지금 HTML5를 사용하고 있고 실제로도 그렇다는 사실을 브라우저에 말해주는 것 뿐입니다.

Q: HTML5에 관해 조금만 다루었지만 저는 명확히 알고 싶군요. 우리가 작성한 HTML과 HTML5의 차이점은 뭐죠?

A: 우리는 표준 HTML, 즉 HTML5를 사용하고 있습니다. 지금 HTML5는 새로운 마크업(조만간 보게 될 거예요)을 소개했음은 물론 웹 애플리케이션 작성을(이 책에서는 다루지 않습니다) 지원하고 있습니다만, HTML5는 HTML이며 여러분이 작성하고 있는 모든 것이 HTML5와 '호환'됩니다. 따라서 용어 문제로 혼란을 준 것은 미안하게 생각합니다만, 앞으로 새로 소개되는 모든 내용은(HTML5 명세에 의해 제공된 새로운 기능 모두를 포함) HTML입니다.

좋은 소식은 여러분이 배운 모든 내용이 HTML5를 위한 준비를 마쳤다는 것이고, 실제로 '일상적인 HTML' 페이지에서 전문적인 HTML 페이지로 거듭나기 위해 필요한 것은 얼마 되지 않는다는 것입니다. 그렇긴 하지만 여러분은 진급과 보너스 때문에 사장에게는 이미 HTML5를 사용하고 있다고 말하고 싶을 거예요.

Q: HTML 4.01과 비교해 HTML5의 큰 장점은 무엇인가요?

A: HTML5의 장점은 크게 세 가지로 나눠볼 수 있습니다. 첫째, HTML5에는 아주 멋진 몇 가지 새로운 요소와 속성(〈video〉 요소 같은)이 도입되었고, 뿐만 아니라 다른 요소도 페이지를 더 좋게 작성하는 데 도움을 줄 것입니다(이 책 후반부에 살펴볼 거예요).

둘째, HTML5를 사용해서 웹 개발자들이 웹 애플리케이션을 만들 수 있도록 많은 새로운 기능이 추가되었습니다. 웹 애플리케이션은 정적인 웹 페이지라기보다는 애플리케이션(노트북이나 모바일 장치에서 사용하는 것 같은)에 더 가까운 거동을 하는 웹 페이지를 말합니다. 여러분도 웹 애플리케이션 제작에 관심이 있다면 이 책을 학습한 후 『Head First HTML5 Programming: 웹 표준으로 만드는 생동감 있는 웹 애플리케이션』도 읽어 보세요.

마지막으로, HTML5 명세는 이전 버전의 HTML 명세보다 훨씬 더 견고합니다. HTML5 명세가 현재 웹 개발자들이 저지른 흔한 실수를 기록하고 있으며, 이런 에러 처리 방법을 브라우저로 하여금 인지하게 도와준다고 말했던 것을 기억하세요? 이는 HTML5로 작성한 웹 페이지는 오류가 있더라도 과거처럼 큰 혼란을 야기하지 않으며, 사용자들 입장에서는 더 좋아졌다는 뜻입니다.

대체로 HTML5는 HTML 4.01에 비해 큰 발전을 이루었고, 배울 만한 가치가 있습니다. HTML5에 대해서는 다음 몇 장에 걸쳐 속성으로 알려드리도록 하죠.

여러분 차례가 되었습니다. 'directions.html'과 'elixir.html'에 〈meta〉 태그를 추가한 뒤,
유효성 검사를 수행해 보세요. 문제가 없나요? 문제가 있다면 수정해 보세요.

여기에 여러분의 유효성검사를 수행한
경험을 적어보세요.

유효성 검증기와 함께 게임할 시간이 됐습니다. HTML5로 성공적으로 유효성이 검증된
코드(280페이지)를 가져와 doctype을 제거하고 나서 여러분이 직접 유효성을 검증해 보고,
계속해서 유효성 검증기에 이 파일을 전송하고 무슨 일이 발생하는지 살펴보세요. 여러분이
찾아낸 에러를 아래에 적어 보세요.

```html
<!doctype html>   ← doctype을 제거하세요!
<html>
  <head>
    <meta charset="utf-8">
    <title>헤드 퍼스트 라운지</title>
  </head>
  <body>
    <h1>새단장을 마친 헤드 퍼스트 라운지에 오신걸 환영합니다</h1>
        <img src="drinks.gif" alt="Drinks">
    <p>
        저녁 시간에 방문하시면 신선한
        <a href="beverages/elixir.html">음료</a>와 대화,
        그리고 <em>DDR(Dance Dance Revolution)</em>이나
        다른 게임도 즐길 수 있습니다. 또한 무선랜도 제공되니,
        여러분만의 웹 서버도 사용해 보세요.
    </p>
    <h2>찾아오시는 길</h2>
    <p>
        저희 가게는 웹 마을 중심가에 있습니다.
        자세한 위치는 <a href="about/directions.html">
        상세 약도</a>를 참조하세요.
        어서 방문해 주세요!
    </p>
  </body>
</html>
```

여기에 검출한 에러를 적어보세요.
얼마나 많이 나왔나요?

doctype을 빼면 HTML의 유형은
어떻게 될까요?

모든 HTML 전문가들의 지식이 담긴 안내서를 참조하세요

전문적인 웹 페이지 제작법을 알고 있는 HTML 전문가 집단에 오신 걸 환영합니다. 기억해야 할 내용이 너무 많아 웹 마을에서는 산업 표준 웹 페이지를 제작하는 안내서를 준비해 두었습니다. 이 책은 여러분 같이 웹 마을에 처음오신 분들을 위한 안내서로, 완벽한 지침서는 아니지만 페이지를 만드는 데 있어 좀 더 중요한 실용적인 내용에 초점을 맞추었습니다. 그리고 앞으로 나오는 장에서 웹 마을을 돌아다니기 위해 알아야 할 지식들을 이 안내서를 통해 배우게 될 것입니다. 하지만 지금 당장은 그냥 한 권 집어 드세요. 공짜니까요.

HTML 웹 마을 지침서

이 편리한 지침서를 활용해 적격한 HTML 페이지 작성 방법을 요약해 몇 가지 일반적인 지침을 작성했습니다. 내용을 살펴보도록 하죠.

항상 〈doctype〉으로 시작하세요.

각 페이지는 doctype으로 시작하세요. 이렇게 하면 브라우저, 유효성 검증기와 순조로운 출발을 할 수 있을 거예요.

HTML 4.01이나 XHTML을 작성하는 것이 아니라면 항상 `<!doctype html>`을 사용하세요.

`<html>` 요소 : 이것을 놔두고 집을 떠나지 마세요.

doctype 다음에 오는 `<html>` 요소는 웹 페이지의 가장 상위 혹은 루트 요소가 되어야 합니다. 즉, doctype 다음에 `<html>` 태그로 페이지를 시작해서 `</html>` 태그로 페이지를 끝내야 하며, 페이지 내의 다른 모든 것은 이 태그 안에 있어야 합니다.

더 나은 HTML을 위해서 `<head>`와 `<body>` 모두를 사용해야 한다는 것을 명심하세요.

오직 `<head>`와 `<body>`만이 `<html>` 요소 안으로 직접 들어갈 수 있습니다. 즉 모든 다른 요소들은 `<head>` 혹은 `<body>` 요소 안으로 들어가야 한다는 의미입니다. 예외는 없습니다!

항상 추가하세요
문자 인코딩

`<head>`에 올바른 문자 인코딩을 넣으세요.

`<head>`에 `<meta charset="utf-8">`을 포함시키면 브라우저가 고마움을 표시할 것이며, 사용자들은 다른 전 세계 사용자들이 여러분의 블로그에 올린 글을 읽게 될 것입니다.

HTML 웹 마을 지침서, 계속

이 편리한 지침서를 활용해 적격한 HTML 페이지 작성 방법을 요약해 몇 가지 일반적인 지침을
작성했습니다. 내용을 살펴보도록 하죠.

<title>이 없는 <head>는 도대체 뭐죠?

항상 **<head>** 요소에는 **<title>** 요소를 넣으세요. 이것은 법칙
입니다. 그렇게 하지 않으면 신뢰성이 없는 HTML이라는 결과가 나
올 것입니다. **<title>**, **<meta>**, **<style>** 요소는 **<head>**
요소 안에만 넣을 수 있습니다.

특정 요소를 중첩할 때는 주의하세요.

제공한 지침서 내에는 꽤 융통성 있는 규칙이 있습니다만, 이해하기
어려운 내용은 두 가지 정도 뿐입니다. **<a>** 요소를 다른 **<a>** 요소
안으로 넣지 마세요. 그렇게 하면 방문자들에게 너무 큰 혼란을 줄 거
예요. 또한 **<img>** 같은 빈 요소는 다른 인라인 요소를 내부에 중첩
시키지 않습니다.

속성을 체크해 보세요!

일부 요소 속성들은 필수적인 반면, 일부는 선택적입니다. 예를 들어
<img> 요소는 src 속성 없이는 큰 의미가 없으며, 이제는 alt 속성
도 필요하게 됐습니다. 앞으로 학습하면서 각 요소에 대한 필수와 선
택적 속성에 대해 익숙해질 거예요.

HTML 고고학

여러분은 이 책을 통해 현재의 HTML 표준에 속한 요소와 속성을 사용해 왔습니다. 따라서 점진적으로 사라져가는 요소와 속성을 볼 기회가 없었죠. 이런 요소 대부분은 실제로 HTML 4.01에서 사라졌지만, 예전에 작성했던 웹 페이지에는 여전히 남아있습니다. 이런 과거 유산 요소에 대해 조금 안다고 해가 되지는 않습니다. 더 이상 표준이 아닌 일부 요소와 속성, 그리고 현대 HTML에서 추천하지 않는 두어 가지 일반적 실수가 포함된 HTML 3.2 페이지를 발굴해 봤습니다.

```
<html>
<head>
    <title> 웹 마을 일기 예보</title>
</head>
```

여기 프레젠테이션을 관장하는 몇 가지 속성이 있군요. bgcolor는 페이지의 배경색과 body에 있는 텍스트의 색을 설정합니다.

```
<body bgcolor="tan" text="black">

    <p>
        일기 예보에 따르면, 오늘 <font face="arial">웹 마을</font>에는
        많은 비가 내리고 바람이 분다고 하니 가능하면 외출을 삼가세요.
    </p>
```

<font> 요소와 face 속성을 사용해서 폰트를 변경하네요.

```
    <ul>
        <li>화요일: 비, 낮 기온 15.6 도.
        <li>수요일: 비, 낮 기온 16.7 도.
    </ul>
```

</li>나 </p> 같은 종료 태그를 뺄 수 있군요. 가능한 방법이긴 하나, 추천하지는 않습니다!!

```
    <p align=right>
        우산 챙기세요!
```

속성값 주위의 큰 따음표도 없앴군요. 지금은 큰 따음표를 붙이는 것을 추천하는 데, 특히 여러 값을 가진 속성에는 꼭 필요합니다.

```
    <center><font size="small">이 페이지는 50년간 웹 마을에서 장사를 한
        루의 식당에서 제공하고 있습니다.
    </font></center>
```

<font> 요소의 size 속성을 사용하여 텍스트의 크기를 제어합니다.

```
</body>
</html>
```

여기에 두 가지 텍스트 정렬 방법이 있군요. 문단은 오른쪽 정렬하고, 텍스트 일부분은 중앙 정렬 하는군요.

유효성 검사기가 되어 봅시다!

아래에 HTML 파일이 있습니다. 여러분의 임무는 여러분이 유효성 검사기인 것처럼 행동하여 모든 에러를 잡아내는 것입니다. 이 연습문제를 풀고 난 후 이 장의 마지막 부분에서 여러분이 골라낸 것이 맞는지 확인해 보세요.

작업을 끝낸 후에 (혹은 힌트가 필요하다면) 유효성 검사기를 사용해서 여러분이 골라낸 것과 같은지 체크해 보세요.

```
<html>
<head>
    <meta charset="utf-9">
</head>
<body>
    <img src="chamberofcommerce.gif">
    <h1>즐겁게 웹 마을을 여행하는 요령
    <p>
        웹 마을에 머물면서 좀 더 즐거운 시간을 보내는데 도움이 되는 몇 가지 요령이
        아래에 나와 있습니다.
    </p>
    <ul
        <li>항상 옷을 겹겹이 입고 여러분의 head와 body 주변에 꼭 html을
            위치시키세요.</li>
        <li>이 곳에 머무는 동안 충분히 휴식을 취하세요. 이런 규칙을 습득하는 데는
            수면이 도움이 됩니다.</li>
        <li>중심가의 CSS 갤러리에 있는 지역 예술가들의 작품을 놓치지 마세요.
    </ul>
    </p>
    <p>
        문제가 있나요?
        <a href=http://wickedlysmart.com><em>WickedlySmart</em></a>에는
        언제나 해결책이 있습니다. 그래도 여전히 문제가 있나요? 마음 놓으세요.
        웹 마을은 편안한 곳이니 누군가에게 도움을 요청해 보세요.
        그리고 이 마을에는 예전부터 이런 얘기가 전해옵니다.
    </p>
    <em><p>
        걱정하지 마세요. 번개가 시계탑을 친 순간 정확히 시속 140km로 연결고리가 달린 전선에
        닿기만 하면, 모든 일이 잘 풀릴 거예요.
    </em></p>
</body>
</html>
```

> 일정 수준 이상의 HTML을 작성하는 것은
> 너무 어렵지 않았지만 한참 헤매긴 했어.
> 이제 이 페이지를 CSS로 단장해야겠어.
> CSS는 완전히 다른 언어지?

핵심정리

- HTML5는 현재 HTML 표준입니다.

- W3C(월드 와이드 웹 컨소시엄)은 표준 HTML이 무엇인지 정의하는 표준화 기구입니다.

- doctype은 사용하고 있는 HTML 버전을 브라우저에 알려주는 데 사용됩니다.

- HTML 표준은 현재 살아있는 표준으로 이는 새로운 기능을 통합하고 갱신하기 위해 표준이 계속 변한다는 의미입니다.

- 〈head〉 요소에 있는 〈meta〉 태그는 콘텐츠 타입과 문자 인코딩과 같은 웹 페이지에 관한 추가적인 정보를 브라우저에 알려 줍니다.

- 〈meta〉 태그의 charset 속성은 웹 페이지에서 사용되는 문자 인코딩이 무엇인지 브라우저에 말해주는 역할을 수행합니다.

- 대부분의 웹 페이지는 HTML 파일과 〈meta〉 태그 charset 속성으로 utf-8 인코딩을 사용합니다.

- 〈img〉 요소에는 alt 속성이 필요합니다.

- W3C 유효성 검사기는 웹 페이지가 표준과 일치하는지 확인하는 온라인 무료 서비스입니다.

- HTMl 이 적격한지, 요소와 그 속성이 표준을 준수했는지 확인하려면 유효성 검사기를 사용하세요.

- 표준을 지키면 페이지는 더 빨리 로딩 되고 브라우저 종류에 따른 차이점이 적어지고, CSS도 훨씬 잘 동작할 것입니다.

HTML 십자 퍼즐

정말 대단한 장이었습니다. 계속해서 가장 좋아하는 음료를 들고, 의자에 앉아 여기 있는 퍼즐을 풀면서 여러분의 신경 계통을 단련해 보세요. 모든 정답은 이 장에서 배운 단어입니다.

Utf8
⟨title⟩
body
browserwars(브라우저 전쟁)
webdeveloper(웹 개발자)
doctypes
compliant(순응성)
css
alt
living (살아있는)
W3C
backwards(이전 버전)
head
validtor

가로

1. 브라우저 전쟁의 희생자
4. HTML 표준은 _____ 표준입니다.
6. ⟨head⟩ 요소에서 필요한 것
8. 웹 표준 제작자들은 미래의 HTML이 이전의 HTML과의 ___ 호환성을 약속했습니다.
10. 상사는 HTML에 이것을 추가하기 전에 표준화하기를 원했죠.
11. 여러분의 HTML이 표준을 준수할 때 이렇다고 표현하죠.
14. 여러분이 만들고 있는 문서가 어떤 종류인지 브라우저와 유효성 검사기에게 말해주는 것

세로

1. 유효성 검사기(validator)를 제공하는 표준 위원회
2. 마이크로소프트 vs 넷스케이프
3. 표준 HTML에서 필요로 하는 ⟨img⟩ 속성
5. 표준에 맞는 신뢰성을 위해 여러분의 HTML을 체크하는 서비스
7. 예전의 ___는 새것에 비해 훨씬 더 복잡합니다.
9. 페이지 정보가 들어가 있는 곳
12. 웹 페이지 콘텐츠가 들어가 있는 곳
13. 가장 흔한 웹 페이지용 인코딩 방식

유효성 검사기가 되어 봅시다! 정답

아래에 HTML 파일이 있습니다. 여러분의 임무는 여러분이 유효성 검사기인 것처럼 행동하여 모든 에러를 잡아내는 것입니다. 여기 정답이 있습니다.

doctype이 빠졌네요

```html
<html>
<head>
    <meta charset="utf-9">
</head>
<body>
    <img src="chamberofcommerce.gif">
    <h1>즐겁게 웹 마을을 여행하는 요령
    <p>
        웹 마을에 머물면서 좀 더 즐거운 시간을 보내는데 도움이 되는 몇 가지 요령이
        아래에 나와 있습니다.
    </p>
    <ul>
        <li>항상 옷을 겹겹이 입고, 여러분의 head와 body 주변에 꼭 html을
            위치시키세요.</li>
        <li>이 곳에 머무는 동안 충분히 휴식을 취하세요. 이런 규칙을 습득하는 데는
            수면이 도움이 됩니다.</li>
        <li>중심가의 CSS 갤러리에 있는 지역 예술가들의 작품을 놓치지 마세요.
    </ul>
    </p>
    <p>
        문제가 있나요?
        <a href=http://wickedlysmart.com><em>WickedlySmart</em></a>에는
        언제나 해결책이 있습니다. 그래도 여전히 문제가 있나요? 마음 놓으세요.
        웹 마을은 편안한 곳이니 누군가에게 도움을 요청해 보세요.
        그리고 이 마을에는 예전부터 이런 얘기가 전해옵니다.
    </p>
    <em><p>
        걱정하지 마세요. 번개가 시계탑을 친 순간 정확히 시속 140km로 연결고리가 달린 전선에
        낳기만 하면, 모든 일이 잘 풀릴 거예요.
    </em></p>
</body>
</html>
```

존재하지 않는 utf-9 대신 utf-8을 써야 하지 않을까요?

⟨title⟩은 ⟨head⟩ 안에 위치해야 합니다.

alt 속성이 없네요.

⟨/h1⟩ 태그가 빠졌네요. 이렇게 되면 ⟨p⟩ 요소 밑부분에 문제가 발생합니다.

⟨/li⟩ 태그가 빠졌는데, 유효하긴 하지만 추천할 만한 내용은 아닙니다.

이 ⟨/p⟩는 ⟨p⟩와 짝이 맞지 않네요.

⟨em⟩과 ⟨p⟩ 태그 순서가 바뀌었네요.

 # HTML 십자 퍼즐 정답

¹W	E	²B	D	E	V	E	L	O	P	E	R
3		R									
C		O		³A							
		W		⁴L	I	⁵V	I	N	G		
		S		T		A					
		E		A		L					
		R		L	⁶<	T	I	T	L	E	>
		W		D		I					⁷D
	⁸B	A	C	K	W	A	R	D	S	⁹H	O
	R			T		T			E		C
¹⁰C	S	S			¹¹C	O	M	P	L	I	A	N	T
					R			D			Y
					¹²B		¹³U			P
				¹⁴D	O	C	T	Y	P	E	S
					D		F			
					Y		8			

여러분 차례가 되었습니다. 'directions.html'과 'elixir.html'에 <meta> 태그를 추가한 뒤, 유효성 검사를 수행해 보세요. 문제가 없나요? 문제가 있다면 수정해 보세요.

정답: elixir.html 파일의 유효성을 검증하기 위해, 각 <img> 요소에 alt 속성을 추가해야 합니다.

유효성 검증기와 함께 게임을 할 시간이 됐습니다. HTML5로 성공적으로 유효성이 검증된 코드(280페이지)를 가져와 doctype을 제거하고 나서 여러분이 직접 유효성을 검증해 보고, 계속해서 유효성 검증기에 이 파일을 전송하고 무슨 일이 발생하는지 살펴보세요. 여러분이 찾아낸 에러를 아래에 적어 보세요.

```
<!doctype html>    ← doctype을 제거하세요!
<html>
  <head>
    <meta charset="utf-8">
    <title>헤드 퍼스트 라운지</title>
  </head>
  <body>
    <h1>새단장을 마친 헤드 퍼스트 라운지에 오신걸 환영합니다</h1>
      <img src="drinks.gif" alt="Drinks">
    <p>
      저녁 시간에 방문하시면 신선한
      <a href="beverages/elixir.html">음료</a>와 대화,
      그리고 <em>DDR(Dance Dance Revolution)</em>이나
      다른 게임도 즐길 수 있습니다. 또한 무선랜도 제공되니,
      여러분만의 웹 서버도 사용해 보세요.
    </p>
    <h2>Directions</h2>
    <p>
      저희 가게는 웹 마을 중심가에 있습니다.
      자세한 위치는 <a href="about/directions.html">
      상세 약도</a>를 참조하세요.
      어서 방문해 주세요!
    </p>
  </body>
</html>
```

doctype 없는 상태에서 유효성 검사를 하니 에러 3개와 경고 4개가 나왔습니다. 유효성 검사기는 우리가 HTML 4.01 Transitional (XHTML로 가는 과도기에 사용할 목적으로 설계된 HTML 4.01 버전)을 사용하고 있다고 가정하고 있더군요. 유효성 검사기는 실제로 doctype이 없는 것을 좋아하지 않으며 이에대해 두어 번 불평을 했습니다. 또한 <meta charset="utf-8">에 관해서도 불평하고 있는데, HTML5 이전에는 charset이 <meta> 태그의 유효한 속성이 아니었기 때문이죠. 따라서 doctype을 사용해서 유효성 검사기와 브라우저 둘 모두를 만족시킬 수 있습니다.

여기에 검출한 에러를 적어보세요. ↗
얼마나 많이 나왔나요?

7 CSS 시작하기

스타일 추가하기

오해는 하지마. 머리 모양과 모자, 모두 근사해. 하지만 HTML 스타일을 추가하는 데 조금만 시간을 투자한다면, 남자친구가 더 좋아할 거라고 생각지 않니?

이 책에 CSS가 있다고 들었습니다.

지금까지 웹 페이지의 구조를 생성하기 위해 HTML을 배우는 데 집중했습니다만, 여러분도 알다시피 브라우저 스타일에 대해서는 유감스러운 점이 좀 많습니다. 물론, 복장 단속 경찰관을 부를 수도 있겠지만 그렇게까지 할 필요는 없습니다. CSS를 사용하면 HTML을 변경하지 않고도 웹 페이지의 프레젠테이션을 완벽하게 제어할 수 있습니다. 정말 그렇게 쉽게 할 수 있을까요? 이제 여러분은 새로운 언어를 배워야만 할 것입니다. 결국 웹 마을은 2개 국어를 사용하는 마을이 되겠죠. CSS를 배우기 위해 이 장의 지침을 읽고 나면, 여러분은 CSS에 대해 전문가와 대화를 할 수 있을 정도의 실력을 갖추게 될 것입니다.

오즈의 마법사를 기억하세요?
자, 여기서부터 흑백에서 칼라로
넘어갑니다.

여러분은 더 이상 캔자스에 있지 않습니다

지금까지 마크업과 구조, 유효성 검사, 적절한 구문과 중첩, 신뢰성에 대한 학습을 잘 해왔습니다. 이제부터는 웹 페이지를 장식하면서 진정으로 재미를 느끼기 시작할 거예요. 지금까지 해왔던 모든 HTML 학습이 쓸모없게 될 거라고 걱정할 필요는 없습니다. 사실 HTML을 명확하게 이해해야 CSS를 배우고 사용할 수 있는 걸 알게 될 것입니다. 그리고 CSS는 앞으로 나오게 될 여러 장에 걸쳐서 계속 사용될 것입니다.

여러분을 약간만 귀찮게 한다면, 여기 두 페이지에 나온 웹 페이지 몇 개를 여러분이 이 책을 공부하면서 직접 디자인할 것입니다. 지금까지 만들어왔던 페이지들과는 꽤 차이가 있군요. 그렇지 않나요? 그렇다면 이렇게 만들기 위해 무엇을 해야 할까요? 바로 CSS를 배우는 것입니다.

자! 그럼 시작해 봅시다.

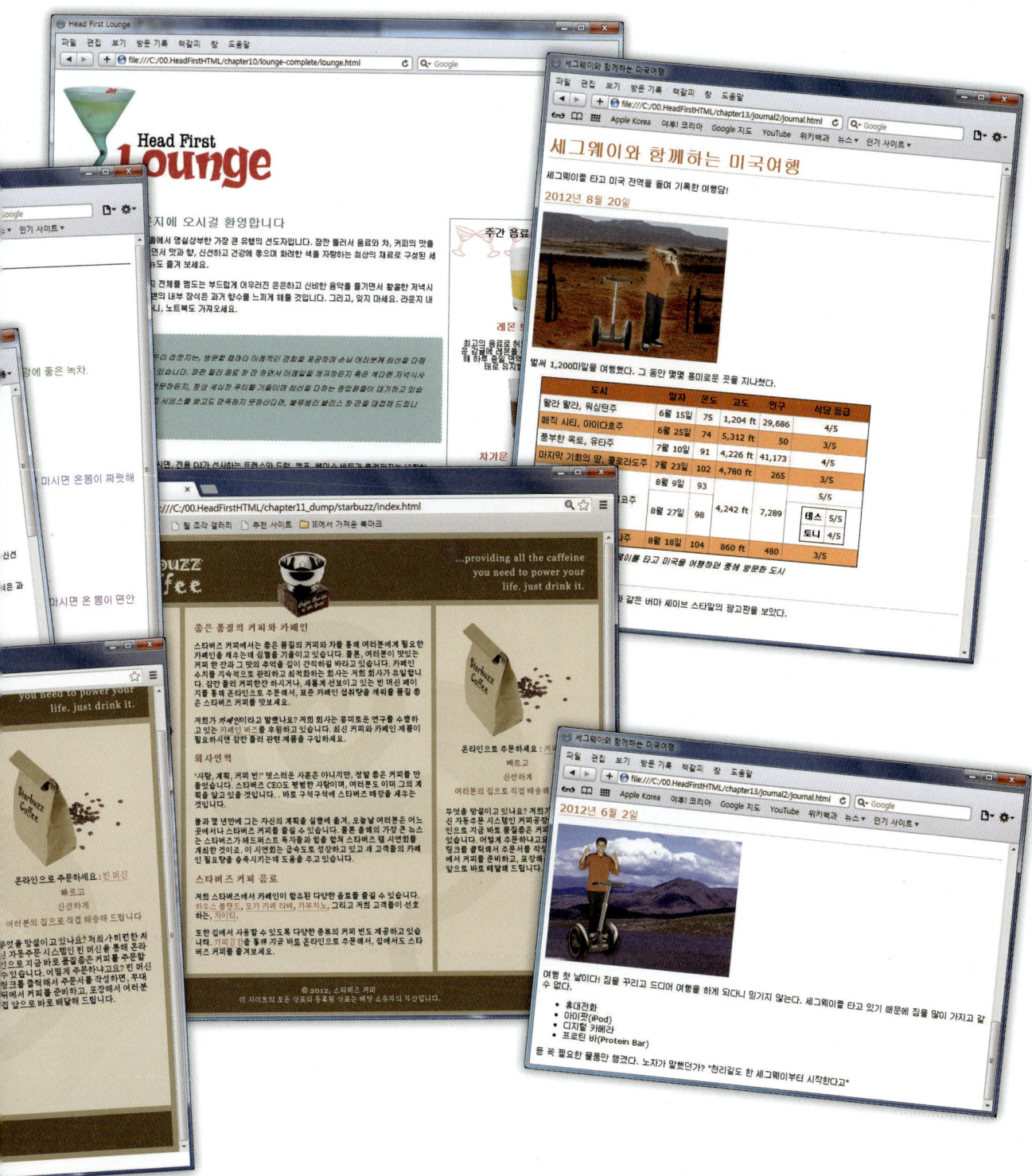

웹마을의 '시장' 엿듣기

최신 리얼 TV 프로그램을 보지 못했나요? 상관없습니다. 여기서 재생시켜 보죠. 서로 이웃인 두 가정, 그리고 1,000 달러가 있습니다. 두 가정은 1,000 달러를 사용하여 집을 리모델링하고, 48시간 안에 하나 혹은 두 개의 방을 완전히 새 단장하려 합니다. 뭐라고 하는지 어디 한번 들어 볼까요?

그리고 이 욕실은
정말 손을 많이 봐야겠군!

```
bathroom {
    tile: 1in white;
    drapes: pink;
}
```

좋아, 이 곳을 좀 바꿔 보자.

```
bedroom {
    drapes: blue;
    carpet: wool shag;
}
```

물론, 리얼 TV 프로그램의 웹 마을 쇼에서는 모든 출연진들이 CSS의 디자인에 대해 얘기하고 있습니다. 이해하기 어렵다고 느낀다면, 여기에 있는 해설을 참조하세요. CSS에 있는 각 문장들은 장소(욕실)와 그 장소의 속성(커튼, 카펫), 그 속성에 적용하기 위한 스타일(파란색, 1인치 타일)로 구성되어 있습니다.

HTML과 CSS 함께 사용하기

우리는 집 설계를 리모델링하는 데 CSS가 밝은 미래가 될 거라고 확신하지만, 일단 다시 HTML로 돌아가 봅시다. HTML에 방은 없지만 요소는 있는데 우리가 꾸밀 장소, 대상이 바로 이 요소입니다. <p> 요소의 벽을 빨간색으로 칠하고 싶으세요? 문제 없습니다. 문단의 벽만 빨간색으로 칠하려는 것이니 문단의 background-color 속성을 사용하죠. 여기에 그 방법이 나와 있습니다.

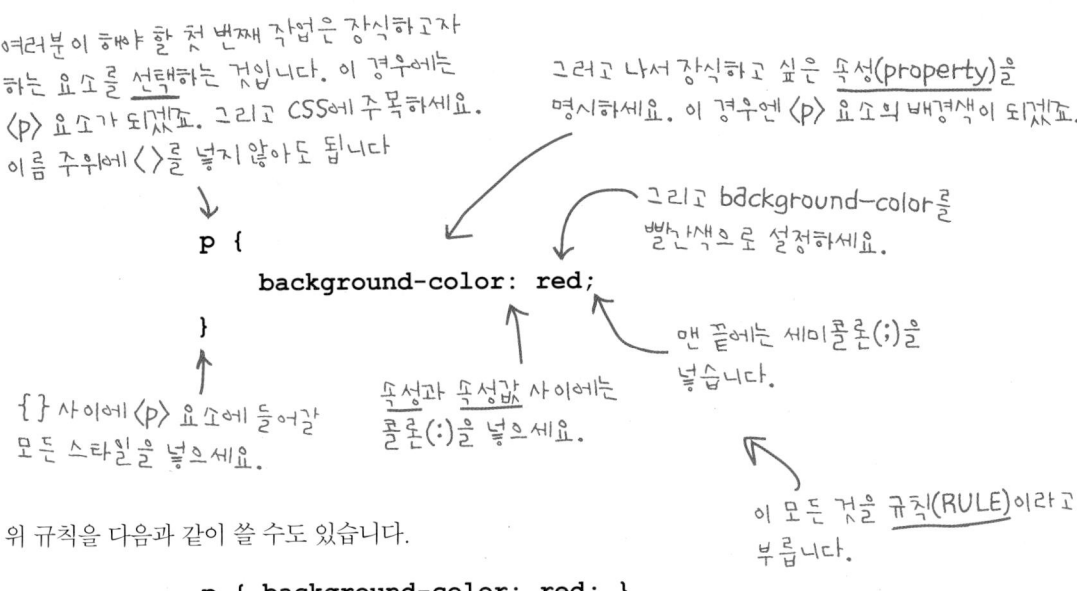

여러분이 해야 할 첫 번째 작업은 장식하고자 하는 요소를 선택하는 것입니다. 이 경우에는 <p> 요소가 되겠죠. 그리고 CSS에 주목하세요. 이름 주위에 < >를 넣지 않아도 됩니다

그러고 나서 장식하고 싶은 속성(property)을 명시하세요. 이 경우엔 <p> 요소의 배경색이 되겠죠.

그리고 background-color를 빨간색으로 설정하세요.

```
p {
    background-color: red;
}
```

{ } 사이에 <p> 요소에 들어갈 모든 스타일을 넣으세요.

속성과 속성값 사이에는 콜론(:)을 넣으세요.

맨 끝에는 세미콜론(;)을 넣습니다.

이 모든 것을 규칙(RULE)이라고 부릅니다.

위 규칙을 다음과 같이 쓸 수도 있습니다.

```
p { background-color: red; }
```

여기서 우리는 라인 브레이크를 없애는 작업만 하였습니다. HTML처럼 여러분이 원하는 만큼 CSS를 예쁘게 만들 수 있습니다. 규칙의 길이가 길다면, 일반적으로 라인 브레이크를 추가하여 CSS의 가독성을 더 좋게 만들 수 있습니다.

좀 더 스타일을 추가하고 싶으세요?

각각의 CSS 규칙에 원하는 만큼 많은 속성과 값을 추가할 수 있습니다. 문단 주위에 경계선을 넣기 원하십니까? 아래에 그 방법이 나와 있습니다.

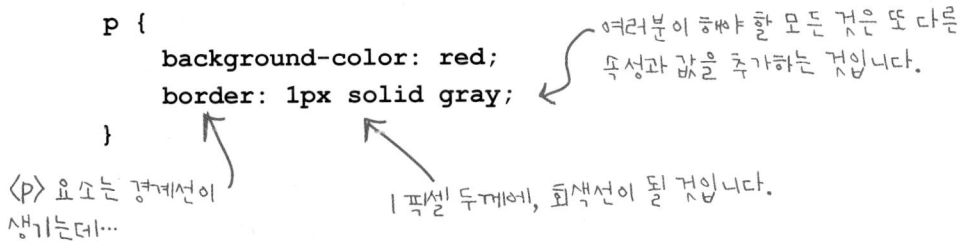

```
p {
    background-color: red;
    border: 1px solid gray;
}
```

여러분이 해야 할 모든 것은 또 다른 속성과 값을 추가하는 것입니다.

<p> 요소는 경계선이 생기는데…

1 픽셀 두께에, 회색선이 될 것입니다.

바보 같은 질문이란 없습니다

Q: 모든 〈p〉 요소는 같은 스타일을 갖게 되나요? 아니면 두 개의 문단을 다른 색으로 만들 수 있나요?

A: 지금까지 사용해 왔던 CSS 규칙은 모든 문단을 위한 스타일을 정의했습니다만, 사실 CSS는 더 풍부한 표현식을 가지고 있습니다. 이는 서로 다른 여러 가지 방법, 다양한 많은 요소(심지어는 요소의 하위 요소까지도)로 스타일을 명시하는 데 사용될 수 있습니다. 이 장의 후반부에서 여러분은 두 가지 색으로 문단을 만드는 방법을 보게 될 것입니다.

Q: 요소에 설정할 수 있는 속성에는 어떠한 것이 있는지 어떻게 알 수 있죠?

A: 분명한 점은 여러분이 기억하는 것 이상으로 요소에 설정할 수 있는 속성은 매우 많다는 사실입니다. 앞으로 나오는 여러 장에서 좀 더 일반적인 속성과 친숙해질 것입니다. 또한 십중팔구 여러분은 좋은 CSS 레퍼런스를 찾기를 원할 것입니다. 온라인에는 많은 자료들이 있고, 또한 『CSS Pocket Reference』(OReilly, 2011)와 같은 매우 좋은 책도 있습니다.

Q: HTML이 아닌 다른 언어로 이 모든 스타일을 정의해야 하는 이유가 뭐죠? HTML에서 요소를 작성했으니, HTML에서 스타일을 작성하는 것이 더 쉽지 않을까요?

A: 여러분은 앞으로 CSS를 사용하면 큰 장점이 있다는 것을 알게 될 것입니다. 하지만 여기서 간략하게 답변 드리면 CSS는 실제로 HTML보다 스타일 정보를 명시하는 데 훨씬 적합합니다. CSS를 조금만 사용하는 것만으로도, HTML의 스타일에 큰 효과를 줄 수 있습니다. 또한 여러 페이지의 스타일을 한 번에 처리하는 데도 CSS가 훨씬 더 나은 방법이라는 것을 알게 될 거예요. 이 장의 후반부에서 이러한 것을 다루게 될 것입니다.

 브레인 파워

하나의 문단 내부에 〈em〉 요소가 있습니다. 만약 그 문단의 배경색을 변경한다면, 그 문단의 배경색을 맞추기 위해 〈em〉 요소의 배경색 속성도 변경해야 한다고 생각하십니까?

HTML에 CSS 넣기

여러분은 이제 CSS 문법에 대해 조금은 알게 되었습니다. 그리고 요소를 선택하고 그 안에 속성과 값을 넣어 규칙을 작성하는 방법도 알게 되었습니다. 그렇더라도 여전히 HTML에 CSS를 넣어야 하는데, 먼저 CSS를 넣을 HTML이 필요합니다. 앞으로 우리는 오랜 친구들(스타버즈, 토니와 그의 세그웨이 일기)을 다시 방문해서 그들을 좀 더 멋지게 꾸밀 것입니다. 이들 중 누가 먼저 자신들의 사이트를 꾸미고 싶어한다고 생각하세요? 물론, 헤드 퍼스트 라운지 청년들이겠죠. 자, 여기에 헤드 퍼스트 라운지 메인 페이지를 위한 HTML이 있습니다. 앞 장에서 우리는 소스 몇 가지를 수정해서 적합한 HTML로 만들었다는 점을(우리들 중 그 누구도 예상하지 못했겠지요?) 기억하세요. 이제 몇 가지 스타일 태그들을 추가할 텐데, 이 방법이 페이지를 장식하는 가장 쉬운 방법입니다.

하지만 최상의 방법이 필요한 것은 아닙니다. 이 장의 후반부에서 또 다른 방법을 소개할게요.

```
<!doctype html>
<html>
  <head>
    <meta charset="utf-8">
    <title>헤드 퍼스트 라운지</title>
    <style>

    </style>
  </head>
  <body>
    <h1>헤드 퍼스트 라운지에 오신걸 환영합니다</h1>
    <p>
        <img src="images/drinks.gif" alt="Drinks">
    </p>
    <p>
        저녁 시간에 방문하시면 신선한
        <a href="beverages/elixir.html">음료</a>와 대화,
        그리고 <em>DDR(Dance Dance Revolution)</em>이나
        다른 게임도 즐길 수 있습니다. 또한 무선랜도 제공되니,
        여러분만의 웹 서버도 사용해 보세요.
    </p>
    <h2>찾아오시는 길</h2>
    <p>
        저희 가게는 웹 마을 중심가에 있습니다. 자세한 위치는
        <a href="about/directions.html">
        상세 약도</a>를 참조하세요.
        어서 방문해 주세요!
    </p>
  </body>
</html>
```

여기, 관심을 기울여야 할 것이 있군요. 바로 〈style〉 요소입니다.

HTML에 직접 CSS스타일을 추가하기 위해 〈head〉 요소에 시작 및 종료 style 태그를 추가하세요.

그리고 CSS 규칙은 바로 이 곳에 들어가게 됩니다.

지금 여기예요 ▶   **301**

라운지에 스타일 추가하기

HTML에 `<style>` 요소를 추가했으니, 이제 CSS를 작성하는 감각을 익히기 위해 몇 가지 스타일을 라운지에 추가할 것입니다. 디자인 대상을 수상할 정도의 디자인은 아니지만, 그래도 시작치고는 괜찮을 거예요.

우리가 해야 할 첫 번째 작업은 문단에 있는 텍스트의 색(빨간 라운지의 소파와 어울릴 만한 어떤 색)을 변경하는 것입니다. 이 작업은 CSS의 `color` 속성으로 해결할 수 있습니다.

```
<!DOCTYPE html>
<html lang="en">
  <head>
    <meta charset="utf-8">
    <title>헤드 퍼스트 라운지</title>
    <style>



    p {
          color: maroon;
    }



    </style>
  </head>
  <body>
    <h1>헤드 퍼스트 라운지에 오신걸 환영합니다</h1>
    <p>
        <img src="images/drinks.gif" alt="Drinks">
    </p>
    <p>
        저녁 시간에 방문하시면 신선한
        <a href="beverages/elixir.html">음료</a>와 대화,
        그리고 <em>DDR(Dance Dance Revolution)</em>이나
        다른 게임도 즐길 수 있습니다. 또한 무선 인터넷도 제공되니,
        여러분만의 웹 서버도 사용해 보세요.
    </p>
    <h2>찾아오시는 길</h2>
    <p>
        저희 가게는 웹 마을 중심가에 있습니다. 자세한 위치는
        <a href="about/directions.html">
        상세 약도</a>를 참조하세요.
        어서 방문해 주세요!
    </p>
  </body>
</html>
```

여기에 문단의 폰트 색을 명시하는 규칙이 있군요.

스타일을 적용하기 위해 `<p>` 요소를 선택하고 있습니다.

폰트 색을 변경하기 위한 속성을 `color`라 명시합니다(여러분은 아마도 `font-color` 혹은 `text-color`라고 생각하겠지만, 그렇지 않습니다).

텍스트를 멋진 적갈색(maroon)으로 설정하고 있네요. 라운지의 소파 색과 아주 잘 어울릴 거예요.

`p` 선택자(selector)는 HTML에서 모든 문단을 선택합니다.

스타일 탐색: 시운전

계속해서 지금까지 작업한 변경 사항을 'chapter7/lounge' 폴더의 'lounge.html' 파일
에 적용하고 저장한 뒤, 브라우저에서 다시 열어 보세요. 문단의 텍스트 색이 적갈색으
로 변경된 것을 확인할 수 있을 것입니다.

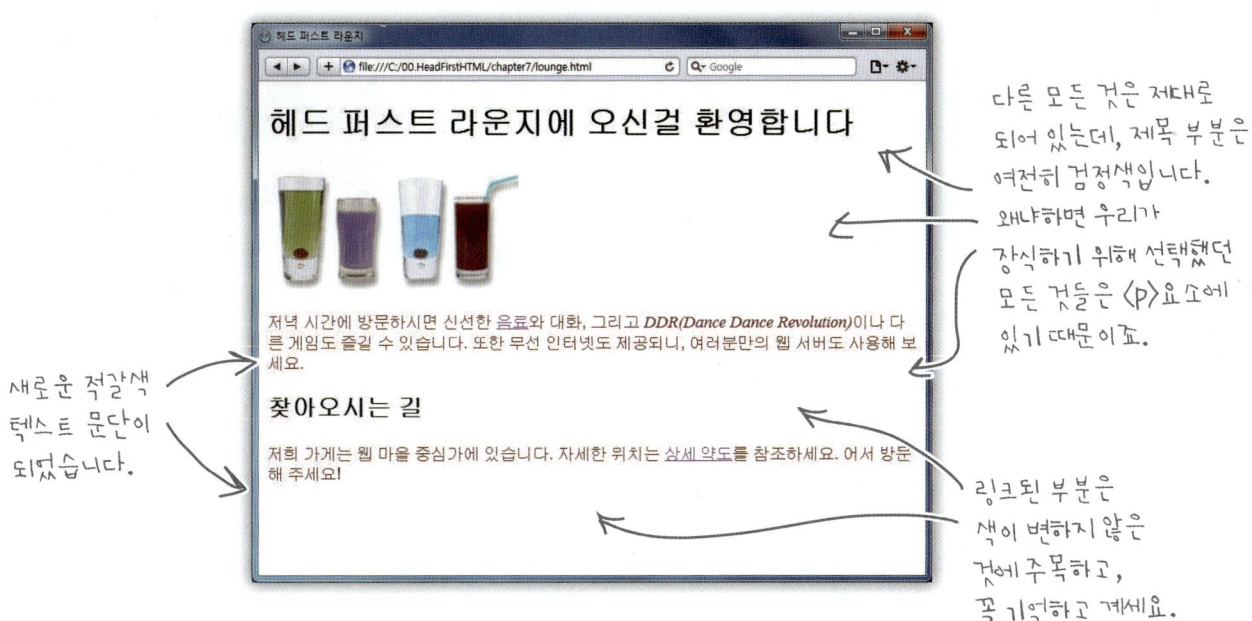

다른 모든 것은 제대로
되어 있는데, 제목 부분은
여전히 검정색입니다.
왜냐하면 우리가
장식하기 위해 선택했던
모든 것들은 〈p〉요소에
있기 때문이죠.

새로운 적갈색
텍스트 문단이
되었습니다.

링크된 부분은
색이 변하지 않은
것에 주목하고,
꼭 기억하고 계세요.

 브레인 파워

color 속성을 설정히는 대신 〈p〉 요소의 background-color 속성을 적갈색으로
설정하는 것은 어떨까요? 브라우저가 페이지를 보여주는 방식이 어떻게 변하게 될
까요?

제목 꾸미기

이제 제목에 스타일을 약간 지정해 봅시다. 폰트를 조금 변경하는 건 어떨까요?
제목의 폰트 형태와 색을 변경해 봅시다.

여기 <h1> 요소를
선택해서 font-family를
산세리프(sans-serif) 폰트로,
폰트 색깔은 회색으로 변경하는
규칙이 있습니다. 폰트에 관해서는
나중에 더 자세히 다루도록 하죠.

```
h1 {
    font-family: sans-serif;
    color:       gray;
}

h2 {
    font-family: sans-serif;
    color:       gray;
}

p {
    color: maroon;
}
```

그리고 <h2> 요소에도
정확히 똑같이 적용되는
다른 규칙이 있습니다.

라운지 제목에 다른 폰트를
사용하면 어떨까요? 그러면 정말
근사할 거예요. 크고, 깔끔하게
회색으로 만들면...

사실상 이 두 규칙이 정확히 일치하기 때문에
다음과 같이 하나로 합칠 수 있습니다.

```
h1, h2 {
    font-family: sans-serif;
    color:       gray;
}

p {
    color: maroon;
}
```

한 개 이상 요소에 적용되는 규칙을 작성하려면
h1, h2처럼 선택자 사이에 콤마만 붙여주면 됩니다.

시운전

'lounge.html' 파일에 이 새로운 CSS를 추가하
고 브라우저에서 다시 열어 보세요. 하나의 규
칙을 사용해 <h1>과 <h2> 제목 모두를 선택
한 것을 보게 될 것입니다.

페이지 제목의 폰트가
모두 산세리프 폰트와
회색으로 되었네요.

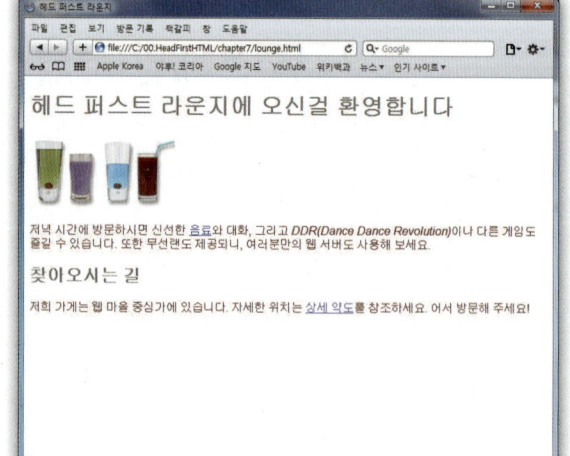

환영 메시지에 밑줄을 추가해 봅시다

환영 메시지를 약간 더 변경해 봅시다. 밑줄을 추가하는 것은 어떨까요? 주 제목을 시각적으로 돋보이게 할 거예요. 여기에 우리가 사용하게 될 속성이 나와 있습니다.

```
border-bottom: 1px solid black;
```

이 속성은 요소 밑의 경계선이 어떻게 보일지를 제어합니다.

1 픽셀 두께의, 검정색 밑줄이 만들어질 거예요.

문제는 CSS에서 결합된 h1, h2 규칙에 이 속성과 값을 추가하면 2개 제목 모두에 밑줄이 들어가게 된다는 것입니다.

```
h1, h2 {
    font-family:    sans-serif;
    color:          gray;
    border-bottom: 1px solid black;
}

p {
    color: maroon;
}
```

여기에서 <h1>과 <h2> 요소 모두에 밑줄을 변경하는 속성을 추가합니다.

이렇게 하면

제목과 글에 밑줄이 나타나게 됩니다. 이것은 우리가 원하는 바가 아니죠.

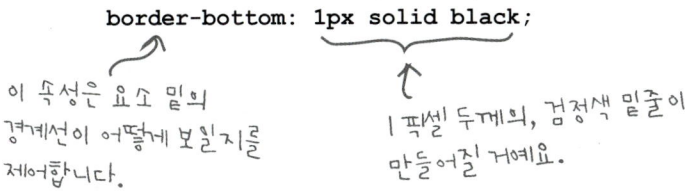

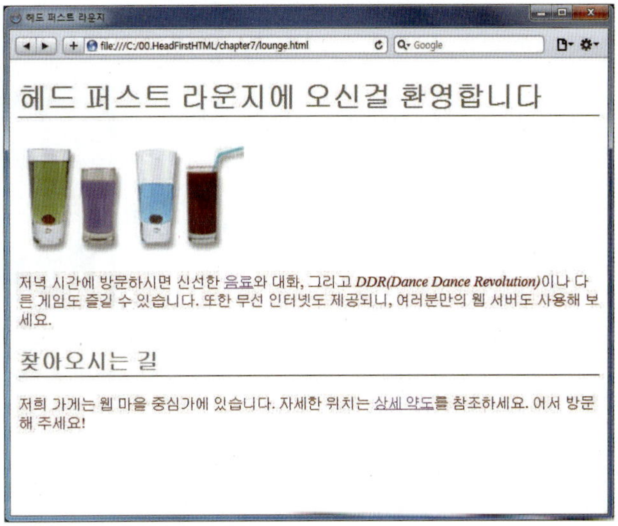

그러면 <h2> 요소에는 영향을 주지 않고 <h1> 요소에만 밑줄을 추가할 수는 없을까요? 또 다시 규칙을 두 개로 분리해야 될까요? 페이지를 넘겨 알아봅시다.

우리에겐 기술이 있습니다. <h1>만을 위한
두 번째 규칙 명시하기

h1, h2 규칙을 분리하지 않아도 됩니다. 오직 h1만을 위한 또 다른 규칙을
만들어 밑줄을 추가하기만 하면 됩니다.

```
h1, h2 {
    font-family:      sans-serif;
    color:            gray;
}

h1 {
    border-bottom: 1px solid black;
}

p {
    color: maroon;
}
```

첫 번째 규칙은 같습니다. <h1>과 <h2>
둘 모두를 위해 font-family와 color에
규칙 하나를 계속 사용합니다.

하지만 이제 <h1>만을 위한 또 다른 속성을
추가하는 두 번째 규칙을 만듭니다.
바로 border-bottom 속성입니다.

또 다른 시운전 🚗

CSS를 변경하고 페이지를 다시 열어 보세요. 환영 메세지에 검정색 밑줄이
눈에 띄게 추가된 것을 보게 될 것입니다.

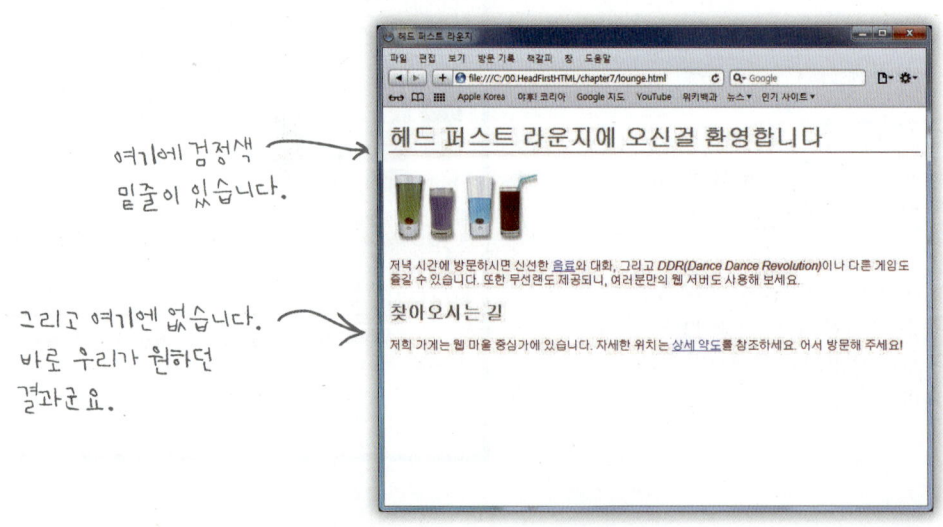

여기에 검정색
밑줄이 있습니다.

그리고 여기엔 없습니다.
바로 우리가 원하던
결과군요.

바보 같은 질문이란 없습니다

Q: 요소 한 개에 규칙이 한 개 이상 있을 때는 어떻게 되나요?

A: 요소 하나는 원하는 만큼 많은 규칙을 가질 수 있습니다. 각 규칙은 이전 규칙에 스타일 정보를 추가합니다. 일반적으로 〈h1〉과 〈h2〉를 가지고 했던 것처럼 요소들 간의 공통 스타일을 하나로 합치고 난 뒤 주 제목에 border-bottom 스타일을 추가했던 것처럼, 또 다른 규칙을 작성해서 한 요소에 특화된 스타일을 추가할 수 있습니다.

Q: 이러한 방법의 이점은 무엇인가요? 각 요소를 분리해서 어떤 스타일을 가지고 있는지 정확히 알 수 있도록 하는 것이 낫지 않나요?

A: 전혀 그렇지 않습니다. 공통 스타일을 통합하면 나중에 변경하더라도 오직 규칙 하나만 바꾸면 됩니다. 만약 규칙을 분리한다면, 변경해야 할 규칙이 많아지게 되고 이렇게 되면 에러가 발생하기 쉽게 되겠죠.

Q: 왜 텍스트에 밑줄을 긋기 위해 bottom border를 사용하나요? 텍스트를 위한 밑줄 스타일이 따로 없나요?

A: 좋은 질문입니다. 텍스트를 위한 밑줄 스타일이 있고 대신에 이것을 사용할 수 있습니다. 하지만 두 가지 스타일은 페이지에 약간 다른 영향을 줍니다. 만약 border-bottom을 사용한다면 밑줄은 페이지의 가장자리까지 확장될 것입니다. 밑줄은 오직 텍스트 밑에서만 보여야겠죠. text-decoration이라 불리는 텍스트 밑줄 설정 속성은 밑줄이 있는 텍스트를 위한 'underline'이란 값을 가지고 있습니다. 직접 한번 사용해 보고 그 차이점을 비교해 보세요.

그렇다면, 선택자는 실제로 어떻게 동작할까요?

여러분은 요소 한 개를 선택해서 다음과 같이 스타일을 주는 방법을 이미 알고 있습니다.

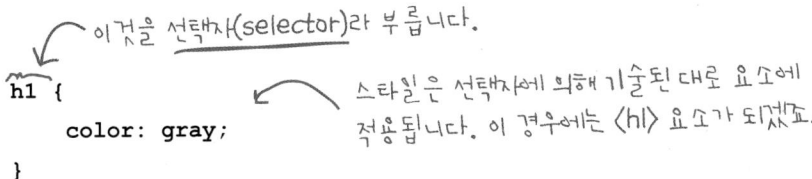

```
h1 {
      color: gray;
}
```

또한, 한 개 이상 요소를 선택하는 방법도 알고 있습니다. 아래처럼요.

또 다른 선택자군요. 이 스타일은 〈h1〉과 〈h2〉요소에 적용됩니다.

```
h1, h2 {
      color: gray;
}
```

원하는 스타일에 어떤 요소를 적용할 것인지를 선택자를 사용해 결정하는데, CSS에서는 모든 종류의 선택자를 명시할 수 있다는 점을 알게 될 거에요. 이러한 선택자 사용 방법을 아는 것이 CSS를 마스터하는 첫 번째 단계로 그렇게 하려면 여러분은 장식하려는 HTML의 구조를 이해할 필요가 있습니다. 결국 여러분이 HTML에서 요소에 대해 머릿속에서 좋은 그림을 그릴 수 없다면, 그리고 요소와 스타일의 관계에 대해 살 알지 못한다면 스타일을 줄 요소를 어떻게 선택할 수 있겠어요?

따라서 라운지 HTML에 대한 대략적인 이해를 한 뒤에 선택자들에 대해 알아보도록 하겠습니다.

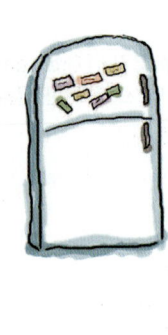

마크업 자석

3장에서 HTML 요소 간의 관계도를 그렸던 것을 기억하세요? 라운지의 주 페이지에 대해 다시 한번 똑같은 작업을 해봅시다. 이 관계도를 완성하기 위해 필요한 모든 요소 자석이 아래에 있습니다. 라운지의 HTML(오른쪽에 있습니다)을 사용해서 아래 그림을 완성하세요. 여러분들을 위해 이미 몇 개는 그려놓았습니다. 정답은 이 장의 뒷부분에 있습니다.

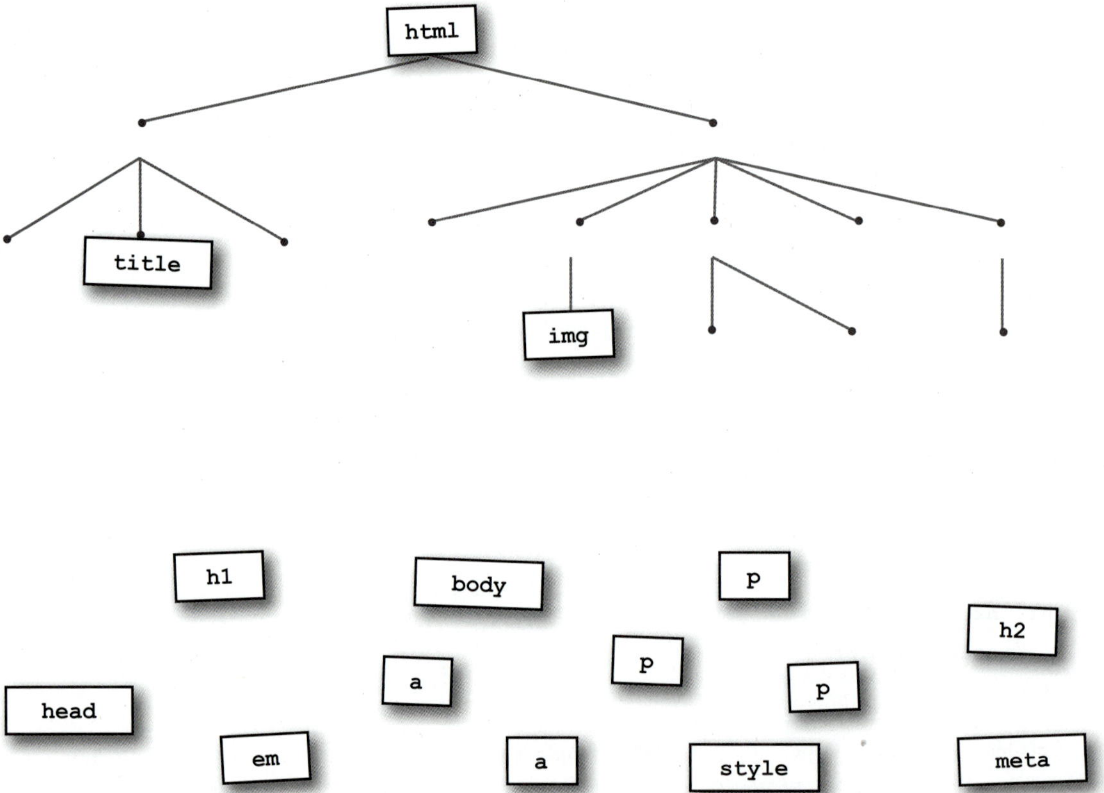

이런 형태로 그리세요.
html
head
body
title
p
q

html
title
img
h1
body
p
h2
p
a
p
head
em
a
style
meta

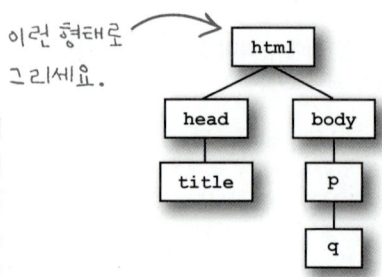

```
<!doctype html>
<html>
  <head>
    <meta charset="utf-8">
    <title>헤드 퍼스트 라운지</title>
    <style>
        h1, h2 {
                font-family:    sans-serif;
                color:          gray;
        }
        h1 {
                border-bottom: 1px solid black;
        }
        p {
                color: maroon;
        }
    </style>
  </head>
  <body>
    <h1>헤드 퍼스트 라운지에 오신걸 환영합니다</h1>
    <p>
        <img src="images/drinks.gif" alt="Drinks">
    </p>
    <p>
        저녁 시간에 방문하시면 신선한
        <a href="beverages/elixir.html">음료</a>와 대화,
        그리고 <em>DDR(Dance Dance Revolution)</em>이나
        다른 게임도 즐길 수 있습니다.
        또한 무선랜도 제공되니, 여러분만의 웹 서버도 사용해 보세요.
    </p>
    <h2>찾아오시는 길</h2>
    <p>
        저희 가게는 웹 마을 중심가에 있습니다.
        자세한 위치는 <a href="about/directions.html">
        상세 약도</a>를 참조하세요.
        어서 방문해 주세요!
    </p>
  </body>
</html>
```

헤드 퍼스트
라운지 HTML

시각적 선택자 보기

몇 개의 선택자를 가지고 여러분이 방금 생성한 나뭇가지 모양의 그림이 어떻게 연결되는지 알아봅시다. 여기에 'h1' 선택자가 어떤 식으로 연결되는지 나와 있습니다.

```
h1 {
    font-family: sans-serif;
}
```

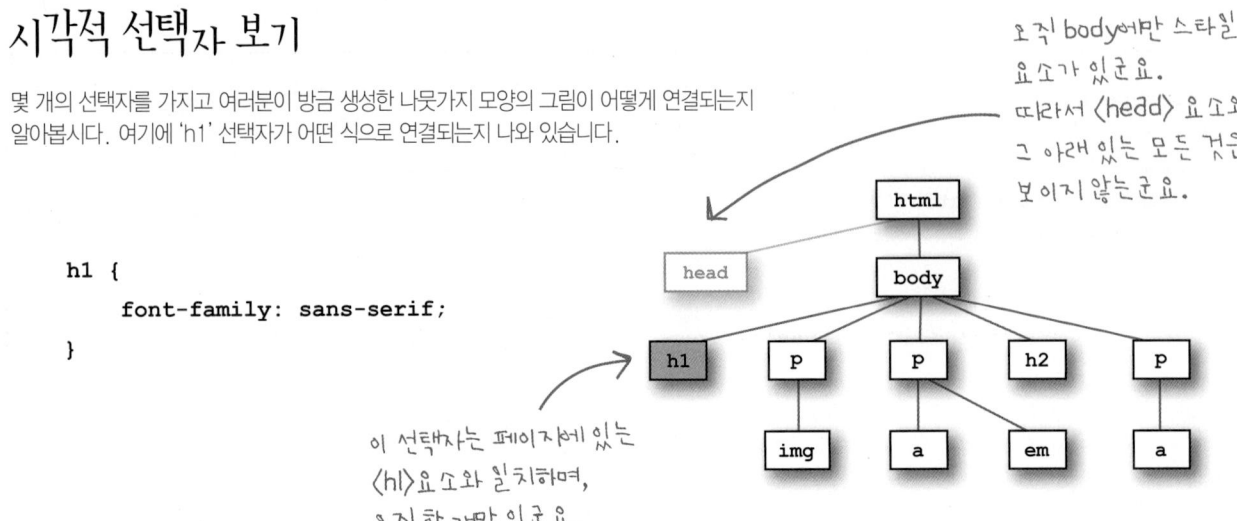

오직 body에만 스타일 요소가 있군요. 따라서 〈head〉 요소와 그 아래 있는 모든 것은 보이지 않는군요.

이 선택자는 페이지에 있는 〈h1〉요소와 일치하며, 오직 한 개만 있군요.

그리고 여기에 'h1 , h2' 선택자가 어떻게 보이는지 나와 있습니다.

```
h1, h2 {
    font-family: sans-serif;
}
```

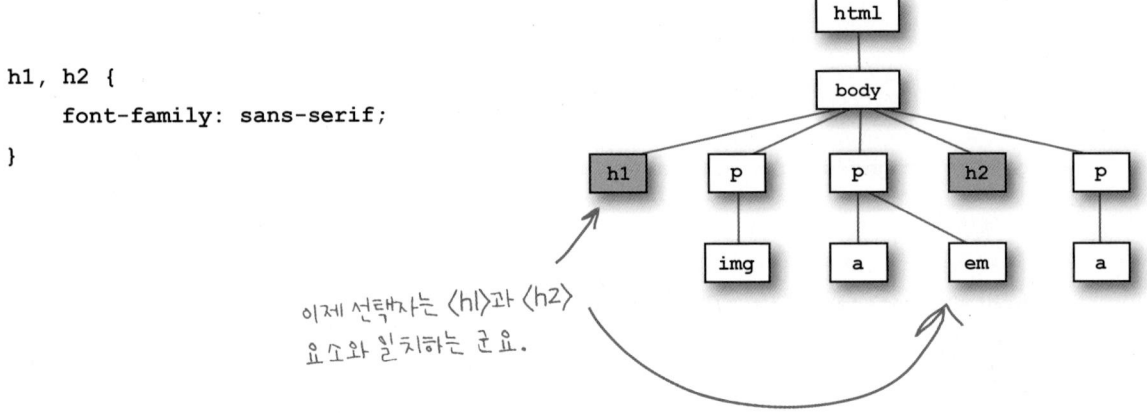

이제 선택자는 〈h1〉과 〈h2〉 요소와 일치하는 군요.

'p' 선택자를 사용하면 어떻게 보이는지 나와 있습니다.

```
p {
    font-family: sans-serif;
}
```

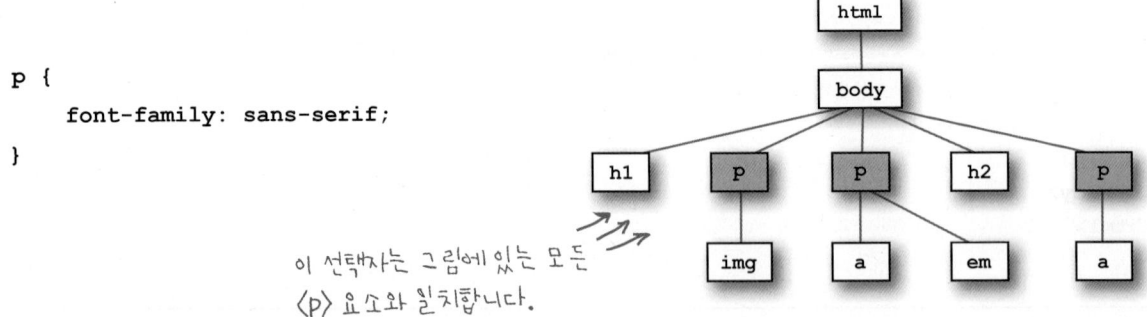

이 선택자는 그림에 있는 모든 〈p〉 요소와 일치합니다.

연필을깎으며

아래에 있는 선택자에 의해 선택된 요소를 표시하세요.

```
p, h2 {
    font-family: sans-serif;
}
```

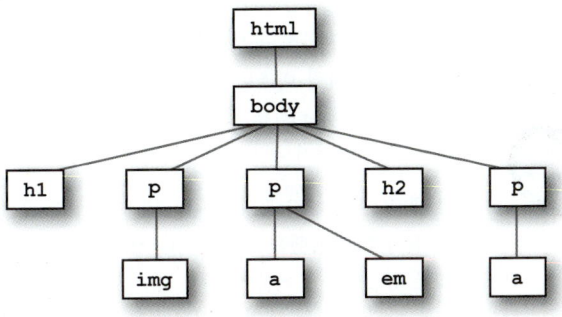

```
p, em {
    font-family: sans-serif;
}
```

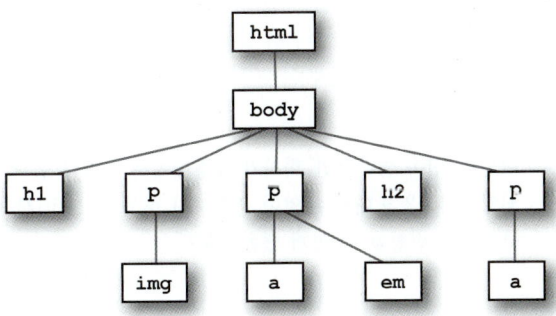

과격함 대 우아함의 사건

4장에서 '신속 웹디자인' 회사는 회사 시연회를 망쳐버렸고 RobotRUs와의 사업 기회를 잃어버렸습니다. '정확 웹디자인' 회사는 RobotRUs의 모든 사이트를 책임지게 되었고, 월말에 예정인 사이트 오픈일 전에 모든 것을 확실히 처리하고 있었습니다. 하지만 여러분은 신속 웹디자인 회사가 HTML과 CSS를 열심히 공부하기로 결정했다는 것도 기억할 것입니다. 그들은 또 다른 컨설팅 비즈니스를 시작하기 전에 스스로 경험을 쌓기 위한 목적으로 RobotRUs 사이트를 적합한 HTML과 스타일시트를 사용하여 재작업하기로 결정했습니다.

누분 미스터리

그런데 운이 없게도 RobotRUs의 사이트가 오픈하기 직전에 또 다시 같은 문제가 발생했습니다. RobotRUs는 정확 웹디자인 회사에 긴급히 전화를 했습니다. "웹에 있는 우리 회사의 모습을 변경하고 있습니다. 사이트에서 변경된 모든 색과 배경, 폰트가 필요합니다." 현 시점에서 사이트는 약 100개 페이지로 구성되어 있어 '정확 웹디자인' 회사는 사이트를 재작업하는 데 며칠 정도 소요될 것 같다고 대답했습니다. 그러나 "우리는 며칠 간의 여유도 없습니다!"라고 CEO가 말했습니다. 자포자기의 심정으로 CEO는 '신속 웹디자인' 회사에 도움을 요청하는 전화를 하기로 결정했습니다. "당신네 회사는 지난 달에 시연회를 망쳤습니다만, 지금 당신의 도움이 절실히 필요하군요. '정확 웹디자인' 회사 사람들이 사이트를 새로운 룩앤필(look and feel)로 바꾸는데 도움을 줄 수 있나요?" '신속 웹디자인' 회사는 그것보다 더 잘할 수 있다고 대답했고, 실제로 그들은 한 시간도 안돼 사이트 전체를 바꾸었습니다.

어떻게 '신속 웹디자인' 회사가 불명예에서 벗어나 웹 페이지의 슈퍼 영웅이 되었을까요? 도대체 무엇이 총알보다 빠르게, 100개나 되는 웹 페이지의 룩앤필을 변경할 수 있게 했을까요?

음료 페이지와 찾아오는 길 페이지에 라운지 스타일 추가하기

이 모든 스타일을 'lounge.html' 파일에 추가했다는 건 정말 대단합니다. 하지만 'elixirs.html' 과 'directions.html'은 어떤가요? 이 페이지들 역시 라운지 페이지와 같이 일관되게 보여야 하는데, 이 작업을 하는 것은 아주 쉽습니다. 각 파일에 모든 규칙과 스타일 요소를 복사해서 넣기만 하면 됩니다. 정말 그럴까요? 서두르지 마세요. 만약 여러분이 그렇게 작업한다면 어느 사이트의 스타일을 변경해야 할 때마다 해당되는 모든 파일을 변경해야만 할 것입니다. 이런 방법은 여러분도 좋아하지 않을 거예요. 다행스럽게도 더 나은 방법이 있습니다. 여러분이 하게 될 일이 여기 나와 있습니다.

1 'lounge.html'에서 규칙을 가져다가 'lounge.css' 라 불리는 파일에 넣습니다.

2 'lounge.html' 파일로부터 이 파일로 가는 외부 링크 를 생성합니다.

3 동일한 링크를 'elixir.html'과 'directions.html' 에도 생성합니다.

4 작업한 3개 파일을 테스트해 보세요.

'lounge.css'파일 만들기

여러분은 헤드 퍼스트 라운지 페이지에 적용될 스타일 규칙을 담는 'lounge.css'라 불리는 파일을 만들 것입니다. 텍스트 에디터를 사용해서 'lounge.css'란 이름으로 새로운 파일을 생성하세요.

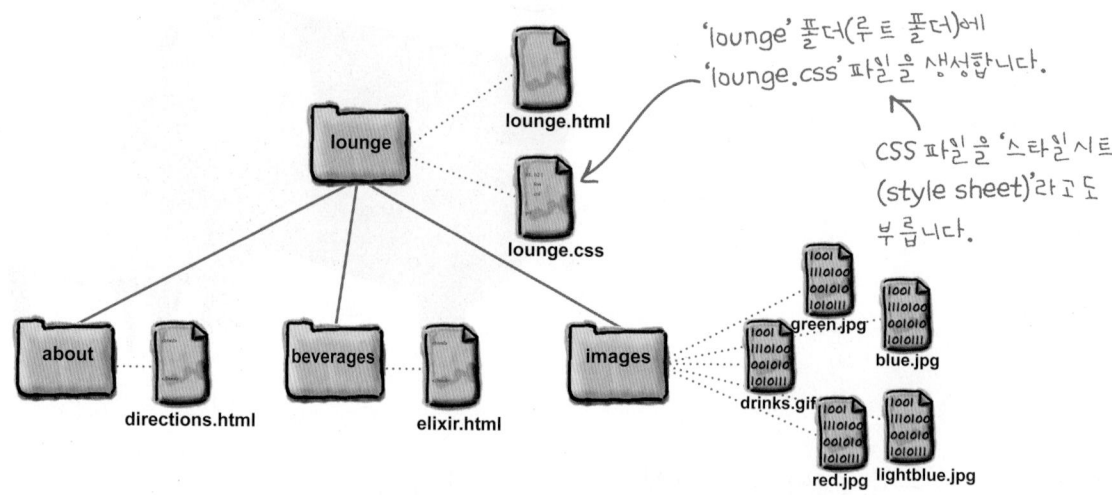

'lounge' 폴더(루트 폴더)에 'lounge.css' 파일을 생성합니다.

CSS 파일을 '스타일 시트 (style sheet)'라고도 부릅니다.

이제 CSS 규칙을 직접 작성하거나 'lounge.html' 파일에서 복사해 'lounge.css' 파일에 붙여 넣습니다. 그리고 'lounge.html' 파일에 있는 규칙은 삭제합니다.

'lounge.css' 파일은 HTML이 아닌 오직 CSS만 포함하고 있기 때문에 `<style>`과 `</style>` 태그는 복사해서 넣지 않아야 한다는 점에 주의하세요.

```css
h1, h2 {
    font-family: sans-serif;
    color: gray;
}

h1 {
    border-bottom: 1px solid black;
}

p {
    color: maroon;
}
```

'lounge.css' 파일은 이렇게 작성합니다. `<style>` 태그가 없다는 점을 꼭 기억하세요!

'lounge.html'파일을 외부 스타일시트에 연결하기

이제 이 페이지가 외부 스타일시트에 있는 스타일과 연결되어 있다는 것을 브라우저에 알려주는 방법이 필요합니다. <link>라 불리는 HTML 요소로 이 작업을 처리할 수 있습니다. HTML에 있는 <link> 요소를 사용하는 방법이 바로 여기에 나와 있습니다.

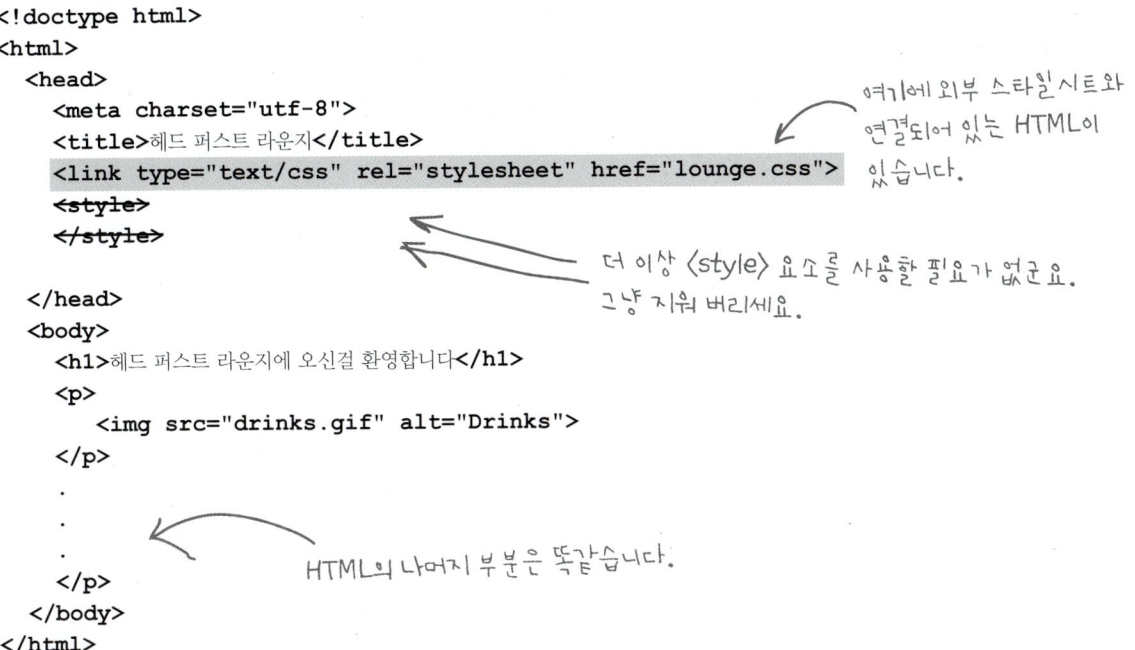

```
<!doctype html>
<html>
  <head>
    <meta charset="utf-8">
    <title>헤드 퍼스트 라운지</title>
    <link type="text/css" rel="stylesheet" href="lounge.css">
    <style>
    </style>

  </head>
  <body>
    <h1>헤드 퍼스트 라운지에 오신걸 환영합니다</h1>
    <p>
      <img src="drinks.gif" alt="Drinks">
    </p>
    .
    .
    .
    </p>
  </body>
</html>
```

여기에 외부 스타일시트와 연결되어 있는 HTML이 있습니다.

더 이상 <style> 요소를 사용할 필요가 없군요. 그냥 지워 버리세요.

HTML의 나머지 부분은 똑같습니다.

 # HTML 자세히 살펴보기

전에는 다룬 적이 없었으므로 <link> 요소를 한번 자세히 살펴봅시다.

외부 정보와 링크로 연결하기 위해 link 요소를 사용하세요.

이 정보의 유형은 text/css군요. 다시 말해 CSS 스타일시트라는 뜻입니다. HTML5에서는 이 부분이 더 이상 필요 없습니다만, 예전 페이지에서는 종종 볼 수 있을 거예요.

스타일시트는 이 href에 위치해 있군요(이 경우에는 상대 링크를 사용하고 있습니다만, 전체 URL을 넣어도 됩니다).

```
<link type="text/css" rel="stylesheet" href="lounge.css">
```

rel 속성은 HTML 파일과 여러분이 연결하려고 하는 것 사이의 관계를 명시합니다. 스타일시트에 연결하고 있으므로 이 속성값을 stylesheet로 하는군요.

<link>는 빈 요소군요.

'elixir.html'과 'directions.html'파일을 외부 스타일시트와 연결하기

'lounge.html' 파일에서 했던 것처럼 'elixir.html'과 'directions.html' 파일에도 링크를 만들 것입니다. 'elixir.html' 파일은 'beverages' 폴더에 있고, 'directions. html' 파일은 'about' 폴더에 있다는 것만 기억하면 됩니다. 따라서 이 두 파일에는 상대경로인 '../lounge.css'를 사용해야 합니다.

따라서 아래와 같이 두 파일에 <link> 요소를 추가하기만 하면 됩니다.

```html
<!DOCTYPE html>
<html>
  <head>
    <meta charset="utf-8">
    <title>헤드 퍼스트 라운지 음료</title>
    <link type="text/css" rel="stylesheet" href="../lounge.css">
  </head>
  <body>
  .
  .
  .
  </body>
</html>
```

이것이 'elixir.html' 파일입니다.
<link> 한 줄만 추가하세요.

```html
<!DOCTYPE html>
<html>
  <head>
    <meta charset="utf-8">
    <title>헤드 퍼스트 라운지 찾아오는 길</title>
    <link type="text/css" rel="stylesheet" href="../lounge.css">
  </head>
  <body>
  .
  .
  .
  </body>
</html>
```

'directions.html' 파일에도 똑같이 하면 됩니다.
여기에 <link> 한 줄을 추가하세요.

라운지 전체 시운전하기

파일을 저장하고 브라우저에서 'lounge.html' 파일을 열
어보세요. 지금 외부에 있는 파일에서 스타일을 참조하고
있더라도 스타일에 대해서는 어떤 변화도 볼 수 없을 것입
니다. 이제 음료와 상세 약도 링크를 클릭해 보세요.

와! 각 파일의 HTML에서 오직 한 줄만 바꾸었는데, 음료
와 찾아오는 길 페이지에도 새로운 스타일이 적용됐군요!
이제서야 CSS의 강력함을 실제로 볼 수 있게 되었군요.

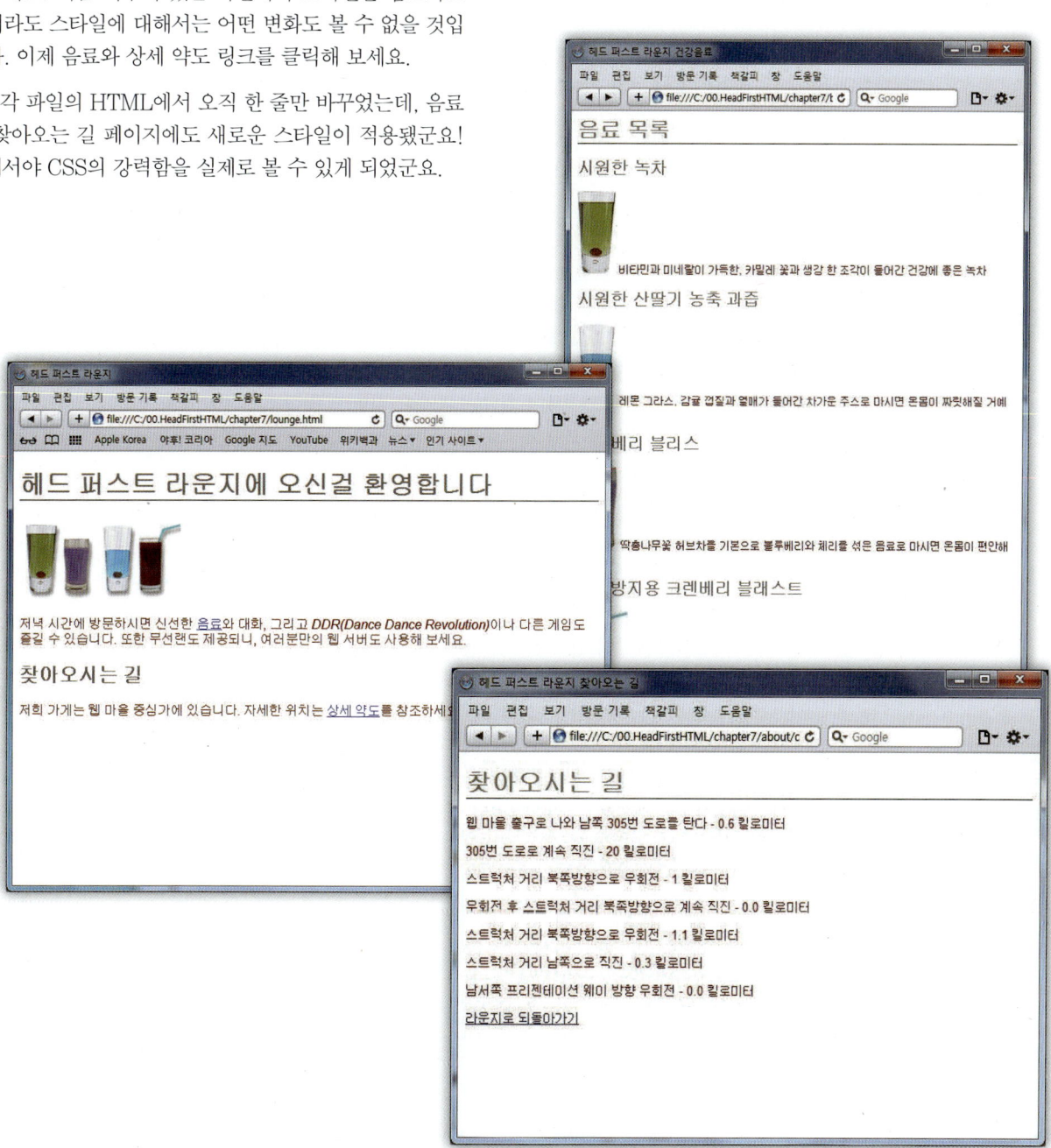

과격함 대 우아함의 사건

그렇다면 어떻게 '신속 웹디자인' 회사는 웹 페이지의 슈퍼 영웅이 되었을까요? 어떻게 '잘못된 것이 없는 정확 웹디자인' 회사가 이번에는 헛다리를 짚게 되었을까요? 문제의 근원은 '정확 웹디자인' 회사가 1998년경의 기술을 사용해서 RobotsRUs의 페이지들을 만들었다는 것입니다. 그들은 HTML 안에 바로 스타일 규칙을 넣었으며(매번 복사해서 붙여 넣었겠죠), 더 큰 문제는 좋지 못한 평을 받고 있는 <font>와 <center> 같은 예전의 HTML 요소를 상당히 많이 사용했다는 점입니다. 따라서 룩앤필을 변경하게 되었다는 전화를 받았을 때, 이는 모든 웹 페이지에서 CSS를 변경해야 한다는 의미로, 심한 경우 요소가 변경될 때마다 HTML 전체를 변경해야 하죠.

**5분
미스터리

해결됨**

'신속 웹디자인' 회사가 작업한 것과 비교해 보죠. XHTML 1.0을 사용해서 그들이 만든 페이지에는 예전의 프레젠테이션에 대한 HTML이 하나도 없었고, 모두 외부 스타일시트를 사용했습니다. 결과는 어떻게 되었을까요? 전체 사이트의 스타일을 변경하려고 그들이 한 작업은 외부 스타일시트로 들어가서 CSS를 변경한 것뿐이었습니다. 그들은 이 작업을 며칠이 아닌 몇 분 안에 쉽게 끝냈습니다. 심지어 사이트 오픈 전에 검토를 위한 준비 과정으로, CSS의 세 가지 다른 버전을 작성해서 테스트하기 위한 시간을 갖기도 했습니다. 놀란 RobotsRUs CEO는 '신속 웹디자인' 회사와 비즈니스를 더 하겠다고 약속했을 뿐 아니라 조립 라인에서 생산되는 첫 번째 로봇을 주기로 약속했습니다.

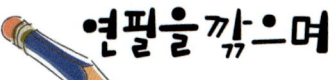

연필을 깎으며

여러분은 이제 외부 스타일파일(혹은 스타일시트)을 갖게 되었으니, 이를 사용해서 제목과 일치할 수 있도록 모든 문단의 폰트를 산세리프(sans-serif)로 변경해 보세요. 폰트 스타일을 변경하기 위한 속성은 font-family이며, 산세리프 폰트로 바꾸기 위한 값은 sans-serif라는 것을 기억하세요. 다음 페이지에 정답이 있습니다.

제목 부분은 산세리프 폰트를 사용하고 있는데, 이는 세리프(serif, 가는 장식 선)를 가지지 않고 매우 깨끗하게 보이는 폰트입니다.

문단은 여전히 기본 설정폰트인 세리프(serif) 폰트를 사용하고 있는데, 가끔 컴퓨터 화면에서 읽기 어렵다는 평도 있습니다.*

↑
세리프 폰트

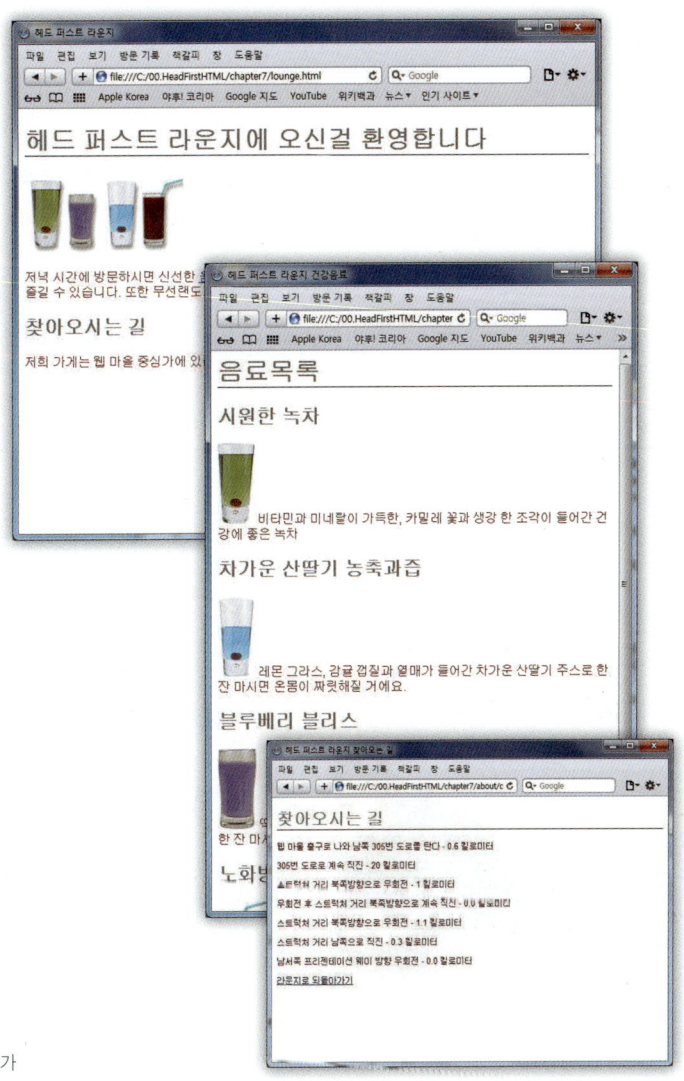

* 본래 문단은 세리프(serif) 폰트로 보여야 하나 브라우저의 기본 폰트가 산세리프 계열이다 보니 화면에서는 티가 나지 않습니다.

연필을 깎으며 정답

여러분은 이제 외부 스타일파일(혹은 스타일시트)을 갖게 되었으니, 이를 사용해서 제목과 일치할 수 있도록 모든 문단의 폰트를 산세리프(sans-serif)로 변경해 보세요. 폰트 스타일을 변경하기 위한 속성은 font-family이며, 산세리프 폰트로 바꾸기 위한 값은 sans-serif라는 것을 기억하세요. 여기 정답이 있군요.

```
h1, h2 {
      font-family:sans-serif;
      color:       gray;
}

h1 {
      border-bottom: 1px solid
black;
}

p {
      font-family:   sans-serif;
      color:         maroon;
}
```

'lounge.css' 파일의 문단 규칙에 font-family 속성을 추가하기만 하면 되는군요.

이게 정말 가장 좋은 해결책인지 의문이 드는군요. 왜 각 요소에 font-family를 명시하지 않는거죠? 누군가가 페이지에 〈blockquote〉를 추가했다면 이 요소에 대해서도 역시 규칙을 추가해야만 하나요? 페이지 전체의 폰트를 산세리프 폰트로 할 수는 없을까요?

상속에 관해 이야기할 때가 되었군요

p 선택자에 font-family 속성을 추가했을 때,
<p> 요소 내부에 있는 요소에도 font-family 속성이
영향을 준 것을 목격했나요? 한번 자세히 살펴봅시다.

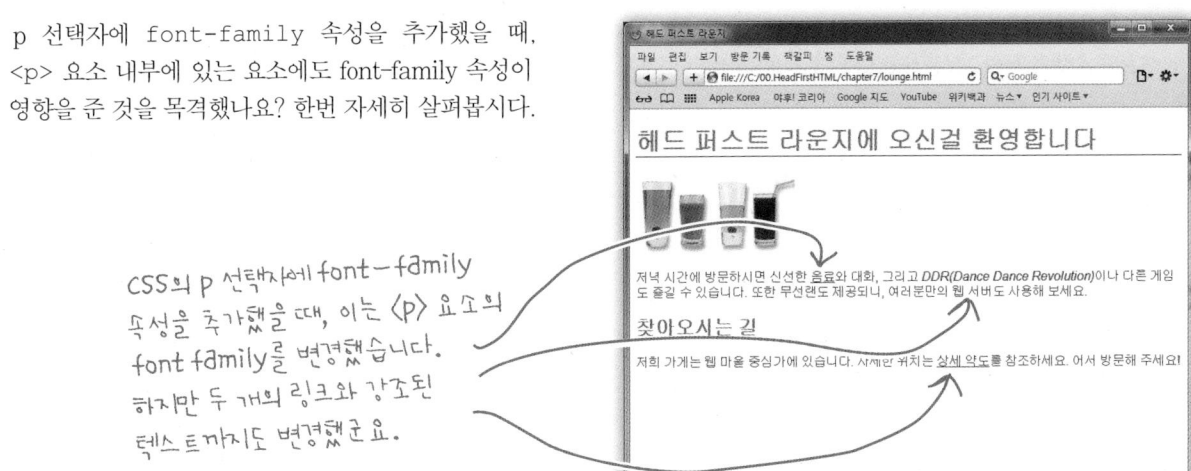

CSS의 p 선택자에 font-family
속성을 추가했을 때, 이는 <p> 요소의
font family를 변경했습니다.
하지만 두 개의 링크와 강조된
텍스트까지도 변경했군요.

<p> 요소 내부에 있는 요소는 <p>로부터
font-family 스타일을 상속받습니다

부모님으로부터 검은 눈동자와 검은 머리를 물려받는 것과 같이 요소도 부모로부터 스타일
을 상속받습니다. 위 예에서 <a>와 <em> 요소는 <p> 요소로부터 font-family를 상속
받았습니다. 문단의 스타일을 변경하는 것이 문단에 있는 요소들의 스타일도 변경한다는 것
은 이해가 갑니다. 그렇지 않나요? 어쨌거나 상속받지 않는다면 여러분은 사이트 전체에 있
는 페이지의 모든 문단에 있는 모든 인라인 요소를 위한 CSS 규칙을 추가해야만 합니다. 이
렇게 하는 것은 절대적으로 즐거운 일이 될 수는 없겠죠.

모든 스타일이
상속되는 것은 아닙니다.
font-family 같은
일부만 상속됩니다.

언급할 필요도 없이
에러가 발생하기
쉽고, 진저리 나며,
시간 낭비입니다.

모든 <p> 요소의 font-family를 설정한다면,
영향을 받게 될 모든 요소가 여기 있습니다.

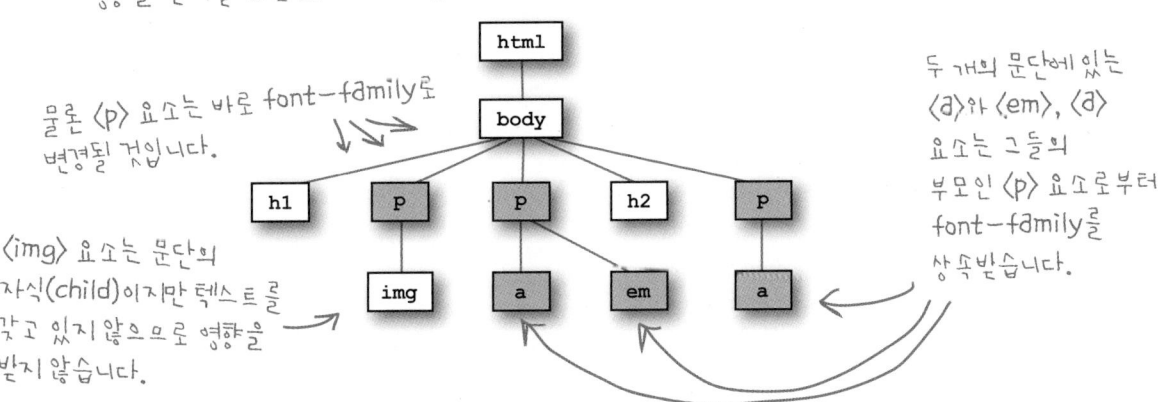

물론 <p> 요소는 바로 font-family로
변경될 겁니다.

<img> 요소는 문단의
자식(child)이지만 텍스트를
갖고 있지않으므로 영향을
받지 않습니다.

두 개의 문단에 있는
<a>와 <em>, <a>
요소는 그들의
부모인 <p> 요소로부터
font-family를
상속받습니다.

가계도(family tree)에서 폰트를 위로 옮기면 어떻게 될까요?

대부분의 요소가 font-family 속성을 상속받는다면, <body> 요소로 거슬러 올라가면 어떻게 될까요? 이렇게 하면 모든 <body> 요소의 자식들과 자식의 자식들의 폰트를 변경하는 데 영향을 주게 될 것입니다.

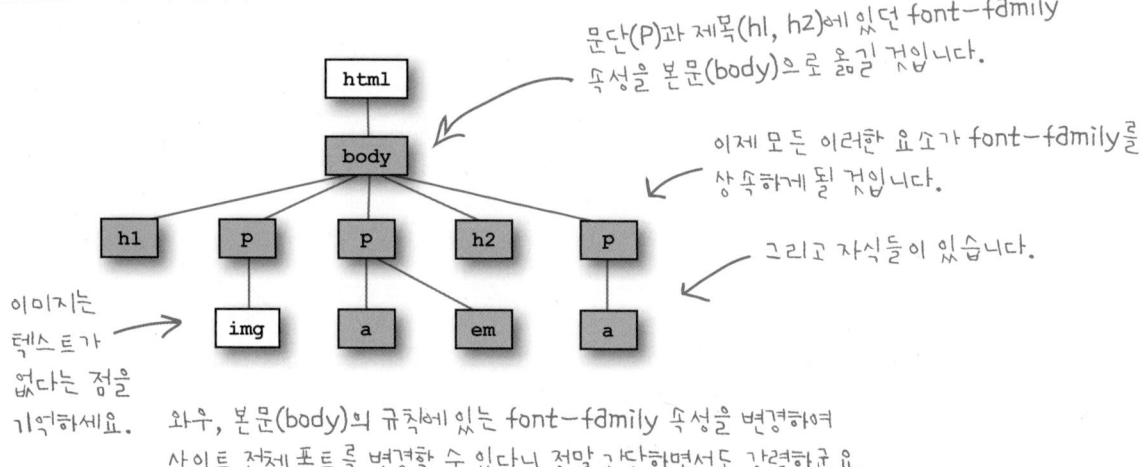

문단(P)과 제목(h1, h2)에 있던 font-family 속성을 본문(body)으로 옮길 겁니다.

이제 모든 이러한 요소가 font-family를 상속하게 될 것입니다.

그리고 자식들이 있습니다.

이미지는 텍스트가 없다는 점을 기억하세요.

와우, 본문(body)의 규칙에 있는 font-family 속성을 변경하여 사이트 전체 폰트를 변경할 수 있다니 정말 간단하면서도 강력하군요.

무엇을 기다리고 있나요…직접 한번 해 보세요

'lounge.css' 파일을 열고 <body> 요소를 선택하는 새로운 규칙을 추가하세요. 그다음에 제목과 문단 규칙에서 font-family 속성을 제거하세요. 이들은 이제 더 이상 필요 없습니다.

```css
body {
        font-family:   sans-serif;
}

h1, h2 {
        font-family:   sans-serif;
        color:         gray;
}

h1 {
        border-bottom: 1px solid black;
}

p {
        font-family:   sans-serif;
        color:         maroon;
}
```

여러분이 처리할 내용은 다음과 같습니다.

먼저 <body> 요소를 선택하는 새로운 규칙 하나를 추가합니다. 그러고 나서 sans-serif 값을 가진 font-family 속성을 추가하세요.

그리고 p뿐만 아니라 h1, h2 규칙에서도 font-family 속성을 제거하세요.

새로운 CSS 시운전

계속해서 'lounge.css' 스타일시트를 변경하고 저장한 후 'lounge.html' 파일을 다시 열어 보세요. 결국 스타일은 똑같기 때문에 어떤 변화도 예상할 수 없을 것입니다. 그저 다른 규칙을 적용한 것 뿐입니다. 하지만 이제 페이지에 새로운 요소를 추가할 수 있고, 그것들은 자동적으로 산세리프 폰트를 상속할 것이기 때문에 여러분이 만든 CSS가 더 나아졌음을 느끼게 될 것입니다.

놀라워요, 정말 놀랍군요.
아무런 차이가 없는 것처럼 보이지만
우리가 예상한 것과 정확히 일치하네요.
그렇지 않나요? 여러분은 산세리프 폰트를
body 규칙으로 올리고 다른 모든 요소들이
폰트를 상속받을 수 있도록 했습니다.

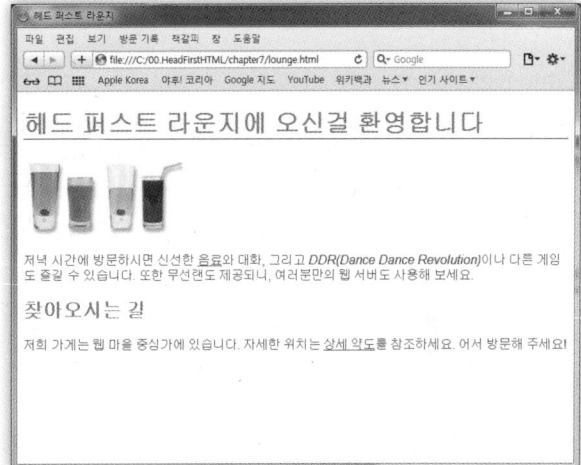

좋아요. body 선택자를 이용해서 사이트 전체를 산세리프 폰트로 설정했으니까, 이제 한 가지 요소에만 다른 폰트를 적용하는 것은 어떨까요? body 요소 밖으로 font-family를 가져가서 다시 모든 요소와 분리되는 규칙을 추가해야 하나요?

상속 재정의

font-family 속성을 body 위로 옮겨서 페이지 전체에 대한 폰트 스타일을 설정했습니다. 하지만 모든 요소에 산세리프 폰트를 적용하는 것을 원하지 않는다면요? 예를 들어 <em> 요소에는 세리프(serif) 폰트를 적용하고 싶을 수도 있습니다.

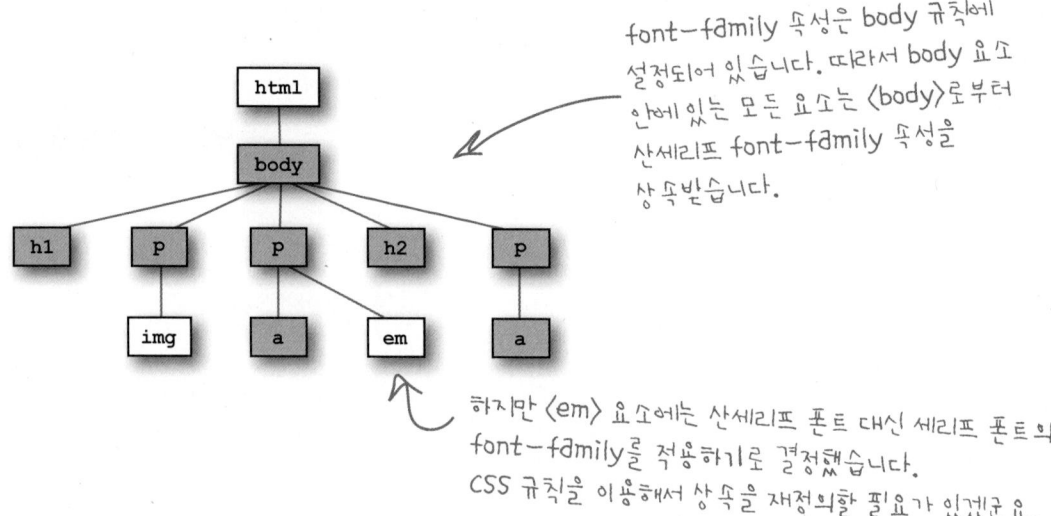

font-family 속성은 body 규칙에 설정되어 있습니다. 따라서 body 요소 안에 있는 모든 요소는 <body>로부터 산세리프 font-family 속성을 상속받습니다.

하지만 <em> 요소에는 산세리프 폰트 대신 세리프 폰트의 font-family를 적용하기로 결정했습니다. CSS 규칙을 이용해서 상속을 재정의할 필요가 있겠군요.

음, 그렇다면 <em> 요소만을 위한 특별한 규칙을 적용해서 상속을 재정의 할 수 있습니다. body에 명시된 font-family를 재정의하기 위해 <em> 요소를 위한 규칙을 추가하는 방법이 여기에 나와 있습니다.

```
body {
        font-family:  sans-serif;
}

h1, h2 {
        color:        gray;
}

h1 {
        border-bottom: 1px solid black;
}

p {
        color:        maroon;
}

em {
        font-family:  serif;
}
```

body로부터 상속받은 font-family 속성을 재정의하기 위해, em 요소를 선택하여 font-family 속성값을 세리프 폰트로 설정하는 새로운 규칙을 추가하세요.

시운전

font-family 속성값이 세리프 폰트로 된 CSS에 <em> 요소를 위한 규칙 하나를 추가합니다. 그리고 'lounge.html' 페이지를 다시 열어 보세요.

'DDR(Dance Dance Revolution)' 텍스트 부분을 주목하세요. 이 부분이 <em> 요소에 있는 텍스트로 이제 세리프 폰트가 되었군요(역주: 한글의 경우 세리프나 산세리프 폰트로 바꾸어도 그 차이가 명확히 드러나 보이지 않습니다).

일반적인 규칙의 경우, 이와 같이 문단의 중간에서 폰트를 변경하는 것은 좋은 생각이 아닙니다. 따라서 다시 돌아가 CSS를 테스트 하기 전인 원래 있던 대로 변경하세요(em 규칙을 빼세요).

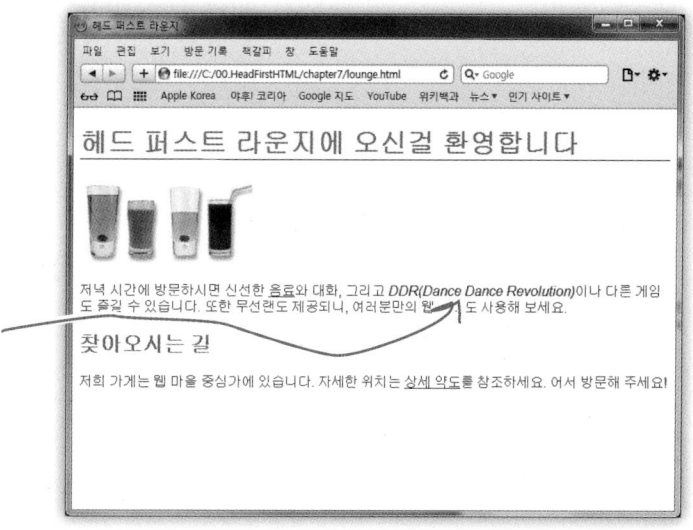

바보 같은 질문이란 없습니다

Q: 상속된 값을 재정의할 때 <em> 요소에 적용되는 규칙이 무엇인지 브라우저는 어떻게 알 수 있나요?

A: CSS에서는 항상 가장 구체적인 규칙이 사용됩니다. 따라서 만약 여러분이 <body>를 위한 규칙을 가지고 있고, <em> 요소를 위해서는 좀 더 구체적인 규칙을 가지고 있다면 브라우저는 좀 더 구체적인 규칙을 사용할 것입니다. 어떤 규칙이 가장 구체적인 것인지 판별하는 것에 관해서는 잠시 후에 얘기하도록 하죠.

Q: 어떤 CSS 속성이 상속되었고, 어떤 것이 상속되지 않았는지를 알 수 있는 방법이 있나요?

A: 『CSS Pocket Reference』와 같은 여러모로 편리한 좋은 참고 서적이 있습니다. 일반적으로 폰트 색상(color 속성)이나 여러분이 이미 보았던 font-family, font-size, font-weight(굵게 표시된 텍스트 같은), font-style(이탤릭체 같은) 텍스트가 보이는 방법에 영향을 미치는 모든 스타일은 상속됩니다. border 같은 다른 속성은 상속되지 않습니다. 이해되나요? <body> 요소에 경계선을 넣기 원한다는 것을 모든 요소에 경계선을 넣기 원하는 것이라고 여길 수는 없습니다. 대부분의 경우 상식에 따라 처리하고 이해하면, 여러분은 좀 더 다양한 종류의 속성들에 더 친숙해지게 될 것입니다.

Q: 원하지 않을 때 상속되는 속성을 항상 재정의할 수 있나요?

A: 예. 여러분은 부모로부터 상속되는 속성을 재정의하기 위해 좀 더 구체적인 선택자를 언제나 사용할 수 있습니다.

Q: 이것은 너무 복잡하군요. 제가 만든 규칙이 어떤 역할을 하는지 알 수 있게 주석을 추가할 수 있는 방법이 있나요?

A: 예. 있습니다. CSS에서 주석을 쓰려면 /* 와 */ 사이에 주석의 내용을 넣기만 하면 됩니다. 예를 들어 보죠.

/* 이 규칙은 모든 문단과 문단의 텍스트를 파란색으로 선택합니다 */

주석을 여러 줄로 쓸 수 있다는 점을 주목하세요. 또한 CSS에 있는 규칙 자체를 주석으로 넣을 수도 있으며 브라우저는 아래와 같이 그것을 무시합니다.

/* 이 규칙은 모든 문단과 문단의 텍스트를 파란색으로 선택합니다

p { color: blue; } */

주석을 닫을 때(*/) 유의하세요. 잘못하면 CSS가 동작하지 않을 거예요!

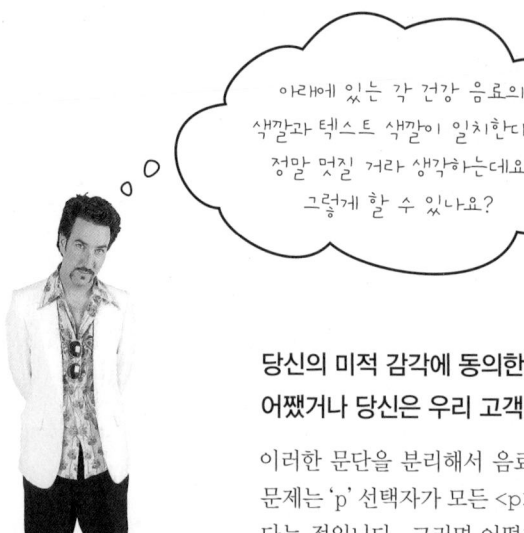

아래에 있는 각 건강 음료의 색깔과 텍스트 색깔이 일치한다면 정말 멋질 거라 생각하는데요. 그렇게 할 수 있나요?

**당신의 미적 감각에 동의한다고 확신할 수는 없지만,
어쨌거나 당신은 우리 고객입니다.**

이러한 문단을 분리해서 음료와 텍스트의 색을 일치시키도록 꾸밀 수 있을까요? 문제는 'p' 선택자가 모든 <p> 요소에 적용되는 스타일을 가진 규칙을 사용하고 있다는 점입니다. 그러면 어떻게 이 문단을 개별적으로 선택할 수 있을까요?

이런 경우에 바로 클래스(class)가 필요합니다. HTML과 CSS 둘 모두를 사용하여 요소들의 클래스를 정의하고 그 클래스에 속한 임의의 요소에 스타일을 적용할 수 있습니다. 그렇다면 클래스란 정확히 무엇일까요? 클래스는 모임에 가입하는 것과 비슷합니다. 누군가가 '녹차'란 모임을 만들었다고 해 봅시다. 여러분이 이 모임에 가입한다는 것은, 이 모임의 모든 권리와 책임에 동의한다는 뜻이죠. 마치 클래스의 스타일 표준을 준수하는 것처럼 말이죠. 어찌됐든 일단 클래스를 생성해 보세요. 그러면 어떻게 동작하는지 알 수 있을 거예요.

클래스 생성은 두 단계로 나누어 볼 수 있습니다. 먼저 HTML에 있는 요소에 class 속성을 추가해 해당 요소를 클래스에 추가합니다. 그다음에 CSS에서 해당 클래스를 선택하는 거죠. 자세하게 살펴보도록 하죠.

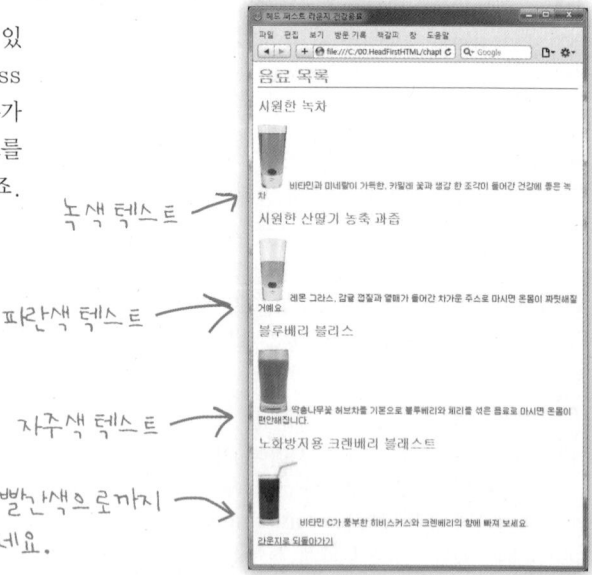

녹색 텍스트 →

파란색 텍스트 →

자주색 텍스트 →

빨간색 텍스트. 오, 빨간색으로까지 변경할 필요는 없겠네요. →

'elixir.html'에 클래스 추가하기

'elixir.html' 파일을 열고 '시원한 녹차' 문단이 있는 곳으로 갑니다. 이 부분의 텍스트를 녹색으로 변경시키려고 합니다. 여러분은 <p> 요소에 greentea라 불리는 클래스를 추가하는 것만 하면 됩니다. 여기 그 방법이 나와 있군요.

```html
<!DOCTYPE html>
<html>
  <head>
    <meta charset="utf-8">
    <title>헤드 퍼스트 라운지 건강음료</title>
    <link type="text/css" rel="stylesheet" href="../lounge.css">
  </head>
  <body>
    <h1>음료 목록</h1>
    <h2>시원한 녹차</h2>
    <p class="greentea">
            <img src="../images/green.jpg" alt="Green Tea">
            비타민과 미네랄이 가득한, 카밀레 꽃과 생강 한 조각이 들어간
            건강에 좋은 녹차
    </p>
    <h2>차가운 산딸기 농축과즙</h2>
    <p>
            <img src="../images/lightblue.jpg" alt="Raspberry Ice">
            레몬그라스, 감귤 껍질과 열매가 들어간 차가운 산딸기 주스로
            마시면 온몸이 짜릿해질 거예요.
    </p>
    <h2>블루베리 블리스</h2>
    <p>
            <img src="../images/blue.jpg" alt="Blueberry Bliss">
            딱총나무꽃 허브차를 기본으로 블루베리와 체리를 섞은 음료로
            마시면 온몸이 편안해집니다.
    </p>
    <h2>노화방지용 크렌베리 블래스트</h2>
    <p>
            <img src="../images/red.jpg" alt="Cranberry Blast">
            비타민 C가 풍부한 히비스커스와 크렌베리의 향에 빠져 보세요.
    </p>
  </body>
</html>
```

> 클래스에 요소를 추가하려면 'greented'와 같은 클래스 이름 앞에 'class'란 속성을 추가하기만 하면 됩니다.

그리고 이제 녹차 문단은 greentea 클래스에 속해 있으므로, 요소의 클래스에 스타일을 주기 위한 몇 가지 규칙을 제공할 필요가 있습니다.

클래스를 위한 선택자 만들기

클래스를 선택하기 위해 다음과 같이 선택자를 작성합니다.

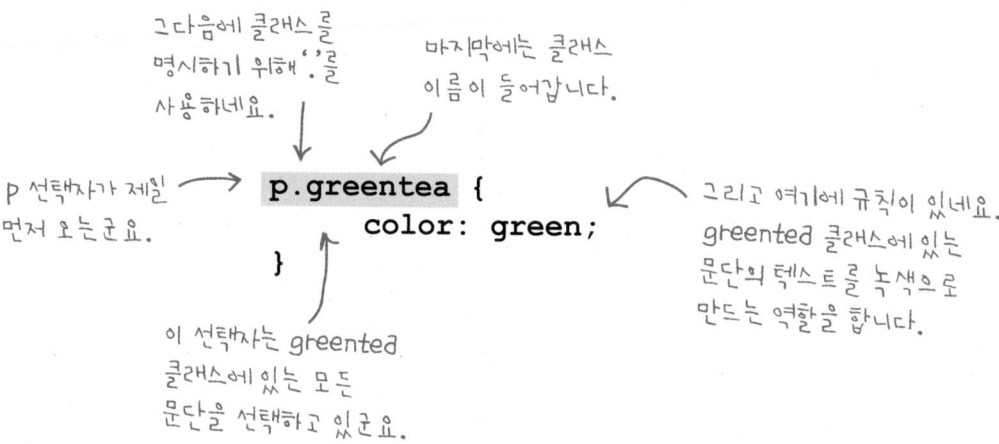

p 선택자가 제일 먼저 오는군요.

그다음에 클래스를 명시하기 위해 '.'를 사용하네요.

마지막에는 클래스 이름이 들어갑니다.

이 선택자는 greentea 클래스에 있는 모든 문단을 선택하고 있군요.

그리고 여기에 규칙이 있네요. greentea 클래스에 있는 문단의 텍스트를 녹색으로 만드는 역할을 합니다.

이제 여러분은 어떤 특정한 클래스에 속해 있는 <p> 요소를 선택하는 방법을 알게 되었습니다. 녹색으로 변경하고자 하는 <p> 요소에 class 속성을 추가하기만 하면 이 규칙은 적용됩니다. 직접 한번 해 보세요. 'lounge.css' 파일을 열고 p.greentea 클래스 선택자에 속성을 추가하세요.

```css
body {
    font-family: sans-serif;
}

h1, h2 {
    color: gray;
}

h1 {
    border-bottom: 1px solid black;
}

p {
    color: maroon;
}

p.greentea {
    color: green;
}
```

greentea 클래스 시운전

저장하고 나서 브라우저에서 다시 열어 새로운 클래스를 시운전해 보세요.

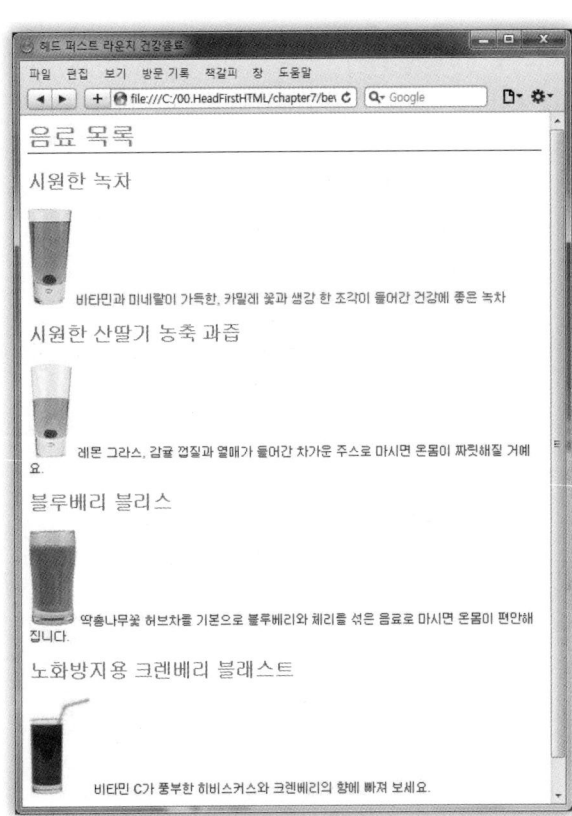

여기 새로운 greentea 클래스가 적용된 문단이 있군요. 이제 폰트는 녹색이 되었고, 녹차 색깔과 맞춰졌습니다. 이 스타일은 꽤 괜찮은 아이디어가 될 것 같군요.

✏️ 연필을 깎으며

여러분 차례가 되었습니다. 'elixir.html' 파일에 있는 문단을 수정하기 위해 'raspberry'와 'blueberry'라는 클래스 두 개를 추가하세요. 그러고 나서 각 텍스트를 파란색(blue)과 자주색(purple)으로 바꾸는 스타일을 작성합니다. raspberry 클래스의 속성값은 'blue'로, blueberry는 'purple'로 설정합니다 CSS 파일에서 맨 아래에 즉, greentea 규칙 바로 밑에 이것을 추가합니다. 순서는 raspberry가 먼저 오도록 하고 blueberry는 그다음에 오도록 하세요.

그래요. 여러분은 아마도 이렇게 생각할 겁니다. 도대체 어떻게 산딸기가 파란색이 될 수 있을까?(역주, 산딸기는 나무 딸기류로 보통 빨간색, 검정색, 자주색 3가지 종류입니다) 글쎄요, 산딸기 음료가 파란색이면 그럴 수도 있겠네요. 그리고 블루베리를 조금 섞으면 파란색보다는 좀 더 자주색에 가까워질 겁니다. 여기서 우리와 같이 한번 해 봅시다.

클래스 심층학습

여러분은 이미 클래스에 있는 문단을 변경하기 위해 greentea 클래스를 사용해서
텍스트를 다음과 같이 '녹색(green)'으로 변경했습니다.

```
p.greentea {
        color: green;
}
```

하지만 모든 <blockquote> 요소에 동일하게 적용하기 원한다면
어떻게 해야 할까요? 바로 이런 식으로 할 수 있습니다.

```
blockquote.greentea, p.greentea {
        color: green;
}
```

greentea 클래스에 있는 <blockquote>를 처리하기
위한 또 다른 선택자를 추가하기만 하면 되는군요.
이제 이 규칙은 greentea 클래스에 있는 <p>와
<blockquote> 요소에 적용될 것입니다.

그리고 HTML에서 다음과 같이 작성합니다.

```
<blockquote class="greentea">
```

그렇다면 greentea
클래스에 <h1>, <h2>, <h3>,
<blockquote>를 추가하고 싶다면 어떻게
하나요? 아주 거대한 선택자 하나를
작성해야 하나요?

아닙니다. 더 좋은 방법이 있습니다. greentea 클래스에
있는 모든 요소가 한 가지 스타일을 갖게 하려면, 여러분이
만든 규칙을 다음과 같이 작성하면 됩니다.

```
.greentea {
        color: green;
}
```

만약 모든 요소 이름들을 빼고 나서 클래스
이름 앞에 '.'을 사용한다면, 그 규칙은
해당 클래스의 모든 멤버에 적용될 것입니다.

정말 멋져요! 작동되는군요.
한 가지 질문 더... 클래스에 있는 것은
클럽에 있는 것과 같다고 얘기했잖아요.
그런데, 저는 여러 클럽에 가입할 수 있어요.
그렇다면 하나의 요소도 한 개 이상의 클래스에
들어갈 수 있나요?

예, 요소는 한 개 이상의 클래스에 속할 수 있습니다.

한 개 이상의 클래스에 요소를 넣는 것은 쉽습니다. greentea,
raspberry, blueberry 클래스 모두에서 <p> 요소를 명시한
다고 합시다. 시작태그에서 처리하는 방법이 여기 나와 있습니다.

```
<p class="greentea raspberry blueberry">
```

클래스 속성값에
각 클래스 이름을
공백으로 분리해서
넣으세요. 넣는
순서는 중요하지
않습니다.

그렇다면 예를 들어 글자
크기와 굵기를 정의하는 'product' 클래스
안에 <h1> 요소를 넣을 수 있으며, 이것이
판매되었을 때 글자의 색을 빨간색으로
변경하는 'specials'란 클래스도 넣을 수
있다는 건가요?

정확히 맞습니다. 여러분이 원한다면 클래스 여러 개를
사용해서 한 요소가 다른 클래스에서 정의한 스타일을
가질 수 있습니다. 이 경우에 모든 <h1> 요소는 특정 스
타일을 가지고 있는 상품과 연결되어 있습니다. 하지만
모든 상품이 동시에 판매되지는 않습니다. 분리된 클래
스에 '특별한' 색을 설정함으로써 간단히 여러분이 원하
는 빨간색을 추가하기 위해 'specials' 클래스에 판매된
상품과 관련된 요소를 추가할 수 있습니다.

지금 여러분은 하나의 요소가 위에 있는 <p> 요소처럼 똑같은 속성을 정의하는 여러 클
래스에 속하게 되면 어떤 일이 발생할지 궁금할 것입니다. 어떤 클래스가 적용될지 어
떻게 알 수 있을까요? 이러한 클래스들 각각은 color 속성을 위한 정의를 가지고 있습
니다. 그렇다면 문단이 녹색, 파란색 혹은 자주색으로 변하게 될까요?

여러분이 CSS에 대해 좀 더 자세히 학습한 뒤에 이에 대해 아주 자세하게 이야기 할 것
입니다. 다음 페이지에 짤막한 지침이 나와 있습니다.

스타일을 적용하는 방법에 관한
세상에서 가장 작고, 빠른 지침서

요소와 문서 트리와 스타일 규칙과 클래스. 정말 혼란스럽습니다. 어떤 스타일이 어떤 요소에 적용되는지 알려면 어떻게 해야 할까요? 앞에서 말했듯이 이에 대한 완전한 대답을 얻으려면 CSS에 관해 좀 더 알아야 하는데이 내용은 이제 배우게 될 것입니다. 하지만 그렇게 하기 전에 스타일이 적용되는 방법에 대해 상식선에서 어림짐작으로 한번 경험해 봅시다.

먼저, 요소를 선택한 선택자가 있나요?

하나의 요소에 대한 `font-family` 속성값을 알고 싶다고 해 봅시다. 검토해야 할 첫 번째 사항은 다음과 같습니다. 요소를 선택하는 선택자가 CSS 파일에 있나요? 만약 있고, 그것이 `font-family` 속성과 값을 가지고있다면 바로 그것이 요소에 대한 값이 됩니다.

상속에 대해서는 어떤가요?

만약 요소에 일치하는 선택자가 없다면 상속에 의지해야 합니다. 따라서 정의된 속성을 찾을 때까지 요소의 부모와 부모의 부모, 또 그 부모의 부모를 살펴보세요. 그것을 찾게 되면, 바로 그것이 값이 됩니다.

다시 삼진아웃 됐나요? 그러면 기본 설정값을 사용합니다.

요소가 어느 조상으로부터도 값을 상속받지 않는다면 브라우저에 의해 정의된 기본 설정값을 사용합니다. 사실 이내용은 지금 설명하고 있는 것보다는 좀 더 복잡하지만, 이 책의 후반부에서 이에 대해 자세히 살펴볼 것입니다.

여러 개의 선택자가 요소 하나를 선택하면 어떻게 될까요?

아, 이 경우는 3 가지 클래스 모두가 속해 있는 문단을 가진 경우입니다.

```
<p class="greentea raspberry blueberry">
```

동일한 color 속성을 정의하며 이 요소와 일치하는 여러 개의 선택자가 있는 것을 '충돌'이라 부릅니다. 어떤 규칙이 균형을 깨뜨렸을까요? 만약 한 규칙이 다른 것들보다 좀 더 구체적이라면, 그 규칙이 승리한 것입니다. 하지만 좀 더 구체적이라는 의미가 과연 무엇일까요? 뒤에 나오는 장에서 구체적인 선택자를 결정하는 방법을 정확히 알게 될 것입니다. 하지만 지금 당장은 몇 가지 규칙을 보고 감을 느껴 보세요.

```
p { color: black;}
.greentea { color: green; }
p.greentea { color: green; }
p.raspberry { color: blue; }
p.blueberry { color: purple; }
```

여기 예전의 문단 요소를 선택한 규칙이 있습니다.

이 규칙은 greented 클래스의 멤버를 선택하고 있습니다. 이런 것이 좀 더 구체적인 선택자입니다.

그리고 이 규칙은 오직 greented 클래스에 있는 문단만 선택합니다. 따라서 위에 있는 규칙보다 구체적입니다.

이 규칙들은 어느 한 특정한 클래스에 있는 문단만 선택합니다. 따라서 이들은 p.greented 규칙과 동일한 구체성을 갖고 있다고 할 수 있습니다.

확실한 승자는 없는 것 같은데요?

따라서 만약 greentea 클래스에만 속해 있는 요소가 있다면 아주 확실한 승자가 될 것입니다. p.greentea는 가장 구체적인 선택자이며, 따라서 그 텍스트는 녹색이 될 것입니다. 하지만 여러분은 greentea, raspberry, blueberry 이 세 가지 클래스 모두가 속해 있는 요소를 가지고 있습니다. 따라서 p.greentea, p.raspberry , p.blueberry 모두 요소를 선택하고 있는데 이 세 가지는 구체성에 있어서 모두 동일합니다. 그러면 지금 무엇을 해야 할까요? 여러분은 CSS 파일에서 가장 마지막에 나와 있는 한 가지를 선택해야 합니다. 만약 여러분이 두 선택자들이 똑같이 구체적이기 때문에 충돌 문제를 해결하지 못한다면 스타일시트 파일에 있는 규칙의 순서를 이용해야 합니다. 즉, CSS 파일에서 가장 마지막에 있는 규칙을 사용하는 것입니다(맨 밑에서 가장 가까운 것). 이 경우에는 p.blueberry 규칙이 되겠죠.

'lounge.html' 파일에서 모든 클래스에 포함되어 있는 greentea 문단을 아래와 같이 변경하세요.

<p class="greentea raspberry blueberry">

저장하고 다시 열어봅니다. 이제 시원한 녹차 문단은 어떤 색으로 바뀌나요?　　_____

다음으로 HTML에 있는 클래스 순서를 변경합니다.

<p class="raspberry blueberry greentea">

저장하고 다시 열어봅니다. 이제 시원한 녹차 문단은 어떤 색으로 되어 있나요?　　_____

다음으로 CSS 파일을 열고 p.greentea 규칙을 파일의 맨 밑으로 옮깁니다.

저장하고 다시 열어봅니다. 이제 시원한 녹차 문단은 어떤 색으로 바뀌나요?　　_____

마지막으로 p.raspberry 규칙을 파일의 맨 밑으로 옮깁니다.

저장하고 다시 열어봅니다. 시원한 녹차 문단은 어떤 색으로 되어 있나요?　　_____

작업을 마친 후 녹차(greentea) 요소를 원래 있던 대로 다시 작성합니다.

<p class="greentea">

저장하고 다시 열어봅니다. 시원한 녹차 문단은 어떤 색으로 바뀌나요?　　_____

난롯가 담소

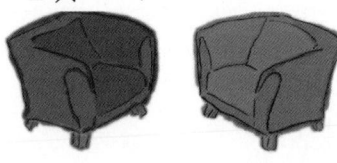

오늘의 주제: CSS와 HTML 언어 비교

CSS

본 적이 있는지 모르겠군요. 난 후디니의 마술을 좋아해요. 난 당신의 <style> 요소를 없애고 감쪽같이 내가 가진 파일로 옮겨놨습니다. 당신은 내가 절대로 태그로부터 탈출하지 못한다고 1장에서 말한 것 같은데요.

HTML

그렇게 흥분하지 마세요. 당신을 쓸모 있는 존재로 만들려고, 난 여전히 당신과 연결되어 있습니다.

나와 연결되어 있다뇨? 이봐요, 당신 페이지는 내 스타일 없이는 달아날 수 없다는 것을 당신도 알고 있을 텐데요.

여기서 다시 한번 말하지만, 나와 내 모든 요소들이 모든 것을 구조적으로 유지하고 있는 동안 당신은 머리 모양과 손톱 색깔에 대해서만 얘기하고 있군요.

만약 당신이 이 장을 자세히 봤다면, 내가 할 수 있는 것이 정말 강력하다는 것을 알 수 있었을 것입니다.

맞습니다. 그 점은 인정합니다. CSS를 사용하면 내 일을 쉽게 처리할 수 있는 것은 명확합니다. 내 입장에서 예전의 모든 쓸모없는 스타일 요소는 골치거리였죠. 가끔씩 클래스 속성이 될 거라는 것 빼고는 나의 요소들이 HTML에 그러한 것들을 삽입하지 않고 스타일을 갖게 된다는 사실이 매우 기쁩니다.

지금은 조금 더 좋아졌습니다. 새로운 태도가 마음에 드는군요.

하지만 난 여전히 당신이 내 구문을 어떻게 조롱했는지 잊지 않고 있습니다. <기억하나요>?

CSS

당신도 HTML이 좀 거추장스럽다는 것은 인정해야 합니다만, 그 일은 90년대 초반의 기술과 관계를 맺었을 때 생겼던 과거의 일이죠.

지금 나를 놀리고 있는 건가요? 난 매우 풍부한 표현식을 가지고 있습니다. 나는 원하는 요소를 선택해서 정확히 내가 원하는 스타일로 꾸밀 수 있습니다. 그리고 당신은 내가 할 수 있는 모든 멋진 스타일을 이제 보기 시작했을 뿐입니다.

예. 조금만 기다려 보세요. 나는 아주 흥미로운 방법으로 모든 종류의 텍스트와 폰트를 꾸밀 수 있습니다. 심지어는 페이지에서 각 요소가 그 주위에 있는 공백을 다루는 방법도 조정할 수 있습니다.

당신은 <style> 태그들 사이에서 나를 제어한다고 생각하고 있군요. 내가 원한다면 당신의 요소들을 앉게 하고 짖게하고 구르게 할 수 있다는 것을 보게 될 것입니다.

HTML

난 그 때를 시련의 기간이라고 부릅니다. 그리고 CSS가 고상하다고 생각하나요? 내 말은, 당신은 단지 몇 가지 규칙들의 집합일 뿐입니다. 언어에 대해서는 어떻습니까?

오, 그래요?

음... 마치 당신이 너무 많은 힘을 갖고 있는 것처럼 들리는군요. 내가 그런 것을 좋아하는지 확신할 수 없습니다. 어쨌거나 내 요소늘은 그들 자신의 삶을 제어하기 원할 것입니다.

뭐라구요! 누가 경비 좀 불러줘요!!!

누가 상속받을까요?

코를 바짝 대고 냄새를 맡아보세요. ⟨body⟩ 요소는 하늘에 있는 위대한 브라우저를 따라가 버렸습니다. 하지만 많은 자손들과 '녹색(green)'의 color 속성을 유산으로 남겼습니다. 아래에 그의 가계도가 나와 있습니다. ⟨body⟩ 요소의 녹색 속성을 상속받는 모든 후손을 표시해 보세요. 맨 밑에 있는 CSS를 먼저 살펴보도록 하세요.

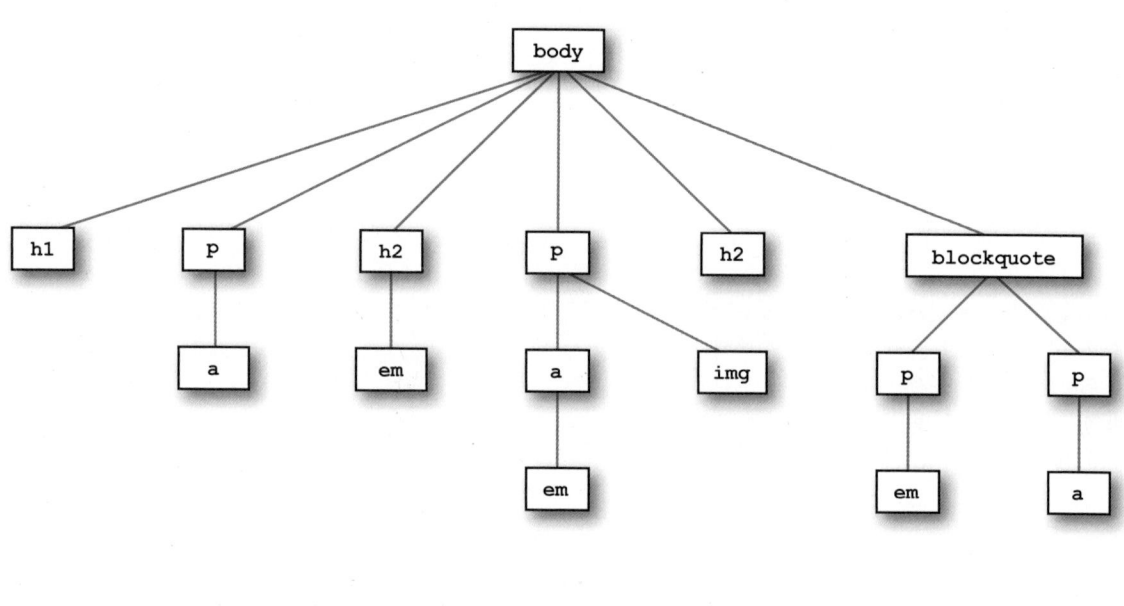

```
body {
        color: green;
}

p {
        color: black;
}
```

여기 CSS가 있습니다.
이것을 사용해서 위에
있는 요소 중 어떤 것이
대 히트를 치고 녹색이
될지 결정하세요.

브라우저가 되어 봅시다!

CSS 파일에 에러가 있다면 보통 모든 규칙이 아래에 있는 에러를 무시하게 됩니다. 따라서 이 연습문제를 풀면서 에러를 잡아내는 습관을 들이도록 하세요.

아래에는 몇 가지 에러가 있는 'style.css'라는 CSS 파일이 있습니다. 여러분의 임무는 브라우저가 되었다고 생각하고 모든 에러를 찾아내는 것입니다. 작업을 마친 후에 여러분이 골라낸 내용이 맞는지 이 장의 끝에 있는 정답과 비교해 보세요.

'style.css' 파일

```
<style>

body {
    background-color: white

h1, {
    gray;
    font-family: sans-serif;
}

h2, p {
    color:
}

<em> {
    font-style: italic;
}

</style>
```

연습문제를 풀다가 뭔가가 생각났어요. HTML처럼 CSS도 유효성 검사를 하는 방법이 있나요?

물론입니다!

W3C에 있는 형과 언니들이 손가락 까딱하지 않고 앉아만 있는 것은 아닙니다. 그들은 아주 열심히 일하고 있습니다. CSS에 대한 유효성 검사기는 아래 주소에서 찾을 수 있어요.

http://jigsaw.w3.org/css-validator/

브라우저에서 URL을 직접 입력해서 들어가보면, 여러분이 친숙하게 느낄 것이라고 생각되는군요. HTML 유효성 검사기처럼 거의 정확히 작동하는 유효성 검사기를 찾을 수 있을 거예요. CSS를 검증하려면 여러분의 CSS URL을 가리키거나, CSS 파일 자체를 업로드하거나,

CSS 내용을 복사해서 붙여 넣고 체크하면 됩니다.

doctype이나 CSS에 있는 문자 인코딩이 필요한 것 같은 크게 놀랄 일은 없을 것입니다. 계속해서 한번 해 보세요(어쨌든 다음 페이지에서 여러분을 놀라게 하지는 않을 것 같습니다).

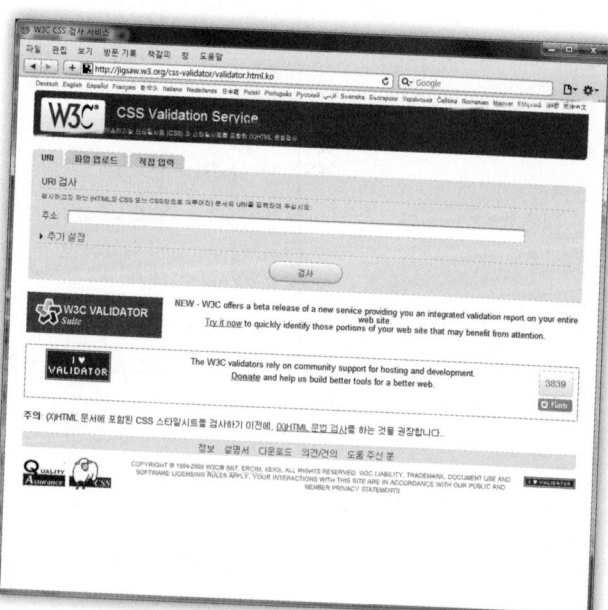

라운지 CSS의 유효성 확인하기

이 장을 끝내기 전에 모든 헤드 퍼스트 라운지 CSS에 대한 유효성 검사를 하면 좀 더 낫지 않을까요? CSS를 W3C에서 검증 받기 위해 여러분이 원하는 방법을 사용하세요. 만약 여러분의 CSS가 서버에 있다면 URL을 입력하는 방법을 사용하면 됩니다. 그렇지 않다면 CSS 파일을 업로드하거나 CSS 파일의 내용을 복사해서 붙여넣는 방법을 사용하세요(만약 업로드하는 방법을 사용한다면, HTML 파일이 아닌 CSS 파일을 업로드해야 한다는 것을 다시 한 번 확인하세요). 다 하고 나서 〈Check〉 버튼을 클릭하세요.

CSS가 유효하지 않다면, 몇 페이지 뒤로 가서 CSS를 검토해 보고 어떠한 작은 실수라도 찾아내도록 하세요. 그러고 나서 다시 전송해 보세요.

우리의 CSS는 CSS 3으로 검증됐군요. (유효성 검증기는 아직 CSS3로 업그레이드 되지 않았지만, 여러분이 이 책을 읽을 때쯤에는 가능할 것 같군요.)

여러분의 CSS가 유효성 검증을 통과했다는 점을 자랑하고 싶다면 여러분의 웹 페이지에 여기 있는 아이콘을 넣으세요.

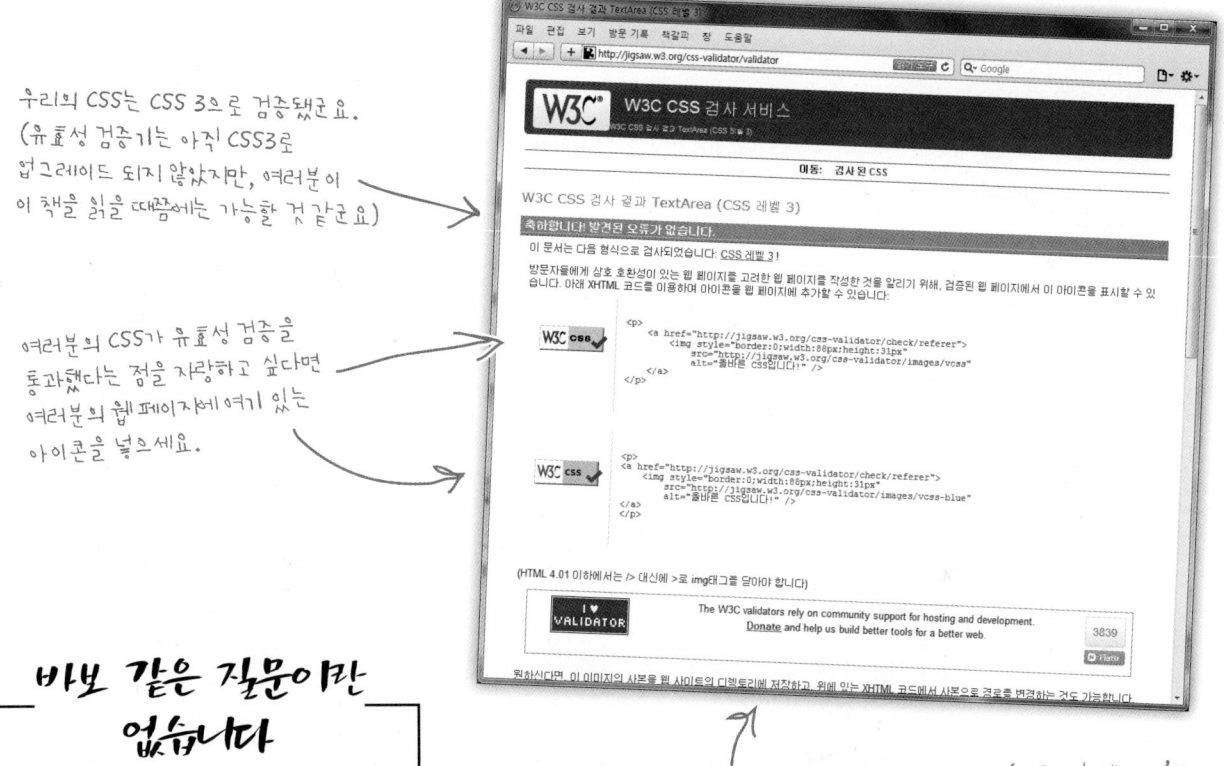

HTML 유효성 검증 때처럼 '성공의 녹색 배지'가 떴군요. 녹색이면 안심입니다.

바보 같은 질문이란 없습니다

Q: 검사 결과에 나오는 경고 문구는 어떻게 해야 하나요?

A: 경고 문구를 살펴보는 것이 좋습니다만, 꼭 '처리해야 하는' 것이라기보다는 제안이나 권고의 범주에 들어가는 것입니다. 유효성 검사기는 때로는 지나치게 엄격합니다. 따라서 그냥 기억만 해두는 게 좋을 것 같네요.

요소 수프

top

요소가 맨
위에서 어느 정도
떨어져 있을지를
제어합니다.

text-align

왼쪽 중심 혹은 오른쪽 중심으로
텍스트를 정렬하려면
이 속성을 사용하세요.

letter-spacing

문자 사이에 공백을 넣습니다.
이 와 같 이 요.

color를 사용하여
텍스트 요소의 폰트 색을
설정하세요.

color

background-color

요소의 배경 색을
제어합니다.

이탤릭체 등을 설정할 때
이 속성을 사용하세요.

font-style

텍스트의 굵기를 제어합니다.
텍스트를 굵게 하고 싶으면
이 속성을 사용하세요.

border

요소 주위에 경계선을 넣습니다.
직선, 점선 등으로 넣을 수 있습니다.

font-weight

이 속성은 리스트
아이템들이 리스트에서
어떻게 보여지는지
변경할 때 사용합니다.

list-style

left

요소가 왼쪽에서 얼마나
떨어져 있는지 위치를
설정할 때 사용합니다.

padding

요소와 그 콘텐츠 경계에
공간이 필요할 때
padding을 사용하세요.

텍스트 요소에 있는 줄들 사이의
공간(space)을 설정합니다.

텍스트의 크기를 더 크게
혹은 더 작게 만듭니다.

요소 뒤(배경)에 이미지를 넣을 때
이 속성을 사용하세요.

line-height   **font-size**   **background-image**

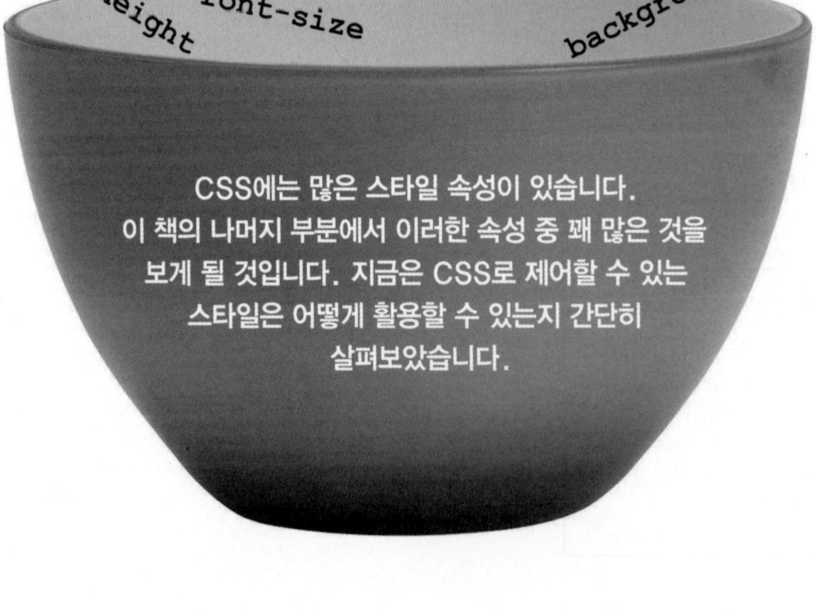

CSS에는 많은 스타일 속성이 있습니다.
이 책의 나머지 부분에서 이러한 속성 중 꽤 많은 것을
보게 될 것입니다. 지금은 CSS로 제어할 수 있는
스타일은 어떻게 활용할 수 있는지 간단히
살펴보았습니다.

이제 스타일에 대해서
뭔가 좀 아는 것 같군요. 앞으로 배울
장에서 당신이 무엇을 가져올지
기대가 되는데요.

핵심정리

- CSS는 규칙이라 불리는 간단한 문장을 갖고 있습니다.

- 각 규칙은 HTML 요소의 선택을 위한 스타일을 제공합니다.

- 일반적인 규칙은 하나의 선택자에 하나 이상의 속성과 값으로 구성됩니다.

- 선택자는 어떤 요소가 어떤 규칙에 적용되는지를 명시합니다.

- 각 속성의 정의 끝에는 세미콜론을 넣습니다.

- 하나의 규칙에 있는 모든 속성과 값은 {} 안에 놓습니다.

- 선택자처럼 그 이름을 사용해서 요소를 선택할 수 있습니다.

- 콤마로 요소 이름을 분리함으로써 한 번에 요소 여러 개를 선택할 수 있습니다.

- HTML에서 스타일을 포함시키는 가장 쉬운 방법은 〈style〉 태그를 사용하는 것입니다.

- HTML과 복잡한 사이트라면, 외부에 있는 스타일시트와 연결해야 할 것입니다.

- 〈link〉 요소는 외부 스타일시트를 포함시키는 데 사용됩니다.

- 많은 속성은 상속을 받습니다. 예를 들어 상속되는 어느 한 속성이 〈body〉 요소에 설정되었다면, 모든 〈body〉의 자식 요소는 그것을 상속받습니다.

- 여러분이 변경시키고자 하는 요소를 위해 좀 더 특별한 규칙을 생성하여 상속받는 속성을 항상 재정의 할 수 있습니다.

- 요소들을 클래스에 추가하려면 class 속성을 사용하세요.

- 클래스에 있는 특별한 요소를 선택하려면 요소 이름과 클래스 이름 사이에 '.'을 사용합니다.

- 클래스에 속한 요소를 선택하기 위해서 '.classname'을 사용하세요.

- 클래스 속성에 여러 개의 클래스 이름을 넣음으로써 한 요소가 여러 클래스에 속하게 될 수 있습니다. 클래스 이름은 공백으로 구분합니다.

- http://jigsaw.w3.org/cas-validator에서 W3C 유효성 검사기를 사용하여 CSS의 유효성 검사를 할 수 있습니다.

HTML 십자 퍼즐

아래에 있는 몇 가지 단서와 정신적인 굴곡은 여러분의 두뇌에 CSS를
올바로 집어 넣는 데 도움을 줄 것입니다.

class
serif
style
link
rules(규칙)
children
radwebdesign
(신속웹디자인)
selector(선택자)
font—family
color
sansserif
values
inheritance(상속)
stylosheet(스타일시트)
loungeguys(라운지 청년들)

가로

3. 스타일들은 이러한 것들로 정의됩니다.
5. 요소를 선택하는 것
8. 각각의 규칙은 속성과 이것을 정의합니다.
10. 요소들의 그룹을 정의합니다.
11. 폰트의 색을 나타내는 속성
13. 몇 가지 폰트를 장식하는 부분
14. 요소들이 부모로부터 속성을 물려받는 것
15. 폰트 타입을 위한 속성

세로

1. 세리프(serif) 없는 폰트
2. HTML 파일에 있는 이러한 태그들을 CSS 내부에 넣을 수
   있습니다.
4. 외부 스타일 파일을 이것이라고 부릅니다.
6. 상속을 이용해서 한 요소에 설정되는 속성은 이것에 물려지
   게 됩니다.
7. 외부 스타일시트를 사용했기 때문에 이번 경쟁에서 승리했죠.
9. 그들은 정말 몇 가지 스타일을 원했습니다.
12. 이 요소를 사용해서 외부의 스타일시트를 포함합니다.

마크업 자석 정답

3장에서 HTML 요소 간의 관계도를 그렸던 것을 기억하세요? 라운지의 메인 페이지에 대해 다시 한 번 똑같은 작업을 해봅시다. 여기에 정답이 있습니다.

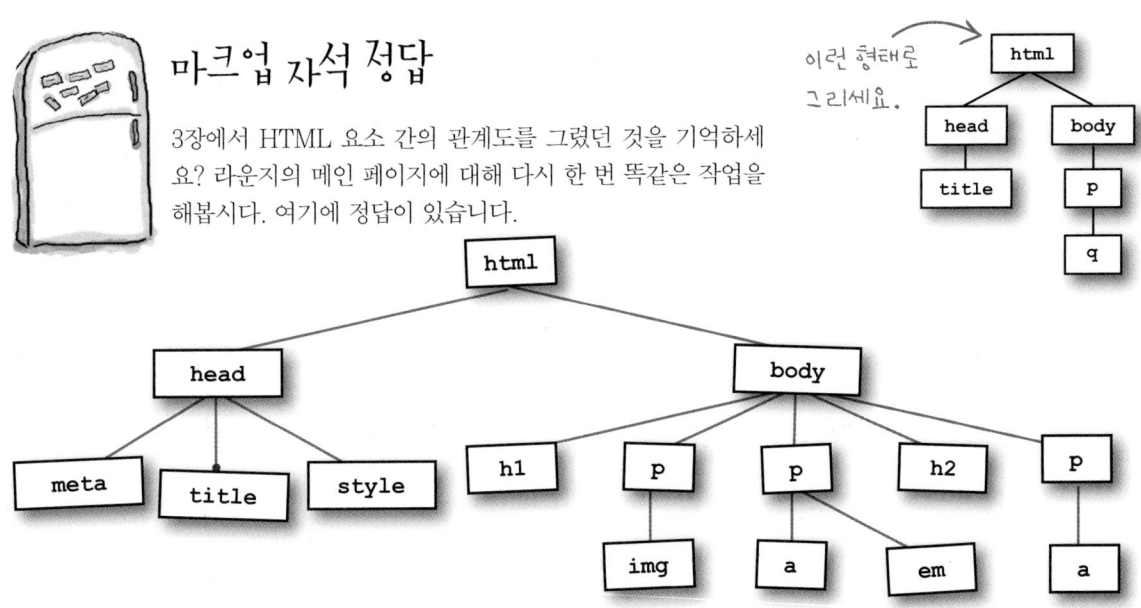

이런 형태로 그리세요.

연필을 깎으며 정답

선택된 요소는 색이 칠해져 있습니다.

```
p, h2 {
    font-family: sans-serif;
}
```

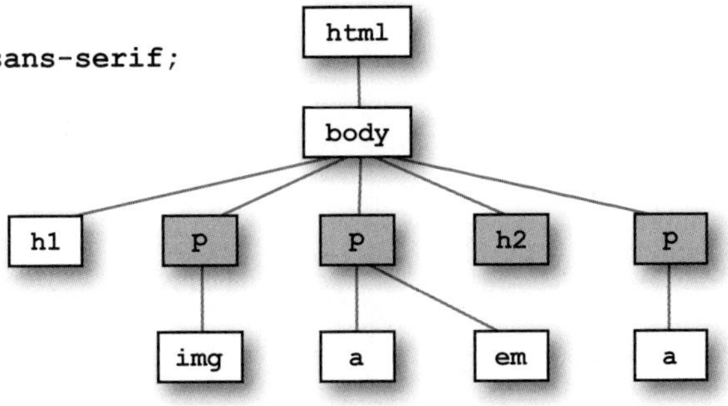

```
p, em {
    font-family: sans-serif;
}
```

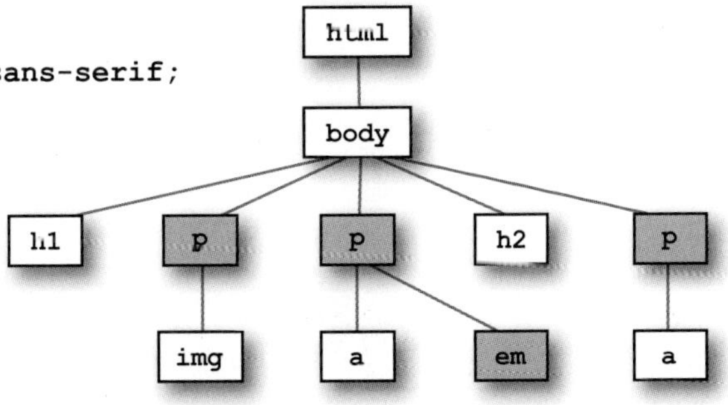

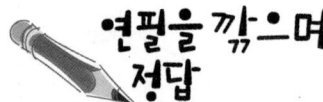

연필을 깎으며 정답

여러분 차례입니다. raspberry와 blueberry 두 개의 클래스를 'elixir.html' 파일에 올바른 문단에 추가하고 각각에 대해 파란색과 자주색으로 스타일을 작성합니다. raspberry에 대한 속성값은 'blue'이고, blueberry에 대한 속성값은 'purple'입니다.

```css
body {
        font-family: sans-serif;
}

h1, h2 {
        color: gray;
}

h1 {
        border-bottom: 1px solid black;
}

p {
        color: maroon;
}

p.greentea {
        color: green;
}

p.raspberry {
        color: blue;
}

p.blueberry {
        color: purple;
}
```

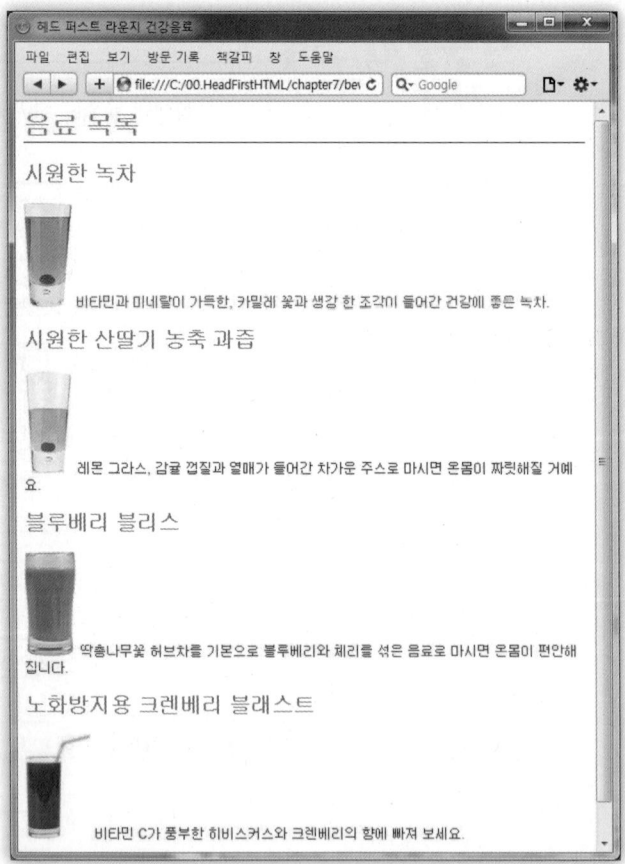

```
<!doctype html>
<html>
  <head>
    <meta charset="utf-8">
    <title>헤드 퍼스트 라운지 건강 음료</title>
    <link type="text/css" rel="stylesheet" href="../lounge.css">
  </head>
  <body>
    <h1>음료 목록</h1>
    <h2>시원한 녹차</h2>
    <p class="greentea">
            <img src="../images/green.jpg" alt="Green Tea">
            비타민과 미네랄이 가득한, 카밀레 꽃과 생강 한 조각이 들어간 건강에 좋은 녹차
    </p>
    <h2>차가운 산딸기 농축과즙</h2>
    <p class="raspberry">
            <img src="../images/lightblue.jpg" alt="Raspberry Ice">
            레몬 그라스, 감귤 껍질과 열매가 들어간 차가운 산딸기 주스로
            마시면 온몸이 짜릿해질 거예요.
    </p>
    <h2>블루베리 블리스</h2>
    <p class="blueberry">
            <img src="../images/blue.jpg" alt="Blueberry Bliss">
            딱총나무꽃 허브차를 기본으로 블루베리와 체리를 섞은 음료로
            마시면 온몸이 편안해집니다.
    </p>
    <h2>노화방지용 크렌베리 블래스트</h2>
    <p>
            <img src="../images/red.jpg" alt="Cranberry Blast">
            비타민 C가 풍부한 히비스커스와 크렌베리의 향에 빠져 보세요.
    </p>
  </body>
</html>
```

연습문제
정답

누가 상속받을까요?

코를 바짝 대고 냄새를 맡아보세요. 〈body〉 요소는 하늘에
있는 위대한 브라우저를 따라 가 버렸습니다. 하지만 많은
자손과 '녹색(green)'의 color 속성을 유산으로 남겼습니다.
아래에 그의 가계도가 나와 있습니다. 〈body〉 요소의 녹색
속성을 상속받는 모든 후손을 표시해 보세요. 맨 밑에 있는
CSS를 먼저 살펴보도록 하세요. 여기 정답이 나와 있군요.

```
body {
        color: green;
}

p {
        color: black;
}
```

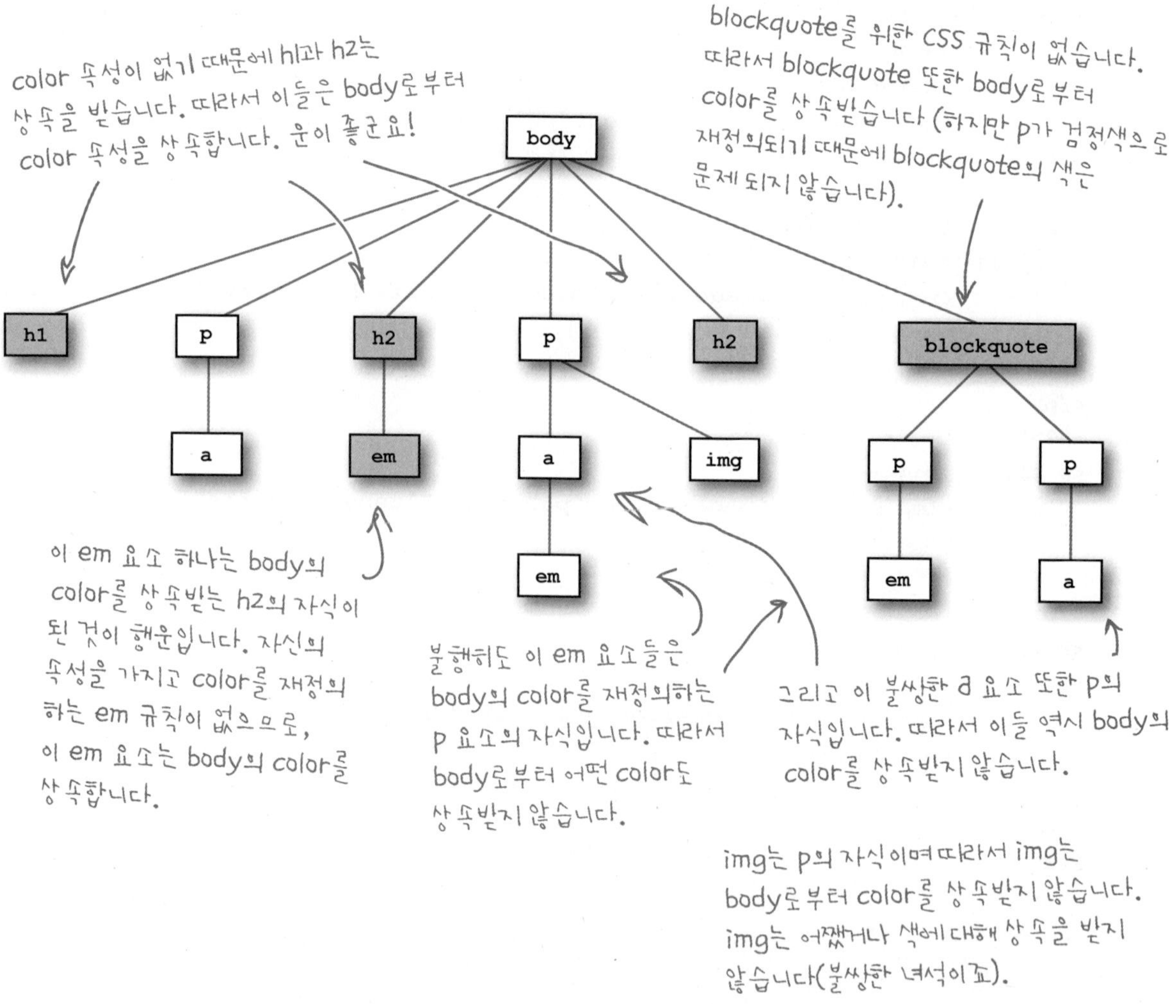

color 속성이 없기 때문에 h1과 h2는
상속을 받습니다. 따라서 이들은 body로부터
color 속성을 상속합니다. 운이 좋군요!

blockquote를 위한 CSS 규칙이 없습니다.
따라서 blockquote 또한 body로부터
color를 상속받습니다 (하지만 p가 검정색으로
재정의되기 때문에 blockquote의 색은
문제 되지 않습니다).

```
body
  ├── h1
  ├── p ── a
  ├── h2 ── em
  ├── p ── a ── em
  │       └── img
  ├── h2
  └── blockquote
        ├── p ── em
        └── p ── a
```

이 em 요소 하나는 body의
color를 상속받는 h2의 자식이
된 것이 행운입니다. 자신의
속성을 가지고 color를 재정의
하는 em 규칙이 없으므로,
이 em 요소는 body의 color를
상속합니다.

불행히도 이 em 요소들은
body의 color를 재정의하는
p 요소의 자식입니다. 따라서
body로부터 어떤 color도
상속받지 않습니다.

그리고 이 불쌍한 a 요소 또한 p의
자식입니다. 따라서 이들 역시 body의
color를 상속받지 않습니다.

img는 p의 자식이며 따라서 img는
body로부터 color를 상속받지 않습니다.
img는 어쨌거나 색에 대해 상속을 받지
않습니다 (불쌍한 녀석이죠).

브라우저가 되어 봅시다! 정답

아래에는 몇 가지 에러가 있는 'style.css'라는 CSS 파일이 있습니다. 여러분의 임무는 브라우저가 되었다고 생각하고 모든 에러를 찾아내는 것입니다. 모두 찾아냈나요?

CSS안에 HTML이 있으면 안됩니다! <style> 태그는 XHTML이며 CSS 스타일 시트에서는 작동하지 않습니다.

```
<style>

body {
    background-color: white        세미콜론이 빠졌네요.
                      }이 빠졌네요.
콤마가 하나 있네요.  h1, {
속성 이름과 콜론이  gray;
빠졌군요          font-family: sans-serif;

}


h2, p {        속성값와 세미콜론이 빠졌습니다.
    color:
}


요소 이름 대신 HTML 태그가 시용되고 있군요. em이 와야 합니다.
<em> {
    font-style: italic;
}

CSS 스타일 시트에는 </style> 태그가 필요 하지 않습니다.
</style>
```

**연습문제
정답**

'lounge.html' 파일에서 모든 클래스에 포함되어 있는 greentea 문단을 아래와 같이 변경하세요.

```
<p class="greentea raspberry blueberry">
```

저장하고 다시 열어봅니다. 이제 시원한 녹차 문단은 어떤 색으로 바뀌나요?

자주색 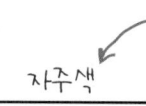 blueberry 규칙은 CSS 파일의 가장 아래에 있으므로 자주색 (purple)이 됩니다.

다음으로 HTML에 있는 클래스의 순서를 변경합니다.

```
<p class="raspberry blueberry greentea">
```

저장하고 다시 열어봅니다. 이제 시원한 녹차 문단은 어떤 색으로 되어 있나요?

자주색  클래스 속성에 있는 이름 순서는 문제되지 않기 때문에 여전히 자주색입니다.

다음으로 CSS 파일을 열고 p.greentea 규칙을 파일의 맨 밑으로 옮깁니다.

저장하고 다시 열어봅니다. 이제 시원한 녹차 문단은 어떤 색으로 바뀌나요?

녹색 ← CSS 파일의 맨 마지막에 greented 규칙이 있기 때문에 녹색으로 바뀌었습니다.

마지막으로 p.raspberry 규칙을 파일의 맨 밑으로 옮깁니다.

저장하고 다시 열어봅니다. 시원한 녹차 문단은 어떤 색으로 되어 있나요?

파란색 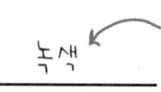 CSS 파일의 맨 마지막에 raspberry 규칙이 있기 때문에 파란색으로 바뀌었습니다.

작업을 마친 후, 녹차(greentea) 요소를 원래 있던 대로 다시 작성합니다.

```
<p class="greentea">
```

저장하고 다시 열어봅니다. 시원한 녹차 문단은 어떤 색으로 바뀌나요?

녹색 ← 좋습니다. 이제 `<p>` 요소는 오직 한 클래스에만 속하게 되며 따라서 가장 특별한 규칙인 p.greented 규칙을 사용하게 됩니다.

HTML 십자 퍼즐 정답

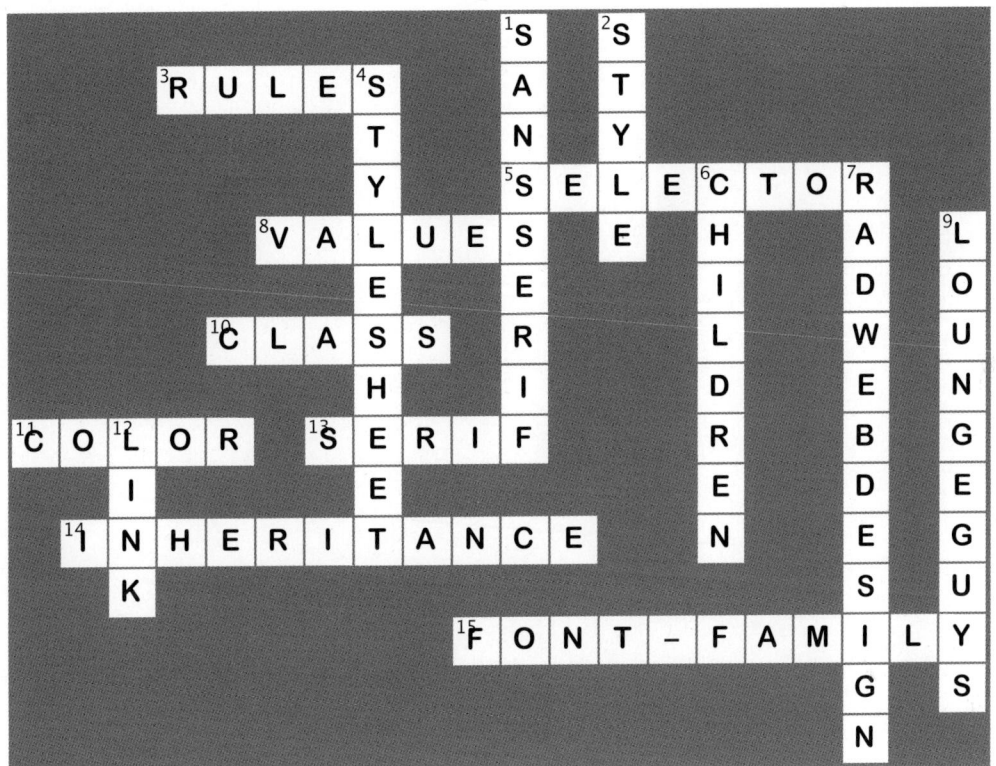

8 폰트와 색으로 장식하기

어휘력 향상시키기

여러분은 CSS 수업을 훌륭히 잘 받고 있습니다.

여러분은 이미 CSS에 대한 기본기를 다졌고, CSS 규칙을 만들어 요소의 스타일을 명시하고 선택하는 방법도 알고 있습니다. 이제 어휘력을 향상시킬 때가 되었습니다. 즉, 몇 가지 새로운 속성을 골라 어떤 동작을 하는지 알아본다는 의미입니다. 이번 장에서는 텍스트를 표현하는 데 영향을 미치는 가장 일반적인 속성 중 일부를 알아볼 것입니다. 이를 위해 여러분은 폰트와 색에 관한 몇 가지를 배워야 합니다. 다른 사람들이 사용하는 폰트, 혹은 문단과 제목에 대해 브라우저가 기본값으로 사용하는 스타일과 투박한 크기에 얽매일 필요가 없다는 것을 알게 될 것입니다. 또한 눈을 만족시키는 것 이상으로 색에 대해 많은 것을 배울 기예요.

30,000피트 높이에서 바라 본 텍스트와 폰트

많은 CSS 속성이 텍스트를 꾸미는 일에 헌신적으로 매달리고 있습니다. 여러분은 CSS로 폰트와 스타일, 색상, 심지어는 텍스트에 넣는 장식까지도 제어할 수 있는데, 이번 장에서 이 모든 것을 다룰 것입니다. 그럼 먼저 페이지를 보여주는 데 사용되는 실제 폰트를 알아보도록 하죠. 여러분은 이미 `font-family` 속성을 배웠습니다. 이 장에서는 폰트를 명시하는 것에 관해 좀 더 많은 내용을 배우게 될 것입니다.

본격적으로 뛰어들기 전에 폰트의 모양을 변경하고 명시하는 데 사용할 수 있는 몇 가지 속성을 30,000피트 높이에서 한번 바라 봅시다. 그리고 나서 하나씩 각 속성의 사용법에 대해 속속들이 파헤쳐 보기로 하죠.

Andale Mono
Arial
Arial Black
Comic Sans
Courier New
Georgia
Impact
Times New Roman
Trebuchet MS
Verdana

속성으로 페이지에 있는 폰트를 변경하세요.

폰트는 페이지 디자인에 아주 큰 영향을 줄 수 있습니다. CSS에서 폰트는 페이지에 있는 각 요소에서 사용하고자 하는 폰트를 명시할 수 있는 '폰트 패밀리 (font family)'로 구분할 수 있습니다. 일반적으로 대부분의 컴퓨터에는 특정한 폰트만이 설치되어 있으므로 폰트를 선택할 때 신중을 기해야 할 필요가 있습니다. 이번 장에서 여러분은 폰트를 아주 유용하게 사용하고 명시하기 위해 꼭 알아야 할 모든 내용을 전반적으로 경험할 수 있습니다.

← 브라우저에서 좀 더 많은 폰트를 사용하는 방법에 대해 곧 살펴볼 거예요.

```
body {
    font-family: Verdana, Geneva, Arial, sans-serif;
}
```

속성을 사용하여 폰트의 크기를 제어하세요.

또한 폰트 크기는 웹 페이지의 가독성과 디자인에 큰 영향을 줍니다. CSS를 사용하여 폰트의 크기를 명시하는 방법에는 여러 가지가 있는데, 이번 장에서 이들을 모두 다룰 것입니다. 또한 여러분의 디자인에 영향을 주지 않고 폰트 크기를 키울 수 있는 것을 허용하도록 폰트를 명시하는 방법도 알게 될 것입니다.

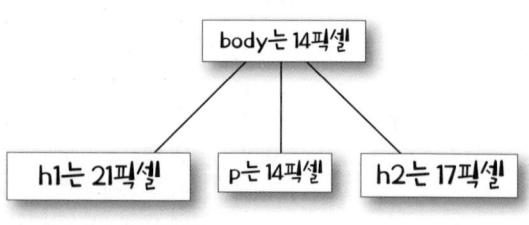

```
body {
    font-size: 14px;
}
```

color 속성을 사용하여 텍스트에 색을 추가하세요.

color 속성으로 텍스트 색을 변경할 수 있습니다. 이를 위해서는 웹 컬러(Web color)에 대해 좀 알아야 하는데, 신비에 가득 찬 색상인 'hex 코드'를 포함해 색에 대한 모든 세세한 내용을 전반적으로 다루게 될 것입니다.

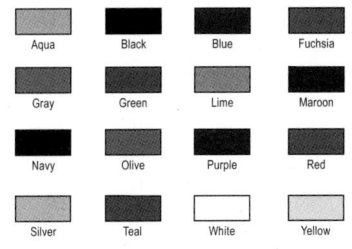

```
body {
    color: silver;
}
```

---

font-weight 속성을 사용하면 폰트 굵기에 영향을 줄 수 있습니다.

필요할 때 폰트의 굵기를 더 굵게 할 수 있음에도 불구하고 따분하고 평이한 폰트를 사용하는 이유가 뭐죠? 혹은 폰트가 너무 굵게 보이나요? 그렇다면 보통 굵기로 가늘게 해 보세요. 이러한 것은 font-weight 속성을 사용하여 쉽게 처리할 수 있습니다.

```
body {
    font-weight: bold;
}
```

lighter
normal
bold
bolder

---

text-decoration 속성을 사용하여 텍스트에 더 많은 스타일을 가미할 수 있습니다.

text-decoration 속성을 사용하여 텍스트에 윗줄(overline), 밑줄(underline), 가운데줄(line-throughs)을 포함해 텍스트를 멋지게 장식할 수 있습니다.

```
body {
    text-decoration: underline;
}
```

none
underline
overline
line-through

폰트 패밀리(font family)란 무엇일까요?

여러분은 이미 font-family 속성을 알고 있으며, 지금까지는 계속 sans-serif 값을
사용했었습니다. font-family 속성으로 좀 더 많은 창조적인 작업을 할 수 있습니다만,
그러기 전에 먼저 폰트 패밀리가 무엇인지 알아보는 것이 도움이 될 것입니다. 아래에
간단한 설명이 나와 있군요.

각 font-family는 일반적인 특성을 공유하는 폰트의 집합체를
담고 있습니다. 폰트 패밀리에는 산세리프(snas-serif), 세
리프(serif), 모노스페이스(monospace), 흘림체(cursive),
판타지 (fantasy) 총 5종류가 있습니다. 각 패밀리는 수많은
폰트의 집합체를 포함하고 있으므로 이 페이지에서는 몇 가지
예만 소개하겠습니다.

산세리프(Sans-serif) 패밀리

Verdana   **Arial Black**

Trebuchet MS   Arial

Geneva

세리프 패밀리는 세리프 폰트를
포함합니다. 신문에서 흔히 볼 수
있는 폰트죠.

세리프는 문자
끝부분에 장식용
가시와 고리 모양이
있습니다.

세리프(Serif) 패밀리

산세리프 패밀리는 세리프가 없는
폰트를 포함하며, 이 폰트는 보통
세리프 폰트보다는 컴퓨터 화면에서
좀 더 읽기 쉽습니다.

산세리프의 의미는
'세리프가 없다'라는
뜻입니다.

Times

Times New Roman

Georgia

폰트는 컴퓨터에 따라서 다르게 보일 수 있습니다. 사실 사용 가능한
폰트의 집합은 각 컴퓨터에 설치된 폰트, 애플리케이션뿐만 아니라
운영체제에 따라 바뀔 수 있습니다. 따라서 여러분의 컴퓨터에 있는
폰트는 사용자의 컴퓨터에서 사용할 수 있는 폰트와 다를 수 있다는
점을 기억하세요. 조금 후에 폰트 확장 방법을 알려드리겠습니다.

모노스페이스(Monospace) 패밀리

Courier

Courier New

Andale Mono

모노스페이스 패밀리는 일정한 폭의 문자 폰트로 이루어져 있습니다. 예를 들자면 'i' 문자가 차지하는 폭과 'm' 문자가 차지하는 폭은 같습니다. 이러한 폰트는 주로 소프트웨어의 코드 예제를 보여주는 데 사용됩니다.

홀림체 패밀리는 손으로 쓴 것 같은 폰트를 포함합니다. 가끔씩 이 폰트가 제목(heading)에서 사용된 것을 보게 될 거예요.

폰트 패밀리를 잘 살펴보세요. 세리프 폰트는 고상하고 고전적으로 보이는 반면 산세리프 폰트는 매우 깔끔하고 읽기 쉬워 보입니다. 모노스페이스 폰트는 타자기로 타이핑한 것 같은 느낌을 주죠. 흘림체와 판타지 폰트는 활력이 느껴지거나 어떤 양식에 맞추어진 듯합니다.

흘림체(Cursive) 패밀리

Comic Sans

Apple Chancery

판타지(Fantasy) 패밀리

Last NinjA

Impact

판타지 폰트 패밀리는 화려한 양식의 폰트로 이루어져 있습니다.

폰트 자석

여러분의 임무는 아래에 있는 폰트가 자신의 폰트 패밀리로 가도록 집 찾는 것을 도와주는 것입니다. 왼편에 있는 각 자석을 오른쪽에 있는 폰트 패밀리로 올바르게 집어 넣도록 하세요. 다음으로 넘어가기 전에 여러분의 정답을 확인해 보세요. 필요하다면 앞 장에 있는 폰트 패밀리에 대한 설명을 참고해도 좋습니다.

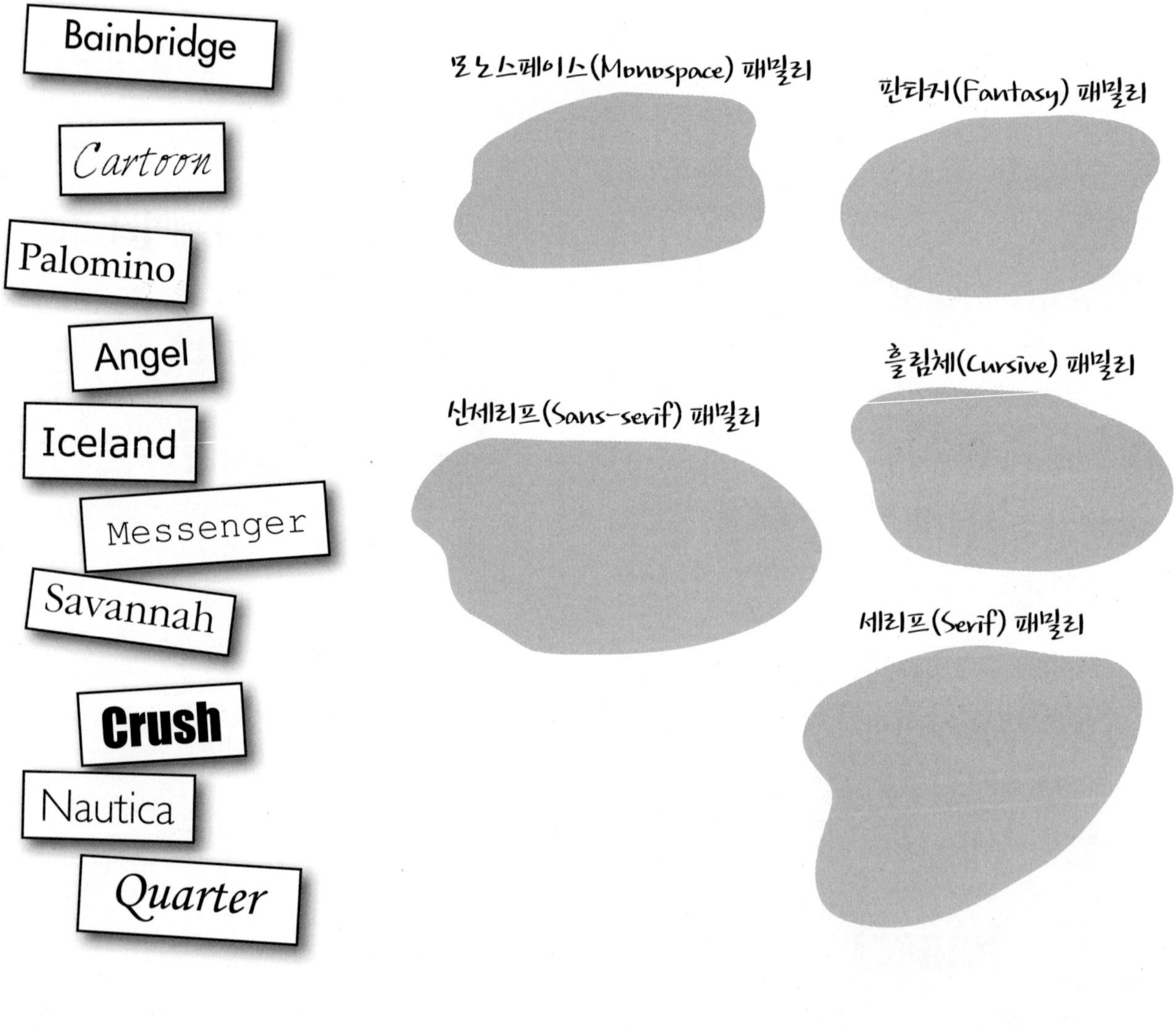

Bainbridge

Cartoon

Palomino

Angel

Iceland

Messenger

Savannah

Crush

Nautica

Quarter

모노스페이스(Monospace) 패밀리

판타지(Fantasy) 패밀리

신세리프(Sans-serif) 패밀리

흘림체(Cursive) 패밀리

세리프(Serif) 패밀리

CSS를 사용하여 폰트 패밀리 명시하기

폰트 패밀리에 좋은 폰트가 많이 있습니다. 어떻게 하면 페이지에서 이들을 사용할 수 있을까요?
여러분은 이미 앞에서 font-family 속성을 살펴보고 라운지를 위한 font-family 값을
sans-serif로 명시했었습니다. 여기에 좀 더 흥미로운 예가 나와 있군요.

보통 font-family 명세는 대체할 수 있는
폰트 목록을 포함하는데, 이 목록에는 같은
패밀리에 있는 모든 폰트가 올 수 있습니다.

```
body {
    font-family: Verdana, Geneva, Arial, sans-serif;
}
```

속성을 사용하면서 한 개 이상의 폰트를
명시할 수 있습니다. 콤마로 분리해서
폰트 이름을 넣기만 하면 됩니다.

대소문자를 포함해서
정확하게 폰트 이름을
적는군요.

'sans-serif', 'cursive', 'monospace'처럼 마지막에는
항상 일반적인 폰트 패밀리 이름을 넣으세요. 이것이 무슨
의미를 갖는지는 잠시 후에 알게 될 거예요.

명세 동작 방법

font-family 명세에서 열거된 폰트를 브라우저가 어떻게 해석하는지 아래에 나와 있군요.

Verdana 폰트를 컴퓨터에서
사용할 수 있는지 체크해
보세요. 사용 가능하다면 이
요소에 대한 폰트로 사용할 수
있습니다(이 경우에는 <body>
요소가 되겠죠).

만약 Verdana 폰트를
사용할 수 없다면 Geneva
폰트를 찾게되고, 이것이
사용 가능하면 이 폰트가
body 요소를 위한 폰트가
됩니다.

만약 Geneva 폰트를
사용할 수 없으면
Arial 폰트를 찾게
되고, 사용 가능하면
body를 위한 폰트로
이 폰트를 사용합니다.

마지막으로, 명시된 폰트
중에서 아무것도 찾지
못한다면 브라우저는
sans-serif 폰트를
사용합니다.

```
body {
    font-family: Verdana, Geneva, Arial, sans-serif;
}
```

대안이 되는 폰트 4개를 반드시 명시할 필요는 없습니다.
두 개 혹은 세 개만 명시할 수도 있습니다. 이전 장에서는
여러분이 사용하고 싶어하는 폰트에 대해 많은 선택권을
주지 않았기 때문에 추천하지 않았음에도 불구하고 기본
폰트인 'sans-serif' 오직 한 개만 사용했었습니다.

font-family 속성은 여러분이 선호하는 폰트의 목록을 생성하는 방법을 제공하고 있습니다.
바라건대 대부분의 브라우저는 여러분이 선택한 폰트 중 한 개만 사용할 것입니다. 만약 그렇지
않다 하더라도 최소한 브라우저는 같은 패밀리에 있는 일반적인 폰트를 제공할 것입니다.

여러분의 페이지에 몇 가지 폰트를 넣어보세요.

토니의 일기에 쌓인 먼지를 털어냅시다

폰트를 명시하는 방법을 알았으니 토니의 세그웨이와 함께 하는 미국 여행 페이지를 다른 각도에서 살펴보고 페이지 모양을 좀 변경해 봅시다. 우리는 토니의 페이지에 있는 텍스트의 스타일에 작고 점진적인 변화를 줄 것입니다. 한 가지 변화를 준다고 크게 바뀌지는 않겠지만, 이 장의 끝에 가서 새롭고 멋진 페이지로 변모했다는 점에 대해 동의할 것이라고 생각합니다. 먼저 어느 부분을 바꿀지 감을 잡고 나서 토니에게 새로운 font-family를 주도록 하죠.

토니의 사이트에는 어떤 스타일도 적용하지 않았음을 기억하세요. 즉, 이 사이트에 있는 모든 페이지는 세리프 font-family를 사용하고 있습니다.

제목 폰트의 기본 크기가 상당히 커서 사람들을 끌어 모으지는 못하는군요.

인용구는 들여쓰기만 됐네요. 몇 가지 font-style을 추가해서 좀 더 보기 좋게 개선할 수 있을 것 같군요.

사진을 제외하고 이 페이지는 단색에 가까우므로 좀 더 흥미롭게 만들기 위해 폰트 색을 조금 추가할 것입니다.

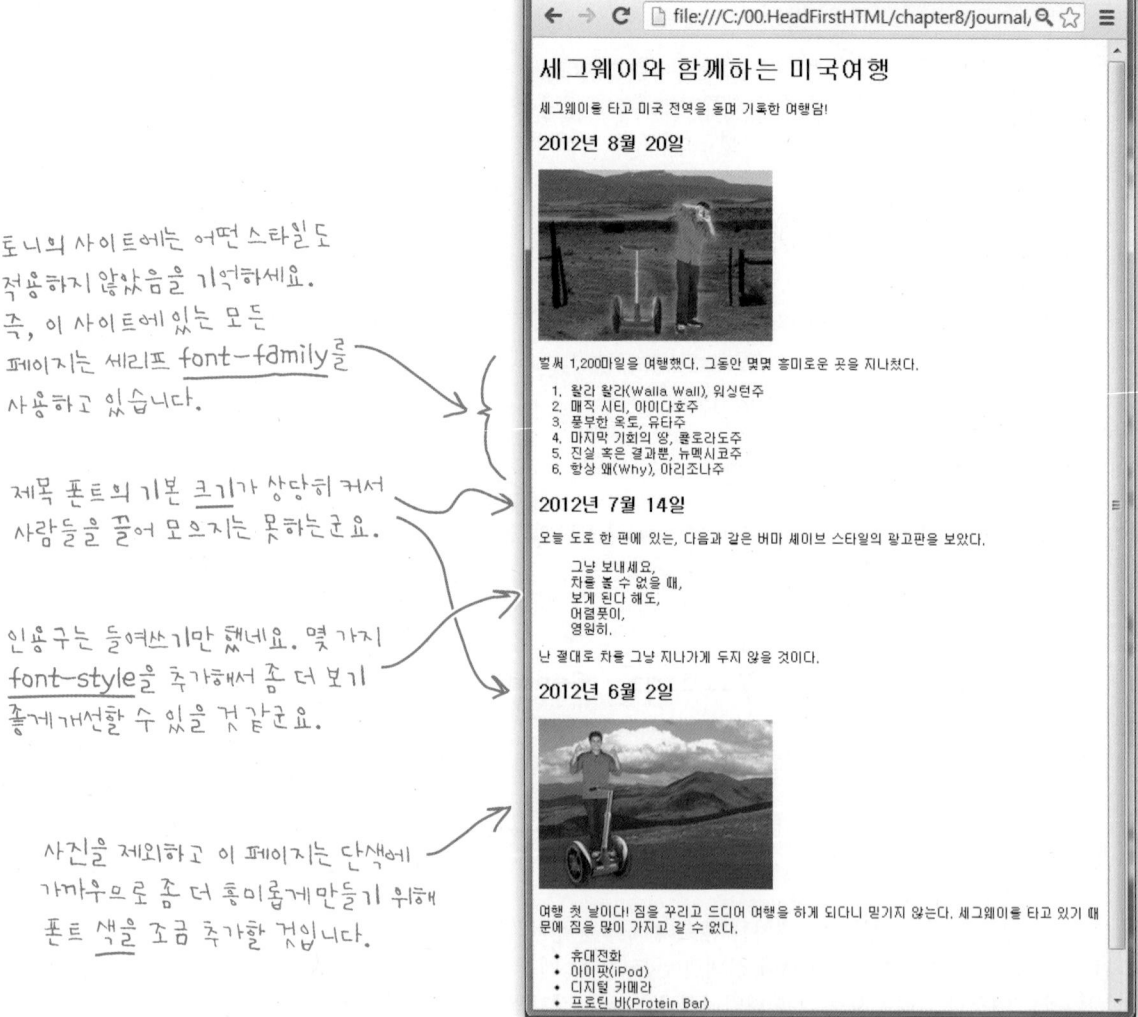

토니에게 새로운 font-family 주기

토니가 font-family를 설정하도록 해봅시다. 몇 가지 깔끔한 산세리프 폰트를 추가하는 것부터
시작하도록 하죠. 먼저 'chapter8/journal' 폴더에 'journal.css'라는 새로운 파일을 생성하고
아래에 있는 규칙을 추가하세요.

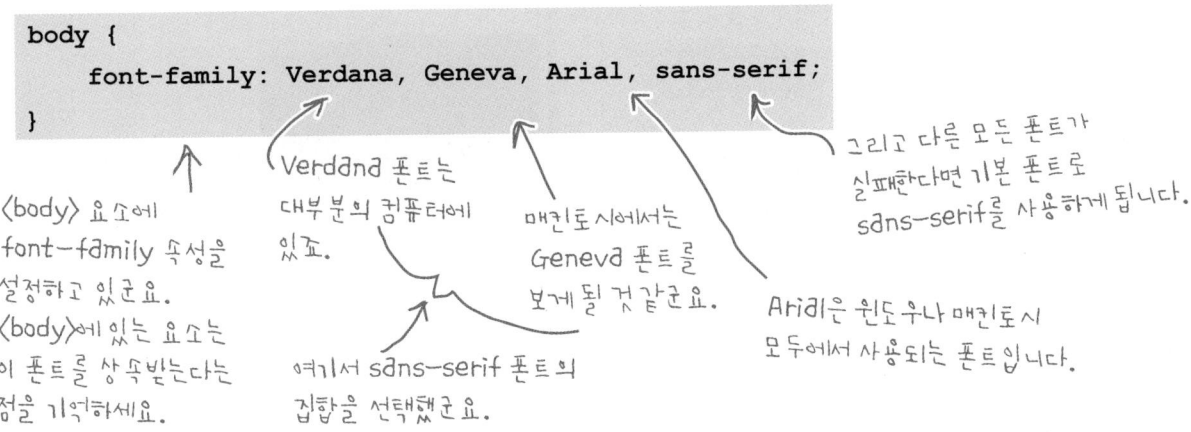

```css
body {
    font-family: Verdana, Geneva, Arial, sans-serif;
}
```

〈body〉 요소에
font-family 속성을
설정하고 있군요.
〈body〉에 있는 요소는
이 폰트를 상속받는다는
점을 기억하세요.

Verdana 폰트는
대부분의 컴퓨터에
있죠.

여기서 sans-serif 폰트의
집합을 선택했군요.

매킨토시에서는
Geneva 폰트를
보게 될 것 같군요.

Arial은 윈도우나 매킨토시
모두에서 사용되는 폰트입니다.

그리고 다른 모든 폰트가
실패한다면 기본 폰트로
sans-serif를 사용하게 됩니다.

이제 토니의 일기를 새로운 스타일시트 파일과 연결해야 합니다. 이를 위해 'chapter8/
journal' 폴더에 있는 'journal.html' 파일을 여세요. 아래와 같이 'journal.css' 파일에 있는
스타일에 연결하기 위한 〈link〉 요소만 추가하면 됩니다.

토니의 journal.html 파일에 doctype과 〈meta〉 태그를
추가해 공식적인 HTML5로 갱신했습니다.

```html
<!doctype html>
<html>
    <head>
        <meta charset="utf-8">
        <link type="text/css" rel="stylesheet" href="journal.css">
        <title>세그웨이와 함께 하는 미국여행</title>
    </head>
    <body>
        .
        .
        .
    </body>
</html>
```

새로운 'journal.css'
파일과 연결되는 부분이
바로 여기 있군요.

위와 같이 변경한 뒤 파일을 저장하고 브라우저에서 페이지를 다시 열어보세요.

토니의 새로운 폰트 시운전

브라우저에서 새로운 CSS와 연결된 페이지를 열어 보면, 아주 괜찮아 보이는 산세리프 폰트를 보게 될 것입니다. 변경된 내용을 살펴봅시다.

이 폰트는 토니의 웹페이지를 새롭게 보이도록 하는군요. 여전히 제목은 페이지 내에서 약간 크게 보이지만 편지에서 사용하는 세리프 폰트가 없어져서 깔끔하게 보입니다.

문단 텍스트 또한 깔끔하고 매우 읽기 쉬워졌습니다.

font-family가 상속된 속성이기 때문에 페이지에 있는 모든 요소는 지금 산세리프 폰트를 사용하고 있습니다. 심지어는 리스트 요소까지도요.

그리고 〈blockquote〉들도 마찬가지군요.

그리고 만약 세리프 폰트가 여러분의 기호에 맞다면 계속 사용하세요. 언제든지 font-family를 다시 선언하여 세리프 폰트를 사용할 수 있습니다.

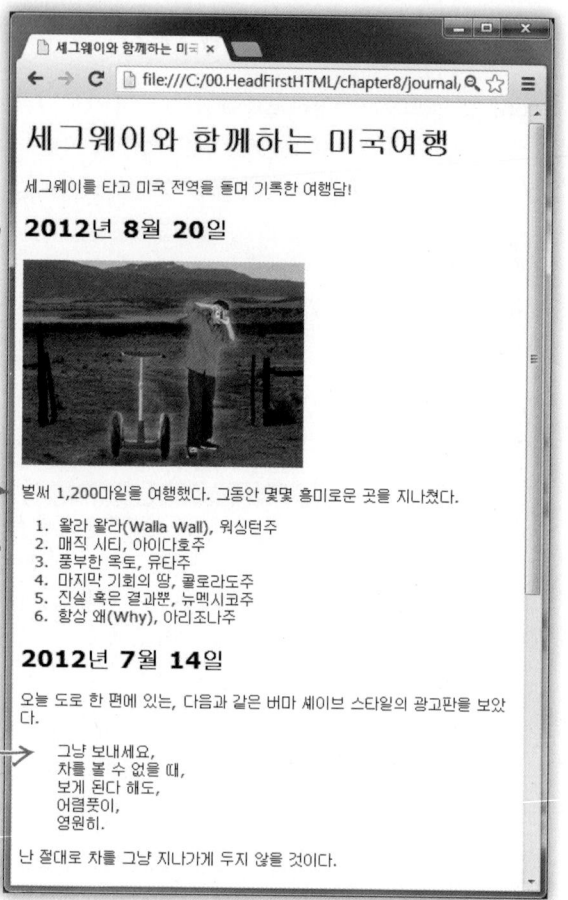

바보 같은 질문이란 없습니다

Q: Courier New 같이 이름에 여러 단어를 사용하는 폰트는 어떻게 명시해야 하나요?

A: 아래 예처럼 폰트 패밀리 선언 부분에서 다음과 같이 이름 주위에 큰 따옴표만 붙이면 됩니다.

```
font-family: "Courier
New",Courier;
```

Q: 정말 font-family 속성이 실제로 대안적인 폰트의 집합체인가요?

A: 예. 기본적으로 이 속성은 폰트의 우선 순위 목록이라 할 수 있죠. 첫 번째에 오는 것이 사용하기 좋아하는 폰트이고, 그다음으로 대체하기 좋은 것이 오고, 그다음에도 대체할 폰트가 옵니다. 마지막 폰트에는 만능 해결책인 'sans-serif' 혹은 'serif'를 명시해야 하는데, 이것은 목록에 있는 모든 폰트와 같은 패밀리에 있어야만 합니다.

Q: 'serif'와 'sans-serif'는 실제 폰트인가요?

A: 'serif'와 'sans-serif'는 실제 폰트 이름은 아닙니다. 하지만 만약 font-family 선언부에서 이 폰트 앞에 있는 다른 폰트들이 발견되지 않으면 브라우저는 'serif' 혹은 'sans-serif'가 놓여진 위치에 실제 폰트를 대체할 것입니다. 그 위치에서 사용되는 폰트는 브라우저가 해당 폰트 패밀리에 있는 기본 폰트로 정의한 폰트라면 어떤 것이든지 사용될 수 있습니다.

Q: 세리프 혹은 산세리프 중 어떤 폰트가 사용되는지 어떻게 알 수 있나요?

A: 특별한 규칙은 없습니다. 하지만 많은 사람들이 컴퓨터 화면에서 산세리프가 본문 텍스트에 가장 적합한 폰트라고 여기고 있습니다. 여러분은 본문 텍스트에 세리프나 산세리프와 세리프가 혼합된 폰트를 사용한 페이지를 많이 발견하게 될 것입니다. 따라서 실제적으로 어떤 폰트가 사용되는지는 여러분의 페이지가 어떤 종류의 모습으로 보이길 원하는지에 달려 있습니다.

다른 폰트를 사용하는 사용자를 다루려면 어떻게 해야 할까요?

폰트에 관한 불행한 사실은 여러분이 사용자의 컴퓨터에 어떤 폰트가 있는지 제어할 수 없다는 점입니다. 이 뿐만 아니라 폰트는 운영체제에 따라서도 다르기도 합니다. 여러분의 매킨토시 폰트와 사용자 컴퓨터의 폰트가 다를 수 있죠.

그럼, 어떻게 처리해야 할까요? 가장 믿을만한 방법은 여러분이 작성한 페이지에 가장 적합한 폰트 목록을 작성한 뒤, 사용자들이 그 중 하나를 설치하길 바라는 것입니다. 만약 설치하지 않더라도 최소한 브라우저가 동일한 폰트 패밀리에 있는 일반적인 폰트를 제공할 거예요.

좀 더 자세히 알아보죠. 여러분이 해야 할 작업은 여러분의 font-family 선언부에 윈도우와 매킨토시(또한 리눅스나 모바일 기기 같은 사용자들이 사용할법한 다른 플랫폼) 모두에서 발생할 수 있는 폰트를 명시하도록 font-family를 선언하는 것입니다.

여기 예제가 나와 있군요.

Andale Mono
Arial
Arial Black
Comic Sans
Courier New
Georgia
Impact
Times New Roman
Trebuchet MS
Verdana

이 폰트들은 윈도우와 매킨토시 모두에서 사용 가능할 것 같군요.

Geneva
Courier
Helvetica
Times

이 폰트들은 대부분 매킨토시 컴퓨터에만 있을 것 같네요.

다시 한번 토니의 페이지에 있는 폰트 정의 부분을 살펴봅시다.

(1) Verdana 폰트를 사용하고 싶지만

(3) 윈도우나 매킨토시 어디에서도 사용 가능한 Arial 폰트에 의지할 수 있으니까 괜찮습니다. 하지만 이것 역시 사용할 수 없다면...

```
font-family: Verdana, Geneva, Arial, sans-serif;
```

(2) 그 폰트가 없다면 Geneva도 괜찮을 것 같군요. 하지만 이 폰트는 아마도 매킨토시에만 있는 것 같네요. 이 폰트 또한 없다면...

(4) 그래도 괜찮습니다. 브라우저가 우리를 위해 산세리프 폰트를 선택하게 할 거니까요.

사용자들이 사용하는 모든 종류의 기기에 적합한 폰트를 명시해야 할 필요성은 익히 알겠지만, 제 페이지의 주 제목으로 어울릴만한 폰트를 찾던 중 멋진 엠블레마 원(emblema one) 폰트를 찾았어요. 여기서도 이 폰트를 사용하고 싶은데, 사용할 수 있나요? 사용자에게 이 폰트가 없다면 대비책으로 다른 폰트를 사용할 수 있나요?

예. 하지만 더 나은 방법이 있습니다.

토니의 제안도 괜찮긴 하지만 아마도 사용자 중 극소수만 그 폰트를 갖고 있을 것입니다. 여러분이 아주 멋진 폰트를 갖고 있거나, 사이트를 디자인하는 데 글 자체가 중요한 요소라면 웹 폰트를 사용하여 사용자들의 브라우저에 직접 폰트를 배달해 줄 수 있습니다.

이렇게 하려면 CSS의 새로운 특성인 @font-face 규칙을 사용해야 할 거예요. 이 규칙은 폰트의 이름과 위치를 정의한 뒤 페이지에서 이를 사용할 수 있게 합니다.

어떤 식으로 동작하는지 살펴보도록 하죠.

웹 폰트 동작 방식

웹 폰트를 사용하면 사용자들에게 직접 새로운 폰트를 배달하는 최신 브라우저의 새로운 능력을 마음껏 활용할 수 있습니다. 일단 폰트를 배달하고 나면, 브라우저는 다른 폰트와 같이 웹 폰트를 사용할 수 있고 여러분은 CSS를 사용해 텍스트를 꾸밀 수도 있습니다. 웹 폰트가 어떤 식으로 동작하는지 좀 더 자세히 살펴보도록 하죠.

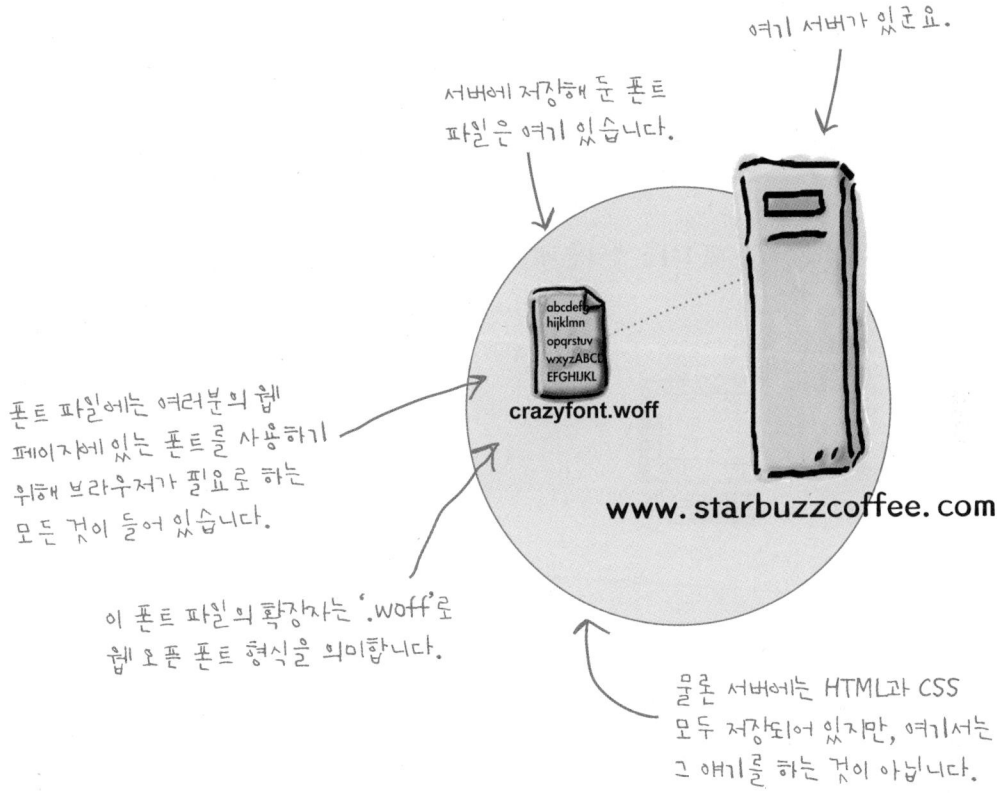

여기 서버가 있군요.

서버에 저장해 둔 폰트 파일은 여기 있습니다.

crazyfont.woff

www. starbuzzcoffee.com

폰트 파일에는 여러분의 웹 페이지에 있는 폰트를 사용하기 위해 브라우저가 필요로 하는 모든 것이 들어 있습니다.

이 폰트 파일의 확장자는 '.woff'로 웹 오픈 폰트 형식을 의미합니다.

물론 서버에는 HTML과 CSS 모두 저장되어 있지만, 여기서는 그 애기를 하는 것이 아닙니다.

1 웹 폰트를 사용하기 위해, 먼저 브라우저는 웹 폰트를 참조하는 HTML 페이지를 가져옵니다.

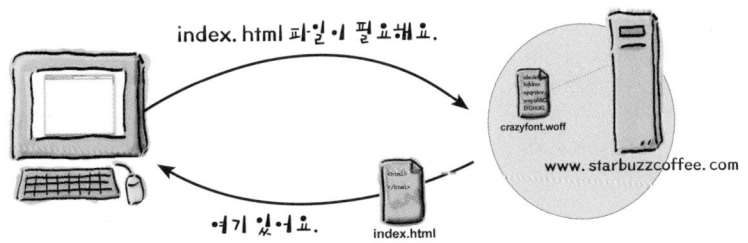

index. html 파일이 필요해요.

여기 있어요.

index.html

www. starbuzzcoffee.com

2 그러고 나서 브라우저는 페이지에 필요한 웹 폰트 파일을 가져옵니다.

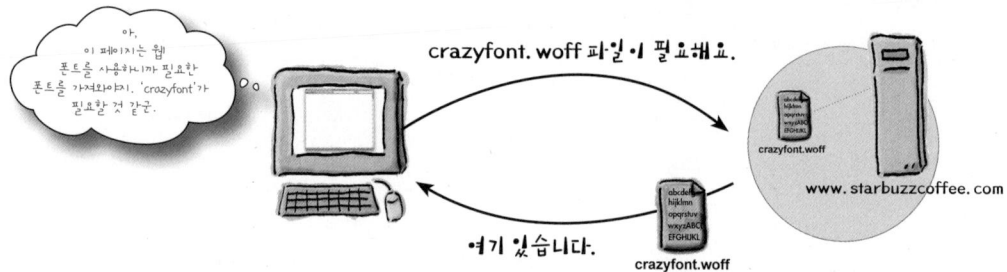

3 폰트를 가져왔으니 브라우저는 페이지를 보여줄 때 이 폰트를 사용합니다.

바보 같은 질문이란 없습니다

Q: woff? 웹 오픈 폰트 형식이 뭐죠?

A: Woff는 웹 폰트를 위한 표준 폰트 형식으로 떠오르고 있으며, 오늘날 모든 브라우저에서 이를 지원하고 있습니다. 그렇긴 하지만 이전에 이 분야에서는 표준화 노력이 좀 부족했고, 브라우저 종류에 따라 지원하는 폰트도 달랐습니다. Woff를 지원하지 않는 브라우저에 웹 폰트를 제공해야 한다면, 대안으로 사용 가능한 한 가지 이상의 폰트 형식을 제공해야 할 것입니다. 이런 경우에는 웹 폰트 제공 서비스가 많은 도움이 될 거예요.

Q: 웹 폰트를 사용하려면, 서버에 폰트 파일을 넣어둬야 하나요?

A: 단순히 테스트할 목적이라면 이미지처럼 여러분의 컴퓨터에 파일을 저장해 참조하게 할 수 있습니다. 하지만 웹상에 있는 사용자에게 폰트를 제공하고 싶다면, 서버에 해당 파일을 저장해 두던지, 구글과 같이 무료로 사용할 수 있는 호스팅 서비스를 이용해야 합니다.

Q: 웹 폰트를 사용한다면 사용자들도 이 폰트를 사용하게 될까요?

A: 사용자들이 현대적인 브라우저를 사용하는 한(네트워크 연결이나 서버 문제를 무시하는 한), 거의 대부분은 그렇다고 할 수 있죠. 하지만 예전 브라우저나 웹 폰트를 지원하지 않는 모바일 기기를 사용한다면, 다시 원점으로 돌아가 여러분은 대체 폰트를 제공해야 합니다(이 방법도 잠시 후에 알려드리죠).

페이지에 웹 폰트 추가하는 방법

페이지에 여러분이 원하는 특별한 폰트를 추가하고 싶나요? 웹 폰트와 CSS에 있는 @font-face 규칙을 사용해서 어떻게 폰트를 추가하는지 차근차근 살펴보도록 하죠.

제 1단계: 폰트 찾기

토니처럼 폰트가 없다면 여러분은 페이지에서 사용할 수 있는 무료 폰트를 찾아 여기저기 많은 사이트를 돌아다녀야 합니다(더 자세한 정보는 부록에 나와 있습니다). 여기에서는 토니가 제안한 무료인 엠블레마 원 폰트를 사용할 것입니다.

제 2단계: 필요한 폰트의 모든 형식을 확보하고 있는지 확인하기

웹 폰트에 관한 좋은 소식이 있군요. @font-face CSS 규칙이 요즘 나오는 브라우저에서 표준이라는 점입니다. 나쁜 소식도 있습니다. 이 폰트를 저장하는 데 사용된 실제 형식은 아직 표준이 아닙니다(거의 표준 확정 막바지 단계에 있습니다). 그리고 사실 브라우저에서 지원되는 몇 가지 다른 폰트도 존재합니다. 흔히 사용되는 형식과 그 파일 확장자가 여기 나와 있군요.

TrueType fonts: .ttf — *TrueType과 OpenType 폰트는 밀접한 연관이 있습니다. OpenType은 TrueType의 기반 위에서 만들어졌습니다(그리고 TrueType보다 더 최신 폰트입니다).*

OpenType fonts: .otf

Embedded OpenType fonts: .eot — *Embedded OpenType(EOT)은 OpenType의 조밀한 형식으로, 마이크로소프트의 소유이며 인터넷 익스플로러에서만 지원됩니다.*

SVG fonts: .svg — *Scalable Vector Graphic(SVG)은 일반적 목적의 그래픽 형식으로 SVG 폰트는 문자를 표현하기 위해 이 형식을 사용합니다.*

Web open font format: .woff — *웹 오픈 폰트 형식은 TrueType을 기반으로 하고 있으며 웹 폰트의 표준으로 개발되고 있고 대부분의 최신 브라우저에서 잘 지원되고 있습니다.*

요즘 브라우저에서 가장 잘 지원되고 있는 형식은 웹 오픈 폰트 형식입니다. 여러분에게 사용하라고 권했던 형식이죠. 예전 브라우저에는 다른 대안 폰트를 제공할 수 있습니다. 인터넷 익스플로러를 제외한 모든 브라우저에서 잘 지원되고 있는 TrueType을 사용해 볼 거예요.

제 3단계: 웹상에 폰트파일 두기

웹상에 폰트 파일을 두어야 하므로 이 파일은 사용자의 브라우저에 접근 가능해야 합니다. 혹은 이러한 파일을 제공하는 온라인상의 많은 폰트 서비스 중 하나를 이용할 수도 있습니다. 폰트 파일의 URL이 필요한 경우도 있을 거예요. 여기 토니가 wickedlysmart.com에 올려놓은 폰트 파일이 나와 있군요.

http://wickedlysmart.com/hfhtmlcss/chapter8/journal/EmblemaOne-Regular.woff

http://wickedlysmart.com/hfhtmlcss/chapter8/journal/EmblemaOne-Regular.ttf

제 4 단계: @font-face 속성을 CSS에 추가하기

'Emblema One'이라 명명된 폰트의 .woff와 .ttf 버전을 위한 URL을 얻었으니, 이제 'journal.css' 파일에 @font-face 규칙을 추가할 준비가 되었습니다. 이 파일의 맨 상단 body 규칙 위에 이 규칙을 추가하세요.

@font-face로 시작하는군요.

일련의 요소를 선택하고 스타일을 할당하는 일반적인 규칙과는 달리, @font-face 규칙은 폰트를 설정하는데, 이 폰트는 나중에 사용할 목적으로 font-family 이름에 할당됩니다.

@font-face 규칙에서는 font-family 속성을 사용해서 폰트의 이름을 생성합니다. 원한다면 어떤 이름이나 사용할 수 있지만 'Emblema One'처럼 폰트 이름과 일치하도록 짓는 것이 가장 좋습니다.

```
@font-face {
    font-family: "Emblema One";
    src: url("http://wickedlysmart.com/hfhtmlcss/chapter8/journal/EmblemaOne-Regular.woff"),
         url("http://wickedlysmart.com/hfhtmlcss/chapter8/journal/EmblemaOne-Regular.ttf");
}
```

src 속성은 폰트를 어디서 가져오는지 브라우저에 알려줍니다. 브라우저가 인지하도록 모든 파일에 대해 src 값을 명시할 필요가 없습니다. 여기서는 요즘 브라우저에 의해 인지되는 .woff와 .ttf 형식 모두를 제공할 것입니다.

@font-face 규칙은 브라우저에 src URL에서 폰트 파일을 가져오라고 말해줍니다. 브라우저는 지원할 수 있는 폰트를 찾을 때까지 각 src 파일을 가져오려고 시도합니다. 한 번 가져오면 이 폰트는 font-family 속성에 명시된 이름에 할당되는데, 이 경우에는 'Emblema One'이 되겠죠. 이제 이 폰트를 가져다 페이지의 스타일에서 어떻게 사용하는지 알아보도록 하죠.

힌트: 이미 여러분은 어떻게 하는지 알고 있어요!

제 5 단계: CSS에서 font-family 이름 사용하기

@font-family 규칙을 이용해 폰트를 브라우저로 가져오면, font-family 속성에 할당했던 이름을 참조해 해당 폰트를 사용할 수 있습니다. 토니의 일기에서 <h1> 제목의 폰트를 'Emblema One'으로 변경해 봅시다. 이를 위해서 다음과 같이 <h1>에 규칙을 추가할 거예요.

```
h1 {
    font-family: "Emblema One", sans-serif;
}
```

평소처럼 폰트 이름을 명시하고 있긴 한데, @font-face를 사용해 가져온 폰트군요! 뭔가 잘못될 경우를 예상해 대비책으로 산세리프(sans-serif)를 명시해 놨군요.

제 6 단계: 페이지를 띄워 보세요!

다 됐습니다! 폰트를 시험해 보도록 하죠. 토니의 일기 페이지를 다시 띄우고 다음 페이지로 넘어가서 확인해 봅시다.

토니의 일기에서 웹 폰트 시운전

'journal.html' 파일을 다시 띄우면서 Emblema One을 사용한 페이지의 상단에 있는 `<h1>` 제목을 살펴보세요. CSS에 몇 줄만 추가했을 뿐인데 꽤 괜찮아 보이는군요.

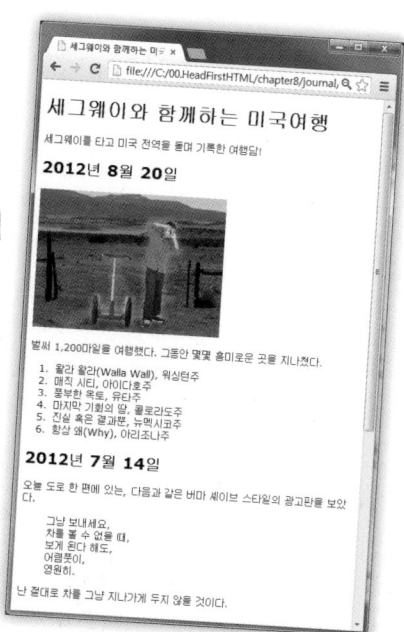

이제 토니의 일기 페이지 맨 상단에 있는 〈h1〉 제목이 'Emblema One' 폰트를 사용하고 있군요.

조심하세요

TTF와 WOFF 폰트 형식은 인터넷 익스플로러 8 이하 버전에서는 동작하지 않습니다. 인터넷 익스플로러 브라우저 이전 버전을 사용하는 사용자를 지원하고 있다면, 이들이 웹 폰트를 사용할 수 있게 좀 더 많은 작업을 해야 하고, EOT 폰트를 사용해야 할 거예요.

바보 같은 질문이란 없습니다

Q: @font-face 규칙은 CSS 규칙처럼 보이지도 않고 동작 방식도 다른 것 같은데, 그런가요?

A: 맞습니다. @font-face 규칙을 선택자처럼 동작하는 규칙보다는 빌트인 CSS 규칙으로 생각하세요. 요소를 선택하는 대신 @font-face는 웹 폰트를 가져와 font-family 이름에 할당합니다. 맨 앞에 붙은 @만 보더라도 일반적인 CSS 규칙과는 다르다는 점을 눈치챌 수 있을 거예요.

Q: 제가 알아야 할 또 다른 빌트인 CSS 규칙이 있나요?

A: 있습니다. 흔히 사용되는 두 가지 규칙이 있는데, 하나는 @import로 다른 CSS 파일을 참조(HTML에 있는 〈link〉가 아닌) 하는 데 쓰입니다. 또 하나는 @media인데, 스마트폰, PC 화면, 출력된 페이지 같은 특정 '미디어' 유형에 특화된 CSS 규칙을 생성하는 데 사용됩니다. @media에 대해서는 나중에 다루도록 하죠.

Q: 웹 폰트가 대단해 보이긴 하는데 단점도 있나요?

A: 네. 몇 가지 있습니다. 먼저 웹 폰트를 가져오는 데 시간이 걸립니다. 따라서 폰트를 가져오는 최초 한 번은 페이지 성능이 저하될 수 있습니다. 또한, 폰트 파일 여러 개를 관리하는 데 수고도 듭니다. 마지막으로 모바일 기기나 소형 기기에서는 이를 지원하지 않으므로, 항상 대비책을 마련해야 해요.

Q: @font-face로 사용자 정의 폰트를 여러 개 사용할 수 있나요?

A: 예. @font-face를 사용해 여러 폰트를 가져오려면 여러분이 사용하고 싶은 각 폰트에 대해, 서버에 있는 폰트 파일이 사용 가능한지 확인하고, 각 폰트에 대해 독립적인 @font-face 규칙을 생성하세요. 그렇게 하면 각 폰트에 대해 유일한 이름을 줄 수 있습니다.

웹 폰트에 대해 더 자세한 내용은 부록에 나와 있습니다.

하지만 여러분의 웹 페이지에서 정말 필요로 하는 폰트만 선택했는지 확인하세요. 추가적인 폰트를 페이지로 가져오는 데 시간이 걸리기 때문에 페이지에 웹 폰트 여러 개를 가져오는 것은 페이지를 느리게 만듭니다. 너무 느리게 되면 여러분 손으로 직접 불만에 가득 찬 사용자를 양산하는 결과가 초래됩니다.

Q: 웹 폰트를 제공하는 데 도움될만한 서비스를 언급했었는데, 좀 더 자세히 알려주실래요?

A: 물론입니다. FontSquirrel(http://www.fontsquirrel.com/)은 여러분의 서버에 올려놓을 수 있는 무료 오픈소스 폰트를 찾을 수 있는 좋은 곳입니다. 이들의 폰트 세트는 주어진 폰트에 대해 여러 형식으로 쉽게 제공할 수 있습니다. 구글 웹 폰트 서비스(http://www.google.com/webfonts)는 여러분을 대신해 CSS와 포트를 관리하는 힘든 작업을 구글이 도맡아 할 수 있게 합니다. 이 경우 구글 서비스에서 여러분이 원하는 폰트와 연결한 뒤, CSS에서 그 이름을 사용하면 됩니다. 정말 쉬워요!

폰트 크기 조절하기

이제 토니가 새로운 폰트를 가졌으니 계속해서 폰트 크기를 조정해 봅시다. 대부분의 사람들은 심미적으로 보기 좋게 하려고 제목을 기본 크기보다 약간 크게 사용하는데, 이를 위해서는 폰트 크기를 명시하는 방법을 알아야 할 필요가 있습니다. font-size를 명시하기 위한 몇 가지 방법을 살펴보고 나서 일관적이고 사용자에 친숙해질 수 있도록 폰트 크기를 가장 적합하게 명시하는 방법에 대해 다루도록 하죠.

제대로 처리한다면 어느 사용자라도 가독성을 위해 여러분의 웹 페이지에 있는 폰트 크기를 증가시킬 수 있을 겁니다. 두 페이지에 걸쳐 그 방법을 알아볼 거예요.

5장에서 이미지에 대해 픽셀 크기를 사용했던 것처럼 폰트 크기를 픽셀로 명시할 수 있습니다. 픽셀을 사용해서 폰트 크기를 명시하는 것은 픽셀을 사용한 문자의 높이가 얼마나 되는지 브라우저에 알려주는 것입니다.

```
font-size: 14px;
```

픽셀 숫자 바로 다음에 px가 와야 합니다. 이 사이에 공백을 넣으면 안됩니다.

CSS에서는 숫자 뒤에 'px'를 붙여 픽셀을 명시합니다. 이는 font-size 높이가 14픽셀이 되어야 한다는 뜻이죠.

hip ⟩ 14 픽셀

폰트 높이를 14픽셀로 설정한다는 것은 문자의 가장 밑에서 가장 위까지의 사이가 14픽셀이 될 거라는 의미군요.

여기 body 규칙 안에 font-size를 명시하는 방법이 나와 있습니다.

```
body {
        font-size: 14px;
}
```

픽셀과는 달리 %는 폰트가 픽셀 안에서 정확히 얼마나 큰지를 말해주는 것으로, 다른 폰트 크기에 비해서 얼마나 커야 하는지 비율로 명시합니다.

```
font-size: 150%;
```

위 폰트는 다른 폰트 크기의 150%가 되어야 함을 나타내고 있습니다. 그런데 다른 어떤 폰트 크기를 말하는 걸까요? font-size 가 부모 요소로부터 상속받은 속성이므로 폰트 크기를 %로 명시할 경우 이는 부모 요소에 대한 상대적인 크기가 됩니다. 어떻게 동작하는지 확인해 봅시다.

여기서는 픽셀을 사용하여 body 폰트 크기를 명시했고 ⟨h1⟩의 크기는 150%가 됩니다.

```
body {
        font-size: 14px;
}
h1 {
        font-size: 150%;
}
```

em

em을 사용해서 폰트 크기를 명시할 수 있는데 이는 비율 같이 또 다른 상대적인 측정 단위입니다. em으로 비율을 명시할 수 없지만, 척도 요소(scaling factor)를 명시할 수 있습니다. 여기 em을 사용하는 방법이 나와 있군요.

〈em〉 요소와 혼동하지 마세요!

```
font-size: 1.2em;
```

폰트 크기가 1.2배 정도 된다는 것을 나타내는군요.

<h2> 제목의 크기를 명시하기 위해 이 측정 단위를 사용한다고 해 봅시다. <h2> 제목은 부모 요소의 폰트 크기의 1.2배가 될 것으로, 이 경우 14px의 1.2배는 대략 17px 정도가 됩니다.

실제로는 16.8이지만 대부분의 브라우저는 17로 반올림합니다.

그리고 여기에서 〈h2〉의 크기가 1.2em이라고 명시하고 있습니다.

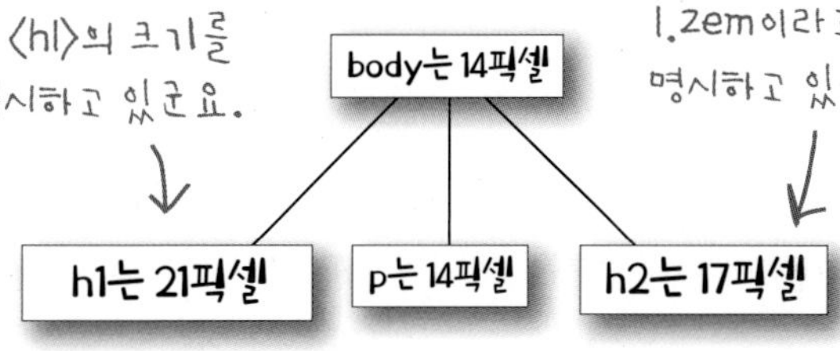

```
body {
        font-size: 14px;
}
h1 {
        font-size: 150%;
}
h2 {
        font-size: 1.2em;
}
```

여기에서 〈h1〉의 크기를 비율로 명시하고 있군요.

body는 14픽셀

h1는 21픽셀   p는 14픽셀   h2는 17픽셀

 폰트 크기를 명시하는 한 가지 방법이 또 있습니다. 바로 키워드입니다. xx-small, x-small, small, medium, large, x-large, xx-large라는 키워드를 사용하여 폰트 크기를 명시할 수 있으며, 브라우저는 이러한 키워드를 브라우저에서 정의된 기본값을 사용하여 픽셀값으로 변환할 것입니다.

이 부분은 전형적으로 여러 가지 키워드 크기들이 서로 어떤 관련이 있는가를 나타내고 있습니다. 각 크기는 이전 크기보다 약 20%정도 크며, 작은 것은 약 12픽셀로 정의되어 있습니다. 하지만 키워드는 모든 브라우저에서 항상 같은 방식으로 정의되어 있지 않으며, 사용자들이 원한다면 재정의할 수 있다는 점을 기억하세요.

xx-small
x-small
small
medium
large
x-large
xx-large

```
body {
        font-size: small;
}
```

대부분의 브라우저에서 이 부분은 body 텍스트가 12픽셀로 보여질 것입니다.

그렇다면 폰트 크기를 어떻게 정의해야 할까요?

여러분에게는 px, em, %, 키워드 등을 사용해서 폰트 크기를 명시할 수 있는 몇 가지 선택권이 있습니다. 그렇다면 어떤 것을 사용하고 싶나요? 대부분의 브라우저에서 일관된 결과가 나올 수 있도록 폰트 크기를 명시하는 요리법이 아래 나와 있습니다.

1 키워드를 선택하고(small이나 medium을 추천합니다) body 규칙에 폰트 크기를 명시하세요. 이는 페이지에 기본 크기를 명시하는 것과 같습니다.

2 em이나 %를 사용해서 body 폰트 크기에 상대적인 다른 요소의 폰트 크기를 명시하세요(em이나 % 중 무엇을 선택하든지 상관없습니다. 기본적으로 두 가지 방법의 결과는 같습니다).

좋은 요리법이지만, 어떠한 장점이 있을까요? body 폰트의 크기에 상대적인 폰트를 정의하여 body 폰트의 크기를 변경하는 것만으로도 간단히 웹 페이지의 폰트 크기를 아주 쉽게 변경할 수 있습니다. 만약 body 폰트의 크기가 small이라면 이를 간단히 medium으로 바꾸기만 하면 다른 모든 요소는 자동으로 그 비율에 맞춰져 커지게 될 것입니다. 왜냐하면 body 폰트의 크기에 상대적으로 각 요소의 폰트 크기를 명시했기 때문입니다. 사용자들이 페이지에 있는 폰트 크기를 조정한다고 합시다. 이것도 역시 문제 없습니다. 이 요리법을 사용해서 페이지의 모든 폰트는 자동으로 조정될 것입니다.

이 모든 것이 어떤 식으로 동작하는지 살펴봅시다. 먼저 <body> 요소의 크기를 설정합니다. 그러고 나서 이 크기에 상대적인 모든 다른 폰트의 크기를 다음과 같이 설정합니다.

```
body { font-size: small; }
h1 { font-size: 150%; }
h2 { font-size: 120%; }
```

이렇게 하면 다음과 같은 문서 트리로 표현할 수 있죠.

<h2>의 폰트 크기를
<body> 크기의 120%로
설정했습니다.

<h1> 폰트 크기는 <body>
폰트의 150%군요.

body는 small

h1은 body의 150%　　**p는 small**　　**h2는 body의 120%**

<p>는 font-size 값이 설정되지 않았으므로
디폴트로 <body> 폰트 크기를 상속받습니다.

불행히도 예전 버전의 인터넷 익스플로러 사용자는 픽셀을 사용하여 폰트 크기를 명시한 경우, 폰트의 크기를 재조정할 수 없습니다. 픽셀을 사용하지 않는 원인 중 하나가 바로 이 때문이죠. 만약 픽셀을 사용한다면 일부 사용자에 대한 접근성을 감소시킬 것입니다. 사용자가 자신의 브라우저를 업그레이드하는 데 그리 오래 걸리지 않을 테니 차라리 이 방법이 낫습니다.

다행히도 여러분이 body의 폰트 크기를 키워드를 제공한 요리법에 따라 정의했고, em이나 %를 사용하여 다른 요소들의 상대적인 크기를 사용했다면, 인터넷 익스플로러는 텍스트를 더 크게 혹은 더 작게 요구 받았을 때 폰트를 적절하게 조절할 것입니다.

이제 여러분이나 사용자들이 페이지에 있는 폰트의 크기를 증가시키기를 원한다고 해 봅시다. 그럴 경우 다음과 같은 문서 트리를 얻게 됩니다.

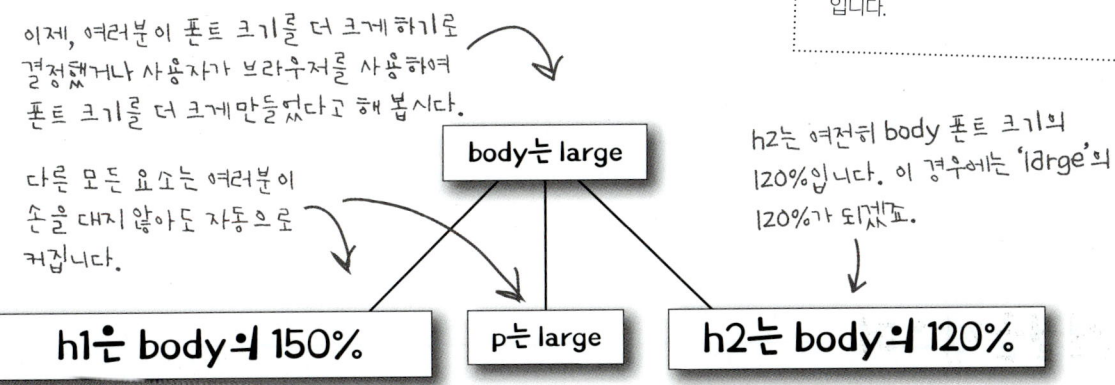

이제, 여러분이 폰트 크기를 더 크게 하기로 결정했거나 사용자가 브라우저를 사용하여 폰트 크기를 더 크게 만들었다고 해 봅시다.

다른 모든 요소는 여러분이 손을 대지 않아도 자동으로 커집니다.

body는 large

h2는 여전히 body 폰트 크기의 120%입니다. 이 경우에는 'large'의 120%가 되겠죠.

h1은 body의 150%　　**p는 large**　　**h2는 body의 120%**

이제 body 폰트의 크기가 커졌고, 다른 모든 폰트 역시 body 폰트 크기에 비례해 변경되었습니다. 아직까지 경험하지 못했기 때문에 나머지 폰트 크기를 한 번에 변경하는 것은 정말 대단한 것 같습니다. 즉, 여러분은 body 폰트의 크기를 변경하기만 하면 됩니다. 만약 여러분이 사용자라면 이 모든 일이 무대 뒤에서 순식간에 일어났을 것입니다. 모든 요소가 서로 상대적인 크기를 갖기 때문에 텍스트 크기를 증가시킬 때 모든 텍스트는 좀 더 커지게 되고 페이지에 있는 폰트 크기가 좀 더 커지더라도 여전히 보기에 좋군요.

토니의 웹 페이지에 있는 폰트 크기를 변경해 봅시다

토니의 웹 페이지에서 지금까지 학습한 폰트 크기 변경을 시도해 볼 때가 되었습니다. 'chapter8/journal' 폴더에 있는 'journal.css' 파일에 새로운 속성을 추가하세요. 일단 여러분이 변경하고 난 뒤 브라우저에서 페이지를 다시 열고 폰트 크기에 차이가 있는지 확인해 보세요. 만약 어떤 차이점도 발견할 수 없다면 CSS 파일에 에러가 있는지 주의 깊게 살펴보세요.

```css
@font-face {
    font-family: "Emblema One";
    src: url("http://wickedlysmart.com/hfhtmlcss/chapter8/journal/EmblemaOne-Regular.woff"),
            url("http://wickedlysmart.com/hfhtmlcss/chapter8/journal/EmblemaOne-Regular.ttf");
}
body {
    font-family: Verdana, Geneva, Arial, sans-serif;
    font-size: small;
}
h1 {
    font-family: "Emblema One", sans-serif;
    font-size: 220%;
}
h2 {
    font-size: 130%;
}
```

요리법을 따라해 보니 〈body〉 요소에 대해 font-size 값에 small을 할당했군요. 이는 기본 폰트 크기로 설정하는 것과 같습니다.

그리고 body 폰트 크기에 상대적인 다른 폰트를 설정할 것입니다. 〈h1〉의 경우 폰트 크기를 기본 폰트 크기의 220%로 설정할 것입니다.

〈h2〉의 폰트 크기를 〈h1〉보다 조금 더 작게 하거나 body 폰트 크기의 130%로 만들 것입니다.

 **연필을 깎으며**

비율보다는 em을 사용하여 〈h1〉과 〈h2〉의 폰트 크기를 명시한다면 그 값은 얼마가 될까요?

정답 : 〈h1〉은 1.7em, 〈h2〉는 1.3em이 됩니다.

폰트 크기 시운전하기

여기에 좀 더 작은 폰트로 완성된 토니의 일기가
있습니다. 차이점을 체크해 보세요.

여기 더 작은 폰트로 된 새로운
버전의 페이지가 있습니다.
페이지 디자인이 더 깔끔해졌군요.

여기에는 폰트 크기를
변경하기 이전 버전의
페이지가 있습니다.

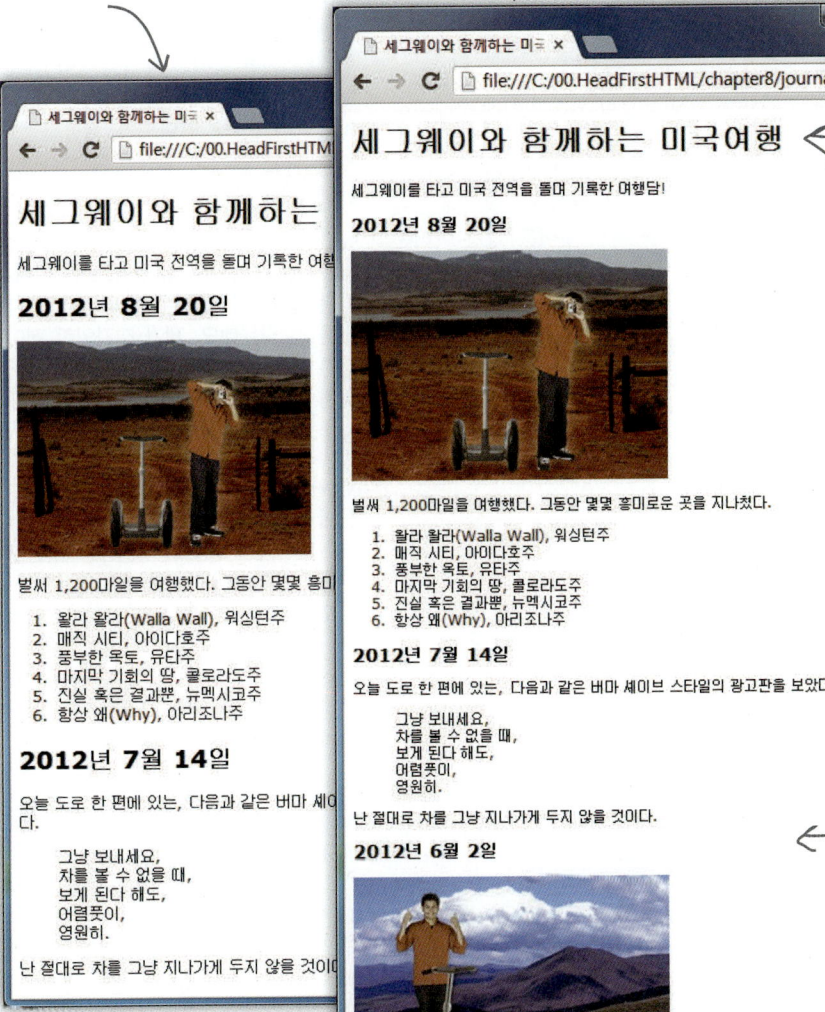

이 〈h1〉 제목은
이제 훨씬 나아
보이는군요.

body 텍스트는 좀
작아졌네요. 폰트
크기가 브라우저에
영향을 받지만,
보통 디폴트 body
텍스트 폰트 크기는
16픽셀입니다.
하지만 'small' 정도의
크기에서도 여전히
읽기 쉬운데,
이 크기는 대략
12픽셀 정도 됩니다.

〈h2〉 제목도 역시
약간 작아졌네요.
〈h1〉 제목과
비교해서 적당한
크기입니다.

바보 같은 질문이란 없습니다

Q: 〈body〉 요소에서 폰트 크기를 정의하는 방법으로 페이지의 기본 크기를 정의할 수 있나요? 어떻게 하면 될까요?

A: 예. 맞습니다. 〈body〉 요소에 있는 폰트의 크기를 설정함으로써, 그들의 부모에 상대적인 크기를 갖는 다른 요소에 있는 폰트의 크기를 정의할 수 있습니다. 만약 폰트의 크기를 변경하기 원한다면, body 폰트의 크기만 바꾸면 다른 모든 것은 비율에 맞춰 변경될 것입니다.

Q: 사용자들이 브라우저의 폰트를 변경하는 것에 대해 정말로 고려할 필요가 있나요? 정말 그렇게 하고 싶지는 않은데요.

A: 예. 대부분의 모든 브라우저들은 사용자들이 페이지에 있는 텍스트를 더 크게 혹은 더 작게 만드는 것을 허용하며, 많은 사용자들이 실제 이 기능을 이용하고 있습니다. 만약 여러분이 상대적 크기 방법으로 폰트를 정의한다면 사용자들이 크기를 변경하는 것에 대해 전혀 문제가 없을 것입니다. 단, 픽셀 크기를 사용하는 것만 주의하세요. 왜냐하면 일부 브라우저에서는 픽셀로 크기를 조정하면 문제가 발생하기 때문입니다.

Q: 제가 명시한 그대로 페이지에서 정확히 보이길 원하기 때문에 픽셀을 사용하고 싶은데요.

A: 바로 거기에 진실이 숨어있습니다. 모든 요소의 폰트 크기에 대해 픽셀을 사용함으로써 각 요소에서 여러분이 원하는 정도로 아주 세밀하게 폰트 크기를 선택할 수 있습니다만, 그렇게 하면 일부 사용자들(인터넷 익스플로러 특정 버전을 사용하는 사용자)은 화면상 페이지 모습과 시력을 위해 적절한 폰트 크기를 고르는 데 유연성이 감소할 것입니다.

또한 갑자기 페이지에 있는 모든 요소의 폰트 크기를 증가시키기 원한다면 변경할 것이 많기 때문에 페이지를 유지 관리하는 것도 좀 더 힘들어 지겠죠.

Q: em과 %의 차이점은 무엇인가요? 같은 것처럼 보이는데요.

A: 기본적으로는 같은 목적을 달성하기 위한 각기 다른 방법이라 할 수 있습니다. 두 방법 모두 부모의 폰트 크기에 상대적이 되도록 크기를 설정하는 방법입니다. 많은 사람들이 em보다는 %가 사용하기 쉽다고 여기고 있고 실제로 CSS에서 읽기에도 쉽습니다. 하지만 어느 것이든 그냥 여러분이 원하는 대로 사용하세요.

Q: 폰트 크기를 명시하지 않는다면 그 폰트는 기본 크기가 되나요?

A: 예. 그 크기는 브라우저에 의존하며 심지어는 여러분이 사용하는 브라우저의 버전에 따라서도 다를 수 있습니다. 하지만 대부분의 경우 디폴트 body 폰트의 크기는 16픽셀입니다.

Q: 제목에 대한 기본 크기는 어느 정도인가요?

A: 다시 한번 말하지만, 그 크기는 브라우저에 의존적입니다. 일반적으로 〈h1〉은 기본 body 텍스트 폰트 크기의 200%가 되며, 〈h2〉는 150%, 〈h3〉은 120%, 〈h4〉는 100%, 〈h5〉는 90%, 〈h6〉은 60%가 됩니다. 〈h4〉의 기본 크기가 body 폰트의 크기와 같으며, 〈h5〉와 〈h6〉는 더 작다는 점에 주목하세요.

Q: 키워드를 사용하는 대신 body 규칙에서 em 혹은 %를 사용할 수 있나요? 만약 body의 font-size에 90%를 할당한다면 이것이 의미하는 바가 정확히 뭔가요? 어떤 것의 90%라는 뜻이죠?

A: 예. 사용할 수 있습니다. 만약 여러분이 body 규칙에 90%의 폰트 크기를 명시했다면 기본 폰트 크기의 90%가 될 것입니다. 기본 크기는 통상적으로 16픽셀을 의미하기 때문에 90%는 14픽셀 정도가 될 것입니다. 만약 키워드가 제공하는 것과 약간 다른 크기의 폰트를 원한다면 %나 em을 사용하세요.

Q: font-family, font-size 등 여러 가지 기본 설정값이 브라우저에 따라 많은 차이가 있을 것 같은데요. 제가 디자인한 페이지가 다른 브라우저에서도 좋게 보이는지 어떻게 하면 알 수 있나요?

A: 훌륭한 질문입니다. 간단히 답변드리면 여러분이 이 장의 지침을 따른다면, 여러분이 만든 대부분의 디자인은 다른 브라우저에서도 아주 좋게 보일 것입니다. 하지만 다른 브라우저에서 약간씩 다르게 보인다는 사실도 알고 있죠. 즉, 폰트 크기가 약간씩 더 크거나 작게 되는 등 여기 저기 다르게 보일 것입니다. 하지만 이 모든 차이점은 매우 사소한 것으로 페이지의 가독성에는 별 영향을 주지 않습니다.

어쨌거나 만약 여러분이 많은 브라우저에서 거의 똑같이 보이도록 페이지를 만드는 데 관심이 있다면, 실제로 많은 브라우저에서 테스트를 해야 할 필요가 있습니다. 그리고 정말 끝까지 한번 가보고 싶다면 다른 브라우저들이 폰트 크기를 동일하게 처리하도록 만들기 위해 CSS의 변종을 '해킹'해 볼 수도 있습니다. 여기까지만 하길 원한다면 걱정할 것은 아무것도 없으나 이러한 많은 일련의 작업은 시간이 많이 소요되며 소모적 결과를 가져오게 될 것임을 명심하세요.

폰트 굵기 변경하기

font-weight 속성은 텍스트의 굵기를 제어하는 속성입니다. 아시다시피 굵은(bold) 텍스트는 일반 텍스트보다 더 어둡고 굵게 보입니다. 다음과 같이 font-weight 속성을 설정하여 임의의 요소에 bold 텍스트를 사용할 수 있습니다.

```
font-weight: bold;
```

또한 다른 방법도 있습니다. 기본 설정이 bold이거나 부모로부터 bold를 상속받는 요소가 있다면 다음과 같이 bold를 제거할 수 있습니다.

```
font-weight: normal;
```

두 개의 상대적인 font-weight 속성이 있습니다. 바로 bolder와 lighter입니다. 이들은 상속받은 값에 상대적으로 텍스트를 좀 더 굵게 혹은 좀 더 얇게 만들 것입니다. 이러한 값은 좀처럼 사용되지 않습니다. 왜냐하면 많은 폰트들이 굵은 정도에 대해 거의 차이가 없으며, 실제로도 이 두 값은 종종 아무런 영향을 주지 않습니다.

또한 font-weight 속성은 100~900 사이의 숫자로 설정할 수 있습니다. 하지만 다시 얘기하지만 이 기능은 폰트와 브라우저에서 잘 지원되지 않기 때문에 잘 사용되지 않습니다.

font-weight: normal;

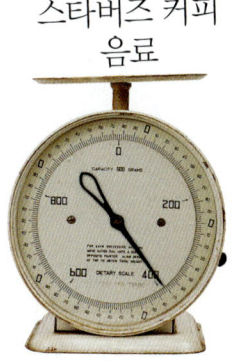

스타버즈 커피 음료

font-weight: bold;

스타버즈 커피 음료

연필을 깎으며

토니의 페이지에 있는 제목을 bold 굵기에서 normal 굵기로 변경하는 CSS를 작성하세요. 그러고 나서 CSS에 그 규칙을 추가하고 테스트해 보세요. 다음 페이지에 정답이 있습니다.

보통 굵기의 제목 시운전

<h2> 제목을 보통 굵기(normal)의 font-weight를 사용하여 변경한
CSS가 여기에 나와 있군요.

```
@font-face {
    ...
}
body {
    font-family: Verdana, Geneva, Arial, sans-serif;
    font-size: small;
}
h1 {
    font-family: "Emblema One", sans-serif;
    font-size: 220%;
}
h2 {
    font-size: 130%;
    font-weight: normal;
}
```

← 공간 절약 차원에서 @font_face 정의 전체는 생략했습니다.

여기서 <h2> 제목의 font-weight를 normal(보통 굵기)로 변경하고 있군요.

여기 결과가 나와 있습니다. 이제 <h2> 제목이 훨씬 밝아 보이는군요. body 텍스트 크기의 130%이므로 여전히 제목이라고 할 만하군요.

세그웨이와 함께하는 미국여행

세그웨이를 타고 미국 전역을 돌며 기록한 여행담!

2012년 8월 20일

벌써 1,200마일을 여행했다. 그동안 몇몇 흥미로운 곳을 지나쳤다.

1. 왈라 왈라(Walla Wall), 워싱턴주
2. 매직 시티, 아이다호주
3. 풍부한 옥토, 유타주
4. 마지막 기회의 땅, 콜로라도주
5. 진실 혹은 결과뿐, 뉴멕시코주
6. 항상 왜(Why), 아리조나주

2012년 7월 14일

오늘 도로 한 편에 있는, 다음과 같은 버마 셰이브 스타일의 광고판을 보았다.

그냥 보내세요,
차를 볼 수 없을 때,
보게 된다 해도,
어렴풋이,
영원히.

난 절대로 차를 그냥 지나가게 두지 않을 것이다.

폰트에 스타일 추가하기

여러분은 이탤릭체에 친숙합니다. 그렇죠? 이탤릭체는 기울어져 있는 약간, 구불구불한 세리프 폰트입니다. 예를 들어 이 두 가지 스타일을 비교해 보세요.

not italic
italic

이탤릭체는 오른쪽으로 기울어진 약간 구불한 세리프폰트 입니다.

속성을 사용해서 CSS에 있는 텍스트에 이탤릭 스타일을 추가할 수 있습니다.

`font-style: italic;`

보통 'italic'을 'italics'라고 쓰는 흔한 실수를 하게 됩니다. 여러분이 만약 그런 실수를 했다면 이탤릭체를 보지 못하게 될 것입니다. 따라서 철자도 체크해야 한다는 점을 기억하세요.

그러나 모든 폰트들이 이탤릭 스타일을 지원하는 것은 아닙니다. 이럴때 여러분이 대신 사용할 수 있는 것은 오블리크(oblique)입니다. 오블리크도 역시 기울어진 텍스트인데, 폰트의 특성으로 특별하게 기울여져 디자인되었다기보다는 브라우저가 일반 텍스트를 기울여서 보여주는 것입니다. 여기 있는 오블리크와 오블리크가 아닌 스타일을 비교해 보세요.

not oblique
oblique

일반적인 문자들을 오블리크 스타일로 바꾸면 오른쪽으로 기울어집니다.

다음과 같이 오블리크 텍스트에도 역시 font-style 속성을 사용할 수 있습니다.

`font-style: oblique;`

실제로 여러분은 폰트와 브라우저의 선택에 따라 종종 두 가지 스타일이 동일하게 보이기도 하고, 다르게 보이기도 할 것이라는 점을 알게 될 것입니다. 따라서 이탤릭 대 오블리크가 여러분에게 매우 중요한 사항이 아니라 해도, 하나를 선택하고 다음 것도 선택해서 사용해 보세요. 반면 여러분에게 중요하다면 가장 좋은 효과를 주기 위해 폰트와 브라우저를 조합해서 테스트해 볼 필요가 있습니다.

이탤릭과 오블리크 스타일은 폰트를 기울여져 보이게 하는 두 가지 스타일입니다.

여러분의 페이지를 방문하는 사용자가 사용하는 브라우저와 폰트를 제어할 수 없으므로, 여러분이 어떤 스타일을 명시하더라도 어떤 때는 이탤릭으로 또 어떤 때는 오블리크로 보인다는 사실을 알게 될 것입니다.

따라서 그냥 이탤릭체를 사용하고 차이점에 대한 걱정은 붙들어 두세요 (어떻게 하더라도 여러분은 이들을 제어할 수 없을 것입니다).

토니의 인용구에 이탤릭체 추가하기

이제 fontstyle 속성을 사용해 토니의 인용구에 약간 화려한 장식을 하려고 합니다. <blockquote> 요소에 있던 버마 셰이브 광고를 기억하세요? 그 광고를 이탤릭체로 변경해서 나머지 텍스트와 좀 다르게 보이도록 할 것입니다. 그렇게 하려면 다음과 같이 font-style을 이탤릭으로 해서 <blockquote>를 꾸밀 필요가 있습니다.

```
blockquote {
        font-style: italic;
}
```

'journal.css' 파일에 이 새로운 CSS 규칙을 추가하고 저장한 뒤 테스트해 보세요. 여러분은 버마 셰이브 광고가 이탤릭체로 변한 것을 보게 될 것입니다. 여기 테스트한 결과가 있습니다.

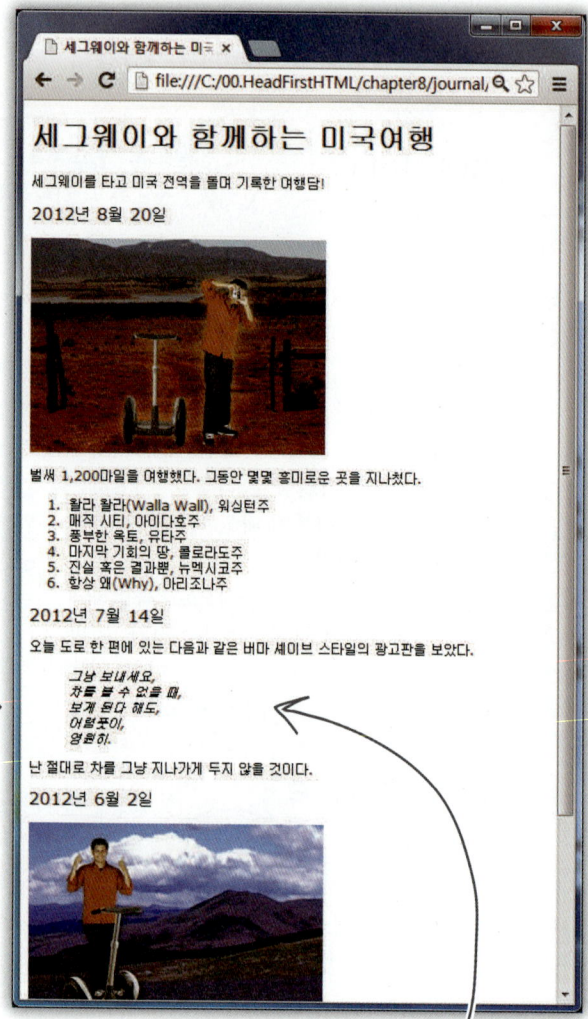

여기 토니의 페이지에 있는 새로운 스타일로 꾸민 버마 셰이브 광고가 있군요. 원했던 대로 텍스트가 약간 기울어졌습니다.

바보 같은 질문이란 없습니다

Q: <blockquote>를 위한 텍스트는 실제로 <p> 안에 있습니다. 따라서 어떻게 하면 문단을 이탤릭체로 변경할 수 있나요?

A: 기본적으로 대부분의 요소는 그들의 부모로부터 폰트의 스타일을 가져 온다는 점을 기억하세요. 이 문단의 부모는 <blockquote> 요소입니다. 따라서 <blockquote> 안에 있는 문단은 이탤릭 스타일을 상속받습니다.

Q: 왜 <blockquote> 안에 있는 <em> 요소 안으로 텍스트를 넣지 않나요? <blockquote>를 이탤릭체로 만드는 것과 동일한 작업을 하는 것이 아닌가요?

A: <em>은 구조를 명시하기 위한 요소라는 점을 기억하세요. <em>은 단어의 일부를 강조할 때 사용됩니다. 우리가 한 작업은 <blockquote>를 꾸민 것이지 <blockquote> 안에 있는 강조할 텍스트를 가리킨 것이 아닙니다. 따라서 여러분 말이 맞다 하더라도, 대부분의 브라우저에서 <em>은 이탤릭체로 꾸며질 수 있지만 <blockquote>에 있는 텍스트를 꾸미기 위한 올바른 방법은 아닙니다. 또한 <em>의 스타일은 변할 수 있으며 <em>이 항상 이탤릭체가 된다고 믿으면 안된다는 사실을 명심하세요.

멋져요. 새로운 모습이 맘에 듭니다. 그런데요. 이 폰트에 색을 약간 가미하는 것은 어떨까요? 말하자면 음... 제 셔츠와 같은 색은 어때요? 전 주황색을 좋아하거든요!

여러분은 우리가 여러분에게 color 속성을 제시하고 그 사용 방법을 알려줄 거라고 생각했을 것입니다. 하지만 폰트 크기와 굵기, 텍스트 스타일과는 달리 CSS에서 색을 명시하고 사용할 수 있으려면 색에 대해 충분히 이해하고 있어야 합니다.

따라서 뒤에 나오는 페이지에서 폰트에 색을 사용해 적용하기 위해 알아야 할 모든 것을 학습할 것입니다. 화면에서 색을 입히는 방법, CSS에서 색을 명시하는 여러 가지 방법, 미스터리한 hex 코드가 무엇인지 등 모든 걸 배울 것입니다. '웹에 안전한 색(Web safe colors)'이 무엇인지에 관해 걱정하든 말든 간에 색을 명시하고 찾는 가장 쉬운 방법이 무엇인지 배워 봅시다.

웹 컬러는 어떻게 동작할까요?

페이지상에는 배경, 경계선, 폰트 등 색을 추가할 곳이 매우 많습니다. 그런데 실제로
컴퓨터에서 이러한 색은 어떻게 동작할까요? 한번 살펴보겠습니다.

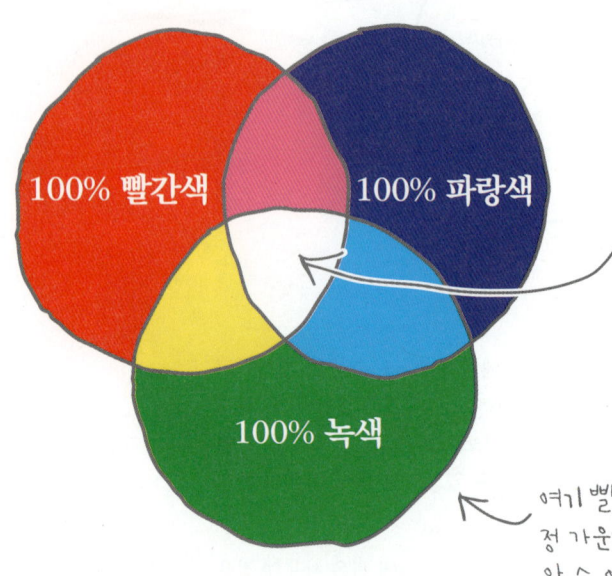

웹 컬러는 색을 구성할 때 빨간색, 녹색, 파란색이 얼마나 사용되는지에 따라 명시합니다. 각 색을 0~100%까지 명시할 수 있고 이들 모두를 합치면 최종 색에 도달합니다. 예를 들어 만약 빨간색 100%, 녹색 100%, 파란색 100%를 혼합하면 흰색이 됩니다. 컴퓨터 화면에서 색을 섞으면 조금 밝은 색으로 나타난다는 점에 주목하세요. 결국 우리는 빛을 혼합하는 것이니까요!

여기 빨간색, 녹색, 파란색이 합쳐지고 있습니다.
정 가운데서 본다면 모든 색이 어떻게 합쳐지는지
알 수 있을 거예요.

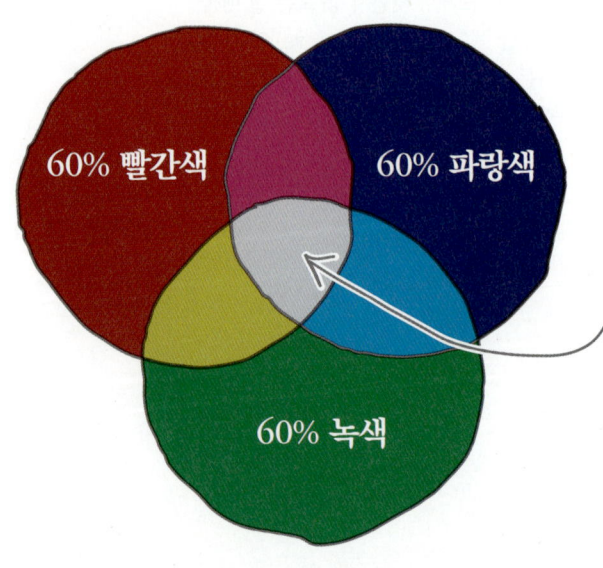

하지만 만약 여러분이 각 구성색(빨간색, 녹색, 파란색)의 60%만 추가한다면 어떻게 될 것이라 예상하나요? 다시 말해 세 가지 색을 모두 똑같은 양으로 구성하면 회색이 되는데, 컴퓨터 화면에서는 그리 밝게 보이지 않을 것입니다.

컴퓨터 화면에서 만약 파란색 0%가 추가되면 파란색은 그 색에 아무것도 추가하지 않게 되는군요.

빨간색 80%와 녹색 40%를 합친다고 해 봅시다. 여러분은 주황색이 될 거라고 예상할 것입니다. 맞나요? 예상대로 정확히 주황색이 됩니다. 만약 한 가지 색이 0%가 되면 다른 두 색에는 영향을 주지 않는다는 점에 주목하세요. 즉, 파란색 빛이 없이 빨간색과 녹색이 합쳐졌기 때문입니다.

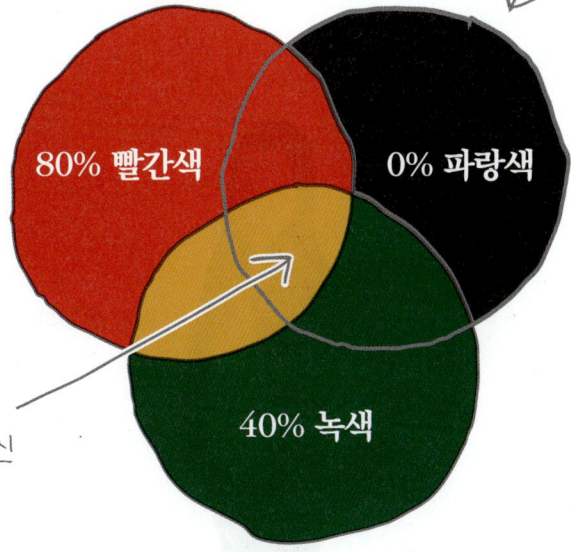

80%의 빨간색과 40%의 녹색을 혼합하면 아주 멋진 주황색을 얻을 수 있군요.

그리고 만약 0%의 빨간색, 녹색, 파란색을 섞는다면 어떤 색이 될까요? 그렇게 하면 화면에서 어떤 종류의 불빛도 보내지 않는 결과가 나오는 검정색이 될 것입니다.

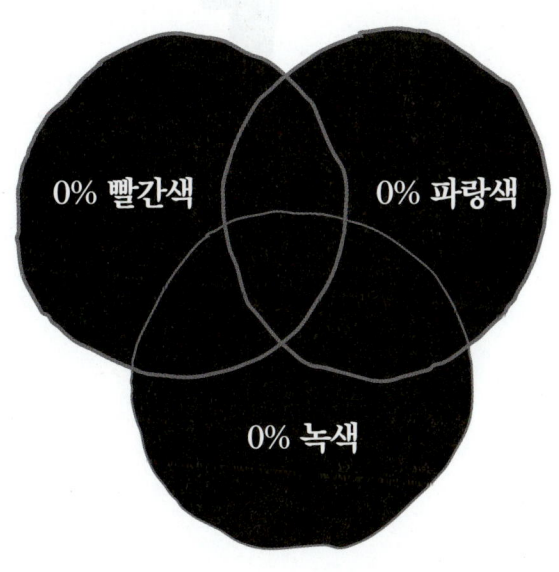

왜 제가 이 모든 '색 이론'에 대해 알아야 하는 거죠? 이름으로 색을 명시할 수는 없나요? 'red', 'green', 'blue'처럼요. 이게 지금까지 우리가 해 왔던 거잖아요.

확실히 여러분이 좋아하는 색의 이름을 사용할 수 있습니다만, CSS는 오직 150가지 색의 이름만 정의해 놓고 있습니다.

이 숫자가 많아 보일지 모르겠지만, 150가지 색만 갖고서는 페이지를 표현하는 것이 제한되어, 페이지를 구식으로 만들 수밖에 없습니다. 150가지 색보다 더 많은 이름을 사용하는 방법으로 색을 명시하는 방법을 보여 드릴 것입니다. 사실 여러분은 1,600만 가지 색을 가진 팔레트로 작업할 수 있을 거예요.

여러분은 이미 HTML에서 몇 가지 색에 대한 예제를 보았는데 이들은 #fc1257처럼 좀 이상한 형태죠. 따라서 여러분은 먼저 색을 명시하는 방법을 이해하고 나서 어떻게 하면 좀 더 쉽게 사진 편집 프로그램이나 색상 차트, 온라인 컬러 픽커를 사용하여 색을 골라낼 수 있을지 배울 것입니다.

어떻게 하면 웹 컬러를 명시할 수 있을까요?
몇 가지 방법이 있는지 알아봅시다

CSS는 색을 명시할 수 있는 몇 가지 방법을 제공합니다. 색의 이름으로 색을 명시할 수도 있고, 빨간색, 녹색, 파란색의 상대적인 비율로 색을 명시하거나, 색을 구성하는 빨간색, 녹색, 파란색을 짧은 형태로 표현하는 hex 코드를 사용하여 명시할 수도 있습니다.

여러분은 지금까지 웹은 하나의 형식으로 결정되었을 것이라고 생각할지도 모르지만, 이러한 모든 형식은 흔히 사용되고 있으므로 이들 모두에 대해 아는 것은 도움이 될 것입니다. 어쨌든 지금까지 나온 것 중 hex 코드가 웹 컬러를 명시하는 가장 일반적인 방법입니다. 하지만 색을 명시하는 이러한 모든 방법은 궁극적으로 색을 만들기 위한 빨간색, 녹색, 파란색이 얼마만큼 포함됐는지 브라우저에 말해주는 것일 뿐입니다.

CSS에서 색을 명시하는 방법을 살펴보도록 하죠.

이름으로 색 명시하기

CSS에서 색을 묘사하기 위한 가장 직접적인 방법은 색의 이름을 사용하는 것입니다. body 요소의 배경색으로 'silver' 색을 사용하고 싶다고 해 봅시다. 여기 CSS에서 작성하는 방법이 나와 있습니다.

어느 브라우저에서나 이 16가지 색을 사용할 수 있지만, 새로운 브라우저에서는 확장된 150가지 색상을 사용할 수 있을 거예요.

```
body {
        background-color: silver;
}
```

여기 body 규칙이 있습니다.

그리고 background-color 속성이 있군요.

그리고 이름으로 작성된 색이 있네요.

따라서 이름을 사용하여 색을 명시하려면 속성값에 색 명칭을 넣기만 하면 됩니다. CSS의 색 이름은 대소문자를 구분하지 않으므로 silver 혹은 SILVER 라고 입력해도 모두 잘 작동됩니다. 여기에 CSS에서 미리 정의된 16가지 기본 색이 나와 있습니다. 이것들은 단지 빨간색, 녹색, 파란색에 대한 양을 미리 정의하고 그에 대한 이름이라는 점을 기억하세요.

책에 있는 색은 출력된 페이지에서 빛이 반사되어 보이는 것입니다. 컴퓨터에서는 스크린에 의해 빛이 차단되므로 이 색은 여러분의 웹페이지에서 약간 다르게 보일 겁니다.

빨간색, 녹색, 파란색 값으로 색을 명시해 봅시다

빨강, 녹색, 파란색의 양으로도 색을 명시할 수 있습니다. 몇 페이지 전에 보았던 주황색을 명시한다고 해 봅시다. 이는 빨간색 80%, 녹색 40%, 파란색 0%로 구성됩니다. 아래에 명시하는 방법이 나와 있습니다.

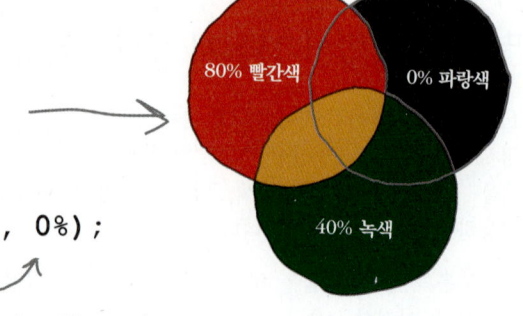

80% 빨간색
0% 파랑색
40% 녹색

```
body {
    background-color: rgb(80%, 40%, 0%);
}
```

red, green, blue를 줄여서 rgb로 시작하는 군요.

그리고 괄호 안에 빨간색, 녹색, 파란색의 비율을 명시합니다. 각 숫자 뒤에 %를 붙입니다.

또한 빨간색, 녹색, 파란색의 값을 0에서 255까지의 숫자로 명시할 수 있습니다. 따라서 빨간색 80%, 녹색 40%, 파란색 0%를 204, 102, 0 으로 나타낼 수 있습니다.

여기에 색을 명시하기 위해 직접 숫자를 사용하는 방법이 나와 있습니다.

이 숫자는 어디에서 온 것일까요? 255의 80%가 204이고, 255의 40%는 102, 255의 0%는 0입니다.

```
body {
    background-color: rgb(204, 102, 0);
}
```

여전히 'rgb'로 시작하네요.

비율이 아닌 숫자 값으로 명시하기 위해 숫자를 입력하고 '%'은 넣지 마세요.

바보 같은 질문이란 없습니다

Q: rgb 값을 명시하는데 왜 두 가지 다른 방법을 사용하나요? 비율을 사용하는 것이 더 직관적이지 않나요?

A: 두 가지 방법 모두 직관적입니다만, 0과 255 사이의 숫자를 사용하는 것이 더 나을 때도 있습니다. 이 숫자는 1 바이트의 정보를 담을 수 있는 수많은 값과 관련되어 있습니다. 따라서 역사적이고 기술적인 이유로 255는 종종 색을 구성하는 빨간색, 녹색, 파란색의 값을 명시하기 위한 측정 단위로 사용되곤 합니다. 실제로 여러분은 사진 편집 프로그램에서 0에서 255까지의 값을 명시하는 것을 목격했을 것입니다(보지 못했다면 어떻게 하는지 간략히 보게 될 것입니다).

Q: CSS에서 실제로 색의 이름을 사용하거나 rgb를 사용하는 사람을 본 적이 없는데요. 모든 사람들이 색에 대한 코드의 유형으로 #00fc9a를 사용하는 것 같아요.

A: rgb 비율이나 숫자값을 사용하는 게 좀 더 일반적인 방법이 되리라고 생각합니다만 여러분 말이 맞습니다. 사람들이 색을 명시하기 위해 편리한 방법이라고 여기기 때문에 여전히 'hex 코드'가 가장 널리 사용되고 있습니다.

Q: rgb(100,50,200) 같은 것을 보고, 어떤 색인지 아는 것이 중요한가요?

A: 전혀 그렇지 않습니다. rgb(100,50,200) 값이 무엇인지 확인하는 가장 좋은 방법은 여러분의 브라우저에서 파일을 열어보거나 사진 편집 프로그램으로 보는 것입니다.

hex 코드를 사용하여 색 명시하기

이제 hex 코드에 대해서 알아봅시다. 여기에 그 비밀이 나와 있습니다. hex 코드의 두 자리 숫자는 각각 색을 구성하는 빨간색, 녹색, 파란색을 나타냅니다. 따라서 다음과 같이 처음 두 자리 숫자는 빨간색을, 다음 두 자리는 녹색을, 마지막 두 자리는 파란색을 나타냅니다.

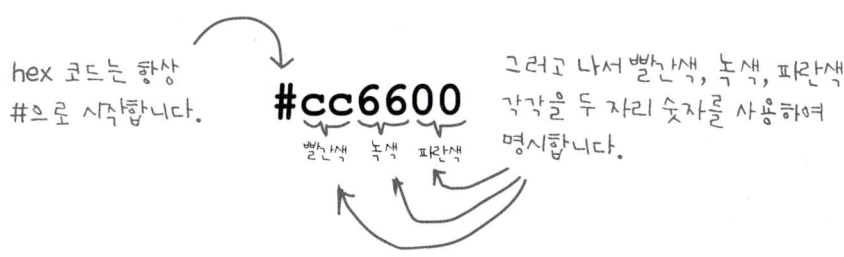

hex 코드는 항상 #으로 시작합니다.

#cc6600

빨간색 녹색 파란색

그러고 나서 빨간색, 녹색, 파란색 각각을 두 자리 숫자를 사용하여 명시합니다.

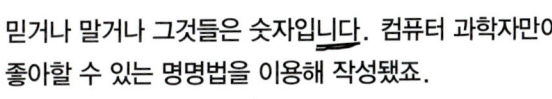

잠깐만요. 어떻게 'f'와 'c'가 숫자가 되나요? 이것들은 문자잖아요!

믿거나 말거나 그것들은 숫자입니다. 컴퓨터 과학자만이 좋아할 수 있는 명명법을 이용해 작성됐죠.

여기 hex 코드를 읽기 위한 두 번째 비밀이 있습니다. 두 자리 숫자 각각은 0에서 255까지의 숫자를 나타냅니다(좀 친숙하게 들리지 않나요?). 문제는 우리가 숫자를 사용한다면 두 자리로는 99까지만 나타낼 수 있다는 것입니다. 맞죠? 0-9까지의 간단한 숫자만 사용하는데 제한이 가해지는 것을 싫어한 나머지, 컴퓨터 과학자들은 몇 가지 문자(A에서 F)의 도움을 빌어 두 자리로 255 값을 나타낼 수 있도록 했습니다. 이를 16진법 혹은 간단히 'hex 코드'라고 합니다.

hex 코드가 실제로 어떻게 동작하는지 간단히 살펴보고 색상 차트나 사진 편집 프로그램에서 어떻게 사용하는지 알아보도록 합시다.

hex 코드에 대한 2분 지침서

hex 코드에 대해 여러분이 알아야 할 첫 번째는 10가지 숫자(0 에서 9)가 아니라, 16자리 숫자(0에서 F)에 근거를 두었다는 것입니다. 여기 hex 코드가 동작하는 방법이 나와 있습니다.

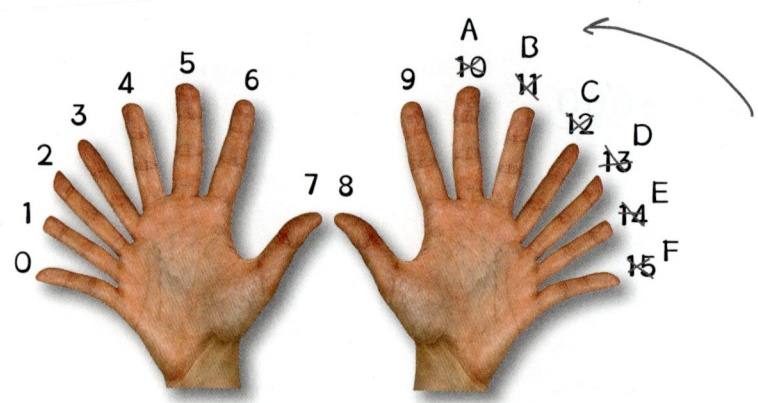

hex를 사용하여 0부터 15까지 세는데 한 자리 숫자만 필요합니다. 9를 넘어가면 문자를 사용하기 시작하는군요.

따라서 B와 같은 hex 숫자를 보게 된다면 이는 11을 의미한다는 것을 알 수 있을 겁니다. 하지만 BB나 E1 혹은 FF는 어떤 숫자를 의미할까요? hex 색을 분해해서 그것이 실제 무엇을 나타내는지 알아봅시다. 실제로 여러분이 만나게 될 hex 색상을 위해 무엇을 할 수 있는지 아래에 있습니다.

제 1 단계 :

hex 코드를 3 부분으로 분리합니다.

각각의 hex 코드는 빨간색, 녹색, 파란색으로 구성되어 있다는 점을 기억하세요. 여러분이 해야 할 첫 번째 작업은 이들을 분리하는 것입니다.

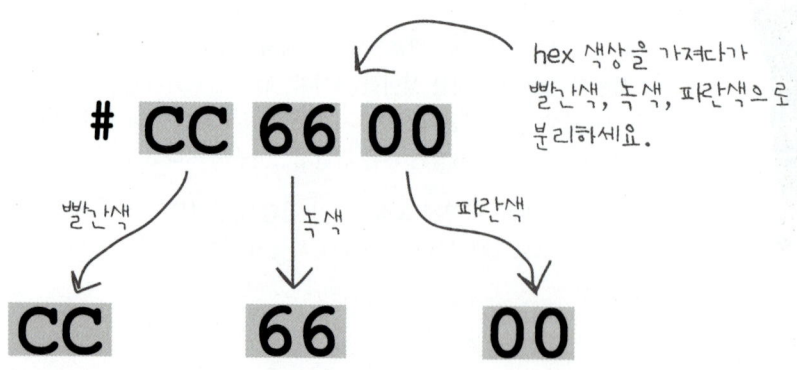

hex 색상을 가져다가 빨간색, 녹색, 파란색으로 분리하세요.

제 2 단계 :

각 hex 숫자를 10진수로 변환합니다.

구성색별로 분리했으니 이제 이들을 0에서 255의 값으로 계산할 수 있습니다.
빨간색부터 시작해 봅시다.

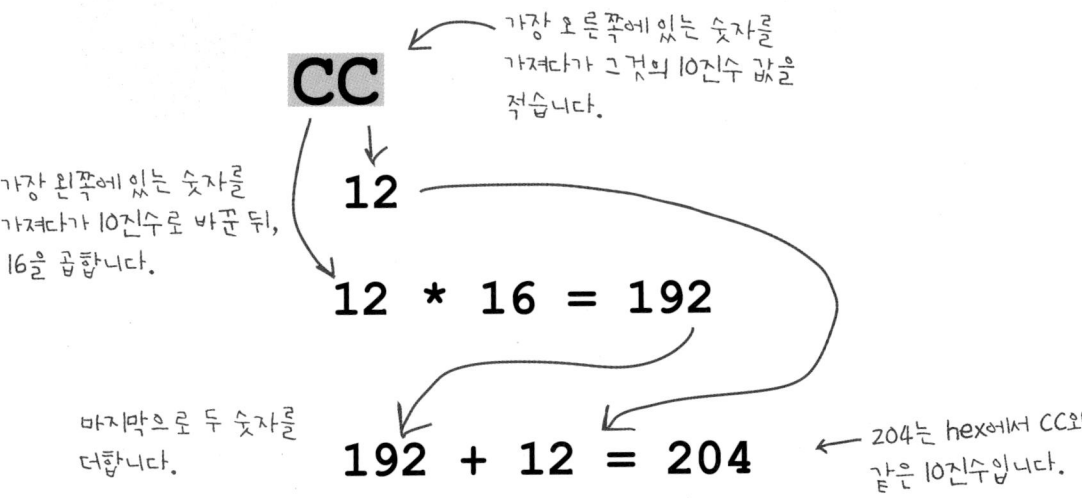

가장 오른쪽에 있는 숫자를
가져다가 그것의 10진수 값을
적습니다.

CC

가장 왼쪽에 있는 숫자를
가져다가 10진수로 바꾼 뒤,
16을 곱합니다.

12

12 * 16 = 192

마지막으로 두 숫자를
더합니다.

192 + 12 = 204

204는 hex에서 CC와
같은 10진수입니다.

제 3 단계 :

다른 두 가지 값도 같은 방법으로 계산합니다.

다른 두 가지 값도 동일한 방법으로 계산합니다. 아래에 그 결과가 나와 있습니다.

CC   66   00

204   102   0

66은 (6 *16)+6 = 102가
됩니다.

00은 (0 *16)+0 = 0이
됩니다.

제 4 단계 :

4 단계는 없습니다. 모두 다 끝났습니다.

다 했습니다. 여러분이 직접 구성색별로 숫자를 추출해서 빨간색, 녹색,
파란색이 색을 만드는 데 얼마나 많이 들어가는지 정확히 알게 되었습니다.
이제 여러분은 같은 방법으로 어떤 hex 색상이라도 정확하게 분리해 낼 수
있습니다. 이제 어떻게 웹 컬러를 결정하는지 알아봅시다.

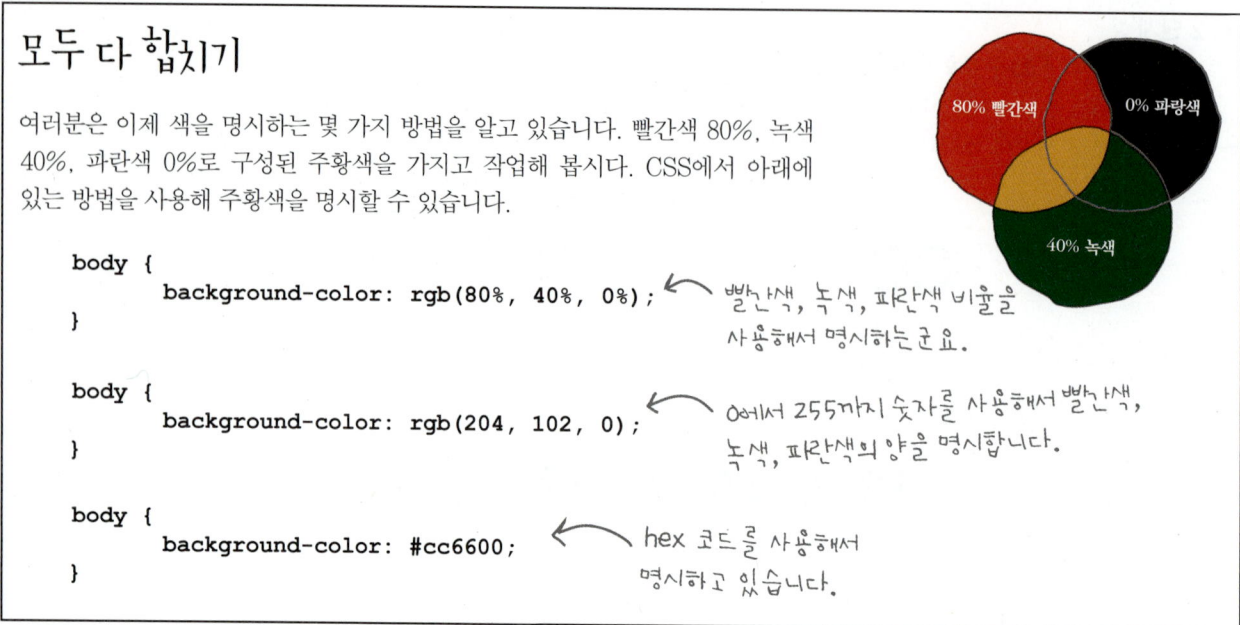

모두 다 합치기

여러분은 이제 색을 명시하는 몇 가지 방법을 알고 있습니다. 빨간색 80%, 녹색 40%, 파란색 0%로 구성된 주황색을 가지고 작업해 봅시다. CSS에서 아래에 있는 방법을 사용해 주황색을 명시할 수 있습니다.

```
body {
        background-color: rgb(80%, 40%, 0%);
}
```
→ 빨간색, 녹색, 파란색 비율을 사용해서 명시하는군요.

```
body {
        background-color: rgb(204, 102, 0);
}
```
→ 0에서 255까지 숫자를 사용해서 빨간색, 녹색, 파란색의 양을 명시합니다.

```
body {
        background-color: #cc6600;
}
```
← hex 코드를 사용해서 명시하고 있습니다.

웹 컬러를 찾는 방법

웹 컬러를 찾는 가장 일반적인 두 가지 방법은 색상 차트 혹은 포토샵 엘리먼트 같은 프로그램을 사용하는 것입니다. 아니면 웹 컬러를 선택해 이를 rgb와 hex 코드로 변환하는 많은 웹 페이지를 찾을 수 있을 것입니다. 책에서는 포토샵 엘리먼트를 사용해서 알아봅시다(대부분의 사진 편집 프로그램은 동일한 기능을 제공합니다).

대부분의 사진 편집 프로그램은 여러분이 하나 혹은 더 많은 스펙트럼을 사용하여 시각적으로 색을 선택할 수 있게 하는 색 선택(Color Picker) 기능을 제공합니다.

색 선택 기능은 또한 '웹에 안전한(Web safe)' 색만 선택하는 것을 허용합니다. 잠시 후 이에 대해 알아보겠습니다.

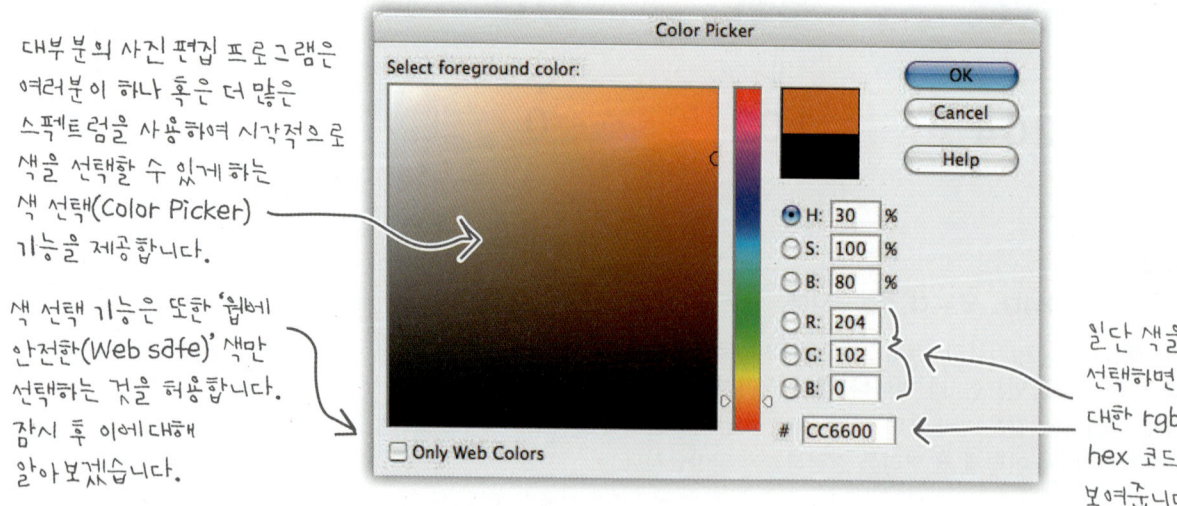

일단 색을 선택하면 이에 대한 rgb 값과 hex 코드값을 보여줍니다.

온라인 색상 차트 사용하기

여러분은 또한 웹에서 쓸만한 몇 가지 색상 차트를 찾을 수 있을 것입니다. 이러한 차트는 보통 hex 코드에 상응하는 다수의 서로 다른 기준에 따라 정렬되어 있는 웹 컬러를 보여줍니다. 이러한 색을 사용하여 페이지에 넣기 원하는 색을 선택하거나 CSS 안에 hex 코드를 복사하는 작업을 쉽게 할 수 있습니다.

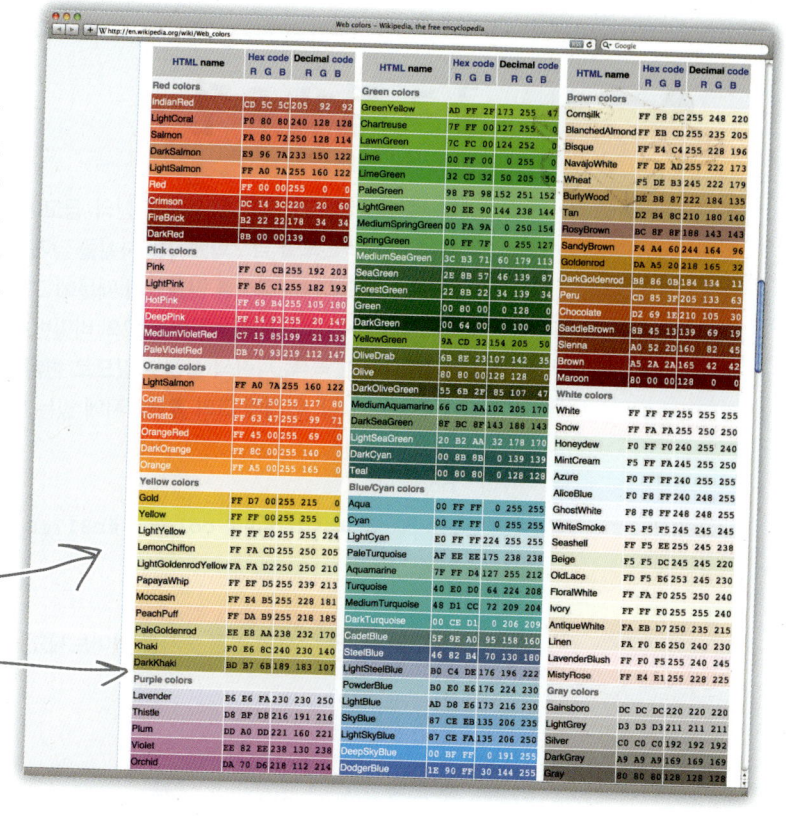

이 차트는 http://en.wikipedia.org/wiki/
Web_colors에 있습니다.
'HTML color chart'를 검색하면 다른 많은
차트를 찾을 수 있을 거예요.

여기 나온 이름으로 색을 명시해
브라우저에서 동작하는지 확인해
보세요. 동작하지 않으면 hex 코드를
사용하세요.

바보 같은 질문이란 없습니다

Q: 웹에 안전한 색을 사용하지 않으면 페이지가 다른 브라우저에서 제대로 보이지 않는다고 들었는데요. 웹의 안전한 색에 대해서는 왜 얘기하지 않는 건가요?

A: 웹 브라우저의 초창기에 몇몇 사람들만 많은 색을 지원하는 모니터를 가지고 있었기 때문에 안전한 색은 페이지들이 대부분의 화면에서 일관적으로 보이도록 확인하기 위한 목적으로 만들어졌습니다.

오늘날 사진은 급격한 변화를 겪었고 대부분의 웹 사용자는 수백만 개의 색을 지원하는 모니터를 사용하고 있습니다. 따라서 제한된 화면을 가진 특별한 사용자를 위해 작업하지만 않는다면, '웹에 안전한 색'은 과거의 유물로 여겨도 될 듯 합니다.

Q: 색을 명시하는 방법은 알고 있습니다만, 폰트 색을 잘 고르려면 어떻게 해야 하나요?

A: 그 질문에 적절한 답변을 하려면 이 책 전체를 찾아봐야 할 것 같군요. 하지만 폰트 색을 선택하는 몇 가지 기본적인 지침은 있습니다. 가장 중요한 것은 가독성에 도움을 주도록 배경과 텍스트가 서로 대비되도록 색을 사용하는 것입니다. 예를 들어 하얀 배경에 검정색 텍스트는 가장 높은 대비성을 가집니다. 그렇다고 항상 검정색과 흰색만 사용할 필요는 없고, 텍스트는 검은 색조로 배경은 밝은 색조를 사용해 보세요. 일부 색은 혼합되었을 때 시각적으로 이상한 효과를 만들어 냅니다(파란색과 주황색 혹은 빨간색과 녹색). 따라서 웹에 게시하기 전에 여러 가지 색을 조합해서 시험해 보세요.

Q: #cb0과 같은 hex 코드를 본 적이 있는데, 이게 의미하는 게 뭔가요?

A: 만약 각 두 자리 숫자가 같은 수를 공유한다면 그것을 줄여서 사용할 수 있습니다. 예를 들면 #ccbb00은 #cb0으로, #11eeff는 #1ef로 축약할 수 있습니다. 하지만 만약 hex 코드기 #ccbb10이라면 축약할 수 없습니다.

금고 열기 도전

에빌 박사는 중요한 계획 문서를 자신의 금고에 넣어 잠궜고, 여러분은 방금 그가 hex 코드의 조합으로 금고 번호를 암호화했다는 사실을 알게 되었습니다. 실제로 그는 자신의 홈페이지에 있는 배경색을 가지고 hex 코드를 만들었기 때문에 그 조합을 절대 잊어버리지 않을 것입니다. 여러분의 임무는 그의 hex 코드를 해독하여 금고의 비밀번호를 알아내는 것입니다. 이를 위해 간단히 그의 웹 컬러를 빨간색, 녹색, 파란색 십진수 값으로 변환하면 오른쪽–왼쪽–오른쪽 순으로 조합된 숫자를 얻게 될 것입니다. 아래에 그의 홈페이지에 있는 배경색이 나와 있습니다.

```css
body {
        background-color: #b817e0;
}
```

코드를 해독하고 나서 조합된 숫자를 적어보세요.

오른쪽 ....   왼쪽 ....   오른쪽 ....

토니의 페이지로 돌아가서,
제목을 주황색으로 만들고 밑줄을 추가해 봅시다

색에 관한 모든 것을 알았으니 이제 토니의 웹 페이지에 몇 가지 색을 추가할 때가 되었습니다. 토니는 주황색을 좋아합니다만, 그의 페이지 전체 텍스트를 주황색으로 만드는 것(그렇게 하면 별로 매력적이지도 못하며, 흰색 배경에서 읽기가 어려울 것입니다)보다는 제목에 색을 약간 추가하는 것이 나을 것입니다. 주황색은 텍스트와 배경 간에 좋은 대비를 줄 정도로 충분히 어두운 색이며, 사진(토니의 셔츠)에 있는 주황색과도 잘 어울립니다. 제목과 이미지와 텍스트를 합친 사진 사이에 색에 대한 관계를 만들 것입니다. 그리고 제목을 두드러져 보이게 하고 다른 일기와 구별될 수 있도록 밑줄도 추가할 것입니다. 여러분은 아직까지 밑줄을 추가하는 방법을 보지 못했습니다만, 지금 한번 해 봅시다. 그리고 텍스트를 장식하는 방법에 대해 좀 더 살펴보도록 하죠.

CSS에서 추가할 모든 변경 사항이 아래에 나와 있습니다. 'journal.css' 파일에 이 변경 사항을 적용하세요.

```css
@font-face {
    font-family: "Emblema One";
    src: url("http://wickedlysmart.com/hfhtmlcss/chapter8/journal/EmblemaOne-
Regular.woff"),
         url("http://wickedlysmart.com/hfhtmlcss/chapter8/journal/EmblemaOne-
Regular.ttf");
}
body {
    font-family: Verdana, Geneva, Arial, sans-serif;
    font-size: small;
}

h1, h2 {
    color: #cc6600;
    text-decoration: underline;
}

h1 {
    font-family: "Emblema One", sans-serif;
    font-size: 220%;
}

h2 {
    font-weight: normal;
    font-size: 130%;
}

blockquote {
    font-style: italic;
}
```

〈h1〉과 〈h2〉 모두를 주황색으로 만들 것입니다. 그래서 공유 규칙에 color 속성을 추가하고 있습니다.

여기 토니가 원하던 주황색에 대한 hex 코드가 있는데, 이는 rgb(80%, 40%, 0%)와 같습니다.

그리고 여기 밑줄을 만드는 방법이 있습니다. text-decoration 속성을 사용하여 밑줄을 추가하는군요.

〈h1〉과 〈h2〉에 대해 새 규칙을 만들었는데, 중복을 제거하고 있으므로 괜찮은 방법이라 할 수 있죠.

토니의 주황색 제목 시운전

'journal.css' 파일에 있는 'h1, h2' 규칙에 color 속성을 추가하고 웹 페이지를 다시 열어본 후 그 결과를 확인해 봅시다.

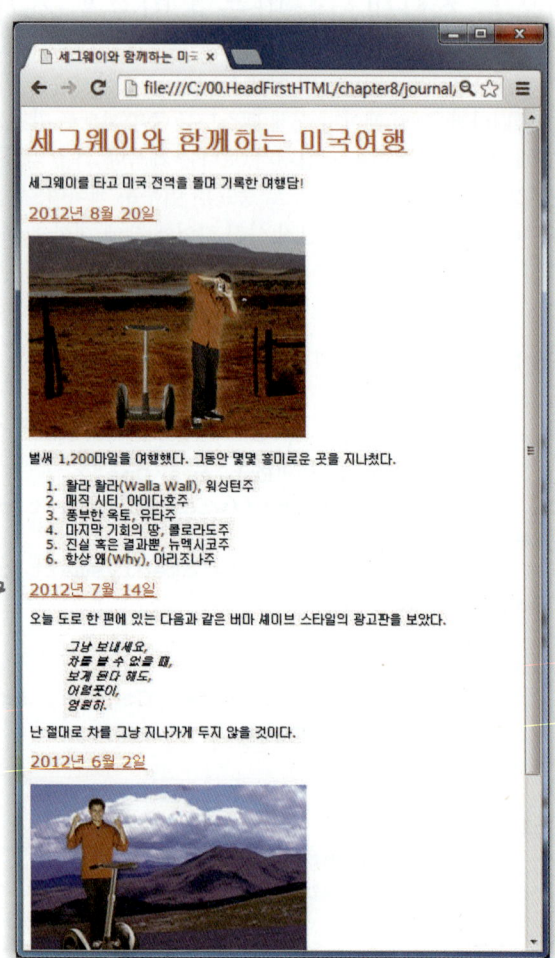

이제 〈h1〉과 〈h2〉 제목 모두가 주황색으로 변했습니다. 토니의 주황색 테마와 셔츠에 잘 부합되는 군요.

이 제목도 밑줄이 있어 돋보이는 군요. 음… 이렇게 하면 제목이 구별되어 보이므로 좋은 방법이라 생각했지만, 사실 클릭할 수 있는 링크와 너무 많이 비슷하군요. 사람들은 웹 페이지에서 밑줄이 있으면 클릭할 수 있는 것이라고 생각하는 경향이 있습니다.

따라서 밑줄은 아마도 잘못된 선택인 것 같군요. 몇 가지 다른 텍스트 장식을 검토해보고 나서 이 웹 페이지에 있는 밑줄에 대해 다시 고려해 봐야 할 것 같습니다.

✏️ 연필을 깎으며

아래의 모든 색이 공통적으로 가지고 있는 특징은 무엇일까요? 웹 페이지에 있는 색을 하나씩 선택해서 그 폰트의 색을 말해 보세요. 혹은 사진 편집 프로그램의 색상 선택 기능을 이용해서 대화상자에 직접 hex 코드를 입력해서 어떤 색인지 맞춰 보세요.

#111111	#444444	#777777	#aaaaaa	#dddddd
#222222	#555555	#888888	#bbbbbb	#eeeeee
#333333	#666666	#999999	#cccccc	

텍스트 데코레이션에 관해 여러분이 알고자 하는 내용은 한 페이지 분량도 되지 않습니다

텍스트 데코레이션(text decoration)은 밑줄이나 윗줄, 가운데 줄(strike-through라고도 합니다)과 일부 브라우저에서 동작하는 깜박거리는 텍스트에 장식적인 효과를 추가하는 역할을 합니다. 텍스트 데코레이션을 추가하려면 다음과 같이 요소에 text-decoration 속성을 설정하기만 하면 됩니다.

```
em {
        text-decoration: line-through;
}
```

이 규칙은 〈em〉 요소의 텍스트에 가운데 줄을 넣게 될 것입니다.

한 번에 장식(decoration)을 한 개 이상 추가할 수 있습니다. 동시에 밑줄과 윗줄을 추가하고 싶다면 다음과 같이 text-decoration을 명시하세요.

```
em {
        text-decoration: underline overline;
}
```

이 규칙은 〈em〉 요소에 밑줄과 윗줄을 추가합니다.

그리고 원하지 않는 텍스트 데코레이션을 상속받았다면 속성값을 'none'으로 합니다.

```
em {
        text-decoration: none;
}
```

이 규칙으로는 〈em〉 요소의 텍스트에 아무런 장식도 만들지 않습니다.

바보 같은 질문이란 없습니다

Q: 〈em〉에 대해 하나는 밑줄을 다른 하나는 윗줄을 추가하는 다른 규칙 두 개를 가지고 있는데 두 가지 규칙이 모두 적용되나요?

A: 아닙니다. 두 규칙을 하나로 합쳐야 할 필요가 있습니다. text-decoration을 위해서는 오직 한 가지 규칙만 선택되며, 분리된 규칙에 있는 장식은 함께 추가되지 않습니다. text-decoration은 선택된 오직 한 개 규칙만 사용되므로, 두 가지 장식을 적용하는 유일한 방법은 동일한 text-decoration 선언부에 두 가지 모두를 명시하는 것입니다.

Q: 왜 color 속성을 text-color라고 부르지 않나요?

A: color 속성은 실제로 요소의 표번에 있는 색을 제어합니다. 따라서 여러분이 bordercolor 속성을 사용하여 경계선에 그 자신만의 색을 설정할 수 있지만, color 속성은 텍스트와 경계선 색 모두를 제어합니다.

Q: 저는 가운데 줄(line-through)을 넣는 것을 좋아하는데요. 삭제될 필요가 있는 것을 가리키기 위해 텍스트에 사용할 수 있나요?

A: 사용할 수 있습니다만, 더 나은 방법이 있습니다. HTML은 삭제되어야 하는 콘텐츠를 표시하는 〈del〉이라 불리는 요소를 가지고 있습니다. 이와 비슷한 것으로 〈ins〉라는 요소가 있는데 이는 삽입되어야 하는 콘텐츠를 나타냅니다. 일반적으로 브라우저들은 가운데 줄(strikethrough)과 밑줄(underline)을 사용하여 이러한 요소를 꾸밀 것이며, CSS를 사용하여 원하는 대로 그것들을 장식할 수 있습니다. 〈del〉과 〈ins〉를 사용함으로써 여러분은 콘텐츠에 부가적인 의미를 표시할 수 있습니다.

밑줄 제거하기

혼란스러운 밑줄을 제거하고 라운지에 했던 것처럼 하단에 보기 좋은
경계선을 추가합시다. 이를 위해 'journal.css' 파일을 열고 통합된
'h1, h2' 규칙에 변화를 주도록 하겠습니다.

```
h1, h2 {
    color: #cc6600;
    border-bottom: thin dotted #888888;
    text-decoration: underline;
}
```

⟨h1⟩과 ⟨h2⟩ 요소의 하단에 경계선을
추가하세요. 이 부분을 해석하면 이런 뜻이죠.
"#888888색의 가는 점선으로 하단 경계선을
추가하세요"

다음 장에서 경계선에 대해 좀 더 자세히
알아볼 것입니다.

text-decoration을 지우세요.

그리고 여기에 새로운 '밑줄'이 어떻게 보이는지
나와 있습니다. 확실히 밑줄(underline)보다는 좀 더
멋지고 덜 혼란스럽군요.

이제 ⟨h1⟩과 ⟨h2⟩ 요소에 밑줄이
아닌 경계선이 생겼습니다.

경계선은 텍스트 바로 밑이 아닌
페이지의 끝까지 확장된다는 점에
주목하세요. 다음 장에서 이 부분에
대해 배울 거예요.

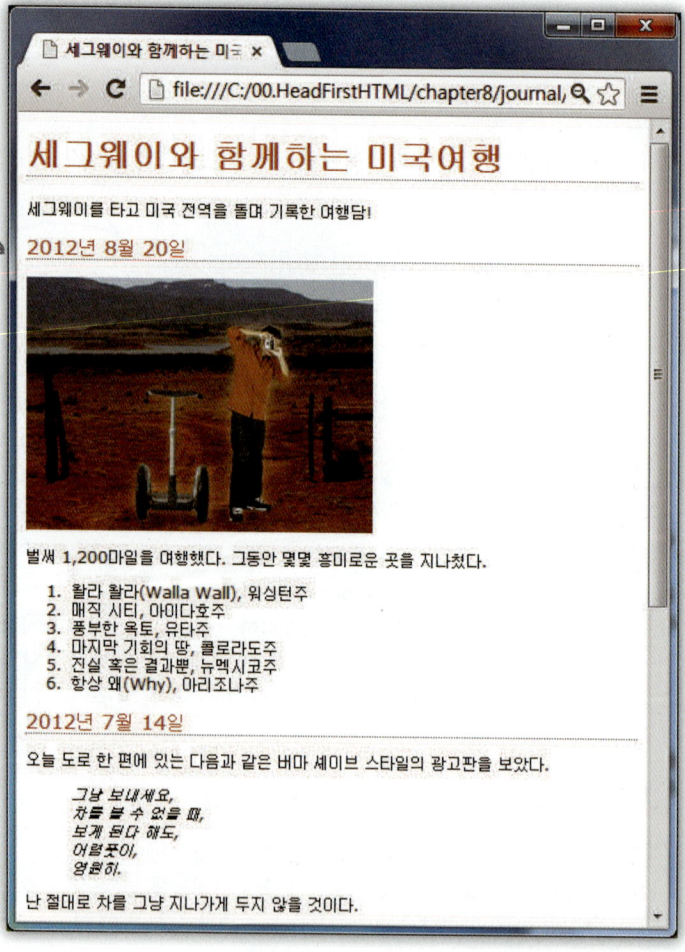

핵심정리

- CSS는 font-family, font-weight, font-size, font-style 같은 속성을 포함해 폰트의 모양을 제어할 수 있습니다.

- font-family는 공통적인 특징을 공유하는 폰트의 집합입니다.

- 웹을 위한 폰트 패밀리에는 세리프(serif), 산세리프(sans-serif), 모노스페이스(monospace), 흘림체(cursive), 판타지(fantasy)가 있습니다. 세리프와 산세리프 폰트는 가장 일반적인 폰트 패밀리입니다.

- 여러분의 웹 페이지 방문자가 보게 될 폰트는 사용자의 컴퓨터에 설치되어 있는 폰트에 의존하게 됩니다.

- 여러분이 선호하는 폰트를 사용자가 설치하지 않았을 경우, font-family CSS 속성에 대체 폰트를 명시하는 것은 좋은 아이디어입니다.

- 항상 세리프나 산세리프 같은 일반적인 폰트를 마지막에 위치시키세요. 그렇게 하면 브라우저들은 다른 폰트가 발견되지 않을 경우 적합한 대체 폰트를 만들 수 있습니다.

- 사용자들이 기본으로 설치하지 않은 폰트를 사용할 경우에는 CSS의 @font-face 규칙을 사용하세요.

- Font-size는 일반적으로 px, em, % 혹은 키워드로 명시할 수 있습니다.

- 폰트 크기를 픽셀('px')로 명시하는 것은 문자의 높이를 구성하는 데 얼마나 많은 픽셀이 사용되는지 브라우저에 알려줍니다.

- em과 %는 상내직인 폰트 크기로, em과 %를 사용하여 폰트 크기를 명시하는 것은 문자의 크기가 부모 요소의 폰트 크기에 상대적이 됨을 의미합니다.

- 폰트에 대해 상대적인 크기를 사용하는 것은 페이지를 유지 보수하는 데 좀 더 효율적입니다.

- 폰트 크기에 키워드를 사용하는 것은 body 규칙에 있는 기본 폰트 크기로 설정하는 것입니다. 따라서 사용자들이 텍스트를 좀 더 크게 혹은 작게 만들기 원한다면 모든 브라우저에서 폰트 크기를 한 번에 조절할 수 있습니다.

- font-weight CSS 속성을 사용하여 텍스트를 굵게 만들 수 있습니다.

- font-style 속성은 이탤릭(italic) 혹은 오블리크(oblique)를 만드는 데 사용됩니다. 이탤릭과 오블리크체는 기울어져 보입니다.

- 웹 컬러는 빨간색, 녹색, 파란색이 합쳐져서 만들어집니다.

- 빨간색 100%, 녹색 100%, 파란색 100%를 섞으면 흰색이 됩니다.

- 빨간색 0%, 녹색 0%, 파란색 0%를 섞으면 검정색이 됩니다.

- CSS는 검정색, 흰색, 빨간색, 파랑색, 녹색을 포함한 16가지 기본색과 확장색 150가지를 가지고 있습니다.

- 빨간색, 녹색, 파란색의 비율이나 0에서 255까지의 숫자, 혹은 hex 코드를 사용하여 원하는 색을 명시할 수 있습니다.

- 원하는 색에 대한 hex 코드를 찾는 가장 쉬운 방법은 사진편집 프로그램의 색상 선택 기능을 사용하거나 온라인 웹 도구를 사용하는 것입니다.

- hex 코드는 6자리 숫자를 가지고 있고, 각 숫자는 0에서 F가 될 수 있습니다. 첫 번째에 있는 두 자리 숫자는 빨간색, 두 번째는 녹색, 마지막 두 자리 숫자는 파란색의 양을 나타냅니다.

- 텍스트에 밑줄을 만들기 위해 text-decoration 속성을 사용할 수 있습니다. 밑줄이 있는 텍스트는 종종 사용자들이 링크된 텍스트와 혼동할 수 있으므로, 이 속성을 사용할 때는 주의를 기울이세요.

HTML 십자 퍼즐

여러분은 이 장에서 폰트, 색, 굵기, 스타일 등을 배웠습니다. 또 다른 십자 낱말 풀이를
할 시간입니다.

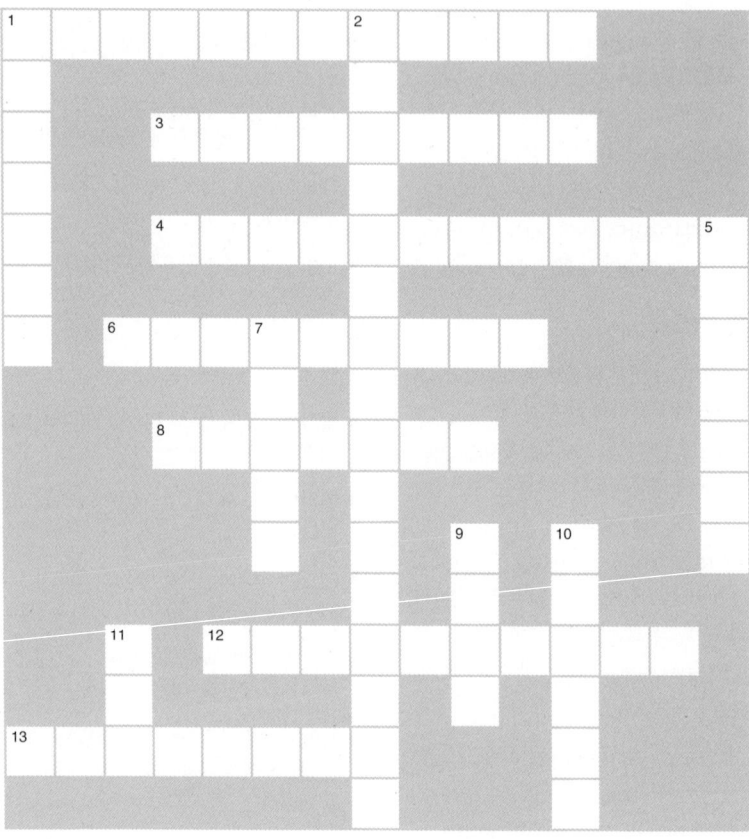

serif (세리프)
sixteen (16)
fontfamilies
@font-face
percent (비율)
fantasy (판타지)
relative (상대적)
weight (굵기)
decoration(장식)
sans serif (산세리프)
sixteen (16)
gray (회색)
internetexplorer
(인터넷 익스플로러)
alternatives(대체)
del

가로

1. 비슷한 폰트는 이 속성으로 묶여집니다.

3. 웹에 있는 폰트를 가져오려면 CSS의 _____ 규칙을
   사용하세요.

4. 속성에서 폰트를 명시할 때 이런 식으로 명시합니다.

6. 컴퓨터 화면에서 깔끔하고 읽기 쉽다고 여겨지는 폰트

8. 픽셀, em, 그리고 이것을 사용해서 폰트를 명시할 수
   있습니다.

12. 밑줄과 가운데 줄은 텍스트의 이러한 예입니다.

13. em과 %는 크기에 있어 _____입니다.

세로

1. 웹 페이지에서 거의 사용되지 않는 폰트 패밀리

2. 픽셀을 사용하여 폰트 크기를 제대로 취급하지 못하는
   브라우저

5. hex 코드는 ___개의 서로 다른 숫자를 사용합니다.

7. 작은 돌출선이 있는 폰트

9. #111111부터 #EEEEEE까지 색은 모두 _____ 색
   계통입니다.

10. 폰트의 굵기를 제어하는 것

11. 삭제를 위해 텍스트를 표시하는 데 사용되는 요소

폰트 자석 정답

여러분의 임무는 아래에 있는 폰트가 자신의 폰트 패밀리로 가도록 집을 찾는 것을 도와주는 것입니다. 왼편에 있는 각 자석을 오른쪽에 있는 폰트 패밀리로 올바르게 집어 넣도록 하세요. 다음으로 넘어가기 전에 여러분의 정답을 체크해 보세요. 여기 정답이 있습니다.

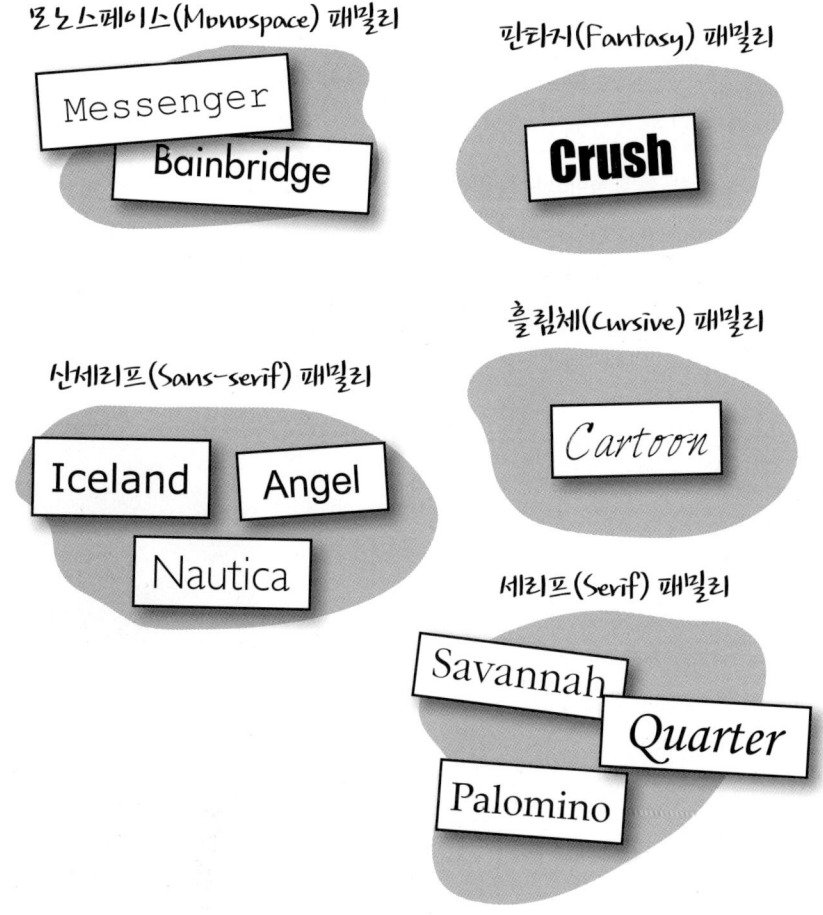

금고 열기 정답

에빌 박사는 중요한 계획 문서를 자신의 금고에 넣어 잠궜고, 여러분은 방금 그가 hex 코드의 조합으로 금고 번호를 암호화 했다는 사실을 알게 되었습니다. 실제로 그는 자신의 홈페이지에 있는 배경색을 가지고 hex 코드를 만들었기 때문에 그 조합을 절대 잊어버리지 않을 것입니다. 여러분의 임무는 그의 hex 코드를 해독하여 금고의 비밀번호를 알아내는 것입니다. 이를 위해 간단히 그의 웹 컬러를 빨간색, 녹색, 파란색 십진수 값으로 변환하면 오른쪽-왼쪽-오른쪽 순으로 조합된 숫자를 얻게 될 것입니다. 아래에 그의 홈페이지에 있는 배경색이 나와 있습니다.

```
body {
    background-color: #b817e0;
}
```

코드를 해독하고 나서 조합된 숫자를 적어보세요.

$(11 * 16) + 8 =$
오른쪽 184

$(1 * 16) + 7 =$
왼쪽 23

$(14 * 16) + 0 =$
오른쪽 224

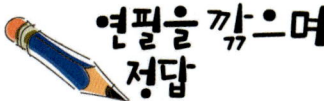

연필을 깎으며 정답

아래의 모든 색이 공통적으로 가지고 있는 특징은 무엇일까요? 웹 페이지에 있는 색을 하나씩 선택해서 그 폰트의 색을 말해보세요. 혹은 사진 편집 프로그램의 색상 선택 기능을 이용해서 대화상자에 직접 hex 코드를 입력해서 어떤 색인지 맞춰 보세요.

#111111
#222222
#333333
#444444
#555555
#666666
#777777
#888888
#999999
#aaaaaa
#bbbbbb
#cccccc
#dddddd
#eeeeee

hex 코드에서 하나의 숫자만 사용하는 여기 있는 모든 색들은 회색이며, 매우 어두운 (거의 검정색에 가까운) 색부터 매우 밝은(거의 흰색에 가까운) 색까지 나와 있군요.

HTML 십자 퍼즐 정답

9 박스 모델

요소와 친숙해지기

> 모든 패딩과 마진들 그리고
> 이 망할 테이블만 없다면 좀 더
> 가까워 질 수 있을 것 같은데요.

더 향상된 웹을 건축하려면 건축 자재에 대해 알아야 할 필요가 있습니다.

이번 장에서는 건축 자재인 HTML 요소에 대해 좀 더 자세히 살펴볼 것입니다. 블록과 인라인 요소를 현미경에 가져다 놓고 이것들이 무엇으로 이루어졌는지 자세히 조사할 것입니다. 또한 CSS로 요소를 만드는 방법에 대한 모든 측면을 어떻게 제어할 수 있는지 알게 될 것입니다. 하지만 여기서 멈추지는 않을 거예요. 여러분은 또한 요소에 유일한 식별자를 주는 방법도 배울 것이며, 스타일시트 여러 개를 언제, 왜 사용하는지도 배울 것입니다. 자, 이제 페이지를 넘겨 요소와 친해져 봅시다.

라운지 향상시키기

8장까지 학습하면서 많은 작업을 한 결과 여러분은 헤드 퍼스트 라운지를 갖게 되었습니다. 실제로 앞으로 나오는 두 장에서는 새로운 콘텐츠로 메인 페이지를 갱신할 것으로, 아무것도 없는 처음부터 다시 페이지를 꾸미기 시작할 것입니다. 여러분의 흥미를 자극하기 위해 작업을 시작하기 전에 먼저 슬쩍 엿보도록 하죠. 다음 사항을 체크해 봅시다. 이 페이지에는 전혀 꾸미지 않은 새로운 콘텐츠로 된 새 라운지 페이지가 있습니다. 그리고 다음 페이지에는 다음 장의 후반부까지 만들게 될 장식된 페이지가 나와 있습니다.

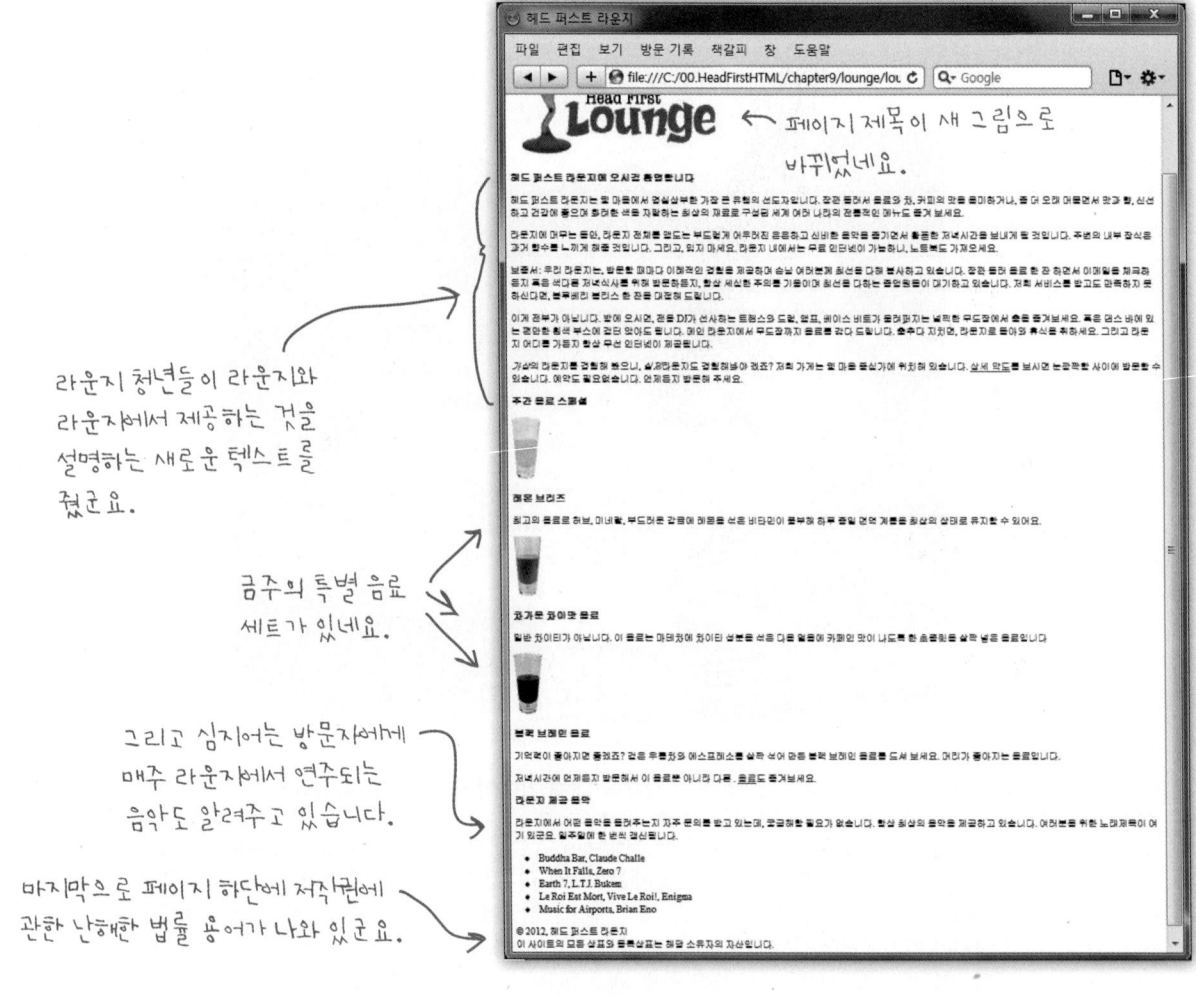

← 페이지 제목이 새 그림으로 바뀌었네요.

라운지 청년들이 라운지와 라운지에서 제공하는 것을 설명하는 새로운 텍스트를 줬군요.

금주의 특별 음료 세트가 있네요.

그리고 심지어는 방문자에게 매주 라운지에서 연주되는 음악도 알려주고 있습니다.

마지막으로 페이지 하단에 저작권에 관한 난해한 법률 용어가 나와 있군요.

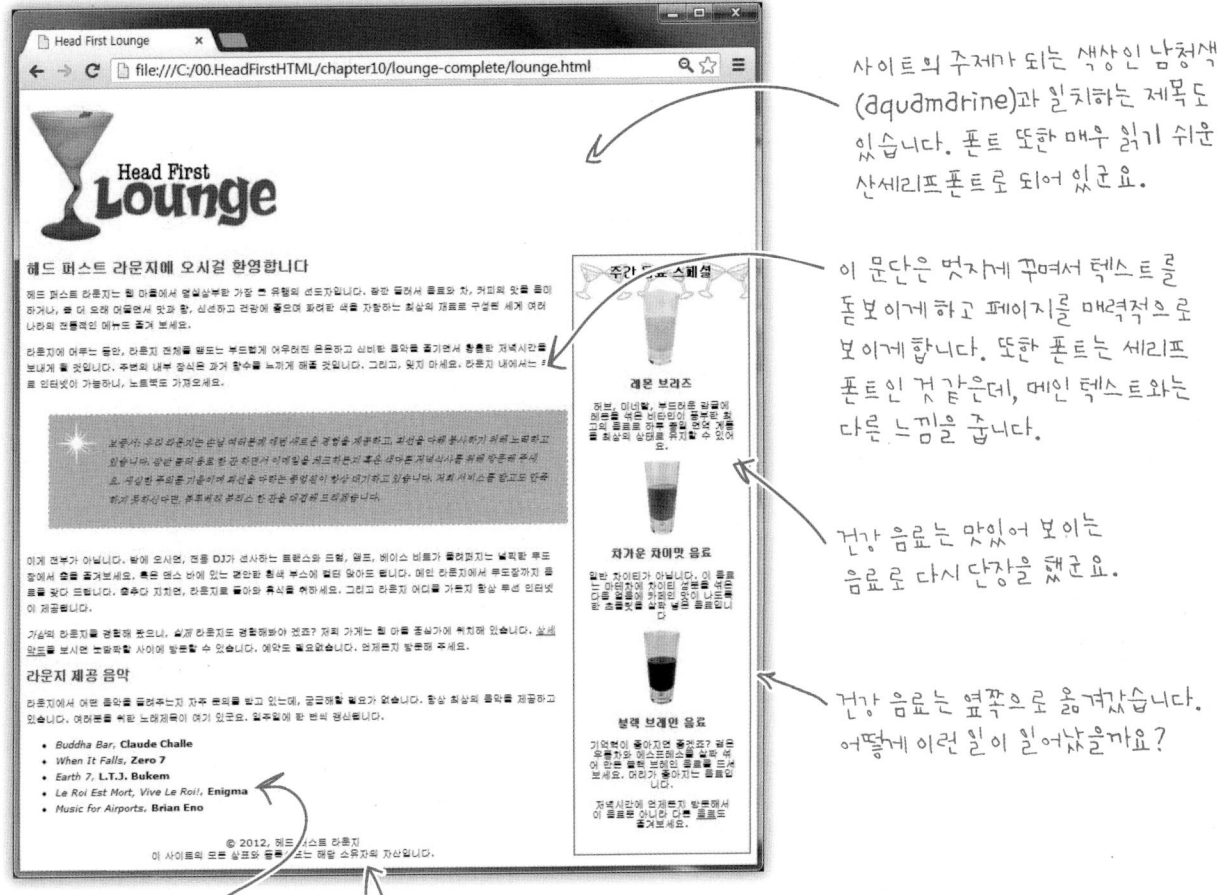

사이트의 주제가 되는 색상인 남청색 (aquamarine)과 일치하는 제목도 있습니다. 폰트 또한 매우 읽기 쉬운 산세리프 폰트로 되어 있군요.

이 문단은 멋지게 꾸며서 텍스트를 돋보이게 하고 페이지를 매력적으로 보이게 합니다. 또한 폰트는 세리프 폰트인 것 같은데, 메인 텍스트와는 다른 느낌을 줍니다.

건강 음료는 맛있어 보이는 음료로 다시 단장을 했군요.

건강 음료는 옆쪽으로 옮겨갔습니다. 어떻게 이런 일이 일어났을까요?

음악 CD와 가수들 역시 새로 꾸며졌군요.

그리고 바닥글(footer)은 가운데로 정렬되었고 매우 작은 폰트로 되어 있네요.

새롭게 개선된 아주 멋진 라운지

그리 나쁘진 않군요. 이제 라운지 디자인이 조금은 '멋지게' 변모하게 될 것입니다. 비록 라운지일 뿐이지만, 아주 세련되게 바뀔 것이라고 확신합니다. 같은 기술을 사용해서 여러분의 페이지를 위해 무엇을 할 수 있는지 생각해 보세요. 자 이제, 이 장과 다음 장을 학습한 후에는 이렇게 멋진 디자인을 여러분도 쉽게 만들 수 있을 거예요.

새로운 라운지 설정하기

작업을 시작하기 전에 새로운 라운지와 친해져 보도록 하죠. 여기에 여러분이 해야 할 일이 나와 있습니다.

1 'chapter9/lounge' 폴더를 살펴보면 새로운 내용이 들어 있는 'lounge.html' 파일이 있을 거예요. 텍스트 에디터에서 그 파일을 열고 한번 쭉 훑어 보세요. 제목, 문단, 몇 가지 이미지, 블록 인용구, 리스트 등 모든 것이 낯설어 보이지 않을 거예요.

2 이 장 대부분의 내용이 이 HTML에 스타일을 추가하는 것이므로, CSS를 위한 공간이 필요합니다. 'lounge.css' 스타일시트 파일에 라운지를 위한 모든 새로운 스타일을 만들어 넣을 것입니다. 따라서 'lounge.html' 파일의 `<head>`에 `<link>` 요소가 여전히 존재하겠지만, 'lounge.css' 스타일시트의 이전 버전은 이제 없을 거예요.

```
<link type="text/css" rel="stylesheet" href="lounge.css">
```

이 `<link>` 요소는 브라우저에 'lounge.css'라 불리는 외부의 스타일시트를 찾는 방법을 말해준다는 점을 기억하세요.

3 다음으로 'chapter9/lounge' 폴더에 새로운 'lounge.css' 파일을 생성할 필요가 있습니다. 이 파일은 새로운 라운지를 위한 모든 CSS를 갖게 될 것입니다.

몇 가지 간단한 갱신 작업부터 시작해 봅시다

이제 라운지를 장식할 모든 준비가 되었습니다. 폰트 패밀리, 폰트 크기, 몇 가지 색과 같은 기본적인 사항을 한 번에 끝내버리기 위해 CSS에 몇 가지 규칙을 추가해 봅시다(이렇게 하면 즉시 라운지를 향상시키고 여러분은 앞 장처럼 계속 좋은 평가를 받게 될 것입니다). 따라서 'lounge.css' 파일을 열고 아래에 있는 규칙을 추가해 봅시다.

```css
body {
        font-size:    small;
        font-family: Verdana, Helvetica, Arial, sans-serif;
}

h1, h2 {
        color: #007e7e;
}

h1 {
        font-size: 150%;
}

h2 {
        font-size: 130%;
}
```

여기 페이지의 기본 폰트 크기가 나와 있군요

라운지를 위해 산세리프 폰트 패밀리를 사용할 것입니다. 몇 가지 대체적인 폰트를 골라 놓았고, 선언부 끝에는 일반적인 산세리프 폰트를 넣었습니다.

로고에 있는 유리잔의 색과 일치시키기 위해 〈h1〉과 〈h2〉 요소의 색은 남청색(aquamarine)으로 설정했습니다.

이제 〈h1〉과 〈h2〉 제목을 어느 정도 적당한 크기로 설정해 봅시다. 두 제목을 서로 다른 두 크기로 설정했으니, 규칙을 분리할 필요가 있으며 〈h1〉과 〈h2〉에 대해 합쳐진 규칙에 이것을 추가할 수 없습니다.

아주 빠른 시운전

이번에 변경한 스타일이 페이지에 어떤 영향을 주는지
빠르게 시운전을 해 봅시다. 모든 변경 사항을 적용했
는지 확인한 뒤, 저장하고 테스트해 보세요.

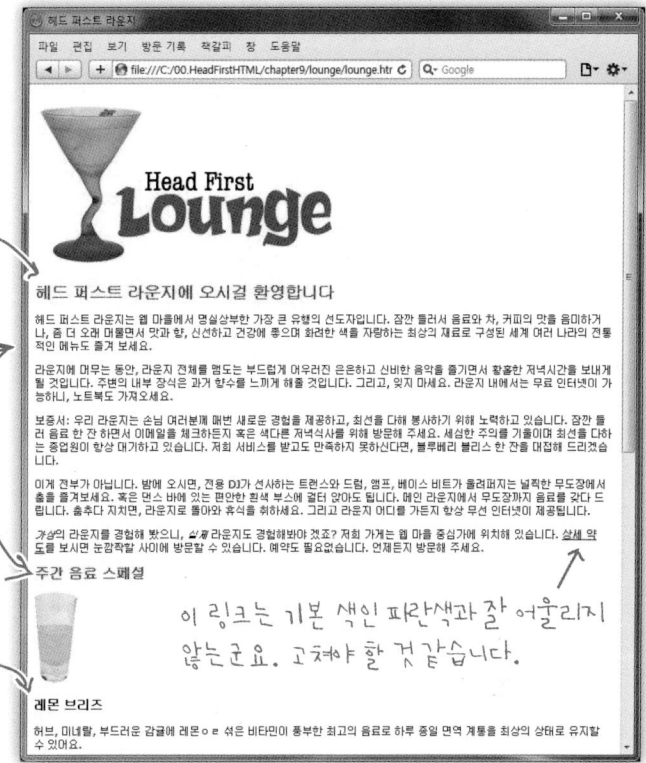

제목이 산세리프 폰트로 되었고, 색상도 페이지의
주제를 나타내고 있는 로고와 같은 색으로 바뀌었군요.

모든 요소가 〈body〉의 font-family
속성을 상속받기 때문에 문단 텍스트도
산세리프 폰트로 바뀌었군요.

〈h2〉 제목 역시 새로운 색과 산세리프 폰트로
변경됐지만, 약간 작아졌네요.

〈h3〉에는 어떤 스타일도 적용하지 않았으므로
〈body〉로부터 font-family 속성을 상속받습니다.

이 링크는 기본 색인 파란색과 잘 어울리지
않는군요. 고쳐야 할 것 같습니다.

한 가지 더 손볼 내용

몇 가지 큰 내용을 변경하기 전에 한 가지 더 손보려고 합니다.
이 내용에는 여러분이 지금까지 보지 못했던 새로운 한 가지
속성이 있습니다. 현 시점에서 여러분은 이미 충분한 경험을
했으므로, 새로운 속성이 나올 때마다 일일이 설명하는 것보다
는 여러분이 직접 해보는 것이 좋을 것 같군요.

우리가 해야 할 작업이 아래에 나와 있습니다. 페이지 전체 텍
스트의 높이를 조정할 것인데, 줄 사이 간격을 늘리려고 합니
다. 이렇게 하려면 body 규칙에 line-height 속성을 추
가하세요.

텍스트의 줄 간격을 늘리면 가독성을 향상시킬
수 있습니다. 또한 페이지의 다른 내용과 좀 더
대비되는 효과를 얻을 수도 있지요(조금 후에
어떻게 작동하는지 볼 수 있을 거예요).

여기에서 각 줄 간격을 1.6 em
정도의 공간을 두도록 변경하고
있군요. 다시 말하면 폰트 크기의
1.6배정도 높이가 됩니다.

```
body {
    font-size:   small;
    font-family: Verdana, Helvetica, Arial, sans-serif;
    line-height: 1.6em;
}
```

새로운 줄 간격을 체크해 봅시다

여러분이 예상한대로 line-height 속성은 텍스트의 줄 사이의 수직 공간이 어느 정도 되는지를 명시합니다. 폰트와 관련된 다른 속성들과 마찬가지로 픽셀이나 폰트 크기에 상대적인 em 혹은 % 값으로도 줄 간격을 명시할 수 있습니다.

line-height 속성이 라운지에 어떤 영향을 주는지 한번 살펴봅시다. CSS 파일에 line-height 속성을 추가했는지 확인한 다음 저장하세요. 화면을 다시 열면 줄 간격이 늘어난 것을 보게 될 거예요.

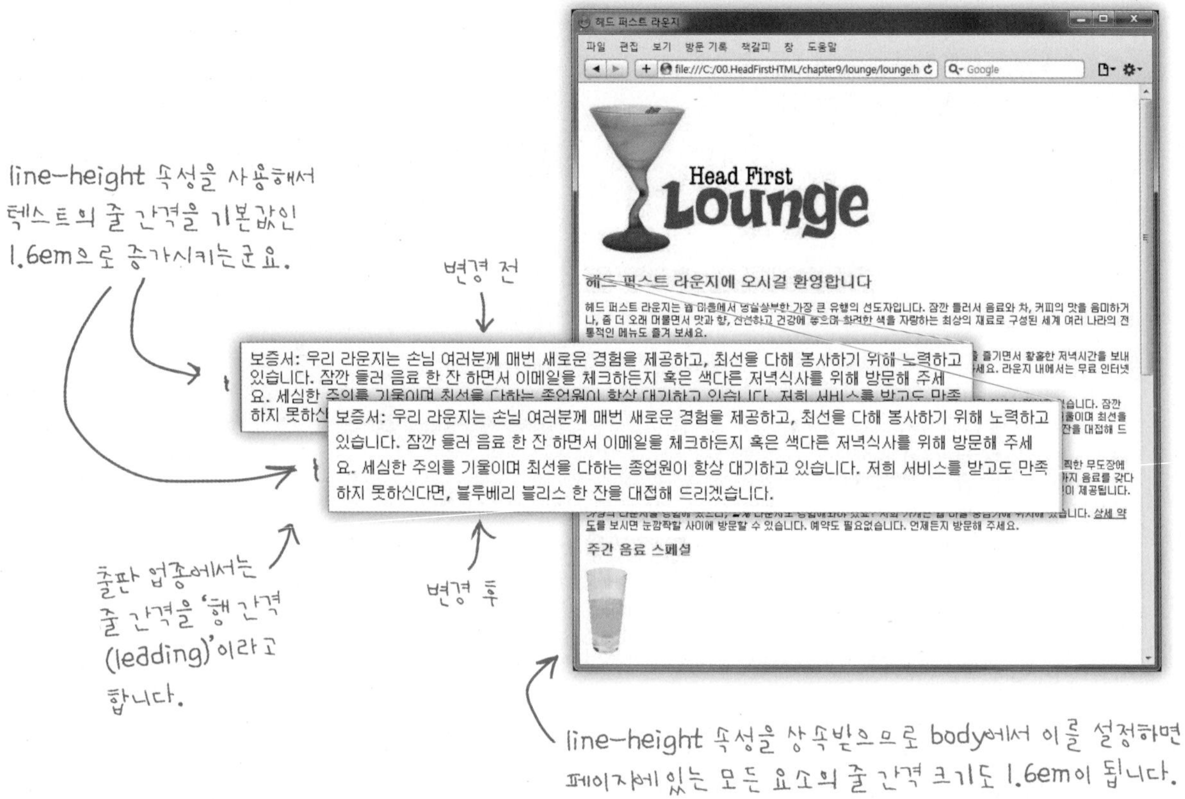

line-height 속성을 사용해서 텍스트의 줄 간격을 기본값인 1.6em으로 증가시키는군요.

변경 전

출판 업종에서는 줄 간격을 '행 간격 (leading)'이라고 합니다.

변경 후

line-height 속성을 상속받으므로 body에서 이를 설정하면 페이지에 있는 모든 요소의 줄 간격 크기도 1.6em이 됩니다.

200%, 5em, 20px처럼 line-height에 몇 가지 다른 값을 설정해서 그 결과를 관찰해 보세요. 어떤 것이 가장 좋습니까? 어떤 것이 가장 나쁜가요? 가장 읽기 쉬운 것은 어떤 것입니까? 작업을 마친 후 line-height를 다시 1.6em으로 변경하는 것을 잊지 마세요.

몇 가지 주요 혁신을 위한 준비

이 장에서 단지 몇 페이지만 학습했는데도 여러분은 이미 새로운 라운지의 텍스트에 많은 스타일을 주었습니다. 축하해요!

이제 점점 더 흥미로워질 거예요. 우리는 크기, 색, 데코레이션(decoration) 같은 요소의 간단한 속성을 변경하는 것부터 시작해서 요소가 어떤 식으로 보여지는지 결정하는 몇 가지 기초적인 내용도 수정해 보려고 합니다. 이 단계를 거치면 여러분은 마이너 리그에서 메이저 리그로 진출할 수 있을 거예요.

하지만 메이저 리그로 가기 전에 먼저 박스 모델(box model)에 대해 알아야만 합니다. 이것이 무엇일까요? 이는 CSS가 요소를 바라보는 방식에 관한 것으로 CSS는 모든 개별 요소를 마치 박스 형태로 표현합니다. 박스 모델이 무엇인지 한번 살펴봅시다.

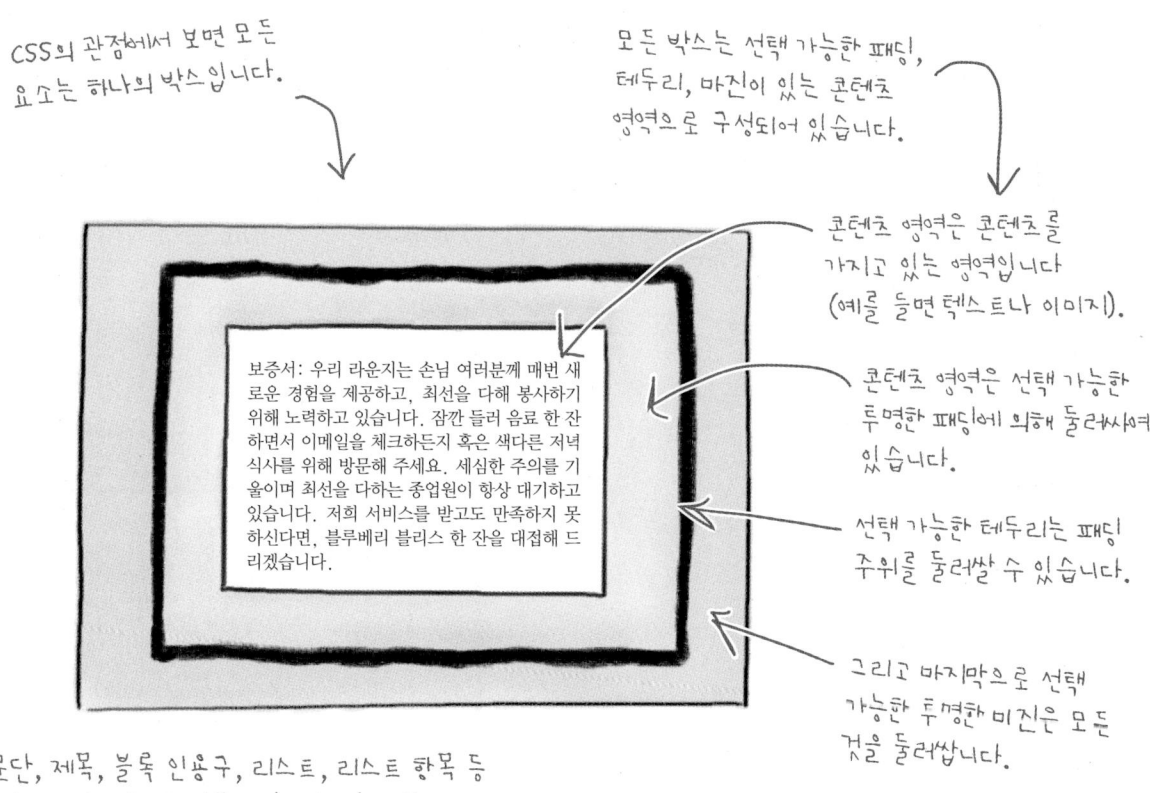

CSS의 관점에서 보면 모든 요소는 하나의 박스입니다.

모든 박스는 선택 가능한 패딩, 테두리, 마진이 있는 콘텐츠 영역으로 구성되어 있습니다.

콘텐츠 영역은 콘텐츠를 가지고 있는 영역입니다 (예를 들면 텍스트나 이미지).

콘텐츠 영역은 선택 가능한 투명한 패딩에 의해 둘러싸여 있습니다.

선택 가능한 테두리는 패딩 주위를 둘러쌀 수 있습니다.

그리고 마지막으로 선택 가능한 투명한 마진은 모든 것을 둘러쌉니다.

보증서: 우리 라운지는 손님 여러분께 매번 새로운 경험을 제공하고, 최선을 다해 봉사하기 위해 노력하고 있습니다. 잠깐 들러 음료 한 잔 하면서 이메일을 체크하든지 혹은 색다른 저녁 식사를 위해 방문해 주세요. 세심한 주의를 기울이며 최선을 다하는 종업원이 항상 대기하고 있습니다. 저희 서비스를 받고도 만족하지 못하신다면, 블루베리 블리스 한 잔을 대접해 드리겠습니다.

문단, 제목, 블록 인용구, 리스트, 리스트 항목 등 모든 요소는 박스로 다루어집니다. 심지어는 `<em>` 같은 인라인 요소와 링크도 CSS에 의해 박스로 취급되죠.

박스 모델 자세히 살펴보기

CSS를 사용해서 콘텐츠 주위에 있는 패딩의 크기, 요소가 테두리를 가지고 있는지 여부(뿐만 아니라 그 종류와 크기), 요소와 다른 요소 사이의 여백 크기 등 박스의 모든 측면을 제어할 수 있습니다. 박스의 각 부분과 그 역할을 알아 보도록 하죠.

콘텐츠 영역에는 요소의 콘텐츠가 포함되는데, 일반적으로 콘텐츠를 포함할 정도로 충분히 큽니다.

콘텐츠 영역이란 무엇일까요?

모든 요소는 텍스트나 이미지 같은 몇 가지 콘텐츠를 가지고 있으며, 이 콘텐츠를 충분히 넓은 박스가 둘러싸고 있습니다. 콘텐츠 영역은 콘텐츠와 박스의 가장자리 사이에 빈 공간을 가지고 있지 않다는 점에 주목하세요.

콘텐츠 영역 주위에 경계선을 그려보면 얼마나 큰지 알 수 있을 거예요. 하지만 브라우저에는 콘텐츠 영역 주변에 시각적으로 볼 수 있는 경계선은 없습니다.

보증서: 우리 라운지는 손님 여러분께 매번 새로운 경험을 제공하고, 최선을 다해 봉사하기 위해 노력하고 있습니다. 잠깐 들러 음료 한 잔 하면서 이메일을 체크하든지 혹은 색다른 저녁식사를 위해 방문해 주세요. 세심한 주의를 기울이며 최선을 다하는 종업원이 항상 대기하고 있습니다. 저희 서비스를 받고도 만족하지 못하신다면, 블루베리 블리스 한 잔을 대접해 드리겠습니다.

브라우저가 콘텐츠 영역 주위에 선택 가능한 패딩을 추가하는군요.

패딩(padding)이란 무엇일까요?

콘텐츠 영역 주위에는 패딩(padding)층이 올 수 있는데, 패딩은 선택사항이므로 꼭 필요한 것은 아니지만 콘텐츠와 박스의 경계 사이에 여백을 주기 위해 사용할 수 있습니다. 패딩은 투명하며 자신만의 고유의 색은 없습니다.

보증서: 우리 라운지는 손님 여러분께 매번 새로운 경험을 제공하고, 최선을 다해 봉사하기 위해 노력하고 있습니다. 잠깐 들러 음료 한 잔 하면서 이메일을 체크하든지 혹은 색다른 저녁식사를 위해 방문해 주세요. 세심한 주의를 기울이며 최선을 다하는 종업원이 항상 대기하고 있습니다. 저희 서비스를 받고도 만족하지 못하신다면, 블루베리 블리스 한 잔을 대접해 드리겠습니다.

CSS로 전체 콘텐츠 영역 주위에 있는 패딩의 넓이를 제어할 수 있고 심지어 어떤 방향(위, 아래, 왼쪽, 오른쪽)에 있는 패딩이라도 제어할 수 있습니다.

패딩은 콘텐츠 영역과
테두리를 분리한다는
점에 주목하세요.

CSS로 테두리 넓이, 색, 스타일을
제어할 수 있습니다.

테두리(border)는 무엇일까요?

요소는 주위에 선택 가능한 테두리(border)를 가질 수 있습니다. 테두리는 콘텐츠 주위를 둘러싼 일종의 선으로 패딩을 둘러싸며 콘텐츠와 같은 페이지에 있는 다른 요소를 시각적으로 분리하는 역할을 합니다. 테두리의 넓이, 색, 스타일은 변경할 수 있습니다.

테두리

패딩

콘텐츠

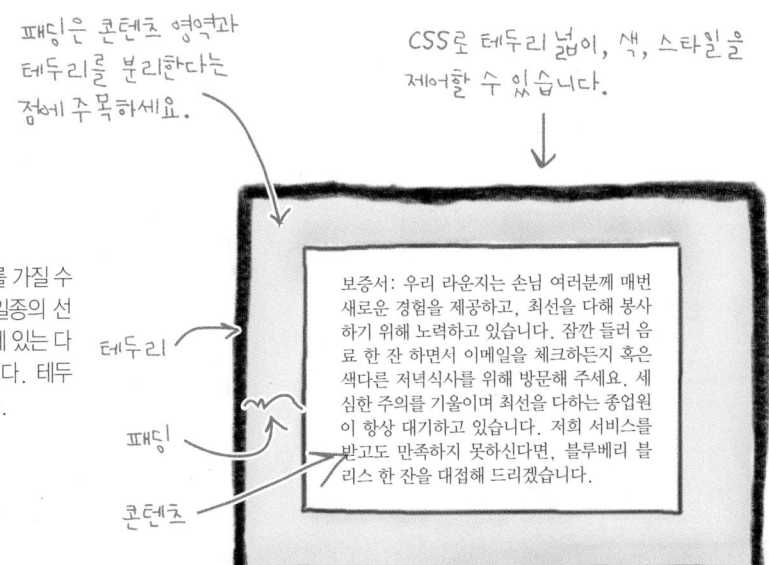

CSS로 마진 전체의 넓이 혹은 어느 특별한 방향(위, 오른쪽, 아래 혹은 왼쪽)의 넓이를 제어할 수 있습니다.

마진(margin)은 무엇일까요?

마진(margin)은 선택 가능한 것으로, 테두리를 둘러싸는 것입니다. 마진은 특정 요소와 같은 페이지에 있는 다른 요소 사이에 빈 공간을 추가하는 역할을 합니다. 만약 박스 두 개가 서로 인접해 있을 경우, 마진은 이들 사이의 빈 공간 역할을 수행합니다. 패딩처럼 마진도 투명하며 자신만의 색을 갖지 않습니다.

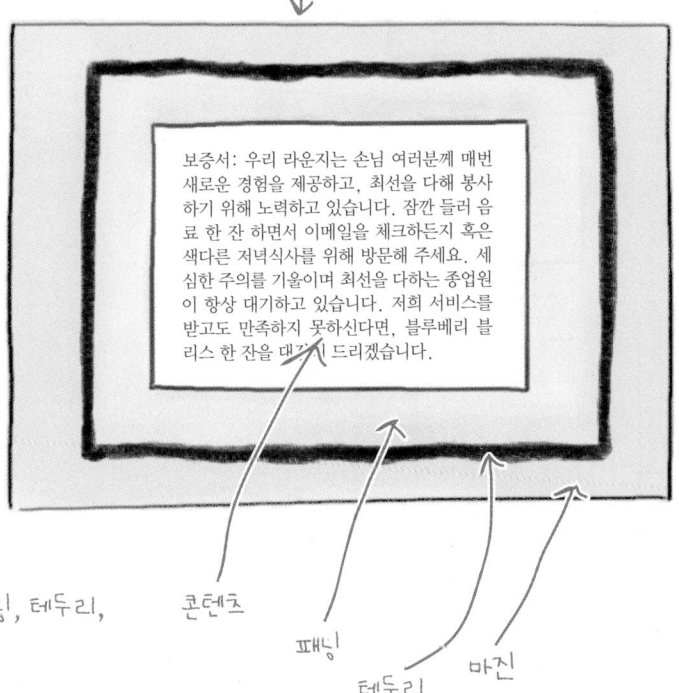

콘텐츠

패딩

테두리

마진

여기 모든 요소가 나와 있네요. 선택 가능한 패딩, 테두리,
마진에 둘러싸여 있는 콘텐츠 영역이 있습니다.

박스에서 할 수 있는

박스 모델은 콘텐츠와 몇 가지 패딩, 테두리, 마진만 가지고 있어서 간단하게 보일 수도 있지만, 이 모든 것을 합치면 내부 공간(패딩)과 그 주위를 둘러싼 공간(마진)으로 요소의 레이아웃을 결정할 수 있는 방법이 아주 많아진답니다. 요소를 어떤 식으로 변경할 수 있는지 몇 가지 예를 살펴봅시다.

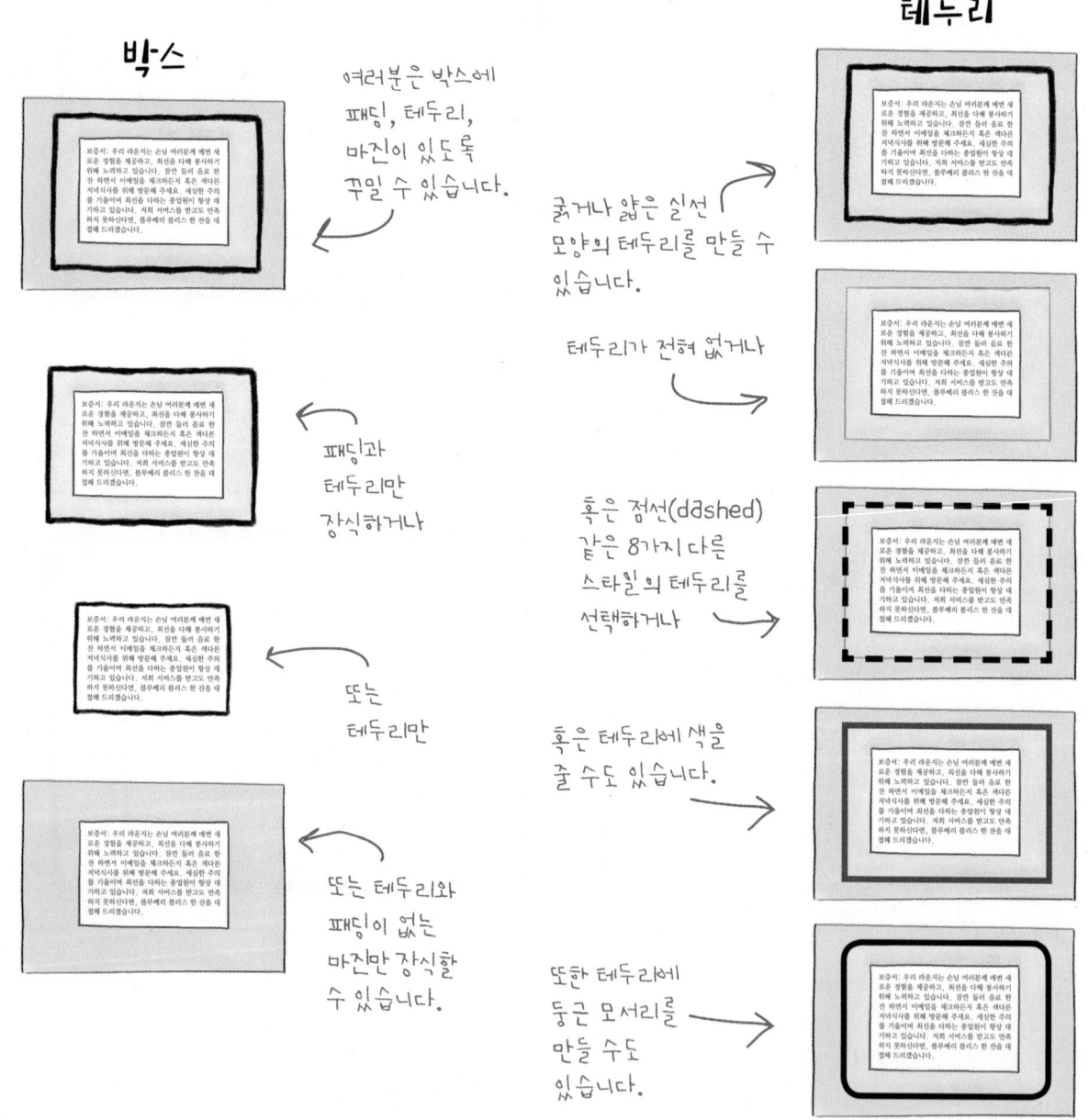

패딩

CSS로 콘텐츠 영역의
모든 방향에서 패딩을
제어할 수 있습니다.
여기에는 왼쪽과 오른쪽
패딩이 있습니다.

마진

마진도
마찬가지입니다.
여기서는 위쪽과
아래쪽에 마진을
많이 주었군요.

그리고 여기 위쪽과
아래쪽 패딩이 있습니다.

여기는 왼쪽과 오른쪽
마진이 있습니다.

그리고 여기에는
왼쪽과 위쪽에
패딩을 넣어
콘텐츠가 우측
하단에 왔군요.

이와 같이
패딩처럼 마진을
생성하면서
독립적으로 모든
방향을 명시할 수
있습니다.

콘텐츠 영역

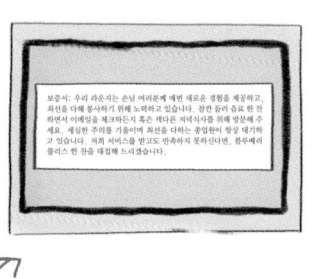

여러분은 여러 가지
방법으로 너비와 높이를
조절할 수 있습니다.
여기서 콘텐츠 영역은
좀 넓어졌군요.

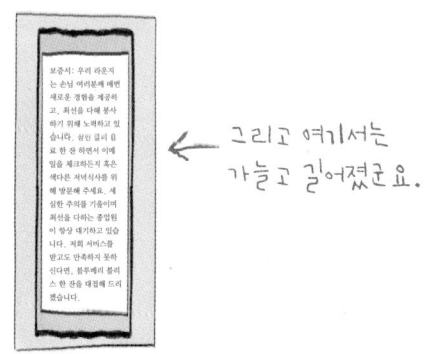

그리고 여기서는
가늘고 길어졌군요.

바보 같은 질문이란 없습니다

Q : 누군가가 웹 브라우저를 위한 소프트웨어를 만든다면 이 박스 모델에 대해 아는 것이 중요할 것 같은데요. 좀 더 나은 웹 페이지를 만드는 데 박스 모델이 어떤 도움이 될까요?

A : 브라우저의 기본 레이아웃을 사용하는 간단한 웹 페이지에서 벗어나려면 여러분은 다른 요소의 상대적인 위치 뿐만 아니라 요소가 페이지 내에서 어떻게 자리잡는지 제어할 수 있어야 합니다. 이를 위해서는 각 요소의 패딩과 마진의 여러 측면을 수정해야 합니다. 따라서 흥미로운 웹 페이지 디자인을 위해서 여러분은 전적으로 박스 모델을 알아야 할 필요가 있습니다.

Q : 패딩과 마진의 차이점은 뭔가요? 같은 것처럼 보이는데요.

A : 패딩이 콘텐츠에 여유 공간을 제공하는 반면, 마진은 요소와 다른 요소 사이에 여백을 주는 것입니다. 만약 테두리가 있다면 패딩은 테두리 안쪽, 마진은 테두리 바깥쪽에 있는 여백입니다. 마진은 요소를 둘러싸며 주위에 있는 것으로부터 완충 역할을 수행하는 반면, 패딩은 요소의 일부라고 생각하세요.

Q : 이러한 것은 선택 가능한 것으로 알고 있는데, 테두리 혹은 마진을 위해 패딩을 꼭 넣어야 할 필요가 있나요?

A : 없습니다. 이들 전체는 선택 가능한 것으로 서로 의존적이지 않습니다. 따라서 여러분은 패딩 없는 테두리만, 혹은 테두리 없는 마진을 만들 수 있습니다.

Q : 요소를 설계하고 마진을 요소에 어떻게 맞추어야 하는지 확신할 수가 없는데요.

A : 이 생각을 끝까지 갖고 계세요. 여러분은 이 장에서 마진이 다른 요소와 어떻게 상호작용하는지 간략히 보게 될 거예요. 포지셔닝(positioning)에 대해 얘기하는 11장에서 이 주제에 대해 깊이 다룰 것입니다.

Q : 크기를 제외하고는 실제로 패딩과 마진을 꾸밀 수 없는 것 같은데요?

A : 기본적으로는 맞는 말입니다. 이 둘은 시각적인 공간을 제공하는 데 사용되며, 패딩이나 마진에 직접적으로 색을 주거나 어떤 장식을 추가할 수 없습니다. 하지만 이들 모두는 투명하기 때문에 배경색 혹은 배경 이미지의 색을 가질 수 있습니다. 패딩과 마진의 한 가지 차이점은 요소의 배경색(혹은 배경 이미지)이 마진이 아닌 패딩 밑에서 확장될 것이라는 점입니다. 잠시 후에 이에 대한 내용을 보게 될 거예요.

Q : 콘텐츠 영역의 크기는 그 안에 있는 콘텐츠의 크기에 의해서 결정되나요?

A : 브라우저는 수많은 서로 다른 규칙을 사용하여 콘텐츠 영역의 높이와 너비를 결정하는데 잠시 후에 이에 대해 더 깊이 알아보도록 하죠. 간단히 답변 드리자면 요소의 크기를 제어할 필요가 있을 경우 여러분 자신만의 너비와 높이를 설정할 수 있습니다.

이봐요 아저씨들, 정말 일 얘기하는 것이 좋은가 보군요. 하지만 라운지를 수정하고 있다는 사실을 잊었나요?

그동안 라운지 뒤에서는…

라운지 페이지에서 하던 일을 잠시 멈췄으니 다시 돌아가 봅시다. 이 장의 시작 부분에서 라운지 페이지의 최종 버전을 보았을 때 파란색으로 꾸며진 문단을 봤나요? 이 문단에는 고객들에게 라운지를 보증하는 내용의 텍스트가 포함되어 있는데, 이 부분을 명확히 눈에 띄게 만들려고 합니다. 이 문단을 한번 자세히 살펴본 뒤에 그렇게 만들어 봅시다.

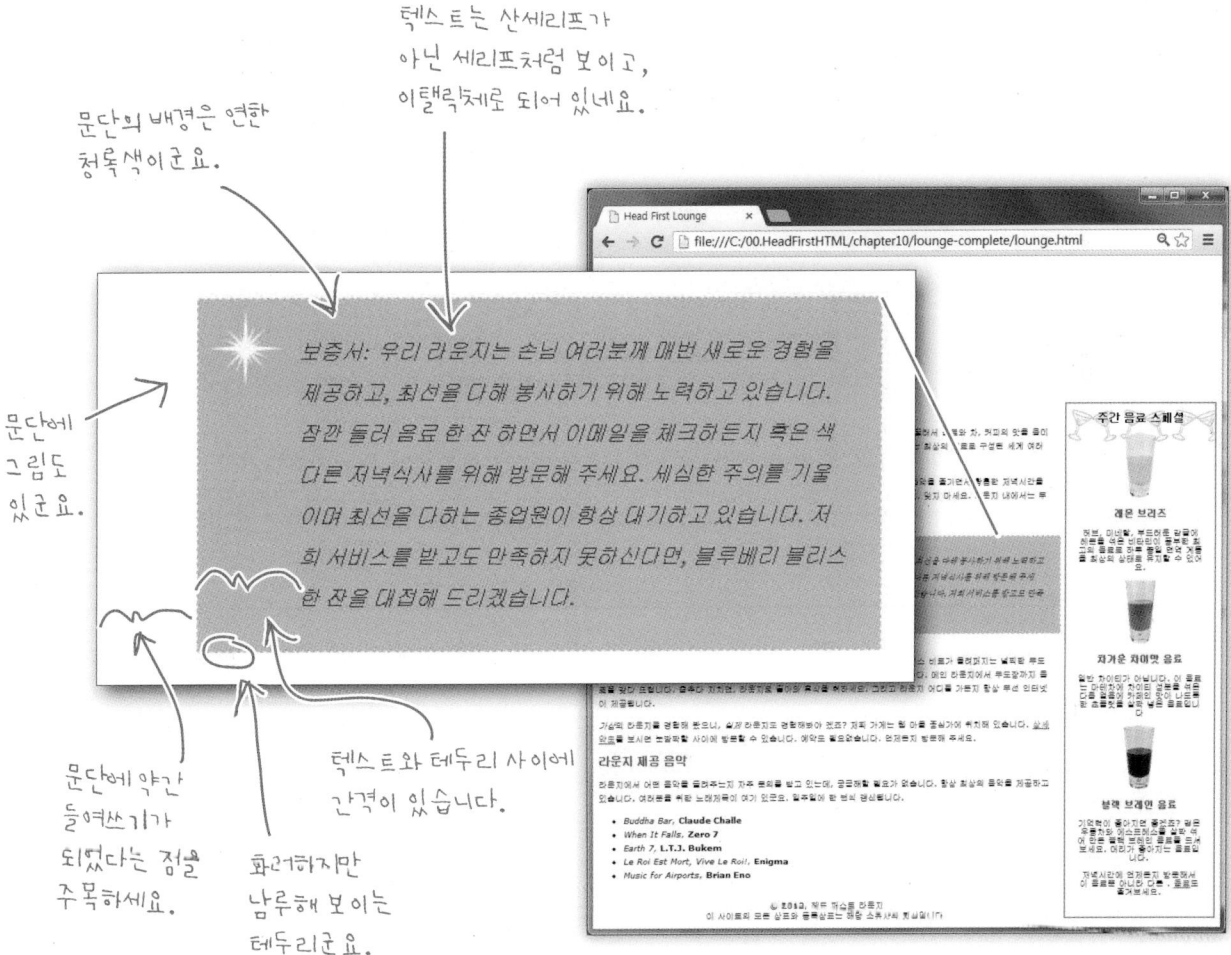

텍스트는 산세리프가 아닌 세리프처럼 보이고, 이탤릭체로 되어 있네요.

문단의 배경은 연한 청록색이군요.

문단에 그림도 있군요.

문단에 약간 들여쓰기가 되었다는 점을 주목하세요.

화려하지만 남루해 보이는 테두리군요.

텍스트와 테두리 사이에 간격이 있습니다.

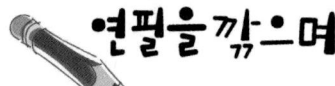 **연필을 깎으며**

이 문단에서 패딩, 테두리, 마진을 식별할 수 있는지 한번 봅시다. 모든 패딩과 마진에 체크 표시를 하세요(왼쪽, 오른쪽, 위, 아래).

해줄 것입니다. 그리고, 잊지 마세요. 라운지 내에서는 무료 인터넷이 가능하니, 노트북도 가져 오세요.

 보증서: 우리 라운지는 손님 여러분께 매번 새로운 경험을 제공하고, 최선을 다해 봉사하기 위해 노력하고 있습니다. 잠깐 들러 음료 한 잔 하면서 이메일을 체크하든지 혹은 색다른 저녁식사를 위해 방문해 주세요. 세심한 주의를 기울이며 최선을 다하는 종업원이 항상 대기하고 있습니다. 저희 서비스를 받고도 만족하지 못하신다면, 블루베리 블리스 한 잔을 대접해 드리겠습니다.

이게 전부가 아닙니다. 밤에 오시면, 전용 **DJ**가 선사하는 트랜스와 드럼, 앰프, 베이스 비트가 울려퍼지는 널찍한 무도장에서 춤을 즐겨보세요. 혹은 댄스 바에 있는 편안한 흰색

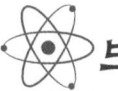 **브레인 파워**

다음 페이지로 넘어가기 전에 평범한 문단을 '보증서 문단'으로 변형하기 위해 패딩, 테두리, 마진을 어떻게 사용해야 할지 생각해 보세요.

보증서 스타일 생성하기

문단의 박스를 어떻게 설정하는지 감을 잡는 차원에서 보증서 문단의 스타일에 작은 변화를 가해 봅시다. 이를 위해 'guarantee'라는 클래스를 문단에 추가시킬 것입니다. 이렇게 하면 이 문단만을 위한 몇 가지 맞춤 스타일을 생성할 수 있습니다. 그다음에 배경색이 있는 테두리를 추가해서 문단이 어떻게 하나의 박스가 되는지 정확히 보도록 하죠. 그러고 나서 스타일에 대한 남은 것을 처리할 것입니다. 여기 여러분이 해야 할 내용이 나와 있군요.

1 'lounge. html' 파일을 열고 '보증서'로 시작되는 문단을 찾습니다. 그리고 다음과 같이 그 요소에 'guarantee'라는 클래스를 추가하세요.

'guarantee'란 값과 함께 class 속성을 추가하세요. 클래스는 이 문단을 다른 문단들과는 다르게, 독립적으로 꾸미는 것을 허용할 것이라는 점을 기억하세요.

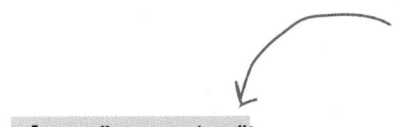

```
<p class="guarantee">
    보증서: 우리 라운지는 손님 여러분께 매번 새로운 경험을 제공하고,
    최선을 다해 봉사하기 위해 노력하고 있습니다. 잠깐 들러 음료 한 잔 하면서
    이메일을 체크하든지 혹은 색다른 저녁식사를 위해 방문해 주세요.
    세심한 주의를 기울이며 최선을 다하는 종업원이 항상 대기하고 있습니다.
    저희 서비스를 받고도 만족하지 못하신다면, 블루베리 블리스 한 잔을 대접해 드리겠습니다.
</p>
```

2 'lounge. html' 파일을 저장하고 'lounge. css' 파일을 엽니다. 이번에는 보증서 문단에 배경색과 테두리를 추가할 것입니다. 스타일시트의 맨 밑에 아래에 있는 CSS를 추가하고 저장하세요.

첫 번째 세 가지 속성은 guarantee 클래스에 있는 어느 요소에 테두리를 추가합니다.

```
.guarantee {
    border-color:      black;
    border-width:      1px;
    border-style:      solid;
    background-color:  #a7cece;
}
```

테두리 색을 검정색으로 만들어

그 두께를 1픽셀로 하고

그리고 실선으로 …

또한 요소의 배경색을 주는데, 이는 패딩과 마진 사이의 차이점을 볼 수 있게 도와주고, guarantee 규칙을 보기 좋게 만듭니다.

문단 테두리 시운전

브라우저에서 페이지를 다시 열면 남청색 배경과 가느다란 검정색 경계선이 있는
보증서 문단을 보게 될 것입니다. 이 부분에 대해 좀 더 자세히 살펴봅시다.

이 문단은 콘텐츠 주위에 어떤 패딩도 가지고 있지 않은 것 같군요.
텍스트와 테두리 사이에 공간이 없네요.

라운지에 머무는 동안, 라운지 전체를 맴도는 부드럽게 어우러진 은은하고 신비한 음악을 즐기면서 황홀
한 저녁시간을 보내게 될 것입니다. 주변의 내부 장식은 과거 향수를 느끼게 해줄 것입니다. 그리고, 잊지
마세요. 라운지 내에서는 무료 인터넷이 가능하니, 노트북도 가져오세요.

보증서: 우리 라운지는 손님 여러분께 매번 새로운 경험을 제공하고, 최선을 다해 봉사하기 위해 노력하
고 있습니다. 잠깐 들러 음료 한 잔 하면서 이메일을 체크하든지 혹은 색다른 저녁식사를 위해 방문해 주
세요. 세심한 주의를 기울이며 최선을 다하는 종업원이 항상 대기하고 있습니다. 저희 서비스를 받고도
만족하지 못하신다면, 블루베리 블리스 한 잔을 대접해 드리겠습니다.

이게 전부가 아닙니다. 밤에 오시면, 전용 DJ가 선사하는 트랜스와 드럼, 앰프, 베이스 비트가 울려퍼지는
널찍한 무도장에서 춤을 즐겨보세요. 혹은 댄스 바에 있는 편안한 흰색 부스에 걸터 앉아도 됩니다. 메인
라운지에서 무도장까지 음료를 갖다 드립니다. 춤추다 지치면, 라운지로 돌아와 휴식을 취하세요. 그리고

하지만 문단 요소의 위와 아래에
마진이 있는 것처럼 보입니다.

브라우저 화면의 경계와 문단의
왼쪽, 오른쪽 경계 사이에 눈에
딸만한 마진은 없군요.

박스 모델 다이어그램으로 그렸을 경우 문단이 어떻게 보이게 될지
여기 나와 있습니다.

위와 아래에 마진이 있습니다.

보증서: 우리 라운지는 손님 여러분께 매번 새로운 경험을 제공하고, 최선을 다해 봉사하기 위해 노력하
고 있습니다. 잠깐 들러 음료 한 잔 하면서 이메일을 체크하든지 혹은 색다른 저녁식사를 위해 방문해 주
세요. 세심한 주의를 기울이며 최선을 다하는 종업원이 항상 대기하고 있습니다. 저희 서비스를 받고도 만
족하지 못하신다면, 블루베리 블리스 한 잔을 대접해 드리겠습니다.

하지만 왼쪽과 오른쪽
마진이 매우 작군요.

그리고 테두리가 있습니다만 콘텐츠에 너무 딱 붙어
있어 있습니다. 이는 패딩이 매우 작게 설정되었거나
전혀 없다는 것을 나타냅니다.

보증서를 위한 패딩, 테두리, 마진

패딩, 테두리, 마진이 현재 보증서 문단에 어떻게 설정되어 있는지 보았으니,
실제로 어떻게 보이게 될지 좀 더 생각해 봅시다.

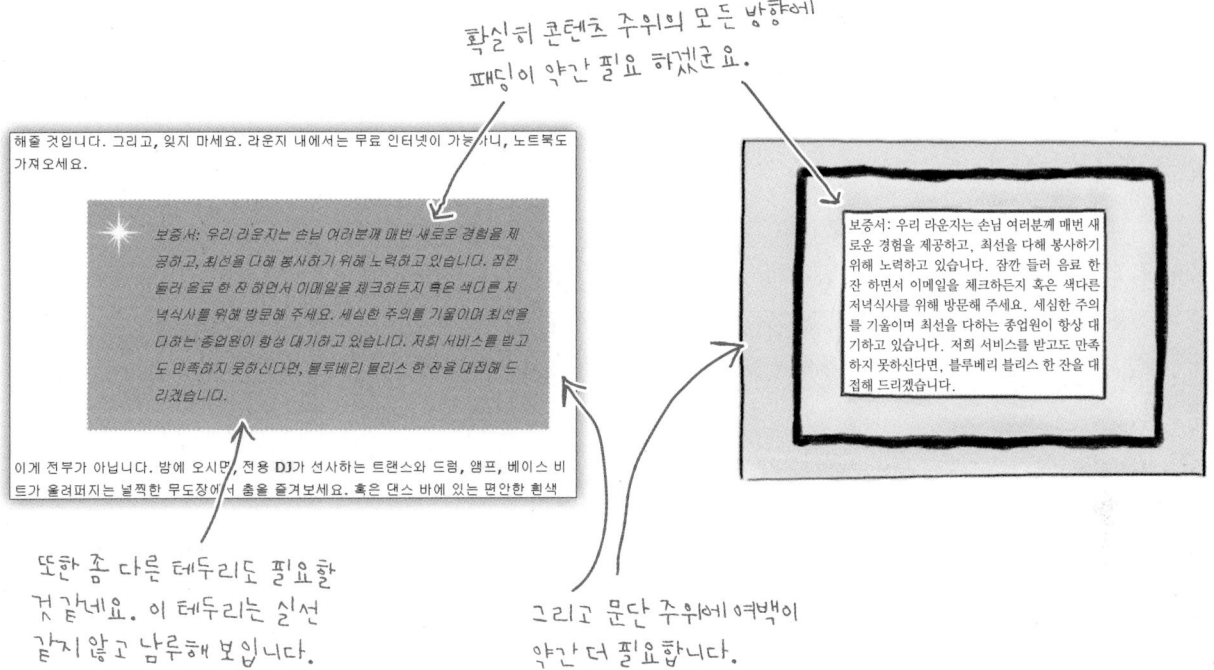

패딩 약간 추가하기

먼저 패딩을 추가해 봅시다. CSS는 콘텐츠의 모든 네 방향에 동일한 패딩을 설정하기 위해 사용할 수 있
는 padding 속성을 가지고 있습니다. 픽셀 수나 테두리 내부에 있는 영역의 비율로 이 속성을 설정할
수 있습니다. 여기서는 픽셀을 사용하여 패딩을 25픽셀로 설정할 것입니다.

```
.quarantee {
    border-color:      black;
    border-width:      1px;
    border-style:      solid;
    background-color:  #a7cece;
    padding:           25px;
}
```

콘텐츠의 모든 방향(위, 아래, 오른쪽, 왼쪽)에
25픽셀만큼 패딩을 추가하고 있습니다.

패딩 시운전

브라우저에서 페이지를 다시 열어보면 보증서 문단의 텍스트 바깥쪽에 숨 쉴 만한 공간이 생긴 것을 볼 수 있을 것입니다. 텍스트와 테두리 사이에 공간이 약간 생겨 훨씬 읽기 쉬워졌습니다.

배경색은 콘텐츠와 패딩, 둘 모두의 밑에 있다는 사실을 주목하세요. 하지만 마진까지 확대되지는 않았습니다.

이제 콘텐츠 텍스트의 경계와 테두리 사이에 25픽셀 크기의 공간이 생겼어요.

한 저녁시간을 보내게 될 것입니다. 주변의 내부 장식은 과거 향수를 느끼게 해줄 것입니다. 그리고, 잊지 마세요. 라운지 내에서는 무료 인터넷이 가능하니, 노트북도 가져오세요.

보증서: 우리 라운지는 손님 여러분께 매번 새로운 경험을 제공하고, 최선을 다해 봉사하기 위해 노력하고 있습니다. 잠깐 들러 음료 한 잔 하면서 이메일을 체크하든지 혹은 색다른 저녁식사를 위해 방문해 주세요. 세심한 주의를 기울이며 최선을 다하는 종업원이 항상 대기하고 있습니다. 저희 서비스를 받고도 만족하지 못하신다면, 블루베리 블리스 한 잔을 대접해 드리겠습니다.

이게 전부가 아닙니다. 밤에 오시면, 전용 **DJ**가 선사하는 트랜스와 드럼, 앰프, 베이스 비트가 울려퍼지는 널찍한 무도장에서 춤을 즐겨보세요. 혹은 댄스 바에 있는 편안한 흰색 부스에 걸터 앉아도 됩니다. 메인

이제 마진을 약간 추가해 봅시다

마진은 CSS로 추가하기 쉽습니다. 패딩과 같이 픽셀이나 비율로 마진을 명시할 수 있습니다. 전체 보증서 문단 주위에 30픽셀의 마진을 추가할 것입니다. 여기에 어떻게 하는지 나와 있습니다.

```
.guarantee {
    border-color:      black;
    border-width:      1px;
    border-style:      solid;
    background-color:  #a7cece;
    padding:           25px;
    margin:            30px;
}
```

콘텐츠의 모든 방향에(위, 아래, 오른쪽 그리고 왼쪽) 30픽셀의 마진을 추가하고 있습니다.

마신 시운전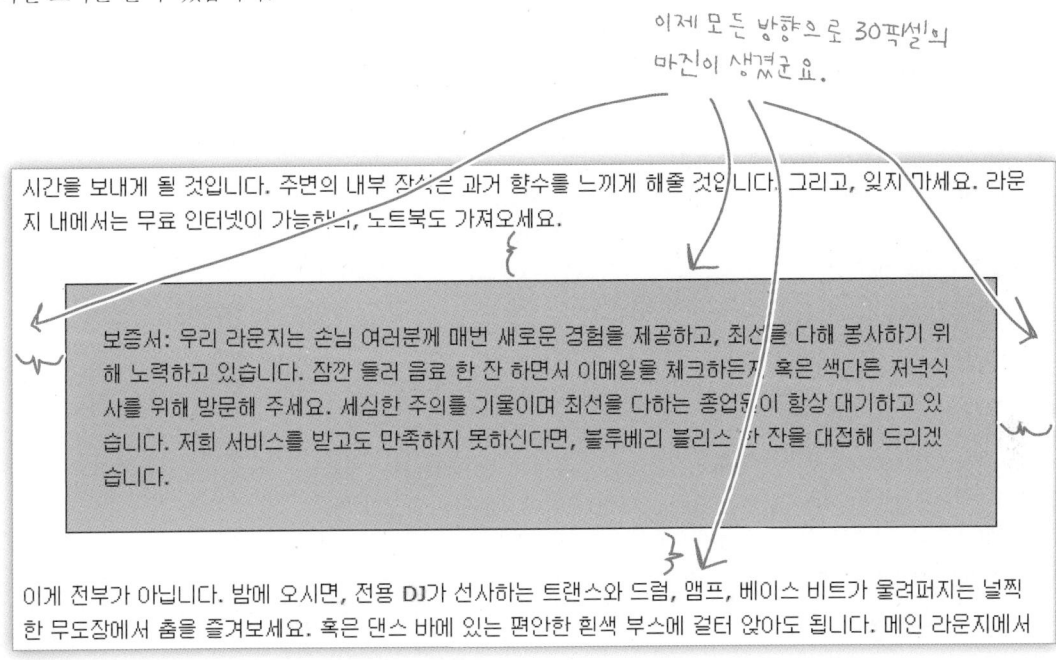

라운지 페이지를 다시 열면 이 문단이 페이지를 돋보이게 보이도록 할 것입니다. 마진이 들어가면 마치 나머지 다른 텍스트 안으로 이 문단이 쏙 들어간 것처럼 보이며, 배경색과 합쳐져 평범한 문단보다는 마치 설명선이 있는 문단처럼 두드러져 보일 것입니다. 여러분도 알겠지만 CSS에서는 불과 몇 줄만 변경하더라도 아주 강력한 효과를 볼 수 있습니다.

이제 모든 방향으로 30픽셀의
마진이 생겼군요.

시간을 보내게 될 것입니다. 주변의 내부 장식은 과거 향수를 느끼게 해줄 것입니다. 그리고, 잊지 마세요. 라운지 내에서는 무료 인터넷이 가능하니, 노트북도 가져오세요.

보증서: 우리 라운지는 손님 여러분께 매번 새로운 경험을 제공하고, 최선을 다해 봉사하기 위해 노력하고 있습니다. 잠깐 들러 음료 한 잔 하면서 이메일을 체크하든지, 혹은 색다른 저녁식사를 위해 방문해 주세요. 세심한 주의를 기울이며 최선을 다하는 종업원이 항상 대기하고 있습니다. 저희 서비스를 받고도 만족하지 못하신다면, 블루베리 블리스 한 잔을 대접해 드리겠습니다.

이게 전부가 아닙니다. 밤에 오시면, 전용 **DJ**가 선사하는 트랜스와 드럼, 앰프, 베이스 비트가 울려퍼지는 널찍한 무도장에서 춤을 즐겨보세요. 혹은 댄스 바에 있는 편안한 흰색 부스에 걸터 앉아도 됩니다. 메인 라운지에서

연습문제

만약 여러분이 보증서 문단의 최종 버전을 유심히 봤다면, 이탤릭체와 세리프 폰트 그리고 페이지의 나머지 부분보다 줄 간격이 더 크다는 점을 눈치챘을 거에요. 그리고 정말 가까이서 봤다면 텍스트가 회색이란 점도 알았을 것입니다. 줄 간격을 1.9em, 폰트 스타일은 이탤릭, 색은 #444444, 폰트 패밀리는 Georgia, 'Times New Roman', Times, serif로 설정하는 CSS를 아래에 작성하세요. 이 장의 뒷부분에 있는 정답과 비교해 보고 직접 작성해서 테스트해 보세요.

배경 이미지 추가하기

이제 거의 다 왔습니다. 남아있는 것은 무엇일까요? 흰색의 'guarantee star' 이미지를 문단에 넣고 검은색 실선으로 테두리를 만들어야 합니다. 먼저 이미지를 살펴봅시다.

'chapter9/lounge/images' 폴더 안을 훑어 보면 'background.gif'라 불리는 GIF 이미지를 찾을 수 있을 거예요.

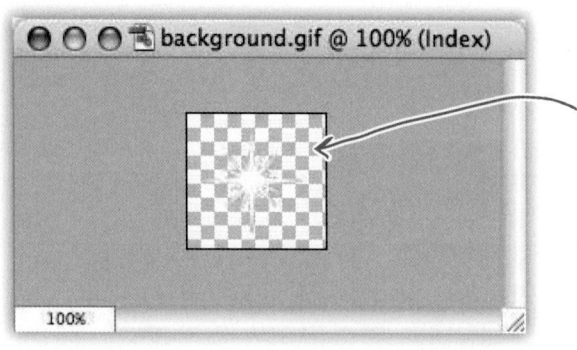

이 이미지는 투명한 배경에 대비되는 흰색의 별 모양 패턴을 가지고 있군요. 배경색과 일치하는 네모난 모양이 있음을 주목하세요.

이제 문단 요소에 이 이미지를 넣어야 하므로 `<img>` 요소를 사용하게 될 것입니다. 맞죠? 하지만 너무 성급하게 굴지 마세요. 만약 여러분이 요소의 배경에 이미지를 추가하고자 한다면 또 다른 방법으로 처리할 수 있습니다. 바로 CSS의 `background-image` 속성을 사용하면 어떤 요소에도 배경 이미지를 추가할 수 있습니다. 직접 한번 해보고 어떻게 동작하는지 살펴봅시다.

앞 페이지의 연습문제에서 추가한 속성이 여기 있군요.

```
.guarantee {
        line-height:      1.9em;
        font-style:       italic;
        font-family:      Georgia, "Times New Roman", Times, serif;
        color:            #444444;
        border-color:     black;
        border-width:     1px;
        border-style:     solid;
        background-color: #a7cece;
        padding:          25px;
        margin:           30px;
        background-image: url(images/background.gif);
}
```

CSS에서 이 부분을 추가하고 저장한 뒤 페이지를 다시 열어 보세요.

잠깐만요. 곰곰이 생각해보니 페이지에 이미지를 넣는 데에는 두 가지 방법이 있는 것 같은데 〈img〉 요소를 대체하는 것이 background-image인가요?

아닙니다. background-image 속성은 요소의 배경 이미지를 설정하는 특별한 목적을 갖고 있습니다. 이 속성은 페이지에 이미지를 넣기 위한 것이 아닙니다. 페이지에 이미지를 넣으려면 <img> 요소를 사용하세요.

이런 식으로 생각해 보세요. 배경 이미지는 그저 보여주는 용도일 뿐이며 background-image 속성을 사용하는 이유도 해당 요소를 좀 더 눈에 띄도록 하기 위해서 입니다. 반면 <img> 요소는 사진이나 로고 같이 페이지에서 좀 더 중요한 용도로 사용하기 위해 이미지를 넣는 데 사용됩니다.

이제 문단 내부에 이미지를 넣을 수 있으며, 아마도 동일한 느낌을 갖게 될 것입니다만 guarantee star 이미지는 순수하게 장식만을 위한 것입니다. 장식만 하는 것은 페이지에서 실질적인 의미는 없으며, 요소를 더 보기 좋게 만들 뿐입니다. 따라서 background-image를 사용하는 것이 좀 더 현명한 선택일 것 같군요.

배경 이미지 시운전

아마도 이번에는 분명히 흥미로운 시운전이 될 듯 하군요.
배경 이미지가 여러 번에 걸쳐 반복되어 나타날 것입니다.
CSS에서 배경 이미지를 어떻게 사용하는지 살펴보고 난
후, 반복되어 나타나는 문제점을 수정해 보도록 하죠.

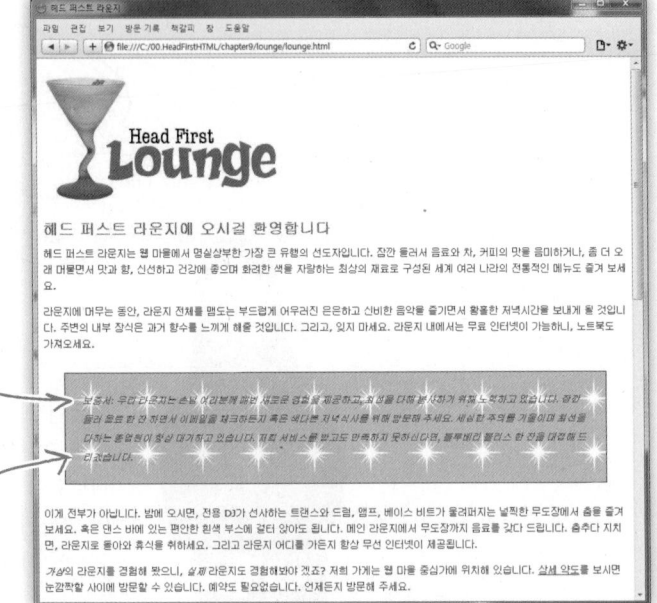

여기 배경에 guarantee star
이미지가 있는데, 투명한 배경색
위에 있기 때문에 색이 통과해 그대로
보인다는 점에 주목하세요.

또한 배경색처럼 배경 이미지는 마진의
테두리 밖이 아닌 오직 콘텐츠 영역과 패딩
에서만 보인다는 점에도 주목하세요.

CSS 클로즈업

background-image 속성은 요소의 배경에 이미지를 위치시킵니다. 두 가지 다른 속성 또한 배경 이미지에
영향을 주는데, 이 속성이 바로 background-position과 background-repeat입니다.

```
background-image: url(images/background.gif);
```

background-image 속성은 URL로
설정되며, 상대경로나 완전한 전체
URL(http:// …)이 될 수 있습니다.

URL 주위에 따옴표가 필요 없다는
점에 주목하세요.

배경 이미지 고치기

기본 설정에 따라 배경 이미지는 반복해서 나타납니다. 다행히도 background-repeat 속성에는 norepeat란 값이 있습니다. 또한 기본 설정에 따라 브라우저는 요소의 좌측 상단에 배경 이미지를 위치시키는데, 이는 우리도 원하던 바죠. 그리고 background-position 속성도 한번 추가해 봅시다.

```
.guarantee {
        line-height:        1.9em;
        font-style:         italic;
        font-family:        Georgia, "Times New Roman", Times, serif;
        color:              #444444;
        border-color:       black;
        border-width:       1px;
        border-style:       solid;
        background-color:   #a7cece;
        padding:            25px;
        margin:             30px;
        background-image:   url(images/background.gif);
        background-repeat:  no-repeat;
        background-position: top left;
}
```

새로운 속성 두 개를 추가했군요.

배경 이미지가 반복되어 나타나지 않으면 좋겠군요.

그리고 좌측 상단 구석에 보였으면 좋겠네요.

---

background-position 속성은 이미지의 위치를 설정하며, 픽셀이나 비율 혹은 top, left, right, bottom, center 같은 키워드를 사용해서 명시할 수 있습니다.

background-position: top left;

요소의 좌측 상단에 이미지를 위치시키세요.

CSS에는 뭔가를 위치시키는 여러 가지 많은 방법이 있는데 앞으로 두 장에 걸쳐 이에대해 좀 더 알아볼 것입니다.

기본적으로 배경 이미지는 '바둑판식 모양(tiled)'이 되거나 배경 공간을 계속적으로 채우도록 반복되어 보이는데, background-repeat 속성이 이러한 바둑판식 동작 방법을 제어합니다.

여기 여러분이 사용할 수 있는 또 다른 background-repeat 값이 있습니다.

background-repeat: repeat;

수직과 수평으로 이미지를 반복하도록 설정했군요. 이것이 기본값입니다.

no-repeat — *한 번만 이미지를 보여주며 반복하지 않습니다.*
repeat-x — *수평적으로만 이미지를 반복합니다.*
repeat-y — *수직적으로만 이미지를 반복합니다.*
inherit — *부모 요소가 하는 대로 따라 합니다.*

배경 이미지의 또 다른 시운전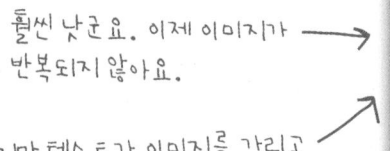

또 시운전 시간이군요. 이번에는 우리가 원하는 목표에 훨씬 더 가까이 갈 수 있을 것 같습니다. 하지만 이것은 배경 이미지이고, 텍스트는 이 이미지 위에 위치할 수 있습니다. 이 부분을 고치려면 어떻게 해야 할까요? 패딩이 존재하는 이유가 바로 여기에 있습니다! 콘텐츠 영역 주위에 시각적인 공간을 추가하도록 패딩을 사용할 수 있습니다. 마지막으로 한 번만 더 왼쪽에 패딩을 증가시켜서 이번에는 확실히 이미지를 고정시킬 수 있는지 알아보도록 하죠.

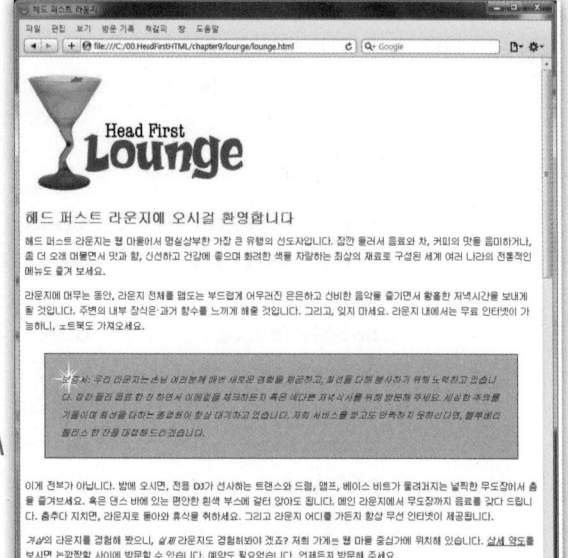

훨씬 낫군요. 이제 이미지가 반복되지 않아요.

하지만 텍스트가 이미지를 가리고 있는 건은 정말 좋지 않네요.

왼쪽에만 패딩을 추가하려려면 어떻게 해야 할까요?

패딩, 마진 심지어는 테두리에 대해 CSS는 위, 아래, 왼쪽, 오른쪽의 모든 방향에 대한 속성을 가지고 있습니다. 왼쪽에 패딩을 추가시키려면 아래와 같이 `padding-left` 속성을 사용하세요.

```
.guarantee {
        line-height:        1.9em;
        font-style:         italic;
        font-family:        Georgia, "Times New Roman", Times, serif;
        color:              #444444;
        border-color:       black;
        border-width:       1px;
        border-style:       solid;
        background-color:   #a7cece;
        padding:            25px;
        padding-left:       80px;
        margin:             30px;
        background-image:   url(images/background.gif);
        background-repeat:  no-repeat;
        background-position: top left;
}
```

왼쪽에 패딩을 증가시키기 위해 padding-left 속성을 사용하고 있습니다.

첫 번째로 패딩을 모든 방향에 25픽셀로 설정하고 나서 왼쪽에 대한 속성을 명시한 점에 주목하세요.

여기 순서에 대한 문제가 있군요. 만약 이 순서를 변경하면 먼저 왼쪽에 패딩을 추가하고 난 후 보통의 패딩 속성은 모든 방향으로 다시 25픽셀씩 설정될 겁니다. 왼쪽을 포함해서요!

아직 멀었나요?

변경 내용을 저장했는지 확인하고 페이지를 다시 열어
보세요. 문단의 왼쪽으로 패딩이 좀 더 생겼고, 텍스트
도 guarantee star를 가리지 않고 보기 좋게 위치해 있
습니다. 어느 위치에서 마진 대신 패딩을 사용해야 하는
지에 대한 아주 훌륭한 예가 될 수 있을 것 같군요. 만약
콘텐츠 영역 자체에 시각적 여백을 더 줄 필요가 있다면
패딩을 사용하고, 그와 반대로 페이지의 가장자리 혹은
요소 사이에 여백을 줄 필요가 있을 때는 마진을 사용하
세요. 사실 문단을 좀 더 돋보이게 하기 위해서 오른쪽에
약간의 마진을 더 줄 수도 있습니다. 이제 테두리만 수정
하면 됩니다.

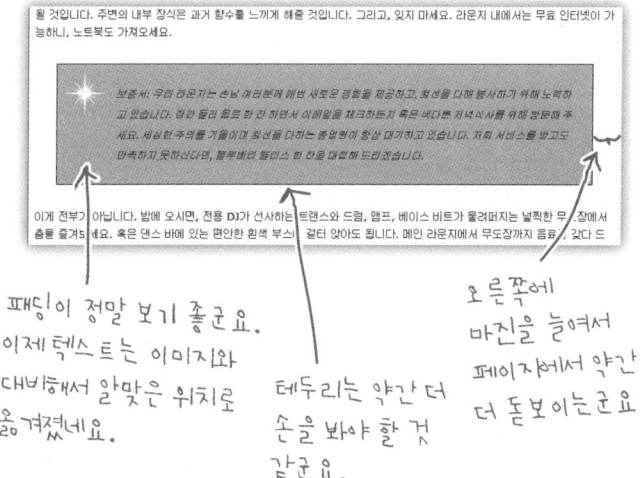

패딩이 정말 보기 좋군요.
이제 텍스트는 이미지와
대비해서 알맞은 위치로
옮겨졌네요.

테두리는 약간 더
손을 봐야 할 것
같군요.

오른쪽에
마진을 늘여서
페이지에서 약간
더 돋보이는군요.

오른쪽에 마진을 증가시키려면 어떻게 해야 할까요?

패딩 처리한 것과 비슷합니다. 또 다른 속성인 margin-right를
추가해서 오른쪽 마진을 증가시키세요.

패턴이 보이나요? 모든 방향을
제어하는 속성이 있으며, 원한다면
각 방향 별로도 제어할 수 있습니다.

```
.guarantee {
        line-height:        1.9em;
        font-style:         italic;
        font-family:        Georgia, "Times New Roman", Times, serif;
        color:              #444444;
        border-color:       black;
        border-width:       1px;
        border-style:       solid;
        background-color:   #a7cece;
        padding:            25px;
        padding-left:       80px;
        margin:             30px;
        margin-right:       250px;
        background-image:   url(images/background.gif);
        background-repeat:  no-repeat;
        background-position: top left;
}
```

이미 30픽셀로 마진을
설정됐다는 점을 기억하세요.

그리고 이제 오른쪽 부분을 재정의해서
250픽셀로 설정하고 있습니다.

250 픽셀

새로운 margin-right 속성을 추가하고 페이지를 다시 열어보세
요. 이제 문단에 오른쪽에 250픽셀의 마진이 생겼습니다.

테두리에 대한 2분 지침서

보증서 문단을 완성하기 위한 한 가지 작업만 남았습니다. 바로 더 보기 좋은 테두리를 추가하는 것입니다. 추가하기 전에 먼저 요소의 테두리를 제어할 수 있는 모든 방법을 살펴보도록 하죠.

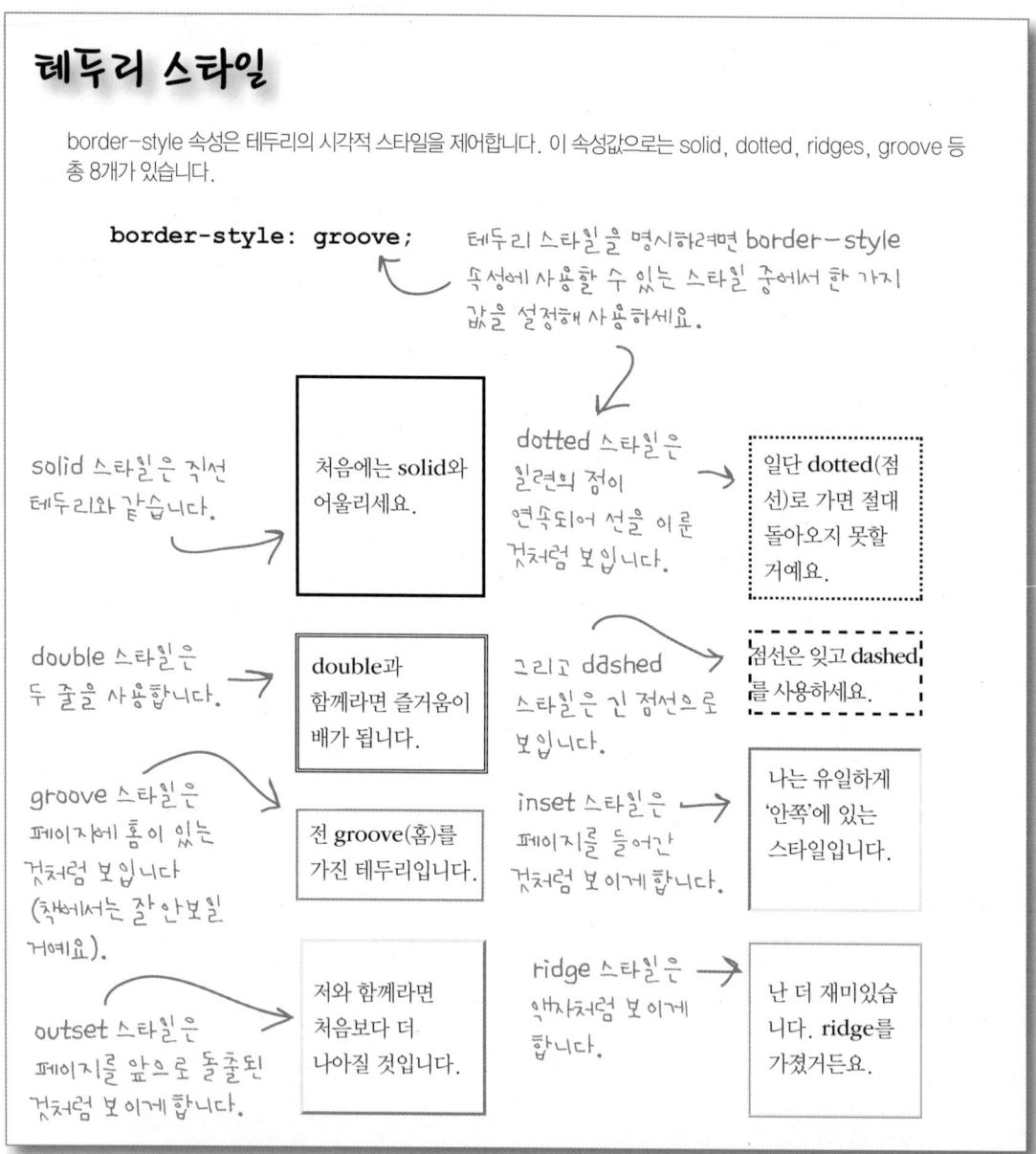

테두리 스타일

border-style 속성은 테두리의 시각적 스타일을 제어합니다. 이 속성값으로는 solid, dotted, ridges, groove 등 총 8개가 있습니다.

```
border-style: groove;
```

테두리 스타일을 명시하려면 border-style 속성에 사용할 수 있는 스타일 중에서 한 가지 값을 설정해 사용하세요.

solid 스타일은 직선 테두리와 같습니다.

처음에는 solid와 어울리세요.

dotted 스타일은 일련의 점이 연속되어 선을 이룬 것처럼 보입니다.

일단 dotted(점선)로 가면 절대 돌아오지 못할 거예요.

double 스타일은 두 줄을 사용합니다.

double과 함께라면 즐거움이 배가 됩니다.

그리고 dashed 스타일은 긴 점선으로 보입니다.

점선은 잊고 dashed를 사용하세요.

groove 스타일은 페이지에 홈이 있는 것처럼 보입니다 (책에서는 잘 안보일 거예요).

전 groove(홈)를 가진 테두리입니다.

inset 스타일은 페이지를 들어간 것처럼 보이게 합니다.

나는 유일하게 '안쪽'에 있는 스타일입니다.

outset 스타일은 페이지를 앞으로 돌출된 것처럼 보이게 합니다.

저와 함께라면 처음보다 더 나아질 것입니다.

ridge 스타일은 액자처럼 보이게 합니다.

난 더 재미있습니다. ridge를 가졌거든요.

테두리 너비

border-width 속성은 테두리의 너비를 제어합니다. 픽셀이나 키워드로 너비를 명시할 수 있습니다.

```
border-width: thin;
border-width: 5px;
```

픽셀의 숫자를 사용하거나 thin(얇음), medium(중간), thick(두꺼움) 키워드를 사용하여 너비를 명시할 수 있습니다.

	1px
	2px
	3px
thin	4px
medium	5px
thick	6px

테두리 색

border-color 속성은 테두리의 색을 설정하는데, 글자의 폰트 색을 설정하는 것과 비슷합니다. 색을 명시하기 위해 색 이름, rgb 값 혹은 hex 코드를 사용할 수 있습니다.

```
border-color: red;
border-color: rgb(100%, 0%, 0%);
border-color: #ff0000;
```

테두리의 색을 명시하기 위해 border-color 속성을 사용하세요. 이는 색을 명시하기 위해 사용되는 일반적인 방법 중 하나입니다.

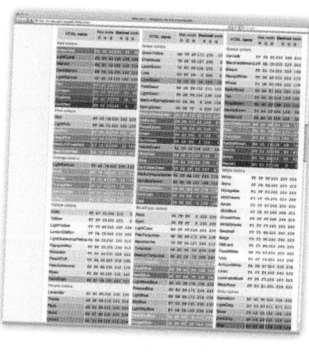

테두리 경계

```
border-top-color
border-top-style
border-top-width
```

```
border-right-color
border-right-style
border-right-width
```

```
border-bottom-color
border-bottom-style
border-bottom-width
```

```
border-left-color
border-left-style
border-left-width
```

마진과 패딩처럼 모든 방향(위, 아래, 오른쪽, 왼쪽)으로 테두리의 스타일, 너비, 색을 명시할 수 있습니다.

```
border-top-color: black;
border-top-style: dashed;
border-top-width: thick;
```

이러한 속성은 오직 위쪽 테두리를 위한 것입니다. 각 방향의 테두리에 대해 개별적으로 속성을 명시할 수 있습니다.

테두리 모서리 지정하기

한 군데 혹은 네 군데 모두 등 어떤 조합으로도 둥근 모서리를
만들 수 있습니다.

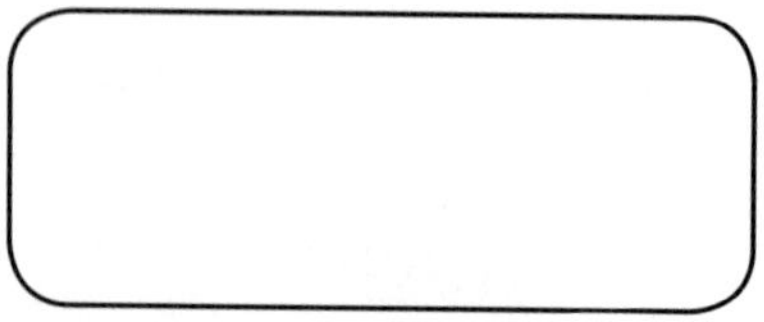

모서리 네 군데를 한 번에 지정할 수 있습니다.

`border-radius: 15px;`

혹은 네 군데를 분리해서 각각
지정할 수도 있습니다. 반지름 크기를
명시하는 데 px이나 em을 사용할 수
있다는 점에 주목하세요.

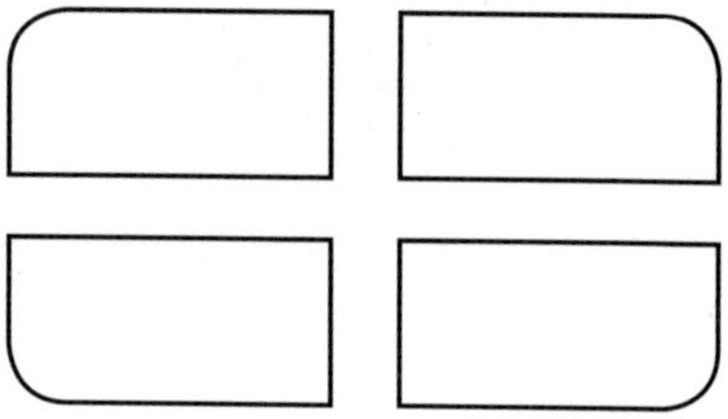

```
border-top-left-radius: 3em;
border-top-right-radius: 3em;
border-bottom-right-radius: 3em;
border-bottom-left-radius: 3em;
```

em을 사용한다면 font-size에서 em을
사용할 때처럼 테두리 반지름 측정치는
해당 요소의 폰트 크기에 상대적입니다.

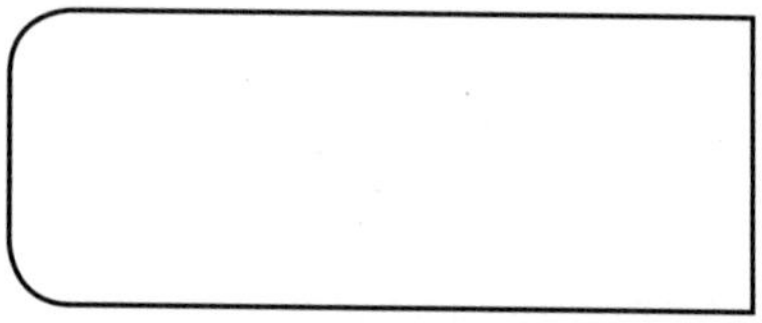

```
border-top-left-radius: 15px;
border-top-right-radius: 0px;
border-bottom-right-radius: 0px;
border-bottom-left-radius: 15px;
```

border-radius를 사용해서 모든
종류의 모양을 만들어 낼 수 있습니다.

테두리 마무리 손질하기

보증서 문단에 대한 작업을 끝낼 때가 되었습니다. 이제 남루하게 보이도록 테두리를 만들기만 하면 됩니다. 그런데 어떤 스타일을 사용해야 할까요? 사용할 수 있는 스타일은 solid, double, dotted, dashed, groove, ridge, inset, outset입니다. 어떻게 해야 남루하게 보일까요? 약간의 트릭만 쓰면 됩니다. dashed 테두리를 사용하여 그 색을 흰색(페이지의 배경색과 어울릴 것입니다)으로 만들면 되는데, 아래에 그 방법이 나와 있군요. 일단 테두리를 dashed로 만들고 나서, 'lounge.css' 파일에서 border-style 속성을 찾아 다음과 같이 변경하세요.

border-style: dashed;

여기서 테두리를 solid에서 dashed로 변경합니다.

파일을 저장하고 다시 열어보세요. 테두리가 다음과 같이 보일 것입니다.

이제 테두리를 남루해 보이도록 하기 위해 테두리의 색을 흰색으로 설정하세요. 이렇게 하면 테두리가 배경색으로 잘려 들어가는 것처럼 보일 것입니다. 직접 한번 해 보세요. border-color 속성을 찾고 그 값을 white로 설정하세요.

border-color: white;

테두리의 색을 검정색에서 흰색으로 변경하고 있네요.

파일을 저장하고 다시 열어보세요. 이제 남루해 보이는 테두리를 보게 될 것입니다.

조심하세요

브라우저가 항상 thin, medium, thick의 크기값에 동의하는 것은 아닙니다.

브라우저는 그 종류에 따라 thin, medium, thick 키워드 각각에 따른 기본 크기를 가지고 있습니다. 따라서 테두리의 크기가 중요한 역할을 한다면 키워드 대신 픽셀을 사용하세요.

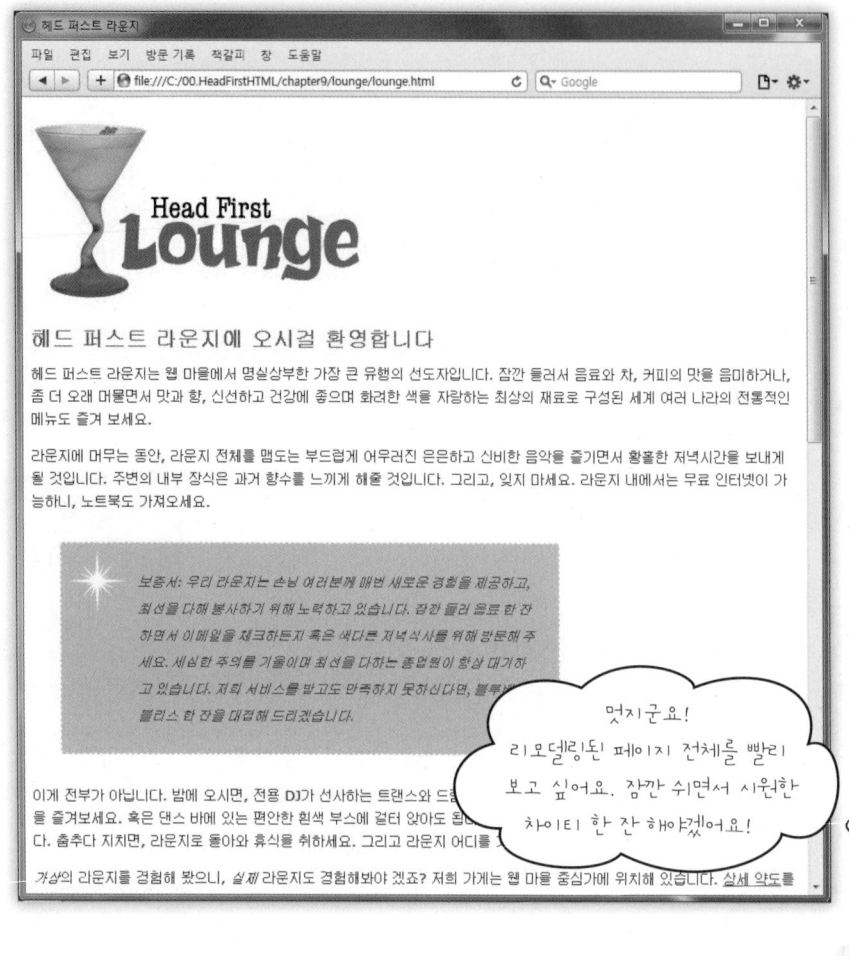

축하합니다!

브라보! CSS 코드 15 줄만 추가해서 평범한 문단을 아주 호소력 짙은 화려한 문단으로 변경시켰습니다.

여기까지 오는데 참 오랜 여정이었습니다. 이제 여러분에게 약간의 휴식을 주려고 합니다. 시원한 차이티를 한 잔 마시며 휴식을 취하세요. 휴식 후 CSS에 대한 좀 더 세부적인 사항에 대해 확실히 알아볼 것입니다.

연습문제

시원한 차 한 잔 마시면서, 보증서 문단에 border-radius를 직접 추가해 보세요. 아래에 보증서 문단에 대해 여러 개의 border-radius 값을 설정해 놨습니다. 아래 예제에 나온 모양대로 테두리를 만들 수 있도록 CSS를 작성하세요. 둥근 모서리를 만드는 데 사용된 border-radius 값은 모두 표시해 놨습니다.

여기에 CSS를 작성하세요.

30px

보증서: 우리 라운지는 손님 여러분께 매번 새로운 경험을 제공하고, 최선을 다해 봉사하기 위해 노력하고 있습니다. 잠깐 들러 음료 한 잔 하면서 이메일을 체크하든지 혹은 색다른 저녁식사를 위해 방문해 주세요. 세심한 주의를 기울이며 최선을 다하는 종업원이 항상 대기하고 있습니다. 저희 서비스를 받고도 만족하지 못하신다면, 블루베리 뮬리스 한 잔을 대접해 드리겠습니다.

40px

보증서: 우리 라운지는 손님 여러분께 매번 새로운 경험을 제공하고, 최선을 다해 봉사하기 위해 노력하고 있습니다. 잠깐 들러 음료 한 잔 하면서 이메일을 체크하든지 혹은 색다른 저녁식사를 위해 방문해 주세요. 세심한 주의를 기울이며 최선을 다하는 종업원이 항상 대기하고 있습니다. 저희 서비스를 받고도 만족하지 못하신다면, 블루베리 뮬리스 한 잔을 대접해 드리겠습니다.

40px

보증서: 우리 라운지는 손님 여러분께 매번 새로운 경험을 제공하고, 최선을 다해 봉사하기 위해 노력하고 있습니다. 잠깐 들러 음료 한 잔 하면서 이메일을 체크하든지 혹은 색다른 저녁식사를 위해 방문해 주세요. 세심한 주의를 기울이며 최선을 다하는 종업원이 항상 대기하고 있습니다. 저희 서비스를 받고도 만족하지 못하신다면, 블루베리 뮬리스 한 잔을 대접해 드리겠습니다.

2em

보증서: 우리 라운지는 손님 여러분께 매번 새로운 경험을 제공하고, 최선을 다해 봉사하기 위해 노력하고 있습니다. 잠깐 들러 음료 한 잔 하면서 이메일을 체크하든지 혹은 색다른 저녁식사를 위해 방문해 주세요. 세심한 주의를 기울이며 최선을 다하는 종업원이 항상 대기하고 있습니다. 저희 서비스를 받고도 만족하지 못하신다면, 블루베리 뮬리스 한 잔을 대접해 드리겠습니다.

돌아오신 걸 환영합니다. 정말 시기 적절한 때 오셨군요.
방금 클래스 씨와 인터뷰를 하려던 참이었습니다.

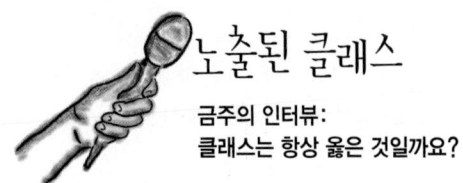

노출된 클래스

금주의 인터뷰:
클래스는 항상 옳은 것일까요?

헤드 퍼스트: 안녕하세요, 클래스 씨. 지금까지 당신을 잘 사용해 왔습니다만, 여전히 당신에 대해 모르는 것이 많습니다.

클래스: 알아야 할 게 너무 많은 것은 아닙니다. 만약 당신이 클래스를 사용해서 꾸미려는 '그룹' 하나를 생성한다면, 클래스 안에 요소를 넣고 클래스에 있는 모든 요소에 스타일을 가미할 수 있습니다.

헤드 퍼스트: 그렇다면 클래스는 요소의 집합에 하나 이상의 스타일 속성을 적용할 수 있게 한다는 건가요?

클래스: 정확히 맞췄군요. 당신이 만든 페이지에 휴일에 관련된 내용이 있는데, 하나는 할로윈이고 다른 하나는 크리스마스라고 해 봅시다. 당신은 모든 할로윈 요소에 'halloween' 클래스를, 그리고 모든 크리스마스 요소에 'christmas' 클래스를 추가할 수 있습니다. 그러고 나서 각 클래스에 적용되는 규칙을 작성함으로써 크리스마스를 위해서는 빨간색을, 할로윈을 위해서는 주황색 등 그 요소에 대해 독립적으로 스타일을 줄 수 있습니다.

헤드 퍼스트: 상당히 일리가 있군요. 우리는 이 장에서 이에 대한 좋은 예를 보았습니다. 그렇지 않나요?

클래스: 확실히 말할 수는 없군요. 전 비번이었거든요.

헤드 퍼스트: 우리는 헤드 퍼스트 라운지에 헤드 퍼스트 측에서 작성한 보증서를 포함하고 있는 한 문단을 가지고 있었고, 그들은 이 문단을 다른 문단들과 돋보이게 만들기 원하던데요.

클래스: 지금까지는 좋았습니다만 한 가지 물어봅시다. 이러한 문단이 몇 개였나요? 단지 하나였나요?

헤드 퍼스트: 제 생각으로는 여러 개의 보증서 문단을 가져야 할 아무런 이유가 없었고, 페이지의 다른 곳에서 동일한 스타일이 적용되는 것을 보지 못했으니 한 개만 있는 것 같군요.

클래스: 음, 그건 별로 좋지 않은데요. 당신도 알고 있듯이 클래스는 여러 요소에서 재사용하려는 스타일을 위해 사용해야 한다는 의미를 갖고 있습니다. 만약 꾸미고자 하는 요소가 단 하나뿐이라면, 사실상 클래스를 사용할 이유가 없습니다.

헤드 퍼스트: 잠깐만요, 클래스는 완벽하게 작동하는 것 같은데... 뭐가 문제라는 거죠?

클래스: 흥분하지 마세요. 당신이 할 일은 class 속성을 id 속성으로 교체하는 것뿐입니다. 이렇게 하는데 채 1분도 걸리지 않을 거예요.

헤드 퍼스트: id 속성요? 4장에 있는 목적지 앵커(destination anchor)를 말하는 건가요?

클래스: id는 여러 가지 용도로 사용됩니다. 실제로 이것은 요소에 대한 유일한 식별자입니다.

헤드 퍼스트: id 속성에 관해 좀 더 말해줄 수 있나요? 처음 듣는 내용이군요. 제 말은 이 장 전체에서 class를 제대로 사용하지 않은 것 같군요!

클래스: 너무 걱정 마세요. 누구나 할 수 있는 아주 흔한 실수입니다. 기본적으로 당신은 한 개이상의 요소에 스타일을 주고자 할 때 class를 사용한다는 것만 알면 됩니다. 그리고 꾸미고자 하는 스타일이 유일하고 페이지 내에서 오직 한 개라면 id를 사용하세요. 엄밀히 말하면 id 속성은 유일한 요소에 이름을 부여하기 위한 것입니다.

헤드 퍼스트: 좋아요, 이해할 수 있을 것 같군요. 하지만 왜 실제로 그것이 중요한 거죠? 제 말은 class는 잘 동작하거든요.

클래스: 왜냐하면 실제로 페이지에는 오직 한 개만 있기 원하는 것이 있기 때문입니다. 당신이 언급한 보증서 문단이 한 예가 될 수 있겠지만, 페이지의 머리글(header)이나 바닥글(footer) 혹은 내비게이션 바(navigation bar) 같은 더 좋은 예가 있습니다. 이러한 것은 페이지에서 두 개 이상 볼 수 없을 것입니다. 물론 하나의 요소만을 위해 클래스를 사용할 수 있습니다만, 다른 누군가가 와서 그 클래스에 다른 요소를 추가한다면 당신의 요소는 더 이상 유일한 스타일을 갖지 못하겠죠. 또한 HTML 요소를 위치시킬 때도 중요한 역할을 할 텐데, 이는 당신이 아직 경험해 보지 못한 내용입니다.

헤드 퍼스트: 좋습니다. 이번 대화는 정말 유익하고 교육적이었던 것 같습니다. 확실히 class를 id로 변경할 필요가 있는 것 같군요. 참석해 주셔서 다시 한번 감사드립니다.

클래스: 필요할 때면 아무 때나 불러주세요. 헤드 퍼스트 씨!

 브레인 파워

아래에 있는 요소에 대해 class 혹은 id 중 어느 것을 사용할지 선택하세요.

id	class	
☐	☐	바닥글(footer)이 있는 페이지
☐	☐	회사 연혁이 있는 문단과 제목의 집합
☐	☐	'오늘의 사진'을 포함한 〈img〉 요소

id	class	
☐	☐	영화 리뷰가 있는 〈p〉 요소의 집합
☐	☐	해야 할 목록이 있는 〈ol〉 요소
☐	☐	Buckaroo Banzai 인용구가 있는 〈q〉요소

정답: 바닥글, 오늘의 사진과 해야 할 목록을 제외한 나머지에 클래스를 사용합니다.

id 속성

여러분은 이미 <a> 요소에서 id를 사용했었고 class 속성을 사용하는 방법도 알고 있기 때문에, id 속성을 사용하기 위해 배워야 할 것이 그리 많지는 않습니다. 페이지에 바닥글(footer)을 넣는다고 해 봅시다. 보통은 어느 페이지에나 하나의 바닥글이 있으므로 바닥글은 id를 사용하기 위한 완벽한 후보가 될 것 같군요. 문단에 바닥글 텍스트를 포함한 footer 식별자를 추가하는 방법이 여기에 나와 있습니다.

클래스와 비슷한 방법으로 id 속성을 추가하고 유일한 id 이름을 선택합니다.

클래스와 달리 페이지상에서는 오직 footer란 id는 요소 하나만 가질 수 있습니다.

```
<p id="footer">Please steal this page, it isn't copyrighted in any way</p>
```

각 요소는 오직 하나의 id만 가질 수 있습니다.

id 이름으로 공백이나 특수문자도 사용할 수 있습니다.

요소에 id를 주는 것은 요소에 클래스를 추가하는 것과 비슷합니다. 유일한 차이점은 속성 이름이 'class'가 아닌 'id'라는 점으로, 한 요소는 여러 id를 가질 수 없고 같은 아이디로 한 페이지에서 요소 하나 이상을 가질 수 없습니다.

─── 바보 같은 질문이란 없습니다 ───

Q: 그래서 뭐가 문제인가요? 왜 뭔가가 페이지에서 유일하다고 증명하기 위해서 id를 사용해야 하나요? 정확히 같은 방식으로 클래스를 사용할 수 있는데요. 맞죠?

A: 여러분은 언제나 클래스를 유일한 id로 '가장'할 수 있습니다만, 그렇게 하면 안되는 이유는 많습니다. 여러분이 여러 사람과 팀을 이루어 웹 프로젝트를 한다고 해 봅시다. 팀 동료 중 한 명이 한 클래스를 보고 그것이 다른 요소에서 재사용될 수 있다고 생각하여 변경할 수도 있을 것입니다. 반면 그녀가 클래스가 아닌 id를 봤다면 그녀는 id가 유일한 요소를 위해 존재한다는 것을 알게 될 것이며, 건드리지 않을 것입니다. 그리고 여러분이 이 장에서 보지 못한, id가 중요한 여러 가지 이유가 있습니다. 예를 들어 페이지에 요소를 위치시키기 시작할 때, 여러분이 위치시키기 원하는 각 요소는 유일한 id를 가질 필요가 있습니다.

Q: 하나의 요소가 id를 갖고 또한 클래스에 속할 수도 있나요?

A: 예. 가능합니다. 이런 식으로 생각해 보세요. 하나의 id는 하나의 요소를 위한 유일한 식별자입니다. 하지만 그것이 하나 이상의 클래스에 속하게 되는 것을 방해하는 것은 아닙니다(유일한 이름이 있다고 해서 하나 이상의 클럽에 참여하는 것을 막지 못하는 것처럼요).

그런데 CSS에서는 어떻게 id를 사용할까요?

클래스를 가진 요소를 선택하는 것과 비슷한 방식으로, id를 가진 요소를 선택합니다.
만약 specials란 클래스가 있다면 이 클래스를 사용하여 요소를 선택할 수 있는 방
법은 두 가지입니다. 다음과 같이 클래스에서 특정 요소를 선택할 수 있습니다.

```
p.specials {
        color: red;
}
```

이것은 specials 클래스에 있는 <u>문단만</u> 선택합니다.

혹은 다음과 같이 specials 클래스에 속하는 모든 요소를 선택할 수 있습니다.

```
.specials {
        color: red;
}
```

이것은 specials 클래스에 있는 <u>모든 요소</u>를 선택합니다.

id 선택자를 사용하는 것도 비슷합니다. id를 사용해서 요소를 선택하려면 id 앞에
문자를 붙입니다(클래스의 경우에는 클래스명 앞에 .[점]을 붙입니다). footer
id를 가진 임의의 요소를 선택한다고 해 봅시다.

```
#footer {
        color: red;
}
```

이것은 footer id를 가진 임의의 요소를 선택합니다.

혹은 다음과 같이 footer id가 있는 <p> 요소만 선택할 수 있습니다.

```
p#footer {
        color: red;
}
```

이것은 만약 <p> 요소가 footer id를 가지고 있다면
<p>요소를 선택합니다.

클래스와 id 사이의 또 다른 유일한 차이점은 id 선택자는 한 페이지에서 오직 하나
의 요소와 일치해야 한다는 것입니다.

라운지에서 id 사용하기

우리의 '보증서 문단'은 페이지에서 한 번만 사용될 것이므로 id를
가져야만 합니다. 처음 설계 의도가 이러하므로 수정할 내용도 간
단할 것 같군요.

제 1단계: 'lounge. html' 파일에서 클래스 속성을 id로 변경합니다.

클래스 속성을 id로
변경하기만 하는 군요.

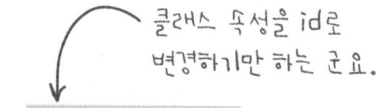

```
<p id="guarantee">
        보증서: 우리 라운지는 손님 여러분께 매번 새로운 경험을 제공하고,
        최선을 다해 봉사하기 위해 노력하고 있습니다. 잠깐 들러 음료 한 잔 하면서
        이메일을 체크하든지 혹은 색다른 저녁식사를 위해 방문해 주세요.
        세심한 주의를 기울이며 최선을 다하는 종업원이 항상 대기하고 있습니다.
        저희 서비스를 받고도 만족하지 못하신다면, 블루베리 블리스 한 잔을 대접해 드리겠습니다.
</p>
```

제 2단계: 'lounge. css' 파일에서 .guarantee 클래스 선택자를 id 선택자로 변경합니다.

선택자에서 .(점)을 #으로
변경하기만 하면 되네요.

```
#guarantee {
        line-height:            1.9em;
        font-style:             italic;
        font-family:            Georgia, "Times New Roman", Times, serif;
        color:                  #444444;
        border-color:           white;
        border-width:           1px;
        border-style:           dashed;
        background-color:       #a7cece;
        padding:                25px;
        padding-left:           80px;
        margin:                 30px;
        margin-right:           250px;
        background-image:       url(images/background.gif);
        background-repeat:      no-repeat;
        background-position:    top left;
}
```

제 3단계: 변경 사항을 저장하고 페이지를 다시 열어 보세요.

모든 것이 정확히 이전과 똑같이
보이겠지만, 이제 모든 것이
제자리를 찾아 왔으니까 더
나아진 것 같지 않나요?

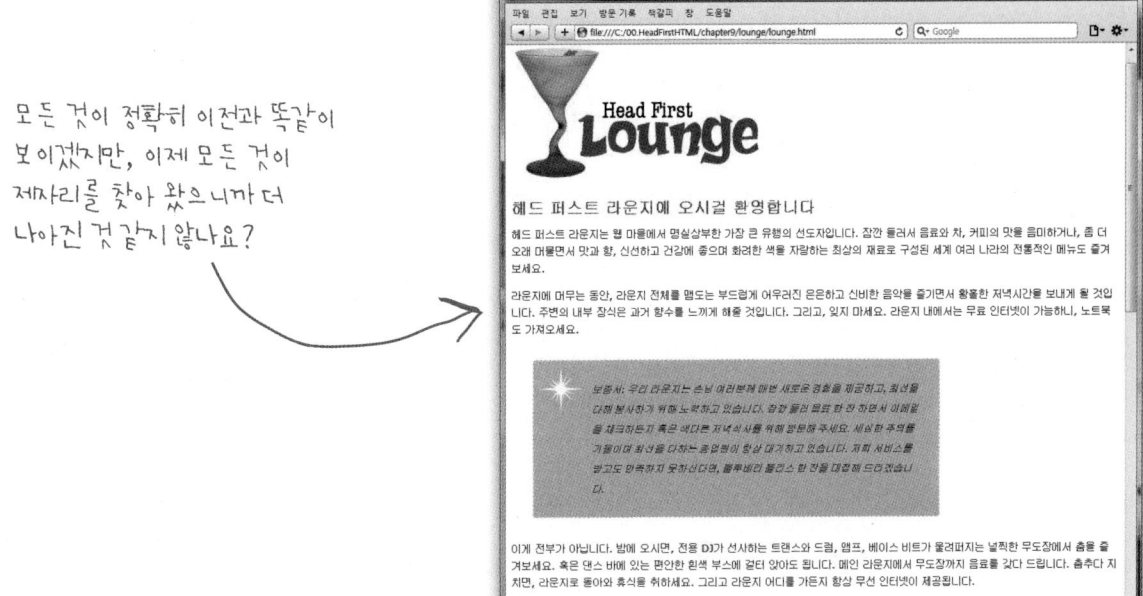

바보 같은 질문이란 없습니다

Q: 그렇다면 왜 선택자를 p#guarantee가 아닌 #guarantee로
만들었나요?

A: 두 가지 모두로 선택자를 만들 수 있으며, 이들 둘은 같은 것
을 선택하게 될 것입니다. 이 페이지에서 id에는 하나의 문단이 할
당될 것이라는 점을 알고 있으므로, 실제로 문제될 것은 없습니다
(#guarantee가 더 간단하긴 합니다). 하지만 좀 더 복잡한 사이트
의 경우 유일한 id, 말하자면 하나의 문단이 할당된 페이지 몇 장,
리스트나 블록 인용구가 할당된 페이지 몇 장이 있을 것입니다. 이
런 경우에는 p#someid, blockquote#someid 같이 페이지에 있는
요소 종류에 의존하는 id에 대한 몇 가지 규칙이 필요할 거예요.

Q: 유일한 요소라는 것을 알았다면 항상 클래스를 먼저 만들고,
그 후에 id로 변경해야 하나요?

A: 아닙니다. 페이지를 디자인할 때 하나의 요소가 유일하게 될
지 아닌지를 알게 될 것입니다. 이 장을 시작할 때 여러분이 id에
대해서 몰랐기 때문에 오직 이 장에서만 이런 방식을 사용했습니
다. 여하간 id를 재미있게 이해했다고 생각하지 않으세요?

Q: 클래스와 id 이름을 짓는 규칙이 있나요?

A: 클래스 이름은 문자로 시작해야 하지만, id 이름은 숫자나
문자로 시작할 수 있습니다. 클래스와 id 이름 모두 문자와 숫자
뿐만 아니라 _ 문자도 포함할 수 있지만, 공백은 사용할 수 없습
니다. 'number1', 'main_content'란 이름은 가능하지만 'header
content' 같은 이름은 사용할 수 없죠. 그리고 id는 유일해야 한다
는 점을 꼭 기억하세요.

스타일시트 리믹싱

서서히 이 장을 마무리하기 전에 재미 삼아 스타일시트를 몇 개를 섞어봅시다. 지금까지 여러분은 오직 스타일시트 한 개만 사용했었습니다. 그런데 도대체 누가 여러분에게 한 개 이상의 스타일시트를 사용하지 못한다고 말했나요? HTML에서 여러 개의 스타일시트를 명시해서 사용할 수 있습니다. 하지만 도대체 언제 스타일시트를 이런 식으로 사용해야 하는지 궁금해 할 것 같군요. 여기에는 몇 가지 이유가 있는데 그 첫 번째 이유는 다음과 같습니다.

헤드 퍼스트 라운지가 급속히 성공해 체인점을 열고 기업 공개를 한다고 상상해 봅시다(물론 이 모든 것은 여러분과 여러분의 헌신적인 웹 작업 덕분입니다). 그렇게 되면 수백 개의 페이지를 가진 하나의 커다란 회사의 웹사이트가 만들어질 것이며, 당연히 여러분은 외부 CSS 스타일시트를 사용해 페이지를 꾸미고자 할 것입니다. 이 회사에는 여러 부서가 있는데 각 부서별 페이지를 개별적인 방식으로 꾸미는 것을 원할 것입니다. 그리고 라운지 체인점 또한 자신만의 스타일을 고집한 것 같군요. 여기에 각 페이지가 어떻게 보일지 나와 있군요.

우리는 회사의 모든 색과 폰트를 사용하고 있습니다만, 줄 간격을 다르게 하는 것처럼 우리 부서만의 특별한 느낌을 갖게 하는 스타일로 꾸미고 싶군요.

폰트, 색 등 회사 웹사이트 전체에서 사용되는 주요 스타일 모두를 설정했습니다.

우리는 젊은 단골 고객이 많습니다. 색상을 조금 수정하고 약간의 모서리를 추가했지만, 전체적으로는 음료 사업부의 스타일을 사용하고 있어요.

음료 사업부

회사

시애틀 라운지
(음료 사업부 소속)

스타일시트 여러 개 사용하기

회사의 스타일로 시작해서 부서와 라운지 체인점도 이 스타일을 변경하고 재정의하게 하려면 어떻게 해야 할까요? 바로 다음과 같이 스타일시트 여러 개를 사용하면 됩니다.

HTML에서 스타일시트 한 개 이상 명시할 수 있습니다. 여기서는 3개를 명시했군요.

회사 전체에 대해서는 하나의 스타일시트를 사용했네요.

```html
<!DOCTYPE html>
<html>
  <head>
    <meta charset="utf-8">
    <title>Head First Lounge</title>
      <link type="text/css" href="corporate.css" rel="stylesheet">
      <link type="text/css" href="beverage-division.css" rel="stylesheet">
      <link type="text/css" href="lounge-seattle.css" rel="stylesheet">
  </head>
  <body>
  .
  .
  .
  </body>
</html>
```

그리고 시애틀 라운지는 자신의 스타일시트로 뭔가 수정해서 꾸밀 것 같군요.

음료 부서는 회사 스타일을 약간 추가하거나 혹은 회사 스타일 일부를 재정의할 수 있습니다.

순서가 중요합니다! 스타일시트는 연결된 상위 스타일시트에 있는 스타일을 재정의할 수 있습니다.

바보 같은 질문이란 없습니다

Q: 스타일시트의 순서가 중요한가요?

**A: 예. 위부터 아래로 내려가면서 밑에 있는 스타일시트가 우선 순위를 갖습니다. 따라서 만약 회사와 부서 스타일시트 모두에 〈body〉 요소의 폰트 패밀리 속성이 있다면 HTML에서 가장 마지막에 연결된 부서의 스타일시트가 민지 적용됩니다.

Q: 간단한 사이트도 스타일시트를 사용할 필요가 있나요?

**A: 좀 놀라셨군요. 가끔씩은 스타일시트를 변경하기보다는 페이지의 기본 스타일시트에 연결하고 싶을 때가 있을 것입니다. 그리고 나서 변경하고자 하는 내용이 명시되어 있는 스타일시트를 기본 스타일시트 아래에 두도록 하세요.

Q: 특별한 요소에 대한 스타일을 결정하는 방법에 대해 좀 더 알려줄 수 있나요?

**A: 7장에서 이 내용을 조금 다루었습니다. 지금 당장은 여러분의 파일에 링크가 걸린 스타일의 순서를 결정하는 것에 관한 내용을 더 학습하도록 하세요. 그리고 나서 다음 장에서 CSS에 관한 몇 가지 다른 것들을 배운 후에 어떤 요소가 어떤 스타일과 어울리는지 브라우저에 정확히 알려주는 방법을 알게 될 것입니다.

스타일시트 더 이상 데스크톱 브라우저만을 위한 것이 아닙니다

스타일시트 여러 개를 만들어놔야 하는 또 다른 이유는 다음과 같습니다. 웹 페이지를 보는 기기(데스크톱, 노트북, 태블릿 PC, 스마트폰, 심지어는 페이지를 출력한 종이)의 유형에 맞게 페이지를 디자인하고 싶다고 해 봅시다. <link> 요소에 media 속성을 추가하면 가능한 일이죠. 이렇게 하면 해당 장치에 적합한 스타일 파일만 사용할 수 있습니다. 아래에 나온 예제를 살펴보도록 하죠.

media 속성에서 스타일시트에 대한 장치의 종류를 명시할 수 있습니다.

장치에 딱 맞는 소위 '미디어 쿼리'를 만들어서 장치 유형을 명시하고 있군요.

```
<link href="lounge-mobile.css" rel="stylesheet" media="screen and (max-device-width: 480px)">
```

이 쿼리는 화면(프린터, 3D 안경, 점자 판독기가 아닌 장치)과

최대 480픽셀의 너비를 가진 기기를 명시하고 있군요.

마찬가지로 다음과 같이 프린터를 사용하는 장치에 맞게 쿼리를 만들 수 있습니다.

```
<link href="lounge-print.css" rel="stylesheet" media="print">
```

lounge-print.css 파일은 오직

미디어 유형이 'print'인 것, 즉 출력해서 볼 경우에만 사용됩니다.

쿼리에서는 min-device-width, max-device-width나, 화면의 방향(가로, 세로)을 가리키는 orientation 같이 여러 가지 속성을 사용할 수 있습니다. 여러분이 필요한 장치를 모두 포함시키고 싶다면 HTML에 해당 장치 수만큼 <link> 태그를 추가할 수 있다는 점을 염두에 두세요.

CSS에 직접 미디어 쿼리를 추가하세요

여러분의 CSS를 특정한 속성을 가진 장치에 직접 연결하는 또 다른 방법이 있습니다.
link 태그에서 미디어 쿼리를 사용하는 대신, CSS에 직접 넣고 사용할 수도 있습니다.
여기 예제가 나와 있군요.

@media 규칙을 사용하세요.　　　쿼리 앞에

그리고 나서 이 쿼리에 맞는
장치에 적용하는 규칙을 중괄호
안에 모두 집어 넣으세요.

```css
@media screen and (min-device-width: 481px) {
    #guarantee {
        margin-right: 250px;
    }
}
@media screen and (max-device-width: 480px) {
    #guarantee {
        margin-right: 30px;
    }
}
@media print {
    body {
        font-family: Times, "Times New Roman", serif;
    }
}

p.specials {
        color: red;
}
```

자, 이 규칙은 화면 너비가 480픽셀보다
넓을 경우에 사용되며

이 규칙은 화면 너비가 480픽셀
이하인 경우 사용되며

이 규칙은 페이지를 출력할 경우
사용됩니다.

다른 모든 규칙은 모든 페이지에 적용되는데
이는 @media 규칙 내부에 포함되어 있지 않기
때문입니다.

하나의 미디어 유형에 특화된 CSS 규칙만이 @media 규칙에 포함됩니다. 모든 미디어 유형에
공통인 모든 규칙은 @media 규칙 아래에 있는 CSS 파일에 포함되며, 따라서 규칙을 반복적
으로 나열할 필요는 없습니다. 그리고 브라우저가 페이지를 띄울 때 브라우저는 미디어 쿼리를
통해 해당 페이지에 적합한 규칙이 무엇인지 결정하는데, 맞지 않는 규칙은 무시해 버립니다.

미디어 쿼리는 표준 그룹에 의해 활발히
개발되고 있는 영역이므로, 발전해가고 있는
최상의 기기 선별 방법을 계속 주시하세요.

조심하세요

인터넷 익스플로러 8
이하 버전에서는
미디어 쿼리를 지원하지
않습니다.

아래에 나온 장치와 세부 설명을 살펴보세요. 각 장치에 대해 미디어 쿼리를
만들 수 있나요?

스마트폰,
480 x 640
픽셀

태블릿 PC,
가로 혹은 세로 방향,
1024 x 768 픽셀

데스크탑 PC,
1280 x 960 픽셀

인터넷 TV, 2650 x 1600 픽셀,
가로 방향

```
<link rel="stylesheet" href="lounge-smartphone.css"
      media="                                    ">
<link rel="stylesheet" href="lounge-tablet-portrait.css"
      media="                                    ">
<link rel="stylesheet" href="lounge-tablet-landscape.css"
      media="                                    ">
<link rel="stylesheet" href="lounge-pc.css"
      media="                                    ">
<link rel="stylesheet" href="lounge-tv.css"
      media="                                    ">
```

여기에 정답을 적으세요!

바보 같은 질문이란 없습니다

Q : 꽤 멋지군요. 그렇다면 여러 가지 장치에 대해 다른 스타일시트를 설정할 수 있나요?

A : 예. 여러 개의 스타일시트를 설정해서 HTML에 있는 모든 것과 연결할 수 있습니다. 미디어 종류를 근거로 해서 적합한 스타일시트를 찾는 것은 브라우저의 역할입니다.

Q : max-device-width와 min-device-width 외에 다른 미디어 속성이 있나요?

A : 예. max와 min width, max와 min height, orientation, color, aspect ratio를 포함해 몇 가지 더 있습니다. 좀 더 자세한 내용은 CSS3 미디어 쿼리 명세서(http://www.w3.org/TR/css3-mediaqueries/)를, 예제는 『Head First Mobile Web: 웹앱으로 진화하는 모바일 웹 개발』(한빛미디어, 2012)을 참조하세요.

Q : 다른 미디어 유형과 특성에 대해 다른 CSS 규칙을 명시하는 데 〈link〉나 @media 중 무엇을 사용하는 것이 더 낫나요?

A : 둘 모두 동작할 것입니다. 하지만 한 파일에 모든 규칙을 넣고 @media 규칙을 사용해 분리해 놓는다면 CSS는 꽤 커질 것입니다. 서로 다른 미디어 유형에 대해 다른 〈link〉를 사용함으로써, 미디어 유형에 따라 다른 파일을 만들어 놓으면 CSS를 구조적으로 관리할 수 있습니다. 따라서 CSS 파일 크기가 꽤 크다면, 〈link〉 요소를 사용하여 서로 다른 스타일시트를 명시하는 것을 추천합니다.

연습문제

'chapter9/lounge' 폴더에 'lounge-print.css' 파일이 있습니다. 'chapter9/lounge' 폴더에 있는 'lounge.html' 파일을 열고 미디어 유형이 'print'에 대한 스타일시트를 참조하는 새로운 링크를 추가하세요. 'lounge.css' 파일에 연결된 〈link〉 요소에 media="screen" 속성을 추가하고 하나는 스크린, 다른 하나는 프린터에 대한 스타일이 있는지 확인하세요. 그러고 나서 저장한 후 페이지를 다시 열고 브라우저에서 '출력' 메뉴를 선택해 출력된 결과를 확인해 보세요.

```
<link type="text/css" href="lounge-print.css"
      rel="stylesheet" media="print">
```

여기 'lounge.html' 파일에 추가해야 하는 새로운 링크가 있습니다.

여기 출력한 화면이 있군요. CSS를 사용해서 출력했을 때의 페이지 모양이 완전히 바뀌었군요. 구조와 프레젠테이션 둘 다 모두 중요하군요.

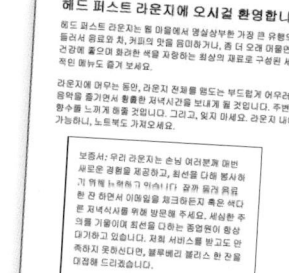

책에 포함되지 않은 선택 가능한 프린터가 필요합니다.

연습문제

max-device-width와 min-device-width 미디어 특성은 장치의 실제 화면 크기(브라우저창의 너비를 말하는 것이 아닙니다)에 의존합니다. 그런데 실제 화면보다는 브라우저의 크기에 더 관심이 있다면 어떨까요? 그렇다면 화면 크기가 아닌 브라우저창 자체의 최대와 최소 너비를 나타내는 max-width와 min-width 속성을 사용하세요. 어떤 식으로 사용하는지 살펴보도록 하죠. 'chapter9/lounge' 폴더에 'lounge-mobile.css' 파일이 있습니다. lounge.html 파일을 다시 열고, 다음과 같이 〈head〉에 있는 〈link〉 요소를 변경하세요.

```html
<link type="text/css" rel="stylesheet" href="lounge.css"
      media="screen and (min-width: 481px)">
<link type="text/css" href="lounge-mobile.css" rel="stylesheet"
      media="screen and (max-width: 480px)">
<link type="text/css" href="lounge-print.css" rel="stylesheet" media="print">
```

이제 브라우저에서 'lounge.html' 파일을 다시 열어, 브라우저창이 멋지고 충분히 큰지 확인해 보세요. 라운지 페이지가 보통 크기로 보여야 합니다.

그다음에 브라우저창을 480픽셀 이하 크기로 줄여보세요. 라운지 페이지에 무슨 일이 일어나나요? 차이를 느낄 수 있나요? 웹 페이지 크기를 줄였을 때 무슨 일이 일어나는지 아래에 적어보세요. 이 페이지가 모바일 브라우저에 더 적합한 이유는 무엇일까요?

최신 브라우저를 사용하고 있는지 확인하세요!
인터넷 익스플로러라면, 인터넷 익스플로러 10버전 이상이 최신 버전입니다(2013년 3월 현재).

핵심정리

- CSS는 박스 모델을 사용하여 요소가 보여지는 방법을 제어합니다.

- 박스는 콘텐츠 영역과 선택 가능한 패딩, 테두리, 마진으로 구성됩니다.

- 콘텐츠 영역은 요소의 콘텐츠를 포함합니다.

- 패딩은 콘텐츠 영역 주위에 시각적인 빈 공간을 생성하는 데 사용됩니다.

- 패딩과 콘텐츠를 둘러싸는 테두리는 콘텐츠를 시각적으로 분리하는 방법을 제공합니다.

- 마진은 테두리와 패딩, 콘텐츠를 둘러 싸며 요소와 다른 요소 사이에 빈 공간을 추가합니다.

- 패딩과 테두리, 마진은 모두 선택 가능합니다. 요소의 배경은 콘텐츠 밑에 보이며, 패딩은 마진 밑에서 보이지 않습니다.

- 패딩과 마진의 크기는 픽셀 혹은 비율로 설정될 수 있습니다.

- 테두리의 너비는 픽셀이나 thin, medium, thick 키워드를 사용해서 설정할 수 있습니다.

- solid, dashed, dotted, ridge를 포함해서 테두리에 대한 다른 스타일이 8가지 있습니다.

- 마진, 패딩 혹은 테두리의 경우 CSS는 한 번에 모든 방향 (위, 아래, 오른쪽, 왼쪽)에 대해 설정하는 속성을 제공하거나 혹은 개별적으로 설정하는 것을 허용합니다.

- 테두리와 함께 한 요소에 둥근 모서리를 만들려면 border-radius 속성을 사용하세요.

- 텍스트의 줄 간격을 늘리려면 line-height 속성을 사용하세요.

- background-image 속성을 가진 요소의 배경에 이미지를 위치시킬 수 있습니다.

- 배경 이미지의 위치와 반복 동작을 설정하기 위해 background-position과 background-repeat 속성을 사용하세요.

- 하나의 그룹으로 요소에 대한 스타일을 합치기 원할 때는 class 속성을 사용하세요.

- 요소에 유일한 이름을 주려면 id 속성을 사용하세요. 유일한 스타일을 제공할 경우에도 id 속성을 사용할 수 있습니다.

- id를 가진 요소는 한 페이지에서 오직 한 개만 사용할 수 있습니다.

- id 선택자를 사용해서 요소를 선택할 수 있습니다. 예를 들면 #myfavoriteid와 같이 사용할 수 있습니다.

- 하나의 요소는 오직 하나의 id만 가질 수 있지만, 많은 클래스에 속할 수도 있습니다.

- HTML에서 스타일시트를 한 개 이상 사용할 수 있습니다.

- 두 개의 스타일시트가 속성 정의에서 충돌하면 HTML 파일의 가장 마지막에 있는 스타일시트가 우선 순위를 가집니다.

- ⟨link⟩ 요소에 있는 media 속성을 사용해서 'print' 혹은 'handheld'처럼 미디어 장치를 고를 수 있습니다.

HTML 십자 퍼즐

여러분은 HTML과 CSS 지식을 더 넓히고 있습니다. 십자 퍼즐을 사용해서 그러한 신경계통을 튼튼하게 만들어 보세요. 정답은 이 장에서 배운 내용입니다.

optional(선택적인)
border(테두리)
georgia
repeat(반복)
leading
guarantee
box
padding
dashed
line height
media
media
blueberrybliss(블루베리 블리스)
id

가로

1. 디폴트로 배경 이미지는 이렇게 행동합니다.
4. '남루해 보이는' 테두리를 만들려면, 이런 테두리 스타일을 사용하세요.
6. 패딩, 테두리, 마진은 모두 _____입니다.
9. 서비스에 만족하지 못한다면 여러분은 어떤 건강 음료를 찾을까요?
10. 패딩과 마진 사이
13. 이 클래스를 id로 변경했었죠.
14. 서로 다른 장치마다 다른 스타일을 사용하려면 ___ 쿼리를 사용하세요.

세로

2. 콘텐츠와 테두리 사이의 빈 공간
3. 요소가 유일한 스타일을 갖기를 원하면 이런 종류의 선택자를 사용하세요.
5. 텍스트의 줄 사이의 공간을 증가시키는 데 사용되는 속성
7. 줄 사이의 공간을 지칭하는 출판계 용어
8. 보증서 문단에서 사용된 폰트
10. CSS는 모든 요소를 이것으로 봅니다.
11. 보증서 문단에서 사용했던 테두리 스타일
12. 선택적인 〈link〉 요소는 다른 이것의 종류를 위한 것입니다.

연필을 깎으며
정답

이 문단에서 패딩, 테두리, 마진을 식별할 수 있는지 한번 봅시다. 모든 패딩과 마진에 체크 표시를 하세요(왼쪽, 오른쪽, 위, 아래).

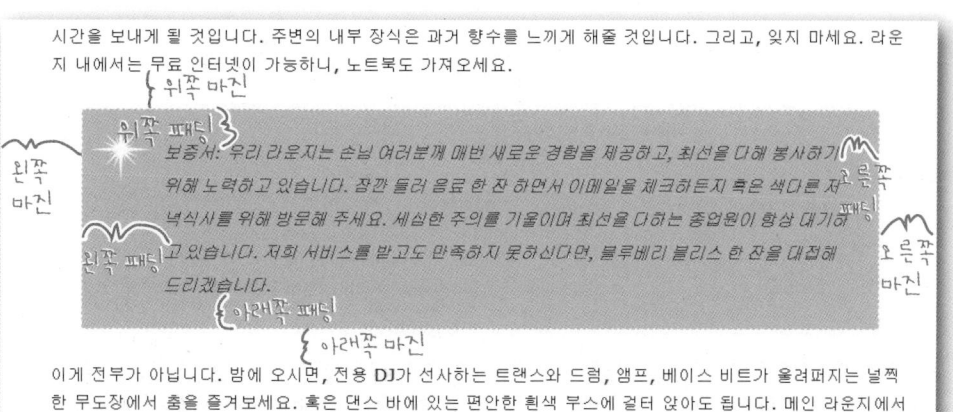

시간을 보내게 될 것입니다. 주변의 내부 장식은 과거 향수를 느끼게 해줄 것입니다. 그리고, 잊지 마세요. 라운지 내에서는 무료 인터넷이 가능하니, 노트북도 가져오세요.

> 위쪽 마진
> 위쪽 패딩
>
> 왼쪽 마진
>
> 보증서: 우리 라운지는 손님 여러분께 매번 새로운 경험을 제공하고, 최선을 다해 봉사하기 위해 노력하고 있습니다. 잠깐 들러 음료 한 잔 하면서 이메일을 체크하든지 혹은 색다른 저녁식사를 위해 방문해 주세요. 세심한 주의를 기울이며 최선을 다하는 종업원이 항상 대기하고 있습니다. 저희 서비스를 받고도 만족하지 못하신다면, 블루베리 블리스 한 잔을 대접해 드리겠습니다.
>
> 오른쪽 패딩
> 오른쪽 마진
> 왼쪽 패딩
> 아래쪽 패딩
> 아래쪽 마진

이게 전부가 아닙니다. 밤에 오시면, 전용 DJ가 선사하는 트랜스와 드럼, 앰프, 베이스 비트가 울려퍼지는 널찍한 무도장에서 춤을 즐겨보세요. 혹은 댄스 바에 있는 편안한 흰색 부스에 걸터 앉아도 됩니다. 메인 라운지에서

연습문제 정답

만약 여러분이 보증서 문단의 최종 버전을 유심히 봤다면, 이탤릭체와 세리프 폰트 그리고 페이지의 나머지 부분보다 줄 간격이 더 크다는 점을 눈치챘을 거에요. 그리고 정말 가까이서 봤다면 텍스트 색이 회색이란 점도 알았을 것입니다. 줄 간격을 1.9em, 폰트 스타일은 이탤릭, 색은 #444444, 폰트 패밀리는 Georgia, "Times New Roman", Times, serif로 설정하는 CSS 를 아래에 작성하세요. 여기에 정답이 있습니다. 테스트해 봤나요?

규칙 내부의 어느 곳에서든지 새로운
속성을 추가할 수 있습니다. 여기서는
맨 위에 추가했네요.

```css
.guarantee {
    line-height:        1.9em;
    font-style:         italic;
    font-family:        Georgia, "Times New Roman", Times, serif;
    color:              #444444;
    border-color:       black;
    border-width:       1px;
    border-style:       solid;
    background-color:   #a7cece;
    padding:            25px;
    margin:             30px;
}
```

폰트 이름에 공백이 있다면
따옴표로 폰트 이름을
둘러싸야 한다는 점을
기억하세요.

될 것입니다. 주변의 내부 장식은 과거 향수를 느끼게 해줄 것입니다. 그리고, 잊지 마세요. 라운지 내에서는 무료 인터넷이 가능하니, 노트북도 가져오세요.

줄 간격을 증가시켰군요.

이탤릭체, 세리프 폰트네요.

보증서: 우리 라운지는 손님 여러분께 매번 새로운 경험을 제공하고, 최선을 다해 봉사하기 위해 노력하고 있습니다. 잠깐 들러 음료 한 잔 하면서 이메일을 체크하든지 혹은 색다른 저녁식사를 위해 방문해 주세요. 세심한 주의를 기울이며 최선을 다하는 종업원이 항상 대기하고 있습니다. 저희 서비스를 받고도 만족하지 못하신다면, 블루베리 블리스 한 잔을 대접해 드리겠습니다.

회색은 텍스트를 좀 더 부드럽게
보이게 합니다.

이게 전부가 아닙니다. 밤에 오시면, 전용 **DJ**가 선사하는 트랜스와 드럼, 앰프, 베이스 비트가 울려퍼지는 널찍한 무도장에서 춤을 즐겨보세요. 혹은 댄스 바에 있는 편안한 흰색 부스에 걸터 앉아도 됩니다. 메인 라운지에서 무도장까지 음료를 갖다 드립니

HTML 십자 퍼즐 정답

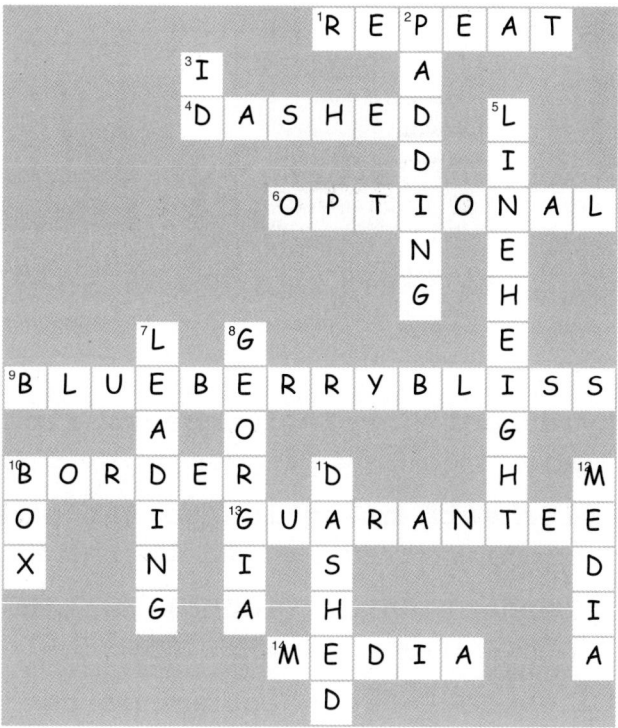

연습문제 정답

아래에 나온 장치와 세부 설명을 살펴보세요. 각 장치에 대해 미디어 쿼리를
만들 수 있나요?

스마트폰,
480 x 640
픽셀

태블릿 PC,
가로 혹은 세로 방향,
1024 x 768 픽셀

데스크탑 PC,
1280 x 960 픽셀

인터넷 TV, 2650 x 1600 픽셀,
가로 방향

```
<link rel="stylesheet" href="lounge-smartphone.css"
    media=" screen and (max-device-width: 480px)            ">

<link rel="stylesheet" href="lounge-tablet-portrait.css"
    media=" screen and (max-device-width: 1024px) and (orientation:portrait)">

<link rel="stylesheet" href="lounge-tablet-landscape.css"
    media=" screen and (max-device-width: 1024px) and (orientation:landscape)">

<link rel="stylesheet" href="lounge-pc.css"
    media=" screen and (max-device-width: 1280px)            ">

<link rel="stylesheet" href="lounge-tv.css"
    media=" screen and (max-device-width: 2650px)            ">
```

장치를 넘어서서 지원하는 미디어
쿼리는 계속 진화하고 있으므로,
웹에서 최신 기법을 찾아보세요.

여기 정답이 있습니다. 여러분의 답도 이와 같나요? 값을 바꿔가면서
미디어 쿼리를 만드는 방법은 많습니다. 여러분의 정답이 다르다면,
여기 있는 답보다 더 낫나요 아니면 그렇지 않나요?

시원한 차 한 잔 마시면서, 보증서 문단에 border-radius를 직접 추가해 보세요. 아래에 보증서 문단에 대해 여러 개의 border-radius 값을 설정해 놨습니다. 아래 예제에 나온 모양대로 테두리를 만들 수 있도록 CSS를 작성하세요. 둥근 모서리를 만드는 데 사용된 border-radius 값은 모두 표시해 놨습니다.

여기에 CSS를
작성하세요.

30px

```
border-top-left-radius: 30px;
border-top-right-radius: 0px;
border-bottom-right-radius: 0px;
border-bottom-left-radius: 30px;
```

40px

```
border-top-left-radius: 40px;
border-top-right-radius: 40px;
border-bottom-right-radius: 40px;
border-bottom-left-radius: 40px;
```

40px

```
border-top-left-radius: 0px;
border-top-right-radius: 40px;
border-bottom-right-radius: 40px;
border-bottom-left-radius: 40px;
```

2em

```
border-top-left-radius: 0em;
border-top-right-radius: 2em;
border-bottom-right-radius: 0em;
border-bottom-left-radius: 2em;
```

max-device-width와 min-device-width 미디어 특성은 장치의 실제 화면 크기(브라우저창의 너비를 말하는 것이 아닙니다)에 의존합니다. 그런데 실제 화면보다는 브라우저의 크기에 더 관심이 있다면 어떨까요? 그렇다면 화면 크기가 아닌 브라우저창 자체의 최대와 최소 너비를 나타내는 max-width와 min-width 속성을 사용하세요. 어떤 식으로 사용하는지 살펴보도록 하죠. 'chapter9/lounge' 폴더에 'lounge-mobile.css' 파일이 있습니다. lounge.html 파일을 다시 열고 다음과 같이 〈head〉에 있는 〈link〉 요소를 변경하세요.

```
<link type="text/css" rel="stylesheet" href="lounge.css"
      media="screen and (min-width: 481px)">
<link type="text/css" href="lounge-mobile.css" rel="stylesheet"
      media="screen and (max-width: 480px)">
<link type="text/css" href="lounge-print.css" rel="stylesheet" media="print">
```

이제 브라우저에서 'lounge.html' 파일을 다시 열어, 브라우저창이 멋지고 충분히 큰지 확인해 보세요. 라운지 페이지가 보통 크기로 보여야 합니다.

그다음에 브라우저창을 480픽셀 이하 크기로 줄여보세요. 라운지 페이지에 무슨 일이 일어나나요? 차이를 느낄 수 있나요? 웹 페이지 크기를 줄였을 때 무슨 일이 일어나는지 아래에 적어보세요. 이 페이지가 모바일 브라우저에 더 적합한 이유는 무엇일까요?

라운지 페이지를 480 픽셀보다 좁게 만드니 보증서 문단 스타일이 변하더군요. 오른쪽 마진은 250 픽셀에서 30픽셀로 줄었고(나머지 마진을 맞추기 위해), 배경에 있는 별 모양 이미지는 사라졌으며, 왼쪽에 있던 여분의 패딩 역시 사라져 버렸습니다.

더 넓은 화면 용으로 제작된 CSS로 보증서 문단이 너무 줄어들었기 때문에, 이 버전은 모바일 브라우저에서 훨씬 더 잘 동작할 거예요. 배경 이미지, 여분의 마진과 패딩을 없애버리니 보증서 문단을 읽기가 훨씬 수월해졌습니다. 결국 가장 중요한 것은 스타일이 아닌 내용입니다. 그렇죠?

최신 브라우저를 사용하고 있는지 확인하세요!
인터넷 익스플로러라면, 인터넷 익스플로러 10버전 이상이 최신 버전입니다(2013년 3월 현재)

10 div와 span 요소

진보된 웹 페이지 만들기

일부 건축업자들은 이렇게 말하더군요. "두 번씩 측정하고, 한 번에 잘라라." 저는 이렇게 말하곤 하죠 "계획을 세워 나누고 (div) 간격을 측정(span)해라."

큰 공사를 준비할 시간이 되었습니다.

이번 장에서는 ⟨div⟩와 ⟨span⟩이라는 두 가지 새로운 HTML 요소를 공개하겠습니다. 이들은 단순한 2×4인치짜리 나무라기보다는 완전히 달궈진 강철 기둥이라 할 수 있죠. ⟨div⟩와 ⟨span⟩을 이용해 몇 가지 중요한 구조물을 제작할 것입니다. 일단 이 구조물이 자리를 잡으면 여러분은 이 구조물을 새롭고 강력한 방법으로 꾸밀 수 있을 거예요. 이제 여러분의 CSS 도구상자가 채워지기 시작할 테니 모든 속성을 훨씬 쉽게 명시할 수 있는 몇 가지 지름길을 선보일 때가 되었습니다. 또한 이 장에서 의사클래스(pseudo-classes)라는 특별 손님을 초대했습니다. 의사클래스를 이용해 여러분은 아주 흥미로운 선택자를 생성할 수 있을 거예요 (만약 '의사클래스'를 여러분의 다음 밴드 이름으로 쓰려고 생각하고 있다면, 너무 늦었군요. 우리가 좀 더 빨랐습니다).

스페셜 음료를 웹 페이지에서 좀 더 매력적이고 멋지게 광고했으면 정말 좋겠어요. 상품 안내 메뉴처럼 보이도록 만들 수 있나요?

바텐더, 앨리스

주간 음료 스페셜

레몬 브리즈

허브 미네랄, 부드러운 감귤에 레 몬플을 섞은 비타민이 풍부한 최고 의 음료로 하루 종일 면역 계통을 최상의 상태로 유지할 수 있어요.

차가운 차이맛 음료

일반 차이티가 아닙니다. 이 음료 는 마테차에 차이티 성분을 섞은 다음 얼음에 카페인 맛이 나는 초 콜릿을 살짝 넣은 음료입니다.

블랙 브레인 음료

기억력이 좋아지면 좋겠죠? 검은 우롱차와 에스프레소를 살짝 섞어 만든 블랙 브레인 음료를 드셔 보 제요. 머리가 좋아지는 음료입니 다.

저녁시간에 언제든지 방문해서 이 음료뿐 아니라 다른 음료도 즐겨 보세요.

여기에 음료 스페셜이 나온 상품 안내 메뉴가 있군요. 와, 디자인이 페이지의 나머지 부분과는 상당히 다르군요. 가늘고 긴데다 텍스트는 가운데에 있고, 빨간색 제목과 메뉴 전체를 둘러싼 남청색 테두리, 심지어 맨 위에 칵테일 그림까지 있군요.

음료 HTML 자세히 살펴보기

확실히 앨리스는 좀 무리한 요구를 하고 있군요. 그렇지 않나요? 그녀는 현재 라운지 HTML을 상품 안내 메뉴처럼 보이도록 만들기 원하고 있어요. 음... 도발적 제안이지만 우리 편에는 CSS가 있으니 한번 해봅시다. 하지만 바로 페이지를 꾸미기 시작하기 전에 현재의 HTML을 살펴보도록 하죠. 여기에 스페셜 음료를 위한 HTML 일부가 있습니다. 'chapter10/lounge' 폴더에 있는 'lounge.html' 파일에서 이 부분을 찾을 수 있을 거예요.

음료 3개가 있고, 모두 구조는 같군요.

스페셜 음료 구간은 〈h2〉 제목으로 시작하는군요.

```
<h2> 주간 음료 스페셜</h2>
<p>
        <img src="images/yellow.gif" alt="Lemon Breeze Elixir">
</p>
<h3>레몬 브리즈</h3>
<p>
        허브, 미네랄, 부드러운 감귤에
        레몬을 섞은 비타민이 풍부한 최고의 음료로
        하루 종일 면역 계통을
        최상의 상태로 유지할 수 있어요.
</p>
```

각 음료의 이미지는 〈p〉 요소에 있습니다.

〈h3〉 제목에는 음료명이 있고

그리고 문단에는 음료 설명이 있군요.

```
<p>
        <img src="images/chai.gif" alt="Chai Chiller Elixir">
</p>
<h3>차가운 차이맛 음료</h3>
<p>
        일반 차이티가 아닙니다. 이 음료는 마테차에
        차이티 성분을 섞은 다음 얼음에 카페인 맛이 나는
        초콜릿을 살짝 넣은 음료입니다.
</p>
```

그리고 이 구조는 음료마다 반복됩니다.

```
<p>
        <img src="images/black.gif" alt="Black Brain Brew Elixir">
</p>
<h3>블랙 브레인 음료</h3>
<p>
        기억력이 좋아지면 좋겠죠? 검은 우롱차와 에스프레소를
        살짝 섞어 만든 블랙 브레인 음료를 드셔 보세요.
        머리가 좋아지는 음료입니다.
</p>

<p>
        저녁시간에 언제든지 방문해서 이 음료뿐 아니라
        다른
        <a href="beverages/elixir.html"
           title="Head First Lounge Elixirs">음료</a>도
        즐겨보세요.
</p>
```

마지막으로 맨 밑에는 텍스트 약간과 실제 음료 페이지와 연결된 또 다른 문단이 있습니다.

이봐, 이건 정말 어려워 보이는군. 우리가 만들었던 스타일에 많은 변화가 있었어. 그리고 이 음료 스타일은 페이지의 나머지 부분과 일치하지 않는군.

짐

프랭크

조

짐: 이리 좀 와봐, 프랭크. 너도 알다시피 우리는 하나 혹은 두 개 클래스를 생성해서 페이지의 나머지 부분과는 독립적으로 모든 음료 요소를 꾸밀 수 있잖아.

프랭크: 맞아. 이건 상황이 그렇게 나쁘지는 않은 것 같아. 텍스트를 가운데로 정렬하도록 만드는 간단한 속성이 있을 것 같은데? 그리고 우린 텍스트 색을 처리하는 방법도 알고 있잖아.

짐: 잠깐만, 모든 요소 주위에 테두리를 넣는 건 어떻게 할거야?

프랭크: 식은 죽 먹기야. 방금 테두리를 만드는 방법을 배웠잖아. 모든 요소는 하나의 테두리를 가질 수 있다는 점을 기억해봐.

조: 음, 난 그렇게 생각하지 않아. HTML을 살펴보면 이것은 한 무리의 <h2>, <h3>, <p> 요소야. 만약 모든 요소에 테두리를 개별적으로 넣는다면, 분리된 박스처럼 보일 거야.

프랭크: 네 말이 맞아, 조. 우리에겐 다른 모든 요소를 내부로 중첩할 요소가 필요해. 이 요소에 테두리를 넣으면 페이지의 음료 구간에 있는 모든 주위에 테두리 하나가 생길 거야.

짐: 음, 왜 그런 식으로 처리하려고 하는지 알겠어, 프랭크. <p> 요소나 <blockquote> 내부로 음료 요소를 중첩할 수 있을까?

프랭크: 그렇게 하면 페이지의 구조와 의미를 헤칠거야. 음료 메뉴는 문단이나 블록 인용구가 아니야. 좀 생각해 봤는데 ...

프랭크: 사실, 우리가 잘못 짚고 있는 것은 아닌 것 같아. 요즘 HTML과 CSS에 관한 책을 읽고 있는데 <div>라는 새로운 요소에 대한 내용을 봤거든. 우리에게 필요한 도구가 바로 이 요소 같아.

조: <div> 그게 뭔데? 수학에서 사용하는 것 같은데.

프랭크: <div>는 페이지를 논리적인 구간이나 그룹으로 나누는 요소니까, 수학에서 사용하는 나눗셈과 크게 다르다고 할 수 없겠군.

짐: 정확히 우리에게 필요한 것 같군.

프랭크: 맞아. 페이지를 논리적인 구간으로 나누는 방법을 보여줄게. 그리고 나서 <div>에 대해 내가 알고 있는 내용을 너희들한테도 알려줄게.

어떻게 하면 페이지를 논리적인 구간으로 나눌 수 있는지 알아봅시다

오른쪽에 있는 웹 페이지를 한 번 살펴봅시다. 이것은 'PetStorz.com' 웹 페이지로, 앞으로 몇 가지 논리적인 구간을 식별한 뒤 이들을 <div> 요소의 내부에 넣어 몇 가지 부가적인 구조를 추가하는 방법을 살펴볼 것 입니다.

아주 평이하게 보이는 페이지인데, 많은 제목과 문단, 이미지가 있네요.

하지만 페이지의 구조에 초점을 맞추면 여러분은 실제로 이 페이지에 대해서 자세히는 모를 거예요. 머리글을 구성하는 요소는 무엇인가요? 페이지에 바닥글(footer)이 있나요? 콘텐츠 영역은 어떤 것인가요?

PetStorz 페이지의 개요를 그렸습니다.

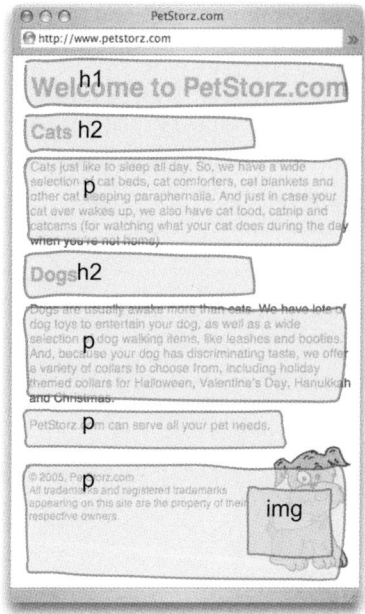

논리적인 구간 식별하기

좋아요, 우리의 임무는 이 페이지에서 '논리적인 구간'을 밝혀내는 것입니다. 그런데 논리적인 구간이란 무엇일까요? 이는 페이지 내에서 관련 있는 모든 요소의 그룹을 말합니다. 예를 들면 'PetStorz.com' 웹 페이지에는 고양이 영역에서 사용되는 요소도 있고, 강아지 영역에서 사용되는 요소도 있습니다. 이것들을 한번 체크해 봅시다.

PetStorz 페이지에는 두 개의 주요 콘텐츠 영역이 있습니다. 하나는 고양이 영역이고 다른 하나는 강아지를 위한 영역입니다. 다른 영역도 있지만 이에 대해서는 나중에 얘기하도록 하죠.

이 경우 강아지와 고양이를 위한 구간은 두 개의 요소와 두 개의 제목, 두 개의 문단으로 구성되어 있습니다만, 종종 이런 그룹은 더 많은 요소를 가질 수 있습니다.

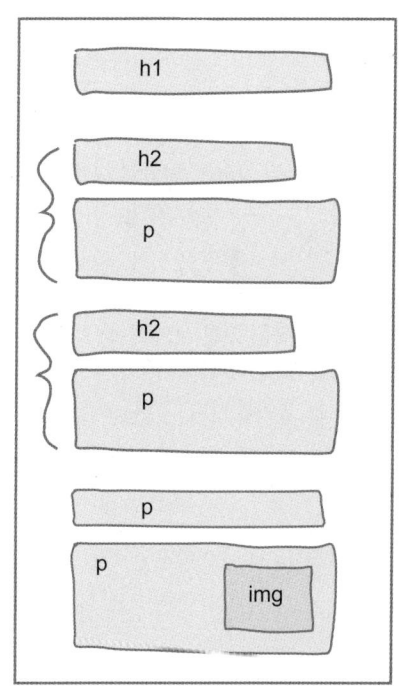

〈div〉를 사용하여 구간 표시하기

각 구간에 속하는 요소가 무엇인지 알았으니 HTML을 추가하여 이 구조를 표시할 수 있습니다. 이 작업을 하는 가장 흔한 방법은 하나의 논리적인 구간에 속해 있는 요소의 주위에 〈div〉의 시작태그와 종료태그를 놓는 것입니다. 먼저 이 내용을 그림으로 그리고 나서, 나중에 두 개의 페이지에 직접 마크업을 넣도록 하죠.

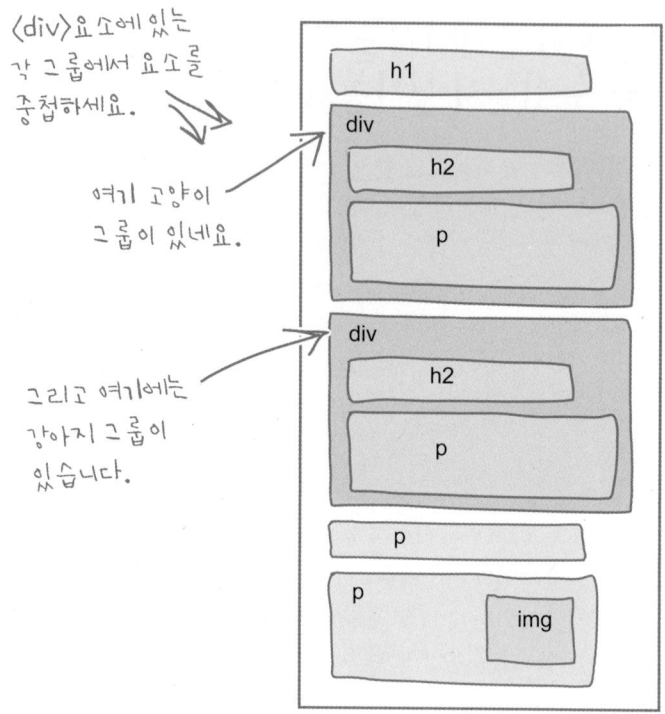

〈div〉요소에 있는 각 그룹에서 요소를 중첩하세요.

여기 고양이 그룹이 있네요.

그리고 여기에는 강아지 그룹이 있습니다.

〈div〉 이름 붙이기

단지 〈div〉에 요소를 중첩하는 것만으로도 여러분은 같은 그룹에 속하는 모든 요소를 표시했습니다. 하지만 이들에게 어떤 이름도 주지 못한다면 그룹으로 묶는 것이 무슨 의미가 있겠어요, 그렇죠?

이름을 붙이는 좋은 방법은 〈div〉를 위한 유일한 이름을 제공하는 id 속성을 사용하는 것입니다. 예를 들면 고양이 〈div〉에 'cats'라는 id를 주고, 강아지의 〈div〉에는 'dogs'라는 id를 붙여봅시다.

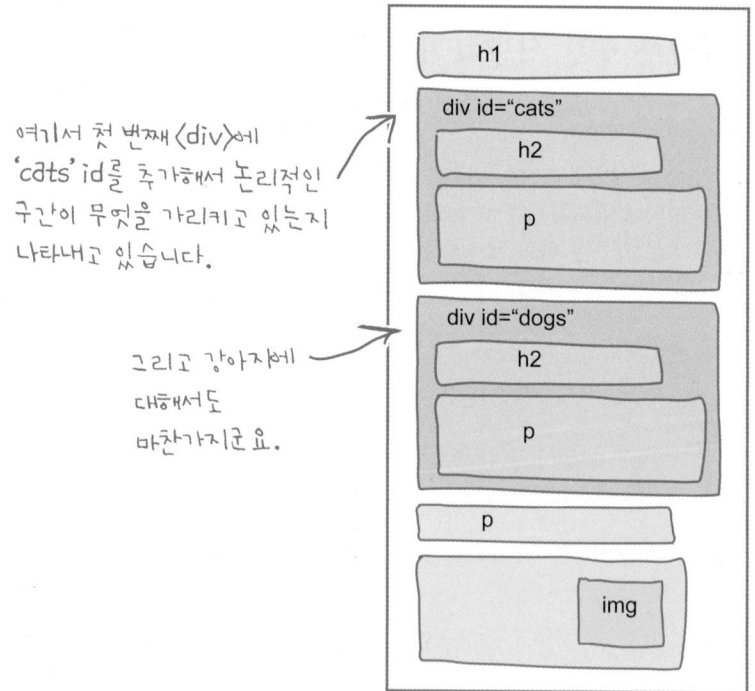

여기서 첫 번째 〈div〉에 'cats' id를 추가해서 논리적인 구간이 무엇을 가리키고 있는지 나타내고 있습니다.

그리고 강아지에 대해서도 마찬가지군요.

 브레인 파워

스타버즈 CEO의 추천을 받아 여러분은
PetStorz 메인 페이지의 스타일 변경에
대한 컨설팅을 의뢰 받았습니다.

첫 번째 페이지만 보고 얼마나 빨리
PetStorz 웹 페이지를 파악할 수
있나요?

두 번째 페이지는 어때요?

첫 번째 페이지

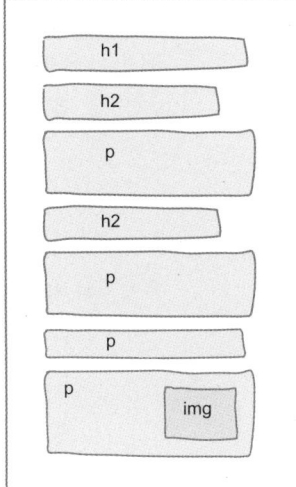

두 번째 페이지

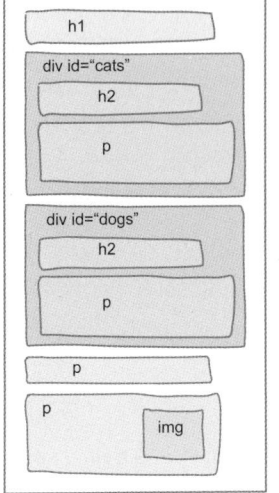

몇 가지 스타일 추가하기

좋아요. PetStorz 페이지에 논리적인 구간 몇 개
를 추가하고, 각 <div>에 유일한 id를 줌으로써
구간에 이름을 붙였습니다. 이제 여러분이 할 일은
<div>에 포함된 요소 그룹을 꾸미는 것입니다.

이제 <div> 요소에 스타일이
약간 가미되었네요.

<div>에 배경을 설정했는데
<div>에 포함된 요소를
통과해서 보이는군요.

<div>에 있는 요소는 자식 요소가
그러하듯(font-size, color 등등)
<div>로부터 몇 가지 속성을 상속받을
것입니다.

여기 규칙이 두 개 있는데
각 <div>를 위해 한 개씩
있습니다. id 선택자로
각 <div>를 선택합니다.

각 규칙은 background-
image 속성을 설정하고
있군요. 고양이에 대해서는
표범 이미지를, 강아지에는
믹스견 이미지를 설정하고
있군요.

```
#cats {
    background-image: url(leopard.jpg);
}

#dogs {
    background-image: url(mutt.jpg);
}
```

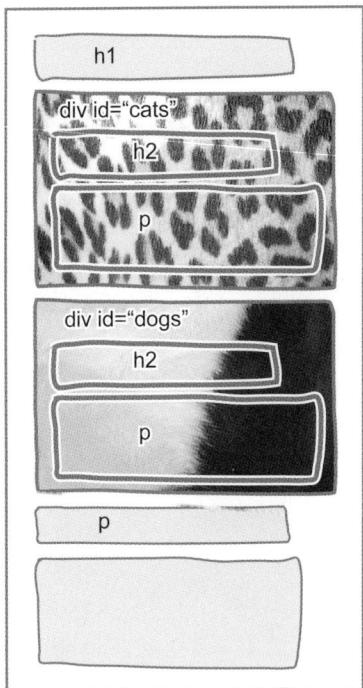

구조를 좀 더 세밀히 살펴봅시다

<div>가 있는 페이지에 좀 더 구조적인 내용
을 추가하려는 데는 두 가지 이유가 있습니다.
첫째는 페이지의 근본적인 논리적 구조를 더
노출시킴으로써, 다른 사람들도 이해하기 쉽고
유지 관리하기 쉽게 만들 수 있습니다. 둘째는
한 구간에 스타일을 적용할 수 있는 구조가 필
요할 때가 있습니다. 종종 이 두 가지 이유 때
문에 여러분도 구조를 추가하려고 할 것입니다.

Petstorz의 경우 몇 개의 <div>를 더 추가해
서 한 단계 더 발전시켜 보도록 하죠.

이 부분에 페이지의
머리글을 가리키는
id를 가진 또 다른
<div>를 추가했습니다.

그리고 또 다른 id는
페이지의 바닥글을
가리키고 있군요.

<div>를 통해서 이러한 구조를 추가하는 것은
페이지의 디자인을 고려하는 데 도움이 될 거예요.
예를 들어 이 외로운 <p>가 정말로 여기 있어야 할
이유가 있을까요?

구조에 구조 추가하기

여기서 멈추면 안됩니다. 구조를 중첩하는 것은 흔한 일입니다. 예
를 들어 PetStorz 페이지에는 고양이와 강아지라는 논리적인 구
간이 있고, 이 둘이 합쳐져 논리적인 'pets' 구간이 되었습니다. 따
라서 'cats'와 'dogs' <div>를 'pets' <div>에 넣을 수 있습니다.

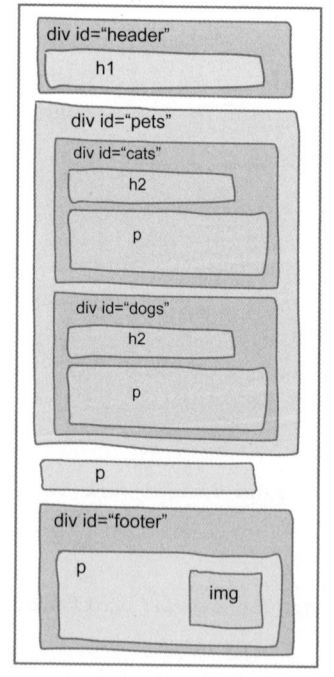

이제 HTML에 표시를 했으니 'pets' 콘텐츠를
가진 페이지에 논리적인 구간이 있다는 것을 알고
있습니다. 더 나아가서 'pets' 구간은 두 개의 하위
논리 구간을 가지고 있으며, 그 중 하나는 'cats'를
위한 것이고, 다른 하나는 'dogs'를 위한 것입니다.

바보 같은 질문이란 없습니다

Q: 그렇다면 〈div〉는 요소를 집어넣고 통합해서 유지할 수 있는 컨테이너처럼 동작하는 건가요?

A: 예. 그렇습니다. 실제로 〈div〉를 '컨테이너'라고도 합니다. 서로 관련된 요소를('cats' 요소 같은) 묶어 사용할 수 있는 논리적인 컨테이너처럼 동작할 뿐만 아니라, 다음 장에서 배울 포지셔닝을 위해서도 사용됩니다. 〈div〉를 꾸미기 시작할 때 여러분은 그래픽적인 컨테이너처럼 동작하는 것도 보게 될 것입니다.

Q: 구조뿐만 아니라 이미 제목과 문단 등이 있는 페이지를 집어 넣었습니다. 〈div〉가 있는 고차원적 구조를 추가해야만 하나요?

A: 그렇기도 하고 아니기도 합니다. 여러분은 실제로 추가해야 할 곳에 구조를 추가하길 원하겠지만 구조를 위한 구조는 추가하지는 마세요. 주어진 작업을 끝내기 위해 항상 구조는 가능한 한 간단하게 유지하세요. 예를 들어 만약 PetStorz 페이지에 'cats'와 'dogs' 모두를 포함하는 'pets' 구간을 추가하는 것이 도움이 된다면, 무

슨 수를 써서라도 추가하세요. 하지만 실질적 이득이 없다면 페이지를 복잡하게만할 뿐입니다. 〈div〉를 조금만 사용해 보면여러분은 언제, 얼마나 많이 〈div〉를 사용해야 할 것인지 감을 잡을 수 있을 거예요.

Q: id를 주는 대신 클래스에 〈div〉를 넣은적이 있나요?

A: 음, 하나의 요소는 id를 부여 받은 동시에 하나 이상의 클래스에 속할 수 있다는점을 기억하세요. 따라서 이 경우의 선택은 상호 배타적이 아닙니다. 그리고 〈div〉를 생성하고 이 〈div〉를 클래스에 넣는 경우도 많습니다. 음악 연주가의 웹 페이지에 앨범 구간 한 다발이 있다고 해봅시다. 아마도 여러분은 앨범을 구성하는 모든 요소를 하나의 〈div〉에 넣은 다음에 'album'이라 불리는 클래스에 이 〈div〉를 넣을 것입니다. 이 클래스는 앨범이 어디 있는지를 가리키고, 이 클래스로 모든 요소를 꾸밀 수 있습니다. 동시에 여러분은 각 앨범에 id를 넣어서 독립적으로 적용될 추가적인 스타일도 적용할 수 있습니다.

Q: 〈div〉 내에 'pets', 'cats', 'dogs' 같은〈div〉 요소를 넣는데 문제가 약간 있어요. 이에 대해 좀 더 설명해 줄 수 있나요?

A: 물론입니다. 여러분은 다른 요소에 중첩되는 요소를 사용했습니다. 맞죠?〈html〉 요소에 중첩된 〈body〉 요소 내부에 중첩된 〈p〉 요소와 같은 경우입니다. 심지어는 리스트 내부에 중첩된 리스트도 본적이 있을 것입니다. 〈div〉도 실제로는 차이가 없으며, 여러분은 그저 다른 요소 내부로 하나의 요소를 중첩하는 것일 뿐입니다. PetStorz의 경우 우리는 많은 구조를 보여주기 위해 중첩을 사용하고 있습니다('pets' 구간에 중첩된 'cats'와 'dogs'). 혹은 메뉴 구간 안에 중첩된 음료 구간 안에 중첩된 맥주 구간을 갖기 위해 〈div〉를 사용할 수도 있습니다.

하지만 〈div〉 내부에 〈div〉를 넣는 이유를 이해하는 가장 좋은 방법은, 이들을 사용하고 이들이 여러분에게 의미를 갖는 상황에 처해보는 것입니다. 이러한 내용을 깊이 숙지하고 있으면 곧 어떤 경우에 필요한지에 대한 충분한 사례를 보게 될 거예요.

페이지에서 〈div〉를 사용하되 남용하지는 마세요.

스타일과 명료한 논리적인 구간으로 페이지를 분리하는 데

도움이 되는 곳에 더 많은 구조를 추가하세요.

단지 페이지에 많은 구조를 생성하기 위해 〈div〉를 추가하는

것은 실익은 적고 페이지를 복잡하게 만들 뿐입니다.

그동안 라운지 뒤에서는

좋아요 <div>에 관해 '이론' 수업은 충분히 했으니, 이제 라운지 페이지에 넣어 봅시다. 우리는 모든 음료 요소를 그룹 하나에 넣고 꾸며서 음료 안내 메뉴처럼 보이게 하려고 한다는 점을 기억하세요. 그럼 'chapter10/lounge' 폴더에 있는 'lounge.html' 파일을 열고 음료 요소가 있는 곳을 찾은 다음, 이들 주위에 <div> 시작태그와 종료태그를 삽입합니다.

```
<div id="elixirs">
    <h2>주간 음료 스페셜</h2>

    <p>
        <img src="images/yellow.gif" alt="Lemon Breeze Elixir">
    </p>
    <h3>레몬 브리즈</h3>
    <p>
        허브, 미네랄, 부드러운 감귤에
        레몬을 섞은 비타민이 풍부한 최고의 음료로
        하루 종일 면역 계통을
        최상의 상태로 유지할 수 있어요.
    </p>

    <p>
        <img src="images/chai.gif" alt="Chai Chiller Elixir">
    </p>

    <h3>차가운 차이맛 음료</h3>
    <p>
        일반 차이티가 아닙니다. 이 음료수는 마테차에
        차이티 성분을 섞은 다음 얼음에 카페인 맛이
        나는 초콜릿을 살짝 넣은 음료입니다.
    </p>

    <p>
        <img src="images/black.gif" alt="Black Brain Brew Elixir">
    </p>

    <h3>블랙 브레인 음료</h3>
    <p>
        기억력이 좋아지면 좋겠죠? 검은 우롱차와 에스프레소를
        살짝 섞어 만든 블랙 브레인 음료를 드셔 보세요.
        머리가 좋아지는 음료입니다.
    </p>

    <p>
        저녁시간에 언제든지 방문해서 이 음료뿐 아니라
        다른
        <a href="beverages/elixir.html"
           title="Head First Lounge Elixirs">음료</a>도
        즐겨보세요.
    </p>
</div>
```

여기 시작태그가 있고 식별하기 위해 'elixirs'란 id를 주었네요.

전체파일 중에서 HTML의 일부만 보여주고 있다는 점을 기억하세요. 'lounge.html' 파일을 열면 페이지에 있는 모든 마크업을 볼 수 있을 거예요.

그리고 여기 종료태그가 있군요.

⟨div⟩ 시운전

매우 쉽군요. 그렇지 않나요? 이제 좀 더 구조적인 페이지를 갖게 되었으니 브라우저에서 다시 열어 어떻게 보이는지 알아봅시다.

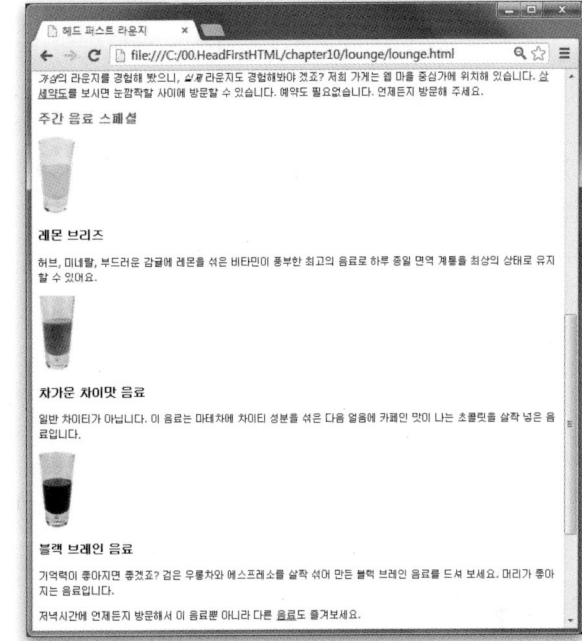

음... 전혀 변화가 없군요! 하지만 괜찮습니다. ⟨div⟩는 순수하게 구조적인 것이며, 어떤 '모습'이나 페이지의 기본 스타일을 갖고 있지 않습니다.

⟨div⟩는 단지 블록 요소에 불과하다고 얘기했었죠. 여러분이 원하는 어떤 스타일도 ⟨div⟩에 추가할 수 있습니다. 따라서 일단 블록 요소를 장식하는 방법을 안다면(그리고 그렇게 한다면) 여러분은 ⟨div⟩를 꾸미는 방법도 알게 될 거예요.

⚛ 브레인 파워

우리의 목적은 페이지에 있는 음료 콘텐츠를 재장식해서 상품 안내 메뉴처럼 보이게 하는 거라는 점을 기억하세요.

⟨div⟩에 관한 학습을 위한 우회도로를 타기 전에, 어떻게 음료 전체 세트의 주위를 테두리로 둘러싸는지 알아봅시다. 이제 'lounge.html'에도 ⟨div⟩가 있는데, 여러분이라면 어떤 식으로 테두리를 추가하겠습니까?

테두리 추가하기

좋습니다. 이제 여러분은 음료 구간에 있는 모든 요소 주위에 <div>를 만들었으니
이를 꾸미는 재미를 느끼기 시작할 거예요. 음료 안내 광고에서 첫 번째로 다시 만들
려고 하는 것은 음료 구간에 있는 모든 요소를 둘러싸고 있는 테두리입니다. 여러분
은 실제로 음료 구간 주위를 둘러싸는 <div> 요소를 갖고 있으니 이 <div>를 꾸미
고 테두리를 추가할 수 있습니다. 지금 바로 한번 해 보세요.

id를 사용해서 <div>를 선택하려면 라운지의 CSS에 새로운 규칙 하나가 필요할 거
예요. 'chapter10/lounge' 폴더에 있는 'lounge.css' 파일을 열어 맨 끝에 아래에 있
는 규칙을 추가하세요.

```css
#elixirs {
    border-width: thin;
    border-style: solid;
    border-color: #007e7e;
}
```

CSS 파일 맨 끝부분에 이 부분을 추가하세요.
이 규칙은 id를 사용해 elixirs <div> 요소를
선택하여 우리가 가장 좋아하는 남청색의 가늘고
solid 속성을 가진 테두리를 추가하는군요.

테두리 시운전

CSS를 추가한 후에 저장하고 'lounge.html' 파일
을 다시 열어 보세요.

여기 elixirs <div> 요소에
방금 추가한 테두리가 있군요.

이 <div>에 시각적인 테두리를
추가했지만 여전히 패딩과
마진은 없군요. 이 둘도 역시
추가해야겠네요.

테두리가 <div> 요소 내부에 있는 모든 요소
주위를 둘러싼 점에 주목하세요. <div>는 다른
모든 요소 같이 하나의 박스이므로 테두리를
추가하게 되면 테두리는 <div>에 있는 모든
요소로 구성된 콘텐츠를 둘러싸게 됩니다.

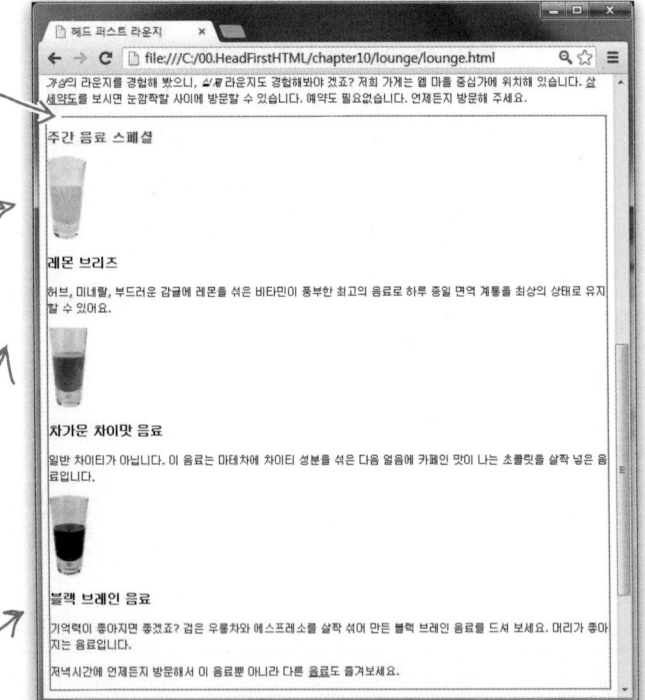

음료에 몇 가지 스타일 추가하기

지금까지는 매우 좋았습니다. 우리는 전체 구간을 둘러싸는 테두리를 만드는 방법을 찾았습니다. 이제 페이지의 나머지 부분과는 독립적인 음료 구간 전체를 입맛대로 꾸미기 위해 <div>를 사용하는 방법을 알아 볼 것입니다.

테두리가 콘텐츠에 너무 가까이 붙어 있어 이를 처리하기 위해 패딩을 넣을 필요가 있습니다. 그렇긴 하지만 우리가 알아야 할 다른 스타일 역시 매우 많습니다. 처리해야 할 모든 내용을 차근차근 살펴보도록 하죠.

맨 윗부분에 배경 이미지가 있습니다.

음료 안내광고의 너비는 페이지의 나머지 부분보다 좁군요.

주 제목과 문단 텍스트는 검정색인 반면 음료 이름은 로고와 같은 빨간색으로 되어 있네요.

주간 음료 스페셜

레몬 브리즈

허브, 미네랄, 부드러운 감귤에 레몬을 섞은 비타민이 풍부한 최고의 음료로 하루 종일 면역 계통을 최상의 상태로 유지할 수 있어요.

텍스트와 이미지는 가운데로 정렬되어 있고, 옆쪽에는 텍스트와 테두리 사이의 공간에 추가하기 위한 패딩이 있습니다.

차가운 차이맛 음료

일반 차이티가 아닙니다. 이 음료는 마테차에 차이티 성분을 섞은 다음 얼음에 카페인 맛이 나는 초콜릿을 살짝 넣은 음료입니다.

문단의 line-height는 페이지의 기본 줄 간격과 같아 보이네요(지난 장에서 줄 간격을 변경하기 전까지는 그렇습니다).

블랙 브레인 음료

기억력이 좋아지면 좋겠죠? 검은 우롱차와 에스프레소를 살짝 섞어 만든 블랙 브레인 음료를 드셔 보세요. 머리가 좋아지는 음료입니다.

저녁시간에 언제든지 방문해서 이 음료뿐 아니라 다른 음료도 즐겨 보세요.

폰트 패밀리는 body 폰트와 같은 산세리프 폰트이므로 변경할 필요가 없겠네요. <div> 요소와 중첩된 모든 요소는 body의 폰트 패밀리를 상속받습니다.

이 링크는 남청색으로 되어 있네요.

작전 계획

새로운 스타일이 많이 등장 했으니 공격하기 전에 작전 계획을 세워 봅시다. 여기에 필요한 것이 나와 있습니다.

☐ 먼저 elixirs `<div>` 요소를 좀 더 좁게 만들기 위해 너비를 변경할 것입니다.

☐ 그다음에 패딩이나 배경 이미지 같은 이미 친숙해진 스타일을 공략할 것입니다. 또한 전에는
보지 못했던 텍스트 정렬 기법도 사용할 것입니다.

☐ 마지막으로, 남은 임무는 텍스트 줄 간격과 제목 색깔 처리입니다. 이 부분을 처리하려면 여러분의
CSS 선택자(selector) 기술을 약간 업그레이드할 필요가 있다는 것을 알게 될 것입니다.

할 일이 매우 많으니 바로 시작해 보죠.

음료 너비 조정

음료 부분을 아주 좁게 만들어 라운지 메뉴에 있는 좁은 안내 광고처럼 보이
도록 하고 싶군요. 대략 일반 브라우저창 너비의 1/4 정도가 될 것 같습니다.
따라서 만약 대부분의 사람들이 자신의 브라우저창 너비를 800픽셀로 설정한
다면 음료는 200픽셀 정도 되겠죠. 여러분은 패딩, 테두리, 마진의 너비를 설
정한 적은 있지만 특정 요소의 너비를 설정한 적은 없었습니다. 이 작업을 하
려면 다음과 같이 width 속성을 사용해야 합니다.

```
#elixirs {
        border-width: thin;
        border-style: solid;
        border-color: #007e7e;
        width: 200px;
}
```

width 속성은 요소의 콘텐츠 영역의 너비를
명시하는 데 사용됩니다. 여기서는 콘텐츠의
너비를 200픽셀로 명시하고 있군요.

elixirs 〈div〉에서 설정하고 있습니다. 따라서 elixirs
〈div〉에 있는 콘텐츠는 너비가 200픽셀이 될 것이며,
브라우저의 레이아웃 규칙은 〈div〉에 중첩된 모든
요소를 200픽셀 내로 조정하려고 할 것입니다.

직접 한번 해 보세요. 'lounge.css' 파일을 열고 이 규칙을 맨 끝에 추가하세요.

너비 시운전

다음으로 CSS를 저장하고 'lounge.html' 파일을 다시 열어 보세요. 여러분이 설정한 너비 덕분에 음료 구간의 폭이 아주 좁아진 것을 보게 될 것입니다. 현재 <div>에 있는 콘텐츠의 너비는 정확히 200픽셀입니다. 그리고 여러분이 체크해야 할 몇 가지 흥미로운 것도 있습니다.

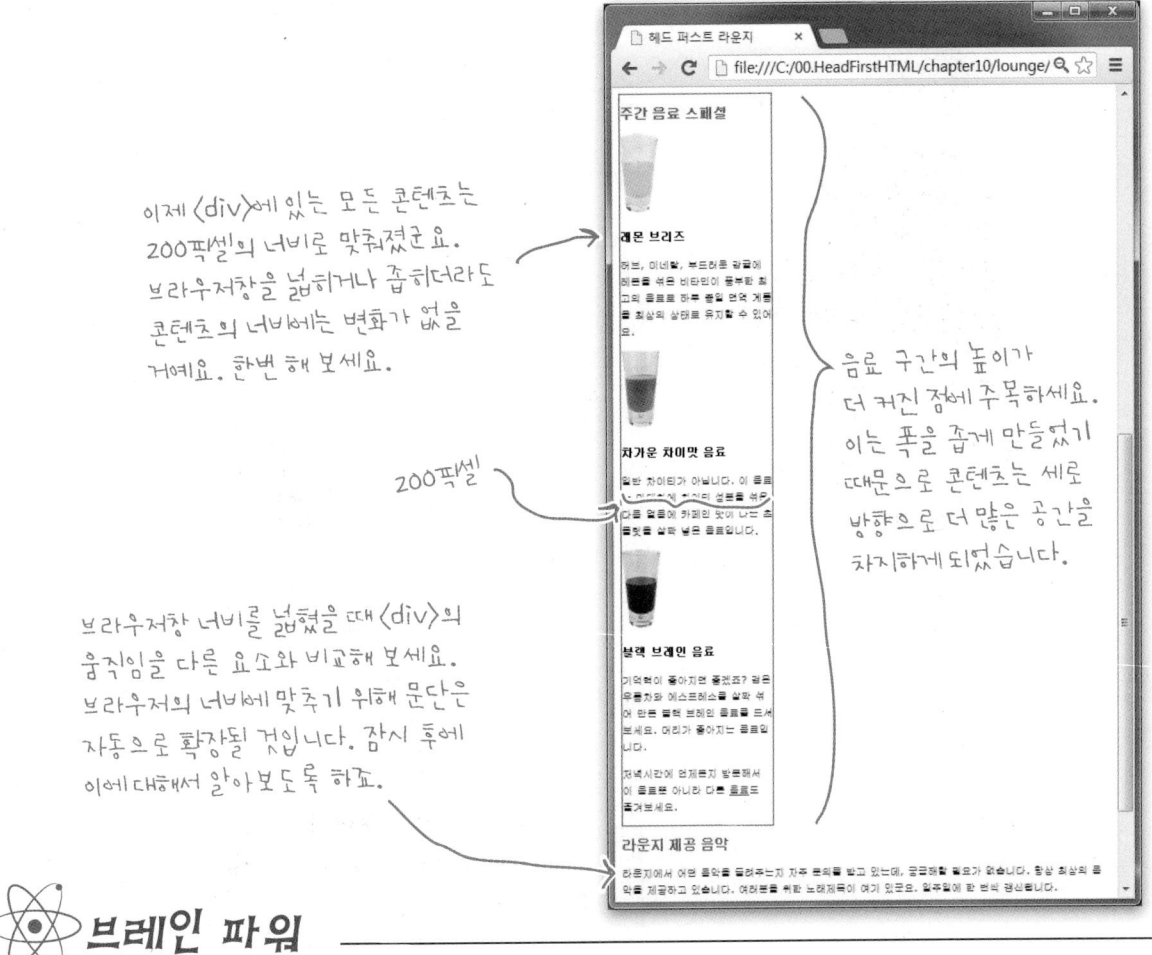

이제 <div>에 있는 모든 콘텐츠는 200픽셀의 너비로 맞춰졌군요. 브라우저창을 넓히거나 좁히더라도 콘텐츠의 너비에는 변화가 없을 거예요. 한번 해 보세요.

200픽셀

음료 구간의 높이가 더 커진 점에 주목하세요. 이는 폭을 좁게 만들었기 때문으로 콘텐츠는 세로 방향으로 더 많은 공간을 차지하게 되었습니다.

브라우저창 너비를 넓혔을 때 <div>의 움직임을 다른 요소와 비교해 보세요. 브라우저의 너비에 맞추기 위해 문단은 자동으로 확장될 것입니다. 잠시 후에 이에 대해서 알아보도록 하죠.

⚛ 브레인 파워

elixirs <div>의 너비보다 작게 브라우저의 너비를 줄일 수 있나요? 일부 브라우저는 가능하겠지만, 다른 종류의 브라우저는 불가능할 것입니다. 브라우저를 좁게 할 수 있다면 페이지에 있는 나머지 텍스트와 elixirs <div>에 있는 텍스트를 비교해 보세요. 얼마나 넓게 혹은 좁게 되든지 상관없이 다른 문단들은 크기가 변하겠지만, elixirs <div>는 절대 200픽셀보다 넓거나 좁게 되지 않습니다.

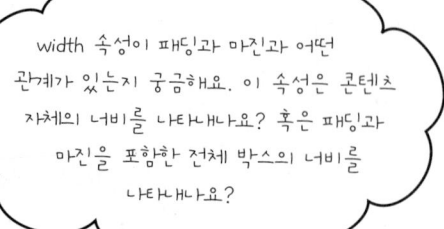

width 속성은 오직 콘텐츠 영역의 너비만 명시합니다.

박스 전체의 너비를 계산하려면 왼쪽과 오른쪽 마진의 너비,
왼쪽과 오른쪽 패딩의 너비, 테두리의 너비에 콘텐츠 영역
의 너비를 더해야 합니다. 테두리는 왼쪽과 오른쪽 두 군데
모두에 있으므로 테두리 너비는 두 번 포함시켜야 한다는 것
을 잊지 마세요.

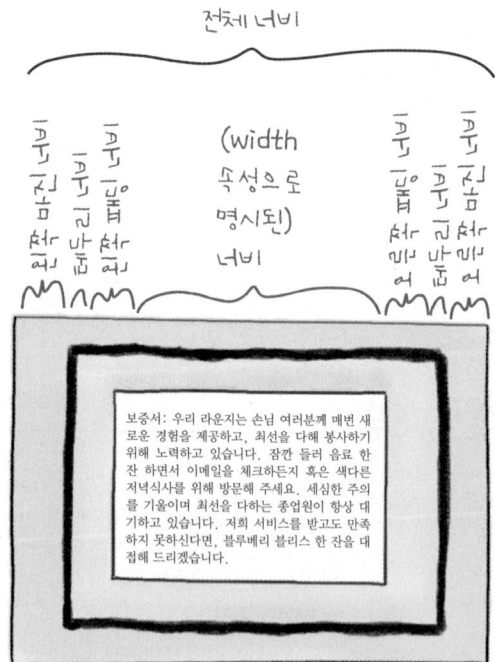

그렇다면 요소 전체의
너비는 어떻게
명시하죠?

명시할 수 없습니다. 콘텐츠 영역, 패딩, 테두리, 마진의 너비를 명시한 후 이들을 모두를 합치면 요소 전체 너비가 됩니다.

CSS 규칙에서 width 속성을 사용하여 콘텐츠 영역의 너비를 300픽셀로 설정했다고 해 봅시다.

그리고 마진은 20픽셀, 패딩은 10픽셀, 테두리는 1픽셀로 설정했다고 합시다. 요소의 박스 너비는 얼마나 될까요? 콘텐츠 영역과 왼쪽, 오른쪽 마진의 너비, 왼쪽과 오른쪽 패딩의 너비, 왼쪽과 오른쪽의 테두리의 너비를 합치면 됩니다. 어떻게 계산하는지 한 번 볼까요?

(1) 콘텐츠 영역은 300 픽셀입니다.

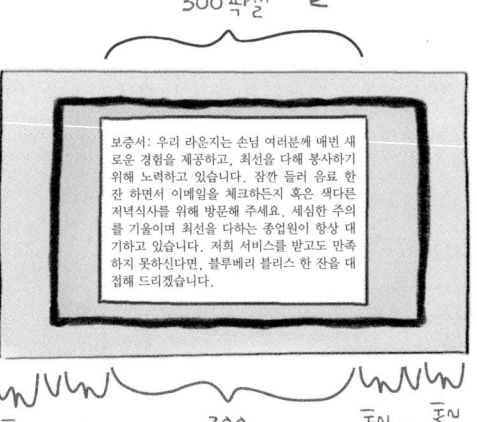

300픽셀

보증서: 우리 라운지는 손님 여러분께 매번 새로운 경험을 제공하고, 최선을 다해 봉사하기 위해 노력하고 있습니다. 잠깐 들러 음료 한 잔 하면서 이메일을 체크하든지 혹은 색다른 저녁식사를 위해 방문해 주세요. 세심한 주의를 기울이며 최선을 다하는 종업원이 항상 대기하고 있습니다. 저희 서비스를 받고도 만족하지 못하신다면, 블루베리 블리스 한 잔을 대접해 드리겠습니다.

(2) 마진, 패딩, 테두리에 얼마나 사용되었는지에 따라 얼마나 점유됐는지 계산해 보세요.

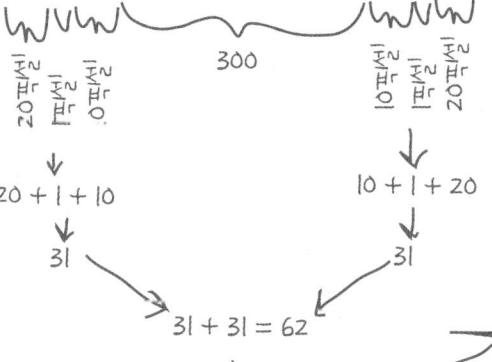

20픽셀 마진
1픽셀 테두리
10픽셀 패딩

300

10픽셀 패딩
1픽셀 테두리
20픽셀 마진

20 + 1 + 10

31

10 + 1 + 20

31

31 + 31 = 62

(3) 62픽셀 정도 되는군요. 따라서 콘텐츠 영역의 너비 300픽셀을 더하면 300+62 = 362픽셀이 전체 박스의 너비가 됩니다.

바보 같은 질문이란 없습니다

Q: 요소의 너비를 설정하지 않으면, 전체 너비는 어떻게 되죠?

A: 블록 요소의 기본 너비는 'auto(자동)'로, 이는 사용 가능한 공간까지 확장되어 요소의 너비를 맞춘다는 의미입니다. 우리가 만들고 있는 어느 한 웹 페이지에 대해 생각해 본다면 각 블록 요소가 브라우저 창의 전체 너비까지 확장될 수 있다는 의미입니다. 다음 장에서 이에 대해 세부적으로 배울 것이므로, 지금 당장은 'auto'는 콘텐츠가 사용 가능한 공간(패딩, 테두리, 그리고 마진을 고려한 뒤)을 채우는 것을 허용한다는 점만 기억하세요.

Q: 마진, 패딩 혹은 테두리가 없다면 어떡하죠?

A: 그렇게 되면 콘텐츠 너비가 박스의 전체 너비가 됩니다. 만약 콘텐츠의 너비가 300픽셀이고 패딩, 테두리, 마진이 없다면 전체 박스의 너비 또한 300픽셀이 됩니다.

Q: 너비를 명시할 수 있는 다른 방법이 있나요?

A: 실제 크기를 명시하거나(보통 픽셀을 사용해서 명시합니다) 비율을 사용할 수 있습니다. 만약 비율을 사용한다면 너비는 요소를 포함하고 있는 컨테이너(⟨body⟩, ⟨div⟩ 등이 될 수 있습니다)의 너비에 대한 비율로 계산됩니다.

Q: 높이는 어떻게 계산하나요?

A: 일반적으로 요소의 높이는 기본값인 상태로 있으며, 그 값이 auto면 브라우저가 콘텐츠 영역을 수직 방향으로 확장하여 모든 콘텐츠를 보이게 합니다. 너비를 200픽셀로 설정한 후에 음료 구간을 살펴보세요. ⟨div⟩가 위 아래로 상당히 커진 것을 보게 될 것입니다.

명시적으로 높이를 설정할 수 있지만 설정한 높이가 콘텐츠를 포함할 정도로 충분히 크지 못하면 콘텐츠의 하단이 잘려 나갈 위험이 있습니다. 따라서 일반적으로 요소의 높이는 명시하지 않은 채 기본값인 auto로 남겨둡니다.

연필을 깎으며

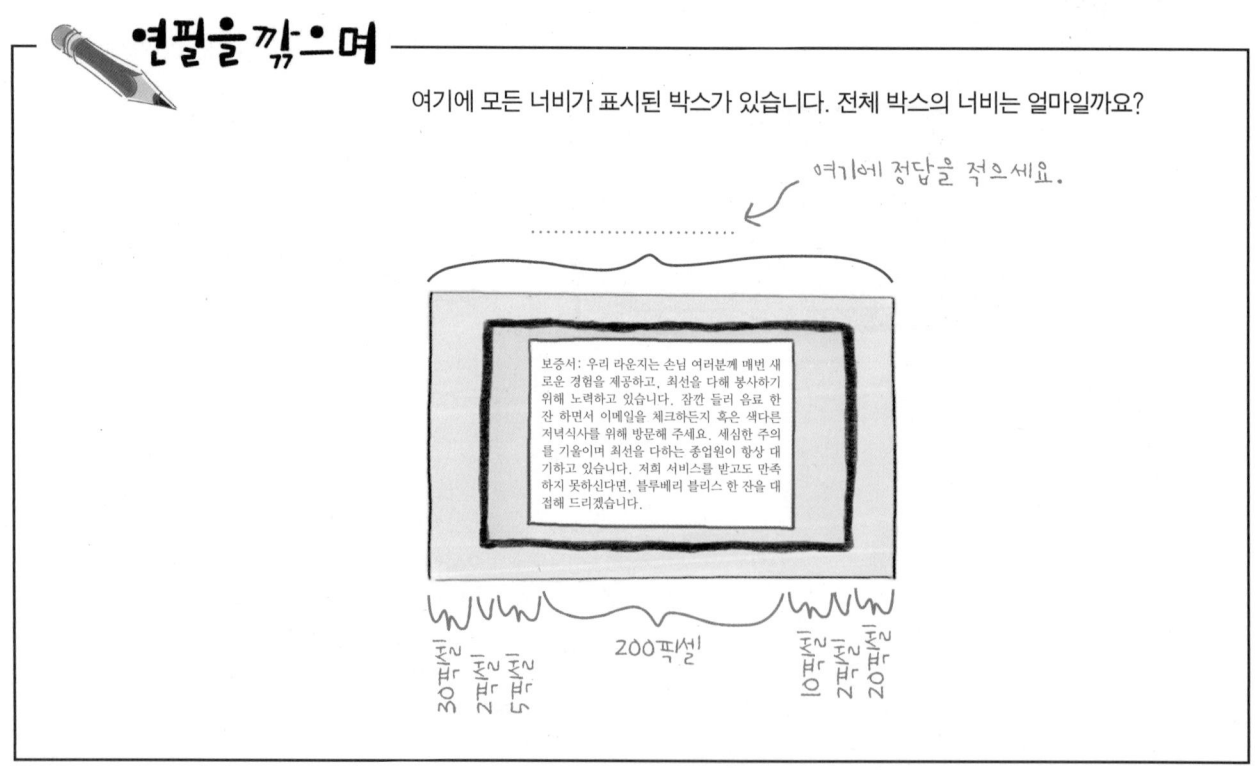

여기에 모든 너비가 표시된 박스가 있습니다. 전체 박스의 너비는 얼마일까요?

여기에 정답을 적으세요.

보증서: 우리 라운지는 손님 여러분께 매번 새로운 경험을 제공하고, 최선을 다해 봉사하기 위해 노력하고 있습니다. 잠깐 들러 음료 한 잔 하면서 이메일을 체크하든지 혹은 색다른 저녁식사를 위해 방문해 주세요. 세심한 주의를 기울이며 최선을 다하는 종업원이 항상 대기하고 있습니다. 저희 서비스를 받고도 만족하지 못하신다면, 블루베리 블리스 한 잔을 대접해 드리겠습니다.

30픽셀 2픽셀 5픽셀 200픽셀 1픽셀 2픽셀 20픽셀

음료에 기본 스타일 추가하기

무엇이 남았을까요?

☑ 먼저 elixirs `<div>` 요소를 좀 더 좁게 만들기 위해 너비를 변경할 것입니다.

☐ 그다음에 패딩이나 배경 이미지 같은 이미 친숙해진 스타일을 공략할 것입니다. ← 이번에 이 단계를 처리할 거예요.

☐ 마지막으로 남은 임무는 텍스트 줄 간격과 제목 색깔 처리입니다. 이 부분을 처리하려면 여러분의 CSS 선택자(selector) 기술을 약간 업그레이드할 필요가 있다는 것을 알게 될 것입니다.

이제는 패딩, 텍스트 정렬, 'elixirs `<div>`에 있는 칵테일 잔의 배경 이미지를 설정하는 것 같은 기초적인 스타일에 집중할 생각입니다. 여러분은 이미 이 작업 대부분에 대해 친숙해져 있으므로 빠른 속도로 CSS를 살펴봅시다.

이러한 모든 스타일을 elixirs `<div>`에 적용하면 전체 페이지가 아닌 `<div>`와 그 안에 있는 요소에만 영향을 준다는 점을 기억하세요.

```css
#elixirs {
    border-width:       thin;
    border-style:       solid;
    border-color:       #007e7e;
    width:              200px;

    padding-right:      20px;
    padding-bottom:     20px;
    padding-left:       20px;

    margin-left:        20px;

    text-align:         center;

    background-image:   url(images/cocktail.gif);
    background-repeat:  repeat-x;
}
```

`<div>`에 있는 패딩의 기본값은 0픽셀입니다. 따라서 콘텐츠에 공간을 약간 주기 위해 패딩을 추가할 것입니다. `<h2>` 제목에 있는 기본 마진값 덕분에 이미 충분한 공간이 있어 맨 위쪽에는 패딩을 추가하지 않을 거라는 점에 주목하세요. 하지만 오른쪽, 아래, 왼쪽에는 패딩이 필요합니다.

페이지의 나머지에 대비해 음료를 좀 들어가 보이도록 왼쪽에 마진을 추가하고 있습니다. 이렇게 하면 나중에 여러모로 쓸모가 있을 거예요.

블록 요소에 포함된 텍스트를 정렬하기 위해 text-align 속성을 사용하세요. 여기서는 텍스트를 중앙 정렬(center-align)하네요.

그리고 마지막으로 배경에 사용할 이미지를 명시하고 있습니다. 여기서는 칵테일 이미지를 명시하겠군요. 반복적으로 보이게 하려고 background-repeat 속성값에 repeat-x를 할당했는데, 이렇게 하면 수평 방향으로만 이미지가 반복될 거예요.

새로운 스타일 시운전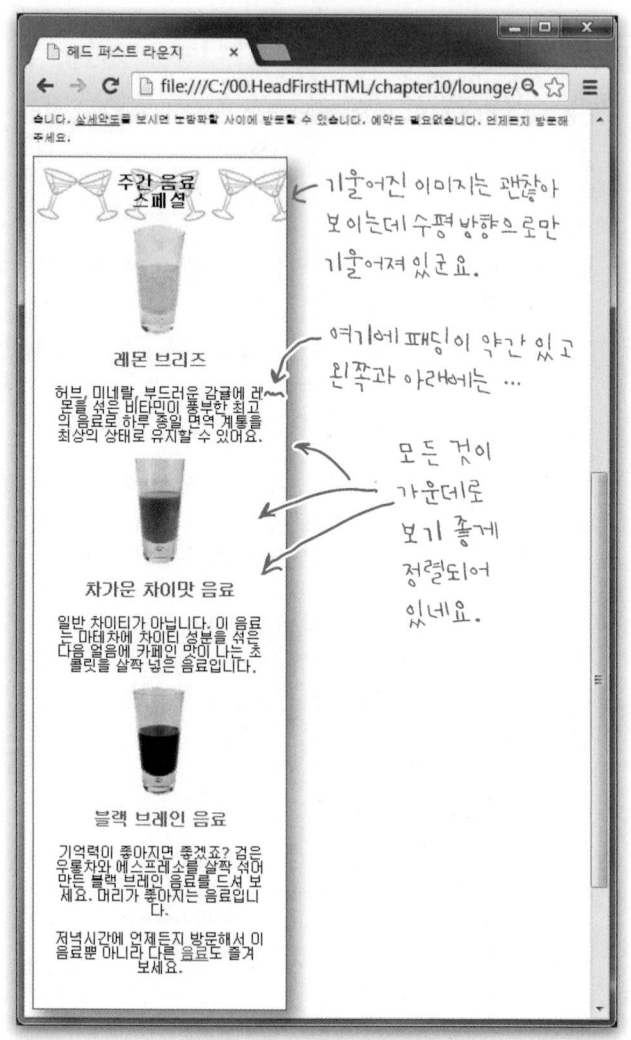

이제 'lounge.css' 파일에 새로운 속성을 추가할 때가 되었습니다. 페이지를 다시 열고 변경한 내용을 체크해 봅시다. 제목, 이미지, 텍스트가 <div>에서 모두 가운데로 정렬되었고 패딩이 자리잡아 숨쉴 공간이 조금 더 생겼습니다. 또한 맨 위에 기울어진 칵테일 이미지가 반복되어 보이는군요.

> 잠깐만요... 왜 text-align 속성이 이미지를 정렬하는 데 영향을 주는 거죠? 오직 텍스트만 정렬해야 하는 것 아닌가요? 만약 이미지를 정렬한다면 뭔가 다른 속성을 사용해야 할 것 같은데요.

좋은 지적입니다. 뭔가 틀린 것 같죠? 하지만 text-align 속성은 블록 요소 안에 있는 모든 인라인 콘텐츠를 정렬합니다. 따라서 이런 경우, <div> 블록 요소에 있는 속성을 설정했고 그 결과로 안에 있는 모든 인라인 콘텐츠가 보기 좋게 가운데로 정렬되었습니다. 이름 때문에 오해를 살 수도 있지만 text-align은 어떤 종류의 인라인 요소에도 동작한다는 사실만 기억하세요. 그리고 마음 속에 새겨두어야 할 내용이 또 하나 있습니다. text-align 속성은 오직 블록 요소에만 설정해야 합니다. 인라인 요소에 직접적으로 사용하면 아무런 영향을 미치지 않습니다(<img> 요소처럼요).

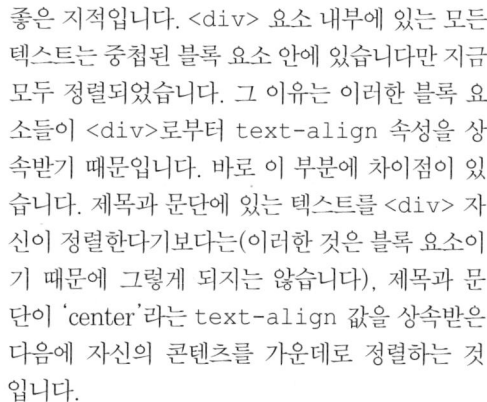

〈h2〉, 〈h3〉, 〈p〉처럼 〈div〉 내부에 있는 텍스트가 모두 다른 블록 요소 내부에 있는 것을 보니 매우 흥미롭군요. 그렇다면, text-align이 〈div〉 블록 요소에 있는 인라인 요소를 정렬하는 것이라면, 이러한 중첩된 블록 요소에 있는 텍스트는 어떤 식으로 정렬되나요?

좋은 지적입니다. <div> 요소 내부에 있는 모든 텍스트는 중첩된 블록 요소 안에 있습니다만 지금 모두 정렬되었습니다. 그 이유는 이러한 블록 요소들이 <div>로부터 text-align 속성을 상속받기 때문입니다. 바로 이 부분에 차이점이 있습니다. 제목과 문단에 있는 텍스트를 <div> 자신이 정렬한다기보다는(이러한 것은 블록 요소이기 때문에 그렇게 되지는 않습니다), 제목과 문단이 'center'라는 text-align 값을 상속받은 다음에 자신의 콘텐츠를 가운데로 정렬하는 것입니다.

그래서 어떻다는 걸까요? 곰곰이 생각해보면 이 내용이 <div>를 사용할 때 많은 영향을 줄 것입니다. 왜냐하면 여러분은 <div>에 있는 콘텐츠의 한 구간을 묶고 나서 각 개별 요소가 아닌 <div>에 스타일을 적용할 수 있기 때문입니다. 물론 모든 속성이 기본적으로 상속을 받는 것은 아니므로, 이 내용이 모든 속성에 적용되지는 않는다는 점을 명심하세요.

연필을 깎으며

이제 여러분은 너비에 대해 충분히 이해했습니다. 그럼 음료 박스의 전체 너비는 얼마나 될까요? 우선 우리는 콘텐츠 영역이 200픽셀이라는 것을 알고 있습니다. 또한 전체 너비에 영향을 주는 왼쪽과 오른쪽의 패딩의 너비와 테두리가 thin 으로 설정되었다는 것도 알고 있습니다. 대부분 브라우저의 설정값과 같이 thin 테두리는 두께가 1픽셀이라고 가정합시다. 그러면 마진은 어떨까요? 왼쪽 마진값만 설정했고, 오른쪽 마진값은 없으므로 오른쪽 마진은 디폴트로 0픽셀이라고 가정합시다.

여기에 너비와 관련된 모든 속성이 나와 있군요. 여러분의 임무는 elixirs 〈div〉의 전체 너비를 계산하는 것입니다.

```
border-width:    thin;

width:           200px;

padding-right:   20px;
padding-left:    20px;

margin-left:     20px;
```

주간 음료 스페셜

레몬 브리즈

허브 미네랄, 부드러운 감귤에 레몬을 섞은 비타민이 풍부한 최고의 음료로 하루 종일 면역 계통을 최상의 상태로 유지할 수 있어요.

차가운 차이맛 음료

일반 차이티가 아닙니다. 이 음료는 마테차에 차이티 성분을 섞은 초콜릿을 살짝 넣은 음료입니다. 다음 얼음에 카페인 맛이 나는 초콜릿을 살짝 넣은 음료입니다.

블랙 브레인 음료

기억력이 좋아지면 좋겠죠? 검은 우롱차와 에스프레소를 살짝 섞어 만든 블랙 브레인 음료를 드셔 보세요. 머리가 좋아지는 음료입니다.

저녁시간에 언제든지 방문해서 이 음료뿐 아니라 다른 음료도 즐겨 보세요.

목적지에 거의 다 와 갑니다

음료 페이지를 만드는 작업이 다 끝나갑니다. 남은 일은 뭘까요?

✓ 먼저 elixirs <div> 요소를 좀 더 좁게 만들기 위해 너비를 변경할 것입니다.

✓ 그다음에 패딩이나 배경 이미지 같은 이미 친숙해진 스타일을 공략할 것입니다.

☐ 마지막으로 텍스트 줄 간격과 제목 색깔 처리 임무가 남았습니다. 이 부분을 처리하려면 여러분의 CSS 선택자(selector) 기술을 약간 업그레이드할 필요가 있다는 것을 알게 될 것입니다.

← 이제 마지막 단계에 왔군요.

꽤 쉬운 것 같군요. 그런가요? 사실 여러분은 이 모든 것을 이전에 끝냈습니다. 실제로 여러분의 지식을 활용해 <div>에 스타일을 설정할 수 있고, 이 스타일은 상속받게 될 것이며, 정말 빨리 마지막 임무를 처리할 수 있을 거예요.

> 거의 끝나 가는군. 이제 제목 색과 줄 간격을 변경해야 겠어.

프랭크: 응, 이거 정말 흥미롭군. 이미 CSS에 <h2> 규칙이 있기 때문에 주요 음료 제목은 <h2>이고 남청색으로 되어있군. 하지만 검정색으로 바꿔야겠어. 그다음엔 <h3>를 빨간색으로 만들어야겠군.

짐: 응, 문제 없어. 몇 가지 규칙을 추가하기만 하면 되거든.

프랭크: 하지만 잠깐만... 만약 <h2> 규칙을 변경하거나 <h3> 규칙을 추가한다면 페이지 전체에 있는 제목의 색을 변경하게 되잖아. 음료 이름 구간 부분의 색만 변경하고 싶은데 말이야.

짐: 오, 좋은 지적이야. 음... 우리는 클래스를 두 개 사용할 수 있었어.

프랭크: 약간 복잡하긴 하지만 그 두 개 클래스는 작동하고 있어. 좀 지저분하긴 하지만 말이야. elixirs <div>에 새로운 제목을 추가할 때는 반드시 클래스에도 새 제목을 추가해야 한다는 점을 기억해둬.

짐: 응 알았어. 사는 게 다 그렇지 뭐.

프랭크: 짐, 실제로 네가 클래스를 사용하기 전에 상속받는 자손 선택자를 체크해 봐. 그것들은 여기서 더 잘 작동될 것 같거든.

짐: 자손 선택자?

프랭크: 응, 자손 선택자란 'elixirs <div> 내부에 있을 때만 <h2> 요소를 선택하라'처럼 선택자를 명시하는 방법이야.

조: 이해를 못하겠어.

프랭크: 좋아. 그러면 자손 선택자에 대해 알아보자.

프랭크   짐

지금 무엇을 하려는 걸까요?

제목 색에 대해서 무엇을 하려는지 잠깐 살펴봅시다.

현재 상태

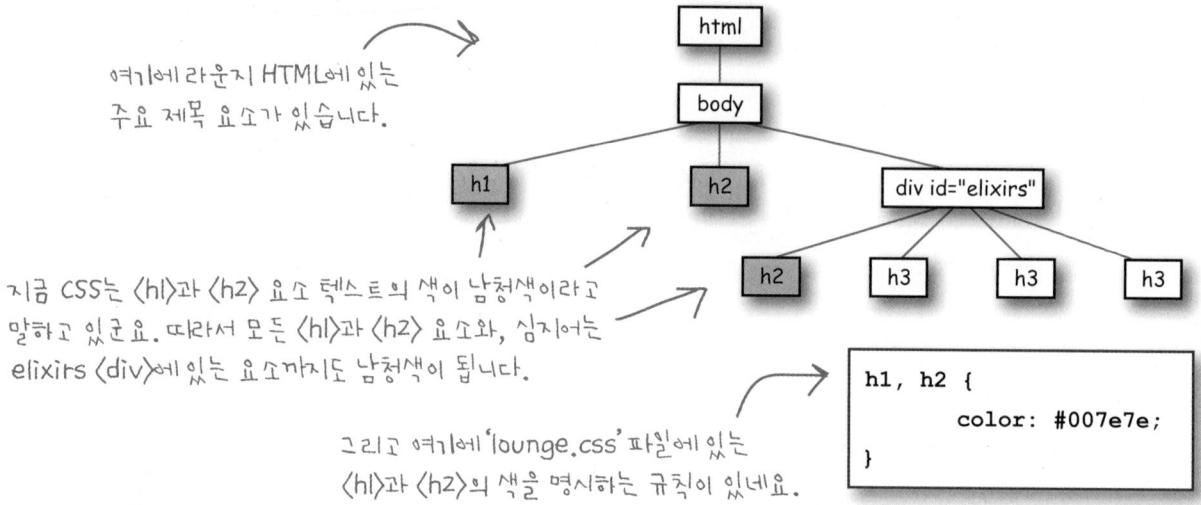

여기에 라운지 HTML에 있는
주요 제목 요소가 있습니다.

지금 CSS는 〈h1〉과 〈h2〉 요소 텍스트의 색이 남청색이라고
말하고 있군요. 따라서 모든 〈h1〉과 〈h2〉 요소와, 심지어는
elixirs 〈div〉에 있는 요소까지도 남청색이 됩니다.

그리고 여기에 'lounge.css' 파일에 있는
〈h1〉과 〈h2〉의 색을 명시하는 규칙이 있네요.

```css
h1, h2 {
        color: #007e7e;
}
```

원하는 상태

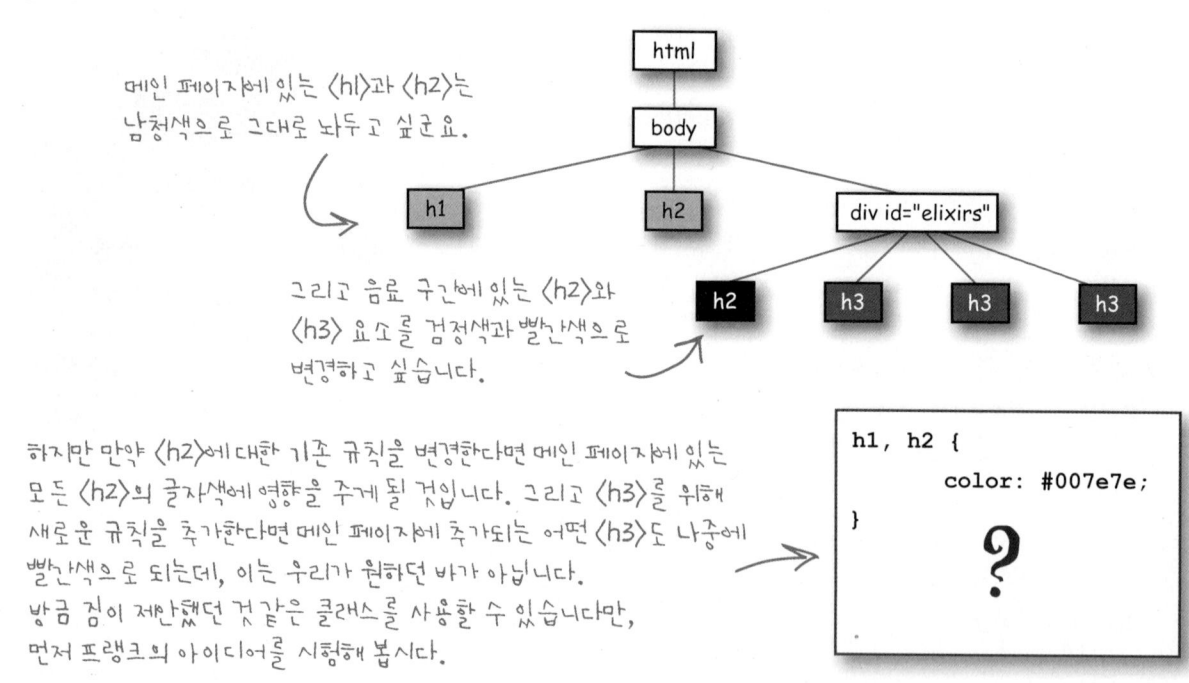

메인 페이지에 있는 〈h1〉과 〈h2〉는
남청색으로 그대로 놔두고 싶군요.

그리고 음료 구간에 있는 〈h2〉와
〈h3〉 요소를 검정색과 빨간색으로
변경하고 싶습니다.

```css
h1, h2 {
        color: #007e7e;
}
```
?

하지만 만약 〈h2〉에 대한 기존 규칙을 변경한다면 메인 페이지에 있는
모든 〈h2〉의 글자색에 영향을 주게 될 것입니다. 그리고 〈h3〉를 위해
새로운 규칙을 추가한다면 메인 페이지에 추가되는 어떤 〈h3〉도 나중에
빨간색으로 되는데, 이는 우리가 원하던 바가 아닙니다.
방금 짐이 제안했던 것 같은 클래스를 사용할 수 있습니다만,
먼저 프랭크의 아이디어를 시험해 봅시다.

우리에게 필요한 것은 자손을 선택하는 방법입니다

여러분의 유산을 아들이나 딸에게만 물려주려고 하는 것과 같이, 우리는 특정한
요소로부터 전해 내려온 요소만을 선택하고 싶다는 사실을 CSS에게 말해주는
방법을 알고 싶습니다.

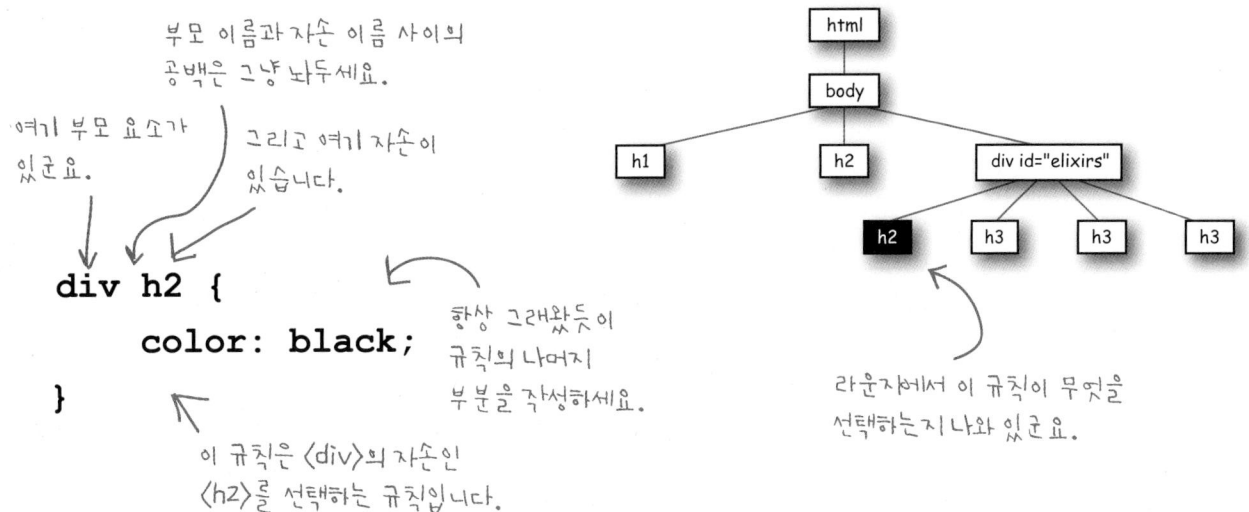

부모 이름과 자손 이름 사이의
공백은 그냥 놔두세요.

여기 부모 요소가
있군요.

그리고 여기 자손이
있습니다.

```
div h2 {
    color: black;
}
```

항상 그래왔듯이
규칙의 나머지
부분을 작성하세요.

이 규칙은 ⟨div⟩의 자손인
⟨h2⟩를 선택하는 규칙입니다.

라운지에서 이 규칙이 무엇을
선택하는지 나와 있군요.

지금 이 규칙에 있는 문제는 누군가가 'lounge.html' 파일에 또 다른 ⟨div⟩를 생성했
다면 그들이 원하지 않는다 하더라도 ⟨h2⟩ 텍스트가 검정색이 된다는 점입니다. 하지
만 elixirs ⟨div⟩에 id가 있으므로 우리가 원하는 자손이 누구인지에 관해 좀 더 명확
해지도록 id를 사용해 봅시다.

이제 부모 요소는
elixirs란 id를
가진 요소입니다.

그리고 여기에 그의
자손이 있네요.

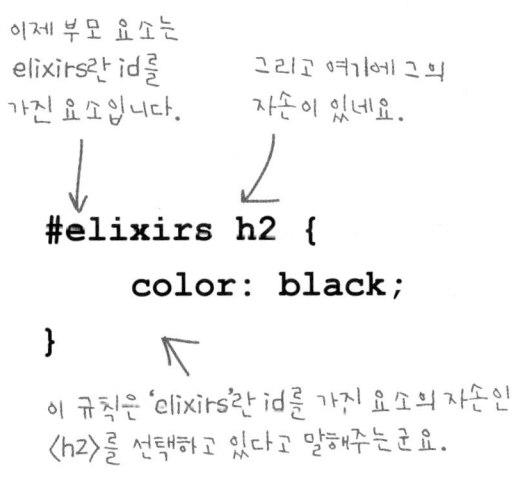

```
#elixirs h2 {
    color: black;
}
```

이 규칙은 'elixirs'란 id를 가진 요소의 자손인
⟨h2⟩를 선택하고 있다고 말해주는군요.

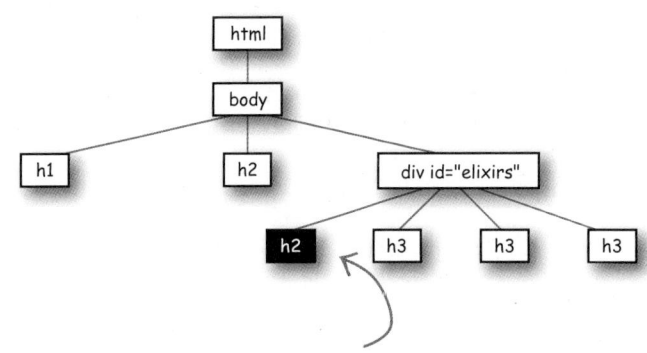

이 규칙은 같은 요소를 선택하는군요. 하지만 좀 더 명확하고,
페이지에 ⟨h2⟩를 가진 또 다른 ⟨div⟩를 추가한다면 이 규칙은
elixirs ⟨div⟩에 있는 ⟨h2⟩만 선택하기 때문에 문제 없습니다.

연필을 깎으며

여러분들 차례입니다. elixirs ⟨div⟩ 내부에 있는 ⟨h3⟩ 요소만 선택하는 선택자를 작성하세요. 여러분의 규칙에 color 속성값을 #d12c47로 설정하세요. 그리고 아래 그림에서 선택된 요소를 표시해 보세요.

여기에 CSS 규칙을 작성하세요.

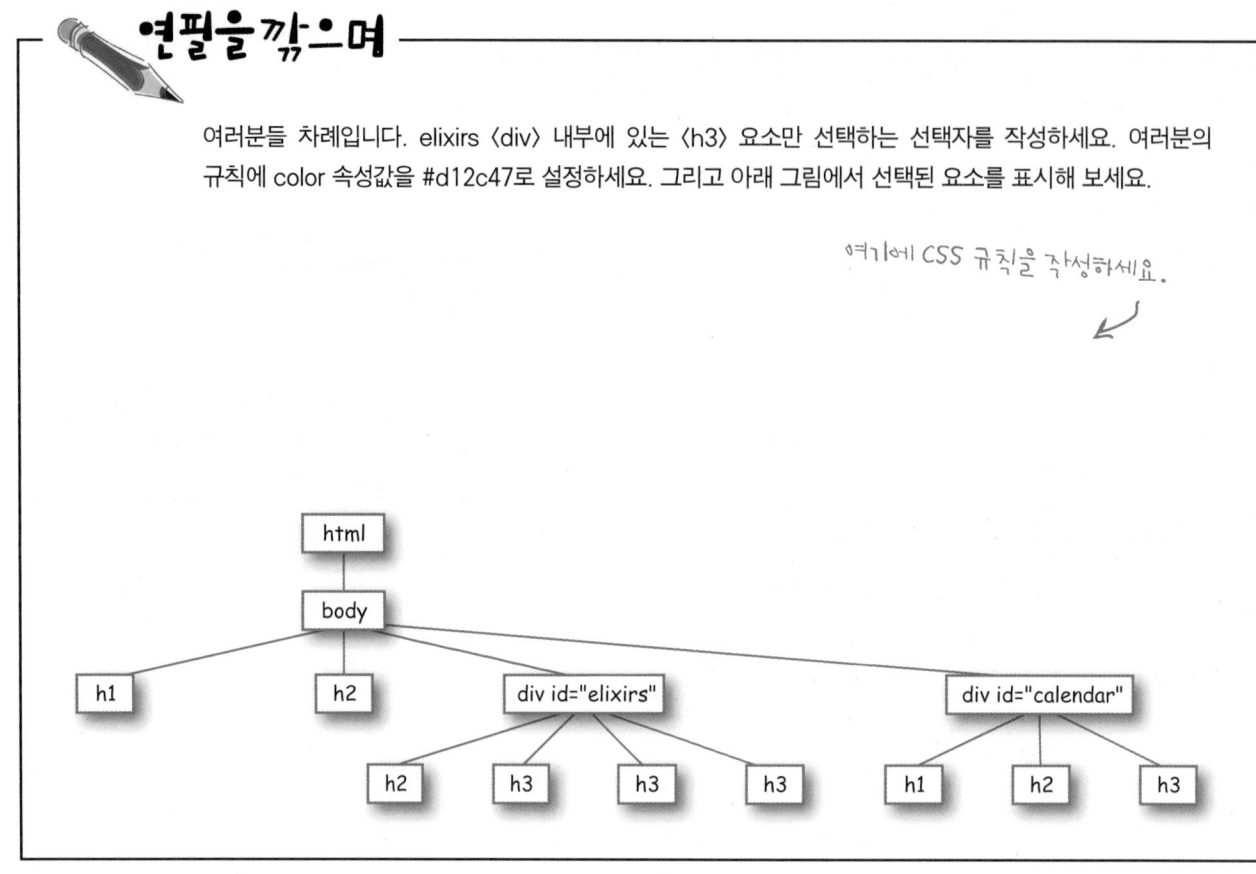

바보 같은 질문이란 없습니다

Q: 자손이란 보통 자식, 손주, 증손주를 의미합니다. 여기에서는 단지 자식이라는 자손만 선택하고 있군요, 맞나요?

A: 정말 좋은 지적입니다. #elixirs h2 선택자는 elixirs의 모든 자손을 의미하므로, ⟨h2⟩는 ⟨div⟩의 직계 자식 혹은 ⟨blockquote⟩ 내부에 중첩되어 내려오거나 또 다른 중첩된 ⟨div⟩ (손자)가 될 수 있습니다. 따라서 자손 선택자는 얼마나 깊이 중첩 되었는지에 상관없이 하나의 요소 내부에 중첩된 어떤 ⟨h2⟩도 선택할 수 있습니다.

Q: 음, 직계 자식을 선택하는 방법이 있나요?

A: 네. 예를 들면 #elisirs 〉 h2를 사용해서 elixirs란 id를 가진 요소의 직계 자식만 선택할 수 있습니다.

Q: 음료에 있는 ⟨blockquote⟩의 자식인 ⟨h2⟩ 같은 좀 더 복잡한 것을 선택할 경우에는 어떤가요?

A: 같은 방식으로 하면 됩니다. 더 많은 자손을 위해서 다음과 같이 사용하세요.

```
#elixirs blockquote h2 {
    color: blue;
}
```

이것은 'elixirs'란 id를 가진 요소로부터 내려온 ⟨blockquote⟩에서 내려온 ⟨h2⟩ 요소를 선택합니다.

음료 제목 색깔 바꾸기

이제 자손 선택자에 대해 알았으니 <h2> 제목은 검정색, <h3> 제목은 빨간색으로 설정해 봅시다.
아래에 그 방법이 나와 있습니다.

```css
#elixirs h2 {
    color: black;
}

#elixirs h3 {
    color: #d12c47;
}
```

여기서 elixirs <div>에 있는 <h2>와 <h3> 요소를
선택하는 자손 선택자를 사용하고 있습니다.
hex 코드를 사용하여 <h2>는 검정색으로
<h3>는 빨간색으로 설정하고 있네요.

빠른 시운전

계속해서 이 새로운 속성을 'lounge.css' 파일의 맨 밑에 추가한
뒤, 저장하고 'lounge.html' 파일을 다시 열어보세요.

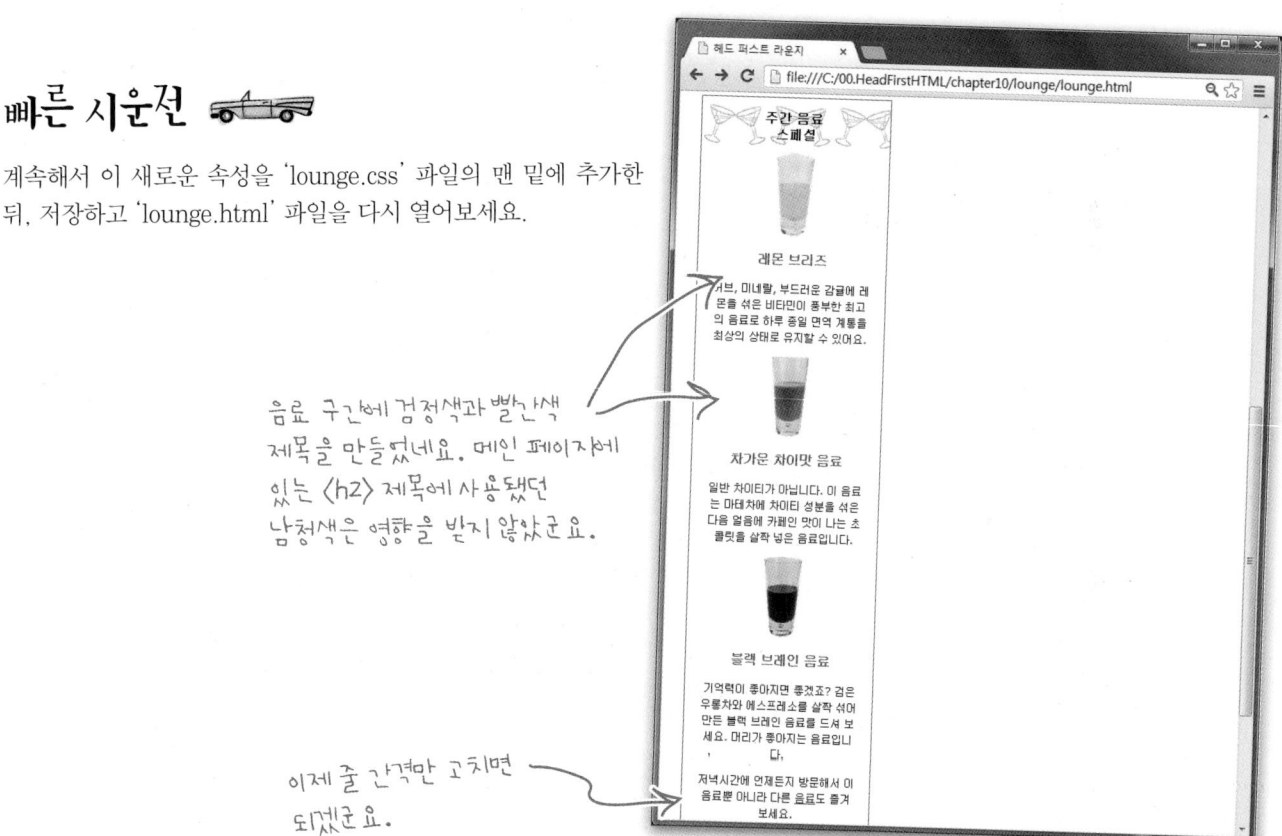

음료 구간에 검정색과 빨간색
제목을 만들었네요. 메인 페이지에
있는 <h2> 제목에 사용됐던
남청색은 영향을 받지 않았군요.

이제 줄 간격만 고치면
되겠군요.

줄 간격 고치기

앞 장에서 라운지에 있는 텍스트의 줄 간격을 보통보다 조금 더 크게 만들었던 것을 떠올려보세요. 정말 근사해 보이지만 상품 안내 메뉴와 일치시키려면 음료 페이지에는 텍스트를 평범하게 만들어야 하고, 여백이 없는 줄 간격이 필요합니다. 아주 쉽게 들리는군요, 그런가요? line-height 속성은 상속되기 때문에 <div>에 line-height 속성을 설정하기만 하면 모든 것이 잘 될 것입니다. 유일한 문제는 제목 또한 line-height 속성을 상속받는다는 점인데, 결국 아래와 같이 규칙을 작성해야 할 것 같군요.

주간 음료 스페셜

레몬 브리즈

만약 전체 ⟨div⟩에 있는 line-height 속성을 설정한다면 줄 간격은 제목을 포함한 ⟨div⟩에 있는 모든 요소가 상속받을 것입니다. 제목이 길어져 두 줄이 됐을 때는 줄 간격이 좁아서 겹칠 수 있습니다.

```
#elixirs {
    line-height: 1em;
}
```

음료 제목의 line-height 속성이 너무 작은 이유는 elixirs <div>에 있는 모든 요소가 1em 혹은 음료 요소의 폰트 크기의 1배(이 경우에는 'small' 값이 됩니다) 혹은 12픽셀(브라우저에 따라 다릅니다)인 line-height을 상속받기 때문입니다. <div>는 <body> 요소로부터 'small'로 설정한 font-size를 상속받는다는 점을 기억하세요.

우리가 진정으로 원하는 바는 elixirs <div>에 있는 모든 요소에 대해 elixirs <div>의 font-size가 아닌 각 요소 자체의 font-size에 근거한 line-height 속성을 갖게 하는 것입니다. <h2> 제목은 자신의 font-size의 1배('small'의 120%)가 되고, <p> 또한 자신의 font-size('small')의 1배가 되도록 하고 싶군요. 어떻게 할 수 있을까요? line-height 속성은 상대적인 측정치(em 혹은 %) 대신 숫자를 사용할 수 있기 때문에 다른 속성과 달리 좀 특별합니다. 숫자만 사용하면 elixirs <div>에 있는 각 요소가 elixirs <div>의 font-size보다는 자신의 font-size의 1배 크기로 line-height 값을 설정할 수 있습니다. 직접 한번 해 보세요. elixirs <div>의 line-height를 1로 설정하면 제목 줄 간격이 수정되는 것을 보게 될 것입니다.

여기에 요소의 폰트 크기가 있네요. body를 'small'로 설정했으며, 이는 elixirs에 의해 상속될 것입니다.

⟨h2⟩의 line-height는 elixirs의 폰트 크기의 1배이며, 이는 'small' 혹은 12픽셀 정도의 크기가 됩니다.

```
body 크기는 "small"

div id="elixirs"
크기는 "small"

h2는 "small"의 120%
```

우리는 ⟨h2⟩의 line-height가 그 자신의 폰트 크기의 1배, 대략 14픽셀(small의 120%)이 되길 원합니다

```
body의 line-height는
"small"의 1.6배

div id="elixirs"
line-height는 "small"의
1배 혹은 12 픽셀

h2는 "small"의 120%
ine-height는 "small"의
120%의 1배, 혹은 14픽셀
```

각 요소의 line-height을 변경하기 위해 elixirs ⟨div⟩에 line-height를 1로 설정해서 추가하세요.

```
#elixirs {
    line-height: 1;
}
```

p 요소의 font-size는 'small'(p는 elixirs ⟨div⟩로부터 font-size를 상속받습니다)이므로 line-height 값은 12픽셀이 될 것이며, 이는 우리가 원하던 바입니다.

여러분이 완성한 것을 한번 보세요 🚗

음료 구간을 한번 살펴봅시다. 여러분이 완벽하게 수정해서 이제는 상품 안내서 같아 보이는군요. 그리고 HTML에 <div>와 id 속성을 추가하는 방법 외에도 여러분은 몇 개의 CSS 규칙과 속성을 사용할 수 있게 되었습니다.

지금쯤에는 CSS가 얼마나 강력하며 프레젠테이션(CSS)에서 구조(HTML)를 분리할 때 웹 페이지에 있어 얼마나 유연한지를 깨달아야만 합니다. 간단히 CSS를 변경하여 HTML을 완전히 새로운 모습으로 변모시켰습니다.

이것이 작업 시작할 때의 음료 페이지 모습이라는 것을 기억하세요.

그리고 여기에는 현재 어떻게 보이는지 나와 있습니다.

와, 정말 환상적이군요! CSS 조금으로 웹사이트의 음료 페이지를 상품 안내서처럼 보이도록 만들 수 있군요.

지름길로 갈 때가 되었습니다

여러분은 아마도 합쳐도 될 것 같아 보이는, 꽤 많은 CSS 속성을 본 적이 있을 것입니다. 바로 padding-left, padding-right, padding-bottom, padding-top 같은 속성이지요. 마진 속성도 마찬가지입니다. background-image, background-color, background-repeat는 어떨까요? 이들 모두는 요소의 배경에 다른 속성값을 설정합니다. 지루하게 이 모든 것을 입력해야 할까요? 그러기 보단 여러분의 시간을 가치 있게 사용할 일이 더 많습니다. 그렇죠?

```
padding-top:     0px;
padding-right:   20px;
padding-bottom:  30px;
padding-left:    10px;
```

← 4개의 숫자를 명시하려니 입력해야 할 내용이 많군요.

이 장의 특별 보너스가 있습니다. 여러분은 위험천만한 손목 관절 증후군을 피해서 이 모든 값을 명시하는 방법을 배우게 될 것입니다. 그 방법이 나와 있군요.

패딩을 명시하기 위한 예전 방법이 있네요.
↓

```
padding-top:     0px;
padding-right:   20px;
padding-bottom:  30px;
padding-left:    10px;
```

그리고 여기에는 <u>속기처럼</u> 작성하는 새로운 방법이 있습니다.
↙

```
padding: 0px 20px 30px 10px;
```

위 오른쪽 아래 왼쪽

마진도 같은 종류의 속기법을 사용할 수 있습니다.

```
margin-top:      0px;
margin-right:    20px;
margin-bottom:   30px;
margin-left:     10px;
```

```
margin: 0px 20px 30px 10px;
```

위 오른쪽 아래 왼쪽

패딩처럼 한 개의 속성으로 모든 마진의 값을 속기로 명시할 수 있습니다.

만약 패딩이나 마진이 모든 방향에서 같은 값을 가진다면, 속기법을 사용하여 정말로 간단하게 만들 수 있습니다.

```
padding-top:     20px;
padding-right:   20px;
padding-bottom:  20px;
padding-left:    20px;
```

```
padding: 20px;
```

이것은 박스의 모든 방향으로 패딩이 20픽셀 되어야 한다는 것을 나타내는군요.

만약 모든 패딩 값이 똑같다면 다음과 같이 쓸 수 있습니다.

하지만 할 일이 더 남아 있습니다

여기에 마진(혹은 패딩)을 단축하는 또 다른 속기법이 있습니다.

```
margin-top:     0px;
margin-right:   20px;
margin-bottom:  0px;
margin-left:    20px;
```

위와 아래가 동일합니다.

왼쪽과 오른쪽도 같네요.

```
margin: 0px 20px;
```

위쪽과 아래쪽

오른쪽과 왼쪽

만약 왼쪽과 오른쪽 마진이 동일한 것처럼
위와 아래쪽도 동일하다면 속기법을 사용할 수 있습니다.

그리고 우리가 언급했던 테두리 속성은 어떤가요? 이것 역시 속기법을 사용할 수 있습니다.

```
border-width:     thin;
border-style:     solid;
border-color:     #007e7e;
```

하나의 속성처럼
테두리 속성을
다시 작성하세요.
원하는 순서대로
나열할 수 있습니다.

```
border: thin solid #007e7e;
```

테두리 속기법은 마진이나 패딩보다 더 유연합니다. 왜냐하면 원하는 순서대로 명시할 수 있기 때문입니다.

```
border: solid thin #007e7e;

border: #007e7e solid thin;
```

```
border: solid thin;

border: #007e7e solid;

border: solid;
```

5가지 모두 완벽한
테두리 속기법입니다.

그리고 배경에 대한 속기법도 잊지 마세요

또한 배경에 대해 속기법을 사용할 수 있습니다.

테두리처럼, 값들도 이 속기법에서
어떤 순서로도 올 수 있습니다.
또한 background-position처럼
속기법에서 명시할 수 있는 몇 가지
다른 값도 있습니다.

```
background-color:  white;
background-image:  url(images/cocktail.gif);
background-repeat: repeat-x;
```

```
background: white url(images/cocktail.gif) repeat-x;
```

더 많은 속기법

폰트 속기법을 언급하지 않고는 속기법 설명을 끝낼 수가 없군요. 폰트에 필요한 속성을 모두 체크해 봅시다. font-family, font-style, font-weight, font-size, font-variant가 있고 line-height도 잊지 마세요. 이 모든 것을 하나로 합치는 속기법도 존재합니다. 여기 그 방법이 나와 있습니다.

마지막으로 폰트 패밀리를 추가해야 합니다. 오직 하나의 폰트만 명시할 필요가 있지만 대체 폰트도 넣는 것을 강력히 추천합니다.

폰트 속기법에 사용되는 속성이 여기 있네요. 일부를 제외하고 순서는 중요합니다.

폰트 크기를 명시해야 합니다.

`font:` *font-style* *font-variant* *font-weight* *font-size/line-height* *font-family*

이 값들은 모두 선택 가능합니다. 어떤 조합으로도 명시할 수 있지만 모두 font-size 앞에 위치해야 합니다.

line-height 속성도 넣을지 말지 선택할 수 있습니다. 만약 하나만 명시하고 싶다면 font-size 바로 오른쪽에 /를 넣고 line-height을 명시하세요.

폰트 패밀리 이름 사이에는 콤마를 사용하는 군요.

이렇게 한번 해보세요. 여기에 라운지 body를 위한 폰트 속성이 있습니다.

```
font-size: small;
font-family: Verdana, Helvetica, Arial, sans-serif;
line-height: 1.6em;
```

이제 이것을 속기법으로 연결해 봅시다.

이것들 중 어느 것도 사용할 수 없다 해도 괜찮습니다. 이 모두가 선택 가능하니까요.

`font:` *font-style* *font-variant* *font-weight* *font-size/line-height* *font-family*

그리고 속기법을 작성해 봅시다.

```
font: small/1.6em Verdana, Helvetica, Arial, sans-serif;
```

그리고 여기에 속기법 버전이 있군요. 와, 정말 속기법답게 간략하군요. 이제 여러분의 여가 시간이 두 배로 늘어날 거예요.

바보 같은 질문이란 없습니다

Q: 항상 속기법을 사용해야 하나요?

A: 꼭 그렇지는 않습니다. 사람들은 좀 더 읽기 쉬운 긴 형식을 찾는 사람도 있습니다. 속기법은 CSS 파일의 크기를 줄여주는 이점이 있고, 입력 내용이 줄어들기 때문에 확실히 빨리 작성할 수는 있습니다. 하지만 만약 여러분이 정확하지 않은 값이나 잘못된 순서로 작성하여 문제가 생겼을 경우 '디버그(debug)'하기는 조금 더 어렵습니다. 따라서 두 가지 방법 모두 사용할 수 있으므로 좀 더 편한 형식을 사용하세요.

Q: 선택 가능한 것이 아닌걸 알아야 하고 순서에 대한 것을 기억해야 하기 때문에 속기법은 더 복잡하군요. 어떻게 하면 모든 것을 기억할 수 있죠?

A: 얼마나 빨리 여러분 머릿속에 들어오는지 알면 놀랄 거예요. 하지만 '비즈니스 현장'에서 우리들 중 일부는 참조 매뉴얼이라 부르는 작은 비밀 장부를 가지고 있습니다. 그것들 중 하나를 골라서 속성의 문법이나 속성 이름을 재빨리 훑어본 뒤, 가지고 다닐만한 참조 매뉴얼을 집어 들어 내용을 살펴보세요.

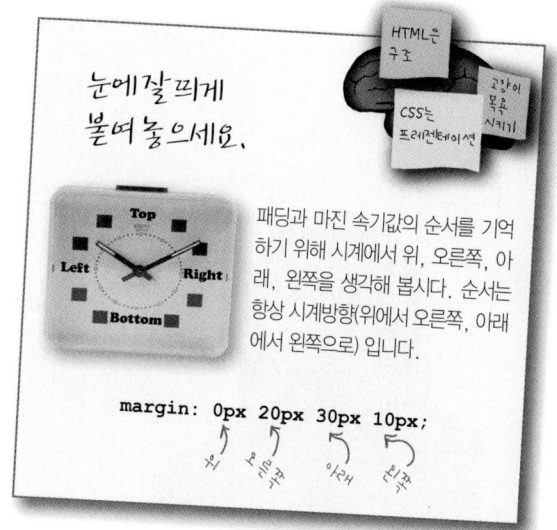

눈에 잘 띄게 붙여 놓으세요.

패딩과 마진 속기값의 순서를 기억하기 위해 시계에서 위, 오른쪽, 아래, 왼쪽을 생각해 봅시다. 순서는 항상 시계방향(위에서 오른쪽, 아래에서 왼쪽으로) 입니다.

```
margin:  0px 20px 30px 10px;
```

위 오른쪽 아래 왼쪽

우리는 특별히 작고 내용이 좋은 『CSS Pocket Reference』라는 책을 선호합니다.

연습문제

여러분의 모든 지식을 활용하여 일할 때가 되었습니다. 라운지의 맨 밑부분을 주목하세요. 그 곳에는 페이지의 바닥글 역할을 하는 저작권 정보를 가진 작은 구간이 있는데, 이에 대한 논리적인 구간을 만들 수 있도록 〈div〉를 추가하세요. 추가한 뒤에 아래에 있는 속성을 이용해 꾸며보세요:

```
font-size: 50%;
text-align: center;
line-height: normal;
margin-top: 30px;
```

텍스트를 정말로 작게 만들어 봅시다.

그리고 텍스트를 가운데로 가져오세요.

또한 line-height를 'normal'로 설정합니다. 이 값은 여러분이 아직 보지 못한 키워드입니다. 'Normal'은 브라우저가 line-height에 대해 적당한 크기를 선택하도록 허용하며 폰트를 기준으로 한 크기 값입니다.

그리고 바닥글에 숨쉴 공간을 주기 위해 위쪽에 마진을 약간 추가하세요.

그리고 하는 김에 'lounge.css' 파일 전체를 훑어 보세요. 주위에 속기법을 사용해서 간단히 만들만한 것이 있나요? 있다면 계속해서 변경해 보세요.

당신이 음료 페이지를 멋지게
작업한 것을 봤습니다. 사이트에 있는
추천 음악 페이지도 좀 도와주실 수 있나요?
많이는 필요 없고 약간만 손보면
되거든요.

라운지 제공 음악

라운지에서 어떤 음악을 들려주는지 자주 문의를 받고 있는데, 궁금해할 필요가 없습니다. 항상 최상
의 음악을 제공하고 있습니다. 여러분을 위한 노래제목이 여기 있군요. 일주일에 한 번씩 갱신됩니다.

- *Buddha Bar,* **Claude Challe**
- When It Falls, Zero 7
- Earth 7, L.T.J. Bukem
- Le Roi Est Mort, Vive Le Roi!, Enigma
- Music for Airports, Brian Eno

CD 타이틀은 모두
이탤릭체로 되어
있네요.

그리고 가수는
모두 굵은체로 되어
있습니다.

라운지 DJ

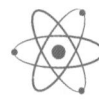 **브레인 파워**

라운지 연주곡 부분에 있는 CD와 가수를 꾸미기 위한 가장 좋은 방법은
무엇이라고 생각하세요?

CD와 가수 주위를 〈em〉과
〈strong〉 요소로 감쌀 수 있다고 생각해.
대부분의 브라우저에서 이탤릭체와
굵은체를 지원할거야.

짐

프랭크

프랭크: 응. 하지만 그렇게 하는 것은 단지 텍스트를 들어가 보이게 하려고 <blockquote>를 사용하는 것과 마찬가지잖아. 내가 말하려는 것은 실제로 CD와 가수를 강조하는 것이 아니라, 이탤릭체와 굵은체로 바꾸려고 하는 거야. 게다가 누군가가 <em>과 <strong> 요소의 스타일을 변경하면 어떡하지? 그렇게 되면 CD와 가수 역시 바뀌어 보일 거라구.

짐: 음, 나도 그렇게 생각하지만 다른 방법은 생각나지 않는군. 이들은 동일한 리스트 항목에 있는 텍스트일 뿐이야. 이것들을 꾸미는 방법은 없는 것 같아.

프랭크: 무슨 소리야?

짐 : 우린 오직 요소만 꾸밀 수 있고, 페이지에는 'Music for Airport, Brian Eno'와 같은 텍스트만 있어. 이를 다르게 꾸밀 수 있도록 텍스트의 각 부분을 둘러싸는 요소가 필요하다고.

프랭크: 오, 그래 맞아. 무슨 의미인지 알겠어.

짐: 다음과 같이 사용할 수 있을 것 같아.

```
<div class="cd">Music for Airports</div>
<div class="artist">Brian Eno</div>.
```

하지만 이들은 블록 요소라서 라인 브레이크가 생기는군.

프랭크: 아, 내 생각엔 네가 뭔가 제대로 하고 있는 것 같아. <div>처럼 인라인 요소를 위한 또 다른 요소가 있어. <span>이라는 요소인데, 아마도 이것은 완벽하게 작동할거야.

짐: 그럼 한번 해보자. 어떻게 동작하는데?

프랭크: 음, <span>은 인라인 분자와 요소의 그룹을 생성하는 방법을 제공하지. 여기서 한번 해보자.

지금 여기예요 ▶ **487**

쉽게 〈Span〉을 추가하는 3가지 단계

<span> 요소는 <div>가 블록 콘텐츠를 논리적으로 분리하는 것과 동일한 방법으로 인라인 콘텐츠를 논리적으로 분리하는 방법을 제공합니다. 이것이 어떻게 작동되는지 보기 위해서 먼저 CD와 가수 주위에 <span> 요소를 추가해서 추천 음악 부분을 꾸밀 것이며, <span>을 꾸미기 위해 두 개의 CSS 규칙을 작성할 것입니다. 아래에 정확히 여러분이 해야 할 일이 나와 있습니다.

1. 독립적인 <span> 요소에 CD와 가수를 중첩시킬 것입니다.

2. <span> 한 개는 cd 클래스에, 다른 한 개는 artist 클래스에 추가할 것입니다.

3. cd 클래스는 이탤릭체로, artist 클래스는 굵은체로 꾸미는 규칙을 생성할 것입니다.

1단계와 2단계 : 〈span〉 추가하기

'lounge.html' 파일을 열고 '라운지 연주곡' 제목이 위치한 부분으로 가세요. 아래에 정렬되지 않은 추천 음악 리스트가 있군요. 어떤 형태인지 여기 나와 있습니다.

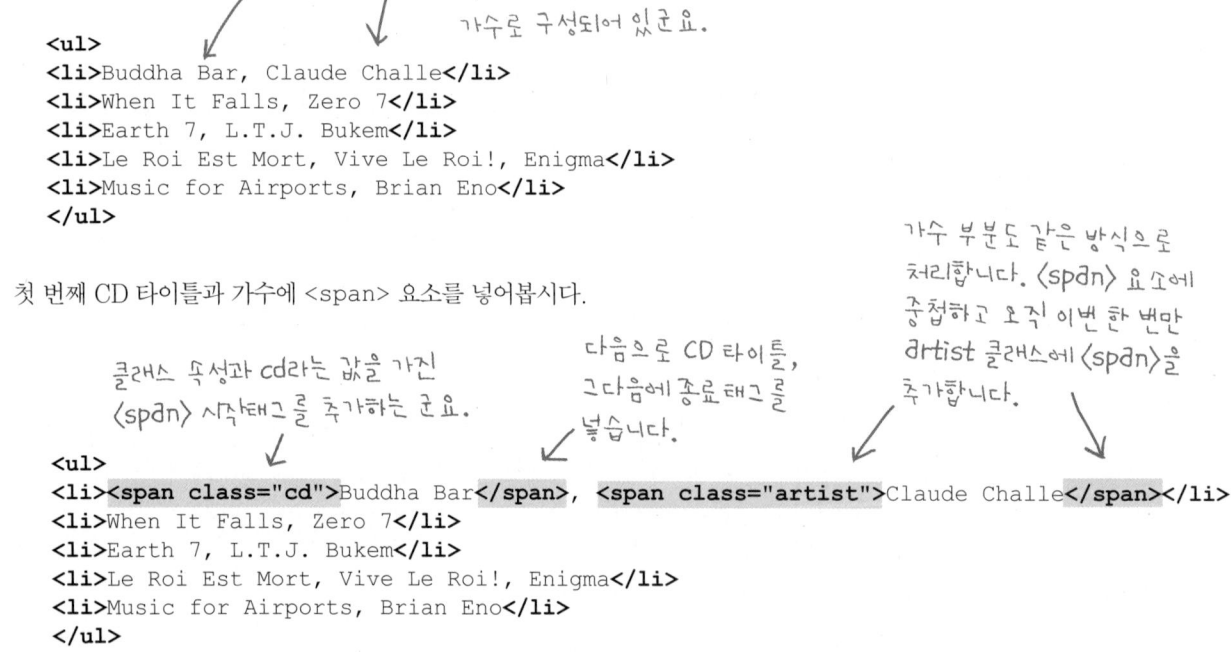

각 리스트 항목은 CD 타이틀과 콤마, 가수로 구성되어 있군요.

```
<ul>
<li>Buddha Bar, Claude Challe</li>
<li>When It Falls, Zero 7</li>
<li>Earth 7, L.T.J. Bukem</li>
<li>Le Roi Est Mort, Vive Le Roi!, Enigma</li>
<li>Music for Airports, Brian Eno</li>
</ul>
```

첫 번째 CD 타이틀과 가수에 <span> 요소를 넣어봅시다.

클래스 속성과 cd라는 값을 가진 〈span〉 시작태그를 추가하는 군요.

다음으로 CD 타이틀, 그다음에 종료태그를 넣습니다.

가수 부분도 같은 방식으로 처리합니다. 〈span〉 요소에 중첩하고 오직 이번 한 번만 artist 클래스에 〈span〉을 추가합니다.

```
<ul>
<li><span class="cd">Buddha Bar</span>, <span class="artist">Claude Challe</span></li>
<li>When It Falls, Zero 7</li>
<li>Earth 7, L.T.J. Bukem</li>
<li>Le Roi Est Mort, Vive Le Roi!, Enigma</li>
<li>Music for Airports, Brian Eno</li>
</ul>
```

3 단계: ⟨span⟩ 꾸미기

다음으로 넘어가기 전에 파일을 저장하고 브라우저에서 페이지를 다시 열어보세요. ⟨div⟩처럼 기본적으로 ⟨span⟩은 스타일에 아무런 영향을 주지 않기 때문에 아무런 변화도 볼 수 없을 것입니다.

이제 스타일을 약간 추가해 봅시다. 'lounge.css' 파일의 하단에 이 두 가지 규칙을 추가하세요.

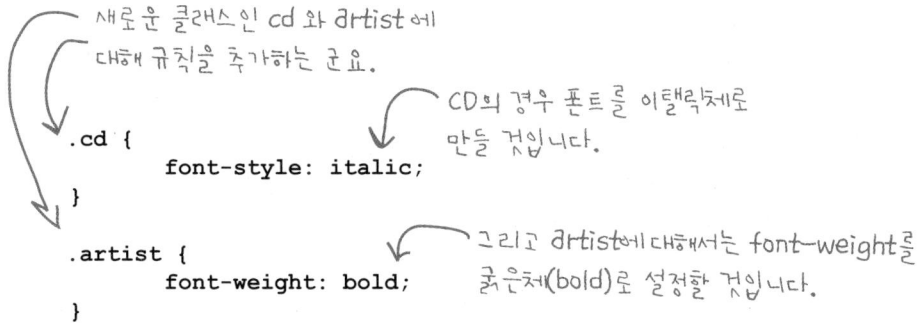

새로운 클래스인 cd와 artist에 대해 규칙을 추가하는 군요.

```
.cd {
      font-style: italic;
}
```
CD의 경우 폰트를 이탤릭체로 만들 것입니다.

```
.artist {
      font-weight: bold;
}
```
그리고 artist에 대해서는 font-weight를 굵은체(bold)로 설정할 것입니다.

Span 시운전 하기

다 했습니다. 저장하고 페이지를 다시 열어보세요. 아래와 같은 화면이 나올 거예요.

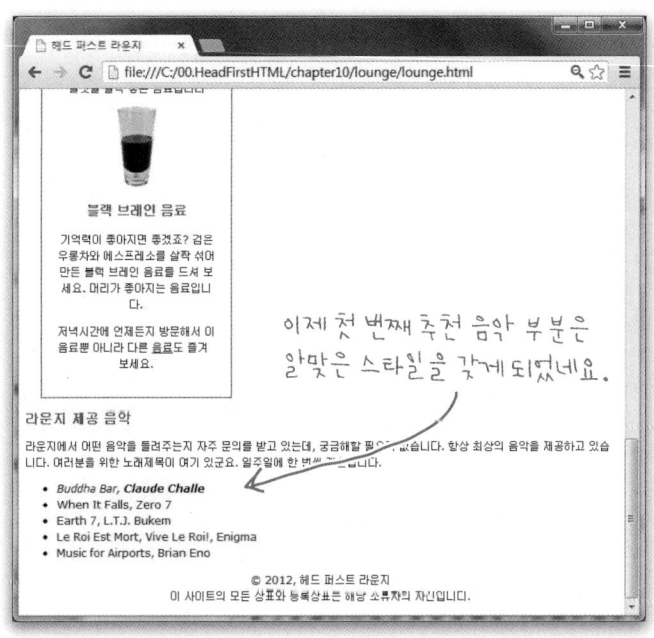

이제 첫 번째 추천 음악 부분은 알맞은 스타일을 갖게 되었네요.

잘 했어요. 다음 곡은 당신을 위한 곡으로 고를게요.

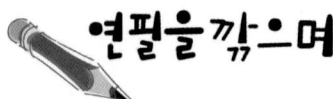

연필을 깎으며

여러분은 맡은 임무를 끝내야 합니다. 추천 음악의 나머지 부분에 〈span〉을 추가하고 페이지를 테스트해 보세요. 정답은 이 장의 뒷부분에 나와 있습니다.

```
<ul>
<li><span class="cd">Buddha Bar</span>, <span class="artist">Claude Challe</span></li>
<li>When It Falls, Zero 7</li>
<li>Earth 7, L.T.J. Bukem</li>
<li>Le Roi Est Mort, Vive Le Roi!, Enigma</li>
<li>Music for Airports, Brian Eno</li>
</ul>
```

바보 같은 질문이란 없습니다

Q: 〈em〉이나 〈strong〉 같은 다른 인라인 요소 대신, 〈span〉 요소를 사용해야 하는 경우는 언제인가요?

A: 여러분은 항상 콘텐츠의 의미에 가장 부합되는 요소로 콘텐츠를 표시하고 싶을 거예요. 따라서 만약 단어를 강조하고 싶다면 <em>을 사용하고, 아주 강하게 강조하려 한다면 <strong>을 사용하세요. 하지만 팬 사이트 웹 페이지에 있는 가수나 앨범 이름 같은 특정한 단어의 스타일을 변경하는 것이라면 <span>을 사용해야 하며, 특정 단어를 꾸미고 묶으려면 <span> 요소를 적당한 클래스에 넣어야 합니다.

Q: 〈span〉 요소에서 너비 같은 속성을 설정할 수 있나요? 일반적인 인라인 요소의 경우는 어떤가요?

A: <span>, <em>, <strong>과 같은 인라인 요소의 너비를 설정할 수 있지만, 실제로 이들이 자리를 잡기 전까지는 어떤 영향도 목격할 수 없을 것입니다(다음 장에서 이에 대해 배우게 될 것입니다). 또한 이러한 요소에 테두리뿐만 아니라 마진과 패딩을 추가할 수 있습니다. 인라인 요소에서 마진과 패딩은 블록 요소와는 약간 다르게 동작합니다. 만약 인라인 요소의 모든 방향에 마진을 추가한다면 여러분은 왼쪽과 오른쪽에만 빈 공간이 추가된 것을 보게 될 것입니다. 또한 패딩을 인라인 요소의 위와 아래쪽에 추가할 수 있지만, 패딩은 주위에 있는 다른 인라인 요소의 공간에 영향을 주지 않으며, 따라서 패딩은 다른 인라인 요소와 겹쳐지게 될 것입니다.

이미지는 다른 인라인 요소와는 약간 다릅니다. 너비, 패딩, 마진 속성 모두 좀 더 블록 요소처럼 동작할 것입니다. 5장을 기억해 보세요. 만약 〈img〉 요소의 width 속성이나 CSS에 있는 width 속성을 사용하여 이미지의 너비를 설정한다면 브라우저는 여러분이 명시한 너비대로 이미지를 맞춰 조정할 것입니다. 이미지를 직접 편집해서 이미지 크기를 조정할 수 없는 경우나 페이지에서 이미지를 실제 크기보다 더 크거나 작게 보이게 하고 싶은 경우에는 이런 방식이 편리할 수도 있습니다. 하지만 이미지 크기를 조절하는 데 있어 모든 것을 브라우저에만 맡긴다면, 필요한 것보다 더 많은 데이터를 내려받아야(이미지가 필요한 것보다 더 클 경우)할 것입니다.

이봐요, 일을 끝냈다고 생각하는 것 같은데, 링크를 꾸미는 것은 잊은 것 같군요. 링크는 아직도 기본 색인 파란색으로 되어 있고, 이는 우리 사이트와 잘 어울리지 않습니다.

 브레인 파워

〈a〉 요소에 대해 생각해 봅시다. 다른 요소와 구별되어 보이는 스타일에 관한 뭔가 특별한 것이 있을까요?

⟨a⟩ 요소와 그의 다중 인격

스타일에 있어 약간 다르게 행동하는 링크를 본 적이 있나요? 링크는 요소 세계의 카멜레온과 같습니다. 왜냐하면 환경에 따라서 스타일을 즉시 바꿀 수 있기 때문 입니다. 자세히 한번 살펴봅시다.

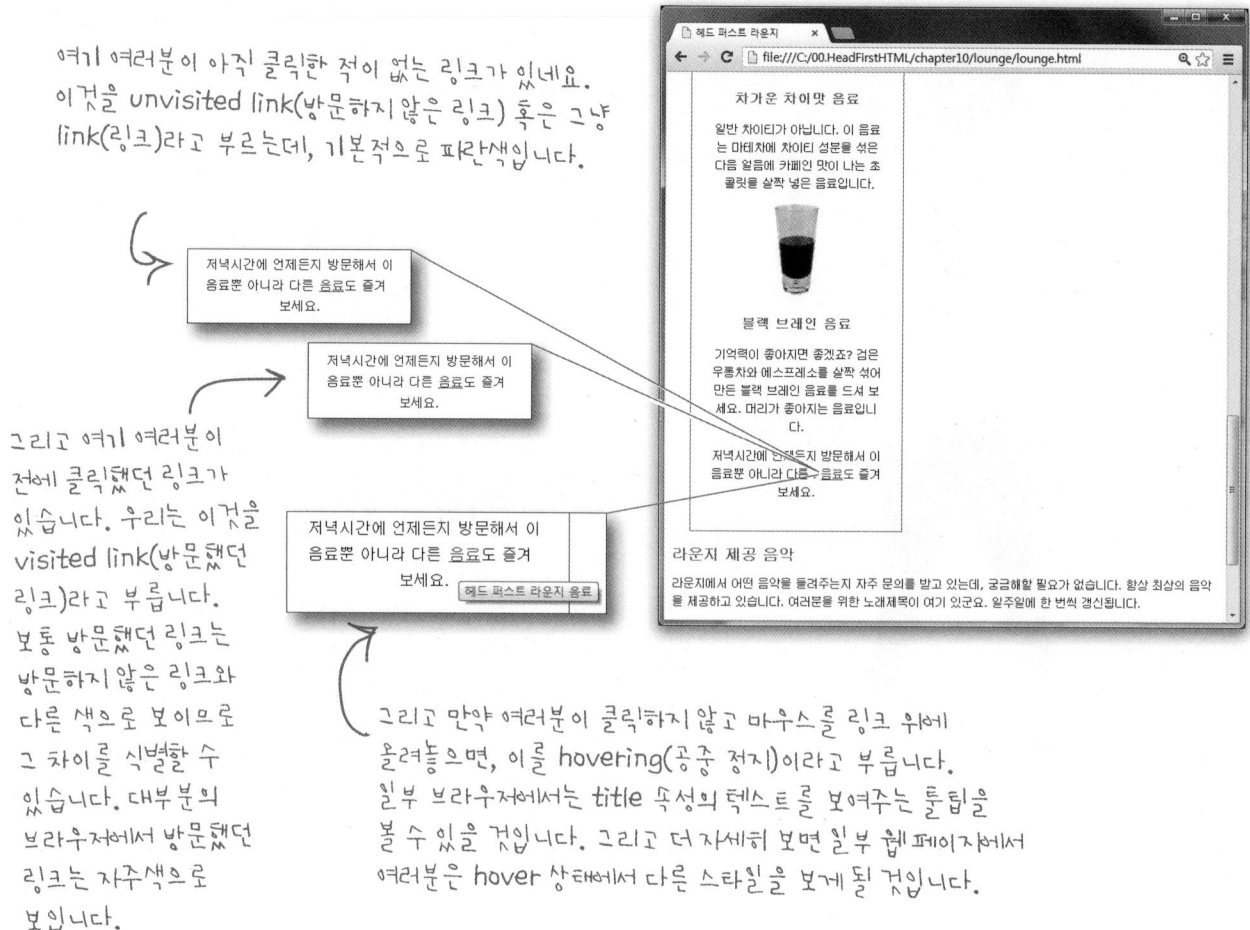

여기 여러분이 아직 클릭한 적이 없는 링크가 있네요. 이것을 unvisited link(방문하지 않은 링크) 혹은 그냥 link(링크)라고 부르는데, 기본적으로 파란색입니다.

그리고 여기 여러분이 전에 클릭됐던 링크가 있습니다. 우리는 이것을 visited link(방문했던 링크)라고 부릅니다. 보통 방문했던 링크는 방문하지 않은 링크와 다른 색으로 보이므로 그 차이를 식별할 수 있습니다. 대부분의 브라우저에서 방문했던 링크는 자주색으로 보입니다.

그리고 만약 여러분이 클릭하지 않고 마우스를 링크 위에 올려놓으면, 이를 hovering(공중 정지)이라고 부릅니다. 일부 브라우저에서는 title 속성의 텍스트를 보여주는 툴팁을 볼 수 있을 겁니다. 그리고 더 자세히 보면 일부 웹 페이지에서 여러분은 hover 상태에서 다른 스타일을 보게 될 겁니다.

다른 요소와는 달리 ⟨a⟩ 요소의 스타일은 자신의 상태에 따라 변합니다. 만약 링크가 클릭 된 적이 한 번도 없다면 하나의 스타일을 갖게 되고, 클릭된 적이 있으면 다른 스타일을 갖게 됩니다. 그리고 링크 위로 마우스를 올려놨을 경우 전혀 또 다른 스타일을 갖게 됩니다. 아마 도 보기 좋은 ⟨a⟩ 요소에 대한 스타일이 많을 것 같지 않나요? 틀림없이 그럴 것입니다. 한 번 살펴봅시다.

어떻게 하면 상태에 따라 요소를 꾸밀 수 있을까요?

링크는 방문하지 않은 상태, 방문한 상태 혹은 hover 상태(그리고 한 두 가지 상태가 더 있습니다) 등 몇 가지 상태가 될 수 있습니다. 그럼 어떻게 하면 이러한 모든 상태를 사용할 수 있을까요? 예를 들어 방문한 상태와 방문하지 않은 상태의 색깔을 명시할 수 있으면 아주 좋을 것 같습니다. 혹은 링크 위에 마우스를 올려놓을 때 밝게 표시되어도 좋을 것 같군요. 방법만 있다면요.

음, 물론 방법은 있습니다. 그런데 만약 여러분에게 의사클래스(pseudo-class)를 사용하는 방법을 말해줬다면 여러분은 아마도 하룻밤 사이에 충분히 책을 읽을 수 있다고 결정하고, 책을 덮었을 것 같군요. 그렇죠? 하지만 잠깐만요! 우리는 의사클래스란 단어를 얘기하지 않은 척 할 테니, 링크를 어떻게 꾸밀 수 있는지 지켜보기만 하세요.

〈a〉 요소 다음에 :(콜론)이 오고 그다음에 선택하고자 하는 상태가 온다는 점에 주목하세요. 이 선택자들 사이에는 빈 공간이 없어야 합니다(예를 들어 a : link는 동작하지 않습니다).

```
a:link {
    color: green;
}
```
이 선택자는 방문하지 않은 상태일 때의 링크에 적용됩니다.

```
a:visited {
    color: red;
}
```
이 선택자는 방문했을 때의 링크에 적용됩니다.

```
a:hover {
    color: yellow;
}
```
그리고 이 선택자는 마우스를 링크에 올려놓을 때 적용됩니다.

연습문제

이 규칙들을 'lounge.css' 파일의 맨 밑에 추가해서 저장하고, 'lounge.html' 파일을 다시 열어보세요. 상태별로 볼 수 있도록 링크를 처리하세요. 방문하지 않은 상태의 색(녹색)을 보려면 브라우저에서 방문 기록을 모두 지워야 한다는 점을 염두에 두세요.

바보 같은 질문이란 없습니다

Q: 일반적인 요소처럼 〈a〉 요소를 다음과 같이 꾸미면 어떻게 될까요?

```
a {   color: red; }
```

A: 분명히 그렇게 할 수 있습니다만 여러분의 링크는 모든 상태에서 똑같이 보일 것입니다. 이는 방문했던, 방문하지 않았던 링크가 어떤 것인지 구별할 수 없기 때문에 사용자 친화적인 링크라고는 할 수 없죠.

Q: 당신이 언급했던 링크의 다른 상태에는 무엇이 있나요?

A: 두 가지 다른 상태가 있습니다. 바로 focus와 active입니다. focus 상태는 브라우저가 링크에 집중했을 때 발생합니다. 이게 무슨 말일까요? 일부 브라우저에서는 페이지에 있는 모든 링크를 탐색하는 데 탭 키를 사용할 수 있는데, 그 중 한 링크가 선택될 때 그 링크는 focus 상태가 됩니다. focus란 의사클래스에 값을 할당하면 접근성에 도움이 되는데, 키보드를 사용해서(마우스를 사용하는 것과 달리) 링크에 접근해야만 하는 사람들의 경우 링크를 선택한 시기를 알 수 있기 때문이죠. active 상태는 사용자가 링크를 첫 번째 클릭했을 때 발생합니다.

Q: 링크는 동시에 여러 상태가 될 수는 없나요? 예를 들어 어느 한 링크가 방문된 상태가 될 수 있고, 마우스를 그 링크 위에 올려놓으며 사용자가 동시에 링크를 클릭할 수 있을까요?

A: 그렇게 될 수 있습니다. 규칙의 순서에 의해 어떤 스타일이 적용될지 결정할 수 있습니다. 올바른 순서는 link, visited, focus, hover, active 상태입니다. 만약 여러분이 순서를 사용한다면 여러분이 예상했던 결과를 얻게 될 것입니다.

Q: 알겠어요. 그럼 의사클래스(pseudo-class)는 무엇인가요?

A: CSS 언어에서 가장 혼동되는 단어 중 하나입니다. 하지만 여러분도 보았듯이 스타일을 가미한 링크는 꽤 직관적입니다. 그럼, 의사클래스에 대해 알아보도록 하죠.

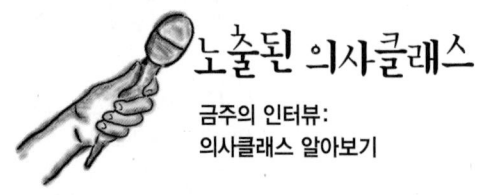

노출된 의사클래스

금주의 인터뷰:
의사클래스 알아보기

헤드 퍼스트: 환영합니다. 의사클래스 씨. 이렇게 모시게 되어 기쁘군요. 이 인터뷰를 갖자고 처음 요청 받았을 때 헛수고 하는 건 아닌가 하는 생각을 했다는 점을 고백해야 할 것 같군요. 의사클래스? 처음 들었을 때 떠오르는 유일한 것은 80년대 필 콜린스의 노래였습니다.

의사클래스: 오. 그건 Sussudio인 것 같은데요. 내 이름은 의사(Pseudo; 가짜)입니다.

헤드 퍼스트: 이런. 실수했군요. 거기서부터 이야기를 시작할 수 있을 것 같군요. 의사(Pseudo)가 어디서부터 유래됐는지 좀 말해줄 수 있나요?

의사클래스: 의사(Pasedu)는 통상적으로 실제처럼 보이는 무엇인가를 의미합니다.

헤드 퍼스트: 그럼 뒤에 붙은 클래스는요?

의사클래스: 모든 사람들이 CSS 클래스가 무엇인지는 알고 있습니다. CSS 클래스는 요소를 위치시켜 이들을 함께 꾸밀 수 있도록 생성하는 하나의 묶음입니다. '의사'와 '클래스'를 붙이면 의사클래스가 되는데, 클래스처럼 행동하지만 진짜 클래스는 아닙니다.

헤드 퍼스트: 클래스처럼 행동하지만 진짜가 아닌 게 무엇이죠?

의사클래스: 좋아요. HTML 파일을 열고 :visited나 :link 혹은 :hover 클래스를 한번 찾아보세요. 그 중 하나를 찾았을 때 알려드리겠습니다.

헤드 퍼스트: 아무것도 보이지 않는데요.

의사클래스: 그렇긴 하지만 :link, :visited, :hover는 모두 클래스인 것처럼 스타일을 명시하는 것을 허용합니다. 즉 이들은 의사클래스입니다. 다시 말해서 여러분은 의사클래스를 꾸밀 수 있지만, 아무도 HTML 안에 그것들을 입력해 넣지는 않습니다.

헤드 퍼스트: 그렇다면, 어떻게 동작하는 건가요?

의사클래스: 그 부분은 브라우저에 감사해야 할 겁니다. 브라우저는 모든 <a> 요소를 올바른 의사클래스에 추가합니다. 만약 한 링크가 방문되었다면 그것은 visited 클래스로 들어갑니다. 사용자가 링크 위에 마우스를 올려놓았나요? 이것도 문제 없습니다. 브라우저가 hover 클래스로 던져 넣습니다. 오, 사용자가 마우스를 올려놓지 않았나요? 브라우저가 그것을 hover 클래스에서 다시 뽑아 낼 것입니다.

헤드 퍼스트: 와, 그건 몰랐네요. 그렇다면 브라우저가 무대 뒤에서 이러한 모든 클래스에서 요소를 추가하고 제거하고 하는군요.

의사클래스: 맞습니다. 그리고 이 사실에 대해 알고 있는 것이 정말 중요합니다. 만약 그렇지 않다면 어떻게 링크의 상태에 적합한 스타일을 줄 수 있겠어요?

헤드 퍼스트: 그렇다면 의사클래스 씨, 당신은 링크처럼 행동하나요?

의사클래스: 아닙니다. 저는 다른 요소처럼 행동합니다. 요즘 브라우저는 이미 다른 유형의 요소에서 :hover 같은 의사클래스를 지원하고 있습니다. 그리고 다른 의사클래스도 있습니다. 예를 들어 :first-child 의사클래스는 <blockquote>에 있는 첫 번째 문단 같은 임의의 요소의 첫 번째 자식에 할당됩니다. 그리고 :last_child 의사클래스를 사용해 <blockquote>의 마지막 문단도 선택할 수 있습니다. 저는 정말 다재다능합니다.

헤드 퍼스트: 예. 이 인터뷰를 통해 확실히 뭔가를 배웠습니다. 그 노래가 실제로 'Sussudio'라고 불리는지 누가 알았겠어요?! 참석해 주셔서 감사합니다. 의사클래스 씨.

의사클래스 일 착수시키기

좀 솔직해집시다. 여러분은 아마도 방금 이 책에서 가장 중요한 존재인 의사클래스를 배웠습니다. 왜 배웠을까요? :link나 :first-child처럼, 브라우저가 요소들이 속한 여러 가지 '클래스'를 기준으로 요소를 꾸미는 것을 허용하기 때문이 아닙니다. 또한 :hover 와 같이 방문자들이 여러분의 페이지를 사용하는 동안 발생하는 현상에 기반을 두고 요소를 꾸미기 위해 정말 강력한 방법을 제공하고 있기 때문도 아닙니다. 의사클래스를 배운 이유는 여러분이 다음 번 디자인 회의에 참석해서 의사클래스란 존재를 이해하고 이에 대해 이야기를 시작해 남들보다 우뚝 설 수 있기 때문입니다. 지금 진급과 보너스에 대해 이야기하고 있는 거예요. 최소한 여러분은 웹 동료들로부터 존경과 찬사를 받게 될 것입니다.

그럼 의사클래스를 잘 활용해 봅시다. 이미 'lounge.css' 파일에 몇 가지 의사클래스 규칙을 추가해서 링크 모양에 극적인 영향을 주었습니다만, 라운지와는 그리 잘 맞지는 않는 것 같군요. 그럼 스타일을 조금 수정해 봅시다.

좋아요. 여기에 큰 변화가 있군요. 의사클래스와 결합된 자손 선택자를 사용하고 있습니다. 첫 번째 선택자는 elixirs란 id를 가진 요소 안에 중첩된 방문되지 않은 <a> 요소를 선택하는군요. 따라서 elixirs 내부에 있는 링크만 꾸미면 되겠군요

```
#elixirs a:link {
    color: #007e7e;
}

#elixirs a:visited {
    color: #333333;
}

#elixirs a:hover {
    background: #f88396;
    color: #0d5353;
}
```

이 두 개에서 색을 설정하고 있습니다. 방문하지 않은 링크는 깔끔한 남청색으로 방문된 링크는 짙은 회색을 사용합니다.

정말 흥미로운 규칙이 있습니다. 사용자가 링크 위로 마우스를 올려놓으면 배경을 빨간색으로 변경하네요. 이 규칙은 마우스를 링크 위로 지나가게 하면 링크를 밝게 보여줄 것입니다. 한번 해 보세요!

연습문제

'lounge.css' 파일을 열고 :link, :visited, :hover 규칙을 재작업해서 새로운 자손 선택자와 새로운 스타일 정의를 사용하세요. 저장하고 페이지를 다시 열어보세요

링크 시운전하기

페이지를 다시 열어보면 음료 부분에서 몇 가지 새로운 스타일을 보게 될 것입니다. 브라우저의 방문 기록을 없애야만 방문하지 않은 링크를 볼 수 있으며, 그렇지 않으면 브라우저는 여러분이 전에 방문했던 링크를 표시한다는 점을 염두에 두세요.

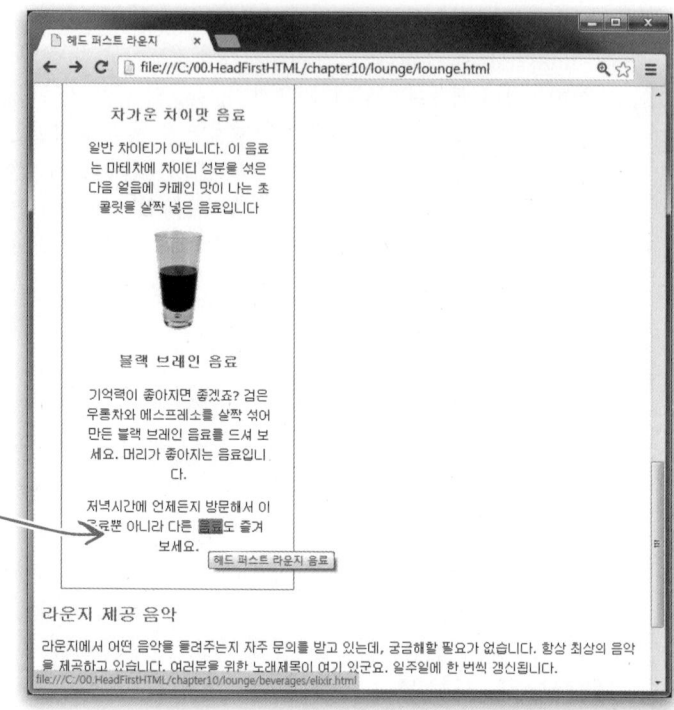

이제 방문하지 않은 링크는 녹색으로, 방문한 링크는 회색, 그리고 링크 위에 마우스를 올렸을 때는 밝고 쿨한 빨간색 링크가 되었군요.

연필을 깎으며

여러분의 임무는 라운지에 있는 '상세 약도' 링크에 약간의 스타일을 주는 것입니다. 음료 링크처럼 방문되지 않은 모든 링크는 남청색으로, 방문된 모든 링크는 회색으로 만드세요. 하지만 라운지에 있는 다른 링크에는 hover 스타일을 적용하지 마세요. 이 스타일은 음료 페이지에서 유일한 것입니다. 그렇다면 어떻게 해야 그렇게 될까요? 아래의 빈칸에 '상세 약도' 링크에 해당하는 스타일을 채우세요. 그리고 나중에 라운지에 추가할 다른 링크에도 이 스타일을 적용하세요. 이 장의 뒷부분에 있는 정답과 맞춰본 뒤 여러분의 라운지 파일에 변경 사항을 적용하세요.

_____ { _____ : #007e7e; }
_____ { _____ : #333333; }

'캐스케이드'에 대해 이야기 할 때가 되지 않았을까요?

예, 예, 이 책 진도도 꽤 많이 나갔군요(정확히 497 페이지네요). 하지만 아직 캐스케이딩 스타일시트에 있는 캐스케이드가 무엇인지 아직 얘기하지 않았습니다. 진실은 밝혀져야 하며, 여러분도 캐스케이드를 완전히 이해하려면 CSS에 관한 많은 것을 알아야 합니다. 하지만 여러분도 짐작하듯이 거의 다 왔으며, 따라서 더 이상 기다리지 않아도 됩니다.

여기에 캐스케이드를 이해하기 위해 필요한, 마지막 한 조각 한 조각의 정보가 있습니다. 여러분은 이미 스타일을 좀 더 체계적으로 만들고, 여러 종류의 장치를 지원하기 위해 스타일시트를 여러 개 사용하는 방법을 알고 있습니다. 하지만 실제로 방문자들이 여러분의 페이지를 방문할 때 보게 될 몇 가지 다른 스타일시트도 존재합니다. 한번 살펴봅시다.

첫 번째로 여러분의 페이지에서 작성할 모든 스타일시트가 있습니다.

저자 (바로 여러분)

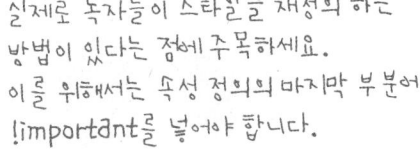

실제로 독자들이 스타일을 재정의 하는 방법이 있다는 점에 주목하세요. 이를 위해서는 속성 정의의 마지막 부분에 !important를 넣어야 합니다.

하지만 일부 브라우저에서는 사용자들이 HTML 요소에 대해 자신만의 스타일을 생성할 수 있습니다. 만약 여러분의 스타일시트가 이러한 스타일을 정의하지 않는다면 사용자의 스타일시트가 대신 사용될 것입니다.

독자 (방문자들)

그리고 마지막으로 여러분도 요소에 대한 스타일을 정의하지 않으면 브라우저 자신이 기본 스타일을 설정한다는 사실을 이미 알고 있습니다. 또한 저자나 독자의 스타일시트를 갖고 있지 않은 경우에도 이 스타일이 사용됩니다.

브라우저가 요소에 적용될 스타일을 결정해야 할 때, 브라우저는 이러한 모든 스타일시트를 사용합니다. 우선 순위는 저자의 스타일(즉, 여러분의 스타일)이 먼저고, 그다음이 독자의 스타일, 마지막은 브라우저의 기본 스타일입니다.

브라우저

페이지의 저자로서 검토해 보면,
HTML에 스타일시트 여러 개를 사용할 수 있습니다.
그리고 사용자들 또한 자신의 스타일을 제공할 것이고,
브라우저 역시 기본 스타일을 갖고 있습니다.
그것 말고도 우리는 같은 요소에 적용하는 여러 개의 다른
선택자도 가지고 있습니다. 이런 상황에서 어떻게 하면
한 요소가 어떤 스타일을 갖게 될지 알 수 있나요?

그 질문은 캐스케이드가 무엇을 하는지 묻는 것과 같은 질문입니다. 캐스케이드는 여러 스타일 시트에 있는 스타일 중에서 어떤 스타일을 사용할지 브라우저가 결정하는 방법이라고 할 수 있습니다. 그 질문에 대답하려면 모든 것을 알아야 할 필요가 있습니다. 즉, 다양한 모든 스타일시트와 그 주위에 있는 규칙, 그리고 그 규칙 안에서 선언된 개별적인 속성 모두를 모아야 합니다.

다음에 나오는 두 페이지에서 이 모든 것이 어떻게 작동하는지 핵심적인 세부 사항을 몇 단계에 걸쳐 알아볼 것입니다. 그 세부 사항은 하나의 요소에 대해 가장 특별한 규칙이 무엇인지를 결정하는 여러 가지 상세한 내용을 포함합니다. 하지만 여기에 결정적인 사실이 있습니다. 바로 다음에 나오는 두 페이지를 읽고 나면, 임의의 스타일이 예상했던 방식대로 적용되지 않았던 원인을 밝혀낼 수 있을 것이며, 더 나아가서 캐스케이드에 대해서는 99%의 다른 웹 페이지 개발자들보다 더 많이 이해하게 될 것입니다(농담이 아니에요).

캐스케이드

이 연습문제를 위해 여러분은 '브라우저가 되어야' 할 필요가 있습니다. 페이지에서
<h1> 요소를 갖고 있고, 그 요소를 위한 font-size를 알고 싶다고 해 봅시다. 아
래에 그 방법이 나와 있습니다.

1단계:

모든 스타일시트를 하나로 모으세요.

이번 단계에는 모든 스타일시트가 필요합니다. 웹 페이지의 저자가 작성한 스타
일시트, 독자가 추가한 스타일시트, 브라우저의 기본 스타일시트가 필요합니다(
지금은 여러분이 브라우저가 되었으며, 따라서 이 모든 것에 접근할 수 있다는 점
을 기억하세요).

2단계:

일치하는 모든 선언을 찾으세요.

우리는 보다 명확한 font-size 속성을 찾고 있으므로 <h1> 요소를 선택할 가능성이 있는
선택자를 가진 font-size에 대한 모든 선언을 살펴봅니다. 모든 스타일시트를 샅샅이 조사
해서 <h1>과 일치하고 font-size 속성을 가진 임의의 규칙을 뽑아내세요.

3단계:

이제 모든 일치된 규칙을 가져와 정렬하세요.

이제 일치하는 모든 규칙을 가져왔으니 저자, 독자, 브라우저 순으로 정렬합니다. 다시 말해서,
만약 여러분이 페이지의 저자로서 작성했다면 독자로서 작성한 규칙보다 더 중요합니다. 그리
고 순서대로 독자의 스타일은 브라우저의 기본 스타일보다 더 중요합니다.

독자들이 CSS 속성에
!important를
넣었다면 정렬할 때
이 속성이 첫 번째로
온다는 점을 기억하세요.

4단계:

이제 구체적인 정도에 따라 모든 선언을 정렬합니다.

7장에서 이에 대해 조금 얘기했다는 점을 기억하세요. 예를 들어 'blockquote h1' 자손 선택
자는 <blockquote> 내부에서 오직 <h1>만 선택하기 때문에 h1 선택자보다 좀 더 명확합
니다. 마찬가지로 하나의 요소를 좀 더 정확하게 선택한다면 여러분은 직감적으로 좀 더 명확
한 규칙이 무엇인지 감을 잡을 수 있을 거예요. 선택자가 얼마나 명확한지 정확히 계산하기 위
해 따라할 수 있는 요리법이 있는데, 다음 페이지에서 사용해 보도록 하죠.

5단계:

마지막으로 개별적인 스타일시트가 나열된 순서에서 충돌하는 규칙을 정렬합니다.

이제 리스트에서 충돌하는 규칙을 정렬해야 하는데, 가장 나중에 있는 것일수록(바닥에 더 가
까운 것) 좀 더 중요한 스타일시트입니다. 이런 식으로 스타일시트에 새로운 규칙을 추가하면
그 앞에 있는 임의의 규칙을 재정의할 수 있습니다.

바로 그거예요! 정렬된 리스트에 있는 첫 번째 규칙이 승리했으며, 이 규칙의 font-size
속성을 사용하게 됩니다. 이제 좀 더 구체적인 선택자를 어떻게 결정하는지 알아봅시다.

'구체성 게임'에 오신 걸 환영합니다

구체성을 계산하려면 다음과 같이 3가지 숫자 묶음으로 시작해야 합니다.

0 0 0

그리고 나서 다음과 같이 선택자로부터 여러 가지를 집계합니다.

선택자가 id를 갖고 있나요? 각각 1점씩 입니다.

선택자가 클래스 혹은 의사클래스를 갖고 있나요? 각각 1점씩 입니다.

선택자가 요소의 이름을 갖고 있나요? 각각 1점씩 입니다.

0 0 0

예를 들어 h1 선택자는 하나의 요소를 갖고 있으므로 다음과 같이 됩니다.

이것을 1이라고 읽습니다. → **0 0 1**

h1과 h1.blue 둘 모두 하나의 요소를 가지고 있으므로 둘 다 오른쪽 숫자 컬럼이 '1'이 됩니다.

또 다른 예에서 'h1.blue' 선택자는 하나의 요소와 하나의 클래스를 갖습니다. 따라서 다음과 같이 됩니다.

이것을 11 이라고 읽습니다. → **0 1 1**

또한 'h1.blue'는 클래스가 하나 있으므로 중간 숫자 컬럼이 '1'이 됩니다.

선택자에 id를 갖고 있지 않으므로 맨 왼쪽 컬럼은 '0'이 됩니다.

모든 id와 클래스, 그리고 요소를 집계한 후에 숫자가 크면 클수록 그 규칙의 구체적인 정도 즉 구체성은 더 커집니다. 따라서 h1.blue가 11이라는 구체성을 가지므로 1이란 구체성을 가진 h1보다 더 구체적이고 명확하다고 할 수 있습니다.

✏️ 연필을 깎으며

위에 있는 규칙을 사용해서 선택자의 구체성을 손으로 계산해 보세요.

h1.greentea	_____	ol li p	_____	em	_____
p img	_____	.green	_____	span.cd	_____
a:link	_____	#elixirs h1	_____	#sidebar	_____

바보 같은 질문이란 없습니다

Q: 구체성 숫자에서 어떤 숫자가 다른 것보다 큰가요?

A: 실제 숫자와 같습니다. 010(10)은 001(1) 보다 크며, 100(100)은 010(10)보다 큽니다.

Q: h1, h2 같은 규칙은 어떠한가요? 이들의 구체성은 어떻게 되죠?

A: 두 가지 규칙을 분리해서 생각해 봅시다. 'h1' 규칙은 '001'의 구체성을 갖고 있고 'h2' 규칙 또한 '001'의 규칙을 갖고 있습니다.

Q: !important에 관해 더 말해줄 수 있나요?

A: 독자는 다음과 같이 속성 정의 끝에 '!important'를 추가하여 스타일을 재정의 할 수 있습니다.

```
h1 {
    font-size: 200%
!important;
 }
```

위 규칙은 임의의 저자 스타일을 재정의 할 것입니다.

Q: 전 독자의 스타일을 가질 수 없습니다. 그렇다면 캐스케이드가 동작하는 방법을 어떻게 알아내죠?

A: 알아낼 수 없습니다만, 이런 식으로 생각해 보세요. 만약 독자가 여러분의 스타일을 재정의 한다면 여러분의 제어 범위를 넘어서게 됩니다. 따라서 여러분의 스타일을 사용해 원하는 모양대로 페이지를 만드세요. 그리고 독자들이 여러분의 페이지 스타일을 재정의하기로 선택했다면, 자신의 선택에 따른 결과를 얻게 되겠죠(더 나을 수도 있고 나빠질 수도 있겠죠).

모든 것을 합치세요

와! 예제 시간이 되었습니다. 이 <h1> 요소에 대한 color 속성을 알고 싶다고 해 봅시다.

```
<h1 class="blueberry">블루베리 블리스</h1>
```

모든 캐스케이드 단계를 살펴봅시다. ⬅ 이 〈h1〉 요소가 어떻게 보이는지 알아내려고 애쓰고 있어요. 여러분이 브라우저라는 점을 기억하세요.

1단계:

모든 스타일시트를 하나로 모읍니다.

```
h1 {
    color: black;
}
```

브라우저

바로 여러분입니다. (지금 당장은)

```
h1 {
    color: #efefef;
}

h1.blueberry {
    color: blue;
}
```

보통 여러분은 저자(CSS 를 작성하는 사람)입니다만 지금은 브라우저입니다.

저자

```
body h1 {
    color: #cccccc;
}
```

독자

브라우저를 사용하는 사람

2단계:

일치하는 모든 선언을 찾아냅니다.

여기에 color 속성을 포함하고 〈h1〉 요소와
일치되는 모든 규칙이 있습니다.

독자
```
body h1 {
    color: #cccccc;
}
```

브라우저
```
h1 {
    color: black;
}
```

저자
```
h1 {
    color: #efefef;
}

h1.blueberry {
    color: blue;
}
```

3단계:

이제 일치하는 모든 것을 가지고 저자, 독자, 브라우저 순으로
정렬합니다.

저자
```
h1 {
    color: #efefef;
}

h1.blueberry {
    color: blue;
}
```

독자
```
body h1 {
    color: #cccccc;
}
```

브라우저
```
h1 {
    color: black;
}
```

여기서 저자, 독자,
브라우저 순으로
재정렬하고 있습니다.

4단계:

이제 이들이 얼마나 구체적인지에 따라 선언을 정렬합니다. 이를 위해 각각의 구체성 점수를
먼저 계산한 뒤에 규칙을 재정렬 할 필요가 있습니다.

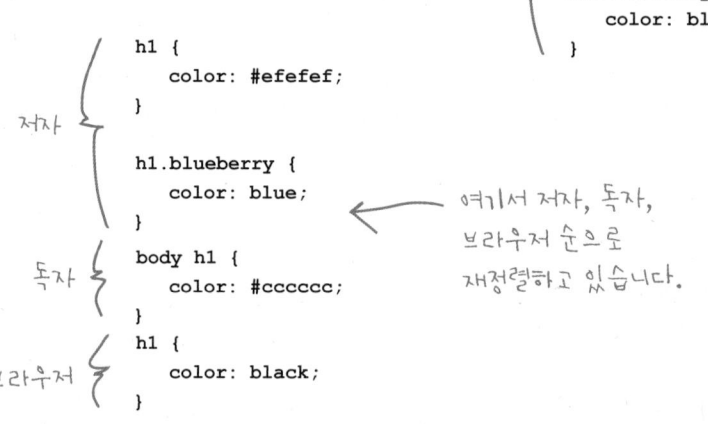

```
h1 {
    color: #efefef;
}
```
0 0 1

```
h1.blueberry {
    color: blue;
}
```
0 1 1

```
body h1 {
    color: #cccccc;
}
```
0 0 2

```
h1 {
    color: black;
}
```
0 0 1

blueberry
클래스에 있는
규칙은 가장
높은 구체성을
가지므로 맨 위로
옮겼습니다.

```
h1.blueberry {
    color: blue;
}
```
0 1 1

```
h1 {
    color: #efefef;
}
```
0 0 1

```
body h1 {
    color: #cccccc;
}
```
0 0 2

```
h1 {
    color: black;
}
```
0 0 1

저자, 독자, 브라우저 범주 안에서만 정렬 하는 것에 주목하세요.
전체 리스트를 재정렬 하거나 혹은 'body h1' 규칙이 저자에 의해
설정된 'h1' 규칙 위로 옮겨가지 않습니다.

5단계:

마지막으로 개별 스타일시트에 나타난 순서에서 충돌하는 규칙을 정렬합니다.

여기까지는 좋습니다. 왜냐하면 이 지점에서는 충돌되는 규칙이 없기 때문입니다. 11점을 획득한 blueberry는 명백한 승자입니다. 만약 11점을 가진 규칙이 두 개라면 가장 마지막에 보이는 규칙이 승자가 될 것입니다.

```css
h1.blueberry {
    color: blue;
}                        저자

h1 {
    color: #efefef;
}

body h1 {
    color: #cccccc;      독자
}

h1 {
    color: black;        브라우저
}
```

승자는…

요소의 첫 번째 선택, 정렬, 또 한 번의 정렬을 거쳐, 구체성에 근거를 두어 계산하니 'h1. blueberry' 규칙이 가장 상위로 올라갑니다. 따라서 <h1> 요소의 color 속성은 파란색이 될 것입니다.

바보 같은 질문이란 없습니다

Q: 그렇다면 다시 한번 정리해보죠. CSS 파일에서 낮을수록 더 높은 우선 순위를 갖는 다는 것은 알겠어요. 그런데 HTML에서 링크 여러 개로 스타일시트를 연결했다면 어떻게 동작하나요?

A: 동일한 CSS 파일인지 아닌지에 상관없이 항상 위에서 아래로 갑니다. 파일이 링크된 순서대로 여러분의 파일에 모든 CSS를 합쳐서 넣으세요. 그것이 계산하는 순서가 됩니다.

Q: 그렇다면 구체적인 정도대로 정렬할 때 모든 것을 다시 정렬하지 않나요?

A: 다시 정렬합니다. 이전에 정렬했던 내용을 정제한다고 생각하세요. 즉, 처음에는 저자, 독자, 브라우저로 정렬합니다. 그리고 나서 그 정렬된 것들 각각에 대한 구체성에 따라 정렬합니다. 그리고 나서 같은 구체성을 가진 요소에 대해 다시 스타일시트 순서에 따라 정렬합니다.

Q: 독자들은 정말로 자신의 스타일시트를 만드나요?

A: 전반적으로는 그렇지 않습니다만, 시각장애인의 경우에는 그렇습니다. 물론 여러분은 모든 것을 만지작거리는 대중들을 대상으로 두고 있지만, 각 독자는 자신들이 보는 방법에 따라 제어하기 때문에, 실제로 여러분의 디자인에서 고려할 필요는 없습니다.

Q: 꼭 기억해야 할 필요가 있는 것은 어느 정도인가요?

A: 여러분은 이 모든 스타일시트가 어떤 식으로 합쳐지는지에 대한 직관력을 키우게 될 텐데, 매일매일이 힘난한 여정이 될 것입니다. 이따금씩 페이지에서 여러분을 압도하는 스타일을 보게 될 텐데, 이럴 때 평소 쌓은 훈련에 의지해야 합니다. 캐스케이드에 대해서도 상세히 파악하게 될 텐데, 그러기 전에 먼저 페이지상에서 벌어지는 현상에 대해 정확히 알게 될 것입니다.

그렇다면 내가 알아내고자 하는 속성값에 대한 속성의 선언을 가진 규칙이 없다면 어떻게 될까요?

아, 좋은 질문입니다. 이에 대해 7장에서 잠시 얘기했었습니다. 만약 여러분이 캐스케이드에서 어떤 규칙에 있는 속성과 일치하는 것을 발견하지 못했다면 상속을 사용하도록 하세요. 그리고 테두리처럼 모든 속성이 상속을 받는 것은 아니라는 점도 기억하세요. 하지만 상속되는 속성(color, font-family, line-height 등)에 대해 브라우저는 해당 요소의 조상을 살펴보며 부모로부터 시작해서 속성값을 찾으려고 합니다. 브라우저가 찾아낸다면 이것이 바로 여러분이 찾는 속성값입니다.

알겠어요. 하지만 그 속성을 상속받지 않거나 조상의 규칙에서 값을 찾을 수 없다면요? 그럼 어떻게 되죠?

그렇게 될 경우 유일하게 남는 것은 브라우저의 스타일시트에서 설정된 기본값에 의존하는 것인데, 모든 브라우저는 모든 요소에 대한 기본 스타일을 갖고 있어야 합니다.

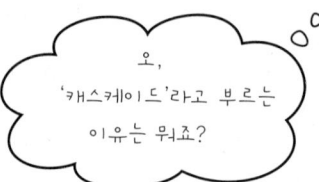

오, '캐스케이드'라고 부르는 이유는 뭐죠?

'캐스케이드'란 이름은, 각 요소에 적용되는 가장 구체적인 스타일과 함께, 여러 스타일시트로부터 나온 스타일이 페이지 안으로 모두 폭포(cascade)수가 쏟아지듯이 들어가는 방식 때문에 붙여졌습니다(만약 캐스케이드라고 부르는 이유가 명확하게 이해가 가지 않더라도 기분 나쁘게 느끼지는 마세요. 그냥 'CSS'라고 부르고 다음으로 넘어가세요).

정지! 다음 장으로 넘어가기 전에
이 연습문제를 풀어보세요!

 브레인 파워

이것은 특별한 브레인 파워입니다. 앞의 내용을 찾아보면서 풀어야 할 정도로
특별합니다. 아래에 여러분이 해야 할 게 있습니다.

1 'lounge.html' 파일을 열고 elixirs ⟨div⟩가 있는 곳을 찾습니다.

2 라운지 로고를 포함한 문단이 바로 밑에 오도록 전체 elixirs ⟨div⟩
구간을 파일의 맨 위로 옮기세요.

3 저장하고 페이지를 다시 열어보세요. 무엇이 변했나요?

4 'lounge.css' 파일을 엽니다.

5 #elixirs 규칙이 있는 곳으로 갑니다.

6 그 규칙의 맨 아래에 다음 선언을 추가하세요.

```
float: right;
```

7 파일을 저장하고 브라우저에서 파일을 다시 열어보세요.

무엇이 변했나요? 이 선언부가 무엇이라고 생각하나요?

 **핵심정리**

- 〈div〉 요소는 논리적인 구간 안으로 서로 연관된 요소가 합쳐져 그룹화되는 데 사용됩니다.

- 논리적인 구간을 생성하는 것은 페이지의 주요 콘텐츠 영역과 머리글, 바닥글을 식별하는 데 도움을 줍니다.

- 평이한 스타일을 필요로 하는 요소를 함께 묶기 위해 〈div〉 요소를 사용할 수 있습니다.

- 스타일링과 명쾌함을 위해 파일에 더 많은 구조를 추가하려면 중첩된 〈div〉 요소를 사용하세요. 하지만 실제로 그럴 필요가 없다면 추가하지 마세요.

- 일단 〈div〉 요소를 가진 콘텐츠의 구간을 합치고, 여러분은 다른 블록 요소에서 했던 것처럼 〈div〉를 꾸밀 수 있습니다. 예를 들어 중첩된 〈div〉에 있는 border 속성을 사용하여 하나의 요소 그룹 주위에 테두리를 추가할 수 있습니다.

- width 속성은 요소의 콘텐츠 영역의 너비를 설정합니다.

- 한 요소의 전체 너비는 콘텐츠 영역의 너비와 패딩, 테두리, 추가한 마진의 너비를 합한 것입니다.

- 일단 요소의 너비를 설정하게 되면 브라우저창의 전체 너비에 맞추기 위해 확장할 필요가 없습니다.

- text-align은 블록 요소의 위치에 대한 속성이며 블록 요소의 모든 인라인 요소를 오른쪽, 왼쪽, 가운데로 지정할 수 있습니다. 이 속성은 하위의 블록 요소에 모두 상속됩니다.

- 다른 요소 내에 중첩된 요소를 선택하기 위해 자손 선택자를 사용할 수 있습니다. 예를 들면 다음과 같은 자손 선택자는

```
div h2 {...}
```

〈div〉 요소에 중첩된 모든 〈h2〉를 선택합니다(자식, 손자 등을 포함해서).

- 연관된 속성을 위해 단축명을 사용할 수 있습니다. 예를 들면 padding-top, padding-right, padding-bottom, 그리고 padding-left는 모두 패딩과 연관된 속성으로, 하나의 단축명 규칙인 padding으로 명시될 수 있습니다.

- 패딩, 마진, 배경, 폰트 속성은 모두 단축명을 사용하여 명시될 수 있습니다.

- 〈span〉 인라인 요소는 〈div〉 요소와 비슷합니다. 연관된 인라인 요소들과 텍스트를 하나로 묶는 데 사용됩니다.

- 〈div〉처럼 클래스를 꾸미기 위해 〈span〉 요소를 클래스(혹은 유일한 id를 가진 〈span〉 요소)에 추가할 수 있습니다.

- 〈a〉 요소는 다른 상태를 가진 요소의 예입니다. 〈a〉 요소의 주요 상태는 unvisited, visited, hover입니다.

- 여러분은 의사클래스를 가지고 이러한 상태를 단독적으로 꾸밀 수 있습니다. 주로 의사클래스는 주로 〈a〉 요소와 함께 사용됩니다. unvisited 링크를 위해서는 :link, visited 링크를 위해서는 :visited, hover 상태를 위해서는 :hover를 사용합니다.

- 의사클래스는 〈a〉를 제외한 다른 요소와 함께 사용할 수 있습니다.

- 추가적인 의사클래스는 :hover, :active, :focus, :first-child, :last-child 의사클래스입니다.

 **HTML 십자 퍼즐은 휴가 중**

슈퍼 브레인 파워를 계속 진행할 수 있도록 이 장에서는 HTML 십자 퍼즐에 휴가를 주었습니다. 걱정하지 마세요. 다음 장에서는 돌아올 거예요.

연필을 깎으며 정답

여기에 모든 너비가 표시된 박스가 있습니다. 전체 박스의 너비는 얼마일까요? 여기 정답이 나와 있군요.

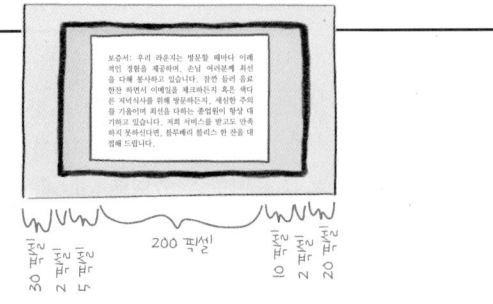

$$30 + 2 + 5 + 200 + 10 + 2 + 20 = 269픽셀$$

연필을 깎으며 정답

이제 여러분은 너비에 대해 충분히 이해했습니다. 그럴 음료 박스의 전체 너비는 얼마나 될까요? 우선 우리는 콘텐츠 영역이 200픽셀이라는 것을 알고 있습니다. 또한 전체 너비에 영향을 주는 왼쪽과 오른쪽의 패딩의 너비와 테두리가 'thin'으로 설정되었다는 것도 알고 있습니다. 대부분 브라우저의 설정값과 같이 'thin' 테두리는 두께가 1픽셀이라고 가정합시다. 그러면 마진은 어떨까요? 왼쪽 마진값만 설정했고, 오른쪽 마진값은 없으므로 오른쪽 마진은 디폴트로 0픽셀이라고 가정합시다.

여러분의 임무는 elixirs 〈div〉의 전체 너비를 계산하는 것입니다. 여기 정답이 나와 있군요.

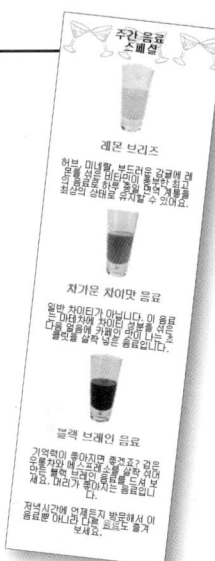

$$20 + 20 + 200 + 1 + 1 + 0 + 20 = 262$$

연필을 깎으며 정답

여러분 차례입니다. elixirs 〈div〉 내부에 있는 〈h3〉 요소만 선택하는 선택자를 작성하세요. 여러분의 규칙에 color 속성값을 #d12c47로 설정하세요. 또한 아래 그림에서 선택된 요소를 표시해 보세요. 아래에 정답이 나와 있습니다.

```
#elixirs h3 {
    color: #d12c47;
}
```

여기 규칙이 있네요. elixirs id를 가진 요소의 〈h3〉 자손을 선택하고 있네요. 그래프가 어떻게 보이는지 나와 있습니다.

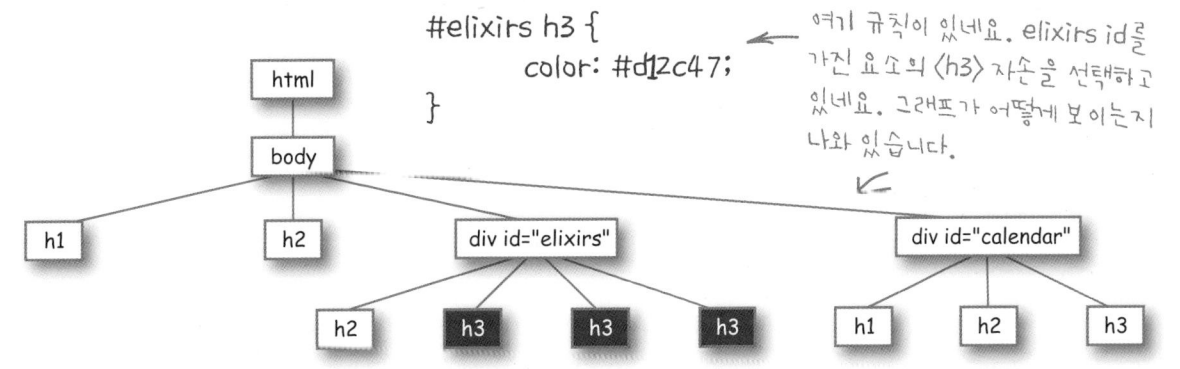

연습문제 정답

여러분의 모든 지식을 활용하여 일할 때가 되었습니다. 라운지의 맨 밑부분을 주목하세요. 거기에는 페이지의 바닥글 역할을 하는 저작권 정보를 가진 작은 구간이 있는데, 이에 대한 논리적인 구간을 만들 수 있도록 〈div〉를 추가하세요. 추가한 뒤에 아래에 있는 속성을 이용해 꾸며보세요.

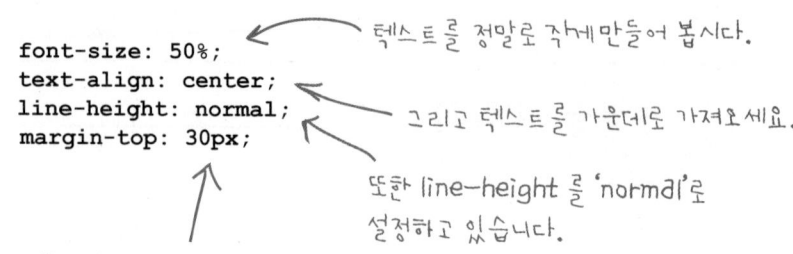

```
font-size: 50%;
text-align: center;
line-height: normal;
margin-top: 30px;
```

텍스트를 정말로 작게 만들어 봅시다.

그리고 텍스트를 가운데로 가져오세요.

또한 line-height 를 'normal'로 설정하고 있습니다.

그리고 바닥글에 숨쉴 공간을 주기 위해 위쪽에 마진을 약간 추가하세요.

저작권 정보 주위에 〈div〉 태그를 위치시킵니다.

그리고 id 이름을 'footer'라고 줍니다.

```
<div id="footer">

  <p>

    &copy; 2012, 헤드 퍼스트 라운지<br>
    이 사이트에 있는 모든 상표와 등록 상표는
    각 소유자들의 자산입니다.

  </p>

</div>
```

더 나은 정답은 〈p〉를 〈small〉로 변경하는 것인데, 이는 '작은 글씨체(small print)'를 위해 설계된 요소입니다. 직접 한번 해 보세요.

그리고 여기에 footer를 위한 CSS 가 있습니다.

```
#footer {
    font-size: 50%;
    text-align: center;
    line-height: normal;
    margin-top: 30px;
}
```

연필을 깎으며
정답

여러분의 임부는 추천 음악의 나머지 부분에 〈span〉 요소를 추가해서 마무리하고 페이지를 테스트하는 것입니다. 아래에 정답이 나와 있습니다.

```
<ul>
<li><span class="cd">Buddha Bar</span>,
    <span class="artist">Claude Challe</span></li>
<li><span class="cd">When It Falls</span>,
    <span class="artist">Zero 7</span></li>
<li><span class="cd">Earth 7</span>,
    <span class="artist">L.T.J. Bukem</span></li>
<li><span class="cd">Le Roi Est Mort, Vive Le Roi!</span>,
    <span class="artist">Enigma</span></li>
<li><span class="cd">Music for Airports</span>
    <span class="artist">Brian Eno</span></li>
</ul>
```

라운지 제공 음악

라운지에서 어떤 음악을 들려주는지 자주 문의를 받고 있는데, 궁금해할 필요가 없습니다. 항상 최상의 음악을 제공하고 있습니다. 여러분을 위한 노래제목이 여기 있군요. 일주일에 한 번씩 갱신됩니다.

- *Buddha Bar,* **Claude Challe**
- When It Falls, Zero 7
- Earth 7, L.T.J. Bukem
- Le Roi Est Mort, Vive Le Roi!, Enigma
- Music for Airports, Brian Eno

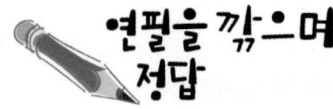

연필을 깎으며 정답

여러분의 임무는 라운지에 있는 '상세 약도' 링크에 스타일을 약간 주는 것입니다. 음료 링크처럼 방문되지 않은 모든 링크는 남청색으로, 방문된 모든 링크는 회색으로 만드세요. 하지만 라운지에 있는 다른 링크에는 hover 스타일을 적용하지 마세요. 이 스타일은 음료 페이지에서 유일한 것입니다. 그렇다면 어떻게 해야 그렇게 될까요? 아래의 빈칸에 '상세 약도' 링크에 해당하는 스타일을 채우세요. 그리고 나중에 라운지에 추가할 다른 링크에도 이 스타일을 적용하세요. 아래에 정답이 나와 있습니다.

<u>a:link</u> { <u>color</u> : #007e7e; }
<u>a:visited</u> { <u>color</u> : #333333; }

연필을 깎으며 정답

캐스케이드 규칙을 사용해서 이 선택자의 구체성을 손으로 계산해 보세요. 아래에 정답이 나와 있습니다.

h1.greentea	0 1 1	ol li p	0 0 3	em	0 0 1
p img	0 0 2	.green	0 1 0	span.cd	0 1 1
a:link	0 1 1	#elixirs h1	1 0 1	#sidebar	1 0 0

11 레이아웃과 포지셔닝

요소 정렬하기

새로운 기법으로 HTML 요소를 가르칠 시간이 되었습니다.

이젠 HTML 요소를 가만히 쉬고 있도록 내버려 두지 않을 것입니다. 이제 일어나서 실제 레이아웃이 있는 페이지를 생성하는 것을 도와야 할 때가 되었습니다. 어떻게 도울까요? 여러분은 〈div〉와 〈span〉의 구조적인 요소에 대한 직관력이 좋아졌으며, 박스 모델이 어떻게 동작하는지 모는 것을 알고 있습니다. 그렇죠? 그럼, 이제 실질적으로 정교한 디자인을 하기 위해 이 모든 지식을 활용할 때가 되었습니다. 지금 단지 배경과 폰트 색깔에 관해 더 얘기하려는 것이 아니라 여러 개의 칸(컬럼)으로 구성된 레이아웃을 사용하는 완전히 전문적인 디자인에 관해 얘기하고 있는 것입니다. 이 장에서 지금까지 여러분이 배웠던 내용을 모두 활용할 수 있을 거예요.

슈퍼 브레인 파워 문제를 풀었나요?

앞 장의 끝부분에서 슈퍼 브레인 파워 문제를 풀지 않았다면 다시 돌아가서 풀어 보세요. 꼭 필요한 내용입니다.

앞 장 끝부분에서 여러분을 어려운 상황에 처하게 놔두었었죠. 우리는 여러분에게 로고 밑에 있는 elixirs <div>를 위로 옮기고 다음과 같이 CSS에 있는 elixirs 규칙에 작은 속성을 추가하라고 요청했었습니다.

```
float: right;
```

와, 하나의 속성이 만들어낸 차이 좀 보세요! 꽤 평범하게 보이던 웹 페이지가 갑자기 두 개의 컬럼으로 나누어져서 비범하게 보이는 웹 페이지로 변했군요. 눈으로 보기에도 더 읽기 쉽고 편하게 보입니다.

도대체 어떤 마술을 부린 걸까요? 어떻게 순진하게 보이는 작은 속성이 그런 큰 효과를 주었을까요? 그리고 우리의 페이지를 좀 더 흥미롭게 만드는 데 이 속성을 사용할 수 있을까요? 물론입니다. 이 책은 헤드 퍼스트입니다. 하지만 먼저 여러분은 브라우저가 페이지에서 요소를 어떻게 배치하는지 배워야 할 필요가 있습니다. 일단 이 내용을 알게 되면 우리는 레이아웃을 변경할 수 있는 모든 방법과 페이지에서 어떤 식으로 요소를 위치시키는지에 관해 논의를 시작할 수 있을 거예요.

좋은 소식이 있습니다. 여러분은 이미 블록 요소와 인라인 요소에 관한 모든 것을 알고 있으며, 심지어는 박스 모델도 알고 있습니다. 이 내용은 브라우저가 페이지를 병합하는 방법에 관한 실질적인 기초가 될 것입니다. 이제 여러분은 브라우저가 페이지에 있는 모든 요소를 어떤 식으로 가져와 어디에 배치할 것인지 결정하는 방법을 정확히 알기만 하면 됩니다.

플로우를 사용하거라, 루크

플로우는 CSS 마스터가 자신의 힘을 준 것으로, 살아있는 모든 것에 의해 창조되는 에너지장입니다. 이것은 우리를 둘러싸고 있으며, 우리 깊숙이 스며들어 있습니다. 이것은 모든 은하를 하나로 묶을 것이며... 오, 미안합니다.

플로우는 브라우저가 HTML 요소를 페이지에 배치하는 데 사용하는 것입니다.

브라우저는 HTML 파일의 최상단에서 출발해, 위에서 아래로 요소의 흐름을 따라가면서 마주치는 요소를 보여줍니다. 그리고 블록 요소를 고려해 블록 요소 사이사이에 라인 브레이크를 넣습니다. 따라서 문서에 있는 첫 번째 요소가 맨 처음에 나타나고, 그다음에 라인 브레이크, 그다음엔 두 번째 요소가 따라오며, 그다음 라인 브레이크가 오는데 이런 식으로 브라우저는 HTML 파일의 위에서 아래로 요소를 보여줍니다. 이를 플로우(flow, 흐름)라고 합니다.

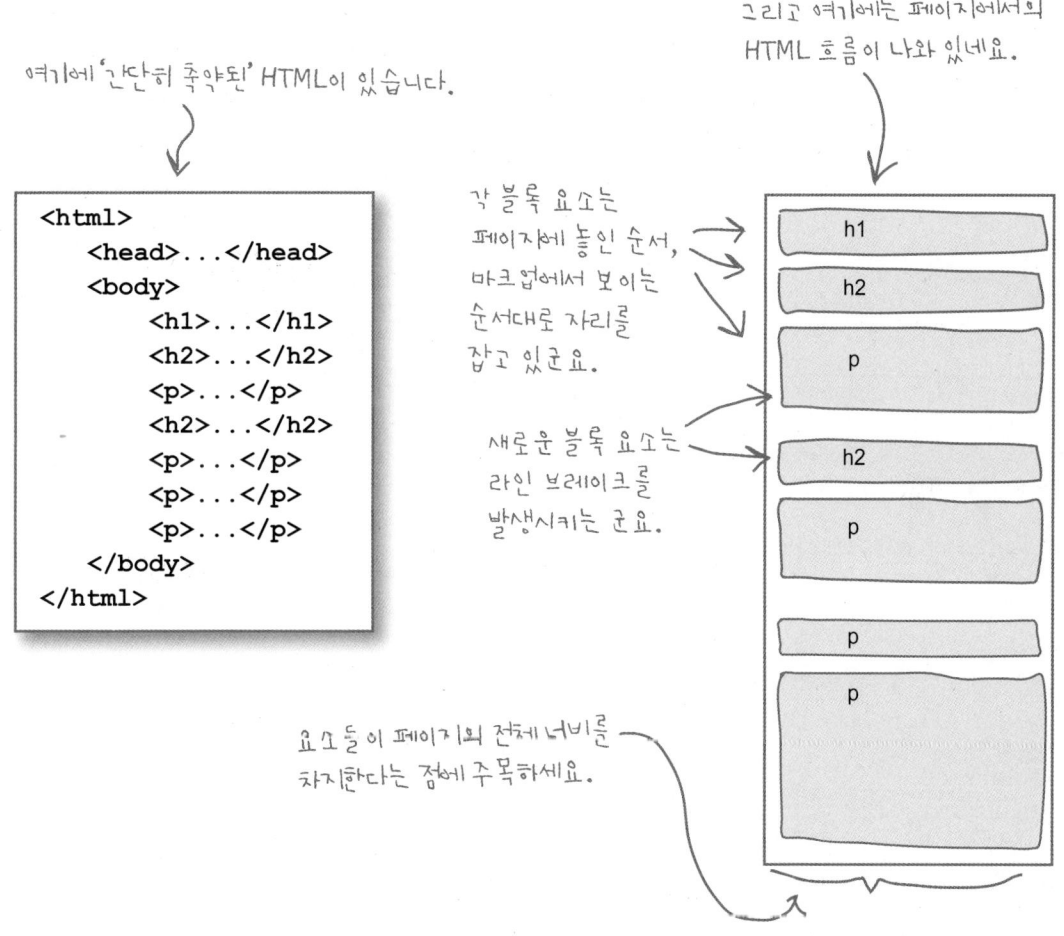

그리고 여기에는 페이지에서의 HTML 흐름이 나와 있네요.

여기에 '간단히 축약된' HTML이 있습니다.

각 블록 요소는 페이지에 놓인 순서, 마크업에서 보이는 순서대로 자리를 잡고 있군요.

새로운 블록 요소는 라인 브레이크를 발생시키는 군요.

요소들이 페이지의 전체 너비를 차지한다는 점에 주목하세요.

```
<html>
    <head>...</head>
    <body>
        <h1>...</h1>
        <h2>...</h2>
        <p>...</p>
        <h2>...</h2>
        <p>...</p>
        <p>...</p>
        <p>...</p>
    </body>
</html>
```

여기에 페이지가 있습니다.
'lounge.html'에 있는 블록 요소로
흐름을 만들어 보세요.

브라우저가 되어 봅시다!

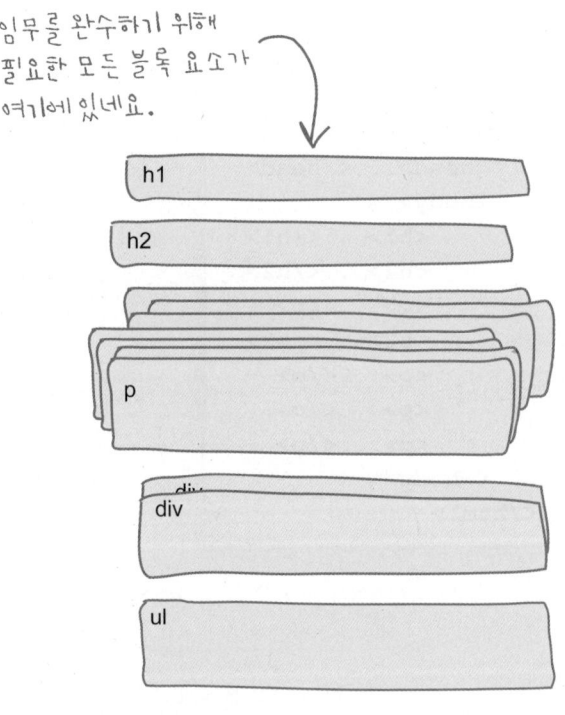

'lounge.html' 파일을 열고 모든 블록 요소를 찾은 다음, 왼쪽에 있는 빈칸 페이지에 요소의 흐름을 만들어 보세요. body 요소 내부에 직접 중첩된 블록 요소에 집중하세요. 또한 여러분은 CSS에 있는 'float' 속성은 무시해 버릴 수 있습니다. 왜냐하면 아직까지 이것의 용도를 모르기 때문이죠. 다음 페이지로 넘어가기 전에 여러분의 답을 체크해 보세요.

임무를 완수하기 위해
필요한 모든 블록 요소가
여기에 있네요.

h1

h2

p

div

ul

인라인 요소는 어떻게 하죠?

블록 요소는 위에서 아래로 흐르고 사이사이에 라인 브레이크가 들어갑니다. 이것만 알아도 충분합니다. 그렇다면 인라인 요소는 어떨까요?

인라인 요소는 수평 방향으로, 왼쪽에서 오른쪽으로 서로 바짝 붙어서 흐릅니다. 여기에 어떻게 동작하는지 나와 있습니다.

여기 또 다른 HTML이 있군요.

```
<p>
저녁시간에 <em>언제든지</em> 방문해서
이 음료뿐 아니라 다른
<a href="beverages/elixir.html"
title="헤드 퍼스트 라운지 음료">
음료</a>도 즐겨보세요.
</p>
```

이 ⟨p⟩ 요소의 인라인 콘텐츠를 가져와 페이지에 흘려 보낼 경우, 왼쪽 상단에서 출발합니다.

인라인 요소는 오른쪽에 들어갈 공간이 있으면 수평 방향으로 서로 옆으로 붙어 배치됩니다.

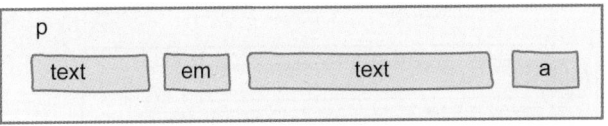

여기, 모든 인라인 요소를 수평으로 채울 공간이 있습니다. 텍스트는 인라인 요소의 특별한 경우라는 점에 주목하세요. 브라우저는 주어진 공간에 맞추려고 텍스트를 적당한 크기로 잘라 인라인 요소 안으로 집어 넣습니다.

그렇다면 브라우저창 너비를 좀 더 좁게 하거나, width 속성을 사용하여 콘텐츠 영역의 크기를 줄인다면 어떻게 될까요? 이렇게 하면 인라인 요소를 놓을 공간이 부족해집니다. 어떻게 되는지 한번 살펴보도록 하죠.

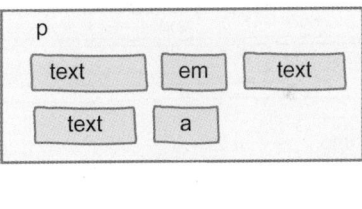

콘텐츠는 여유 공간이 없어질 때까지 왼쪽에서 오른쪽으로 흘러가고, 다음 줄로 넘어갑니다. 보기 좋게 맞추려고 브라우저가 텍스트를 잘라낸다는 점을 염두에 두세요.

그리고 콘텐츠 영역을 더 좁게 하면 어떻게 될까요? 브라우저는 이 좁은 공간에 콘텐츠를 흘려 넣으려고 필요한 만큼 줄(라인)을 만들어 냅니다.

모두 함께 동작하는 방법

이제 블록과 인라인 요소가 어떤 식으로 흘러가는지 알고 있으니 이를 합쳐 봅시다. 우리는 제목, 문단과 span, 몇 가지 강조 요소, 심지어 이미지 같은 인라인 요소가 있는 전형적인 페이지를 사용할 것입니다. 그리고 인라인 텍스트도 빼놓으면 안되겠죠?

브라우저창의 너비를 줄이고, 모든 콘텐츠를 쥐어짜서 밀어 넣고 있군요.

일부 구간에서 인라인 요소가 더 많은 줄을 차지하고 있음에도 불구하고, 모두 같은 방식으로 흘러갑니다.

꽤 넓은 너비로 조정된 브라우저창으로 시작하는군요.

각 블록 요소는 여러분이 예상했던 대로 위에서 아래로 흘러가는데, 사이에 라인 브레이크가 있습니다.

그리고 인라인 요소는 요소 콘텐츠 영역의 왼쪽 상단에서 오른쪽 하단으로 흘러 갑니다.

각 블록의 인라인 콘텐츠가 콘텐츠 영역의 너비와 맞으면 이곳에 그대로 있습니다. 맞지 않으면 수직으로 공간을 더 만들어 냅니다.

인라인 콘텐츠가 수평 방향으로 좁아진 공간에 맞춰 들어가야 하기 때문에 블록 요소는 수직으로 더 많은 공간을 차지합니다.

플로우와 박스에 관해 한 가지 더 알아야 할 사항

브라우저가 블록과 인라인 요소를 배치하는 방법에 대한 또 다른 한 가지 측면을 더 살펴봅시다. 밝혀진 바에 따르면 브라우저는 페이지에 자리잡고 있는 요소의 유형에 따라 마진을 다른 방식으로 처리한다고 합니다.

브라우저가 두 개의 인라인 요소를 인접해 배치할 때

브라우저가 마진이 있는 두 개의 인라인 요소를 나란히 놓는 임무를 맡았다면, 브라우저는 여러분의 예상대로 행동할 것입니다. 즉 브라우저는 두 요소의 마진 모두를 처리하기 위해 두 요소 사이에 충분한 공간을 생성합니다. 따라서 왼쪽 요소의 마진이 10픽셀이고 오른쪽이 20픽셀이라면 두 요소 사이의 공간은 30픽셀이 됩니다.

마진   마진

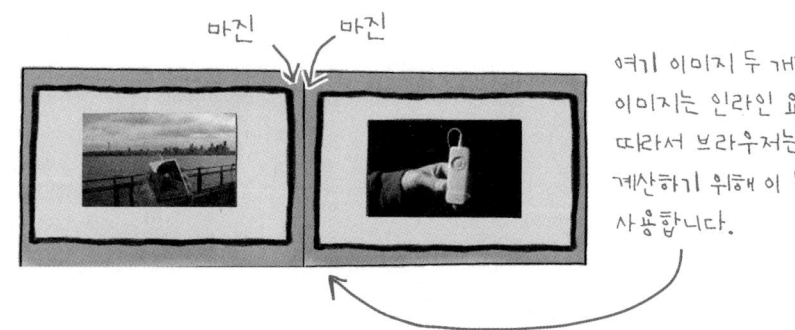

여기 이미지 두 개가 나란히 있군요. 이미지는 인라인 요소입니다. 맞죠? 따라서 브라우저는 이미지 사이 공간을 계산하기 위해 이 두 이미지의 마진을 사용합니다.

브라우저가 두 개의 블록 요소를 위아래로 겹쳐 놓을 때

여기에 좀 더 흥미로운 내용이 있습니다. 브라우저가 두 개의 블록 요소를 위아래로 겹쳐 놓으면 브라우저는 이들이 공유하고 있는 마진을 합쳐 버립니다. 합쳐진 마진의 높이는 둘 중에서 큰 마진의 높이가 적용됩니다.

브라우저가 두 개의 블록 요소를 위 아래로 겹쳐 놓을 때 이들의 마진은 합쳐지는군요.

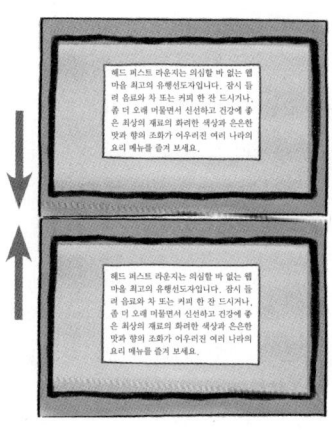

이 두 요소가 공유한 마진은 두 마진 중 더 큰 것의 크기가 됩니다. 위에 있는 요소의 아래쪽 마진이 10 픽셀이고, 밑에 있는 요소의 위쪽 마진이 20픽셀이라고 한다면 합쳐진 마진은 20 픽셀이 됩니다.

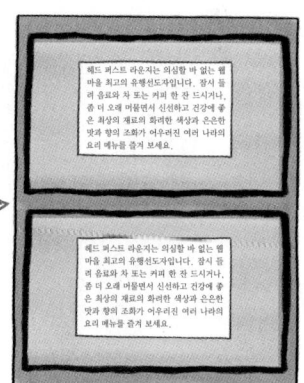

바보 같은 질문이란 없습니다

Q: 마진이 0인 블록 요소가 있고, 그 밑에 있는 다른 블록 요소의 위쪽 마진이 20이라면, 이들 사이의 마진 크기는 결국 20이 되나요?

A: 맞습니다. 만약 마진 중 하나가 더 크다면 하나가 0이더라도 둘 중에 큰 것이 최종 마진이 됩니다. 하지만 두 마진이 10픽셀로 동일하다면 10픽셀로 함께 합쳐집니다.

Q: 인라인 요소도 정말 마진을 가질 수 있나요?

A: 여러분이 인라인 요소의 마진을 자주 설정하지 않는다 하더라도 인라인 요소는 마진을 가질 수 있습니다. 한 가지 예외가 있는데 바로 이미지입니다. 이미지의 경우 항상 마진뿐만 아니라 패딩과 테두리도 설정합니다. 이 장에서는 아직 인라인 요소에 마진을 설정한 적이 없지만, 조금 후에 인라인 요소에 테두리를 설정하는 것을 볼 수 있을 거예요.

Q: 한 요소가 다른 요소를 중첩하고 있는데, 두 요소 모두 마진을 가지고 있다면 어떻게 되죠? 이 두 요소의 마진도 통합되나요?

A: 네. 가능한 일이죠. 이럴 때 마진을 계산하는 방법은 이렇습니다. 두 개의 마진이 수직으로 붙어있으면 한 요소가 다른 요소 안으로 중첩되더라도 마진은 항상 합쳐질 것입니다. 바깥쪽에 있는 요소에 테두리가 있는데 마진을 절대 건들지 않는다면, 합쳐지지 않을 것이란 점에 주목하세요. 하지만 테두리를 제거하면 합쳐질 것입니다. 이런 상황을 처음 보게 되면 종종 당황스럽게 느낄 수 있으므로, 위에서 설명한 내용을 숙지하고 계세요.

Q: 텍스트는 요소가 아닌데 어떻게 정확히 인라인 요소처럼 동작하는 건가요?

A: 비록 콘텐츠가 텍스트더라도 브라우저는 페이지로 텍스트를 흘려보내야만 합니다. 맞죠? 따라서 브라우저는 주어진 줄(라인)에 맞게 배치되도록 텍스트 수를 계산해서 마치 인라인 요소인 것처럼 텍스트를 처리합니다. 브라우저는 심지어 텍스트 주위에 아주 작은 박스를 생성합니다. 여러분도 알겠지만, 페이지 크기를 조정하면 텍스트가 콘텐츠 영역 내로 맞춰지듯이 모든 블록도 크기가 변할 것입니다.

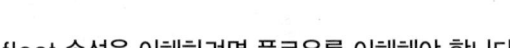

'플로우'를 언급하고 7페이지나 지나왔는데, CSS 파일에 넣을 한 가지 작은 속성에 대해 언제쯤 설명해 주실 건가요? 바로 float: right; 말이에요.

float 속성을 이해하려면 플로우를 이해해야 합니다.

`float`가 하나의 작은 속성에 불과할지 모르지만, 동작 방식은 브라우저가 페이지상에서 요소와 콘텐츠를 흘러가게 하는 방법과 밀접하게 연관되어 있습니다. 여러분도 이 내용을 알고 있으니 이제 `float`에 대해 설명할 수 있겠군요.

간단하게 설명하면 `float` 속성은 한 요소를 가져와 가능한 한 멀리, 왼쪽 혹은 오른쪽으로 떠오르게(float) 합니다(`float` 속성값에 따라). 그리고 나서 이 요소 아래에 있는 모든 콘텐츠를 주위로 흘려 보냅니다. 좀 더 자세히 살펴보도록 하죠.

요소를 뜨게 하는 방법

요소를 어떻게 뜨게 만드는지 예제를 통해서 단계별로
알아보고 나서, 페이지의 흐름과 어떤 관계가 있는지
살펴보도록 하죠.

먼저 id를 부여하세요.

문단 중 하나를 골라 id를 부여하세요. 이 문단을 '
떠 있는 놀라운 문단'이라고 부르고 싶지만, 간단히
'놀라운 문단'이라고 부르겠습니다.

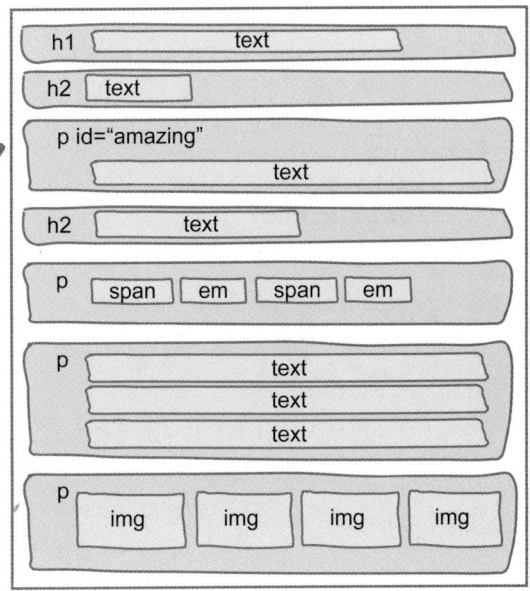

이제 너비를 설정하세요.

떠 있는 요소에 너비를 설정해야 합니다. 문단 너비를 200픽셀로
설정해야 하는데, 여기 규칙이 나와 있군요.

```
#amazing {
    width: 200px;
}
```

이제 이 문단의 너비는 200픽셀이고,
이 너비에 맞춰 인라인 콘텐츠도 변경됐군요.
문단도 하나의 블록 요소이고 모든 블록 요소
사이에는 라인 브레이크가 있기 때문에 다른
어떤 요소도 이 문단을 제치고 위로 올라가지
못한다는 사실을 명심하세요.

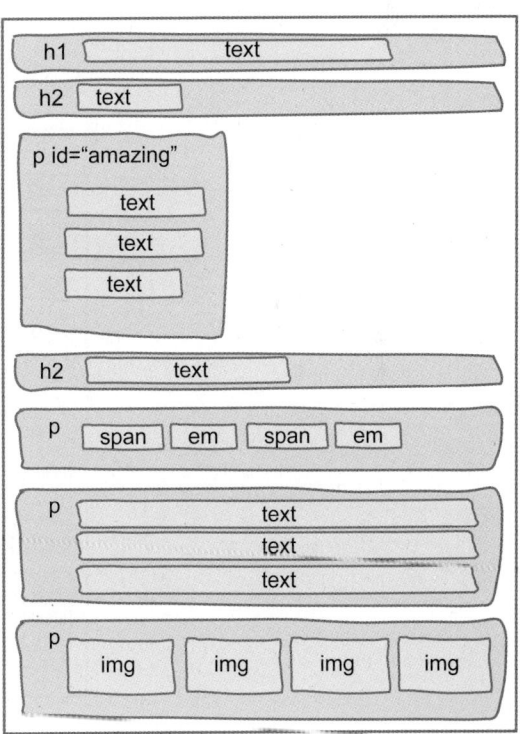

•이제 떡우세요.

이제 `float` 속성을 추가해 봅시다. `float` 속성은 왼쪽 혹은 오른쪽 어느 곳에도 설정할 수 있습니다. 오른쪽으로 설정해 봅시다.

```
#amazing {
    width: 200px;
    float: right;
}
```

'amazing' 문단을 뜨게 했으니 브라우저가 이 문단과 페이지에 있는 다른 것을 어떻게 흐르게 하는지 차근차근 살펴보도록 하죠.

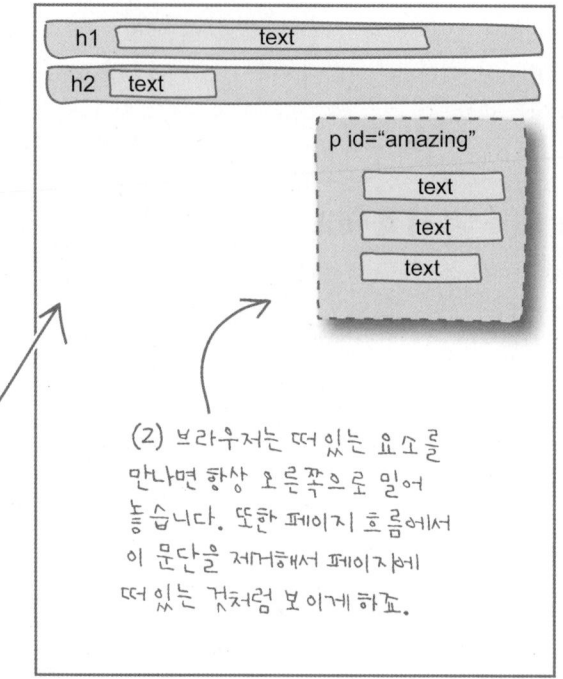

(1) 먼저 브라우저는 평소와 다름없이 페이지에 있는 요소를 파일의 맨 상단에서 시작해 아래로 이동하며 흘려 보냅니다.

(2) 브라우저는 떠 있는 요소를 만나면 항상 오른쪽으로 밀어 놓습니다. 또한 페이지 흐름에서 이 문단을 제거해서 페이지에 떠 있는 것처럼 보이게 하죠.

(3) 떠 있는 문단이 일반적인 흐름에서 제거되었기 때문에, 마치 이 문단이 그 자리에 있지 않는 양, 다른 블록 요소가 그 자리를 채우고 있습니다.

(4) 하지만 그 자리에 인라인 요소가 위치를 잡을 경우, 떠 있는 요소의 경계를 존중해서 이 요소 주위로 흘러 갑니다.

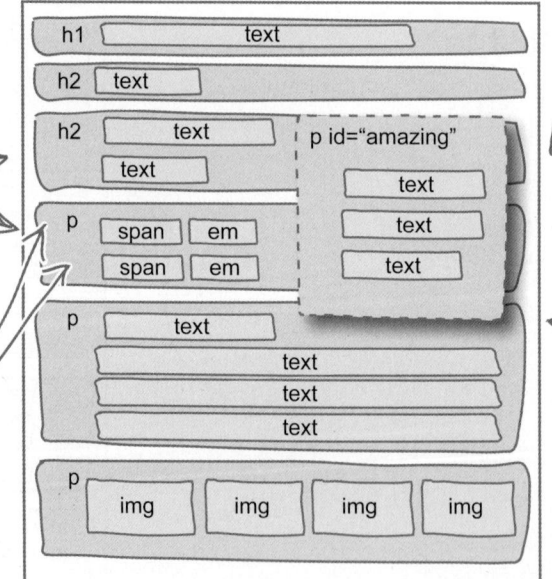

블록 요소는 떠 있는 요소의 밑에 자리잡고 있다는 점을 주목하세요. 떠 있는 요소는 더 이상 일반적 흐름의 일부가 아니기 때문입니다.

하지만 인라인 요소가 블록 요소 안에서 흐르면, 인라인 요소는 떠 있는 요소의 경계 주위로 흘러 갑니다.

라운지 무대 뒤에서는

이제 여러분은 플로우에 관한 모든 것과 떠 있는 요소가
페이지에서 어떤 식으로 자리 잡는지 알고 있습니다. 이제
라운지를 다시 살펴보고, 이 모든 것이 어떻게 맞물려가는지
알아보도록 하죠.

elixirs 〈div〉를 오른쪽에
떠 있게 설정했고, 게다가 elixirs 〈div〉
를 페이지 상단에 있는 로고 바로 밑으로
옮겨놨다는 점을 기억하세요.

elixirs 〈div〉를 움직이도록 하면 그것을 오른쪽으로
떠 있게 하고 나서 그것 주위로 전체페이지를 흐르게
합니다. 만약 추천 음악 코너 아래에 elixirs 〈div〉를
남겨놨더라면, elixirs 〈div〉는 페이지의 요소 대부분이
자리를 잡은 후에야 뜨게 될 것입니다.

HTML에서 여기 있는
모든 요소는 음료를 따라가면서
음료 주위로 흘러 갑니다.

음료(elixirs)는 페이지의 맨 위에 떠
있다는 점을 기억하세요. 다른 모든
요소는 음료 밑에 있지만 페이지로
흘러 들어갈 때 인라인 콘텐츠는
음료의 경계를 침범하지 않는군요.

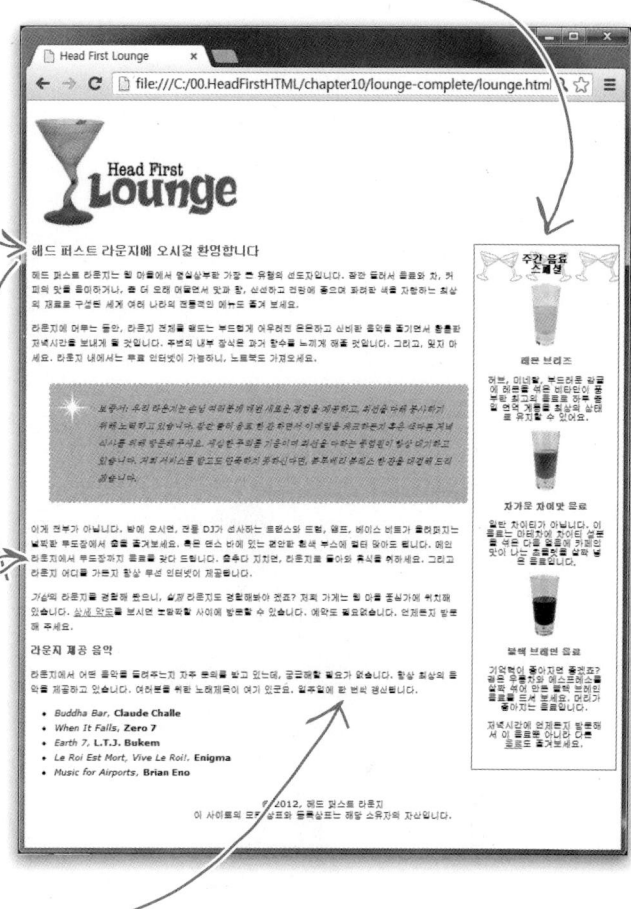

이 텍스트가 길어지면 음료의 아래쪽 주변을 둘러
싸게 됩니다. 왜냐하면 이 텍스트는 페이지의 너비
역할을 하는 블록 요소에 포함되어 있기 때문입니다.
브라우저창을 좁혀가면 이 텍스트가 음료의 하단부를
둘러싸는 현상을 볼 수 있을 거예요.

연습문제

elixirs ⟨div⟩를 원래의 위치인 추천 음악 코너 밑으로 되돌려 놓고 나서 저장한 후 페이지를 다시 열어 보세요. 지금 요소가 떠 있는 곳은 어디인가요? 이 장의 뒷부분에서 여러분의 답을 확인해 본 뒤 elixirs⟨div⟩를 머리글 밑으로 다시 옮겨 놓으세요.

아주 좋아요. 이렇게 환상적인 라운지 디자인을 지켜보면서, 스타버즈를 가만히 놔둘 것으로 생각했나요? 당신은 백지 수표를 받았습니다. 스타버즈도 한 단계 더 개선시켜 보세요.

새로운 숙제를 받은 것 같군요. 사실 스타버즈에 몇 가지 개선할 것이 있긴 합니다. 물론 여러분은 전형적인 웹 페이지를 만드는 작업을 훌륭하게 완수했습니다만, 이제는 플로우에 관해 알고 있으니 스타버즈 커피 페이지를 기존보다 좀 더 사용자 친화적인 디자인으로 변모시킬 수 있을 거예요.

그런데 여러분께 알려드릴 한 가지 작은 비밀이 있습니다. 이를 위해 미리 작업을 좀 해두었습니다. 스타버즈 사이트의 수정 버전을 만들었거든요. 따라서 여러분이 할 일은 모든 레이아웃을 제공하는 것입니다. 하지만 걱정하지 마세요. 지금까지 했던 모든 작업에 속도를 낼 것입니다. 여러분이 모르는 내용은 전혀 없습니다.

새로운 스타버즈

아래 보이는 페이지를 보면서 지금까지 했던 작업을
간단히 살펴봅시다. 그러고 나서 마크업과 CSS도
간단히 살펴보도록 하죠.

세련된 스타버즈 로고와 회사 사명이 있는 머리글이 있는데,
이는 실제 GIF 이미지입니다.

총 4개의 구간이 있군요.
머리글, 주 콘텐츠, '커피공장'
이라는 새로운 광고와 바닥글이
있네요.

각 구간은 독립적으로 꾸밀 수 있는
하나의 <div>입니다.

전체적으로 페이지 배경색은
하나인 것처럼 보이는데,
각 <div>는 배경으로 이미지를
사용하고 있네요.

여기가 '커피공장' 부분입니다.
이 링크는 커피 빈을 온라인으로 주문할 수
있는 스타버즈 커피의 새로운 사업입니다.
'커피공장' 페이지는 뒷장에서 만들 것이기
때문에 링크는 아직 작동하지 않습니다.

여기가 바닥글입니다.
배경 이미지를 사용하지
않고 배경색만 사용하고
있네요.

밑줄이 점선 형태군요.
아주 흥미로운 방법으로
링크를 만들었군요.

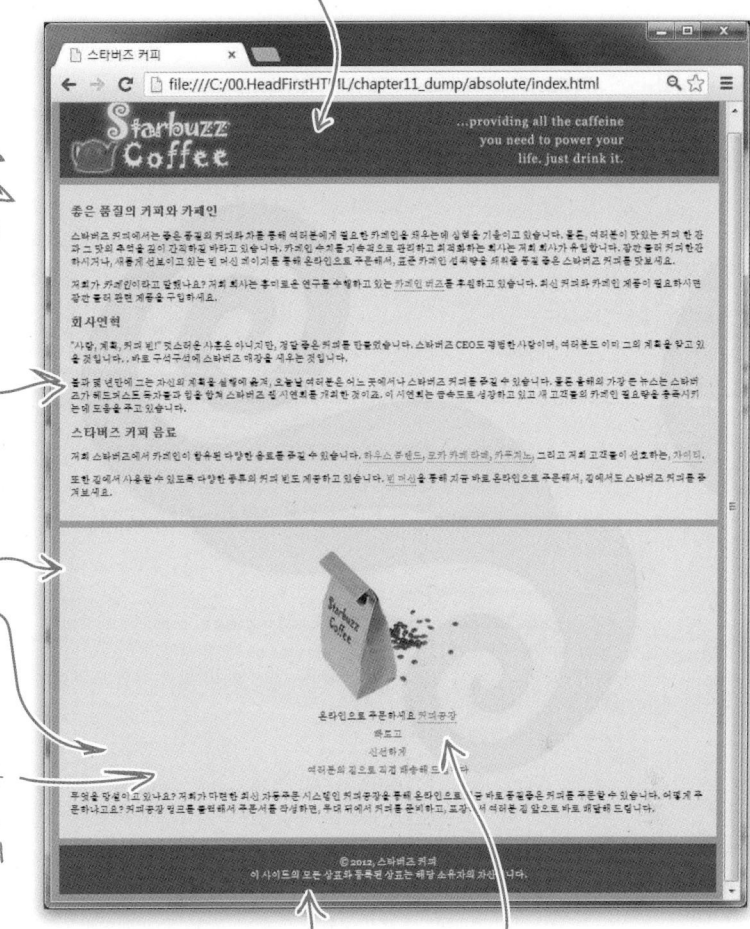

마크업 살펴보기

이제 새로운 스타버즈 마크업을 살펴봅시다. 논리적인 구간으로 분리해서 이들 각각을 자신의 id를 가진 하나의 \<div> 안에 집어넣었습니다. \<div>와 \<span> 외에는 5장에서 배웠던 내용을 벗어나지 않습니다. 한 번 쭉 훑어보고 구조를 눈에 익힌 후 페이지를 넘겨 CSS 스타일도 살펴보세요.

여기에 일반적인 HTML 선언부가 있습니다.

```html
<!DOCTYPE html>
<html>
<head>
    <meta charset="utf-8">
    <title>스타버즈 커피</title>
    <link type="text/css" rel="stylesheet" href="starbuzz.css">
</head>
<body>
```

머리글에 대한 \<div>와 주요 콘텐츠 영역에 대한 \<div>가 그 뒤를 따르고 있습니다.

```html
    <div id="header">
        <img src="images/header.gif" alt="Starbuzz Coffee header image">
    </div>

    <div id="main">
        <h1>좋은 품질의 커피와 카페인</h1>
        <p>
            스타버즈 커피에서는 좋은 품질의 커피와 차를 통해 여러분에게 필요한 카페인을 채우는 데
            심혈을 기울이고 있습니다. 물론, 여러분이 맛있는 커피 한 잔과 그 맛의 추억을 깊이 간직하길
            바라고 있습니다. 카페인 수치를 지속적으로 관리하고 최적화하는 회사는 저희 회사가 유일합니다.
            잠깐 들러 커피 한 잔 하시거나, 새롭게 선보이는 '커피공장' 페이지를 통해 온라인으로 주문해서,
            표준 카페인 섭취량을 채워줄 품질 좋은 스타버즈 커피를 맛보세요.
        </p>
        <p>
            저희가 <em>카페인</em>이라고 말했나요? 저희 회사는 흥미로운 연구를 수행하고 있는
            <a href="http://buzz.wickedlysmart.com" title=" 버즈에서 카페인에 대한
            모든 내용을 읽어보세요.">카페인 버즈</a>를 후원하고 있습니다.
            최신 커피와 카페인 제품이 필요하시면 잠깐 들러 관련 제품을 구입하세요.
        </p>
        <h1>회사연혁</h1>
        <p>
            '사람, 계획, 커피 빈!' 멋스러운 사훈은 아니지만, 정말 좋은 커피를 만들었습니다.
            스타버즈 CEO도 평범한 사람이며, 구석구석에 스타버즈 매장을 세우겠다는
            그의 목표를 잘 알고 있을 거예요.
        </p>
        <p>
            불과 몇 년 만에 그는 자신의 계획을 실행에 옮겨, 오늘날 여러분은 어느 곳에서나
            스타버즈 커피를 즐길 수 있습니다. 물론 올해의 가장 큰 뉴스는 스타버즈가 헤드 퍼스트 독자들과
            힘을 합쳐 스타버즈 웹 시연회를 개최한 것이죠. 이 시연회는 급속도로 성장하고 있고 새 고객들의
            카페인 필요량을 충족시키는 데 도움을 주고 있습니다.
        </p>
        <h1>스타버즈 커피 음료</h1>
        <p>
            저희 스타버즈에서 카페인이 함유된 다양한 음료를
            즐길 수 있습니다.
```

주요 콘텐츠가 계속 이어집니다.

```
                <a href="beverages.html#house" title="하우스 블랜드">하우스 블랜드</a>,
                <a href="beverages.html#mocha" title="모카 카페 라떼">모카 카페 라떼</a>,
                <a href="beverages.html#cappuccino" title="카푸치노">카푸치노</a>,
                그리고 저희 고객들이 선호하는,
                <a href="beverages.html#chai" title="차이티">차이티</a>.
            </p>
            <p>
                또한 집에서 사용할 수 있도록 다양한 종류의 커피 빈도 제공하고 있습니다.
                <a href="form.html">커피 공장</a>을 통해 지금 바로 온라인으로 주문해서,
                집에서도 스타버즈 커피를 즐겨보세요.
            </p>
        </div>

        <div id="sidebar">
            <p class="beanheading">
                <img src="images/bag.gif" alt="Bean Machine bag">
                <br>
                온라인으로
                주문하세요
                <a href="form.html">커피공장</a>
                <br>
                <span class="slogan">
                    빠르고 <br>
                    신선하게 <br>
                    여러분의 집으로 직접 배송해 드립니다. <br>
                </span>
            </p>
            <p>
                무엇을 망설이고 있나요? 저희가 마련한 최신 자동 주문 시스템인 커피공장을 통해 온라인으로
                지금 바로 품질 좋은 커피를 주문할 수 있습니다. 어떻게 주문하냐고요? 링크를 클릭해서 주문서를
                작성하면 무대 뒤에서 커피를 준비하고, 포장해서 여러분 집 앞으로 바로 배달해 드립니다.
            </p>
        </div>

        <div id="footer">
            &copy; 2012, 스타버즈 커피
            <br>
            이 사이트의 모든 상표와 등록된 상표는
            소유자의 자산입니다.
        </div>

    </body>
</html>
```

여기에 커피공장에 대한 〈div〉가 있는데, id를 'sidebar'로 주었네요. 음, 무슨 뜻인지 궁금한데요?

그리고 마지막으로 페이지의 바닥글을 구성하는 〈div〉가 있습니다.

스타일을 살펴봅시다

새로운 스타버즈 페이지를 꾸미는 CSS를 자세히 살펴봅시다. 주의 깊게 CSS 규칙을 단계별로 살펴보도록 하죠. 새 스타버즈 페이지가 약간 개선된 것처럼 보이는데, 여러분이 이미 알고 있는 간단한 CSS를 사용해서 꾸민 거예요.

```css
body {
        background-color:  #b5a789;
        font-family:       Georgia, "Times New Roman", Times, serif;
        font-size:         small;
        margin:            0px;
}

#header {
        background-color:  #675c47;
        margin:            10px;
        height:            108px;
}

#main {
        background:        #efe5d0 url(images/background.gif) top left;
        font-size:         105%;
        padding:           15px;
        margin:            0px 10px 10px 10px;
}

#sidebar {
        background:        #efe5d0 url(images/background.gif) bottom right;
        font-size:         105%;
        padding:           15px;
        margin:            0px 10px 10px 10px;
}

#footer {
        background-color:  #675c47;
        color:             #efe5d0;
        text-align:        center;
        padding:           15px;
        margin:            10px;
        font-size:         90%;
}

h1 {
        font-size:         120%;
        color:             #954b4b;
}

.slogan { color:          #954b4b;}

.beanheading {
        text-align:        center;
        line-height:       1.8em;
}
```

먼저 body에 기본적인 사항을 설정하는군요.
배경색과 폰트를 설정하고, body의 마진을 0으로 설정합니다. 이렇게 하면 페이지 가장자리 주변에 여분의 공간이 없어지죠.

다음에는 각 논리적인 구간에 대한 규칙이 있군요. 각 구간에서 폰트 크기를 수정하고, 패딩과 마진을 추가하고, main과 sidebar에서는 배경 이미지도 명시하고 있군요.

그다음에 제목의 폰트와 색깔을 설정합니다.

그러고 나서 sidebar <div>에서 사용하고 있는 beanheading 클래스처럼, slogan이라는 클래스에서 색을 설정하고 있습니다.

```
a:link {
        color:              #b76666;
        text-decoration:    none;
        border-bottom:      thin dotted #b76666;
}
a:visited {
        color:              #675c47;
        text-decoration:    none;
        border-bottom:      thin dotted #675c47;
}
```

스타버즈 CSS에 있는 마지막 두 가지 규칙에서 a:link와 a:visited 의사 클래스를 사용해 링크를 꾸미고 있습니다.

text-decoration을 none으로 설정해서 링크에 기본적으로 표시되는 밑줄을 없애고...

그 대신에 하단에 점선(dotted) 테두리를 사용해서 보기 좋은 점선 밑줄이 생겼습니다. 이는 인라인 요소에서 border 속성을 사용하는 좋은 예라 할 수 있죠.

이 ⟨a⟩ 요소에서만 속기법으로 border-bottom을 설정하고 있군요.

스타버즈를 한 단계 더 끌어울려 봅시다

우리의 목표는 바로 스타버즈 커피 페이지를 오른쪽에 있는 그림처럼 변경하는 것입니다. 이를 위해서는 커피공장 sidebar를 오른쪽으로 옮겨야 하는데, 이렇게 하면 두 컬럼으로 이루어진 보기 좋은 페이지로 바뀔 거예요. 여러분은 이미 앞에서 이런 처리를 해봤습니다, 그렇죠? 앞으로 해야 할 일을 나열하면 다음과 같습니다.

여기 두 개 컬럼으로 분리된 화면이 있군요.

1 띄우고자 하는 요소의 id에 유일한 이름을 부여해야 하는데, 이는 이미 처리했습니다.

2 띄우고자 하는 요소의 HTML이 여러분이 떠오르게 하려는 요소 밑에 있는지 확인하세요. 이 경우에는 스타버즈 머리글 밑으로 옮겨야겠죠.

3 해당 요소의 너비를 설정합니다.

4 왼쪽 혹은 오른쪽으로 요소를 띄우세요. 여러분은 오른쪽으로 떠오르게 할 것 같군요.

시작해 봅시다. 몇 가지 간단한 단계를 처리하면서 아무래도 스타버즈 CEO에게 차이티 몇 잔을 보내라고 말해야 할 것 같네요.

header 바로 밑으로 sidebar를 옮기세요

요소를 뜨게 할 때, 떠오르게 하려는 요소의 바로 밑으로 띄우려는 요소의 HTML을 옮겨야 합니다. 이 경우에는 sidebar를 header 밑으로 옮겨야겠죠. 그럼 계속해서 텍스트 에디터를 사용해서 sidebar `<div>`를 찾아서 sidebar `<div>` 전체를 header `<div>` 바로 밑으로 옮기세요. 'chapter11/starbuzz' 폴더에 있는 'index.html' 파일에 HTML이 있습니다. 작업을 마친 다음 저장하고 페이지를 다시 열어 보세요.

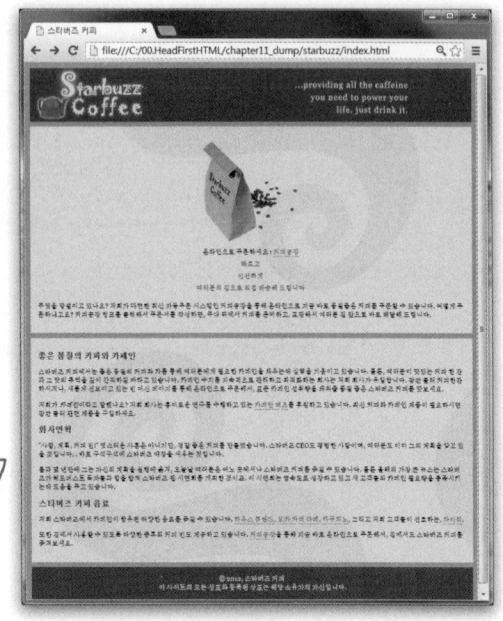

이제 sidebar는 주 콘텐츠 영역의 맨 위에 와야 됩니다.

sidebar의 너비를 설정한 뒤 띄워 보세요

sidebar의 너비를 280픽셀로 설정하고, sidebar를 떠오르게 하기 위해 다음과 같이 float 속성을 추가하세요.

'sidebar'란 id를 가진 요소를 선택하려고 id 선택자를 사용하는데 우리는 sidebar에 대한 `<div>`를 알고 있습니다.

```
#sidebar {
        background:  #efe5d0 url(images/background.gif) bottom right;
        font-size:   105%;
        padding:     15px;
        margin:      0px 10px 10px 10px;
        width:       280px;
        float:       right;
}
```

콘텐츠 영역의 너비를 280픽셀로 설정하고 있군요.

그러고 나서 sidebar를 오른쪽으로 띄우고 있습니다. 이렇게 하면 sidebar를 header 아래에서 가능한 한 오른쪽으로 이동시키며, 또한 일반적인 흐름에서 sidebar를 제거한다는 점을 기억하세요. HTML에서 sidebar의 밑에 있는 다른 요소들은 위로 올라가서 sidebar 주위를 감쌀 것입니다.

좋은 생각이 났어요! 앞으로는 *sidebar*를 오른쪽으로 띄우는 대신 주 콘텐츠 영역을 왼쪽으로 띄우는 게 어떨까요? 이미 주 콘텐츠는 가장 위에 자리잡고 있으니, 여기저기로 옮기지 않아도 같은 효과를 볼 수 있을 거예요.

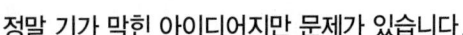

정말 기가 막힌 아이디어지만 문제가 있습니다.

읽어보니 정말 좋은 아이디어 같군요. 주 콘텐츠 <div>에 너비를 설정하고 이것을 왼쪽으로 떠오르게 한 뒤 페이지의 나머지 것들이 그 주위를 흐르게 하도록 하자는 것이군요. 이런 방식으로 처리하면 페이지의 순서를 유지하면서도 두 개의 컬럼을 얻을 수 있을 것입니다.

하지만 문제는 이렇게 처리하면 결국 그리 좋은 페이지가 나오지 않는다는 점입니다. 그 이유는 다음과 같습니다. 일단, 띄우려는 요소의 너비를 설정해야 한다는 점을 기억하세요. 만약 콘텐츠 영역의 너비를 설정한다면, 브라우저의 너비에 따라서 페이지의 나머지 부분의 크기가 재조정되는 동안 콘텐츠 영역의 너비는 고정된 상태로 남아 있을 것입니다. 일반적으로 sidebar는 주 콘텐츠 영역보다 좁게 만들어지는데, 이것이 커지면 종종 보기가 좋지 않습니다. 대부분의 디자인에서 여러분은 주 콘텐츠 영역이 확장되기를 원하지 sidebar가 확장되기를 원하지는 않을 것입니다.

하지만 이 아이디어를 실현시킬 수 있는 방법을 찾아볼 것입니다. 따라서 이 아이디어를 계속 염두에 두고 계세요. 또한 각 구간의 순서에 관심을 기울여야 하는 이유에 대해서도 좀 더 다루도록 하죠.

스타버즈 시운전 🚗

'chapter11/starbuzz' 폴더에 있는 'starbuzz.css' 파일에
새로운 sidebar 속성을 추가했는지 확인한 뒤 스타버즈
페이지를 다시 열어 보세요. 어떻게 됐는지 확인해 봅시다.

음, 꽤 괜찮아 보이네요. 하지만 세 페이지를 넘겨 보면,
아직 우리가 원하던 목표를 달성하지 못했다는 점을 알게 될 겁니다.

주 콘텐츠와 sidebar는
왼쪽과 오른쪽에 있긴
하지만, 아직은 두 개
컬럼처럼 보이지는 않군요.

두 구간의 배경 이미지가
어떻게 합쳐지는지
살펴봅시다. 컬럼 사이가
구분되지 않는군요.

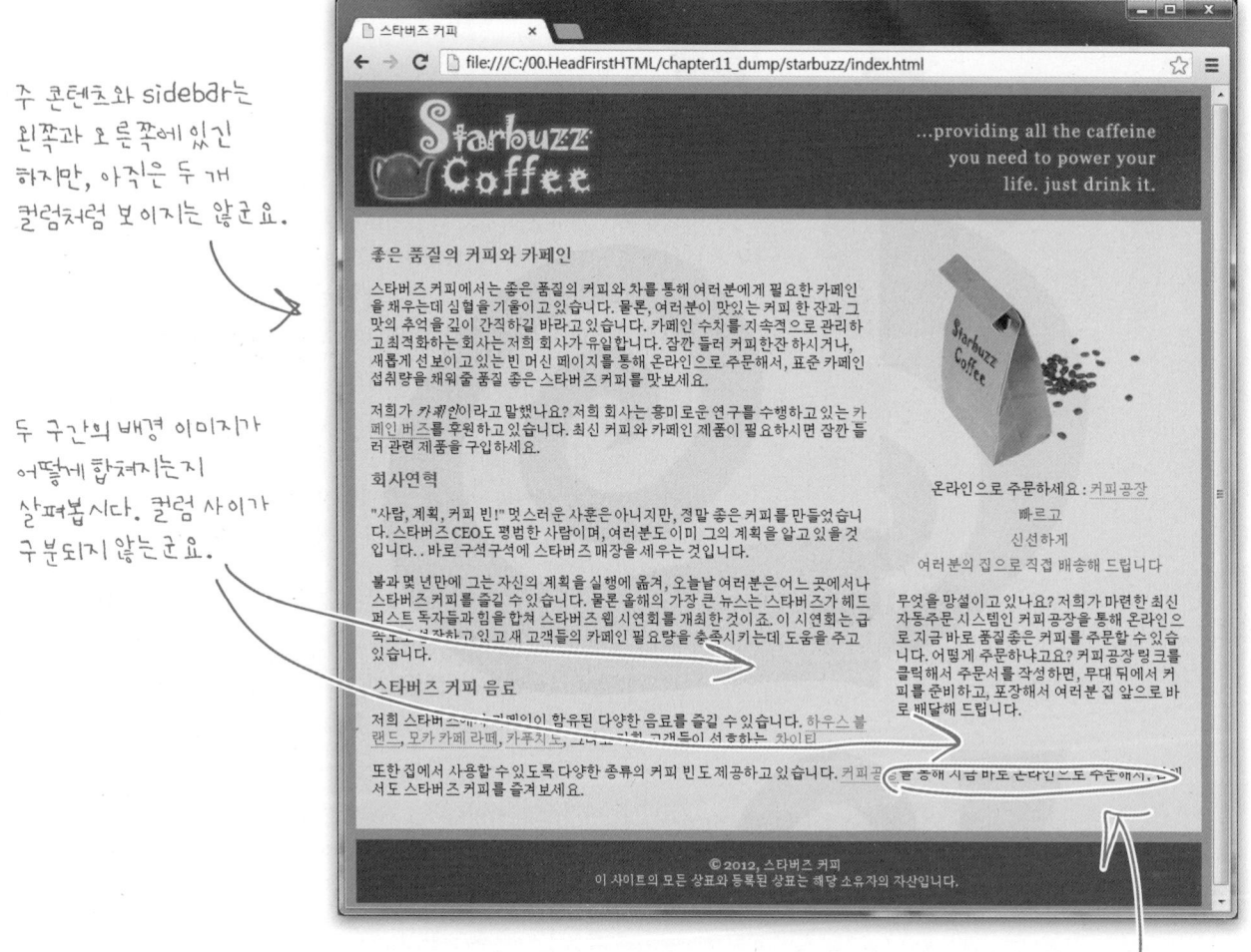

그리고 텍스트가 sidebar의 밑과 주위를 둘러싸고 있지만,
역시 두 개 컬럼처럼 보이지는 않습니다. 음, 라운지와
동작하는 방식이 똑같군요. 이런 결과를 예상했어야 했습니다.

두 개의 컬럼 문제 해결하기

이 시점에서, 여러분은 페이지 배치를 배치하는 데 약간 기교가 필요하다는 사실을 깨닫고 있을지도 모르겠군요. 블록 요소를 배치하기 위한 일련의 기법이 있긴 하지만, 이들 중 어느 것도 완벽하지는 않습니다. 그래서 널리 사용되는 일반적인 기법으로 우리가 직면한 문제를 해결하려고 합니다. 이 기법도 완벽하지는 않지만 좋은 결과를 얻을 수 있을 것 같습니다. 이 기법을 익힌 후, 여러분은 동일한 두 개의 컬럼 문제에 접근하는 다른 몇 가지 방법도 알게 될 것입니다. 각 방법에는 각기 다른 장점이 있습니다. 여기서 중요한 점은 사용하려는 기법과, 이 기법이 효과적인 이유를 이해하는 것입니다. 그래야 비슷한 문제에 직면했을 때 적용할 수 있고 필요한 상황에서 알맞은 기법을 채택할 수 있습니다.

첫 번째로 기억해야 할 것은 sidebar는 페이지에 떠 있다는 점입니다. 주 콘텐츠 영역은 sidebar 밑에서 확장됩니다.

그렇다면, 주 콘텐츠 영역에 sidebar 크기만큼 오른쪽 마진을 주면 어떨까요? 그렇게 하면 주 콘텐츠는 거의 sidebar까지 확장되겠지만, 항상 그렇지는 않습니다.

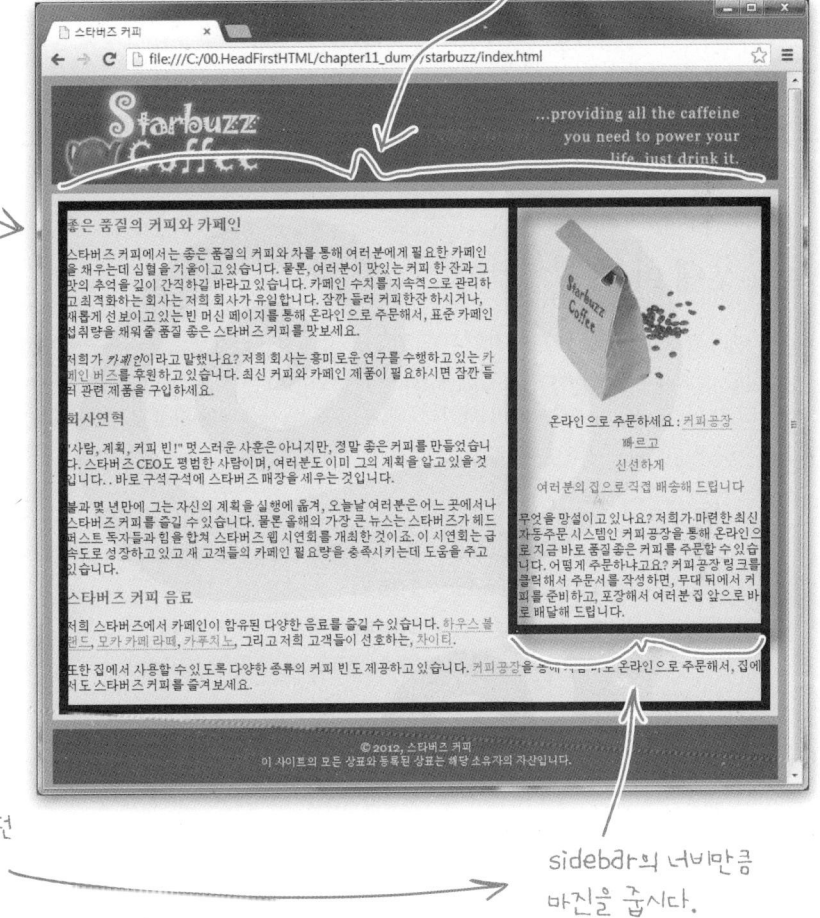

그러고 나면 주 콘텐츠와 sidebar는 분리될 겁니다. 마진이 투명해서 배경 이미지를 보여주지 않으므로 페이지 자체의 배경색은 통과되어 보일 텐데, 이것이 바로 우리가 원하던 바죠(몇 페이지 뒤로 돌아가면 볼 수 있을 거예요).

sidebar의 너비만큼 마진을 줍시다.

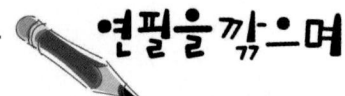

연필을 깎으며

우리가 원하는 것은 주 콘텐츠 구간에 오른쪽 마진을 sidebar와 같은 너비로 설정하는 것입니다. 그런데 sidebar 크기는 얼마나 될까요? 여러분의 실력이 녹슬지 않았기를 바랍니다. 여기에 sidebar의 너비를 계산하는데 필요한 모든 정보가 있습니다. 여러분이 쓴 답을 이 장의 뒷부분에 있는 정답과 확인해 보세요.

```
#sidebar {
        background:  #efe5d0 url(images/background.gif) bottom right;
        font-size:   105%;
        padding:     15px;
        margin:      0px 10px 10px 10px;
        width:       280px;
        float:       right;
}
```

이 규칙에서 sidebar의 너비를 계산하는 데 필요한 모든 것을 찾을 수 있을 거예요.

main 구간에 마진 설정하기

sidebar의 너비는 sidebar의 왼쪽 마진인 10픽셀을 포함해서 330픽셀로, 이는 두 컬럼 사이에 필요한 간격을 제공할 것입니다(출판 업종에서는 이를 'gutter(여백)'라고 부릅니다). 아래와 같이 'starbuzz.css' 파일에 있는 #main 규칙에 오른쪽 마진을 330픽셀로 추가하세요.

```
#main {
        background:  #efe5d0 url(images/background.gif) top left;
        font-size:   105%;
        padding:     15px;
        margin:      0px 330px 10px 10px;
}
```

sidebar의 너비와 일치시키기 위해 오른쪽 마진을 330픽셀로 변경하고 있군요.

시운전

자, 'starbuzz.css' 파일을 저장하고 'index.html' 파일을 다시 열어 보세요. 이제 두 컬럼 사이에 보기 좋은 여백(gutter)이 있는 것이 보일 거예요. 다시 한번 어떻게 동작하는지 생각해 보죠. sidebar는 오른쪽에 떠 있으므로 가능한 한 오른쪽으로 이동할 것이며, 이 `<div>` 전체는 페이지 흐름에서 제거되어 페이지의 맨 위에 떠 있습니다. 지금 main 콘텐츠 `<div>`는 여전히 브라우저의 너비를 점유하고 있지만(블록 요소이므로), 콘텐츠 영역의 너비를 줄이기 위해 sidebar의 너비만큼 마진을 준 것입니다. 그 결과 아주 보기 좋은 두 개의 컬럼이 보이는군요. main `<div>` 박스는 여전히 sidebar 밑에 있긴 하지만 여러분이 이 사실을 말하지 않는다면 우리도 아무 말도 하지 않고 잠자코 있겠습니다.

main `<div>`의 마진을 확장해서 두 컬럼의 레이아웃에 대한 환영을 만들었고, 그 사이에 여백을 넣어 완성시켰습니다.

저런, 또 다른 문제가 생겼습니다

페이지를 시운전하면서 작은 문제점을 발견했을 것입니다. 여러분이 브라우저 크기를 더 넓게 조정하면 바닥글이 sidebar의 밑으로 들어갑니다. 왜 그럴까요? 음, sidebar는 페이지 흐름상에 있지 않다는 점을 기억하세요. 따라서 바닥글은 sidebar를 무시해 버리고, 콘텐츠 영역이 너무 짧아지면 바닥글은 오른쪽으로 올라갑니다. 바닥글에도 마법의 마진을 줄 수 있지만, 이렇게 하면 바닥글은 전체 페이지 밑이 아니라 콘텐츠 영역 밑에 오게 됩니다. 자, 어떻게 해야 할까요?

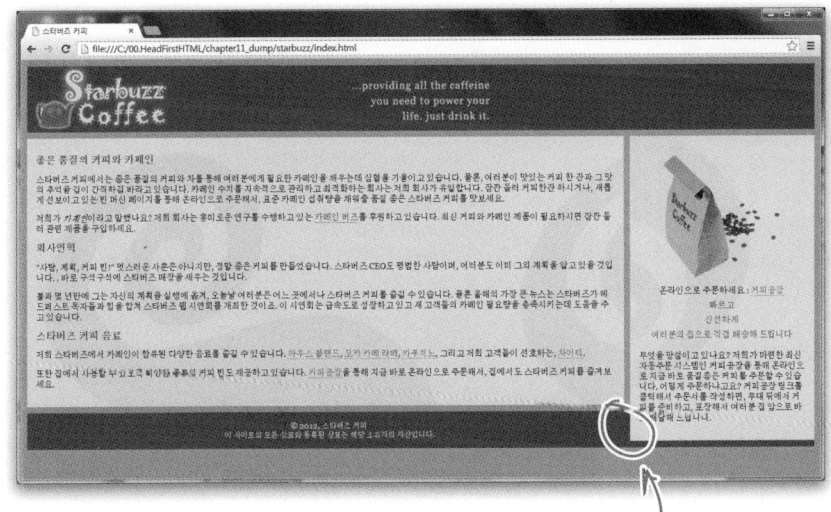

문제가 생겼군요. 브라우저 크기를 넓게 변경하면 바닥글과 sidebar가 겹쳐지는군요.

잠깐만요. 그 문제를 해결하기 전에 물어볼 게 있어요. 왜 마진을 사용해서 이런 문제를 일으키는 거죠? 주 영역의 너비를 설정하는 것은 어때요? 둘 다 같은 것 아닌가요?

괜찮은 생각 같은데... 직접 확인해 보세요.

콘텐츠 영역과 sidebar 모두의 너비를 설정하는 데 문제는 둘 다 고정된 너비를 갖고 있으므로 페이지가 제대로 확장되거나 줄어들지 않는다는 점입니다. 아래에 있는 화면을 보고 제대로 동작하는지 혹은 동작하지 않는지 확인해 보세요.

하지만 이런 시도는 아주 환영할만 합니다. 여러분은 올바른 방법을 생각해낼 것입니다. 잠시 후에 '유연한 레이아웃과 고정된 레이아웃'에 관해 이야기할 때 이 아이디어에 대해 다시 알아 볼 것입니다. 여러분의 아이디어를 실현시킬 수 있는 방법이 있습니다.

그리고 브라우저창이 좁아지면, 두 컬럼은 겹쳐지기 시작합니다.

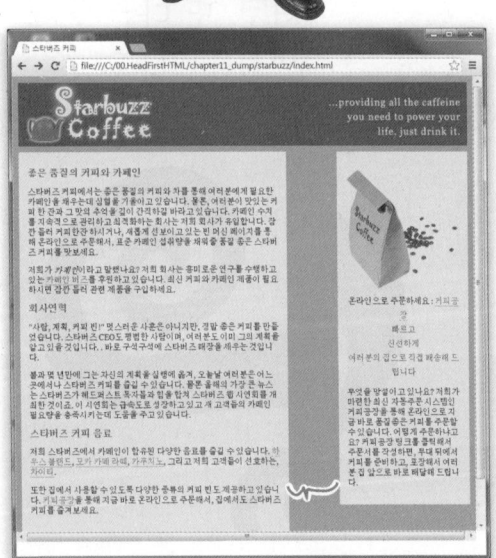

브라우저창이 넓어지면 두 컬럼은 완전히 분리되네요.

겹쳐지는 문제를 해결합시다

겹쳐지는 문제를 해결하기 위해 여러분이 아직 보지 못했던
또 다른 CSS 속성인 clear 속성을 사용하고자 합니다.
어떤 식으로 동작하는지 살펴보도록 하죠.

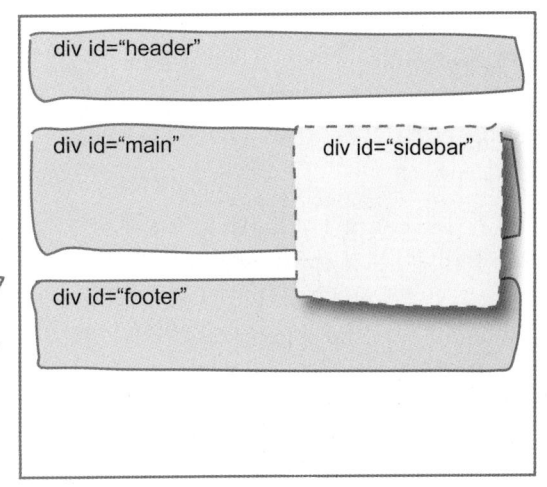

우리가 작업한 내용이 여기 있군요. footer ⟨div⟩가
오른쪽으로 올라오고 sidebar ⟨div⟩와 겹칠 정도로
'main' ⟨div⟩가 너무 짧군요.

sidebar가 페이지의 흐름에서 빠져있기 때문에 이런
현상이 발생합니다. 따라서 브라우저는 평상시대로 main과
footer ⟨div⟩를 배치하고 sidebar는 무시하고 있습니다
(브라우저가 인라인 요소를 흐르게 할 때 sidebar의
테두리를 침범하지 않고 sidebar 주위에 있는 인라인
요소를 둘러싼다는 것을 기억한다 할지라도요).

CSS의 clear 속성을 사용해 해당 요소는 페이지 위로 흐르게 하고 이 요소의 왼쪽, 오른쪽
혹은 양쪽에서 떠다니지 않도록 할 수 있습니다. 한번 해볼까요?

```css
#footer {
        background-color:    #675c47;
        color:               #efe5d0;
        text-align:          center;
        padding:             15px;
        margin:              10px;
        font-size:           90%;
        clear:               right;
}
```

여기서 footer 규칙에 속성을
추가하는데, 이것은 footer의
오른쪽에는 콘텐츠가 떠다닐 수
없도록 한다는 의미입니다.

브라우저가 페이지에 요소를 배치할 때
브라우저는 footer의 오른편에 떠다니는
요소가 있는지 확인하는데, 만약 있다면
오른쪽에 아무것도 없을 때까지 footer
를 아래로 이동시킵니다. 이제 여러분이
브라우저를 아무리 넓게 하더라도 footer
는 항상 sidebar의 밑에 오게 될 것입니다.

떠 있는 요소를
내 오른쪽에 넣는 것은
꿈도 꾸지 마세요.

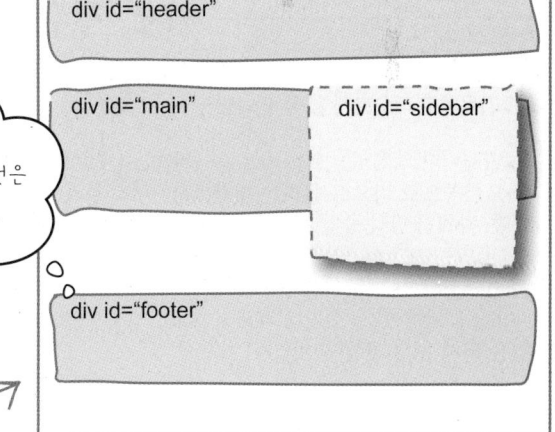

이제 footer는 sidebar의 밑에 위치해 있으며,
오른쪽에 떠있는 요소는 없습니다.

시운전 🚗

계속해서 'starbuzz.css' 파일에 있는 footer 규칙에 clear 속성을 추가한 뒤 'index.html' 파일을 다시 열어보세요. 화면이 넓어지면 바닥글은 sidebar 밑에 그대로 있을 것입니다. 나쁘지 않군요!

이제 페이지가 꽤 멋져 보입니다만, 몇 군데 더 손보면 훨씬 나아질 것 같군요. 예를 들어 각 컬럼과 footer를 만나게 하려고 합니다. 현재는 브라우저 창을 넓히면 주 콘텐츠와 footer 사이 간격이 벌어지고, 브라우저창의 너비를 보통 정도로 했을 경우에는 sidebar와 footer 사이 간격이 벌어집니다. 그런데 float 속성을 사용해 이 부분을 쉽게 고칠 수 없습니다. 그래서 다른 CSS 기법을 사용해 페이지를 배치하는 몇 가지 방법을 찾아보려고 합니다. 여러분도 알게 되겠지만 CSS를 이용해 많은 작업을 할 수 있으며, 각 방법에는 장단점이 있습니다.

필요할 때 적용할 수 있도록 이 기법을 이해하는 것이 중요합니다.

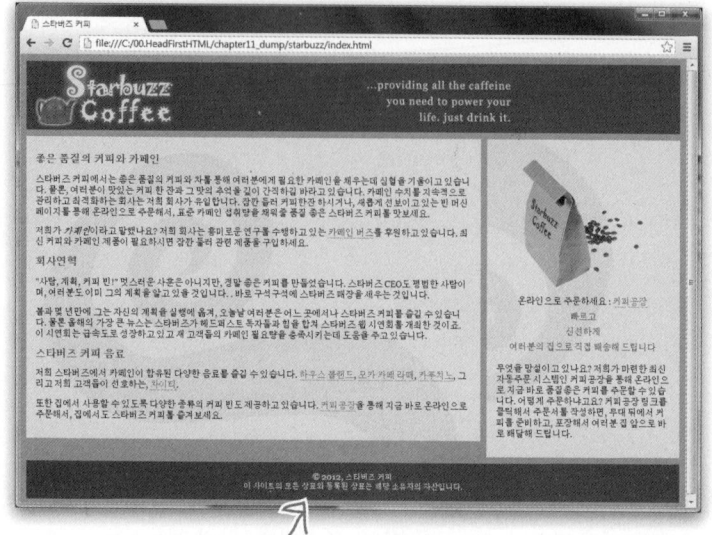

이제 footer 문제는 해결되었군요. 브라우저의 너비에 상관없이 footer는 항상 sidebar의 아래에 있습니다.

바보 같은 질문이란 없습니다

Q: 가운데로 떠오르게 할 수 있나요?

A: 안됩니다. CSS는 오직 요소를 왼쪽이나 오른쪽으로 떠오르게 하는 것만 허용합니다. 하지만 만약 중앙으로 떠오르게 한다면, 떠있는 요소의 밑에 있는 인라인 콘텐츠는 요소의 양쪽 주위로 흘러갈 것입니다. 이렇게 되면 읽기 쉽거나 매력적인 디자인은 되지 못할 것 같군요.

Q: 떠 있는 요소에서 마진은 없어지나요?

A: 그렇지 않습니다. 페이지상에서 흐르는 블록 요소와는 달리, 떠 있는 요소는 그냥 떠 있기만 할 뿐입니다. 다시 말해 떠 있는 요소의 마진은 실제로 일반적인 흐름에 있는 요소의 마진과 접촉하지 않습니다. 그래서 없어질 수 없는 것입니다.

이는 좋은 질문으로 레이아웃에서 발생할 수 있는 흔한 에러를 식별합니다. 만약 주 콘텐츠 영역과 sidebar가 있을 경우, 보통은 각각 상단 마진을 설정합니다. 그리고 나서 sidebar를 띄우더라도 여전히 마진을 가지고 있으며 다른 요소가 sidebar 위로 오더라도 마진은 붕괴하지 않을 것입니다. 따라서 떠 있는 요소가 마진을 붕괴하지 않는다는 사실을 기억하지 않는다면, sidebar와 주 콘텐츠에 각각 다른 마진을 쉽게 줄 수 있습니다.

Q: 인라인 요소를 떠오르게 할 수 있나요?

A: 예. 할 수 있습니다. 가장 일반적이면서 가장 좋은 예는 바로 이미지를 띄우는 것입니다. 직접 한번 해 보세요. 문단에 있는 이미지를 왼쪽 혹은 오른쪽으로 뜨게 하면 문단 주위로 텍스트가 흐르는 것을 보게 될 것입니다. 이미지에 여유를 약간 주기 위해 패딩을 추가하고, 가능하면 테두리도 추가하는 것도 잊지 마세요. 또한 여러분이 좋아하는 다른 인라인 요소도 뜨게 할 수 있습니다만 일반적으로 사용하는 방법은 아닙니다.

Q: 블록 요소가 떠 있는 요소를 무시한다고 생각해도 되나요?

A: 예. 그렇게 생각하는 것이 좋을 것 같군요. 블록 요소는 통상적으로 페이지상에서 흘러가는데 반해, 블록 요소 내부에 중첩된 인라인 콘텐츠는 항상 떠 있는 요소의 경계를 관찰하면서 그 주위로 흘러갑니다. 예외가 있다면 블록 요소에 clear 속성을 설정했을 때인데, clear 속성값에 따라 오른쪽이나 왼쪽 혹은 양쪽에 떠있는 요소가 없어질 때까지 블록 요소를 밑으로 옮깁니다.

> 스마트폰으로 이 웹 페이지를 볼 때와 주 콘텐츠 위로 sidebar 콘텐츠를 넣을 때, 디자인이 마음에 들지 않아요. 스크롤해야 하거든요.

맞습니다. 〈div〉 정렬 방식 때문에 일어나는 현상입니다.

이 페이지를 디자인했던 방식의 단점 중 하나를 지적했군요. 머리글 바로 밑에, 메인 콘텐츠 앞에 sidebar를 놓아야 했는데 제한된 용량의 브라우저(PDA, 작은 모바일 기기, 스크린 리더기 등)를 사용한다면 먼저 sidebar부터 작성된 순서대로 페이지를 보게 될 것입니다. 하지만 대부분의 사람들은 siderbar나 네비게이션보다는 주 콘텐츠를 먼저 보려고 하지요.

주 콘텐츠를 '왼쪽'으로 떠있게 하자는 여러분의 아이디어를 되짚어보면서, 다른 방법을 알아보도록 합시다.

엄마 보세요, CSS는 필요 없어요!

좋지 않은 환경(CSS를 지원하지 않는 브라우저에서 페이지를 보는 것 같은)에서 여러분의 페이지가 사용자에게 어떻게 보일지 궁금한가요? 'index.html' 파일을 열고 〈head〉에서 〈link〉를 제거하고, 저장한 뒤 브라우저에서 다시 열어 보세요. 이제 여러분은 실제 순서대로(혹은 스크린 리더기로부터 들리는 순서대로) 내용을 볼 수 있을 것입니다. 직접 한번 해 보세요. 다 끝낸 뒤에는 원래대로 되돌려 놓는 것을 잊지 마세요(결국 이것은 CSS에 관한 장이니까요).

여기에 CSS가 없는 스타버즈 페이지가 있습니다. 대부분은 괜찮아 보이는군요. 주 콘텐츠 앞에 '커피공장'이 나오지만 (우리가 원하던 바는 아닙니다) 읽는 데는 큰 불편이 없습니다.

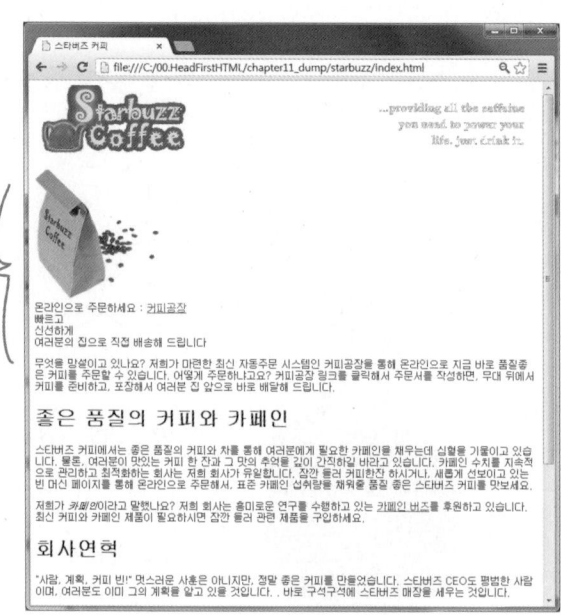

오른쪽은 팽팽하게, 왼쪽은 느슨하게

주 콘텐츠가 왼쪽에 떠오르도록 스타버즈 페이지를 바꿔봅시다. 일단 이 기능이 어떤 식으로 동작하는지 확인한 후 계속해서 실제로 페이지를 수정해 볼 것입니다. 여러분은 CSS 세계에서 잘 써먹을 수 있는 '오른쪽은 팽팽히, 왼쪽은 느슨하게'라는 기억법을 알게 될 것입니다.

다음 페이지에 몇 가지 간단한 단계를 거쳐 페이지를 변환하는 방법이 있습니다.

1 단계: sidebar에서 시작하세요.

기본적으로 sidebar와 주 콘텐츠 영역의 역할을 바꾸려고 합니다. sidebar가 콘텐츠 주위를 둘러싸는 반면, 콘텐츠 영역은 고정된 너비를 가지고 떠다닐 것입니다. 또한 두 영역을 시각적으로 구분하기 위하여 이전과 동일한 마진 기법을 사용할 것입니다. 먼저 CSS를 변경하기 전에 'index.html' 파일로 가서 'sidebar' <div>를 'main' <div> 밑으로 옮기세요. 그 후에 처리할 sidebar CSS 규칙이 아래에 있습니다.

```
#sidebar {
        background:    #efe5d0 url(images/background.gif) bottom right;
        font-size:     105%;
        padding:       15px;
        margin:        0px 10px 10px 470px;
        width:         280px;
        float:         right;
}
```

sidebar를 지금 주 콘텐츠 밑으로 흘러가게 하려고 하므로, sidebar에 큰 마진을 주어 옮겨야 합니다. 주 콘텐츠 영역의 총 너비는 470픽셀입니다(시간이 있으면 여러분 스스로 모두 계산해 보세요. sidebar에서 했던 것과 동일한 방법으로 계산하세요. 주 콘텐츠 영역의 너비를 420픽셀로 설정할 것이라는 사실을 알아채야 합니다).

주 콘텐츠 <div>를 고정된 너비로 설정하려고 하므로 float와 width 속성은 삭제하세요.

2 단계: 주 콘텐츠 영역을 처리합니다.

이제 main <div>를 띄워야 하는데, 그 방법이 아래에 있군요.

```
#main {
        background:    #efe5d0 url(images/background.gif) top left;
        font-size:     105%;
        padding:       15px;
        margin:        0px 10px 10px 10px;
        width:         420px;
        float:         left;
}
```

오른쪽 마진을 330픽셀에서 10픽셀로 변경하고 있네요.

이 요소를 뜨게 할 것이기 때문에 명시적으로 너비를 설정해야 합니다. 420픽셀로 설정하는 군요.

main <div>를 왼쪽으로 뜨게 할 것입니다.

3 단계: footer를 처리합니다.

이제 우리는 오른쪽이 아닌 왼쪽으로 모든 것을 정리하기 위해 footer를 조정할 필요가 있습니다.

```
#footer {
        background-color:  #675c47;
        color:             #efe5d0;
        text-align:        center;
        padding:           15px;
        margin:            10px;
        font-size:         90%;
        clear:             left;
}
```

오른쪽(right)이 아닌 왼쪽(left) 값을 갖도록 clear 속성을 변경합니다. 이렇게 하면 footer를 주 콘텐츠 영역과 거리를 두고 배치될 것입니다.

빠른 시운전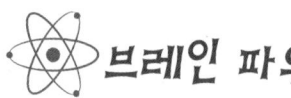

우리는 콘텐츠를 왼쪽으로 뜨게 하는 방법에 몇 가지 문제가 있을 거라고 말해 왔습니다. 계속 진행하기 전에 빠른 시운전을 통해서 동작하는 모습을 살펴봅시다. 'starbuzz.css' 파일에 변경 사항을 적용하고 브라우저에서 'index.html' 파일을 다시 열어 보세요. 브라우저의 크기가 좁게, 보통, 넓게 재조정될 때 페이지가 어떻게 되는지 관찰해 보세요.

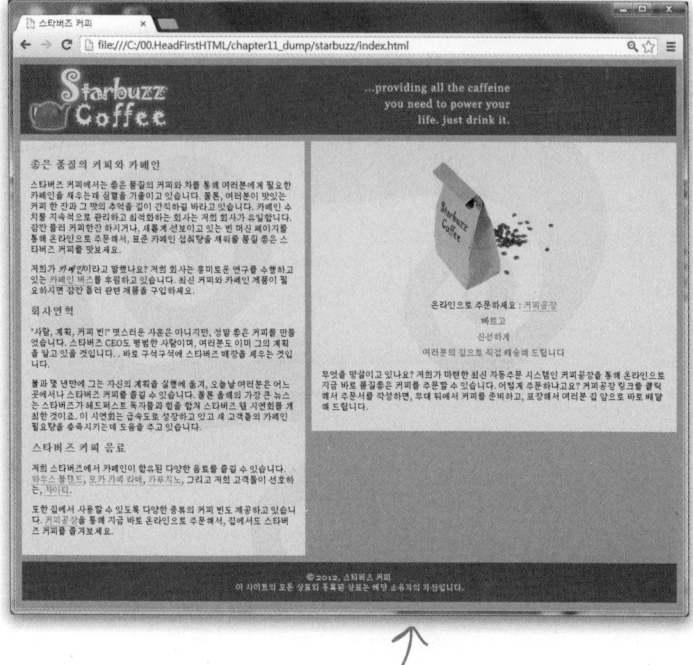

실제로 이 페이지는 꽤 괜찮아 보이네요. 이제 〈div〉 순서도 제대로 되어 있습니다. 하지만 sidebar가 확장되는 것이 좋은 것만은 아닙니다. 오히려 고정된 것이 더 나아 보입니다. sidebar는 보통 탐색용으로 사용되는데, 확장될 경우 그리 좋아 보이지는 않는군요.

sidebar 〈div〉를 오른쪽으로 띄울 경우, 콘텐츠가 확장되긴 했지만 디자인은 멋지고 깔끔했습니다. 주 콘텐츠를 왼쪽으로 띄우니 디자인이 너무나 느슨하게 느껴지고 sidebar도 확장되는군요.

⚛ 브레인 파워

디자인적 관점에서는 첫 번째 디자인이 더 나았고, 정보 전달 측면에서는 두 번째 디자인이 더 나았습니다(〈div〉의 위치 때문에). 두 마리 토끼를 다 잡을 수는 없을까요? 즉, sidebar는 고정된 길이를 갖게 하고 main 〈div〉는 HTML상에 먼저 오게 할 수는 없을까요? 이렇게 하려면 어떻게 디자인해야 할까요?

유연한 디자인, 고정된 디자인

우리가 지금까지 다뤘던 디자인을 유연한(liquid) 레이아웃이라고 합니다. 왜
냐하면 브라우저의 너비를 어떻게 조정하든 간에 확장해서 페이지를 채우기
때문입니다. 이러한 레이아웃은 확장을 통해 사용 가능한 공간을 채우고 사용
자의 화면 공간을 이용하도록 허용하므로 아주 유용한 디자인이죠. 반면, 사
용자가 화면 크기를 재조정하더라도 여러분이 만든 디자인이 그대로 보여야
할 때가 있습니다. 이런 경우에는 레이아웃을 꼭 잠그는 것이 더 중요하죠. 이
를 고정된(frozen) 레이아웃이라고 합니다. 흔한 레이아웃은 아니지만, 고정
된 레이아웃은 요소를 잠그고 페이지를 고정된 상태로 만들어 요소를 전혀 움
직이지 못하게 합니다. 따라서 브라우저창이 확장되면서 발생하는 많은 문제
를 피할 수 있습니다. 고정된 레이아웃을 한번 살펴봅시다.

현재 페이지를 고정된 페이지로 만드는 데 유일하게 필요한 것은 HTML과 CSS
에 한 가지씩 규칙을 추가하는 것입니다.

HTML 변경 사항

HTML에서 'allcontent'라는 id를 가진 새로운 `<div>` 요소를 추가하도록 하죠. 이름처럼 이 `<div>`
는 페이지에 있는 모든 콘텐츠 주위를 둘러쌀 것입니다. 그럼 header `<div>` 앞에 `<div>` 시작태그를,
footer `<div>` 밑에 종료태그를 넣으세요.

```
<body>
    <div id="allcontent">
        <div id="header">
        나머지 HTML은 이곳에 …
        </div>
    </div>
</body>
```

'allcontent'란 id를 가진 새로운 `<div>`를 `<body>`에 있는
모든 다른 요소를 감싸도록 추가하세요.

이 `<div>`는 footer `<div>`를 닫는 것입니다.

CSS 변경 사항

이제 'allcontent' `<div>` 안에 있는 모든 요소와 콘텐츠의 크기를 800픽셀의 고정된 너비로 제한하기
위해 이 `<div>`를 사용할 것입니다. 이를 위한 CSS 규칙이 아래에 나와 있군요.

```
#allcontent {
        width:                  800px;
        padding-top:            5px;
        padding-bottom:         5px;
        background-color:       #675c47;
}
```

'allcontent'의 너비를 800픽셀로 설정하고 있는데,
800픽셀 내로 모든 것을 맞추기 위해 너비를 제한하는
효과가 있습니다.

이번이 이 `<div>`를 꾸미는 첫 번째니까 배경색도 주고
몇 가지 패딩을 추가합시다. 여러분은 이것이 전체
페이지를 묶는 데 도움을 준다는 것을 알게 될 것입니다.

브라우저 크기가 변하더라도 바깥에 있는 'allcontent' `<div>`는 항상 800픽셀이므로,
이 `<div>`와 그 안에 있는 모든 것을 효과적으로 함께 고정시킬 수 있습니다.

고정된 디자인 시운전 🚗

계속해서 'starbuzz.css' 파일의 맨 밑에 이 규칙을 추가하고 'index.html' 파일을 다시 열어보세요. 이제 여러분은 왜 우리가 이 디자인을 고정된 디자인이라고 부르는지 알 수 있을 거예요. 브라우저의 크기가 변하더라도 움직이지 않습니다.

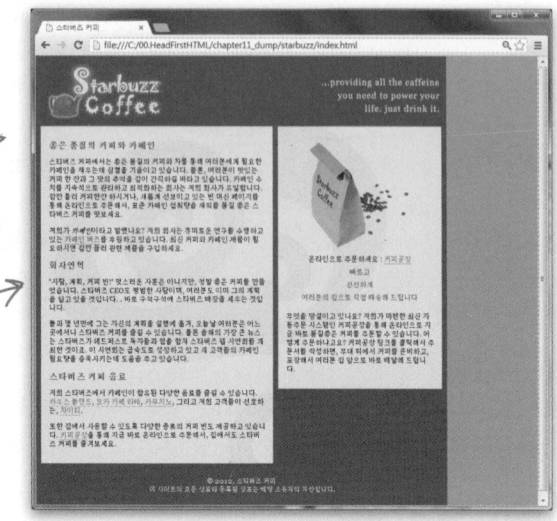

이제 브라우저의 크기를 조정하든 말든 'allcontent' <div>의 너비는 800픽셀입니다. 그리고 다른 모든 <div>들은 'allcontent' 내부에 있고 이들 또한 800픽셀에 맞춰지므로, 페이지는 기본적으로 800픽셀로 고정됩니다.

이렇게 하니 확실히 sidebar 확장 문제를 해결했고 꽤 보기 좋군요. 다만 오른쪽에 있는 빈 공간 때문에 브라우저가 아주 넓어지면 약간 이상하게 보일 것 같네요.

하지만 아직 끝난 것은 아닙니다. 아직 바꾸어야할 부분이 조금 남아있습니다!

유연함과 고정 사이의 상태는 무엇일까요? 바로, 젤로입니다!

고정된 레이아웃은 몇 가지 장점이 있지만 브라우저를 넓히면 안 좋게 보이기도 합니다. 하지만 손을 좀 보면 웹에서 흔히 볼 수 있는 페이지를 만들 수 있습니다. 이 디자인은 유연한 디자인과 고정된 디자인 사이의 중간 정도로, 이에 어울릴만한 이름도 있습니다. 바로 젤로(Jello, 역주: 과일의 맛과 빛깔과 향을 낸 디저트용 젤리)입니다. 젤로 레이아웃은 페이지에 있는 콘텐츠 영역의 너비를 잠그고, 브라우저의 중앙에 콘텐츠를 놓습니다. 직접 해보는 것이 설명하는 것보다 더 쉬울 것 같군요. 바로 해볼까요?

```
#allcontent {
    width: 800px;
    padding-top:     5px;
    padding-bottom: 5px;
    background-color: #675c47;
    margin-left:  auto;
    margin-right: auto;
}
```

'allcontent' <div>에서 고정된 왼쪽과 오른쪽 마진을 설정하지 않고 'auto(자동)'로 설정하고 있군요.

콘텐츠 영역의 너비를 'auto'로 설정하는 것에 관해 이야기할 때, 브라우저는 필요한 만큼 콘텐츠 영역을 확장한다고 했었습니다. 마진을 'auto'로 설정하면, 브라우저는 정확한 마진이 얼마인지 계산하고 왼쪽과 오른쪽 마진이 같은지까지 확인하므로 콘텐츠는 중앙에 자리를 잡습니다.

젤로 탱크로 시운전하기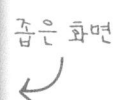

'starbuzz.css' 파일에 마진 속성 두 개를 추가하고 페이지를 다시 열어
보세요. 이제 브라우저의 크기를 이리저리 조정해 보세요. 멋집니다. 그렇죠?

좁은 화면

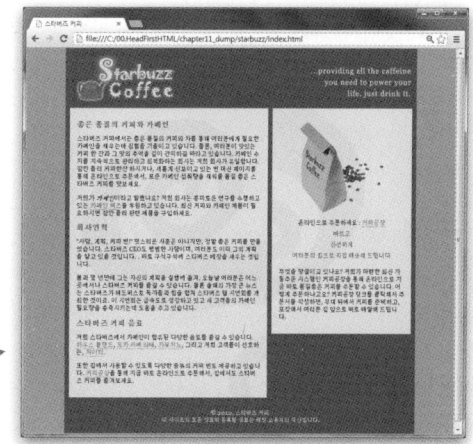

넓은 화면

> 올바른 순서로 콘텐츠를 보려면,
> sidebar를 확장하거나 젤로 레이아웃을
> 사용해야 하나요? 다른 방법은 없나요?

일반적으로 CSS를 이용해 레이아웃에 접근하는 방법은 매우 많으며, 그 방법에는 각각 장단점이 있습니다. 사실 올바른 순서대로 콘텐츠를 갖는 두 개의 컬럼 레이아웃을 생성하고, 유연한 레이아웃에 있는 몇 가지 문제를 피해가는 또 다른 일반적인 기법을 알아볼 참이었습니다. 하지만 여러분도 알게 되겠지만, 이 방법에도 장단점이 있습니다.

이 새로운 기법은 요소를 전혀 뜨게 하지 않습니다. 대신 요소가 페이지에서 정확히 자리잡도록 하는 CSS의 특성을 이용할 것입니다. 이를 absolute 포지셔닝이라고 합니다. absolute 포지셔닝을 사용해서 여러 개의 컬럼 레이아웃을 넘어선 아주 멋진 효과를 주고 예제도 살펴볼 예정입니다.

이를 위해 이 장의 앞부분에서 시작한 원래의 HTML과 CSS로 돌아갈 것입니다. 'chapter11/ absolute' 폴더를 보면 전혀 손대지 않은 신선한 복사본 파일이 있습니다. 반드시 이 파일을 다시 한 번 검토해서 원래 어떻게 보였는지 기억하세요. 그리고 여러 가지 <div>도 상기해 봅시다. header, main, footer, sidebar <div>가 있었죠. 또한 원래의 HTML에 있는 sidebar <div>는 main 콘텐츠 영역의 밑에 위치해 있었던 것도 기억하세요.

absolute 포지셔닝 작동 방법

absolute 포지셔닝이 무엇을 하는지, 어떻게 동작하는지 개념을 잡아 봅시다. 여기 absolute 포지셔닝 처리가 된 sidebar <div>를 배치하기 위한 간단한 CSS가 있습니다. 아직 이 내용을 입력하지 마세요. 지금은 이것이 어떻게 동작하는지 감을 잡도록 하세요.

처음에 할 일은 position 속성을 사용해 절대적인 위치를 잡을 요소를 명시하는 것입니다.

CSS가 하는 일

이제 이 CSS가 무엇을 하는지 살펴봅시다. 요소가 절대적인 위치를 잡으면, 브라우저가 먼저 페이지 흐름에서 이 요소를 완전히 제거합니다. 브라우저는 그다음에 top과 right 속성(물론 bottom과 left 속성을 사용할 수도 있습니다)에 설정된 위치로 요소를 가져다 놓습니다. 이 경우 sidebar는 페이지 상단에서 100픽셀 정도, 오른쪽에서 200픽셀 정도 떨어져 있게 될 것입니다. 또한 <div>가 떠 있었을 때 했던 것처럼 너비를 설정하고 있습니다.

```
#sidebar {
    position: absolute;
    top:    100px;
    right:  200px;
    width:  280px;
}
```

그다음에 top과 right 속성을 설정하네요.

<div>에 너비도 설정하는군요.

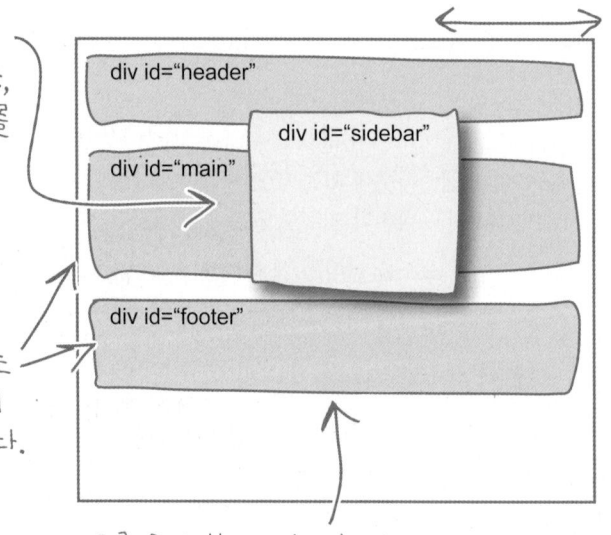

sidebar는 현재 절대적인 위치에 있기 때문에 흐름에서 제거되었고 top, left, right, bottom 속성값에 따라 위치를 잡고 있습니다.

sidebar는 흐름의 밖에 있기 때문에, 다른 요소는 그것이 여기 있는지 알지 못하고 완전히 무시합니다.

sidebar는 페이지의 오른쪽으로부터 200픽셀 정도 떨어져 있네요.

그리고 sidebar는 페이지의 상단으로부터 100픽셀 정도 떨어져 있습니다.

흐름 속에 있는 요소는 절대적인 위치에 있는 요소 주위로 자신의 인라인 콘텐츠를 둘러싸지 않습니다. 절대적 위치에 있는 요소는 완전히 잊혀진 거나 다름없군요.

absolute 포지셔닝의 또 다른 예

다른 예를 살펴봅시다. 'annoyingad'라는 id를 가진 또 다른 <div>
가 있다고 해 봅시다. 다음과 같이 설정할 수 있습니다.

```
#annoyingad {
    position: absolute;
    top:    150px;
    left:   100px;
    width:  400px;
}
```

annoyingad는 왼쪽으로 100픽셀, 위에서
150픽셀만큼 떨어져 있군요. 또한 400픽셀로
sidebar보다 좀 더 넓습니다.

sidebar처럼 페이지상의 정확한 위치에 annoyingad <div>
를 놓았습니다. 페이지의 일반적 흐름 아래에 있는 모든 요소
는 자신의 위에 층층 쌓여있는 절대적 위치를 잡은 요소에 관
한 아무런 단서도 없습니다. 하지만 절대적 위치에 있는 요소
는 떠다니는 요소와는 약간 다릅니다. 왜냐하면 흐름상에 있
는 요소는 떠 있는 요소의 경계를 침범하지 않기 위해 자신의
인라인 콘텐츠를 조정하기 때문입니다. 그러나 절대적인 위
치를 잡은 요소는 다른 요소에 영향을 주지 않습니다.

누가 맨 꼭대기에 있을까요?

절대적인 위치를 잡은 요소에 관한 또 다른 흥미로운 점은
층층이 쌓을 수 있다는 점입니다. 그런데 한 페이지에서
같은 위치에 절대적인 위치를 잡은 요소가 쌓여있다면,
그 층을 어떻게 알 수 있을까요? 다시 말해서, 누가 맨
꼭대기에 있을까요?

위치를 잡은 요소는 가상의 z축의 위치를 명시하는
z-index라는 속성을 갖고 있습니다(예를 들어 화면이나
페이지에 있는 항목이 여러분에게 다가올수록 z-index
값은 커집니다).

이제 우리는 위로부터 150픽셀, 왼쪽으로부터
100픽셀에 절대적으로 위치한 두 번째 <div>를
가지고 있습니다.

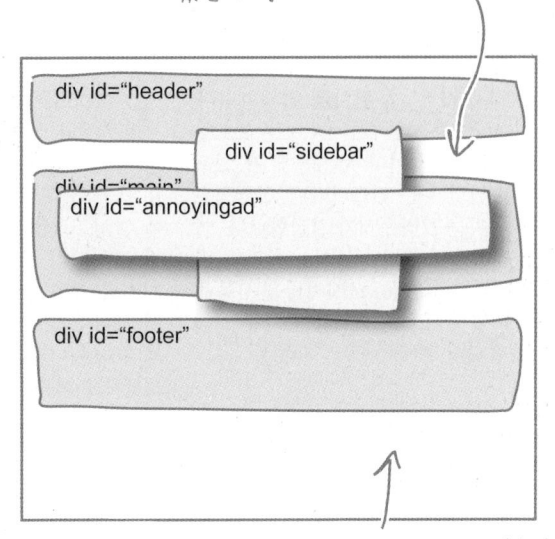

annoyingad <div>는 sidebar <div>의
위에 있다는 점에 주목하세요.

sidebar와 annoyingid <div>는 페이지에
층층이 쌓여 있는데, annoyingad는 sidebar보다
z-index가 크기 때문에 위에 있군요.

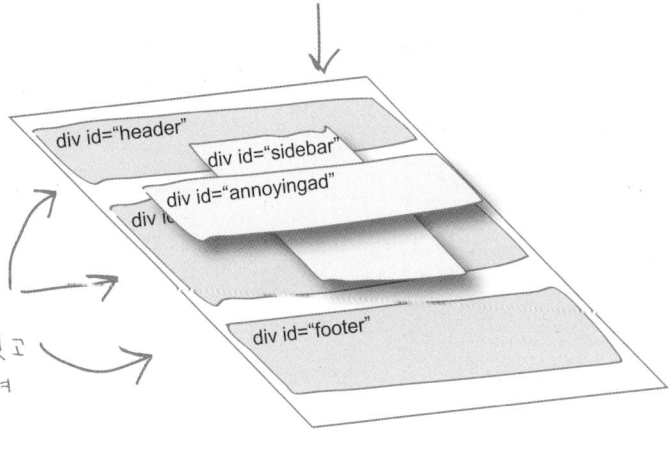

header, main, footer
<div>는 모두 흐름상에 있고
페이지에 납작하게 엎드려
있네요.

바보 같은 질문이란 없습니다

Q : position 속성의 기본 설정값은 무엇인가요?

A : 기본값은 'static'입니다. static으로 설정된 요소는 일반적인 문서의 흐름상에 있고, 브라우저가 그 위치를 결정합니다. float 속성을 사용해 흐름 밖으로 요소를 빼낼 수 있고 왼쪽이나 오른쪽에 떠 있어야 한다고 말할 수는 있습니다만, 궁극적으로 최종 위치는 브라우저가 결정합니다. 이 값을 position 속성의 'absolute' 값과 비교해 보세요. absolute 포지셔닝을 사용해서 브라우저에 요소의 위치를 정확히 말해줄 수 있습니다.

Q : 오직 〈div〉만 배치할 수 있나요?

A : 블록 혹은 인라인, 어떤 요소도 절대적인 위치를 잡을 수 있습니다. 요소가 절대적인 위치에 있을 때, 해당 요소는 페이지의 일반적인 흐름에서 제거된다는 점만 기억하세요.

Q : 그렇다면 인라인 요소에도 배치할 수 있나요?

A : 예. 물론입니다. 예를 들어 〈img〉 요소의 위치를 잡는 것은 흔한 일입니다. 〈em〉, 〈span〉도 위치를 잡을 수는 있지만 인라인 요소도 배치할 수 있는 것은 흔한 일은 아닙니다.

Q : static과 absolute 말고 다른 position 속성값이 있나요?

A : static, absolute, fixed, relative 총 4개가 있습니다. static과 absolute에 대해서는 이미 소개했고, fixed는 페이지보다는 브라우저의 상대적인 위치에 요소를 배치합니다. 따라서 fixed로 설정된 요소는 절대 움직이지 않습니다. 앞으로 몇 페이지에 걸쳐 fixed 포지셔닝에 대한 예를 보게 될 것입니다. relative 포지셔닝은 요소를 가져와 페이지로 흐르게 하는데, 페이지에서 보여주기 전에 차감을 합니다. relative 포지셔닝은 일반적으로 좀 더 향상된 포지셔닝으로 특수 효과를 주는 데 사용됩니다. 이것에 대한 예도 보게 될 거예요.

Q : 떠 있는 요소처럼 절대적인 위치에 있는 요소에도 너비를 명시해야 하나요?

A : 아닙니다. 명시하지 않아도 됩니다. 하지만 명시하지 않으면 기본적으로 블록 요소는 브라우저의 너비 전체를 점유할 것이며, 왼쪽 혹은 오른쪽으로부터 여러분이 명시한 값을 뺄 것입니다. 이것은 아마도 정확히 여러분이 원하거나 원하지 않을 수도 있습니다. 따라서 이러한 기본 설정 동작을 변경하고 싶다면 width 속성에 값을 설정하세요.

Q : 포지셔닝을 할 때는 픽셀을 사용해야 하나요?

A : 아닙니다. 요소의 위치를 잡는 또 다른 방법인 비율을 사용해도 됩니다. 만약 비율을 사용한다면 요소의 위치는 브라우저의 너비가 변경됨에 따라 같이 변경될 것입니다. 예를 들어 브라우저 너비가 800픽셀이고 요소의 left 값이 10%로 설정되어 있다면, 요소는 브라우저창 왼쪽에서 80픽셀 떨어져 곳에 자리잡을 것입니다. 하지만 브라우저 너비가 400픽셀로 줄어든다면, 요소의 너비는 400픽셀의 10%로 감소되거나 브라우저창 왼쪽으로부터 40픽셀만큼 떨어질 것입니다.

또한 너비를 명시할 때도 비율을 많이 사용합니다. 요소의 너비나 마진에 특정 값을 명시할 필요가 없다면, 비율을 사용해서 주 콘텐츠 영역과 sidebar의 크기를 유연하게 변경할 수 있습니다. 비율을 사용하여 주 콘텐츠 영역과 sidebar의 크기를 유연하게 만들 수 있습니다. 두 개나 세 개의 컬럼 레이아웃에서 많이 볼 수 있을 거예요.

Q : absolute 포지셔닝을 사용하려면 z-index의 사용법을 알아야 하나요?

A : 아니요. z-index는 대부분 CSS의 향상된 기능을 이용할 때 사용되는데, 특히 웹 페이지 스크립팅이 포함되어 있을 때 사용됩니다. 이 내용은 이 책의 범위를 좀 넘어섭니다만, absolute 포지셔닝에 관한 내용에 포함되니 여러분이 직접 z-index에 관해 알아보도록 하세요(그리고 실제로 z-index에 관해 잘 알고 있으면 도움이 되는 경우가 있을 거예요).

absolute 포지셔닝 사용하기

이제 float 버전 페이지에서 사용했던 것과 비슷한 기술로 두 개 컬럼을 가진 스타버즈 페이지를 만들어 보려고 합니다. 하지만 이번에는 absolute 포지셔닝을 사용할 것입니다. 앞으로 할 일을 정리해 봤습니다.

1 먼저 sidebar `<div>`를 절대적 위치에 놓을 것입니다. 이전에 띄웠던 곳과 정확히 같은 장소에 배치할 것입니다.

2 그다음에 주 콘텐츠에 큰 마진을 주어 sidebar가 마진 공간의 꼭대기에 오도록 할 것입니다.

3 마지막으로 테스트해서 떠 있는 버전의 페이지와 비교해 볼 것입니다.

스타버즈 CSS 변경하기

HTML은 이미 준비가 끝났고 sidebar `<div>`는 우리가 원하던 곳(주 콘텐츠 밑에)에 있습니다. CSS를 조금 변경해서 sidebar `<div>`가 절대적인 위치를 잡도록 해 봅시다. 'starbuzz.css' 파일을 열고 아래와 같이 sidebar를 변경하세요.

원래 버전의 파일로 돌아갔다는 점을 기억하세요. 'chapter11/absolute' 폴더에서 이 파일을 찾을 수 있을 거예요.

'absolute' 폴더에서 작업할 수도 있고 'index.html'과 'starbuzz.css' 파일을 'starbuzz' 폴더에 복사해 넣어 그 폴더에서 작업할 수도 있습니다.

```
#sidebar {
    background:   #efe5d0 url(images/background.gif) bottom right;
    font-size:    105%;
    padding:      15px;
    margin:       0px 10px 10px 10px;
    position:     absolute;
    top:          128px;
    right:        0px;
    width:        280px;
}
```

이제 sidebar는 페이지의 오른쪽에서 0픽셀, 위로부터 128픽셀 떨어진 절대적인 위치에 놓이도록 명시하고 있군요. 또한 sidebar에 너비를 설정하려고 하므로 float 버전과 동일하게 280픽셀을 설정하고 있습니다.

잠시 후에 128이란 숫자가 어디에서 나왔는지 알게 될 거예요.

오른쪽에서 0픽셀 떨어졌다는 것은 sidebar가 브라우저의 오른쪽에 딱 붙어있다는 뜻입니다.

이제 main <div>를 재작업해야 합니다

사실 재작업할 내용이 많지는 않습니다. float 버전처럼 마진만 추가하면
됩니다. main <div>의 오른쪽 마진을 330픽셀로 변경하세요.

```css
#main {
    background:  #efe5d0 url(images/background.gif) top left;
    font-size:   105%;
    padding:     15px;
    margin:      0px 330px 10px 10px;
}
```

main <div>에 큰 마진을 주어 sidebar와 어느 정도 공간을 두고 떨어져 있게 할 것입니다.
이는 사실 float를 사용한 것과 같은 기술입니다. 차이점은 sidebar <div>가 마진 위에
위치해 있다는 것이죠.

여러분은 마진만 변경하면 됩니다. 그리고 나서 저장하세요. 시운전하기 전에 절대적인
위치를 잡은 sidebar와 이것이 어떻게 동작할지 생각해 봅시다.

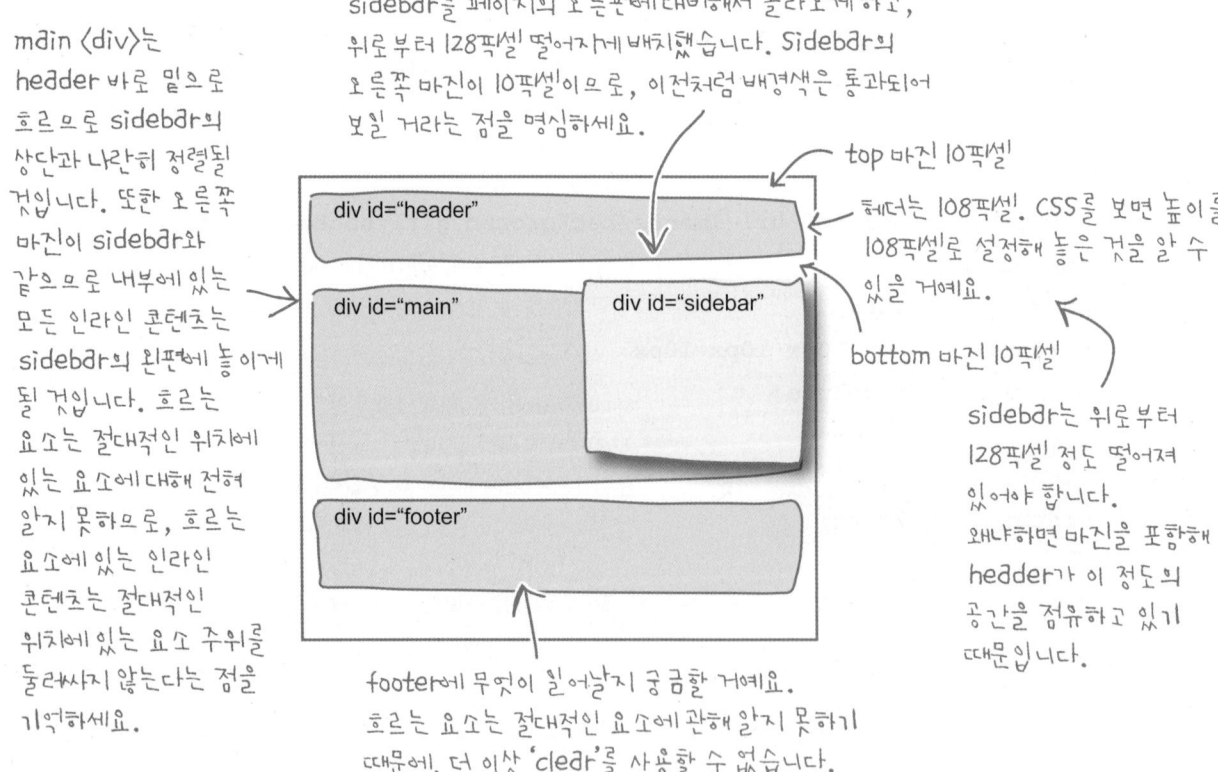

main <div>는
header 바로 밑으로
흐르므로 sidebar의
상단과 나란히 정렬될
것입니다. 또한 오른쪽
마진이 sidebar와
같으므로 내부에 있는
모든 인라인 콘텐츠는
sidebar의 왼편에 놓이게
될 것입니다. 흐르는
요소는 절대적인 위치에
있는 요소에 대해 전혀
알지 못하므로, 흐르는
요소에 있는 인라인
콘텐츠는 절대적인
위치에 있는 요소 주위를
둘러싸지 않는다는 점을
기억하세요.

sidebar를 페이지의 오른편에 대비해서 올라오게 하고,
위로부터 128픽셀 떨어지게 배치했습니다. sidebar의
오른쪽 마진이 10픽셀이므로, 이전처럼 배경색은 통과되어
보일 거라는 점을 명심하세요.

top 마진 10픽셀

헤더는 108픽셀. CSS를 보면 높이를
108픽셀로 설정해 놓은 것을 알 수
있을 거예요.

bottom 마진 10픽셀

sidebar는 위로부터
128픽셀 정도 떨어져
있어야 합니다.
왜냐하면 마진을 포함해
header가 이 정도의
공간을 점유하고 있기
때문입니다.

footer에 무엇이 일어날지 궁금할 거예요.
흐르는 요소는 절대적인 요소에 관해 알지 못하기
때문에, 더 이상 'clear'를 사용할 수 없습니다.

absolute 포지셔닝 시운전 시간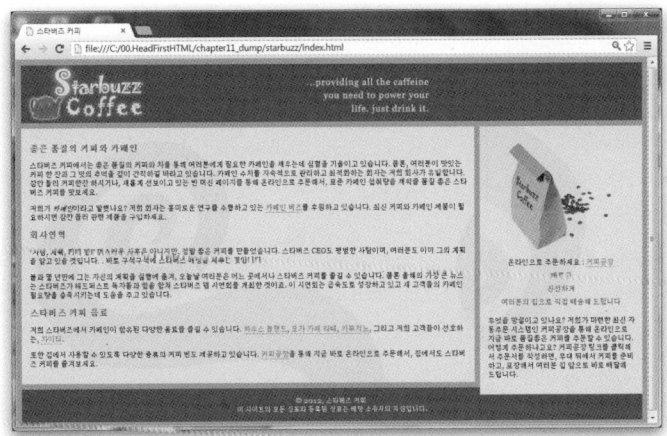

새로운 CSS를 저장했는지 확인한 후 브라우저에서 'index.html'
파일을 다시 열어 보세요. 그 결과를 확인해 봅시다.

와, 놀랍게도 float 버전과
같아 보이네요. 하지만
지금 sidebar는 절대적인
위치에 있습니다.

주 콘텐츠 영역의 오른쪽
마진은 sidebar의 너비와
같고 sidebar는 마진
공간의 위에 놓여 있네요.

브라우저 크기를 조정할 때마다
sidebar는 항상 위로부터
128픽셀 떨어져 있으며, 페이지의
오른쪽에 붙어있습니다.

그리고 sidebar의 오른쪽
마진은 10픽셀인데, 이는
페이지의 경계 사이에 있는
공간입니다.

그리고 여전히 두 컬럼
사이에는 보기 좋게
여백(gutter)이 있군요.

이제 footer가 가진 문제로 돌아가 봅시다. 브라우저 너비를 충분히
넓히면, 절대적인 위치에 있는 sidebar는 footer의 상단 위로
내려옵니다. 불행히도 이번에는 clear 속성에 의지할 수 없습니다.
왜냐하면 흐르는 요소는 절대적인 위치에 있는 요소를 무시하기
때문입니다.

브라우저가 넓어질 때 주 콘텐츠
영역의 수직 공간은 감소되며,
sidebar는 footer 위로 내려올 수
있습니다.

> 좋아요, 그만하면 됐어요.
> 우리가 하려는 것은 컬럼 두 개를
> 만드는 것이잖아요. HTML이나 CSS를
> 작성해서 컬럼 두 개를 만들면 더 낫지
> 않을까요?

음. 사실, 할 수 있습니다만…

그렇게 하려면 최신 브라우저의 새 기능을 이용해야 만 합니다. 바로 CSS table display라는 기능이 죠. 어떤 기능이냐고요? CSS table display는 행 과 열로 구성된 테이블(표) 안에 블록 요소를 보여주 는 기능(잠시 후에 살펴볼 거예요)입니다. CSS 표 안에 콘텐츠를 넣어서 HTML과 CSS로 여러 개의 컬럼 디자인을 쉽게 만들 수 있습니다.

현 시점에서 모든 브라우저가 이 기능을 지원하고 있습니다.

지금쯤 이런 생각이 머리를 스쳐 지나갈 것 같군요. '왜 진작 이 기능에 대해 얘기하지 않았지?' 왜냐하 면 브라우저가 콘텐츠를 어떤 식으로 흐르게 해서 보여주는지 이해하는 게 중요하기(실제 현장에 가면 두 개의 컬럼만 보여주는 페이지만 있는 것은 아닙 니다) 때문입니다. 하지만 이제 여러분도 페이지 레 이아웃을 이해하고 있으니, CSS table display 기능을 사용해 페이지를 다시 손보도록 하죠.

다른 모든 레이아웃 기능처럼 CSS table display도 장단점이 있습니다.

CSS table display 동작 방식

테이블을 스프레드시트라고 생각해도 무방합니다. 테이블은 행과 컬럼으로 구성되며, 각 행과 컬럼이
교차하는 지점을 셀이라고 합니다. 스프레드시트에서 셀 안에 텍스트나 숫자 같은 값을 넣을 수 있는
것처럼, CSS table display 기능을 사용해 각 셀에 HTML 블록 요소를 넣을 수 있습니다.

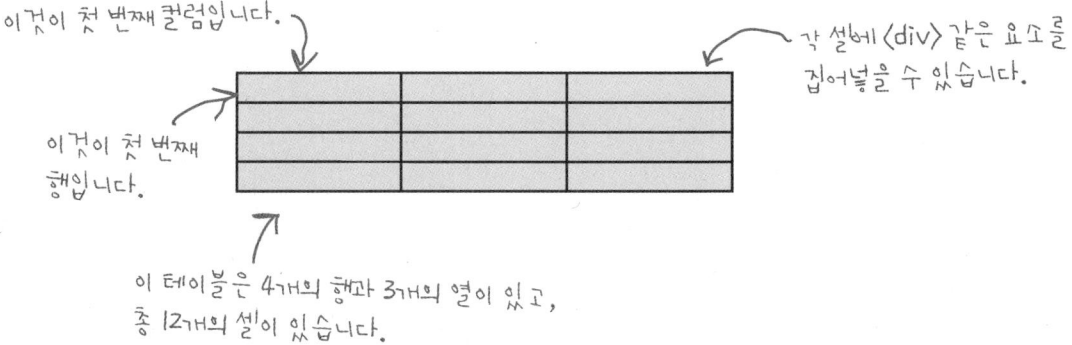

이것이 첫 번째 컬럼입니다.

각 셀에 〈div〉 같은 요소를
집어넣을 수 있습니다.

이것이 첫 번째
행입니다.

이 테이블은 4개의 행과 3개의 열이 있고,
총 12개의 셀이 있습니다.

페이지에 세 개 이미지와 세 개 문단이 있는데, 세 개의 행과 두 개의 컬럼에 이들을
배치해야 한다고 해 봅시다. 테이블을 사용해서 이를 어떻게 배치하는지 개념적으로
그린 내용이 아래에 나와 있군요.

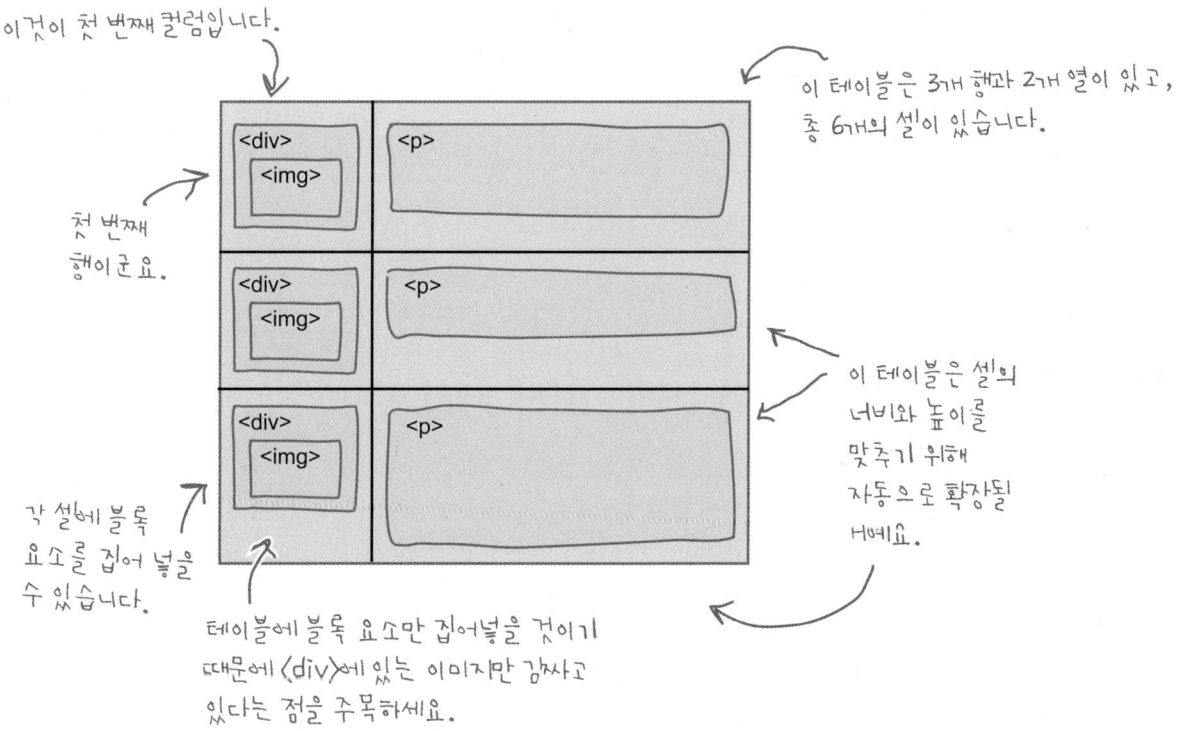

이것이 첫 번째 컬럼입니다.

이 테이블은 3개 행과 2개 열이 있고,
총 6개의 셀이 있습니다.

첫 번째
행이군요.

이 테이블은 셀의
너비와 높이를
맞추기 위해
자동으로 확장될
거예요.

각 셀에 블록
요소를 집어 넣을
수 있습니다.

테이블에 블록 요소만 집어넣을 것이기
때문에 〈div〉에 있는 이미지만 감싸고
있다는 점을 주목하세요.

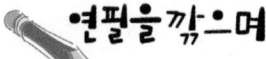

CSS table display에 관해 알고 있는 내용을 바탕으로, 스타버즈 페이지에서 두 개의 컬럼인 'main'과 'sidebar'를 테이블에 어떤 식으로 집어 넣을지 그림으로 그려보세요. 다음으로 넘어가기 전에 이 장의 끝에 있는 정답과 비교해 보세요.

여기에 테이블을 그려보세요.

table display 기능을 사용하기 위한 CSS와 HTML 생성 방법

여러분도 짐작하겠지만 CSS에 몇 가지 내용을 추가해 브라우저로 하여금 테이블처럼 컬럼을 보여주도록 할 것입니다. 이를 위해서는 HTML도 추가해야 하는데 그 이유는 무엇일까요? 테이블의 행과 컬럼을 표현하는 구조와 테이블을 감싸는 구조물을 추가해야 하기 때문입니다.

이 작업은 아주 직관적입니다. 우리는 테이블 전체에 대한 <div>를 생성하고, 한 행당 하나의 <div>를 생성해야 합니다. 각 컬럼에서는 행 <div> 내부에 위치하도록 블록 요소를 집어넣어야 합니다. 먼저 HTML이 어떤 식으로 동작하는지 살펴본 후, 다시 CSS로 돌아가 보도록 하죠.

table display를 위한 HTML 구조 추가하기

HTML을 사용해서 CSS table display 기능을 지원하기 위해 구조를 어떻게 추가하
는지 차근차근 살펴봅시다.

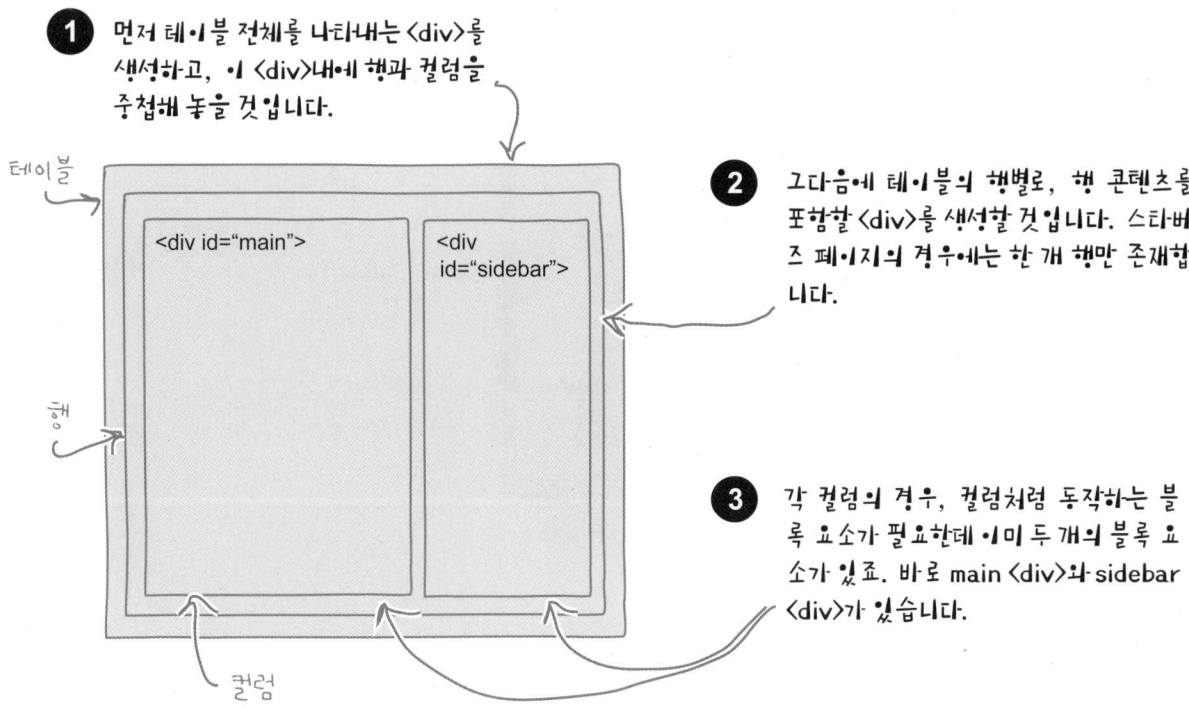

1 먼저 테이블 전체를 나타내는 <div>를
생성하고, 이 <div>내에 행과 컬럼을
중첩해 놓을 것입니다.

테이블

행

컬럼

<div id="main">

<div id="sidebar">

2 그다음에 테이블의 행별로, 행 콘텐츠를
포함할 <div>를 생성할 것입니다. 스타버
즈 페이지의 경우에는 한 개 행만 존재합
니다.

3 각 컬럼의 경우, 컬럼처럼 동작하는 블
록 요소가 필요한데 이미 두 개의 블록 요
소가 있죠. 바로 main <div>와 sidebar
<div>가 있습니다.

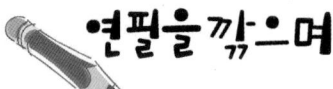 **연필을 깎으며**

이제 여러분 차례입니다. 스타버즈 페이지의 테이블 구조에 필요한 HTML을
작성해 보세요.

스타버즈 table display
레이아웃에 필요한 HTML을
작성하세요.

**연필을 깎으며
정답**

이제 여러분 차례입니다. 스타버즈 페이지의 테이블 구조에 필요한 HTML을
작성해 보세요.

여기 정답이 있군요!

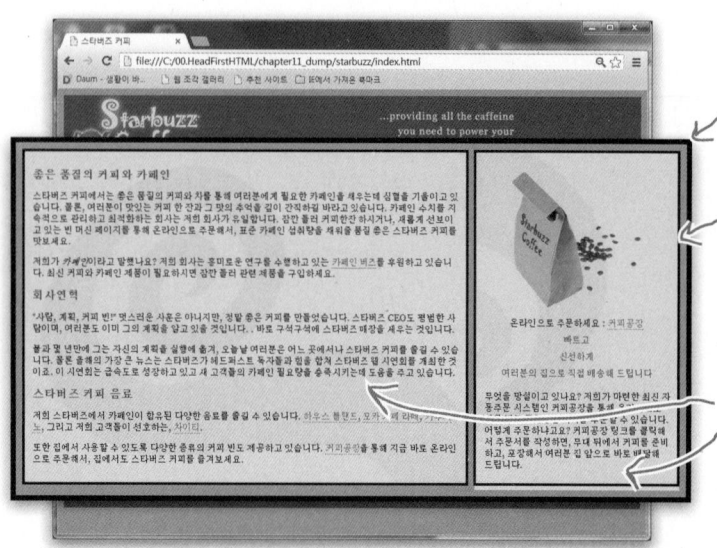

먼저 tableContainer라는
⟨div⟩에서 테이블처럼 보이는
모든 것을 둘러쌀 것입니다.

그러고 나서 한 행에 대해
tableRow란 ⟨div⟩를 생성할
것입니다.

마지막으로, 기존에 있던 main과
sidebar ⟨div⟩에 대한 컬럼을 테이블에
있는 셀처럼 보여줄 것입니다.
셀이 두 개밖에 없으므로 매우 간단한
테이블 레이아웃이지만 필요하다면 훨씬
더 복잡한 형태도 만들 수 있습니다.

HTML에 아래의 내용을 추가하세요.

여기서 header 부분은 생략됐습니다.

```
...
<div id="tableContainer">
  <div id="tableRow">
    <div id="main">
      ...
    </div>
    <div id="sidebar">
      ...
    </div>
  </div>
</div>
...
```

main과 sidebar ⟨div⟩ 주위를 둘러싸는
tableContainer라는 새로운 ⟨div⟩를 추가하세요.

그러고 나서 역시 main과 sidebar ⟨div⟩ 주위를
둘러싸는 tableRow라는 새로운 ⟨div⟩를 추가하세요.
단 이 ⟨div⟩는 tableContainer ⟨div⟩ 내부에 있어야
합니다.

⟨div⟩ 종료태그를 넣는지 확인하세요!

이 밑에는 footer가 있는데,
이 역시 여기서는 생략됐습니다.

table display를 생성하기 위한 CSS 사용법

CSS table display를 지원하기 위해 HTML 구조를 추가하는 방법을
알았으니, 각 요소에 대한 CSS를 어떻게 작성하는지 알아보도록 하죠.

1 먼저 tableContainer란 id를 가진 테이블에 대한 〈div〉를 추가했습니다. 이 〈div〉에는
행과 열이 포함되어 있습니다. 다음과 같이 tableContainer 〈div〉를 꾸며 봅시다.

```css
div#tableContainer {
  display: table;
}
```

tableContainer는 가장 바깥에 있는
〈div〉로 전체 테이블 구조를 표현합니다.

2 tableRow란 id를 가진 행에 대한 〈div〉도 추가했습니다. 한 개의 행과 두 개의 셀만 있
으므로 〈div〉는 하나만 필요합니다. 행이 여러 개라면 〈div〉가 여러 개 필요하겠죠. 다음
내용을 추가하세요.

tableRow 〈div〉는 테이블에 있는 한 행을 나타냅니다.
이 테이블에는 행이 하나만 있으므로, 규칙도 하나만
있으면 됩니다. 행이 여러 개라면 하나의 규칙만 사용해서
모든 행을 한 번에 꾸밀 수 있는 클래스를 사용하는(예를 들어
div.tableRow)것도 고려해 보세요.

```css
div#tableRow {
  display: table-row;
}
```

3 마지막으로 행에 있는 각 컬럼과 일치하는 셀에 대해 기존의 main과 sidebar 〈div〉를
사용할 것입니다. 아래에 짙게 표시된 부분을 추가하세요.

main과 sidebar 〈div〉는 테이블에 있는 컬럼이므로, 셀로
표시됩니다.

```css
#main {
  display: table-cell;
  background: #efe5d0 url(images/background.gif) top left;
  font-size: 105%;
  padding: 15px;
  margin: 0px 10px 10px 10px;
}
#sidebar {
  display: table-cell;
  background: #efe5d0 url(images/background.gif) bottom right;
  font-size: 105%;
  padding: 15px;
  margin: 0px 10px 10px 10px;
}
```

한편, 스타버즈에서는

컬럼이 어떻게 보일지 알아보기 위해 스타버즈 페이지에 table display 기능을 추가할 때가
됐습니다. 이를 위해 우리는 이 장의 앞에서 만들었던 스타버즈 HTML과 CSS로 다시 되돌아가야
합니다. 'chapter11/tabledisplay' 폴더에 가면 초기 버전의 복사본 파일이 있습니다. 'index.
html' 파일을 열고, main과 sidebar <div> 주위에 두 개의 <div>를 추가하세요. 바깥에
있는 것이 tableContainer이고 안에 있는 것이 tableRow입니다. 그리고 나서 'starbuzz.css'
파일을 열고, 아래와 같이 수정하세요.

*필요하다면 앞부분의
내용을 참조하세요.*

*display: table 속성은 tableContainer
<div>를 테이블처럼 배치되도록 합니다.*

```css
#tableContainer {
  display: table;
  border-spacing: 10px;
}
#tableRow {
  display: table-row;
}
```

*border-spacing 속성은 테이블에 있는 셀에 10픽셀 테두리 공간을
추가합니다. border-spacing 속성을 일반적인 요소의 마진이라고
생각해도 무방합니다. 셀에서 border-spacing 속성을 사용하고
있으므로, 이 <div>에서는 더 이상 마진이 필요 없습니다(아래를 보세요).*

*tableRow <div>는 테이블에 있는
첫 번째이자 유일한 행입니다.*

```css
#main {
  display: table-cell;
  background: #efe5d0 url(images/background.gif) top left;
  font-size: 105%;
  padding: 15px;
  margin: 0px 10px 10px 10px;
  vertical-align: top;
}
```

*main과 sidebar에서
마진을 제거할 수 있습니다.*

*main과 sidebar <div>는
모두 테이블에 있는 셀이며,
main은 tableRow의 첫
번째 컬럼이고(HTML에서
순서가 앞서므로), sidebar는
두 번째 컬럼입니다.*

```css
#sidebar {
  display: table-cell;
  background: #efe5d0 url(images/background.gif) bottom right;
  font-size: 105%;
  padding: 15px;
  margin: 0px 10px 10px 10px;
  vertical-align: top;
}
```

*그리고 vertical-align이란 속성을 추가해야
하는데, 이 속성은 두 개의 셀에 있는 모든
콘텐츠가 셀의 상단에 정렬하도록 합니다.*

빠른 시운전 🚗

정말 대단하군요! 두 개의 컬럼이 완벽합니다. 브라우저창을 넓히고 또 좁혀보세요. 두 컬럼 모두 높이가 동일하게 움직이며 더 이상 footer 를 침범하지 않습니다. 그리고 모바일 기기 사용자도 올바른 순서대로 콘텐츠를 볼 수 있게 됐네요.

다만 한 가지 아주 작은 문제가 있는데, 쉽게 고칠 수 있습니다. header와 두 컬럼 사이, footer와 두 컬럼 사이의 공간이 좀 넓어졌다는 점을 주목하세요.

거의 완벽해요! 유일한 문제는 여기에 여분의 공간이 생겼고,

여기에도 공간이 생겼다는 점입니다.

이 공간에 무슨 문제가 있는 걸까요?

header <div>에는 하단 마진이 10픽셀, footer <div>에는 상단 마진이 10픽셀 있습니다. 테이블 레이아웃을 추가하기 전에 main과 sidebar <div>에 상단 마진이 0픽셀 있었고, 따라서 이들과 header 사이의 총 마진은 10픽셀입니다. 블록 요소가 수직으로 놓여 있으면 마진이 붕괴된다는 것을 기억해 보세요. 즉, 두 컬럼의 하단 마진이 10픽셀이고 footer의 마진이 10픽셀이라 하더라도, 겹쳐지면 마진은 10픽셀로 합쳐져 두 컬럼과 footer 사이 총 공간 역시 10픽셀이 됩니다.

main과 sidebar <div>의 마진을 제거하면서 tableContainer <div>의 border-spacing 속성을 사용해 10픽셀 공간을 생성했습니다. 이렇게 하면 셀 사이 공간을 10픽셀 추가할 뿐만 아니라, 셀 가장자리 주변 공간도 10픽셀을 추가하는 결과를 낳습니다.

하지만 border-spacing에 의해 만들어진 공간과 마진은 합쳐지지 않습니다! 따라서 결국 header와 컬럼 사이 공간은 20픽셀이 되고, 컬럼과 footer 사이 공간도 20픽셀이 됩니다. 다행히도 이 문제를 고치는 것은 어렵지 않습니다.

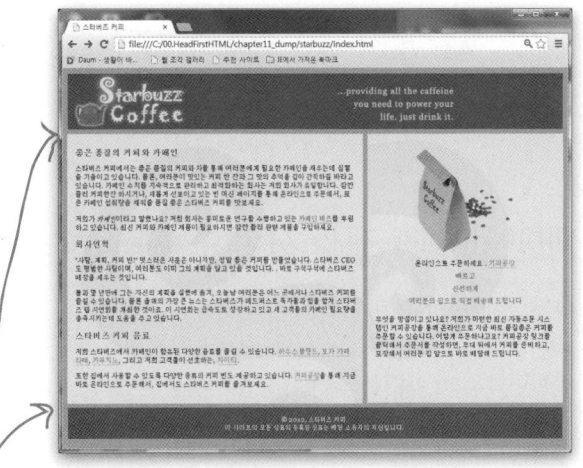

테이블 상단과 하단에 border-spacing 속성값을 10픽셀, header와 footer의 마진을 10픽셀로 설정했습니다. border-spacing을 사용한 이 마진은 합쳐지지 않으므로 10픽셀로 만들려고 했던 공간이 20픽셀이 되었습니다.

공간 문제를 수정해 봅시다

header와 두 컬럼, footer와 두 컬럼 사이 공간 문제를 해결하려면 header의 하단 마진을 0픽셀, footer의 상단 마진을 0픽셀로 설정하기만 하면 됩니다. 현재 header와 footer 에 대한 규칙에서 margin: 10px을 사용해 위, 아래, 오른쪽, 왼쪽 모두 10픽셀만큼 마진을 주고 있는데, 대신 아래와 같이 서로 붙어있는 한 방향만 제외하고 나머지 세 방향 마진을 각각 10픽셀로 설정해 봅시다.

```
#header {
  background-color: #675c47;
  margin: 10px;
  margin: 10px 10px 0px 10px;
  height: 108px;
}
```

header의 네 방향 모두 10픽셀로 설정하는 대신, 하단은 0픽셀 나머지는 10픽셀로 설정하고 있군요.

```
#footer {
  background-color: #675c47;
  color: #efe5d0;
  text-align: center;
  padding: 15px;
  margin: 10px;
  margin:  0px 10px 10px 10px;
  font-size: 90%;
}
```

마찬가지로, 위쪽을 제외하고 나머지 세 방향의 마진을 10픽셀로 설정하고 있습니다.

table display 최종 시운전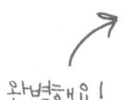

이제 두 컬럼이 완벽해졌습니다! 이제 모든 방향으로 10픽셀만큼 공간이 생겼습니다. 브라우저를 넓히거나 좁히더라도 이 공간은 유지됩니다.

display: table 속성이 만병통치약은 아니더라도, 스타버즈 페이지에 있는 두 개 컬럼에는 최상의 해결 책입니다.

완벽해요!

스타버즈 CEO는 스타버즈 커피 웹 페이지에 음료 메뉴 컬럼을 집어넣기로 마음 먹었습니다. 그는 왼쪽에 브라우저창의 20% 너비로 새 컬럼을 넣고 싶어 합니다. 여러분이 할 일은 기존 페이지에 올바른 위치에 새로운 HTML을 추가하고, 다른 두 개의 컬럼처럼 하나의 테이블 셀로 보이게 아래와 같이 CSS를 작성하는 것입니다.

여기 CEO가 원하는 스타버즈 페이지가 나와 있군요. 왼쪽에 음료 메뉴 컬럼이 있습니다.

메뉴 HTML

```html
<div id="drinks">
  <h1>커피</h1>
    <p>하우스 블랜드d, $1.49</p>
    <p>모카 카페 라떼, $2.35</p>
    <p>카푸치노, $1.89</p>
    <p>차이티, $1.85</p>
  <h1>음료</h1>
    <p>
      헤드 퍼스트 라운지에서 자랑스럽게 출시한 건강에
      좋은 음료입니다.
    </p>
    <p>시원한 녹차, $2.99</p>
    <p>차가운 산딸기 농축과즙, $2.99</p>
    <p>블루베리 블리스, $2.99</p>
    <p>노화 방지용 크렌베리 블래스트, $2.99</p>
    <p>차가운 차이티 음료, $2.99</p>
    <p>블랙 브레인 음료, $2.99</p>
</div>
```

새로운 CSS군요. 이 부분을 완성해야 합니다!

```css
#drinks {
    _____;
    background-color: #efe5d0;
    width: 20%;
    padding: 15px;
    vertical-align: top;
}
```

drinks <div>를 페이지의 첫 번째 컬럼처럼 보이도록 빈칸을 채우세요.

바보 같은 질문이란 없습니다

Q: 책의 뒷부분에서 HTML 테이블을 다룰 것이라 생각했었는데, CSS table display는 HTML 테이블을 사용하는 것과 유사한가요?

A: 테이블의 행과 컬럼을 연결할 수 있도록 HTML 구조를 생성하는 것은 비슷하다고 할 수 있습니다만, HTML 테이블과는 달리 CSS table display는 테이블과 비슷한 레이아웃을 이용한 구조상에 있는 콘텐츠를 표현하는 것 뿐입니다. HTML 테이블은 표 형태의 데이터를 갖고 있습니다. 따라서 CSS table display를 사용하는 것은 특정 종류의 프레젠테이션 레이아웃을 만드는 것인 반면, HTML 테이블은 데이터를 구조화하는 것입니다. HTML 테이블에 관해서는 13장에서 다룰 거예요.

Q: table display를 이용해 행을 한 개 이상 만들려면 어떻게 해야 하나요?

A: 여러 행에서 콘텐츠를 보여줘야 한다면, 이를 지원하는 HTML 구조를 더 추가하세요. 스타버즈 HTML을 살펴보면, 한 행에 두 개의 컬럼이 있다는 것을(음료 컬럼을 추가했으니 세 개의 컬럼이군요) 알 수 있을 것입니다. 한 행을 추가하려면 tableContainer ⟨div⟩ 안에 있는 tableRow ⟨div⟩와 유사한 또 다른 ⟨div⟩를 추가해야 합니다. 그리고 첫 번째 행과 같은 수의 컬럼을 포함하고 있어야 합니다. 이처럼 ⟨div⟩를 추가하는 방법으로 행을 추가할 수 있습니다.

Q: vertical-align: top을 사용해 CSS에 있는 각 셀을 수직으로 정렬한 이유는 뭐죠?

A: 각 테이블 셀에 vertical-align: top을 추가해서 모든 콘텐츠를 셀의 상단에 맞춰 나란히 정렬했습니다. 이런 식으로 각 셀을 정렬한다면, 스타버즈 페이지의 각 컬럼에 있는 콘텐츠도 상단으로 정렬되어야 하며, 이는 좀 더 전문적인 프레젠테이션처럼 느껴질 것입니다. 수직 정렬을 추가하지 않았다면 브라우저의 기본 정렬방식인 중앙 정렬이 사용될 텐데, 상황에 따라 이렇게 정렬해야 하는 경우도 있을 것입니다! 그리고 vertical-align 속성에는 top, middle, bottom 값을 설정할 수 있습니다.

Q: 셀에 넣는 콘텐츠 양도 중요한가요?

A: 그렇지 않습니다. 한 컬럼에 다른 컬럼보다 훨씬 더 많은 콘텐츠를 넣으면 페이지가 불안정해 보일 수도 있겠지만, 궁극적으로 페이지가 어떤 모습으로 보일지는 전적으로 여러분이 결정할 사항입니다.

Q: 컬럼의 너비도 제어할 수 있나요?

A: 예. width 속성을 사용해 컬럼의 너비를 제어할 수 있습니다. 연습문제에서 여러분이 추가했던 음료 컬럼의 경우 너비를 20%로 설정했었죠. 이런 식으로 각 컬럼의 너비를 설정할 수 있습니다(100%까지 높여 어떻게 되는지 관찰해 보세요). 비율을 사용하면 브라우저창의 크기 변화에 따라 테이블도 확장되거나 축소될 것입니다.

CSS 레이아웃 공구상자를 위한 전략

여러분도 알겠지만, HTML과 CSS를 사용해서 페이지를 배치할 수 있는 방법은 매우 다양합니다. 지금까지 페이지의 레이아웃을 변경하려고 HTML을 그리 많이 변경하지는 않았습니다. 대신 콘텐츠 일부를 이동시켰고(떠 있는 sidebar를 처리하기 위해), 몇 개의 <div>를 추가했죠(table display 레이아웃을 사용하기 위해). 콘텐츠의 프레젠테이션은 전적으로 CSS에 의지했습니다. 이런 식으로 HTML은 콘텐츠의 구조화만 전담하게 하고, CSS으로는 레이아웃을 처리하는 것이 좋습니다. 어떤 방법을 선택할지, 얼마나 유연하게 만들지는 전적으로 여러분의 몫이며 여러분이 선택한 레이아웃의 종류에 달려있습니다.

지금까지 작업한 내용을 정리해 보도록 하죠.

떠 있는 레이아웃

라운지 페이지를 배치하고 elixirs <div>를 주 콘텐츠 우측에 띄우는 데 float 속성을 사용했습니다. 보기 좋게 하려고 elixirs <div> 주위로 주 콘텐츠를 흐르게 했는데, 이럴 때 float 만한 것이 없습니다. 아직 사용한 적은 없지만, 텍스트 문단 내에서 이미지를 띄운 다음 텍스트를 이미지 주위로 흐르게 하는데도 float을 사용하면 좋습니다.

그리고 스타버즈 페이지에 있는 sidebar <div>를 띄우는데도 float을 사용했습니다. 떠 있는 sidebar가 footer와 겹치지 않게 하려고 clear 속성도 사용했습니다.

이 레이아웃의 단점은 페이지의 주 콘텐츠 위로 띄웠던 <div> 전체를 옮겨야 한다는 것인데, 놓인 순서가 페이지에 있는 콘텐츠의 상대적 중요도를 반영하지 않는다면 항상 최적화됐다고 할 수만은 없습니다. 또 다른 단점은 float 속성으로는 동일한 두 개의 컬럼을 만들 수 없다는 것입니다. 이렇게 하려면 다른 해결책을 찾아야 할 거예요.

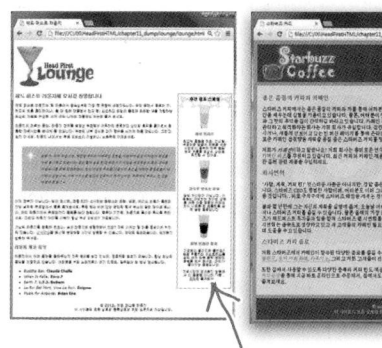

라운지 페이지에서 float 속성이 마음껏 실력을 발휘하고 있군요. 스타버즈 페이지에서도 괜찮긴 합니다만, sidebar 콘텐츠를 주 콘텐츠 밑에 두고 동일한 컬럼을 갖게 하고 싶군요.

젤로 레이아웃

그다음에 페이지에 있는 모든 콘텐츠 주위를 고정된 크기의 <div>로 감싸는 고정된 레이아웃을 만든 후, 마진을 auto로 설정해서 확장 가능하도록 한 젤로 레이아웃을 만들었습니다. 이 레이아웃은 정말 근사해 보이며, 웹에서도 이런 형식의 디자인을 쉽게 찾아 볼 수 있습니다. 많은 블로그가 이런 형태죠. 또한 콘텐츠 순서 문제도 해결했습니다. 이 레이아웃의 단점은 콘텐츠가 브라우저창 전체를 채우려고 확장되지 않는다는 점입니다 (이를 단점이라고 생각하지 않는 사람도 많죠).

젤로 레이아웃은 확장 가능한 마진과 함께, 중앙으로 정렬된 고정된 크기의 콘텐츠 영역을 제공하고 있습니다.

CSS 레이아웃 공구상자를 위한 전략 (계속)

absolute 레이아웃

우리는 absolute 포지셔닝을 사용해 유연한 레이아웃을 만들었으며, 원하는 순서대로 콘텐츠를 배치했습니다. sidebar의 너비를 특정 값으로 설정해 주 콘텐츠 우측에 배치했고, 주 콘텐츠를 페이지의 크기에 따라 늘어났다 줄었다 하게 만들었습니다. 또한 sidebar를 고정된 크기로 만들어 브라우저창의 오른쪽에 배치했습니다. 페이지 한 부분의 크기는 고정하고 다른 한 부분은 확장하거나 축소할 때, 혹은 아주 정확한 위치에 요소를 배치하고자 할 때(어떻게 하는지 곧 보게 될 거예요) 사용할 수 있는 최상의 레이아웃입니다.

하지만 스타버즈 페이지에서 아쉬운 점은 브라우저를 넓히면 sidebar와 footer가 겹쳐진다는 점입니다. 결국 완벽한 두 개의 컬럼에 대한 여정은 아직 끝나지 않았습니다.

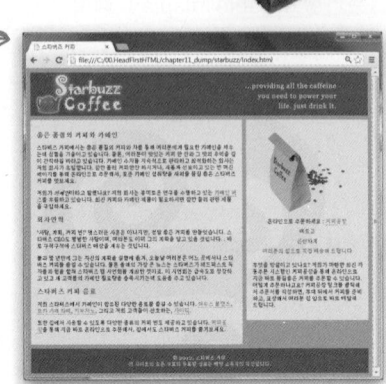

absolute 레이아웃은 고정된 sidebar와 함께 멋지고 유연한 주 콘텐츠 영역을 제공합니다.

table display 레이아웃

table display 레이아웃을 이용해 스타버즈 페이지의 레이아웃을 훌륭하게 변모시켰습니다. 두 개의 <div>를 HTML 구조에 추가했는데, 이 덕분에 브라우저창의 크기 변화에 따라 완벽하게 정렬된 두 개의 컬럼은 부드럽게 늘었다 줄었다 할 수 있게 됐죠.

우리가 페이지에 추가했던 구조는 순전히 이 레이아웃을 지원하는 용도로, 다른 용도로 추가한 것이 아니었습니다. 이런 용도로 <div>가 쓰이는 것을 종종 볼 수 있을 거예요(사실 다음 장으로 넘어가면, 몇 년 전보다 요즘에 이런 식으로 사용되는 경우가 많다는 것을 알게 될 거예요). 하지만 <div>에만 정신을 빼앗기지는 마세요. 원하는 레이아웃을 만들고 싶다면, 최상의 레이아웃을 고르고 필요에 따라 <div>를 추가하세요.

table display 레이아웃이 모든 레이아웃 중 항상 최선의 선택은 아닙니다만, 스타버즈의 경우 완벽히 동작하며 심지어 음료 메뉴에 대한 세 번째 컬럼을 쉽게 추가할 수 있을 정도로 확장성이 좋습니다. 정말 멋진 레이아웃이죠!

웹상에 있는 페이지 디자인은 매우 다양하며 디자이너도 많습니다만, 이런 페이지 중 상당수는 여러분이 이 책에서 배웠던 레이아웃을(혹은 약간 변형해서) 기본으로 하고 있습니다. 이제 여러분의 레이아웃 공구상자에 몇 가지 전략을 담아 놨으니, 상사가 어떤 지시를 하든지 모든 레이아웃을 잘 소화해 낼 수 있을 거예요!

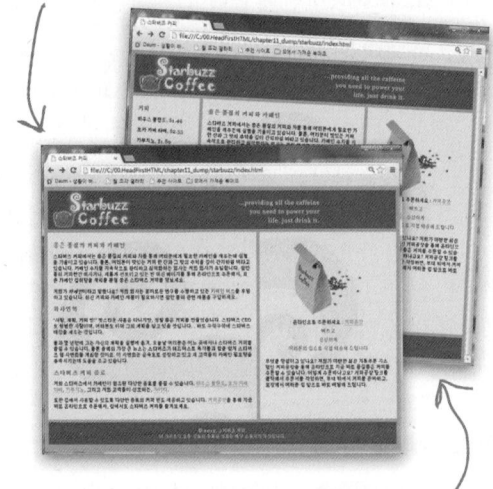

table display를 이용해 원했던 컬럼을 얻었습니다.

table display를 이용하면 확장하기 쉬워 더 많은 컬럼이나 행을 추가할 수 있습니다.

이 사이트는 정말 멋져 보여요.
저도 정말 CSS table display 레이아웃을
좋아합니다만, 로고가 있는 상단의 header와
슬로건은 페이지 크기 변화에 따라 변하지 않는군요.
브라우저창을 넓히면 이 슬로건도 오른쪽으로
움직여야 하지 않을까요?

예. 맞는 말입니다.

header만 제외하면 스타버즈 페이지는 브라우저창이 넓어지면 아주 멋지게 확장됩니다. CSS 테이블 레이아웃 덕분에 각 컬럼은 브라우저창의 너비와 비례해 확장되죠. footer 텍스트가 중앙에 있는 탓에, 브라우저가 넓혀지거나 좁혀질 때 footer는 항상 페이지 중간에 있는 것처럼 보입니다. 하지만 header는 멋지게 확장되지 않습니다. 배경색은 확장되지만 스타버즈 슬로건은 같은 장소에 머물러 있는 것 같군요. 브라우저창의 오른쪽으로 이동해야 하는데 말이죠.

header가 페이지의 나머지 부분과 함께 확장되지 않는 이유는 header 자체가 스타버즈 로고와 슬로건이 합쳐진 하나의 이미지기 때문입니다. 이 이미지의 너비는 정확히 800픽셀입니다. 브라우저창 너비가 800픽셀보다 넓어지면, 오른쪽에 과도한 여분의 공간이 생기는 것을 볼 수 있을 거예요. 마찬가지로 브라우저창 너비가 800픽셀보다 작아지면, 이미지가 브라우저창 옆으로 줄어듭니다.

이 문제를 고칠 수 있을까요?

header의 문제

계속해서 브라우저창을 header 이미지보다 넓히고, 그다음에는 좁혀 보세요.
header가 우리가 원하던 대로 움직이지 않을 거예요.

브라우저창이 800픽셀보다 넓어지면
오른쪽에 여분 공간이 생깁니다.

브라우저가 800픽셀보다 좁아지면
header 이미지 중 슬로건이 있는
부분이 브라우저창 옆으로 잘립니다.

페이지의 나머지 부분은 브라우저창이
넓어지거나 좁아질 때 맞춰 깔끔하게
크기가 재조정 됩니다.

⚛ 브레인 파워

header 이미지를 두 개 이미지, 즉 하나는 로고 나머지 하나는 슬로건으로 분리하면 〈div id="header"〉 요소에 이 두 이미지를 정확한 위치에 배치하는 방법(로고는 header의 좌측에 남아있고, 슬로건은 header의 오른쪽으로 이동하게 만드는 방법)을 찾을 수 있겠어요?

header를 gif 이미지 두 개로 쉽게
분리할 수 있습니다(이 두 이미지
모두 커피색인 header의 배경색과
완벽하게 어울리는 바테 효과가 가미된
투명한 배경을 가지고 있습니다).

...providing all the caffeine
you need to power your
life. just drink it.

float 속성으로 header 이미지 문제 고치기

CSS를 이용해 레이아웃 문제를 해결하는 여러 가지 방법이 있는 것은 사실입니다. 특히 이 경우에는 말이죠. 이 문제는 float 속성을 사용하여 해결할 수 있습니다. CSS 테이블 레이아웃을 사용하기 전에 스타버즈 페이지 일부 항목을 배치하는데 float 속성을 한 번 사용했었죠. 하지만 같은 페이지에서 float과 table display를 사용하는 것처럼 다른 전략을 혼합해 사용하지 못할 이유는 없습니다. 실제로 이렇게 처리하는 경우는 많습니다. 어떤 식으로 처리할 지 살펴보도록 하죠.

1 **header 이미지를 두 개로 분리하세요.**

여러분들을 위해 이미 분리해 놨습니다. 'chapter11/starbuzz/images' 폴더에서 'headerLogo.gif'와 'headerSlogan.gif' 파일을 찾을 수 있을 거예요.

headerLogo.gif

2 **두 이미지를 사용하도록 HTML을 수정하세요.**

그다음에 기존의 800픽셀 너비의 거대한 이미지를 1단계에서 만들었던 이미지 두 개로 대체하도록 HTML을 수정해야 합니다. CSS에서 선택할 수 있도록 이 두 이미지에 id를 부여할 것입니다.

headerSlogan.gif

...providing all the caffeine you need to power your life. just drink it.

```
<div id="header">
  <img src="images/header.gif" alt="Starbuzz Coffee header image">
  <img id="headerLogo"
       src="images/headerLogo.gif" alt="Starbuzz Coffee logo image">
  <img id="headerSlogan"
       src="images/headerSlogan.gif"
       alt="Providing all the caffeine you need to power your life.">
</div>
```

3 **CSS를 사용해 이미지 문제를 수정하세요.**

마지막으로 header에 두 이미지를 올바르게 배치해야 합니다. 현 상태에서 페이지를 다시 열면 header에 두 이미지가 보일 것입니다. 한 이미지는 페이지의 왼쪽에 있고 나머지는 바로 오른쪽에 붙어 있을 거예요.

로고 이미지는 보기 좋은데

슬로건 이미지는 로고 이미지 바로 옆에 붙어 있네요.
CSS를 사용해 이곳으로 옮겨야 합니다.

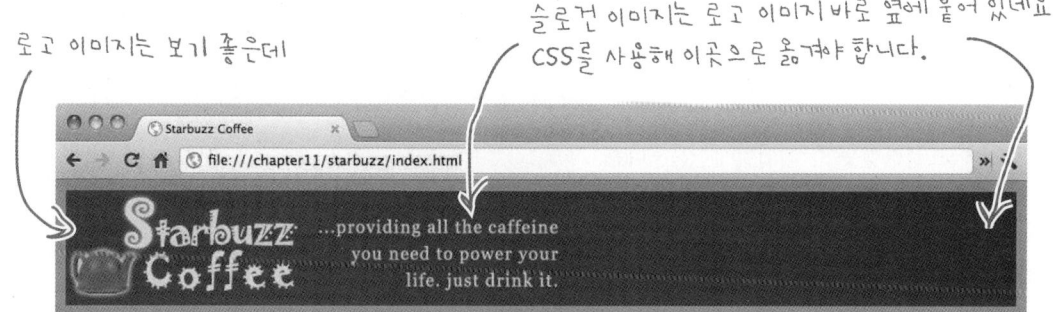

연습문제

이 CSS는 졸면서도 작성할 수 있을 정도로 쉽습니다. 이미 이번 장에서 배웠던 내용이죠. 계속해서 header에 있는 이미지 문제를 수정하는 CSS를 작성하세요. float 속성을 사용해야 할 거예요. 이미지를 올바른 위치에 놓으려면 아래 규칙의 빈칸을 채우세요. 다음 페이지로 넘어가기 전에 이 장 끝에 있는 정답과 비교해 보세요.

```
_____  {
    float: _____;
}
```

float 시운전

'starbuzz.css'에 있는 CSS를 수정하고 브라우저에서 스타버즈 페이지를 다시 열어 보세요. header 슬로건 이미지가 페이지 오른쪽에 붙어 있고, 브라우저창을 넓히더라도 계속 오른쪽에 있을 거예요. 성공했습니다!

이제 슬로건 이미지는 브라우저창 너비가 변하더라도 항상 오른쪽에 있군요.

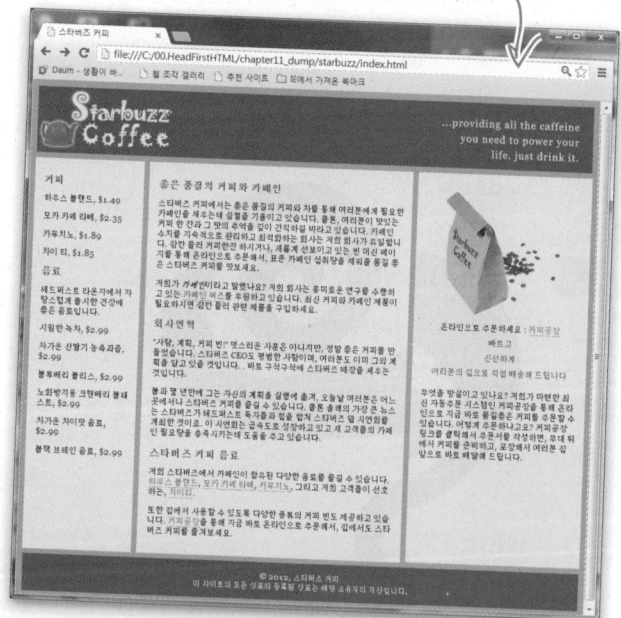

header에서 float의 동작 방식

이 장의 앞에서 나왔던 요소를 띄우기 위한 단계를 기억해 보세요.

요소를 식별하세요. 띄우고자 하는 이미지에 'headerSlogan'이란 id를 부여했습니다.

해당 요소의 너비를 설정하세요. 할 수 있었습니다만 명시적으로 너비를 설정하지는 않았습니다. 왜일까요? 이미지 요소의 기본 너비값으로 이미지 자체 너비가 설정되어 있었기 때문입니다. CSS는 이미지가 너비를 갖고 있다는 점을 인지하고 있었으므로 별도로 설정하지 않은 것입니다.

요소를 띄우세요. 요소를 띄웠습니다. <img>는 'header' <div>에 중첩되어 있으므로, 이 <div>의 오른쪽 상단으로 뜹니다. header의 높이를 두 이미지의 높이와 정확히 같게 설정했다는 점을 기억하세요. 이전에도 설명했듯이, 페이지에 있는 다른 인라인 콘텐츠는 떠 있는 요소 주위로 흘러갈 것입니다. 이 경우 header의 다른 인라인 콘텐츠는 바로 로고 이미지며, 이 역시 header와 슬로건 이미지와 같은 높이를 갖고 있습니다. 따라서 두 이미지가 마치 한 이미지인 것처럼 보이는 것입니다.

바보 같은 질문이란 없습니다

Q : header 밑에 있는 tableContainer ⟨div⟩에 clear: right을 추가하지 않는 이유가 뭐죠?

A : 우리가 띄운 이미지가 header에 있는 다른 이미지와 정확히 같은 높이(108픽셀)를 갖고 있기 때문입니다. 따라서 페이지에 있는 다른 콘텐츠가 이동해서 떠 있는 이미지 주변으로 흐를만한 공간이 없습니다. 두 이미지가 정확히 같은 수직 공간을 점유하고 있으므로, 페이지에 있는 다른 요소들은 자신의 자리를 굳게 지키고 있는 것입니다.

Q : 텍스트 문단에서 이미지를 띄우면 어떻게 되나요?

A : 텍스트가 이미지 주위로 흐를 것입니다. 라운지에서 elixirs ⟨div⟩를 띄웠을 때처럼 동작할 거예요. 페이지의 나머지 부분에 있는 텍스트가 이 ⟨div⟩ 주변을 어떻게 흘러갔는지 기억해 보세요. 이미지를 띄울 때도 마찬가지입니다.

Q : 지금까지 논의했던 다른 레이아웃 전략 중 하나를 사용해서 header 이미지를 배치할 수 있나요?

A : 물론입니다. CSS에서 처리하는 방법은 한 가지 이상입니다. 다른 전략을 꼽으라면 absolute 포지셔닝이 가능할 것 같군요. 이미지를 절대적 위치에 배치하는 방법은 곧이어 알아보도록 하죠.

> 스타버즈가 방금 올해의 로스터(커피 굽는기계) 상을 받았는데, 트로피가 꽤 크군요. 이 트로피 이미지를 페이지의 정면 중앙에 놓을 수 있나요? 모든 고객에게 보여주고 싶군요. 최우선 순위로 실행에 옮겨주세요!

트로피

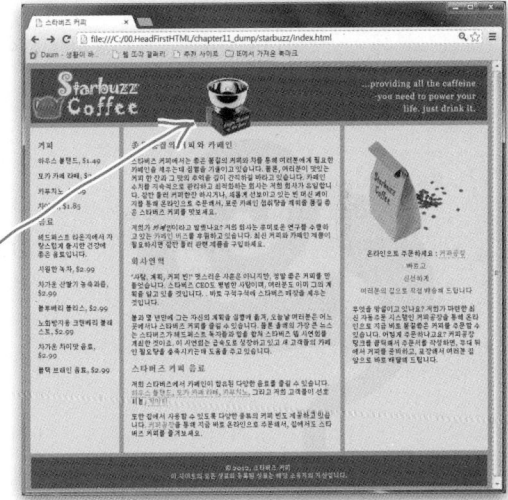

페이지에 있는 어느 오래된 문단에 이 이미지를 던져 넣을 수 있겠지만, CEO는 눈에 확 띄게 보이는 것을 원하고 있습니다. 페이지에 이렇게 트로피를 놓으면 어떨까요?

근사해 보이기도 하고 CEO가 원하던 바와 정확히 일치합니다. 그런데 어떻게 하면 될까요? 또 float을 사용해야 할까요? 아니면 다른 방법을 사용해야 할까요?

트로피 추가하기

트로피는 header와 페이지의 주 콘텐츠 사이에 걸쳐 있습니다. 이런 위치에 이미지를 띄워야 하다니 정말 까다로울 것 같군요. 뿐만 아니라, 트로피 이미지가 페이지에 있는 다른 요소의 흐름에 방해가 되면 안됩니다.

그렇다면 absolute 포지셔닝을 사용해야 할 것 같군요. 결론만 말하면 absolute 포지셔닝 기법을 사용해 페이지상의 원하는 곳에 놓을 수 있습니다. 이 이미지는 페이지 흐름에 있지 않으므로 페이지에 있는 다른 요소에 영향을 주지 않을 것입니다. 간단히 이미지만 추가해서 이미 자리잡고 있는 요소를 방해하지 않고 처리할 수 있을 것 같군요.

직접 한번 해 봅시다. header 바로 밑에 새 `<div>`를 추가하는 것부터 시작해 보죠(CEO가 큰 관심을 갖고 있는 일이므로 콘텐츠를 나열한 순서에서 가장 먼저 오도록 해야 합니다). 여기 추가할 `<div>`가 나와 있군요.

```
<div id="award">
    <img src="images/award.gif"
        alt="올해의 로스터">
</div>
```

이 `<div>`는 트로피 이미지를 포함하고 있습니다.

트로피 배치하기

브라우저가 800픽셀(브라우저의 전형적인 너비)로 열릴 때 페이지 중앙에 트로피를 배치하고 주 콘텐츠 `<div>`와 겹쳐지게 놓고자 합니다.

따라서 `top`과 `left` 속성을 사용하여 트로피를 위에서부터 30픽셀, 왼쪽으로부터 365픽셀 떨어진 위치에 놓도록 하죠.

```
#award {
    position: absolute;
    top:      30px;
    left:     365px;
}
```

award `<div>`에 대해 absolute 포지셔닝을 사용해서 위로부터 30픽셀, 왼쪽으로부터 365픽셀 위치에 배치하고 있네요.

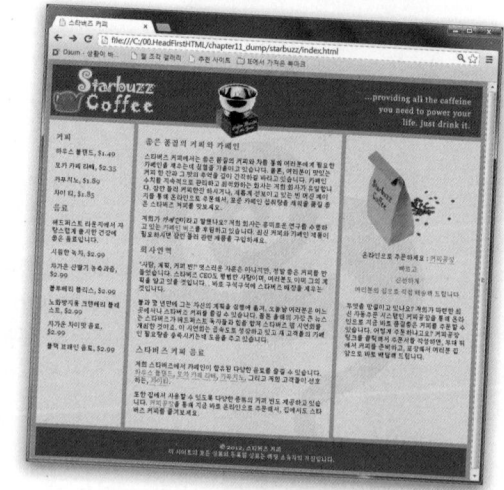

이 CSS를 'starbuzz.css' 파일에 추가하고, 저장한 뒤 웹 페이지를 다시 열어 보세요. 마치 요술을 부린 것처럼 우리가 원하던 위치에 정확하게 트로피 이미지가 놓여 있을 것입니다. 브라우저의 크기를 변경하면서 트로피가 어떻게 보이는지 확인해 보세요.

바보 같은 질문이란 없습니다

Q: 요소를 배치할 장소에 대한 선택권이 넓으니 absolute 포지셔닝이 float 속성보다 더 나은 것 같은데요. absolute 포지셔닝을 사용해야 하나요?

A: 그렇지는 않습니다. 상황에 따라 다르죠. 페이지 내 정확한 위치에 요소를 배치해야 한다면 absolute 포지셔닝이 좋은 선택이죠. 하지만 이미지 주위로 텍스트를 흐르게 하려면 absolute 포지셔닝을 사용해서는 쉽게 구현할 수 없을 거예요. 이런 경우에는 float을 사용하세요. 상황에 따라 두 가지를 번갈아 사용하는 경우도 많이 보게 될 것입니다.

Q: 절대적인 위치를 잡은 두 개의 ⟨div⟩ 요소를 사용했었는데, 언제나 그 중 하나가 다른 것 위에 보이더군요. 어떤 것이 위로 올라갈지 변경할 수 있는 방법이 있나요?

A: 예. 위치를 잡은 모든 요소는 가상의 z축 상에 있는 요소의 순서를 나타내는 z-index란 것을 갖고 있습니다. 다음과 같이 사용할 수 있죠.

```
#div1 {
    position: absolute;
    top:       30px;
    left:      30px;
    z-index:   0;
}
#div2 {
    position: absolute;
    top:       30px;
    left:      30px;
    z-index:   1;
}
```

위 규칙은 id가 div1인 요소의 맨 꼭대기에 id가 div2인 요소를 배치합니다.

Q: 페이지상에 있는 각 요소의 기본 z-index 값을 알려면 어떻게 해야 하나요?

A: 개발자 도구를 이용해 브라우저가 페이지에 있는 각 요소에 대해 계산하는 CSS를 조사해 보지 않는 한 알 수 없습니다. 특별히 요소를 쌓아놓거나 트로피를 배치했던 것과 같은 상황이 아니라면, 대부분 z-index 값에 신경 쓸 필요가 없습니다. 보통 한 요소를 페이지에 있는 다른 요소 위로 배치하려면 z-index를 1로 설정하면 됩니다만, 여러 요소를 배치할 경우 z-index 값 설정에 좀 더 신중을 기해야 할 것입니다.

Q: z-index의 최대값이 있나요?

A: 있긴 한데 값이 매우 큽니다. 그 정도로 큰 값을 사용할 일은 없을 거예요.

Q: z-index 값이 마이너스 값이 되면 어떻게 되나요? 예를 들어 −1로 설정할 수 있나요?

A: 예. 가능합니다! 값이 커질수록 층이 높아집니다. 즉, 화면상에서 여러분에게 가까워지죠.

Q: 어떤 요소라도 z-index 값을 가질 수 있나요?

A: 아니요. CSS에서 absolute, relative, fixed 포지셔닝을 사용해 배치된 요소만 z-index 값을 가질 수 있습니다. fixed 포지셔닝 예는 다음에 보게 될 거예요.

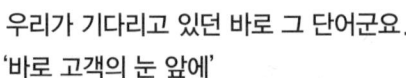

이봐요, 우리 사이트에 쿠폰을 넣고
싶은데, 고객들이 못보고 지나가지 않도록
쿠폰을 눈에 확 띄게 배치할 수 있나요?
쿠폰을 클릭하는 모든 사람에게 무료 커피
한 잔을 제공하고 싶군요.
물론 행사 기간에만요.

우리가 기다리고 있던 바로 그 단어군요.
'바로 고객의 눈 앞에'

왜 기다리고 있던 단어일까요? 왜냐하면 이 기회를
통해 fixed 포지셔닝을 시험해 보려고 하기 때문입
니다. 우리가 할 작업은 페이지에 쿠폰을 넣고, 스
크롤하더라도 항상 화면상에 쿠폰이 머물러 있게 하
는 것입니다. 사용자 친화적인 대단한 기술이죠? 아
주 대단하지는 않지만, 여기서 같이 작업해 보도록
하죠. fixed 포지셔닝을 이용하는 것은 재미있을 거
예요.

fixed 포지셔닝은 어떻게 작동할까요?

absolute 포지셔닝과 비교해보면, fixed 포지셔닝은 꽤 직관적입니다. absolute 포지셔닝처럼 fixed 포지셔닝을 이용해 요소의 위치를 명시할 수 있습니다만, 이렇게 명시한 위치는 페이지보다는 브라우저창의 가장자리에서 상쇄되어 보일 것입니다. 일단 fixed 포지셔닝을 이용해 콘텐츠의 위치를 잡아 놓으면, 페이지를 스크롤하더라도 움직이지 않고 그 자리에 그대로 있습니다.

그럼 coupon이란 id를 가진 <div>가 있다고 해 봅시다. 다음과 같이 왼쪽에서 100픽셀, 뷰포트(전체 웹 페이지 가운데 브라우저창에서 보이는 부분) 상단에서 300픽셀 떨어진 지점에 <div>를 고정되게 위치시킬 수 있습니다.

브라우저창을 뷰포트라고 언급하면 친구들과 동료들이 감동할 거예요. 정말 그런지 확인해 보세요. W3C도 만족스럽게 고개를 끄덕일 겁니다.

<div>에 대한 id 선택자가 여기 있네요.

fixed 포지셔닝을 사용하고 있습니다.

```
#coupon {
    position: fixed;
    top:       300px;
    left:      100px;
}
```

쿠폰을 위로부터 300픽셀, 왼쪽으로부터 100픽셀 떨어지게 위치시키세요. 또한 absolute 포지셔닝처럼 right와 bottom 값도 사용할 수 있습니다.

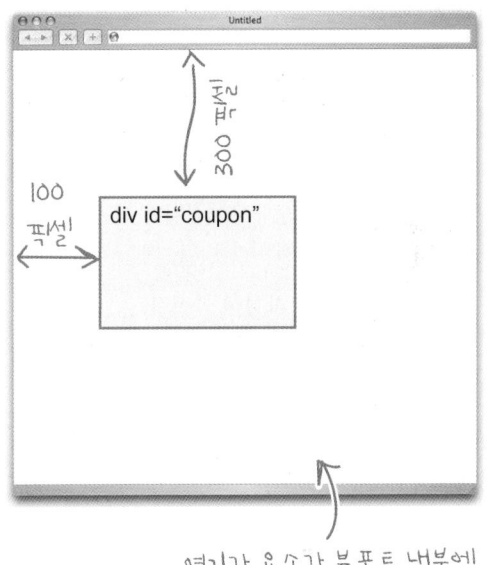

여기가 요소가 뷰포트 내부에 위치해 있는 곳입니다.

일단 요소를 배치하고 나면, 재미있는 현상이 발생합니다. 스크롤해 보세요. 요소가 움직이지 않을 거예요. 브라우저창 크기를 변경해 보세요. 그래도 움직이지 않습니다. 모니터를 집어 들고 흔들어 보세요. 아무리 흔들어도 움직이지 않습니다. 물론 이건 농담입니다. 말하고자 하는 요점은 고정된 위치에 있는 요소는 움직이지 않는다는 것입니다. 페이지가 보이는 한 계속 그 자리에 있을 것입니다.

이제 fixed 포지셔닝을 사용하는 것이 재미있다는 사실을 알았을 거예요. 그런데 여러분은 해야 할 일이 하나 더 있습니다. 스타버즈 페이지에서 쿠폰을 받아가세요(˘ᴗ˘).

페이지에 쿠폰 넣기

이제 페이지에 공짜 커피 쿠폰을 넣어 봅시다. 먼저 페이지 안으로 들어갈
쿠폰에 대한 `<div>`를 생성해 보도록 하죠.

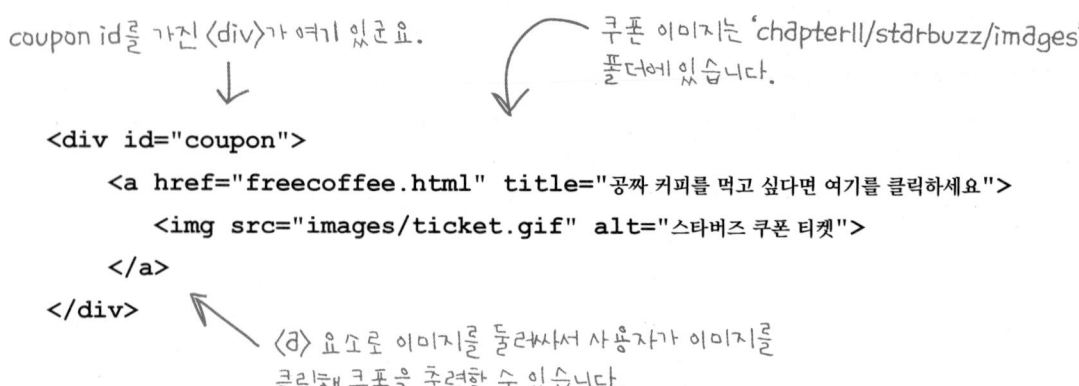

coupon id를 가진 `<div>`가 여기 있군요.

쿠폰 이미지는 'chapter11/starbuzz/images' 폴더에 있습니다.

```
<div id="coupon">
    <a href="freecoffee.html" title="공짜 커피를 먹고 싶다면 여기를 클릭하세요">
        <img src="images/ticket.gif" alt="스타버즈 쿠폰 티켓">
    </a>
</div>
```

`<a>` 요소로 이미지를 둘러싸서 사용자가 이미지를
클릭해 쿠폰을 출력할 수 있습니다.

이 `<div>`를 'index.html' 파일의 footer 바로 위에 추가하세요. 포지셔닝을 지원하지
않는 브라우저에서는 좀 이상하게 보이겠지만 이 쿠폰이 맨 위에 둬야 할 만큼 중요한
항목은 아니니 그 정도는 감수해야 합니다.

이제 쿠폰을 배치하는 CSS를 작성해 봅시다.

```
#coupon {
    position: fixed;
    top: 350px;
    left: 0px;
}

#coupon a, img {
    border: none;
}
```

뷰포트의 상단에서 350픽셀 떨어진 위치에 fixed 포지셔닝으로
쿠폰을 설정하고 있군요. 그리고 뷰포트의 왼쪽 가장자리에 바짝 붙여
놓으려고 하는데, 이렇게 하려면 left를 0픽셀로 설정해야 합니다.

이미지와 링크 모두를 손봐야 합니다. 그렇지 않으면 클릭할 수 있기
때문에 이미지 주위에 테두리가 생길 거예요. 따라서 이미지와 링크의
테두리를 none으로 설정해 봅시다. 이미지와 링크 모두에 대해 동일한
속성을 사용하고 있으므로, 이 규칙은 하나로 합칠 수 있습니다.

이미 `<a>` 요소에 text-decoration을 사용하지 않고 점선 형태의 밑줄을 사용하는
CSS 규칙을 사용하고 있다는 점을 기억하세요. 여기에서는 coupon `<div>`에 있는
링크에 대한 규칙을 재정의하고 있는데, 이 링크에 테두리를 없애라고 말하고 있군요.
이 링크에 대한 다른 규칙이 무엇이 있는지 알고 싶다면 원래의 CSS를 살펴보세요.

페이지에 쿠폰 넣기

'starbuzz.css' 파일에 새로운 쿠폰 규칙을 추가하고 저장한 뒤 페이지를 다시 열어 보세요. 스크롤할 때 쿠폰이 그대로 있는지 보기 위해서 브라우저창을 작게 만들어 보세요. 쿠폰을 클릭하면 'freecoffee.html' 페이지로 이동할 것입니다.

괜찮긴 한데 쿠폰이 왼쪽으로 바싹 붙이면, 마치 뷰포트 왼편에서 튀어 나온 것 같아 더 멋져 보일 것 같군요. 물론 이런 효과를 주기 위해 사진 편집 프로그램을 사용해서 이미지의 왼편을 잘라낼 수도 있습니다. 혹은 마이너스 값을 사용하여 이미지의 왼쪽이 뷰포트의 가장자리의 왼쪽으로 붙게 만들 수도 있죠. 두 번째 방법이 좋을 것 같군요.

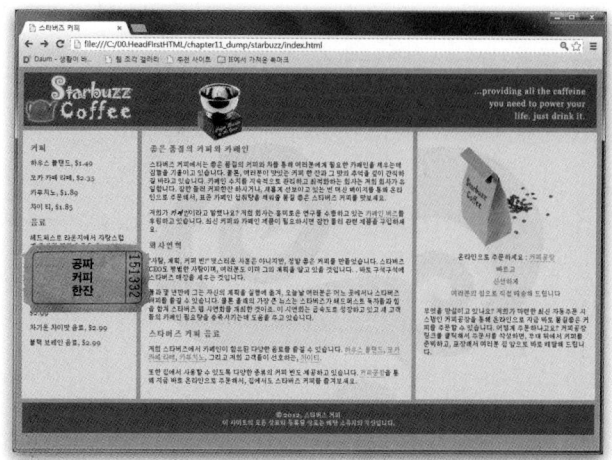

left 속성에 음수값 사용하기

양수를 사용했던 것처럼 음수 속성값을 명시하세요. 다음과 같이 맨 앞에 마이너스 기호만 붙이면 됩니다.

```
#coupon {
    position: fixed;
    top: 350px;
    left: -90px;
}
```

-90픽셀로 명시해서 브라우저에 이미지가 뷰포트의 가장자리 왼쪽으로 90픽셀의 위치에 있다고 얘기하고 있습니다.

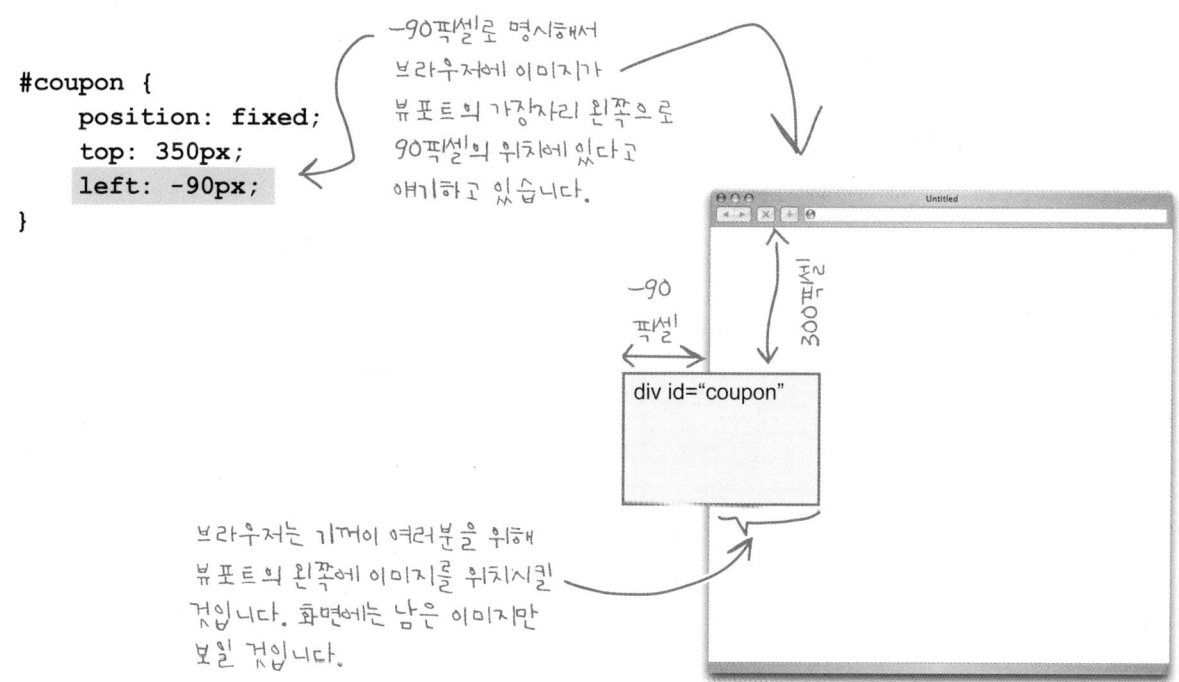

브라우저는 기꺼이 여러분을 위해 뷰포트의 왼쪽에 이미지를 위치시킬 것입니다. 화면에는 남은 이미지만 보일 것입니다.

음수 시운전

left 속성값에 음수를 넣었는지 확인하고 저장한 후 페이지를
다시 열어 보세요. 겉만 번지르르한 것 같지는 않죠? 축하합니다.
여러분은 방금 첫 번째 CSS 특수 효과를 완성했습니다. 조지
루카스가 지켜보고 있을 거예요!

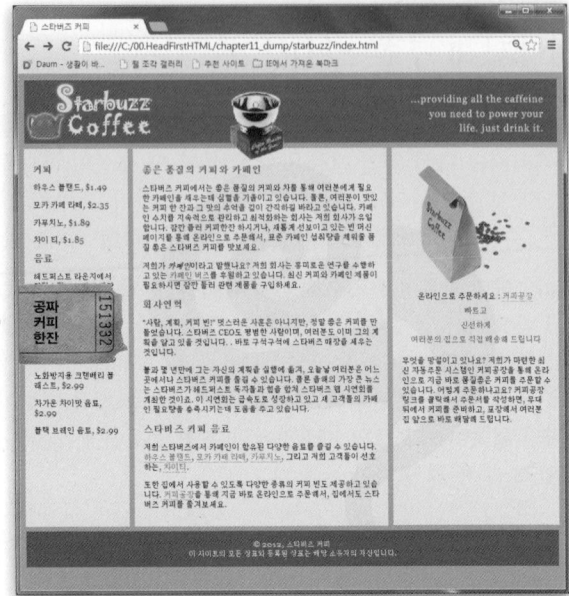

이것만 기억하세요.
fixed 포지셔닝을 사용해
콘텐츠를 가리는 것은 사용자
친화적인 디자인은 아닙니다만,
재미는 있군요.

이 사이트가 얼마나
좋아졌는지 믿을 수 있나요? 시작했을 때
본 것과 지금 것을 비교해 보세요. 정말
훌륭합니다. 하지만 아직도 우리를 위해
해줘야 할 일이 있습니다. 방금 좋은 생각이
떠올랐는데, 블로그를 시작하고 싶군요.
그리고 커피공장도 만들어야 합니다.

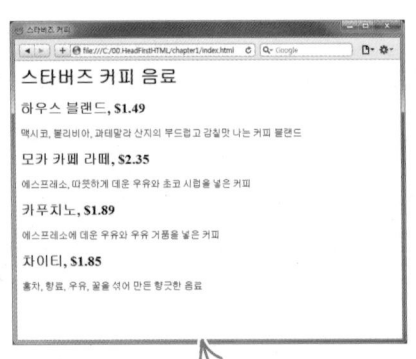

와! 정말 많이 변했군요!

연필을 깎으며

float 속성과 absolute 포지셔닝에 관해 이 장에서 배운 모든 지식을 시험해 볼 때가 되었습니다!
아래에 있는 웹 페이지를 살펴보세요. id를 가진 요소 네 개가 있습니다. 여러분이 할 일은 이 요소와
오른쪽에 있는 CSS 규칙을 연결하고, 올바른 빈칸을 id 선택자로 채우는 것입니다. 이 장의 끝에
있는 정답과 여러분의 정답을 비교해 보세요.

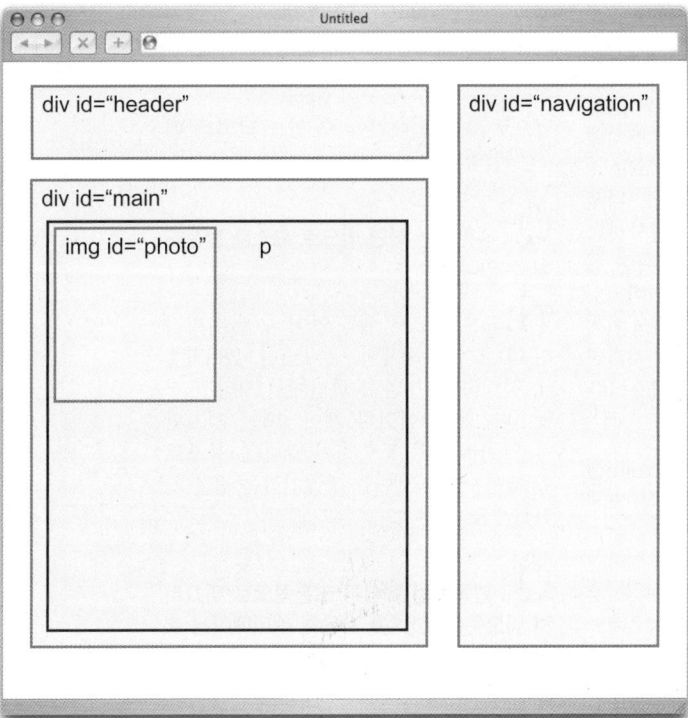

선택자를 채워 CSS를
완성하세요.

```
.......................... {
    margin-top:   140px;
    margin-left:  20px;
    width:        500px;
}

.......................... {
    position: absolute;
    top:      20px;
    left:     550px;
    width:    200px;
}

.......................... {
    float: left;
}

.......................... {
    position: absolute;
    top:      20px;
    left:     20px;
    width:    500px;
    height:   100px;
}
```

바보 같은 질문이란 없습니다

Q : 고정된 쿠폰은 멋져 보이긴 한데, 좀 짜증나네요. 콘텐츠를 가리지 않도록 음료 컬럼 하단에 쿠폰을 배치할 수는 없나요?

A : 물론 방법은 있습니다. relative 포지셔닝 기법을 사용해 음료 컬럼 하단에 쿠폰을 배치할 수 있습니다. 이 기법에 대해서는 다루지 않았지만, 요소가 페이지 흐름의 왼편에 있다가 여러분이 명시한 위치로 이동하는 점만 제외하면 absolute 포지셔닝과 비슷합니다. absolute 포지셔닝처럼 top, left, bottom, right 속성을 사용해 요소를 이동시킬 수 있습니다. 음료 컬럼에 있는 음료 목록 하단에 쿠폰을 배치해야 한다고 해봅시다. 하단에 있는 drinks 〈div〉에 중첩되도록 쿠폰을 옮기고 나서 position 속성을 relative로 설정하세요. 그리고 난 뒤 여러분이 원하는 정확한 위치에 쿠폰을 배치하세요. top: 20px이라고 명시하면 drinks 〈div〉 하단 20픽셀의 위치에 배치할 수 있고, left: -90px로 명시하면 페이지 왼편에 걸려있게 만들 수 있습니다.

Q : 포지셔닝은 static(정적), absolute(절대적), fixed(고정적), relative(상대적) 포지셔닝, 4가지 종류인가요?

A : 정답입니다. static 포지셔닝은 position 속성에 아무 값도 명시하지 않는 것으로, 평상시처럼 모든 것을 페이지로 흐르게 놔두는 것입니다. absolute 포지셔닝은 요소를 페이지의 흐름 밖으로 완전히 빼고, 가장 가까운 위치에 있는 부모 요소(별도로 명시하지 않을 경우엔 〈html〉 요소)에 상대적으로 절대적 위치에 해당 요소를 배치합니다. fixed 포지셔닝은 브라우저창에 상대적인 특정한, 고정된 위치에 요소를 배치합니다. relative 포지셔닝은 요소를 페이지의 흐름에 맡겨 둔 다음 여러분이 명시한 크기 만큼을 이동시켜 자신을 포함하고 있는 요소에 상대적인 위치에 요소를 배치합니다.

네 가지 종류의 포지셔닝을 섞어서 사용할 수도 있습니다. 예를 들어 절대적 위치에 있는 요소가 가장 가까운 위치에 있는 부모 요소에 상대적으로 위치를 잡는 방법에 대해 얘기했던 내용이 기억나세요? 다른 〈div〉 내에 있는 〈div〉를 절대적 위치에 배치할 수 있는데, 먼저 바깥에 있는 〈div〉는 relative 포지셔닝을(페이지 흐름상에 놔두세요), 내부에 있는 〈div〉에는 absolute 포지셔닝을 적용하면 부모 〈div〉에 상대적인 위치에 배치할 수 있습니다.

여러분도 알 수 있듯이 CSS 포지셔닝 기법으로 요소를 배치할 수 있는 방법은 매우 다양합니다.

Q : 원한다면 화면 밖으로 요소를 완전히 뺄 수 있나요?

A : 물론입니다! 예를 들어 쿠폰 이미지의 너비는 283픽셀이므로 left를 -283픽셀로 설정하면, 쿠폰이 화면에서 사라질 것입니다. 물론 여전히 페이지에는 있지만 뷰포트상에서는 보이지 않습니다. 뷰포트란 페이지에서 보이는 영역이라는 점을 기억하세요.

Q : 왼쪽에서 페이지 오른쪽으로 미끄러져 나오듯이, CSS를 사용해 애니메이션 효과를 줄 수 있나요?

A : 이런 질문을 해주다니 정말 기쁘군요. CSS 애니메이션은 이 책의 범위를 넘어섭니다만, CSS3는 transition과 transform이란 흥미로운 기능을 이용해 요소에 대한 기본 애니메이션 기능을 도입했습니다. 이 기능은 꽤 제한적이긴 합니다만, CSS 애니메이션을 사용해 꽤 멋진 것을 할 수 있습니다. CSS의 능력 이상의 기능을 원한다면 자바스크립트를 배우는 게 좋겠군요. CSS의 transform과 transition 내용은 부록에 있습니다.

 **핵심정리**

- 브라우저는 플로우(flow)를 사용하여 페이지에 있는 요소를 배치합니다.

- 블록 요소는 요소 사이에 라인 브레이크가 있으며, 위에서 아래로 흘러갑니다. 그리고 기본적으로 각 블록 요소는 브라우저창의 전체 너비를 점유합니다.

- 인라인 요소는 한 블록 요소 내부에서 왼쪽 위에서 오른쪽 아래 방향으로 흐릅니다. 만약 한 줄 이상 필요하면 브라우저는 새로운 줄을 생성하고 인라인 요소를 포함하도록 수직 방향으로 블록 요소를 확장합니다.

- 통상적인 페이지 흐름에 있는 두 개의 블록 요소가 마주보고 있다면 top과 bottom 마진은 둘 중 더 큰 마진의 크기로 합쳐지거나, 크기가 같다면 한쪽 마진의 크기로 합쳐집니다.

- 떠다니는 요소는 페이지의 일반적 흐름 밖으로 이동하며, 왼쪽 혹은 오른쪽에 자리를 잡습니다.

- 떠다니는 요소는 블록 요소의 맨 위에 있으며 블록 요소의 흐름에 영향을 주지 않습니다. 하지만 인라인 콘텐츠는 떠있는 요소의 경계를 존중하여 그 주위로 흘러갑니다.

- clear 속성은 떠다니는 요소가 블록 요소의 왼쪽 혹은 오른쪽(혹은 양쪽 모두)에 오지 못하게 하는 데 사용됩니다. clear 속성이 설정된 블록 요소는 한쪽 방향에 떠 있는 블록 요소의 빈 공간이 없어질 때까지 아래로 내려갈 것입니다.

- 떠다니는 요소는 auto가 아닌 특정한 너비를 가져야 합니다.

- relative 레이아웃이란 브라우저창을 확장할 때, 이에 맞춰 페이지 콘텐츠가 확장되는 것입니다.

- 고정된 레이아웃은 콘텐츠의 너비가 고정되며, 브라우저창의 크기에 따라 확장되거나 축소되지 않습니다. 디자인에 대한 제어권을 좀 더 가질 수 있는 장점은 있으나, 브라우저창 너비를 효과적으로 사용하지 않는다는 단점이 있습니다.

- 젤로 레이아웃은 콘텐츠 너비는 고정되어 있지만 마진은 브라우저창과 함께 확장되고 축소됩니다. 일반적으로 젤로 레이아웃은 페이지의 중앙에 콘텐츠를 위치시킵니다. 고정된 레이아웃과 같은 장점을 가지고 있지만, 좀 더 매력적인 레이아웃입니다.

- position 속성에는 static, absolute, fixed, relative의 총 4가지 값을 설정할 수 있습니다. 기본값은 static으로 페이지의 일반적인 흐름상에 요소를 위치시킵니다.

- absolute 포지셔닝은 페이지의 어느 곳에도 요소를 위치시킬 수 있습니다. 기본 설정에 따라 절대적 위치에 있는 요소는 페이지의 가장자리에 상대적인 위치에 자리를 잡습니다.

- 만약 절대적인 위치에 있는 요소가 다른 요소 내부에 중첩되어 있다면, 이 요소의 위치는 자신을 포함하고 있는 요소의 위치에 상대적이 됩니다.

- top, right, bottom, left 속성은 static, absolute, fixed, relative 포지셔닝에서 요소를 위치시키는 데 사용됩니다.

- 절대적인 위치에 있는 요소는 z-index 속성을 사용하여 서로 포개질 수 있습니다. z-index 값이 더 크면 해당 요소는 다른 요소의 위에 자리를 잡습니다.

- 고정된 위치에 있는 요소는 페이지가 스크롤되더라도 움직이지 않고 브라우저창에 상대적으로 자리를 잡고 있습니다. 페이지에 있는 다른 콘텐츠들은 이러한 요소 밑으로 스크롤됩니다.

- 상대적인 위치에 있는 요소는 먼저 페이지로 흘러 들어간 뒤, 특정한 양만큼 상쇄되어 빈 공간을 남겨둡니다.

- relative 포지셔닝의 경우 left, right, top, bottom 속성은 일반적인 흐름상에 있는 요소의 위치에서 상쇄된 양을 참조합니다.

- CSS table display는 테이블 같은 레이아웃에 요소를 배치할 수 있는 기법입니다.

- CSS table display로 테이블을 생성하려면 테이블, 행, 셀에 대해 블록 요소를 사용하세요. 일반적으로 이들은 〈div〉 요소가 될 것입니다.

- table display는 콘텐츠의 컬럼이 여러 개 있는 레이아웃을 만들어야 할 때 사용할 수 있는 좋은 방법입니다.

HTML 십자 퍼즐

이번에는 아주 배울 게 많습니다. 이 낱말 풀이를 풀다 보면 모든 것들을 서서히 이해할 수 있을 겁니다. 모든 정답은 이 장에서 배운 단어입니다.

fixed
zindex(z-index)
margins (마진)
left (왼쪽)
jello (젤로)
tabledisplay
float
relative
viewport (뷰포트)
floated (떠있는)
text (텍스트)
collapse (붕괴)
borderspacing
flow (플로우)
bottom (아래)
negative (마이너스)
containing (포함)
clear
id

가로

4. 유연한 레이아웃과 고정된 레이아웃의 중간에 있는 것
6. 브라우저가 페이지에 있는 정적인 요소를 배치하는 데 사용하는 방법
7. 쿠폰에 특수효과를 주는 데 사용했던 값
10. 위치를 잡을 요소를 식별하는 데 사용되죠.
11. 서로 위,아래로 배치될 경우 이것이 붕괴됩니다.
12. 두 개의 인라인 요소를 서로 옆에 놓았을 때 마진은 _____ 됩니다.
15. absolute 포지셔닝은 자신을 _____ 하고 있는 블록에 상대적으로 위치를 잡습니다.
16. 인라인 요소는 ____ 위에서 흘러 옵니다.
17. 흐름상에 요소를 유지시키는 포지셔닝 기법

세로

1. 페이지가 배치되듯 박스로 합쳐 들어가는 특별한 인라인 요소
2. table display에서 셀 사이에 빈 공간을 생성하려면 이 속성을 사용하세요.
3. 블록 요소는 위에서 _____로 흐릅니다.
5. 뷰포트에서 상대적인 위치에 있는 포지셔닝 유형
6. 흐름에서 요소를 제거하고, 요소를 한 쪽에 위치하도록 설정합니다.
8. 일반적으로, 이것은 컬럼 레이아웃 용으로 더 나은 기법입니다.
9. 브라우저창의 또 다른 이름
12. footer가 겹쳐지는 문제를 해결하기 위해 사용한 속성
13. 인라인 콘텐츠는 _____ 요소 주위를 흐릅니다.
14. 층층이 쌓이는 요소의 거동을 설명하는 속성

여기에 페이지가 있습니다. 'lounge.html'에 있는 블록 요소로 흐름을 만들어 보세요.

브라우저가 되어 봅시다!

'lounge.html' 파일을 열고 모든 블록 요소를 찾은 다음, 왼쪽에 있는 빈칸에 페이지에 있는 요소의 흐름을 만들어 보세요. body 요소 내부에 직접 중첩된 블록 요소에 집중하세요. 여러분은 CSS에 있는 float 속성은 무시해 버릴 수 있습니다. 왜냐하면 아직까지 이것의 용도를 모르기 때문이죠. 여기 정답이 있습니다.

p
div
h1
p
p
p
p
p
p
h2
p
ul
div

div
h2
p
h3
p
p
h3
p
p
h3
p
p

'lounge.html' 파일에 있는 블록 요소 사이에는 라인 브레이크가 있고 위에서 아래로 흐르는군요.

⟨ul⟩, elixirs ⟨div⟩, footer ⟨div⟩ 같이 이 요소 중 일부는 중첩된 블록 요소입니다.

여러분께 물어보지는 않았지만 좀 더 깊이 알고 싶다면, 여기에 elixirs ⟨div⟩에서 요소가 어떻게 흘러가는지 나와 있으니 참조하세요.

연습문제 정답

elixirs 〈div〉를 그것의 원래 위치인 추천 음악 밑으로 되돌려 놓고 나서 저장하고 페이지를 다시 열어 보세요. 지금 요소가 떠 있는 곳은 어디인가요? 주 콘텐츠 밑, 추천 음악 코너와 footer옆에 elixirs 〈div〉가 있을 거예요.

elixirs 〈div〉는 주 콘텐츠 바로 밑, 오른쪽에 떠 있고, HTML의 나머지는 그 주변(추천 음악 코너와 footer)에 떠 있군요.

연필을 깎으며 정답

우리가 원하는 것은 주 콘텐츠 구간에 오른쪽 마진을 sidebar와 같은 너비로 설정하는 것입니다. 하지만 sidebar는 얼마나 클까요? 앞 장에서 배운 내용을 여러분이 잊지 않기를 바랍니다. sidebar의 넓이를 계산하기 위해 필요한 모든 정보가 나와 있습니다. 아래 정답이 있습니다.

```
#sidebar {
        background:  #efe5d0 url(images/background.gif) bottom right;
        font-size:   105%;
        padding:     15px;
        margin:      0px 10px 10px 10px;
        width:       280px;
        float:       right;
}
```

15 + 15 + 280 + 0 + 0 + 10 + 10 = 330

왼쪽 패딩 오른쪽 패딩 콘텐츠 너비 왼쪽 테두리 오른쪽 테두리 왼쪽 마진 오른쪽 마진

스타버즈 CEO는 스타버즈 커피 웹 페이지에 음료 메뉴 컬럼을 집어넣기로 마음 먹었습니다. 그는 왼쪽에 브라우저창이 20% 너비로 새 컬럼을 넣고 싶어 합니다. 여러분이 할 일은 기존 페이지에 올바른 위치에 새로운 HTML을 추가하고, 다른 두 개의 컬럼처럼 하나의 테이블 셀로 보이게 아래와 같이 CSS를 작성하는 것입니다. 여기 정답이 나와 있군요.

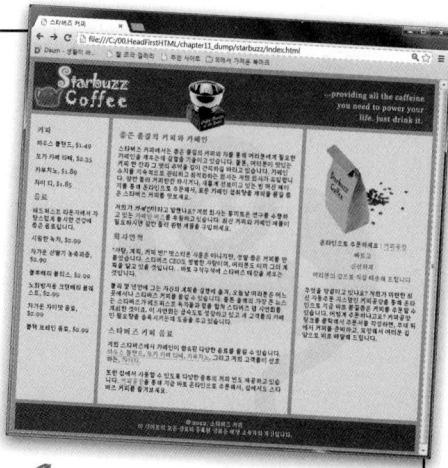

여기 CEO가 원하는 스타버즈
페이지가 나와 있군요. 왼쪽에
음료 메뉴 컬럼이 있습니다.

tableRow 〈div〉 내에,
main 〈div〉 위에 HTML을
추가해서 이 콘텐츠가 먼저 왔고
페이지의 첫 번째 컬럼이 됐습니다
(그리고 테이블 레이아웃의
첫 번째 셀이 됐죠).

```
<div id="tableContainer">
  <div id="tableRow">
    <div id="drinks">
      <h1>커피</h1>
      <p>하우스 블렌드, $1.49</p>
      <p>모카 카페 라떼, $2.35</p>
      <p>카푸치노, $1.89</p>
      <p>차이티, $1.85</p>
      <h1>음료</h1>
      <p>
        헤드 퍼스트 라운지에서 자랑스럽게 출시한 건강에 좋은 음료입니다.
      </p>
      <p>시원한 녹차, $2.99</p>
      <p>차가운 산딸기 농축과즙, $2.99</p>
      <p>블루베리 블리스, $2.99</p>
      <p>노화방지용 크렌베리 블래스트, $2.99</p>
      <p>차가운 차이티 음료, $2.99</p>
      <p>블랙 브레인 음료, $2.99</p>
    </div>
    <div id="main">
      ...
```

새로운 CSS군요.
이 부분을 완성해야 합니다!

```
#drinks {
    display: table-cell;
    background-color: #efe5d0;
    width: 20%;
    padding: 15px;
    vertical-align: top;
}
```

페이지의 첫 번째 컬럼으로 drinks 〈div〉를
보여주기 위해 display 값을 table-cell로
설정했습니다.

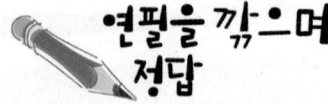

연필을 깎으며
정답

float 속성과 absolute 포지셔닝에 관해 이 장에서 배운 모든 지식을 시험해
볼 때가 되었습니다! 아래에 있는 웹 페이지를 살펴보세요. id를 가진 네 개
요소가 있습니다. 여러분이 할 일은 이 요소와 오른쪽에 있는 CSS 규칙을
연결하고, 빈칸을 올바른 id 선택자로 채우는 것입니다. 여기 정답이 있군요.
모두 다 맞췄나요?

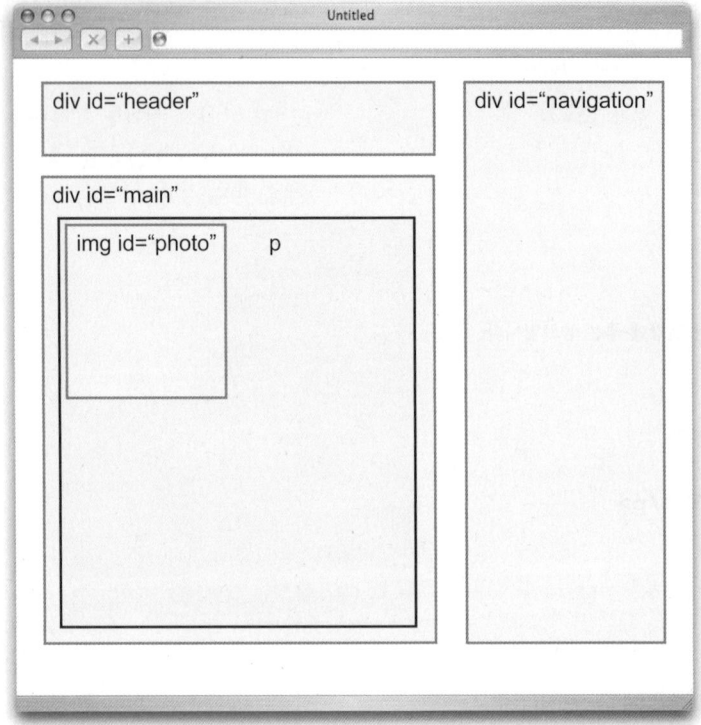

CSS를 완성하기 위해
선택자를 채우세요.

```
#main                 {
   margin-top:   140px;
   margin-left:  20px;
   width:        500px;
}

#navigation           {
   position: absolute;
   top:      20px;
   left:     550px;
   width:    200px;
}

#photo                {
   float: left;
}

#header               {
   position: absolute;
   top:      20px;
   left:     20px;
   width:    500px;
   height:   100px;
}
```

이 CSS는 졸면서도 작성할 수 있을 정도로 쉽습니다. 이미 이 장에서 배웠던 내용이죠. 계속해서 header에 있는 이미지 문제를 수정하는 CSS를 작성하세요. float 속성을 사용해야 할 거에요. 이미지를 올바른 위치에 놓으려면 아래 규칙의 빈칸을 채우세요. 여기 정답이 있습니다.

```
#header img#headerSlogan {
    float:    right    ;
}
```

원한다면 여기서 #headerSlogan만 사용할 수도 있습니다.

HTML 십자 퍼즐 정답

			¹T		²B					⁵F
³B	⁴J	E	L	L	O					I
⁶F	L	O	W		R					X
L	O	T		T	D					X
O	A	T		⁷N	E	G	A	⁸T	I	⁹V	E
A	T	O		R		A	¹⁰I	D
T	¹¹M	A	R	G	I	N	S	B	E
				P	L	W
	¹²C	O	L	L	A	P	S	E	D	I	P	O
¹³F	L	C	I	D	R
L	E	I	I	R	¹⁴Z
¹⁵C	O	N	T	A	I	N	I	N	G	S	T	I
A	R	G	P	N
T	L	D
¹⁶L	E	F	T	¹⁷R	E	L	A	T	I	V	E
D	Y	X

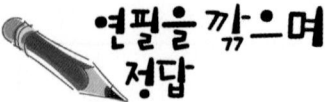

정답

CSS table display에 관해 알고 있는 내용을 바탕으로, 스타버즈 페이지에서 두 개의 컬럼인 main과 sidebar를 테이블에 어떤 식으로 집어 넣을 것인지 그림으로 그려보세요. 다음으로 넘어가기 전에 이 장의 끝에 있는 정답과 비교해 보세요.

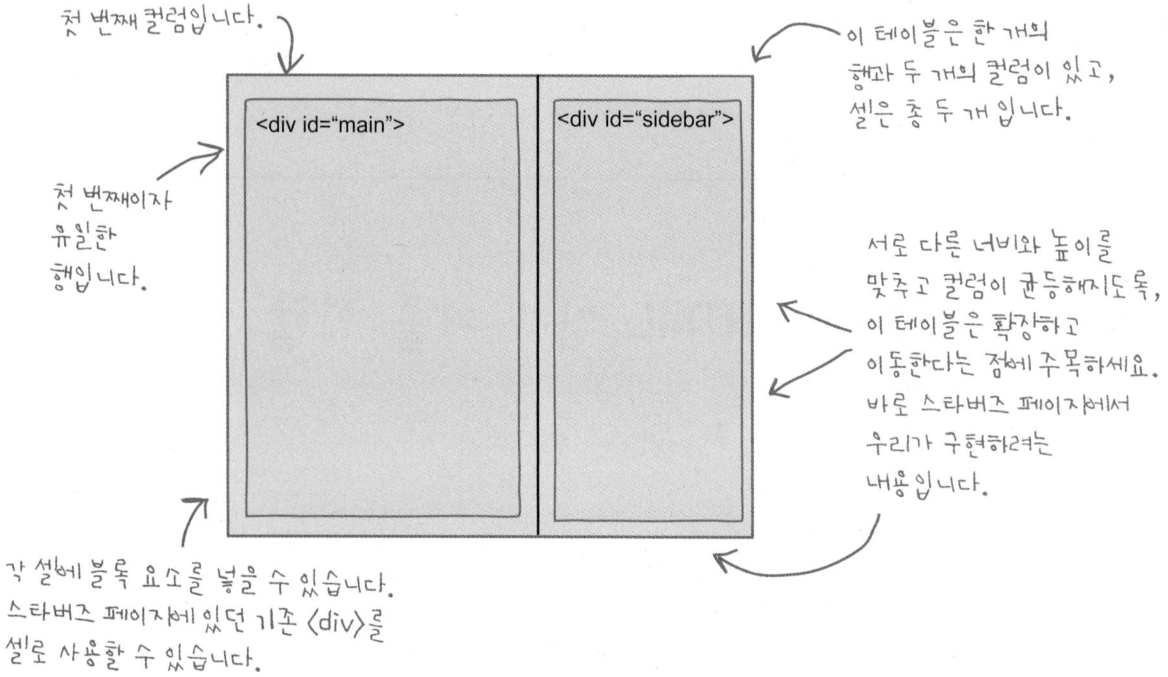

첫 번째 컬럼입니다.

이 테이블은 한 개의 행과 두 개의 컬럼이 있고, 셀은 총 두 개입니다.

<div id="main">

<div id="sidebar">

첫 번째이자 유일한 행입니다.

서로 다른 너비와 높이를 맞추고 컬럼이 균등해지도록, 이 테이블은 확장하고 이동한다는 점에 주목하세요. 바로 스타버즈 페이지에서 우리가 구현하려는 내용입니다.

각 셀에 블록 요소를 넣을 수 있습니다. 스타버즈 페이지에 있던 기존 <div>를 셀로 사용할 수 있습니다.

12 html5 마크업

현대적인 HTML

우리가 처음으로 HTML5로 올라가기 위한 맨 첫 번째 블록에 도착했어요. 판매원이 하는 말이 HTML 4.01보다 세련되고 멋지다고 하던데요.

여러분도 HTML5에 대한 소문을 들어봤을 거예요.

지금까지 이 책과 함께 기나긴 시간을 보내면서, 정말 이 책을 잘 산 것인지 의문이 들었을 거예요. 한 가지 확실한 점은, 여러분이 이 책에서 배운 모든 내용은 HTML 이고, 좀 더 명확하게는 HTML5 표준도 만났습니다. 하지만 아직 이 책에서 다루지 않은 HTML5 표준에 추가된 HTML 마크업의 새로운 측면이 몇 가지 있습니다. 그래서 이 장에서 그 내용을 다루어보려 합니다. 새로 추가된 기능 대부분은 지금도 진화하고 있고, 여러분이 이 책에서 했던 모든 어려운 작업을 새 기능을 이용하면 쉽게 처리할 수 있을 거예요. 혁명적인 기능(video 같은)도 일부 있는데, 이 역시 이 장에서 다룰 것입니다. 그럼 새로 추가된 내용을 살펴보도록 하죠!

HTML 구조에 대해 다시 생각해 봅시다

마크업에 관해 더 진도를 나가기 전에, 잠시 물러나 생각 좀 해보죠. 지금까지 구조에 관해 많은 이야기를 했는데 <div>가 정말 좋은 구조일까요? 브라우저는 여러분의 <div id="footer">가 진짜 footer인지 알지 못하고, 단지 <div>인지만 알 뿐입니다. 그렇죠? 이는 정말 불만족스럽지 않을 수 없습니다. 그렇지 않아요?

새로운 HTML5의 내용 중 상당수는 사람들로 하여금 <div>가 있는 페이지를 어떻게 구조화하는지 알게 하고, 좀 더 구체적이고 특정 구조에 맞는 마크업을 제공하는 것을 목적으로 합니다. 여러분도 알다시피 브라우저가(검색엔진 혹은 스크린 리더기) 페이지에서 id="navigation"을 보게 되더라도, 브라우저는 이 <div>가 내비게이션 용인지 알지 못합니다. id="goobledygoop" 역시 마찬가지죠.

따라서 표준 위원회에서는 <div> 요소가 어떻게 사용되고 있는지(header, 내비게이션, footer, 기사 등등) 면밀히 검토한 후, 이러한 것을 표현하는 새로운 요소를 추가했습니다. 이 말은 HTML5를 사용해서 우리가 만들었던 페이지를 재작업해야 한다는 뜻입니다. 페이지에 포함된 콘텐츠의 종류를 좀 더 명확히 식별하는 요소로 <div>를 대체해야 한다는 뜻이죠.

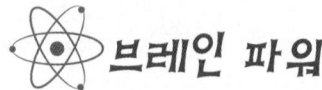 브레인 파워

지금까지 봤던 〈div〉의 용도를 생각해 보세요. 웹 페이지 몇 개를 살펴보고 〈div〉를 어떻게 사용하고 있는지 확인해 보세요. 가장 흔한 패턴을 가져와 이 〈div〉를 실제 HTML 요소로 바꾸려고 한다고 해봅시다. 예를 들어 〈div id="footer"〉 요소를 〈footer〉 요소로 변경할 수 있습니다. 여러분이 HTML에 추가한 새로운 요소 전체 리스트를 작성하세요. 물론 너무 많이 추가하고 싶지는 않을 것입니다. 가장 대표적인 경우만 골라내면 됩니다. 그리고 이러한 요소를 추가하는 데 장단점이 무엇인지 적어보세요.

나는 누구일까요?

새로운 HTML5에 대해 여러분께 바로 알려줄 수도 있지만, 여러분이 직접 알아내는 게 더 재미있지 않을까요?
아래를 보면 왼편에는 새 요소(새로운 요소 중 상대적으로 중요한 요소만 골라냈습니다)가 나와 있고,
오른쪽에는 이에 대한 설명이 있습니다. 각 요소와 설명이 맞는 것을 찾아 줄을 그어 보세요.

\<article\>　　　　　　　　날짜나 시간, 혹은 이 둘 모두를 포함합니다.

\<nav\>　　　　　　　　페이지에서 내비게이션 링크를 의미하는
　　　　　　　　　　　　콘텐츠를 포함합니다.

\<header\>　　　　　　　페이지에 비디오 미디어를 추가할 때
　　　　　　　　　　　　사용하세요.

\<footer\>　　　　　　　페이지 하단, 혹은 한 구간의 하단에 있는 콘텐츠

\<time\>　　　　　　　설명 메모나 사이드바처럼, 페이지 콘텐츠에
　　　　　　　　　　　　대한 보충 정보를 나타내는 콘텐츠를 포함합니다.

\<aside\>　　　　　　　페이지 상단이나, 페이지의 한 구간의 상단에
　　　　　　　　　　　　있는 콘텐츠

\<section\>　　　　　　보통 header나 footer와 함께 주제별로
　　　　　　　　　　　　콘텐츠를 모아놓은 것

\<video\>　　　　　　　블로그 포스트, 사용자 포럼, 신문기사처럼,
　　　　　　　　　　　　페이지에 있는 독립적인 콘텐츠를 표현합니다.

최신식 스타버즈

스타버즈 커피는 현대적이고 최신유행을 선도하는 회사이므로, 웹 페이지에도 가장
멋지고 최신식 마크업을 사용해야 하지 않을까요? 스타버즈 페이지에서 HTML5를
사용할 기회를 놓치지 않았는지 살펴보도록 하죠.

구조를 좀 더 명확하게 하려면
여기서 header 요소를 사용해야
하지 않을까요?

스타버즈는 머리글로
id="header"인 ⟨div⟩를
사용하고 있군요.

주요 컬럼에 대해서는 id="main"인
⟨div⟩를 사용하고 있습니다.

이 부분이 이 페이지의
주요 콘텐츠, 혹은 주요
구간입니다.

왼쪽 컬럼에는
id="drinks"인
⟨div⟩를 사용하고
있군요.

이 콘텐츠는
모두 연관 관계가
있습니다. 이보다
더 낫게 표현할 수
있을까요?

그리고 주 콘텐츠
영역은 스타버즈의
다양한 측면을 다룬
기사로 구성되어
있습니다.

오른쪽 컬럼(단)은
id="sidebar"인
⟨div⟩입니다.

이 부분은 부수적인 내용
같은데, 이 페이지에서는
지엽적인 내용(aside)이
아닐까요?

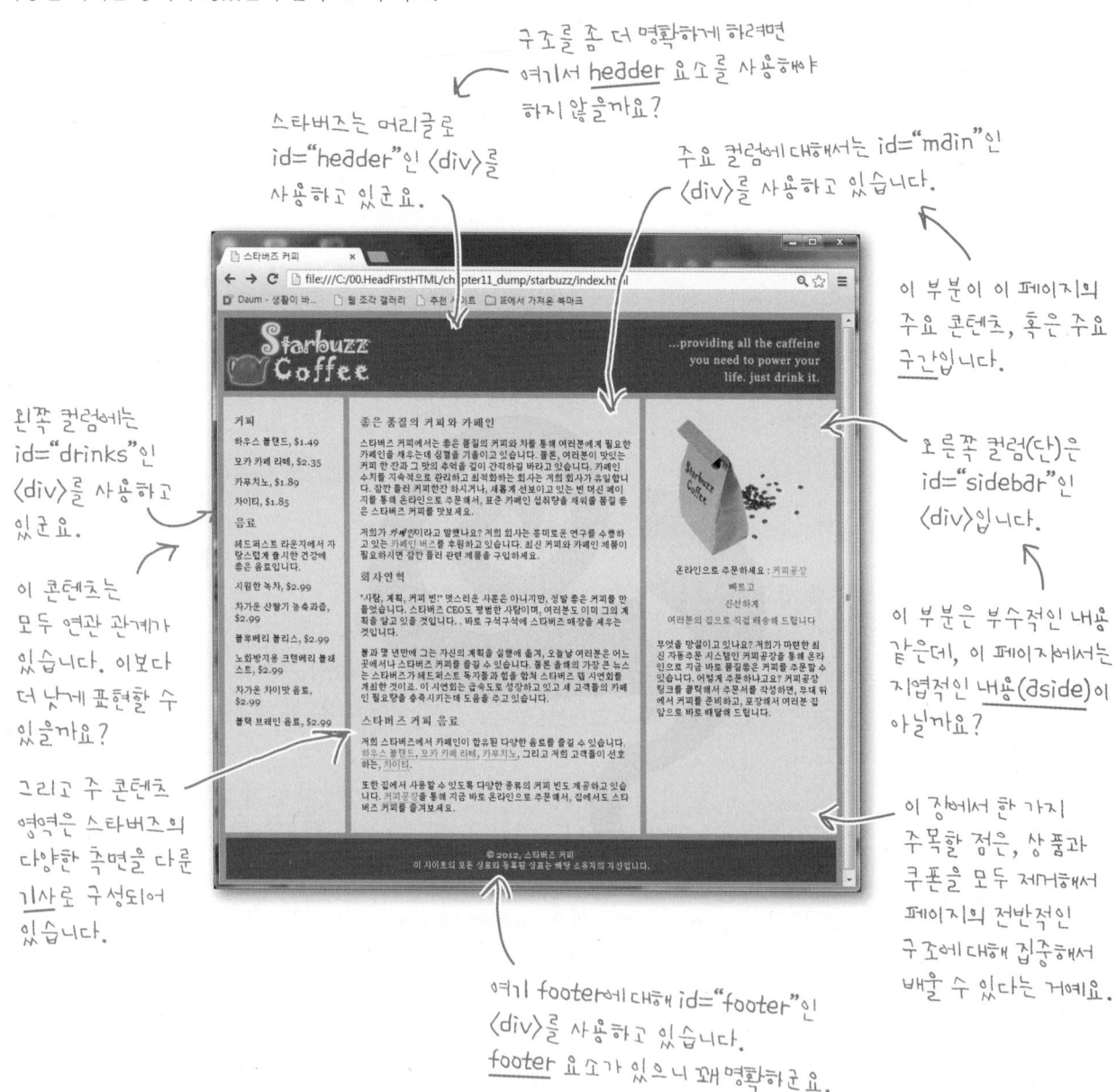

이 장에서 한 가지
주목할 점은, 상품과
쿠폰을 모두 제거해서
페이지의 전반적인
구조에 대해 집중해서
배울 수 있다는 거예요.

여기 footer에 대해 id="footer"인
⟨div⟩를 사용하고 있습니다.
footer 요소가 있으니 꽤 명확하군요.

새로운 HTML5 요소에 대해 여러분이 알고 있는 모든 지식을 사용하여, 스타버즈 페이지를
새로 단장할 수 있는지 확인해 보세요. 아래에 있는 페이지 그림에 표시해 보세요.

<div id="header">

<div id="drinks">

<div id="main">

<div id="sidebar">

<div id="footer">

아주 세밀한 구조를 표현한 것은 아니므로,
지금 당장은 대략적인 구조에만 집중 하세요.

연습문제 정답

새로운 HTML5 요소에 대해 여러분이 알고 있는 모든 지식을 사용하여, 스타버즈 페이지를 새로 단장할 수 있는지 확인해 보세요. 아래에 있는 페이지 그림에 표시해 보세요.

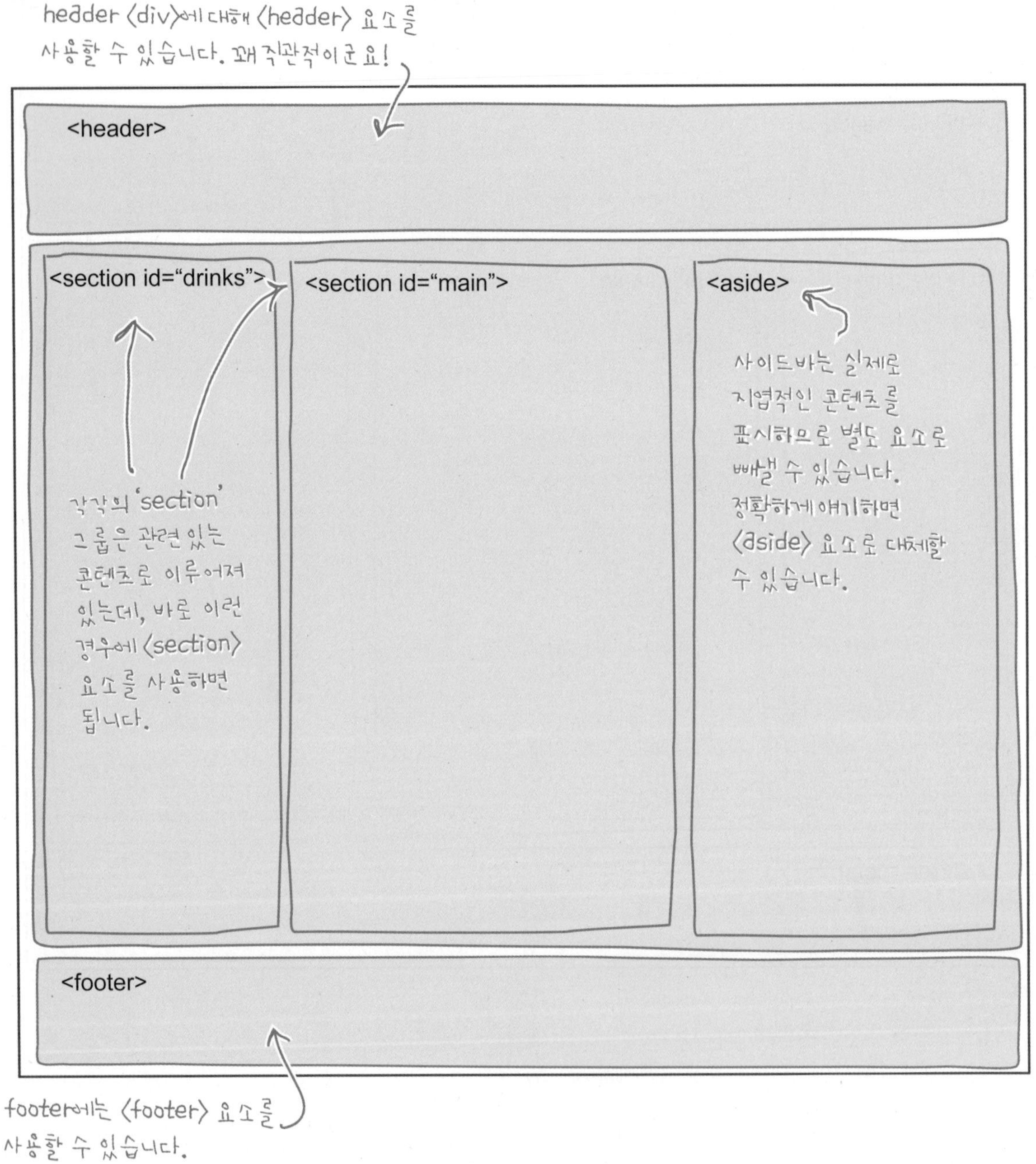

header 〈div〉에 대해 〈header〉 요소를 사용할 수 있습니다. 꽤 직관적이군요!

<header>

<section id="drinks">

<section id="main">

<aside>

사이드바는 실제로 지엽적인 콘텐츠를 표시하므로 별도 요소로 빼낼 수 있습니다. 정확하게 얘기하면 〈aside〉 요소로 대처할 수 있습니다.

각각의 'section' 그룹은 관련 있는 콘텐츠로 이루어져 있는데, 바로 이런 경우에 〈section〉 요소를 사용하면 됩니다.

<footer>

footer에는 〈footer〉 요소를 사용할 수 있습니다.

스타버즈 HTML을 수정합시다

계속해서 `<header>`, `<footer>`, `<aside>` 요소 등 스타버즈 HTML에 새 요소를 추가합시다. `<section>` 요소는 잠시 후에 살펴보기로 하고 drinks와 main `<div>`는 그대로 두도록 하죠. 계속해서 스타버즈 'index.html' 파일을 열고 아래와 같이 수정하세요.

① `<header>` 요소를 추가하세요.

아래와 같이 `<div id="header">`를 `<header>` 요소로 변경하세요.

```
<div id="header">          ← <div> 태그를 제거한 뒤 그 자리에
<header>                      <header> 태그를 넣으세요.
<img id="headerLogo"
    src="images/headerLogo.gif" alt="Starbuzz Coffee logo image">
<img id="headerSlogan"
    src="images/headerSlogan.gif" alt="Providing all the...">
</header>
</div>
```

② `<footer>` 요소를 추가하세요.

`<div id="footer"><footer>`

```
<div id="footer">
<footer>
    &copy; 2012, 스타버즈 커피
    <br>
    이 사이트의 모든 상표와 등록된 상표는 해당 소유자의 자산입니다.
</footer>
</div>
```

③ sidebar를 `<aside>`로 변경하세요.

이제 `<div id="sidebar">`를 `<aside>` 요소로 변경하세요.

```
<div id="sidebar">
<aside>
    <p class="beanheading">
        <img src="images/bag.gif" alt="Bean Machine bag">
        ...
    </p>
    <p>              ← 종이를 절약하는 차원에서 소스 일부분을 생략했습니다.
        ...             페이지에 있는 원래의 콘텐츠가 있는지 확인하고
    </p>                <div> 태그를 <aside> 태그로 변경하세요.
</aside>
</div>
```

새 차 시운전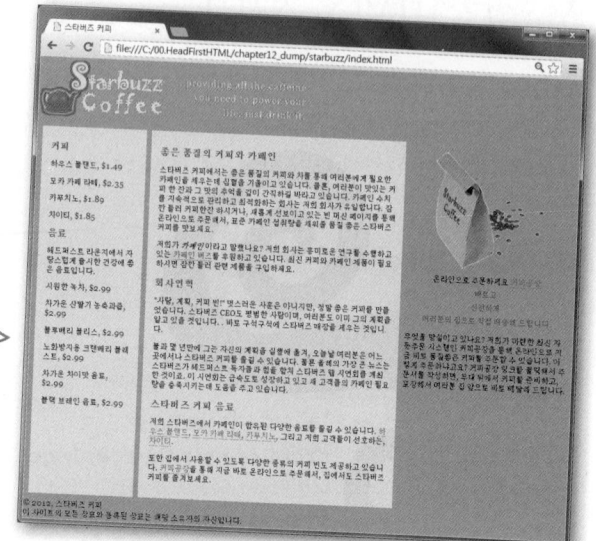

수정할 사항이 아직 남아 있긴 하지만, HTML이 좀 현대적이며
새롭고 깔끔해지지 않았나요? 브라우저에서 페이지를 다시
열어보세요.

음, 그리 좋아
보이진 않네요.

도대체 무슨 일입니까?
HTML5가 좋다고 자랑했었잖아요.
페이지가 영 좋아 보이지 않아요.

걱정하지 마세요. 시운전을 조금 빨리 한 것뿐입니다. HTML
을 수정해서 페이지가 좀 이상해 보이긴 하지만, CSS는 아직
손대지 않아서 그렇습니다. 이런 식으로 생각해 보세요. CSS
에 기대고 있는 id가 부여된 <div>가 여러 개 있고, 이들 중
일부는 더 이상 사용하지 않습니다. 따라서 폐기 대상 <div>
대신 새로운 요소를 바라보도록 CSS를 다시 작성해야 합니
다. 지금 바로 시작해 보죠.

계속 진행하기 전에

조심하세요

예전 브라우저는 여러분이 이 장에서 사용할 새로운 HTML5 요소를 지원하지 않습니다.

예전에 나온 브라우저는(인터넷 익스플로러 8 이하, 사파리 3 이하 버전) 이 장에서 소개하는, HTML5에 새로 도입된 요소를 제대로 지원하지 않습니다. 예전 버전 브라우저를 사용하는 사람들에게 여러분의 웹 페이지를 보여주고 싶다면, 새로운 요소를 사용하는 것은 아직 시기상조입니다.

안드로이드와 아이폰 같은 스마트폰에 탑재된 모바일 브라우저는 새로운 요소를 지원하고 있으므로, 주 대상이 모바일 사용자라면 별 문제가 없을 거예요.

이 장에서 사용하는 요소를 브라우저가 지원하고 있는지 알고 싶다면, http://caniuse.com/#search=new%20elements를 방문해 보세요.

새로운 요소를 위한 CSS 변경 방법

CSS를 수정해 새로운 요소를 제대로 보여주도록 하죠. 너무 걱정할 필요는
없습니다. 기본적인 내용은 그대로 두고, 일부 선택자만 조금 변경하면 됩니다.

```css
body {
  background-color:  #b5a789;
  font-family:       Georgia, "Times New Roman", Times, serif;
  font-size:         small;
  margin:            0px;
}
#header {
header {
  background-color: #675c47;
  margin: 10px 10px 0px 10px;
  height:            108px;
}
#header img#headerSlogan {
header img#headerSlogan {
  float: right;
}
```

먼저 header 규칙에 있는 #을 제거하세요. id가 'header'인 <div> 대신 이름이 header인 요소를 대상으로 만들고 있습니다.

```
...
```

종이를 절약하는 차원에서, 나머지 CSS는 여기에 있다고 상상하세요.

여기에서는 id가 'sidebar'인 요소 대신 aside 요소를 대상으로 바라보도록 변경해야 합니다.

```css
#sidebar {
aside {
  display:           table-cell;
  background:        #efe5d0 url(images/background.gif) bottom right;
  font-size:         105%;
  padding:           15px;
  vertical-align:    top;
}
#footer {
footer {
  background-color: #675c47;
  color:             #efe5d0;
  text-align:        center;
  padding:           15px;
  margin: 0px 10px 10px 10px;
  font-size:         90%;
}
...
```

마지막으로 footer 요소를 선택해야 합니다.

와, 훨씬 나아졌네요.

시운전 #2

자, 해야 할 일은 다 끝냈으니 다시 시동을 걸어 봅시다. 이번에는
페이지가 예전처럼 정상적으로 보여야 합니다. 사실 HTML5
마크업을 추가하기 전과 정확히 똑같이 보여야 합니다.

브레인 파워

페이지에 시각적 효과를 주지 않는데도 새로운 HTML5 마크업을 추가하는 이유는 무엇일까요?

난롯가 담소

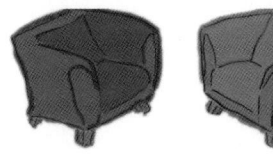

오늘밤의 주제: HTML5와 HTML4.01과의 언쟁

HTML5

오, 오랜 동료인 HTML4.01 씨. 지금까지 달려오느라 수고가 많았습니다. 이젠 저한테 맡기세요.

제가 본격적으로 시작한 지 얼마 되지 않아서 그럴 거예요.

당신 말이 사실이긴 하지만, 사람들은 이제 새로운 요소를 사용하기 시작했습니다. 이 요소들이 세상을 변화시키지 않을지 모르지만, 웹 개발자들이 해왔던 일을 좀 더 분명하게 만들고 있습니다.

지금 <div>에 관해 알아보고 있는데...

<div>를 없애자는 이야기가 아닙니다. 물론 스타일과 관련된 작업을 하는 데 콘텐츠를 묶는 기능은 훌륭하지만, 콘텐츠 일부를 페이지에 있는 기사처럼 식별하고 싶을 경우에는 어떻게 하죠? 페이지를 여러 구간으로 분할하고 싶다면 어떻게 할 건가요?

HTML4.01

잘 달려왔다고요? 웹을 자세히 살펴보세요. 여전히 HTML4.01 세상입니다.

그래요? 도대체 그 새로운 요소는 다 어디 간 거죠? 아무리 봐도 없던데.

어떻게 <p> 요소가 명확하지 않다는 거죠? 이보세요? 이건 문단이예요. 이보다 더 명확한 것은 없습니다.

<div>는 잘못한 것이 없으니, 내버려 두세요.

그런 요소의 사용법에 관해 모든 사람들이 혼란을 느끼고 있다는 것은 우리 모두 다 이미 알고 있는 사실이고, <div>로도 그런 것을 할 수 있습니다.

HTML5

예. <div>를 사용해 할 수는 있지만 <article> 요소를 사용하면 브라우저, 검색엔진, 스크린 리더기, 당신의 동료 웹 개발자 등 모두가 그것이 기사라는 것을 명확히 알 수 있습니다.

기억을 떠올려 보세요. 우리의 역할은 요소를 올바른 용도로 사용하는 것입니다. 그렇죠? 이렇게 하면 가능한 한 가장 명확한 구조를 전달하고, 우리가 가진 모든 도구를 올바르게 사용할 수 있습니다.

이보세요, 바로 그 점을 당신이 잘못 짚고 있다는 거예요. 페이지에서 보충 정보 역할을 하는 콘텐츠를 표시하는 <aside> 요소를 예로 들어봅시다. 스마트폰처럼 제한된 크기의 화면에서 어느 콘텐츠가 <aside>라는 것을 브라우저가 안다면 아마 이 콘텐츠는 페이지 하단에, 좀 더 중요한 콘텐츠가 먼저 나올 것입니다. 반면, 이런 콘텐츠가 <div>에 들어 있다면 HTML 파일에서 콘텐츠가 놓여 있는 위치에 따라 페이지에서 보여주는 순서는 바뀔 것입니다.

이제는 브라우저가 페이지의 주 콘텐츠와 <aside>의 차이점을 알 수 있습니다. 따라서 브라우저는 <aside>에 있는 콘텐츠를 다른 식으로 처리할 수 있죠. 예를 들어 검색엔진은 <aside>에 있는 콘텐츠보다는 페이지의 주 콘텐츠를 우선적으로 검색할 것입니다.

아니, 아닙니다. 이런 내용은 header, footer, section, article, time 같은 새로운 HTML 마크업에만 적용됩니다.

검열

HTML4.01

그래요? 제 눈에는 둘 모두 같아 보여요.

최적의 방법? 뭐가 최적인데요? 정확히 동일하게 보여주는 거요?

아직도 무슨 차이가 있는지 모르겠군요.

훌륭하군요. 그럼 HTML5를 사용하면 <aside>를 어떻게 다루는지 알 수 있겠군요.

음 이제 당신의 footer를 가져와야 할 때가 된 것 같군요. 그리고 나서...

검열   검열

편집자 메모: 이 부분은 손을 대지 못하겠군요.
이 대화 끝부분을 다시 편집할 수 있을까요?

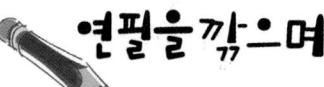 연필을깎으며

여러분은 이미 header, footer, sidebar ⟨div⟩를 ⟨header⟩, ⟨footer⟩, ⟨aside⟩ 요소로 대체했습니다. 이제 drinks, main ⟨div⟩를 ⟨section⟩ 요소로 바꾸고, CSS를 수정해야 합니다. 그리고 지금 당장 table-display ⟨div⟩는 건들지 마세요. 이것은 현재 페이지에 있는 요소가 배치되어 있는 상태를 유지할 때 필요합니다.

⟨section⟩ 요소가
없는 HTML

```
<div id="tableContainer">
  <div id="tableRow">
    <div id="drinks">
      . . .
    </div>
    <div id="main">
      . . .
    </div>
    <aside>
      . . .
    </aside>
  </div> <!-- tableRow -->
</div> <!-- tableContainer -->
```

 HTML과 CSS를 아래에 수정하고,
⟨section⟩ 요소를 추가하는 데 필요한
내용을 적어보세요.

#drinks와 #main에
대한 CSS군요.

```
#drinks {
  display:          table-cell;
  background-color: #efe5d0;
  width:            20%;
  padding:          15px;
  vertical-align:   top;
}

#main {
  display:          table-cell;
  background:       #efe5d0
    url(images/background.gif) top left;
  font-size:        105%;
  padding:          15px;
  vertical-align:   top;
}
```

 브레인 파워

이러한 ⟨section⟩ 요소에 id가 계속 필요할까요? 그렇다면, 그 이유는 무엇일까요?

연필을 깎으며 정답

여러분은 이미 header, footer, sidebar ⟨div⟩를 ⟨header⟩, ⟨footer⟩, ⟨aside⟩ 요소로 대체했습니다. 이제 drinks, main ⟨div⟩를 ⟨section⟩ 요소로 바꾸고, CSS를 수정해야 합니다. 그리고 지금 당장 table-display ⟨div⟩는 건들지 마세요. 이것은 현재 페이지에 있는 요소가 배치되어 있는 상태를 유지할 때 필요합니다.

여기 정답이 나와 있군요.

⟨section⟩ 요소가 있는 HTML

```
<div id="tableContainer">
  <div id="tableRow">
    <section id="drinks">
      . . .
    </section>
    <section id="main">
      . . .
    </section>
    <aside>
      . . .
    </aside>
  </div> <!-- tableRow -->
</div> <!-- tableContainer -->
```

여기서 처리한 것이라고는 drinks와 main ⟨div⟩를 ⟨section⟩으로 바꾼 것 뿐입니다.

각 ⟨section⟩을 유일하게 식별해서 꾸며야 하기 때문에 id를 남겨놨습니다.

그리고 여기에 페이지가 있군요! 기존과 동일해 보이지만 새로운 HTML5 요소를 제 위치에 놓으니 기분이 훨씬 나아진 것 같지 않나요?

두 section을 수정한 CSS

```
section#drinks {
  display:          table-cell;
  background-color: #efe5d0;
  width:            20%;
  padding:          15px;
  vertical-align:   top;
}

section#main {
  display:          table-cell;
  background:       #efe5d0 url(images/background.gif) top left;
  font-size:        105%;
  padding:          15px;
  vertical-align:   top;
}
```

CSS 내용 자체는 이전과 변함이 없습니다! id를 사용하고 있기 때문에, 이 두 요소는 기존 규칙을 적용받을 것입니다. 그리고 지금 ⟨section⟩을 사용하고 있다는 점을 명확히 하려는 목적으로 id 선택자 앞에 section 이라는 태그명을 추가했습니다.

저기, 제가 블로그를 시작했는데요. 이 장에서 봤던 새로운 HTML5 요소를 블로그에 추가할 수 있을까요? 제 블로그에서도 훌륭한 최신 기술을 사용하고 있는지 확인하고 싶군요. 만약 그렇다면 제 블로그도 스타버즈 커피처럼 엄청 유명해질 거예요.

그런 질문을 하다니 흥미롭군요. HTML5의 새로운 요소는 블로그를 생성하는 데 완벽합니다만, 실제 마크업에 들어가기 전에 어떤 모양으로 블로그를 만들지 생각해 봅시다. 그리고, 현재 스타버즈 페이지 디자인과 일관성을 유지하는지도 확인해 보죠. 이를 위해 왼쪽에는 동일한 drinks `<section>`, 오른쪽에는 동일한 `<aside>`가 있는 새로운 페이지를 만들고, 블로그 중앙에 있는 콘텐츠를 변경할 것입니다. 어떻게 할지 살펴보도록 하죠.

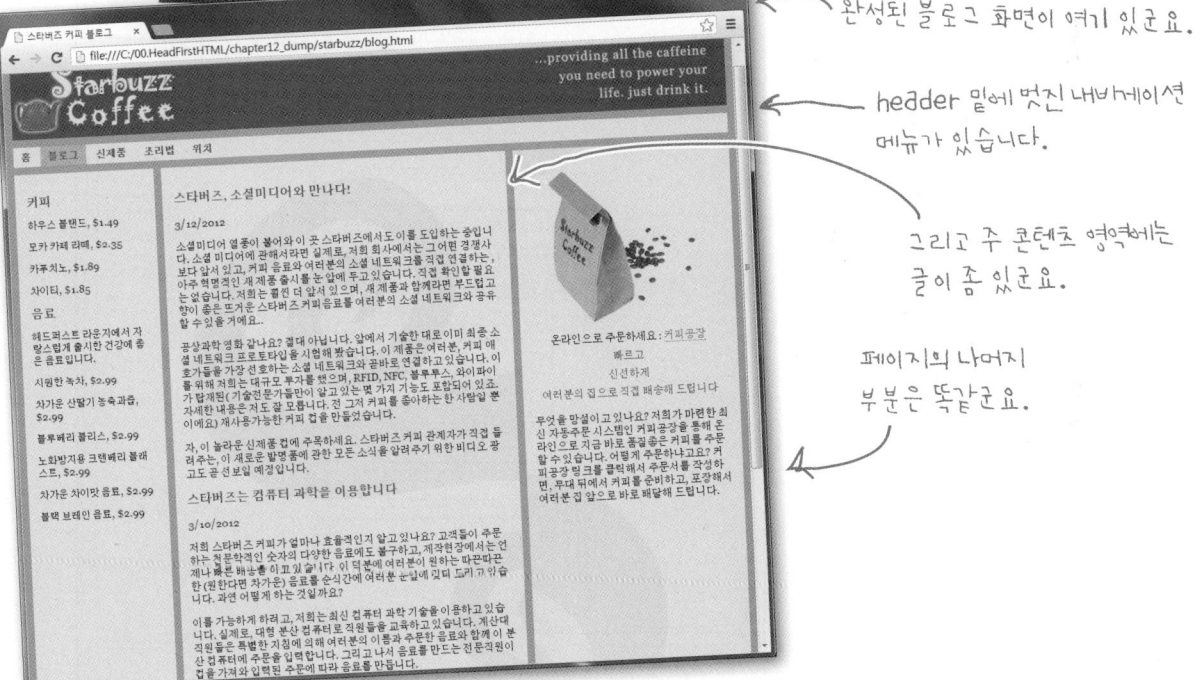

완성된 블로그 화면이 여기 있군요.

header 밑에 멋진 내비게이션 메뉴가 있습니다.

그리고 주 콘텐츠 영역에는 글이 좀 있군요.

페이지의 나머지 부분은 똑같군요.

여러분의 임무는 새 블로그에 가장 적합하다고 생각되는 요소를 선택하는 것입니다. 여러분이 선택한 요소로 아래 그림에 있는 빈칸을 채우세요. 각 블로그 포스트는 제목과 텍스트 형태의 문단 한 개 이상으로 구성된다는 점을 유의하세요.

아래 항목에서 요소를 골라보세요.

`<header>`	`<aside>`
`<footer>`	`<section>`
`<article>`	`<div>`
`<nav>`	`<h1>`
`<time>`	`<p>`

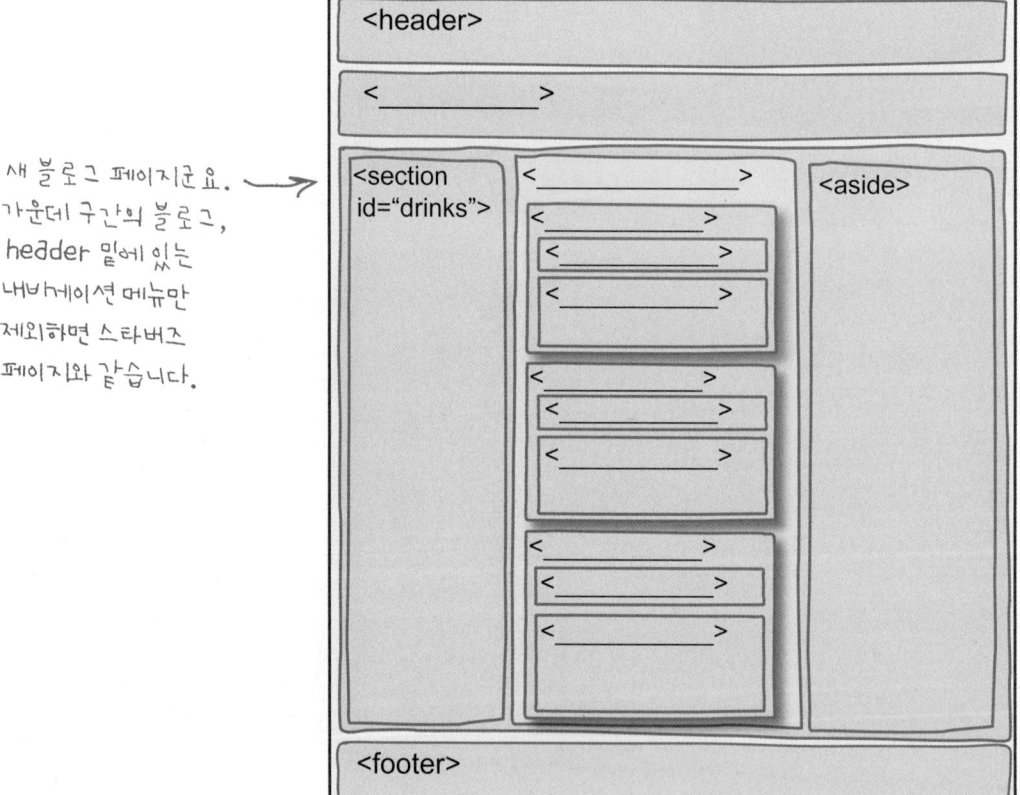

새 블로그 페이지군요. 가운데 구간의 블로그, header 밑에 있는 내비게이션 메뉴만 제외하면 스타벅스 페이지와 같습니다.

연습문제 정답

여러분의 임무는 새 블로그에 가장 적합하다고 생각되는 요소를 선택하는 것입니다. 여러분이 선택한 요소로 아래 그림에 있는 빈칸을 채우세요. 각 블로그 포스트는 제목과 텍스트 형태의 문단 한 개 이상으로 구성된다는 점을 유의하세요.

아래 항목에서 요소를 골라보세요.

```
<header>          <aside>
<footer>          <section>
<article>         <div>
<nav>             <h1>
<time>            <p>
```

새 블로그 페이지군요. 가운데 구간의 블로그, header 밑에 있는 내비게이션 메뉴만 제외하면 스타버즈 페이지와 같습니다.

내비게이션 메뉴용으로 〈nav〉 요소를 사용했습니다.

〈section〉 요소는 관련된 콘텐츠를 묶는 데 사용되므로, 〈section〉 요소에 페이지의 section 블로그를 넣었습니다.

각 블로그 포스트는 독립적인 항목 (즉, 여러분이 남겨 놓은 항목의 가독성에 영향을 주지 않고 기사를 없애버릴 수 있습니다)이므로, 각 블로그 포스트 내용은 자신의 〈article〉 요소 안에 있습니다.

```
+--------------------------------------------------+
| <header>                                         |
+--------------------------------------------------+
| <nav>                                            |
+--------------------------------------------------+
| <section   | <section id="blog">    | <aside>   |
| id="drinks">| +---------------------+ |           |
|            | | <article>           | |           |
|            | |  <h1>               | |           |
|            | |  <p>                | |           |
|            | +---------------------+ |           |
|            | +---------------------+ |           |
|            | | <article>           | |           |
|            | |  <h1>               | |           |
|            | |  <p>                | |           |
|            | +---------------------+ |           |
|            | +---------------------+ |           |
|            | | <article>           | |           |
|            | |  <h1>               | |           |
|            | |  <p>                | |           |
|            | +---------------------+ |           |
+--------------------------------------------------+
| <footer>                                         |
+--------------------------------------------------+
```

스타버즈 블로그 페이지 만들기

이전에 했던 연습문제를 보면 알 수 있듯이, 블로그 구간(중앙에 있는 컬럼)에는 <section> 요소를, 각 블로그 포스트에는 <article> 요소를 사용했습니다. 일단 이 부분부터 살펴보고 내비게이션은 나중에 자세히 살펴보도록 하죠. 여러분을 위해 이미 'index.html' 파일을 복사해서 'blog.html' 파일을 만들어 main <section>을 blog <section>으로 바꾸어 놨습니다. 전체 코드는 'blog.html' 파일에 있고 아래에는 코드 일부만 수록했습니다.

```html
<section id="blog">
    <article>
        <h1>스타버즈, 소셜미디어와 만나다!</h1>
        <p>
        소셜미디어 열풍이 불어와 이 곳 스타버즈도 이를 도입하는 중입니다. 소셜 미디어에 관해서라면 실제로,
        저희 회사는 그 어떤 경쟁사보다 앞서 있고 …
        </p>
        <p>
        공상과학 영화 같나요? 절대 아닙니다. 앞에서 기술한 대로 이미 최종 소셜 네트워크 프로토타입을
        시험해 봤습니다.
        </p>
        <p>
        자, 이 놀라운 신제품 컵에 주목하세요. 스타버즈 커피 관계자가 직접 들려주는, 이 새로운 발명품에 관한
        모든 소식을 알려주는 비디오 광고도 곧 선보일 예정입니다.
        </p>
    </article>
    <article>
        <h1>스타버즈는 컴퓨터 과학을 이용합니다</h1>
        <p>
            ...
        </p>
    </article>
    <article>
        <h1>이 달의 최우수 고객</h1>
        <p>
            ...
        </p>
    </article>
</section>
```

index.html 파일에 있는 main에 대해 처리했던 것처럼, 중앙에 있는 컬럼에 대해 <section> 요소를 사용하고 있군요.

여기서는 블로그 포스트 일부만 보여주고 있습니다.

각 블로그 포스트마다 자신만의 <article>이 있군요.

각 <article>에서 제목은 <h1>, 문단은 <p>요소를 사용하고 있군요. 정말 간단하네요! <div> 여러 개보다는 좀 더 의미가 있지 않나요?

wickedlysmart.com에서 내려받은 'blog.html' 파일에 전체 블로그 포스트가 있습니다.

블로그 페이지를 위한 CSS 설정

'index.html' 파일과 'blog.html' 파일 모두 같은 CSS인 'starbuzz.css' 파일과 연결된 것을 봤을 거예요. 'blog.html' 파일을 자세히 살펴봅시다.

```
<!DOCTYPE html>
<html>
  <head>
    <meta charset="utf-8">
    <title>스타버즈 커피 - 블로그</title>
    <link rel="stylesheet" type="text/css" href="starbuzz.css">
  </head>
  ...
```

*여기서 CSS와 연결하고 있고 ...
페이지 제목을 수정했군요.*

아직 id가 blog인 새로운 구간을 처리하는 CSS를 추가하지 않았으니, 이것부터 먼저 처리해 봅시다. blog <section>을 기존 페이지의 main <section>과 정확히 똑같이 꾸미려고 하므로, 다음과 같이 main <section>에 대한 기존 규칙에 blog <section>에 대한 규칙을 추가해서 재사용할 수 있습니다.

두 선택자 사이에 콤마를 넣어 두 ⟨section⟩에 대해 같은 규칙을 사용할 수 있습니다. 즉, 이 둘에서 선택한 모든 요소에 여기에 있는 속성을 적용하는 거죠.

```
section#main, section#blog {
  display:          table-cell;
  background:       #efe5d0 url(images/background.gif) top left;
  font-size:        105%;
  padding:          15px;
  vertical-align: top;
}
```

mdin ⟨section⟩과 blog ⟨section⟩, 두 요소는 서로 다른 페이지에 존재하지만, 두 페이지가 같은 CSS를 참조하고 있으므로 이 규칙이 적용될 겁니다.

다 됐습니다! blog <section>에서 필요한 다른 모든 스타일은 이미 이 CSS 파일에 있습니다. <article>에 대해 특별한 스타일을 추가하지 않았으니, 이제...

블로그 페이지 시운전

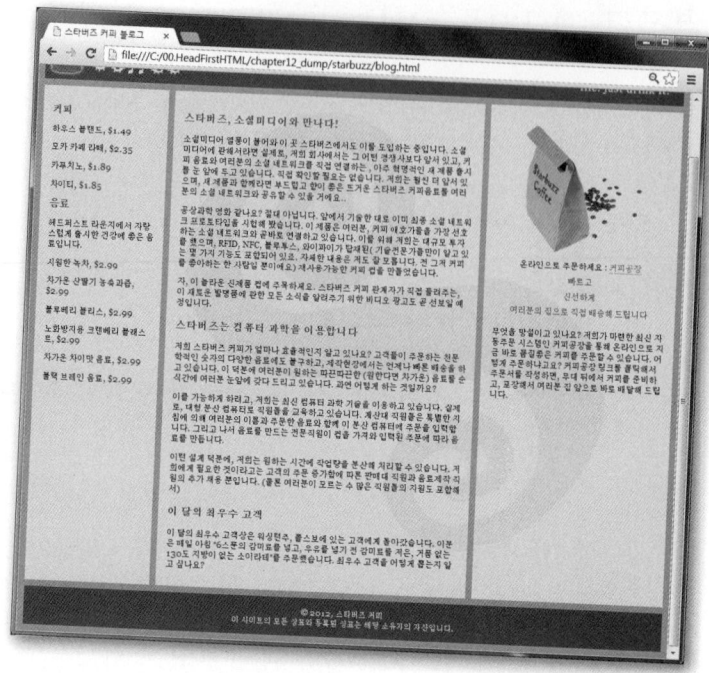

새 블로그 페이지를 만들고 약간 손을 봤으니 (`<section>`과 `<article>` 요소를 추가했죠). 페이지를 저장하고 브라우저에서 열어보세요.

화면을 보면 알 수 있듯이 〈section〉, 〈article〉, 〈aside〉 같은 요소는 기존 〈div〉와 스타일이 비슷합니다. 말도 안되는 일이죠! 하지만 페이지에 있는 콘텐츠 의미에대한 정보가 추가됐습니다.

도대체 〈section〉과 〈article〉의 차이점이 뭐죠?

이 둘을 충분히 혼동할 만 합니다. 솔직히 말해 이 질문에 명확한 답변을 드릴 수가 없군요. 사실 `<article>`과 `<section>`을 사용하는 방법은 많으며, 여기서는 일반적인 방법을 사용했습니다. 관련된 콘텐츠를 묶을 때는 `<section>`을, 뉴스 기사나 블로그 포스트, 간략한 보고서 같은 독립적인 정보의 콘텐츠를 묶을 때는 `<article>`을 사용하세요.

스타버즈 페이지에서, 각 컬럼에는 관련된 콘텐츠가 포함되어 있으므로 각 컬럼을 페이지에서 독립된 구간으로 처리했습니다. 그리고 독립적인 내용이라서 개별 블로그 포스트를 `<article>`로 처리했습니다(각 블로그 포스트를 다른 사이트나 블로그에 올리는 것도 가능합니다).

상황에 따라 다를 수도 있지만, 일반적으로는 관련된 콘텐츠를 묶을 때는 〈section〉, 독립적인 콘텐츠를 묶을 때는 〈article〉을 사용하세요. 그리고 관련이 없다고 생각되는 콘텐츠를 묶어야 할 때는 〈div〉를 사용하세요.

블로그에 날짜를 추가해야 합니다

완성된 블로그에서 각 블로그 포스트마다 날짜가
있었던 것을 봤나요? HTML5가 나오기 전에는,
임기응변 식으로 날짜를 생성했죠. 아무런 표시도
하지 않고 날짜를 추가하거나, <span> 혹은
심지어 <p>를 사용해서 표현했습니다. 하지만
이제 날짜를 완벽하게 표시하는 요소가 생겼습니다.
바로 <time>이란 요소입니다.

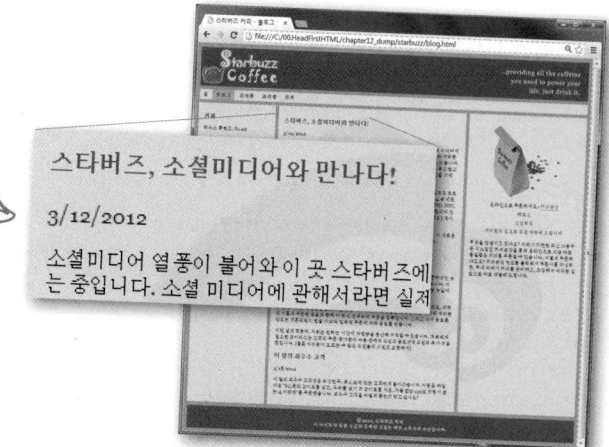

〈time〉 요소에 대한 2분 가이드!

〈time〉 요소에 대해 자세히 알아봅시다. 이 요소에는 datetime이라는 중요한
속성이 있습니다. 이 값에 관한 한 〈time〉 요소는 좀 까다로운 종류라고 볼 수
있습니다. 따라서 자세히 검토해 볼 만한 가치가 있습니다.

이 요소의 콘텐츠가 공식적인
인터넷의 date/time 형식을
사용해 작성되지 않았다면,
datetime 속성이 필요합니다.

날짜와 시간을 표시하는 데 datetime 속성을 사용하고
있다면, 이 요소에 대한 콘텐츠로 여러분이 원하는 건
무엇이든 작성할 수 있습니다. 대부분의 경우, '2012년
2월 18일'처럼 일자와 시간과 관련된 텍스트를 사용합니다.
심지어 yesterday나 now도 사용할 수 있죠.

`<time datetime="2012-02-18">2/18/2012</time>`

날짜를 표시하는 일자, 월,
년도가 포함된 공식적인
인터넷 형식입니다.

공식적 형식을 사용해
날짜와 시간을
표현하는 다른 방법이
나와 있군요.

2012-02 ← 년도와 월, 심지어 년도만
2012   표기할 수도 있습니다.

2012-02-18 09:00 ← 24시간 형태로, 시간도
2012-02-18 18:00   추가할 수 있습니다.

05:00 ← 시간만 명시할 수도 있습니다.

2012-02-18 05:00Z ← 날짜와 시간 다음에 Z를 쓰면,
                   UTC 시간을 의미합니다.
                   (UTC = GMT)

블로그에 〈time〉 요소 추가하기

'blog.html' 파일을 열고, 아래와 같이 각 article 제목에 날짜를 추가하세요.

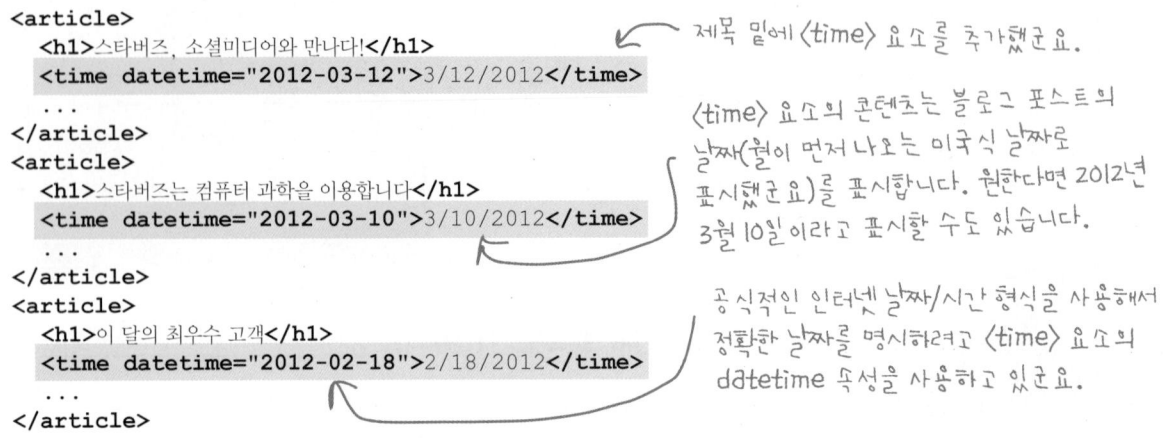

```
<article>
    <h1>스타버즈, 소셜미디어와 만나다!</h1>
    <time datetime="2012-03-12">3/12/2012</time>
    ...
</article>
<article>
    <h1>스타버즈는 컴퓨터 과학을 이용합니다</h1>
    <time datetime="2012-03-10">3/10/2012</time>
    ...
</article>
<article>
    <h1>이 달의 최우수 고객</h1>
    <time datetime="2012-02-18">2/18/2012</time>
    ...
</article>
```

제목 밑에 〈time〉 요소를 추가했군요.

〈time〉 요소의 콘텐츠는 블로그 포스트의 날짜(월이 먼저 나오는 미국식 날짜로 표시됐군요)를 표시합니다. 원한다면 2012년 3월 10일이라고 표시할 수도 있습니다.

공식적인 인터넷 날짜/시간 형식을 사용해서 정확한 날짜를 명시하려고 〈time〉 요소의 datetime 속성을 사용하고 있군요.

블로그 시운전

다시 블로그를 시운전해 봅시다. 각 블로그 포스트 제목 밑에 날짜가 나와야 합니다.

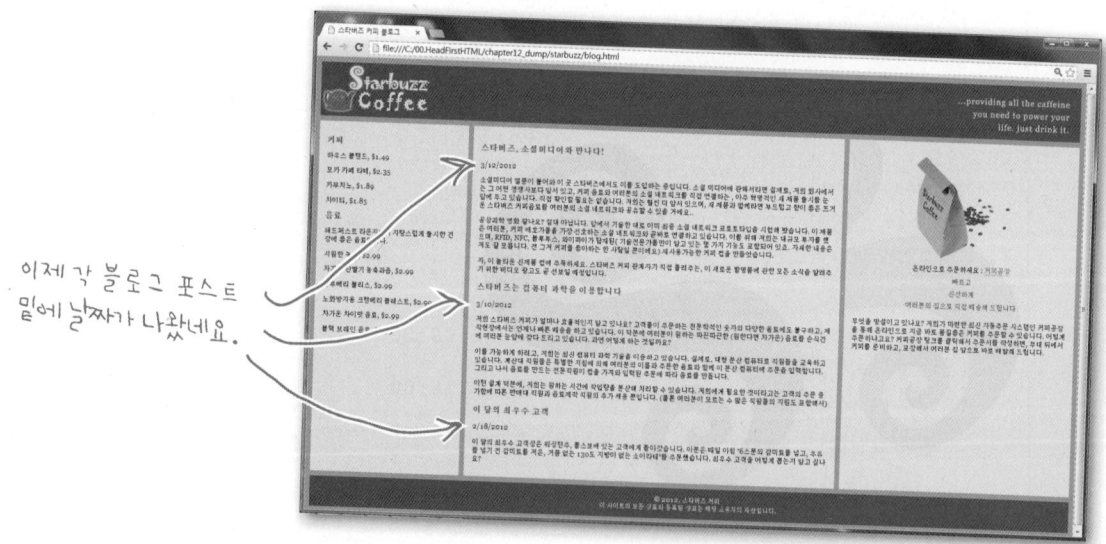

이제 각 블로그 포스트 밑에 날짜가 나왔네요.

각 article에는 header와 함께 제목과 일자가 있어 의미상으로 좋아진 것 같아요. 블로그 주인의 이름과 위치 같은 세부 정보도 넣을 수 있을 것 같은데, 이렇게 하는 것이 article을 올바로 사용하는 것인가요?

물론입니다. 독립적인 콘텐츠 하나로 `<article>` 요소를 고려해 본다면, 이를 가져다가 다른 웹 페이지에 올릴 수도 있습니다. 이렇게 하면 누가, 언제, 어디서 이 글을 작성했는지와 같은 정보를 추가하는 게 좋을 거예요.

더 나아가서 `<header>` 요소는 단지 주요 header만을 의미하지 않습니다. header로 들어가는 항목을 묶는 데도 `<header>` 요소를 사용할 수 있습니다. 예를 들어 `<article>`, `<section>`, 심지어 `<aside>` 요소에도 `<header>` 요소를 추가할 수 있습니다.

어떤 식으로 동작하는지 보기 위해 `<article>` 요소에 `<header>` 요소를 추가해 봅시다.

footer도 article, section, aside에 추가할 수 있습니다. 스타버즈 페이지에서는 추가하지 않겠지만, 많은 사이트에서는 이들 요소에 header와 footer를 추가해 사용하고 있습니다.

⟨header⟩ 요소를 추가하는 방법

\<header> 요소를 추가하는 방법은 아주 직관적입니다. 각 \<article> 요소 내에서, 제목과 시간을 포함하도록 \<header>를 넣으면 됩니다. 이를 위해 블로그 구간에 있는 \<article> 요소를 찾아 \<header> 요소의 시작태그와 종료태그를 추가하세요.

```
      . . .
   <section id="blog">
   <article>
     <header>
         <h1>스타버즈, 소셜미디어와 만나다!</h1>
         <time datetime="2012-03-12">3/12/2012</time>
     </header>
      <p>...</p>
   </article>

   <article>
     <header>
         <h1>스타버즈는 컴퓨터 과학을 이용합니다</h1>
         <time datetime="2012-03-10">3/10/2012</time>
     </header>
      <p>...</p>
   </article>

   <article>
     <header>
         <h1>이 달의 최우수 고객</h1>
         <time datetime="2012-02-18">2/18/2012</time>
     </header>
      <p>...</p>
   </article>
   </section>
      . . .
```

제목과 시간 주위에 ⟨header⟩ 요소를 추가하세요.

블로그 구간에 있는 각 article에 header 요소를 추가했는지 확인하세요.

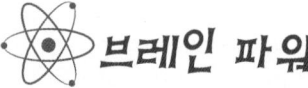 **브레인 파워**

header에 작성자 정보를 추가해 보세요. ⟨author⟩란 태그는 존재하지 않는데, 작성자 정보를 표시할 좋은 방법이 없을까요?

header 시운전

계속해서 스타버즈 블로그에 `<header>` 요소를
시운전해 보세요.

음, article의 header가 제대로
보이지 않는군요. 서식이 설정되어
있지 않은 것 같은데...

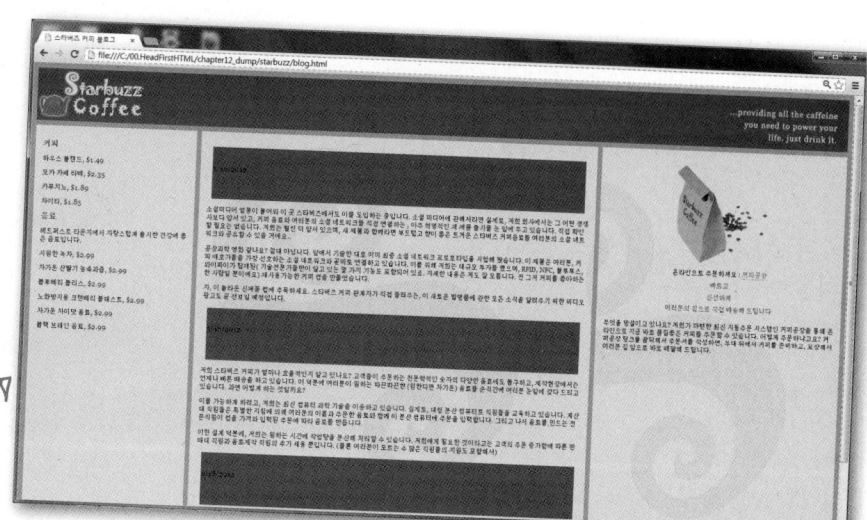

연필을 깎으며

`<header>` 요소를 추가했지만, 공백이 보이고 서식 설정에 문제가 있는
것 같군요. article 제목과 날짜 사이에 공백이 너무 많고, 배경색도 뭔가
잘못된 것 같군요. 왜 이렇게 됐을까요? 이런 현상이 발생한 원인에 대해
여러분의 생각을 적어보세요.

힌트: CSS를 자세히 살펴보세요.
그리고 방금 추가한 새 article header에 영향을
주는 다른 `<header>` 규칙이 있는지 찾아보세요.

header에 뭐가 잘못됐을까요?

분명히 `<header>` 요소를 추가하고 나서 서식 설정이
엉망이 됐습니다. 왜일까요? 'starbuzz.css' 파일을 열고
`<header>` 요소에 대한 규칙을 자세히 살펴봅시다.

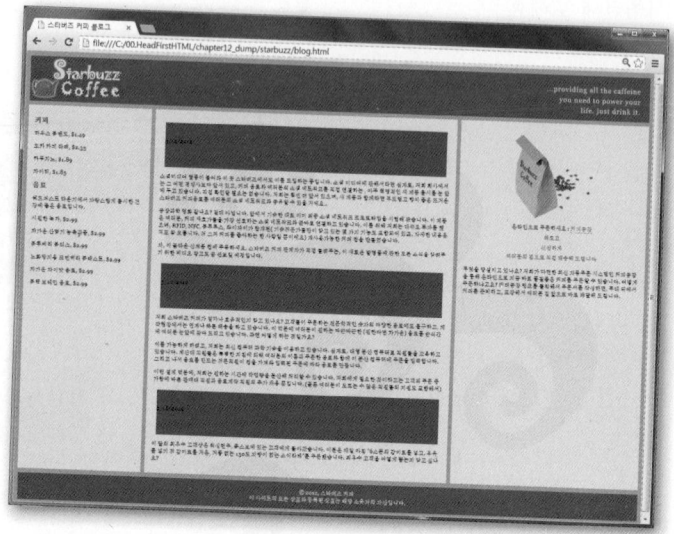

```
header {
  background-color: #675c47;
  margin:           10px 10px 0px 10px;
  height:           108px;
}
```

이 header 규칙의 height 속성에 설정된 값으로,
주요 header만이 아니라 페이지에 있는 모든
header의 배경색이 설정됐고 공백이 추가됐네요.
그리고 마진은 아무 도움이 되지 않습니다.

header를 꾸미는 규칙은
주요 header에는 완벽히 동작하지만,
article에 있는 header에는
치명적 결과를 안겨주는군요.

페이지의 상단에 있는 `<header>`만을 위한 클래스를
생성해서 이 문제를 바로잡을 수 있습니다. 각
article에 여러 개의 `<header>` 요소를 추가했는데,
스타버즈 커피 페이지의 경우 페이지 상단에 있는
`<header>`는 특별히 다르게 보여야 하므로, 다른
`<header>`와 다르게 처리되어야 합니다. 따라서,
우선 'blog.html' 파일에서 상단 `<header>` 요소를
찾아 top이란 클래스를 추가해 봅시다.

페이지에 있는 첫 번째 ⟨header⟩ 요소에
top이란 클래스를 추가하세요.

```
<body>
  <header class="top">
    <img id="headerLogo"
         src="images/headerLogo.gif" alt="Starbuzz Coffee header logo image">
    <img id="headerSlogan"
         src="images/headerSlogan.gif" alt="Starbuzz Coffee header slogan image">
  </header>
...
```

'index.html' 파일에 있는 상단 `<header>` 요소에도 top이란 클래스를 추가하세요.

'blog.html'과 'index.html' 파일에 top 클래스를 추가했으니, 이제 선택자에서 이 클래스를 사용하도록 CSS를 수정해야 합니다.

CSS에 있는 header 규칙에 top 클래스 선택자를 추가했습니다.

```css
header.top {
  background-color: #675c47;
  margin:           10px 10px 0px 10px;
  height:           108px;
}

header.top img#headerSlogan {
  float:            right;
}
```

이 규칙에도 추가했군요. 굳이 이 선택자가 올바르게 동작하도록 처리할 필요는 없지만, 이렇게 하면 정확히 우리가 어떤 headerSlogan을 선택하고 있는지를 CSS상에서 좀 더 명확히 파악할 수 있습니다. 이런 걸 베스트 프랙티스라고 하죠.

마지막 header 시운전

'blog.html', 'index.html', 'starbuzz.css' 파일을 제대로 수정했는지 확인하고, 블로그 페이지를 다시 열어보세요.

이제 우리가 원한대로 header 규칙이 페이지의 맨 상단에 있는 \<header> 요소에만 적용됐습니다. 반면, article \<header>는 기본 스타일이 적용됐군요.

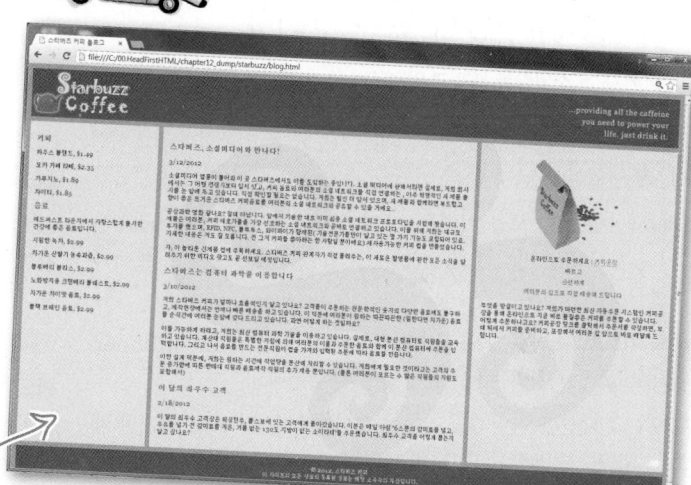

article에 있는 header 서식이 제대로 설정됐네요.

바보 같은 질문이란 없습니다

Q: 페이지에 요소를 추가하기 위해 많은 작업을 했는데, 모두 전에 했던 작업과 정확히 같은 작업이었습니다! 도대체 왜 이렇게 하는 거죠?

A: 몇 가지 요소를 대체하고 몇 가지 요소는 추가했습니다. 이런 과정을 거치며 페이지에 많은 의미를 부여했습니다. 브라우저, 검색엔진, 웹 페이지 제작 애플리케이션은 원한다면 페이지에 있는 서로 다른 부분을 매우 똑똑하게 처리할 수 있습니다. 그리고 여러분은 물론 다른 웹 개발자들이 보기에도 훨씬 읽기 쉬운 페이지로 변모했을 것입니다. 페이지가 이전과 똑같아 보인다 하더라도 많은 의미가 베일 속에 감춰져 있습니다.

Q: 〈section〉과 〈article〉의 차이점에 대해 다시 설명해 주실래요? 둘 다 비슷해 보이거든요.

A: 이 두 요소를 어떤 경우에 사용하는지 혼동하기 쉬운 것이 사실입니다. 〈section〉 요소는 〈article〉보다는 좀 더 일반적이지만, 〈div〉만큼 일반적이지는 않습니다. 예를 들어 한 요소를 페이지에 추가해 꾸미고 싶다면 〈div〉를 사용하세요. 관련된 콘텐츠의 잘 정의된 구간을 형성하는 콘텐츠를 표시하는 요소를 추가하려 한다면 〈section〉을 사용하세요. 그리고 페이지에 있는 나머지 콘텐츠와 떨어져 독립적으로 분포되어 있거나 재사용할 수 있는 콘텐츠가 있다면 〈article〉을 사용하세요.

Q: 모든 〈section〉과 〈article〉에는 항상 〈header〉가 있나요?

A: 대부분의 경우 〈section〉과 〈article〉에는 〈header〉가 들어가 있으며, 최소한 〈h1〉 같은 제목이 있습니다. 이렇게 생각해 보세요. 〈article〉 요소 내에 있는 콘텐츠는 어디에서나 재사용될 수 있으므로, 설명이나 소개 용도로 〈header〉가 필요한 경우가 있습니다. 마찬가지로 〈section〉 요소에 있는 콘텐츠는 페이지상의 관련된 콘텐츠를 모아 놓은 것이므로, 일반적으로 콘텐츠 구간을 분리하고 소개하는 용도로 〈header〉를 사용하고 있습니다.

Q: 집어넣어야 할 내용이 한 개 이상일 때만 〈header〉를 사용해야 하나요? 제목만 하나 있는 경우는 어떤가요?

A: 제목만 하나 있다 해도 〈header〉를 사용할 수 있습니다. 〈header〉 요소는 추가적으로 나머지 콘텐츠와 페이지의 제목, section, article의 header를 분리하는 구문상의 의미를 제공합니다. 〈header〉 요소에 꼭 〈h1〉, 〈h2〉 같은 제목을 표시하는 요소만 넣을 필요는 없습니다(여러분이 이런 요소를 넣지 않더라도 페이지에서 검증해서 알려줄 거예요).

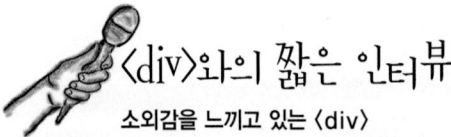

〈div〉와의 짧은 인터뷰
소외감을 느끼고 있는 〈div〉

헤드 퍼스트: 이봐요 〈div〉 씨. 최근 기분이 몹시 울적하다고 하던데, 무슨 일이 있는 거예요?

〈div〉: 당신은 잘 모를 거예요. 제가 정리해고 단계에 들어갔다는군요. 제가 있던 자리를 〈section〉, 〈nav〉, 〈aside〉 등으로 대체할 거래요.

헤드 퍼스트: 이봐요, 기운내세요. 스타버즈에서 'tableContainer'와 'tableRow' 처리는 당신한테 맡길 것 같은데요.

〈div〉: 그 때문에 아직까지 저를 해고하지 않은 거예요. 하지만 새로운 요소를 발명해 낸다면, 머지 않아 저는 해고당할 거예요.

헤드 퍼스트: 제가 마지막으로 살펴 봤을 때, 당신은 여전히 HTML 명세서에 들어 있었습니다. 웹 개발자들은 페이지에 구조를 추가하는 데 다양한 특별한 요구를 하고 있습니다. 그리고 표준 제정가들은 엄청나게 많은 새 요소를 발명해내는 것에는 더 이상 관심이 없습니다.

〈div〉: 맞는 말씀입니다. 저도 일반적인 구조를 생성하는 용도의 새 요소는 본 적이 없습니다.

헤드 퍼스트: 맞아요! 다른 새로운 요소 모두는 페이지에 특별한 의미를 추가하기 위한 것이며, 일반적인 용도에 대해서는 당신을 따라갈 수 없습니다. 예를 들어 테이블 레이아웃이 필요할 때 모든 사람들이 의지할 수 있는 것은 당신뿐입니다.

〈div〉: 맞아요!

헤드 퍼스트: 새로운 요소들이 등장하기 전에 당신은 일을 너무 많이 했어요. 업무량을 줄이고 여유를 가져야 할 때가 되지 않았을까요?

〈div〉: 정말 좋은 지적이군요. 한동안 가게 문을 닫고 여행이나 다녀와야겠어요. 인터넷 주변을 돌아다니며 쌓은 마일리지가 아주 많거든요.

헤드 퍼스트: 잠깐만요. 지금 떠나시면 안됩니다. 대부분의 웹 사람들이 당신을 의지하고 있는데...

헤드 퍼스트: 여보세요? 〈div〉 씨?

미래를 대비하고 있는 CEO로서, 가능한 한 페이지를 의미 있게 만드는 것이 좋을 거라고 생각하는데, 내비게이션을 추가해야 하지 않을까요? 홈페이지에서 블로그로 어떻게 이동하죠? 블로그에서 홈페이지로는요?

그 의견에 동의합니다! 페이지가 여러 개라면 독자들이 자유롭게 페이지를 이동할 수 있어야 합니다.

이미 우리가 알고 있는 몇 가지 도구를 사용하여 이 페이지를 위한 내비게이션을 만들 것입니다. 바로 리스트와 앵커 태그를 이용할 겁니다. 어떤 식으로 동작하는지 살펴보도록 하죠.

```
<a href="index.html">홈</a>
<a href="blog.html">블로그</a>
<a href="">신제품</a>
<a href="">조리법</a>
<a href="">위치</a>
```

이 페이지들을 추가하려는 것이 아니므로, 아래 세 개 링크는 빈 채로 놔뒀습니다만 원하면 페이지를 만들어도 됩니다.

이제 정렬되지 않은 리스트로 이 링크를 둘러싸면, 이들을 하나의 리스트 그룹으로 다룰 수 있습니다. 이전에는 이렇게 처리하지 않았습니다만, 어떤 식으로 동작하는지 살펴보고 내비게이션 항목과 리스트가 얼마나 잘 들어맞는지도 확인해 보세요.

이제 각 링크는 정렬되지 않은 리스트에 있는 항목이 되었군요. 내비게이션처럼 보이지 않을 수도 있지만, 스타일을 주면 달라질 거예요.

```
<ul>
    <li><a href="index.html">홈</a></li>
    <li class="selected"><a href="blog.html">블로그</a></li>
    <li><a href="">신제품</a></li>
    <li><a href="">조리법</a></li>
    <li><a href="">위치</a></li>
</ul>
```

클래스를 사용해서 특정 항목이 선택됐는지도 식별할 수 있습니다.

내비게이션 완성하기

HTML에 내비게이션을 추가합시다. blog.html 파일의 header 밑에 다음처럼 코드를 추가하세요.

```
<body>
  <header class="top">
    <img id="headerLogo"
         src="images/headerLogo.gif" alt="Starbuzz Coffee header logo image">
    <img id="headerSlogan"
         src="images/headerSlogan.gif" alt="Providing all the caffeine...">
  </header>
  <ul>
      <li><a href="index.html">홈</a></li>
      <li class="selected"><a href="blog.html">블로그</a></li>
      <li><a href="">신제품</a></li>
      <li><a href="">조리법</a></li>
      <li><a href="">위치</a></li>
  </ul>
  ...
</body>
```

내비게이션 CSS 추가하기

HTML만 변경해도 되긴 하지만, 내비게이션처럼 보이지 않아 마음에 들지 않을 거예요. CSS를 추가해 봅시다.

starbuzz.css 파일 하단에 이 CSS를 추가하세요.

```
ul {
    background-color: #efe5d0;
    margin: 10px 10px 0px 10px;
    list-style-type: none;
    padding: 5px 0px 5px 0px;
}
ul li {
    display: inline;
    padding: 5px 10px 5px 10px;
}
ul li a:link, ul li a:visited {
    color: #954b4b;
    border-bottom: none;
    font-weight: bold;
}
ul li.selected {
    background-color: #c8b99c;
}
```

배경색과 마진, 패딩을 추가하고 있군요. table display가 이미 상단에 10픽셀 만큼 border-spacing을 갖고 있으므로 하단 마진을 0으로 설정했다는 점에 주목하세요.

또한 리스트 항목에 있던 점(bullet)도 제거했습니다.

각 리스트 항목을 블록에서 인라인으로 바꿔 보여주고 있습니다. 따라서 리스트 항목 앞, 뒤로 캐리지 리턴 문자가 붙지 않습니다. 리스트 항목은 일반적인 인라인 요소처럼 페이지에 한 줄로 붙을 거예요.

내비게이션 리스트에 있는 링크는 페이지에 있는 다른 링크와는 약간 다르게 보이도록 만들고자 하므로, 그냥 link와 visited 링크 둘 모두에 대한 속성을 설정하는 규칙과 함께 <a>에 대한 다른 규칙을 재정의(CSS상에 있는 이 규칙 위의 규칙)하고 있습니다.

마지막으로 selected란 클래스를 가진 <li> 요소의 배경을 설정하고 있는데, 이렇게 하면 페이지에 있는 내비게이션 항목은 나머지와 다르게 보일 것입니다.

GPS가 필요한 분은 누구세요?
내비게이션 시운전

계속해서 CSS 파일 하단에 CSS를 수정해 넣고 브라우저에서 페이지를 다시 열어 보세요.

음, 첫 시도 치고는 나쁘지 않군요. 지금은 블로그 페이지에 있다고 표시까지 해주는 멋진 내비게이션이 생겼습니다.

하지만 좀 더 개선할 수는 없을까요? 결국, 이 장에서 여러분은 '현대적인 최신식 HTML'을 배우고 있지만, 내비게이션용으로는 아직 새로운 HTML5 요소를 사용하고 있지 않습니다. 여러분도 추측하겠지만, HTML 파일에 <nav> 요소를 추가해서 개선시킬 수 있습니다. 이렇게 처리하면 모두가(브라우저, 스크린 리더기, 검색엔진, 여러분의 동료 웹 개발자)이 리스트의 용도가 무엇인지에 관해 더 많은 정보를 얻게 될 거예요.

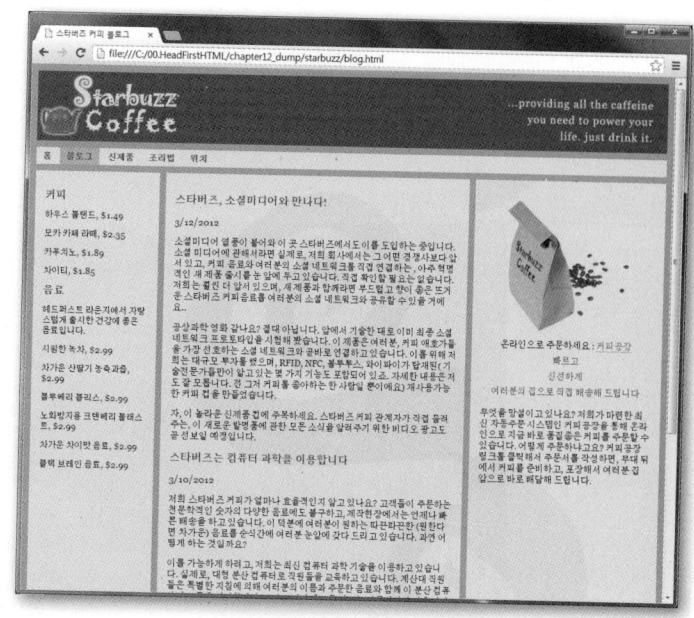

<nav> 요소 추가하기

여러분도 이미 알고 있듯이 <nav>란 요소가 존재합니다. 다음과 같이 <nav> 시작태그와 종료태그로 내비게이션 항목을 둘러싸세요.

여기 <nav> 시작태그가 있네요. <nav> 요소 내부에 전체 내비게이션 항목이 있습니다.

```
<nav>
    <ul>
        <li><a href="index.html">홈</a></li>
        <li class="selected"><a href="blog.html">블로그</a></li>
        <li><a href="">신제품</a></li>
        <li><a href="">조리법</a></li>
        <li><a href="">위치</a></li>
    </ul>
</nav>
```

이제 최상의 결과를 내기 위한 이야기를 해야 할 때가 된 것 같군요. 여러분도 알다시피 현재 여러분의 CSS는 정렬되지 않은 리스트 전체가 내비게이션 메뉴라고 추측하고 있는 실정입니다. 그런데 스타버즈 CEO는 자신의 블로그에서서 새 카페 리스트를 보여주길 원하고 있는데, 이 경우에는 어떻게 될까요? 끔찍한 일이 벌어질 거예요. 현 상태라면 아마 블로그 중앙에 내비게이션 리스트가 보이게 될 거예요. 왜냐하면 방금 페이지에 추가한 내비게이션 리스트처럼 보일 테니까요.

하지만 걱정하지 마세요. 이 잠재적인 문제를 해결하려면 좀 더 구체적으로 내비게이션 리스트 항목을 선택해야 합니다. 선택할 유일한 내비게이션 리스트 항목이 <nav> 요소 내에 포함되어 있으므로, 해결하기는 그리 어렵지 않습니다.

 **브레인 파워**

계속 진행하기 전에, 나머지 정렬되지 않은 리스트는 놔두고 내비게이션 항목만 선택하려면 CSS를 어떻게 변경해야 할지 생각해 보세요.

좀 더 세부적으로 CSS를 만들어 봅시다

이제 HTML에 <nav> 요소가 생겼으니 선택자를 보다 구체적으로 만들어 봅시다. 이렇게 하면 앞으로 HTML을 변경하더라도(페이지 하단에 <ul> 요소를 추가하는 것처럼), 전혀 예상치 못한 엉뚱한 스타일이 적용되지는 않을 것입니다. 어떻게 하는지 여기 나와 있군요. <nav> 요소의 마진을 조금만 조정하더라도 제대로 동작하는지 유심히 살펴보세요.

```css
nav {
    background-color: #efe5d0;
    margin: 10px 10px 0px 10px;
}
nav ul {
    margin: 0px;
    list-style-type: none;
    padding: 5px 0px 5px 0px;
}
nav ul li {
    display: inline;
    padding: 5px 10px 5px 10px;
}
nav ul li a:link, nav ul li a:visited {
    color: #954b4b;
    border-bottom: none;
    font-weight: bold;
}
nav ul li.selected {
    background-color: #c8b99c;
}
```

<nav> 요소에 대한 새 규칙을 추가해서 배경색과 마진을 설정하는 속성을 여기로 옮겼군요. 이제 <nav>에 있는 모든 것이 이 속성에 정의된 대로 꾸며질 거예요.

<ul> 요소의 마진을 0으로 설정하는 속성을 추가하니, <ul> 요소가 <nav> 요소 안으로 들어와 맞춰졌습니다 (기본적으로 <ul> 요소는 마진을 0으로 설정하지 않으면 한쪽으로 약간 몰리는 현상이 발생합니다).

마지막으로 이 모든 규칙 앞에 nav라는 선택자를 추가해서, 이 규칙이 <nav> 요소 안에 있는 <ul> 요소에만 적용되도록 했습니다. 이렇게 하면 향후 CEO가 자신의 블로그에 <ul>을 추가하더라도 내비게이션 리스트처럼 보이지는 않을 거예요.

두 개의 선택자가 있는 규칙 모두에 nav를 추가했군요.

기대하세요! 내비게이션이 등장했습니다!

위 변경 내용을 CSS 파일에 적용하세요. 나쁘지 않죠? 이제 앞으로 추가되는 <ul> 요소는 내비게이션 CSS에는 영향을 받지 않을 테니 마음 놓고 편히 쉴 수 있을 거예요. 가능하다면 여러분의 요소를 꾸밀 수 있는 좀 더 세부적인 규칙을 추가하는 것도 잊지 마세요.

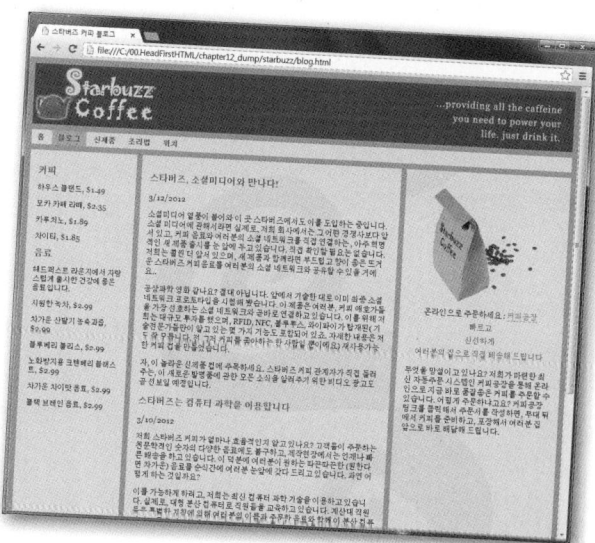

이봐요, 새로운 HTML5 요소를 검토하는 일을 잠시 중단할 수 있나요? 좋은 소식이 있습니다. 방금 새로운 '트윗 한 모금' 컵이 완성됐습니다. 아주 혁명적인 신기술로 만들어졌죠. 커피 한 모금을 마시면 현재 상태를 트위터에 갱신해주는 컵입니다. 어떻게 작동하는지 소개하는 비디오도 방금 만들었습니다! 블로그에 이 비디오를 올려놓을 수 있을까요?

여기, 최신식으로 수정해 완성된 스타버즈 블로그 페이지가 있습니다.

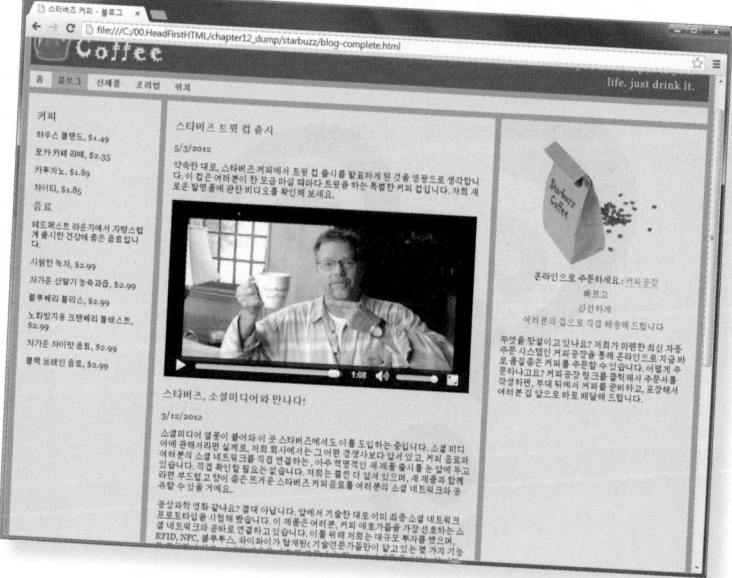

이 화면처럼 비디오를 페이지에 직접 넣고 싶어 하는군요.

오, 트윗 한 모금 기술은 매우 획기적인 기술이라서, 스타버즈 CEO는 이에 대해 비밀 엄수를 해주길 원하고 있어요. 그래서 물론 걱정할 필요 없다고 말해놨습니다.

이제 스타버즈 페이지에 비디오를 추가해야 하는군. 그리 어려운 일은 아닌 것 같지만, 플래시 개발자가 있어야 하지 않을까?

짐: 비디오를 보려면 플래시가 필요하지만, HTML5에도 우리가 사용할 수 있는 `<video>`라는 요소가 생겼어.

프랭크: 잠깐만, 플래시보다 좋다고? 플래시는 꽤 오랫동안 사용되어 온 기술이야.

짐: 데스크톱 컴퓨터 사용자라면 별 문제 없겠지만, 플래시를 지원하지 않는 특정 모바일 장치에서 사용한다면 어떡하지? 모바일 장치로 스타버즈 페이지를 볼 사용자 수를 생각해 봐. 플래시를 사용하면 일부 고객들은 까만 화면만 보게 될 거야.

프랭크: 무슨 말인지 알았어. 그럼 요소를 사용해서 비디오를 처리하려면 어떻게 해야 할까?

짐: `<img>` 요소처럼 비디오를 처리하면 어떨까? 페이지에서 `<video>` 요소가 있는 곳에 비디오를 참조하도록 src 속성을 설정하는 거야.

프랭크: 정말 쉬운 것 같군. 식은 죽 먹기야.

짐: 뭐든지 너무 서두르지마. 대부분의 미디어 유형처럼 비디오를 처리하는 작업도 복잡해질 가능성은 많아. 특히 비디오 인코딩을 처리하는 게 간단하지 않을 것 같아.

프랭크: 인코딩이라고?

짐: 인코딩이란 비디오와 비디오 클립의 오디오 크기를 줄이고 효율적으로 재생하는 데 사용되는 형식을 말해.

프랭크: 그것을 처리하는 게 그렇게 어렵나?

짐: 브라우저 제작자들이 비디오 인코딩에 대한 공통 표준에 동의하지 않아서 쉽진 않지. 이 부분은 나중에 설명해줄게. 지금은 페이지에 `<video>` 요소를 추가한 뒤 이 요소로 무엇을 할 수 있는지만 살펴보자.

프랭크: 좋아. 앞장서보게, 친구!

짐

프랭크

새 블로그 항목 생성하기

새로운 블로그 항목, 즉 새로운 <article> 요소를 HTML에 추가하는 것부터 시작해 봅시다. 다른 기사 위, <section> 요소 밑에 아래의 HTML을 추가하세요.

```
<article>
    <header>
        <h1>스타버즈 트윗 한 모금 컵 출시</h1>
        <time datetime="2012-05-03">5/3/2012</time>
    </header>
    <p>
        약속한 대로 스타버즈 커피에서 트윗 한 모금 컵 출시를 발표하게 된 것을 영광으로 생각합니다.
        이 컵은 여러분이 한 모금 마실 때마다 트윗을 날리는 특별한 커피 컵입니다. 저희 새로운 발명품에 관한
        비디오를 확인해 보세요.
    </p>

</article>
```

상단에 있는 블로그 <section>에 이 부분을 추가하세요.

블로그 항목이 있는 문단 아래, 바로 이 곳에 비디오를 추가할 계획입니다.

자, <video> 요소를 소개합니다

언뜻 보기에 <video> 요소는 <img> 요소와 비슷해 보입니다. 내려받은 코드에서 'video' 폴더를 보면 'tweetsip.mp4'라는 파일이 있을 거예요. 'video' 폴더가 'blog.html' 파일과 같은 수준의 폴더에 있는지 확인하세요. 그리고 나서 아래의 코드를 </p> 태그와 </article> 태그 사이에 추가하세요.

이 모든 속성에 대해서는 잠시 후에 자세히 알아볼 것입니다. 지금 당장은 이 요소의 너비와 높이를 설정하고, 비디오가 있는 src URL을 명시하고 있다는 점에 주목하세요.

여기 몇 가지 속성과 비디오 시작태그가 있네요.

```
<video controls autoplay width="512" height="288" src="video/tweetsip.mp4">
</video>
```

여기에 어떤 콘텐츠를 넣을 수 있는지는 잠시 후에 보게 될 거예요.

그리고 여기에는 종료태그가 있군요.

조명, 카메라, 액션

새로운 마크업을 시험해 봅시다! 바라건데 여러분도 아래와 같은 화면을 보면
좋겠군요. 다른 화면이 나왔다면 다시 책을 읽어보세요. 어떻게 수정하는지
곧 알게 될 거예요.

너비와 높이를 올바르게
설정해서 페이지에 끼워
넣은 비디오가 여기 있군요.

비디오가 자동으로 실행되는
것을 봤죠? autoplay 속성이
설정되어 있었기 때문입니다.
이 속성을 제거하면 사용자는
재생 버튼을 클릭해야
비디오를 볼 수 있습니다.

또한 재생, 일시정지, 볼륨 조절 같은
일련의 컨트롤이 있습니다.
〈video〉 요소에 controls 속성을
넣으면 이런 컨트롤이 보일 거예요.

마크업 두 줄만 추가했는데도 나쁘지 않군요. 하지만 너무 쉽다고 마음 놓지
마세요(특히 아직 페이지에서 비디오를 보지 못했다면). 〈video〉 요소에 관해
배워야 할 내용이 매우 많습니다. 차근차근 시작해 보도록 하죠.

어떤 비디오도 나오지 않아요. 세 번씩이나 코드를 검사했고 비디오 파일도 올바른 폴더에 있는데, 도대체 왜 나오지 않는 거죠?

아마도 비디오 형식 때문인 것 같군요.

브라우저 제작자들이 HTML5에서 <video> 요소와 API를 구현하는 데는 동의했지만, 비디오 파일 자체의 형식 지원 문제에는 모두 의견 일치를 보지는 못했습니다. 예를 들어 사파리는 H.264를, 크롬은 WebM을 선호합니다.

여기서는 사파리, 모바일 사파리, 인터넷 익스플로러 9 이상에서 작동하는 H.264 형식의 비디오를 사용한다고 가정하고 코드를 작성했습니다. 다른 브라우저를 사용하고 있다면 'video' 폴더에 있는 파일을 살펴보세요. .mp4, .ogv, .webm, 세 가지 확장자를 가진 파일이 들어 있을 거예요(이들이 어떤 의미를 갖는지 잠시 후에 살펴보도록 하죠).

이 부분을 읽을 때쯤에는 모든 브라우저에서 이러한 형식의 파일을 지원하고 있을 거예요. 여러분의 비디오가 브라우저에서 제대로 재생된다면 다행입니다. 항상 웹을 검색해서 최신 정보를 찾아보세요. 나중에 이 주제도 간단히 다루도록 하죠.

사파리를 사용하고 있다면 .mp4(H.264를 포함하고 있는)를 사용해야 합니다.

구글 크롬의 경우 src 속성값을 .webm 형식으로 변경하세요.

```
src="video/tweetsip.webm"
```

파이어폭스나 오페라를 사용하고 있다면, src 속성값을 다음과 같이 변경하세요.

```
src="video/tweetsip.ogv"
```

만약 인터넷 익스플로러 8이하 버전을 사용하고 있다면 여러분은 운이 없군요. 아, 잠깐만요. 지금 12장을 공부하고 있죠?! 어떻게 하면 인터넷 익스플로러 8이하 버전에서도 사용할 수 있을까요? 정답은, 업그레이드! 하지만 인터넷 익스플로러 8 사용자들을 위한 대비책으로 뭔가를 보여 줘야 한다면, 잠시만 기다리세요. 이 문제도 곧 처리하겠습니다.

다음으로 넘어가기 전에 직접 한번 해 보세요. 이 부분도 잠시 후 살펴보도록 하죠.

⟨video⟩ 요소는 어떤 식으로 작동하는 걸까요?

비디오를 페이지로 가져와 보여주는 것은 성공했습니다. 계속 진행하기 전에 잠시 자리에 앉아 마크업에서 사용한 video 요소를 살펴보는 시간을 갖도록 하죠.

controls와 autoplay 속성은 지금까지 여러분이 봤왔던 다른 속성과는 약간 다릅니다. 이들은 불린 속성으로 값을 가지고 있지 않습니다. 예를 들어 controls를 명시하면 비디오 컨트롤들이 나타나고 명시하지 않으면 컨트롤들이 사라집니다.

controls 속성을 사용해 비디오와 오디오 재생을 조정하는 컨트롤을 제공합니다.

autoplay 속성을 명시하면 페이지가 뜨자마자 비디오 재생이 시작됩니다.

```html
<video controls
    autoplay
    width="512" height="288"
    src="video/tweetsip.mp4"
    poster="images/poster.png"
    id="video">
</video>
```

페이지에 보일 비디오의 너비와 높이를 명시하고 있군요.

비디오 파일 원본의 위치

원한다면 비디오가 시작되지 않을 때 선택적으로 포스터 이미지를 보여줄 수 있습니다.

여기에서도 id를 추가해서 스타일을 가미할 수 있습니다.

웹 마을 비디오 에티켓: autoplay 속성

autoplay는 유튜브나 Vimeo(혹은 웹 마을 TV) 같은 사이트에서는 최고의 선택이 될 수 있지만, ⟨video⟩ 태그를 설정하기 전에 두 번 정도 고민해 보세요. 페이지가 열릴 때 비디오를 재생할지 직접 결정하고 싶어하는 사용자도 있습니다.

video 속성을 자세히 알아봅시다

다른 속성보다 좀 더 중요한 video 속성에 대해 자세히
살펴보도록 하죠.

controls

controls는 불린 속성으로, 이 속
성을 명시하면 브라우저는 비디오 플
레이어에 자체 컨트롤을 추가합니다.
해당 컨트롤은 브라우저 종류에 따
라 다르므로 각 브라우저가 제공하
는 컨트롤은 확인해 보세요. 사파리
에서 제공하는 컨트롤이 여기 나와
있군요.

src

src 속성은 <img> 요소의 src와 거의 흡사한데, 비디
오 파일 원본의 위치가 담긴 URL을 설정합니다. 여기서
원본 파일은 'vieo/tweetsip.mp4'입니다(이 장의 코드
를 내려받았다면 'video' 폴더에 다른 두 개 파일도 있을
거예요).

src는 여기에서
사용된 비디오
파일이 무엇인지
알려주죠.

높이

너비

비디오 플레이어

preload

preload는 보통 최적화를 목적으로 비디오를 어
떤 식으로 가져올지 제어하는 세밀한 컨트롤에 사용
됩니다. 대부분의 경우 브라우저는 autoplay의
설정 여부와 사용자의 대역폭을 기준으로 해당 비
디오를 어느 정도 가져올지 선택합니다. preload
값은 none(사용자가 재생하기 전까지는 내려받지
않음), metadata(비디오 콘텐츠가 아닌 메타데
이터만 가져옴), auto(브라우저가 결정함)로 설정
할 수 있습니다.

autoplay

불린 속성인 autoplay는 충분한 데이터가 쌓이면
곧바로 비디오 재생을 시작하라고 브라우저에 알려
주는 역할을 합니다. 여기서 시범적으로 보여준 비
디오의 경우, 아마 페이지가 열림과 동시에 재생되
는 것을 볼 수 있을 거예요.

poster

브라우저는 보통 해당 비디오를 나타내려고 포스터
이미지로 비디오의 한 프레임을 보여줍니다. auto-
play 속성을 제거하면 재생(play) 버튼을 클릭하기
전에 이 이미지가 올라와 있는 것을 볼 수 있을 거예
요. 어떤 프레임을 보여줄지는 브라우저가 결정하는
데, 일반적으로 브라우저는 비디오의 첫 번째 프레임
을 보여줍니다. 보통은 검정색 화면이 나타나죠. 특
정 이미지를 보여주고 싶다면 보여줄 이미지를 만들
어 poster 속성값에 할당하세요.

loop

또 다른 불린 속성으로 재생이 끝난 후 비디오를
자동으로 재시작하는 기능을 수행합니다.

width, height

width와 height 속성은 비디오 재생 영역(일명 뷰포트라고 하죠)의
너비와 높이를 결정합니다. poster 속성을 사용하고 있다면 포스터 이
미지 크기도 이 너비와 높이에 맞춰질 거예요. 비디오 역시 크기가 조정
되는데, 영상 비율(4:3 혹은 16:9)로 맞춰지므로 좌우 또는 상하에 공
간이 생길 것이며, 비디오는 편지함이나 기념품 상자 모양으로 재생 영
역 크기에 맞춰질 것입니다. 최상의 성능과 화질로 보여주고 싶다면 비
디오의 원본 영역에 맞추도록 하세요(브라우저가 실시간으로 화면 크기
를 조정해 주지는 않습니다).

기념품 상자 모양

편지함 모양

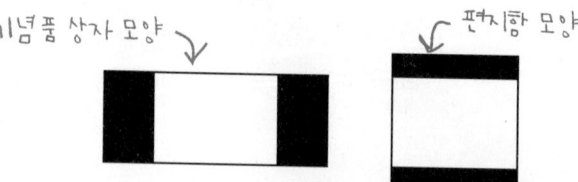

> 브라우저마다 컨트롤 모양이 다르군요.
> 플래시 같은 솔루션을 사용하면
> 똑같아 보이던데요.

예. 각 브라우저에 있는 컨트롤은 HTML video와는 다릅니다.

컨트롤의 모양과 쓰임새는 브라우저를 구현한 사람들에 따라 다릅니다. 이들은 브라우저와 운영체제를 구별해서 보는 경향이 있습니다. 예를 들어 태블릿은 작동 방식 자체가 다르므로, 보이는 모습과 동작 방식이 달라야 합니다(그리고 여러분을 위해 이미 그렇게 처리해 놨습니다). 그렇긴 하지만, 데스크톱 브라우저에서는 컨트롤이 일관적으로 보이는데, 이는 공식적으로 HTML5 명세서에 나온 내용은 아닙니다. 그리고 OS에서 작동 방식이 다른 OS의 UI 지침과 충돌하는 경우도 있습니다. 따라서 컨트롤은 다를 수 있다는 점을 숙지하세요. 이 점이 별로 마음에 들지 않는다면, 여러분이 직접 사용자 정의 컨트롤을 구현해 보는 것도 좋은 시도라 할 수 있습니다.

↖ 이 부분은 『Head First HTML5 Programming:
웹 표준으로 만드는 생동감 있는 웹 애플리케이션』에
나와 있으니, 참조하세요!

비디오 형식에 관해 알아야 할 내용

video 요소와 그 속성의 사용법이 간편했으면 좋겠지만, 밝혀진 바에 따르면 비디오 형식은 웹을 혼란스럽게 만들고 있다고 합니다. 도대체 비디오 형식이란 무엇일까요? 비디오 파일은 비디오와 오디오 부분으로 나눌 수 있는데, 각각 특정 형식을 사용해서 인코딩(크기를 줄이고 좀 더 효율적으로 재생하도록 하는 처리)되어 있습니다. 하지만 이러한 인코딩 방식에 모두가 동의하지는 않습니다. 일부 브라우저 제작자들은 H.264를, 다른 사람들은 VP8을, 또 다른 사람들은 오픈소스인 Theora 방식을 선호합니다. 하지만 상황을 더 복잡하게 만드는 것은, 인코딩된 비디오와 오디오를 담고 있는 파일(컨테이너라고도 합니다)이 자신만의 이름과 형식을 사용하고 있다는 점입니다. 이런 이유로 이 책에서도 수많은 전문 용어를 남발할 수밖에 없군요.

어쨌든 모든 브라우저 제작자들이 웹에서 하나의 비디오 형식을 사용하는데 동의한다면 세상은 평화로워지겠지만 수많은 기술적, 정치적, 철학적 이유로 세계 평화는 당분간 오지 않을 것 같군요. 여기서는 이런 논쟁을 다루기보다는 애청자들에게 비디오 형식을 지원하는 방식을 여러분 스스로 결정할 수 있는 합리적인 방법을 알려 드리려고 합니다.

그럼 유명한 인코딩 형식을 살펴보도록 하죠. 현재 웹 세계를 정복하려는 세 명의 도전자가 있습니다.

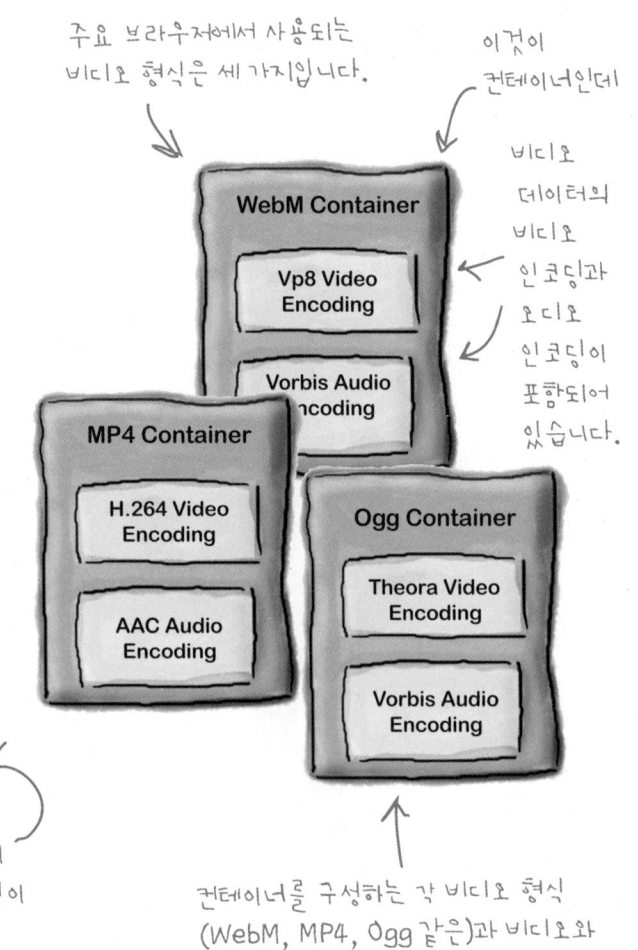

주요 브라우저에서 사용되는 비디오 형식은 세 가지입니다.

이것이 컨테이너인데

비디오 데이터의 비디오 인코딩과 오디오 인코딩이 포함되어 있습니다.

이 책을 반복해서 읽을 때마다 여러분이 선호하는 인코딩 방식이 바뀔 거예요.

컨테이너를 구성하는 각 비디오 형식 (WebM, MP4, Ogg 같은)과 비디오와 오디오 인코딩(VP8과 Vorbis)

HTML5는 모든 비디오 형식을 허용하고 있으며, 어떤 형식을 지원할지 결정하는 것은 브라우저 제작자들의 몫입니다.

비디오 형식 도전자들

이제 다양한 유형의 사용자에게 콘텐츠를 제공해야 할 때가 되었습니다. 이를 위해서 한 가지 이상의 형식을 사용자에게 제공해야 합니다. 반면 애플의 아이패드 사용자만 신경 써도 된다면 한 가지 형식만 사용해도 됩니다. 현재 세 명의 주요 경쟁자가 있는데, 이들에 대해 간략히 알아보도록 하죠.

H.264 비디오와 AAC 오디오를 가진 MP4 컨테이너

MPEG-LA 그룹의 승인을 받은 H.264

H.264 비디오 종류는 한 가지 이상으로, 이들 각각을 프로파일이라고 합니다.

MP4/H.264는 사파리와 인터넷 익스플로러 9, 크롬의 일부 버전에서 지원하고 있습니다.

VP8 비디오와 Vorbis 오디오를 보유한 WebM 컨테이너

구글이 설계한 WebM은 VP8 인코딩 비디오와 작동합니다.

WebM/VP8은 파이어폭스, 크롬, 오페라에서 지원합니다.

WebM 형식의 비디오 파일 확장자는 .webm입니다.

Theora 비디오와 Vorbis 오디오를 보유한 Ogg 컨테이너

Theora는 오픈소스 코덱입니다.

Theora로 인코딩된 비디오는 Ogg 파일이며, 확장자는 .ogv입니다.

Ogg/Theora는 파이어폭스, 크롬, 오페라에서 지원합니다.

챔피언 타이틀을 거머쥐진 않았지만, H.264는 업계의 총애를 받고 있습니다.

오픈소스인 Theora입니다.

구글이 만든 VP8 컨테이너는 다른 브라우저에서도 지원하고 있어요.

사건파일: 비디오

일급비밀

임무:
비디오 조사

출동해서 ▆▆▆▆▆▆ 조사할 것. 비디오에 대해 아래에 있는 각 브라우저의 현재 지원 수준을 파악할 것(힌트, 정보 수집에 도움이 될 만한 사이트 주소는 다음과 같다. `http://en.wikipedia.org/wiki/HTML5_video`, `http://caniuse.com/#search=video`) 각 브라우저는 최신 ▆▆▆▆▆▆ 버전이라고 가정해서 작성 요망. 각 비디오/브라우저 항목에 해당 기능을 지원하고 있으면 체크 표시할 것. 그리고 철수할 때 다음 임무에 대해 보고할 것.

대표적으로 iOS와 안드로이드 기기

브라우저 \ 비디오	사파리	크롬	파이어폭스	모바일 헤깃	오페라	안드로이드 크롬 9 이하	안드로이드 크롬 8 이하	안드로이드 인터넷 7 이하
H.264								
WebM								
Ogg Theora								

이 모든 형식을 효율적으로 사용하는 방법은

비디오 형식으로 세상이 뒤죽박죽 됐는데, 이제 우리는 무엇을 해야 할까요? 여러분의
애청자에 따라 하나 이상의 비디오 형식을 제공할 것인지 결정해야 할 거예요. 어떤
경우가 됐든, 한 `<video>` 요소에서는 하나의 `<source>` 요소(src 속성과
혼동하지 마세요)만 사용할 수 있습니다. 여러 가지 형식을 제공하려면 다음과 같은
형식으로 파일을 제공한 뒤, 브라우저가 첫 번째 것을 고르도록 하세요.

<video> 태그에서 src 속성을 제거하고

*세 개의 태그를 사용해서 각각의
src 속성에 다른 형식의 비디오 파일을
설정하고 있는 점에 주목하세요.*

```
<video controls autoplay width="512" height="288"
    src="video/tweetsip.mp4">
    <source src="video/tweetsip.mp4">
    <source src="video/tweetsip.webm">
    <source src="video/tweetsip.ogv">
    <p>죄송합니다. 여러분의 브라우저는 비디오 요소를 지원하지 않습니다</p>
</video>
```

*브라우저가 지원하지 않는
비디오 형식이면 브라우저는
이 메시지를 보여주는군요.*

*브라우저는 재생할 수 있는
형식을 찾을 때까지 맨 위부터
차례로 탐색합니다.*

*각 소스에 대해 브라우저는 비디오 파일의
메타데이터를 가져와서 재생할 수 있는지 파악합니다
(브라우저에서 쉽게 구현할 수는 있지만 처리하는 데
꽤 시간이 걸릴 수 있습니다. 다음 페이지에 이에
대한 자세한 내용이 있습니다).*

핵심정리

- 컨테이너는 비디오, 오디오, 메타데이터 정보를 한번에 포장하는 데 사용되는 파일 형식으로, 흔히 사용되는 형식으로는 MP4, WebM, Ogg, 플래시 비디오가 있습니다.

- 코덱은 비디오나 오디오를 특정 형식으로 인코딩, 디코딩하는 데 사용하는 소프트웨어로, 유명한 웹 코덱으로는 H.264, VP8, Theora, ACC, Vorbis가 있습니다.

- 브라우저는 디코닝힐 수 있는 비디오가 어떤 것인지 결정하는데, 모든 브라우저 제작자들이 의견 일치를 본 것은 아니므로 모든 형식을 지원하려면 어러 종류이 인코딩 파일을 제공해야 합니다.

조명, 카메라, 액션 2

자! 비디오를 보는데 문제가 있었다면, 이전 페이지에 있는
마크업을 추가하세요. 추가했는데도 불구하고 제대로 보이지
않더라도 일단 추가하고, 다른 비디오 형식으로 시험해 보
세요. 여러 종류의 브라우저에서 시운전을 해 보세요.

브라우저 종류에 상관없이
비디오가 보여야 합니다.

좀 더 구체적으로 비디오 형식을 설정하는 방법

비디오 소스 파일의 위치를 브라우저에 알려줘 여러 가지 버전을 선택하게 할 수 있습니다.
하지만 브라우저는 해당 파일이 재생 가능한지 결정하기 전에 몇 가지 검사를 해야 합니다.
비디오 파일의 MIME 유형과 코덱에 관해 더 많은 정보를 제공해서 브라우저에 도움을 줄
수 있습니다.

src에서 사용하는 파일은 실제로는
재생할 비디오(그리고 오디오와 일부
메타데이어)에 대한 컨테이너입니다.

codecs 매개변수에는 인코딩된 비디오
파일을 생성하기 위해, 비디오와 오디오를
인코딩하는 데 사용될 코덱을 명시합니다.

비디오 코덱

오디오 코덱

```
<source src="video/tweetsip.ogv" type='video/ogg; codecs="theora, vorbis"'>
```

type은 선택적 속성으로 브라우저가
이런 종류의 파일을 재생할 수 있는지
파악하는 데 도움을 주는 일종의 힌트
역할을 합니다.

이것은 비디오 파일의
MIME 유형으로, 컨테이너
형식을 명시하고 있군요.

codecs 매개변수를 설정할 때는 큰따옴표를
붙인다는 점에 주목하세요. 따라서 type
속성에는 작은따옴표를 붙이고 있습니다.

그다음에 우리가 가진 비디오의 세 가지 유형에 관한 정보를 <source> 요소에 포함시킬 수 있습니다.

수정 후 시운전

`<source>`

```
<video controls autoplay width="512" height="288" >
    <source src="video/tweetsip.mp4" type='video/mp4; codecs="avc1.42E01E, mp4a.40.2"'>
    <source src="video/tweetsip.webm" type='video/webm; codecs="vp8, vorbis"'>
    <source src="video/tweetsip.ogv" type='video/ogg; codecs="theora, vorbis"'>
    <p>죄송합니다. 여러분의 브라우저 비디오 요소를 지원하지 않습니다.</p>
</video>
```

codecs 매개변수에 들어갈 정보를 모른다면,
내버려두고 MIME 유형만 명시하세요.
이렇게 하면 효율성이 좀 떨어지긴 하지만
대부분의 경우 문제는 없습니다.

mp4에 대한 코덱은 다른 두 개보다 좀 더 복잡하군요.
H.264는 다른 용도에 따라 인코딩도 다른(높은 대역폭과 낮은
대역폭), 여러 유형의 프로파일을 지원하고 있기 때문입니다.
따라서 제대로 사용하려면 여러분의 비디오가 인코딩되는
방법에 관해 좀 더 자세히 알아야 할 필요가 있습니다.

아마도 이전처럼 비디오가 실행될 것입니다. 하지만 무대 뒤에서는 브라우저에 추가적인 유형과 코덱 정보를 제공하고 있다는 점을 명심하세요. 여러분이 직접 비디오를 인코딩한다면, source 요소에서 사용하기 위한 type 매개변수에 사용할 수 있는 다양한 옵션에 관해 더 알아야 할 필요가 있습니다. type 매개변수에 대한 자세한 정보는 http://wiki.whatwg.org/wiki/Video_type_parameters에 있습니다.

바보 같은 질문이란 없습니다

Q: 향후 몇 년 사이에 컨테이너나 코덱 형식이 하나로 통일될 가능성이 있나요? 왜 표준을 만들지 못하는 거죠?

A: 이전에도 말했듯이, 하나의 인코딩 형식으로 통일될 가능성은 거의 없습니다. 이 문제의 근간에는 비디오 분야에서 스스로 운명을 결정하기 원하는 회사들과 복잡한 지적재산권 문제가 얽혀 있습니다. HTML5 표준 위원회는 이 점을 인지하고 HTML5 명세에서 비디오 형식을 명시하지 않기로 결정했습니다. 따라서 원칙적으로 HTML5는 모든 형식을 지원하고 있는 반면(중립적 태도를 취하고 있죠), 어떤 것을 지원하고 지원하지 않을지 결정하는 것은 브라우저 제작자 몫이 되었습니다.

여러분에게 비디오가 중요한 존재라면 이 주제에 계속 관심을 기울이세요. 향후 몇 년간의 행보를 지켜보는 것만으로도 분명히 흥미로울 거예요. 그리고 항상 사용자들이 무엇을 필요로 하고 있는지 염두에 두고, 여러분이 지원할 수 있는 것이 무엇인지 확인하세요.

Q: 비디오 인코딩을 직접 하고 싶은데, 어디서부터 시작해야 할까요?

A: 비디오를 녹화해서 인코딩하는 프로그램이 많이 있으므로 어떤 형식의 비디오를 어떤 용도로 사용할지 결정해서 하나 골라보세요. 비디오 인코딩에 관한 책도 많으므로 새로운 용어와 기술의 세계로 들어갈 준비는 갖췄습니다. 비디오를 인코딩해서 웹에서 사용할 수 있는 iMovie나 Adobe Premiere Elements 같은 프로그램으로 시작해 보세요. 좀 더 전문적인 프로그램으로는 Final Cut Pro나 Adobe Premicro가 있는데, 이런 소프트웨어에는 자체 제작도

구도 포함되어 있습니다. 그리고 Content Delivery Network(CDN)에 여러분의 비디오를 올려놓으면, 많은 CDN 회사에서 인코딩 서비스를 지원해줄 것입니다. 따라서 목적에 따라 다양한 선택권을 행사할 수 있습니다.

Q: 전체 화면 모드로 비디오를 재생할 수 있나요?

A: 웹에서 검색해 보면 알겠지만, 일부 브라우저에서 그런 기능을 지원하긴 하지만 아직 표준화되지는 않았습니다. 일부 브라우저(예를 들어 태블릿)는 video 요소에 일명 풀스크린 컨트롤을 제공하고 있습니다. 그리고 일단 전체 화면으로 비디오를 보여 주면 다른 기본적인 재생 기능은 보안상 이유로 제한(오늘날의 플러그인 비디오 솔루션처럼)될 수도 있습니다.

플래시 비디오도 여전히 중요하다고 생각해요. 사용자의 브라우저에서 HTML5 비디오를 지원하지 않을 경우의 대비책도 세워뒀으면 좋겠어요.

문제 없습니다.

여러분이 선호하는 형식(HTML5나 플래시)을 지원하지 않는다면 대비책으로 다른 비디오 플레이어를 준비해두는 방법도 있습니다.

HTML5 비디오를 재생하지 못하는 브라우저의 경우 HTML5 비디오의 대비책으로 플래시 비디오를 추가하는 예제가 아래에 있습니다. 이 분야는 변화가 매우 빨라서, 가장 최신 기술을 사용하고 있는지 틈나는 대로 웹에서 해당 정보를 검색해 보세요(여러분이 이 책을 볼 때쯤에는 새로운 내용이 올라왔을 수도 있습니다). 또한 플래시 비디오를 더 선호한다면, 플래시 비디오의 대비책으로 HTML5를 사용하는 방법도 찾을 수 있을 거예요.

```
<video poster="video.jpg" controls>
      <source src="video.mp4">
      <source src="video.webm">
      <source src="video.ogv">
      <object>...</object>
</video>
```

플래시 비디오의 경우 〈object〉 요소가 필요할 거예요. 〈video〉 요소 안의 〈source〉 태그 밑에 〈object〉 요소를 추가하세요. 브라우저가 〈video〉 요소를 인지 못할 경우 〈object〉 요소가 사용되어 플래시 비디오를 볼 수 있을 거예요.

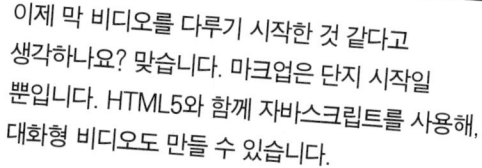

정말 멋지게 잘했다고 칭찬해주고 싶군요! 사이트가 정말 좋아졌습니다. 원할 때 언제든지 비디오도 볼 수 있어요. 트윗 컵에 관해서는 비디오를 보면 알겠지만, 다시 설계 단계로 되돌아왔습니다. 하지만 걱정하지 마세요. 소셜 네트워킹, 게임화, 디지털 스크랩 북킹, 자동 체크인, 분석 기능을 담은 새로운 머그컵 제작에 들어갔습니다. 장담컨데, 꼭 성공할 거예요!

이제 막 비디오를 다루기 시작한 것 같다고 생각하나요? 맞습니다. 마크업은 단지 시작일 뿐입니다. HTML5와 함께 자바스크립트를 사용해, 대화형 비디오도 만들 수 있습니다.

하지만 이 주제는 이 책의 범위를 넘어섭니다(그 내용을 넣었다면 이 책은 1400페이지 분량이 됐을 거예요). 따라서 이 책을 다 읽고 나면, 『Head First HTML5 Programming: 웹 표준으로 만드는 생동감 있는 웹 애플리케이션』을 보세요. 이 책이 여러분을 다음 단계로 끌어올릴 거예요.

요소 수프

\<progress\>

작업 진행 현황을 보여줘야 하나요? 이 요소를 사용하세요.

\<section\>

문서에서 주요 구간을 정의할 때 이 요소를 사용하세요.

사이드바나 인용구처럼 주 콘텐츠와 분리된 콘텐츠에는 이 요소를 사용하세요.

\<aside\>

\<footer\>

이 요소는 한 구간이나 문서 전체의 footer를 정의합니다.

\<header\>

문서 전체의 headers나 header가 있는 구간에 대해서는 이 요소를 사용하세요.

이 요소는 텍스트를 밝게 표시해 줍니다. 형광펜만큼 밝게 표시해 주죠.

\<mark\>

\<meter\>

0에서 100도까지 보여주는 온도계처럼, 범위 내의 측정값을 보여줘야 하나요?

페이지에 비디오를 넣고 싶나요? 이 요소가 필요할 거예요.

\<video\>

페이지상의 음성 콘텐츠에는 이 요소를 사용하세요.

\<audio\>

\<article\>

독립적 콘텐츠로 이루어진 뉴스 기사나 블로그 포스트를 표시할 때 사용하세요.

\<nav\>

사이트에서 내비게이션용으로 사용되는 링크를 묶을 때는 이 요소를 사용하세요.

time 요소는 시간, 날짜, 날짜와 시간(1월 21일 2시 형식으로)을 표시합니다.

\<time\>

페이지에서 자바스크립트를 사용해 그래픽과 애니메이션을 표시할 때 이 요소를 사용합니다.

\<canvas\>

이 요소는 사진, 다이어그램, 코드 리스트 같은 독립적 콘텐츠를 정의하는 데 사용됩니다.

\<figure\>

여기에 여러분이 알고 있던, 그리고 보지 못했던 요소들이 나와 있습니다만, 모두 HTML5 요소입니다.

HTML이 재미있는 이유는 실습해 보고 결과를 확인하면서 배울 수 있다는 점이죠! 여러분도 파일을 만들어 직접 해 보세요.

핵심정리

- HTML5에는 몇 가지 새로운 요소가 추가됐습니다.

- ⟨section⟩, ⟨article⟩, ⟨aside⟩, ⟨nav⟩, ⟨header⟩, ⟨footer⟩는 페이지를 구조화하며, ⟨div⟩를 사용하는 것보다 좀 더 의미를 부여하는 새로운 요소입니다.

- ⟨section⟩은 관련된 콘텐츠를 묶는 데 사용됩니다.

- ⟨article⟩은 블로그 포스트, 포럼, 뉴스 기사 같은 독립적 콘텐츠를 표시할 때 사용됩니다.

- ⟨aside⟩는 사이드바처럼 페이지의 주 콘텐츠에는 해당되지 않는 콘텐츠를 위한 요소입니다.

- ⟨nav⟩는 사이트 내비게이션 링크를 묶는 데 사용됩니다.

- ⟨header⟩는 제목, 로고 같이 페이지나 구간의 상단에 위치하는 콘텐츠를 묶는 데 사용됩니다.

- ⟨footer⟩는 문서 정보, 난해한 법률 용어, 저작권 정보 같은 콘텐츠를 묶는 데 사용되며, 보통 페이지 하단이나 구간 하단에 놓입니다.

- ⟨time⟩은 HTML5에 새로 등장한 요소로 시간과 날짜를 표시하는 데 사용됩니다.

- ⟨div⟩는 구조를 위해 사용되며, 스타일을 주려는 목적으로 요소들을 묶는 데 사용되기도 합니다. 또한 HTML5에 있는 구조와 관련된 새 요소와 어울리지 않는 콘텐츠를 구조화할 때 사용됩니다.

- 예전 브라우저는 새로운 HTML5 요소를 지원하지 않으므로, 주 사용자들이 여러분의 웹 페이지에 접속하는 데 사용하는 브라우저 종류를 파악해야 합니다. 이들이 브라우저를 업그레이드 하기전까지는 HTML5 사용에 신중을 기하세요.

- ⟨video⟩는 페이지에 비디오를 추가하는 새로운 HTML 요소입니다.

- 비디오 코덱은 비디오 파일을 생성하는 데 사용되는 인코딩을 말합니다. 유명한 코덱으로는 h.264, Vp8, Theora가 있습니다.

- 비디오 컨테이너 파일에는 비디오, 오디오, 메타 데이터가 담겨 있습니다. 유명한 컨테이너 형식으로는 MP4, OGG, WebM이 있습니다.

- 사용자들이 자신의 브라우저에서 비디오를 볼 수 있도록 비디오 소스 파일 여러 개를 제공하세요.

HTML 십자 퍼즐

이 장에서는 새로운 요소와 아이디어를 많이 소개했습니다. 이 모든 내용을 숙지할 수 있는 퍼즐이 아래에 있습니다. 정답은 이 장에서 배운 단어입니다.

footer
specific(구체적인)
formats(형식)
section
datetime
boolean(불린)
ml
related(관련된)
source
header
article
tweetsip(트윗한모금)
aside
headers

가로

3. 특정 값을 가지고 있지 않은 속성 중 하나
6. 트윗 한 모금 컵은 커피를 ____ 단위로 측정합니다.
7. 스타버즈 페이지는 주 콘텐츠와 _____ 로 이루어져 있죠.
8. 〈time〉 요소의 이 속성을 사용해 날짜를 명시합니다.
11. 'top' 클래스를 추가하기 전까지 스타버즈 블로그에 있
    던 이것이 잘못 표시됐었죠.
12. 브라우저는 〈div id="footer"〉가 이것인지 알지 못합니
    다.
13. 의도하지 않은 스타일이 적용되지 않았는지 확인하려면
    CSS에 _____ 선택자를 사용하세요.
14. 〈section〉 요소는 ____ 콘텐츠를 묶을 때 사용됩니다.

세로

1. 스타버즈 CEO는 이것에 관한 비디오를 만들었죠.
2. 브라우저 제작자들은 비디오 ___에 동의하지 않고 있죠.
4. 한 구간은 header와 이것을 가질 수 있습니다.
5. 여러분도 sidebar용으로는 이 요소를 사용할 거예요.
9. 여러분이 보는 신문에서도 뉴스 기사를 표시하기 위해 이
   런 종류의 요소를 사용하고 있을 거예요.
10. 비디오 파일 여러 개를 명시할 때 이 태그를 사용하죠.
11. section이나 article의 상단, 페이지의 상단에서 이것
    을 사용합니다.

나는 누구일까요? 정답

새로운 HTML5에 대해 여러분께 바로 알려줄 수도 있지만, 직접 알아내는 것이 더 재미있지 않을까요? 아래를 보면 왼편에는 새 요소(새로운 요소 모두가 나와 있지는 않습니다만, 상대적으로 중요한 요소를 골라냈습니다)가 나와 있고, 오른쪽에는 이에 대한 설명이 있습니다. 각 요소와 설명이 맞는 것을 찾아 줄을 그어 보세요.

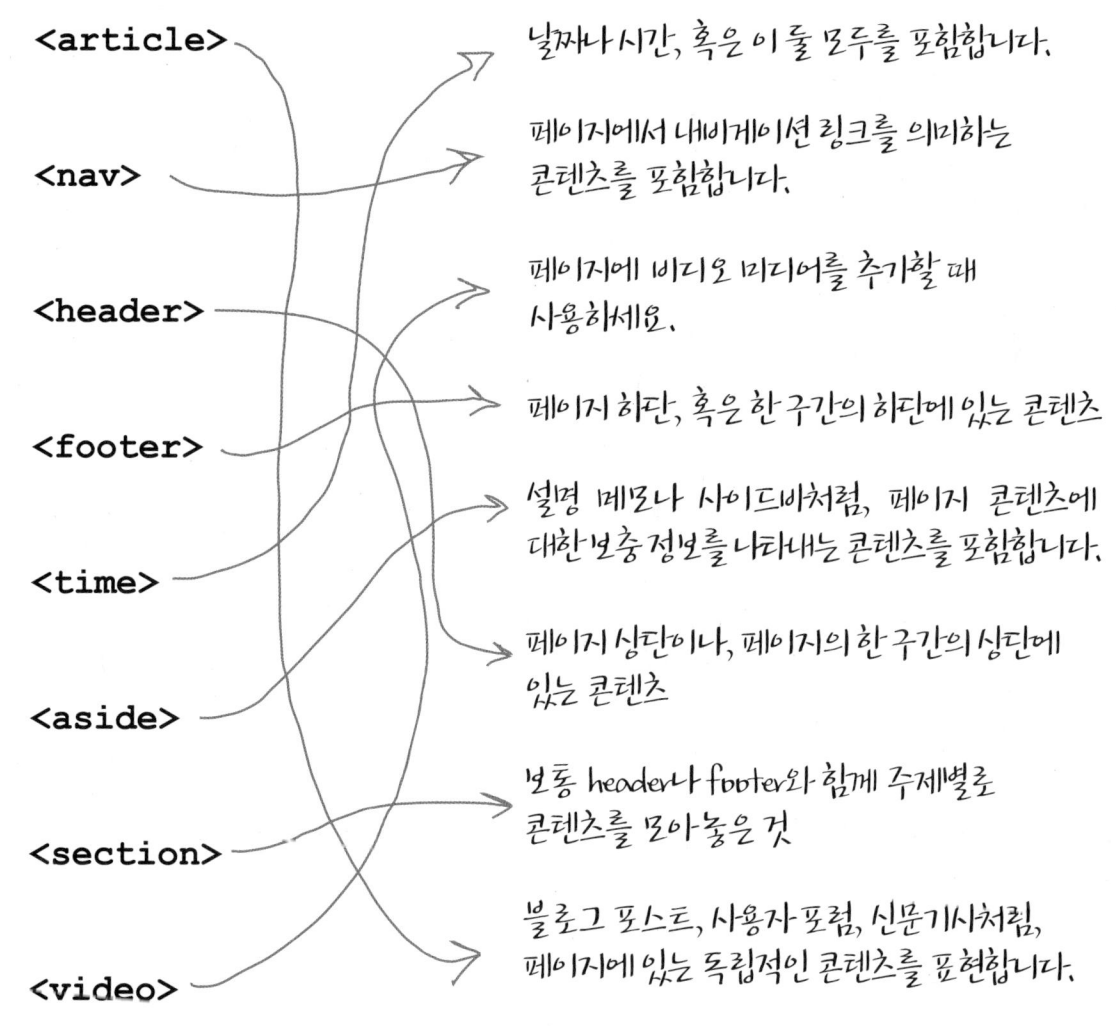

<article>   날짜나 시간, 혹은 이 둘 모두를 포함합니다.

<nav>   페이지에서 내비게이션 링크를 의미하는 콘텐츠를 포함합니다.

<header>   페이지에 비디오 미디어를 추가할 때 사용하세요.

<footer>   페이지 하단, 혹은 한 구간의 하단에 있는 콘텐츠

<time>   설명 메모나 사이드바처럼, 페이지 콘텐츠에 대한 보충 정보를 나타내는 콘텐츠를 포함합니다.

    페이지 상단이나, 페이지의 한 구간의 상단에 있는 콘텐츠

<aside>   보통 header나 footer와 함께 주제별로 콘텐츠를 모아놓은 것

<section>   블로그 포스트, 사용자 포럼, 신문기사처럼, 페이지에 있는 독립적인 콘텐츠를 표현합니다.

<video>

사건파일: 비디오

일급비밀 정답

임무:
비디오 조사

출동해서 ▮▮▮▮▮▮▮▮▮▮ 조사할 것. 비디오에 대해 아래에 있는 각 브라우저의 현재 지원 수준을 파악할 것(힌트, 정보 수집에 도움이 될 만한 사이트 주소는 다음과 같다. **http://en.wikipedia.org/wiki/HTML5_video,** **http://caniuse.com/#search=video)** 각 브라우저는 최신 ▮▮▮▮▮▮▮▮▮▮ 버전이라고 가정해서 작성 요망. 각 비디오/브라우저 항목에 해당 기능을 지원하고 있으면 체크 표시할 것. 그리고 철수할 때 다음 임무에 대해 보고할 것.

대표적으로 iOS와 안드로이드 기기 ↓

브라우저	사파리	크롬	파이어폭스	모바일 웹킷	오페라	인터넷 익스플로러 9	인터넷 익스플로러 8	인터넷 익스플로러 7 이하
비디오				iOS		✓		
H.264	✓	일부 지원						
WebM		✓	✓	안드로이드	✓			
Ogg Theora		✓	✓		✓			

HTML 십자 퍼즐 정답

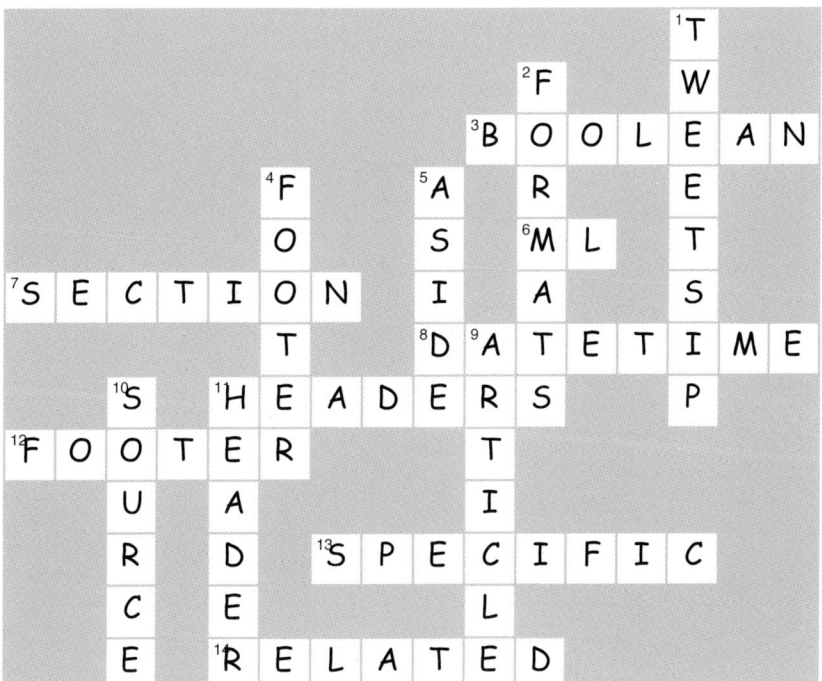

13 테이블과 더 많은 리스트

표 만들기

테이블처럼 걷고 테이블처럼 말한다면...

살다보면 한 번쯤은 테이블 데이터를 다뤄야 할 때가 옵니다. 회사의 지난해 재고나 바이늘메이션 카탈로그(걱정 마세요, 인형을 모으고 있다고 말하지 않을게요)를 보여주는 페이지를 생성해야 한다면, HTML로 이를 보여줘야 할 것입니다. 그런데 어떻게 해야 할까요? 마침 좋은 물건이 나왔습니다. 지금 주문하세요. 이 장에서 HTML 데이블 안으로 여러분의 데이터를 어떻게 넣는지 그 비밀을 밝혀 드리죠. 이것만이 아닙니다. HTML 테이블을 꾸밀 수 있는 귀중한 팁도 드리겠습니다. 지금 주문하시면, 특별 보너스로 HTML 리스트를 꾸미는 지침서도 얹혀 드리죠. 주저하지 마시고 지금 전화하세요.

이보세요, 방금 제 일기에 나온
도시에 대한 작은 테이블을 만들었어요.
이것을 웹사이트에 넣을 계획인데, 제목이나
인용문 혹은 문단과 같은 것을 처리할 좋은 방법을
찾을 수 없군요. 도와줄 수 있나요?

도시	일자	기온	고도	인구	식당 등급
왈라 왈라, 워싱턴주	6월 15일	75	1,204 ft	29, 686	4/5
매직 시티, 아이다호주	6월 25일	74	5,312 ft	50	3/5
풍부한 옥토, 유타주	7월 10일	91	4,226 ft	41, 173	4/5
마지막 기회의 땅, 콜로라도주	7월 23일	102	4,780 ft	265	3/5
진실 혹은 결과, 뉴멕시코주	8월 9일	93	4,242 ft	7, 289	5/5
항상 왜(Why), 아리조나주	8월 18일	104	860 ft	480	3/5

HTML로 테이블을 어떻게 만들까요?

토니 말이 맞습니다. 여러분은 아직 토니의 테이블 데이터를 표현하기 위한 HTML 사용법을 보지 못했습니다. 테이블 레이아웃 같은 CSS table dispaly를 생성하기 위해 CSS와 <div>를 사용하는 방법은 소개했지만, 이것은 프레젠테이션용일 뿐 콘텐츠 자체를 처리하는 것은 아닙니다. HTML을 사용해 표현할 테이블 데이터가 아래에 있습니다. 다행히도 HTML에는 테이블 데이터를 처리하는 <table> 요소가 있습니다. <table> 요소를 알아보기 전에 먼저, 테이블에 들어가는 데이터가 무엇인지 살펴보도록 하죠.

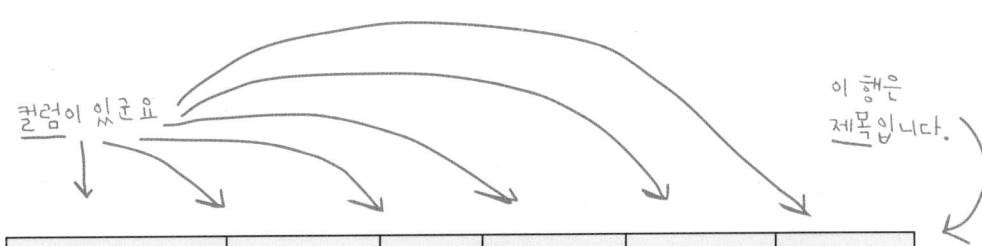

컬럼이 있군요

이 행은 제목입니다.

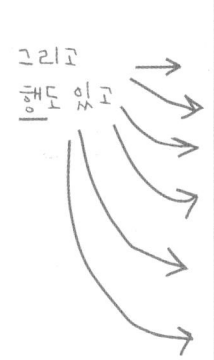

그리고 행도 있고

도시	일자	온도	고도	인구	식당 등급
왈라 왈라, 워싱턴주	6월 15일	75	1,204 ft	29,686	4/5
매직 시티, 아이다호주	6월 25일	74	5,312 ft	50	3/5
풍부한 옥토, 유타주	7월 10일	91	4,226 ft	41,173	4/5
마지막 기회의 땅, 콜로라도주	7월 23일	102	4,780 ft	265	3/5
진실 혹은 결과, 뉴멕시코주	8월 9일	93	4,242 ft	7,289	5/5
항상 왜(Why), 아리조나주	8월 18일	104	860 ft	480	3/5

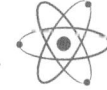

이 데이터 각각을 셀 혹은 테이블 데이터라고 부릅니다.

⚛ 브레인 파워

만약 여러분이 HTML을 작성한다면, 제목과 행, 컬럼, 실제 테이블 데이터를 포함한 테이블을 명시하는 데 사용할 수 있는 요소 하나 이상을 어떻게 디자인할 것인가요?

HTML을 사용해 테이블 생성하기

토니의 사이트에서 손을 떼고 새로운 사이트를 찾아가기 전에, 별도의 HTML 파일에 우리가 원하는 형태의 테이블을 만들어 봅시다. 'chapter13/journal' 폴더에 있는 'table.html'이라는 HTML 파일에 테이블과 테이블의 첫 번째 두 개의 행과 제목을 넣어 놨으니 살펴보도록 하죠.

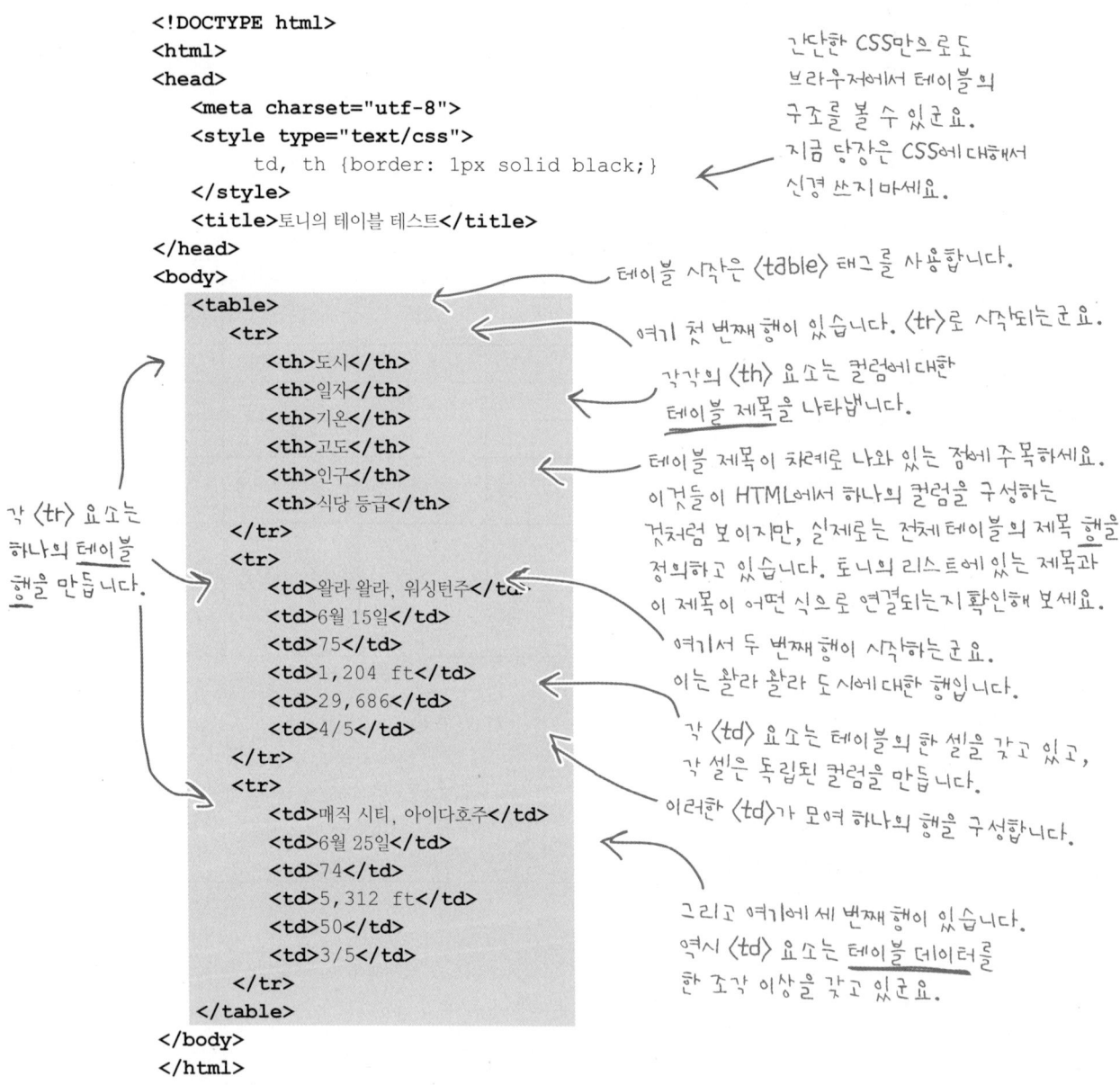

```
<!DOCTYPE html>
<html>
<head>
    <meta charset="utf-8">
    <style type="text/css">
        td, th {border: 1px solid black;}
    </style>
    <title>토니의 테이블 테스트</title>
</head>
<body>
    <table>
        <tr>
            <th>도시</th>
            <th>일자</th>
            <th>기온</th>
            <th>고도</th>
            <th>인구</th>
            <th>식당 등급</th>
        </tr>
        <tr>
            <td>왈라 왈라, 워싱턴주</td>
            <td>6월 15일</td>
            <td>75</td>
            <td>1,204 ft</td>
            <td>29,686</td>
            <td>4/5</td>
        </tr>
        <tr>
            <td>매직 시티, 아이다호주</td>
            <td>6월 25일</td>
            <td>74</td>
            <td>5,312 ft</td>
            <td>50</td>
            <td>3/5</td>
        </tr>
    </table>
</body>
</html>
```

간단한 CSS만으로도 브라우저에서 테이블의 구조를 볼 수 있군요. 지금 당장은 CSS에 대해서 신경 쓰지 마세요.

테이블 시작은 〈table〉 태그를 사용합니다.

여기 첫 번째 행이 있습니다. 〈tr〉로 시작되는군요.

각각의 〈th〉 요소는 컬럼에 대한 테이블 제목을 나타냅니다.

테이블 제목이 차례로 나와 있는 점에 주목하세요. 이것들이 HTML에서 하나의 컬럼을 구성하는 것처럼 보이지만, 실제로는 전체 테이블의 제목 행을 정의하고 있습니다. 토니의 리스트에 있는 제목과 이 제목이 어떤 식으로 연결되는지 확인해 보세요.

여기서 두 번째 행이 시작하는군요. 이는 왈라 왈라 도시에 대한 행입니다.

각 〈td〉 요소는 테이블의 한 셀을 갖고 있고, 각 셀은 독립된 컬럼을 만듭니다. 이러한 〈td〉가 모여 하나의 행을 구성합니다.

그리고 여기에 세 번째 행이 있습니다. 역시 〈td〉 요소는 테이블 데이터를 한 조각 이상을 갖고 있군요.

각 〈tr〉 요소는 하나의 테이블 행을 만듭니다.

브라우저가 생성하는 것

브라우저가 이 HTML 테이블을 어떤 식으로 보여주는지 살펴봅시다. 한 가지 당부할 것
이 있습니다. 이 테이블이 가장 멋진 테이블이 되진 않겠지만, 테이블처럼 보이긴 할 거예
요. 어떤 모습으로 보일지는 나중에 고민하고, 지금 당장은 기본적인 내용을 익힌다는 마
음으로 살펴보도록 하죠.

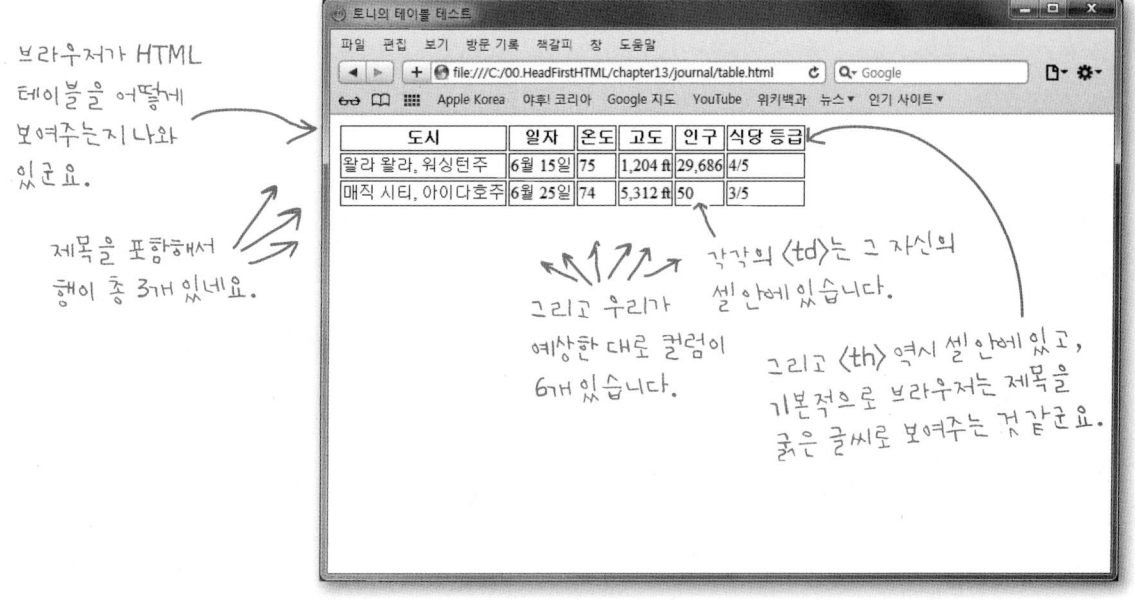

브라우저가 HTML
테이블을 어떻게
보여주는지 나와
있군요.

제목을 포함해서
행이 총 3개 있네요.

그리고 우리가
예상한 대로 컬럼이
6개 있습니다.

각각의 〈td〉는 그 자신의
셀 안에 있습니다.

그리고 〈th〉 역시 셀 안에 있고,
기본적으로 브라우저는 제목을
굵은 글씨로 보여주는 것 같군요.

도시	일자	온도	고도	인구	식당 등급
왈라 왈라, 워싱턴주	6월 15일	75	1,204 ft	29,686	4/5
매직 시티, 아이다호주	6월 25일	74	5,312 ft	50	3/5

연습문제

먼저 이전 페이지에 있는 '토니의 테이블 테스트' HTML을 작성하세요. 직접 일일이 입력하는
게 지루할 수도 있지만, 여러분의 머릿속에 〈table〉, 〈tr〉, 〈th〉, 〈td〉 태그의 구조를 익히는
데 도움이 될 것입니다. 입력이 끝나면 테스트해 보고, 토니의 테이블에 있는 나머지 항목을
추가하세요. 이것 역시 테스트해 보세요.

테이블 해부

여러분은 테이블 하나를 생성하기 위해 〈table〉, 〈tr〉, 〈th〉, 〈td〉 등 총 4개 요소가
사용된다는 것을 알았습니다. 테이블에서 이들이 무슨 역할을 수행하는지 정확히
파악해 보도록 하죠.

〈table〉 태그는 모든 것을
시작하는 태그입니다. 테이블을
만들 때 이것부터 시작하세요.

〈th〉 요소는 테이블 제목에서 셀 하나를 차지하며,
테이블의 행 내부에 있어야만 합니다.

〈/tr〉 태그는
테이블 행의 끝을
나타냅니다.

`<th>`일자`</th>`

`<table>`

도시	일자	온도	고도	인구	식당 등급
왈라 왈라, 워싱턴주	6월 15일	75	1,204 ft	29,686	4/5
매직 시티, 아이다호주	6월 25일	74	5,312 ft	50	3/5
풍부한 옥토, 유타주	7월 10일	91	4,226 ft	41,173	4/5
마지막 기회의 땅, 콜로라도주	7월 23일	102	4,780 ft	265	3/5
진실 혹은 결과, 뉴멕시코주	8월 9일	93	4,242 ft	7,289	5/5
항상 왜(Why), 아리조나주	8월 18일	104	860 ft	480	3/5

`<tr>` ... **`</tr>`**

각 〈tr〉 요소는 하나의
테이블 행을 명시합니다.
따라서 행으로 들어가는
모든 테이블 데이터는
〈tr〉 요소 내부에
중첩되어 있습니다.

`<td>`8월 9일`</td>`

〈td〉 요소는 테이블에서 데이터 셀 하나를 포함합니다.
이것도 테이블의 행 내부에 있어야 합니다.

`</table>`

〈/table〉 태그는
테이블의 끝을
알립니다.

바보 같은 질문이란 없습니다

Q : 왜 테이블 컬럼 요소는 없나요? 꽤 중요할 것 같은데요.

A : HTML 설계자들은 컬럼보다는 행으로 테이블을 명시하도록 결정했습니다. 하지만 각 행의 〈td〉 요소를 명시해서 각 컬럼을 묵시적으로 명시할 수 있습니다.

Q : 요소가 충분하지 않은 행이 있다면 어떻게 되죠? 다시 말해서 테이블에 있는 컬럼 수보다 요소가 적다면 어떻게 되죠?

A : 이를 처리하는 가장 쉬운 방법은 데이터 셀의 내용을 빈 상태로 놔두는 것입니다. 다시 말해서 〈td〉〈/td〉라고 작성하는 것이죠. 만약 데이터 셀 자체를 빼버린다면, 테이블은 제대로 만들어지지 않을 것입니다. 따라서 모든 데이터 셀이 비어있다 하더라도, 빈 상태로 제 위치에 있어야 합니다.

Q : 테이블 제목이 테이블의 상단에 쭉 나열되어 보이는 대신, 테이블 왼쪽으로 내리고 싶은데 가능한가요?

A : 물론 가능합니다. 첫 번째 행 대신 테이블 제목 요소를 각 행에 넣기만 하면 됩니다. 만약 〈th〉 요소가 각 행의 첫 번째 항목이라면, 첫 번째 컬럼은 테이블 제목이 됩니다.

Q : 친구 한 명이 페이지에 있는 모든 레이아웃을 한 테이블 안으로 넣는 것을 보여줬어요. CSS를 전혀 사용하지 않던데요!

A : 그렇게 하는 것은 잘못된 방법입니다. 레이아웃용으로 테이블을 사용하는 것은 CSS 이전의 HTML 시절에 흔하게 행해졌는데, 솔직히 그런 식으로 복잡하게 레이아웃을 만드는 방법도 드물죠. 어쨌거나 그런 식으로 레이아웃을 만드는 것은 아주 좋지 않은 방법입니다. 레이아웃 용으로 테이블을 사용하면 정확하게 만들기도

어렵고 유지 관리하기도 힘듭니다. 대신, 실제로 HTML 테이블을 만들지 말고 테이블 레이아웃의 장점을 이용하려면 CSS table display(11장 스타벅스 페이지에서 사용했던 방법)를 사용하는 것이 훨씬 낫습니다. 친구분이 사용했던 방법은 예전 방식이며, HTML과 더불어 CSS를 사용해 제대로 된 레이아웃을 만들어 보라고 친구분에게 얘기해 주세요.

Q : 테이블은 프레젠테이션과는 전혀 상관이 없나요? 프레젠테이션 대 구조는 어떻게 된 건가요?

A : 전혀 없는 것은 아닙니다. 테이블을 이용해 테이블 데이터 항목 간의 관계를 명시할 수 있습니다. 그리고 테이블의 프레젠테이션을 변경하기 위해 CSS를 사용할 것입니다.

Q : CSS table display와 HTML 테이블은 어떤 관계가 있나요?

A : HTML 테이블은 마크업을 사용해 테이블의 구조를 명시할 수 있습니다. 반면 CSS table display는 테이블 형태의 프레젠테이션에서 블록 수준의 요소를 보여주는 방법을 제공합니다. 이런 식으로 생각해 보세요. 페이지에서 테이블 데이터를 만들어야 한다면 테이블을 사용하세요(어떤 식으로 꾸미는지는 잠시 후에 알아볼 거예요). 반면, 다른 유형의 콘텐츠와 함께 단지 테이블 형태의 프레젠테이션이 필요할 때는 CSS table display 레이아웃을 사용할 수 있습니다.

Q : CSS table display를 사용해 HTML 테이블을 꾸밀 수 있나요?

A : 그럴 필요가 없습니다. 왜일까요? HTML로 이미 테이블 구조를 만들었기 때문에 간단한 CSS만을 이용해 테이블을 꾸밀 수 있기 때문입니다.

테이블은 HTML에서 테이블 데이터를 명시하는 방법을 제공합니다.

테이블은 행 내부의 데이터 셀로 구성됩니다. 컬럼은 행 안에서 묵시적으로 정의 됩니다.

테이블에 있는 컬럼 수는 행 하나에 있는 데이터 셀의 수가 됩니다.

일반적으로 테이블을 프레젠테이션을 위해 사용하지는 않습니다. 그것은 CSS의 임무입니다.

브라우저가 되어 봅시다!

왼쪽에 테이블에 대한 HTML이 있습니다. 이번 임무는 여러분이 브라우저가 되었다고 생각하고 테이블을 보여주는 것입니다. 이 연습 문제를 푼 뒤에 이 장의 뒷부분에 있는 정답을 보고 여러분이 맞게 보여줬는지 확인해 보세요.

```
<table><tr><th>가수</th>
<th>앨범</th></tr><tr>
<td>Enigma</td><td>Le Roi Est Mort,
Vive Le Roi!</td></tr> <tr><td>LTJ
Bukem</td>
<td>Progression Sessions 6</td>
</tr><tr>
<td>Timo Maas</td>
<td>Pictures</td></tr></table>
```

여기에 테이블 HTML이 있습니다.

윽! 누군가는 HTML을 어떻게 구성하는지 배워야 할 필요가 있겠네요.

여기에 테이블을 그려 보세요.

캡션 추가하기

캡션을 추가해서 순식간에 테이블을 좀 더 멋지게 만들 수 있습니다.

```html
<table>
    <caption>
            세그웨이를 타고 미국을 여행하던 중에
            방문한 도시
    </caption>
    <tr>
        <th>도시</th>
        <th>일자</th>
        <th>기온</th>
        <th>고도</th>
        <th>인구</th>
        <th>식당 등급</th>
    </tr>
    <tr>
        <td>왈라 왈라, 워싱턴주</td>
        <td>6월 15일</td>
        <td>75</td>
        <td>1,204 ft</td>
        <td>29,686</td>
        <td>4/5</td>
    </tr>
    <tr>
        <td>매직 시티, 아이다호주</td>
        <td>6월 25일</td>
        <td>74</td>
        <td>5,312 ft</td>
        <td>50</td>
        <td>3/5</td>
    </tr>
    .
    .
    .
</table>
```

브라우저가 캡션을 보여주는데, 기본적으로 대부분의 브라우저는 테이블 바로 위에서 보여줍니다.

만약 여러분이 캡션의 기본 위치가 마음에 들지 않는다면, CSS를 사용해 위치를 바꿀 수 있습니다(잠시 후에 해보도록 하죠). 예전 브라우저는 캡션 위치 조정 기능을 완전히 지원하지 않는다는 점을 명심하세요.

HTML 테이블에는 상단에 캡션을 두어야 하는데, 하단에 두고 싶다면 CSS를 사용하세요.

테이블의 나머지 행은 여기에 옵니다.

시운전: 스타일에 대해 생각해 봅시다

테이블에 캡션을 추가하세요. 그리고 저장한 뒤 페이지
를 다시 열어보세요.

*캡션은 테이블의 위에 있습니다만,
밑에 있는 것이 더 보기 좋을 것 같네요.*

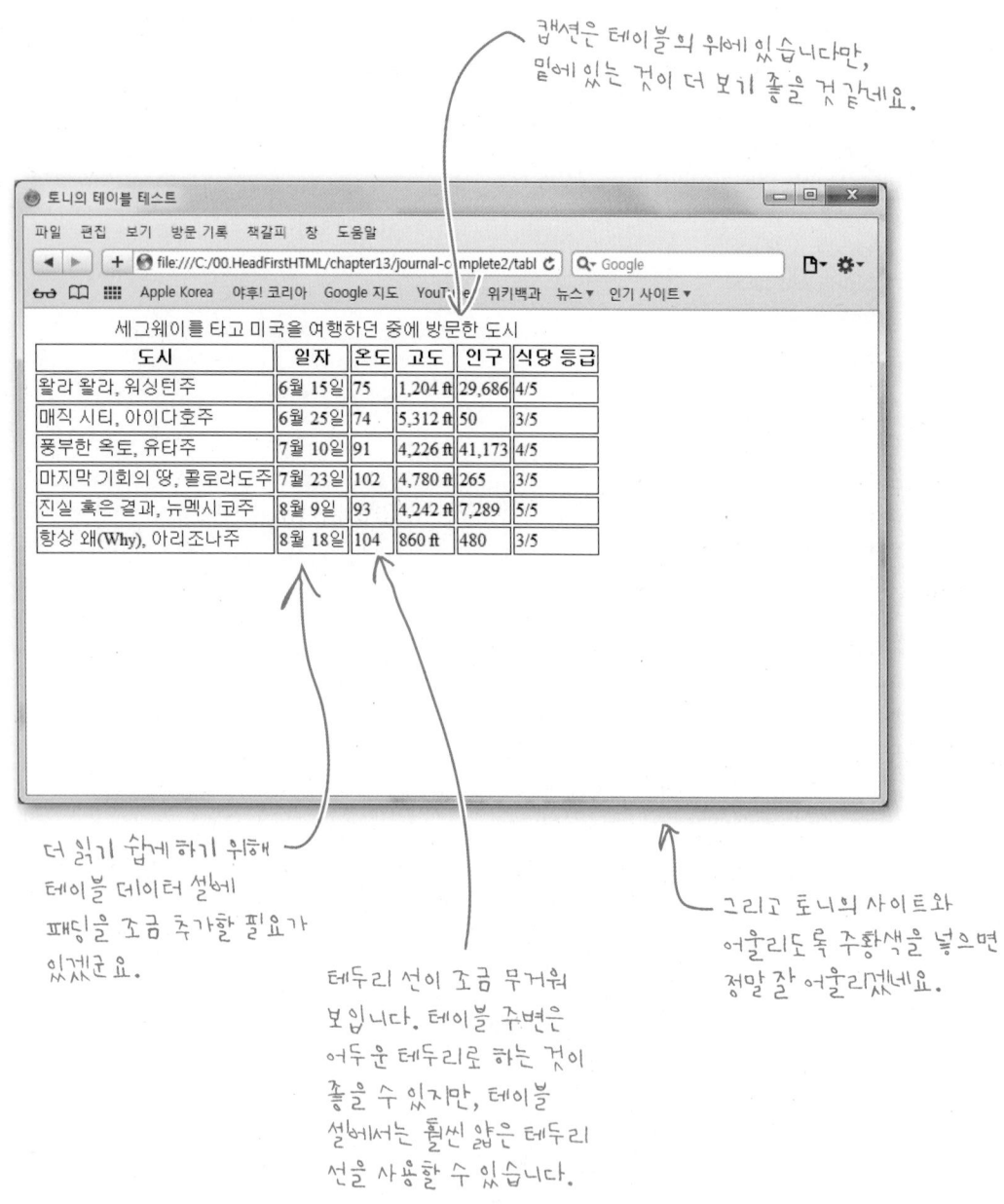

*더 읽기 쉽게 하기 위해
테이블 데이터 셀에
패딩을 조금 추가할 필요가
있겠군요.*

*테두리 선이 조금 무거워
보입니다. 테이블 주변은
어두운 테두리로 하는 것이
좋을 수 있지만, 테이블
셀에서는 훨씬 얇은 테두리
선을 사용할 수 있습니다.*

*그리고 토니의 사이트와
어울리도록 주황색을 넣으면
정말 잘 어울리겠네요.*

스타일을 주기 전에 토니의 페이지에 테이블을 만들어 봅시다

토니의 새 테이블에 스타일을 주기 전에 토니의 페이지에 테이블을 가져다 놔야 합니다. 토니의 메인 페이지에는 이미 font-family, font-size 등 추가하려는 테이블이 상속받을 수 있는 많은 스타일이 있습니다. 따라서 페이지 안으로 테이블을 밀어 넣지 않고서는 실제로 테이블이 어떻게 보일지 알 수 없습니다.

'chapter13/journal' 폴더에 있는 'journal.html' 파일을 열어 8월 20일 항목을 찾아 다음과 같이 변경하세요. 변경한 뒤 다시 열기 전에 다음 페이지로 이동하세요.

```
<h2>August 20, 2012</h2>
<p>
    <img src="images/segway2.jpg" alt="Me and my Segway in New Mexico">
</p>


<p>
벌써 1,200마일을 여행했다. 그동안 몇몇 흥미로운 곳을 지나쳤다.
</p>

<ol>
    <li>왈라 왈라, 워싱턴주</li>
    <li>매직 시티, 아이다호주</li>
    <li>풍부한 옥토, 유타주</li>
    <li>마지막 기회의 땅, 콜로라도주</li>
    <li>진실 혹은 결과뿐, 뉴멕시코주</li>
    <li>항상 왜(Why), 아리조나주</li>
</ol>
```

이것은 예전 도시 목록입니다. 테이블로 대체할 것이므로 삭제하세요.

```
<table>
    <caption>세그웨이를 타고 미국을 여행하던 중에 방문한 도시</caption>
    <tr>
        <th>도시</th>
        <th>일자</th>
        <th>기온</th>
        <th>고도</th>
        <th>인구</th>
        <th>식당 등급</th>
    </tr>
    .
    .
    .
</table>
```

새로운 테이블이 여기 있습니다. 이전 파일에서 복사한 뒤에 붙여 넣는 방법이 가장 쉽겠네요.

이제 테이블을 꾸며봅시다

이제 'journal.css' 스타일시트 파일의 하단에 회색으로 표시된 새 스타일을 추가하세요.

```css
@font-face {
  font-family: "Emblema One";
  src: url("http://wickedlysmart.com/hfhtmlcss/chapter8/journal/EmblemaOne-Regular.woff"),
       url("http://wickedlysmart.com/hfhtmlcss/chapter8/journal/EmblemaOne-Regular.ttf");
}
body {
  font-family:        Verdana, Geneva, Arial, sans-serif;
  font-size:          small;
}
h1, h2 {
  color:              #cc6600;
  border-bottom:      thin dotted #888888;
}
h1 {
  font-family:        "Emblema One", sans-serif;
  font-size:          220%;
}
h2 {
  font-size:          130%;
  font-weight:        normal;
}
blockquote {
  font-style:         italic;
}

table {
    margin-left: 20px;
    margin-right: 20px;
    border: thin solid black;
    caption-side: bottom;
}

td, th {
    border: thin dotted gray;
    padding: 5px;
}

caption {
    font-style: italic;
    padding-top: 8px;
}
```

맨 위에 토니의 웹페이지에서 현재 사용하는 모든 스타일이 있는데, 이들을 8장에서 추가했었죠. 테이블에 사용할 새 스타일은 밑에 추가했습니다.

먼저 테이블을 꾸밀 겁니다. 왼쪽과 오른쪽에는 마진, 얇은 검정색 테두리를 테이블에 추가할 겁니다.

캡션을 테이블 밑으로 옮기려고 합니다.

또 훨씬 밝은 회색 점선 테두리로 테이블 데이터 셀을 꾸미고 있습니다.

그리고 데이터 셀에 패딩을 조금 추가해서 데이터와 테두리 사이에 약간 빈 공간을 주도록 합시다.

이 규칙은 캡션을 꾸미고 있습니다. font-style을 이탤릭체로 변경하고 상단에 패딩을 약간 추가하고 있습니다.

말쑥하게 단장한 테이블 시운전

한 번에 많은 변화를 주었습니다. 저장한 내용을 확인하고 유효성 검사도 해 보세요. 그리고 나서 브라우저에서 'journal.html' 파일을 다시 열어 보세요.

꾸미고 나니까 테이블이 정말 달라 보이네요. 물론 토니의 일기에 있던 스타일도 조금 상속 받았습니다.

모든 폰트가 더 작은 크기의 산세리프 폰트로 변경됐네요. 이 파일에 있던 이전 스타일에서 이 폰트를 골랐습니다.

이제 어두운 점선으로 된 테두리가 생겼네요.

그리고 테이블에는 마진을, 각 테이블 셀마다는 패딩을 약하게 주었습니다.

이 점선은 정말 산만해 보입니다. 테이블 셀마다 중복되어 있어 보기 좋지 않군요.

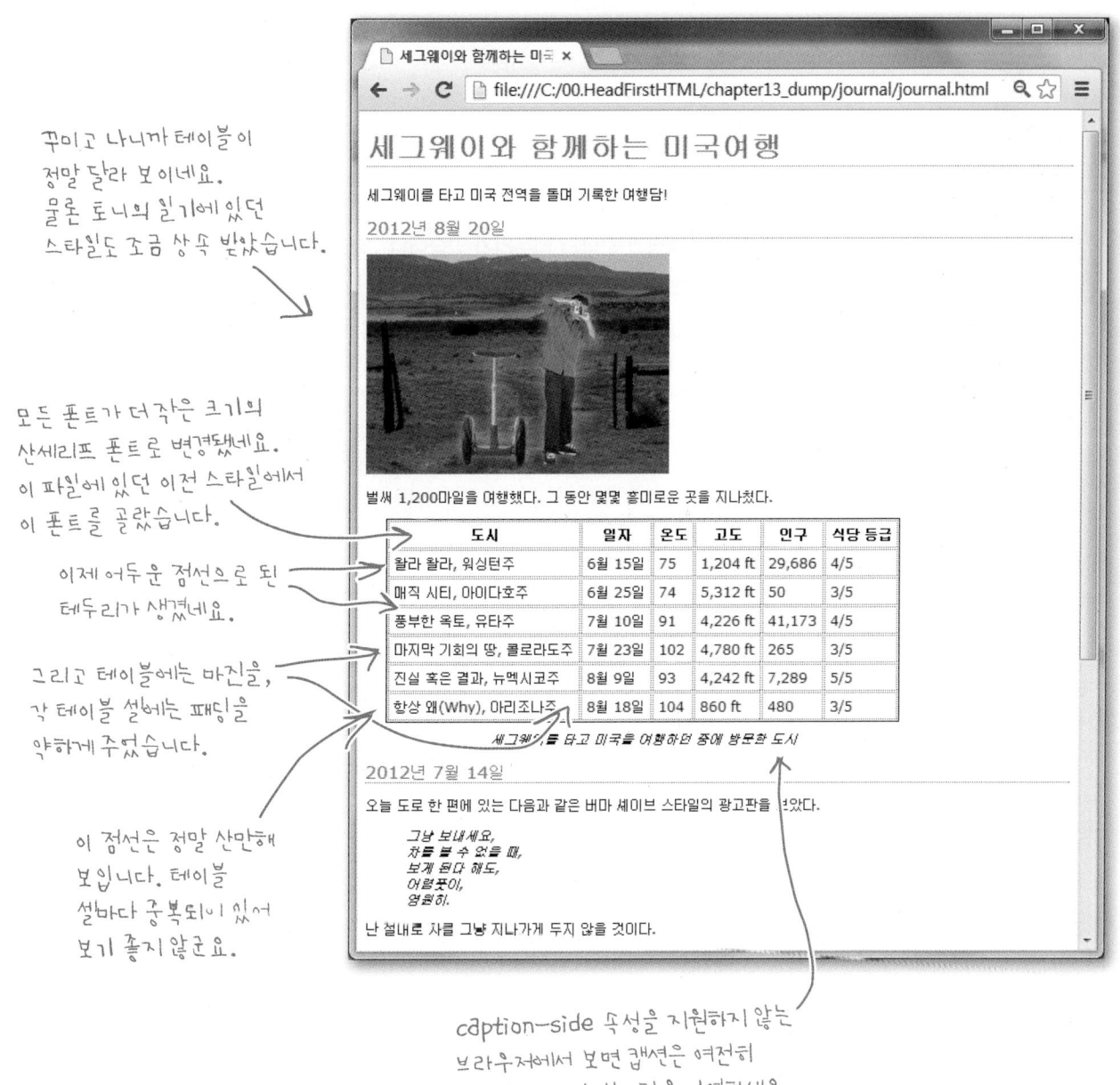

세그웨이와 함께하는 미국여행

세그웨이를 타고 미국 전역을 돌며 기록한 여행담!

2012년 8월 20일

벌써 1,200마일을 여행했다. 그 동안 몇몇 흥미로운 곳을 지나쳤다.

도시	일자	온도	고도	인구	식당 등급
월라 월라, 워싱턴주	6월 15일	75	1,204 ft	29,686	4/5
매직 시티, 아이다호주	6월 25일	74	5,312 ft	50	3/5
풍부한 옥토, 유타주	7월 10일	91	4,226 ft	41,173	4/5
마지막 기회의 땅, 콜로라도주	7월 23일	102	4,780 ft	265	3/5
진실 혹은 결과, 뉴멕시코주	8월 9일	93	4,242 ft	7,289	5/5
항상 왜(Why), 아리조나주	8월 18일	104	860 ft	480	3/5

세그웨이를 타고 미국을 여행하던 중에 방문한 도시

2012년 7월 14일

오늘 도로 한 편에 있는 다음과 같은 버마 셰이브 스타일의 광고판을 봤았다.

그냥 보내세요,
차를 볼 수 없을 때,
보게 된다 해도,
어렴풋이,
영원히.

난 절대로 차를 그냥 지나가게 두지 않을 것이다.

caption-side 속성을 지원하지 않는 브라우저에서 보면 캡션은 여전히 테이블 위에 있다는 것은 기억하세요.

테이블 셀은 박스 모델을 사용하는
것처럼 보이네요. 테이블 셀은 패딩과
테두리가 있는데, 마진도 있나요?

**테이블 셀에는 패딩과 하나의 테두리가 있습니다. 바로 여러분이
박스 모델에서 본 것처럼요. 하지만 마진은 약간 다릅니다.**

박스 모델은 테이블 셀을 이해하기 위한 좋은 방법입니다만,
마진에 대해서는 다르게 동작합니다. 토니의 테이블에 있는
셀 하나를 살펴봅시다.

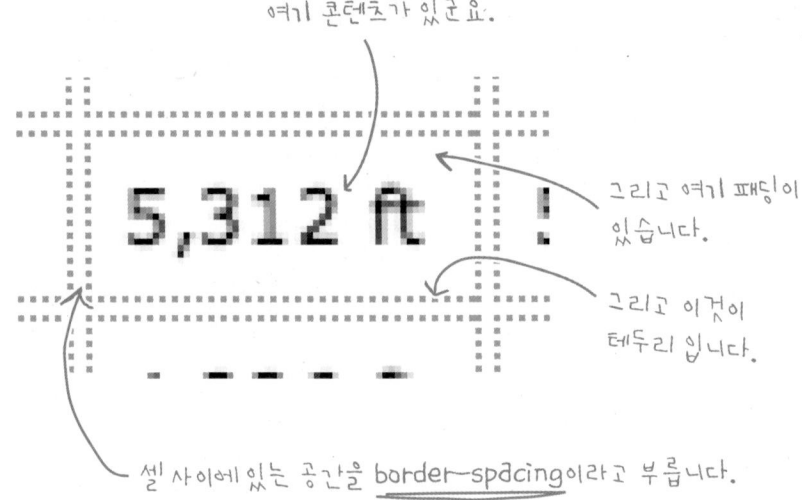

여기 콘텐츠가 있군요.

그리고 여기 패딩이
있습니다.

그리고 이것이
테두리 입니다.

셀 사이에 있는 공간을 border-spacing이라고 부릅니다.

스타버즈 페이지에서
CSS table display
레이아웃에서 사용했던
border-spacing 속성과
같습니다.

마진 대신 border-spacing 속성이 있는데, 이것은 전체
테이블에 걸쳐 정의됩니다. 다시 말해서 개별 테이블 셀에 '마
진'을 설정할 수 없습니다. 대신 모든 셀 주위에 공통의 빈 공
간을 설정할 수 있습니다.

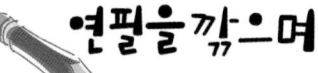

연필을깎으며

두 줄로 된 점선 때문에 토니의 테이블이 산만해 보입니다. 만약 각 테이블 셀 주변에 테두리를 한 개로 줄 수 있다면 테이블의 미적인 부분도 떨어뜨리지 않고도 훨씬 보기 좋아질 거예요. 방금 배웠던 내용을 바탕으로 이렇게 처리하는 방법을 생각해 낼 수 있겠어요? 직접 해보고 이 장의 뒷부분에 있는 정답과 비교해 보세요.

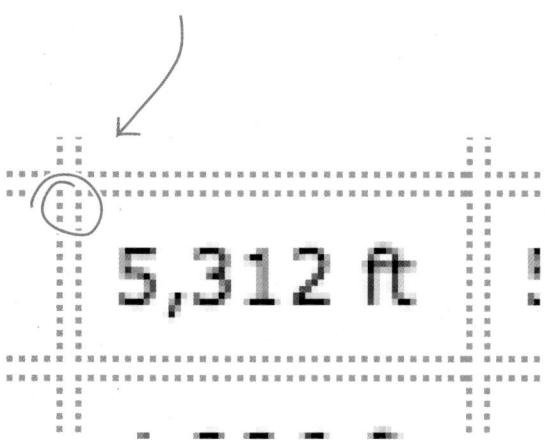

바보 같은 질문이란 없습니다

Q: 테이블 전체에 대해 border-spacing 속성을 정의하므로, 각 테이블 셀에 마진을 설정할 수 없는 것인가요?

A: 그렇습니다. 테이블 셀은 마진을 갖고 있지 않습니다. 이들이 가진 것은 테두리 주위에 있는 빈 공간뿐이며, 이 공간은 전체 테이블에 대해 설정됩니다. 개별적으로 각 테이블 셀의 테두리 공간을 제어할 수 없습니다.

Q: 가로 방향과 세로 방향의 테두리 공간을 다른 값으로 설정할 수 있는 방법이 있나요? 그렇다면 정말 유용할 텐데요.

A: 물론 할 수 있습니다. 다음과 같이 테두리 공간을 명시할 수 있습니다.

```
border-spacing: 10px 30px;
```

이것은 가로 테두리 공간을 10픽셀, 세로 테두리 공간을 30픽셀로 설정합니다.

Q: border-spacing은 제 브라우저에서 작동되지 않는 것 같은데요.

A: 인터넷 익스플로러 예전 버전을 사용하고 있나요? 인터넷 익스플로러 6 버전은 border-spacing 속성을 지원하지 않는다고 말씀 드리게 된 점을 유감스럽게 생각합니다. 이제는 여러분의 브라우저를 업그레이드할 때가 되지 않았을까요?

테두리 붕괴

테두리의 딜레마를 해결하는 데 border-spacing 말고도 또 다른 방법이 있습니다. 테두리를 없애기 위해 border-collapse라는 CSS 속성을 사용하여 테두리에 빈 공간을 전혀 남기지 않을 수 있습니다. 이 속성을 사용하면 브라우저는 테이블에서 설정한 어떤 테두리 공간도 무시해 버립니다. 또한 서로 인접해 있는 두 개 테두리를 하나의 테두리로 결합하기도 합니다. 즉, 두 개 테두리를 '붕괴(collapse)'시켜 하나로 만들어버립니다.

여기에 border-collapse 속성을 설정하는 방법이 나와 있습니다. 이 내용을 여러분의 'journal.css' 파일에도 적용하세요.

```
table {
    margin-left: 20px;
    margin-right: 20px;
    border: thin solid black;
    caption-side: bottom;
    border-collapse: collapse;
}
```

border-collapse 속성을 추가하고 값을 collapse라고 설정하세요.

파일을 저장하고 다시 열어 보세요. 그리고 나서 테두리에 변화가 있는지 확인해 보세요.

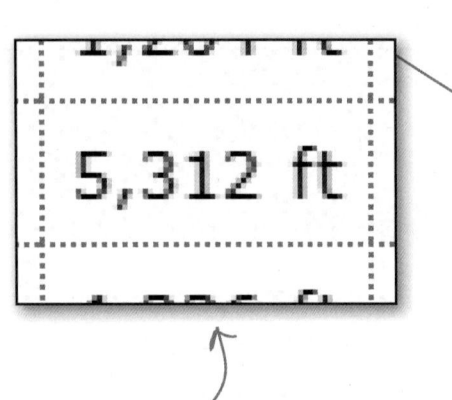

이제 우리가 원했던 대로 모든 테이블 셀 주위에 하나의 테두리만 생겼습니다. 테이블이 훨씬 말끔해진 것 같지 않아요?

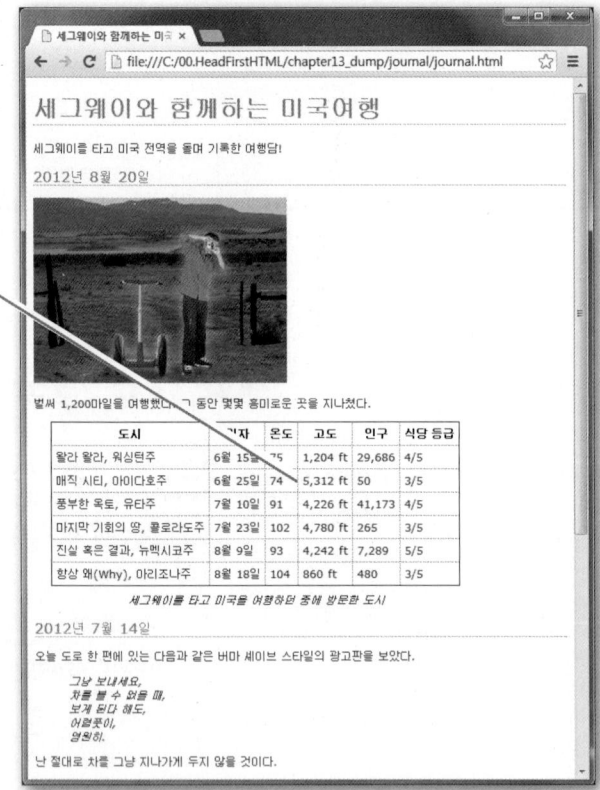

연필을 깎으며

여러분이 HTML과 CSS의 완전한 프로로 거듭나고 있으니, 이 연습문제를 여러분께 내주는 것도 별로 걱정이 되지 않는군요. 이렇게 해보는 것은 어때요? 텍스트 정렬부터 시작해서 테이블을 좀 더 세련되게 만들어보죠. 일자, 온도, 식당 등급을 가운데로 정렬하고, 고도와 인구 항목은 오른쪽으로 정렬하면 어떨까요? 이렇게 처리하려면 어떻게 해야 할까요?

여기에 힌트가 있습니다. 두 개 클래스를 생성하는데 하나는 center-aligned로, 다른 하나는 right-aligned로 생성한 뒤, 이 두 클래스에서 text-align 속성을 사용하는 것입니다. 그리고 마지막으로 〈td〉 요소에 적당한 클래스를 추가하세요.

이 작업이 좀 까다롭다고 생각할 수도 있겠지만 차근차근 해 보세요. 여러분은 이미 이 작업을 할 수 있는 모든 내용을 알고 있습니다. 물론 이 장의 뒷부분에 정답이 나와 있습니다. 하지만 정답을 보기 전에 여러분 스스로 문제를 풀어보세요.

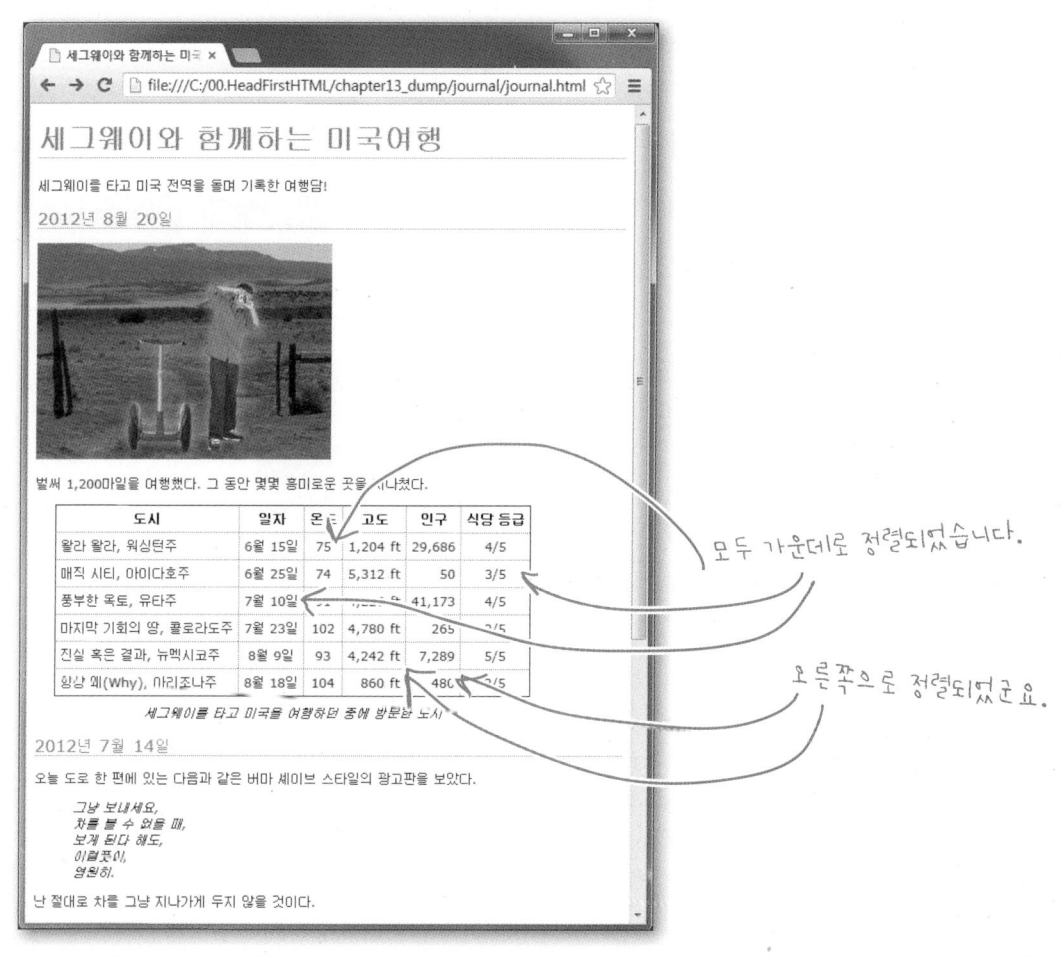

색을 약간 주는 건 어떨까요?

토니가 주황색을 좋아한다는 사실이 기억나나요? 토니의 테이블에 주황색을 추가겠습니다. 토니가 좋아할 거예요. 색을 넣으면 보기에도 근사할 뿐만 아니라, 실제로 테이블의 가독성도 향상시킬 수 있습니다. 다른 요소처럼 색을 변경하려면 테이블 셀에 `background-color` 속성을 설정하기만 하면 됩니다(HTML과 CSS에 대해 배운 모든 것이 어떻게 합쳐지기 시작하는지 보세요!). 여기 어떻게 하는지 나와 있군요.

```css
th {
    background-color: #cc6600;
}
```

'journal.css' 파일에 이 새로운 규칙을 추가하고, 페이지를 다시 열어 보세요. 여러분이 보게 될 화면이 여기 있군요.

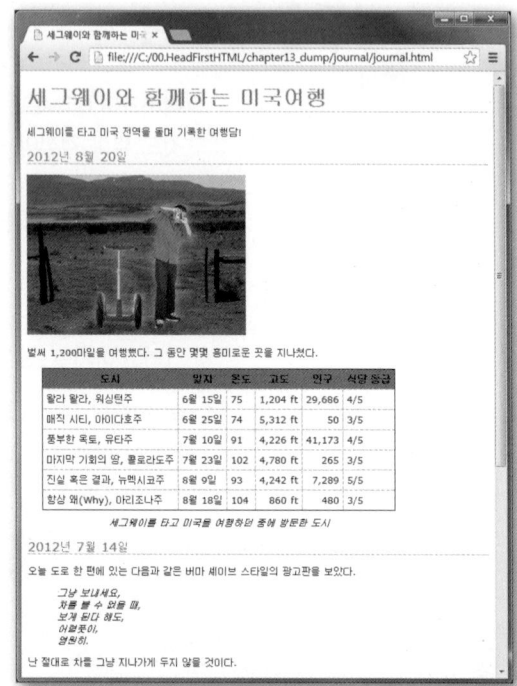

테이블 행에 색을 추가하는 것은 어때요?

지금까지 추가한 색은 꽤 보기 좋군요. 그럼 다음 단계로 넘어가 봅시다. 테이블에 색을 입히는 일반적인 방법은 행에 색을 칠하는 것인데, 이렇게 하면 혼동되지 않고 어떤 행에 어떤 컬럼이 있는지 좀 더 쉽게 식별할 수 있습니다. 확인해 보도록 하죠.

CSS에서 처리하기 어려울까요? 아닙니다. 그 방법이 아래에 나와 있군요. 먼저 새로운 클래스를 정의합니다. cellcolor라고 부르도록 하죠.

```css
.cellcolor {
    background-color: #fcba7a;
}
```

그리고 나서 이 클래스 속성을 색을 넣을 행에 추가하세요. 이 경우에는 매직 시티, 마지막 기회의 땅, 항상 왜(why)에 대한 `<tr>` 시작태그를 찾아 이들 각각에 `class="cellcolor"`를 추가하세요.

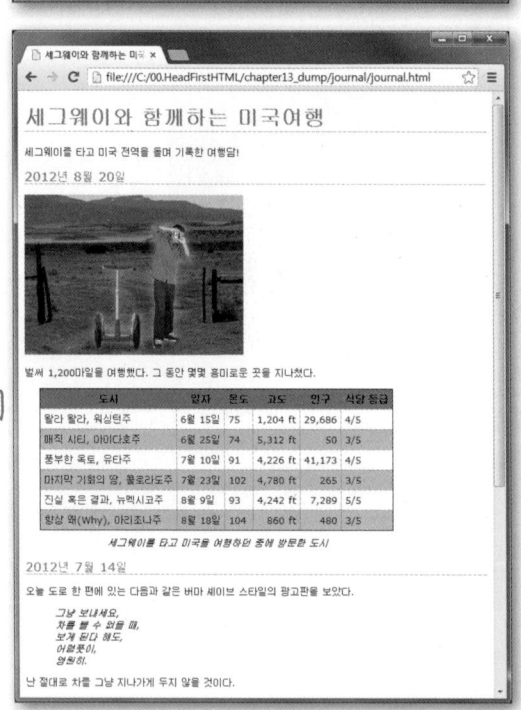

여러분 차례입니다. 'journal.css' 파일에 cellcolor 클래스를 추가하고, HTML에서는 색을 변경할 각 행의 〈tr〉 시작태그를 찾아 class="cellcolor"를 추가하세요. 다음 장으로 가기 전에 여러분의 정답을 체크해 보세요.

몇 가지 중요한 CSS

테이블의 각 행에 색을 추가하는 좀 더 향상된 기법을 알고 싶나요? 이를 nth-child 의사클래스라고 합니다. 의사클래스는 요소의 상태를 기준으로 요소를 꾸미는 데 사용된다는 것을 기억해 보세요(링크 위로 마우스를 올려놓았을 때, 해당 링크를 꾸몄던 헤드 퍼스트 라운지에서 사용했던 a:hover 의사클래스 같은 것입니다).

nth-child 의사클래스는 요소의 상태란 형제 요소와 관련된 요소의 순서를 말합니다. 이것이 무슨 뜻인지 예제를 통해서 살펴보도록 하죠.

〈section〉 요소에 네 개 문단이 중첩되어 있습니다.
각 문단은 〈section〉의 자식(child)입니다.

```
<section>
    <p>

    <p>

    <p>

    <p>
```

← 이것이 첫 번째 자식이고
← 이것이 두 번째 자식이고
← 이것은 세 번째 자식이고
← 이것이 네 번째 자식입니다.

짝수 문단(문단 2와 4)에는 빨간색을, 홀수 문단에는 녹색을 설정하고 싶다면, 다음과 같이 처리하세요.

```
p:nth-child(even) {
    background-color: red;
}
p:nth-child(odd) {
    background-color: green;
}
```

← 문단 2와 4는 빨간색으로
← 문단 1과 3은 녹색이 될 거예요.

nth-child란 명칭에서 짐작할 수 있듯이, 이 의사클래스는 한 요소에 중첩되어 있는 짝수와 홀수 항목을 선택하는 것 이외에도 훨씬 더 유연한 기능을 갖고 있습니다. 숫자 n을 사용하는 간단한 표현식을 명시해서 요소를 선택하는 데 다양한 종류의 옵션을 줄 수 있습니다. 예를 들어 다음과 같이 짝수와 홀수 문단을 선택할 수 있습니다.

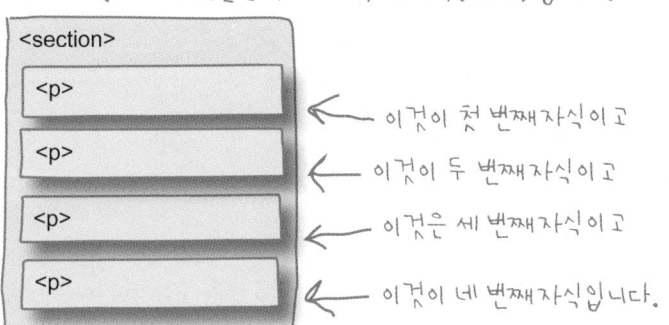

```
p:nth-child(2n) {
    background-color: red;
}
p:nth-child(2n+1) {
    background-color: green;
}
```

짝수 〈p〉를 선택합니다.
홀수 〈p〉를 선택합니다.

n=0이면 2n=0(문단이 없음)이고, 2n+1은 1이 되는데, 이것은 첫 번째 문단입니다.

n=1이면 2n=2이고 이것은 두 번째 문단이고, 2n+1은 3이 되고, 이것이 세 번째 문단입니다.

중요한 연습문제

nth-child 의사클래스를 사용해서 직접 색을 칠해보는 것은 어때요? nth-child 의사클래스를 사용해서, 아래에 있는 홀수 행을 밝은 주황색으로 칠하는 CSS 규칙을 완성하세요.

여기에 의사 클래스 선택자를 적어보세요.

```css
tr:_____ {
  background-color: #fcba7a;
}
```

.cellcolor 클래스는 다음과 같이 주석처리 하세요.

```css
/* .cellcolor {
    background-color: #fcba7a;
} */
```

실제로 해보고 싶다면 먼저 소스 코드에 더 이상 영향을 미칠 수 없도록 .cellcolor 클래스를 주석처리 하세요. 그다음에 새로운 tr 의사클래스 규칙을 〈th〉 행의 배경색(짙은 주황색)을 설정하는 규칙 위에 놓으세요. 최신 브라우저를 사용하고 있는지(인터넷 익스플로러 9 이상) 확인하고 페이지를 다시 열어 보세요. 제대로 동작하나요? 계속해서 새로 추가한 규칙을 삭제하고 주석처리 했던 .cellcolor 규칙의 주석을 해제하세요.

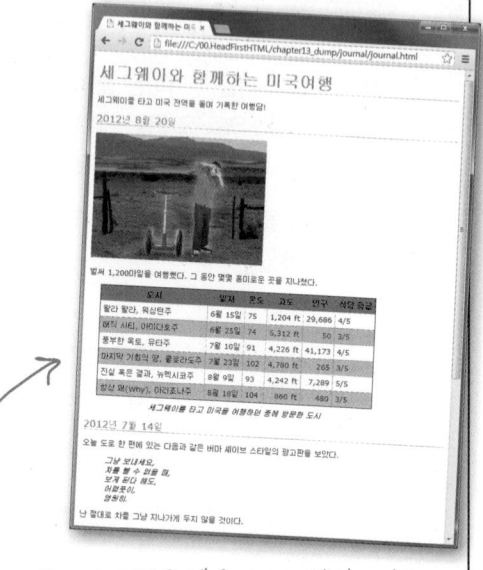

1, 3, 5, 7 행의 배경색은 밝은 오렌지색입니다. th에 대한 규칙은 홀수 행에 대한 규칙을 재정의할 것이므로, 여전히 짙은 주황색으로 남아 있습니다.

토니가 재미있는 것을 발견했습니다

테스

토니가 뉴멕시코주에 있는 진실 혹은 결과를 방문했을 때 흥미로운 뭔가를 발견했습니다. 실제로 토니는 아리조나주로 간 후에 그녀가 매우 흥미롭다는 것을 깨닫고 곧바로 다시 돌아왔습니다.

토니에게는 좋은 일이지만, 토니는 우리에게 테이블에 대한 수수께끼를 하나 주었습니다. 우리가 진실 혹은 결과 행에 새로운 행을 추가할 수 있지만, 좀 더 고상한 방식으로 추가했으면 합니다. 지금 무슨 말을 하고 있는 것일까요? 페이지를 넘겨 자세히 알아보도록 하죠.

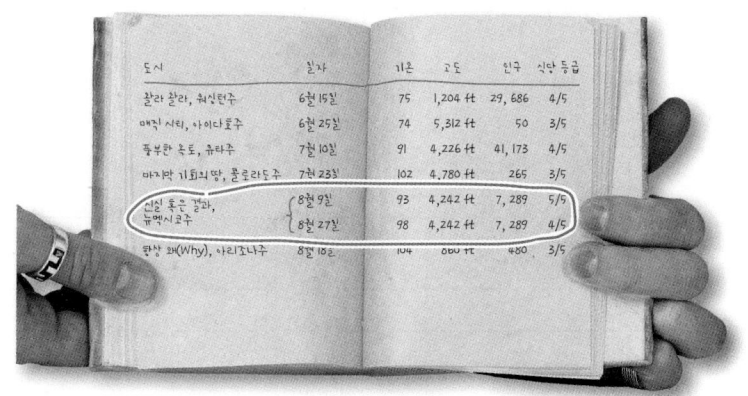

토니의 테이블 다시 살펴보기

뉴멕시코로 되돌아가는 여정으로 진실 혹은 결과 행 밑에, 토니는 8월 27일 항목을 새로 추가했습니다. 하지만 기존과 같은 정보가 있는 셀 두 개는 재사용했습니다 (테이블에 있는 정보의 양을 줄이는 데 좋은 기술인 것 같군요). 토니가 새로운 행을 추가했을 때 그가 해야 할 것은 단지 두 번째 행에서 달라지는 항목(일자, 온도, 그가 방문했던 식당)을 표시하는 것뿐이라는 사실을 여러분도 알 수 있을 거예요.

여기에 토니가
방문한 두 개의
진실 혹은 결과
항목이 있군요.

도시	일자	온도	고도	인구	식당 등급
왈라 왈라, 워싱턴주	6월 15일	75	1,204 ft	29,686	4/5
매직 시티, 아이다호주	6월 25일	74	5,312 ft	50	3/5
풍부한 옥토, 유타주	7월 10일	91	4,226 ft	41,173	4/5
마지막 기회의 땅, 콜로라도주	7월 23일	102	4,780 ft	265	3/5
진실 혹은 결과, 뉴멕시코주	8월 9일	93	4,242 ft	7,289	5/5
	8월 27일	98			4/5
항상 왜(Why), 아리조나주	8월 18일	104	860 ft	480	3/5

이 테이블 데이터
셀의 높이는 다른
행의 두 배군요.

하지만 HTML에서는 어떻게 처리해야 할까요? 아마도 여러분은 새로운 행을 추가해서 도시, 고도 ,인구를 복사해 넣을 것 같군요. 그렇죠? 하지만 너무 서두르지 마세요. 우리는 좋은 기술이 있습니다. HTML 테이블을 사용해서 셀을 하나의 행(혹은 하나의 컬럼)보다 큰 높이로 만들 수 있습니다. 어떻게 하는지 알아보도록 하죠.

하나 이상의 행을 병합하는 방법

셀이 하나 이상의 행을 병합한다는 것은 무슨 의미일까요? 다시 토니의 테이블로 가서 진실 혹은 결과, 뉴멕시코주 항목을 살펴봅시다. 일자, 온도, 식당 등급은 하나의 행인 반면, 도시, 고도, 인구 데이터 셀은 하나가 아닌 두 개 행을 병합했지만 데이터 셀에서는 이상한 변화는 아닙니다.

도시	일자	온도	고도	인구	식당 등급
왈라 왈라, 워싱턴주	6월 15일	75	1,204 ft	29,686	4/5
매직 시티, 아이다호주	6월 25일	74	5,312 ft	50	3/5
풍부한 옥토, 유타주	7월 10일	91	4,226 ft	41,173	4/5
마지막 기회의 땅, 콜로라도주	7월 23일	102	4,780 ft	265	3/5
진실 혹은 결과, 뉴멕시코주	8월 9일	93	4,242 ft	7,289	5/5
	8월 27일	98			4/5
항상 왜(Why), 아리조나주	8월 18일	104	860 ft	480	3/5

이 셀들은 두 개 행을 합쳤네요.

일자, 온도, 식당 등급은 단지 한 개 행만 점유합니다.

그렇다면 HTML에서 이를 어떻게 구현할까요? 여러분이 생각하는 것보다 훨씬 쉽습니다. 한 테이블에서 데이터 셀이 얼마나 많은 행을 점유하는지를 명시하는 rowspan 속성을 사용하면 됩니다. 그리고 나서 병합되는 다른 행에서 대응하는 테이블의 데이터 요소를 제거하면 됩니다. 한번 보세요. 설명을 듣는 것보다 직접 해보는 것이 더 쉬울 거예요.

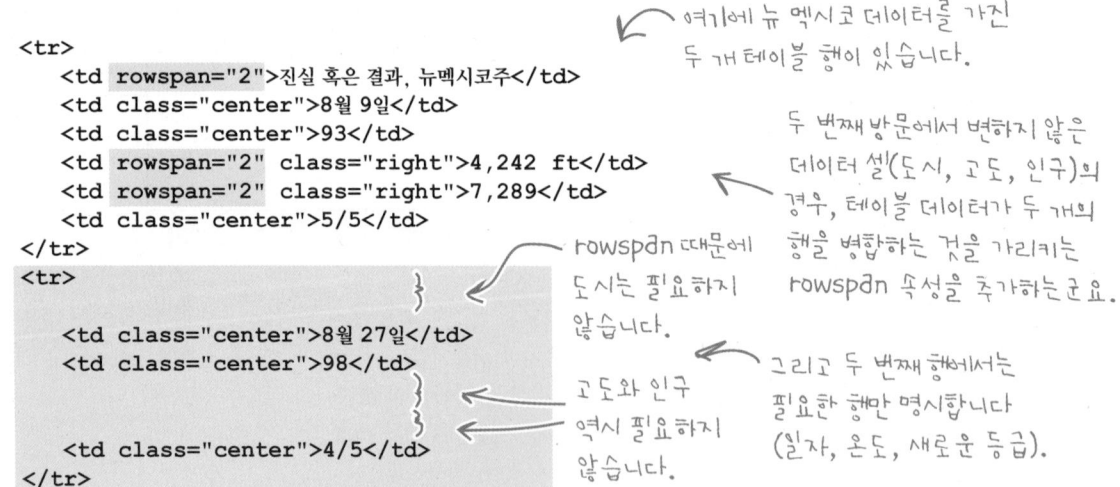

```
<tr>
    <td rowspan="2">진실 혹은 결과, 뉴멕시코주</td>
    <td class="center">8월 9일</td>
    <td class="center">93</td>
    <td rowspan="2" class="right">4,242 ft</td>
    <td rowspan="2" class="right">7,289</td>
    <td class="center">5/5</td>
</tr>
<tr>

    <td class="center">8월 27일</td>
    <td class="center">98</td>


    <td class="center">4/5</td>
</tr>
```

여기에 뉴 멕시코 데이터를 가진 두 개 테이블 행이 있습니다.

두 번째 방문에서 변하지 않은 데이터 셀(도시, 고도, 인구)의 경우, 테이블 데이터가 두 개의 행을 병합하는 것을 가리키는 rowspan 속성을 추가하는군요.

rowspan 때문에 도시는 필요하지 않습니다.

고도와 인구 역시 필요하지 않습니다.

그리고 두 번째 행에서는 필요한 행만 명시합니다 (일자, 온도, 새로운 등급).

나는 누구일까요?

각 〈td〉 요소에서 이에 대응되는 테이블 셀로 화살표를 그려 보세요.
다음으로 넘어가기 전에 여러분이 작성한 답을 확인해 보세요.

```
<tr>
    <td rowspan="2">진실 혹은 결과, 뉴멕시코주</td>
    <td class="center">8월 9일</td>
    <td class="center">93</td>
    <td rowspan="2" class="right">4,242 ft</td>
    <td rowspan="2" class="right">7,289</td>
    <td class="center">5/5</td>
</tr>
<tr>

    <td class="center">8월 27일</td>
    <td class="center">98</td>


    <td class="center">4/5</td>
</tr>
```

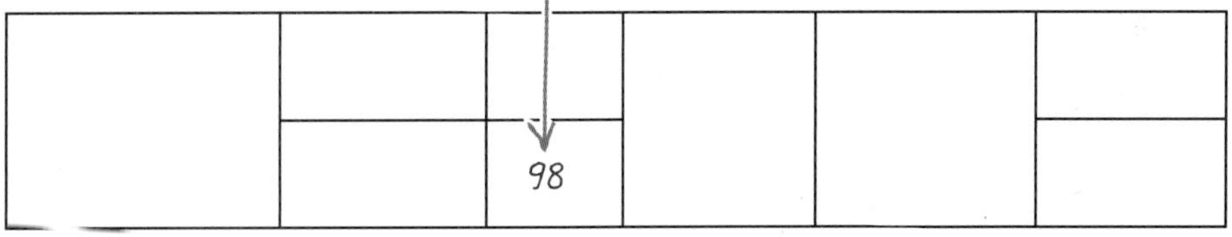

98

테이블 시운전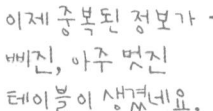

'journal.html'에 있는 테이블에 변경 사항을 적용하고 테스트해 보세요. 테이블을 한 번 살펴봅시다. 지금 여러분이 테이블에 대해 정확히 무엇을 하고 있는지 생각해 보세요. 여러분은 HTML을 사용해서 특정한 셀이 행 하나 이상을 차지하도록 명시했으며, 그렇게 하기 위해 <td>를 제거하였습니다.

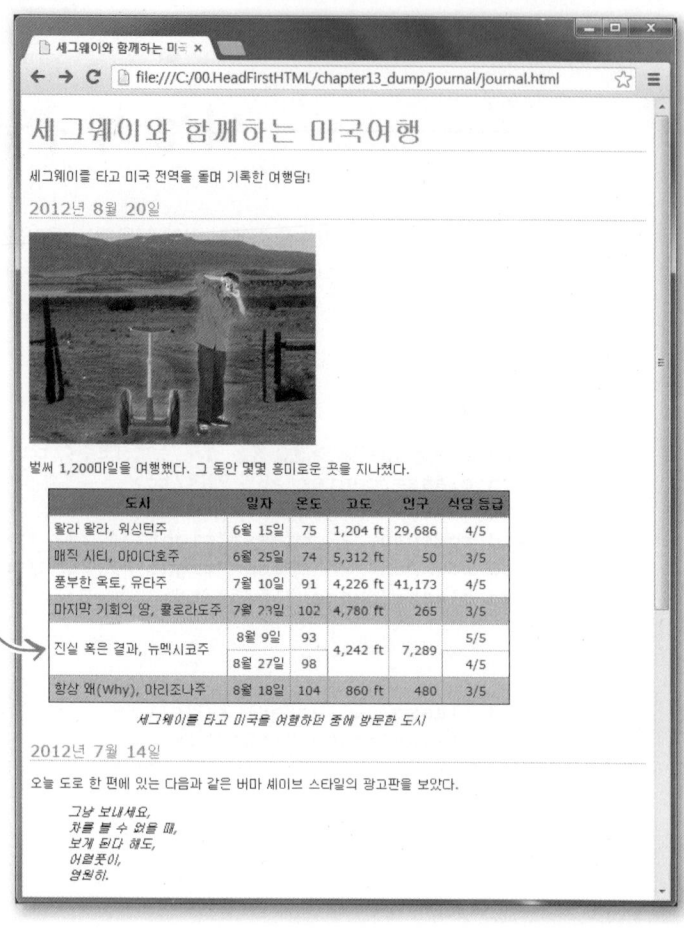

이제 중복된 정보가 빠진, 아주 멋진 테이블이 생겼네요.

바보 같은 질문이란 없습니다

Q: 테이블 데이터가 컬럼도 병합할 수 있다고 얘기 했던 것 같은데요?

A: 예. 맞습니다. ⟨td⟩ 요소에 colspan 속성을 추가해서 컬럼 수를 명시하기만 하면 됩니다. rowspan과는 달리 컬럼을 병합할 때는 같은 행에 있는 테이블의 데이터 요소를 제거하세요(행이 아닌 컬럼을 병합하기 때문이죠).

Q: 같은 ⟨td⟩에서 colspan과 rowspan을 사용할 수 있나요?

A: 물론 사용할 수 있습니다. 행과 컬럼 병합을 이해하려면, 테이블에 있는 다른 ⟨td⟩에 적용해서 확인해 보세요. 다시 말해서, 같은 행과 컬럼에서 대응되는 ⟨td⟩의 수를 제거할 필요가 있을 것입니다.

Q: 정말 이러한 rowspan이 훨씬 보기 좋다고 생각하세요?

A: 확실히 테이블에 있는 정보의 양을 감소시키는데, 일반적으로 보면 매우 좋은 현상입니다. 여러분이 주위에 있는 테이블 몇 개를 살펴본다면 rowspan과 colspan이 꽤 일반적이라는 것을 알게 될 것입니다. 따라서 HTML에서 행과 컬럼을 병합할 수 있다는 것은 대단하다고 할 수 있습니다. 하지만 만약 여러분이 이전의 테이블 형식을 더 좋아한다면 HTML을 변경해서 원래대로 되돌려 놓으세요.

별 5개 중 4개라고?
이 식당은 별 5개를 줘야 해!
테이블에 있는 데이터를
수정하는 게 좋을걸?!

낙원에서의 곤경?

8월 27일의 일기에서 식당 등급에 관해 토니와 테스 간에 의견 차이가 있는 것 같군요. 토니와 테스에게 합의를 하라고 요청할 수도 있지만, 꼭 그래야 할까요? 테이블에 또 다른 등급을 넣을 수 있어야 할 것 같습니다. 하지만 어떻게요? 테스가 검토한 내용만을 위해 새 일기를 추가하는 것은 피하고 싶군요. 그렇다면, 음... 다음과 같이 하면 어떨까요?

도시	일자	온도	고도	인구	식당 등급
왈라 왈라, 워싱턴주	6월 15일	75	1,204 ft	29,686	4/5
매직 시티, 아이다호주	6월 25일	74	5,312 ft	50	3/5
풍부한 옥토, 유타주	7월 10일	91	4,226 ft	41,173	4/5
마지막 기회의 땅, 콜로라도주	7월 23일	102	4,780 ft	265	3/5
진실 혹은 결과, 뉴멕시코주	8월 9일	93	4,242 ft	7,289	5/5
	8월 27일	98			테스 5/5 토니 4/5
항상 왜(Why), 아리조나주	8월 18일	104	860 ft	480	3/5

테이블에 두 사람이 평가한 등급을 각각 넣는 것이 안될 이유는 없지 않나요? 그렇게 하면 좀 더 정확한 정보를 갖게 될 것 같은데요.

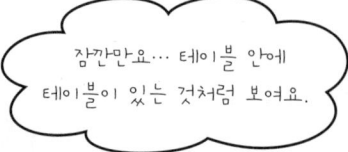

잠깐만요... 테이블 안에 테이블이 있는 것처럼 보여요.

실제로 테이블 안에 테이블이 있기 때문에 그렇습니다. `<td>` 안에 또 다른 `<table>` 요소만 넣으면 됩니다. 어떻게 하면 될까요? 토니와 테스의 점수를 하나로 모아서 나타내는 간단한 테이블을 생성해서 토니의 4/5 등급이 들어 있는 테이블 셀 안으로 넣으면 됩니다. 한번 해 보세요.

```
<tr>
    <td rowspan="2">진실 혹은 결과, 뉴멕시코주</td>
    <td class="center">8월 9일</td>
    <td class="center">93</td>
    <td rowspan="2" class="right">4,242 ft</td>
    <td rowspan="2" class="right">7,289</td>
    <td class="center">5/5</td>
</tr>
<tr>
    <td class="center"> 8월 27일</td>
    <td class="center">98</td>
    <td>
       4/5
        <table>
          <tr>
              <th>테스</th>
              <td>5/5</td>
          </tr>
          <tr>
              <th>토니</th>
              <td>4/5</td>
          </tr>
        </table>
    </td>
</tr>
```

먼저 토니의 예전 등급을 삭제합니다.

그리고 이 곳에 테이블을 넣습니다. 이 테이블은 두 개의 등급을 가지고 있습니다. 하나는 토니, 다른 하나는 테스가 매긴 것입니다. 이들의 이름을 테이블 제목으로 사용하고 등급을 데이터 셀로 사용하고 있네요.

중첩 테이블 시운전

계속해서 새로운 테이블을 입력해 넣으세요. 테이블 입력 시
오류가 발생하기 쉬우므로 검증하고 나서 페이지를 다시 열어
보세요. 새로운 중첩된 테이블이 보일 거예요.

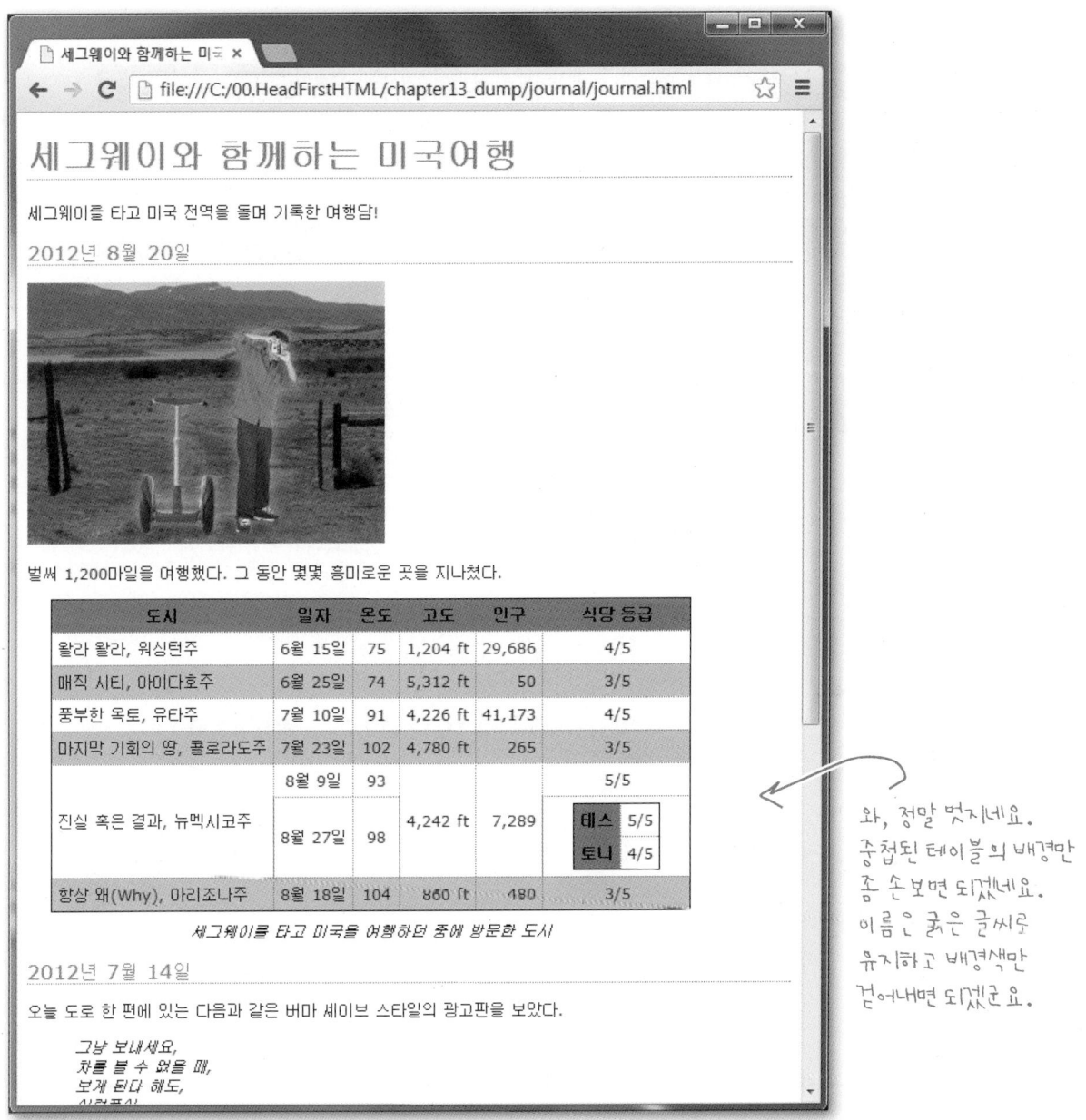

와, 정말 멋지네요.
중첩된 테이블의 배경만
좀 손보면 되겠네요.
이름은 굵은 글씨로
유지하고 배경색만
걷어내면 되겠군요.

브레인 바벨

여러분이 지금껏 배운 내용을 활용할 때가 되었습니다. 여러분이 할 일은 주 테이블은 그대로 두고 토니와 테스만을 위해 만든 중첩 테이블 제목의 배경색을 변경하는 것입니다. 어떻게 하면 될까요? 아마도 중첩된 테이블 제목만을 선택하는 선택자를 찾아야 할 것 같군요.

도시	일자	온도	고도	인구	식당 등급
왈라 왈라, 워싱턴주	6월 15일	75	1,204 ft	29,686	4/5
매직 시티, 아이다호주	6월 25일	74	5,312 ft	50	3/5
풍부한 옥토, 유타주	7월 10일	91	4,226 ft	41,173	4/5
마지막 기회의 땅, 콜로라도주	7월 23일	102	4,780 ft	265	3/5
진실 혹은 결과, 뉴멕시코주	8월 9일	93	4,242 ft	7,289	5/5
	8월 27일	98			테스 5/5 토니 4/5
항상 왜(Why), 아리조나주	8월 18일	104	860 ft	480	3/5

세그웨이를 타고 미국을 여행하던 중에 방문한 도시

중첩된 테이블 제목의 배경색을 흰색으로 변경하고자 합니다.

```
.................................. {

        background-color: white;

}
```

중첩된 테이블 제목 요소만 선택하는 선택자를 결정해 빈칸을 채우세요.

잠깐!
이 연습문제를 풀 때까지 페이지를 넘기지 마세요.

중첩된 테이블 제목에 대해
CSS 재정의하기

여러분은 자손 선택자를 사용하여 중첩된 테이블에 있는 <th> 요소를 대상으로 삼을 수 있습니다. CSS에 새로운 규칙을 추가하고 중첩된 테이블 제목의 배경색을 흰색으로 변경하기 위해 table table th 선택자를 사용하세요.

```
table table th {
    background-color: white;
}
```

이제 journal.css 파일을 저장하고 페이지를 다시 열어 보세요.

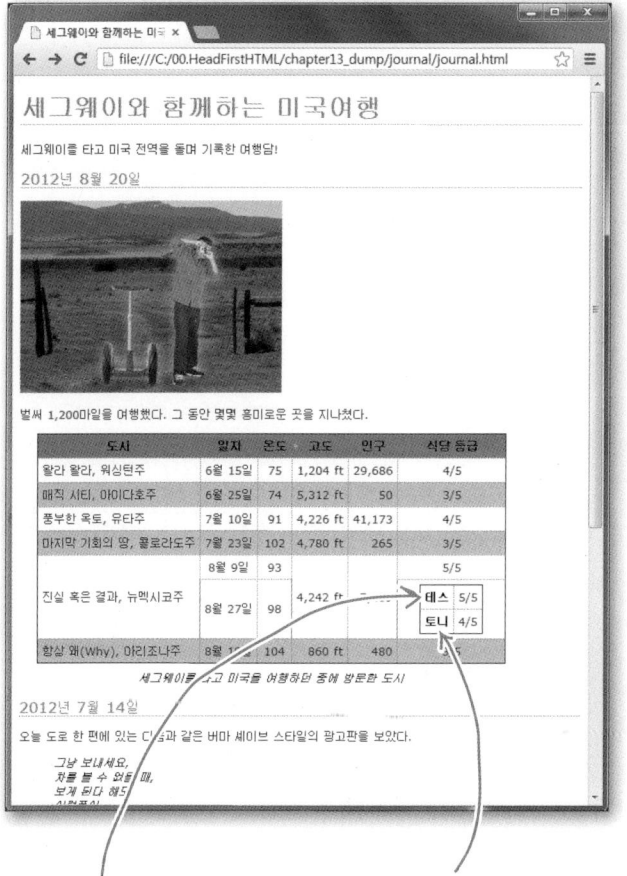

이제 중첩된 테이블에 있는 〈th〉는 흰색 배경을 가지게 되었군요.

하지만 속성을 재정의하지 않아서 여전히 굵은 글씨로 되어있습니다.

Q: 클래스를 사용하여 브레인 바벨 문제를 풀었습니다. 즉, nestedtable이란 이름의 클래스를 생성해서 각 테이블 제목에 할당했습니다. 그리고 다음과 같이 규칙을 생성했습니다.

```
.nestedtable {
    background-color: white;
}
```

이렇게 하는 것도 이 문제의 답이 될 수 있나요?

A: CSS로 문제를 해결하는 여러 가지 방법이 있는데, 특히 여러분의 해결책은 CSS를 사용하는 아주 효과적이고 완벽한 방법입니다. 우리는 자손 클래스를 대신 사용함으로써 HTML에 손 하나 대지 않는다는 점을 지적하고 싶군요. 토니와 테스가 식당에 대한 평가를 계속 추가하면 어떻게 될까요? 그렇게 되면 모든 평가를 확인해야 하고 각각의 〈th〉에 클래스를 추가해야 합니다. 우리가 만든 규칙에 의해 스타일은 자동으로 처리될 거예요.

 브레인 파워

토니와 테스의 테이블 행에 다른 배경색을 넣고 싶군요. 바로 파란색과 핑크색을요. 이렇게 처리할 수 있는 방법에는 몇 가지가 있을까요?

마지막으로 토니의 사이트 광내기

토니의 페이지는 정말 근사해 보이지만, 아직까지 스타일을 미개척한 영역이 한군데 있습니다. 바로 토니가 여행을 위해 준비했던 항목이 포함된 리스트입니다. 6월 2일자 일기에 이 리스트가 있을 거예요. 아래의 내용을 한번 살펴보도록 하죠.

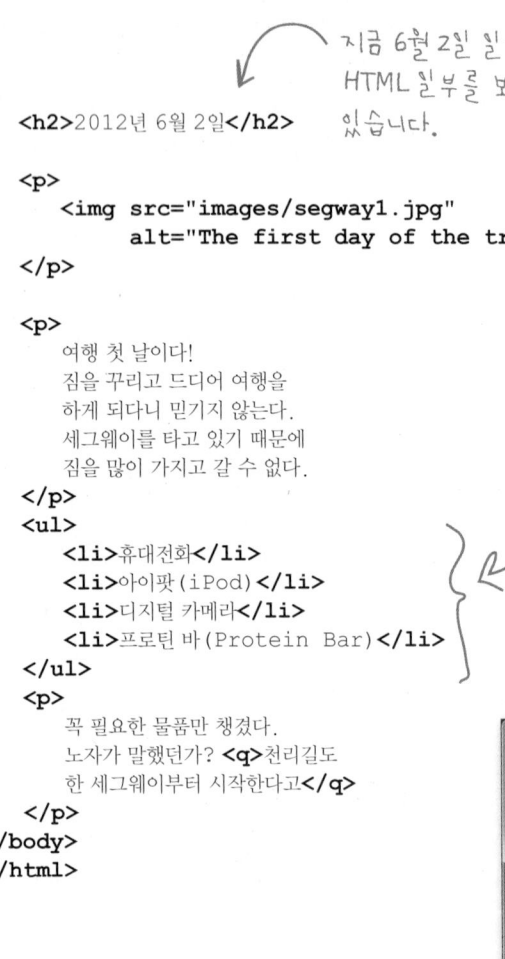

지금 6월 2일 일기의 HTML 일부를 보고 있습니다.

```html
<h2>2012년 6월 2일</h2>

<p>
    <img src="images/segway1.jpg"
        alt="The first day of the trip" />
</p>

<p>
    여행 첫 날이다!
    짐을 꾸리고 드디어 여행을
    하게 되다니 믿기지 않는다.
    세그웨이를 타고 있기 때문에
    짐을 많이 가지고 갈 수 없다.
</p>
<ul>
    <li>휴대전화</li>
    <li>아이팟(iPod)</li>
    <li>디지털 카메라</li>
    <li>프로틴 바(Protein Bar)</li>
</ul>
<p>
    꼭 필요한 물품만 챙겼다.
    노자가 말했던가? <q>천리길도
    한 세그웨이부터 시작한다고</q>
</p>
</body>
</html>
```

여기, 토니의 일기인 journal.html의 하단부가 있습니다. 그의 첫 번째 일기에 짐꾸러미 리스트는가 있었다는 것을 기억하나요?

현재 리스트가 어떻게 보이는지 여기 나와 있군요.

리스트에 몇 가지 스타일 주기

여러분은 이미 기본 CSS 폰트, 텍스트, 색, 다른 속성에 대해 알고 있으므로, 리스트를 포함해 그 어떤 것이든 꾸밀 수 있습니다. 12장에서 리스트에 스타일을 주는 방법을 소개했었고, 리스트에 특화된 속성은 한두 가지 밖에 되지 않으니, 배워야 할 내용은 그리 많지 않습니다. 주요 리스트 속성은 list-style-type이 있는데, 이것을 사용해 리스트에 있는 굵은 점(혹은 '마커'라고도 합니다)을 제어할 수 있습니다. 이를 처리하는 몇 가지 방법이 아래에 나와 있군요.

여기에서 〈li〉 요소에 있는 스타일을 설정하고 있군요. 〈ul〉 요소도 설정할 수 있으며 이것은 〈li〉 요소에 의해 상속될 것입니다.

```
li {
    list-style-type: disc;
}
```

disc는 기본 마커 타입입니다.

```
li {
    list-style-type: circle;
}
```

circle 속성값을 주면 간단한 원 모양의 마커가 만들어집니다.

```
li {
    list-style-type: square;
}
```

square값은 네모난 모양의 마커를 만듭니다.

```
li {
    list-style-type: none;
}
```

none값은 모든 마커를 없앱니다.

사용자 정의 마커를 쓴다면 어떨까요?

토니가 자신이 만든 사용자 정의 마커를 사용하고 싶어한다면 어떻게 해야 할까요?
다행히도 CSS에는 list-style-image란 속성을 사용해 이미지를 마커로 설정할 수
있습니다. 토니의 리스트에 이미지 마커를 적용해 보도록 하죠.

여기에 list-style-image 속성이 있으며,
URL 값을 설정하고 있군요.

```
li {
    list-style-image: url(images/backpack.gif);
    padding-top: 5px;
    margin-left: 20px;
}
```

리스트 항목의 왼편에 빈 공간을
추가하기 위해 마진을 약간 추가하고
있고, 또한 각 리스트 항목 위쪽에
공간을 약간 주려고 위쪽 패딩을
추가하고 있네요.

'backpack.gif'는 이 배낭의
작은 이미지입니다. 그럴듯하게
보이지 않나요? 그리고 토니의
서명 색깔도 근사하지 않나요?

그리고 마지막 시운전

이것이 토니의 사이트에 적용하는 여러분
의 마지막 변경 사항입니다. CSS에 리스트
항목을 위한 규칙을 추가하고 페이지를 다
시 열어 보세요.

마커를 이미지로 대체하고,
약간의 마진과 패딩 공간이
있는 리스트가 생겼습니다.

바보 같은 질문이란 없습니다

Q: 정렬된 리스트는 어떤가요? 어떻게 이들의 스타일을 변경할 수 있나요?

A: 같은 방식으로 정렬된, 정렬되지 않은 리스트를 꾸밀 수 있습니다. 물론, 정렬된 리스트는 점 모양이 아닌 순번이나 문자로 된 마커를 갖고 있을 것입니다. CSS에서 list-style-type 속성을 사용해 정렬된 리스트의 마커를 십진수, 로마 숫자 혹은 알파벳 문자(a, b, c 같은)로 설정할 수 있습니다. 일반적으로는 십진수와 대문자 알파벳, 소문자 알파벳, 대문자 로마 숫자, 소문자 로마 숫자가 사용됩니다. 더 많은 선택 옵션에 대해서는 CSS 레퍼런스를 참조하세요 (그 외에 아주 많은 값이 있습니다).

Q: 리스트 항목에 있는 텍스트는 어떻게 제어할 수 있나요? 다시 말해, 마커와 리스트 항목 텍스트를 제어하려면 어떻게 해야 하죠?

A: list-style-position이란 속성이 있습니다. 이 속성값을 inside로 설정하면, 리스트 항목 텍스트는 마커를 포함해 둘러싸고, outside로 설정하면, 리스트 항목 텍스트는 자신만 둘러쌉니다.

Q: 지금 설명한 내용이 정말 맞나요? 거꾸로 된 것 같은데요.

A: 예. inside와 outside가 실제 무슨 의미인지 설명하도록 하죠. 만약 list-style-position을 inside라고 설정한다면 마커는 리스트 항목 안으로 들어오며, 따라서 텍스트는 마커까지 포함합니다. 만약 outside로 설정한다면 마커는 리스트 항목의 밖으로 오게 되고, 따라서 리스트 항목 텍스트는 자신만 포함하게 되죠. 항목 내부라는 의미는 리스트 항목 박스의 테두리 내부를 의미합니다.

와, 시작할 때보다 이렇게 많이 변하게 될 줄 누가 짐작이나 했겠어요?

테스도 자신의 세그웨이를 타고 저와 함께 남은 미국 일주 여행을 갈 수 있을 거예요. 나중에 또 어딘가에서 만나죠. 그리고 우리 둘 다 웹 페이지를 갱신할 겁니다. 그동안 여러모로 고마웠습니다.

 **핵심정리**

- HTML 테이블은 테이블의 데이터를 구조화하는 데 사용됩니다.

- 테이블 하나를 생성하려면 HTML 테이블 요소인 〈table〉, 〈tr〉, 〈th〉, 〈td〉를 사용하세요.

- 〈table〉 요소는 전체 테이블을 정의하고 묶어줍니다.

- 테이블에서 〈tr〉 요소로 행을 정의합니다.

- 각 행은 하나 이상의 〈td〉 요소로 정의되는 데이터 셀을 포함합니다.

- 데이터 셀의 행 혹은 컬럼 제목에 대해서는 〈th〉 요소를 사용하세요.

- 테이블은 그리드와 유사합니다. 각 행은 HTML에서 〈tr〉…〈/tr〉 행과 대응되며, 각 컬럼은 행에 있는 〈td〉…〈/td〉 콘텐츠와 대응됩니다.

- 〈caption〉 요소를 사용해 테이블에 대한 추가 정보를 제공할 수 있습니다.

- 테이블에는 border-spacing 속성이 있는데, 이는 셀 사이의 공간을 나타냅니다.

- 테이블 데이터 셀은 패딩, 테두리를 가질 수 있습니다.

- 요소의 패딩, 테두리, 마진을 제어할 수 있는 것처럼 CSS로 테이블 셀의 패딩, 테두리, 테두리 공간을 제어할 수 있습니다.

- border-collapse 속성은 테이블만을 위한 특별한 CSS 속성으로, 이를 사용해 테이블을 좀 더 깔끔하게 보이도록 셀 테두리를 하나의 테두리로 합칠 수 있습니다.

- text-align과 vertical-align CSS 속성으로 테이블 셀에 있는 데이터의 정렬 방법을 수정할 수 있습니다.

- background-color 속성으로 테이블에 색을 추가할 수 있습니다. 배경색은 전체 테이블, 각각의 행, 각 데이터 셀에 추가될 수 있습니다.

- CSS nth-child 의사클래스를 사용해 테이블에 있는 다른 모든 행에 배경색을 추가할 수 있습니다.

- 데이터 셀에 데이터가 없다면 〈td〉 요소에 내용을 넣지 마세요. 어쨌거나 테이블의 정렬 방법을 유지하려면 〈td〉…〈/td〉 요소를 사용할 필요가 있습니다.

- 만약 데이터 셀에서 여러 행이나 컬럼을 병합할 필요가 있다면 〈td〉 요소의 rowspan 혹은 colspan 속성을 사용할 수 있습니다.

- 데이터 셀 안에 〈table〉 요소와 이 요소의 모든 콘텐츠를 넣어 테이블 내부에 테이블을 중첩할 수 있습니다.

- 테이블은 페이지를 배치하기 위한 목적이 아닌 표를 위한 데이터를 위해 사용되어야 합니다. 11장에서 설명했듯이 여러 개의 컬럼 페이지 레이아웃을 생성하려면 CSS table display를 사용하세요.

- 리스트는 다른 요소처럼 CSS를 이용해 꾸밀 수 있습니다. list-style-type과 list-style-image 같은 리스트에 특화된 몇 가지 CSS 속성이 있습니다.

- list-style-type 속성을 사용해 리스트에서 사용되는 마커의 유형을 변경할 수 있습니다.

- list-style-image 속성을 사용해 이미지로 리스트 마커를 만들 수 있습니다.

HTML 십자 퍼즐

십자 퍼즐은 테이블처럼 보입니다. 그렇지 않나요? 여러분의 왼쪽 뇌를 운동시키고
이 퍼즐을 풀어보세요. 정답은 이 장에서 모두 배운 것입니다.

spans
caption (캡션)
headings (제목)
list-style-position
border-collapse
marker (마커)
list-style-image
data (데이터)
margins (마진)
wrapping (둘러싸기)
top (상단)
nested (중첩)
rows (행)
layout (레이아웃)
list-style-type
border-spacing

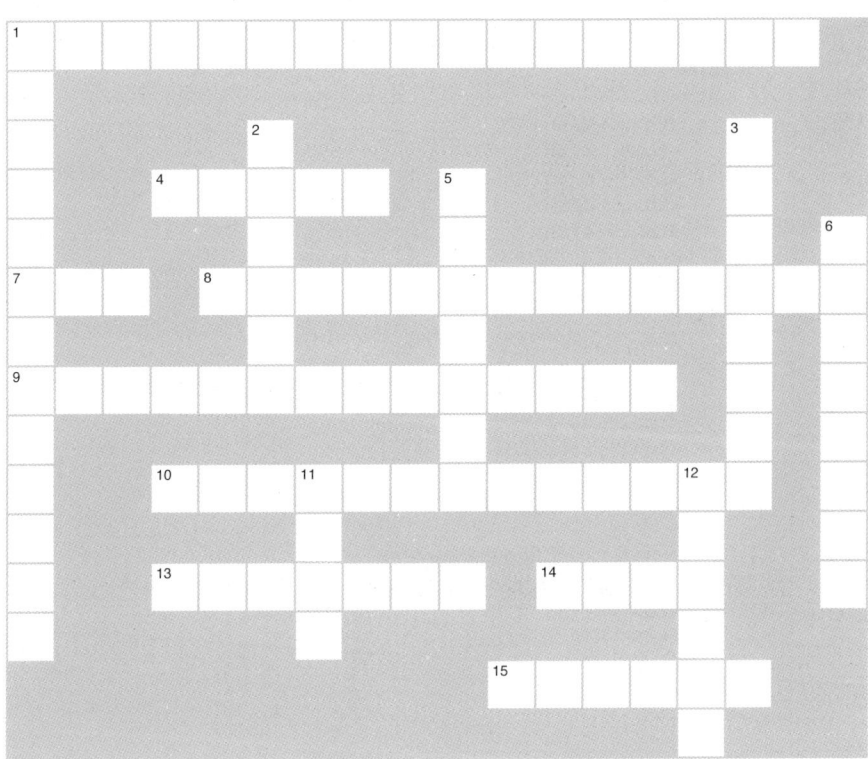

가로

1. 리스트 항목 테두리 내부 혹은 외부에 마커가 있는지를
   제어하기 위해 사용됩니다.
4. 하나 이상의 행이나 컬럼을 사용할 때 데이터 셀이 사용
   하는 것
7. 캡션의 기본 위치
8. 테두리를 병합하기 위해 사용되죠.
9. 여러분의 리스트에 이미 만들어진 마커 대신에 이미지를
   사용하기 위해 이 속성을 사용합니다.
10. 테두리 사이의 영역
13. 테이블을 표시하기 위해 짧은 설명을 추가합니다.
14. 컬럼이 아닌 이것에 의해 HTML 테이블을 명시하죠.
15. 리스트의 이것의 유형을 굵은점(bullets)이라 부릅니다.

세로

1. 리스트 마커를 변경하기 위해 이 속성을 사용합니다.
2. 테이블을 이 용도로는 사용하지 마세요.
3. list-style-position은 리스트 항목 텍스트 _____의
   동작을 제어하는데 사용될 수 있죠.
5. 테이블 셀은 패딩과 테두리를 가지고 있지만, 이것은
   가지고 있지 않습니다.
6. 〈th〉는 이것을 위한 것입니다.
11. 〈td〉는 이것을 위한 것입니다.
12. 다른 테이블 내부에 있는 테이블을 이것이라 부릅니다.

먼저 이전 페이지에 있는
'토니의 테이블 테스트'
HTML을 작성하세요.
직접 일일이 입력하는
것이 지루할 수도 있지만,
여러분의 머릿속에
〈table〉, 〈tr〉, 〈th〉,
〈td〉 태그의 구조를
익히는 데 도움이 될
것입니다. 입력이 끝나면
테스트해 보고, 토니의
테이블에 있는 나머지
항목을 추가하세요.
이것 역시 테스트해
보세요.

```html
<!DOCTYPE html>
<html>
<head>
    <meta charset="utf-8">
    <style type="text/css">
        td, th {border: 1px solid black;}
    </style>
    <title>토니의 테이블 테스트</title>
</head>
<body>
    <table>
        <tr>
            <th>도시</th>
            <th>일자</th>
            <th>기온</th>
            <th>고도</th>
            <th>인구</th>
            <th>식당 등급</th>
        </tr>
        <tr>
            <td>왈라 왈라, 워싱턴주</td>
            <td>6월 15일</td>
            <td>75</td>
            <td>1,204 ft</td>
            <td>29,686</td>
            <td>4/5</td>
        </tr>
        <tr>
            <td>매직 시티, 아이다호주</td>
            <td>6월 25일</td>
            <td>74</td>
            <td>5,312 ft</td>
            <td>50</td>
            <td>3/5</td>
        </tr>
        <tr>
            <td>풍부한 옥토, 유타주</td>
            <td>7월 10일</td>
            <td>91</td>
            <td>4,226 ft</td>
            <td>41,173</td>
            <td>4/5</td>
        </tr>
        <tr>
            <td>마지막 기회의 땅, 콜로라도주</td>
            <td>7월 23일</td>
            <td>102</td>
            <td>4,780 ft</td>
            <td>265</td>
            <td>3/5</td>
        </tr>
```

다음 페이지에서 계속 ⟶

연습문제
정답
계속

```
            <tr>
                <td>진실 혹은 결과, 뉴멕시코주</td>
                <td>8월 9일</td>
                <td>93</td>
                <td>4,242 ft</td>
                <td>7,289</td>
                <td>5/5</td>
            </tr>
            <tr>
                <td>항상 왜(Why), 아리조나주</td>
                <td>8월 18일</td>
                <td>104</td>
                <td>860 ft</td>
                <td>480</td>
                <td>3/5</td>
            </tr>
        </table>
    </body>
</html>
```

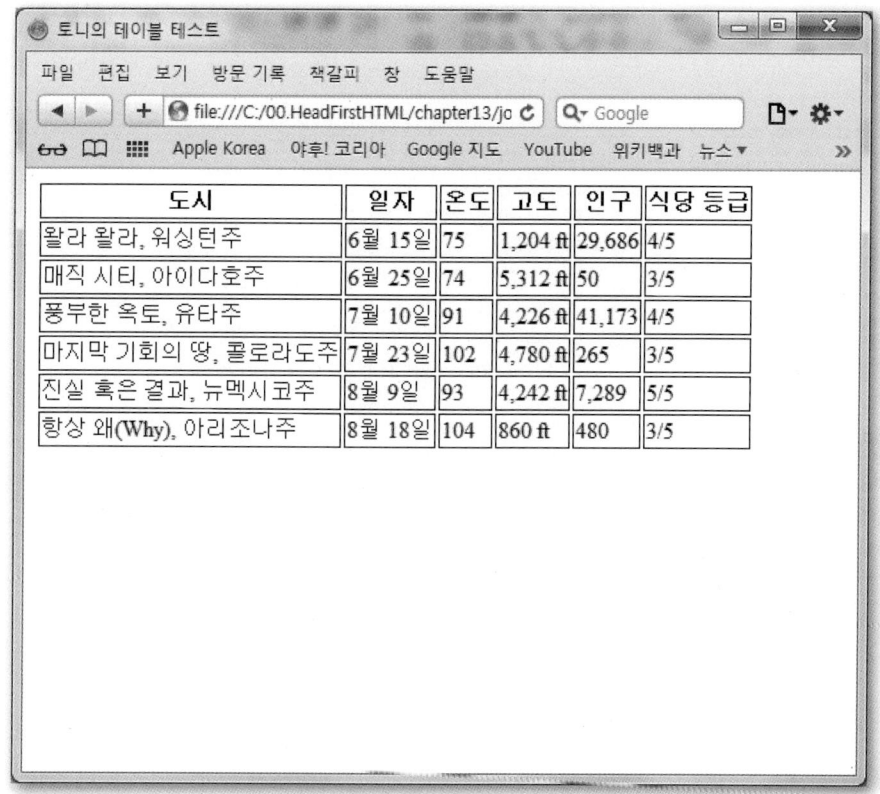

브라우저가 되어
봅시다! 정답

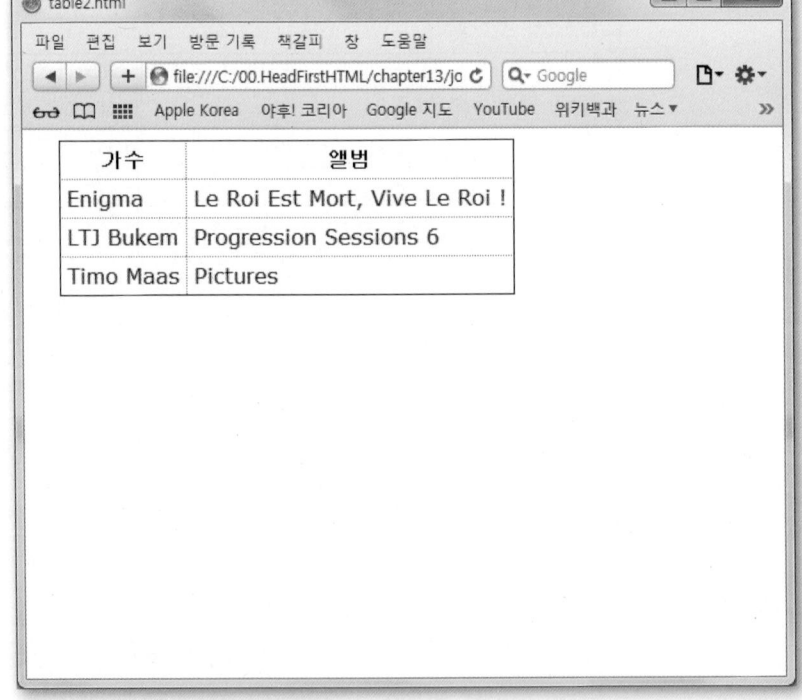

왼쪽에 테이블에 대한 HTML이 있습니다.
이번 임무는 여러분이 브라우
저가 되었다고 생각하고
테이블을 보여주는 것입
니다. 여기에 정답이 있
습니다.

```
<table>
    <tr>
        <th>가수</th>
        <th>앨범</th>
    </tr>
    <tr>
        <td>Enigma</td>
        <td>Le Roi Est Mort, Vive Le Roi!</td>
    </tr>
    <tr>
        <td>LTJ Bukem</td>
        <td>Progression Sessions 6</td>
    </tr>
    <tr>
        <td>Timo Maas</td>
        <td>Pictures</td>
    </tr>
</table>
```

HTML을 정렬해서 훨씬
읽기 쉬워졌습니다.

가수	앨범
Enigma	Le Roi Est Mort, Vive Le Roi !
LTJ Bukem	Progression Sessions 6
Timo Maas	Pictures

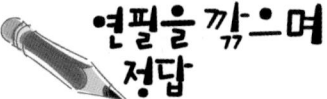

연필을 깎으며
정답

두 줄로 된 점선때문에 토니의 테이블이 산만해 보입니다. 만약 각 테이블 셀 주변에 테두리를 한 개만 줄 수 있다면 테이블의 질도 떨어뜨리지 않고도 훨씬 보기 좋아질 거예요. 방금 배웠던 내용을 바탕으로 이렇게 처리하는 방법을 생각해 낼 수 있겠어요? border-spacing 속성을 0으로 설정해서 테두리 사이의 공간을 제거할 수 있습니다.

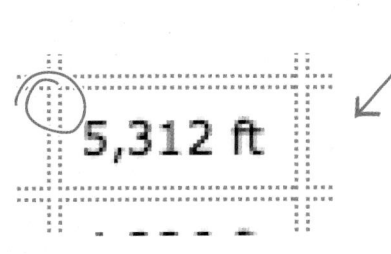

빈 공간을 0으로 설정하기 위해 border-spacing 속성값을 0으로 설정할 수 있습니다. 이렇게 하면 두 선 사이 공간이 없어질 거예요.

```
table {
    margin-left: 20px;
    margin-right: 20px;
    border: thin solid black;
    caption-side: bottom;
    border-spacing: 0px;
}
```

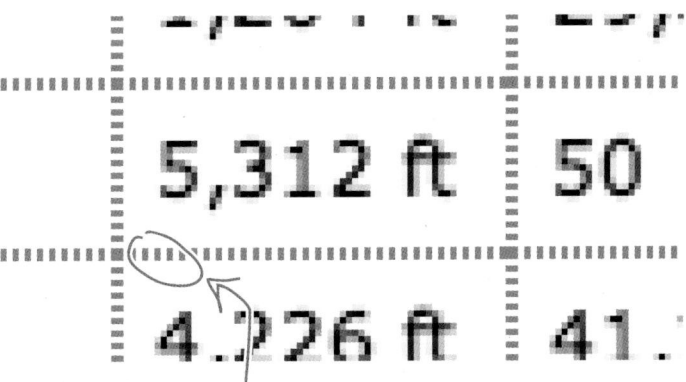

더 나아지긴 했지만 여전히 선이 두 개고 서로 붙어 있습니다. 결과적으로 두 배로 두꺼운 점선 테두리가 생겼습니다. 셀 사이에 테두리 하나만 넣는 것이 좋지 않겠어요?

연필을 깎으며 정답

일자, 온도, 식당 등급을 중앙 정렬하고 싶다고 했었죠.
고도와 인구는 오른쪽 정렬하는 것은 어떨까요?
여기 정답이 있습니다.

```css
.center {
    text-align: center;
}
.right {
    text-align: right;
}
```

여기에 두 개 클래스가
있군요. 하나는 가운데로,
다른 하나는 오른쪽으로
정렬하기 위한 것입니다.

```html
<table >
 <caption>세그웨이를 타고 미국을 여행하던 중에 방문한 도시</caption>
   <tr>
       <th>도시</th>
       <th>일자</th>
       <th>기온</th>
       <th>고도</th>
       <th>인구</th>
       <th>식당 등급</th>
   </tr>
   <tr>
       <td>왈라 왈라, 워싱턴주</td>
       <td class="center">6월 15일</td>
       <td class="center">75</td>
       <td class="right">1,204 ft</td>
       <td class="right">29,686</td>
       <td class="center">4/5</td>
   </tr>
   <tr>
       <td>매직 시티, 아이다호주</td>
       <td class="center">6월 25일</td>
       <td class="center">74</td>
       <td class="right">5,312 ft</td>
       <td class="right">50</td>
       <td class="center">3/5</td>
   </tr>
   .
   .
   .
</table>
```

그리고 여기에서 해당 클래스를
각 <td>에 추가하는 군요!

연습문제 정답

매직 시티, 마지막 기회의 땅, 항상 왜(Why)에 색을 추가하기 위해, 다음과 같이 행에 있는 <tr> 시작
태그에 class="cellcolor" 속성을 추가했군요.

```html
<tr class="cellcolor">
    <td>매직 시티, 아이다호주</td>
    ...
</tr>
```

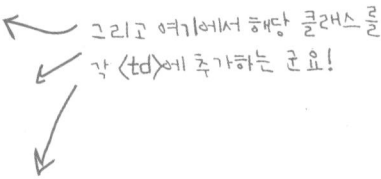

도시	일자	온도	고도	인구	식당 등급
왈라 왈라, 워싱턴주	6월 15일	75	1,204 ft	29,686	4/5
매직 시티, 아이다호주	6월 25일	74	5,312 ft	50	3/5
풍부한 목토, 유타주	7월 10일	91	4,226 ft	41,173	4/5
마지막 기회의 땅, 콜로라도주	7월 23일	102	4,780 ft	265	3/5
진실 혹은 결과, 뉴멕시코주	8월 9일	93	4,242 ft	7,289	5/5
항상 왜(Why), 아리조나주	8월 18일	104	860 ft	480	3/5

나는 누구일까요?
정답

각 〈td〉 요소에서 이에 대응되는 테이블 셀로 화살표를
그려 보세요. 여기 정답이 나와 있습니다.

```
<tr>
   <td rowspan="2">진실 혹은 결과, 뉴멕시코주</td>
   <td class="center">8월 9일</td>
   <td class="center">93</td>
   <td rowspan="2" class="right">4,242 ft</td>
   <td rowspan="2" class="right">7,289</td>
   <td class="center">5/5</td>
</tr>
<tr>

   <td class="center">8월 27일</td>
   <td class="center">98</td>

   <td class="center">4/5</td>
</tr>
```

| 진실 혹은 결과, 뉴멕시코주 | 8월 9일 | 93 | 4,242 ft | 7,289 | 5/5 |
| | 8월 27일 | 98 | | | 4/5 |

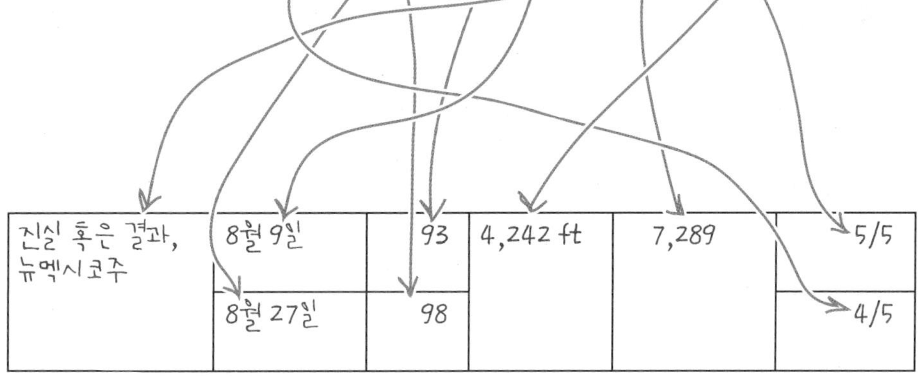

중요한 연습문제 정답

의사클래스가 있는 매직시티, 마지막 기회의 땅, 항상 왜(Why) 테이블 행에 색을 추가하기 위해,
nth-child(odd) 의사클래스를 시용해서 테이블의 홀수 〈tr〉행을 선택했습니다.

```
tr:nth-child(odd) {
   background-color: #fcba7a;
}
```

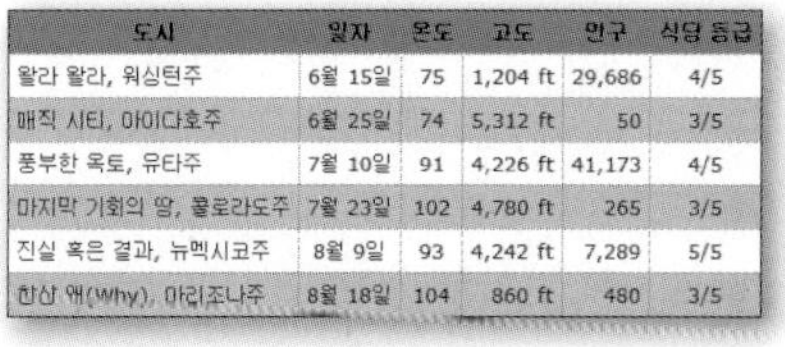

도시	일자	온도	고도	만구	식당 등급
왈라 왈라, 워싱턴주	6월 15일	75	1,204 ft	29,686	4/5
매직 시티, 아이다호주	6월 25일	74	5,312 ft	50	3/5
풍부한 옥토, 유타주	7월 10일	91	4,226 ft	41,173	4/5
마지막 기회의 땅, 콜로라도주	7월 23일	102	4,780 ft	265	3/5
진실 혹은 결과, 뉴멕시코주	8월 9일	93	4,242 ft	7,289	5/5
항상 왜(Why), 아리조나주	8월 18일	104	860 ft	480	3/5

브레인 바벨 정답

여러분이 해왔던 훈련에 의지할 때가 되었습니다. 여러분이 할 일은 주 테이블은 그대로 두고 토니와 테스만을 위해 만든 중첩 테이블 제목의 배경색을 변경하는 것입니다. 어떻게 하면 될까요? 아마도 중첩된 테이블 제목만을 선택하는 선택자를 찾아야 할 것 같군요.

중첩된 테이블의 제목만을 선택하기 위해 자손 선택자를 사용할 수 있습니다. 여기에 그 방법이 나와 있습니다.

(1) 바깥 테이블을 선택하는 것부터 시작합니다.

도시	일자	온도	고도	인구	식당 등급
왈라 왈라, 워싱턴주	6월 15일	75	1,204 ft	29,686	4/5
매직 시티, 아이다호주	6월 25일	74	5,312 ft	50	3/5
풍부한 옥토, 유타주	7월 10일	91	4,226 ft	41,173	4/5
마지막 기회의 땅, 콜로라도주	7월 23일	102	4,780 ft	265	3/5
진실 혹은 결과, 뉴멕시코주	8월 9일	93	4,242 ft	7,28	5/5
	8월 27일	98			테스 5/5 / 토니 4/5
항상 왜(Why), 아리조나주	8월 18일	104	860 ft	480	3/5

(2) 그러고 나서 안쪽의 테이블을 선택합니다.

(3) 그리고 테이블 제목을 선택합니다.

```
   (1)      (2)      (3)
table table th {
    background-color: white;
}
```

중첩된 테이블 제목 요소만 선택하기 위해 선택자를 결정하세요.

HTML 십자 퍼즐 정답

	L	I	S	T	S	T	Y	L	E	P	O	S	I	T	I	O	N	
	I																	
	S					L						W						
	T			S	P	A	N	S		M		R						
	S					Y				A		A			H			
	T	O	P		B	O	R	D	E	R	C	O	L	L	A	P	S	E
	Y				U				G			P			A			
	L	I	S	T	S	T	Y	L	E	I	M	A	G	E		D		
	E				N				N			I			I			
	T			B	O	R	D	E	R	S	P	A	C	I	N	G		N
	Y				A						E				G			
	P			C	A	P	T	I	O	N		R	O	W	S			
	E				A						T							
							M	A	R	K	E	R						
										D								

14 html 폼

대화식 페이지 만들기

> 응, 방금 폼을 받았어.
> 지금 서버에서 체크하는 중이야.
> 끝나면 바로 응답해줄게.

지금까지 여러분의 모든 웹 통신은 페이지에서 방문자로 향하는 단방향 통신이었습니다.

어머나. 여러분이 만든 사이트를 방문하는 방문자의 피드백을 받을 수 있다면 근사하지 않겠어요? 그래서 바로 HTML 폼(form)이 등장하게 되었습니다. 일단 폼이 있는 페이지가 활성화되면(웹 서버의 도움을 약간 받아), 여러분의 페이지는 고객들의 피드백을 수집해서 온라인 주문을 받고, 다음 단계로 온라인 게임으로 이동하거나 'hot or not'(역주, 미국에서 얼굴을 평가해 주는 사이트) 콘테스트에서 투표 결과를 수집할 수 있습니다. 이 장에서 여러분은 웹 폼을 생성하기 위해 협력하고 있는 HTML 요소로 이루어진 전체 팀을 만나게 될 것입니다. 또한 폼을 지원하기 위해 서버의 무대 뒤에서 무슨 일이 일어나고 있는지도 배우고, 이 폼을 멋지게 유지하는 법도 다루도록 하죠.

폼 동작 방식

이왕 웹을 사용할 거라면 여러분은 폼(form)이 무엇인지 알아야 합니다. 하지만 실제로 폼이 HTML과 어떤 관계인지 생각해 본 적은 없었을 겁니다. 폼은 기본적으로 정보를 넣을 수 있는 입력 필드를 가진 웹 페이지입니다. 폼이 전송(submitted)되면 폼에 있는 정보는 묶여서 서버 스크립트에 의해 웹 서버로 보내집니다. 이 과정이 끝났을 때, 여러분이 얻는 것은 무엇일까요? 물론 응답으로 오는 또 다른 웹 페이지를 얻을 수 있습니다. 어떤 식으로 동작하는지 한번 자세히 살펴봅시다.

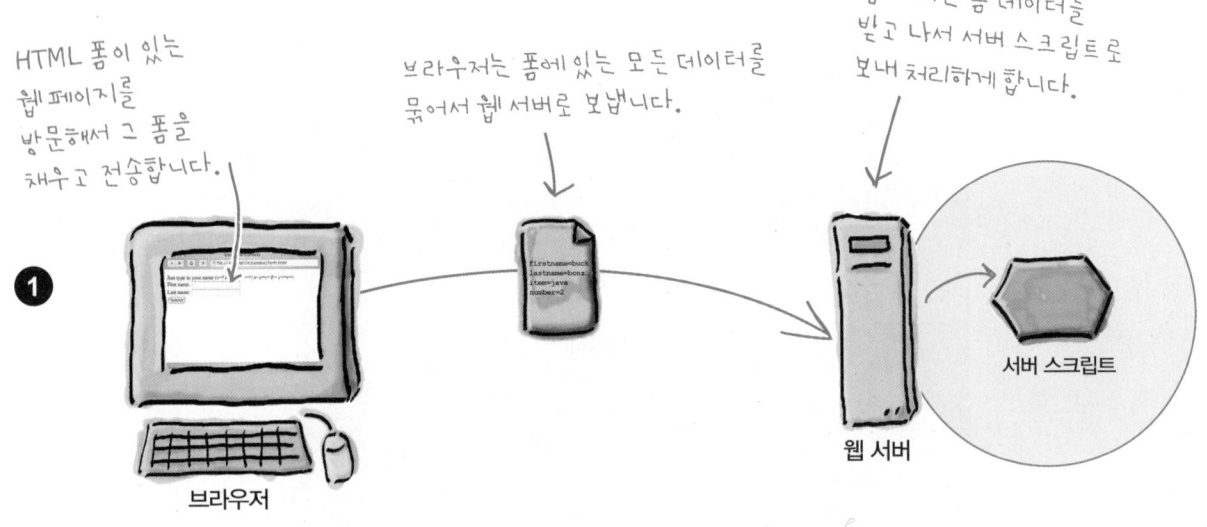

HTML 폼이 있는 웹 페이지를 방문해서 그 폼을 채우고 전송합니다.

브라우저는 폼에 있는 모든 데이터를 묶어서 웹 서버로 보냅니다.

웹 서버는 폼 데이터를 받고 나서 서버 스크립트로 보내 처리하게 합니다.

서버 스크립트

웹 서버

브라우저

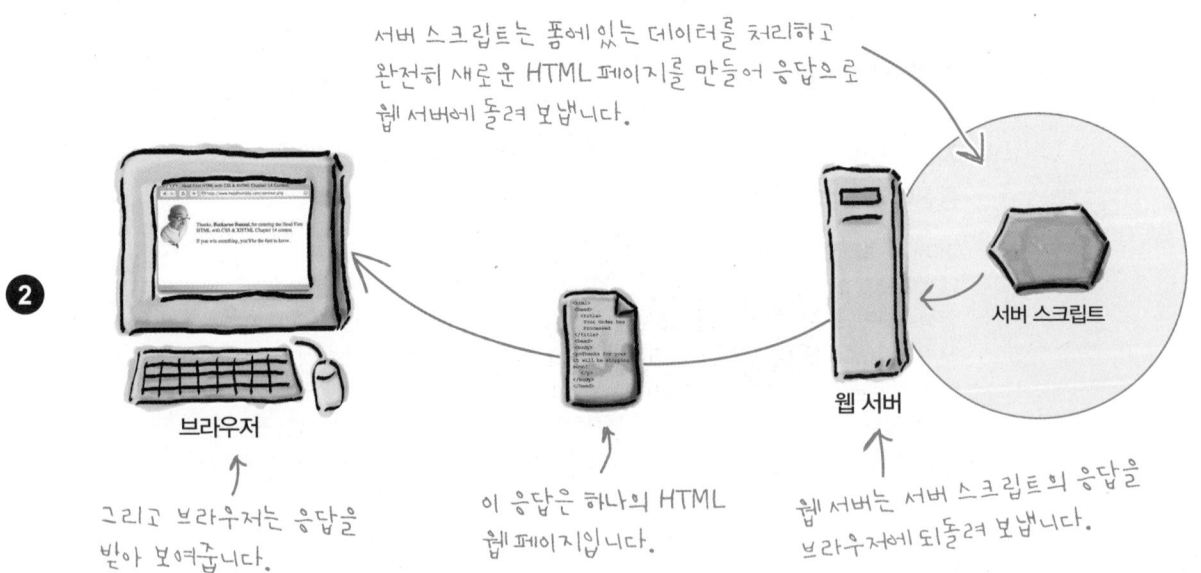

서버 스크립트는 폼에 있는 데이터를 처리하고 완전히 새로운 HTML 페이지를 만들어 응답으로 웹 서버에 돌려 보냅니다.

서버 스크립트

웹 서버

브라우저

그리고 브라우저는 응답을 받아 보여줍니다.

이 응답은 하나의 HTML 웹 페이지입니다.

웹 서버는 서버 스크립트의 응답을 브라우저에 되돌려 보냅니다.

브라우저에서 폼 작동 방법

브라우저에 있어서 폼은 페이지에 있는 HTML의 작은 한 부분일 뿐입니다. 몇 가지 새로운 요소를 추가해 페이지에서 폼을 쉽게 생성할 수 있습니다. 브라우저 입장에서 보는 폼의 작동 방식이 아래에 나와 있군요.

브라우저가 페이지를 엽니다.

브라우저는 항상 그래 왔듯이 페이지를 위해 HTML을 가져온 뒤 form 요소를 만났을 때 여러 가지 종류의 데이터를 입력할 수 있도록 페이지에 컨트롤을 생성합니다. 컨트롤은 버튼이나 텍스트 입력박스 혹은 드롭다운 메뉴 같은 것으로, 기본적으로 데이터를 입력할 수 있지요.

데이터를 입력합니다.

컨트롤을 사용해서 데이터를 입력합니다. 컨트롤의 유형에 따라 여러 가지 형태로 입력할 수 있는데, 텍스트 컨트롤에 텍스트 한 줄을 넣거나, 체크박스 컨트롤에 여러 가지 선택 항목을 클릭할 수 있습니다. 앞으로 여러 종류의 컨트롤에 대해 간단하게 살펴볼 것입니다.

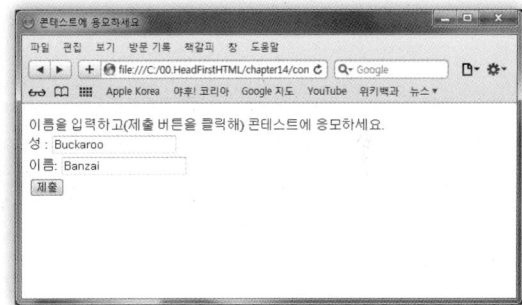

폼을 전송합니다.

제출(submit) 버튼을 클릭해서 폼을 전송합니다. 모든 데이터를 묶어서 서버로 보내는 것이 브라우저의 임무죠.

서버가 응답합니다.

일단 서버가 폼 데이터를 확보하면 이를 처리하기 위해 적당한 서버 스크립트에 데이터를 넘깁니다. 이렇게 처리한 결과는 완전히 새로운 HTML 페이지로 만들어져 브라우저로 되돌아가고, 이 역시 HTML이므로 브라우저는 여러분을 위해 화면상에 보여줍니다.

HTML에서 작성할 내용

HTML로 폼을 생성하는 데 있어 아주 심오한 미스터리 같은 내용은 없습니다. 실제로 이 장에서 여러분은 폼을 만들기 위해 함께 작업하는 완전히 새로운 한 벌의 HTML 요소를 만날 것입니다. 폼에 대한 감각을 느낄 수 있는 가장 좋은 방법은 HTML을 간단히 살펴보고 나서 직접 작성하는 것입니다. 여기에 나와 있는 폼을 검토해 봅시다.

```html
<!DOCTYPE html>
<html>
    <head>
        <meta charset="utf-8">
        <title>콘테스트에 응모하세요</title>
    </head>
    <body>
```

이젠 이 모든 것이 여러분에게는 오래된 모자처럼 익숙할 거예요.

여기에 폼이 있군요.

```html
<form action="http://wickedlysmart.com/hfhtmlcss/contest.php"
    method="POST">
```

<form> 요소입니다.

(A)
```html
    <p>이름을 입력하고(제출 버튼을 클릭해) 콘테스트에
    응모하세요. <br>
```

(B)
```html
    성: <input type="text" name="firstname" value=""> <br>
```
(C)
```html
    이름: <input type="text" name="lastname" value=""> <br>
```
(D)
```html
    <input type="submit">
```

그리고 요소 한 묶음이 폼에 중첩되어 있군요.

```html
    </p>
</form>
```

```html
    </body>
</html>
```

지금 당장 폼을 자세히 살펴보고, 그 안에 무엇이 있는지 한번 보세요. 앞으로 이 장에서 모든 세부적인 사항에 대해 알아볼 것입니다.

브라우저가 생성하는 것

<form> 요소를 사용해서 폼을 생성한다니 놀라운 일입니다. 블록 수준의 모든 요소도 <form> 요소 안으로 들어갈 수 있지만, 폼을 위해 특별히 만들어진 완전히 새로운 요소들이 있습니다. 텍스트박스, 체크박스, 선택 메뉴 등은 각각 다른 방식으로 정보를 입력하는 폼 요소입니다. 이 모든 요소를 검토하기 전에, 먼저 이전 페이지에 있는 HTML을 다른 각도에서 다시 살펴보고, <form> 요소 내부에 있는 요소와 콘텐츠가 페이지에서 어떻게 보이는지 알아보겠습니다.

여기에 폼에 있는 일반 문단 텍스트가 있군요.

그리고 여기에는 성과 이름을 넣는 두 개의 텍스트 컨트롤이 있습니다. HTML에서는 <input> 요소를 사용하여 이것들을 생성합니다.

그리고 여기에 제출(혹은 Submit) 버튼이 있습니다.

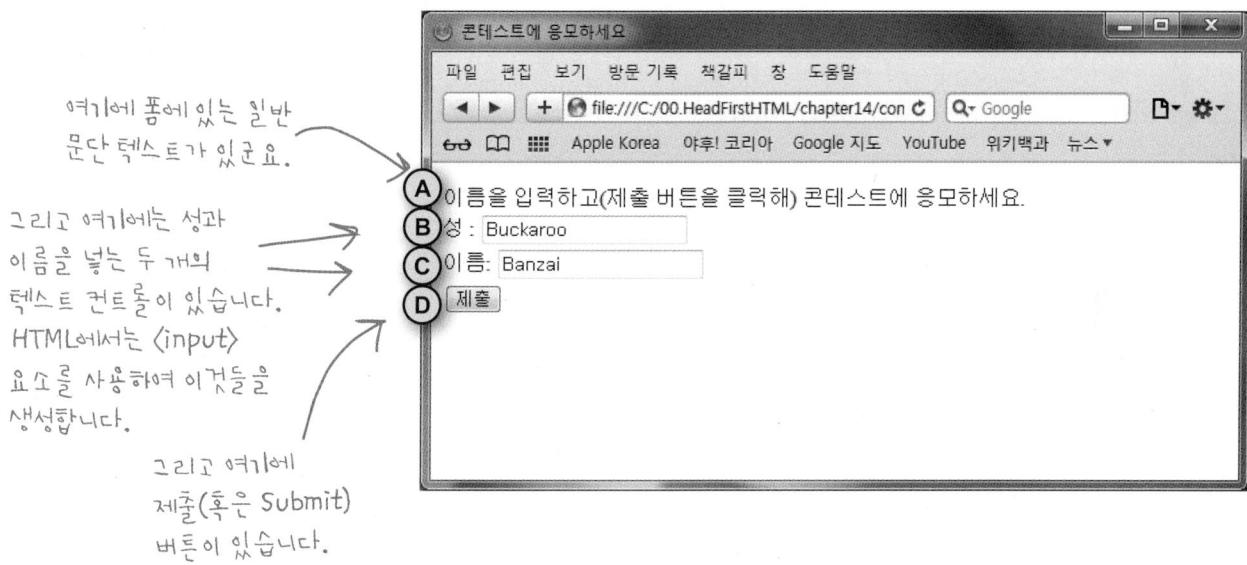

chapter14/contest 폴더를 보면 위에 있는 파일이 있을 거예요. 파일을 열고, 살펴본 후 브라우저에서 다시 열고 **콘테스트에 응모해 보세요.**

<form> 요소 동작 방식

<form> 요소를 자세히 살펴봅시다. 이 요소에는 폼을 구성하는 모든 요소가 들어 있을 뿐만 아니라 폼을 전송할 때 어디로 보내야 하는지도 브라우저에 알려줍니다(그리고 브라우저는 그것을 보내기 위해 method를 사용합니다).

여기 시작태그가 있군요. 폼에 있는 모든 것이 들어갑니다.

action 속성에는 웹 서버의 URL이 들어 있고

이 폴더에는 스크립트가 들어있으며

폼 데이터를 처리할 서버 스크립트 이름도 있네요.

method 속성은 어떻게 폼 데이터가 서버로 전송될지를 결정합니다. 가장 일반적인 방식인 POST 방식을 사용하고 있군요. 이 장의 후반부에서 데이터를 전송하는 다른 방법과, POST를 사용하는 이유, 사용하지 않는 이유도 알아볼 겁니다.

```
<form action="http://wickedlysmart.com/hfhtmlcss/contest.php" method="POST">
```

여러분의 폼 안에 있는 모든 것이 여기 있네요.

```
</form>
```

그리고 종료태그는 폼을 끝냅니다.

이보세요 wickedlysmart.com 씨. 사용자들이 폼을 전송하려고 방금 버튼을 클릭했습니다. 난 POST를 경유해서 당신에게 보낼 폼 데이터를 몇 개 갖고 있습니다. 'hfhtmlcss' 폴더에 있는 'contest.php' 서버 스크립트 앞으로 보냈어요.

브라우저

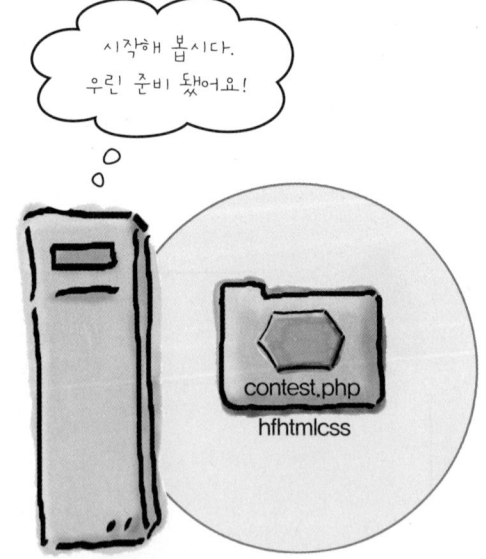

시작해 봅시다. 우린 준비 됐어요!

contest.php

hfhtmlcss

wickedlysmart.com

좋아요, 저도 HTML 폼을 갖고 있어요 (쉬운 것처럼 보이네요). 하지만 어디에서 서버 스크립트를 얻을 수 있죠? 혹은 어떻게 서버 스크립트를 만들어야 하나요?

좋은 질문입니다

서버 스크립트를 만드는 것은 그 자체로도 완전히 새로운 문제이며, 이 책의 범위를 넘어서는 내용입니다. 글쎄요, 이 내용을 다루도록 노력은 해보겠지만 이 책에서는 대략적인 설명만 하는 것으로 끝내겠습니다.

어쨌거나... 서버 스크립트를 만들려면 여러분의 호스팅 회사가 지원하는 스크립팅 혹은 프로그래밍 언어를 알아야만 합니다. 대부분의 호스팅 회사들은 PHP, 펄, 파이썬, Node.js, 자바 같은 언어를 지원하며, 만약 여러분이 이 주제에 흥미가 있다면 아마도 서버 스크립트를 생성하기 위해 특별히 출간된 책을 하나 집어들지도 모르겠군요. 그리고 여러분의 호스팅 회사에 대해서 알아보세요. 그들은 종종 고객들에게 간단한 스크립트를 제공하여 여러분 스스로 이러한 스크립트를 쉽게 제작할 수 있도록 합니다.

이 장을 위해 여러분에게 필요한 모든 서버 스크립트를 이미 만들어 놓았습니다. 여러분은 <form> 요소에 있는 action 속성에 해당 스크립트 URL을 넣기만 하면 됩니다.

폼 안에 어떤 것을 넣을 수 있을까요?

폼 안으로 어떤 블록 요소이든지 그럭저럭 집어넣을 수 있지만, 사실 이 내용은 지금 당장
관심사는 아닙니다. 우리는 브라우저에서 컨트롤을 생성하는 폼 요소에 관심이 있습니다.
폼의 세계에서 많은 역할을 수행하는 <input> 폼 요소부터 살펴보기로 하죠.

텍스트 입력박스

text ⟨input⟩ 요소는 한 줄짜리 텍스트를 입력하기
위한 컨트롤입니다. 선택 가능한 속성으로 이 컨트
롤의 너비와 최대로 입력 가능한 문자의 개수를 설
정할 수 있습니다.

Name: Buckaroo Banzai

'text'라는 type의 속성을 가진
⟨input⟩ 요소는 브라우저 페이지에서
한 줄짜리 컨트롤을 생성합니다.

대부분의 폼 요소는 서버 스크립트에서
사용할 이름이 필요합니다. 조금 뒤에
이것이 어떻게 동작하는지 알아보겠습니다.

type 속성에 text 값을 넣으세요.

⟨input⟩ 요소는
빈 요소이므로,
뒤에 어떤
콘텐츠도 오지
않습니다.

    <input type="text" name="fullname">

이들 둘은
모두 같은
HTML 요소를
사용하지만
type 속성의
값이 다르군요.

전송(제출) 버튼

submit ⟨input⟩ 요소는 폼을 전송하기 위한 버튼을
생성합니다. 이 버튼을 클릭하면 브라우저는 폼을
처리하는 서버 스크립트로 폼을 전송합니다.

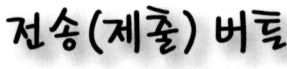

변경할 수 있긴 하지만
(나중에 어떻게 변경하는지
보여줄 것입니다)
기본적으로 이 버튼은
Submit(혹은 제출이나
전송)이라고 되어 있군요.

    <input type="submit">

제출 버튼을 사용하려면 ⟨input⟩ 요소의
type에 submit이라고 명시하세요.

라디오 버튼

radio ⟨input⟩ 요소는 버튼을 여러 개 가진 단일
컨트롤을 생성하지만, 한 번에 오직 한 개만 선택
할 수 있습니다. '누르는 것'과 '잡아 당기는 것'만
있는 예전의 자동차 라디오 버튼과 유사합니다.

 hot
○ not

라디오 컨트롤은 오직
하나만 선택할 수 있군요.

각 선택을 위해
라디오 ⟨input⟩을
하나씩 사용하세요.

같은 선택 조건에 있는
모든 라디오 버튼은 동일한
이름을 가져야 하는군요.

하지만 값은 다릅니다.

여기서도 똑같이
여전히 ⟨input⟩
요소를 사용하고
있으며 단지 다른
유형의 값을 가지고
있을 뿐입니다.

```
<input type="radio" name="hotornot" value="hot">
<input type="radio" name="hotornot" value="not">
```

체크박스

checkbox ⟨input⟩ 요소는 체크 되었는지를 알 수 있는
체크박스 컨트롤을 생성합니다. 원하는 수만큼 체크박스
를 선택할 수 있습니다.

☑ Salt
☑ Pepper
☐ Garlic

라디오 버튼과는 달리,
체크박스는 하나도
선택하지 않거나 여러 개를
선택할 수 있습니다.

라디오 버튼처럼,
개별적인 선택을 위해
체크박스 ⟨input⟩ 요소를
사용하는군요.

관련된 체크박스는 공통
이름을 공유합니다.

각 체크박스는 서로
다른 값을 가지는군요.

```
<input type="checkbox" name="spice" value="Salt">
<input type="checkbox" name="spice" value="Pepper">
<input type="checkbox" name="spice" value="Garlic">
```

폼에 어떤 것을 넣을 수 있을까요? (파트 2)

자, 모든 폼 요소가 <input> 요소는 아닙니다. 메뉴를 위한 <select>와 한 줄 이상의 텍스트를 입력하기 위한 <textarea> 같은 다른 요소도 있습니다. 그렇다면 계속 진행 하기 전에 이것들과 좀 더 친숙해지면 어떨까요? 오, 그런데 일단 친숙해지면 여러분은 폼 요소의 90%(통상적으로 사용되는 폼 요소의 99%)를 파악하게 될 것입니다.

textarea

<textarea> 요소는 입력할 수 있는 여러 줄의 텍스트 영역을 생성합니다. 만약 여러분이 텍스트 영역 크기보다 더 많은 텍스트를 입력한다면, 오른편에 스크롤바가 나타납니다.

고객 피드백 :

제 새 미니 쿠퍼가 마음에 들어요! 빨간색 스포츠형 모델을 갖고 있는데, 동네 주변을 쌩쌩 달리며 돌아다니고 있습니다. 제 새 아이팟도 차 안에 있는 케이스 에 꼭 맞아요. 물론 요즘엔 모든 사람들이 이 모델을 원하고 있죠.

열

행

<textarea> 요소는 빈 요소가 아니므로 시작태그와 종료태그 모두를 가지고 있군요.

요소에 유일한 이름을 주기 위해 name 속성을 사용하세요.

cols 속성은 텍스트 영역을 만들기 위해 문자들이 차지하는 영역의 너비가 얼마나 되어야 하는지를 브라우저에 알려줍니다.

```
<textarea name="comments" rows="10" cols="48"></textarea>
```

rows 속성은 텍스트 영역을 만들기 위해 문자들이 차지하는 영역의 높이가 얼마나 되어야 하는지를 브라우저에 말해주는 군요.

시작태그와 종료태그 사이로 들어가는 어떤 텍스트든 브라우저의 textarea 컨트롤에서 초기 텍스트가 됩니다.

CSS로도 textarea의 너비와 높이를 명시할 수 있습니다.

셀렉트박스

〈select〉 요소는 웹 페이지에 있는 메뉴 컨트롤을 생성합
니다. 메뉴란 여러 항목 중에서 한 항목을 선택하는 수단을
제공합니다. 〈select〉요소는 아래에 있는 〈option〉 요소
와 조합하여 메뉴를 생성합니다.

Buckaroo Banzai ⬍

〈select〉 요소는 이와 같은
메뉴를 생성합니다 (이 모양은
여러분이 사용하는 브라우저에
따라 변할 수 있습니다).

〈select〉 요소는 모든 메뉴
옵션을 둘러싸고 이들을 하나의
메뉴로 묶습니다.

다른 폼 요소와 같이 name
속성을 사용해서 select 요소에
유일한 이름을 주세요.

```
<select name="characters">
    <option value="Buckaroo">Buckaroo Banzai</option>
    <option value="Tommy">Perfect Tommy</option>
    <option value="Penny">Penny Priddy</option>
    <option value="Jersey">New Jersey</option>
    <option value="John">John Parker</option>
</select>
```

옵션박스

〈option〉 요소는 메뉴를 생성하기 위해 〈select〉
요소와 함께 움직입니다. 각각의 메뉴 항목에 대해
〈option〉 요소를 사용하세요.

메뉴를 클릭하면
메뉴 항목이
나타납니다.

✓ **Buckaroo Banzai**
Perfect Tommy
Penny Priddy
New Jersey
John Parker

〈option〉 요소의
콘텐츠는 메뉴 항목을
설명하는 데 사용됩니다.
각 메뉴 옵션은 메뉴
항목을 표현하는 값을
포함합니다.

```
<select name="characters">
    <option value="Buckaroo">Buckaroo Banzai</option>
    <option value="Tommy">Perfect Tommy</option>
    <option value="Penny">Penny Priddy</option>
    <option value="Jersey">New Jersey</option>
    <option value="John">John Parker</option>
</select>
```

오, 더 많은 요소가 폼에 들어갈 수 있어요!

아, 그렇군요. 새로운 요소를 깜빡했네요. HTML5에서 좀 더 특별한 입력 폼이 생겼는데, 어떤 것이 있는지 살펴보도록 하죠.

> 잠깐만요, HTML5에는 좀 더 강력한 입력 유형이 추가됐습니다! 이들을 잊지 마세요!

숫자 입력 컨트롤

〈input〉 요소의 type 속성을 number로 지정하면 숫자만 입력할 수 있습니다. 추가 속성을 사용해 최대값과 최소값도 명시할 수 있습니다.

일부 브라우저에서는 입력박스 옆에 화살표가 나타나는데, 클릭해서 숫자를 증가시키거나 감소시킬 수 있습니다.

number 유형이 의미하는 바는, 텍스트가 아닌 숫자만 입력할 수 있다는 뜻입니다.

min과 max 속성을 사용해 입력 숫자의 크기를 제한할 수 있습니다.

```
<input type="number" min="0" max="20">
```

범위 입력 컨트롤

〈input〉 요소의 type 속성을 range로 지정하면 number를 지정한 경우와 비슷하지만, 입력박스 대신 슬라이더를 보여줍니다.

숫자와 범위 모두 step이란 속성이 있는데, 값의 간격을 명시하는 데 사용합니다.

```
<input type="range" min="0" max="20" step="5">
```

색상 입력 컨트롤

〈input〉 요소의 type 속성을 color로 지정하면 색상을 명시할 수 있습니다. 이 컨트롤을 클릭하면 색상 선택박스가 떠서, 색상 명이나 값을 직접 입력하는 대신 원하는 색상을 선택할 수 있습니다.

색상 입력 컨트롤을 지원하지 않는 브라우저에서는 일반적인 텍스트 입력박스가 보일 거예요.

```
<input type="color">
```

날짜 입력 컨트롤

〈input〉 요소의 type 속성을 date로 지정하면 날짜 피커(picker) 컨트롤을 이용해 날짜를 명시할 수 있습니다.

		May				2012
Mon	Tue	Wed	Thu	Fri	Sat	Sun
30	1	2	3	4	5	6
7	8	9	10	11	12	13
14	15	16	17	18	19	20
21	22	23	24	25	26	27
28	29	30	31	1	2	3
4	5	6	7	8	9	10

Today

`<input type="date">` 색상 입력요소와 마찬가지로, 날짜 입력요소를 지원하지 않는 브라우저의 경우에는 일반적인 텍스트 입력박스가 보일 거예요.

이메일 입력 컨트롤

〈input〉 요소의 type 속성을 email로 지정하면 텍스트 박스 형태의 입력 컨트롤이 나타나는데, 일부 모바일 브라우저에서는 입력할 때 이메일 입력을 위한 맞춤형 키보드가 보일 거예요.

`<input type="email">`

Email: Buckaroo Banzai

전화번호 입력 컨트롤

〈input〉 요소의 type 속성을 tel로 지정하면 텍스트 입력박스가 나타나지만, 이메일처럼 모바일 브라우저에서는 맞춤형 키보드가 나타날 거예요.

`<input type="tel">`

Phone: 555-1212

url 입력 컨트롤

〈input〉 요소의 type 속성을 url로 지정하면, 이메일이나 전화와 마찬가지로 텍스트 입력박스가 보이지만, 모바일 브라우저에서는 맞춤형 키보드가 나타날 거예요.

`<input type="url">`

URL: http://banzai.com

이 세 가지 〈input〉 유형은 모두 텍스트 〈input〉의 변형본입니다. 데스크톱 브라우저에서는 그 차이점을 느끼지 못하겠지만, 모바일 브라우저에서는 /나 @처럼, 필요한 문자를 쉽게 입력할 수 있는 맞춤형 키보드가 나타날 거예요.

이 특별한 입력 유형을 사용해서, 서버 스크립트가 예상하는 값이 무엇인지 확인하고 올바른 〈input〉 유형을 사용하는 것은 여러분 몫입니다.

모든 브라우저가 이러한 입력 유형을 지원하지는 않습니다.

조심하세요

두 페이지에 걸쳐 소개한 입력 유형은 HTML5에서 새롭게 등장한 것으로, 지금 바로 웹 페이지에서 사용할 수는 있지만, 제대로 보이지 않는 것도 있을 거예요.

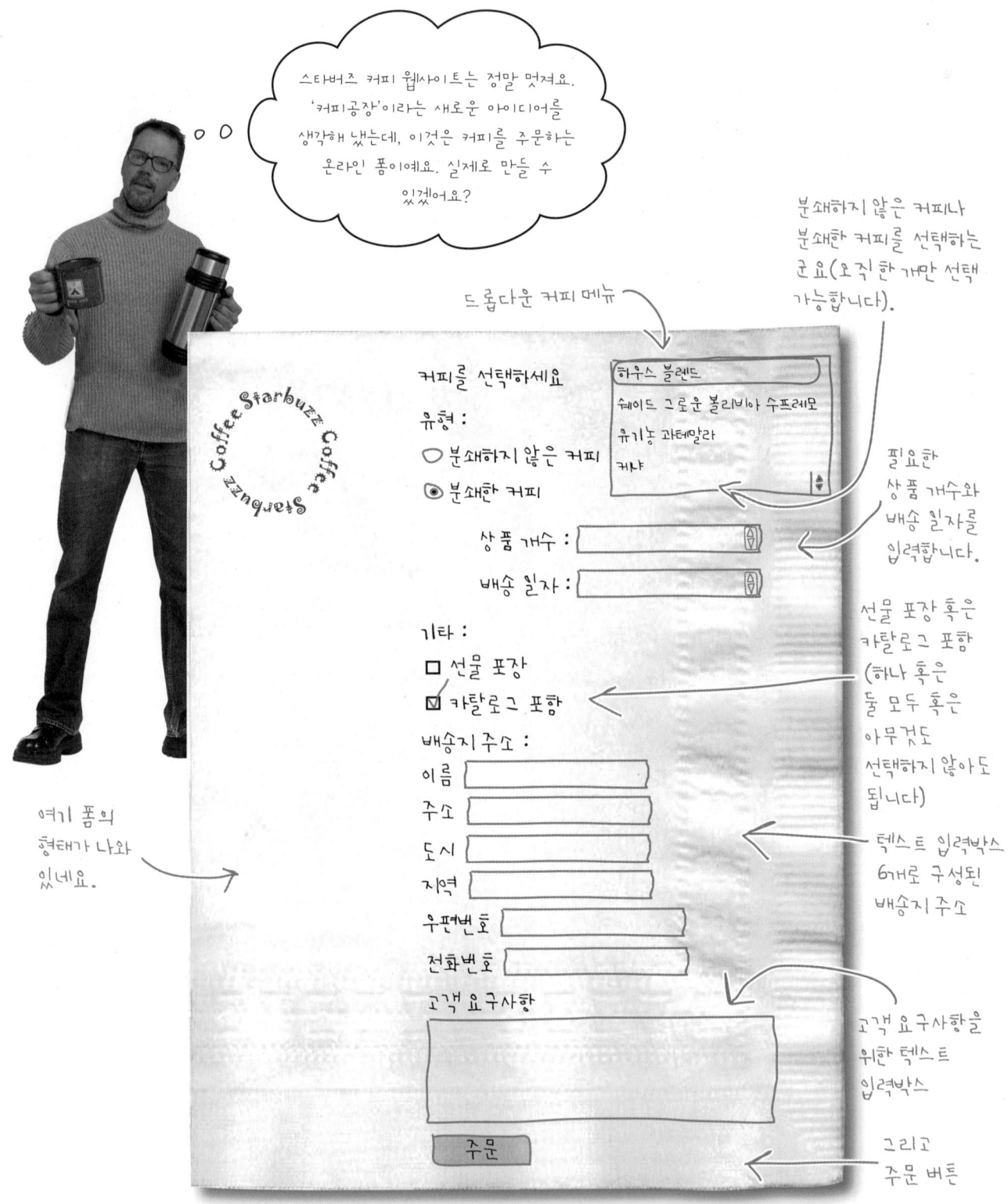

마크업 자석

여러분의 임무는 폼 요소 자석을 가져다가 스케치한 종이에 대응되는 컨트롤을 위에 붙이는 것입니다. 아래에 있는 모든 자석을 사용할 필요는 없습니다. 일부는 사용하지 않은 채로 남아 있을 것입니다. 다음으로 넘어가기 전에 이 장의 뒷부분에서 여러분이 작성한 답을 확인해 보세요.

```
<input type="number" ...>
```

```
<input type="text" ...>
```

```
<input type="color" ...>
```

```
<input type="checkbox" ...>
```

```
<input type="tel" ...>
```

```
<input type="date" ...>
```

```
<input type="radio" ...>
```

```
<textarea> ...<textarea>
```

```
<select> ...<select>
```

```
<option> ...<option>
```

```
<input type="range" ...>
```

```
<input type="submit" ...>
```

커피를 선택하세요

    하우스 블렌드
    쉐이드 그로운 볼리비아 수프레모
    유기농 과테말라
    케냐

유형 :

○ 분쇄하지 않은 커피

◉ 분쇄한 커피

가방 개수 :

배송 일자 :

기타 :

☐ 선물 포장

☑ 카탈로그 포함

배송지 주소 :

이름

주소

도시

지역

우편번호

전화번호

고객 요구사항

주문

'커피공장폼을 생성하기 위한 준비

폼을 만들기 전에 'chapter14/starbuzz' 폴더를 살펴보면 'form.html' 파일이 있을 거예요. 이 파일을 열고 한번 쭉 훑어 보세요. 이 파일에 있는 모든 내용은 기초적인 HTML 범위를 넘어서지 않습니다.

```html
<!DOCTYPE html>
<html>
    <head>
        <meta charset="utf-8">
        <title>스타버즈 커피공장</title>
    </head>
    <body>

        <h1>스타버즈 커피공장</h1>
        <h2>아래 양식을 채운 후, '주문' 버튼을 클릭하세요</h2>



    </body>
</html>
```

폼은 이곳으로 들어가게 됩니다.

여기까지의 모든 내용은 지침사항과 페이지를 식별하기 위한 제목이군요.

스타버즈 사이트에서 사용했던 스타일 없이 지금 당장은 폼만 생성할 것입니다. 이렇게 하는 것이 폼에 있는 HTML에 집중하는 데 도움이 될 거예요. 스타일은 나중에 추가할 것입니다.

폼 요소에 입력한 데이터를 처리하는 것은 무엇일까요?

여러분의 첫 번째 <form> 요소를 추가할 때가 되었습니다. <form> 요소를 생성할 때 알아야 할 첫 번째 것은 폼 데이터를 처리하게 될 서버 스크립트의 URL인데, 여러분을 위해 이미 처리해 놨습니다. 아래 사이트에서 스타버즈 주문을 처리하는 서버 스크립트를 찾을 수 있을 거예요

http://starbuzzcoffee.com/processorder.php

이 URL은 스타버즈 커피 웹사이트를 가리키고 있군요.

그리고 서버에 있는 processorder.php라는 서버 스크립트를 가리키는군요. 이 서버 스크립트는 앞으로 만들 폼에서 주문을 받는 방법을 이미 알고 있습니다.

폼 요소 추가하기

폼을 처리할 서버 스크립트의 URL을 알았으니, 다음과 같이 <form> 요소의 action 속성에 그 URL을 넣기만 하면 됩니다(따라하면서 HTML을 변경하세요).

```
<!DOCTYPE html>
<html>
    <head>
        <meta charset="utf-8">
        <title>스타버즈 커피공장</title>
    </head>
    <body>
        <h1>스타버즈 커피공장</h1>
        <h2>아래 양식을 채운 후 '주문' 버튼을 클릭하세요</h2>
        <form action="http://starbuzzcoffee.com/processorder.php" method="POST">


        </form>
    </body>
</html>
```

여기에 폼 요소가 있습니다.

action 속성은 서버 스크립트의 URL을 포함하고 있군요.

그리고 폼의 데이터를 서버로 전송하기 위해 POST 방식을 사용하고 있다는 점을 기억하세요. 이 장 후반부에서 자세히 설명할 것입니다.

계속해서 폼 종료태그를 추가하는군요.

지금까지는 좋았습니다만, 빈 <form> 요소는 여러분의 진도를 빨리 나가게 하지 않을 겁니다. 폼을 스케치한 것을 다시 보면 추가해야 할 게 많지만, 일단 간단하게 시작해서 배송지 주소만 추가할 것입니다. 이 부분은 맨 처음 작성할 폼의 한 부분으로 텍스트 입력박스 여러 개로 구성됩니다. 텍스트 입력박스에 관해서는 이미 알고 있겠지만 더 자세히 살펴봅시다. 여기에 스타버즈 폼을 위한 텍스트 입력박스가 나와 있군요.

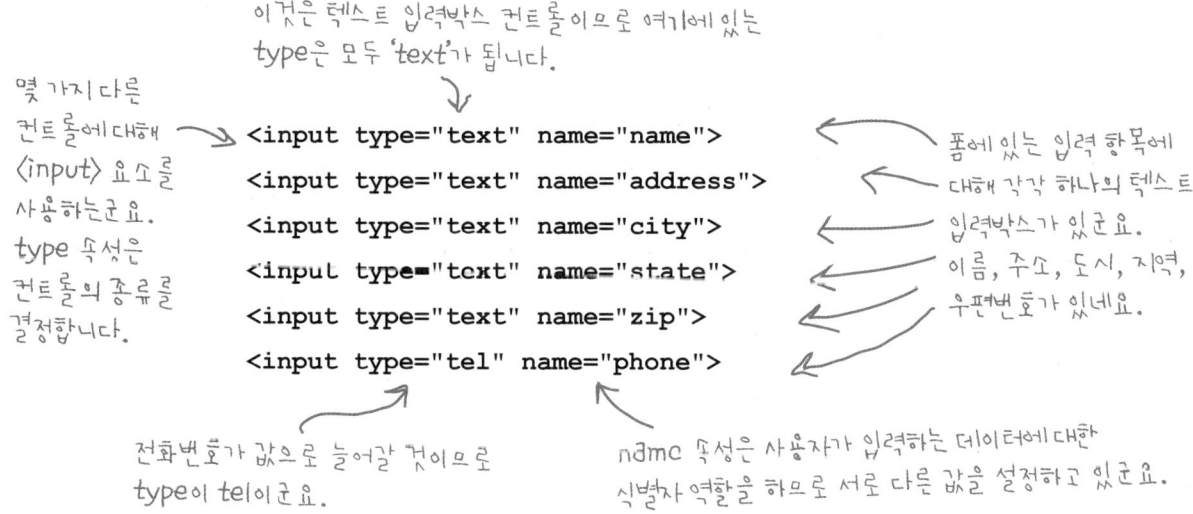

이것은 텍스트 입력박스 컨트롤이므로 여기에 있는 type은 모두 'text'가 됩니다.

몇 가지 다른 컨트롤에 대해 <input> 요소를 사용하는군요. type 속성은 컨트롤의 종류를 결정합니다.

```
<input type="text" name="name">
<input type="text" name="address">
<input type="text" name="city">
<input type="text" name="state">
<input type="text" name="zip">
<input type="tel" name="phone">
```

폼에 있는 입력 항목에 대해 각각 하나의 텍스트 입력박스가 있군요. 이름, 주소, 도시, 지역, 우편번호가 있네요.

전화번호가 값으로 늘어갈 것이므로 type이 tel이군요.

name 속성은 사용자가 입력하는 데이터에 대한 식별자 역할을 하므로 서로 다른 값을 설정하고 있군요.

폼 요소의 name 속성 작동 방식

name 속성에 대해 알아야 할 내용이 있습니다. 이 속성은 폼과 폼을 처리하는 서버 스크립트 사이를 연결하는 접착제 역할을 수행합니다. 여기에 name 속성의 동작 방식이 나와 있군요.

폼에 있는 입력 컨트롤은 각각 하나의 name 속성을 갖고 있습니다.

HTML 파일에 폼에 대한 요소를 입력해 넣을 때, 유일한 이름을 부여하세요. 여기서는 텍스트와 전화번호 입력박스를 사용했군요.

> name 속성값이 name인 요소가 여기 있네요 (아주 완벽합니다).

```
<input type="text" name="name">
<input type="text" name="address">
<input type="text" name="city">
<input type="text" name="state">
<input type="text" name="zip">
<input type="tel" name="phone">
```

> 각각의 <input> 요소는 고유의 이름을 갖습니다.

폼을 전송할 때 브라우저는 유일한 이름을 사용하는 모든 데이터를 묶어서 포장합니다.

이름, 주소, 도시, 지역, 우편번호를 폼 안에 입력하고 주문 버튼을 클릭한다고 해봅시다. 브라우저는 이러한 각각의 데이터 조각과 유일한 name 속성값을 가진 라벨을 가져갑니다. 그러고 나서 브라우저는 서버로 이름과 속성을 다음과 같이 전송합니다.

> 폼 안으로 입력하는 데이터

배송지 주소:
이름: Buckaroo Banzai
주소: Banzai Institute
도시: Los Angeles
지역: CA
우편번호: 90050
전화번호: 310-555-1212

> 각각의 폼 요소에 유일한 이름이 있네요.

```
이름 = Buckaroo Banzai
주소 = Banzai Institute
도시 = Los Angeles
지역 = CA
우편번호 = 90050
전화번호 = 310-555-1212
```

> 각 유일한 이름은 여러분이 폼에 입력한 데이터를 값으로 갖게 됩니다.

> 브라우저는 서버로 보내기 위해 데이터를 묶어서 포장합니다.

processorder.php

www.starbuzzcoffee.com

서버 스크립트는 이름이 붙은 폼 데이터를 필요로 합니다. 어떤 데이터인지 식별하기 위해서요.

바보 같은 질문이란 없습니다

Q : text 〈input〉과 〈textarea〉의 차이점은 무엇인가요?

A : 이름이나 우편번호 같은 한 줄짜리 텍스트를 입력하려면 text 〈input〉을, 여러 줄의 긴 텍스트를 입력하려면 〈textarea〉를 사용합니다.

Q : 'Submit'이 아닌 뭔가 다른 이름을 가진 전송 버튼을 만들 수 있나요?

A : 예. '주문'같이 요소의 value 속성에 값을 넣으면 됩니다. 또한 기본 텍스트 값을 입력하기 위해 텍스트 입력박스의 value 속성을 사용할 수 있습니다.

Q : text 〈input〉이나 〈textarea〉 안에 넣을 수 있는 텍스트의 양에는 제한이 있나요?

A : 브라우저들은 text 〈input〉이나 〈textarea〉에 넣을 수 있는 텍스트 양에 제한을 두고 있습니다. 만약 text 〈input〉에 입력해 넣을 수 있는 양을 제한하고 싶다면 maxlength 속성을 사용하여 특정 문자의 개수를 설정할 수 있습니다. 예를 들어 maxlength="100"이라고 설정하면 기껏해야 100개 문자를 입력할 수 있습니다. 하지만 〈textarea〉의 경우 HTML에서는 사용자들이 입력 할 수 있는 양에 대한 제한이 없습니다.

Q : tel, email, url은 텍스트 입력 유형처럼 보이는데, 정말 뭔가 차이가 있긴 있는 건가요?

A : tel, email, url 입력 유형은 모두 서버 스크립트로 텍스트 문자열을 전송합니다. 이런 면에서는 기본적으로 텍스트 입력 유형과 같다고 볼 수 있죠. 하지만 예를 들어 브라우저는 이 입력 유형이 tel인 것을 알고 있으므로, 사용자에게 좀 더 똑똑한 인터페이스를 제공할 수 있습니다. 그래서 일부 모바일 브라우저에서 전화번호 숫자입력 키패드를 보여줄 것입니다.

Q : 여전히 어떤 이름이 폼 데이터와 어울리는지 모르겠는데요.

A : 좋습니다. 여러분은 각 폼 요소가 유일한 이름을 가진다는 것을 알고 있으며, 또한 요소가 그에 상응하는 값을 가진다는 것도 알고 있습니다. 여러분이 〈submit〉 버튼을 클릭할 때 브라우저는 모든 이름과 값들을 가져와 서버로 전송합니다. 예를 들어 여러분이 zip이란 이름의 text 〈input〉 요소에 우편번호를 90050로 입력하면, 브라우저는 폼이 전송될 때 zip=90050을 서버로 보냅니다.

Q : 제가 폼에서 사용하려는 이름을 서버 스크립트는 어떻게 알죠? 다시 말해서 폼 요소를 위한 이름을 어떻게 골라내나요?

A : 좋은 질문입니다. 사실 그 반대로 동작합니다. 즉, 여러분은 서버 스크립트가 예상하는 폼 이름이 무엇인지 알아야 하며, 그 이름과 일치하도록 폼을 작성해야 합니다. 만약 다른 누군가가 작성했던 서버 스크립트를 사용한다면 그들이 사용하는 이름이 무엇인지 여러분에게 말해줘야 하거나 서버 스크립트를 설명하는 문서에서 그 정보를 제공해야 합니다. 호스팅 회사에 도움을 요청하는 것도 좋은 방법입니다.

Q : 왜 〈option〉 요소에는 name 속성이 없나요? 다른 모든 폼 요소에는 있는데 말이예요.

A : 좋은 지적입니다. 모든 〈option〉 요소는 실질적으로 〈select〉 요소에 의해 생성되는 메뉴의 일부분입니다. 따라서 메뉴 전체를 위한 하나의 이름만 필요한데, 이는 이미 〈select〉 요소에서 명시되었습니다. 다시 말해서 〈option〉 요소는 〈select〉 요소가 메뉴 전체를 위한 이름을 명시했기 때문에 name 속성이 필요 없습니다. 폼이 전송될 때 오직 현재 선택된 옵션의 값만이 그 이름과 함께 서버로 전송된다는 점을 기억해 두세요.

Q : 각 폼 요소의 이름은 유일해야 한다고 말하지 않았나요? 하지만 라디오 〈input〉 요소는 모두 같은 이름을 갖고 있는데요.

A : 맞습니다. 라디오 버튼은 한 세트입니다. 이렇게 생각해 보세요. 만약 하나의 버튼을 밀어 넣으면 나머지는 다 뛰쳐 나오는 식입니다. 따라서 라디오 버튼들은 한 세트로 되어 있다는 것을 알고 있으므로, 브라우저를 위해 여러분은 같은 이름을 사용하는 것입니다. 여러분이 red, green, blue란 값을 가지고 있는 color라는 이름의 라디오 버튼 한 세트를 가지고 있다고 합시다. 이들은 모두 색을 나타내고 있으며, 오직 한번에 한가지 색만 선택됩니다. 따라서 세트를 위한 하나의 이름만이 의미가 있는 것이죠.

Q : 체크박스는 어떤가요? 이것도 라디오 버튼처럼 동작하나요?

A : 예. 그렇습니다. 유일한 차이점은 체크박스에서는 한 항목 이상을 선택하는 것이 허용된다는 것이죠.

브라우저가 폼 데이터를 서버로 전송할 때, 모든 체크박스 값을 하나로 합쳐 체크박스 이름과 함께 전송합니다. 따라서 여러분이 salt, pepper, galic이란 값을 가진 spice라는 이름의 체크박스를 가지고 있을 경우, 이들 모두를 체크할 수 있습니다. 이 경우 서버로 전송되는 값은 spice = salt&pepper&galic입니다.

Q : 으, 이런, 데이터를 서버로 보내는 방법까지 모두 정말 알아야 하나요?

A : 여러분은 서버 스크립트가 예상하고 있는 폼 요소의 이름과 유형만 알면 됩니다. 하지만 이를 넘어서서 어떤 식으로 동작하는지 아는 것은 이따금씩 도움이 됩니다. 하지만 서버로 전송되는 정보에 대해. 무대 뒤에서 일어나는 자세한 사항은 알 필요가 없습니다.

돌아와서 HTML에 〈input〉 요소를 추가합시다

이제 폼 내부에 <input> 요소가 생겼습니다. 추가적인 사항을 아래에서
검토해 보고 여러분의 'form.html' 파일에 변경 사항을 적용하세요.

〈p〉요소 내부로
모든 것을 넣는
것부터 시작할
예정입니다.

폼 안으로 요소를
직접 중첩하세요.

종이를 절약하기 위해
'form.html'에서 코드
일부분만 발췌해 놓았습니다.

```
<form action="http://starbuzzcoffee.com/processorder.php" method="POST">

    <p>배송지 주소: <br>

        이름: <input type="text" name="name"> <br>

        주소: <input type="text" name="address"> <br>

        도시: <input type="text" name="city"> <br>

        지역: <input type="text" name="state"> <br>

        우편번호: <input type="text" name="zip"> <br>

        전화번호: <input type="tel" name="phone"> <br>

    </p>

    <p>

        <input type="submit" value="주문">

    </p>

</form>
```

여기에 모든
〈input〉 요소가
있습니다.
이들 각각은 폼에
있는 배송지 주소
구간에 있는 텍스트
입력을 위한 요소
입니다.

각 input 요소에 대해 라벨을 추가해서
사용자는 텍스트 입력박스에 무엇이
있는지 알게 됩니다.

〈input〉이 인라인 요소라는 것을 알아야 하며, 따라서
만약 〈input〉 요소 사이에 라인 브레이크를 원한다면
여러분은 〈br〉을 추가해야 합니다. 한 문단 안으로 이들
모두를 중첩해야 하는 이유가 바로 이 때문이죠.

마지막으로 폼을 전송하기 위해 사용자들에게 〈submit〉 버튼이
필요하다는 점을 잊지 마세요. 따라서 맨 하단에 type이
submit인 〈input〉 요소를 삽입함으로써 〈submit〉 버튼을
추가하세요. 또한 주문이란 값도 추가하세요. 이는 버튼의
텍스트를 Submit에서 주문으로 변경할 겁니다.

이 모든 변경 사항을 작성한 뒤 'form.html' 파일을 저장하
고 직접 한번 해보세요.

HTML을 검증하는 것을 잊지 마세요.
폼 요소 역시 검증이 필요합니다.

폼 시운전

페이지를 다시 열고 텍스트 입력박스를 채운 후 폼을 전송해 보세요.
이렇게 되면 브라우저는 데이터를 묶어서 action 속성에 있는 URL
인 www.starbuzzcoffee.com으로 보냅니다.

실제로 동작하지 않는 예제를 여러분께
주었다고 생각하지는 않았겠죠?
진지한 자세로, *starbuzzcoffee*.com은
여러분의 폼을 제출 받을 준비가 되어있습니다.
직접 한번 해 보세요!

여기에 폼이 있습니다.

폼을 전송한 뒤에 주소란의 URL이 변경된
것에 주목하세요(주소란에서 *action* 속성에
있는 URL이 보일 거예요).

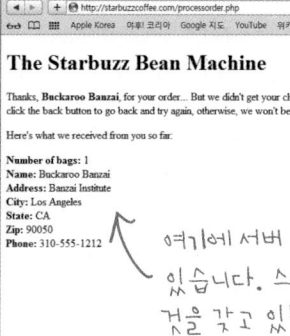

그리고 여기에 폼을
제출한 후의 응답
페이지가 있군요.

여기에 서버 스크립트의 응답이
있습니다. 스크립트가 우리가 전송했던
것을 갖고 있는 것같지만 필요한 모든
것을 주지는 않았습니다.

서버 스크립트는 번역할 수 없어요.
이해해 주세요.

폼에 더 많은 input 요소 추가하기

서버 스크립트는 우리가 원하는 커피 콩 유형(분쇄하거나 하지 않거나)을 알려주지
않으면 우리를 놓아주지 않을 것처럼 보이는군요. 폼에 <select> 요소를 추가해
서 첫 번째로 커피 유형 선택 항목을 추가합시다. <select> 요소는 옵션의 리스트
를 포함하고 있으며, 이들 각각은 드롭다운 메뉴에서 선택할 수 있습니다. 또한 선
택한 항목은 실제 값들과 연관되어 있습니다. 폼이 전송되었을 때 선택한 메뉴 옵션
의 값은 서버로 전송됩니다. 그럼 페이지를 넘겨 <select> 요소를 추가해 봅시다.

〈Select〉 요소 추가하기

```html
<form action="http://starbuzzcoffee.com/processorder.php" method="post">
```

```html
<p>
    커피를 선택하세요:
    <select name="beans">
      <option value="House Blend">하우스 블렌드</option>
      <option value="Bolivia">쉐이드그로운 볼리비아 수프레모</option>
      <option value="Guatemala">유기농 과테말라</option>
      <option value="Kenya">케냐</option>
    </select>
</p>
```

여기에 완전히 새로운 〈select〉 요소가 있습니다. 역시 유일한 이름을 갖고 있네요.

커피 종류 하나마다 각 〈option〉 요소를 안에 집어 넣었군요.

```html
<p>
    배송지 주소: <br>
    이름: <input type="text" name="name" value=""><br>
    주소: <input type="text" name="address" value=""><br>
    도시: <input type="text" name="city" value=""><br>
    지역: <input type="text" name="state" value=""><br>
    우편번호: <input type="text" name="zip" value=""><br>
    전화번호: <input type="tel" name="phone" value=""><br>
</p>
<p>
    <input type="submit" value="주문">
</p>
</form>
```

HTML 클로즈업

〈option〉 요소를 자세히 살펴봅시다.

요소의 내용은 드롭다운 메뉴에 있는 라벨로 사용됩니다.

각 옵션은 값을 갖고 있습니다.

<option value="Guatemala">유기농 과테말라</option>

브라우저가 폼 요소의 이름과 값을 묶을 때, 선택된 옵션의 값을 가진 〈select〉 요소의 이름을 사용하고 있군요.

이 경우 브라우저는 beans = "Guatemala"를 서버로 보낼 것입니다.

⟨Select⟩ 요소 시운전하기

⟨select⟩ 요소를 시운전해 봅시다. 페이지를 다시 열면 아주 깔끔하고 새로운 메뉴가 나타날 거예요. 가장 좋아하는 커피를 선택하고 폼의 나머지 항목을 채운 뒤, 여러분의 주문 내역을 전송하세요.

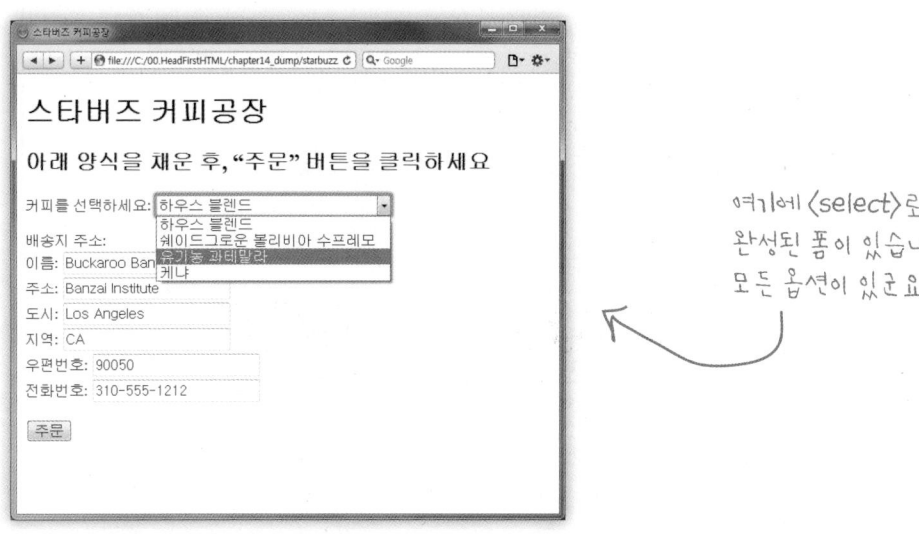

여기에 ⟨select⟩로
완성된 폼이 있습니다.
모든 옵션이 있군요.

여전히 서버 스크립트가 필요한
모든 것을 주지는 않았지만,
지금까지 폼에 있는 모든 내용이
담겨 있군요.

여기 ⟨select⟩ 선택
결과가 있네요.

여기 있는 것들은
텍스트 입력박스와
전화번호 입력
박스군요.

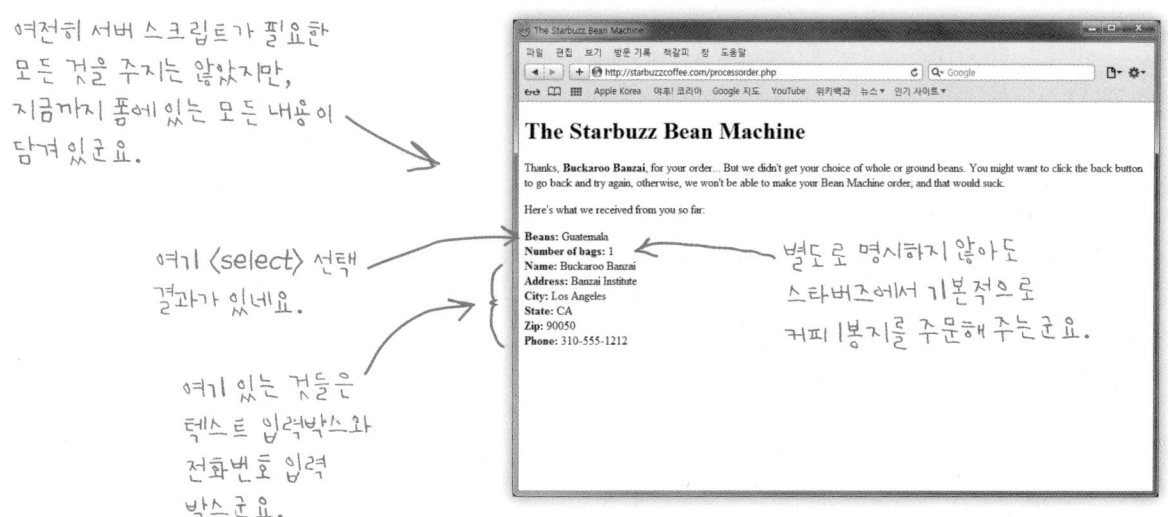

별도로 명시하지 않아도
스타버즈에서 기본적으로
커피 1봉지를 주문해 주는군요.

⚛ 브레인 파워

〈select〉 요소의 name 속성을 thembeans라고 변경하세요. 브라우저에서 폼을 다시 열고 여러분의 주문을 재전송하세요. 이렇게 하면 서버 스크립트로부터 여러분이 받는 결과에 어떤 영향이 있을까요?

이 연습문제를 풀고나서 name 속성을 다시 beans라고 변경하세요.

고객이 분쇄한 원두나, 분쇄하지 않은 원두 중 고를 수 있게 합시다

고객이 주문할 때 원두 유형을 분쇄한 원두와 분쇄하지 않은 원두 중에서 선택할 수 있어야 합니다. 이를 위해 라디오 버튼을 사용하도록 하죠. 라디오 버튼은 구식 자동차에 있는 라디오의 버튼과 비슷합니다. 즉, 한 번에 오직 하나만 누를 수 있습니다. 우리가 HTML에서 작업할 방식은 각 버튼에 대해 type이 radio인 〈input〉 요소를 생성할 것입니다. 따라서 여러분은 버튼이 두 개 필요합니다. 하나는 분쇄한 원두를, 다른 하나는 분쇄하지 않은 원두를 위한 버튼이지요. 어떻게 작성하는지 여기 나와 있군요.

여기에 두 개의 라디오 버튼이 있습니다. 하나는 분쇄한 원두를, 다른 하나는 분쇄하지 않은 원두를 위한 것이군요.

```
<p>유형: <br>

   <input type="radio" name="beantype" value="whole"> 분쇄하지 않은 커피 <br>
   <input type="radio" name="beantype" value="ground"> 분쇄한 커피

</p>
```

이를 위해 type이 radio로 설정된 〈input〉 요소를 사용하고 있군요.

여기에 유일한 이름이 있네요. 같은 그룹에 있는 모든 라디오 버튼은 동일한 이름을 사용합니다.

그리고 여기에 있는 값이 서버 스크립트로 전송될 것입니다. 이들 중 오직 한 가지 값만 보내집니다(폼이 전송되었을 때 선택된 값입니다).

가끔 요소의 오른편에 라디오 버튼의 라벨을 놓는다는 점에 주목하세요.

라디오 버튼 선택하기

이전 페이지에 있는 라디오 버튼의 HTML을 가져와서 `<select>` 요소를 포함하고 있는 문단 바로 밑에 있는 HTML 안으로 삽입하세요. 페이지를 다시 열고 전송해 보세요.

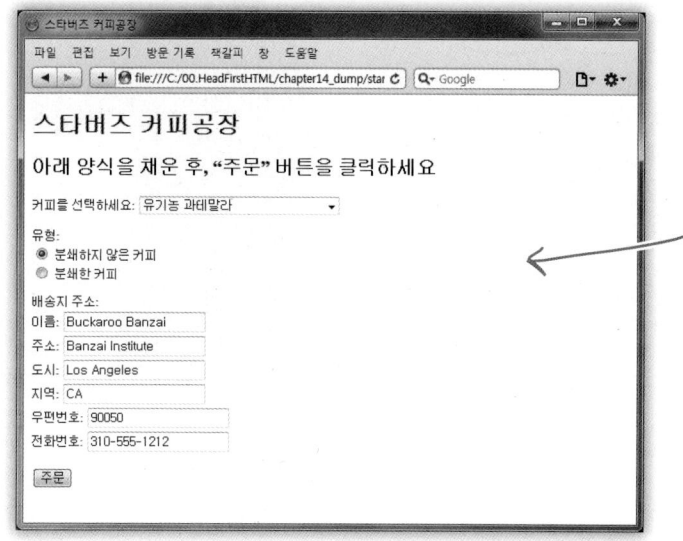

브라우저에 따라 페이지를 다시 열었을 때, 눌려져 있는 라디오 버튼이 하나도 없을 수도 있습니다.

와! 스타버즈에서 주문을 접수했지만, 아직 주문을 완료하지 못했습니다. 선물 포장과 고객 요구 사항을 위한 영역을 추가해야 합니다.

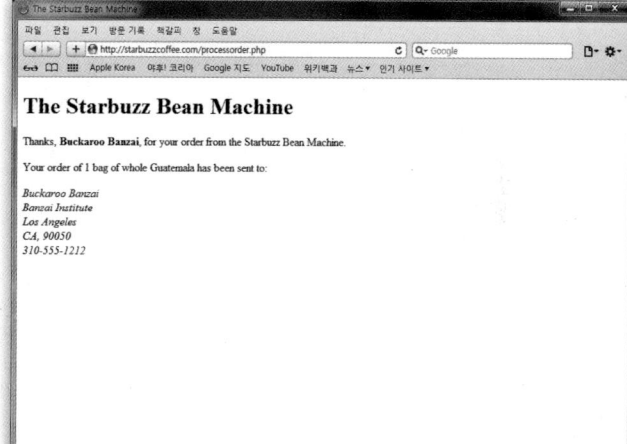

폼에 있는 요소가 모두 있는 것이 아닌데 어떻게 주문이 처리된 것일까요? 음, 이는 서버 스크립트가 어떻게 프로그래밍되어 있는지에 따라 다릅니다. 이 경우에는 선물 포장, 카탈로그 여부, 고객 요구 사항이 폼 데이터의 나머지 부분과 함께 전송되지 않더라도 주문을 처리하도록 프로그래밍되어 있습니다. 하나의 서버 스크립트가 특정한 폼 요소를 필요로 하는지를 알 수 있는 유일한 방법은 그 스크립트를 개발한 사람에게 물어보거나 해당 문서를 보는 방법뿐입니다.

연습문제

> 여보세요, 우리 고객 주문의 80%가 분쇄한 커피를 주문하고 있네요. 사용자가 페이지를 방문하면 분쇄한 커피 유형이 이미 선택되어 있게, 초기값으로 만들 수 있나요?

만약 여러분이 라디오 〈input〉 요소에 checked라는 불린(Boolean) 속성을 추가한다면, 이 요소는 폼이 브라우저에 의해 보여질 때 기본으로 선택되어 있을 것입니다. 분쇄한 커피 radio 〈input〉 요소에 checked 속성을 추가하고 페이지를 테스트해 보세요. 이 장의 뒷부분에 정답이 나와 있습니다.

(불린 속성은 값이 필요 없다는 점을 기억하세요. checked 옵션을 사용했다면, 이 입력 컨트롤은 체크되어 있을 것입니다.

더 많은 입력 유형 사용하기

그다음에 고객들이 구매하고 싶은 상품 개수와 배송 일자를 입력 받아야 합니다. 이 둘 모두 〈input〉 요소지만 기본 텍스트 입력박스를 사용하는 것보다는, 상품 개수는 number(숫자) 유형을, 배송 일자에 대해서는 date(날짜) 유형을 사용해서 좀 더 세부적으로 정확한 유형의 〈input〉 요소를 사용할 수 있습니다.

상품 개수의 경우, 입력하는 상품 수의 최대치와 최소치를 명시해서 좀 더 정확히 입력 받을 수 있습니다.

> number 유형을 사용해서 상품 개수의 최대치와 최소치를 명시함으로써, 입력값에 제한을 가할 수 있습니다 (한 번에 한 종류의 커피를 10개 이상 주문하지 못하도록 합니다).

상품 개수: `<input type="number" name="bags" min="1" max="10">`

> date 유형을 사용함으로써, 이 유형을 지원하는 브라우저는 날짜 피커 컨트롤을 띄워 고객이 편리하게 입력할 수 있게 할 거예요.

배송 일자: `<input type="date" name="date">`

이제 〈input〉 요소의 number 유형을 지원하는 브라우저에서 10보다 크거나 1보다 작은 수를 넣으면, 잘못된 값을 입력한 상태에서 폼을 전송하려 한다는 오류 메시지가 나올 거예요.

> 허용된 최대와 최소치보다 크거나 작은 값을 입력하면 이와 같은 오류 메시지를 보게 될 거예요.

상품 개수: [100 ⬍]
❗ 값은 10 이하여야 합니다.

숫자와 날짜 입력 유형 추가하기

계속해서 'form.html' 파일의 커피 유형 <input>과 배송지 주소 필드 사이에 두 개의 새
로운 <input> 요소를 추가한 뒤 시운전해 보세요.

```html
<form action="http://starbuzzcoffee.com/processorder.php" method="post">
    <p>
        커피를 선택하세요:
        <select name="beans">
            <option value="House Blend">하우스 블렌드</option>
            <option value="Bolivia">쉐이드 그로운 볼리비아 수프레모</option>
            <option value="Guatemala">유기농 과테말라</option>
            <option value="Kenya">케냐</option>
        </select>
    </p>
    <p>
        유형:<br>
            <input type="radio" name="beantype" value="whole">분쇄하지 않은 커피<br>
            <input type="radio" name="beantype" value="ground" checked>분쇄한 커피
    </p>

    <p>
        상품 개수: <input type="number" name="bags" min="1" max="10">
    </p>
    <p>
        배송 일자: <input type="date" name="date">
    </p>

    <p>
        배송지 주소: <br>
        이름: <input type="text" name="name" value=""><br>
        주소: <input type="text" name="address" value=""><br>
        도시: <input type="text" name="city" value=""><br>
        지역: <input type="text" name="state" value=""><br>
        우편번호: <input type="text" name="zip" value=""><br>
        전화번호: <input type="tel" name="phone" value=""><br>
    </p>
    <p>
        <input type="submit" value="Order Now">
    </p>
</form>
```

여기에 새로운 코드를 추가했군요.
사용하는 브라우저 종류에따라
이 부분을 다르게 보여줄 수 있다는
점을 기억하세요. 한 종류 이상의
브라우저에서 열어보세요.

페이지를 넘겨 시운전 결과를 확인해 보세요.

number와 date ⟨input⟩ 요소 시운전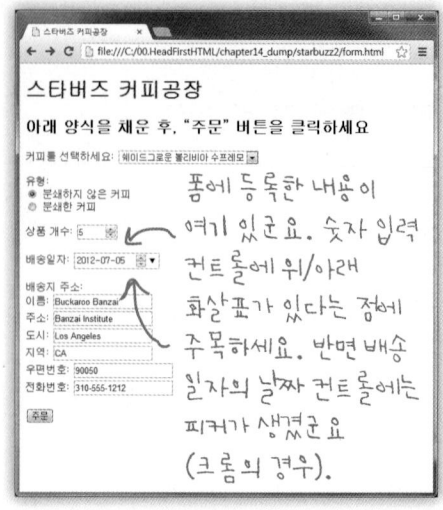

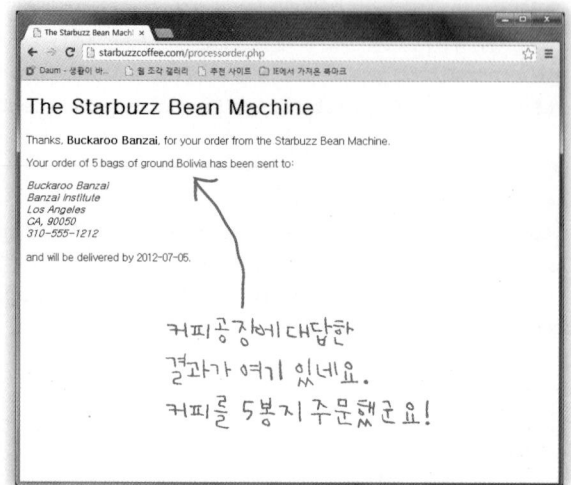

폼에 등록한 내용이 여기 있군요. 숫자 입력 컨트롤에 위/아래 화살표가 있다는 점에 주목하세요. 반면 배송 일자의 날짜 컨트롤에는 피커가 생겼군요 (크롬의 경우).

커피공장에 대답한 결과가 여기 있네요. 커피를 5봉지 주문했군요!

폼 완성하기

거의 다 왔습니다. 이제 폼에 추가할 항목이 두 개 남았습니다. 체크박스 두 개로 이루어진 기타 부분과 고객 요구 사항 부분입니다. 여러분은 폼에 대해 잘 알고 있으므로, 우리는 속도를 내서 동시에 두 가지 모두를 추가하려고 합니다.

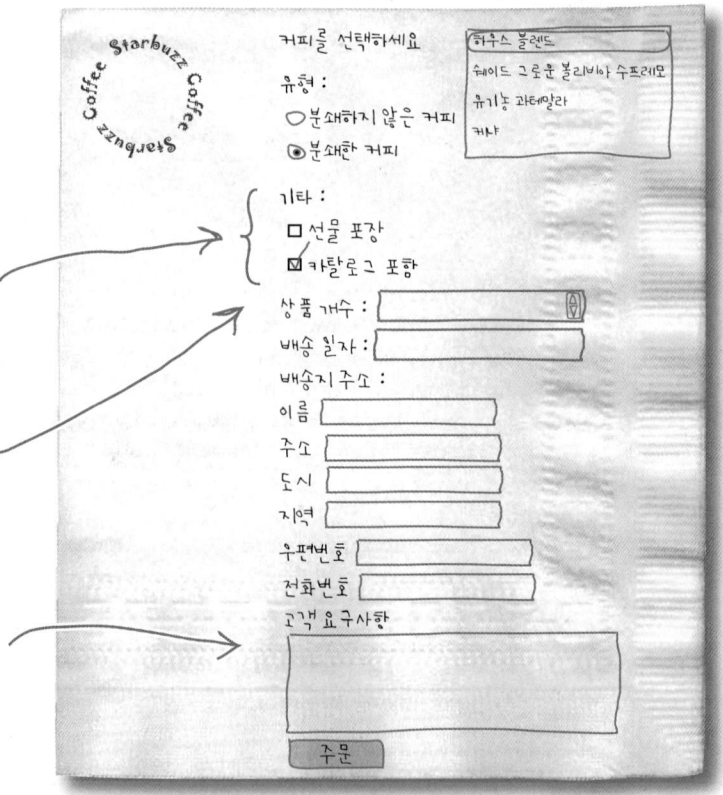

기타 부분은 선물 포장과 카탈로그를 포함하는지의 여부를 체크하는 체크박스 두 개로 구성됩니다.

카탈로그 포함 옵션은 디폴트로 체크되어 있는 것 같군요.

고객 요구사항 부분은 ⟨textarea⟩입니다.

체크박스와 textarea 추가하기

어떻게 할지 여러분은 이미 알고 있을 거예요. 새로운 HTML을 검토한 뒤 'form.html' 파일에 추가하세요.

```html
<form action="http://starbuzzcoffee.com/processorder.php" method="post">
    <p>
        커피를 선택하세요:
        <select name="beans">
          <option value="House Blend">하우스 블렌드</option>
          <option value="Bolivia">쉐이드 그로운 볼리비아 수프레모</option>
          <option value="Guatemala">유기농 과테말라</option>
          <option value="Kenya">케냐</option>
        </select>
    </p>
    <p>
        유형:<br>
          <input type="radio" name="beantype" value="whole">분쇄하지 않은 커피<br>
          <input type="radio" name="beantype" value="ground" checked>분쇄한 커피
    </p>
    <p>상품 개수: <input type="number" name="bags" min="1" max="10"></p>
    <p>배송 일자: <input type="date" name="date"></p>
```

> 여기에서 각 옵션을 위해 체크박스를 추가했군요. 이것들은 extras[ ]라는 같은 이름을 공유한다는 점에 주목하세요.
>
> 하지만 값은 다르군요.

```html
    <p>
        기타:<br>
        <input type="checkbox" name="extras[]" value="giftwrap">선물 포장<br>
        <input type="checkbox" name="extras[]" value="catalog" checked>카탈로그 포함
    </p>
```

> 기본적으로 카탈로그 옵션이 선택되도록 명시하기 위해 checked 속성을 사용하고 있습니다. checked 속성을 추가하여 체크박스에서 한 개 이상 선택되게 할 수 있습니다.
>
> 라디오 버튼처럼 체크박스의 오른편에 라벨을 넣습니다.

```html
    <p>
        배송지 주소: <br>
        이름: <input type="text" name="name" value=""><br>
        주소: <input type="text" name="address" value=""><br>
        도시: <input type="text" name="city" value=""><br>
        지역: <input type="text" name="state" value=""><br>
        우편번호: <input type="text" name="zip" value=""><br>
        전화번호: <input type="tel" name="phone" value=""><br>
    </p>

    <p>고객 요구사항:<br>
        <textarea name="comments"></textarea>
    </p>
```

> 여기에 textarea가 있군요.

```html
    <p>
        <input type="submit" value="주문">
    </p>
</form>
```

마지막 시운전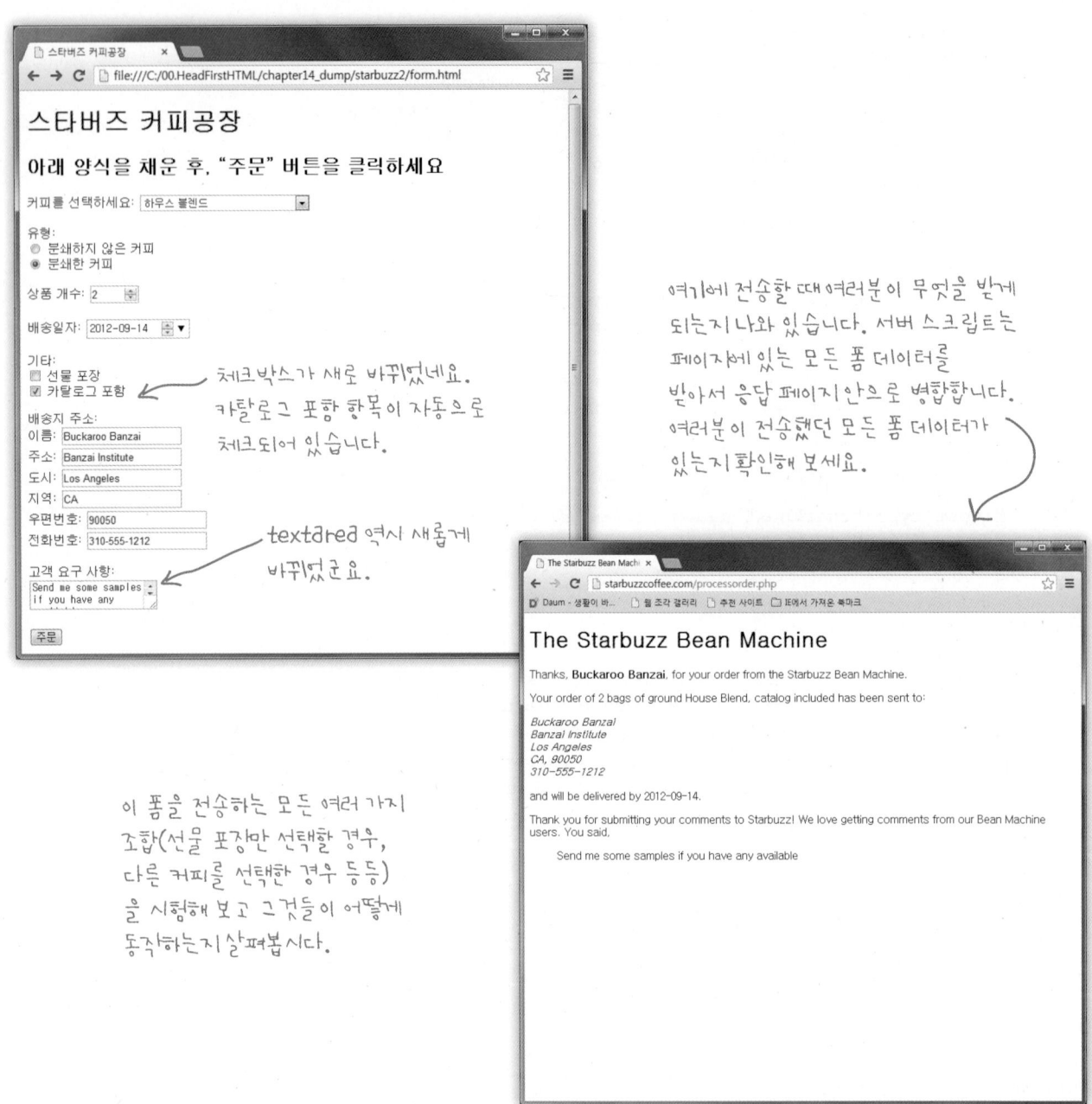

변경 사항을 저장하고, 페이지를 다시 열어 새로운 폼을 검토해 보세
요. 훨씬 낫게 보인다고 생각하지 않나요?

여기에 전송할 때 여러분이 무엇을 받게
되는지 나와 있습니다. 서버 스크립트는
페이지에 있는 모든 폼 데이터를
받아서 응답 페이지 안으로 병합합니다.
여러분이 전송했던 모든 폼 데이터가
있는지 확인해 보세요.

체크박스가 새로 바뀌었네요.
카탈로그 포함 항목이 자동으로
체크되어 있습니다.

textarea 역시 새롭게
바뀌었군요.

이 폼을 전송하는 모든 여러 가지
조합(선물 포장만 선택할 경우,
다른 커피를 선택한 경우 등등)
을 시험해 보고 그것들이 어떻게
동작하는지 살펴봅시다.

잠깐만요. extras[]의 요소 이름에서 이상한 것을 제가 보지 못한 것 같나요? 도대체 갑자기 []이 나온 이유를 모르겠네요! 이에 대해 설명해 주셔야 해요.

믿거나 말거나 extras[]는 폼 요소를 위한 아주 완벽히 유효한 이름입니다.

그러나 유효하다고 하더라도 평이하게 보이지는 않습니다. 그렇죠? HTML 관점에서 보면 이것은 정상적인 폼 요소 이름입니다. 이름에 []이 들어갔다고 해도 브라우저에 전혀 영향을 끼치지 않습니다.

그렇다면 왜 이런 식으로 사용하는 것일까요? 바로 그 이유는 'processorder.php' 서버 스크립트를 작성한 스크립트 언어는 폼에 있는 한 변수가 여러 개의 값을 갖게 될 것이라는 작은 힌트를 좋아하기 때문이라고 밝혀졌습니다. 여기서의 힌트는 이름 끝에 []를 추가한 것입니다.

따라서 HTML을 배우는 관점에서 보면 여러분은 이 모든 내용에 대해 곧 잊어 버릴 것 같군요. 하지만 장래에 PHP 서버 스크립트를 사용하는 폼을 작성할 경우를 대비해서 여러분의 머릿속 깊숙이 이 내용을 넣어 두세요.

브라우저가 되어 봅시다!

아래에 HTML 폼과 오른편에는 사용자가 폼에 입력한 데이터가 있습니다. 여러분의 임무는 여러분이 브라우저가 된 것처럼 사용자가 입력한 값을 가진 각각의 폼 요소 이름을 짝짓는 것입니다. 이 연습문제를 푼 다음에 이 장의 뒷부분에서 여러분이 짝지은 게 맞는지 확인해 보세요.

```html
<form action="http://www.chooseyourmini.com/choice.php" method="POST">
    <p>여러분의 정보를 입력하세요: <br>

      이름: <input type="text" name="name"><br>
      우편번호: <input type="text" name="zip"><br>

   </p>
   <p>좋아하는 모델은? <br>
     <select name="model">
         <option value="cooper">미니 쿠퍼</option>
         <option value="cooperS">미니 쿠퍼 S</option>
         <option value="convertible">미니 쿠퍼 컨버블</option>
     </select>
   </p>
   <p>좋아하는 색상은? <br>
     <input type="radio" name="color" value="chilired"> 칠리 레드   <br>
     <input type="radio" name="color" value="hyperblue"> 하이퍼블루
   </p>
   <p>추가하고 싶은 옵션은? <br>
     <input type="checkbox" name="caroptions[]" value="stripes"> 레이싱 스트라이프
     <br>
     <input type="checkbox" name="caroptions[]" value="sportseats"> 스포츠 시트
   </p>

   <p>
     <input type="submit" value="주문">
   </p>

</form>
```

여기에 폼이 있습니다.

미니 쿠퍼를 선택하세요

여러분의 정보를 입력하세요:
이름: Buckaroo Banzai
우편번호: 90050

좋아하는 모델은?
미니 쿠퍼 컨버터블 ▾

좋아하는 색상은?
◉ 칠리 레드
◎ 하이퍼블루

추가하고 싶은 옵션은?
☑ 레이싱 스트라이프
☐ 스포츠 시트

주문

여기에 내용이 다 채워진
폼이 있네요.

폼 이름과 폼 데이터를 짝지어
여기에 답을 적어 넣으세요.

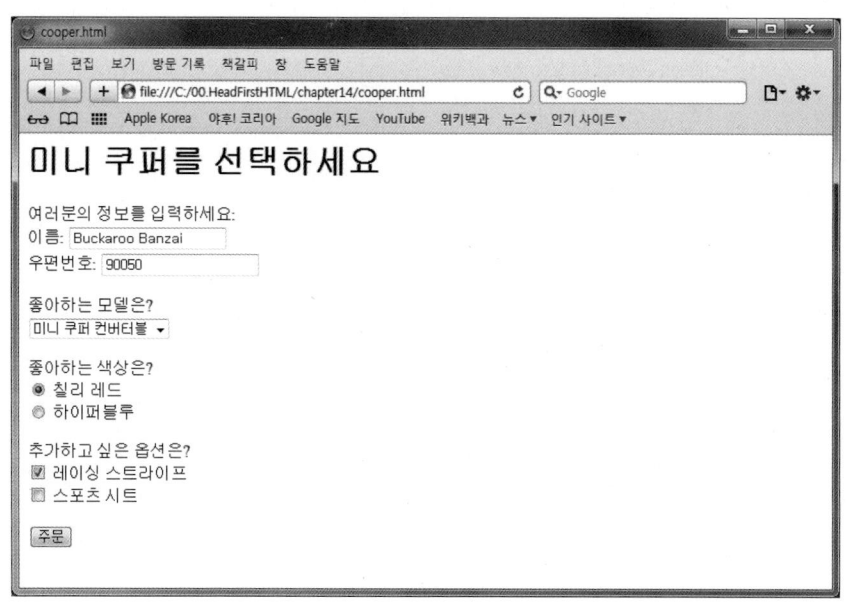

name = "Buckaroo Banzai" ....

zip = ...

model = ...

color = ...

caroptions[] = ...

추가 점수

> 이제 폼 작성을 마쳤으니 브라우저가
> 폼 데이터를 서버로 보내는 방법을 얘기해 줄 수
> 있나요? 계속 POST 방식을 사용해 왔지만 다른
> 방식도 있다고 했잖아요.

브라우저가 사용하는 주요 메서드 두 개가 있습니다.
바로 POST와 GET입니다.

POST와 GET은 브라우저에서 폼 데이터를 가져와 서버로 보내는 똑같은 기능을 수행하지만, 방식은 다릅니다. POST는 폼 변수를 묶어서 보이지 않게 서버로 보내는 반면, GET은 폼 변수를 묶기는 하지만 서버로 요청을 보내기 전에 URL 끝에 붙여서 보냅니다.

POST를 사용하면 모든 폼 데이터가 요청(request)의 일부분으로 전송되며, 사용자에게는 보이지 않습니다.

POST

서버 스크립트

`http://wickedlysmart.com/hfhtmlcss/contest.php`

사용자는 브라우저의 주소창에 있는 서버 스크립트의 URL만 보게 됩니다

GET을 사용한 폼 데이터는 URL 자체에 추가되기 때문에 사용자는 폼 데이터를 볼 수 있습니다.

GET

서버 스크립트

URL 끝부분에 추가된 폼 데이터에 주목하세요. 이것은 주소창에서 사용자가 볼 수 있습니다.

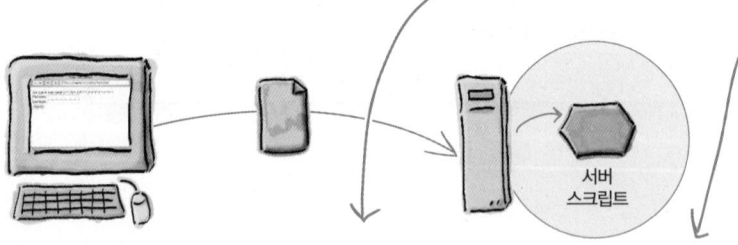

`http://wickedlysmart.com/hfhtmlcss/contest.php?firstname=buckaroo&lastname=banzai`

GET 동작 지켜보기

GET 방식을 이해하는 데 실제로 어떻게 동작하는지 지켜보는 것보다 더 좋은 방법은 없습니다. 'form.html' 파일을 열고 다음과 같이 변경해 보세요.

POST에서 GET으로 메서드를 변경하기만 했군요.

```
<form action="http://starbuzzcoffee.com/processorder.php" method="GET">
```

저장하고 페이지를 다시 열어 보세요. 그리고 나서 폼을 채운 뒤 전송하세요. 여러분은 다음과 같은 내용을 볼 수 있을 거예요.

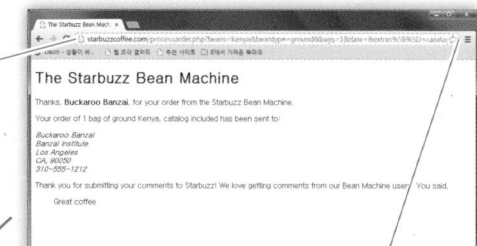

브라우저에서 이 URL을 보게 될 겁니다.

```
http://starbuzzcoffee.com/processorder.php?beans=Kenya&beantype=ground&
extras%5B%5D=catalog&name=Buckaroo+Banzai&address=Banzai+Institute&city=
Los+Angeles&state=CA&zip=90050&phone=3105551212&comments=Great+coffee
```

이제 모든 폼 요소 이름과 값을 바로 이 URL에서 볼 수 있습니다.

브라우저는 공백문자 같은 여러 가지 문자를 가지고 암호화(encode)하는군요. 서버 스크립트는 이 정보를 받을 때 자동으로 복호화(decode)할 것입니다.

바보 같은 질문이란 없습니다

Q: 우리가 서버로 무엇인가를 보내는데 왜 그것을 GET이라고 부르죠?

A: 좋은 질문입니다. 브라우저의 주요 임무가 무엇이라고 생각하세요? 서버로부터 웹 페이지를 받는 것(get)입니다. 그리고 여러분이 GET을 사용할 때 브라우저는 항상 그렇듯 통상적인 방법으로 웹 페이지를 받으려고 합니다. 단, 폼의 경우만 제외하고요. 폼의 경우 URL 끝에 더 많은 데이터가 추가됩니다. 다른 것은 몰라도 브라우저는 그것이 일반적 요청인 것처럼 처리합니다.

반면 POST 방식에서 브라우저는 실제로 작은 데이터 꾸러미를 생성해서 서버로 보냅니다.

Q: 그렇다면 왜 GET말고 POST를 사용해야 하죠? 혹은 그 반대의 경우는요?

A: 실제로 문제가 되는 한 두 가지 큰 차이점이 있습니다. 만약 사용자들이 폼을 전송한 결과가 있는 페이지를 북마크할 수 있다면, 여러분은 GET을 사용해야 합니다. 왜냐하면 POST의 결과로 되돌아온 페이지를 북마크할 수 있는 방법이 없기 때문입니다. 언제 이런 식으로 처리하게 될까요? 검색 결과의 리스트를 되돌려주는 서버 스크립트가 있다고 해 봅시다. 아마도 여러분은 사용자들이 이 결과를 북마크해서 폼을 채우지 않고도 그 결과를 다시 볼 수 있게 하고 싶을 것입니다.

반면, 만약 주문을 처리하는 서버 스크립트가 있다면 사용자들이 페이지를 북마크할 수 있게 허용하고 싶지 않을 것입니다(

그렇지 않다면, 페이지들이 돌아올 때마다 북마크를 해야 하고 주문은 재전송될 것입니다).

GET을 절대로 사용해서는 안되는 상황은 폼에 있는 데이터가 신용카드 번호나 비밀번호 같은 개인적인 데이터가 포함되어 있을 경우입니다. 왜냐하면 URL은 쉽게 볼 수 있고, 만약 다른 사람들이 여러분의 브라우저의 기록을 살펴보거나, GET으로 북마크되어 있다면 개인적인 정보가 다른 사람들에 의해 쉽게 노출되기 때문입니다.

마지막으로 만약 〈textarea〉를 사용한다면 여러분은 POST를 사용해야 합니다. 왜냐하면 〈textarea〉에는 많은 정보가 들어있을 테고, 많은 데이터가 전송될 것이기 때문입니다. GET 요청은 최대 256 문자까지만 가능합니다. POST는 여러분이 보내는 데이터 꾸러미의 크기에 제한이 없습니다.

GET 혹은 POST

각 설명에 대해 어떤 방식이 더 적합한지 판단해서 GET 혹은 POST에 동그라미 표시를 해 보세요. 만약 두 가지 모두 해당될 수 있다고 생각하면, 두 개 모두 표시하세요. 여러분이 답을 선택한 이유도 설명해야 할 거예요.

GET   POST   사용자 이름과 패스워드를 입력하기 위한 폼

GET   POST   CD를 주문하기 위한 폼

GET   POST   현재 이벤트를 살펴보기 위한 폼

GET   POST   책 서평을 보내기 위한 폼

GET   POST   여러분의 주민번호에 의해 회수되는 이익을 위한 폼

GET   POST   고객 피드백을 보내는 폼

이렇게 말하려고 했던 참입니다.
커피공장 작업을 훌륭히 해냈어요! 이 페이지
덕분에 정말 커피공장 매출이 활성화될 거예요.
이제 스타일을 약간 주기만 하면 됩니다. 고객을 위해
사이트를 오픈시킬 준비가 되었습니다.

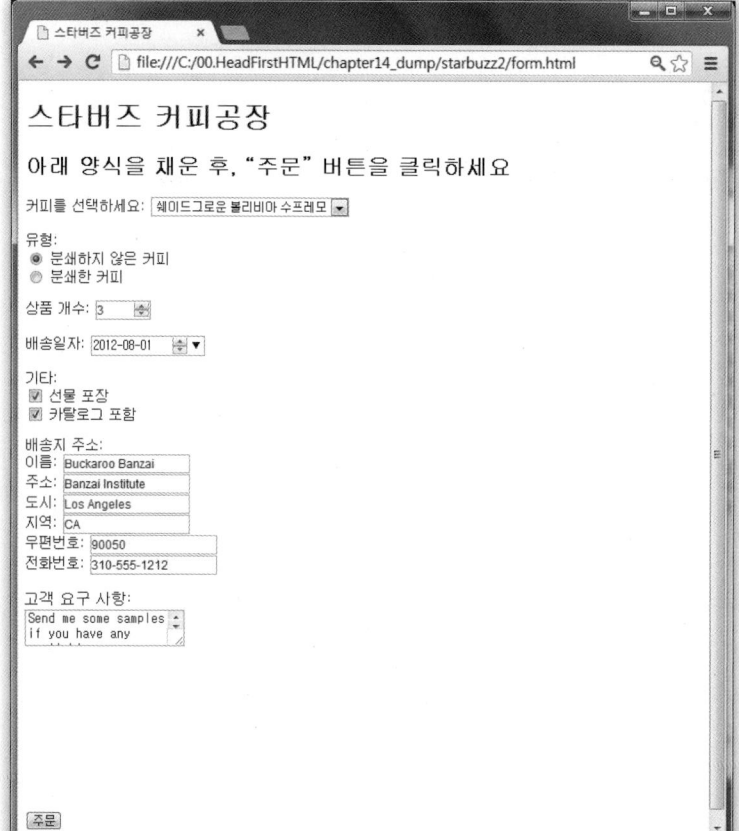

브레인 파워

HTML과 CSS에 관해 알고 있는 모든 지식을 활용해, 이 폼을 꾸미려고 하는데 어떻게 접근하면 될까요?

연필을깎으며

일반적 레이아웃에서 폼은 표 형태이므로, 폼 프레젠테이션을 디자인하는 데 CSS table display 레이아웃을 사용하는 것이 좋다는 것을 알게 될 것입니다. 커피공장 폼에서도 이를 사용하려고 합니다. table display 레이아웃을 사용하면, 들쑥날쑥해 보이는 input 요소 대신 실제 폼처럼 보일 거예요. 그리고 이렇게 처리하면 훨씬 읽기도 쉬울 거예요.

이렇게 처리하기 전에 이 폼에서 상속받은 테이블 구조를 알아봅시다. 아래에서 스케치하는 것부터 시작해서, 요소를 테이블에 맞춰 보세요(힌트: 2개의 컬럼과 14개의 행이 좋을 것 같군요). 블록 요소로 각 행을 표현하고, 각 셀 또한 블록 요소로 표현합니다. 이렇게 하려면 HTML에 일부 구조를 추가해야 한다는 점을 명심하세요.

연습문제를 풀 때까지 다음 페이지 내용을 훔쳐보지 마세요.

연필을 깎으며 정답

일반적 레이아웃에서 폼은 표 형태이므로, 폼 프레젠테이션을 디자인하는 데 CSS table display 레이아웃을 사용하는 것이 좋다는 것을 알게 될 것입니다. 커피공장 폼에서도 이를 사용하려고 합니다. table display 레이아웃을 사용하면, 들쑥날쑥해 보이는 input 요소 대신 실제 폼처럼 보일 거예요. 그리고 이렇게 처리하면 훨씬 읽기도 쉬울 거예요.

이렇게 처리하기 전에, 이 폼에서 상속받은 테이블 구조를 알아내봅시다. 아래에서 스케치하는 것부터 시작해서, 요소를 테이블에 맞춰 보세요(힌트: 2개의 컬럼과 14개의 행이 좋을 것 같군요). 블록 요소로 각 행을 표현하고, 각 셀 또한 블록 요소로 표현됩니다. 이렇게 하려면 HTML에 일부 구조를 추가해야 한다는 점을 명심하세요.

우리가 찾아낸 것이 여기 있군요. 여러분이 찾아낸 답과 비교해 보세요!

각 폼 요소에 대한 라벨은 왼쪽 컬럼에 들어갑니다.

셀 값은 모두 오른쪽에 수직으로 정렬되어 있네요.

배송지 주소의 오른쪽에 있는 셀은 비어있군요. 여기엔 컨트롤이 하나도 없습니다.

주문 버튼의 왼쪽에 있는 셀은 비어있군요. 여기에는 라벨이 없습니다.

여기 테이블 스케치가 있습니다. 간단한 table display 레이아웃으로 2개의 컬럼과 14개의 행이 있군요. 폼의 각 주요부분을 하나씩 행에 할당했습니다.

모든 입력 요소를 오른쪽 컬럼에 할당했습니다.

체크박스와 라디오 버튼을 하나의 셀에 몰아 넣었습니다.

각 셀이 블록 요소에 대응하므로, 각 셀에 대한 독립적인 블록 요소를 갖고 있는지 확인하기 위해 더 많은 \<p\> 요소를 추가할 것입니다.

또한 행에 대해 여러분의 블록 요소가 필요할 거예요. 11장에서 한 것처럼 \<div\> 요소를 사용할 것입니다.

그리고 마지막으로, 모든 것 즉 테이블 자체를 포함할 요소가 하나 더 필요합니다. 이를 위해 폼 요소를 사용할 수 있습니다!

스타버즈 커피공장

아래 양식을 채운 후 '주문' 버튼을 클릭하세요

커피를 선택하세요: [House Blend ▾]

유형: ◯ 분쇄하지 않은 커피
◉ 분쇄한 커피

상품 개수: [▾]

배송 일자: [   ]

기타: ☐ 선물 포장
☑ 카탈로그 포함

배송지 주소
이름 [   ]
주소 [   ]
도시 [   ]
지역 [   ]
우편번호 [   ]
전화번호 [   ]
고객 요구사항 [   ]

[Order Now]

textarea도 더 크게 만들었습니다!

table display 레이아웃을 위해 HTML 구조 안으로 폼 요소 넣기

구울 준비가 된 HTML

이제 여러분은 테이블에서 폼 요소를 구조적으로 만드는 방법을 알고 있으니, HTML 테이블 작성 기술을 시험해볼 필요가 있습니다. 지금 입력을 시작하세요!

농담입니다. 이 모든 내용을 입력해 넣으라고 하려던 것은 아닙니다. 이 장은 폼에 관한 것이지 테이블에 관한 것은 아닙니다. 우리는 이미 여러분을 위해 아래 내용을 입력해 놨습니다. 'chapter14/starbuzz' 폴더에 있는 'styledform.html' 파일을 열어보세요. 복잡하게 보일지 모르겠지만 실제로 그렇게 나쁘지는 않습니다. 주요 부분을 설명하기 위해 아래에 몇 가지 주석을 추가했습니다.

여기에 〈form〉 요소가 있군요. 테이블에 이 부분을 넣을 필요는 없습니다.

```html
<form action="http://starbuzzcoffee.com/processorder.php" method="post">
    <div class="tableRow">
        <p>
            커피를 선택하세요:
        </p>
        <p>
            <select name="beans">
                <option value="House Blend">하우스 블렌드</option>
                <option value="Bolivia">쉐이드 그로운 볼리비아 수프레모</option>
                <option value="Guatemala">유기농 과테말라</option>
                <option value="Kenya">케냐</option>
            </select>
        </p>
    </div>
    <div class="tableRow">
        <p> 유형: </p>
        <p>
            <input type="radio" name="beantype" value="whole"> 분쇄하지 않은 커피<br>
            <input type="radio" name="beantype" value="ground" checked> 분쇄한 커피
        </p>
    </div>
    <div class="tableRow">
        <p> 상품 개수: </p>
        <p> <input type="number" name="bags" min="1" max="10"> </p>
    </div>
    <div class="tableRow label">
        <p> 배송 일자: </p>
        <p> <input type="date" name="date"> </p>
    </div>
    <div class="tableRow">
        <p> 기타: </p>
        <p>
            <input type="checkbox" name="extras[]" value="giftwrap"> 선물 포장<br>
            <input type="checkbox" name="extras[]" value="catalog" checked> 카탈로그 포함
        </p>
    </div>
```

테이블에 있는 각 행에 대해 tableRow 클래스를 가진 〈div〉를 사용하고 있습니다.

각 셀에 대한 콘텐츠는 〈p〉 요소 내부에 중첩되어 있습니다.

커피 선택 메뉴를 위해 beantype 라디오 버튼들과 extras 체크박스가 있고, 하나의 데이터 셀에 있는 각 메뉴를 위해 모든 폼 요소를 넣었군요.

다음 페이지에서 계속→

구울 준비가 된
HTML

배송지 주소를 포함하고 있는 행을 위해,
이 ⟨p⟩ 요소에 heading이란 클래스를 추가해서,
이 텍스트를 굵은 폰트로 만들 수 있습니다.

오른쪽 컬럼에 빈 셀이 있으므로,
빈 ⟨p⟩ 요소를 여기에 넣을 수 있습니다.

모든 행이 직관적이군요.
각 행에 tableRow
⟨div⟩가 있고, ⟨p⟩에
각 셀이 있습니다.

```html
<div class="tableRow">
    <p class="heading"> 배송지 주소 </p>
    <p></p>
</div>
<div class="tableRow">
    <p> 이름: </p>
    <p> <input type="text" name="name" value=""> </p>
</div>
<div class="tableRow">
    <p> 주소: </p>
    <p> <input type="text" name="address" value=""> </p>
</div>
<div class="tableRow">
    <p> 도시: </p>
    <p> <input type="text" name="city" value=""> </p>
</div>
<div class="tableRow">
    <p> 지역: </p>
    <p> <input type="text" name="state" value=""> </p>
</div>
<div class="tableRow">
    <p> 우편번호: </p>
    <p> <input type="text" name="zip" value=""> </p>
</div>
<div class="tableRow">
    <p> 전화번호: </p>
    <p> <input type="tel" name="phone" value=""> </p>
</div>
<div class="tableRow">
    <p> 고객 요구사항: </p>
    <p>
        <textarea name="comments" rows="10" cols="48"></textarea>
    </p>
</div>
<div class="tableRow">
    <p></p>
    <p> <input type="submit" value="Order Now"> </p>
</div>
</form>
```

마지막 행의 경우, 왼쪽 컬럼에
빈 셀이 있으므로 빈 ⟨p⟩ 요소를
사용할 수 있습니다.

CSS로 폼 꾸미기

HTML에 몇 가지 스타일을 가진 규칙을 추가할 필요가 있습니다. 필요한 모든 구조가 마련 되었으니 이제 몇 가지 스타일을 위한 규칙을 추가해야겠군요. 이 폼은 스타버즈 사이트의 일부이므로 starbuzz.css 스타일시트에 있는 스타일을 재사용할 것입니다. 그리고 'styled-form.css'이라는 새로운 스타일시트를 생성해서 커피공장 폼을 위한 새로운 스타일 규칙을 추가할 것입니다. 이제 모든 CSS 내용에 친숙해져 있어야 합니다. 폼에 특화된 규칙은 사용 하지 않을 것입니다. 아래에 있는 CSS는 지금까지 앞 장에서 모두 배운 내용입니다.

'chapter14/starbuzz' 폴더에 있는 'styledform.css' 파일에서 이 CSS를 찾을 수 있을 거예요.

```css
body {
    background: #efe5d0 url(images/background.gif) top left;
    margin: 20px;
}
```

> 스타일 중 일부는 스타버즈 CSS에 의지하고 있지만, 스타버즈 배경 이미지를 추가하고 body에 마진을 추가하고 있군요.

```css
form {
    display: table;
    padding: 10px;
    border: thin dotted #7e7e7e;
    background-color: #e1ceb8;
}
```

> table display에서 폼을 사용하여 테이블을 표현하고 있습니다.
> 폼 주위에 테두리를, 폼 콘텐츠와 테두리 사이에 약간의 패딩을, 배경색이 상쇄되도록 배경색을 추가하고 있습니다.

```css
form textarea {
    width: 500px;
    height: 200px;
}
```

> 폼 안에 있는 textarea 컨트롤을 더 크게 만들려고 너비와 높이를 설정하고 있습니다. 이제 더 많은 내용을 담을 여유가 생겼군요.

```css
div.tableRow {
    display: table-row;
}
```

> 각 tableRow <div>는 table dispaly 레이아웃에서 하나의 행처럼 동작합니다.

```css
div.tableRow p {
    display: table-cell;
    vertical-align: top;
    padding: 3px;
}
```

> tableRow <div>에 중첩된 각 <p> 요소는 하나의 테이블 셀입니다. 각 <p> 요소에서 콘텐츠를 수직으로 정렬해서, 각 행에 있는 콘텐츠는 셀의 상단에 맞춰져 있습니다. 행 사이에 빈 공간을 추가하려고 패딩을 약간 추가하고 있습니다.

```css
div.tableRow p:first-child {
    text-align: right;
}
```

> 이 규칙은 tableRow <div> 내부에 중첩되어 있는 <p> 요소에 대한 선택자에 있는 first-child 의사컬럼을 사용하고 있습니다. 즉, 각 행에 있는 첫 번째 <p> 요소는 오른쪽으로 맞춰져 있어 모든 <p> 요소는 컬럼의 오른쪽에 비해 수직으로 정렬되어 있습니다.

```css
p.heading {
    font-weight: bold;
}
```

> heading 클래스가 있는 모든 <p> 요소의 경우, 텍스트를 굵게 해서 제목처럼 보이게 하고 있군요. 이 규칙을 배송지 주소 셀에서도 사용하고 있습니다.

스타일을 가미한 폼 시운전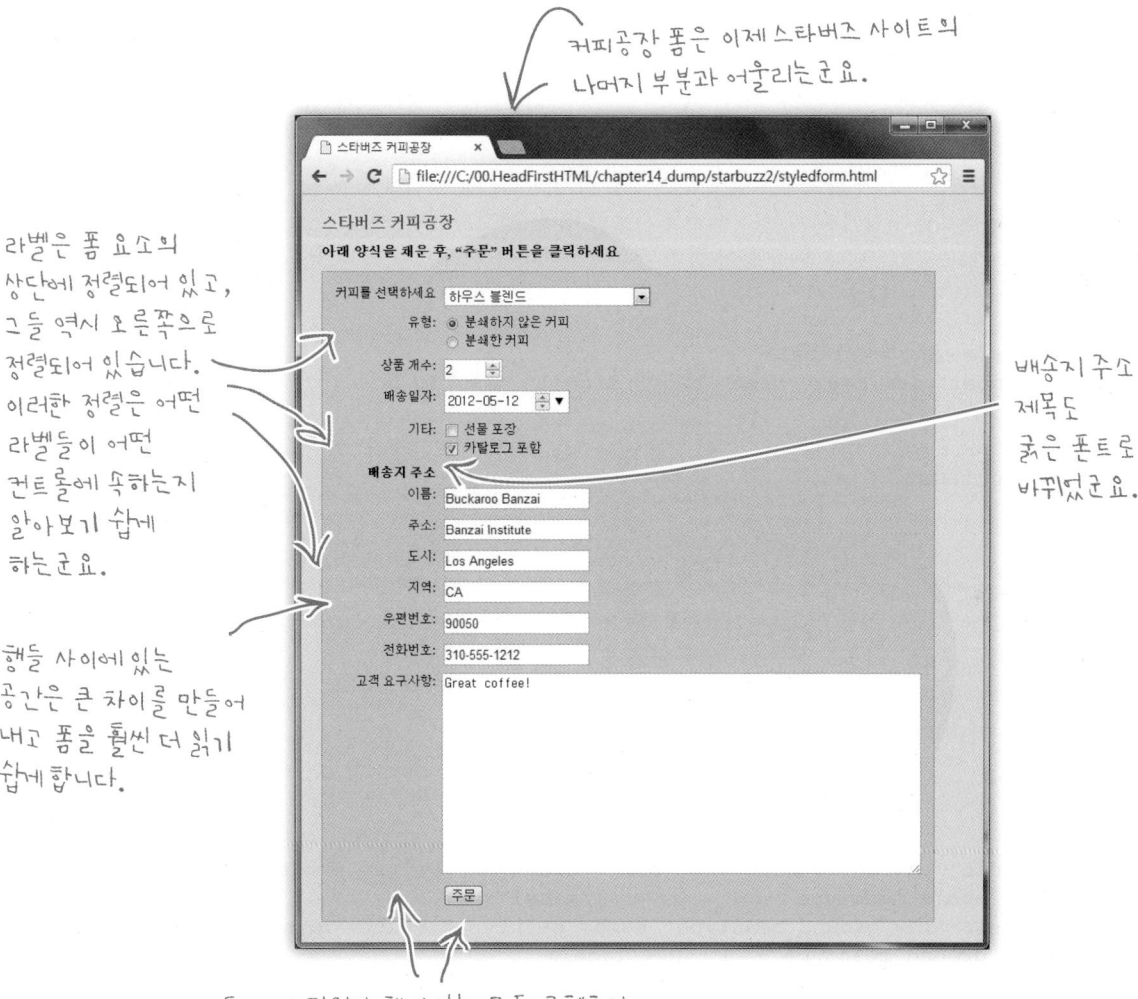

'styledform.html' 파일에 있는 HTML의 <head>에 두 개의 <link> 요소를 추가할 것입니다. 하나는 12장에 있는 스타버즈 스타일시트인 'starbuzz.css' 파일이고, 다른 하나는 여러분의 새로운 스타일시트인 'styledform.css' 파일입니다. 정확한 순서로 추가하고 있는지 확인하세요. 'starbuzz.css' 파일이 먼저 오고, 'styledform.css' 파일이 그다음에 옵니다. 일단 두 개의 스타일시트와 연결한 뒤, 저장하고 페이지를 다시 열어 보세요. 여러분은 브라우저에 있는 스타버즈 커피공장이 매력적으로 꾸며져 완전히 새롭게 변한 페이지를 볼 수 있을 거예요.

와, 작은 스타일 하나가 만들어낸 차이를 보세요!

만약 여러분이 HTML과 CSS 기술을 좀 더 적용하기를 원한다면, 커피공장 페이지에 스타버즈 header와 footer를 추가할 수 있는지, 커피공장이 실제로 그러한 요소와 함께 근사하게 보이게 할 수 있는지 알아보세요.

커피공장 폼은 이제 스타버즈 사이트의 나머지 부분과 어울리는군요.

라벨은 폼 요소의 상단에 정렬되어 있고, 그들 역시 오른쪽으로 정렬되어 있습니다. 이러한 정렬은 어떤 라벨들이 어떤 컨트롤에 속하는지 알아보기 쉽게 하는군요.

배송지 주소 제목도 굵은 폰트로 바뀌었군요.

행들 사이에 있는 공간은 큰 차이를 만들어 내고 폼을 훨씬 더 읽기 쉽게 합니다.

두 개의 컬럼과 함께 있는 모든 콘텐츠가 보기 좋게 정렬되어 있군요.

접근성에 관한 단어

지금까지 우리는 간단한 텍스트로 폼 요소의 라벨을 만들었습니다만, 이러한 라벨을 제대로 표시하려면 <label> 요소를 사용해야 합니다. <label> 요소는 페이지의 구조에 관해 더 많은 정보를 제공하며, CSS를 사용해서 라벨을 좀 더 쉽게 꾸밀 수 있게 하고, 시각 장애인이 사용하는 스크린 리더기가 폼 요소를 정확히 식별하는 데 도움을 줍니다.

라벨이 들어가 있는 커피공장의 완성 버전을 만들어 CSS를 갱신해 놓았습니다. accessform.html과 accessform.css 파일을 살펴보세요.

<label> 요소를 사용하기 위해 먼저 폼 요소에 id 속성을 추가하세요.

```
<input type="radio" name="hotornot" value="hot" id="hot">
<label for="hot">hot</label>

<input type="radio" name="hotornot" value="not" id="not">
<label for="not">not</label>
```

그러고 나서 <label>을 추가하고 for 속성값을 해당하는 id로 설정하세요.

⊙ hot
○ not

라디오 버튼 옆에 있는 텍스트가 라벨입니다.

기본 설정에 따라 라벨은 일반 텍스트와 다르게 보이지 않습니다. 하지만 접근성 측면에서는 큰 차이가 있습니다. 폼 컨트롤과 함께 <label> 요소를 사용할 수 있으므로, 커피공장 폼의 각 부분에 라벨을 추가할 수 있습니다. 예를 들어 상품 개수를 입력하는 숫자 입력 박스에 다음과 같이 라벨을 추가할 수 있습니다.

```
<label for="bags">상품 개수:</label>
<input type="number" id="bags" name="bags" min="1" max="10">
```

<input> 요소에 bags라는 id를 추가했습니다.

name과 id 속성에 같은 값을 넣을 수 있습니다. 여기에서는 bags를 썼군요.

라디오나 체크박스 컨트롤에 라벨을 추가할 때, 한 그룹에 속한 모든 컨트롤의 이름이 동일하다 하더라도 각 컨트롤의 id는 유일해야 한다는 점을 기억하세요. 따라서 beantype 라디오 컨트롤에 라벨을 추가하려면, whole과 ground 옵션 모두에 유일한 id를 생성해야 합니다.

두 컨트롤의 이름이 beantype이므로, 서버 스크립트로 폼을 전송할 때 이 둘은 함께 묶여 전송됩니다.

하지만 각각의 id는 유일해야 합니다.

```
<input type="radio" id="whole_beantype" name="beantype" value="whole">
    <label for="whole_beantype">분쇄하지 않은 커피</label><br>
<input type="radio" id="ground_beantype" name="beantype" value="ground" checked>
    <label for="ground_beantype">분쇄한 커피</label>
```

라벨은 관련된 컨트롤 앞이나 뒤에 모두 올 수 있다는 점을 명심하세요. for 속성값이 id와 일치하는 한, 라벨이 어디에 오건 상관없습니다.

폼에 들어갈 수 있는 다른 것은 무엇이 있을까요?

폼에서 정식으로 사용될 수 있는 모든 것을 다루었지만, 여러분의 폼 목록에 추가할만한 요소가 몇 개 더 있습니다. 따라서 폼에 대한 학습을 더 진전시키고 싶다면 아래 내용을 살펴보세요.

fieldset과 legend

여러분의 폼이 점점 더 커지기 시작하면 요소를 시각적으로 묶는 것도 도움이 될 것입니다. 이를 위해 아마도 여러분은 <div>와 CSS를 사용하겠지만, HTML도 공통 요소를 함께 묶는 데 사용할 수 있는 <fieldset>이라는 요소를 제공합니다. <fieldset>은 <legend>라 불리는 두 번째 요소를 사용합니다. 여기에 이들이 어떤 식으로 함께 동작하는지 나와 있습니다.

<fieldset> 요소는 input 요소의 세트를 둘러싸고 있군요.

<legend>는 이 그룹에 대한 라벨을 제공합니다.

```
<fieldset>
    <legend>Condiments</legend>
        <input type="checkbox" name="spice" value="salt">
            Salt  <br>
        <input type="checkbox" name="spice" value="pepper">
            Pepper <br>
        <input type="checkbox" name="spice" value="garlic">
            Garlic
</fieldset>
```

여기에 fieldset과 legend가 어느 한 브라우저에서 어떻게 보이는지 나와 있습니다. 브라우저 종류에 따라 다르게 보일 수 있다는 점을 유념하세요.

password

password <input> 요소는 여러분이 입력하는 텍스트가 감춰지는 것만 제외하면 text <input> 요소처럼 동작합니다. 이것은 비밀번호나 비밀코드 혹은 여러분이 입력하는 내용을 다른 사람들이 보지 않기 원하는 민감한 정보를 입력하는 폼에 매우 유용합니다. 하지만 폼 데이터는 브라우저에서 서버로 안전한 방식으로 전송되지는 않는다는 것을 명심하세요. 좀 더 안전한 방법을 위해서는 호스팅 회사에 문의하세요.

```
<input type="password" name="secret">
```

password <input> 요소는 여러분이 입력하는 텍스트가 감춰지는 것을 제외하고는 정확히 text <input> 요소처럼 동작하는군요.

폼에 들어갈 수 있는 또 다른 요소

파일 입력

우리가 얘기하지 않았던 아주 새로운 input 요소도 있습니다. 만약 파일 전체를 서버 스크립트로 보내야 한다면 다시 한 번 <input> 요소를 사용하겠지만, 이번에는 유형을 file로 설정하세요. 이렇게 하면 <input> 요소는 파일을 선택할 수 있는 컨트롤을 생성하며, 폼이 전송될 때 파일의 내용은 나머지 폼 데이터와 함께 서버로 전송됩니다. 다만 이를 위해서는 서버 스크립트에 파일 업로드 기능이 있어야 하고, POST 방식을 사용해야 한다는 것을 기억하세요.

> 파일 선택

> 찾아보기...

여기에 파일 입력 요소가 두 개의 서로 다른 종류의 브라우저에서 어떻게 보이는지 나와 있군요.

```
<input type="file" name="doc">
```

파일 입력 요소를 생성하기 위해서는 <input> 요소의 type을 file로 설정하기만 하면 되는군요.

다중 선택

다중 선택은 새로운 요소는 아니지만, 여러분이 이미 알고 있는 요소를 새로운 방식으로 사용합니다. 만약 <select> 속성에 불린 속성인 multiple을 추가하면 단일 선택 메뉴를 다중 선택 메뉴로 변환할 수 있습니다. 팝다운 메뉴 대신에 화면에 모든 선택항목(항목이 많으면 스크롤바가 보일 거예요)을 보여주는 메뉴가 나타날 것입니다. [Ctrl] 키(윈도우) 혹은 [Command] 키(매킨토시)를 눌러서 여러 개를 선택할 수 있습니다.

다중 선택에서는 한 번에 여러 항목을 선택할 수 있군요.

> Buckaroo Banzai
> Perfect Tommy
> Penny Priddy
> New Jersey
> John Parker

```
<select name="characters" multiple>
    <option value="Buckaroo">Buckaroo Banzai</option>
    <option value="Tommy">Perfect Tommy</option>
    <option value="Penny Priddy">Penny</option>
    <option value="New Jersey">Jersey</option>
    <option value="John Parker">John</option>
</select>
```

단일 선택 메뉴를 다중 선택 메뉴로 변경하려면 multiple 속성만 추가하면 됩니다.

위치 지정자

폼에 있는 대부분의 입력 유형과 함께 placeholder 속성을 사용해서, 폼에 있는 각종 입력 요소에 입력될거라 예상되는 콘텐츠의 종류에 관한 힌트를 사용자에게 제공해 줄 수 있습니다. 예를 들어 성과 이름이 입력되는 텍스트 필드가 있다면 placeholder 속성을 사용해서 성과 이름의 샘플 데이터를 제공할 수 있습니다. 이 속성에 들어가는 값은 해당 컨트롤상에서 보이긴 하지만 실제로 입력하는 일반 콘텐츠보다는 희미하게 보이며, 이 텍스트 필드를 클릭하면 placeholder 텍스트는 바로 사라져서 실제 값을 입력하는 데 방해되지 않습니다.

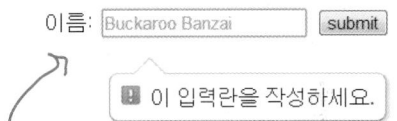

이름: [Buckaroo Banzai]

이 필드를 빈칸으로 남겨두고 폼을 전송하면, placeholder 콘텐츠는 이 컨트롤에 대한 값으로 전송되지 않습니다.

```
<input type="text" placeholder="Buckaroo Banzai">
```

placeholder 속성은 폼의 이 부분에 입력될 콘텐츠의 종류에 관한 힌트를 제공합니다.

필수 항목

어떤 폼 컨트롤에서도 사용할 수 있는 속성으로, 해당 필드에 반드시 값을 입력해야 할 경우 사용됩니다. 따라서 이 속성이 설정된 필드에 값을 입력하지 않고서는 폼을 전송할 수 없습니다. 이 속성을 지원하는 브라우저에서 required로 설정된 필드에 값을 입력하지 않고 전송하려 하면, 오류 메시지가 나타나며 폼은 서버로 전송되지 않을 것입니다.

<video> 요소처럼 이 속성도 불린 속성으로 required란 값을 명시하거나 하지 않거나 둘 중 하나입니다. 즉, required라고 명시되어 있으면 이 속성이 설정된 것이고, 아무것도 명시하지 않으면 설정되어 있지 않은 것입니다. 아래 예에서는 required가 있으므로 이 속성이 설정된 것이며, 폼을 전송하기 위해 이 폼에 값이 반드시 들어가야 합니다.

이름: [Buckaroo Banzai] [submit]

⊞ 이 입력란을 작성하세요.

크롬에서 본 화면입니다. 이 글을 쓰는 시점에도 모든 브라우저가 required를 지원하고 있지는 않습니다만, 사용할 수는 있습니다. 폼을 전송할 수도 있지만, 아마도 서버 스크립트에서 필드에 값이 없다는 불평이 가득 담긴 메시지가 되돌아올 것 같군요.

```
<input type="text" placeholder="Buckaroo Banzai" required>
```

required는 불린 속성으로, 폼 컨트롤에 명시할 경우 폼을 제대로 전송하려면 해당 필드에 값이 있어야 합니다.

 브레인 파워

'styleform.html' 파일을 열고, 각 text 〈input〉과 tel 〈input〉에 placeholder를 추가하세요. 각 필드에 들어갈 콘텐츠의 종류에 관해 고객에게 좋은 힌트를 줄 수 있는 값을 선택해 넣으세요.
그리고 나서 스타버즈 커피공장에서 꼭 필요한 필드(예를 들어 배송지 주소 필드)에 required 속성을 추가하세요. beans와 beantype은 기본값을 갖고 있기 때문에, 이 필드에 required를 설정해야 할까요? beantype에 checked 속성을 제거하면 어떻게 될까요? required를 추가해야 할까요? 여러 종류의 브라우저에서 테스트해 보고 어느 브라우저가 placeholder와 required를 지원하는지 알아보세요.

 핵심정리

- 〈form〉 요소는 폼을 정의하며 모든 폼 input 요소는 폼 안에 중첩되어 있습니다.

- action 속성은 서버 스크립트의 URL을 포함합니다.

- method 속성은 폼 데이터를 전송하는 방식(POST 혹은 GET)을 포함합니다.

- POST는 폼 데이터를 묶어서 요청의 일부로 폼 데이터를 전송합니다.

- GET은 폼 데이터를 묶어서 URL에 폼 데이터를 추가합니다.

- 폼 데이터에 개인정보가 있거나 〈textarea〉 혹은 file 〈input〉 요소가 사용되었을 때처럼 크기가 크면, POST를 사용하세요.

- 북마크될 것 같은 요청에는 GET을 사용하세요.

- 〈input〉 요소는 type 속성값에 따라 웹 페이지에 있는 많은 다른 input 컨트롤 역할을 수행합니다.

- text 유형은 텍스트 한 줄을 입력할 수 있는 컨트롤을 생성합니다.

- submit 유형은 전송 버튼을 생성합니다.

- radio 유형은 라디오 버튼 한 개를 생성합니다. 같은 이름을 가진 모든 라디오 버튼은 상호 배타적인 버튼 그룹을 구성합니다.

- checkbox 유형은 체크박스 컨트롤을 생성합니다. 체크박스 여러 개에 동일한 이름을 부여함으로써 하나의 선택 세트를 생성할 수 있습니다.

- number 유형은 숫자만 예상되는 한 줄짜리 텍스트 입력 컨트롤을 생성합니다.

- range 유형은 숫자 입력 필드를 위한 슬라이더 컨트롤을 생성합니다.

- color 유형은 지원되는 브라우저에서만 색상 피커를 생성합니다. 지원하지 않는 브라우저에서는 텍스트 컨트롤을 생성합니다.

- date 유형은 지원되는 브라우저에서만 날짜 피커를 생성합니다. 지원하지 않는 브라우저에서는 텍스트 컨트롤을 생성합니다.

- email, url, tel 유형은 텍스트 필드를 생성하는데, 데이터 입력을 좀 더 쉽게 하기 위해 일부 모바일 브라우저에서 맞춤형 키보드를 보여줍니다.

- 〈textarea〉 요소는 여러 줄의 텍스트를 입력할 수 있는 영역을 생성합니다.

- 〈select〉 요소는 하나 이상의 〈option〉 요소를 포함하는 메뉴를 생성합니다. 〈option〉 요소들은 메뉴에 있는 항목을 정의합니다.

- 만약 텍스트를 〈textarea〉 요소의 내용으로 집어 넣는다면 이 정보가 웹 페이지에 있는 textarea 컨트롤에 있는 기본 텍스트가 될 것입니다.

- text 〈input〉 요소에 있는 value 속성은 한 줄짜리 텍스트 입력 초기값을 주기 위해 사용될 수 있습니다.

- 제출 버튼에 있는 value 속성을 설정해서 버튼의 텍스트를 변경합니다.

- 웹 폼이 전송되었을 때, 폼 데이터 값은 그들에 상응하는 이름들과 쌍을 이루며 모든 이름과 값은 서버로 보내집니다.

- CSS table dispaly는 테이블 구조로 된 폼을 배치하는데 사용됩니다. 또한 CSS는 폼의 색상, 폰트 스타일, 테두리 등을 꾸미는 데도 사용됩니다.

- HTML은 〈fieldset〉 요소를 사용해서 폼 요소를 구조화합니다.

- 〈label〉 요소는 접근성을 향상하는 방식으로 요소를 형성하기 위해 라벨을 덧붙이는 데 사용될 수 있습니다.

- placeholder 속성을 사용해서 입력이 예상되는 콘텐츠의 종류에 관한 힌트를 제공해 주세요.

- required 속성은 정확히 폼이 전송되는데 필요한 필드를 가리킵니다. 일부 브라우저는 폼을 전송하기 전에 이 필드에 값을 강제로 입력하도록 합니다.

마크업 자석 정답

여러분의 임무는 폼 요소 자석을 가져다가 스케치한 종이에 대응되는 컨트롤 위에 붙이는 것입니다. 아래에 있는 모든 자석을 사용할 필요는 없습니다. 일부는 사용하지 않은 채로 남아 있을 것입니다. 여기에 정답이 나와 있군요.

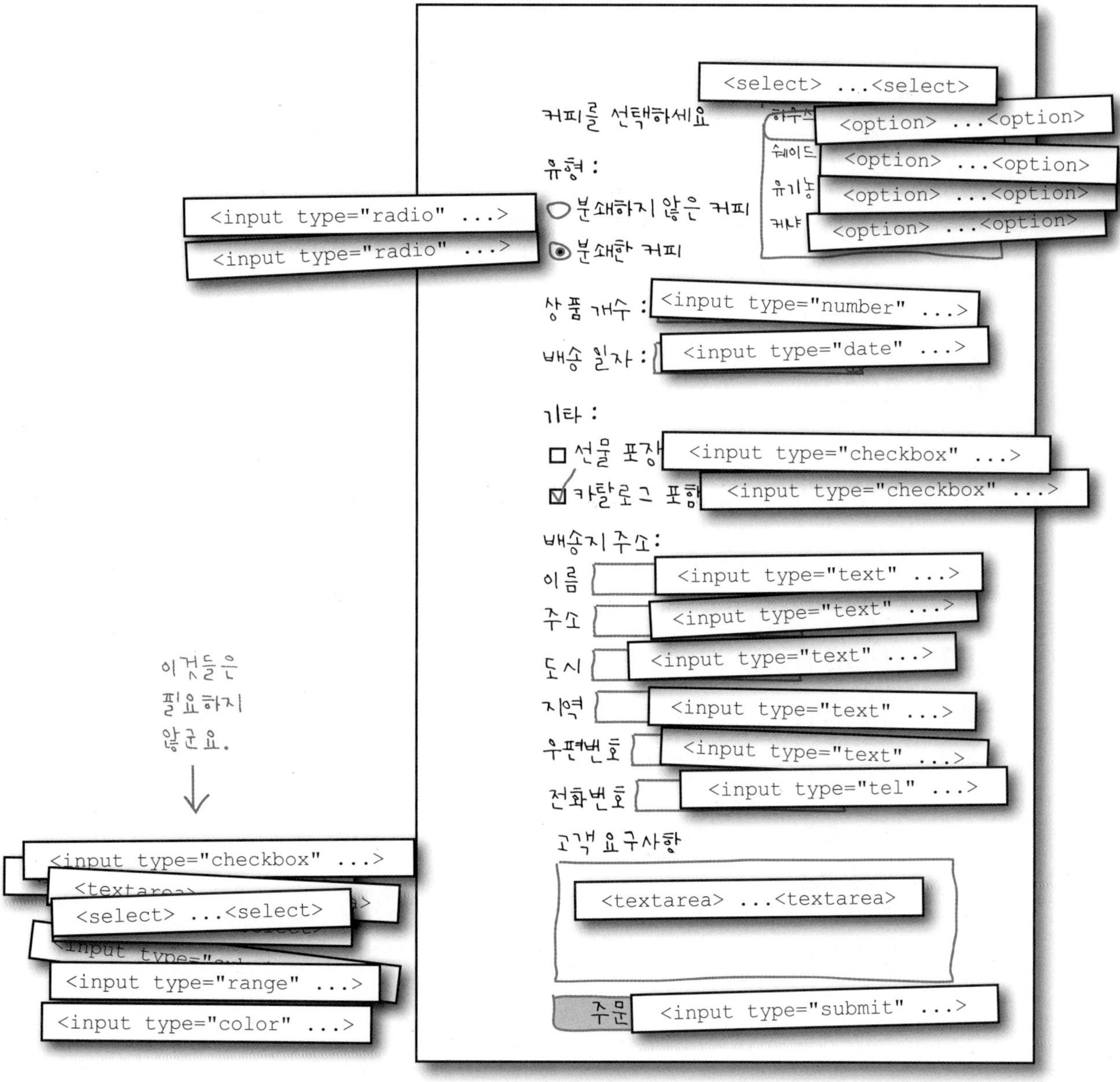

커피를 선택하세요

유형:

○ 분쇄하지 않은 커피   `<input type="radio" ...>`

◉ 분쇄한 커피   `<input type="radio" ...>`

하우스   `<select> ...<select>`
쉐이드   `<option> ...<option>`
유기농   `<option> ...<option>`
케냐   `<option> ...<option>`
  `<option> ...<option>`

상품 개수 : `<input type="number" ...>`

배송 일자 : `<input type="date" ...>`

기타 :

☐ 선물 포장 `<input type="checkbox" ...>`

☑ 카탈로그 포함 `<input type="checkbox" ...>`

배송지 주소:

이름 `<input type="text" ...>`

주소 `<input type="text" ...>`

도시 `<input type="text" ...>`

지역 `<input type="text" ...>`

우편번호 `<input type="text" ...>`

전화번호 `<input type="tel" ...>`

고객 요구사항

`<textarea> ...<textarea>`

주문 `<input type="submit" ...>`

이것들은
필요하지
않군요.
↓

`<input type="checkbox" ...>`
`<textarea> ...`
`<select> ...<select>`
`<input type="..."`
`<input type="range" ...>`
`<input type="color" ...>`

브라우저가 되어 봅시다! 정답

name = "Buckaroo Banzai"

zip = "90050"

model = "convertible"

color = "chilired"

caroptions[] = "stripes"

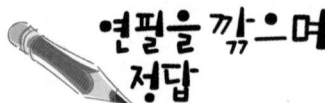

연필을 깎으며 정답

GET 혹은 POST

각 설명에 대해 어떤 방식이 더 적합한지를 판단해서 GET 혹은 POST에 동그라미 표시를 해보세요. 만약 두 가지 모두 해당될 수 있다고 생각하면, 두 개 모두 표시하세요. 여러분이 답을 선택한 이유도 설명해야 할 거예요.

GET **(POST)** — 사용자 이름과 패스워드를 입력하기 위한 폼

GET **(POST)** — CD를 주문하기 위한 폼

(GET) POST — 현재 이벤트를 살펴보기 위한 폼

GET **(POST)** — 책 서평을 보내기 위한 폼

GET **(POST)** — 여러분의 주민번호에 의해 회수되는 이익을 위한 폼

GET **(POST)** — 고객 피드백을 보내는 폼

연습문제 정답

여보세요, 우리 고객 주문의 80%가 분쇄한 커피를 주문하고 있네요. 사용자들이 페이지를 방문했을 때 커피 유형이 기본값으로 선택되어 있게 만들 수 있나요?

만약 여러분이 라디오 ⟨input⟩ 요소에 checked라는 불린(Boolean) 속성을 추가한다면, 이 요소는 폼이 브라우저에 의해 보여질 때 기본으로 선택되어 있을 것입니다. 분쇄한 커피 라디오 ⟨input⟩ 요소에 checked 속성을 추가하고 페이지를 테스트해 보세요. 여기 정답이 나와 있군요.

여기에 'form.html'에 있는 폼과 관련된 구간이 있군요.

```
<form action="http://starbuzzcoffee.com/processorder.php" method="POST">
  ...
  <p>유형: <br>

    <input type="radio" name="beantype" value="whole"> 분쇄하지 않은 커피 <br>
    <input type="radio" name="beantype" value="ground" checked> 분쇄한 커피

  </p>
  ...
</form>
```

그리고 여기에는 그라운드 라디오 버튼을 선택하는 새로운 속성이 있네요.

이것이 이 책의 끝이라면 정말 꿈같지 않겠어요? 핵심정리나 십자 퍼즐, HTML 리스트들 혹은 그 밖에 다른 것들이 없다면 어떨까요? 정말 환상적일 텐데…

축하합니다!
여러분은 끝까지 해냈습니다.

물론 부록이 있습니다.

그리고 찾아보기도 있습니다.

그리고 출판사도 나와 있습니다.

그리고 웹사이트도 있지만,

실제로 탈출구는 없습니다…

14 부록: 못다한 이야기들

10가지 중요한 이야기
(지금까지 설명하지 않은)

지금까지 많은 내용을 다루었고, 이 책도 거의 막바지에 이르렀군요.

아, 여러분이 그리울 거예요. 하지만 여러분을 떠나보내기 전에, 좀 더 여러분을 준비시키고 세상 밖으로 내보내야 할 것 같습니다. 부록 분량이 많지 않아 여러분이 필요한 모든 것을 다 맞춰드릴 수는 없을 거예요. 애초에는 폰트 크기를 0.00004까지 줄여 HTML과 CSS에 관해 알아야 할 모든 것(앞에서 다루지 않은 것)을 준비해 놨었습니다. 모든 내용이 들어가긴 했지만, 글자가 너무 작아서 도저히 읽을 수가 없더군요. 그래서 많은 내용을 버리고 딱 10가지 주제만 담았습니다.

#1 더 많은 CSS 선택자

가장 자주 사용되는 선택자에 대해서 이미 다뤘습니다만, 그 외에도 여러분이 알아야
할 선택자가 더 있습니다.

의사요소

이제는 여러분도 의사클래스에 관해서는 모두 알고 있을 것입니다. 의사요소도 의사클래스
와 비슷합니다. <div>나 <span>으로 편리하게 묶거나 다른 방식으로 선택할 수 없는 요
소의 일부를 선택하는 경우 의사요소를 사용할 수 있습니다. 예를 들어 :first-letter
의사요소를 사용해 블록 요소에 있는 텍스트의 첫 글자를 선택할 수 있습니다. 게다가 맨
첫 글자를 대문자로 만드는 효과도 줄 수 있습니다. 그리고 :first-line 의사요소를 사
용해서 한 문단의 첫 번째 줄을 선택할 수 있습니다. 〈p〉 요소의 첫 번째 줄과 첫 번째 글자
를 선택하는 방법이 아래에 나와 있군요.

```css
p:first-letter {
        font-size: 3em;
}
p:first-line {
        font-style: italic;
}
```

의사요소는 의사 클래스와 같은
문법을 사용합니다.

여기서는 문단의 첫 글자를
크게 만들고 첫 번째 줄을
이탤릭체로 만드는군요.

속성 선택자

속성 선택자는 그 이름대로 속성값을 기준으로 요소를 선택하는 선택자로
다음과 같이 사용합니다.

이 선택자는 HTML에서 width 속성을
가진 이미지를 모두 선택합니다.

```css
img[width] { border: black thin solid; }
img[height="300"] { border: red thin solid; }
image[alt~="flowers"] { border: #ccc thin solid; }
```

이 선택자는 height 속성이 300인
모든 이미지를 선택하고 있습니다.

이 선택자는 alt 속성에
flowers라는 단어가
포함된 모든 이미지를
선택합니다.

형제 요소를 이용해 선택하기

또한 선행 형제 요소를 기준으로 요소를 선택할 수 있습니다. 예를 들어 앞서 나온 문단 중
<h1> 요소를 가진 문단만 선택하려면 다음과 같은 선택자를 사용하세요.

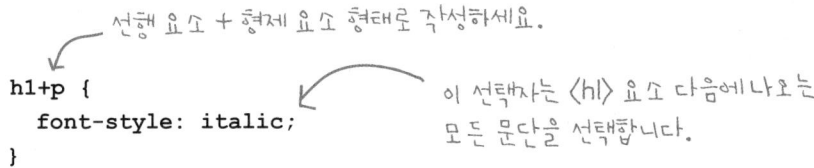

선행 요소 + 형제 요소 형태로 작성하세요.

```
h1+p {
    font-style: italic;
}
```

이 선택자는 <h1> 요소 다음에 나오는
모든 문단을 선택합니다.

선택자 결합하기

앞에서 선택자를 결합하는 방법은 이미 소개했습니다. 예를 들어 다음과 같
이 클래스 선택자를 가져와 자손 선택자의 일부로 사용할 수 있습니다.

```
.blueberry p { color: purple; }
```

여기서는 blueberry 클래스에 있는 한 요소의
자손인 모든 문단을 선택하고 있군요.

아주 복잡한 선택자를 구성할 경우 사용할 수 있는 패턴이 여기 있습니다. 이 패턴이 어떤 식으로 동작하는지
차근차근 살펴보도록 하죠.

1 아래와 같이 선택하고자 하는 요소에 대한 구문을 정의합니다.

```
div#greentea > blockquote
```

여기서는 id가 greentea인 <div>의
자손 선택자를 사용하고 있는데, 이 선택자의
자손이 <blockquote> 요소이어야 합니다.

2 그리고 나서 선택하려는 요소를 놓습니다.

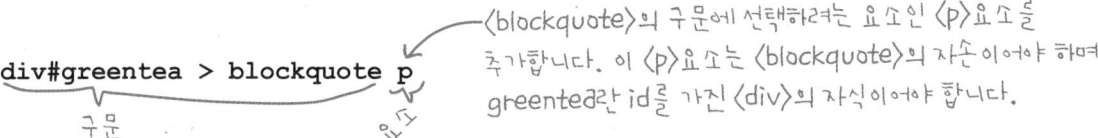

```
div#greentea > blockquote p
```
구문   요소

<blockquote>의 구문에 선택하려는 요소인 <p>요소를
추가합니다. 이 <p>요소는 <blockquote>의 자손이어야 하며
greentea란 id를 가진 <div>의 자식이어야 합니다.

3 그리고 나서 의사클래스나 의사요소를 명시합니다.

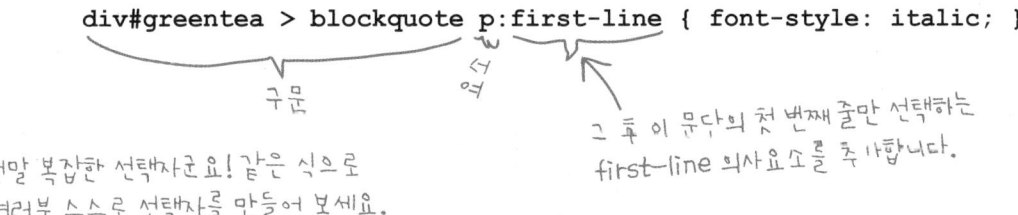

```
div#greentea > blockquote p:first-line { font-style: italic; }
```
구문   요소

그 후 이 문단의 첫 번째 줄만 선택하는
first-line 의사요소를 추가합니다.

정말 복잡한 선택자군요! 같은 식으로
여러분 스스로 선택자를 만들어 보세요.

#2 브라우저에 특화된 CSS 속성

브라우저 제작자들(마이크로소프트, 모질라, Webkit에서 일하는 사람들)은 새로운 특성을 시험해 보거나 추가적인 CSS 기능을 구현하기 위해 자신들의 브라우저에 새로운 기능을 추가하기도 하는데, 아직 표준으로 승인 받지는 못했죠. 이러한 경우, 브라우저 제작자들은 다음과 같은 형태의 CSS 속성을 생성합니다.

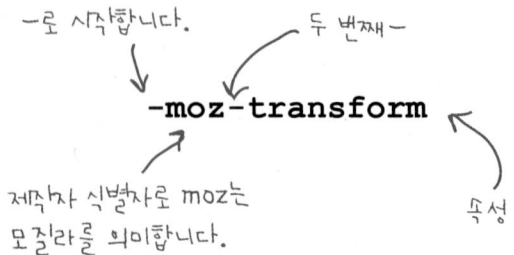

이러한 공급 업체에 특화된 속성을 사용하는 것은 여러분 자유지만, 정식으로 나온 속성이 아니라는 것을 명심해야 합니다. 즉, 이러한 속성이 합법적인 표준으로 승인 받을 가능성도 전혀 없고, 공급업체도 이 속성의 구현 내용을 변경하지 않을 것 같습니다. 그렇긴 하지만, 우리들 중 몇몇은 최신의 놀라운 기술을 사용하는 페이지를 생성할 필요가 있습니다. 앞으로 변할 가능성이 있는 속성을 사용하고 있다는 사실을 인지해야 한다는 점을 잊지 마세요.

이러한 속성을 사용할 예정이라면, 다음과 같이 CSS를 생성해야 할 거예요.

```
div {
    transform: rotate(45deg);
    -webkit-transform: rotate(45deg);
    -moz-transform: rotate(45deg);
    -o-transform: rotate(45deg);
    -ms-transform: rotate(45deg);
}
```

이러한 공급업체에 특화된 속성에 대한 내용은 각 브라우저의 개발자 문서와 릴리즈 노트를 참조하거나, 각 브라우저의 개발 과정과 연관된 포럼에 참가해서 얻을 수 있습니다.

그리고 변형 속성의 정체에 대해 궁금하다면, 다음 페이지에 나온 '#3 변형과 트랜지션' 편을 참고하세요.

#3 CSS 변형(transform)과 트랜지션(transition)

CSS를 사용해서 여러분은 이제 완전한 2D와 3D 변형을 구현할 수 있습니다. 백문이 불여일견이니, 직접 코드를 입력해 확인해 보세요!

```
<!doctype html>
<html>
<head>
    <meta charset="utf-8">
    <title>CSS Transforms and Transitions</title>
    <style>
        #box {
            position: absolute;
            top: 100px;
            left: 100px;
            width: 200px;
            height: 200px;
            background-color: red;
        }
        #box:hover {
            transform: rotate(45deg);
            -webkit-transform: rotate(45deg);
            -moz-transform: rotate(45deg);
            -o-transform: rotate(45deg);
            -ms-transform: rotate(45deg);
        }
    </style>
</head>
<body>
    <div id="box"></div>
</body>
</html>
```

여기 box <div>에 대한 기본 스타일이 있군요.

여기서 position 값을 absolute로 설정했군요 (11장에 나왔던 내용을 다시 보니 기쁘지 않나요?).

그리고 <div>에 위치와 크기를 지정하고…

빨간색으로 만듭니다.

이 스타일 규칙은 <div>가 hover 상태에 있을 때만 적용됩니다. 물론 <div>를 맴돌게 할 수도 있습니다!

마우스를 <div> 위로 가져가면, 45도 회전시켜 이 요소를 변형합니다.

여전히 브라우저에 특화된 기능을 사용할 필요가 있습니다.

이 부분은 인터넷 익스플로러 9 이상에서만 작동될 거예요.

변형하고 있는 <div>가 여기 있습니다.

계속해서 위에 있는 코드를 입력하고 시운전해 보세요. 마우스를 box <div> 위로 가져가면 이것이 변형되어 45도만큼 회전할 거예요. 좀 더 부드러운 애니메이션 효과를 주려면 어떻게 해야 할까요? 바로 이 시점에 트랜지션이 등장합니다. 다음 페이지를 보세요.

마우스를 <div>에 올려놓으면 도형이 회전할 거예요.

box <div> 규칙에 transition 속성을 추가하면 단 2초 만에 새로운 상태로 변형시킬 수 있습니다. 어떻게 하는지 아래에 있군요.

```
#box {
    position: absolute;
    top: 100px;
    left: 100px;
    width: 200px;
    height: 200px;
    background-color: red;
    transition: transform 2s;
    -webkit-transition: -webkit-transform 2s;
    -moz-transition: -moz-transform 2s;
    -o-transition: -o-transform 2s;
}
#box:hover {
    transform: rotate(45deg);
    -webkit-transform: rotate(45deg);
    -moz-transform: rotate(45deg);
    -o-transform: rotate(45deg);
    -ms-transform: rotate(45deg);
}
```

이 transition 속성은 'transform 속성값이 변하면, transform의 현재값을 특정 시간이 흐른 뒤 새로운 값으로 바꾸세요'라고 말하고 있군요.

transform의 기본 설정값은 아무것도 없는 것입니다. 즉, 변형이 없다는 말이죠.

하지만 이 박스 위에 마우스를 올려 놓으면 transform의 값은 45도 회전으로 변경됩니다. 따라서 이 트랜지션은 변형이 없는 상태에서 2초만에 45도 회전상태로 변형 됩니다.

인터넷 익스플로러는 현재 (9버전 포함)트랜지션 기능을 지원하고 있지 않지만, 인터넷 익스플로러 10버전에서는 지원할 것으로 보입니다. 따라서 현재 인터넷 익스플로러를 사용하고 있다면 애니메이션 효과는 볼 수 없을 거예요.

transition 속성값으로는 다른 속성이 오는데, 이 경우 transform이 2초간 지속됩니다. 명시된 속성값이 변하면 트랜지션은 특정 시간 동안 변화를 발생시키는데, 애니메이션 효과를 생성하죠. width나 opacity 같은 다른 CSS 속성도 적용할 수 있습니다.

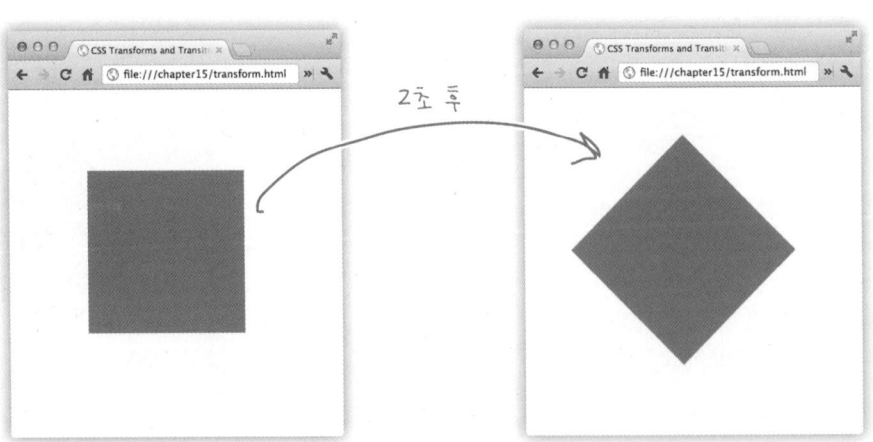

2초 후

#4 상호작용

HTML 페이지는 수동적인 문서로 남아있어서는 안되며, 실행 가능한 콘텐츠를 가질 수도 있습니다.
실행 가능한 콘텐츠는 페이지를 살아 움직이게 만드는데, 프로그램을 작성하거나 자바스크립트라는
스크립트 언어를 사용해서 실행 가능한 콘텐츠를 만들 수 있습니다. 여러분의 페이지에 실행 가능한
콘텐츠를 넣는 것이 무슨 의미를 갖는지에 대해 간략히 설명 드리죠.

여기 새로운 HTML 요소인 <script>가
있는데, 이 요소를 사용해 HTML 내부로
코드를 넣을 수 있습니다.

폼의 id를 사용해서 자바스크립트상에서
폼에 대한 핸들을 가져와 여러 가지
용도로 사용할 수 있습니다.
예를 들어 버튼이 클릭될 때마다 무슨
일이 일어나는지 정의할 수 있습니다.

```
<script>
    window.onload = init;
    function init() {
        var submitButton = document.getElementById("submitButton");
        submitButton.onclick = validBid;
    }
    function validBid() {
        if (document.getElementById("bid").value > 0) {
            document.getElementById("theForm").submit();
        } else {
            return false;
        }
    }
</script>
```

그리고 여기서는 자바스크립트로
사용자의 bid가 0달러 이하인지
체크하고 있습니다.

bid가 0보다 크면 폼을 전송하고,
그렇지 않을 경우에는 전송할 수 없군요.
0보다 작거나 같다면 오류입니다.

그러고 나서 HTML에서 폼이 전송되기 전에 bid를 체크하기 위해 이 스크립트를 사용해서
폼을 생성할 수 있습니다. bid가 0보다 크면 폼이 전송됩니다.

```
<form id="theForm" method="post" action="contest.php">
    <input type="number" id="bid" value="0"><br>
    <input type="button" id="submitButton" value="Bid!"><br>
</form>
```

자바스크립트에서는 submitButton이 클릭됐을
때 무슨 일이 일어나는지 정의할 수 있습니다.
id가 bid인 입력값을 가져올 수 있습니다.

스크립트가 할 수 있는 다른 것은 무엇이 있을까요?

위에서 했던 것처럼 폼 입력값 체크하는 것을 자바스크립트로 처리하는 것은 흔하디 흔한 일입니다
(그리고 여러분이 할 수 있는 검증 유형은 이 예제를 훨씬 넘어섭니다). 하지만 이것은 자바스크립
트로 할 수 있는 것 중 극히 일부에 불과합니다. 다음 페이지를 넘겨 보세요.

#5 HTML5 API와 웹 애플리케이션

HTML5에는 새로 추가된 요소뿐만 아니라, 자바스크립트를 통해 접근할 수 있는 새로운 API(애플리케이션 프로그래밍 인터페이스)를 제공하고 있습니다. 이러한 API는 여러분의 웹 페이지에 완전히 새로운 세계의 표현식과 기능을 발휘할 수 있는 길을 열어주고 있습니다. 이 중 여러분이 이용할 만한 몇 가지를 살펴보도록 하죠.

데스크톱과 모바일 장치에서 새로운 방식으로 여러분의 페이지와 상호작용합니다.

HTML5 API와 자바스크립트를 사용해 별도의 플러그인 없이도 페이지에 2D 그래픽을 생성할 수 있습니다.

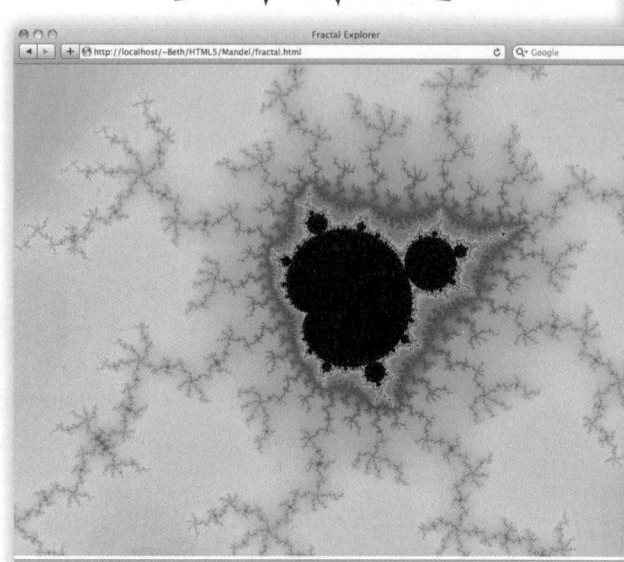

위치인식 기능을 통해 사용자의 위치를 파악해 주변 정보를 제공하고, 물건찾기 게임에 참여시키고, 방향이나 같은 지역에 있는 사람들 중 관심사가 같은 이들의 정보를 알려주도록 페이지를 만들어 보세요.

웹 워커를 사용해서 자바스크립트 코드에 활력을 불어넣어 어려운 계산 작업을 수행케 하거나 여러분이 만든 앱의 성능을 높여 보세요. 심지어 사용자의 멀티코어 프로세서를 이용할 수도 있습니다.

웹 서비스에 접속해서 거의 실시간으로 데이터를 가져올 수 있습니다.

브라우저 저장소를 사용해 캐시 데이터를 로컬에 저장해서 모바일 앱의 속도를 높여 보세요.

비디오를 보는 데 더 이상 플러그인은 필요하지 않습니다.

여러분의 페이지와 구글 맵스를 연동해서 실시간으로 사용자의 위치를 추적할 수도 있습니다.

HTML과 자바스크립트로 여러분만의 독특한 비디오 재생 컨트롤을 만들어 보세요.

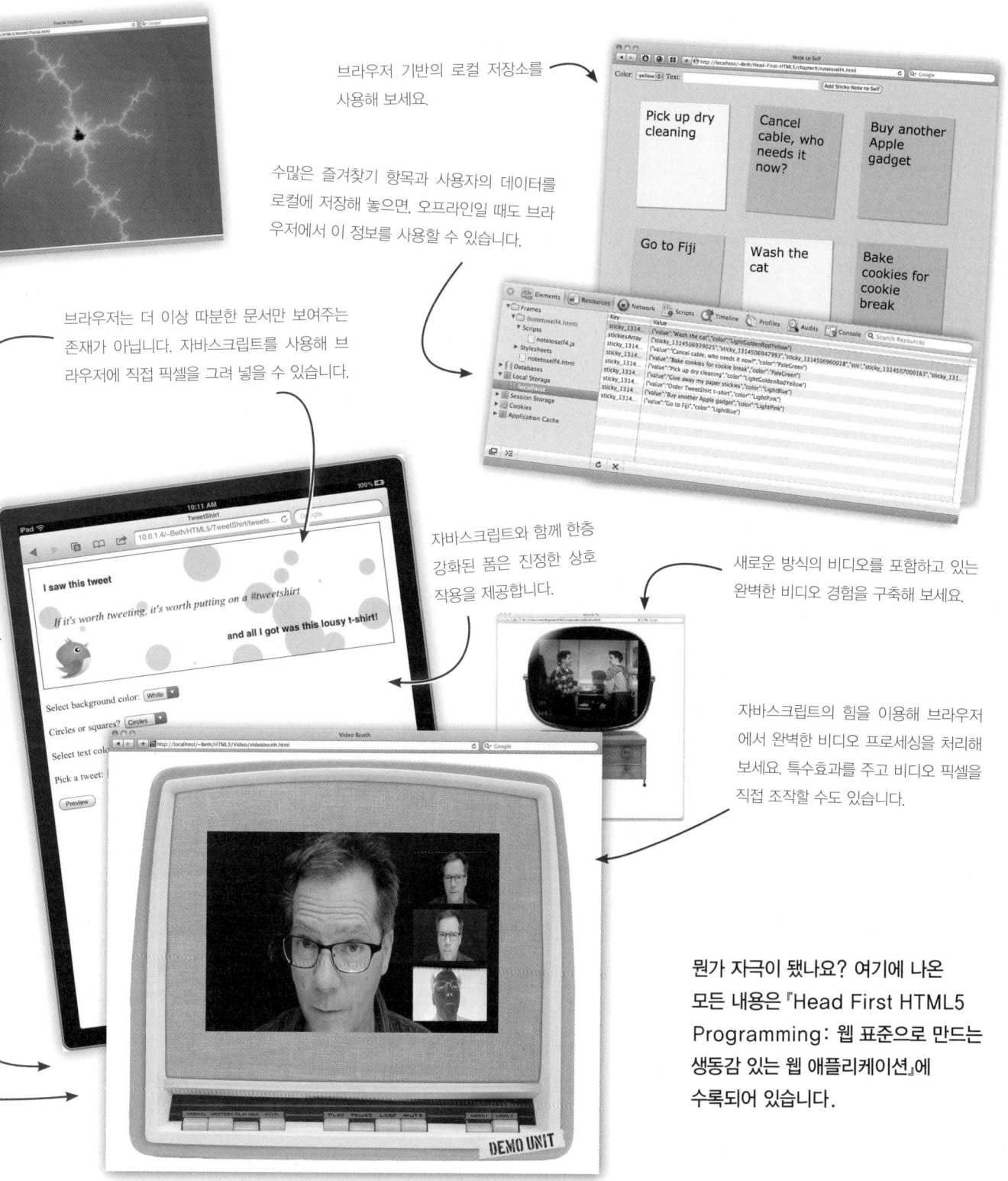

브라우저 기반의 로컬 저장소를 사용해 보세요.

수많은 즐겨찾기 항목과 사용자의 데이터를 로컬에 저장해 놓으면, 오프라인일 때도 브라우저에서 이 정보를 사용할 수 있습니다.

브라우저는 더 이상 따분한 문서만 보여주는 존재가 아닙니다. 자바스크립트를 사용해 브라우저에 직접 픽셀을 그려 넣을 수 있습니다.

자바스크립트와 함께 한층 강화된 폼은 진정한 상호 작용을 제공합니다.

새로운 방식의 비디오를 포함하고 있는 완벽한 비디오 경험을 구축해 보세요.

자바스크립트의 힘을 이용해 브라우저에서 완벽한 비디오 프로세싱을 처리해 보세요. 특수효과를 주고 비디오 픽셀을 직접 조작할 수도 있습니다.

뭔가 자극이 됐나요? 여기에 나온 모든 내용은 『Head First HTML5 Programming: 웹 표준으로 만드는 생동감 있는 웹 애플리케이션』에 수록되어 있습니다.

#6 웹 폰트 심화학습

사실 본문에서 웹 폰트를 자세하게 설명하고 싶었는데, 아쉬움이 남아 '10가지 중요한 이야기(지금까지 설명하지 않은)'에 담았습니다. 웹 폰트를 사용하고 있다면 몇 가지 조사하고 알아야 할 내용이 더 있습니다. 그래서 웹 폰트에 관해 여러분이 알아야 할 10가지 내용을 정리해 봤습니다.

1. 구글 웹 폰트(http://www.google.com/webfonts), Fonts.com(http://www.fonts.com/web-fonts), Extensis(http://www.extensis.com/) 같은 서비스를 이용하면 좀 더 편리하게 웹 폰트를 사용할 수 있습니다.

2. 폰트를 내려받는 동안 브라우저는 종류에 따라 다른 방식으로 동작합니다. 백업 폰트를 보여주는 브라우저가 있는가 하면 일부 브라우저는 폰트 내려받기가 끝날 때까지 기다린 다음, 텍스트를 다시 보여줍니다.

3. 일단 폰트를 내려받았으면 브라우저는 이를 메모리에 올려 놓아, 이후에 이 폰트를 사용하는 페이지를 다시 보더라도 또 다시 내려받지는 않습니다.

4. 현대의 모든 브라우저(인터넷 익스플로러 9 이상)는 웹 폰트 표준이 될 가능성이 농후한 웹 오픈 폰트 포맷(WOFF)을 지원하고 있습니다. 하지만 인터넷 익스플로러 8 이하 버전은 다른 현대적인 브라우저(.eot)와는 다른 폰트 표준을 지원하고 있으며, 폰트 여러 개를 로딩하지 못하는 버그(따라서 여러분의 @font-face 규칙에 한 개 이상의 폰트를 명시할 수 없습니다)가 있습니다. 인터넷 익스플로러 8 이하 버전에서 웹 폰트를 지원해야 한다면, 1번 항목에서 언급한 서비스를 이용하세요. 이들 서비스를 사용하면 브라우저 종류에 따른 호환성 문제는 걱정할 필요가 없습니다.

5. 무료 폰트가 많이 있습니다. 웹에서 'open source fonts'라는 검색어로 검색하면 무료로 사용할 수 있는 폰트를 찾을 수 있을 거예요.

6. 웹 폰트는 실제 폰트이므로, 종래의 폰트처럼 어떤 스타일로도 꾸밀 수 있습니다.

7. 웹 폰트를 사용하면 여러분이 만든 페이지의 성능에 어느 정도 영향을 미치는 것은 사실이지만, 조판을 위해 그래픽 이미지를 사용하는 것보다는 더 나은 성능을 제공하며 최상의 활용 사례로 여겨지고 있습니다.

8. @font-family 규칙에 있는 폰트는 특정 페이지에서 사용하는 폰트로만 제한하세요.

9. 기존의 폰트 라이선스를 갖고 있다면, 해당 폰트를 웹 용도로 사용해도 되는지 제작 업체에 문의해 보세요.

10. 페이지의 폰트를 사용할 수 없거나, 폰트를 가져오거나 디코딩하는 데 오류가 발생하는 경우를 대비해서, 종래의 폰트처럼 항상 비상용 폰트를 준비해 두세요.

#7 웹 페이지 제작 도구

HTML과 CSS에 대한 지식을 꽤 많이 쌓았으므로, 여러분도 이제 드림위버, 익스프레션 웹, 코다 같은 툴을 사용할 때가 되었습니다. 이 애플리케이션 중 일부는 화려한 편집기를 제공합니다. 즉 HTML과 CSS를 좀 더 쉽게 생성하고 편집할 수 있도록 코드를 색상별로 표시해주고 미리보기 기능도 제공합니다. 또한 일부 애플리케이션은 웹 페이지를 생성하는 데 위지위그(WYSIWYG) 도구를 제공합니다. 여러분은 HTML과 HTML에 대한 브라우저 지원 정도를 충분히 알고 있는 동시에 뭔가 부족한 점이 있다는 사실도 알고 있을 거예요. 여하간 여러분이 엄청난 양의 HTML을 직접 작성해도, 이러한 툴은 매우 편리한 기능을 제공해줄 거예요.

- HTML과 CSS를 입력하는 '코드' 창은 구문검사 기능을 통해 흔히 발생할 수 있는 오류를 잡아내며 이름이나 속성에 대한 자동완성 기능을 제공합니다.

- '미리보기 및 배포' 기능을 통해, 실제로 웹에 올리기 전에 작성한 페이지를 테스트해 볼 수 있습니다.

- 사이트를 구조적으로 만들어 관리하고, 서버에 있는 웹사이트와 로컬 PC 간의 소스 동기화를 처리하는 사이트 관리자 기능을 제공합니다. 이 기능은 보통 FTP로 구현되어 있습니다.

- 일부 제작 도구는 빌트인 검증 기능을 제공하므로, 개발하면서 페이지의 유효성을 알 수 있습니다.

이러한 제작 도구에도 단점이 없는 것은 아닙니다.

- 지원에 대한 관점에서 볼 때, 이러한 제작 도구가 표준보다는 뒤떨어져 있으므로 여러분의 HTML과 CSS를 최신 표준에 어긋나지 않도록 관리하세요. 경우에 따라서 HTML 전체를 직접 작성하거나 편집해야 할 수도 있습니다.

- HTML과 CSS를 작성하는 모든 제작도구에 엄격한 표준이 적용되어 있지 않으므로, 해당 제작 도구에 빌트인 검증 기능이 없다면 여러분이 직접 페이지의 유효성을 검증하세요.

이 같은 좀 더 정교한 제작 도구와 간단한 편집기를 조합해 사용할 수 있다는 점을 기억하세요. 하나의 솔루션만으로는 여러분의 모든 요구를 채워주지 못하므로, 적절하게 페이지 제작 도구를 사용하세요.

사용해볼 만한 제작도구

- 드림위버(어도비)
- 하이프(Hype, Tumult)
- 코다(C oda, Panic)
- 마이크로소프트 익스프레션 웹
- 플럭스(Flux, The Escapers)
- 아마야(Amaya, W3C가 개발한 오픈소스)
- 이클립스(이클립스 재단)

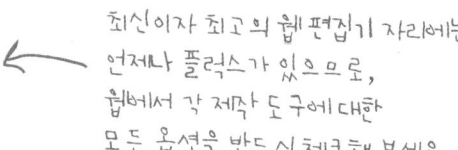
최신이자 최고의 웹 편집기 자리에는 언제나 플럭스가 있으므로, 웹에서 각 제작 도구에 대한 모든 옵션을 반드시 체크해 보세요.

#8 XHTML5

이 책에서는 'XHTML 시대는 갔다'라고 표현하면서 XHTML에 대해 꽤 강경한 입장을 취했습니다. XHTML에 관해서 말인데, 사실은 XHTML2와 이후 버전만 사라졌고 여러분이 원한다면 XHTML을 사용하는 HTML5를 작성할 수 있습니다. 그런데 꼭 그렇게 할 필요가 있을까요? XML로 문서를 변환하거나 유효성을 검증할 수도 있고, HTML과 함께 동작하는 SVG 같은 XML 기술을 지원하는 경우도 발생할 것입니다.

우선 간단한 XHTML 문서를 살펴보고 나서, 가장 재미있는 부분을 알아보도록 하죠(이 주제에 관해 여러분이 알아야 할 모든 것을 다루기는 좀 힘들 것 같군요. 일단 XML에 발을 들여놓으면, 뭔가 점점 복잡해 집니다).

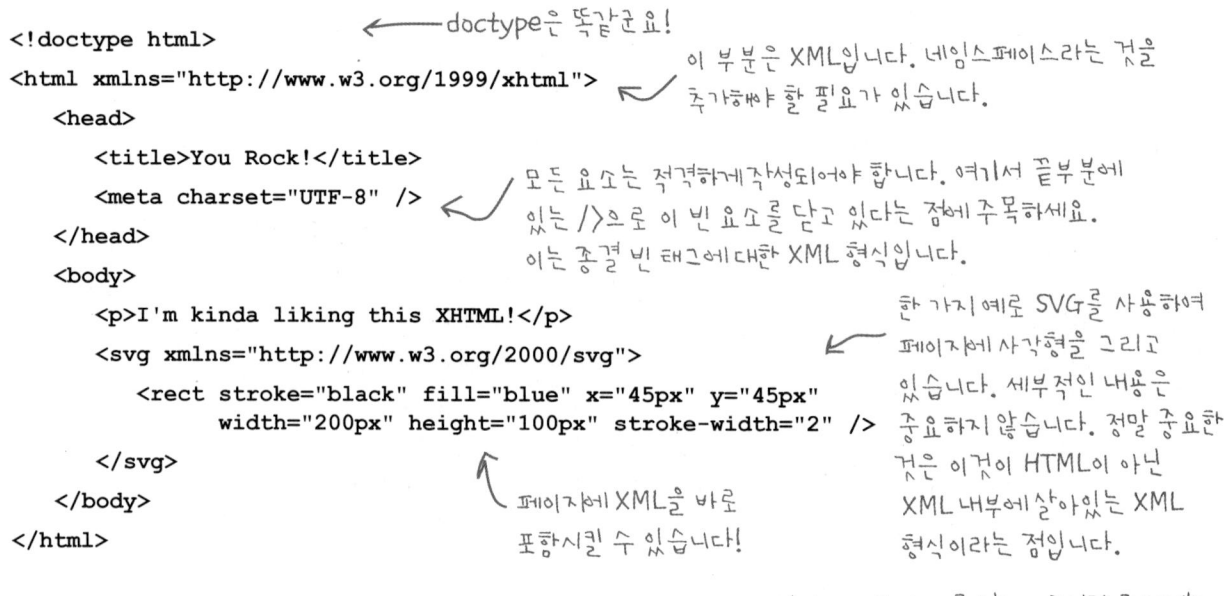

```
<!doctype html>
<html xmlns="http://www.w3.org/1999/xhtml">
    <head>
        <title>You Rock!</title>
        <meta charset="UTF-8" />
    </head>
    <body>
        <p>I'm kinda liking this XHTML!</p>
        <svg xmlns="http://www.w3.org/2000/svg">
            <rect stroke="black" fill="blue" x="45px" y="45px"
                  width="200px" height="100px" stroke-width="2" />
        </svg>
    </body>
</html>
```

doctype은 똑같군요!

이 부분은 XML입니다. 네임스페이스라는 것을 추가해야 할 필요가 있습니다.

모든 요소는 적격하게 작성되어야 합니다. 여기서 끝부분에 있는 />으로 이 빈 요소를 닫고 있다는 점에 주목하세요. 이는 종결 빈 태그에 대한 XML 형식입니다.

한 가지 예로 SVG를 사용하여 페이지에 사각형을 그리고 있습니다. 세부적인 내용은 중요하지 않습니다. 정말 중요한 것은 이것이 HTML이 아닌 XML 내부에 살아있는 XML 형식이라는 점입니다.

페이지에 XML을 바로 포함시킬 수 있습니다!

XHTML로 페이지를 작성할 때 고려해야 할 내용은 다음과 같습니다.

빠짐없이 모든 요소를 닫고, 속성값 주위에는 큰 따옴표를 붙이고, 요소 중첩처리만 제대로 하면 됩니다.

- 페이지는 반드시 적격한 XML이어야 합니다.

- 페이지에서 `application/xhtml+xml` MIME 유형을 제공해야 합니다. 이 경우 서버가 이 유형을 지원하는지 확인해야 할 거예요(서버 관리자에게 문의하세요).

- 위에 있는 코드처럼 `<html>` 요소에 XHTML 네임스페이스를 반드시 명시하세요.

이미 말했듯이, 알아야 할 것도 많고 지켜봐야 할 것도 많은 것이 XML입니다. 따라서 항상 XML을 곁에 두세요. 포스가 함께 하기를...

#9 서버 스크립팅

많은 웹 페이지가 서버에서 구동되는 애플리케이션에 의해 생성됩니다. 단계별로 주문 처리를 하는 서버부터 페이지를 생성하는 온라인 주문 시스템이나, 데이터베이스에 저장된 포럼 메시지를 기반으로 서버가 페이지를 생성하는 온라인 포럼의 경우 서버 애플리케이션 사용하는 것을 생각해 볼 수 있죠. 이 책에서는 14장에서 스타버즈 커피공장에 대한 폼을 생성하는 데 서버 애플리케이션을 사용했습니다.

많은 호스팅 회사들은 서버 스크립트나 서버 프로그램을 작성해서 여러분만의 서버 프로그램을 생성할 수 있도록 합니다. 여러분이 할 만한 몇 가지 서버 스크립트 사례가 아래에 있습니다.

- 제품, 장바구니, 주문 시스템을 모두 갖춘 온라인 상점 구축

- 사용자의 기호에 근거해서 제작한 개인화된 웹 페이지

- 최신 뉴스, 이벤트, 정보 전달

- 사용자가 여러분의 사이트를 검색할 수 있도록 허용

- 여러분의 사이트에 콘텐츠를 작성하도록 사용자를 도와주는 시스템

서버 애플리케이션을 생성하려면 서버 스크립트나 프로그래밍 언어를 알아야 합니다. 웹 개발에 사용되는 언어는 매우 많은데, 어떤 언어가 가장 좋은 언어인지는 여러분의 요구사항에 따라 달라집니다. 사실, 웹 언어는 약간 자동차와 비슷합니다. 여러분은 프리우스부터 허머까지 어떤 차든 운전할 수 있으며, 각 자동차에는 자신만의 장단점(비용, 경제력, 크기, 사용 편의성 등)이 있죠.

웹 언어는 계속 진화하고 있습니다. 흔히 사용되는 언어로는 PHP, 파이썬, 펄, Node.js. 루비온레일즈, 자바서버 페이지(JSP)가 있습니다. 프로그래밍이 처음이라면 PHP가 배우기에 좋습니다. 수 백만 개의 웹 페이지가 PHP로 구동되고 있으므로 무난한 언어라고 할 수 있죠. 프로그래밍 경험이 조금 있다면 JSP나 파이썬을 사용해 보세요. 마이크로소프트 기술에 관심이 간다면 VB.NET과 ASP.NET에 관심을 가져보세요. 그리고 왠지 자바스크립트가 마음에 든다면, 완전히 새로운 접근법을 취하고 있는 Node.js도 한번 검토해 보세요.

#10 오디오

HTML은 플러그인 없이도 ⟨audio⟩ 요소를 사용해 페이지에서 오디오를 재생하는 표준 방법을 제공하고 있습니다. 이 요소는 ⟨video⟩ 요소와 매우 흡사합니다.

```
<audio src="song.mp3" id="boombox" controls>
    죄송합니다만 사용하고 계신 브라우저에서는 오디오 기능을 지원하지 않습니다.
</audio>
```

낯설지 않죠?
audio 요소는 video 요소와
비슷한 기능을 지원합니다.

또한 <video> 요소와 마찬가지로 브라우저 종류에 따라 재생 컨트롤(진행바, 재생, 일시정지, 음)의 모양은 가지각색입니다.

애석하게도 비디오처럼, 오디오에 대한 표준 인코딩은 존재하지 않습니다. 유명한 형식으로는 MP3, WAV, Ogg Vorbis가 있습니다. 이러한 형식에 대한 지원은 브라우저 환경에 따라 변합니다(이 글을 쓰는 시점에 위 세 가지 형식 모두를 지원하는 유일한 브라우저는 크롬입니다).

빈약한 기능에도 불구하고 <audio> 요소와 이 요소의 자바스크립트 API는 많은 컨트롤을 제공합니다. 자바스크립트와 함께 이 요소를 사용해서 코드에서 재생 컨트롤을 숨기고 오디오 재생을 관리하여 흥미로운 웹 경험을 만들어 낼 수 있습니다. 그리고 이제는 플러그인(어도비 플래시 같은)을 사용하거나 배우는 비용을 들이지 않고도, HTML5를 사용해 이 모든 것을 처리할 수 있습니다.

찾아보기

A

absolute 레이아웃 562

absolute 포지셔닝 544-550, 568-569, 576-577

action 속성 690-691, 701, 732

alt 속성 213, 251, 282

application/xhtml+xml MIME 유형 748

autoplay 속성 (⟨video⟩) 623, 624

B

bottom 속성 544

C

cd (디렉터리 변경) 명령어 170

charset 속성 (⟨meta⟩ 태그) 279, 289

checked 속성 (폼) 735

class 속성 341

clear 속성 535-537, 577

colspan 속성 664, 674

Content Delivery Network (CDN) 631

controls 속성 (비디오) 624

CSS (캐스케이딩 스타일시트)

  ⟨style⟩ 요소 69-72, 301-303

  CSS table display

    레이아웃 562

    생성하기 560-560

    폼 배치하기 722-725

  『CSS Pocket Reference』 300, 485

  CSS로 폼 꾸미기 726-727

  CSS와 HTML 언어 비교 334-335

HTML 74-75

HTML5 요소에 대한 CSS 갱신 594

규칙 40, 299-300, 341

박스 모델 407-412

변형과 트랜지션 741-742

부모요소로부터 스타일 상속받기 321-325

브라우저에 특화된 CSS 속성 740

선택자 738-739

속성 개요 340

스타일 업그레이드 프로젝트 402-405

스타일에 대한 정의 82

에러 337

유효성검증 338-339

주석 325

캐스케이드 498-503

페이지를 외부 스타일시트와 연결하기 313-317

CSS 규칙

  결합하기 304

  구문 299-300

  상속된 스타일 재정의 324-2325

  순서 333, 499

  여러 개의 요소에 대해 작성하기 304-306

  캐스케이드 499

CSS 규칙에서 : (콜론) 299

CSS 규칙에서 : (세미콜론) 299

CSS에서 주석 /*와 */ 325

D

date 유형 속성 732

datetime 속성 605-606

default.htm 파일 178-179, 199